# 주석 민법

[상속]

(제6판)

§ 997 ~ § 1118

집필대표

**민 유 숙**

韓國司法行政學會

집필대표 **민 유 숙** (전 대법관)

편집위원 **전 보 성** (서울서부지방법원 수석부장판사)

(2025. 6. 15. 현재)

# 머리말(제 6 판)

2020. 3. 주석 민법 상속편 제5판을 출간한 지 5년이 지났다.

그 동안 상속법 분야에서 중요한 변화가 이루어졌다.

미성년자인 상속인의 특별한정승인 기간 특례, 미성년자에 대한 부양의무를 위반한 직계존속 상속인에 대한 상속권 상실 선고, 유류분 권리자의 범위 축소에 관한 민법 개정은 지속적인 사회의 개선요구에 대응하여 법원, 헌법재판소 및 국회가 상호 협조하에 성과를 이루어낸 결실이라고 할 수 있다.

그 밖에도 대법원 전원합의체에서 상속인 중 자녀들이 상속포기한 경우 법률 효과 및 제사주재자의 결정과 유해인도등 쟁점에 관하여 새로운 법리를 선언한 점, 헌법재판소가 상속분가액지급청구권의 제소기간 중 일부 위헌결정을 한 점 등도 중요한 변화이다. 나아가 상속재산분할과 유류분 반환의 재판과정에서 발생하는 다수의 법률적 쟁점에 관한 대법원 판결이 선고됨으로써 실무운영에 도움이 된 점 또한 주목할 부분이다.

제6판에서는 이에 대한 해설과 학계의 다양한 논의를 모두 담아 '실체와 절차를 아우르는 상속법 해설서'로서 법률실무자들께 도움을 드리고자 노력하였다.

제6판에서는 일부 조문에서 새로운 집필자가 공동집필자로 참여하여 수고해 주셨다. 또한 새롭게 총론을 추가하였다. 총론에서는 상속법의 특징과 재산법과의 관계 등을 소개하였다(상속법의 입법연혁, 가사소송법 및 가족관계의 등록 등에 관한 법률의 해설은 친족법 총론 참조). 특히 유류분 소송사건이 증가하고 사회적 관심이 높아진 점을 고려하여 유류분제도의 개별 조문 주석에서 다루기 어려웠던 조문 간 관계 및 다른 제도와의 관련성, 재판에서 문제되는 다수의 쟁점에 관한 설명은 물론 재판례에 대한 비판적 견해와 건설적 대안제시까지 빠짐없이 서술하였다.

민법 상속편은 사망으로 인한 상속의 개시부터 상속재산의 분할에 이르는 과정 및 유언과 유류분을 규정하고 있다. 사회구성원 모두 자신 또는 가족의 사망 이후의 절차와 상속인들 사이의 관계는 피할 수 없으면서도 본인이 통제할 수 없는 영역이다. 상속법은 획일성과 예측가능성을 요구하면서도 상속인들 사이에서 구체적 타당성을 실현하는 이해관계 조정을 필요로 한다. 상속 분쟁은 재산상 다툼이면서도 혼인과 출생으로 이루어진 가족관계에서 비롯한 특수성을 반영하여 해결되어야 한다. 법률실무가와 관계인들이 중심이 되어 상속 분쟁을 해결하는 역할을 수행할 때에 본 주석서가 든든한 법률적 뒷받침이 될 것을 기대한다.

원고를 집필하신 집필자 여러분, 간사로서 집필과정을 총괄하신 전보성 부장판사, 한국사법행정학회의 이중한 사업본부장님을 비롯한 편집부 직원 여러분께 감사드린다. 특히 1960년대부터 척박한 법률전문서 시장의 선구자로서 60여 년간 한결같이 주석시리즈를 비롯하여 다수의 법률서적과 잡지를 출간하여 법률문화 발전에 크게 기여하신 고 이종균 회장님의 영전에 특별한 존경과 감사를 올린다.

2025. 5.

집필대표 민 유 숙

## 머리말(제 5 판)

사람이 인생의 무대에서 살아가는 모습은 다양하나, 사람이 태어나 인적 결합을 맺다가 사망하면 그간 유지된 인간관계는 종료하고 남겨진 재산을 가르고 분배하는 일은 공통된다고 할 수 있다. 사회의 최소 구성분자인 가족관계 속에서 나는 누구인지(친자관계), 일생의 동반자나 친족과의 관계는 어떻게 형성되고 소멸하는지(혼인관계, 친족관계), 세월을 녹여 일군 재산이 어떻게 나누어지는지(유언, 상속관계), 이러한 삶의 기본이 되는 법적 문제를 규율하는 것이 바로 친족법과 상속법을 아우르는 가족법이다.

이처럼 우리의 일상생활에 큰 영향을 미치는 가족법의 최근 개정은 눈에 띈다. 민법 중 가족법과 아울러 다른 한 축을 이루는 재산법은 실질적인 개정이 거의 이루어지지 않았던 것과 견주어 보면, 가족법만이 가지는 특색이라고 할 수 있다. 근래 있었던 개정만 꼽아 보아도, 조부모의 면접교섭권, 친권의 일시 정지·일부 제한, 미성년자 입양 허가, 미성년후견 및 친권 제도의 개편, 성년후견제도 도입 등 굵직한 내용이 많다. 한편 대한민국 수립 이후 반세기 동안 유일한 가정법원이었던 서울가정법원 외에 전국 주요도시에 가정법원이 신설되었다. 그에 따라 가사사건만을 전담하는 법관과 가사조사관이 충원되어 가족법을 둘러싼 법률문제와, 가족간 심리현상을 과학적으로 다루는 전문인력층도 두터워졌다. 이러한 변화는 전통적인 혼인·가족관계가 재편되고, 가사재판실무에서 아동 복리 관점이 최우선적 가치가 되는 등 사회변화에 대처하기 위한 필연적인 결과라고 평가할 수 있다. 개정된 법령과 변화된 실무에 따른 학설과 판례도 축적되었음은 물론이다.

이러한 법률개정과 실무 발전의 역동성이야말로 우리 가족법을 이해하는 핵심이라는 인식 아래 가족법 이론과 실무의 발전상을 충실하게 반영하기 위해, 각급법원에서 가사사건을 전문적으로 다루어 뛰어난 실무역량을 갖춘 소장판사를 중심으로 집필진을 구성하였다. 이로써 가족법이 재판실무에서 어떻게 살아 있는 법으로서 시대감각에 맞게 구현되는지 보여줄 수 있다고 믿는다. 나아가 이 책의 주된 독자층인 법률실무가의 수요에 부응하여, 최신 법령을 기준으로 학설과 판례를 집대성하였다. 이론적 논의는 최소화하는 대신, 대법원 판례뿐 아니라 공간되지 않은 각급법원 판결도 최신판결까지 충실하게 소개하였고, 필요한 범위에서 가사재판절차에 관해서도 서술한 것이 이 책의 가장 큰 특징이다. 이로써 가사재판실무에 종사하는 사람에게 재판례에 관한 갈증을 풀고 실질적인 도움을 주고자 노력하였다.

다만 가사소송법 전부개정안이 통과되리라 예상하여 개정안에 포함된 가사재판절차까지 소개하려던 것이 당초 이 책의 집필 계획이었으나, 개정안의 통과 여부가 불확실하여 거기에 이르지 못했다. 그 내용은 이 책의 개정판에서 기대해 볼 수 있겠다.

끝으로 바쁜 재판실무에도 원고를 집필하신 집필자 여러분과 간사로서 집필 과정을 총괄한 전보성 부장판사, 어려운 출판 여건 아래에서도 집필자 구성에 관한 새로운 시도를 흔쾌히 수락하여 이 책의 출판을 맡아주신 한국사법행정학회의 이종균 회장님과 이형한 기획부장을 비롯한 한국사법행정학회 편집부 직원 여러분께 깊은 감사를 드린다.

2020. 3.

편집대표 민 유 숙

## 머리말(제 4 판)

2010년 초에 주석 민법 상속편 제3판을 출간한 이후 약 5년의 세월이 흘렀다. 그 동안 민법이 개정되면서 상속편의 조문도 일부 개정되었고, 상속법 분야에서 새로운 해석론을 전개한 판례도 적지 않게 축적되었다.

이번에 새로 출간하는 제4판에서는 개정된 상속법 조문과 그 동안 새로 나온 판례들을 빠짐없이 소개하고 해설하고자 하였다. 또한 기존의 주석에 대해서도 보완이 필요하다고 생각되는 부분을 보정하였다.

이 자리를 빌어서 초고를 검토하고 좋은 의견을 보내 준 이지선 변호사와 성실하게 교정을 보아준 안문희 박사, 조성호 군(중앙대학교 법과대학 4년 재학중)에게 감사의 인사를 전한다. 그리고 이 책을 출판하는 데 여러가지 지원을 아끼지 않은 한국사법행정학회의 이종균 회장님과 이형한 부장님에게도 감사의 뜻을 표한다.

2015. 10. 21.
저자 金 疇 洙
金 相 瑢

# 머리말(제 3 판)

주석 민법 상속편 제3판을 출간하면서 한자를 혼용하였던 기존의 판을 한글판으로 고치기로 하였다. 민법 조문은 원래 한자를 혼용하고 있기 때문에 한부로 한글화시켜서는 안 되는 것이라고 생각되지만, 제3판을 한글화시키면서 조문도 모두 한글화시키기로 하였다. 이렇게 하는 것이 독자들에게 편리할 것으로 생각되었기 때문이다.

제3판을 내면서 "주석"에서 보완이 필요한 부분에는 이를 보정하고, 새로 나온 판례를 보완하였다. 보정작업은 공저자인 金相瑢 교수가 맡아서 해 주었다.

제3판을 내면서 여러 가지로 배려 해 주신 이종균 회장님과 사무 처리에서 수고해 준 이형한 부장에게 감사한다. 끝으로 교정을 맡아서 성의를 다 해 준 중앙대학교 법과대학 대한원생 김용헌 군에게 감사한다.

2009. 10. 20.
저자 金 疇 洙
金 相 瑢

# 머리말(제 2 판)

제17대 국회가 열리면서, 정부는 호주제도를 폐지하는 민법개정안을 마련하여 2000년에 국회에 제출하였다가 폐기된 개정안을 합쳐서 국회에 제출하였으며, 국회는 법제사법위원회 민법심위소위원회에서 이를 심의한 결과 여야의원이 약간의 수정을 거쳐, 2005년 2월 28일 법제사법위원회 전체회의를 찬성 11명, 반대 3명, 기권 1명으로 통과시켰다. 이에 앞서 헌법재판소는 2005년 2월 3일 호주제도에 대하여 헌법불합치결정을 내려, 민법상의 호주제도에 관련되는 규정이 개정될 때까지만 그 효력을 가진다고 선고하였다. 국회법제사법위원회를 통과한 개정안은 2005년 3월 2일 국회의원 235명 중 찬성 161명, 반대58명, 기권 16명으로 본회의를 통과하여, 2005년 3월 31일 법률 제7427호로 공포 시행됨으로써, 우리나라에도 드디어 개인의 존엄과 양성평등의 원칙에 입각한 현대적 모습을 가진 가족법이 탄생하였다.

개정법 중에서 중요한 부분만 꼽아 보면, 1. 호주제도의 폐지, 2. 가족의 범위의 신설, 3. 자의 성과 본의 개정, 4. 근친혼금지규정이 개정, 5. 여자의 재혼금지기간의 폐지, 6. 친생부인제도의 개정, 7. 친양자제도의 신설, 8. 친권규정의 일부개정, 9. 후견인의 해임규정의 개정, 10. 한정승인제도의 보완규정의 신설 등을 들 수 있다.

이 중에서 호주제도와 관련된 규정(제2장 호주와 가족, 제8장 호주승계)과 친양자에 관한 규정 등은 신분등록부의 정비의 필요상, 2008년 1월 1일부터 시행하게 되어 있다.

위와 같은 내용을 해설하기 위하여 제2판을 내기로 했으며, 그밖에 그 후에 새로 나온 판례를 보완하였다.

2005. 7. 2.<br>저자 金 疇 洙

# 머리말(제 1 판)

1998 년에 주석 친족법을 출간한 바 있는데, 이제 그 속편으로 주석 상속법을 출간하게 되었다. 이제 이것으로 숙제의 친족편과 상속편의 주석서의 작업을 마치게 되어 마음이 한결 가벼워졌다.

그 동안 가족법(친족법과 상속법의 통칭)에 관해서는 역사에 남을 일이 있었다. 즉, 법무부의 민법개정특별분과위원회에서 5년여에 걸쳐서 준비한 가족법 개정안이 1999년에 국회에 제출되어 법제사법위원회에서 공청회를 열어서 각계 각층의 의견을 들은 후 심의를 하여 약간의 수정을 한 다음 전체회의까지 통과되었지만, 법무부가 제출한 개정안 중에서 이미 헌법재판소에서 헌법불합치결정을 내려 효력을 상실한 동성동본간의 혼인금지규정(제809조 제1항)을 폐지하고 근친혼금지규정으로 바꾸는 안을 채택하지 않기로 했기 때문에 언론계와 여성계 등의 맹렬한 비판을 받고, 법사위의 수정안은 국회 본회의에 상정시키지 못하고 폐기되는 운명에 처하여졌다. 그 후 새 국회가 열린 후, 법무부는 이미 주요 조항들이 헌법재판소에서 헌법불합치결정이 내려져서 그 효력이 상실되어 있는 상태이기 때문에, 1999년에 국회에 제출되었다가 폐기된 가족법 개정안 중에서 "부양상속분"의 규정을 기여분의 특칙으로 손질을 한 후 다시 입법예고를 하고 당정회의를 거쳐서 국무회의의 의결을 받아 2000년 다시 국회에 제출하였다. 그러나 국회는 "가부장제 가족법질서로의 회귀"를 꿈꾸는 수구봉건세력의 압력에 밀려 개정안에 대해서는 손도 대지 못하고, 개정안 중에서 상속회복청구권의 제척기간(제999조 제2항)과 한정승인에 관한 규정(제1019조 제3항의 신설)에 대해서만 심의를 하여 이를 통과시켜서 2002년 1월 14일 공포 시행되고 있을 뿐이다.

주석 상속법은 원래 가족법 개정안의 국회 통과를 계기로 낼 생각으로 준비하고 있었다. 그러나 위와 같은 사정에 비추어 볼 때에, 가족법 개정안의 완전한 통과는 당분간 어려울 것 같고, 상속법에 있어서는 중요한 개정안이 통과되었기 때문에 이 시점에서 주석 상속법을 출간하기로 하였다. 서술 방식은 이미 출간되어 있는 주석 친족법의 경우와 같이 조문별로 주석을 하고 그 뒤에 관련된 판례를 넣되 중요한 판례에 대해서는 주석을 하였다.

끝으로 이 책을 내는 데 있어서 협조를 아끼지 않으신 이종균 회장과 편집과 교정 등 여러 모로 수고해 주신 편집부의 최창석 부장에게 깊은 감사를 드린다.

2002. 7. 17.
저자 金 疇 洙

## 제6판 주석 민법 상속편 집필자


| | |
|---|---|
| 권 양 희 | 법무법인(유한) 세종 변호사 |
| 김 영 하 | 사법정책연구원 선임연구위원/부장판사 |
| 김 윤 정 | 법무법인 화안 변호사 |
| 김 혜 진 | 수원지방법원 부장판사 |
| 민 유 숙 | 전 대법관 |
| 박 강 민 | 울산지방법원 부장판사 |
| 윤 지 상 | 법무법인 존재 대표 변호사 |
| 이 경 린 | 부산지방법원 부장판사 |
| 이 대 로 | 울산지방법원 부장판사 |
| 이 화 연 | 사법정책연구원 연구위원/판사 |
| 전 경 태 | 광주지방법원·광주가정법원 해남지원 부장판사 |
| 정 혜 은 | 법무법인(유한) 태평양 변호사 |
| 최 정 인 | 서울서부지방법원 부장판사 |

(가나다순, 2025. 6. 15. 현재)

# [범 례]

## Ⅰ. 서술방식

1. 원고는 횡서체로 하고 한글 전용을 원칙으로 한다. 다만 법령명이나 의미 전달에 혼란이 있는 경우 한자를 괄호안에 병기하였다.

2. 타이틀은 다음과 같이 구분하였다.

Ⅰ.
1.
가.
1)
가)
(1)
(가)
①
㉮

3. 조문은 집필당시의 개정법률을 근거로 하며 그 내용은 종합법률정보(http://glaw.scourt.go.kr)에 수록된 법령에 준하였다.

4. 조문 하단에는 집필하려는 조문과 관련된 관련조문이나 비교조문을 나열하였고, 해당 조문의 목차를 두었다.

5. 각 조문별로 주석을 서술하였고 별면으로 처리하였다. 각주의 일련번호는 각 편, 장, 절, 관, 조문별로 새롭게 번호를 부여하였다.

## Ⅱ. 법령 표기

1. 법령의 인용시에는 원칙적으로 약어를 사용하지 않았다.

2. 본문속에 법령을 표기할 때에는 본문의 법령인용은 원문 그대로 사용하며 제○조 제○항 제○호 등으로 기재하였다.

※ 예) ① 본문의 경우

민사소송법 제476조 제1항, 민법 제289조의2 제1항

② ( )안의 경우

(민사소송법 제479조 제2항 제1호, 민법 제280조 제1항 제1호)

## Ⅲ. 판례 표기

1. 판례의 표기는 다음과 같은 방법에 따른다.

▷ 대법원 1996. 4. 26. 선고 96다1078 판결.

▷ 대법원 1992. 5. 26. 선고 92다84 판결, 대법원 1993. 10. 26. 선고 93다6409 판결, 대법원 1996. 6. 14. 선고 96다46374 판결.

▷ 대법원 1996. 11. 16.자 95마252 결정.

▷ 대법원 1995. 11. 16. 선고 94다56852, 56853 전원합의체 판결.

☞ 사건번호는 병합, 반소, 참가 사건 구분 없이 '94다56852, 56853'과 같이 나열하였다.

▷ 부산지방법원 동부지원 2000. 1. 18. 선고 2000가합10574 판결.

▷ 헌법재판소 1994. 7. 29. 선고 92헌바49, 52 결정.

2. 외국 판결은 그 나라의 표준적인 표시방법에 따라 표시할 수 있다. 다만, 일본판결의 경우에 선고일자는 서기연도로 기재하며, 일본연호는 사용하지 않았다.

▷ 일본대심원 대정 9년 12월 20일 판결

☞ 日大判 1920. 12. 20.

▷ 일본최고재판소 소화 34년 6월 19일 판결

☞ 日最判 1959. 6. 19.

3. 판례 출처는 검색이 가능한 판례의 경우는 출처를 밝히지 않았다. 하지만 그 외의 경우는 출처를 밝히기 위한 약어는 다음과 같다. 약어로 표기된 출처는 괄호(공1988, 623)안에 넣어 표기한다.

▷ 법원공보 1988년 4월 15일 제822호 623면 → 공1988, 623

▷ 법원공보 1993년 7월 15일 제948호 1697면 → 공1993하, 1697

☞ 법원공보가 상, 하로 분리된 1993년부터는 상, 하를 구분하여 표시하였다.

▷ 판례공보 1996년 2월 1일 제3호 461면 → 공1996상, 461

▷ 대법원판례집 제43권 2집 민사편 230면 → 집43-2, 230

☞ 다만, 대법원판례집 제31권 6집까지는 편별로 면수가 독립되어 있으므로 '집31-6, 민149'와 같이 편별 표시를 하였다.

▷ 대법원판결요지집 민사·상사편 Ⅰ-2집 680-2면 65번 판결 → 요민Ⅰ-2, 680- 2(65)

☞ 형사 · 군사편은 '요형', 특별편은 '요특'으로 표시하였다.

▷ 각급법원(제1,2심) 판결공보 2005년 2월 10일 제18호 215면 → 각공18, 215

▷ 고등법원판례집 1970년 형사·특별편 20면 → 고집1970, 형특20

▷ 하급심판결집 1984년 제2권 229면 → 하집1984-2, 229

▷ 헌법재판소판례집 제3권 569면 → 헌집3, 569

▷ 헌법재판소공보 제3호 255면 → 헌공3, 255

▷ 사법논집 제25집 311면 → 사법논집(25), 311

▷ 사법연구자료 제21집 153면 → 사법연구(21), 153

▷ 재판자료 제61집 364면 → 재판자료(61), 364

▷ 대법원판례해설 1995 하반기(통권 제24호) 151면 → 판례해설(24), 151

## Ⅳ. 기타 인용 표기

1. 판결, 문헌 인용시 약어는 사용하지 않으며 해당 페이지에 대한 "면", "쪽" 등의 글자 표시는 생략하였다.

2. 참고문헌의 표기는 다음과 같이 하였다.

▷ 이시윤, 민사소송법(신정보판), 박영사(1995), 232.

▷ 주석 형법, 각칙(1)(제5판), 한국사법행정학회(2017), 119(김선일).

▷ 형법주해[Ⅳ], 각칙(1), 박영사(2023), 315(김택균).

3. 저자가 2명 이상인 경우 '/ '를 사용하여 2명의 이름을 모두 밝히되, 3명 이상인 경우에는 '○○○ 외 2인' 등으로 표기하였다.

4. 논문이나 단행본, 월간지, 기타 논문집의 인용은 다음과 같이 하였다.

▷ 김기정, "집합건물의 집행을 둘러싼 몇 가지 법률문제에 대한 고찰", 사법논집(27), 5.

▷ 윤진수, "토지 임차인의 매수청구권 행사와 법원의 석명의무", 인권과 정의 236호(1996. 4.), 133~139.

5. 외국 문헌은 그 나라의 인용례에 따르는 것을 원칙으로 하되, 책 이름에 이탤릭체나 밑줄 등을 사용하지 아니하고 논문 제목에 "　　" 표시를 하였다.

▷ Walter E. May, "International Equipment Leasing: The UNIDROIT Draft Convention," 105 Harv. L. Rev. 80(1991).

▷ 植田勝博, "ユーザーからみた リース契約の 問題點", 金融法務事情 1101號(1985. 10.), 24.

▷ 南部二三雄, リースの 實務, 東京: 東洋經濟新報社(1973), 178.

6. 인터넷 자료는 다음과 같이 표기하였다.

▷ 저자명, 자료제목(2009. 9. 1. 방문), <http://www.scourt.go.kr/seminar/ d-3.htm>

## V. 옆번호의 표기

1. 주석서의 효율적인 정보 전달과 내용 첨가, 수정시 페이지 변동으로 인한 인용 불편을 해소하기 위해 옆번호[1]를 표기하였다.

2. 옆번호는 텍스트 위치를 신속하게 찾을 수 있고 정확한 인용을 할 수 있도록 한다. 본문 내용이 추후 첨가, 삭제, 수정되는 경우 페이지는 변경되지만 옆번호는 항상 동일하기 때문에 인용의 불편함을 해소하며, 특히 온라인에서 열람할 경우에 도움이 된다. 옆번호는 동일 내용을 담고 있는 문단에 부여한다.

< 표기 예시 >

1 일반적인 범죄론 체계에 따르면 범죄란 구성요건에 해당하고 위법하며 유책한 행위라고 정의할 수 있다. 형법 각칙은 죄형법정주의에 입각하여 범죄의 개별적 유형에 따른 구체적 구성요건의 내용을 정하고 형벌의 범위를 설정하는 일반법이다. 구성요건이란 좁은 의미에서 보면 법적으로 규정되지 않은 행위는 처벌대상이 아니라는 것이고, 넓은 의미에서 보면 범죄의 성립요건 전부를 포괄하는 것이다.

2 형법 총칙이 형법의 본질적 기초를 이루는 범죄와 형벌에 대한 일반 원칙을 다룬다면, 형법 각칙에서는 개별적인 범죄유형과 이에 대한 구체적인 형벌을 규정하고 있다.

1 독일 법률서적에서 많이 사용되는 Randnummer[Rn. 옆번호(방주)]는 본문 오른쪽 혹은 왼쪽에 적혀 있는 일련의 번호를 말한다.

# [목 차]

* 삭제 조문

# 제 5 편 상속

# 제 5 편 상속

<개정 1990. 1. 13>

## [총설]

**[관련조문]** 민법 제107조(진의 아닌 의사표시), 제110조(사기, 강박에 의한 의사표시), 제269조(분할의 방법), 제404조(채권자대위권), 제999조(상속회복청구권), 제1008조(특별수익자의 상속분), 제1008조의2(기여분), 제1012조(유언에 의한 분할방법의 지정, 분할금지), 제1013조(협의에 의한 분할), 제1014조(분할 후의 피인지자 등의 청구권), 제1015조(분할의 소급효), 제1016조(공동상속인의 담보책임), 제1017조(상속채무자의 자력에 대한 담보책임), 제1018조(무자력공동상속인의 담보책임의 분담), 제1024조(승인, 포기의 취소금지), 제1026조(법정단순승인), 제1060조(유언의 요식성), 제1112조(유류분의 권리자와 유류분), 제1113조(유류분의 산정), 제1114조(산입될 증여), 제1115조(유류분의 보전), 제1116조(반환의 순서), 제1117조(소멸시효), 제1118조(준용규정), 신탁법 제3조(신탁의 설정), 제58조(수익자지정권등), 제59조(유언대용신탁), 제60조(수익자연속신탁), 제99조(합의에 의한 신탁의 종료), 제101조(신탁종료 후의 신탁재산의 귀속), 가사소송규칙 제2조(가정법원의 관장사항), 제115조(상속재산 분할의 심판).

**[참고문헌]** 윤진수, 친족상속법 강의(제5판), 박영사(2023); 법원실무제요, 가사[Ⅰ], 사법연수원(2021); 법원실무제요, 가사[Ⅱ], 사법연수원(2021); 외국사법제도연구 제30권, 사법정책연구원(2022); 유류분 제도에 관한 헌법적 검토, 헌법재판소(2021); 권민재, "증여재산의 처분과 유류분 가액산정", 대법원판례해설 제135호, 법원도서관(2023); 고상현, "기업재단에 관한 법정책적 고찰", 법학논총 제47호, 숭실대학교 법학연구소(2020); 고상현, "독일 민법상 상속 및 유류분의 사전포기제도", 가족법연구 제29권 제1호, 한국가족법학회(2015); 고상현, "유류분제도와 공익출연", 가족법연구 제24권 제3호, 한국가족법학회(2010); 김능환, "유류분반환청구", 재판자료 제78집, 법원도서관(1998); 김수정, "기여분과 부양", 가족법연구 제35권 제1호, 한국가족법학회(2021); 김진우, "생전 증여, 기여분과 유류분: 독일법으로부터의 시사점-수원고등법원 2020. 6. 18. 선고 2019나18217 판결을 중심으로-", 법학논총 제28권 제2호, 조선대학교 법학연구원(2021); 김진우, "유산기부 활성화를 위한 입법 과제-유류분 제도 및 공익법인의 지배구조에 대한 규제 완화를 중심으로-", 외법논집 제43권 제2호, 한국외국어대학교 법학연구소(2019); 김판기/홍진희, "상속인 아닌 보험수익자가 생명보험금을 수령한 경우 상속인의 유류분 산정의 기초재산 결정에 관한 민법 및 보험법의 조화로운 해석-대법원 2022. 8. 11. 선고 2020다247428 판결에 대한 비판적 검토를 중심으로-", 법과정책연구 제23권 제1호, 한국법정책학회(2023); 김현진, "프랑스의 유류분 제도와 우리 민법 개정에의 시사점", 가족법연구 제37권 제2호, 한국가족법학회(2023); 김화, "오스트리아, 스위스에 있어서 기업재단의 문제", 비교사법 제28권 제2호, 한국사법학회(2021); 방효석, "유류분 기능변화에 따른 유류분 제도의 개선방안", 고려대학교 대학원 법학석사학위논문(2017); 배인구, "토론문: 현행 유류분제도의 문제점과 개선 과제", 가족법연구 제37권 제2호, 한국가족법학회(2023); 신봉근, "유류분의 개정에 관한 고찰-일본의 상속법을 중심으로-", 가족법연구 제38권 제2호, 한국가족법학회(2024); 양승욱, "고령사회로의 진입과 독일민법상의 유류분제도에 관한 비교법적 고찰", 경희대학교 대학원 법학석사학위논문(2012); 윤지은, "국내 유언대용신탁의 활성화에 관한 연구: 유류분 문제와 상속·증여세의 과세방식 문제를 중심으로", 연세

대학교 대학원 법학석사학위논문(2024); 이관형, "상속형 신탁과 유류분의 관계," 법학논고 제79집, 경북대학교 법학연구원(2022); 이동진, "배우자의 특별수익, 기여분, 유류분-대법원 2011. 12. 8. 선고 2010다66644 판결", 사법 제56호, 사법발전재단(2021); 이봉민, "무상의 상속분 양도가 유류분 산정을 위한 기초재산에 산입되는지 여부", 대법원판례해설 제129호, 법원도서관(2021); 이봉민, "특별한 부양 내지 기여에 대한 대가인 생전 증여가 특별수익에 해당하는지 여부", 대법원판례해설 제131호, 법원도서관(2022); 이봉민, "피대습인이 대습원인 발생 이전에 생전 증여로 특별수익을 받은 이후 대습상속인이 대습상속을 포기한 경우 유류분 산정의 기초재산에 산입되는 생전 증여의 범위", 대법원판례해설 제131호, 법원도서관(2022); 이봉민, "프랑스법상 유류분의 반환방법-2006년 6월 23일 개정 프랑스 민법을 중심으로-", 가족법연구 제23권 제3호, 한국가족법학회(2009); 이소은, "일본 개정 유류분법의 해석과 적용-우리 법의 개정에 대한 시사점을 중심으로-" 가족법연구 제37권 제2호, 한국가족법학회(2023); 장명, "유언대용신탁에서 생전 수익자를 위탁자로, 사후 유일한 수익자를 수탁자로 정한 경우의 효력-대법원 2024. 4. 16. 선고 2022다307294 판결을 중심으로-", 가천법학 제17권 제3호(2024); 전경근, "특별수익, 유류분 그리고 재혼", 가족법연구 제24권 제3호, 한국가족법학회(2010); 정구태, "대습상속과 특별수익 및 상속포기, 그리고 유류분-대법원 2022. 3. 17. 선고 2020다267620 판결에 대한 비판적 검토-", 안암법학 제65호(2022); 정구태, "유류분 제도의 법적 구조에 관한 연구", 고려대학교 대학원 법학박사학위논문(2010); 정다영, "프랑스민법상 유류분 권리자의 범위 및 유류분의 산정", 가족법연구 제31권 제2호, 한국가족법학회(2017); 조아라, "배우자의 기여분에 관한 실무 운영 검토 및 제안: 대법원 2019. 11. 21. 자 2014스44, 45 전원합의체 결정 이후의 하급심 사례를 중심으로", 가족법연구 제36권 제3호, 한국가족법학회(2022); 조웅규, "신탁을 활용한 기업승계 방안", 서울대학교 대학원 법학석사학위논문(2022); 최수정, "유언대용신탁과 유류분의 관계-한국과 일본의 하급심판결에 대한 비교검토를 통하여-", 인권과 정의 제493호(2020); 최준규, "유류분과 기업승계-우리 유류분 제도의 비판적 고찰", 사법 제37호, 사법발전재단(2016)

## Ⅰ. 상속법의 특징과 민법 내에서의 위치

1 입법연혁과 특징, 민법 재산법과의 관계, 가사소송법상 전속관할 규정 및 절차, 가족관계의 등록 등에 관한 법률에 관한 자세한 설명은 친족편 총설에 포함되어 있다. 상속편에서는 상속에 한정하여 재산법과의 관계를 간략히 서술한다.

## 1. 상속법의 특징

### 가. 상속법의 재산법적 성질과 독자성

2 상속법의 경우 친족법과 달리 그 본질을 재산법으로 파악하는 견해가 상당하다(☞ 상속법과 재산법의 관계에 관한 구체적인 논의는 제5편 제1장의 [총설] 주석 참조).

3 상속편의 출발점인 '상속'은 재산상 권리의무를 상속의 대상으로 하므로 재산법적 요소가 강하다. 그러나 상속편 역시 친족편에 규정된 신분관계를 전제로 하고 있으며, 상속인과 상속분이 법정되어 있고 유언의 요식행위성과 유류분 보장 등 재산법과 구별되는 규정들을 갖추고 있다.

### 나. 상속법의 요식성

4 유언은 민법의 정한 방식에 의하지 아니하면 효력이 생기지 아니한다고 명시된(민법 제1060조) 요식행위이다. 상속의 한정승인·포기 역시 가정법원에 신고를 하여 수리되어야 하는 요식적 절차에 따라야만 법상 효력이 인정된다.

## 2. 상속편과 재산법 규정과의 관계

### 가. 민법 제107조 내지 제110조 법률행위의 무효·취소 사유

5 상속법 영역에서는 친족법과 달리, 상속재산분할협의(민법 제1013조), 기여분의 협의(제1008조의2) 등은 계약의 일종이므로 민법 총칙의 의사표시에 관한 규정이 적용되며, 상속인은 비진의의사표시, 통정허위표시, 착오·사기·강박 등을 주장할 수 있다고 해석된다. 유언(민법 제1073조) 중 재산법적 의사표시를 내용으로 하는 부분에 대해서도 단독행위의 성질에 반하지 않는 범위에서 민법 총칙편의 의사표시 규정이 적용된다. 민법 제1024조 제2항은 상속의 승인·포기에 대하여 총칙편에 의한 취소가 가능함을 명시함과 아울러 취소기간의 특칙을 두고 있으며, 가사소송법은 이를 라류 가사비송사건 절차에 의하도록 규정하고 있다. 따라서 상속의 승인·포기에 대하여는 민법 총칙편의 취소사유를 주장할 수 있지만 가정법원에 취소 신고를 하여 수리를 받아야 하고, 이를 거치지 않은 채 취소를 주장하는 것은 허용되지 않는다는 점에서 재산법상 법률행위와 차이가 있다.

### 나. 민법 제449조 양도·상속 등 승계

6 상속법상 권리인 상속회복청구권(민법 제999조), 유류분반환청구권(제1112조)은 상속성이 긍정된다고 해석된다(☞ 상세한 내용은 해당 각 조문의 주석 참조).

### 다. 민법 제404조 채권자대위권 행사

7 대법원판례는, 유류분반환청구권(민법 제1112조)은 행사 여부가 청구하는 사람의 인격적 이익을 위하여 그의 자유로운 의사결정에 전적으로 맡겨진 권리로서 행사상의 일신전속성을 가지므로 원칙적으로 채권자대위권의 목적이 될 수 없다는 입장이다.[1] 상속의 승인 및 포기에 대하여도 같은 취지로 해석된다.

8 상속인의 채권자가 상속인을 대위하여 상속재산분할심판(민법 제1013조)을 청구할 수 있는지에 관하여는 아직 판례가 없는 상태이다. 다만 공유물분할청구권의 대위행사 가부에 관하여 대법원 2020. 5. 21. 선고 2018다879 전원합의체 판결은 종전 판례[2]를 변경하여 원칙적으로 불허 입장을 취하는 점에 유의할 필요가 있다. 상속인의 채권자가 상속인을 대위하여 상속회복청구권(민법 제999조)을 행사할 수 있는지 역시 아직 판례가 없는 영역으로 긍정설과 부정설이 대립되어 있다(☞ 상세한 내용은 각 해당 조문 및 제4절 상속의 승인 및 포기 [총설] 부분 주석 참조).

### 라. 민법 제406조 채권자취소권 행사

9 상속인들 사이의 상속재산분할협의, 상속인의 상속 포기 의사표시 등에 대하여 상속인의 채권자가 사해행위를 주장하며 채권자취소권을 행사할 수 있는지 문제된다.

10 상속재산분할협의에 대하여는 대법원 2001. 2. 9. 선고 2000다51797 판결 등 일련의 대법원 판결들이 채권자취소권의 행사가 가능함을 전제로 실체판단을 하여 왔다.

11 이와 달리 상속 포기에 대하여는 대법원 2011. 6. 9. 선고 2011다29307 판결이 상속인으로서의 지위 자체를 소멸하게 하는 행위로서 이를 순전한 재산법적 행위와 같이 볼 것이 아니고, 오히려 1차적으로 피상속인 또는 후순위상속인을 포함하여 다른 상속인 등과의 인격적 관계를 전체적으로 판단하여 행하여지는 '인적 결단'으로서의 성질을 가진다고 보아 사해행위 취소의 대상이 되지 못한다고 판시하였다.

## 3. 상속법과 가사소송법(가사소송법에 의한 가정법원 관할 사건)

12 가사소송법의 입법연혁, 가정법원의 관할 일반론은 친족편 주석 참조.

13 상속과 유언에 관한 사건중 가사소송법상 라류 또는 마류 비송사건으로 규정된

1 대법원 2010. 5. 27. 선고 2009다93992 판결.
2 대법원 2015. 12. 10. 선고 2013다56297 판결.

것들은 가정법원의 심판 대상이 된다. 즉 상속의 한정승인·포기, 유언에 관한 각종 허가 등 재판은 라류 가사비송사건으로, 상속재산분할과 기여분 청구는 마류 가사비송사건으로 처리되며, 피인지자 등의 상속분에 상당한 가액의 지급 청구는(민법 제1014조) 다류 가사소송사건으로(가사소송규칙 제2조 제1항 제2호, 제2항) 처리된다.

14 2026. 1. 1. 시행 예정인 민법 제1004조의2에 의한 상속권 상실 선고 사건은 나류 가사소송사건으로 처리될 예정이다(상속편에 정해진 제도로서 가류 또는 나류 가사소송사건에 속하는 유일한 경우이다)

15 한편, 상속회복청구권, 유류분청구는 상속편에 규정된 민사사건의 대표적인 경우이다.

## Ⅱ. 유류분제도의 현황과 전망: 다양한 쟁점에 관한 해석가능성의 모색

### 1. 유류분제도 서론

#### 가. 유류분에 관하여 다양한 논의가 필요한 이유

16 부동산과 주식 등 자산가치가 폭등한 가운데 우리 나라 경제성장을 주도해 온 세대의 자산 대물림 시기가 다가오면서 상속을 둘러싼 분쟁이 크게 늘어나고 있다. 그 중에서도 유류분청구사건의 가파른 증가세가 통계수치로 확인되고 있다.

17 사회가 변화하고 경제가 발전함에 따라 사회 구성원들의 전반적인 인식 변화는 물론 개인별, 가정별로 상속에 대비하는 태도 역시 변화, 발전하고 있다. 이에 비하여 유류분에 관한 민법 규정을 7개 조문에 불과하여 유류분 전체를 규율하기에 불충분하고 해석으로 보충되어야 할 영역이 넓게 존재한다. 게다가 위 존재하는 조문 사이에서도 충돌되는 부분이 있고 이 또한 해석에 의하여 해결되어 왔다.

18 대법원판례와 통설적인 해석론은 본문 민법 제1112조에서 제1118조까지 서술에서 확인할 수 있으므로, 아래에서는 본문의 조문별 서술이 담기 어려운 조문간의 관계, 특히 유류분제도와 상속재산분할 등 다른 제도들과의 관계를 설명하는 외에 최근 대두되는 쟁점을 중심으로 견해들 및 입법론을 소개함으로써 현재의 재판실무가 해결하지 못하는 부분에 대한 변화의 가능성을 가늠해보기로 한다.

#### 나. 상속재산분할과 유류분의 관계

19 유류분에 관한 본격적인 논의에 앞서 상속재산분할제도와의 관계를 간단히 살펴본다.

#### 1) 차이점

20 상속재산분할과 유류분은 제도의 취지가 다르고, 관할법원이 다르며, 당사자를 달리 한다.

21 상속재산분할재판은 마류 가사비송사건으로 가정법원의 관할이고 유류분 재판은 민사사건으로 지방법원의 관할이다.

22 상속재산분할심판은 공동상속인 전원이 청구인 또는 상대방으로 그 재판의 당사자에 포함되어야 하는 필수적 공동소송이다. 유류분반환 소송은 상속인만 소제기할 수 있고, 그 중에서도 1, 2순위의 상속인인 직계비속, 배우자, 직계존속에게만 청구권이 부여되어 있다. 한편 유류분반환의무자는 상속인 지위와 무관하게 피상속인으로터 증여 또는 유증을 받아 다른 공동상속인의 유류분권을 침해한 사람이다(생전 증여를 받은 제3자에 대하여는 인정 요건에 제한이 있다).

#### 2) 두 제도의 접근

23 다른 한편, 피상속인이 공동상속인의 일부에게 증여 또는 유증을 하여 분쟁이 발생한 경우에는 소송에 이르는 경위가 동일하고 당사자도 거의 일치하게 된다. 두 재판이 가정법원과 지방법원에서 동시에 진행되기도 한다.[3]

24 대법원 판례에 따라 유류분 부족액을 산정할 때 공제할 순상속분액은 구체적인 상속분을 기초로 하여야 하고, 향후 유류분에서도 기여분이 참작되게 되면, 상속재산분할 및 기여분 재판 사이에서 쟁점이 중첩되게 될 것이다.

25 양자의 계산방식 기타 법리적인 차이로 인한 경우라면 별론으로 하더라도 동일 상속인들 사이에서 동일 증여재산에 관한 특별수익의 인정이 달리 판단되는 것은 바람직하지 않다. 기여분의 인정에서도 마찬가지의 문제가 발생할 수 있을 것이다.[4]

3 상속재산분할사건과 유류분반환사건이 가정법원과 지방법원에 각기 계속되어 있을 때 처리방법과 실무례는 민법 제1013조의 서술에 자세히 설명되어 있다.

4 이러한 경우 민사사건과 가사사건의 관할 준별 원칙을 유지하면서도 가정법원에서 두 사건을 통일적으로 처리할 수 있도록 이미 제20대 국회(2018. 3. 2.) 및 제21대 국회(2022. 11. 10.) 당시 아래의 조문을 포함하는 가사소송법 개정안이 각 제출되었으나 임기만료로 폐기되었다.
개정안 제6조(관련 민사사건의 이송) ① 지방법원은 제1심에 계속(係屬)되고 있는 민사사건이 다음 각 호의 요건을 모두 갖춘 경우에는 직권이나 당사자의 신청에 의하여 결정(決定)으로 소송(전속관할이 정해진 소송은 제외한다)의 전부 또는 일부를 제2호의 가사사건이 계속된 가정법원으로 이송할 수 있다.
1. 가. 민법 제1115조에 따른 유류분(遺留分)의 반환청구 사건.

### 다. 유류분 제도의 입법취지와 해석원칙

26 대법원과 헌법재판소는 일관하여 유류분제도의 입법취지는 피상속인의 재산처분의 자유·유언의 자유를 보장하면서도 피상속인의 재산처분행위로부터 유족들의 생존권을 보호하고, 상속재산형성에 대한 기여, 상속재산에 대한 기대를 보장하려는 것이라고 판시하였고 통설의 입장도 유사하다.

27 다양한 해석론들은 ① 유류분은 각 상속인의 법정상속권에 대한 기대와 권리를 보장하기 위하여 피상속인의 재산처분자유에 제한을 가하는 것이 제도 자체의 취지라는 점을 중시하는 견해를 한 축으로 하고, ② 피상속인의 재산처분 자유를 원칙으로 하여 유류분은 위 원칙에 대한 예외로서 원칙과 충돌하지 않는 한도에서 인정되어야 한다는 견해를 다른 한 축으로 한다.

28 '피상속인의 재산처분 자유를 빼앗지 않으면서, 상속인에게 대한 최소한의 보장과 부양', '피상속인의 재산처분과 무관하게 일정 비율을 상속인에게 귀속', '피상속인의 자의적 행위에 대하여 상속인 보호' 등 각 견해가 표명하는 표현의 규범적 차이는 이와 같은 '해석의 양대 축' 가운데 어느 지점에 위치하는지의 차이에서 비롯된다고 평가할 수 있다. 그 위치하는 지점의 차이가 개별 쟁점에 관한 견해 차이를 반영하기도 한다.

### 라. 유류분제도에 대한 비판과 재반론

29 오늘날 사회구조가 변하고 가족제도의 모습 등이 크게 달라지면서 유류분제도의 본래 목적과 기능이 퇴색되고 있다는 비판이 꾸준히 제기되고 있다. 사회구조가 농경 사회에서 도시화·정보화 사회로 변하였고 가족에 대한 관념 변화로 가족구성원들의 부양이나 안정, 유대감이 감소함에도 불구하고 피상속인의 의사에 의한 처분을 부정하는 근거로 삼는 것은 설득력이 없다는 것이다.

30 이에 대하여는 공동상속인 사이의 공평한 이익이 피상속인의 증여나 유증으로 인하여 침해되는 것을 방지하고 피상속인 및 상속인들 사이의 대립되는 이해관계를 조정한다는 유류분의 목적은 여전히 타당하다는 반론이 있다.

### 마. 고령화 사회와 유류분 제도

#### 1) 견해 대립: 비판 VS. 옹호

31 평균수명의 연장으로 인한 상속개시연령의 상승이 유류분제도에 미치는 영향에 대하여도 상반된 견해가 대립되어 있다.[5]

32 유류분에 비판적인 견해는, 평균수명연장으로 상속인들은 성인이 되고 난 이후 상당한 기간이 경과하여 가정을 이루고 독립적인 경제생활을 유지하며 생계를 이어갈 수 있는 시기에 상속을 받게 되었고 특별한 사정이 있는 경우를 제외하고는 유언의 남용 등으로 야기되는 부양가족의 생활곤란을 방지하기 위한 대책으로서 가지는 유류분의 의의는 퇴색 되었다고 평가한다.

33 유류분을 옹호하는 입장에서, 기대수명이 늘어난다고 해서 반드시 상속인 부양의 필요성이 약화되는 것은 아니라는 견해가 상당하다. 중년의 상속인이라고 하여도 자녀들의 양육·교육의 부담이나 주택대출금을 안고 있는 경우가 많아 고령으로 사망하는 부모의 유산상속이 중년의 자에게 있어 무의미하다는 주장은 경솔한 단정에 지나지 않는다는 지적, 생존배우자에 대해서는 생활보장이나 재산형성에의 협력의 평가라는 의미를 가짐은 물론 장년에 달한 자녀에 대해서도 주택담보대출채무의 변제나 그 자녀(피상속인의 손자녀)의 교육비부담 등에서 여전히 생활보장적인 의미가 남아 있다고 지적한다.

#### 2) 우리나라 사회 현실에의 적용

34 우리나라의 경우 상속개시 당시 상속인이 고령이 되거나 퇴직을 앞두고 있는 경우도 많고, 상속개시 당시까지 모은 돈은 상속인의 자녀에 대한 교육비, 결혼비용 등으로 써버려 현실적으로 상속개시 당시 상속인에게 노후를 대비한 충분한 재산이 남아 있지 않은 경우도 많다. 우리나라는 65세 이상 노인빈곤율이 높고 연금의 소득대체율이 낮기 때문에 노년 부양의 문제가 더욱 심각하다. 일본에서도 고령 사회화에 따라 상속 개시시 자녀들의 요부양도는 낮아지는 반면, 생존 배우자의 생활보장의 필요도가 높아진 점에 주목하고 있다.

5 이 쟁점에 관하여는 방효석, "유류분 기능변화에 따른 유류분제도의 개선방안", 고려대학교 대학원 법학석사학위논문(2017); 신봉근, "유류분의 개정에 관한 고찰 —일본의 상속법을 중심으로—", 가족법연구 제38권 제2호(2024); 양승욱 "고령사회로의 진입과 독일민법상의 유류분제도에 관한 비교법적 고찰", 경희대학교 대학원 법학석사학위논문(2012).

35 평균수명의 연장과 이로 인하여 상속개시시점이 늦추어진다는 사실은 위 양측의 견해가 주장하는 문제점과 필요성을 모두 갖고 있다고 할 것이다. 상속인 중 직계비속은 보다 경제력을 갖추어 부양의 필요성이 낮아질 여지가 있겠지만 다른 한편, 생존배우자는 상속재산의 유지에 더 오래 기여하였고 상속재산으로 부양을 받을 필요성이 더 높아진다. 초고령화 사회에 진입할수록 상속개시 시점에는 모든 공동상속인이 고령화된다.

### 바. 우리나라의 유류분 도입 취지와 그 영향

#### 1) 여성의 상속권 보장과 유류분 도입

36 우리나라에서 유류분제도가 신설될 때의 사회적 필요와 그러한 환경이 현재에 미치는 영향 및 변화 유무에 대하여도 고려할 측면이 있다.

37 제정민법은 재산상속에서의 공동상속제도를 도입하였다. 여성단체를 중심으로 민법 제정 당시 아내 및 직계비속 여자의 상속권을 실효성 있게 보장하기 위하여 유류분 제도의 도입 필요성을 주장하는 의견이 있었으나 반영되지 못하였다.

38 그 후 1973년 여성단체들의 연합체인 범여성가족법개정촉진회가 채택한 10개항 개정요강에 유류분제도 신설이 포함되었고 이를 일부 수용한 법률안이 가결되어 1977. 12. 31. 공포됨으로써 그 개정 민법의 시행일인 1979. 1. 1.부터 유류분제도가 시행되었다. 당시 국회 심사보고서는 유류분제도 신설의 의의로 '일정한 상속인에 대해서 상속재산 중 일정 부분을 유보함으로써 유증에 의한 피해를 저지하려는 제도'라고 명시하였다. 그 경위에 비추어 우리나라의 유류분제도는 고유한 문화나 전통의 산물이 아니고, 도입 당시부터 상속인 간 평등에 방점이 찍혀 있었다고 평가하는 견해가 있다.[6]

39 위 1977년 민법 개정으로 아내 및 동일가적 내의 딸의 상속분이 상향된 점까지 고려한다면 유류분제도 신설에는 여성 상속인의 상속분을 실질적으로 보장하고 상속분의 침해 행위에 대응하는 취지가 자리잡고 있었다고 평가할 수 있을 것이다.

#### 2) 재판사례로 보는 여성의 상속권 보장과 유류분

40 실제 재판례를 보더라도, 대법원에서 유류분의 법리가 다루어지기 시작하는 초기에 선고된 대법원 1995. 6. 30. 선고 93다11715 판결은 3남 1녀를 둔 피상속인

6 김현진, "프랑스의 유류분 제도와 우리 민법 개정에의 시사점", 가족법연구 제37권 제2호, 한국가족법학회(2023), 170.

이 생전에 주요재산을 피고(장남)에게 증여(차남 및 3남에게는 그 이전에 다른 토지 각 증여)함으로써 사망 당시 적극 및 소극의 상속재산이 전혀 없게 되었고, 이에 원고(출가하지 않은 딸)가 유류분반환을 청구한 사안이었다.

41 또는 피상속인이 아들들 중 1인에게만 재산을 증여하여 딸(들) 및 나머지 상속인들이 유류분반환을 구하는 사안도 확인된다. 최근 대법원 2024. 6. 13. 선고 2023다304568 판결[7] 역시 2남 1녀 중 장남에게 다수의 재산을 증여하여 차남과 장녀가 장남을 상대로 유류분반환을 청구한 사례이다.

42 유류분제도에 관한 가장 최근의 판단인 헌법재판소 2024. 4. 25. 선고 2020헌가4 등 결정[8] 역시 "여성의 사회적 지위가 향상되고 있기는 하지만 아직은 모든 세대와 지역에서 남녀평등이 완전히 실현되었다고 보기 어려운 상황에서 유류분제도가 상속인의 상속재산에 대한 기대를 일정 부분 보장하는 기능을 수행하고 있는 사실을 부인하기 어렵다."라고 판단하여 유류분제도의 기본조문에 대한 위헌 주장을 배척하는 이유 중 하나로 들고 있다.

### 사. 유류분제도의 변화 요청과 필요성

#### 1) 유류분이 비판받는 지점

43 최근 증가한 유류분 재판에는 피상속인이 생전에 법정상속분에 어긋나지 않게 재산분할을 마쳤으나 피상속인을 부양하면서 분여받은 부동산에서 거주하던 상속인이 증여받은 부동산 가격이 다른 증여 재산보다 큰 폭으로 상승하자, 연락을 끊고 피상속인의 장례절차에도 참여하지 않았던 상속인이 나타나 유류분반환 소송을 제기한 사건들도 확인된다. 유류분제도의 변화 필요성을 일깨우는 경우를 확인할 수 있다.

#### 2) 보완을 위한 입법적 노력 필요성과 대안적 방법

44 우리 나라 유류분제도에 영향을 미친 대륙법계 국가들인 독일, 프랑스, 일본 등 국가들은 유류분제도를 유지하면서도 보완 입법으로 부정적 효과를 감소시키기 위하여 부단히 노력해 왔다.

45 헌법재판소 2024. 4. 25. 선고 2020헌가4 등 결정으로 형제자매를 유류분권자에

7 사실관계는 원심인 광주고등법원(전주) 2023. 10. 19. 선고 2022나10007 판결 참조.

8 헌법재판소 2024. 4. 25. 선고 2020헌가4, 2021헌가11, 2020헌바295, 2022헌바35(병합), 2020헌바342, 2021헌바43, 2021헌바386(병합), 2022헌바29(병합), 2023헌바156, 2024헌바38(병합), 2023헌바229(병합) 전원재판부 결정.

서 제외하고, 유류분을 포함한 상속권 상실, 유류분에서의 기여분 참작이 입법화되게 됨으로써 공동상속인 사이의 형평이 실효성을 거둘 수 있게 된 것은 중요한 결실이다.

46 그러나 현재 문제가 제기되는 경우는 대부분 입법형성권의 범위에 있으면서도 현행 민법 하에서는 불합리한 결과가 도출될 수밖에 없는 영역 내에 있다. 또한 사회 경제적인 변화로 인하여 새로운 규율 필요성이 제기되는 부분도 있다.

47 아래에서는 특히 다투어지는 쟁점들에 관하여 입법적 접근과 해석적 접근을 아울러 살펴보기로 한다.

## 2. 특별수익에 관한 쟁점

### 가. 특별수익 서론

#### 1) 전제적 개념

48 피상속인이 생전증여 또는 유증을 하지 않고 재산을 보유하다가 사망하면 상속인들은 법정상속분 비율로 상속재산을 공유하게 되고 상속채무는 상속개시와 더불어 상속인들에게 상속지분비율로 귀속된다. 유류분권의 침해도 상정할 수 없다.

49 유류분반환 재판은 피상속인의 생전증여 또는 유증을 반영하여 각 상속인에게 귀속될 구체적 상속분 계산과 유류분권리자에게 반환될 유류분침해액을 산정하고 계산하는 과정이며 그 시작은 특별수익의 범위 산정이다.

#### 2) 특별수익에 관한 해석 기본원칙

50 민법은 상속의 일반적 효력에 관한 제1008조에서 "특별수익자의 상속분"의 제목으로 공동상속인 중에 피상속인으로부터 재산의 증여 또는 유증을 받은 사람이 있는 경우에 그 수증재산이 자기의 상속분에 달하지 못한 때에는 부족한 부분의 한도에서 상속분이 있다고 규정하고 있는데, 상속재산분할에 관한 제1012조에서 제1018조까지 조문에서 특별수익을 반영하여 구체적 상속분을 계산하는 절차에 관한 규율을 별도로 하고 있지는 않다. 또한 유류분에 관한 민법 제1113조 제1항은 "유류분의 산정"의 제목으로 유류분은 피상속인의 상속개시 당시 재산에 증여재산을 더하고 채무를 공제하여 산정한다는 일반원칙만 규정하고 있다.

51 만약 민법 제1008조를 문언의 형식 그대로 해석하여 피상속인의 생전 증여재산과 상속분의 차액 만큼에 대하여 증여를 무효화하고 법정상속분대로 분할한다

면, 증여가 없는 것으로 의제하고 상속분을 계산하는 결과가 되어 피상속인의 재산처분 자유를 과도하게 침해하거나 피상속인의 의사를 무시하는 결과가 될 수 있다.

52 따라서 상속 개시시 공동상속인들 간 상속재산의 공정한 분배를 위해 공동상속인들 중 상속개시 전 받은 이익이 있다면 그러한 이익을 전체 상속재산에 포함시켜 공동상속인 간의 상속분을 공평하게 재조정하는 것이 특별수익 제도의 주된 취지라고 볼 수 있다.

53 실제로 특별수익을 반환하는 것이 아니라 구체적 상속분의 산정 과정에서 특별수익자가 이미 상속재산을 미리 받은 것으로 보아 그만큼 현존 상속재산에서 덜 받게 하려는 계산상 조작이라고 설명하기도 한다.[9]

### 나. 특별수익에 산입되는 증여재산 범위의 제한

#### 1) '상속분의 선급' 법리에 의한 해석적 제한

54 대법원 1995. 3. 10. 선고 94다16571 판결 등은 생전 증여는 여러 사정을 고려하여 상속분의 선급이라고 인정할 수 있는 경우에만 특별수익에 해당한다고 판시하였고 그 법리가 적용되는 증여재산은 특별수익에 산입되는 재산에서 제외된다.

55 대법원 2014. 11. 25. 자 2012스156, 157 결정은 현금(370만 여원), 혼수비용, 손자녀의 유학비용과 국내 체류비용을 특별수익에서 제외하였고, 대법원 2011. 7. 28. 선고 2009다64635 판결은 과세관청에 의하여 증여로 판단되었으나 인정경위, 액수, 피상속인의 자산규모에 비추어 상속분의 선급으로 보기 어려운 3,700만 여원을 특별수익에서 제외하였다. 서울고등법원 2011. 10. 31. 자 2010브61 결정은 피상속인이 손자녀에게 부모의 이혼에 대한 배려로 매월 200만 원씩 합계 3,000만 원을 학비조로 지원한 금액에 대하여 같은 판단을 하였다. 재판실무상 재산규모에 비하여 소액의 송금액 등이 다수 위 법리에 의거하여 판단되고 있다.

56 그 밖에도 아래 '기여분과 유류분의 관계'에서 살펴볼 이른바 '기여자증여(기여분증여)'의 법리로 상속인이 기여에 대한 보상으로 이루어진 증여를 특별수익에서 제외하는 해석 역시 특별수익에 산입되는 증여재산을 합리적으로 제한하는 방법이다.

9 이봉민, "피대습인이 대습원인 발생 이전에 생전 증여로 특별수익을 받은 이후 대습상속인이 대습상속을 포기한 경우 유류분 산정의 기초재산에 산입되는 생전 증여의 범위", 대법원판례해설 제131호, 법원도서관(2022), 33.

#### 2) 특별수익에 산입되는 증여의 기간 제한의 필요성과 입법론 및 해석적 제언

##### 가) 민법 제1118조 준용규정이 불러온 문제점

57 그러나 위의 해석으로는 특별수익에 산입되는 증여의 범위를 합리적으로 제한하기에 부족하게 되었다.

58 민법 제1114조가 '산입될 증여'라는 제목으로 상속개시 1년 전의 증여에 한정하여 유류분을 산정하도록 명시하고 있지만 제1118조의 준용규정에 제1008조가 포함되어 있고("공동상속인이 증여를 받은 경우에는 자신의 상속분과 증여재산의 차액 한도에서 상속분이 있다") 이와 같이 불완전·불명확한 입법이 해석상 어려움을 가져 왔다.

59 공동상속인에 대한 증여는 그것이 특별수익에 해당할 경우 민법 제1118조가 특별수익에 관한 민법 제1008조를 준용하고 있으므로, 증여 시기를 불문하고 유류분산정의 기초재산에 산입한다는 것이 통설과 확립된 대법원 판례의 입장이다 (☞ 상세한 내용은 민법 제1114조 주석 참조).

##### 나) 비판 견해와 재반박

60 공동상속인에 대한 증여도 민법 제1114조가 적용되어 사망 전 1년 이내 또는 해의를 갖고 증여한 경우에만 유류분반환의 대상이 된다고 해석하여야 한다는 반대 견해도 있다.

61 그러나 위 반대견해는 받아들여지지 않았다. 재판실무상 많은 경우 피상속인의 재산처분은 사망 1년 이전에 이루어지고 있다. 평균 수명이 길어짐에 따라 재산처분시점과 사망시점의 차이가 더 벌어질 수 있을 것이다. '사망 전 1년 이내'로 기간을 제한한다면 그 기간은 지나치게 짧아서 피상속인이 특정 공동상속인에게만 재산을 이전해줌으로써 다른 공동상속인의 상속권을 무력화하는 결과를 방지하기에 현저하게 부족하고, 공동상속인들의 형평을 기한다는 입법취지를 실현할 수 없게 되기 때문이다.

##### 다) 헌법재판소의 입장

62 헌법재판소 2024. 4. 25. 선고 2020헌가4 등 결정에서 민법 제1118조 중 제1008조를 준용하는 부분의 위헌 여부도 문제되었으나 합헌으로 판단되었다. 그 이전의 결정들과 같은 입장이다.

63 다수의견은 공동상속인에 대하여는 상속인 간 형평을 기하기 위하여 민법 제1008조를 준용하여 상속개시 1년 이전에 행한 증여도 유류분반환대상에 산입하여 상속

분의 선급으로 취급하는 것에 합리성이 있다고 보았다. 만약 민법 제1008조를 준용하지 않는다면 공동상속인과 제3자를 구분하지 않고 모두 상속개시 전 1년간에 행한 증여만 유류분 산정의 기초재산에 산입하고, 상속개시 1년 이전에 행한 증여는 당사자 쌍방이 유류분권리자에게 손해를 가할 것을 알고 한 증여에 한하여 유류분 산정 기초재산에 산입하게 되어 유류분권리자의 지위를 매우 불안정하게 하고, 유류분제도 자체를 유명무실하게 만들 우려가 크다는 이유를 들었다.

64 이에 대하여 반대의견은 시기의 제한이 없이 해당 증여를 모두 유류분 산정 기초재산에 산입하여 유류분반환의 대상이 되도록 하는 것은 재산권에 대한 과도한 제한일 뿐 아니라 지나치게 불합리하므로 기본권제한의 입법한계를 일탈하여 수증자의 재산권을 침해한다는 견해였다. 다수 대륙법계 국가들의 입법이 공동상속인에 대한 증여에 대하여도 유류분 산정 기초재산에 산입되는 증여재산의 범위를 증여 시기에 따라 제한하고 있다는 점 등을 이유로 들었다.

라) 지금 유류분 산입재산의 범위를 제한하여야 하는 이유

65 위에서 본 유류분 규정들의 위헌성 여부를 차치하더라도 종전의 해석론은 현 시점을 기준으로 재평가될 때가 되었다. 공동상속인에 대한 생전 증여는, 유류분제도가 시행된 1979. 1. 1. 이후에[10] 이루어진 것이라면, 유류분 산정 기초 재산에 산입된다. 유류분 제도가 시행된 지 40년이 경과하고 평균수명이 증가하면서 유류분에 산입되는 증여재산의 범위는 시간경과에 따라 계속적으로 확장되어 왔다고 볼 수 있다.

66 이에 따라 수십 년 전의 재산이전에 대하여 유류분 소송이 제기되는 등 반환의 범위가 확대됨으로써 발생하는 부정적 효과가 누적되어 현재에 이르러서 현저하게 합리성을 해하는 경우도 발생하게 되었다.

67 대법원 판례가 공동상속인에 대한 증여가 시기 제한 없이 유류분산정을 위한 기초재산에 산입된다는 법리를 최초로 판시한[11] 지도 30년이 되었으므로 판례와 변화된 사회 사이의 정합성을 재검토할 시점이 되었다는 평가도 가능하다.

마) 외국의 입법례

68 헌법재판소의 판단에 따라 위 조항이 입법형성권의 재량 범위 내에 있다는 점을 전제로 하더라도, 현재의 제도를 그대로 유지하면 족한 것인지 아니면 외국

10 대법원 2012. 12. 13. 선고 2010다78722 판결은 "유류분 제도가 생기기 전에 피상속인이 재산을 증여하고 이행을 완료한 때에는 유류분 반환 청구의 대상이 되지 않는다."라고 판시하였다.

11 대법원 1995. 6. 30. 선고 93다11715 판결.

의 입법례를[12] 참조하여 유류분 산정 기초재산에 산입되는 증여의 내용과 시기를 제한하는 방향으로 민법 개정이 필요한 것인지 및 법 개정의 방향과 내용을 논의해 볼 수 있다.

(1) 독일 민법: 10년간 단계적 감소

69 독일 민법은 종래 상속개시 전 10년 이내의 증여만을 유류분 대상 재산에 산입하였다가 2009년 법개정으로 반환의 대상이 되는 생전증여의 범위를 더욱 축소하였다. 즉 개정법에서는 2009. 12. 31. 후에 발생한 상속부터는 산입되는 증여가액이 매년 비율적으로 감축된다. 피상속인 사망 전 1년 이내의 증여는 전액 산입하되, 그 이전 1년의 증여는 90%를 산입하고 1년마다 산입 비율이 감소하여 10년이 경과하면 고려되지 않는다(독일 민법 제2325조 제3항). 이 산입방식에 따르면 상속개시시를 기준으로 오래된 증여일수록 반환의 범위가 축소되고 10년을 초과하면 반환의 대상에서 제외되게 된다.

(2) 프랑스 민법: 유류분 대상 재산 구분

70 프랑스 민법은 피상속인의 재산을 유류분과 자유분(처분가능분)으로 구분하여 자유분(처분가능분)의 범위를 초과한 처분에 대하만 유류분권리자가 권리를 주장할 수 있도록 규율하고 있다. 유류분은 유류분권리자인 상속인이 상속자격이 있고 상속을 승인한다면 그에게 귀속되도록 법률이 보장하는 부분이고, 자유분(처분가능분)은 유류분을 제외한 부분으로 망인이 무상양여로 자유롭게 처분할 수 있었던 부분을 말한다. 피상속인의 자유분(처분가능분)은 자녀의 수에 따라 달라진다. 자녀가 한 명이면 자유분 1/2, 유류분 1/2이다. 자녀가 두 명이면 자유분 1/3, 유류분 2/3이다. 자녀가 세 명 이상이면 자유분 1/4, 유류분 3/4으로 자녀가 많아질수록 피상속인이 임의로 처분할 수 있는 재산이 감소하게 된다.

12 각국의 상속재산분할, 기여분, 유류분 제도: 외국사법제도연구 제30권, 사법정책연구원(2022); 김진우, "생전 증여, 기여분과 유류분: 독일법으로부터의 시사점-수원고등법원 2020. 6. 18. 선고 2019나18217 판결을 중심으로-", 법학논총 제28권 제2호, 조선대학교 법학연구원(2021); 김현진, "프랑스의 유류분 제도와 우리 민법 개정에의 시사점", 가족법연구 제37권 제2호, 한국가족법학회(2023); 신봉근, "유류분의 개정에 관한 고찰 —일본의 상속법을 중심으로—", 가족법연구 제38권 제2호, 한국가족법학회(2024); 이소은, "일본 개정 유류분법의 해석과 적용-우리 법의 개정에 대한 시사점을 중심으로-" 가족법연구 제37권 제2호, 한국가족법학회(2023);정다영, "프랑스민법상 유류분권리자의 범위 및 유류분의 산정", 가족법연구 제31권 제2호, 한국가족법학회(2017). 이하 외국법에 관한 부분은 모두 위 문헌들 참조.

(3) 일본 민법: 2018년 개정으로 10년제 채택

(가) 개정 민법의 조문

71 일본 민법은 2018년 개정으로 유류분 제도의 큰 변화를 가져왔다.

72 먼저, 개정 민법 제1042조 제1항은 "형제자매 이외의 상속인은 유류분으로서 다음 조 제1항에 규정된 유류분을 산정하기 위한 재산의 가액에, 다음 각 호의 구분에 따라 각각 해당하는 각 호에 정해진 비율을 곱한 액을 받는다."라고 규정한다. 우리 민법이 유류분 비율을 법정상속분의 일정 비율로 정하는 것과 달리, 유류분 비율을 유류분 산정의 기초재산의 일정 비율로 정하고 있다.

73 개정 민법 제1044조 제1항은 "증여는 상속개시 전 1년 간에 행한 것에 한하여 전조의 규정에 따라 그 가액을 산입한다. 당사자 쌍방이 유류분권리자에게 손해를 가한다는 것을 알고서 증여를 한 때에는, 1년 전의 날보다 전에 행한 것에 관하여도 같다."라고 규정한다. 이에 비하여 제1044조 제3항은 "상속인에 대한 증여에 관한 제1항의 규정의 적용에 있어서는, 같은 항 중 1년을 10년으로, 가액을 가액(혼인 또는 양자 결연을 이유로, 혹은 생계의 자본으로서 받은 증여의 가액에 한한다)으로 각각 본다."라고 규정하고 있다.

(나) 개정 민법에 대한 평가

74 즉 일본 개정 민법은 상속인에 대한 증여와 제3자에 대한 증여를 달리 취급하여, 제3자에 대한 증여는 상속개시 전 1년간에 행한 것에 한하여 유류분 산정의 기초재산에 산입하되, 쌍방이 유류분권리자에게 손해를 가한다는 것을 알았던 때에는 기간 제한 없이 산입한다(우리 민법과 같다). 이에 비하여 상속인에 대한 증여는 상속개시 전 10년간에 행한 것에 한하여 유류분 산정의 기초재산에 산입된다(쌍방이 유류분권리자에게 손해를 가한다는 것을 알았던 때에는 기간 제한없이 산입한다). 증여 '가액'의 의미도 달라서, 제3자에 대한 증여에서는 실제로 증여받은 액수를 '가액'으로 보지만, 상속인에 대한 증여에서는 실제로 증여받은 액수 가운데 혼인 또는 양자 결연을 이유로, 혹은 생계의 자본으로서 받은 액수만을 '가액'으로 본다.

75 일본 민법이 위와 같이 상속인에 대한 증여 부분을 개정하여 '상속개시 전 10년'을 기준으로 삼은 이유는, 평균 연령의 신장, 절세에 대한 관심 증가 등으로 인하여 사망하기 10년 정도 전에 재산을 미리 나누어 주려는 사례가 많기 때문이라고 한다. 그리고 가액에 관한 부분은 특별수익에 해당하는 증여의 가액만 유

류분 산정의 기초재산에 산입된다는 점을 명확히 한 것으로 평가된다.

바) 우리나라의 입법론: 민법 개정 의견

76 우리나라 학설의 압도적 다수가 공동상속인에 대한 증여에 대하여 유류분 산정 기초재산에 산입되는 증여재산의 범위를 증여 시기에 따라 제한하는 법개정에 찬성하고 있으며, 대부분은 10년을 기준으로 할 것을 제시하고 있다.

사) 대안적 해석에 관한 제언

77 유류분제도가 시행된 지 40년이 경과하고 평균수명이 높아지면서 유류분에 산입되는 증여재산의 범위는 시간경과에 따라 계속적으로 확대되었다. 수십 년 전에 마쳐진 재산이전행위에 대하여 증여를 주장함으로써 법률관계의 불확실과 상속인들의 분쟁을 유발하는 폐단도 늘어간다. 개선입법 전이라도 해석론과 재판실무 운영으로 위 문제점을 보완할 대안이 가능할 것으로 생각된다.

78 앞서 본 바와 같이 대법원 판례는 생전 증여는 여러 사정을 고려하여 상속분의 선급이라고 인정할 수 있는 경우에만 특별수익에 해당한다고 하였고(대법원 1995. 3. 10. 선고 94다16571 판결 등) 재판실무는 피상속인의 생전 자산, 수입, 생활수준, 가정상황 등을 참작하고 공동상속인들 사이의 형평을 고려하여 이를 판단하고 있다.

79 위 요소들에 더하여, '시간 경과와 이에 따른 상속분 선급성의 희석 정도'를 고려요소에 추가할 수 있을 것이다. 피상속인의 자산 상태, 증여재산이 전재산에서 차지하는 비중, 증여받은 상속인과 다른 상속인들의 생활수준과 그들을 둘러싼 경제적 상황은 증여 시점에서 20~30년 세월이 흘러 사망할 때까지 계속적으로 변화한다. 증여시점에서 상당한 시간 간격을 두고 상속이 개시된 경우에는 설령 증여 당시를 기준으로는 다소 큰 규모의 재산이었더라도 시간 경과에 따라 상속분의 선급으로서의 성격이 점점 희석되어 마침내 피상속인의 사망시에는 법률적으로 달리 평가할 수 있다.

80 예를 들어 피상속이 고정적인 수입을 갖고 생활하는 50세 무렵 신체적 장해를 지닌 딸(20세)에게 독립 생계가 가능하도록 주택을 증여한 경우, 비록 증여 당시에는 그 주택이 피상속인의 전재산에서 차지하는 비중이 크고 다른 자녀들의 경제적 기반이 취약하였더라도, 그 이후 피상속인 본인이 계속적으로 수입활동을 하고 다른 자녀들이 사회적·경제적으로 자리잡게 됨에 따라 30여년이 지나 피상속인이 사망할 시점에 이르면 상속분 선급으로서의 성격이 희석되었다고 평가할 여지가 있다.

81 이 해석방법은 피상속인 본인의 의사와도 부합하게 될 것이다. 위의 사례와 달리 피상속인이 은퇴하고도 한참 지나 자녀들도 모두 경제적으로 기반을 갖추어 생활하고 있는 시점에서 피상속인이 자신의 유일한 재산으로 소유하는 집을 장남에게 증여해주는 것은 상속분의 선급 의사가 뚜렷하다고 추단될 것이기 때문이다.

### 다. 다양한 형태의 실질적 무상 재산 이전과 유류분의 관계

82 위에서 유류분반환범위의 제한필요성에 관하여 서술하였다면, 여기에서는 방향을 달리 하는 법리를 살펴보기로 한다.

#### 1) 실질적인 무상의 재산 이전에 대한 규율 필요성

83 유류분 반환 대상에 산입되는 증여재산의 의미를 해석하는 방법은 두 가지 갈래로 나누어질 수 있다. 엄격하게 해석하여 형식적으로 증여계약임이 명백한 경우만 포함시키는 방안과 피상속인으로부터 상속인에게 재산이 무상 이전되는 실질을 중시하는 방안이다.

84 다수설과 판례는 후자를 채택하고 있다. 유류분 반환 범위가 제한되어야 한다는 취지에서 전자의 해석방법을 일관하려 하면 오히려 우회적인 재산처분으로 상속인들 사이의 형평을 침해하는 결과가 발생하게 되기 때문이라고 평가할 수 있다.

#### 2) 대법원 2021. 8. 19. 선고 2017다230338 판결 등

85 그동안 통설은 증여와 동일한 실질을 가지는 것을 유류분산정의 기초재산에 산입되어야 한다고 해석하여 왔고,[13] 대법원 2021. 8. 19. 선고 2017다230338 판결, 대법원 2022. 8. 11. 선고 2020다247428 판결은 "구체적 상속분 산정을 위한 분할대상 상속재산에 포함되는 증여에 해당하는지 여부를 판단할 때에는 피상속인의 재산처분행위의 법적 성질을 형식적·추상적으로 파악하는 데 그쳐서는 안 되고, 재산처분행위가 실질적인 관점에서 피상속인의 재산을 감소시키는 무상처분에 해당하는지 여부에 따라 판단해야 한다."라고 판시하여 이를 분명히 하였다.

#### 3) '고유재산'과 '특별수익'의 구별

86 이를 논의하기 전에 '상속재산에 포함되지 않는 고유재산'과 '유류분 산정의 기초가 되는 재산으로서의 증여'의 개념 구분을 할 필요가 있다.

13 예컨대 생명보험수익자에 관하여 김능환, "유류분반환청구", 재판자료 제78집, 법원도서관(1998). 29~30 참조.

가) 상속재산 VS. 고유재산

87 상속인이 피상속인의 사망과 관련하여 취득한 재산이 상속재산인지, 상속인의 고유재산인지의 구별은 그 재산의 처분이 상속의 단순승인이 의제되는 '상속재산의 처분행위(민법 제1026조 제1호)에 해당하는지, 그 상속인이 한정승인한 경우 상속채권자의 집행대상이 되는지의 문제이다.

88 피상속인이 자신을 피보험자로 한 생명보험계약을 체결하면서 사망시 보험수익자로 상속인을 지정하였고 상속인이 이에 따라 수령한 생명보험금은 상속인의 고유재산으로서 이를 수령한 행위는 상속재산에 대한 처분행위에 해당하지 않는다.[14] 회사의 단체협약에 '근로자의 사망으로 인한 퇴직자의 퇴직금은 근로기준법이 정하는 바에 의하여 유족에게 지급한다.'고 정하였다면 유족은 그 규정에 따라 직접 사망퇴직금을 취득하므로 그의 고유재산이다. 유족인 상속인이 한정승인한 경우 그 퇴직금에 대하여 상속채권자가 집행할 수 없다.[15]

나) 특별수익에 산입되는 증여 VS. 산입되지 않는 재산이전

89 이에 비하여 유류분부족액을 계산하기 위한 '유류분 산정의 기초 재산'은 [적극적 상속재산+증여-상속채무]로 산정된다. 즉 상속인의 고유재산으로서 상속재산에 해당하지 않더라도 그 재산(전부 또는 일부)이 실질적으로 피상속인으로부터의 증여재산으로 인정되면 유류분 산정의 기초재산에 산입되는 것이다.

90 예컨대 상속인이 생명보험수익자로서 수령한 생명보험금은 상속인의 고유재산이지만,[16] 그 중 전부 또는 일부가 상속인으로부터의 증여재산으로 평가될 수 있다면[17] 유류분산정의 기초재산으로 산입된다.[18] [19]

4) 생명보험계약의 보험수익자 지위

91 피상속인이 자신을 피보험자로 하고 공동상속인 중 1인 또는 제3자를 보험수익자로 지정한(중간에 보험수익자를 변경한 경우도 같다) 생명보험계약을 체결하고 보

14 대법원 2023. 6. 29. 선고 2019다300934 판결.
15 대법원 2023. 11. 16. 선고 2018다283049 판결.
16 대법원 2023. 6. 29. 선고 2019다300934 판결.
17 대법원 2023. 11. 16. 선고 2018다283049 판결.
18 같은 설명으로 이봉민, "무상의 상속분 양도가 유류분 산정을 위한 기초재산에 산입되는지 여부", 대법원판례해설 제129호, 법원도서관(2021), 392. "상속인을 보험수익자로 지정하여 생명보험계약을 체결한 경우 그 보험금은 상속재산이 아니라 상속인의 고유재산이나, 실질적으로 보험계약자의 무상 출연이 있는 것이므로 여기의 증여에 해당한다는 것이 통설이다."
19 상속재산분할에서도 동일하게 해석하고 있다. 상세한 내용은 민법 제1008조 주석 참조.

험계약자로서 보험료를 납부하다가 피상속인이 사망하여 지정된 보험수익자가 생명보험금을 수령하는 경우, 이를 특별수익으로 인정할 수 있는지의 문제이다.

92 대법원 2022. 8. 11. 선고 2020다247428 판결은 이를 긍정하면서, 피상속인이 자신을 피보험자로 하되 공동상속인이 아닌 제3자를 보험수익자로 지정한 생명보험계약을 체결하거나 중간에 제3자로 보험수익자를 변경하고 보험회사에 보험료를 납입하다 사망하여 그 제3자가 생명보험금을 수령하는 경우, 피상속인은 보험수익자인 제3자에게 유류분 산정의 기초재산에 포함되는 증여를 하였다고 봄이 타당하다고 판시하였다.

93 대법원 2024. 6. 13. 자 2024스525, 526 결정은 보험수익자로 지정한 때 이미 실질적으로 피상속인의 재산을 감소시키는 증여가 있었다고 봄이 타당하다고 판시하였다.

94 이에 대한 반대의 견해로서, 피상속인의 생명보험계약 체결시 수익자로 지정되어 보험금을 수령한 사람은 보험계약의 효과로 원시적으로 보험금청구권을 취득하는 것이므로 수익자의 고유재산이고 증여받은 것도 아니라고 보아 유류분 반환청구에서 참작되지 않는다는 해석론이 있다.[20]

#### 5) 피상속인이 수급권자를 지정한 퇴직생활급여금

95 대법원 2019. 5. 17. 자 2017스516, 517 결정은, 한국교직원공제회가 운영하는 퇴직생활급여금의 지정수급권자와 특별수익에 관한 사안이다.

96 한국교직원공제회가 운영하는 퇴직생활급여상품에 가입하면 가입기간 동안 부가금(이자)을 지급받고 급여금을 청구할 경우 원리금을 모두 지급받을 수 있는데, 가입자가 사망 전에 배우자, 직계비속, 형제자매 중에서 수급권자를 지정할 수 있다. 피상속인이 퇴직교원으로서 퇴직생활급여상품에 가입하여 배우자를 수급권자로 지정함에 따라 그의 사망시 배우자가 퇴직생활급여금을 수령하였다.

97 위 대법원 결정 및 그 원심인 대구고등법원 2017. 1. 18. 자 2015브102(본심판), 2015브103(반심판) 심판을 종합하면, 위와 같이 피상속인이 수급권자를 지정한 퇴직생활급여금은 지정수급권자인 배우자의 고유재산이므로 상속재산에는 포함되지 않지만 피상속인으로부터 증여받은 특별수익으로 취급하여 유류분산정의 기초

20 김판기/홍진희, "상속인 아닌 보험수익자가 생명보험금을 수령한 경우 상속인의 유류분 산정의 기초재산 결정에 관한 민법 및 보험법의 조화로운 해석-대법원 2022. 8. 11. 선고 2020다247428 판결에 대한 비판적 검토를 중심으로-", 법과정책연구 제23권 제1호, 한국법정책학회(2023).

재산에 포함시킬 수 있다.[21]

6) 연급관련 특별법에 의하여 인정되는 유족급여

98 연급관련 특별법에 의하여 인정되는 유족급여는 피상속인의 사망 당시 그에 의하여 부양되고 있던 유족의 생활보장과 복리향상을 목적으로 하여 민법과는 다른 입장에서 수급권자를 정한 것으로, 수급권자인 유족은 상속인으로서가 아니라 이들 규정에 의하여 직접 자기의 고유의 권리로서 이를 취득하는 것이고, 따라서 그 각 급여의 수급권은 상속재산에 속하지 않는다.[22]

99 만약 피상속인의 사망으로 위 특별법 규정에 따라 상속인 중 1인이 유족급여를 수령하였는데 공동상속인 사이에서 유류분 소송이 제기된 경우 위 대법원 판례에 따라 유족급여를 상속재산으로 취급하지 않을 것이나, 이 경우에도 '실질적으로 피상속인으로부터 증여받은 재산으로서 특별수익'으로 취급할 수 있는지 문제된다.

100 위에서 본 생명보험계약, 퇴직생활급여금 사례와 달리, 법률의 규정에 따라 정하여진 수급권자가 이를 수령하는 것이므로 '실질적 증여행위'로 파악할 '피상속인의 수급권자 지정행위'가 존재하지 않기 때문이다.

101 이에 관하여 명시한 대법원판례는 확인되지 않으며, 각급법원 판결 중에는 공무원연금법상 유족급여를 상속재산에도, 특별수익에도 모두 산입하지 않은 사례가 있다.

7) 최근의 관심 쟁점: 유언대용신탁의 수익권자 지위

가) 유언대용신탁 서론

102 유언대용신탁은 위탁자가 자신의 사후에 수익자에게 수익권을 귀속시키거나 위탁자의 사후부터 수익자가 신탁이익을 취득할 수 있도록 수익권을 부여하는 형태의 신탁이다.

103 이에 대하여 민법 제1008조(상속재산분할), 제1113조(유류분) 서술에 모두 언급되어 있으나, 최근 유언대용신탁에 대한 관심이 높고 다양한 견해가 제기되고 있으므로 추가로 소개하기로 한다.[23]

21 대법원 결정은 상속재산에 포함되지 않는다는 부문까지만 결정 이유에 포함되어 있으나 원심결정 이유 중 계산과정 부분에는 특별수익에 산입되어 있다.

22 공무원연금법에 관한 대법원 1996. 9. 24. 선고 95누9945 판결, 대법원 2000. 9. 26. 선고 98다50340 판결 등 참조.

23 윤지은, "국내 유언대용신탁의 활성화에 관한 연구: 유류분 문제와 상속·증여세의 과세방식 문제를 중심으로", 연세대학교 대학원 법학석사학위논문(2024); 이관형, "상속형 신탁과 유류분의 관계," 법학논고 제79집, 경북대학교 법학연구원(2022); 장명, "유언대용신탁에서 생전 수익자를 위탁자로, 사후 유일한 수익자를 수탁자로 정한 경우의 효력-대법원 2024. 4. 16. 선고 2022다307294 판결을 중심으로-", 가천법학 제17권 제3호(2024).

나) 유언대용신탁의 기능

104 유언대용신탁을 통하면 사인증여 또는 유증과 동일한 법적 효과를 낼 수 있다.

105 또한 유언대용신탁 및 수익자연속신탁의 결합은 기업승계 수단으로서 기능할 수 있다(☞ 상세한 내용은 아래 Ⅱ. 6. 나. 중 '기업승계' 부분 참조).

다) 신탁법의 규율

106 신탁법은 변화된 경제현실을 반영하고 신탁의 활성화를 위한 법적 기반을 마련하려는 취지에서 2011. 7. 25. 법률 제10924호로 전부개정되어 2012. 7. 26. 시행되었다. 이 때 유언대용신탁(신탁법 제59조), 수익자연속신탁(제60조) 제도를 도입하였다.

107 신탁법상 유언대용신탁은 수익자가 될 자로 지정된 자가 위탁자의 사망 시에 수익권을 취득하는 신탁(신탁법 제59조 제1항 제1호, 위탁자의 사망 시점에 사후수익자가 수익권을 취득한다) 및 수익자가 위탁자의 사망 이후에 신탁재산에 기한 급부를 받는 신탁(제59조 제1항 제2호, 위탁자의 사망 이전에 수익자는 지정되지만 위탁자의 사망 이후 수익채권이 발생하는 신탁)을 말한다. 유언대용신탁에서는 위탁자가 수익자를 변경할 권리를 갖고 수익자는 위탁자가 사망할 때까지 수익자로서의 권리를 행사하지 못하지만, 신탁행위로 달리 정한 경우에는 그에 따른다(신탁법 제59조 제1항·제2항).[24]

108 또한 신탁법 제60조는 수익자연속신탁에 관하여 "신탁행위로 수익자가 사망한 경우 그 수익자가 갖는 수익권이 소멸하고 타인이 새로 수익권을 취득하도록 하는 뜻을 정할 수 있다. 이 경우 수익자의 사망에 의하여 차례로 타인이 수익권을 취득하는 경우를 포함한다."라고 규정하고 있다.

109 유언대용신탁은 유언신탁과 구별된다.

110 신탁법상 유언신탁은 위탁자의 유언에 의하여 설정되는 신탁이다(신탁법 제3조 제1항 제2호). 유언에 따라 설정되는 이상 유언법정주의에 따른 유언의 엄격한 방식을 준수하여야 하고, 신탁의 효력은 유언의 효력이 발생하는 시점인 유언자의

24 신탁법상 위탁자는 신탁행위에서 수익자변경권이 인정된 경우에 한하여 수익자를 변경할 수 있는 것이 원칙이나(제58조 제1항), 유언대용신탁에서는 신탁행위에 별도의 정함이 없는 경우에도 위탁자로 하여금 수익자를 변경할 수 있는 권한을 인정하고 통상의 신탁과 달리 위탁자의 수익자변경권을 배제하기 위해서는 이러한 취지의 신탁행위가 요구된다(제59조 제1항 단서). 유언대용신탁이 실질적으로 유증과 유사한 기능을 수행하고 있고, 유언에 관해서는 철회의 자유가 인정된다는 점과 균형을 맞추기 위함이다.

사망시 발생한다. 반면, 유언대용신탁은 위탁자와 수탁자 사이의 계약이나 위탁자의 신탁선언에 의해 설정되는 생전신탁에 해당하고, 신탁 자체의 효력이 위탁자의 사망 이전에 발생한다.

라) 유언대용신탁과 유류분의 관계에 관한 다양한 견해

111 유언대용신탁이 사인증여 또는 유증을 대체하는 기능을 하므로, 유류분과의 관계가 문제될 수밖에 없다.

(1) 유류분 반환 대상 부정 견해

112 먼저, 부정설 즉 신탁재산이나 수익권은 유류분 산정의 기초재산에 산입될 수 없다는 입장이 있다. 유류분 기초재산에 대한 민법 제1113조 규정의 유추·확대해석을 자제해야 한다고 하면서, 유언대용신탁이 설정되면 신탁재산은 대내외적으로 수탁자 소유가 되므로 피상속인 사망 당시의 상속재산이 아니고 수탁자 및 사후수익자에 대한 증여재산으로도 볼 수 없다고 주장하는 견해이다. 이는 유언대용신탁이 유증과 증여에 수반하는 유류분반환의 위험을 회피하는 방법으로 활용될 수 있다는 견해로 연결된다.

(2) 유류분 반환 대상 인정 견해

113 그러나 다수의 견해는 긍정설, 즉 유언대용신탁이 설정되더라도, 이를 이유로 유류분 반환을 회피할 수는 없다는 점에 견해가 일치한다. 신탁은 수탁자에게 이전된 신탁재산을 중심으로 하는 법률관계이며 그 중 수익자신탁은 수익자가 신탁상 정해진 바에 따라서 위탁자는 물론 수탁자의 고유재산과 독립한 신탁재산으로부터 이익을 향유하는 것을 목적으로 한다. 수익자는 비록 수탁자가 소유한 신탁재산으로부터 이익을 얻지만, 그 이익은 수탁자에게서 비롯된 것이 아니라 위탁자의 신탁행위에 근거한다. 이러한 신탁의 구조를 유증 또는 증여의 개념에 어떻게 포섭시키는지의 문제가 될 뿐이라고 본다.

114 긍정설은 다시 유류분반환의 대상이 신탁재산(신탁원본)인지, 또는 상속인이 취득하게 될 수익권인지에 따라 신탁재산설과 수익권설로 구분되며, 신탁재산설은 다시 상속재산설과 증여재산설로 구분된다.

(가) 상속재산설

115 유언대용신탁의 위탁자는 언제라도 수익자를 변경(신탁법 제59조 제1항)하거나 신탁을 종료(위탁자가 신탁이익의 전부를 누리는 자익신탁의 경우, 신탁법 제99조 제2항) 한 후 위탁자 명의로 신탁재산을 복귀시킬 수 있고, 수익자는 위탁자가 사망한

후에야 수익자로 확정되거나 수익자로서의 권리를 행사할 수 있어, 이는 실질적으로 신탁재산을 피상속인인 위탁자가 지배하고 있는 것이므로 피상속인 사망시 상속재산으로 기여분 산정의 기초재산이 된다고 설명한다.

(나) 증여재산설

116 여기에는 다시 수탁자에게 증여된 재산으로 해석하는 견해와 수익자에게 증여된 재산으로 해석하는 견해가 있다.

117 전자는 유언대용신탁에 있어 신탁재산은 이미 수탁자에게 이전되어 위탁자인 피상속인의 사망 시의 재산에 포함되지 않고 수탁자의 고유재산과도 구분되는 독립성을 가진다고 전제한다. 그러나 신탁계약도 위탁자에서 수탁자로의 신탁재산의 이전이라는 측면에서는 무상·편무계약이므로 위탁자의 상속개시 전 1년 동안 설정된 경우나 유류분권자에게 손해를 끼질 것을 알면서 설정한 경우라면, 신탁재산은 증여재산으로써 유류분 산정 시 기초재산에 포함된다고 한다. 즉, 신탁재산을 상속재산으로 볼 수는 없으나 증여재산으로서 일정 조건하에서 유류분 산정 시 기초재산에 포함할 수 있다고 한다.

118 후자는 위탁자(피상속인)가 상속개시 시점에 수익자에게 신탁재산 원본을 증여한 것으로 취급되어야 한다는 견해이다.

(다) 수익권설

119 위 견해는 신탁재산은 위탁자의 상속재산과 구분되고, 수탁자의 고유한 재산과도 구분되는 독립성을 가진다고 전제한다. 신탁재산은 위탁자가 상속개시시에 보유하던 재산에 포함되지 않지만, 위탁자는 실질적으로 수익자에게 수익권을 유증하거나 사인증여한 것으로 볼 수 있으므로 이를 유류분산정의 기초가 되는 재산액에 산입하게 된다는 것이다.

**마) 대법원 2024. 4. 16. 선고 2022다307294 판결**

120 유언대용신탁에 관한 첫 대법원 판결이 선고되었다.

(1) 사실관계

121 피상속인 겸 위탁자는 6명의 자녀를 두고 있는데, 사망 2년 5개월 전 자녀 중 1명인 피고에게 그 소유 부동산을 신탁하는 유언대용신탁계약을 하고, 피고로 신탁등기를 마쳤다.

122 위탁자 겸 생전수익자를 망인, 수탁자 겸 사후수익자를 피고로 정하였다.

123 망인이 생전기간 수익자로서 갖는 권리의 내용은 신탁부동산의 거주권 등이다.

124 망인 사후 피고가 수익자로서 갖는 권리의 내용은 신탁종료 후 신탁재산의 권리귀속자로서 신탁원본을 받을 수 있는 권리(신탁부동산의 소유권을 이전받을 수 있는 권리)이다.

(2) 대법원의 판단

125 대법원은 유언대용신탁에서 위탁자가 사망한 후 유일한 수익자를 수탁자로 정한 부분('사후 타익신탁 부분')과 위탁자의 생존 동안 수익자를 위탁자로 하여, 수탁자로 하여금 신탁재산을 관리 또는 운용하도록 하는 부분('생전 자익신탁 부분')의 효력을 구분하여 판단하였다.

(가) 무효가 되는 부분

126 '사후 타익신탁 부분'은 수탁자가 동시에 수익자가 되는 것으로 수탁자는 자신의 이익을 위하여 신탁재산을 관리 또는 운용하는 결과가 되므로 사실상 위탁자가 수탁자에게 재산을 증여한 것과 다름없는 법률관계가 되고 신탁의 효력을 인정할 실익이 없게 된다. 따라서 수탁자가 신탁재산에 관하여 유일한 수익자가 되는 신탁계약은 무효라고 보는 것이 타당하다. 따라서 유언대용신탁에서 위탁자가 사망한 후 유일한 수익자를 수탁자로 정하였다면 그 부분은 무효가 된다.

(나) 무효로 볼 수 없는 부분

127 '생전 자익신탁 부분'은 위와 같은 무효사유가 없으며, 전체 신탁계약에서 이 부분만 분리하기 불가능하거나 분리하더라도 생전 자익신탁 부분만으로 신탁을 유지하는 것이 위탁자의 의사에 명백히 반한다는 사정이 없는 이상 유효하다고 보았다. 그리고 유효한 생전 자익신탁 부분은 위탁자가 사망하게 되면 신탁의 목적을 달성하게 되어 곧바로 신탁이 종료되고 신탁재산의 잔여재산에 관한 귀속절차가 진행되는데, 신탁계약에서 신탁재산의 잔여재산이 귀속될 자를 정하고 있다면 그 사람에게 귀속되고, 이를 정하지 않았다면 신탁법 제101조 제1항 본문에 따라 수익자인 위탁자에게 귀속될 수밖에 없고 이에 따라 상속재산에 편입된다고 판단하였다.[25]

25 사후 타익신탁 부분이 무효라는 점 및 그 이유는 1심, 원심의 판단과 동일하다. 다만 1심과 원심은 사후 신탁계약 부분이 무효가 됨으로써 신탁계약 전부가 무효가 된다고 판단하였다. 유언대용신탁은 피상속인이 사망 2년 여 전에 체결되었고 상속개시시 수익자(자녀 중 1인)에게 신탁재산원본을 이전하는 부분이 실질적인 유증 또는 증여로서 신탁의 핵심이므로 생전 자익신탁 부분을 분리하여 효력을 부여하는 것은 위탁자의 의사나 법률관계 실체에 부합하지 않는다고 평가한 것으로 보인다.

(3) 판결에 대한 평가와 전망

128 대법원이 유언대용신탁 중 위탁자의 사망 후 수탁자를 유일한 수익자로 설정한 부분(사후 타익신탁 부분)을 무효로 본 이상 앞으로 신탁계약의 내용을 설계할 때 대법원의 판단을 참조할 필요가 있을 것이다.

129 한편, '사후 타익신탁 부분'의 무효만으로는 '생전 자익신탁 부분'을 무효로 볼 수 없게 되었으므로, 신탁계약 및 신탁등기의 효력과 유류분과의 관계에 관하여는 앞으로 논의가 계속 진행될 것으로 기대된다.

130 대법원 판례가 실질적인 무상의 재산 이전을 증여로 인정한 이상 신탁의 형식에만 치중하여 그 실질을 고려하지 않은 견해는 대법원 판례의 법리에 부합하지 않게 된다. 유류분제도를 회피하는 우회적 수단으로 악용될 우려도 있다.

131 참고로, 일본에서는 유언대용신탁에 유류분규정이 적용되는 것으로 해석되고 있다. 일본의 하급심 판결[26]은 일부 신탁부동산에 대하여는 유류분을 회피하기 위한 신탁계약을 반사회질서 법률행위에 해당하는 것으로 무효로 보고, 일부 신탁부동산에 대하여는 효력은 인정하면서 신탁계약에 따른 신탁재산의 이전은 신탁의 목적을 달성하기 위한 형식적인 소유권 이전에 지나지 않으므로 실질적으로는 수익권이 유류분청구의 대상이 된다고 판단하였다.

8) 상속분 양도, 상속재산분할협의

가) 위 쟁점이 문제되는 경우

132 동일 상속인들 사이에서 상속이 두 번 개시된 경우, 특히 부부가 시차를 두고 사망하는 경우 발생할 수 있는 쟁점이다.

133 부부 중 1인이 사망한 경우 남은 배우자 입장에서 자신의 재산(상속받은 지분 포함)이 자신의 사망시 다시 분할되어야 할 사정까지 고려하는 경우가 있다. 이에 남은 배우자가 자신의 상속지분을 자녀들 중 일부에게 양도하여(아래 대법원 2021. 7. 15. 선고 2016다210498 판결의 사안이다) 상속재산분할을 하거나, 가족들 사이에서 남은 배우자의 재산까지 합하여 부부의 전체 재산을 분할하는 내용으로 합의가 이루어지는(아래 대법원 2021. 8. 19. 선고 2017다230338 판결의 사안이다) 경우가 있다.

26 최수정, "유언대용신탁과 유류분의 관계-한국과 일본의 하급심판결에 대한 비교검토를 통하여-", 인권과 정의 제493호(2020), 189에서 재인용.

134 1차 상속개시시 위의 사정을 고려한 상속재산분할이 완료되었는데 2차 상속이 개시되자 위 1차 상속의 상속재산분할 중 남은 배우자로부터 자녀 중 일부에게 이전된 상속분을 증여로 파악하여 유류분반환을 구할 수 있는지의 쟁점이다.

나) 대법원 2021. 7. 15. 선고 2016다210498 판결[27]

135 아버지가 먼저 사망하여(1차 상속) 어머니와 자녀들이 아버지의 상속재산을 분할하는 과정에서 어머니가 장남에게 자신의 상속분을 양도하였고 장남은 합산한 상속분을 기초로 나머지 상속인들을 상대로 상속재산분할심판을 청구하여 '상속재산을 장남에게 귀속시키고 장남이 나머지 상속인들에게 정산금을 지급할 것'을 명하는 심판이 확정되었다. 그때부터 30여년이 지나 어머니가 사망하자(2차 상속) 원고(장녀)가 피고(장남)를 상대로, 위 아버지 사망시 어머니로부터 피고에게의 상속분 양도가 증여라고 주장하며 유류분 반환을 구하였다.

다) 대법원 2021. 8. 19. 선고 2017다230338 판결

136 아버지가 먼저 사망하여(1차 상속) 어머니와 자녀들 사이에서, 아버지의 상속재산은 자녀 A 측이 받고 자녀 B 측은 어머니의 재산을 받기로 합의가 이루어졌다. 합의에 따라 자녀 A 측이 아버지의 상속재산을 상속재산협의분할로 취득하였고, 자녀 B 측은 생존 중인 어머니로부터 재산을 증여받았다.

137 그 후 어머니가 사망하자(2차 상속) 자녀 A 측에서 어머니로부터 자녀 B 에게 증여된 재산을 특별수익으로 주장하며 유류분반환청구의 소를 제기하였다. 자녀 B 는 그 소송에서 '아버지의 상속재산 분할 협의시 어머니가 자신의 상속분을 0으로 합의해주어 협의분할이 이루어졌고 이는 어머니의 상속지분을 자녀 A 측에게 무상으로 양도한 것이다'고 주장하며 아버지의 상속재산 중 어머니의 상속지분에 대하여 특별수익 산입 주장을 하였다.

라) 대법원 판결의 내용: 실질적 무상처분

138 위 두 사건에서 대법원은 "유류분 산정의 기초재산에 산입되는 증여에 해당하는지 판단할 때에는 피상속인의 재산처분행위의 법적 성질을 형식적·추상적으로 파악하는 데 그쳐서는 안 되고, 재산처분행위가 실질적인 관점에서 피상속인의 재산을 감소시키는 무상처분에 해당하는지에 따라 판단하여야 한다."라고 판시하였다.

27 이봉민, "무상의 상속분 양도가 유류분 산정을 위한 기초재산에 산입되는지 여부", 대법원판례해설 제129호, 법원도서관(2021). 일본 최고재판소 2018. 10. 19. 판결이 무상 상속분 양도를 증여로 인정한 점과 찬성, 반대 학설을 자세히 소개하였다.

139 그리고 상속분에 재산적 가치가 있다면 상속분 양도는 양도인과 양수인이 재산적 이익을 이전하는 것이라고 보아 증여로 인정하고,[28] 나아가 상속인 간의 상속재산분할협의에서 일부 상속인은 상속재산을 전부 취득하고 다른 상속인은 이를 전혀 취득하지 않는 것으로 합의하였다면, 실질적인 관점에서 볼 때 상속분의 무상 양도와 마찬가지라고 판단하였다.[29]

마) 평가와 전망: 후속 법리의 필요성

140 문제된 '상속분 양도', '상속재산분할협의' 행위만 별도로 떼어내서 분석하면 실질적인 재산의 무상 양도로 파악할 수 있고 따라서 유류분소송에서 이를 증여로서 특별수익에 포함시키게 될 것이다. 특별수익으로 인정되어야 공동상속인 사이에서 형평을 이룰 수 있는 경우도 많을 것이다.

141 한편 다음의 측면을 고려하여야 한다.

142 부부가 자녀를 두고 살다가 일방이 먼저 사망하고 잔존배우자가 시차를 두어 상당 기간 생존하다가 사망하는 현상은 일반적인 가정에서 볼 수 있는 모습이다. 특히 잔존배우자와 자식들이 미래 사정(잔존배우자의 사망)까지 고려하여 부부 재산을 합하여 한꺼번에 분할하기로 합의하였다면 합리적인 조치로 수긍할 수 있을 것이다.

143 그런데 이미 완결된 1차 상속재산분할의 일부분에 대하여 특별수익 법리를 적용할 경우, 상속재산분할협의에 참가하였던 상속인이 스스로 협의를 부정하거나, 상속인들 전원이 당사자로 참여하여 확정된 상속재산분할재판의 일부가 번복되는 듯한 결과를 가져올 수 있는 점을 지적할 수 있을 것이다. 이러한 점을 보완하는 후속 법리를 기대할 만하다. 증여로 인정하더라도 특별수익으로 산입될 액수(범위)는 구체적 사건마다 개별적으로 산정할 필요가 있을 것이다.

## 3. 상속인의 범위와 관련한 쟁점

### 가. 상속인의 근친자에 대한 증여

1) 유류분반환소송의 당사자 일반론

144 위에서 본 바와 같이 상속재산분할에서는 공동상속인 전원이 참여하여야만 하고 공동상속인이 아닌 이상 당사자가 되지 않는다. 유류분에서는 상속인 중 유류분 침해를 당한 사람이 유류분권리자가 되고 상속인과 제3자 모두 유류분반

28 대법원 2021. 7. 15. 선고 2016다210498 판결.
29 대법원 2021. 8. 19. 선고 2017다230338 판결.

환의무자가 될 수 있다.

2) '상속인과 동일시할 근친' 법리[30]

145 상속재산분할의 경우 판례에 의하여 수증자와 상속인의 동일성 요구가 완화되어 있다.

146 대법원 2007. 8. 28. 자 2006스3, 4 결정은, "민법 제1008조에 따른 상속분의 산정에서 증여 또는 유증을 참작하게 되는 것은 원칙적으로 상속인이 유증 또는 증여를 받은 경우에만 발생하고, 그 상속인의 직계비속, 배우자, 직계존속이 유증 또는 증여를 받은 경우에는 그 상속인이 반환의무를 지지 않는다고 할 것이나, 증여 또는 유증의 경위, 증여나 유증된 물건의 가치, 성질, 수증자와 관계된 상속인이 실제 받은 이익 등을 고려하여 실질적으로 피상속인으로부터 상속인에게 직접 증여된 것과 다르지 않다고 인정되는 경우에는 상속인의 직계비속, 배우자, 직계존속 등에게 이루어진 증여나 유증도 특별수익으로서 이를 고려할 수 있다고 함이 상당하다."라고 판시하였다.

147 위 판례 취지에 따라 상속재산분할 재판 실무에서 상속인의 배우자, 직계비속(며느리, 사위, 손자녀)에 대한 증여를 상속인(아들 또는 딸)의 특별수익으로 보아 구체적 상속분을 산정함에 참작하고 있다(☞ 상세한 내용은 민법 제1008조 주석 참조).

3) 대법원 2007. 8. 28. 자 2006스3, 4 결정의 유류분에의 적용 여부

148 위 법리가 유류분반환 소송에서도 동일하게 적용되는지 문제될 수 있다. 대법원 판례는 없지만 긍정설을 채택한 다수의 각급법원 판결례들이 있다.

149 위 판결들에서 법원은 상속재산분할 재판과 동일한 기준으로 유류분 반환을 인정하였다. ① 피상속인이 전 재산의 반에 이르는 부동산을 아들과 며느리에게 1/2지분씩 증여하였고, 조세혜택을 받는 목적 외에는 며느리에게 별도로 큰 재산을 증여할 사정이 엿보이지 않는 사안, ② 피상속인이 같은 시기에 아들, 며느리, 손자녀에게 재산의 각 일정 지분씩을 한꺼번에 증여한 사안, ③ 피상속인이 아들에게 여러 필지의 부동산을 증여하면서 11세의 손자에게 그 인근 1필지를 증여한 사안 등에서 상속인의 근친인 제3자에 대한 증여를 상속인에 대한 증여로 포함시켜 특별수익에 산입하였다. 이에 비하여 28세로 독립생활을 하는 손자에게 재산을 증여한 사안에서는 상속인에 대한 증여에 포함시킬 수 없다고 판단하였다.

30 대법원 2007. 8. 28. 자 2006스3, 4 결정.

150 위 각급법원 판결례들은 모두 수긍할 수 있는 판단이다. 다만 유류분반환에 있어서는 제3자에 대한 증여는 유류분반환 기초재산으로의 산입 요건을 달리하는 별도의 조문이 있기 때문에 상속재산분할과 달리 볼 여지는 있을 것이다.

### 나. 증여 후 대습상속이 일어난 경우

#### 1) 대습상속이 유류분에 미치는 영향이 문제되는 이유

151 예컨대 피상속인이 생전에 아들에게 재산을 증여하였는데(증여시 상속인) 아들이 피상속인보다 먼저 사망하여 피상속인의 사망으로 인한 상속개시시에는 대습상속인인 며느리, 손자녀가 상속인이 된(사망시 수증자가 상속인 아님) 경우이다.

152 반대로 피상속인이 생전에 아들의 근친자인 며느리, 손자녀에게 증여를 하였는데(증여시 상속인 아님) 아들이 피상속인보다 먼저 사망하여 피상속인의 사망으로 인한 상속개시시에는 대습상속인인 며느리, 손자녀가 상속인이 된(사망시 수증자가 상속인이 됨) 경우도 있다.

153 넓은 의미에서 증여시와 상속시에 상속인이 변경됨으로써 발생하는 쟁점은 위 대습상속 뿐 아니라, 입양·재혼 등 피상속인의 행위로 인하여 상속인이 변경되는 경우, 재산을 증여받은 상속인이 상속개시 후 상속포기를 하는 경우도 있다. 먼저 명시적인 대법원 판례가 있는 대습상속의 경우를 보고 나머지 쟁점들을 차례로 보기로 한다.

#### 2) 도표화

154 대습상속과 유류분의 경우의 수를 도표화하면 다음과 같다[32]

| | | 증여를 받은 사람 | |
|---|---|---|---|
| | | 피대습자 | 대습상속인 |
| 특별수익 시기 | 대습원인 발생이전 | ① 2020 다 267620<br>특별수익인정<br>(증여시 특별수익 해당하고 대습상속인이 그 이상의 이득 불가) | ② 2012 다 31802<br>제 3 자증여로 취급<br>(증여시 상속인 아니므로 상속분의 선급으로 취급 불가) |
| | 대습원인 발생이후 | ③ 2014 스 206[31]<br>제 3 자증여로 취급<br>상속결격에만 발생<br>(증여시 제 3 자 지위) | ④ 통설(반대없음)<br>특별수익인정<br>(대습상속인은 상속인지위에서 증여받고 상속개시당시에도 상속인지위) |

155 ① 대법원 2022. 3. 17. 선고 2020다267620 판결은 피상속인이 아들에게 재산을 증여하였는데, 아들이 피상속인보다 먼저 사망하여 피상속인 사망시에는 대습상속인(피상속인의 며느리와 손자녀)이 상속인이 된 사안이다. [증여시에는 수증자가 (추정)상속인이었으나 사망시에는 수증자가 먼저 사망하여 그의 상속인이 있는 경우]로 분류할 수 있다.

156 대법원은 위 증여재산을 대습상속인들이 받은 특별수익으로 산입하였다. 비록 대습상속인 본인이 피상속인으로부터 증여를 받지 않았다고 할지라도 피대습인이 생전에 받은 증여를 특별수익으로 고려하지 않는다면 대습상속인은 피대습인이 취득할 수 있었던 것 이상의 이익을 취득하게 되어 공동상속인들 사이의 공평을 해칠 뿐만 아니라 대습상속의 취지에도 반한다는 이유이다.

157 ② 대법원 2014. 5. 29. 선고 2012다31802 판결은 피상속인이 재산을 장손에게 증여하였고(피상속인 사망시 적극 소극·재산 부존재) 피상속인의 장남이 피상속인보다 먼저 사망함으로써 대습상속이 일어난 사안이다. [증여시에는 수증자가 (추정)상속인의 지위에 없었으나 사망시에는 상속인이 된 경우]로 분류할 수 있다.

158 대법원은 위 증여재산을 특별수익에 산입하지 않았다. 만약 피상속인이 사망할 때 그의 아들이 살아 있었다면 장손은 '상속인이 아닌 제3자'이고 증여재산은 특별수익에 해당하지 않을 터인데 피상속인보다 아들이 먼저 사망하였다는 우연한 사정으로 인하여 특별수익으로 되는 결과는 불합리하다는 이유이다.

159 ③ 대법원 2015. 7. 17. 자 2014스206,207 결정은 공동상속인들 중 1명이 누나에 대한 살인미수로 상속결격자가 되었고 그에게 배우자와 자녀들이 있어서 대습상속인이 되었는데, 피상속인이 상속결격된 아들에게 재산을 증여한 후 사망하였고 상속인 및 대습상속인들 사이에서 상속재산분할 심판청구가 제기된 사안이다. 수증자가 상속결격자로서 증여시와 사망시 각 상속인이 아닌 경우로 분류할 수 있다.

160 대법원은 위 증여재산을 특별수익에 산입하지 않았다. 상속결격사유가 발생한 이후에 결격된 자가 피상속인으로부터 직접 증여를 받은 경우, 그 수익은 상속인의 지위에서 받은 것이 아니어서 원칙적으로 상속분의 선급으로 볼 수 없고, 특별한 사정이 없는 한 특별수익에 해당하지 않는다는 이유이다.

31 상속재산분할사건이나, 유류분의 경우에도 적용됨을 전제로 포함시켰다.

32 이봉민, "피대습인이 대습원인 발생 이전에 생전 증여로 특별수익을 받은 이후 대습상속인이 대습상속을 포기한 경우 유류분 산정의 기초재산에 산입되는 생전 증여의 범위", 대법원판례해설 제131호(2022), 34의 표를 수정·보완하였다.

3) '상속인과 동일시할 수 있는 근친' 법리와의 관계

161 특별수익이 부정된 위 ② 대습상속인 및 ③ 상속결격자는 모두 상속인(대습상속인 포함)의 배우자, 자녀, 아버지로 근친자이다. 대법원 2007. 8. 28. 자 2006스3, 4 결정에 따라 실질적으로 피상속인으로부터 상속인에게 직접 증여된 것과 다르지 않다고 인정되는 경우라고 볼 여지가 있을 것이다. 위 두 판례가 모두 이에 관하여 언급하지 않았기 때문에 대습상속의 경우에는 대법원 2007. 8. 28. 자 2006스3, 4 결정의 '실질적인 상속인 증여' 법리가 적용되지 않기 때문인지, 그 법리는 적용되나 다른 이유가 있는지 확인할 수 없다.

4) 소송절차상 유의점

162 ②와 같이 유류분반환 소송에서 대습상속을 둘러싼 특별수익 여부가 다투어질 경우 소송절차상 유의할 사항이 있다. 원고 측에서는 상속인에 대한 증여로서 제한없이 특별수익에 포함된다고 주장하면서도, 그 주장이 받아들여지지 않을 경우에 대비하여 예비적으로 "상속인에 대한 증여로 인정되지 않더라도 제3자에 대한 증여로서 증여자와 수증자가 원고 등을 해할 것을 알고 있었다."라는 해의에 관한 주장·증명을 추가하여야 할 것이다.[33] '상속인과 동일시할 근친' 법리를 별도로 주장해 볼 여지도 있다. 재산의 상당부분이 증여된 경우라면 법원 역시 피상속인이 상속인을 배제하고 굳이 상속인의 근친자에게 증여를 한 경위에 관하여 세심한 심리가 필요할 것이다.[34]

### 다. 증여시와 상속시 사이에 상속인이 변동되는 경우 유류분에 미치는 영향

1) 쟁점의 내용

163 위에서 본 '증여와 대습상속'에 관한 쟁점의 연장선에서 살펴보아야 할 쟁점이다.

164 ① 피상속인이 A에게 재산을 증여한 후 A를 입양하고(A와 재혼하는 경우도 같다) 사망하여 A가 공동상속인이 된 경우 다른 공동상속인들이 A에 대한 증여재산을 특별수익으로 주장할 수 있는지 문제된다.

33 증여가 사망 1년 이전에 이루어진 경우를 말한다.

34 대법원 2024. 6. 13. 자 2024스525, 526 결정은 생명보험금을 대습상속인이 수령한 사안에서 특별수익을 부정하는 취지로 파기환송하였고, 환송 후 원심에서 파기환송취지대로 판단되었다. 위 사건에서는 피상속인이 4년 여 동안 납부한 보험료가 700여만 원이라는 점에서 상속분의 선급으로 취급하기도 어려웠을 것으로 보인다.

165 ② 반대로 피상속인이 (추정)상속인들에게 재산을 증여한 후 A를 입양하고(또는 재혼하고) 사망한 경우 A가 다른 공동상속인들에 대하여 증여재산을 특별수익으로 주장하여 유류분반환을 청구할 수 있는지 문제된다.

2) 상속재산분할의 경우: 긍정

166 상속재산분할은 상속개시당시의 공동상속인들 사이에서 이전에 피상속인으로부터 받았던 증여까지 합하여 구체적 상속분을 산정하고 그 비율로 상속재산을 분할하는 과정임에 비추어 위 두 경우 모두 긍정적으로 볼 수 있다(☞ 상세한 내용은 민법 제1008조의 주석 참조).[35]

3) 유류분 중 ①의 경우

167 제3자로서 재산을 증여받은 후 상속인의 지위를 취득함으로써 피상속인의 사망시 상속인으로 유류분의무자가 된 경우이다.

168 증여재산을 공동상속인에 대한 증여로 볼 수 있는지 아니면 제3자에 대한 증여인지(유류분권리자에게 당사자들의 해의를 주장·증명할 책임이 지워진다) 문제되고, 피상속인이 사실상 입양(또는 혼인)한 시점에서 조만간 법률상 절차를 마칠 것을 예정하고 증여한 것이라면 위 대법원 2007. 8. 28. 자 2006스3, 4 결정의 '실질적인 상속인 증여' 법리를 적용할 수 있는지도 검토해 볼 수 있을 것이다.

4) 유류분 중 ②의 경우

가) 어려운 문제의 발생

169 피상속인이 상속인들에게 재산을 증여한 후 제3자가 상속인의 지위를 취득함으로써 피상속인의 사망시 유류분권리자가 된 경우이다.

170 이 경우가 실무상 종종 문제가 된다. 유류분권리자는 상속인에 한하여 인정되는데, 위 경우에는 증여 당시 상속인이 아니었기 때문이다. 실제 재판례에서는 피상속인이 생전에 상속재산분할을 하는 의미에서 전부 또는 대부분의 재산을 (추정)상속인들에게 이전하였고 피입양자(혼인배우자)도 그 사실을 알고 있었는데 피상속인 사망에 근접하여 입양됨(혼인함)으로써 피상속인의 행위로 상속인이 추가되어 분쟁이 발생하는 사안을 볼 수 있다.

35 그렇기 때문에 대습상속이 일어난 경우에도 상속재산분할심판시 위 법리를 적용하면 상속인에 대한 증여로 취급할 수 있다고 해석한다.

나) 해석적 제언

(1) 우리 민법상 유류분규정의 특징

171 이 쟁점을 해석할 때에는 우리 민법의 유류분제도가 갖는 독특한 측면을 고려할 수 있다.

172 대륙법상 유류분에 관한 입법계보는 로마법의 의무분 제도를 따른 법제와 게르만법의 자유분·유류분 구분 제도를 따른 법제로 나뉜다. 로마법계는 피상속인이 상속재산을 자유롭게 처분할 수 있게 하는 대신에, 피상속인의 근친에게 상속재산 중 일정액을 보장하는 제도이다. 게르만법계는 피상속인의 상속재산에 대한 처분권을 일정 부분(자유분)으로 제한하여 나머지 부분(유류분)에 대한 상속인의 상속권을 보장하는 제도이다.

173 그런데 우리 민법은 로마법계인 독일 민법, 게르만법계인 프랑스 민법 중 어느 법제와도 동일하지 않다.

174 독일 민법에서는 피상속인은 유언으로 상속인을 지정할 수 있고 상속에서 배제된 유류분권자는 유류분청구권을 행사할 수 있다. 따라서 독일 민법에서는 상속개시와 함께 유류분권자에게 금전청구권이 발생한다고 해석된다. 이에 비하여 우리 민법은 민법에 규정된 법정 상속인만이 유류분권리자이므로 피상속인의 상속인 지정을 기다릴 필요가 없다.

175 또한 우리 민법은 프랑스 민법처럼 자유분과 유류분의 구분이 없고 상속인에게는 정하여진 법정상속분의 일정비율이 유류분율로 보장된다.

176 따라서 입법연혁적 측면에서 볼 때 독일, 프랑스의 해석론인, '상속개시 시에 존재하는 피상속인의 재산가액을 산정하여 법상 기준에 미달하는 가액에 대하여 유류분청구권이 발생한다'는 견해는 우리 민법의 해석에서는 달리 볼 여지가 있다. 따라서 우리 민법의 해석론으로는 상속개시시 이전의 증여시점에서 '유류분 침해'의 관념을 긍정할 수 있다.

(2) 유류분침해가 발생하는 시점의 구분

177 유류분반환청구는 '유류분의 부족' 즉 유류분의 침해로 발생하는 권리이며 유류분에 대한 침해는 피상속인의 증여행위로 인하여 발생한다. 상속개시시점은 유류분액을 산정하는 기준시점으로 기능한다.

178 민법 제1114조가 증여의 시점을 기준으로 유류분 산정 대상 재산 여부를 판정하고, 제1115조 제1항이 '피상속인의 증여로 인하여 유류분에 부족이 생긴 때에는'

이라고 규정하는 것은 모두 증여시점을 기준으로 하는 규정으로 볼 수 있다. 이에 비하여 민법 제1114조 제1항이 규정하는 '상속개시시에 있어서 가진 재산의 가액'은 범위 산정의 기준시라고 해석할 수 있을 것이다.

(3) 선택 가능한 결론

179 그렇다면 적어도 피상속인이 재산의 전부 또는 대부분을 그 시점의 상속인들에게 증여하였고 증여 당시 피상속인의 나이, 수입능력상 향후 재산 증가를 기대하기 어렵다면, 그 시점에서 유류분 침해는 이미 발생하였다고 평가할 수 있다(구체적인 침해의 범위는 상속개시시를 기준으로 유류분 부족액을 산정함으로써 확정된다). 이러한 사안에서 피상속인의 증여 당시 상속인의 지위에 있지 않았던 사람에게는 '침해될 유류분 권리'가 인정되기 어렵다고 해석할 여지가 있다.

180 증여 이후 배우자가 된 사람은 증여시점에 유류분으로 보전받아야 할 상속에의 기대권이 존재하지 않는다고 해석하는 견해도[36] 같은 취지로 이해된다.

### 라. 증여재산이 처분된 경우 제3자에 대한 유류분반환청구에 관한 문제점

181 대법원 2002. 4. 26. 선고 2000다8878 판결은,[37] 유류분반환청구권의 행사에 의하여 반환되어야 할 유증 또는 증여의 목적이 된 재산이 타인에게 양도된 경우 그 양수인이 양도 당시 유류분권리자를 해함을 안 때에는 양수인에 대하여도 그 재산의 반환을 청구할 수 있다고 판시하였다.

182 이에 대하여는 우리 민법상 유류분반환청구권에 대하여 증여 또는 유증된 재산이 제3자에게 양도된 경우까지 추급권을 인정할 근거가 박약하다는 비판이 있었다. 원칙적인 유류분반환의무자인 수증자에 대하여 가액반환을 구하여야 한다는 취지이다.

183 일본의 개정 전 민법 제1040조 제1항은 위 2000다8878 판결과 동일하게 수증자가 증여의 목적을 양도한 경우 양수인이 양도 당시에 유류분권리자에게 손해를 가한다는 것을 알았던 때에는 유류분권리자는 이에 대해서도 감쇄를 청구할 수 있다고 규정하였다. 그러나 위 규정은 2018년 개정으로 가액반환으로 유류분반환방법을 변경하면서 삭제되었다.

184 우리 민법의 해석에서도 일본 민법의 개정을 참작할 수 있을 것이다.

36 전경근, "특별수익, 유류분 그리고 재혼", 가족법연구 제24권 제3호, 한국가족법학회(2010), 436~437.

37 위 판결의 사안은, 피상속인이 00회사 주식을 장남과 차남에게 1/2씩 유증을 하였는데, 차남이 상속개시 직후 유증재산을 장남에게 다시 증여한 경우이다.

## 4. 상속 포기, 상속 한정승인과 유류분[38]

### 가. 상속재산분할에서 상속 포기, 상속 한정승인의 효과

185 상속재산분할청구의 당사자는 공동상속인에 한정된다.

186 상속을 포기하면 상속인의 지위에서도 이탈하므로 상속재산분할청구의 당사자도 될 수 없다. 상속 한정승인의 경우에는 상속인이 한정승인을 하였더라도 한정승인에 따른 청산절차가 종료되지 않은 경우라면 상속재산분할 청구가 가능하다는 것이 실무와 대법원 판례[39]의 입장이다.

### 나. 유류분에서 상속 포기, 상속 한정승인의 효과

187 유류분에서는 상속 포기·한정승인자가 유류분권리자인 경우와 유류분반환의무자인 경우 양상을 달리하므로 구분하여 보기로 한다.

#### 1) 유류분권리자가 상속 포기, 상속 한정승인을 한 경우

188 유류분권리자의 경우는 위 상속재산분할과 유사하게 된다. 즉, 상속포기를 하여 상속인의 지위를 이탈하면 유류분반환을 청구할 수도 없게 된다(그렇기 때문에 피상속인이 적극재산을 증여하여 채무초과상태에서 사망하면 상속인에게는 상속을 승인하여 채무를 부담하는 대신 유류분반환청구를 할 이익이 존재한다).

189 상속인이 한정승인을 한 후에도 유류분반환청구를 하는 데에는 지장이 없다(다만 유류분권리자의 순상속분을 0으로 계산한다. 대법원 2022. 8. 11. 선고 2020다247428 판결 참조).

#### 2) 유류분반환의무자가 상속포기를 한 경우

190 피상속인으로부터 생전 증여를 받은 상속인이, 피상속인이 채무초과 상태에서 사망하자 상속 포기를 한 경우가 문제된다. 위에서 본 '증여 시점과 상속개시 시점에 상속인이 변경된 경우'의 문제 중 하나이다.

##### 가) 대법원 2022. 3. 17. 선고 2020다267620 판결

191 대법원 2022. 3. 17. 선고 2020다267620 판결은 상속포기의 효과로 상속포기자는 처음부터 상속인이 아니었던 것이 되므로 상속인이 아니라 제3자로 취급되

38 김현진, "프랑스의 유류분 제도와 우리 민법 개정에의 시사점", 가족법연구 제37권 제2호, 한국가족법학회(2023); 정구태, "대습상속과 특별수익 및 상속포기, 그리고 유류분-대법원 2022. 3. 17. 선고 2020다267620 판결에 대한 비판적 검토-", 안암법학 제65호(2022).

39 대법원 2014. 7. 25. 자 2011스226 결정.

어야 한다고 판시하였다.

192 따라서 민법 제1114조에 따라 그 증여가 상속개시 전 1년간에 행한 것이거나 당사자 쌍방이 유류분권리자에 손해를 가할 것을 알고 한 경우에만 유류분 산정을 위한 기초재산에 산입되는데, 위 판결의 사안에서 문제된 증여는 상속개시 1년 이전에 이루어졌고 증여 당시 유류분권리자에게 손해를 가할 것을 알았다고 볼 증거가 부족하다는 원심의 판단이 유지됨으로써 유류분 산정에서 제외되었다.

나) 비판적 견해: 유류분제도에 대한 훼손 우려

193 위 판결의 법리를 관철하면, 피상속인이 적극재산과 채무를 보유하는 상태에서 적극재산의 전부 또는 대부분을 특정 상속인에게 증여하고 이로 인하여 적극재산이 거의 없거나 채무초과가 된 상태에서 사망하였는데 수증자가 상속포기를 함으로써, 수증자는 상속적극재산만 취득하고 상속채무는 면하게 된다. 이러한 결과는 권리와 의무의 포괄승계를 규정한 상속법의 기본원칙에 위배되고, 피상속인의 처분에 불구하고 공동상속인에게 일정한 몫을 보장하려는 유류분제도의 강행성에도 배치되고, 다른 상속인들은 물론 상속채권자의 이익을 침해하는 결과가 된다(증여 후 채무가 발생하였더라도 증여 당시 채무발생의 기초적 법률관계가 존재하여 채무발생의 개연성이 있다면 같은 문제가 생긴다).

194 특별수익을 받은 유류분반환의무자가 상속을 포기함으로써 손쉽게 유류분반환의무를 면하게 된다면 유류분제도는 유명무실해지고, 법질서의 통일성이 훼손된다고 비판하는 견해도 확인된다.

다) 입법론, 해석론적 대안

195 입법론으로 프랑스 민법 제845조 제1항과 같이, 상속인의 상속포기시에도 유류분반환의무를 면할 수 없도록 규정을 두는 것이 바람직하다는 견해가 있다.

196 해석론으로서, 신의칙 및 권리남용 원칙의 적용을 주장하는 견해가 있다.

197 유류분제도는 피상속인의 증여에도 불구하고 유류분권리자인 상속인에게 상속재산의 일정한 몫을 확보해주기 위한 것으로서 강행성을 띠는데, 유류분반환의무자의 상속포기는 반환의무의 회피로서 제도의 강행성을 잠탈하기 위하여 상속포기 제도를 남용하는 것이므로, 신의칙 또는 권리남용 금지 원칙에 따라 그가 받은 특별수익을 민법 제1114조의 기간 제한 없이 유류분 산정 기초재산에 산입하여야 한다는 취지이다.

라) 소송절차상 유의점

198 현재 대법원판례에 따르더라도 재판절차상 유의할 부분이 있다.

199 피고가 상속포기한 사실이 인정되면, 피고는 '증여받은 제3자'의 지위에 있으므로 사망 1년 이내에 증여받은 것이 아니라면, 증여 당시 다른 상속인들의 유류분이 침해될 것을 알았을 경우에 유류분반환의무를 부담한다. 그 주장·증명 책임은 원고가 부담한다. 따라서 앞서 본 '증여 후 대습상속이 일어난 경우' 와 마찬가지로 원고측에서는 상속인에 대한 증여라고 주장하더라도 예비적으로 "제3자에 대한 증여라면 증여자와 피고에게 해의가 있었다."는 주장·증명을 추가 하여야 할 것이다.

200 법원 역시 증여재산이 재산 전체에서 차지하는 정도, 증여시점과 피상속인의 채무 발생 선후 및 경위와 더불어, 위의 각 사정과 피고의 상속포기의 관계에 관하여 보다 세심하게 심리할 필요가 있을 것이다.

## 5. 유류분청구권 사전 포기의 제도화

가. 사전 포기 불허의 원칙

201 상속이 개시되기 전에는 상속권을 포기할 수 없는 것과 마찬가지로 유류분권도 포기할 수 없다(☞ 상세한 내용은 민법 제1115조 주석 참조).

202 통설과 판례가 유류분의 사전포기를 불허하는 이유는 상속개시 전에는 유류분의 구체적인 범위를 산정할 수 없다는 점, 그러한 상태에서 가정 내에서 상대적으로 약한 지위에 있는 상속인이 피상속인 또는 수증자 측의 요구에 따라 유류분 포기에 이르는 과정에서 압박이나 회유가 개입될 우려를 차단하여야 한다는 점에 있다.

203 대법원 1998. 7. 24. 선고 98다9021 판결, 대법원 2011. 4. 28. 선고 2010다29409 판결 등은 유류분권리자가 피상속인의 생전에 피상속인 또는 공동상속의 이해관계인으로부터 재산상 급부를 받는 대신 유류분 내지 상속권을 포기한 사안에서 유류분권 사전 포기약정의 효력을 부정하였다.

### 나. 다른 관점과 제안

1) 제안의 계기

204 다른 관점에서, 유류분 사전 포기의 요건과 절차를 제도화하고 그 범위에서 유류분 사전 포기에 효력을 부여함으로써 상속재산분할을 둘러싼 분쟁을 사전에 합리적으로 예방할 수 있다는 의견이 제시되고 있다.

205 예를 들어, 가정 내에 특별히 부양의 필요가 높은 상속인이 있는 경우, 피상속인과 (추정)공동상속인들 전원 사이에서 위 특별한 부양이 필요한 상속인에게는 부동산을 분할하여 향후 임대료 수입 등 지속적인 생계대책을 마련해주고, 다른 공동상속인에게는 현금 기타 나머지 재산을 분할하는 내용으로 생전 상속재산 분할이 이루어지면, 피상속인의 사망 후 상속인의 생계 보장 및 부양필요성에 대응하면서도 공동상속인 사이의 형평을 해하지 않는 것으로 상속 및 유류분제도의 취지에 부합한다.[40] 피상속인이 상속인들에게 재산을 분할하여 준 후 제3자가 상속인의 지위를 취득한 경우, 기업승계의 경우도 마찬가지이다.

206 그런데 유류분 부족액을 산정하는 증여재산의 가액은 상속개시시를 기준으로 하여야 하므로 설령 생전 상속재산분할 당시에는 공동상속인들의 유류분 침해가 없었던 경우조차 부동산 시가가 상승하면 상속 개시시에는 유류분 침해로 산정될 수 있다. 우리 나라에서는 부동산가격이 지속적으로 상승해 왔으므로 더욱 문제가 된다.

207 피상속인과 상속인들이 피상속인 생전에 상속재산을 협의분할하면서 유류분포기약정을 함으로써 합리적으로 상속재산분할을 하면서 후속분쟁을 방지할 수 있다고 평가된다.

#### 2) 외국 입법례[41]

208 독일, 프랑스, 일본은 모두 유류분의 사전포기제도를 입법하였다. 독일, 프랑스는 공정증서 방식을, 일본은 법원 허가 방식을 택하였다.

##### 가) 독일 민법

209 독일 민법은 제2346조 이하에서 사전의 상속포기를 규정하고 있다.

210 피상속인의 배우자나 친족은 피상속인과의 계약을 통해서 그의 법정상속권을 포기할 수 있다. 포기자는 법정상속에서 배제되고 유류분권을 가지지 않는다(독일 민법 제2346조 제1항).

211 포기는 유류분권에 한정하여 할 수도 있다(독일 민법 제2346조 제2항). 공증실무에 따르면 이 방식이 상속포기보다 종종 활용된다고 한다.

40 프랑스에서 2006년 민법 개정 당시 부모 상속재산으로 장애를 가진 자녀를 부양해야 하는 가정의 수는 약 80만 가구에 달했는데, 프랑스 입법자는 상속개시 전이라도 가족 내 합의만 된다면 상속재산 분배 계획을 미리 세울 수 있도록 하는 게 가족 부양 측면에서 바람직하다고 판단하였다. 장애를 가진 가족 구성원에 대한 부양은 여러 국가에서 공통적으로 고민하는 부분임을 알 수 있다.

41 앞서 본 문헌들과 더불어 고상현, "독일 민법상 상속 및 유류분의 사전포기제도", 가족법연구 제29권 제1호, 한국가족법학회(2015).

212 사전상속포기계약은 공정증서의 작성을 필요로 한다(독일 민법 제2348조).

나) 프랑스 민법

213 프랑스 민법은 2006년 개정시 유류분반환청구권의 사전포기제도를 신설하였다.

214 개정 프랑스 민법상 유류분권자는 상속이 개시되기 전에 유류분반환 행사를 포기할 수 있다(프랑스 민법 제929조 제1항). 사전포기의 대상은 유류분 전체에 대한 침해분, 그 일부에 대한 침해분, 또는 특정 재산에 대한 무상양여의 감액이다(프랑스 민법 제929조 제2항). 포기 행위는 포기자의 망인이 될 자의 부담으로 하는 채무를 발생시킬 수 없고, 그의 일정한 행위를 조건으로 할 수 없다(프랑스 민법 제929조 제3항).[42]

215 포기문서는 2명의 공증인이 수령한 특별공정증서에 의해 작성된다.[43] 포기문서에는 각 포기자에게 포기의 장래 법적 결과가 정확히 기재되어야 한다(프랑스 민법 제930조 제1항).

216 미성년자는 유류분의 사전포기가 금지된다(프랑스 민법 제930의1조). 나아가 유류분권리자는 유류분의 사전포기를 철회할 수 있는데, 망인이 될 자가 포기자에 대하여 부양의무를 이행하지 않았을 때, 상속개시일에 포기자가 자신의 유류분권을 포기하지 않았다면 없었을 궁핍상태에 있을 때, 포기의 수익자가 그에 대하여 중죄 또는 경죄의 유죄판결을 받았을 때로 사유가 제한되어 있다(프랑스 민법 제930의3조).

다) 일본 민법

217 일본은 이미 1947년의 민법 개정으로 유류분의 사전포기제도가 신설되었다(현행 일본민법 제1049조).[44] 위 규정에 의한 유류분의 사전 포기는 가정재판소의 허가를 받아 효력을 발생하고, 다른 공동상속인의 유류분에 영향을 미치지 않는다.

218 최근 제정된 '중소기업에 있어서의 경영의 승계의 원활화에 관한 법률'에 의한 유류분 사전포기합의는 기업승계 부분에서 보기로 한다.

3) 우리나라의 입법화 의견

219 다수의 해석론이 유류분 사전 포기 제도의 입법화를 제안하고 있다.

42 사망자가 사전포기자에게 부담하는 의무, 특히 그에게 시혜를 베푸는 유언자의 의무에 대한 대가로서 합의될 수 없다는 의미이다.

43 사전포기의 의사를 분명하게 하기 위함이다.

44 그러나 위 규정은 1947년 개정 당시 가독상속제를 폐지함에 따른 정치적 타협 입법이었다는 비판이 있다.

220 재산이전 시점에 공동상속인들이 그 재산이전에 대한 합의와 함께 유류분 포기를 하되 포기의 방식과 절차를 법이 정하는 바에 따라 엄격히 규제함으로써 합리적인 사전 분쟁예방 절차를 마련하자는 것이다.[45]

## 6. 기업승계와 유류분

### 가. 논의 필요성: 기업존속과 사회경제적 효용

221 기업승계와 유류분은[46] 창업주 또는 경영 1세대의 사업체 승계와 관련하여 관심 대상이 된 쟁점으로, 회사 경영자인 피상속인이 특정 상속인에게 기업의 경영권과 자산을 증여 또는 유증하는 경우 다른 상속인들이 유류분반환청구권을 행사하면 경영권과 사업체의 자산 귀속이 분산됨으로서 기업 존속 및 경영권 확보, 사업 계속에 부정적 영향을 미칠 우려가 있으므로 대책이 필요하다는 것이다.

222 기업승계현상에 대하여는 '부의 대물림'의 측면에서 비판과 부정적인 시각도 많다. 상속인에 대한 기업승계는 사회적으로 장려할 일이 아니라는 정책적 함의로 연결될 수도 있다. 그러나 기업이 승계되더라도 승계인이 경영에 관여하지 않고 전문경영인에게 경영을 맡길 수 있으므로, 기업지분 승계의 효율성 유무와 경영승계의 효율성 유무는 구별할 필요가 있다.

223 특히 소규모 가족기업에서 경영자인 피상속인이 가족구성원의 성격·능력·성과 등을 지켜 본 결과 가장 뛰어난 상속인을 후계자로 지목하여 기업체를 경영하도록 한 경우 사회경제적인 측면에서도 긍정적인 대처일 여지가 있다.

### 나. 기업승계로 기능하는 제도들

#### 1) 유언대용신탁과 수익자연속신탁의 결합

224 민법상 재산승계제도인 증여, 유언 등으로 재산이 승계된 경우 재산을 승계한 자가 사망하면, 승계된 재산은 상속절차에 따라 상속인에게 분배되고 이로써 상속된 재산은 대를 거듭할수록 분산·산일된다. 이에 비하여 수익자연속신탁을 설

45 앞서 본 문헌들 및 배인구, "토론문: 현행 유류분제도의 문제점과 개선 과제", 가족법연구 제37권 제2호, 한국가족법학회(2023).

46 제1회 법률신문 히어로 이슈 토론회, "헌재 유류분 결정, 상속과 기업승계 어떻게 달라지나", ㈜법률신문사(2024); 고상현, "기업재단에 관한 법정책적 고찰", 법학논총 제47호, 숭실대학교 법학연구소(2020); 김화, "오스트리아, 스위스에 있어서 기업재단의 문제", 비교사법 제28권 제2호(통권 제93호), (사)한국사법학회(2021); 조웅규, "신탁을 활용한 기업승계 방안", 서울대학교 대학원 법학석사학위논문(2022); 최준규, "유류분과 기업승계-우리 유류분 제도의 비판적 고찰", 사법 제37호, 사법발전재단(2016). 그밖에 앞서 본 유언대용신탁 서술 부분에 언급된 참고문헌들.

정하면, 위탁자가 신탁한 신탁재산은 수익자의 사망에 따른 상속관계와 무관하게 위탁자가 신탁행위로 정한 자에게 승계될 수 있다.

225 위탁자가 유언대용신탁을 설정하면서 수익자연속신탁을 결합하여 생전에는 자신을 수익자로, 자신의 사망 후 1차 수익자로 자녀를, 자녀의 사망 후 2차 수익자로 손자녀를 지정한다면 신탁재산은 위탁자의 사망 이후 오랜 기간 위탁자의 의사를 실현하는 방식으로 운용될 수 있다.

226 결국 유언대용신탁은 유증 내지 사인증여와 유사한 기능을 수행함과 동시에 위탁자로 하여금 유언의 방식이나 종류에 구애받지 않고 오랜 기간 자유롭게 신탁재산에 관한 설계를 가능하도록 함으로써 유연한 재산승계의 수단으로 활용될 수 있다.

227 이러한 장점을 기업승계에 접목하여, 기업승계에 있어 유언대용신탁을 활용할 경우 위탁자인 창업주의 주식을 수탁자가 보유하므로 당해주식이 분산되는 것을 방지할 수 있고, 창업주가 생존해있는 동안 수익자를 창업주로 하면 기업승계 과정에서 발생할 수 있는 충격을 최소화할 수 있으며, 창업주의 급서가 발생하더라도 공백 없이 신속하게 후계자에게로 경영권 이전이 가능하고, 유언이 아니므로 후계자 지정의 효력 둘러싼 다툼을 상당부분 회피할 수 있는 등의 장점이 있을 것으로 예상된다는 견해도 있다. 즉 신탁을 활용하면, 전환기능을 통해 주식을 후계자에게 집중시키지 않더라도 혹은 나머지 상속인들에게 충분한 경제적 이익을 제공하면서도 후계자가 기업 지배권을 확보할 수 있는 방법이 된다는 것이다.

#### 2) 기업재단제도의 도입 견해

228 그 외에도 외국의 제도를 모델로 하여, 재단과 기업이 서로 일정하게 연관되어 있는 기업재단제도의 도입으로 출연자는 시간적으로 영속할 수 있는 법인격을 갖춘 재단을 설립하여 기업의 운영 지속과 후손에 대한 승계를 성취할 수 있고, 여기에 기업재단 운영의 투명성 확보, 출연 받은 재산의 엄정한 사후관리를 통하여 재단을 통한 기업지배에 대한 부정적 인식에서 벗어나 기업의 경영권을 보장, 방어할 수 있는 적절한 수단으로 재인식되어야 한다는 제언도 있다.

### 다. 외국의 입법례

#### 1) 기본 입장

229 독일, 프랑스, 일본 등 유류분제도를 갖고 있는 국가들은 '기업승계시 후계자에

대한 주식 쏠림과 그로부터 배제된 상속인간의 유류분 분쟁이 발생할 가능성이 있으며 나머지 상속인들의 의사에 반하여 유류분 반환청구 자체를 막을 방법은 없다'는 점을 전제로, 유류분과 충돌되지 않도록 법제를 제·개정하는 등 중소기업의 승계에 관심을 갖고 적극적인 지원을 해왔다. 그 중 아래에서는 유류분 사전포기와 관련된 일본의 특별법에 관하여 중점적으로 보기로 한다.

2) 유류분 사전포기 제도: 일본의 특별법 제정

230 유류분 사전포기에 관한 독일, 프랑스, 일본의 입법경위는 위에서 서술한 바와 같다.

231 그 외에 기업승계와 유류분의 관계에 관하여 중요한 입법은 일본에서 2008. 5. 16. 제정(2009. 10. 1. 시행)된 '중소기업에 있어서의 경영의 승계의 원활화에 관한 법률'이다. 위 법률은 중소기업경영자의 상속에 동반하여 발생하는 경영자산의 분산을 방지하기 위하여 유류분에 관한 민법의 특례를 규정하고 있다.

232 위 법의 적용을 받는 중소기업은 제조업, 도매업, 서비스업, 소매업의 업종별로 자본금의 상한이 정하여져 있다(제조업 3억 엔, 소매업 5,000만 엔) 제조·건설·운수업 등은 최소한의 자본이 필요하기 때문에 그 요건이 상대적으로 완화된 반면 도매업, 서비스업, 소매업으로 갈수록 법적용을 위한 중소기업 인정 요건이 엄격해진다.

233 위 법 적용대상이 되려면 수증자가 증여자의 추정상속인일 것, 증여자로부터 중소기업의 주식 등을 증여받을 것, 중소기업의 의결권 있는 주식의 과반수를 보유할 것, 중소기업의 대표자가 될 것 등 네 가지 요건을 모두 충족해야 한다. 위 요건을 충족한 수증자는 유류분권리자 전원을 대상으로 서면합의를 통해 ① 수증자가 증여받은 주식을 유류분 산정의 기초재산에서 제외하거나(제외합의), ② 유류분 산정의 기초재산에 산입할 경우라도 그 가액을 합의시 가액으로 고정할 것을(고정합의) 정할 수 있다. 위 합의는 경제산업대신의 확인 및 가정재판소의 허가를 받음으로써 효력이 발생한다.

**라. 제도 개선을 위한 견해들**

234 우리 나라에서 다양한 제도개선 의견이 있다. 아래에서는 공통적으로 지적되는 부분을 소개하기로 한다.

1) 유류분 사전 포기 제도 입법화

235 먼저 피상속인이 생전에 기업승계를 진행하여 피상속인 및 후계자인 상속인과 나머지 상속인들 전원 사이에서 재산 분배와 더불어 나머지 상속인들이 사전에 유류분을 포기하기로 합의하는 방식이다. 이를 위하여 유류분 사전 포기의 제도화가 필요하다.

2) 가액반환의 확대

236 다음으로 기업을 승계한 상속인측이 다른 상속인들에게 유류분 반환을 하여야 되는 경우에도 반환 대상이 문제된다. 현재 판례 법리에 따르면 다른 상속인들이 승계된 주식의 원물 반환을 청구할 경우 주식으로 반환하여야 한다. 그 결과 기업의 지배구조에 변화가 생길 수 있고, 창업주의 지분이 압도적으로 많은 경우가 아니라면 나머지 상속인들이 다른 주주들과 연대하여 후계자의 경영권을 상실시킬 위험도 있다.

237 입법으로 가액반환 원칙이 도입되든지 또는 판례해석으로 가액반환의 선택가능성이 넓어져야 한다는 견해가 상당수 제기되어 있다.

3) 후계자의 경영성과 참작

238 이에 더하여, 후계자인 상속인이 주식을 증여받을 당시에 비하여 상속개시 시점에 그 주식 가치가 크게 상승했다면 그 상승한 금액을 기준으로 유류분 부족액을 산정하여 많은 주식을 반환하여야 한다. 그런데 후계자가 기업을 승계하여 경영능력을 발휘하고 노력을 기울여 기업가치 상승에 기여한 경우 이를 참작할 수 있는지 문제된다.

239 그동안 유류분반환 소송에서 기여분 청구가 불가능하였으나, 헌법재판소 2020 헌가4 등 결정 이후 기여분에 관한 입법이 예정되어 있으므로 신설되는 제도로 해결될 것으로 기대된다.

### 7. 공익목적 기부와 유류분

240 피상속인이 재산의 전부 또는 일부를 공익목적에 사용하기로 결심하여 공익법인, 재단 등을 설립하거나 이러한 법인 등에게 유증 또는 증여하는 경우를 말한다.[47]

47 고상현, "유류분제도와 공익출연", 가족법연구 제24권 제3호, 한국가족법학회(2010); 김진우, "유산기부 활성화를 위한 입법 과제-유류분 제도 및 공익법인의 지배구조에 대한 규제 완화를 중심으로-", 외법논집 제43권 제2호, 한국외국어대학교 법학연구소(2019).

241 공익 목적의 기부나 출연을 장려하기 위하여 이러한 기부에 대하여는 유류분 반환의 대상이 되는 기초재산에서 산입제외하여야 한다는 견해가 있다.

242 이에 비하여, 피상속인의 공익 목적 기부 역시 유류분권리자의 이익을 침해할 수 있으며, 이를 위한 예외를 입법화할 경우 공공의 복리를 위해 사익 내지 가족구성원의 이익이 희생되어야 한다는 논리가 정당화될 수 있다는 우려를 표명하며 유류분과 공익적 출연을 상호 조화시킬 수 있는 가능한 해석적 대안을 마련하자는 견해도 있다.

243 헌법재판소 2020헌가4 등 결정에서 가업승계 목적 또는 공익적 기부 목적의 증여를 한 경우에는 유류분 산정 기초재산에서 제외될 수 있도록 입법을 개선하는 것이 바람직하다는 보충의견이 있었다.

## 8. 기여분, 기여적 증여와 유류분의 관계

### 가. 민법 제1008조의2와 그 적용범위

244 민법이 1990. 1. 13. 법률 제4199호로 개정되면서 상속과 관련하여 피상속인을 특별히 부양하거나 피상속인의 재산의 유지 또는 증가에 특별히 기여한 공동상속인에 대한 기여분을 인정하는 제도를 도입하였다. 상속재산분할에서의 기여분은 이에 의하여 규율된다(☞ 상세한 내용은 민법 제1008조의2 주석 참조).

245 이에 비하여 유류분에 관한 민법 제1118조가 기여분에 관한 제1008조의2를 준용하지 않고 별도의 기여분을 규정하지도 않음으로써 유류분에서 기여분 주장이 있는 경우 법원이 이를 심리하여 기여분을 정하는 판단을 할 수 있는지 문제되었다.

### 나. 대법원 2015. 10. 29. 선고 2013다60753 판결의 영향

#### 1) 대법원 1994. 10. 14. 선고 94다8334 판결 이유와 후속 판결

246 대법원 1994. 10. 14. 선고 94다8334 판결이 "공동상속인의 협의 또는 가정법원의 심판으로 기여분이 결정되기 전에는 기여상속인은 유류분반환청구소송에서 상속재산 중 자신의 기여분을 공제할 것을 항변으로 주장할 수는 없다."라고 판시하여 절차와 관할의 문제점을 지적하였다.

247 대법원 2015. 10. 29. 선고 2013다60753 판결은 이에 더하여 "설령 공동상속인의 협의 또는 가정법원의 심판으로 기여분이 결정되었다고 하더라도 유류분을 산정함에 있어 기여분을 공제할 수 없고, 기여분으로 인하여 유류분에 부족이 생겼다고 하여 기여분에 대하여 반환을 청구할 수도 없다."라고 판시하였다.

2) 대법원 1994. 10. 14. 선고 94다8334 판결의 봉쇄적 효과

248 위 판결 이후 유류분 소송에서 기여분의 주장을 봉쇄하는 결과가 되었고, 재판 실무에서는 아래의 문제가 발생하였다.

249 예를 들어, 재산을 취득할 경제력이 없는 피상속인을 위하여 자녀 중 A가 분양대금을 전부 또는 대부분 부담하여 피상속인이 주택을 분양받아 이전등기를 마치고(따라서 피상속인의 유일한 재산이 되었다) 난 후 상속이 개시된 경우를 상정해 본다(상속인은 자녀 A, B가 있다).

250 위 재산은 상속재산이므로 A, B 사이에서 상속재산분할재판이 진행될 경우, A는 '분양대금을 납부함으로써 상속재산의 형성에 특별히 기여하였음'을 주장하며 기여분 청구를 하여 기여가 참작된 분할을 받을 수 있다. 각급법원 재판실무상 위 가상 사례처럼 상속재산의 형성, 유지에 결정적인 기여를 하였거나 피상속인의 생계를 전적으로 책임진 상속인에 대하여 높은 비율의 기여분이 결정된 사례들을 확인할 수 있다.

251 이에 비하여 위 동일사안에서 피상속인이 A에게 분양대금 부담에 대한 감사의 의미로 유일한 재산인 그 주택을 증여한 후 사망하여 상속이 개시된 경우를 상정해본다.

252 A가 증여받은 재산으로 유류분부족이 생겼으므로 B의 유류분반환청구로 유류분반환 재판이 진행될 경우, 그 소송에서 A는 자신의 분양대금 납부를 기여로 주장하지 못하여 유류분부족액을 전부 반환하여야 한다. A가 기여분을 인정받기 위하여 민법 제1008조의2에 따른 기여분결정청구를 하고 싶어도, 기여분결정청구는 상속재산분할청구와 같이 청구하여야만 하고, 상속재산분할청구 및 기여분결정청구를 하더라도 분할할 상속재산이 없으므로 청구는 각하될 운명에 놓인다. A는 기여분을 인정받을 법률적 수단이 없게 되어 이 점이 문제로 지적되었다.[48]

### 다. 관할과 판단의 구별 필요성

253 유류분반환청구는 민사소송으로서, 마류 가사비송사건인 기여분결정 청구를 병합할 수 없다는 관할상 한계가 있다. 그러나 관할의 측면을 들어 유류분 소송에서 기여분의 판단조차 할 수 없다는 결론으로 이어진다고 보기는 어렵다.

48 대법원 1994. 10. 14. 선고 94다8334 판결의 사안 및 결론이다.

254 대법원 2000. 7. 28. 선고 2000다14101 판결 등이 "채무초과 상태에 있는 채무자가 이혼하면서 배우자에게 재산을 이전한 경우 그 협의재산분할이 민법 제839조의2 제2항에 따른 상당한 정도를 벗어나는 경우 초과부분은 사해행위로서 채권자 취소의 대상이 된다."라고 판단함으로써 민사소송인 채권자취소 소송에서 가사사건인 재산분할의 판단에 속하는 '상당한 재산분할의 범위'를 판단하였던 점이 지적되어 왔다.

### 라. '기여자증여(기여분증여)' 법리의 도입[49]

#### 1) 대법원 2011. 12. 8. 선고 2010다66644 판결

255 대법원 2011. 12. 8. 선고 2010다66644 판결은 피상속인의 배우자에 대한 유류분 반환 소송에서, 일생 동안 피상속인의 반려가 되어 그와 함께 가정공동체를 형성하고 이를 토대로 서로 헌신하며 가족의 경제적 기반인 재산을 획득·유지하고 자녀들에 대한 양육과 지원을 계속해 온 경우, 생전 증여에는 위와 같은 배우자의 기여나 노력에 대한 보상 내지 평가, 실질적 공동재산의 청산, 배우자의 여생에 대한 부양의무의 이행 등의 의미도 함께 담겨 있다고 봄이 상당하므로 그러한 한도 내에서는 특별수익에서 제외할 수 있다고 판시하였다.

256 위 판결에 대하여는, 배우자의 특수성과 부양의 필요성 및 우리 민법상 배우자 상속분의 불충분성 등의 사정에 비추어 수긍할 수 있다는 견해와, 위 판결의 이론적 근거와 적용 범위가 분명하지 않으며 위 판결의 사안이 배우자의 기여분과 무관하기 때문에 기여자증여로 설명하는 것도 적합하지 않다는 비판이 대립되어 있다.

#### 2) 대법원 2022. 3. 17. 선고 2021다230083(본소), 2021다230090(반소) 판결

257 또한 대법원 2022. 3. 17. 선고 2021다230083(본소), 2021다230090(반소) 판결은 자녀 중 1인에 대한 증여 사안에서 같은 법리를 판시하면서, 피상속인과 상속인 사이의 개인적 유대관계, 상속인의 특별한 부양 내지 기여의 구체적 내용과 정도, 생전 증여 목적물의 종류 및 가액과 상속재산에서 차지하는 비율, 생전 증여 당시의 피상속인과 상속인의 자산, 수입, 생활수준 등을 종합적으로 고려하여 형평의 이념에 맞도록 사회일반의 상식과 사회통념에 따라 판단하여야 한다고

49 이동진, "배우자의 특별수익, 기여분, 유류분- 대법원 2011. 12. 8. 선고 2010다66644 판결", 사법 제56호, 사법발전재단(2021); 이봉민, "특별한 부양 내지 기여에 대한 대가인 생전 증여가 특별수익에 해당하는지 여부", 대법원판례해설 제131호, 법원도서관(2022).

보았다. 다만, 피상속인의 생전 증여를 만연히 특별수익에서 제외하여 유류분제도를 형해화시키지 않도록 신중하게 판단하여야 한다는 판단도 덧붙여져 있다.

258 위 판결에 대하여는, 직계비속에 대한 보상적 증여는 일반적인 증여와 달리 취급해야 할 이유를 찾기 어렵다는 비판적 견해와, 직계비속에 대하여도 그 직계비속의 기여에 대한 대가로 증여한 것이 명백하다면 특별수익에서 제외할 수 있다는 견해가 대립되어 있다.

259 위 대법원 2022. 3. 17. 선고 2021다230083(본소), 2021다230090(반소) 판결의 사안은 다음과 같다. 피상속인이 5명의 자녀 중 1명인 피고에게 전재산(상속대상 채무 없음)을 두 차례에 걸쳐 증여하였는데, 피고만 피상속인 사망시까지 30여 년간 망인과 동거하며 생활비를 부담하였고 그 중 10여 년 동안은 뇌경색으로 일상생활이 불가능한 피상속인을 간병하면서 치료비도 1억 원 이상 지출하였다. 피고는 수십 년 전에도 피상속인 부부의 채무를 대신 변제하였고 이에 피상속인은 그 빚을 대신하여 증여한다는 의사를 표명하기도 하였다. 증여재산 시가는 증여 당시에 비하여 상속 당시 10배 이상 급등하였다. 즉, 수증자가 피상속인을 특별히 간병하고 부양하였을 뿐더러 당해 증여재산의 유지 형성에도 직간접으로 기여하였다고 인정되는 사안이다. 현행 제도상 상속재산분할을 청구할 상속재산이 존재하지 않기 때문에 기여분청구가 불가능한 경우이기도 하다.

260 대법원의 판시는 그 사안과 현재 법리의 한계 등 여러 사정을 고려한 데에서 나온 것으로 이해된다.

### 마. 헌법재판소 2024. 4. 25. 선고 2020헌가4 등 결정과 전망

261 헌법재판소 2024. 4. 25. 선고 2020헌가4 등 결정이 기여분에 관한 민법 제1008조의2를 유류분에 준용하는 규정을 두고 있지 않은 민법 제1118조에 대하여 헌법불합치로 판단하였다.

262 이에 따라 위에서 본 기여분과 유류분을 둘러싼 논의는 개선입법에 포섭될 것으로 전망된다.

263 헌법재판소는 ① 기여분에 관한 민법 제1008조의2를 유류분에 준용하지 않은 민법 제1118조 때문에 기여분제도와 유류분제도가 단절되고 기여상속인이 정당한 대가로 받은 기여분 성격의 증여까지도 유류분반환의 대상이 됨으로써, 기여상속인과 비기여상속인 간의 실질적 형평과 연대가 무너지고, 기여상속인에게 보상을 하려고 하였던 피상속인의 의사가 부정되는 불합리한 결과를 초래한다

는 점, ② 대법원 2022. 3. 17. 선고 2021다230083, 230090 판결 등이 기여상속인이 자신의 기여에 대한 대가로 피상속인으로부터 증여를 받은 경우에는 해당 증여가 유류분 산정 기초재산에 산입되지 않을 수 있는 가능성을 열어 놓았으나 그 판결만으로는 기여분에 관한 민법 제1008조의2를 유류분에 준용하는 효과를 거두고 있다고 평가하기는 어렵다는 점 등을 헌법위반의 사유로 들었다.

### 바. 기여분에 관한 외국 입법례

264 기여분을 인정하는 나라로는 독일, 스위스, 오스트리아, 일본 등이 있다. 이들 중 일본을 제외하고 독일, 스위스, 오스트리아는 유류분에서 기여분을 고려한다.

265 독일 민법 제2057a 조는 "피상속인의 가계, 직업 또는 사업에서 장기간 협력을 통해 현저한 금전 급부 또는 다른 방식으로 피상속인의 재산 유지 또는 증가에 특별한 정도로 기여한 비속은 상속재산의 분할시 그와 함께 법정상속인으로서 상속을 하게 되는 비속 간의 조정을 요구할 수 있다. 이는 장기간 피상속인을 돌본 비속에 대하여도 같다(독일 민법 제2057a 조 제1항)."라고 규정하고 "기여분은 급부의 기간과 범위 및 유산의 가치를 고려하여 형평에 맞춰 산정한다(제2057a 조 제3항)." 라고 규정한다. 이는 제2316조에 의하여 각 비속의 유류분 산정에 영향을 미친다.

266 독일 민법의 기여분은 인정요건, 상속재산분할의 기준이 되는 상속분의 조정이라는 효과, 구체적인 액수의 산정이 법원의 재량에 맡겨져 있으나, 실재하는 상속(적극)재산에서 상속채무를 공제한 순상속재산을 한도로 한다는 점은 우리 민법과 비슷하다. 그러나 직계비속만 대상으로 한다는 점이 다르다.

### 사. 추가 쟁점: '특별한 부양' 법리의 발전 필요성

#### 1) 부양에 대한 평가 기준 미흡

267 기여분에 이르지 못하는 가족 내 부양과, 기여분의 인정 요건이 되는 '특별한 부양'의 구분은 그동안 재판례에서 수긍할만한 기준이 제시되지 못한 채 개별 사건의 판단으로 종결되어 온 경향이 있었다.

268 그러나 대법원 2019. 11. 21. 자 2014스44, 45 전원합의체 결정이, 긴 노년기의 동거·간호와 부양이 갖는 무형의 비재산적 기여행위를 과소평가하지 말고 기여분을 인정하는 요소 중 하나로 적극적으로 고려하는 방향으로 기여분 재판 실무를 개선할 여지가 있다는 점을 판시하고, 위에서 본 유류분에서의 기여분 증여에 관한 대법원 판결 선고 후 부양과 기여분의 관계에 관하여 다양한 논의가 이루

어졌다.[50]

269 특히 헌법재판소 2020헌가4등 결정에 따라 유류분에서도 기여분의 판단이 가능하도록 입법적 개선이 된다면 앞으로는 자녀들 중 1인이 한 특별한 부양행위와 기여분의 관계[51]가 쟁점이 될 것으로 보인다.

### 2) 대법원 1998. 12. 8. 선고 97므513, 520, 97스12 판결에 대한 진지한 검토의 필요성

270 피상속인과의 동거생활, 부양, 생활비와 간병비 부담 등 고려요소를 포함하고 있는 사례인 대법원 1998. 12. 8. 선고 97므513, 520, 97스12 판결에서 원심과 대법원의 규범적 평가 차이를 소개하기로 한다.

271 A는 피상속인의 4명의 딸 중 둘째로서 피상속인의 사망까지 30여 년 간 동거하였다.

272 원심은 ① A의 동거, 부양은 친족 간의 부양의무 이행의 일환일 뿐이고 ② 동거기간 중 피상속인이 억척스럽게 재산을 관리해 예금만 약간 늘어난 데에 반하여 A부부는 무일푼으로 결혼생활을 시작하였음에도 많은 부동산을 취득한 점에 비추어 보면, 이 사건 상속재산의 취득과 유지에 있어 원고가 딸로서 통상 기대되는 정도를 넘어 특별히 기여한 경우에 해당한다고는 볼 수 없다고 판단하였다.

273 대법원은 ① A는 결혼 전은 물론 이후에도 계속 부모 및 아버지 사망 후에는 홀로 된 피상속인을 모시고 피상속인이 80대의 나이로 사망할 때까지 지냈고 ② A는 동거기간 중 20여 년 동안 A소유 주택에서 피상속인을 모시고 생활하면서 피상속인의 유일한 수입원인 임대주택의 수리 등 관리를 계속하였고 가사를 맡고, 사망 전 몇 개월 간 피상속인의 치료비를 체당·선납하고 간호를 계속하는 등으로 전체 부양기간을 통하여 노무의 제공 또는 재산상의 급여를 해 온 사실을 지적하였다. A가 피상속인과 장기간 동거하면서 자신과 동등한 생활수준으로 부양한 기간, 방법, 정도에 비추어 부양능력을 갖춘 여러 명의 출가한 딸과 친모 사이에서 통상 예상되는 부양의무 이행의 범위를 넘는 특별한 부양이 되어 상속재산의 유지 증가에 특별히 기여한 것이라고 보아야 한다고 판시하였다.

50 김수정, "기여분과 부양", 가족법연구 제35권 제1호, 한국가족법학회(2021); 조아라, "배우자의 기여분에 관한 실무 운영 검토 및 제안: 대법원 2019. 11. 21. 자 2014스44, 45 전원합의체 결정 이후의 하급심 사례를 중심으로", 가족법연구 제36권 제3호, 한국가족법학회(2022).

51 대법원 2022. 3. 17. 선고 2021다230083, 230090 판결 참조.

274 대법원의 판단을 통하여 부양 자녀의 지위, 부양의 구체적 형태(동거 여부 등), 동거부양의 경우 생활비 부담 및 재산관리의 구체적인 내역, 간병이 이루어진 기간, 간병 형태, 치료비를 포함한 간병비용의 부담 등 심리하여야 할 대상을 확인할 수 있을 것이다.

### 9. 유류분반환의 방법: 현물반환에 대한 비판

275 유류분반환으로서 이른바 현물반환이라는 이름으로 상속재산 자체의 일정 비율의 반환을 명하는 방법에 대하여 지속적으로 문제가 제기되어 왔다.[52]

#### 가. 상속재산분할과의 비교

276 먼저 상속재산분할에서 분할의 방법과 비교할 필요가 있다.

277 상속재산 분할방법은 ① 현물분할, ② 증여재산 중 특정 재산을 1명 또는 여러 명의 상속인의 소유로 하고 그 특정 재산 가액이 그의 구체적 상속분에 따른 취득가능 가액을 초과할 경우 차액을 현금으로 정산하는 이른바 '차액정산에 의한 현물분할'(가사소송규칙 제115조 제2항), ③ 경매에 의한 가액분할(민법 제1013조 제2항, 제269조 제2항) 등이 가능하다. 현물분할의 방법으로는 ① 공동상속인들이 구체적 상속분의 비율대로 상속재산을 공유하는 방법(이른바 지분분할의 방법), ② 1개의 물건을 구체적 상속분의 비율대로 분할하는 방법, ③ 여러 개의 물건을 각자의 소유로 분할하는 방법 등이 가능하다.

278 가정법원은 상속재산의 종류 및 성격, 상속인들의 의사, 상속인들 간의 관계, 상속재산의 이용관계, 상속인의 직업·나이·심신상태, 상속재산분할로 인한 분쟁 재발의 우려 등 여러 사정을 고려하여 후견적 재량에 의하여 분할 방법을 선택할 수 있다는 것이 대법원 판례와 헌법재판소 결정의 입장이다. 따라서 법원은 분할의 방법에 관한 당사자의 주장에 구속되지 않고 분할 방법을 정한다(☞ 상세한 내용은 민법 제1013조 주석 참조).

#### 나. 유류분반환 방법에 관한 민법 규정 및 처분권주의와의 관계

279 민법은 제1115조 제1항에서 유류분에 부족이 생겼을 경우 재산의 반환을 청구할

52 권민재, "증여재산의 처분과 유류분 가액산정", 대법원판례해설 제135호, 법원도서관(2023); 신봉근, "유류분의 개정에 관한 고찰-일본의 상속법을 중심으로-", 가족법연구 제38권 제2호, 한국가족법학회(2024), 325; 이봉민, "프랑스법상 유류분의 반환방법-2006년 6월 23일 개정 프랑스 민법을 중심으로-", 가족법연구 제23권 제3호, 한국가족법학회(2009); 최준규, "유류분과 기업승계", 사법 제37호, 한국사법발전재단(2016).

수 있다고 규정하고 있을 뿐 반환방법에 대하여 명확하게 규정하고 있지 않다. 따라서 우리 민법의 해석상 원물반환(반환대상재산 자체의 일정비율을 반환시키는 의미)과 가액반환 모두 가능하다.

280 그런데 상속재산분할 재판이 마류 가사비송사건으로서 분할의 방법에 관하여 당사자의 주장에 구속되지 않고 법원이 직권적·재량적으로 정할 수 있는 데에 비하여 유류분반환은 민사소송으로 처분권주의와 변론주의 등 민사소송법의 일반원칙의 적용을 받을 수밖에 없다.

281 우리나라에서는 많은 지역에서 부동산 시가가 계속적으로 상승해 왔고 부동산 가격 상승 자체가 유류분 반환소송의 원인이 되었다. 따라서 유류분 반환을 구하는 상속인은 부동산 자체의 일정비율을 반환받고자 청구하는 경우가 많다.

282 그러나 다른 한편 유류분권리자의 가액반환청구에 대하여 반환의무자가 이를 다투지 않은 경우에는 법원이 가액반환을 명함에 지장이 없게 된다.

### 다. 대법원 판례의 전개

#### 1) 대법원 2005. 6. 23. 선고 2004다51887 판결

283 대법원 2005. 6. 23. 선고 2004다51887 판결은 이러한 사정을 배경으로 하여, 반환의무자는 '통상적으로' 증여 또는 유증대상 재산 그 자체를 반환하면 될 것이나 위 원물반환이 불가능한 경우에는 그 가액 상당액을 반환할 수밖에 없을 것이라고 판시하였다.

#### 2) 이후의 대법원 판결

284 그 이후 대법원 판결은 원물반환을 중시하는 방향으로 전개되어 온 것으로 보인다.

285 대법원 2014. 6. 26. 선고 2012다104090, 104106 판결은, 법원은 처분권주의의 원칙상 유류분권리자가 특정한 대상과 범위를 넘어서 청구를 인용할 수 없다고 하였다.

286 한편 대법원 2014. 2. 13. 선고 2013다65963 판결은 목적물에 관하여 근저당이 설정되어 있고 반환할 지분이 많지 않은 경우에도 유류분권리자가 스스로 위험이나 불이익을 감수하면서 원물반환을 구하면 이에 따라 원물반환을 명하여야 한다고 판시하였고, 이러한 입장은 대법원 2022. 2. 10. 선고 2020다250783 판결, 대법원 2023. 3. 16. 선고 2021다311296 판결에서 반복되고 있다.

대법원 2013. 3. 14. 선고 2010다42624, 42631 판결은 유류분권리자의 가액반환청구에 대하여 반환의무자가 원물반환을 주장하며 가액반환에 반대하는 의사를 표시한 경우에는 반환의무자의 의사에 반하여 원물반환이 가능한 재산에 대하여 가액반환을 명할 수 없다고 판시하기도 하였다.

### 라. 외국의 입법례

#### 1) 가액반환으로의 개정

287 외국의 입법례는 현재 거의 가액반환으로 전환되어 있다.

288 독일 민법상 유류분청구권은 금전지급청구권의 형태로 규정되어 있으므로 원래부터 가액반환이 인정되어 왔다고 볼 수 있다.

289 프랑스 민법은 2006년 개정으로 가액반환 원칙으로 변경하였으며, 일본 민법도 2018년 개정으로 가액반환 원칙으로 변경하였다.

#### 2) 외국에서 가액반환 입법의 의미

290 프랑스에서 2006년 민법 개정에 따른 가장 큰 변화 중의 하나로 가액반환으로의 변경을 지적하는 견해가 있고, 일본에서도 가액반환으로서의 개정은 상속재산의 일정 비율에 상당하는 이익을 보장하는 기본적 틀을 유지하면서도, 유류분 보전의 수단으로서 종전의 유류분반환청구권(遺留分減殺請求權)이 아닌 유류분침해액청구권(遺留分侵害額請求權), 즉 유류분의 침해액에 상당하는 금전을 청구할 권리를 부여하기로 한 것으로 이러한 유류분권의 법적 성질의 변화를 '패러다임의 전환'이라고 평가하는 견해가 있다.

### 마. 우리 민법의 개정 의견

291 우리 민법상 유류분반환은 위의 국가들보다 확대되어 공동상속인에 대한 증여는 시기에 제한없이 유류분반환의 대상이 되는데, 이에 더하여 증여재산 자체를 지분으로 반환하게 함으로써 유류분제도의 부정적 효과가 증가되었다는 비판이 다수 제기되어 있다. 비판적 견해들은 대부분 민법 개정이 필요하다는 의견이다.

292 민법 제1115조 제1항을 "유류분권리자가 피상속인의 제1114조에 규정된 증여 및 유증으로 인하여 그 유류분에 부족이 생긴 때에는 부족한 한도에서 그 가액의 반환을 청구할 수 있다."로 개정하자는 의견 등이 여기에 포함된다.

### 바. 해석론의 개선 가능성 제언

293 법개정이 이루어지지 않는 상태에서 판례의 변경 또는 판례변경에 이르지 않더라도 자연스럽게 가액반환의 허용범위를 확대하는 방향으로 해석론의 흐름을 변화시키는 방법에 관하여 검토해보기로 한다.

#### 1) 유류분반환청구권의 본질과의 관계

294 우리 민법의 조문만으로는 원물반환과 가액반환의 어느 쪽으로 규정되어 있다고 볼 수 없고 양쪽의 해석이 모두 가능하다.

295 민법 제1115조 제1항이 “부족한 한도에서 그 재산의 반환을 청구할 수 있다.”라고 규정하고 있어서 원물반환에 더 가까운 것처럼 이해되기도 하였고, “유류분반환청구권의 행사로 피상속인의 처분이 유류분을 침해하는 범위에서 실효되었다.”라고 판단한 판결례도 있다.[53]

296 그러나 최근 대법원 2023. 5. 18. 선고 2019다222867 판결이 “유류분 제도는 피상속인의 재산처분행위로부터 유족의 생존권을 보호하고 법정상속분의 일정 비율에 해당하는 부분을 유류분으로 산정하여 상속인의 상속재산 형성에 대한 기여와 상속재산에 대한 기대를 보장하는 것에 목적이 있는 것이지, 수증자가 피상속인으로부터 증여받은 재산을 상속재산으로 되돌리는 데에 목적이 있는 것은 아니다.”라고 판시함으로써 어느 정도 정리가 되었다고 볼 수 있다.

297 따라서 유류분 반환 방법의 순서를 정하는 입법적인 제한은 없고 일반적인 법원칙에 어긋나지 않는 한도에서 피상속인의 의사 존중과 공동상속인 사이의 형평이라는 입법취지에 부합하도록 반환의 방법을 정할 수 있다고 해석할 것이다.

#### 2) 처분권주의와의 관계

298 대법원판례와 하급심재판실무가 반환방법에 대하여 다소 엄격한 입장을 취해온 것은, 그동안 제기되어 온 문제점을 도외시하였다기보다는 민사소송의 처분권주의 원칙과의 충돌을 우려하였기 때문으로 보여지기도 한다.

299 민사소송법 제203조는 처분권주의에 관하여 법원은 당사자가 신청하지 아니한 사항에 대하여는 판결하지 못한다고 규정하고 있다. 이는 민사소송절차에서 심판의 대상은 원고의 의사에 의하여 특정되고, 법원은 당사자가 신청한 사항에 대하여 신청 범위 내에서만 판단하여야 한다는 의미로 해석하고 있다.[54]

53 대법원 1996. 2. 9. 선고 95다17885 판결 등.
54 대법원 2013. 5. 9. 선고 2011다61646 판결, 대법원 2024. 6. 13. 선고 2024다213157 판결.

300 그런데 유류분반환 소송에서 처분권주의의 범위에 관하여 단일한 해석만 가능한 것은 아니다.

301 현재 대법원 판례의 입장은 반환방법에 관한 청구 부분이 독립적으로 처분권주의를 구성한다는 판단을 전제로 한 것으로 이해된다.

302 이에 비하여, 원고가 그의 의사에 따라 신청한 사항은 유류분반환청구로서 법원은 원고가 구하는 재산 가액의 범위 내에서 반환을 명함으로써 족한 것이지, 유류분반환의 방법에 관한 주장까지 구속되지 않는다고 해석하는 방법이 민사소송법 제203조에 어긋난다고 단정하기는 어려워 보인다.

#### 3) 상속재산분할과의 관계

303 유류분 소송과 별도로 공동상속인들 사이에서 상속재산분할 재판이 진행될 경우 상속재산분할의 방법을 정하는 것은 유류분반환의 방법을 정하는 것과 유사한 절차이다.

304 상속재산분할 사건에 적용되는 가사소송규칙 제93조 제2항 본문은 청구의 취지를 초과하여 의무의 이행을 명할 수 없도록 규정한다. 법원은 위 규정의 제한에 따라 법원은 청구인이 구한 재산 가액의 범위에서 청구인에게 분할을 명하여야 하나 비송사건의 특질상 그 범위에서는 법원이 분할의 방법을 직권적 재량적으로 정할 수 있다.

305 유류분반환에서 원물반환을 강하게 고수하면 공동상속인 사이에서 잠재적 공유를 해소하는 상속재산분할과 비교하여 오히려 역전형상이 발생할 우려도 있다.

306 대법원 2021. 8. 19. 선고 2017다235791 판결이 유류분 부족액을 산정할 때 공제할 순상속분액은 구체적인 상속분을 기초로 하여야 한다고 판시하였고, 또한 향후 유류분에서도 기여분이 참작되게 되면, 유류분반환 재판과 상속재산분할 재판이 상호 접근하게 될 것이다. 상속재산분할의 방법과 유류분반환의 방법을 정하는 단계에서도 통일적으로 판단할 계기가 마련된 셈이다.

#### 4) 후속분쟁: 공유물분할소송과의 관계

##### 가) 후속분쟁의 고려 필요성

307 유류분의 원물반환방법으로 현재 이루어지고 있는 '지분 이전'을 명하면 그 재산은 유류분권리자와 반환의무자의 공유가 되고 공유관계를 해소하기 위하여 공유물분할소송을 하여야 한다. 따라서 공유물분할소송에서 분할의 방법에 관한

판례 법리를 확인함으로써 후속분쟁을 예방하는 것 또한 중요하다.

나) 공유물분할소송에서 분할방법을 정하는 기준과 가액배상의 가능성

308 대법원 2004. 10. 14. 선고 2004다30583 판결을 비롯하여 확립된 대법원 판례는, 법원은 공유물분할을 청구하는 측이 구하는 방법에 구애받지 아니하고 자유로운 재량에 따라 공유관계나 그 객체인 물건의 제반 상황에 따라 공유자의 지분 비율에 따른 합리적인 분할을 할 수 있다고 한다. 공유물을 공유자 중의 1인의 단독소유로 하되 현물을 소유하게 되는 공유자로 하여금 다른 공유자에 대하여 그 지분의 적정하고도 합리적인 가격을 배상시키는 방법에 의한 분할도 현물분할의 하나로 허용된다.

309 따라서 유류분반환의 방법으로 지분이전을 명하는 판결이 확정되더라도 후속소송이 제기되어 공유물분할 재판이 진행된 결과 다수지분권자(유류분반환의무자)의 단독소유로 하고 소수지분권자(유류분권리자)에게 가격배상을 명하는 방법으로 분할될 여지가 높은 사건이라면, 유류분반환 소송에서 가액반환을 명하는 것이 소송경제측면을 보더라도 합리적인 해결이 될 수 있다.

다) 대법원 2023. 6. 29. 선고 2020다260025 판결: 경매분할 제한

310 한편 그동안 공유물분할재판 실무상 위와 같은 현물분할 원칙에도 불구하고 법원은 공유자들 사이에서 지분가격의 협의가 이루어지지 않았다는 등의 이유로 공유물의 경매를 명하여 대금을 분할하도록('경매분할') 정하는 경우가 많았다.

311 그러나 대법원 2023. 6. 29. 선고 2020다260025 판결은 "공동상속을 원인으로 하는 공유관계처럼 공유자들 사이에 긴밀한 유대관계가 있어서 이들 사이에 공유물 사용에 관한 명시적 또는 묵시적 합의가 있었고, 공유자 전부 또는 일부가 분할의 목적이 된 공유토지나 그 지상 건물에서 거주·생활하는 등 공유물 점유·사용의 형태를 보더라도 이러한 합의를 충분히 추단할 수 있는 경우, 그러한 공유자 일부의 지분을 경매 등으로 취득한 사람이 공유물 점유·사용에 관한 기존의 명시적·묵시적 합의를 무시하고 경매분할의 방법으로 분할할 것을 주장한다면 법원으로서는 기존 공유자들의 합의에 의한 점유·사용관계를 해치지 않고 공유물을 분할할 수 있는 방법을 우선적으로 강구하여야 한다. 따라서 이러한 경우 법원이 경매분할을 선택하기 위해서는 현물로 분할할 수 없거나 현물로 분할하게 되면 그 가액이 현저히 감손될 염려가 있다는 사정이 분명하게 드러나야 하고, 현물분할을 위한 금전적 조정에 어려움이 있다고 하여 경매분할을

명하는 것에는 매우 신중하여야 한다."라고 판시하였다. 위 대법원판례의 취지는, 공동상속인들 사이의 분할 협의나 묵시적인 합의에 따라 상속부동산을 점유·사용해 온 상속인의 거주권 등을 보호하기 위한 것으로 이해할 수 있다.

라) 대법원 2020다260025 판결과 유류분 반환 방법의 관계

312 유류분반환의 대상 부동산은 증여자인 피상속인과 수증자 사이에서만 의사합치가 존재하는 경우가 많고 위 판례가 적용되는 경우는 상대적으로 적을 것이다. 그러나 유류분반환 소송에서도 피상속인이 생전에 같이 거주하던 특정 상속인에게 증여 또는 유증을 하여 그 상속인이 계속 거주하고 있으며 다른 상속인들은 이의를 제기하지 않으나 일부 상속인만 유류분반환의 소를 제기하는 경우도 있다. 이러한 경우 유류분반환소송에서 이분이전을 인정하여 향후 공유분할의 후속소송에 이르게 된다면 위 대법원 2020다260025 판결과 유사한 구조가 된다.

마) 재량적 판단 허용 가능성

313 유류분에 적용될 신설조문 또는 신설예정입법은 유류분재판에서 법원의 재량적 판단을 강화할 수 있는 토대가 될 수 있다.

314 가정법원은 상속권 상실 청구에 대하여 원인 사유의 경위와 정도, 상속인과 피상속인의 관계, 상속재산의 규모와 형성 과정 및 그 밖의 사정을 종합적으로 고려하여 상속권상실청구를 인용하거나 기각할 수 있다(민법 제1004조의2 제5항). 즉, 상속권 상실 재판에서 법원의 재량권이 강화되어 있다.

315 또한 기여분제도는 마류 가사비송사건으로서 법원의 재량적 판단으로 기여분을 정하는바, 유류분에서도 기여분의 재판이 가능하도록 입법될 예정이다.

316 유류분반환의 대상이 되는 기초재산의 산정 과정은 문언상 '반환' 문구에도 불구하고 그 실질은 '조정'으로 해석되고 있다는 점은 앞의 '특별수익' 부분에서 서술되었다.

317 위의 사정들을 종합하면, 유류분반환에서 반환의 방법을 정하는 데에 법원의 재량적 판단이 허용될 여지가 넓어지고 있다고 해석할 수 있다.

바) 제언

318 원물반환이 물리적으로는 가능하다고 하더라도 원물반환이 유류분제도의 입법 목적인 '피상속인의 의사 존중과 공동상속인들 사이의 형평'에 현저히 반하는 경우에는 가액반환을 명할 필요가 있고, 그 판단의 고려요소로서 ① 원물반환이 반환권리자에게 특별히 유리하지 않는 반면 반환의무자에게는 가액반환과 비교

하여 매우 불이익한 경우인지 ② 피상속인이 동거하는 상속인에게 거주 주택을 증여하였고 그 상속인(유류분반환의무자)이 계속 주거용으로 사용하고 있는지 ③ 반환의무자가 증여받은 재산으로 기업을 승계받아 운영하고 있고, 원물반환을 인정할 경우 사업운영이나 경영권에 영향을 미치는지 등을 들 수 있을 것이다.

# 제1장 상속

<신설 1990. 1. 13>

## [총설]

[참고문헌] 곽윤직, 상속법(개정판), 박영사(2004); 김주수/김상용, 친족·상속법(제20판), 법문사(2024); 윤진수, 친족상속법 강의(제5판), 박영사(2023); 이은정, "법정상속인에 대한 재검토", 가족법연구 제18권 제2호, 한국가족법학회(2004)



### Ⅰ. 상속의 형태

1 연혁적으로 볼 때 상속의 형태는 상속인이 법률의 규정에 의하여 정하여지는 법정상속과 피상속인이 유언으로 상속인을 지정하는 유언상속으로 나눌 수 있다. 법정상속은 게르만법의 영향을 받은 프랑스와 이를 계수한 한국, 일본 등이 취하고 있는 입장이고, 유언상속은 로마법을 계수한 독일과 영미법계 국가가 취하고 있는 입장이다. 그러나 유언상속을 채택한 국가에서도 유언이 없는 경우에 대비하여 법정상속인에 관한 규정을 두고 있고,[1] 법정상속을 채택한 국가에서도 유언에 의한 재산 처분을 인정하는 제도를 두고 있다.[2]

2 민법 상속편은 제1장 상속에서 상속인의 범위와 순위, 상속분 등 법정상속에 관한 규정을 두고 있는 한편, 제2장 유언에서 유언자가 자신의 사후에 법정상속과 다르게 재산을 처분할 수 있음을 전제로 한 규정을 두고 있다. 따라서 유언이 있는 부분에 대하여 법정상속 규정은 적용되지 않는다(다만 유류분의 제한이 있을 수 있다). 그러나 유언상속제도에서와 같은 유언에 의한 상속인 지정은 허용되지 않고, 재산적 지위를 포괄적으로 승계시키는 형태의 포괄적 유증이 인정될 뿐이다.[3] 포괄적 유증은 유언으로 상속인을 지정한 것과 유사한 결과를 발생시킬 수 있으나, 포괄적 수증자와 상속인은 법인의 자격성 여부, 대습상속·특별수익·기여분·유류분의 적용 여부, 조건·기한의 가부 등에서 차이가 있다.

1 유언상속제도하에서 유언이 없는 경우 법률 규정에 따라 상속이 이루어지는 것을 '무유언상속'이라 한다.
2 곽윤직, 상속법(개정판), 박영사(2004), 13; 이은정, "법정상속인에 대한 재검토", 가족법연구 제18권 제2호, 한국가족법학회(2004), 225.
3 곽윤직, 상속법(개정판), 박영사(2004), 13; 김주수/김상용, 친족·상속법(제20판), 법문사(2024), 617; 윤진수, 친족상속법 강의(제5판), 박영사(2023), 325.

## Ⅱ. 제1장의 내용

3 제1장은 법정상속의 요건, 효과, 상속의 승인과 포기, 재산의 분리, 상속인의 부존재 등에 관하여 규정하고 있는데, 그 내용을 개괄하면 다음과 같다.

4 상속은 피상속인의 사망으로 개시되어 그의 재산에 관한 권리의무가 포괄적으로 상속인에게 승계되고, 이 때 상속인은 피상속인의 혈족 중 일정한 순위에 있는 자와 배우자로 구성되며, 동순위의 상속인이 여러 명일 경우 그들은 공동상속인으로서 상속분별로 상속재산을 공유한다. 이 잠정적인 공유관계를 해소하여 상속재산을 상속인들에게 분배하는 절차가 상속재산분할로서, 그 방법은 유언이 있는 경우에는 유언에 의하고, 유언이 없으면 공동상속인들의 협의에 의하며, 협의가 이루어지지 않는 경우 공유물분할절차를 준용해 가정법원의 심판으로 분할한다. 법원에 의한 상속재산분할절차에서는 상속인간의 형평을 기하기 위하여 특별수익과 기여분을 고려하여 구체적 상속분을 산정하게 된다.

5 상속인은 자신의 의사로 상속으로 인한 효과를 귀속받을지 여부를 결정할 수 있는데, 단순승인을 통하여 잠정적으로 발생한 상속의 당연·포괄승계의 효과를 그대로 확정시킬 수도 있고, 한정승인을 통하여 상속으로 인하여 얻을 재산의 한도에서 피상속인의 채무와 유증을 변제하는 것을 조건으로 상속을 승인할 수도 있으며, 상속의 포기를 통하여 피상속인의 재산상 권리의무 승계를 거부할 수도 있다.

6 상속이 개시되면 상속재산과 상속인의 고유재산이 혼합되므로 상속재산이 채무초과인 경우 상속인의 채권자가, 상속인의 고유재산이 채무초과인 경우 상속채권자가 불이익을 입을 수 있다. 이러한 경우 상속채권자, 유증받은 자 또는 상속인의 채권자의 청구에 의하여 상속재산과 상속인의 고유재산을 분리하는 제도가 마련되어 있다. 이는 상속인을 보호하기 위한 한정승인제도에 대비되는 것이다.

7 한편 상속인의 존부가 분명하지 아니한 경우에는 상속재산관리인을 선임하여 상속재산을 관리·보존하고, 상속채권자나 유증을 받은 자에게 변제 등의 청산을 하며, 상속인을 수색하고, 상속권 주장자가 없으면 상속재산을 특별연고자에게 분여하거나 국가에 귀속시키도록 하는 절차가 규정되어 있다.

# 제1절 총칙

<개정 1990. 1. 13>

## [총설]

1 제1절 총칙에서는 상속개시의 원인과 장소, 상속비용, 상속회복청구권에 관하여 규정하고 있다.

2 상속개시의 원인인 사망에는 자연적 사망과 실종선고 등에 의한 의제사망이 있는데, 자연적 사망과 관련하여 종래의 사망 인정기준인 심폐사 외에 뇌사도 그 인정기준으로 볼 수 있는지 여부가 문제된다.

3 상속개시의 장소를 피상속인의 주소지로 하는 규정은 주로 상속사건의 재판관할을 정하는 데 의미가 있으므로 본질은 절차법적인 규정에 해당한다.

4 상속비용은 상속재산에서 지급하도록 하고 있으므로 상속비용 채권의 책임재산은 상속재산에 한정되는데, 구체적으로 상속비용을 어느 범위까지 인정할 것인지가 문제된다.

5 상속회복청구권은 상속의 효력에 해당되는 내용이나 민법은 총칙에서 이를 규정하고 있다. 상속회복청구권과 물권적 청구권과의 경합 인정 여부를 두고 독립권리설, 집합권리설 등의 대립이 있는데, 판례는 집합권리설의 입장에서 그 경합을 인정하지 않고 상속을 원인으로 한 회복청구는 청구원인이 무엇이든 상속회복청구로 보아 제척기간을 적용하고 있다. 이 제척기간 중 장기 제척기간에 관하여 종래 민법은 '상속개시일로부터 10년'으로 규정하고 있었는데, 헌법재판소의 위헌결정으로 '상속권의 침해행위가 있은 날로부터 10년'으로 개정되었다.

## 제 997 조 [상속개시의 원인]

**상속은 사망으로 인하여 개시된다.** <개정 1990. 1. 13.>

[제목개정 1990. 1. 13.]

**[관련조문]** 민법 제27조(실종의 선고), 제29조(실종선고의 취소), 제1000조(상속의 순위), 제1003조(상속의 순위), 제1005조(상속의 효력), 제1019조 이하(상속의 승인, 포기), 부칙 제25조(경과규정), 국제사법 제49조(상속의 준거법), 가족관계의 등록 등에 관한 법률 제84조(사망신고와 그 기재사항), 제92조(사망·실종의 신고), 부재선고에 관한 특별조치법 제4조(부재선고의 효과), 남북주민 사이의 가족관계와 상속 등에 관한 특례법 제10조(상속재산반환청구에 관한 특례)

**[참고문헌]** 주해상속법(제1권), 박영사(2019); 곽윤직/김재형, 민법총칙(제9판), 박영사(2024); 김상용, 민법총칙, 화산미디어(2009); 김용한, 민법총칙론(재전정판), 박영사(1993); 송덕수, 민법총칙, 박영사(2011); 이영준, 민법총칙(개정증보판), 박영사(2007); 지원림, 민법강의(제14판), 홍문사(2016)



### Ⅰ. 의의

1 민법 제997조는 상속개시의 원인과 시기에 관하여 규정하고 있다. 상속은 '사망'을 원인으로 하여 '사망시점'에 법률상 당연히 개시되어 권리의무의 포괄적 승계라는 효과가 발생하고(민법 제1005조), 상속인이 그것을 알고 있었는가의 여부는 묻지 않는다.

2 구관습상으로는 호주 또는 가족의 사망 외에도 호주의 파양, 지위상실 또는 경질 등을 사유로도 재산상속이 개시된 일이 있었으나, 지금은 사망이 유일한 상속개시의 원인이다.

3 상속은 자연인이 사망한 경우에만 인정되고, 법인이 소멸한 경우에는 권리의무를 포괄적으로 승계하는 상속이라는 개념이 인정되지 않는다. 법인은 해산, 청산의 단계를 거쳐 잔여재산의 귀속을 마치면 법인격이 소멸한다.

4 사망에는 자연적 사망과 법원의 실종선고 등에 의한 의제사망이 있다.

## Ⅱ. 자연적 사망

### 1. 사망의 기준

5 사람이 언제 사망하였다고 볼 것인지에 관하여 전통적으로는 심장 또는 폐의 기능이 회복불가능한 상태가 되어 불가역적으로 정지된 때를 사망시로 본다. 심장박동이나 호흡이 정지되면 혈액순환과 산소공급이 중단되어 생명유지가 불가능하게 되기 때문이다. 그러나 현대의 의학발달로 인공호흡, 심폐소생술 등 심장과 폐의 기능을 인위적으로 연장시키는 기술이 등장함에 따라 뇌사설, 즉 심장이나 폐가 움직이고 있더라도 뇌기능이 영구적으로 정지된 때를 사망으로 보아야 한다는 견해도 주장되고 있다. 장기 등 적출에 관한 법률에서는 뇌사의 개념을 인정하면서 뇌사자로부터의 장기 적출을 규정하고 있으나, 이에 의하여 뇌사가 사망의 일반적인 기준으로 인정되었다고 보기는 어렵다.

### 2. 사망신고

6 사람이 사망하면 사망신고의무자는 사망 사실을 안 날부터 1개월 이내에 진단서 또는 검안서를 첨부하여 신고하여야 하고, 신고서에 사망의 연월일시를 기재한다(가족관계의 등록 등에 관한 법률 제84조). 사망신고는 보고적 신고로서 사망신고에 따른 가족관계등록부의 사망 기재는 반증이 없는 한 그 기재 일시에 사망한 것으로 추정하는 효력을 갖는다.[1] 그러나 사망 또는 그 일시의 기재가 진실과 다르다는 것이 밝혀지면 추정력이 번복된다.[2] 판례는 가족관계등록부상 사망일시의 정정은 특별한 사정이 없는 한 가족관계등록부 정정신청 절차에 따라 하여야 하는 것으로 보고 있다.[3]

### 3. 인정사망

7 수해, 화재나 그 밖의 재난으로 인하여 사망한 사람이 있는 경우 이를 조사한 관공서는 지체 없이 사망지의 시·읍·면의 장에게 사망자의 인적 사항과 사망의 연월일시 및 장소를 기재하여 통보하여야 한다(가족관계의 등록 등에 관한 법률 제87조 본문, 제84조 제2항). 재난으로 사망이 확실시되지만 사망의 확증이 없는 경우에

1 대법원 1995. 7. 5. 자 94스26 결정, 대법원 1997. 11. 27. 자 97스4 결정.
2 대법원 1994. 6. 10. 선고 94다1883 판결.
3 대법원 1993. 5. 22. 자 93스14, 15, 16 전원합의체 결정, 대법원 2012. 4. 13. 자 2011스160 결정.

는 진단서 또는 검안서 대신 관공서의 보고에 의하여 가족관계등록부에 사망의 기재를 할 수 있도록 한 것이다. 이처럼 재난시에 관공서의 통보에 의하여 사망으로 추정하는 제도를 인정사망이라 한다.

8 인정사망의 경우에는 사고를 조사한 관공서가 인정한 시기가 사망시가 된다. 그러나 보통의 사망신고와 마찬가지로 그 기재의 사망일에 사망한 것으로 추정될 뿐이므로 반대사실의 증명으로 이를 번복할 수 있다. 이처럼 사망의 인정이 잘못이었다는 것이 명백하게 되면 상속이 무효가 된다.

### 4. 동시사망의 추정

9 부모와 자녀 같이 상속관계가 발생할 수 있는 여러 사람이 동일한 위난으로 사망한 경우에는 사망시기의 선후를 확정하기가 곤란하므로, 민법 제30조에서는 2인 이상이 동일한 위난으로 사망한 경우에는 동시에 사망한 것으로 추정하는 규정을 두고 있다. 이처럼 동시사망한 사람들 상호간에는 상속이 개시되지 않으나, 다만 대습상속은 인정된다(☞ 상세한 내용은 민법 제1001조 주석 참조).

10 이 추정은 법률상 추정으로서 이를 번복하기 위하여는 동일한 위난으로 사망하였다는 전제사실에 대하여 법원의 확신을 흔들리게 하는 반증을 제출하거나 또는 각자 다른 시각에 사망하였다는 점에 대하여 법원에 확신을 줄 수 있는 본증을 제출하여야 하는데, 이 경우 사망의 선후가 관계인들의 법적 지위에 중대한 영향을 미치는 점을 감안할 때 충분하고도 명백한 입증이 없는 한 위 추정은 깨어지지 아니한다고 보아야 한다.[4]

11 한편 두 사람이 동일한 위난으로 사망한 것은 아니지만 사망시기의 선후를 확정할 수 없는 경우에도 민법 제30조가 유추적용된다.

## Ⅲ. 실종선고 등에 의한 사망

### 1. 실종선고

#### 가. 사망의 간주

12 일정기간 생사불명의 상태가 계속되어 실종선고를 받은 자는 실종기간이 만료한 때에 사망한 것으로 간주되므로(민법 제28조, 가사소송법 제2조 제1항 제2호 가목3),

4 대법원 1998. 8. 21. 선고 98다8974 판결.

이로써 상속이 개시된다. 실종선고 청구인은 실종선고 심판 확정일부터 1개월 이내에 재판서의 등본 및 확정증명서를 첨부하여 신고하여야 하고, 신고서에 실종기간 만료일 등을 기재하여야 한다(가족관계의 등록 등에 관한 법률 제92조).

13 실종선고에 의하여 상속이 개시되는 경우 실종기간 만료시와 실종선고시 사이에 법률이 바뀌었다면 실종선고시의 법률을 적용한다(1990. 1. 13. 개정 민법 부칙 제12조 제2항).[5] 판례는 이 부칙의 의미에 관하여 "개정 민법 시행 전에 개시된 상속에 관해서는 개정 민법의 시행에도 불구하고 상속 개시 시점을 기준으로 제정 민법 시행 전에는 구 관습을 적용하고 제정 민법 시행 후에는 제정 민법을 적용하되, 개정 민법 시행 후 실종선고가 있는 경우에는 실종기간의 만료 시점이 언제인지와 관계없이 실종선고로 인한 상속에 관해서는 개정 민법을 적용하기로 한 것으로 보아야 한다."라고 판시하였다.[6]

### 나. 실종선고의 취소

14 실종선고가 있었으나 실종자가 생존한 사실 또는 실종기간 만료시와 다른 때에 사망한 사실이 증명되면 법원은 일정한 자의 청구에 의하여 실종선고를 취소하여야 한다(민법 제29조 제1항 본문). 실종선고로 사망이 간주되므로, 이와 반대되는 위와 같은 사실이 증명되더라도 그 효과가 당연히 번복되지는 않고, 실종선고의 취소 심판이 있어야 효과가 상실된다. 따라서 실종선고로 인하여 실종기간 만료시를 기준으로 하여 상속이 개시된 이상, 이후 실종선고가 취소되어야 할 사유가 생겼다고 하더라도 실제로 실종선고가 취소되지 않는 한 임의로 실종기간이 만료하여 사망한 때로 간주되는 시점과는 달리 사망시점을 정하여 이미 개시된 상속을 부정하고 이와 다른 상속관계를 인정할 수는 없다.[7]

15 실종선고가 취소되면 실종기간 만료시에 상속이 개시되었던 것이 소급적으로 무효가 되므로 상속으로 인한 법률관계가 원상회복된다. 이때 실종선고를 직접 원인으로 하여 재산을 취득한 상속인은 생환한 실종자 또는 진정한 상속인에게

5 제정 민법 부칙 제25조 제2항은 이와 동일하게 실종선고시 법률이 적용된다고 규정하였고, 1997년 개정 민법 부칙 제6항에서 그와 달리 실종기간 만료시의 법률을 적용하다고 규정하였는데, 1990년 개정으로 다시 처음의 규정내용으로 환원되었다. 대법원 2017. 12. 22. 선고 2017다360, 377 판결 참조.
6 대법원 2017. 12. 22. 선고 2017다360, 377 판결. 또한 헌법재판소는 위 부칙 규정을 재산권과 평등권을 침해하지 않는 합헌의 규정으로 판단하였다(헌법재판소 2016. 10. 27. 선고 2015헌바203, 361 전원재판부 결정).
7 대법원 1994. 9. 27. 선고 94다21542 판결.

그 재산을 부당이득으로 반환하여야 하는데, 민법 제29조 제2항은 그 반환의 범위에 관하여 상속인이 선의인 경우에는 받은 이익이 현존하는 한도에서 반환할 의무가 있고 악의인 경우에는 그 받은 이익에 이자를 붙여서 반환하고 손해가 있으면 이를 배상하여야 한다고 규정한다(이는 부당이득반환의무의 범위에 관한 민법 제748조의 내용과 같다).

16 위와 같이 실종선고의 취소는 소급효가 있으나, 민법 제29조 제1항은 단서 규정을 두어 실종선고를 신뢰하고 거래한 자를 보호하고 있다. 즉 실종선고의 취소는 실종선고 후 취소 전에 선의로 한 행위의 효력에 영향을 미치지 않는다. 그런데 이때 누가 선의이어야 하는지에 관하여는 다음과 같이 견해가 대립한다.

17 1) 단독행위의 경우(채무면제, 취소, 해제 등)에는 단독행위자인 상속인이 선의이면 유효로 되고 상대방의 선의는 문제되지 않는다고 본다.[8]

18 2) 계약의 경우, ① 다수설은 실종자의 보호를 중시하여 당사자 쌍방이 선의여야 위 단서 조항에 의한 보호를 받는다고 본다. 이 입장에 따르면 실종선고로 상속인이 된 사람과 그로부터 재산을 취득한 양수인이 모두 선의인 경우에 한하여 양수인은 위 단서 조항의 보호를 받아 생환한 실종자 또는 진정한 상속인에게 자신이 취득한 물건 또는 이익을 반환할 의무가 없고, 상속인과 양수인이 모두 악의인 경우는 물론 일방만이 악의인 경우에도 양수인은 취득한 물건을 반환하여야 한다.[9] ② 소수설은 각 당사자별로 개별적·상대적으로 선의 여부를 판단하여 선의자는 보호되지만 악의자는 취득한 물건 등을 반환하여야 한다고 본다.[10] 이 입장에 따르면 상속인이 선의이더라도 양수인이 악의이면 취득한 물건 등을 반환하여야 하지만, 상속인이 악의이더라도 양수인이 선의이면 반환할 의무가 없다. 어느 입장에 의하든 양수인에게 반환의무가 없다고 보는 경우에는 생환한 실종자 또는 진정한 상속인은 실종선고에 따라 상속인으로 생각되던 자에게 민법 제29조 제2항에 따라 부당이득의 반환을 구할 수 있을 뿐이다.

19 남북 주민 사이의 가족관계와 상속 등에 관한 특례법 제10조는 실종선고를 받은 북한주민에 대하여 실종선고의 취소심판이 확정된 경우의 특례를 규정하고 있다.

8 주해상속법(제1권), 박영사(2019), 30(윤진수); 지원림, 민법강의(제14판), 홍문사(2016), 98.

9 곽윤직/김재형, 민법총칙(제9판), 박영사(2024), 152; 김상용, 민법총칙, 화산미디어(2009), 199; 송덕수, 민법총칙, 박영사(2011), 568; 이영준, 민법총칙(개정증보판), 박영사(2007), 792.

10 김용한, 민법총칙론(재전정판), 박영사(1993), 142.

### 2. 부재선고

20 군사분계선 이북 지역에서 그 이남 지역으로 옮겨 새로 가족관계등록을 창설한 사람 중 군사분계선 이북 지역의 잔류자에 대하여 부재선고가 이루어지면, 상속의 개시에 있어서는 실종선고를 받은 것과 동일한 효과가 인정된다(부재선고에 관한 특별조치법 제4조). 부재선고도 실종선고에 준하여 가족관계의 등록 등에 관한 법률에 따라 신고하여야 한다(부재선고에 관한 특별조치법 제10조). 부재선고는 실종선고와 달리 사망간주의 효과가 있는 것은 아니고, 선고 효과의 발생시점에 관한 별도의 규정이 없으므로 부재선고 심판의 확정시에 상속이 개시되는 것으로 본다.[11]

21 일정한 경우 부재선고가 취소될 수 있는데 이때에도 선의의 행위에 대하여 소급효가 제한되고(부재선고에 관한 특별조치법 제5조 제1항), 민법 제29조 제2항이 준용된다(제5조 제2항).

## IV. 상속개시시기의 적용

### 1. 상속 법률관계의 준거기준

22 상속개시의 시기는 상속에 관한 여러 가지 법률문제 해결의 기준이 된다.

23 먼저 상속인은 상속개시 당시를 기준으로 생존하고 있고, 상속순위에 있어야 하며, 결격자가 아니어야 한다(민법 제1000조, 제1004조).

24 상속재산분할에 있어 상속분 산정을 위한 상속재산과 특별수익의 평가 시점은 상속개시시를 기준으로 정한다(민법 제1008조, 제1008조의2, 제1009조).[12] 상속재산의 분할은 상속개시된 때에 소급하여 효력이 있고(민법 제1015조), 상속포기의 효력도 상속개시시로 소급한다(제1042조). 유류분의 산정은 상속개시시의 상속재산의 가액에 상속개시 전 1년 이내의 증여재산의 가액을 가산하고 채무를 공제하여 산정한다(민법 제1113조, 제1114조).

25 또한 상속개시 시기는 유언에 의한 상속재산분할금지 최장 유효기간의 기산점

11 주해상속법(제1권), 박영사(2019), 32(윤진수); 지원림, 민법강의(제14판), 홍문사(2016), 1958.

12 구체적 상속분을 산정함에 있어서는 상속개시시를 기준으로 상속재산과 특별수익재산을 평가하여 이를 기초로 하여야 할 것이고, 다만 법원이 실제로 상속재산분할을 함에 있어 분할의 대상이 된 상속재산 중 특정의 재산을 1인 및 수인의 상속인의 소유로 하고 그의 상속분과 그 특정의 재산의 가액과의 차액을 현금으로 정산할 것을 명하는 방법(소위 대상분할의 방법)을 취하는 경우에는, 분할의 대상이 되는 재산을 그 분할시를 기준으로 하여 재평가하여 그 평가액에 의하여 정산을 하여야 한다(대법원 1997. 3. 21. 자 96스62 결정).

(민법 제1012조), 상속채권자 등의 상속재산분리청구권 청구기간의 기산점(제1045조), 유류분반환청구권의 장기소멸시효의 기산점(제1117조)이 된다.

### 2. 적용 법률의 결정 기준

26 상속에 관한 법률관계에 대하여는 상속개시 당시의 법률이 적용되고, 이는 개시 이후에 법률이 개정된 경우에도 마찬가지이다(제정민법 부칙 1958. 2. 22 제25조, 1977. 12. 31. 개정법 부칙 제5항, 1990. 1. 13. 개정법 부칙 제12조).

27 외국과 관련된 요소가 있는 상속관계는 사망 당시 피상속인의 본국법에 의한다(국제사법 제77조).

## 제 998 조 [상속개시의 장소]

**상속은 피상속인의 주소지에서 개시한다.** [전문개정 1990. 1. 13.]

**[관련조문]** 민법 제18조(주소), 제20조(거소), 민사소송법 제22조(상속·유증 등의 특별재판적), 가사소송법 제44조(관할 등), 제46조(관할), 채무자 회생 및 파산에 관한 법률 제3조(재판관할), 상속세 및 증여세법 제6조(과세관할)

**[참고문헌]** 곽윤직, 상속법(개정판), 박영사(2004); 김주수/김상용, 친족·상속법(제20판), 법문사(2024); 송덕수, 친족상속법(제7판), 박영사(2024); 윤진수, 친족상속법강의(제5판), 박영사(2023); 이경희/윤부찬, 가족법(11정판), 법원사(2024)



### Ⅰ. 의의

1 상속개시의 장소에 관하여 민법은 주소지주의를 취하고 있다. 입법주의로 사망지주의, 등록기준지주의도 있으나 사망지는 불명확하거나 우연히 정해지는 경우가 있고, 등록기준지는 현실의 생활장소와 일치하지 않으므로, 생활의 근거되는 곳인 주소지(민법 제18조)를 상속의 개시지로 한 것이다.

2 상속개시의 장소는 주로 상속사건과 상속재산에 관한 파산사건의 재판관할을 확정하는 데 필요하다. 가사소송법 제44조 제1항 제6호·제7호는 상속, 유언에 관한 라류 비송사건은 상속개시지의 가정법원에 관할이 있다고 규정하고 있다(다만 유언에 관한 사건 중 유언검인 사건은 상속개시 전에 제기될 수도 있으므로 상속개시지 또는 유언자 주소지의 가정법원에 선택적 관할이 인정된다). 민사소송법 제22조는 상속에 관한 소 또는 유증, 그밖에 사망으로 효력이 생기는 행위에 관한 소를 제기하는 경우에는 상속이 시작된 당시 피상속인의 보통재판적이 있는 곳의 법원에 제기할 수 있다고 규정하고 있는데, 사람의 보통재판적이 곧 주소 또는 거소이다(민사소송법 제3조). 또한 채무자 회생 및 파산에 관한 법률 제3조 제6항은 상속재산에 관한 파산사건은 상속개시지를 관할하는 회생법원의 관할에 전속한다고 규정하고 있다. 따라서 위의 각 절차법 규정들은 민법 제998조와 같은 내용을 규정하고 있다고 볼 수 있다. 그러나 상속에 관한 마류 비송사건(기여분결정청구, 상속재산분할청구)은 상대방의 보통재판적이 있는 곳의 가정법원 관할이므로(가사소송법 제46조), 이 경우에는 재판관할과 민법 제998조에서 말하는 상속개시지가 서로 다르다.

3 한편 상속세 역시 피상속인의 주소지, 즉 상속개시지의 관할 세무서장이 과세한다(상속세 및 증여세법 제6조).

4 관할문제는 절차법의 영역이므로 각 절차법에서 개별적으로 규정하는 것이 적절하다는 의견이 있다.[1]

## Ⅱ. 주소에 따른 관할 결정

5 피상속인의 주소를 알 수 없으면 거소를 주소로 본다(민법 제19조). 국내에 주소가 없으면 국내에 있는 거소를 주소로 본다(민법 제20조). 피상속인의 주소나 거소가 국내에 없거나 이를 알 수 없을 때에는 대법원이 있는 곳의 가정법원이 관할한다(가사소송법 제13조 제2항).

6 주소가 여러 개 있을 때에는 최후의 주소를 상속개시지로 보아야 한다는 입장이 있으나, 복수의 주소가 모두 상속개시의 장소가 된다고 보아야 할 것이다.[2] 이러한 경우 가사비송사건에 대해서는 최초로 사건의 신청을 받은 법원이 그 사건을 관할한다. 다만 해당 법원은 신청에 의하여 또는 직권으로 적당하다고 인정하는 다른 관할법원에 그 사건을 이송할 수 있다(가사소송법 제34조, 비송사건절차법 제3조).

1 곽윤직, 상속법(개정판), 박영사(2004), 34; 김주수/김상용, 친족·상속법(제20판), 법문사(2024), 632.

2 곽윤직, 상속법(개정판), 박영사(2004), 34; 김주수/김상용, 친족·상속법(제20판), 법문사(2024), 632; 송덕수, 친족상속법(제7판), 박영사(2024), 310; 윤진수, 친족상속법강의(제5판), 박영사(2023), 339; 이경희/윤부찬, 가족법(11정판), 법원사(2024), 398.

## 제 998 조의 2 [상속비용]

**상속에 관한 비용은 상속재산 중에서 지급한다.** [본조신설 1990. 1. 13.]

**[관련조문]** 민법 제1013조(협의에 의한 분할), 제1028조(한정승인의 효과) 제1045조(상속재산의 분리청구권), 제1107조(유언집행의 비용), 채무자회생 및 파산에 관한 법률 제389조 (상속재산의 파산)

**[참고문헌]** 법원실무제요, 가사[Ⅱ], 사법연수원(2021)



### Ⅰ. 의의

1 상속비용은 상속개시 후 상속인이나 상속재산관리인이 상속재산의 보존·관리·청산에 관하여 지출한 비용이다.[1] 민법 제998조의2는 이러한 비용을 상속재산 중에서 지급하는 것으로 규정하고 있다.

### Ⅱ. 상속비용의 범위

2 상속비용에는 상속채무에 관한 공고·최고 또는 변제비용, 상속재산 경매비용, 상속재산의 관리·보존을 위한 소송비용, 보존등기비용, 재산목록 작성비용, 관리인 선임비용, 수리비 등의 필요비와 유익비, 관리비, 상속재산에 대한 조세와 공과금 등이 있다. 상속채무 변제를 위한 상속재산 처분과정에서 부담한 양도소득세도 이에 해당한다.[2]

3 장례비용도 상속재산 중에서 지급하는 것이 보통이다. 판례 역시 장례비용은 피상속인이나 상속인의 사회적 지위와 그 지역의 풍속 등에 비추어 합리적인 금액 범위 내의 장례비용은 상속비용으로 보아 상속재산 중에서 지출되도록 하는 것이 타당하다는 취지로 판시하였다.[3] 다만, 통상 장례비용은 부의금에서 충당되는 경우가 많으므로 장례비용을 상속비용으로 주장하는 자는 부의금을 초과한 고유재산으로 장례비용을 지출하였음을 주장·입증하여야 할 것이다.[4]

1 대법원 1997. 4. 25. 선고 97다3996 판결.
2 대법원 2012. 9. 13. 선고 2010두13630 판결.
3 대법원 1997. 4. 25. 선고 97다3996 판결, 대법원 2003. 11. 14. 선고 2003다30968 판결.
4 법원실무제요 가사(Ⅱ), 사법연수원(2021), 1606.

4 유언집행비용도 상속비용이지만 그에 대하여는 별도의 규정이 있다(민법 제1107조).

5 상속세가 상속비용에 해당하는지 여부에 관하여, 현행 상속세법이 상속재산을 과세대상으로 하는 유산세방식을 취하고 있음을 근거로 상속세를 상속비용으로 보아 상속재산분할 시에 함께 청산할 수 있다는 견해도 있다. 그러나 실무상으로는 공동상속인들 사이에 상속세의 분담범위 등에 관하여 다툼이 있는 경우가 대부분이므로 상속세를 상속비용으로 공제하지 않고 상속재산분할절차를 거쳐 각자의 상속분을 확정한 후 민사소송에서 상속세에 관하여 정산하도록 하고 있다.[5] 판례는 상속재산의 분할 전에 법정상속분에 따라 공동상속인 중 특정한 1인에게 귀속되는 부분이 그 특정인의 상속세 납부에 공여된 사안에서, 공동상속인들은 과세권자에 대한 관계에서 각자 고유의 납세의무와 함께 다른 공동상속인의 상속세에 대하여도 연대하여 납세의무를 부담하는 것이지, 공동상속인들 사이에서 다른 공동상속인 고유의 상속세에 대하여 종국적인 책임을 부담하는 것은 아니므로 특정인의 상속세 납부에 공여된 상속재산을 공동상속인들 전체의 상속비용으로 보아 분할대상 상속재산에서 제외하여서는 안 된다는 취지로 판시한 바 있다.[6]

6 상속재산분할의 결과로 상속재산에 포함되었던 개별적 권리의 이전에 필요한 비용, 상속재산의 처분에 수반되는 비용(양도소득세, 부동산중개료 등)은 상속비용에 해당하지 않는다.

## Ⅲ. 내용

7 민법 제998조의2가 상속비용을 상속재산에서 지급하도록 한 것은 상속비용 채권의 책임재산이 상속재산에 한정된다는 의미로 보는 것이 일반적이다. 즉 상속비용 채무는 상속개시 후에 발생한 상속재산의 보존·관리·청산 비용이므로 그 비용 지급채무는 상속재산의 소유자인 상속인의 고유채무라고 보아야 할 것이지만, 민법 제998조의2가 상속비용은 상속재산에서 지급한다고 규정함으로써 상속비용채무의 집행재산을 상속재산으로 한정하여 상속인의 책임을 제한하고자 하는 데 취지가 있다.

5 법원실무제요 가사(Ⅱ), 사법연수원(2021), 1607.
6 대법원 2013. 6. 24. 자 2013스33, 34 결정.

8 따라서 단순승인을 한 상속인의 경우에는 상속재산과 자신의 고유재산이 혼합되어 있으므로 이 규정을 적용하는 실익이 없고, 한정승인(민법 제1028조), 상속재산의 분리(제1045조), 상속재산의 파산(채무자회생 및 파산에 관한 법률 제389조)의 경우와 같이 상속재산과 상속인의 고유재산이 분리되는 경우에 그 적용의 실질적인 의미가 있다.

9 이에 의하면 상속인은 상속재산의 한도에서 상속비용 지급채무를 부담하게 되므로, 이행판결에서도 그와 같은 취지를 명시하여야 할 것이다. 상속비용 채권자는 상속재산의 한도에서만 강제집행을 할 수 있고, 상속인의 고유재산에 집행한 경우 상속인은 그 배제를 구할 수 있다.

10 한편 위와 같이 상속비용은 상속재산에서 지급하여야 하나, 공동상속인 사이에 있어서는 일부 상속인이 자신의 부담으로 이를 지출하였다면 상속재산분할을 할 때 이를 고려하여 정산할 수 있다(☞ 정산의 구체적인 방법에 관하여는 민법 제1013조 주석 참조).

## 제 999 조 [상속회복청구권]

**① 상속권이 참칭상속권자로 인하여 침해된 때에는 상속권자 또는 그 법정대리인은 상속회복의 소를 제기할 수 있다.**

**② 제1항의 상속회복청구권은 그 침해를 안 날부터 3년, 상속권의 침해행위가 있은 날부터 10년을 경과하면 소멸된다.** <개정 2002. 1. 14.>

[전문개정 1990. 1. 13.]

**[관련조문]** 민법 제1005조(상속과 포괄적권리의무의 승계), 제1008조의3(분묘 등의 승계), 제1013조(협의에 의한 분할), 제1014조(분할 후의 피인지자 등의 청구권), 제1053조(상속인 없는 재산의 관리인), 제1078조(포괄적 수증자의 권리의무), 남북 주민 사이의 가족관계와 상속 등에 관한 특례법 제11조(상속회복청구에 관한 특례)

**[참고문헌]** 주석 민법, 상속(제1권)(제4판), 한국사법행정학회(2015); 주석 민법 친족(제3권)(제5판), 한국사법행정학회(2016); 주해상속법(제1권), 박영사(2019); 민법주해 [IX] 채권(2), 박영사(1995); 곽윤직, 상속법(민법강의VI)(개정판), 박영사(2004); 김용한, 친족상속법론(보정판), 박영사(2003); 김주수/김상용, 친족·상속법(제20판), 법문사(2024); 민사실무연구회, 민사재판의 제문제(제2권), 한국사법행정학회(1980); 민사실무연구회, 민사재판의 제문제(제9권), 한국사법행정학회(1997); 박동섭/양경승, 친족상속법(제5판), 박영사(2020); 박병호, 한국법제사, 한국방송통신대학 출판부(1991); 송덕수, 친족상속법(제7판), 박영사(2024); 신영호 외 2인, 가족법강의(제4판), 세창출판사(2023); 윤진수, 민법논고(V), 박영사(2011); 윤진수, 민법논고(VII), 박영사(2015); 윤진수, 친족상속법강의(제5판), 박영사(2023); 이경희/윤부찬, 가족법(11정판), 법원사(2024); 한봉희/백승흠, 가족법, 정독(2024); 곽경직, "상속회복청구권론", 재판자료 제78집(1998); 곽종석, "상속회복의 소", 부산판례연구회 판례연구 제8집(1998); 김상철, "상속회복청구권이 제척기간의 경과로 인하여 소멸한 경우 상속재산의 귀속 및 미등기부동산에 대한 참칭상속인", 대법원판례해설 제30호(1998); 김선옥, "상속회복청구권의 행사기간에 관한 적용법률-대법원 2007. 4. 26. 선고 2004다5570 판결-", 부산판례연구회 판례연구 제19집(2008. 2.); 김재진, "상속회복청구권에 관하여", 재판자료 제18집(1983); 박철, "상속회복청구권의 성질과 제도적 취지에 관한 연구", 민사판례연구 제25권(2003); 신신호, "피상속인인 남한주민으로부터 상속을 받지 못한 북한주민의 경우, 상속권이 침해된 날부터 10년이 경과하면 제척기간의 만료로 상속회복청구권이 소멸하는지 여부(2016. 10. 19. 선고 2014다46648 전원합의체 판결)", 대법원판례해설 제109호(2016); 윤진영, "상속회복의 소에 있어서의 제척기간", 대법원판례해설 제19호(1993); 이윤직, "상속회복청구권 행사기간과 그 적용범위(대법원 1998. 3. 27. 선고 96다37398 판결)", 대구판례연구회 재판과 판례 제9집(2000); 임정윤, "민법 제1007조에서 정한 '상속분'의 의미", 대법원판례해설 제135호(2023); 장창국, "상속회복청구권에 관한 판례의 검토-참칭상속인의 요건을 중심으로-", 창원지법 재판실무 제3집(2005); 전보성, "민법 제1007조에서 정한 상속분의 의미(=법정상속분) 및 상속재산 분할이 마쳐지기 전 법정상속분에 따른 상속을 원인으로 한 소유권이전등기가 원인무효라고 주장할 수 있는지 여부", 서울고등법원 판례공보스터디 민사판례해설 VI-하: 2023. 1. 1. 자 공보 ~ 2023. 6. 15. 자 공보(2023); 정재수, "상속회복청구권의 인정기준 및 민법 개정 전·후 적용할 제척기간 등에 대하여(대법원 2003. 7. 24. 선고 2001다48781 전원합의체 판결과 관련하여)", 대구판례연구회 재판과

판례 제16집(2008); 김상훈, “북한주민의 상속회복청구권 행사와 제척기간-대법원 2016. 10. 19. 선고 2014다46648 전원합의체 판결에 대한 검토-”, 가족법연구 제30권 제3호(2016); 김진현, “상속회복청구권의 비교법적 고찰”, 강원대학교 사회과학연구 제17집(1983); 박근웅, “상속회복청구권의 제척기간에 관한 적용법조”, 가족법연구 제38호(2010); 박근웅, “대상재산에 대한 상속회복청구”, 비교사법 제21권 제4호(2014), 1403~1420; 박근웅, “상속회복청구권 행사기간 경과의 효과”, 가족법연구 제28권 제3호(2014); 박병호, “상속회복청구권 관견”, 민법학논총: 후암 곽윤직 교수 화갑기념(1985); 박세민, “민법시행 이전에 개시된 상속과 상속회복청구권의 제척기간”, 가족법연구 제21권 제3호(2007. 12.); 백경일, “실종선고 취소의 소급효 제한과 상속회복청구에 관한 고찰-실종선고의 취소가 이미 상속되고 전득된 재산 및 그 파생이익에 미치는 영향-”, 가족법연구 제25권 제3호(2011); 신성택, “재산상속회복청구권에 관하여”, 사법논집 제10집(1979); 신영호, “상속회복청구권의 법적 성질”, 가족법연구 제10호: 범조 이희봉 선생 송수기념(1996); 신영호, “남북 이산가족 사이의 상속관련 문제해결-‘남북주민 사이의 가족관계와 상속 등에 관한 특례법안’ 입법 취지와 해설-”, 법무사 제524호(2011); 신진화, “통일 전후의 신분법제 정비방안-혼인과 이혼, 부모와 자, 부양의무자, 상속을 중심으로-”, 통일사법정책연구 제1권(2006); 전세영, “남북한 주민의 가족·상속 법률관계에 대한 연구”, 서울대학교 대학원 석사학위논문(2012); 제철웅, “상속회복청구권-기능의 면에서 접근한 그 내용해석의 시론-”, 한림법학 FORUM 제6권(1997); 지철호, “상속회복청구권에 관한 연구”, 서울대학교 대학원 법학박사학위논문(1995); 엄동섭, “재산상속회복청구권에 관한 일고찰”, 계명대학교 사회과학논총 제4집(1986); 오기두, “상속회복청구권행사에 관한 판례이론 연구”, 법조 제48권 제1호(1999); 오수원, “채권자대위권에 있어서의 채무자의 일신전속권”, 저스티스 제146-1호(2015. 2.); 이상욱, “상속회복청구권의 시효에 관한 일제시대 관습법의 정립과 왜곡”, 가족법연구 제18권 제2호(2004. 9.); 이화숙, “상속회복청구권 제도의 개선”, 가족법연구 제11호: 야송 김주수 선생 고희기념(1997); 이화숙, “상속회복청구권 제척기간의 경과와 참칭상속인의 지위”, 저스티스 제52호(1999); 이화숙, “상속회복청구권의 시효에 관한 관습법의 효력-대법원 2003. 7. 24. 선고 2001다48781 전원합의체 판결-”, 가족법연구 제18권 제1호(2004. 3.); 이화숙, “상속회복청구권에 관한 몇 가지 문제-2002년 개정민법 부칙 제2항의 해석과 대상재산에 대한 상속회복청구를 중심으로-”, 저스티스 제133호(2012. 12.); 임종효, “민법 제1014조에 정한 상속분가액지급청구권”, 법조 제634호(2009. 7.); 정구태/신영호, “민법 제1014조의 상속분가액지급청구권 재론”, 가족법연구 제48호(2013); 정구태, ”유류분반환청구권의 일신전속성“, 홍익법학 제14권 제2호(2013. 06.); 정구태, “북한주민의 혼인·친자·상속관계소송에 관한 제문제”, 고려법학 제70호(2013. 9.); 최성경, “북한주민의 상속회복청구권과 제척기간-대법원 2016. 10. 19. 선고 2014다46648 전원합의체 판결-”, 법조 제721호(2017. 2.); 최창열, “상속회복청구권과 물권적청구권의 관계에 관한 고찰”, 가족법연구 제13호(1999. 12.)

## I. 의의

### 1. 상속회복청구권의 개념

1 상속회복청구권이란 진정한 상속인이 참칭상속인에 대하여 자신에게 상속권이 있음을 주장하여 반환, 방해배제 등 상속재산의 회복을 청구할 수 있는 권리이다.

2 상속은 사망으로 인하여 개시되고(민법 제997조), 상속이 개시되면 상속인은 피상속인의 재산에 관한 포괄적 권리의무를 승계하며(제1005조), 이는 법률의 규정에 의한 권리의 변동으로서 특별한 의사표시나 인도, 등기 등을 필요로 하지 않는다(제187조). 즉, 상속인은 피상속인의 사망을 알건 모르건, 또는 상속재산을 현실적으로 점유하건 아니건 법률상 당연히 그리고 관념적으로 상속재산을 승계한다.

3 하지만 위와 같이 상속재산의 승계가 피상속인의 사망이라는 우연한 사실에 의하여 법률상 당연히 그리고 관념적으로 이루어지기 때문에, 진정상속인이 자기가 상속인인 사실을 모르거나, 알더라도 상속재산을 현실적으로 지배하지 못할 가능성이 존재한다. 예컨대, 진실과는 다른 가족관계등록부상의 상속인, 상속포기자, 상속결격자, 후순위상속인 등이 상속인으로 행세한다거나, 공동상속인이 자기의 상속분의 범위를 넘어 다른 공동상속인의 상속분을 침해하는 경우가 발생할 수 있다. 상속개시 당시에는 알려지지 않았던 혼인 외의 자가 그 후에 친생자관계존부확인의 소를 통하여 새로이 상속인이 되는 경우도 마찬가지이다.

4 이와 같이 진정상속인이 아닌 참칭상속인이 고의로 또는 잘 알지 못하면서 상속재산을 지배하여 사실상의 상속인으로서 행세하는 경우, 진정상속인이 참칭상

속인을 배제하고 스스로 권리를 회복할 수 있는 권리가 상속회복청구권이다.

## 2. 입법취지

5 상속이 개시되면 상속인은 피상속인의 재산에 관한 권리와 의무를 포괄적으로 승계하는데(민법 제1005조), 본법은 개별적 권리침해에 대하여 물권적 청구권, 부당이득반환청구권, 불법행위로 인한 손해배상청구권 등의 구제수단을 두고 있음에도 그와 별도로 상속회복청구권을 규정하고 있다. 일반적으로 상속회복청구권은 다음을 고려한 것으로 이해된다.[1] 즉, ① 진정상속인으로 하여금 복잡한 내용의 상속재산 하나하나에 대해서 그 권리를 개별적으로 조사·주장하게 하는 것이 사실상 어렵고 누락의 우려도 있으므로, 이들을 일괄하여 회복하도록 하는 것이 유익하다. ② 상속회복청구에 의하는 경우 진정상속인이 피상속인에게 속해 있었던 권원을 증명할 필요가 없고, 상속재산이 상속개시 당시에 피상속인의 점유에 속하고 있었다는 사실만 증명하면 된다. ③ 참칭상속 및 이를 기초로 이루어진 처분행위가 무효라고 하여 진정상속인이 언제까지나 그 반환을 청구할 수 있도록 한다면 참칭상속의 외관을 신뢰한 제3자의 이익을 해할 수 있고, 포괄적 승계를 본질로 하는 상속의 성질상 상속재산에 관한 권리의 확정이 지나치게 장기간 불확실한 상태로 남아있게 된다. 따라서 행사기간에 제한을 두어 상속으로 인한 법률관계를 조속히 안정시키고 거래의 안정을 도모할 필요가 있다.

6 결국 상속회복청구권은 참칭상속인에 의하여 상속권을 침해당한 진정상속인의 보호(위 ①, ②)와 상속에 관한 법률관계의 조속한 안정(위 ③)이라는 상반되는 목표를 가지고 있다고 할 것이고, 이를 어떻게 조화시켜야 하는지에 관한 논의가 상속회복청구권의 법적 성질의 문제로 나타난다. 제도의 연혁과 입법례(☞ 상세한 내용은 Ⅱ. 참조)를 놓고 볼 때 상속회복청구권은 진정상속인의 상속권을 보호하기 위하여 도입된 제도라고 할 수 있다. 그러나 민법에서 상속회복청구의 소를 인정하면서도 그 내용에 관한 구체적인 규정 없이 행사기간을 단기로 제한하는 1개의 조문만을 두고 있다는 점에서, 제도의 연혁적·비교법적인 취지는 별론으로 하고 민법 제999의 입법취지로는 상속으로 인한 법률관계를 조속히 안정시킨다는 점이 주로 부각되어 왔음을 부인할 수 없다. 실무상으로도 상속회

1 김주수/김상용, 친족·상속법(제20판), 법문사(2024), 634~635; 박병호, "상속회복청구권 관견", 민법학논총: 후암 곽윤직 교수 화갑기념, 832; 신영호 외 2인, 가족법강의(제4판), 세창출판사(2023), 311~312.

복청구권이 진정한 상속인의 보호를 위하여 기능하고 있는 점은 찾기 어렵고, 상속회복청구권의 행사기간 경과 여부가 빈번하게 문제로 되고 있다.

7 다만, 민법 제999조가 정한 3년, 10년의 행사기간은 타국의 입법례와 비교할 때 상당히 단기에 해당하는 까닭에 그와 같이 진정한 상속인을 희생시키는 것이 타당한가의 문제가 제기되어 왔다. 이와 관련하여 대법원은 상속회복청구권의 소멸에 관한 규정은 상속에 관한 법률관계의 확정을 조속히 매듭짓기 위하여 단기제척기간을 설정한 것이라고 설명하면서도,[2] 상속회복청구권의 상대방이 되는 '참칭상속인'을 제한적으로 인정하는 판례이론을 통해 진정상속인의 권리가 단기의 행사기간의 적용을 받게 되는 범위를 축소하고 있다. 헌법재판소는 상속회복청구권이 진정상속인을 더욱 보호하기 위하여 도입된 원래의 취지와는 정반대의 제한규정 역할을 하고 있다고 지적하면서 상속회복청구권의 행사기간을 '상속개시일로부터 10년'으로 제한하였던 개정 전 규정에 대하여 위헌결정을 하였으나,[3] 위헌결정의 취지에 따라 2002. 1. 14. 개정된 제999조 제2항 중 '상속권의 침해행위가 있은 날부터 10년' 부분은 헌법에 위반되지 않는다고 보았다.[4]

8 위와 같이 대법원의 판례이론과 헌법재판소의 위헌결정 및 위헌결정에 따른 민법 제999조의 개정으로 인하여 상속회복청구권에 있어 단기의 행사기간으로 인한 문제는 상당부분 해결되었다고 할 수 있다. 그러나 입법론으로는 상속회복청구권을 개별적 청구권과는 독립된 포괄적 청구권으로 재구성하거나, 아니면 아예 상속회복청구권의 제도 자체를 폐지하여 버리는 것을 고려할 필요가 있다는 견해가 있다.[5]

## Ⅱ. 상속회복청구권의 연혁과 입법례

9 상속회복청구권은 로마법으로부터 연유한 대륙법계 국가들의 제도가 일본에 전해졌고, 우리는 일본 민법과 학설을 통하여 이를 계수하였다는 것이 지배적인 견해이다.[6] 영미법계 국가에는 상속재산이 인격대표자(personal representative)에

2 대법원 1989. 1. 17. 선고 87다카2311 판결, 대법원 1994. 10. 21. 선고 94다18249 판결.
3 헌법재판소 2001. 7. 19. 선고 99헌바9·26·84, 2000헌바11, 2000헌바3, 2001헌가23 결정
4 헌법재판소 2002. 11. 28. 선고 2002헌마134 결정.
5 윤진수, "상속회복청구권의 연구-역사적 및 비교법적 고찰-", 민법논고(Ⅴ), 박영사(2011), 156.
6 김진현, "상속회복청구권의 비교법적 고찰", 강원대학교 사회과학연구 제17집(1983), 85~86; 신성택, "재산상속회복청구권에 관하여", 사법논집 제10집(1979), 280.

의해 관리·처분·분배되기 때문에 참칭상속인에 의한 상속권의 침해 및 상속회복청구는 문제되지 않는다.[7]

### 1. 로마법상의 상속회복청구권

10 로마 시민법(ius civille)상의 상속회복청구권(hereditatis petitio)[8]은 원고의 상속권에 관한 확인과 상속재산의 반환을 목적으로 하는 소권(actio)으로서, 확인의 소와 이행의 소의 성질을 동시에 가지고 있다.

11 상속회복청구소송은 개별적인 상속재산에 관한 소유물반환청구소송(rei vindicatio)과 마찬가지로 대물소송(actions in rem)이지만, 다음과 같은 점에서 차이가 있다.[9] 상속회복청구의 소는 ① 유체물뿐만 아니라 권리 특히 채권도 객체로 하며, ② 개개의 물건이 아니라 상속재산 전체를 포괄하는 포괄적 소송이다. ③ 또한 상속인은 소유물반환청구소송과는 달리 피상속인의 상속재산에 속하는 개개의 목적물에 대하여 정당한 권리를 가지고 있는지를 입증하지 않고도 피상속인이 사망할 당시 점유하고 있었던 모든 재산의 회복을 포괄적으로 청구할 수 있었다. 즉, 상속회복청구의 소에 있어서는 당해 목적물이 피상속인에게 귀속되어 있는지 여부에 관해 최종적 결정을 내림이 없이 상속권이 인정되는 경우에는 피고가 점유한 상속재산을 일단 원고에게 반환해야 했던 것이다. 그러므로 상속회복의 소는 본권의 소는 아니었다.[10]

12 상속회복청구소송의 원고적격은 자신이 시민법상의 상속인임을 주장하는 자만이 가지고 있었고, 피고적격은 원래 자신이 상속인이라고 믿고 그것을 주장하며 점유하는 자(possessor pro herede)에 국한되어 있다가, 자기가 상속인이 아님을 알면서도 상속인이라고 주장하는 자, 원고의 상속권을 다투는 자, 단순히 점유자로서 점유하는 자(possessor pro possessore)도 포함하는 것으로 확대되었다.[11]

7 이화숙, "상속회복청구권 제도의 개선", 가족법연구 제11호: 야송 김주수 선생 고희기념(1997), 386.
8 로마법은 시민법(ius civile)과는 별도로 법무관의 고시(edictum)이 누적되어 형성된 법무관법(ius praetorium)이 병존하여 발달하였는데, 법무관법상으로도 상속인을 보호하기 위한 제도로서 유산점유회수에 관한 특시명령(interdictum quorum bonorum)이 있었다. 위와 같은 특시명령은 시민법상 상속권을 증명한 이해관계인의 신청에 의하여 부여되었으나, 고전기 후기법에서는 유산보전을 위한 가처분제도로 변질되었다. 최창열, "상속회복청구권과 물권적청구권의 관계에 관한 고찰", 가족법연구 제13호, 한국가족법학회(1999. 12.), 360.
9 김진현, "상속회복청구권의 비교법적 고찰", 강원대학교 사회과학연구 제17집(1983), 68.
10 지철호, "상속회복청구권에 관한 연구", 서울대학교 대학원 법학박사학위논문(1995), 9~10.
11 지철호, "상속회복청구권에 관한 연구", 서울대학교 대학원 법학박사학위논문(1995), 10~11.

13 상속인은 상속회복청구권과 개별적 상속인으로서 취득한 개별적 권리를 선택적으로 행사할 수 있었으나, 상속회복청구소송을 제기하면 다른 개별적 권리에 기한 소송은 제기할 수 없고, 역으로 다른 개별적 권리에 기한 소송을 제기한 경우에는 상속회복청구소송을 제기할 수 없었다.[12] 그런데 개별적 권리에 기한 소송에 있어 선결문제에 관한 판단은 다른 개별적 권리에 기한 소송에 영향을 미치지 않았으므로,[13] 원고의 상속권이 여러 개의 개별적 권리에 기한 소송에서 매번 선결문제로 다투어지는 것을 막고, 그 대신 한 번의 소송에서 종국적으로 결정될 수 있도록 하기 위하여 피고에게 선결의 항변권을 인정해 주었다. 즉, 피고인 상속재산점유자는 상속회복청구 대신 개별적인 청구를 해 오는 원고에 대하여 상속회복의 소를 제기해야 한다는 취지의 항변(exceptio quod praejudicium hereditati non fiat)을 제출할 수 있었고, 이 경우 법원은 상속권을 조사하지 않고 원고의 주장을 뒷받침할 개별적 권리가 인정될 경우에만 승소판결을 할 수 있었으며, 원고는 개별 소송에도 불구하고 상속회복청구의 소를 제기할 수 있게 됨으로써, 상속권의 문제는 개별 소송으로부터 상속회복청구소송으로 유보되었다.[14]

14 상속회복의 소를 제기하여 승소한 원고는 피고가 상속재산을 점유하고 통상적으로 관리함으로써 생긴 이익의 반환과 통상의 관리에 속하지 않은 행위로 발생한 손해의 배상을 청구할 수 있었다. 이때의 책임은 처음에는 선의·악의를 불문하였다가, 유벤티아눔 원로원 의결(Senatus Consultum Iuventianum) 이후에는 선의의 점유자와 악의의 점유자를 구별하여, 선의의 점유자는 원칙적으로 소송개시 시의 상태로 반환할 의무를 부담하고, 후자는 현존물은 물론 소송개시 시까지 그가 점유했던 상속재산에 가한 모든 손해에 대하여 일체의 손해배상책임을 지도록 하였으며, 소송개시 후에는 선의·악의 구별 없이 동일한 책임을 졌다.[15] 또한 상속재산이 참칭상속인으로부터 제3자에게 양도되었다면, 동산은 선의취득으로 보호될 수 있지만, 부동산의 경우 공신력이 없기 때문에 진정상속인에게 그 반환을 거부하지 못하게 되어 있었다.[16]

12 윤진수, "상속회복청구권의 연구-역사적 및 비교법적 고찰-", 민법논고(V), 박영사(2011), 121.
13 이화숙, "상속회복청구권 제척기간의 경과와 참칭상속인의 지위", 저스티스 제52호(1999), 107.
14 윤진수, "상속회복청구권의 연구-역사적 및 비교법적 고찰-", 민법논고(V), 박영사(2011), 121; 박철, "상속회복청구권의 성질과 제도적 취지에 관한 연구", 민사판례연구 제25권(2003), 717.
15 지철호, "상속회복청구권에 관한 연구", 서울대학교 대학원 법학박사학위논문(1995), 11~12.
16 지철호, "상속회복청구권에 관한 연구", 서울대학교 대학원 법학박사학위논문(1995), 12.

15 이처럼 로마법에서는 진정상속인에 의한 포괄적인 상속재산의 회복을 인정하면서, 다른 한편으로 선의의 점유자를 위한 선결의 항변권을 인정함으로써 양자의 권익의 조화를 도모하였던 것으로 평가된다.[17]

## 2. 프랑스 민법상의 상속회복청구권

16 1804년에 제정된 프랑스 민법은 상속회복청구권에 관하여 적극적인 규정을 두지 않은 채 제137조에서 "전 제2조의 규정은 부재자, 그 대습상속인 또는 권리승계인에 귀속하고, 또한 시효기간의 경과로 인함이 아니면 소멸하지 아니하는 상속회복청구소송 기타의 권리에 기초한 소송을 방해하지 아니한다."라고 상속회복의 소권이 존재한다는 사실만을 밝히고 있었는데, 위 규정도 1977년에 삭제되었다. 그러나 학설과 판례는 상속회복청구권을 인정하고 있으며, 프랑스에서는 민법전 제정 전부터 이미 학설과 재판실무를 통하여 로마법을 계수한 보통법시대를 거쳤으므로, 프랑스에서의 상속회복청구권은 로마법상 상속회복청구의 소(hereditatis petitio) 및 보통법상의 실무에 근거를 둔 제도로 이해되고 있다.[18]

17 상속회복청구권은 피상속인의 소유권이 다투어지지 않는다는 점에서 청구권자의 소유권을 전제로 하는 물권적 청구권과는 구별된다.[19] 또한 소유물반환청구권이 시효로 소멸하지 않는 반면 상속회복청구권은 모든 인적·물적 소권에 적용되는 30년의 소멸시효(프랑스 민법 제2262조)에 걸리나, 그 시효기간은 제3자가 명백히 참칭상속인으로서 행동하지 않는 한 개시되지 않는다.[20]

18 상속회복청구소송의 원고는 상속인과 포괄수유자 등을 포함한다. 피고적격은 상속인으로서 상속재산을 점유하는 자(possessor pro herede)에게만 있고, 로마법과는 달리 단순한 점유자로서 점유하는 자(possessor pro possessore)에게는 상속회복청구의 소의 피고적격이 인정되지 않는다.[21]

19 상속회복청구가 인용되는 경우 반환의무의 범위는 참칭상속인의 선의·악의에 따라 달라진다. 선의의 참칭상속인은 상속재산을 현재의 상태대로 반환하고 이를 제3자에게 양도한 때에는 그 대가를 반환하면 되며, 상속회복청구가 있을 때

17 지철호, "상속회복청구권에 관한 연구", 서울대학교 대학원 법학박사학위논문(1995), 10.
18 박철, "상속회복청구권의 성질과 제도적 취지에 관한 연구", 민사판례연구 제25권(2003), 717~178.
19 김진현, "상속회복청구권의 비교법적 고찰", 강원대학교 사회과학연구 제17집(1983), 72.
20 윤진수, "상속회복청구권의 연구-역사적 및 비교법적 고찰-", 민법논고(Ⅴ), 박영사(2011), 123~125.
21 지철호, "상속회복청구권에 관한 연구", 서울대학교 대학원 법학박사학위논문(1995), 13~15.

까지 수취한 과실은 보유할 수 있고, 물건의 멸실에 대하여는 과실이 없는 한 책임을 지지 않는다. 반면 악의인 경우에는 상속재산을 받았을 때의 상태대로 반환하여야 하고 반환할 수 없으면 그 반환시의 시가를 반환하여야 하며, 이미 수취한 과실을 반환하여야 하고, 물건의 우발적 멸실에 대하여도 책임이 있다.[22] 지출비용의 상환에 관하여는 선의·악의가 아니라 필요비, 유익비용 및 초과비용 여부에 따라 차이가 발생한다. 즉, 참칭상속인이 지출한 비용 중 상속재산의 보존·관리상 필요적으로 지출한 비용이나 재산적 가치를 증가시킨 비용은 상환의 대상이 되나, 상속재산의 보존·관리와 상관없이 불필요하게 지출한 비용은 상환을 청구할 수 없다.[23]

20 참칭상속인과 거래한 제3자는 일반적으로 해당 물건에 대한 권리를 취득할 수 없으나, 예외적으로 프랑스 민법이 정한 선의취득(프랑스 민법 제2279조), 채권의 준점유자에 대한 변제(제1240조), 시효취득(제2262조, 제2265조)에 의하여 보호받을 수 있다. 그러나 판례는 위의 경우만으로는 제3자의 보호가 충분지 않다고 보아 표현상속인의 이론(théorie de l'héritier apparent)을 발전시켰다. 즉, 참칭상속인과 거래한 제3자가 포괄적인 양도가 아닌 특정 권리의 양도를 통하여 유상으로 권리를 취득하였고, 표현상속인이 진정한 상속인이라고 믿거나 그의 상속분에 관하여 착오를 일으켜 선의로 거래를 하였으며, 이러한 제3자의 착오가 공통의 것으로서 극복할 수 없었던 것이라면, 제3자는 진정한 상속인의 청구를 항변의 방법으로 물리칠 수 있다. 이 경우 진정한 상속인으로서는 표현상속인에 대하여 권리를 행사할 수밖에 없게 된다.[24]

### 3. 독일 민법상의 상속회복청구권

21 독일 민법(ZPO)의 상속회복청구권(Erbschaftsanspruch)은 로마법상의 제도를 계수하였다는 점에서는 프랑스와 같지만, 제정 당시 상당한 논의를 거쳐 제2018조에서 제2031조까지 14개 조문에 걸쳐 상세한 규정을 두게 되었다는 점에서 차이가 있다.

22 독일 민법상의 상속회복청구권은 자기에게 속하지 않는 상속권을 근거로 상속재산에 속하는 어떤 것을 취득한 자(Erbschaftsbesitzer)에 대하여 그 재산의 반환을 청구할 수 있는 권리이다(독일 민법 제2018조). 독일 민법이 소유권에 기초한

22 지철호, "상속회복청구권에 관한 연구", 서울대학교 대학원 법학박사학위논문(1995), 13~14.
23 지철호, "상속회복청구권에 관한 연구", 서울대학교 대학원 법학박사학위논문(1995), 14.
24 윤진수, "상속회복청구권의 연구-역사적 및 비교법적 고찰-", 민법논고(V), 박영사(2011), 126~128.

반환청구권(독일 민법 제985조), 점유물반환청구권(제861조), 종전 점유자의 동산 반환청구권(제1007조), 불법행위로 인한 손해배상청구권(제823조), 부당이득반환청구권(제812조) 등의 개별적 청구권을 규정하고 있음에도 불구하고 별도로 상속회복청구권제도를 둔 이유는, 진정상속인과 참칭상속인 사이의 다툼에 있어서의 이해관계 대립에 관한 문제는 개별적 청구권에 대한 다툼에서의 그것과는 달리 취급하여야 한다는 생각에 기인한 것으로, 상속인으로 하여금 상속재산을 전체적으로 일거에 손쉽게 반환받을 수 있도록 상속인을 보호하기 위한 취지이다.[25]

23 상속회복청구권과 개별적 청구권의 관계에 관하여, 독일에서는 상속회복청구권은 개별적 청구권과 독립하여 행사할 수 있는 포괄적 청구권으로 보는 것이 통설이다. 그러나 독일 민법 제2029조는 참칭상속인의 책임은 상속인이 개별 상속대상에 관하여 가지는 청구권에 대한 관계에서도 상속회복청구권의 규정에 의하도록 함으로써 상속회복청구권의 우위를 인정하고 있으므로, 상속회복청구권과 물권적 청구권의 경합문제는 발생하지 않는다.[26]

24 상속회복청구소송의 원고는 진정상속인이고, 유언집행자, 상속재산관리인도 원고적격이 있다. 피고는 그에게 진실로 귀속하지 아니한 상속권을 근거로 상속재산으로부터 무언가를 취득한 자(Erbschaftsbesitzer), 즉 참칭상속인이 된다(독일 민법 제2018조). 따라서 로마법과 달리 독일 민법에서는 상속이 아닌 개별적 권원(Einzelrechtstitel)을 주장하거나 권원을 주장하지 않고 상속재산을 점유하는 자(possessor pro possessore)는 피고적격이 없다. 공동상속인은 자신이 단독상속인임을 주장하거나 진실로 자신에게 귀속하는 상속분보다 많은 상속분을 주장하여 상속재산의 전부 또는 일부를 점유하는 때에만 피고적격이 있다.[27] 참칭상속인으로부터 계약에 의하여 상속재산을 취득한 자도 참칭상속인과 동일시되므로 상속회복청구권의 상대방이 된다(독일 민법 제2030조).

25 상속인은 자신에게 상속권이 있다는 사실, 청구목적물이 상속재산에 속한 사실, 참칭상속인이 청구목적물을 자신이 상속인이라는 주장 하에 취득하였음을 입증할 책임이 있다. 반면 개별적 청구에서처럼 상속인이 참칭상속인의 목적물 점유사실까지 입증할 필요는 없고, 취득한 물건의 점유를 잃었다는 사실에 대한 주

25 지철호, "상속회복청구권에 관한 연구", 서울대학교 대학원 법학박사학위논문(1995), 16.
26 윤진수, "상속회복청구권의 연구-역사적 및 비교법적 고찰-", 민법논고(V), 박영사(2011), 134.
27 김진현, "상속회복청구권의 비교법적 고찰", 강원대학교 사회과학연구 제17집(1983), 75~76.

장·입증은 참칭상속인이 항변으로 해야 한다.[28] 상속회복의 소는 상속재산의 반환을 구하는 이행의 소이므로 그 기판력은 소에서 적시한 목적물에만 미치며, 따라서 상속권이 원고에게 있다는 사실을 확인하는 기판력은 생기지 않는다. 상속인이 상속권에 관한 확인의 기판력을 얻으려면 상속권존재확인의 소를 별소 또는 중간확인의 소로 제기하여야 하며, 이러한 확인의 이익도 긍정된다.[29]

26 상속회복청구의 목적물은 상속재산으로부터 취득한 것으로서(독일 민법 제2018조), 물건 외에 채권, 기타의 재산권을 포함한다. 독일 민법은 대상재산(代償財産)에 대한 상속회복청구를 인정하여, 참칭상속인이 상속재산을 대가로 하는 법률행위에 의하여 취득한 것도 상속회복청구의 목적물로 보고 있다(독일 민법 제2019조 제1항). 참칭상속인은 취득한 수익(Nutzungen)을 상속인에게 반환하여야 하고, 그가 소유권을 취득한 과실도 마찬가지이다(독일 민법 제2020조).

27 참칭상속인이 이러한 반환의무를 이행할 수 없는 경우에는 부당이득반환규정에 따른 책임을 진다(독일 민법 제2021조). 따라서 선의이고 소송계속 전인 참칭상속인은 이익이 현존하지 않으면 반환의무를 면한다(독일 민법 제818조 제3항). 반면 악의이거나 소송계속 후인 참칭상속인에 대하여는 소송계속 후의 소유자와 점유자 사이의 법률관계에 관한 규정이 준용되므로(독일 민법 제2023, 제2024조), 수취하지 않은 수익에 대하여도 과책이 있는 한 상환책임이 있고(제987조 제2항), 상속재산이 그의 귀책사유로 멸실되거나 손상되는 등 반환할 수 없을 때에는 그 손해를 배상하여야 한다(제989조). 나아가 참칭상속인이 상속증서의 위조, 금지된 실력행사 등의 위법한 행위에 의하여 상속재산을 취득한 때에는 불법행위로 인한 손해배상책임을 지며(독일 민법 제2025조), 수익은 물론 이자까지도 배상하여야 한다.[30]

28 상속회복청구를 받게 된 경우 참칭상속인은 상속재산을 위하여 지출한 모든 비용과 상환하여서만 상속재산을 반환할 의무를 진다(독일 민법 제2022조 제1항). 물권적 반환청구에 있어서도 점유자는 비용상환청구권을 가지지만, 참칭상속인은 상속재산 중의 다른 물건이나 권리 또는 상속재산 전체에 지출한 비용의 상환도 청구할 수 있다(독일 민법 제2022조 제2항·제3항). 참칭상속인이 지출한 비용이 필요

28 김진현, "상속회복청구권의 비교법적 고찰", 강원대학교 사회과학연구 제17집(1983), 75.
29 김진현, "상속회복청구권의 비교법적 고찰", 강원대학교 사회과학연구 제17집(1983), 76.
30 윤진수, "상속회복청구권의 연구-역사적 및 비교법적 고찰-", 민법논고(Ⅴ), 박영사(2011), 131.

비·유익비일 필요는 없으며, 상속재산의 가격을 증가시켰을 필요도 없다.[31] 그러나 위와 같은 비용상환청구권은 선의이고 소송계속 전에 비용을 지출한 참칭상속인만이 가지는 것으로 해석된다. 악의이거나 소송계속 후에 비용을 지출한 참칭상속인에 대하여는 소유자와 점유자의 관계에 관한 규정이 적용되어 사무관리에 관한 규정(독일 민법 제677조 이하)에 따른 비용상환청구만이 가능하기 때문이다.[32]

29 상속회복청구권은 30년의 소멸시효에 걸린다(독일 민법 제197조 제1항). 이는 취득시효기간이 10년인 동산에 관하여 진정한 상속인을 두텁게 보호하는 의미가 있고, 상속재산이 부동산인 경우에는 그 취득시효기간이 상속회복청구권의 소멸시효와 동일한 30년이므로 위 규정은 사실상 의미가 없다. 선의의 참칭상속인은 10년이 경과하면 피상속인의 동산을 시효취득할 수 있으나(독일 민법 제937조), 참칭상속인은 상속회복청구권의 소멸시효가 완성되기 전에는 진정상속인을 상대로 취득시효를 주장할 수 없으므로(제2026조), 시효취득한 동산의 소유권을 진정상속인에게 이전할 채무가 남게 된다는 것이 통설이다.[33] 상속회복청구권의 소멸시효기간은 상속회복청구권 전체에 대하여 참칭상속인이 상속재산에서 어떤 것이든지 취득하였을 때부터 기산한다고 보는 것이 독일의 통설이나, 각 상속재산에 대하여 참칭상속인이 그 지배를 취득하였을 때부터 별개로 소멸시효가 진행한다는 반대설도 있다.[34]

30 참칭상속인으로부터 상속분 또는 상속재산 전체를 양수한 제3자는 참칭상속인과 동일시되므로 선의취득을 주장할 수 없다(독일 민법 제2030조). 그러나 일반거래에 의하여 개개의 상속재산을 취득한 특정승계인에 대하여는 위 규정이 적용되지 않으므로, 이러한 제3자는 동산의 선의취득(독일 민법 제932조 이하), 등기의 공신력(제892조, 제893조) 또는 상속증서의 공신력에 의해 보호된다. 독일에서는 상속인의 신청에 의하여 유산재판소가 상속증서(Erbschein)를 교부하는데(독일 민법 제2353조), 이 상속증서에 표시된 자는 상속권이 있는 것으로 추정되고(제2365조), 상속증서에 상속인으로 표시된 사람으로부터 선의로 상속재산을 취득한 제3자의 권리취득은 유효하다(제2366조).[35] 이 경우 진정상속인은 참칭상속인이 양도

31 김진현, "상속회복청구권의 비교법적 고찰", 강원대학교 사회과학연구 제17집(1983), 79.
32 윤진수, "상속회복청구권의 연구-역사적 및 비교법적 고찰-", 민법논고(V), 박영사(2011), 185.
33 김진현, "상속회복청구권의 비교법적 고찰", 강원대학교 사회과학연구 제17집(1983), 79.
34 윤진수, "상속회복청구권의 연구-역사적 및 비교법적 고찰-", 민법논고(V), 박영사(2011), 134~135.
35 이화숙, "상속회복청구권 제도의 개선", 가족법연구 제11호: 야송 김주수 선생 고희기념(1997), 384.

의 대가로 수령한 가액 또는 그 밖의 대위물의 반환청구를 하거나, 대위물의 반환청구가 불가능한 때에는 부당이득반환청구를 할 수 있을 뿐이다.

31 독일 민법은 상속회복청구권자가 상대방에 대하여 상속재산의 내용과 소재를 알려 줄 것을 구하는 정보제공청구권(Auskunftanspruch)을 인정하고 있다. 참칭상속인은 상속인에 대하여 상속재산의 현상 및 각개의 상속재산의 소재에 관하여 보고를 할 의무가 있고(독일 민법 제2027조 제1항), 상속개시당시 피상속인과 동일한 가정에 있던 자도 상속인에 대하여 자신이 처리한 상속재산에 관한 행위 및 각개의 상속재산의 소재에 관하여 아는 바를 보고할 의무를 진다(제2028조 제1항). 상속인은 이를 독자적으로 재판상 청구할 수 있으며, 승소판결을 받으면 간접강제의 방법으로 강제집행할 수 있다. 또한 위 보고가 충분한 주의를 가지고 작성되지 않았다는 의문이 있을 때에는 상속인은 보고의무자에 대하여 그것이 가능한 한 완전히 작성되었음을 선서에 갈음하는 조서로 보장할 것을 청구할 수 있다(독일 민법 제2028조 제2항). 정보제공청구권은 일반적으로 상속회복청구권자가 상속재산을 정확히 파악하기 어려운 점을 고려한 독일 상속회복청구권 제도의 특징적인 규정이다. 독일에서도 상속재산을 구체적으로 특정하지 않은 채 포괄적으로 반환을 청구할 수는 없으므로 원고는 변론종결 시까지는 반환을 구하는 상속재산을 특정하여야 하지만, 상속회복청구권자는 먼저 상속재산에 관한 정보제공청구를 하고 그 결과에 따라 개별 상속재산에 관하여 반환청구를 함으로써 상속인의 포괄적인 반환청구를 가능하게 한다.[36] 이와 같이 상속인이 소송계속 후에 청구의 목적물을 추가하는 것은 소의 변경(독일 민사소송법 제254조 제2호)이 아니라 소의 확장(제264조 제2호)에 해당하게 된다.[37]

### 4. 스위스 민법상의 상속회복청구권

32 스위스 민법(ZGB)이 제정되기 전에는 스위스 연방 내 대부분의 Kanton에서 개별적인 청구권의 행사와 별도로 독립한 상속회복청구소송을 인정하지 않았으나,[38] 스위스 민법은 상속회복의 소를 규정하면서 그 요건, 효력, 소멸시효에 관하여 제598조부터 제600조까지 3개의 조문을 두었다.

36 윤진수, "상속회복청구권의 연구-역사적 및 비교법적 고찰-", 민법논고(V), 박영사(2011), 133.
37 지철호, "상속회복청구권에 관한 연구", 서울대학교 대학원 법학박사학위논문(1995), 20.
38 윤진수, "상속회복청구권의 연구-역사적 및 비교법적 고찰-", 민법논고(V), 박영사(2011), 136.

33 스위스 민법은 상속회복청구권을 '상속회복소권(Erbschaftsklage)'이라 부르며, 그 법적 성질은 원고의 상속권 주장을 청구원인으로 하는 독자적인 특별소권으로 보는 것이 일반적 견해이다. 스위스의 상속회복청구소송은 소유물반환소송과 같은 물적 소송인 동시에 피고가 가지고 있는 상속재산 전체의 반환을 구하는 포괄적(Erbschaft) 이행소송으로서, 상속인이 소송의 단계에서는 개개의 상속재산을 반드시 열거할 필요는 없고, 전체로서의 상속재산에 관한 판결이 내려지면 강제집행의 단계에서 개개의 목적물을 특정하면 된다는 데에 그 특색이 있다.[39] 따라서 사물관할은 상속재산 전체의 가격을 기준으로 하고, 판결의 기판력도 피고가 가지고 있는 모든 상속재산에 미치게 된다.[40]

34 상속회복청구의 소의 원고적격은 법정상속인 또는 지정상속인으로써 상속재산 또는 상속재산에 속하는 물건에 관하여 점유자보다 우선권을 갖는다고 생각하는 자에게 있다(스위스 민법 제598조 제1항). 즉, 원고적격은 청구목적물이 점유자에 대하여 자신의 상속권을 주장하여 자신의 상속권을 주장하여 반환을 청구하는 자에게만 있고,[41] 그 외에 채권법적·물권법적·가족법적 성격의 사실에 기인한 청구는 상속회복의 소가 될 수 없다.[42] 피고는 상속재산을 침탈한 모든 자이고, 이 점에서 참칭상속인만이 피고로 되는 독일 민법과 다르다. 그러나 피고적격은 침탈자가 어떤 이유를 들어 청구를 다투느냐에 따라 달라지는데, 예컨대 상속인이 상속권을 청구원인으로 하여 제소하더라도, 피고가 매매, 증여 등 개별적 권원을 들어 본권의 존재를 다투는 때에는 상속회복의 소는 유지될 수 없어 개별청구의 소로 이행할 수밖에 없고, 그 입증책임은 피고에게 있다. 법관이 본권의 존재를 부정하면 상속회복의 소에 관하여 실질적 심리에 들어가게 되고, 본권의 존재를 긍정하면 소를 각하하게 되며, 이때에 본권에 관한 신소를 다시 제기할 것인가의 여부는 원고에게 맡겨지게 된다.[43] 다만, 소송법이 소의 변경을 허용하고 있고(스위스는 주마다 별개의 소송법을 가지고 있다) 재판적이 같으면 상속회복의 소를 유지하면서 개별청구의 성질을 겸유하게 할 수 있다.[44]

39 박철, "상속회복청구권의 성질과 제도적 취지에 관한 연구", 민사판례연구 제25권(2003), 721.
40 신영호, "상속회복청구권의 법적 성질", 가족법연구 제10호: 범조 이희봉 선생 송수기념(1996), 468.
41 지철호, "상속회복청구권에 관한 연구", 서울대학교 대학원 법학박사학위논문(1995), 25.
42 김진현, "상속회복청구권의 비교법적 고찰", 강원대학교 사회과학연구 제17집(1983), 83.
43 김진현, "상속회복청구권의 비교법적 고찰", 강원대학교 사회과학연구 제17집(1983), 82~83.
44 김진현, "상속회복청구권의 비교법적 고찰", 강원대학교 사회과학연구 제17집(1983), 82.

35 상속회복의 소가 제기되면 법관은 원고의 청구에 의하여 담보제공명령 또는 가등기의 촉탁 등의 보전조치명령을 함으로써(스위스 민법 제598조 제2항) 후일 상속인이 상속재산을 확보하도록 한다. 청구가 인용되면 피고는 상속재산 또는 상속재산에 속하는 물건을 반환하여야 한다(제599조 제1항). 명문의 규정은 없으나 상속재산이 가지는 특별재산의 성질을 근거로 해석상 물상대위가 인정되므로, 피고가 상속재산의 대가로서 취득한 것이 있으면 이를 반환하여야 한다.[45]

36 앞서 본 바와 같이 로마법은 피고에게 선결의 항변권을 인정하여 개별소권을 배제할 수 있었고, 독일 민법은 개별청구권의 행사에 관하여 상속회복청구권에 관한 규정에 의하여 규율하도록 함으로써 청구권이 경합하는 경우 상속회복청구권이 우선하도록 하고 있다. 반면 스위스에서는 상속회복청구권과 개별소권(Sonderklage)의 우선순위에 관한 명시적인 규정이 없으므로, 양 청구권은 경합하는 관계에 있고 당사자는 이를 선택적으로 행사할 수 있다고 해석된다.[46] 양 청구권은 입증범위, 재판적, 소멸시효 기간 등에 차이가 있다. 또한 개별소권에는 상속회복청구의 소에 인정되는 보전조치와 같은 특별한 보호수단이 없고 물상대위도 인정되지 아니하며, 상속회복의 소에서는 상대방이 취득시효를 주장할 수 없다(스위스 민법 제559조 제2항).

37 상속회복청구권의 소멸시효 기간은 참칭상속인이 선의인가 악의인가에 따라 다르다. 상속회복청구권은 선의의 참칭상속인에 대하여는 진정상속인이 참칭상속인의 점유와 자신의 상속권을 안 때로부터 1년 또는 피상속인이 사망 내지 유언이 공개된 때로부터 10년이 지나면 시효로 소멸하고(스위스 민법 제600조 제1항), 악의의 참칭상속인에 대하여는 소멸시효기간이 30년이다(제600조 제2항).

## 5. 이탈리아 민법상의 상속회복청구권

38 이탈리아 민법은 상속인은 상속재산에 속하는 재물의 전부 혹은 일부를 상속인의 명의로 점유하거나 또는 아무런 명의 없이 점유하는 어떠한 자에 대해서도 당해 재물의 반환을 얻을 목적으로 자기의 상속자격의 확인을 요구할 수 있다고 규정하여 프랑스, 독일, 스위스와는 달리 상속회복청구권을 확인의 소로 구성함과 동시에, 그 소권이 시효에 걸리지 않으나 각 상속재산에 대하여 취득시

45 이화숙, "상속회복청구권에 관한 몇 가지 문제-2002년 개정 민법 부칙 제2항의 해석과 대상재산에 대한 상속회복청구를 중심으로-", 저스티스 제133호(2012. 12.), 55~56.

46 김진현, "상속회복청구권의 비교법적 고찰", 강원대학교 사회과학연구 제17집(1983), 81.

효의 완성을 방해하지 아니한다고 함으로써 별도의 소멸시효제도를 두고 있지 않다(이탈리아 민법 제533조).[47]

39 점유자에 관한 규정은 과실, 비용, 개량 및 추가의 상환에 관계없는 범위 안에서 상속재산의 점유자에 대하여도 준용한다(이탈리아 민법 제535조 제1항). 만일 상속재산점유자가 선의로 상속재산 일부를 양도한 경우에는 수령한 대금이나 기타 보상금만을 상속인에게 반환할 의무가 있으며, 미납된 대금이나 기타 보상금이 있는 때에는 상속인은 이를 징수할 권리를 승계한다(이탈리아 민법 제535조 제2항). 자기가 상속인인 것으로 잘못 알고 상속재산의 점유를 취득한 자는 선의의 점유자로 보지만, 그 착오가 중대한 과실로 인한 것인 때에는 선의추정은 적용되지 않는다.[48]

### 6. 일본 민법상의 상속회복청구권

40 일본의 상속회복청구권 제도는 학설·판례를 통하여 우리 민법의 제정과 해석에 가장 많은 영향을 끼친 것으로서 오늘날 우리의 상속회복청구권 제도와 가장 유사하다.

41 Boissonade가 프랑스 민법의 영향 아래 기초하여 1888년 공포되었으나 시행되지 못한 일본 구(舊) 민법은 증거편 제155조(Boissonade 초안 제1492조, 수정민법 초안 제1992조)에서 "상속인 또는 포괄권원의 수유자 혹은 수증자의 신분으로서 효용을 얻지 못하여 하는 유산청구의 소권은 상속인 또는 포괄권원의 수증자 혹은 수유자의 권원으로서 점유하는 자에 대하여 상속의 때로부터 30년을 경과하지 않으면 시효에 걸리지 않는다"라는 내용의 규정을 두고 있었다. Boissonade의 설명에 따르면 위 규정은 프랑스 민법 제137조의 상속회복청구권에 상당하는 것으로서, 점유자가 상속 아닌 다른 권원에 의해 점유할 경우에는 통상의 소를, 점유자가 상속이라는 포괄명의로 점유할 경우에는 상속회복청구의 소를 통하여 반환받을 수 있고, 그 상속회복청구권의 소멸시효 기간 내에는 점유자의 취효취득이 배제된다.[49]

42 그런데 1898년에 제정된 일본 민법은 제966조에서 가독(家督)상속회복청구권에 관하여 "가독상속회복의 청구권은 가독상속인 또는 그 법정대리인이 상속권의

47 지철호, "상속회복청구권에 관한 연구", 서울대학교 대학원 법학박사학위논문(1995), 27.

48 이화숙, "상속회복청구권에 관한 몇 가지 문제-2002년 개정 민법 부칙 제2항의 해석과 대상재산에 대한 상속회복청구를 중심으로-", 저스티스 제133호(2012. 12.), 55.

49 제철웅, "상속회복청구권-기능의 면에서 접근한 그 내용해석의 시론-", 한림법학 FORUM 제6권(1997), 106.

침해를 안 때로부터 5년간 이를 행사하지 않는 때에는 시효로 인하여 소멸한다. 상속개시의 때로부터 20년을 경과한 때도 동일하다"라고 규정하는 한편, 제993조에서 이를 유산상속에 관하여 준용함으로써 상속회복청구권의 행사기간을 구 민법에 비하여 크게 축소시켰다. 위 규정의 기초자인 수적진중(穗積陳重)은 위 규정이 구 민법 제155조를 계승한 것임을 밝히면서도, 다른 한편으로 단기의 소멸시효를 둔 이유에 대하여 "가독상속 등의 것은 가급적 빨리 끝내게 하지 않으면 그 가의 조직상 또는 이어서 제3자의 이해해도 상당히 관계를 미치기 때문에 (중략) 진정한 호주권의 소재를 정하는 것이 말할 것 없이 바람직하다"고 설명하고 있다. 그러나 그 소멸시효 기간을 유산상속회복청구권에도 준용하도록 한 것에 대하여는 특별한 논의가 없었는데, 이는 제정 당시 일본 민법 제748조, 제986조에 의하면 가(家)의 재산은 원칙적으로 호주에게 귀속되고, 가독상속인이 호주의 권리의무를 포괄적으로 승계하는 등 가독상속에 따라 유산상속의 주된 내용이 결정되었기 때문인 것으로 보인다.[50]

43 이처럼 일본 민법 제정 당시의 가독상속회복청구권 및 재산상속회복청구권은 한편으로는 진정상속인의 보호를 목적으로 하는 로마법을 계수한 프랑스 민법의 영향 아래 기초되었던 구 민법의 상속회복청구권에서 연유한 것이면서도, 다른 한편으로는 가(家)제도의 유지라는 입법목적으로 인해 그만큼 로마법의 전통으로부터 단절하게 되었다고 할 수 있다.[51] 이후 일본 대심원은 위와 같은 제정취지에 맞추어, 일본 민법의 법문상 상속회복청구권의 피고적격이 참칭상속인에 한정되지 않음에도 불구하고, 상속회복청구권은 참칭상속인에 대하여만 행사할 수 있고 참칭상속인으로부터 상속재산을 전득한 제3자에 대하여는 행사할 수 없다고 보았다.[52]

44 일본은 전후(戰後) 1947년의 민법개정을 통하여 가독상속제도를 폐지함으로써 위 제966조를 삭제하고 상속회복청구권에 관한 규정은 현행 민법 제884조로 대체하였으나, 현행 민법 제884조는 "상속회복청구권은 상속인 또는 법정대리인이 상속권이 침해된 사실을 안 때로부터 5년간 이를 행사하지 아니한 때에는 시효로 인하여 소멸한다. 상속개시의 때로부터 20년을 경과한 때에도 같다"고 규정함으로써, 상속회복청구권에 관하여 소극적으로 소멸시효에 관한 규정만을 두고

50 제철웅, "상속회복청구권-기능의 면에서 접근한 그 내용해석의 시론-", 한림법학 FORUM 제6권(1997), 107.
51 제철웅, "상속회복청구권-기능의 면에서 접근한 그 내용해석의 시론-", 한림법학 FORUM 제6권(1997), 108.
52 日大判 1916. 2. 8. (民錄 22集, 67), 日大判 1929. 4. 2. (民集 8卷, 237).

있는 점과 그 소멸시효 기간에 있어 달라진 것이 없다. 일본에서도 상속회복청구권의 성질에 관하여 독립권리설, 집합권리설, 소권설 등의 대립이 있는데, 일본최고재판소는 진정상속인이 참칭상속인에 대하여 상속회복청구권이 아니라 상속재산에 속한 개별적 청구권을 행사한 경우에도 상속회복의 청구라고 함으로써, 집합권리설의 입장을 취하였다.[53]

45 그런데 日最判 1978. 12. 30. 大法廷 판결[54]은 상속인이 아닌 자가 그 사실을 알면서 또는 상속권이 있다고 믿을 만한 합리적 이유가 없이 상속재산을 점유하는 경우, 공동상속인 가운데 1인 또는 수인이 다른 공동상속인이 있다는 것 및 상속재산 가운데 그 1인 또는 수인의 본래의 지분을 넘는 부분이 다른 공동상속인의 지분에 속하는 것을 알면서 또는 그 부분에 관하여 자기에게 상속에 의한 지분이 있다고 믿을 만한 합리적인 사유가 없음에도 불구하고 그 부분도 자기의 지분에 속한다고 하여 이를 점유·관리하고 있는 경우에는 상속회복청구의 피고적격이 없다고 판시함으로써 상속회복청구권의 소멸시효가 적용되는 범위를 대폭 축소하였다.[55] 위 판결에 따르면, 악의이거나 과실 있는 참칭상속인은 진정상속인에 대하여 상속회복청구권의 소멸시효를 원용할 수 없게 된다. 나아가 일본 최고재판소는 대심원 시절의 판례와는 달리 상속재산을 취득한 제3자가 상속회복청구의 상대방이 됨을 긍정하면서도, 소멸시효를 원용할 수 없는 참칭상속인으로부터 상속 부동산을 양수한 제3자 역시 시효를 원용할 수 없다고 보고 있다.[56] 따라서 실제로 상속회복청구가 소멸시효 완성을 이유로 받아들여지지 않는 경우는 지극히 예외에 속하게 되었다.[57]

## 7. 우리나라의 상속회복청구권의 형성과정

### 가. 민법 제정 이전

46 우리나라에서는 고대로부터 제사상속과 아울러 재산상속이 인정되었고, 고려시대부터는 관습법이나 입법에 의하여 동일 순위에 속하는 상속인간의 균분상속이 인정되었다.[58] 조선시대에 상속회복청구권과 같은 제도가 따로 존재하지는

53 日最判 1957. 4. 2. (民集 8卷, 237).
54 民集 32卷 9號, 1674.
55 윤진수, "상속회복청구권의 연구-역사적 및 비교법적 고찰-", 민법논고(V), 박영사(2011), 143~144.
56 日最判 1995. 12. 5. (判例時報 1562號, 54).
57 윤진수, "상속회복청구권의 연구-역사적 및 비교법적 고찰-", 민법논고(V), 박영사(2011), 144.
58 박병호, 한국법제사, 한국방송통신대학 출판부(1991), 160.

않았던 것으로 보인다. 다만 경국대전 호전 전택조(經國大典 戶典 田宅條)는, 모든 전지(田地)와 가옥(家屋)에 관한 소송은 5년이 경과하면 처리하지 아니하나, 예외적으로 공동상속인 중의 일부가 상속재산을 독점한 경우에는 제소기한의 제한이 없다고 규정함으로써 다른 상속인에 의하여 상속권을 침해당한 진정상속인을 보호하고자 하였다.[59]

47 대한제국 시절인 1905년 제정(법률 제3호)된 형법대전 제16조는 민사소송에 20년의 청송기한을 두었으므로, 모든 민사의 소송은 그 물권·채권에 기한 소송인지 친족법·상속법상의 권리에 기한 소송인지를 묻지 않고 그 청구를 할 수 있는 시기로부터 기산하여 20년을 경과한 때에는 출소할 수 없었으나, 위 규정은 1908. 8. 1. 개정법률(법률 제19호)에 의하여 삭제되었고, 동시에 시행된 민사소송기한규칙(법률 제20호)에는 상속회복청구권과 같은 상속법상의 권리에 관하여는 아무런 소송기한의 규정을 두지 않았다.

48 1910년에 일제의 식민통치가 시작된 이후 1912. 4. 1.부터 시행된 조선민사령 제1조에 의해 일본 민법이 조선에 의용(依用)되었지만, 친족 및 상속에 관한 규정은 조선민사령 제11조[60]에 의하여 조선의 관습을 따르게 되었다. 그리하여 일제강점기 초기 당시 국내의 최고법원이었던 조선고등법원은, "조선에서 정당한 상속인의 회복청구를 부정하는 관습은 없으므로 상속할 수 없는 자가 상속을 한 때에는 불법상속인에 대하여 상속회복권을 행사할 수 있음을 물론 불법상속인으로부터 취득한 자에 대하여도 상속재산의 반환을 청구할 수 있다."라고 판시하여 관습상 상속회복청구권의 존재를 인정하는 한편,[61] 위와 같이 소송기한의 규정이 없어진 1908. 8. 1. 이후로 상속회복청구권은 출소기간의 정함이 없는 권리로 되었다고 보면서 "상속회복청구권과 같은 상속법상의 권리의 시효에 대해서는 일본 민법 제966조의 규정을 적용할 수가 없고 관습에 의하여야 할 것이지만, 조선에 있어서는 아직 일정한 관습이 없다."라고 하여 상속회복청구권에 대한 시효 내지 제소기간의 적용을 부정하였다.[62]

59 윤진수, "상속회복청구권의 연구-역사적 및 비교법적 고찰-", 민법논고(V), 박영사(2011), 144.
60 조선민사령 제11조 본문은 "조선인의 친족 및 상속에 관하여는 별도로 규정이 있는 것을 제외하고 제1조의 법률에 따르지 않고 관습에 따른다."라고 규정하였다.
61 조선고등법원 1920년민상제111호 1920. 6. 23. 판결(국역고등법원판결록 제7권 민사, 207).
62 조선고등법원 1919년민상제285호 1920. 3. 12. 판결(국역고등법원판결록 제7권 민사, 61).

49 그런데 조선고등법원은 일제강점 후기에 들어선 1935. 7. 30. 연합부 판결로써 종래의 판결을 변경하여 "조선에서 상속회복청구권은 상속인 또는 그 법정대리인이 상속권이 침해되었던 사실을 알았을 때 또는 상속개시한 때부터 각각 상당한 기간 내에 행사할 수 있으며, 그 기간이 경과하면 소멸하는 것이 관습이다."라고 선언하였고,[63] 이후의 조선고등법원 판례는 위 기간을 소멸시효기간으로 이해하면서, 상속권 침해 사실을 안 때로부터 만 6년을 경과하였다면 그 기간은 상속회복청구권의 소멸시효를 완성시키는 데에 상당한 기간이라고 하거나,[64] 상속회복청구권은 상속개시의 때로부터 20년을 경과한 때에는 시효로 인하여 소멸하는 것이 조선의 관습이라고 하였다.[65] 다만 상속회복청구권의 소멸시효는 원용을 요하고, 이를 원용할 수 있는 당사자는 참칭상속인 또는 그 포괄승계인에 한하며, 참칭상속인에게서 특정 상속재산을 취득한 제3자는 이에 해당하지 않는다고 보았다.[66]

50 그러나 위와 같이 상속회복청구권의 관습상 시효소멸을 인정한 연합부 판결과 그 이후의 판례에 대하여는, 당시 조선에 상속회복청구권의 소멸시효에 관한 관습은 실제로는 존재하지 않았음에도, 일제가 자국의 상속회복청구 제도를 우리의 관습으로 의제한 것에 불과하다는 취지의 비판이 유력하다.[67]

### 나. 민법의 제정과 개정

#### 1) 제정민법

51 정부가 1954. 10. 13. 국회에 제출한 민법제정 정부안은 호주상속회복청구권과 재산상속회복청구권을 구분하여, 호주상속회복청구권에 관하여는 행사기간을 정하지 않고, 재산상속회복청구권에 관하여만 "그 침해를 안 날로부터 3년, 상속개시된 날로부터 10년을 경과하면 시효로 인하여 소멸한다."라는 규정을 두었다.

63 조선고등법원 1934년민상제687호 1935. 7. 30. 연합부 판결(국역고등법원민사판결록 제22권, 283). 위 사건에서는 상속개시일로부터 21년 6개월이 지나 소가 제기되었는데, 이를 상속회복청구권을 소멸시키기에 충분한 기간이라고 보았다.

64 조선고등법원 1937년민상제162호 1937. 8. 27. 판결(국역고등법원판결록 제24권, 310).

65 조선고등법원 1939년민상제152호 1939. 6. 30. 판결(국역고등법원민사판결록 제26권, 272).

66 조선고등법원 1939년민상제104호 1939. 6. 23. 판결(국역고등법원민사판결록 제26권, 260).

67 윤진수, "상속회복청구권의 소멸시효에 관한 구관습의 위헌 여부 및 판례의 소급효-대법원 2003. 7. 24. 선고 2001다48781 전원합의체 판결-", 민법논고(V), 박영사(2011), 165~171; 이상욱, "상속회복청구권의 시효에 관한 일제시대 관습법의 정립과 왜곡", 가족법연구 제18권 제2호(2004. 9.), 205~220.

52 이에 대하여 정일형 의원 등은 1957년 호주상속회복청구권에도 재산상속회복청구권과 마찬가지로 그 행사기간의 제한이 필요하다는 이유를 들어, 호주상속회복청구권에 위와 같은 3년과 10년의 기간제한을 두고, 호주상속회복청구권 및 그 행사기간을 재산상속에 준용하도록 하며, "시효로 인하여"라는 문구를 삭제한 내용의 수정안을 제출하였다. 위 수정안이 국회 본회의에서 그대로 통과됨으로써, 제정민법 제982조, 제999조는 다음과 같이 입법되었다.

53 제982조 [호주상속회복의 소]
① 호주상속권이 참칭호주로 인하여 침해된 때에는 상속권자 또는 그 법정대리인은 호주상속회복의 소를 제기할 수 있다.
② 전항의 호주상속회복청구권은 그 침해를 안 날로부터 3년, 상속이 개시된 날로부터 10년을 경과하면 소멸한다.

54 제999조 [상속회복청구권]
제982조의 규정은 재산상속권침해에 관하여 이를 준용한다.

### 2) 호주상속제도의 폐지로 인한 법률개정

55 이후 1990. 1. 13. 민법의 일부개정(법률 제4199호, 시행 1991. 1. 1.)으로 호주상속제도가 호주승계제도로 변경되어 상속편으로부터 친족편으로 옮겨감에 따라 재산상속에 관하여는 종래의 준용규정 대신 제999조에서 다음과 같이 상속회복청구권을 직접 규정하게 되었으나, '호주'라는 용어만이 삭제되었을 뿐 그 실질적인 내용은 변경되지 않았다.

56 제999조 [상속회복청구권]
① 상속권이 참칭상속권자로 인하여 침해된 때에는 상속권자 또는 그 법정대리인은 상속회복의 소를 제기할 수 있다.
② 제1항의 상속회복청구권은 그 침해를 안 날부터 3년, 상속이 개시된 날부터 10년을 경과하면 소멸된다.

### 3) 헌법재판소의 위헌결정에 따른 법률개정

57 헌법재판소는 2001. 7. 19. 위와 같이 개정된 민법 제999조 제2항 중 '상속이 개시된 날부터 10년' 부분과 제정민법 제999조에 의하여 준용되는 제982조 제2항 중 '상속이 개시된 날로부터 10년' 부분에 관하여, 위 각 부분이 진정상속인의 헌법상 재산권, 행복추구권, 재판청구권 등을 침해하고, 상속에 의하여 재산권을

취득한 자와 그 밖의 원인에 의하여 재산권을 취득한 자를 비합리적으로 차별하여 평등의 원칙에 위배된다는 이유로 위헌결정을 하였다.[68]

58 위 위헌결정의 취지에 따라 위 민법 제999조 제2항 중 '상속이 개시된 날부터 10년' 부분이 2002. 1. 14. '상속권의 침해행위가 있은 날부터 10년'으로 개정(법률 제6591호, 시행 2002. 1. 14.)됨으로써, 현재 상속회복청구권의 행사기간은 상속권의 침해를 안 날부터 3년, 상속권의 침해행위가 있은 날부터 10년으로 되어 있다. 그럼에도 불구하고 앞서 위헌결정이 제시한 위헌성의 문제가 해소되지 않았다는 주장이 있으나,[69] 헌법재판소는 민법 제999조 제2항 중 '상속권의 침해행위가 있은 날부터 10년' 부분은 헌법에 위반되지 않는다고 보았다.[70]

## Ⅲ. 상속회복청구권의 법적 성질

59 상속회복청구권의 법적 성질은 주로 상속회복청구권이 상속인의 자격을 확정하기 위한 것인지 아니면 상속재산의 반환을 구하는 것인지, 상속재산의 반환을 구하는 것이라면 상속재산에 속하는 개개의 재산권에 기초한 권리, 특히 물권적 청구권과 어떠한 관계에 있는지에 관하여 논의되어 왔다.

### 1. 학설

#### 가. 상속자격확정설

60 상속회복청구권은 개개의 상속재산에 대한 청구권이 아니라 상속권의 통일적 확정을 구하는 권리라고 보는 견해이다. 즉, 상속회복의 소는 소송법상 상속권 확인의 소로서, 판결의 기판력은 상속권 유무에만 미친다. 진정상속인은 최종적으로 상속재산을 반환받기 위하여 별도로 이행의 소를 제기하여야 하며, 이 경우 상속회복청구권의 제척기간의 적용을 받지 않는다. 상속회복청구권이 제착기간의 경과로 소멸하더라도 개별적 청구권은 소멸하지 않는다.[71]

#### 나. 독립권리설

61 상속회복청구권은 개별적 청구권과는 구별되는 단일하고 독립한 권리이며, 상속재산 전체의 회복을 청구하는 포괄적 권리라고 보는 견해이다. 독립권리설에 따

68 헌법재판소 2001. 7. 19. 선고 99헌바9·26·84 2000헌바11, 2000헌바3, 2001헌가23 결정.
69 박철, "상속회복청구권의 성질과 제도적 취지에 관한 연구", 민사판례연구 제25권(2003), 749~750.
70 헌법재판소 2002. 11. 28. 선고 2002헌마134 결정.
71 박영식, "상속회복청구권과 물권적 청구권", 민사재판의 제문제 제2권(1980), 149~153.

르면, 상속회복청구권은 상속재산에 대한 포괄승계자인 상속인의 법적 지위 그 자체에 대한 침해의 회복을 목적으로 하는 독자적인 권리로서, 개별적 청구권과는 청구권 경합의 관계에 있다.[72] 그러나 독립권리설을 취하면서도 상속회복청구권과 개별적 청구권의 경합을 부정하기도 하고,[73] 양자의 경합을 인정하지만 개별적 청구권을 행사하더라도 상속회복청구권의 제척기간의 적용을 받는다고 보기도 하며,[74] 상속회복청구권은 개별적 청구권만으로는 실현될 수 없는 상속재산의 점유 회복을 용이하게 하는 일종의 점유회복청구권이라는 견해도 있다.[75]

### 다. 집합권리설

62 상속회복청구권의 독자성을 부정하고, 상속회복청구권은 상속재산을 구성하는 개개의 재산에 대한 개별적인 청구권의 집합에 불과하다고 보는 견해이다. 상속을 이유로 상속재산의 반환을 청구하는 소는 그것이 포괄적으로 행하여지든 상속재산 중의 특정재산에 대하여 개별적으로 행하여지든, 모든 참칭상속인에 대하여 행하여지든 제3취득자에 대하여 행하여지든, 어떠한 소의 명칭 아래 행하여지든 간에 상속을 원인으로 하는 것이면 모두 상속회복청구권의 행사로 보며(법조경합), 물권적 반환청구권과의 경합을 인정하지 않는다.[76] 따라서 집합권리설에 따르면 상속재산을 구성하는 개별적 권원의 귀속을 다투는 것이 상속회복의 소가 되므로, 민법 제999조는 상속을 취득원인으로 하는 개별적 청구권들을 일률적으로 단기소멸의 제척기간에 걸리도록 하는 데에 그 존재의의가 있게 된다.

### 라. 소권설

63 상속회복청구권은 소유권 등 실체적 권리를 바탕으로 하는 청구권의 행사가 아니라, 상속재산의 점유를 둘러싸고 다투는 당사자 쌍방의 상속자격의 존부를 결

72 김용한, 친족상속법론(보정판), 박영사(2003), 293~294; 김진현, "상속회복청구권의 비교법적 고찰", 강원대학교 사회과학연구 제17집(1983), 87~92; 박병호, "상속회복청구권 관견", 민법학논총: 후암 곽윤직 교수 화갑기념(1985), 833~836; 신영호, "상속회복청구권의 법적 성질", 가족법연구 제10호: 범조 이희봉 선생 송수기념(1996), 472~478; 지철호, "상속회복청구권에 관한 연구", 서울대학교 대학원 법학박사 학위논문(1995), 51~56.

73 곽윤직, 상속법(민법강의VI)(개정판), 박영사(2004), 164~165.

74 송덕수, 친족상속법(제7판), 박영사(2024), 385.

75 제철웅, "상속회복청구권-기능의 면에서 접근한 그 내용해석의 시론-", 한림법학 FORUM 제6권(1997), 125~127.

76 김주수/김상용, 친족·상속법(제20판), 법문사(2024), 636~637; 윤진수, 친족상속법강의(제5판), 박영사(2023), 370; 김재진, "상속회복청구권에 관하여", 재판자료 제18집(1983), 593; 신성택, "재산상속회복청구권에 관하여", 사법논집 제10집(1979), 284~285.

정함으로써 다툼을 처리하기 위한 특수한 소권이라는 견해이다. 따라서 상속회복청구의 소에서 권원의 존부는 쟁점이 아니고, 소의 결과로 진정상속인은 재산의 권원을 회복하는 것이 아니라 참칭상속인에 의한 점유나 지배를 배제하는 데에 그친다고 한다.[77]

## 2. 판례

64 대법원은 당초 독립권리설에 입각하여 상속회복청구권과 물권적 청구권의 경합을 인정하였던 것으로 보인다. 제정민법 시행 전의 판례로는 호주상속인이 아님에도 이중호적으로 인하여 그 이중호적에 호주상속인으로 등재되어 있는 사람을 상대로 상속재산인 부동산의 인도와 등기의 말소를 구하는 소송은 상속회복청구의 소에 해당하지 않는다고 본 것이 있다.[78] 민법 시행 이후의 판례인 대법원 1977. 1. 22. 선고 77다1744 판결 또한 민법상 상속회복청구권의 소에 관한 제도가 있다 하더라도 이와 별도로 상속재산에 관한 물권에 기한 소송을 제기할 수 있으며 이 소는 상속회복청구권에 관한 민법 규정에 영향을 받지 아니한다고 보았다.

65 그러나 비슷한 시기에 나온 대법원 1978. 12. 13. 선고 78다1811 판결 및 대법원 1980. 4. 22. 선고 79다2141 판결은 상속부동산에 관하여 진정한 상속인임을 전제로 그 상속을 원인으로 하는 소유권의 귀속을 주장하고 참칭상속인들을 상대로 그 등기의 말소 등을 청구하는 경우에는 청구원인 여하에 불구하고 상속회복청구의 소라고 해석하여야 하므로 상속회복청구권에 관한 제척기간의 적용이 있다고 하였다. 이는 종래와는 달리 집합권리설의 입장에서 물권적 청구권과 상속회복청구권이 흡수관계에 있음을 분명히 한 것이다. 그러나 당시 대법원이 선례변경을 위하여 전원합의체 판결을 거친 것은 아니었다.[79]

66 이후 대법원은 상속회복청구권에 관한 최초의 전원합의체 판결인 대법원 1981. 1. 27. 선고 79다854 전원합의체 판결에서, 대법관 전원 일치의 의견으로 집합권

77 이경희/윤부찬, 가족법(11정판), 법원사(2024), 526; 이상경, "재산상속회복청구권론", 민사재판의 제문제 제9권(1997), 495~499.

78 대법원 1959. 10. 29. 선고 4292민상136 판결. 위 판결은 대법원 1981. 1. 27. 선고 79다854 전원합의체 판결에 의하여 폐기되었다.

79 다만 대법원 1977. 11. 22. 선고 77다1744 판결은 단독상속을 참칭한 공동상속인으로부터 상속재산을 취득한 제3자를 피고로 하였고, 대법원 1978. 12. 13. 선고 78다1811 판결 및 대법원 1980. 4. 22. 선고 79다2141 판결은 다른 공동상속인을 피고로 하였다는 점에서는 차이가 있다.

리설의 입장에 따라 상속회복청구권과 기타 물권적 청구권의 경합을 인정하지 않는 견해를 채택하면서 반대 취지의 판례를 폐기하였다. 대법원은 두 번째 전원합의체 판결인 대법원 1991. 12. 24. 선고 90다5740 전원합의체 판결에서 집합권리설의 입장을 재차 확인하였으나, 이번에는 대법관 전원 일치의 결론을 내리지는 못하였다.[80] 위 사건의 다수의견은 현재까지 계속하여 유지되고 있다.

### 가. 대법원 1981. 1. 27. 선고 79다854 전원합의체 판결

#### 1) 사실관계

67 A는 B와 혼인한 후 B가 전 남편과의 사이에서 낳았던 C가 마치 자신과 B 사이에 출생한 자인 것처럼 출생신고를 하여 1947. 4. 5. 호적부에 등재하였다. 이후 A는 B와 이혼하고 원고와 혼인하여 3남매를 두었다. A가 1966. 6. 6. 사망한 뒤 C가 A의 호적에 친생자로 등재되어 있던 관계로, A의 소유였던 부동산에 관하여는 원고 및 위 3남매와 더불어 C가 공동으로 상속을 한 것처럼 기재된 지분이전등기가 마쳐졌다. 이에 C는 자신의 위 지분을 피고에게 매도하고 소유권이전등기를 마쳤는데, 원고가 A의 사망일로부터 10년이 넘게 지난 1977. 11. 16. 피고를 상대로 소유권이전등기의 말소등기청구소송을 제기하였다.

68 원심[81]은, C는 A의 친생자가 아니고 C의 출생신고에 입양의 효력이 있는 것도 아니므로 C 명의의 지분이전등기는 무효이고, 그에 터잡은 피고 명의의 소유권이전등기 역시 무효이므로 말소되어야 한다고 보면서, 상속회복청구권의 제척기간이 경과하였다는 피고의 본안 전 항변에 대하여는, 원고의 청구가 공유자의 보존행위로서 원인무효인 소유권이전등기의 말소를 구하는 것이므로 상속회복청구권에 해당하지 않는다는 이유로 이를 배척하였다.

#### 2) 대법원의 판단

69 대법원은 제척기간 경과의 본안 전 항변을 배척한 원심을 파기하면서, "재산상속에 관하여 진정한 상속인임을 전제로 그 상속으로 인한 소유권 또는 지분권 등 재산권의 귀속을 주장하고 참칭상속인 또는 자기들만이 재산상속을 하였다

80 독립권리설을 따른 대법관 3인의 반대의견(대법관 이회창, 대법관 이재성, 대법관 배만운), 집합권리설을 지지하나 상속이 개시될 당시에 정당한 상속권자가 아님에도 불구하고 진정한 상속권자로 믿게 할 만한 외관을 지니고 정당한 상속권자의 상속권을 침해하고 있는 자만이 참칭상속인이 되므로 공동상속인은 이에 해당하지 않는다고 본 반대의견(대법관 김용준), 공동상속인 상호간의 지분권 침해를 둘러싼 분쟁에 관하여는 상속회복청구에 관한 민법 규정의 적용이 없다고 본 반대의견(대법관 박우동)이 있다.

81 서울고등법원 1979 4. 6. 선고 78나1262 판결.

는 일부 공동 상속인들을 상대로 상속재산인 부동산에 관한 등기의 말소 등을 청구하는 경우에도 그 소유권 또는 지분권이 귀속되었다는 주장이 상속을 원인으로 하는 것인 이상, 그 청구원인 여하에 불구하고 이는 민법 제999조 소정의 상속회복청구의 소라고 해석함이 상당하다고 할 것이므로 이와 같은 경우에도 민법 제999조에 의하여 준용되는 민법 제982조 제2항 소정의 제척기간의 적용이 있는 것이라고 할 것이다."라고 판시하였다.

**나. 대법원 1991. 12. 24. 선고 90다5740 전원합의체 판결**

1) 사실관계

70 A에게는 처와 아들 5명, 출가한 딸 1명이 있었다. A가 1964. 3. 3. 사망한 이후 장남에 대하여 1975. 3. 21. 실종선고가 내려지자, 차남인 피고는 자신을 호주상속인이라고 신고하여 호적에 등재한 다음 1979. 2. 19. 단독상속을 주장하며 상속재산인 부동산에 관하여 소유권보존등기를 마쳤다. 이에 A의 4, 5남인 원고들은 피고는 호주상속인이 될 수 없다고 주장하며 1989. 2. 14. 피고를 상대로 위 소유권보존등기의 말소등기절차이행을 청구하였다. 즉, 상속권의 침해와 소의 제기가 모두 상속개시일로부터 10년이 지나 이루어진 사안이다. 원심[82]은 원고들의 소는 상속회복청구에 해당하고, A의 사망일로부터 10년을 경과하여 제기되었으므로 부적법하다고 판단하였다.

2) 전원합의체 다수의견

71 대법원 전원합의체의 다수의견은 "민법(1990. 1. 13. 법률 제4199호로 개정되기 전의 것)이 규정하는 상속회복의 소는 호주상속권이나 재산상속권이 참칭호주나 참칭재산상속인으로 인하여 침해된 때에 진정한 상속권자가 그 회복을 청구하는 소를 가리키는 것이나, 재산상속에 관하여 진정한 상속인임을 전제로 그 상속으로 인한 소유권 또는 지분권 등 재산권의 귀속을 주장하고, 참칭상속인 또는 자기들만이 재산상속을 하였다는 일부 공동상속인들을 상대로 상속재산인 부동산에 관한 등기의 말소 등을 청구하는 경우에도, 그 소유권 또는 지분권이 귀속되었다는 주장이 상속을 원인으로 하는 것인 이상 그 청구원인 여하에 불구하고 이는 민법 제999조 소정의 상속회복청구의 소라고 해석함이 상당하다."라고 판시하여 집합권리설에 따른 종래의 입장을 재확인하였다.

82 부산지방법원 1990. 8. 3. 선고 90나4690 판결.

72 다음으로 다수의견은 "원고들의 이 사건 소가 재산상속회복청구의 소인 이상 민법 제999조에 의하여 준용되는 민법 제982조 제2항 소정의 제척기간의 적용이 있다 할 것이며, 상속개시일로부터 10년을 경과한 후에 상속권의 침해가 있는 경우라도 10년의 제척기간 경과로 인하여 상속회복청구권은 소멸되었다."라고 함으로써 원심의 판단이 정당하다고 인정하여 원고들의 상고를 기각하였다.

3) 대법관 3인의 반대의견(대법관 이회창, 대법관 이재성, 대법관 배만운)[83]

73 대법관 3인의 반대의견은 "부동산의 진정한 소유자가 원인무효등기의 말소를 구하는 것은 소유권 그 자체에 터잡아서 방해의 배제나 소유물의 반환을 청구하는 것으로서 소유권이 있는 한 항상 행사할 수 있는 것인데, 그 소유권을 취득하게 된 원인이 상속이라고 하여 그리고 그 상대방이 상속인을 참칭하여 등기를 한 사람이라고 하여, 상속회복의 소라는 이름을 붙이고 그 권리의 행사를 제한하여야 할 이유는 없다고 생각한다. 다시 말하면 진정상속인이 참칭상속인을 상대로 상속재산에 관한 원인무효의 등기의 말소를 청구하는 것은 상속을 원인으로 하여 취득한 소유권 그 자체를 행사하는 것이지, 재산상속권의 회복을 청구하는 것으로 보아 특별히 취급할 것은 아니며, 민법 제999조 소정의 상속회복청구권은 이와 같은 개별적 청구권과 다른 독립된 별개의 권리라고 보아야 한다."라고 하여 독립권리설에 따라 양 청구권의 경합을 긍정하였다.

74 위 반대의견은 그 이유로 "민법은 상속회복의 소의 제척기간만 규정할 뿐 그 성질이나 요건, 효과 등을 규정하고 있지 않아 과연 상속재산에 관하여 개별적 청구권과 다른 상속법상의 독자적인 회복청구권을 인정할 필요나 실익이 있는 것인지 의문이 제기될 수 있고, 이와 같은 관점에서 보면 재산상속회복청구의 소는 상속권의 존부를 전제로 하는 개별적인 물권적 청구권의 집합에 불과하고, 민법은 거래의 안전을 위하여 특히 제척기간에 관한 규정을 둔 것이라고 이해할 여지가 없는 것은 아니나, 그렇게 보게 되면 원래 상속인의 소유권은 소멸하지 않는 것인데 상속인에 의한 소유물반환청구권은 소멸하는 것이 되고, 또 일반적으로 참칭상속인은 악의 아니면 과실이 있는 사람인데 진정한 권리자의 희생 하에 이러한 참칭상속인을 보호하여야 할 필요가 있는 것인지도 의문이며, 특히 상속회복청구권의 행사가 상속개시일로부터 10년의 제척기간에 걸리게 되

83 대법원 1991. 12. 24. 선고 90다5740 전원합의체 판결의 나머지 반대의견에 관하여는 V. 3. 나. 2) 주석 참조.

어 있는 민법의 규정 하에서는 그로부터 10년이 경과한 후에 상속권의 침해가 있을 때에는 상속회복의 청구를 할 기회조차 가질 수 없게 되어, 무권리자인 참칭상속인은 권리를 침해하는 즉시 소유권을 취득하고 소유권자인 진정상속인은 권리를 상실하는 불합리한 결과에 이르게 된다."라는 점을 들고 있다.

### 3. 검토

75 호주상속회복청구(1990. 1. 13. 민법개정으로 호주상속이 호주승계로 대체되었고, 호주제도는 2005. 3. 31. 민법개정으로 폐지됨)와는 달리 재산상속회복청구에 있어서는 상속재산의 회복이 종국적인 목적이고 상속인 자격의 확정은 그 전제 문제이자 수단에 불과하고,[84] 상속권의 확인은 구태여 제척기간이 적용되는 상속회복청구로써 할 필요가 없으며 친생자부존재확인·입양무효·인지무효·혼인무효 등에 의하여 해결할 수 있다는 점에서 상속자격확정설은 받아들이기 어렵다.[85] 또한 소권설은 상속회복청구권을 실체법상의 권리가 아니라 일종의 소권이라고 보는데, 소권(actio)이라는 개념은 실체법과 절차법의 구별이 없었던 로마법에서 유래한 것으로서, 양자를 준별하고 있는 우리 법제 하에서는 인정할 이유가 없다고 할 것이다.[86]

76 다음으로, 독립권리설은 독일의 통설이고, 집합권리설은 일본에서 판례와 학설에 의하여 유력하게 받아들여지고 있는 견해이다. 독일 민법은 상속회복청구권에 관하여 14개 조에 걸쳐 상세한 규정을 두고 있으며, 특히 상속인에게 참칭상속인에 대하여 상속재산의 내용을 밝힐 것을 요구하는 명시청구권을 인정하고 있는 반면, 민법 제999조의 규정형식과 내용, 제·개정 경위 등은 일본 민법에 보다 가깝다고 할 수 있다.

77 연혁적으로 상속회복청구권은 상속인의 보호를 위하여 개별적 청구권과는 별도로 인정되었던 것이고, 독립권리설에 따르면 상속인으로서는 개별적 권리 즉 본권의 존재를 증명할 필요가 없고 상속재산 전체의 포괄적인 반환 청구도 가능하므로, 독립권리설이 진정상속인의 보호라는 제도 본래의 취지에 보다 충실한 것으로 보이기도 한다.

84 신성택, "재산상속회복청구권에 관하여", 사법논집 제10집(1979), 283.
85 윤진수, "상속회복청구권의 성질과 그 제척기간의 기산점", 민법논고(Ⅴ), 박영사(2011), 97~98.
86 윤진수, "상속회복청구권의 성질과 그 제척기간의 기산점", 민법논고(Ⅴ), 박영사(2011), 98.

78 그러나 현행법상 독립권리설은 집합권리설에 비하여 진정상속인에게 실질적인 이점을 거의 제공하지 못한다. 먼저 점유자가 점유물에 대하여 행사하는 권리는 적법한 것으로 추정되고(민법 제200조), 상속재산이 피상속인 명의의 부동산인 경우에는 학설·판례상 등기의 추정력이 인정되므로, 집합권리설에 의하더라도 입증책임의 경감 면에서는 독립권리설과 큰 차이가 없다.[87] 또한 민사소송법 및 민사집행법상 이행판결에 목적물이 구체적으로 명시되어 있지 않으면 기판력이 발생하지 않고 집행할 수도 없으므로, 상속재산을 특정하지 않은 채 포괄적 반환을 명하는 집행권원을 얻는 것도 불가능하다. 그렇다면 상속회복청구권은 개별적 청구권과 별개의 독립적 권리로 인정한다 하더라도 그 권리의 내용이 별로 없는 공허한 권리가 될 뿐만 아니라,[88] 상속재산에 속한 물건의 반환을 구하는 소에 있어 개별적인 재산의 반환청구권은 소멸하지 않는 반면에, 포괄적인 재산의 반환청구권만이 민법 제999조에서 정한 기간의 경과에 의하여 소멸하게 되는 결과를 합리적으로 설명하기도 어렵다.

79 결국 대법원 1991. 12. 24. 선고 90다5740 전원합의체 판결의 반대의견이 지적한 문제점을 고려하더라도, 현행법의 해석으로는 집합권리설이 타당하다고 생각된다. 집합권리설을 따를 때 발생할 수 있는 가장 큰 문제는 개별적 청구권의 행사가 상속회복청구권의 행사기간에 걸리게 됨으로써 진정상속인을 희생하여 참칭상속인을 보호하는 결과가 된다는 것이다. 그러나 오늘날에는 가족관계 및 재산의 공시제도가 잘 정비되어 있고, 앞서 본 헌법재판소의 위헌결정과 그에 따른 법률개정으로 상속회복청구권의 행사기간이 늘어남으로써, 진정상속인이 상속회복청구권을 행사할 기회를 아예 가져 보지도 못하는 것과 같이 명백히 불합리한 사례는 거의 찾아 볼 수 없게 되었다. 또한 오랜 기간에 걸쳐 집합권리설을 취한 대법원 판결이 축적되었고 헌법재판소도 이를 전제로 위헌심사를 하고 있는 점에 비추어, 상속회복청구권의 성질에 관한 논쟁보다는 상속회복청구권의 상대방의 범위 문제 등과 같이 상속재산을 둘러싼 당사자(진정상속인, 참칭상속인, 제3취득자)의 이익을 균형 있게 조화시키는 방향으로 논의의 중점이 이동할 필요가 있다.[89]

87 엄동섭, "재산상속회복청구권에 관한 일고찰", 계명대학교 사회과학논총 제4집(1986), 231.
88 윤진수, "상속회복청구권의 성질과 그 제척기간의 기산점", 민법논고(Ⅴ), 박영사(2011), 97.
89 엄동섭, "재산상속회복청구권에 관한 일고찰", 계명대학교 사회과학논총 제4집(1986), 233.

## IV. 상속회복청구권자

### 1. 상속권자 및 법정대리인

80 상속권이 참칭상속인으로 인하여 침해된 때에는 상속인(민법 제999조 제1항)이, 상속인의 존부가 분명하지 않은 경우에는 법원이 선임한 상속재산관리인(제1053조, 제25조)이 상속회복청구권자가 된다.

81 상속인의 법정대리인도 상속회복청구의 소를 제기할 수 있으나(민법 제999조 제1항), 그것은 상속인을 갈음하여 청구하는 것으로서 법정대리인 자신의 권리는 아니므로, 법정대리인이 상속회복청구의 소를 제기한 경우에도 원고가 되는 것은 진정상속인이다. 민법 제999조에서 특히 법정대리인을 청구권자로 규정한 이유는 일반적으로 신분상의 행위는 특별한 규정이 없으면 대리를 허용하지 않기 때문이라고 설명되나,[90] 이는 상속회복청구권이 신분상의 권리, 즉 일신전속권임을 전제로 하는 것이다. 그와 달리 상속회복청구권의 일신전속성을 부정하는 견해는 민법이 신분상속에 관한 권리로서 일신전속적 권리인 호주상속회복청구권의 규정을 재산상속회복청구권에 준용하였다가 호주상속제도를 폐지하는 과정에서 부주의로 조문에 무의미한 문언이 남은 것으로 보고 있다.[91]

82 포괄적 수증자는 상속인과 동일한 권리의무를 가지므로(민법 제1078조), 포괄적 수증자가 자신의 수증분이 침해된 것을 이유로 수증재산의 반환을 청구하는 경우 이는 성질상 상속회복청구권의 행사에 해당하고, 상속회복청구권의 제척기간에 관한 규정도 포괄적 수증의 경우에 유추적용된다.[92]

83 진정상속인으로부터 상속분을 양수받은 양수인(민법 제1011조)은 상속인의 지위를 포괄적으로 승계하였으므로 상속회복청구권자가 된다. 그러나 통설은 상속재산의 특정승계인, 예컨대 개개의 상속재산을 매수한 사람은 상속회복청구권자에 해당하지 않는다고 보고 있다.[93] 상속회복청구권을 일신전속권으로 보기 때문인 것으로 생각된다.

90 김주수/김상용, 친족·상속법(제20판), 법문사(2024), 639; 김재진, "상속회복청구권에 관하여", 재판자료 제18집(1983), 593; 지철호, "상속회복청구권에 관한 연구", 서울대학교 대학원 법학박사학위논문(1995), 58.

91 박철, "상속회복청구권의 성질과 제도적 취지에 관한 연구", 민사판례연구 제25권(2003), 745~746.

92 대법원 2001. 10. 12. 선고 2000다22942 판결.

93 곽윤직, 상속법(민법강의VI)(개정판), 박영사(2004), 165; 김주수/김상용, 친족·상속법(제20판), 법문사(2024), 638; 박동섭, 친족상속법(제5판), 박영사(2020), 571; 송덕수, 친족상속법(제7판), 박영사(2024), 385; 신영호 외 2인, 가족법강의(제4판), 세창출판사(2023), 316.

84 상속인은 자신이 진정한 상속인임을 전제로 상속으로 인한 재산권의 귀속을 주장하는 사람이어야 함은 상속회복청구권의 개념상 당연하다. 원고가 공동상속인 중 1인이라고 하더라도 다른 공동상속인들과의 합의 등 상속 외의 원인에 의하여 주식을 취득하였다고 주장하면서 주주권의 확인과 주주명부상 명의개서를 구하는 것은 상속회복청구의 소에 해당할 수 없다.[94]

### 2. 공동상속인

85 공동상속이 개시된 경우, 수인의 상속인이 공동으로 상속회복청구의 소를 제기하더라도 이는 필수적 공동소송(민사소송법 제67조)은 아니다. 따라서 공동상속인 전원이 원고가 되어 소를 제기할 필요가 없고, 상속인 각자는 자신의 상속분이 침해되었을 때 침해된 자신의 상속권을 회복하기 위하여 상속회복청구를 할 수 있다.

86 나아가 공유물의 보존행위는 각자가 단독으로 할 수 있으므로(민법 제265조 단서), 공동상속인 중 1인이 보존행위로서 자신의 지분을 넘어 상속부동산 전체에 대한 등기말소청구 또는 인도청구를 할 수 있다. 지분이전등기청구는 자신의 상속분에 해당하는 부분에 대해서만 가능하다는 견해도 있으나,[95] 공동상속인 중 1인은 법정상속분에 의하여 나머지 상속인들의 상속등기까지 신청할 수 있으므로,[96] 공동상속인 중 일부가 상속재산 전체에 관하여 진정명의회복을 원인으로 하는 소유권이전등기를 청구하는 것도 가능하다고 보아야 할 것이다.[97]

### 3. 제사용 재산의 승계인

87 분묘에 속한 1정보 이내의 금양임야(禁養林野)[98]와 600평 이내의 묘토인 농지, 족보와 제구의 소유권은 제사를 주재하는 자가 이를 승계한다(민법 제1008조의3). 제정민법 제996조는 위와 같은 제사용 재산을 호주상속인이 승계하도록 하였으나, 1990. 1. 13. 민법개정(법률 제4199호, 시행 1991. 1. 1.)으로 호주상속 제도가 호주승계 제도로 대체되면서 위 규정은 삭제되고, '제사주재자'를 승계인으로 정한 현행 규정이 '상속의 효력'의 절에 신설되었다.

94 대법원 2010. 2. 25. 선고 2008다96963, 96970 판결.
95 김주수/김상용, 친족·상속법(제20판), 법문사(2024), 638.
96 대법원 1985. 4. 30. 제정 등기선례 제1-314호, 대법원 1996. 10. 7. 제정 등기선례 제5-276호.
97 주해상속법(제1권), 박영사(2019), 46(윤진수).
98 분묘를 설치하고 수호하기 위하여 나무를 기르고 벌채를 금지하는(禁松培養) 사유임야를 의미한다. 즉, 종산(宗山) 내지 묘산(墓山)에서 분묘기지(墳墓基地)를 제외한 부분을 말한다.

88 '제사주재자'가 누구인지에 대하여 민법은 별도의 규정을 두고 있지 않다. 대법원의 입장은 법질서와 사회 일반의 보편적 의식을 고려하여 변경되어 왔다. 과거의 선례는 분묘의 수호관리권자를 종손으로 보았고,[99] 이는 위 민법개정 이후에도 일정 기간 유지되었던 것으로 보인다.[100] 그러나 대법원 2008. 11. 20. 선고 2007다27670 전원합의체 판결은 "제사주재자는 우선적으로 망인의 공동상속인들 사이의 협의에 의해 정하되, 협의가 이루어지지 않는 경우에는 제사주재자의 지위를 유지할 수 없는 특별한 사정이 있지 않은 한 망인의 장남(장남이 이미 사망한 경우에는 장남의 아들, 즉 장손자)이 제사주재자가 되고, 공동상속인들 중 아들이 없는 경우에는 망인의 장녀가 제사주재자가 된다."라고 정하여 적서(嫡庶)의 차별을 철폐하였다. 나아가 대법원 2023. 5. 11. 선고 2018다248626 전원합의체 판결은 "공동상속인들 사이에 협의가 이루어지지 않는 경우에는 제사주재자의 지위를 인정할 수 없는 특별한 사정이 있지 않는 한 피상속인의 직계비속 중 남녀, 적서를 불문하고 최근친의 연장자가 제사주재자로 우선한다."라고 견해를 변경함으로써 남녀의 차별 또한 사라지게 되었다.[101]

89 제사용 재산은 일반상속재산과는 구분되는 특별재산으로서 이를 승계한 자는 대외적으로나 상속인 간에서나 완전한 소유권을 취득하여 이를 자유로이 처분할 수도 있다.[102] 판례는 제사용 재산의 승계는 본질적으로 상속에 속하는 것으로서, 일가의 제사를 계속할 수 있게 하기 위하여 상속에 있어서의 한 특례를 규정한 것으로 본다. 따라서 이를 원인으로 하는 소유권이전등기청구는 상속회복청구에 해당하여 민법 제999조 제2항의 제척기간이 적용된다.[103]

99 대법원 1985. 11. 12. 자 84다카1934 결정, 대법원 1988. 11. 22. 선고87다카414, 415 판결.

100 대법원 1997. 9. 5. 선고 95다51182 판결. "종손이 있는 경우라면 그가 제사를 주재하는 자의 지위를 유지할 수 없는 특별한 사정이 있는 경우를 제외하고는 일반적으로 선조의 분묘를 수호·관리하는 권리는 그 종손에게 있다고 봄이 상당하므로, 종손이 아닌 자가 제사 주재자로서 분묘에 대한 관리처분권을 가지고 있다고 하기 위하여는 우선 종손에게 제사 주재자의 지위를 유지할 수 없는 특별한 사정이 있음이 인정되어야 할 것이다."라고 판시하였다.

101 위 전원합의체 판결은 제사주재자 결정방법에 관한 견해 변경을 통해 부계혈족인 남성 중심의 가계계승에 중점을 두었던 관습상 제사제도의 근간을 바꾸는 것으로서, 새로운 법리를 소급하여 적용하면 종전 전원합의체 판결을 신뢰하여 형성된 제사용 재산 승계의 효력에 바로 영향을 미침으로써 법적 안정성과 당사자의 신뢰 보호에 반하게 되는 점을 고려하여, 당해 사건 및 판결 선고 이후에 제사용 재산의 승계가 이루어지는 경우에만 적용되도록 정하였다(앞선 2008년 전원합의체 판결에서도 같은 법리가 적용되었다).

102 대법원 1995. 2. 10. 선고 94다39116 판결.

103 대법원 2006. 7. 4. 선고 2005다45452 판결.

## 4. 상속재산분할 후의 피인지자 등

### 가. 피인지자 등의 상속분상당가액지급청구권

90 인지는 자(子)의 출생 시에 소급하여 효력이 생기므로(민법 제860조 본문), 상속개시 이후 인지되거나 인지의 재판이 확정된 자도 상속인으로서 다른 공동상속인에 대하여 상속회복청구를 할 수 있다. 인지 또는 재판의 확정으로 공동상속인이 추가되기 이전에 기존의 공동상속인이 상속재산의 분할 기타 처분을 한 경우 기왕에 이루어진 분할 또는 처분은 유효하나, 추가된 공동상속인은 기존의 공동상속인에 대하여 상속분 상당의 가액지급청구권을 가진다(민법 제1014조) (☞ 청구권자·상대방·분할 기타 처분의 의미·청구의 범위에 관한 구체적인 내용은 해당 조문 주석 참조). 상속분상당가액지급청구소송은 민사소송인 통상의 상속회복청구소송과는 달리 다류 가사소송사건으로서 가정법원의 전속관할에 속한다(가사소송법 제2조 제2항, 가사소송규칙 제2조 제1항 제2호 제2항).

### 나. 상속분상당가액지급청구권의 행사기간

91 학설로는 상속분상당가액지급청구권은 그 성질상 상속회복청구권에 해당하므로 민법 제999조 제2항의 제척기간이 적용된다는 견해가 다수이다.[104] 이에 대해 상속분상당가액지급청구권은 상속재산분할청구권의 일종이라고 보아, 상속회복청구권의 제척기간이 적용되지 않는다고 하는 반대견해가 있다.[105] 판례는 일관되게 상속분상당가액지급청구권은 상속회복청구권의 일종이므로 상속회복청구권의 제척기간이 적용되며, 혼인 외의 자가 인지판결의 확정으로 공동상속인이 된 경우 인지판결의 확정일이 '상속권의 침해를 안 날'에 해당하여 그때부터 3년의 제척기간이 진행한다고 본다.[106]

92 '상속권의 침해가 있는 날'부터 기산하는 10년의 제척기간은 어떠한가? 최근에 헌법재판소는 종전의 견해를 변경하여 민법 제999조 제2항에서 정한 10년의 제척기간 중 민법 제1014조에 관한 부분은 헌법에 위반된다는 일부위헌결정을 하였는바,[107] 그 경과는 다음과 같다.

104 주석 민법, 상속(제1권)(제4판), 한국사법행정학회(2015), 538(김주수/김상용); 임종효, "민법 제1014조에 정한 상속분가액지급청구권", 법조 제634호(2009. 7.), 45~46.

105 정구태/신영호, "민법 제1014조의 상속분가액지급청구권 재론", 가족법연구 제48호(2013), 230~231.

106 대법원 1977. 2. 22. 선고 76므55 판결, 대법원 1981. 6. 9. 선고 80므84, 85, 86, 87 판결, 대법원 1993. 8. 24. 선고 93다12 판결.

107 헌법재판소 2024. 6. 27. 선고 2021헌마1588 결정.

93 과거에 헌법재판소는 민법 제1014조의 상속분상당가액지급청구권에 상속권의 침해가 있은 날로부터 10년이라는 상속회복청구권의 제척기간(민법 제999조 제2항)을 적용하는 것은 위헌이 아니라고 결정한 바 있다.[108] 위 결정의 다수의견은 대법원과 같이 상속분상당가액지급청구권을 상속재산분할청구권의 일종으로 보았으나, 이에 대하여는 상속분상당가액지급청구권은 본질적으로 상속재산분할청구권에 해당하므로 상속회복청구권과는 명백히 구별되고, 여기에 상속회복청구권의 장기제척기간을 적용하면 상속권의 침해행위가 있는 날부터 10년이 지난 후에 인지 또는 재판의 확정이 이루어진 경우에는 추가된 공동상속인이 상속분상당가액지급청구권을 원천적으로 행사할 수 없는 결과가 발생하므로, 이는 과잉금지원칙에 위반된다는 재판관 4인(재판관 조대현, 재판관 김희옥, 재판관 김종대, 재판관 목영준)의 반대의견이 있었다. 또한 다수의견 중에서도 10년의 제척기간의 기산점이 되는 '상속권 침해행위가 있는 날'의 의미에 관하여는 '상속재산의 등기 기타 처분일'이라고 본 의견(재판관 이강국, 재판관 이공현, 재판관 민형기)과 '인지 또는 재판확정일'이라고 본 의견(재판관 이동흡, 재판관 송두환)이 나뉘어졌다. 후자에 따를 경우 장·단기제척기간의 기산일이 같아지므로 민법 제1014조의 가액지급청구권에 대하여는 3년의 단기제척기간만이 적용되는 결과가 된다. 그러나 이와 관련하여 법원에서는 장기제척기간의 기산점인 '상속권의 침해행위가 있은 날'을 '인지 또는 재판확정일'이 아닌 '상속재산의 분할 또는 처분일'로 해석한 사례가 있었다.[109]

94 헌법재판소 2024. 6. 27. 선고 2021헌마1588 결정은 선례를 변경하여, 위와 같이 민법 제1014조에 민법 제999조 제2항의 장·단기제척기간이 적용되고 그중 10년의 기산점이 되는 '상속권의 침해행위가 있은 날'을 '상속재산의 분할 또는 처분일'로 본다는 전제 하에,[110] 상속개시 후 인지 또는 재판의 확정에 의하여 공동상속인이 된 자의 상속분가액지급청구권의 경우에도 '상속권의 침해행위가 있는 날부터 10년'의 제척기간을 정하고 있는 것은 제척기간을 통한 법적 안정성만을 지나치게 중시한 나머지 상속개시 후 공동상속인이 된 자에 대한 권리구제의

108 헌법재판소 2010. 7. 29. 선고 2005헌바89 결정.

109 서울중앙지방법원 2005. 9. 30. 선고 2005가합36293 판결, 서울고등법원 2006. 9. 7. 선고 2005나89423 판결, 대법원 2007. 1. 12. 자 2006다65927 판결.

110 해당 결정에서는 위와 같이 전제하는 외에 상속분상당가액지급청구권의 법적 성질에 관하여는 명시적인 판단을 하지 않은 것으로 보인다.

실효성을 외면하는 것이므로 재산권 및 재판청구권을 침해하여 위헌이라고 판단하였다(반면 3년의 제척기간을 인정하는 것은 합리적인 이유가 있다고 보았다). 결국 민법 제1014조의 가액지급청구권에 대하여는 민법 제999조 제2항 중 10년의 장기제척기간이 효력을 상실하였으므로, 3년의 단기제척기간만이 적용된다.

### 다. 가액산정의 기준 및 대상

95 판례에 따르면, 상속분상당가액지급청구권은 피인지자 등이 상속개시 시에 소급하여 취득하였을 상속재산에 대한 권리(상속분)가 변환된 것으로서 그에 상당한 현물과의 등가관계를 전제로 하므로, 그 가액은 다른 공동상속인들이 상속재산을 실제 처분한 가액 또는 처분한 때의 시가가 아니라 사실심 변론종결시의 시가를 의미하고, 그 가액의 범위에 관하여 부당이득반환의 범위에 관한 규정(민법 제748조, 제749조)은 유추적용되지 않으므로 상속재산의 분할 기타 처분 당시 다른 공동상속인들이 선의였다고 하여 그 이익이 현존하는 한도 내에서만 반환의무를 지는 것은 아니다(☞ 이와 비교하여서는 Ⅵ. 2. 나. 주석 참조).[111] 다만 민법 제1014조는 '이미 분할 내지 처분된 상속재산' 중 피인지자의 상속분에 상당한 가액의 지급청구권만을 규정하고 있을 뿐 '이미 분할 내지 처분된 상속재산으로부터 발생한 과실'에 대해서는 별도의 규정을 두지 않고 있으므로 상속재산으로부터 발생한 과실은 상속분상당가액지급청구에 있어 가액산정 대상에 포함되지 않으며,[112] 상속재산의 소유권을 취득한 자는 그 과실을 수취할 권능(민법 제102조)도 보유한다고 할 것이므로 피인지자에 대한 인지 이전에 상속재산을 분할한 공동상속인이 그 분할받은 상속재산으로부터 발생한 과실을 취득하는 것은 피인지자에 대한 관계에서 부당이득이 된다고 할 수도 없다.[113]

### 라. 인공수정 출생자의 권리

96 남편이 사망한 후 냉동보존된 남편의 정자로 인공수정을 하여 출생한 자녀에 대하여 인지청구를 허용할 것인지, 인지청구를 허용하는 경우 그 자녀가 사망한 부(父)의 상속인이 될 수 있는지에 대하여 다툼이 있다(☞ 상세한 내용은 친족2 제4편 제4장 후론 주석 부분 참조). 현행법상 부(父)의 사후 인공수정으로 출생한 자녀에

111 대법원 1981. 2. 10. 선고 79다2052 판결, 대법원 1993. 8. 24. 선고 93다12 판결.
112 대법원 2007. 7. 26. 선고 2006므2757, 2764 판결.
113 대법원 2007. 7. 26. 선고 2006다83796 판결

게 상속권을 인정하기는 어렵다고 보이나,[114] 민법 제1014조를 유추하여 가액반환청구권을 인정하자는 견해도 있다.[115]

### 5. 상속회복청구권의 상속성

#### 가. 학설

97 상속권을 침해당한 상속인이 상속회복청구를 하지 않고 사망하였을 때 그 상속회복청구권이 상속되는가에 대하여는 학설상 다툼이 있다. 다수의 견해는 상속회복청구권은 일신전속적인 권리로서 상속되지 않고 상속인의 사망으로 소멸하지만, 사망한 상속인의 상속인은 자기의 상속권이 침해당한 것을 이유로 하여 고유의 상속회복청구권을 행사할 수 있다고 본다(상속부정설).[116] 반면 상속회복청구권은 재산적 권리로서 일신전속권이 아니라고 하거나,[117] 상속회복청구권은 행사상의 일신전속권이지만 귀속상의 일신전속권은 될 수 없다고 보거나,[118] 제척기간을 둔 이유에 비추어 이전 상속인이 상속침해사실을 알고도 회복청구를 하지 않은 데에 따른 불이익을 그 상속인도 승계함이 타당함을 들어,[119] 새로운 상속인은 종전 상속인으로부터 상속받은 상속회복청구권을 행사하게 된다는 견해도 있다(상속긍정설).

98 위와 같은 학설의 대립은 결국 상속인이 참칭상속인에 대하여 상속회복청구권을 행사하기 전에 사망한 경우, 새로운 상속인이 종전 상속인의 상속회복청구권을 상속받지 아니하고 자신의 고유한 상속회복청구권을 행사하게 됨으로써 제척기간이 연장되는가(상속부정설), 아니면 종전 상속인의 상속회복청구권을 상속함으로써 종전 상속인에 대한 제척기간이 계속하여 진행하는가(상속긍정설)의 문제로 이어진다.

114 주석 민법 친족(제3권)(제5판), 한국사법행정학회(2016), 38; 윤진수, "보조생식기술의 가족법적 쟁점에 대한 근래의 동향", 민법논고(Ⅶ), 박영사(2015), 236.
115 한봉희/백승흠, 가족법, 정독(2024), 429.
116 곽윤직, 상속법(민법강의Ⅵ)(개정판), 박영사(2004), 165; 김주수/김상용, 친족·상속법(제20판), 법문사(2024), 638~639; 송덕수, 친족상속법(제7판), 박영사(2024), 385~386; 한봉희/백승흠, 가족법, 정독(2024), 433~434.
117 주해상속법(제1권), 박영사(2019), 47(윤진수); 박철, "상속회복청구권의 성질과 제도적 취지에 관한 연구", 민사판례연구 제25권(2003), 745.
118 김용한, 친족상속법론(보정판), 박영사(2003), 294; 신성택. "재산상속회복청구권에 관하여", 사법논집 제10집(1979), 292; 정구태, "유류분반환청구권의 일신전속성", 홍익법학 제14권 제2호(2013. 06.), 697.
119 박동섭/양경승, 친족상속법(제5판), 박영사(2020), 572.

### 나. 판례

99 대법원 2009. 10. 15. 선고 2009다42321 판결은 상속회복청구권의 상속이 가능함을 전제로 하여 최초의 상속인을 기준으로 상속회복청구권의 제척기간의 준수 여부를 판단하고 있는 것으로 보인다. 위 판결에서는 A가 진정한 상속인인 임을 주장하면서 참칭상속인인 피고보조참가인으로부터 임야를 매수한 피고들을 상대로 진정명의회복을 원인으로 한 소유권이전등기절차의 소를 제기하였다가 원심 소송 계속 중 사망하여 그 상속인인 원고들이 소송을 수계하였는데, 대법원은 "제척기간의 기산점이 되는 '상속권의 침해행위가 있은 날'이라 함은 참칭상속인이 상속재산의 전부 또는 일부를 점유하거나 상속재산인 부동산에 관하여 소유권이전등기를 마치는 등의 방법에 의하여 진정한 상속인의 상속권을 침해하는 행위를 한 날을 의미하고, 제척기간의 준수 여부는 상속회복청구의 상대방별로 각각 판단하여야 할 것이어서, 진정한 상속인이 참칭상속인으로부터 상속재산에 관한 권리를 취득한 제3자를 상대로 제척기간 내에 상속회복청구의 소를 제기한 이상 그 제3자에 대하여는 민법 제999조에서 정하는 상속회복청구권의 기간이 준수되었으므로, 참칭상속인에 대하여 그 기간 내에 상속회복청구권을 행사한 일이 없다고 하더라도 그것이 진정한 상속인의 제3자에 대한 권리행사에 장애가 될 수는 없다."라고 판시하면서, A가 10년의 제척기간 내에 피고들을 상대로 상속회복청구의 소를 제기한 이상 그 소송을 수계한 원고들도 피고들에게 상속회복청구권을 행사할 수 있다고 하였다.

### 다. 검토

100 다수설인 상속부정설은 상속회복청구권의 제척기간이 새로운 상속인에 대하여 새로이 기산되도록 하여 진정상속인의 상속인을 두텁게 보호하는 것을 염두에 둔 것으로 보인다. 그러나 상속인은 피상속인의 재산에 관한 포괄적 권리의무를 승계하며(민법 제1005조 본문), 상속회복청구권은 상속인이 승계한 상속재산에 대한 권리의 침해를 원인으로 하는 것이므로, 상속회복청구권 역시 재산권에 해당하고, 상속이 불가능한 귀속상의 일신전속권(제1005조 단서)으로 보기는 어렵다고 할 것이다. 따라서 상속긍정설이 타당하다.

101 이 경우 새로운 상속인이 행사하는 상속회복청구권의 제척기간의 기산점은 최초의 상속인을 기준으로 판단하여야 한다. 상속회복청구권의 상대방인 참칭상대방의 지위가 또다시 상속이 일어났다는 우연한 사정에 의하여 달라질 이유가

없기 때문이다.[120] 이에 대하여 상속회복청구권의 상속을 인정하면서도 '그 침해를 안 날부터 3년'은 그 문언상 상속회복청구권을 행사하는 자의 주관적 인식을 기준으로 단기의 제척기간을 정한 것이므로 상속회복청구권을 행사한 새로운 상속인을 기준으로 해석하여야 한다는 견해가 있으나,[121] 최초의 상속인이 상속권 침해를 안 날로부터 3년이 경과하기까지 상속회복청구권을 행사하지 않았다면 상속회복청구권은 제척기간의 경과로 소멸하는데, 이후 최초의 상속인이 사망하였다고 하여 새로운 상속인이 이미 소멸한 권리를 상속받을 수는 없다는 점에서 동의하기 어렵다.[122] 10년의 제척기간은 2002년 민법 제999조의 개정에 의하여 '상속권의 침해행위가 있은 날'로부터 진행하므로, 그 기산점에 관한 학설의 대립이 입법적으로 해결되었다고 보아야 할 것이다.[123]

## 6. 상속회복청구권의 대위행사

102 상속인의 채권자가 상속인을 대위하여 상속회복청구권을 대위행사 할 수 있는지의 여부는 상속회복청구권이 행사상의 일신전속권(민법 제404조 제1항 단서)에 해당하는지의 문제이다. 이에 관하여는 상속회복청구권은 채무자의 의사를 존중하여야 하므로 채권자대위의 목적이 되지 않는다고 보는 견해가 있다.[124] 그러나 상속회복청구권은 비록 상속편에 규정되어 있기는 하나 그 본질은 재산권적 성질이 강한 것이고, 그 대위행사로 인하여 얻은 채권자의 이익과 대위를 허용하지 아니함으로써 얻게 되는 제3자 내지 공동상속인과의 이익을 비교해 보면, 일반채권자에 불과한 제3자나 채무자의 권리불행사로 인하여 채권자의 희생 위에 부당한 이득을 얻게 될 공동상속인보다는 채권자의 이익을 보호할 필요성이 더 크므로, 상속회복청구권은 행사상의 일신전속권에도 해당하지 않고, 따라서 채권자대위권의 목적이 될 수 있다고 보는 것이 타당하다.[125] 행사상 일신전속권과 귀속상 일신전속권을 구분하는 통설과 판례에 반대하면서 권리 주체인 사

120 주해상속법(제1권), 박영사(2019), 47(윤진수).

121 박철, "상속회복청구권의 성질과 제도적 취지에 관한 연구", 민사판례연구 제25권(2003), 746.

122 정구태, "유류분반환청구권의 일신전속성", 홍익법학 제14권 제2호(2013. 6.), 698.

123 주해상속법(제1권), 박영사(2019), 47(윤진수); 박철, "상속회복청구권의 성질과 제도적 취지에 관한 연구", 민사판례연구 25권(2003), 746. 그와 반대로 위 개정규정의 취지가 상속부정설을 뒷받침한다고 보는 견해로는 한봉희/백승흠, 가족법, 정독(2024), 434.

124 민법주해[IX], 채권(2), 박영사(1995), 765(김능환).

125 주석 민법, 채권총칙(2)(제4판), 한국사법행정학회(2013), 155~156(손진홍); 주해상속법(제1권), 박영사(2019), 47(윤진수).

람을 떠나서는 존재할 수 없는 인적·비재산적 권리만이 일신전속권이 된다는 견해도 있는데, 그에 따르더라도 상속회복청구권은 재산적 청구권으로서 일신전속권이 아니므로 채권자대위의 목적이 된다.[126]

### 7. 실종선고의 취소와 상속회복청구

103 실종선고(민법 제27조)가 내려진 실종자가 실제로 사망하지 않았다거나 실종기간의 만료일과 다른 시기에 사망하였다는 이유로 실종선고의 취소의 심판[민법 제29조 제1항, 가사소송법 제2조 제1항 제2호 가. 3)]이 확정되면, 원칙적으로 처음부터 실종선고가 없었던 것과 마찬가지의 효과가 발생하므로 실종선고로 인해 실종자의 상속인에게 상속되었던 재산은 반환의 대상이 된다. 이 경우 실종선고에 기한 종전의 상속인은 참칭상속인과 유사한 지위에 놓이는 것처럼 보일 수 있다. 이에 생존실종자의 재산회복청구권에 민법 제999조 제1항을 유추적용하여 입증책임의 측면에서 실종자의 부담을 줄여야 한다는 견해가 있다.[127]

104 그러나 민법이 실종선고 취소에 관하여 별도의 규정을 두고 있을 뿐만 아니라 [실종선고의 취소가 실종선고 후 그 취소 전에 선의로 한 행위의 효력에 영향을 미치지 아니하고(민법 제29조 제1항 단서), 실종선고의 취소가 있으면 실종선고를 직접원인으로 하여 재산을 취득한 자가 선의인 경우에는 그 받은 이익이 현존하는 한도에서 반환할 의무가 있으며, 악의인 경우에는 그 받은 이익에 이자를 붙여서 반환하고 손해가 있으면 이를 배상하여야 한다(제29조 제2항)], 실종선고의 취소와 참칭상속인에 의한 상속재산의 침해는 그 분쟁의 경위와 입법취지가 다르므로 이를 부정함이 타당하다.[128]

## V. 상속회복청구권의 상대방

### 1. 참칭상속인

#### 가. 참칭의 의미

105 민법 제999조는 상속회복청구권의 상대방을 참칭상속권자로 명시하고 있다. 사전적으로 참칭(僭稱)이라는 말은 “분수에 넘치는 칭호를 스스로 이름”을 의미한다.[129]

126 오수원, “채권자대위권에 있어서의 채무자의 일신전속권”, 저스티스 제146-1호(2015. 2.), 212.

127 백경일, “실종선고 취소의 소급효 제한과 상속회복청구에 관한 고찰-실종선고의 취소가 이미 상속되고 전득된 재산 및 그 파생이익에 미치는 영향-”, 가족법연구 제25권 제3호(2011), 222~225. 다만 상속회복청구권의 제척기간에 관한 민법 제999조 제2항의 규정은 실종선고취소의 특수성에 비추어 적용이 없는 것으로 해석할 수도 있다고 한다.

128 박동섭, 친족상속법(제5판), 박영사(2020), 573.

129 국립국어원의 표준국어대사전 검색 결과(2019. 8. 12. 방문), <https://stdict.korean.go.kr/search>.

106 법률상으로나 사실상으로 상속의 외관이 없는 자에게도 참칭상속 관계를 인정할 것인가 하는 것은 입법정책상의 문제이다. 입법례를 보면, 로마법은 상속재산의 점유자이기만 하면 상속회복청구권의 피고적격을 인정하였던 반면, 독일 민법은 상속인으로서 상속재산을 점유하는 자(possessor pro herede)에게만 상속회복청구소송의 피고적격을 인정하고, 단순히 점유자로서 점유하는 자(possessor pro possessore)에게는 이를 부정한다. 일본 민법은 상속회복청구권의 상대방을 직접적으로 법조문에 규정하고 있지는 않으나, 학설과 판례는 표현상속인(表見相續人)이라는 말을 주로 사용하고 있다.[130]

107 대법원 1991. 2. 22. 선고 90다카19470 판결은 "상속회복청구의 상대방이 되는 참칭상속인이라 함은 재산상속인인 것을 신뢰하게 하는 외관을 갖추고 있는 자나 상속인이라고 참칭하여 상속재산의 전부 또는 일부를 점유하는 자를 가리키는 것"이라 하였고, 이러한 설시는 이후 대법원 1992. 5. 22. 선고 92다7955 판결, 1997. 1. 21. 선고 96다4688 판결 등에서 계속 인용되었다. 위 설시의 문언상 재산상속인의 외관을 갖추지 못한 자라 하더라도 상속인으로 참칭하면 참칭상속인이 될 수 있는 것으로 이해될 수 있다. 그러나 대법원은 그 적용에 있어서는 뒤에서 보는 바와 같이 가족관계등록부 등 공부상으로 적법한 상속인처럼 보이는 외관이 형성되어 있는 경우, 즉 표현상속인(表見相續人)의 경우에 한하여 상속회복청구의 피고적격을 인정하고 있는 것으로 보인다.[131]

108 나아가 대법원은 상속인의 신분을 갖지 않는 자가 가족관계 관련 서류를 위조하거나 조작하는 등으로 적법한 상속인처럼 보이는 외관을 스스로 적극적으로 만들어 낸 경우에는 참칭상속인으로 인정하지 않는다. 참칭의 사전적 의미만을 놓고 보면 참칭상속인에 의한 상속권의 침해로는 제3자가 위와 같은 방법으로 상속재산을 가로채는 경우를 우선적으로 상정해 볼 수 있을 것이다. 그러나 이를 참칭상속인으로 보게 되면 그에 대한 청구는 상속회복청구의 성질을 가지게 되어 민법 제999조에서 정한 제척기간의 적용을 받고 결국 진정상속인에게 불리한 결과가 된다. 따라서 대법원은 위와 같이 진정상속인에 비하여 상대방을 보호할 필요성이 없거나 현저히 적은 경우에 구체적 타당성을 꾀하려는 의도에서 참칭

130 지철호, "상속회복청구권에 관한 연구", 서울대학교 대학원 법학박사학위논문(1995), 65.
131 위와 같은 이유에서 대법원의 위 설시는 표현상 문제가 있어 수정되어야 한다는 견해로 곽종석, "상속회복의 소", 부산판례연구회 판례연구 제8집(1998), 523.

상속인의 인정범위를 제한하는 해석론을 취하고 있는 것으로 이해할 수 있다.

### 나. 상속권의 침해

#### 1) 일반론

109 상속회복청구권의 상대방이 되려면 진정상속인의 상속권을 침해하여야 한다. 상속권의 침해는 상속회복청구권 발생의 원인사실에 해당한다고 할 수도 있을 것이다. 그런데 대법원 1998. 3. 27. 선고 96다37398 판결에서 "상속회복청구의 상대방이 되는 참칭상속인이라 함은 정당한 상속권이 없음에도 재산상속인임을 신뢰케 하는 외관을 갖추거나 상속인이라고 참칭하면서 상속재산의 전부 또는 일부를 점유함으로써 진정한 상속인의 재산상속권을 침해하는 자를 가리키는 것"이라고 판시하고 있는 점에 비추어 보면, 대법원은 참칭상속인의 개념 속에 상속권의 침해라는 요소가 포함된 것으로 파악하고 있다고 생각된다.[132]

110 상속권의 침해에 있어서는 참칭상속인이 상속권 침해의 의사나 소유의 의사로 상속재산을 점유할 것이 요구되지 않고, 객관적으로 상속인의 상속권을 침해하는 사실상태가 발생하면 충분하다. 참칭상속인의 선·악의나 과실 유무도 묻지 않는다. 반면, 상속재산에 대한 단순한 권리주장은 그것이 소의 방법으로 이루어졌다고 하더라도 상속재산에 대한 침해가 아니다. 예컨대, 공동상속인 중 1인이 단독상속을 주장하며 상속부동산에 관하여 제3자 명의로 마쳐진 소유권이전등기의 말소를 청구한 일이 있다고 하더라도 그것만으로는 상속권을 침해하였다고 볼 수 없다.[133]

#### 2) 소유권이전등기

111 참칭상속인이 상속재산인 부동산에 관하여 소유권이전등기를 마쳤다면 상속권을 침해한 것으로 볼 수 있다. 판례에 의하면, 소유권이전등기에 의하여 상속인임을 신뢰케 하는 외관을 갖추었는지 여부는 권리관계를 외부에 공시하는 등기부의 기재에 의하여 판단하여야 하고, 그 등기원인은 상속일 것을 요한다. 따라서 매매, 증여 등 상속이 아닌 다른 원인으로 되어 있다면 그 등기명의인이 비록 공동상속인 중의 1인이라도 참칭상속인이라고 할 수 없다.[134]

132 곽경직, "상속회복청구권론", 재판자료 제78집(1998), 299.

133 대법원 1994. 11. 18. 선고 92다33701 판결.

134 대법원 1997. 1. 21. 선고 96다4688 판결[등기부상 등기원인이 매매로 기재된 경우, 구 부동산소유권이전등기등에관한특별조치법(1982. 4. 3. 법률 제3562호)에 따라 발급되어 등기의 기초가 된 보증서와 확인서에 취득원인이 '상속(매수)'로 기재되어 있었음에도 등기부상 등기원인의 기재를 기준으로 하여 판단하였다], 대법원 2002. 7. 23. 선고 2001다77437 판결(등기부상 등기원인이 유증으로 기재된 경우).

### 3) 소유권보존등기

112 소유권보존등기는 통상 등기원인이 등기부에 나타나지 않으므로, 무엇을 기준으로 상속권 침해 여부를 판단하여야 할지가 문제될 수 있다.

113 대법원은 구 부동산소유권이전등기등에관한특별조치법(1982. 4. 3. 법률 제3562호)에 의한 소유권보존등기가 마쳐진 경우에 그 보존등기신청서와 이에 첨부된 확인서와 보증서 등에 상속이 아닌 매매나 증여 등을 그 소유권취득의 원인으로 기재한 경우에는 그 등기명의자를 참칭상속인이라고 볼 수 없다고 하였다.[135] 소유권보존등기의 근거가 된 임야 및 토지대장의 소유자 명의 정정등록이 상속을 원인으로 한 것이라고 볼 자료가 없거나 특별조치법에 따라 소유권보존등기를 할 당시 첨부된 보증서나 확인서 등에 기재된 소유권 취득의 원인이 확인되지 않는 경우에도 마찬가지이다.[136] 특별조치법에 기한 소유권보존등기의 등기신청서나 이에 첨부된 보증서 및 확인서 등의 기재에 관한 별도의 심리 없이 등기명의인을 참칭상속인으로 보았다는 이유로 원심을 파기환송한 사례도 있다.[137]

114 또한 판례에 따르면, 원고들이 조부가 사정받았던 임야에 관하여 소유권보존등기를 마친 피고를 상대로 자신들이 공동상속인의 일부임을 전제로 상속으로 인한 지분소유권 등의 귀속을 주장하는 사건에서, 어느 부동산에 관하여 등기가 경료되어 있는 경우 특별한 사정이 없는 한 그 원인과 절차에 있어서 적법하게 경료된 것으로 추정되므로, 피고 명의의 소유권보존등기는 당시 시행 중이던 부동산등기법에 따라 피고가 사정명의인인 조부로부터 그의 장남을 거쳐 단독으로 상속받았음을 증명하는 서면이나 이를 인정하는 확정판결이 첨부 신청되어 등기공무원에 의하여 적법하게 처리되었다고 추정함이 상당하다 할 것이고, 그렇다면 피고 명의의 소유권보존등기는 상속을 원인으로 한 것으로서, 원고들의 위 소는 상속회복의 소에 해당한다.[138]

115 이에 비추어 보면, 판례는 당사자의 주장과 기록에 나타난 제반 사정을 참작하여 소유권보존등기가 상속등기라고 인정되는 경우 그 명의인이 참칭상속인에 해당한다고 판단하고 있는 것으로 생각된다.[139]

135 대법원 2003. 2. 11. 선고 2002다37320 판결.
136 대법원 2019. 7. 25. 선고 2017다211641 판결.
137 대법원 2010. 10. 28. 선고 2010다46589 판결.
138 대법원 2003. 5. 30. 선고 2002다43578 판결.
139 정재수, "상속회복청구권의 인정기준 및 민법 개정 전·후 적용할 제척기간 등에 대하여(대법원 2003. 7. 24. 선고 2001다48781 전원합의체 판결과 관련하여)", 대구판례연구회 재판과 판례 제16집(2008), 67.

#### 4) 부동산을 등기 없이 점유하는 경우

116 참칭상속인이 상속재산인 부동산에 관하여 자기 명의로 등기를 마치지 않고서 이를 점유하기만 하더라도 상속권의 침해를 인정할 수 있을 것인가? 대법원은 상속권 침해의 방법으로서 "상속재산의 전부 또는 일부의 점유"라는 표현을 사용하고 있으나, 대법원 판례상 소유권과 같은 본권을 침해하지 아니하고 단지 점유만을 침해하여 문제가 된 사례는 없었던 것으로 보인다.

117 학설로는 이러한 경우 참칭상속인이 아니라고 보는 주장이 유력한데, 그 이유를 부동산의 경우 점유만 하고 등기를 마치지 아니한 단계에서는 외형적 권리 이전이라는 상속침해 행위가 없기 때문이라고 설명하는 견해,[140] 동산의 경우와는 달리 부동산을 점유하는 것만으로는 본권의 침해를 수반하지 아니하므로 상속권의 침해에 해당하지 않기 때문이라고 설명하는 견해,[141] 상속부동산에 대한 참칭상속인의 점유는 특별한 사정이 없는 한 타주점유이므로 점유취득시효의 완성에 의한 소유권취득을 주장할 수 없는데, 참칭상속인에 의한 점유의 침해상태가 10년간 계속된 경우에 상속회복청구권이 소멸된다고 해석하면 그 효과로서 참칭상속인은 상속부동산에 대한 소유권을 취득하게 되어 점유취득시효에 관련한 해석론과 모순되기 때문이라고 설명하는 견해[142]가 있다.

#### 5) 미등기부동산

118 상속재산이 미등기부동산인 경우에는 참칭상속인이 이를 점유하는 방법 이외에 등기를 마치는 방법으로 지배·관리하기가 어려우므로, 참칭상속인에 해당하기 위하여는 상속재산을 점유함으로써 상속권의 침해가 발생한다고 할 것이다.[143]

119 하지만 미등기부동산을 점유하지도 않았다면, 상속인임을 주장하는 자가 이를 제3자에게 매도하였다고 하더라도 상속권의 침해가 있다고 볼 수 없으므로, 그를 참칭상속인에 해당한다고 볼 수 없음은 당연하다.[144]

#### 6) 무허가건물대장의 건물주 기재

120 무허가건물의 경우, 무허가건물대장은 행정관청이 무허가건물 정비에 관한 행정

140 곽종석, "상속회복의 소", 부산판례연구회 판례연구 제8집(1998), 528.
141 곽경직, "상속회복청구권론", 재판자료 제78집(1998), 300~301.
142 김주수/김상용, 친족·상속법(제20판), 법문사(2024), 641.
143 김상철, "상속회복청구권이 제척기간의 경과로 인하여 소멸한 경우 상속재산의 귀속 및 미등기부동산에 대한 참칭상속인", 대법원판례해설 제30호(1998), 223.
144 대법원 1998. 3. 27. 선고 96다37398 판결.

상 사무처리의 편의를 위하여 직권으로 무허가건물의 현황을 조사하고 필요 사항을 기재하여 비치한 대장으로서 건물의 물권 변동을 공시하는 법률상의 등록원부가 아니며, 무허가건물대장에 건물주로 등재된다고 하여 소유권을 취득하는 것이 아닐 뿐만 아니라 권리자로 추정되는 효력도 없는 것이므로, 참칭상속인 또는 그로부터 무허가건물을 양수한 자가 무허가건물대장에 건물주로 기재되어 있다고 하여 이를 상속회복청구의 소에 있어 상속권이 참칭상속인에 의하여 침해된 때에 해당한다고 볼 수 없다.[145]

7) 동산 및 채권

121 상속재산이 동산인 경우에는 점유의 침해가 개시된 때에 상속권의 침해가 발생하고, 상속재산에 속하는 채권의 경우에도 참칭상속인이 준점유자로서 변제를 수령한 때에는 상속권의 침해행위가 있는 것으로 볼 수 있다.[146]

8) 주식

122 주권이 발행된 경우 주식의 양도는 주권의 교부에 의하고 주권의 점유자는 적법한 소지인으로 추정되므로(상법 제336조), 참칭상속인이 주권을 점유하면서 주주권을 실질적으로 행사하고 있다면 상속권의 침해가 있다고 볼 수 있다. 각급 법원 판결 중에는 피상속인의 차명주식을 공동상속인 중 1인이 개인재산 관리담당자를 통해 금고에 보관하고 배타적으로 의결권을 행사하거나 이익배당금을 수령한 사안에서, 상속재산인 주식에 대한 침해행위는 명의개서가 아니라 주권에 대한 점유에 의하여 보다 근원적으로 이루어지므로, 명의개서에 의해 주주명부에 실명주주로 공시되지 않았더라고 하더라도 차명주식에 관하여 재산상속인임을 신뢰케 하는 외관을 갖추거나 자신을 단독상속인으로 참칭한 점유를 개시하였다고 볼 수 있다고 본 것이 있다.[147]

9) 가압류권자

123 참칭상속인 명의의 부동산에 대하여 가압류를 마친 채권자는 상속권을 침해한 것이 아니므로, 진정상속인들이 강제경매절차에서 배당을 받은 가압류권자에 대하여 부당이득반환으로서 배당금 채권의 양도 등을 구하는 소에는 상속회복청

145 대법원 1998. 6. 26. 선고 97다48937 판결.
146 김주수/김상용, 친족·상속법(제20판), 법문사(2024), 641.
147 서울중앙지방법원 2013. 2. 1. 선고 2012가합503883, 509188, 506103 판결, 서울고등법원 2014. 2. 6. 선고 2013나2003420 판결.

구권의 제척기간이 적용되지 않는다.[148]

10) 가상자산

124 비트코인(Bitcoin)과 같은 암호화 가상자산은 분산 네트워크 원장에 소유자의 정보가 기록되지 않고, 개인키(Private Key)를 알고 있는 사람이 개인키와 쌍으로 연결된 공개키(Public Key) 및 그로부터 파생된 주소(Address)들에 연결된 모든 자산에 대한 통제권능을 가지므로, 그 소유와 점유가 분리되는 경우는 흔치 않다. 그러나 상속을 자동적, 관념적인 것으로 이해하는 우리의 법제 하에서는 상속인의 외관을 가진 자(주로 공동상속인이 될 것이다)가 피상속인이 생전에 보유하였던 개인키를 이용하여 가상자산을 처분(소비 내지 이동)한 경우 그에 대한 청구는 상속회복청구로 볼 여지가 크다. 이때에 제척기간의 기산점인 '상속권의 침해행위가 있는 날'은 원칙적으로 위와 같은 처분행위시를 기준으로 삼아야 할 것으로 생각된다.

**다. 동일한 피상속인**

125 상속회복청구의 소는 진정상속인과 참칭상속인이 주장하는 피상속인이 동일인임을 전제로 하는 것이므로, 진정상속인이 주장하는 피상속인과 참칭상속인이 주장하는 피상속인이 다른 사람인 경우에는 진정상속인의 청구원인이 상속에 의하여 소유권을 취득하였음을 전제로 한다고 하더라도 이를 상속회복청구의 소라고 할 수 없다는 것이 판례의 입장이다. 따라서 진정상속인과 참칭상속인의 피상속인이 동명이인인 경우에는 상속회복청구에 해당하지 않는다.[149]

126 대법원은 조부의 부동산을 원고의 부(父)와 원고의 숙부인 피고가 공동상속하였는데도 피고가 단독명의로 상속을 원인으로 한 소유권이전등기를 마친 사안에서, 원고의 피상속인은 그 부(父)이고 피고의 피상속인은 원고의 조부이자 자신의 부(父)임에도 불구하고, 피고 명의의 등기의 말소를 구하는 원고의 청구는 상속회복청구의 소에 해당한다고 보았다.[150] 즉, 상속계선상 공동의 피상속인의 사

148 대법원 2024. 12. 12. 선고 2021다300593 판결. 다만 진정상속인들이 강제경매절차의 매수인들로부터 소유권을 회복할 수 없다고 하더라도 진정상속인들은 참칭상속인을 상대로 부동산 처분의 대가로 수령한 것에 대하여 부당이득반환을 구할 수 있을 뿐이고, 강제경매절차에서 배당을 받은 가압류 채권자를 상대로 직접 부당이득반환을 구할 수는 없다.

149 대법원 1994. 1. 14. 선고 93다49802 판결, 대법원 1994. 4. 15. 선고 94다798 판결, 대법원 1997. 4. 25. 선고 96다54935 판결.

150 대법원 1996. 5. 10. 선고 96다3784 판결.

망으로 인하여 발생한 상속권의 침해가 문제되는 것이라면 피상속인이 동일하다고 본다는 것이다.[151]

127 그러나 판례에 따르면, 원·피고의 최초 피상속인이 동일하다고 하더라도 피고의 지위가 상속에 의하여 이어져 내려온 경우가 아니라면 참칭상속인이라고 할 수 없다. 예컨대, ① 원고들은 자신들이 증조부의 부동산을 조부와 부(父)를 거쳐 공동으로 상속하였는데도 무권리자인 피고들이 허위의 보증서와 확인서를 발급받아 그들 명의로 소유권보존등기를 마쳤다고 주장하며 그 말소를 구하고 있고, 이에 대하여 피고들은 조부(원고들의 증조부)의 부동산을 직접 상속하였다는 것이 아니라 자신들의 부친들이 조부의 생전에 증여받은 부동산을 승계하였다고 주장하는 것에 불과하며, 기록에 의하더라도 피고들이 그들의 부친들 사후에 상속을 원인으로 한 확인서를 발급받아 구 임야소유권이전등기에관한특별조치법에 의하여 소유권보존등기를 한 사실이 인정되는 경우,[152] ② 원고들은 자신들이 증조부인 A 로부터 대를 이어 공동상속한 부동산에 관하여 마쳐진 피고의 소유권보존등기가 무권리자에 의한 등기로서 원인무효임을 이유로 그 말소를 구하는데, 피고는 A 의 상속인임을 내세워 소유권보존등기를 한 것이 아니고, 자신의 부(父)인 B(A 의 차남)로부터 상속을 받아 이를 소유하고 있다는 내용의 허위보증서에 의하여 수복지역내소유자미복구토지의복구등록과보존등기등에관한특별조치법에 따른 소유권보존등기를 마친 것으로 인정되는 경우[153]는 상속회복청구가 아니다. 또한 ③ 부동산 명의자가 전 명의자인 피상속인의 상속인으로서 상속등기를 마친 것이 아니라 그로부터 부동산을 전매한 자로부터 부동산을 상속받아 현재 사실상 소유하고 있다는 것을 확인하는 내용의 확인서와 보증서에 기하여 구 부동산소유권이전등기등에관한특별조치법(1992. 11. 30. 법률 제4502호)에 의한 상속등기를 경료한 경우에도, 이는 진정상속인의 피상속인으로부터 부동산을 상속하였다는 등기로 볼 수 없어 그 상속등기 명의자를 당해 부동산에 관한 참칭상속인이라고는 볼 수 없으므로, 진정상속인들이 제기한 소유권이전등기말소청구의 소는 상속회복청구의 소에 해당되지 않는다.[154]

151 김선옥, "상속회복청구권의 행사기간에 관한 적용법률 -대법원 2007. 4. 26. 선고 2004다5570 판결-", 부산판례연구회 판례연구 제19집(2008. 2.), 463.
152 대법원 1995. 7. 11. 선고 95다9945 판결.
153 대법원 1995. 4. 14. 선고 93다5840 판결.
154 대법원 1998. 4. 10. 선고 97다54345 판결.

## 2. 참칭상속인의 승계인

128 참칭상속인의 상속인과 같은 포괄승계인은 참칭상속인의 지위를 포괄적으로 승계하므로 당연히 상속회복청구의 상대방이 된다.

129 우리 민법은 독일 민법과 같이 참칭상속인으로부터 계약에 의하여 상속재산을 취득한 자도 상속회복청구권의 상대방이 된다는 규정(독일 민법 제2030조)을 두고 있지 않다. 그럼에도 참칭상속인으로부터 상속재산을 전득한 제3자에 대하여 상속인이 상속재산의 반환을 청구하는 경우 이를 상속회복청구로 볼 수 있을 것인가? 통설은 이를 긍정한다.[155] 판례도 같은 입장이다. 대법원 1981. 1. 27. 선고 79다854 전원합의체 판결은 진정상속인이 참칭상속인으로부터 상속재산을 양수한 제3자를 상대로 등기말소청구를 한 경우에도 상속회복청구권의 제척기간이 적용된다고 하면서, 그 이유를 "상속회복청구권의 단기의 제척기간이 참칭상속인에게만 인정되고 참칭상속인으로부터 양수한 제3자에게는 인정되지 않는다면 거래관계의 조기안정을 의도하는 단기의 제척기간 제도가 무의미하게 될 뿐만 아니라 참칭상속인에 대한 관계에 있어서는 제척기간의 경과로 참칭상속인이 상속재산상의 정당한 권원을 취득하였다고 보면서 같은 상속재산을 참칭상속인으로부터 전득한 제3자는 진정상속인의 물권적 청구를 감수하여야 한다는 이론적 모순이 생기기 때문"이라고 설명하였다. 이는 대법원이 독립권리설에 따라 상속회복청구권의 성질을 포괄적 청구권으로 이해하던 과거의 입장을 변경하여 집합권리설에 따라 청구권의 경합을 인정하지 않음을 분명히 한 결과이다.[156]

## 3. 공동상속인

130 공동상속인 중 일부가 다른 공동상속인을 배제하고 상속재산의 전부 또는 일부에 관하여 점유 또는 등기를 하거나 상속재산을 분할하는 경우가 있고, 실제로 상속회복청구가 문제되는 사례는 상속권을 침해한 자가 공동상속인이 아닌 경우보다도 공동상속인 중 일부인 경우가 많다.

131 원래 공동상속인들은 상속재산을 공유하면서 서로 그 상속재산에 대한 분할청

155 곽윤직, 상속법(민법강의VI)(개정판), 박영사(2004), 160; 김용한, 친족상속법론(보정판), 박영사(2003), 296~297; 김주수/김상용, 친족·상속법(제20판), 법문사(2024), 645~646; 박동섭, 친족상속법(제5판), 법문사(2020), 578; 송덕수, 친족상속법(제7판), 박영사(2024), 390; 지원림, 민법강의(제21판), 홍문사(2024), 1615.

156 신영호 외 2인, 가족법강의(제4판), 세창출판사(2023), 320.

구권을 가지는 관계에 있으므로, 상속재산에 관하여 피상속인 명의의 등기가 그대로 남아 있거나 공동상속인 전원의 명의로 공유등기가 되어 있는 상태라면, 단순히 일부의 공동상속인들이 이를 점유하고 있다고 하더라도 상속권의 침해가 있다고 볼 수 없으므로, 나머지 공동상속인은 상속재산의 분할청구를 하면 족하다고 할 것이다. 문제는 공동상속인 중 일부가 다른 공동상속인을 배제하고 상속부동산을 자신들만이 상속한 것과 같이 소유권이전등기를 마친 경우인데, 이에 관하여는 견해의 대립이 있다.

**가. 학설**

132 다수설(긍정설)은 공동상속인도 상속회복청구권의 상대방이 되므로, 그에 대한 청구도 제척기간의 적용을 받는다고 한다.[157] 위 견해는 공동상속인이라 하여도 자신의 상속분을 넘는 부분에 대하여 자신의 권리를 주장하고 있다면 그 부분에 관하여는 역시 참칭상속인에 해당한다고 보지 않을 수 없고, 아무런 권리가 없는 제3자가 상속권을 침해한 경우와의 균형상 적어도 일부의 권리는 가지고 있는 공동상속인이 덜 보호를 받아야 할 이유는 없다고 본다.

133 반대설(부정설)은 상속재산분할이 이루어지기 전에는 상속회복의 문제는 발생하지 않고, 배제된 공동상속인은 상속재산의 관리에의 참가(민법 제265조)나 상속재산의 분할청구(제1013조)에 의하여 자신의 상속권을 실현할 수 있고, 이와 같은 경우에는 민법 제999조는 적용되지 않는다고 본다.[158] 공동상속인은 모두 상속인이므로 참칭상속인이 될 수 없고, 공동상속인 상호간에는 상속자격에 다툼이 없고 다만 상속분의 다툼만이 있을 뿐이므로, 상속회복청구의 문제로 볼 것이 아니라 통상의 상속등기의 말소청구나 상속재산분할의 무효 내지 재분할청구의 문제로 보아야 한다는 것이다. 이에 따르면 상속재산분할의 무효를 주장하여 상

157 곽윤직, 상속법(민법강의VI)(개정판), 박영사(2004), 160; 김주수/김상용, 친족·상속법(제20판), 법문사(2024), 643~644; 박동섭, 친족상속법(제5판), 박영사(2020), 576~577; 송덕수, 친족상속법(제7판), 박영사(2024), 388; 윤진수, "상속회복청구권의 성질과 그 제척기간의 기산점", 민법논고(V), 박영사(2011), 99~101; 이경희/윤부찬, 가족법(11정판), 법원사(2024), 527~528; 곽종석, "상속회복의 소", 부산판례연구회 판례연구 제8집(1998), 523; 김재진, "상속회복청구권에 관하여", 재판자료 제18집(1983), 596; 신성택, "재산상속회복청구권에 관하여", 사법논집 제10집(1979), 293.

158 김용한, 친족상속법론(보정판), 박영사(2003), 296; 김병선, "민법 제999조(상속회복청구권)의 해석에 관한 몇 가지 문제점", 가족법연구 제26권 제1호(제43호), 한국가족법학회(2012), 133~134; 지철호, "상속회복청구권에 관한 연구", 서울대학교 대학원 법학박사학위논문(1995), 79~80; 박병호, "상속회복청구권 관견", 민법학논총(후암 곽윤직 교수 화갑기념), 박영사(1985), 839; 신영호, "상속회복청구권의 법적 성질", 가족법연구 제10호(범조 이희봉 선생 송수기념), 한국가족법학회(1996), 485.

속재산의 반환을 청구하는 소는 상속자격이 없는 참칭상속인(예컨대 친자가 아니면서 가족관계등록부상 친자로 되어 있는 경우)이 상속재산분할에 참가하여 분할을 받았던 때에 한하여 상속회복청구의 소가 된다.

### 나. 판례

#### 1) 주류적 판례의 입장

134 대법원은 일관되게 공동상속인에 대한 청구도 상속회복청구라고 보고 있다. 판례에 따르면, 재산상속에 관하여 진정한 상속인임을 전제로 그 상속으로 인한 소유권 또는 지분권 등 재산권의 귀속을 주장하고 참칭상속인 또는 자기들만이 재산상속을 하였다는 일부 공동상속인들을 상대로 상속재산인 부동산에 관한 등기의 말소를 청구하는 것인 이상 그 청구원인 여하에 불구하고 이는 상속회복청구의 소라고 해석함이 상당하다고 할 것이므로, 이와 같은 경우에도 상속회복청구권의 제척기간의 적용이 있다.[159] 공동상속인 중 1인이 상속받은 토지를 자기 혼자 상속받았다는 허위내용의 보증서 및 확인서에 기하여 부동산소유권이전등기등에관한특별조치법에 따라 단독명의로 소유권보존등기를 마친 때에는 그 등기의 말소등기청구는 상속회복청구의 소에 해당한다.[160] 공동상속인 중 1인이 협의분할에 의한 상속을 원인으로 하여 상속부동산에 관한 소유권이전등기를 마친 경우에 그 협의분할이 다른 공동상속인의 동의 없이 이루어진 것으로서 무효라는 이유로 다른 공동상속인이 그 등기의 말소를 청구하는 소 역시 상속회복청구의 소에 해당한다.[161]

135 공동상속인 중 1인의 단독명의 등기가 그의 의사와 무관하게 제3자가 관계서류를 위조하여 마쳐졌고 달리 그 명의인이 자기만이 상속한 것이라고 주장하였다고 볼 만한 자료가 없다면 참칭상속인의 성립이 부정되나,[162] 반대로 그와 같은 등기가 전적으로 그 공동상속인의 의사와 무관하게 이루어졌다고 보기 어려운 사정이 있다면 참칭상속인에 해당한다.[163] 나아가 판례는 상속개시 후의 인지

159 대법원 1981. 1. 27. 선고 79다854 전원합의체 판결, 대법원 1991. 2. 22. 선고 90다카19470 판결, 대법원 1991. 12. 24. 선고 90다5740 전원합의체 판결.

160 대법원 1993. 2. 26. 선고 92다3083 판결.

161 대법원 2011. 3. 10. 선고 2007다17482 판결.

162 대법원 1994. 3. 11. 선고 93다24490 판결.

163 대법원 1994. 10. 21. 94다18249 판결. 공동상속인인 원·피고가 제3자에게 협의분할용 인감증명서와 인감도장을 교부하였는데 그 제3자가 임의로 협의분할에 의한 단독상속을 원인으로 하여 피고 단독명의로 소유권이전등기를 마쳤고, 원고가 그 소유권이전등기 중 원고의 상속지분에 상응하는 부분은 원인무효라고 주장하면서 말소를 구하는 데에 대하여, 피고는 상속재산이 원고의 상속포기에 의하여 결과적으로 자신의 단독소유가 되었다고 원고의 상속지분권을 다투었던 사안이다.

또는 재판의 확정에 의하여 공동상속인이 된 자가 이미 분할 및 기타 처분을 한 다른 공동상속인을 상대로 하는 상속분상당가액지급청구(민법 제1014조) 또한 상속회복청구권의 일종으로 보고 있다.[164]

2) 대법원 1991. 12. 24. 선고 90다5740 전원합의체 판결의 반대의견(대법관 김용준, 대법관 박우동)

136 대법원 1991. 12. 24. 선고 90다5740 전원합의체 판결의 반대의견(대법관 김용준)은 "상속회복청구의 상대방이 되는 '참칭상속권자'라 함은 상속이 개시될 당시에 정당한 상속권자가 아님에도 불구하고 진정한 상속권자로 믿게 할 만한 외관을 지니고 정당한 상속권을 침해하고 있는 자, 예를 들면 상속이 개시될 당시에 이미 호적부 등에 상속인이 될 자로 기재되어 있지만 사실은 그와 같은 신분관계가 없는 자, 또는 상속을 포기하였거나 결격사유로 상속인이 되지 못할 자 등만을 의미한다고 보아야 한다 (중략) 다른 공동상속인의 상속권을 부인하고 자기(들)만이 상속하였다고 주장하는 공동상속인 중의 1인 또는 수인이나, 다른 공동상속인의 상속권을 부정하지는 아니한 채 사실상 상속재산을 배타적으로 점유, 관리하고 있는 공동상속인 등은 상속회복청구의 상대방인 '참칭상속권자'에 해당한다고 볼 수 없다. 공동상속인 중의 일부가 다른 공동상속인을 상속에서 배제하고 상속재산을 점유, 관리하고 있는 경우에는 그 다른 공동상속인은 이미 상속인으로서의 지위를 가지고 있는 것이므로, 상속재산의 관리에의 참가(민법 제265조)나 상속재산의 분할청구(제1013조) 등의 방법에 의하여 자기의 상속권의 내용을 실현할 수 있고 (중략) 이는 공동상속인이 자기의 상속분의 비율에 따른 상속재산을 요구하고 상속받은 지분소유권의 내용을 실현하는 것에 지나지 아니하므로, 상속회복청구의 문제와는 평면을 달리하는 것"이라고 하여, 부정설의 입장을 취하였다.

137 위 판결의 또 다른 반대의견(대법관 박우동)도 "진정한 상속인의 지위를 갖는 모든 공동상속인에게는 언제라도 상속분에 따른 상속재산의 분배를 받을 권리가 보장되어야 한다. 이와 같은 권리실현을 위하여 법은 상속재산분할의 방법을 마련하고 있는 것이다. 상속재산의 분할은 상속재산의 귀속 주체를 조속히 확정한다는 요청을 실현하기 위한 것이라기보다 상속재산의 공평, 원만한 분배를 목적

164 대법원 1993. 8. 24. 선고 93다12 판결.

으로 하는 것이라고 할 것이다. 이러한 목적을 달성하기 위하여서는 상속재산의 공유상태가 유지되어야 하며, 만일 공동상속인의 한 사람에 의하여 다른 공동상속인의 지분권이 침해된다고 할 때 다른 공동상속인은 공유지분권의 침해를 배제시키는 권리를 행사하여 언제든지 그 침해를 제거하고 원래대로의 공유관계를 회복할 수 있다고 하여야 한다. 그렇지 않고 다른 공동상속인의 지분권을 침해한 공동상속인에게 상속회복청구권에 관한 민법의 규정을 적용케 하여 그 침해를 안 날로부터 3년 또는 상속이 개시된 날로부터 10년의 경과로 결과적으로 그 재산의 취득을 인정하고 상속재산 공유의 상태를 해소시킨다는 것은 상속재산에 대한 공평하고 원만한 분할을 예정하고 있는 공동상속제도의 취지에 어긋나는 것이라고 아니할 수 없다."라고 보충 설명함으로써, 공동상속인은 상속회복청구의 상대방이 될 수 없다고 본 위 반대의견을 지지하고 있다.

**다. 공동상속인 일부의 구체적 상속분이 법정상속분에 미달하는 경우**

138 위와 같이 판례에 따라 공동상속인도 상속회복청구의 상대방이 될 수 있다고 보면, 특별수익과 기여분[165]을 감안한 구체적 상속분[166]이 법정상속분에 미치지 못하는 일부 상속인에 대하여 민사소송으로써 상속회복청구를 할 수 있는지가 문제될 수 있다.

139 대법원 2023. 4. 27. 선고 2020다292626 판결의 사안에서는, 공동상속인인 원고들이 다른 상속인 피고를 상대로 그가 초과특별수익자로서 구체적 상속분이 없다고 주장하며 법정상속분대로 상속등기가 된 부동산의 지분에 관하여 진정명의 회복을 원인으로 한 소유권이전등기와 피상속인의 예금채권에 대한 추심 및 일부 원고의 변제를 통하여 피고가 면하게 된 상속채무 상당액에 대한 부당

165 민법 제1008조는 "공동상속인 중에 피상속인으로부터 재산의 증여 또는 유증을 받은 자가 있는 경우에 그 수증재산이 자기의 상속분에 달하지 못한 때에는 그 부족한 부분의 한도에서 상속분이 있다." 라고 정하고(특별수익), 제1008조의2 제1항은 "공동상속인 중에 상당한 기간 동거·간호 그 밖의 방법으로 피상속인을 특별히 부양하거나 피상속인의 재산의 유지 또는 증가에 특별히 기여한 자가 있을 때에는 상속개시 당시의 피상속인의 재산가액에서 공동상속인의 협의로 정한 그 자의 기여분을 공제한 것을 상속재산으로 보고 제1009조 및 제1010조에 의하여 산정한 상속분에 기여분을 가산한 액으로써 그 자의 상속분으로 한다."고 정하고 있다(기여분).

166 상속재산분할 사건에서는 ① 간주 상속재산액(=상속개시 당시 피상속인의 상속재산 합계+상속인들의 특별수익 합계-기여분 합계)에 법정상속분을 곱하여 법정상속분액을 산정한 다음, ② 법정상속분액에서 상속인별로 특별수익을 공제하고 기여분을 더하여 구체적 상속분을 확정하고, ③ 상속인별 구체적 상속분을 상속인 전체의 구체적 상속분 합계액으로 나누어 구체적 상속분율을 구하여, ④ 분할대상 상속재산에 상속인별 구체적 상속분율을 곱함으로써 최종 상속분을 결정한다. 기여분은 상속재산분할심판에 부가하여 청구해야만 하고, 이는 가정법원의 전속관할이다.

이득반환 등을 청구하였다. 그러나 대법원은 "공동상속인들은 상속이 개시되어 상속재산의 분할이 있을 때까지 민법 제1007조에 기하여 각자의 법정상속분에 따라서 이를 잠정적으로 공유하다가 특별수익 등을 고려한 구체적 상속분에 따라 상속재산을 분할함으로써 위와 같은 잠정적 공유상태를 해소하고 최종적으로 개개의 상속재산을 누구에게 귀속시킬 것인지를 확정하게 된다. 그러므로 공동상속인들 사이에서 상속재산의 분할이 마쳐지지 않았음에도 특정 공동상속인에 대하여 특별수익 등을 고려하면 그의 구체적 상속분이 없다는 등의 이유를 들어 그 공동상속인에게는 개개의 상속재산에 관하여 법정상속분에 따른 권리승계가 아예 이루어지지 않았다거나, 부동산인 상속재산에 관하여 법정상속분에 따라 마쳐진 상속을 원인으로 한 소유권이전등기가 원인무효라고 주장하는 것은 허용될 수 없다."라고 판시하면서 원고들의 청구를 배척하였다.[167]

140 이는 결국 상속재산분할이 이루어지기도 전에 민사소송에서 구체적 상속분을 주장하면서 공동상속인을 상대로 상속회복청구를 할 수는 없다는 것으로서, 상속개시 시에 민법 제1007조에 따라 공동상속인들 사이의 잠정적 공유관계를 형성하는 상속분은 구체적 상속분이 아니라 법정상속분이고, 구체적 상속분은 상속재산분할 단계에서의 기준 내지 방법을 의미하는 것으로 이해함이 타당하다.[168] 위 판결의 반대해석상 상속재산분할협의나 상속재산분할심판이 있는데도 거기에서 정해진 상속분을 초과하여 어느 한 공동상속인 앞으로 상속등기가 마쳐진 경우에는 상속회복청구가 가능하다고 볼 여지가 있을 것이다.[169]

### 4. 상속권을 주장하지 않거나 특정의 권원을 주장하여 상속재산을 점유하는 자

141 상속회복청구권의 성질을 개별적 청구권의 집합이라고 이해하는 이상 표현상속이나 참칭의 유무는 문제가 아니고, 상속재산이 정당한 권원자에게 귀속하고 있

167 대법원은 위와 같은 이유로 원고들의 주장을 받아들인 원심판결(서울고등법원 2020. 11. 11. 선고 2019나2050091 판결)을 파기환송하였다. 본래 위 사건은 피고가 먼저 원고들을 상대로 유류분반환청구의 소를 제기하였으나 유류분액을 초과하는 피고의 특별수익액이 인정됨에 따라 청구기각판결이 선고·확정(서울남부지방법원 2017. 7. 21. 선고 2016가합100516 판결, 서울고등법원 2018. 9. 20. 선고 2017나2049837 판결)된 이후에 원고들이 제기한 것이다. 원심은 상속인들의 특별수익 등에 관한 심리가 충분히 이루어져 민사사건에서 판단이 가능하다고 보았으나, 위와 같이 특별수익을 인정한 확정판결이 있었다거나 당사자들이 기여분을 다투지 않았다는 사정은 대법원의 결론에 영향을 미치지 못하였다.

168 임정윤, "민법 제1007조에서 정한 '상속분'의 의미", 대법원판례해설 제135호(2023), 134.

169 전보성, "민법 제1007조에서 정한 상속분의 의미(=법정상속분) 및 상속재산 분할이 마쳐지기 전 법정상속분에 따른 상속을 원인으로 한 소유권이전등기가 원인무효라고 주장할 수 있는지 여부", 서울고등법원 판례공보스터디 민사판례해설 VI-하: 2023. 1. 1. 자 공보 ~ 2023. 6. 15. 자 공보(2023), 1122.

는가 여부만이 문제가 되므로, 자신의 상속권을 주장하지 않고 청구자의 상속권만을 다투는 상속재산의 점유자는 물론, 아무런 상속권을 다투지 않고 단순히 자기의 점유 하에 있는 재산이 상속재산에 속하지 않는 것만을 주장하는 자도 상속회복청구의 상대방이 되어야 한다는 견해가 있다. 그에 따르면, A가 피상속인 B의 생전에 B와 부동산에 대한 매매계약을 체결하고 이를 원인으로 하여 소유권이전등기를 하였으나 매매계약이 무효가 된 경우, B의 상속인 C가 A에 대하여 매매계약의 무효를 주장하며 소유권이전등기의 말소를 구하는 것은 상속회복청구에 해당한다.[170]

142 그러나 상속회복청구권의 연혁이나 민법 제999조의 문언을 고려할 때 이러한 자까지 상속회복청구권의 상대방이 된다고 보기는 어렵다고 할 것이다.[171] 판례도 일관되게 단순히 상속재산을 점유하는 자나 특정권원을 주장하는 자는 참칭상속인으로 보지 않고 있다.[172]

### 5. 판례 사안의 검토

#### 가. 상속회복청구에 해당하는 사례

143 판례는 원칙적으로 친생자관계가 없거나 상속을 포기하는 등 상속권이 없는 자임에도 공부상 적법한 상속인인 것과 같은 외관이 형성되어 있는 경우에 그에 대한 청구를 상속회복청구로 본다. 적법한 상속인으로서의 외관을 스스로 만들어낸 것이 아니한 한 참칭상속인이 그와 같이 잘못된 사정을 알고 있는지 여부는 문제로 삼고 있지 아니하다. 또한 공동상속인 중 일부가 상속권을 침해한 때에는 상속권이 없는 자에 의한 침해와는 달리 공부를 조작하여 그 일부만이 상속인인 것과 같은 외관을 만들어 낸 경우에도 참칭상속인에 해당한다고 보고 있다. 판례가 참칭상속인에 해당하여 상속회복청구권의 제척기간이 적용되는 것으로 본 사례를 정리하면 다음과 같다. 설명의 편의상 상속권의 침해가 상속권이 없는 자에 의하여 이루어진 경우와 공동상속인에 의하여 이루어진 경우를 나누어 본다.

170 김주수/김상용, 친족·상속법(제20판), 법문사(2024), 649.
171 윤진수, 친족상속법강의(제5판), 박영사(2023), 376~377.
172 대법원 1982. 1. 26. 선고 81다851, 852 판결, 대법원 1986. 2. 11. 선고 85다카1214 판결, 대법원 1991. 11. 18. 선고 91다27990 판결.

1) 상속권이 없는 자에 의한 상속권의 침해

144 가) 친생자가 아님에도 피상속인의 호적(현재의 가족관계등록부)에 친생자로 등재된 자가 피상속인의 자녀들과 함께 상속등기를 마친 다음 자신의 지분에 관하여 제3자에게 근저당권을 설정하여 주었고, 그 과정에서 스스로 상속인의 외관을 적극적으로 조작하였다고 볼 만한 자료는 없는 경우[173]

145 나) 피상속인의 혼인 외의 자가 혼인 중의 자인 것처럼 호적부에 피상속인과 그 배우자의 친생자로 잘못 등록되어 있다가 호주상속을 원인으로 단독상속에 기한 소유권이전등기를 마친 후 이를 처분한 경우[174]

146 다) 피상속인이 자신의 처와 다른 남자 사이에 출생한 자를 자신의 친생자인 것처럼 허위로 호적에 등재하여 참칭상속인의 외관이 형성되었고, 그에 따라 상속을 원인으로 한 소유권이전등기 및 제3자 앞으로 매매를 원인으로 한 소유권이전등기가 마쳐진 경우[175]

147 라) 민법 시행 전에 호주상속인으로서 재산상속인인 적출 장남이 호적부에 기재되지 않음으로써 차남이 호적부에 장남으로 기재되어 상속을 받았거나,[176] 차남이 이중호적에 의하여 호주상속인인 것과 같은 외관을 갖춘 경우[177]

148 평석: 민법 시행 이전에는 구 관습상 호주가 사망하면 적출 장남을 최선순위로 하여 호주상속이 이루어졌고, 호주상속인이 전호주의 지위와 재산을 단독으로 상속하였으며, 차남 이하의 아들은 현존하는 재산의 범위에서 호주상속인에게 재산의 분여를 청구할 권리만을 가졌다(대법원 1990. 10. 30. 선고 90다카23301 판결, 대법원 1973. 6. 12. 선고 70다2575 판결 등 참조).

149 마) 상속을 포기한 자가 여전히 공동상속인의 지위에 남아 있는 것처럼 상속지분에 따른 소유권이전등기를 한 경우[178]

173 대법원 2001. 10. 12. 선고 2001다23836, 23843 판결. 다만 원심판결 이후 헌법재판소의 위헌결정에 따라 상속회복청구권의 제척기간 중 '상속이 개시된 날로부터 10년' 부분이 효력을 상실하였음을 들어, 위 제척기간 경과를 이유로 원고의 청구가 부적법하다고 본 원심을 파기하였다.

174 대법원 1992. 9. 1. 선고 92다22923 판결.

175 대법원 1981. 1. 27. 선고 79다854 전원합의체 판결.

176 대법원 1981. 9. 22. 선고 80다2466, 2467 판결.

177 대법원 1981. 1. 27. 선고 80다1392 판결.

178 대법원 2012. 5. 24. 선고 2010다33392 판결.

150 바) 민법 시행 후에 피상속인의 사후양자로 입적된 자에 지나지 아니하여 재산상속인이 될 수 없는데도 상속부동산에 관하여 진정상속인들과 함께 협의에 의한 상속재산분할을 원인으로 한 소유권이전등기를 마친 경우[179]

151 평석: 민법 시행 전에는 구 관습상 사후양자에게 재산상속이 인정되었으나,[180] 민법 시행 이후에는 사후입양으로 인하여 호주상속이 개시됨은 별론으로 하고 재산상속이 개시되는 것은 아니므로, 피상속인이 민법 시행 전에 사망하였다고 하더라도 사후양자 입양이 민법 시행 이후에 이루어졌다면, 그 사후양자는 피상속인의 재산을 상속받지 못한다.[181] 사후양자 제도는 1990. 1. 13. 민법개정으로 폐지되었다.

152 사) 피상속인의 사후 인지심판이 확정되어 호적에 기재된 자가 민법 시행 후에 사후양자로 입양신고되었으나 그 사후양자 선정 과정에 착오가 있었음을 이유로 한 입양무효확인심판이 확정됨으로써 사후양자 입양의 호적 기재가 말소된 자에 대하여 그 명의의 소유권이전등기의 말소를 청구하는 경우[182]

153 아) 민법 시행 전에 최초의 피상속인과 그 아들들이 순차로 사망하여 그 집안은 호주상속인이 없어 무후가(無後家)가 되었으나, 출가한 딸들이 있어 피상속인 소유의 부동산은 아들들을 거쳐 출가한 딸들에게 공동으로 상속되었음에도, 피상속인이 속한 문중의 종손들이 자신들이 적법한 재산상속인인 것으로 오신하고 상속등기에 갈음하여 임야소유권이전등기등에관한특별조치법에 따라 상속등기에 갈음한 소유권보존등기를 마친 다음 이를 처분한 경우[183]

154 평석: 민법 시행 이전의 구 관습상 호주가 호주상속인 없이 사망하여 그 집안이 무후가(無後家)로 되는 경우 호주의 유산은 근친자에게 귀속하였고, 이때의 근친자는 호주의 최근친자를 의미하며 호주와 동일 호적 내에 있을 것을 요구하지 아니하였다.[184] 따라서 위 판례 사안에서는 출가한 딸들(최후 호주의 누이들)이 진정상속인이 되고, 이를 간과한 채 자신들이 상속인이라고 믿고서 상속재산에 관한 등기를 마친 문중 종손들을 대법원은 참칭상속인으로 보아 구 관습상 상속

179 대법원 2003. 2. 11. 선고 2000다61893 판결.
180 대법원 1991. 11. 16. 선고 91다32350 판결.
181 대법원 1980. 7. 22. 선고 79다1009 판결.
182 대법원 1998. 4. 24. 선고 96다8079 판결.
183 대법원 1984. 2. 14. 선고 83다600, 83다카2056 판결.
184 대법원 1989. 6. 27. 선고 89다카5123, 5130 판결 등 참조

회복청구권의 제척기간(상속이 개시된 때로부터 20년)을 적용한 것이다. 그러나 이에 대하여는 문중의 종손이라는 사정만으로는 상속인의 자격을 갖출 수 없으므로 이들을 상속인의 외관을 가진 자로 본 것은 부당하다는 비판이 있다.[185]

2) 공동상속인에 의한 상속권의 침해

155 가) 공동상속인 중 1인이 단독상속인인 것처럼 가장하여 상속을 원인으로 한 소유권보존등기 또는 소유권이전등기를 마친 경우[186]

156 나) 공동상속인 중 1인이 상속재산인 부동산에 관하여 자신이 단독으로 상속을 받았다는 허위내용의 보증서 및 확인서에 기하여 부동산소유권이전등기등에관한특별조치법에 따라 단독명의로 소유권보존등기를 마친 경우[187]

157 다) 피상속인과 상속인들이 중화민국 국적자여서 중화민국 민법에 따라 공동상속이 개시되었는데도, 상속재산인 부동산에 상속인 중 장남의 단독명의로 호주상속을 원인으로 하여(일부는 등기공무원의 착오로 매매를 원인으로 하여) 소유권이전등기가 이루어진 경우[188]

158 라) 조부의 재산을 자신의 부친과 숙부가 공동으로 상속하였는데도 숙부가 상속재산 중 일부 부동산에 관하여 단독명의로 상속을 원인으로 한 소유권이전등기를 마쳤다고 주장하며 그 말소를 청구하는 경우[189]

159 평석: 원고(조카)와 피고(숙부)의 공통된 선대 피상속인인 조부로부터 상속된 재산의 침해가 문제되므로 상속회복청구에 해당한다고 본 사례이다. 다만 원심은 원고의 청구 중 상속등기가 아니라 허위로 작성된 보증서 기재의 매매사실을 원인으로 하여 부동산소유권이전등기등에관한특별조치법에 따라 마쳐진 소유권이전등기의 말소청구 부분은 상속회복청구에 해당하지 않는다고 보아 원고의 청구를 일부 인용하였고, 해당 부분은 상고되지 아니하였다.

185 곽경직, "상속회복청구권론", 재판자료 제78집(1998), 301; 정재수, "상속회복청구권의 인정기준 및 민법 개정 전·후 적용할 제척기간 등에 대하여(대법원 2003. 7. 24. 선고 2001다48781 전원합의체 판결과 관련하여)", 대구판례연구회 재판과 판례 제16집(2008), 62; 오기두, "상속회복청구권행사에 관한 판례이론 연구", 법조 제48권 제1호(1999), 109.

186 대법원 1992. 10. 9. 92다11046 판결, 대법원 2003. 5. 30. 선고 2002다43578 판결.

187 대법원 1993. 2. 26. 선고 92다3083 판결.

188 대법원 1991. 2. 22. 90다카19470 판결.

189 대법원 1996. 5. 10. 선고 96다3784 판결.

160 마) 호주상속인이 아닌 공동상속인이 호주상속인인 것처럼 신고하여 호적에 등재한 후 상속부동산에 관하여 호주상속인의 금양임야 내지 묘토의 승계 규정에 따라 단독으로 상속하였다고 등기신청을 하여 소유권보존등기를 마친 경우[190]

161 바) 공동상속인 중 1인이 사위(詐僞)의 방법으로 민법 시행 후 사망한 피상속인이 민법 시행 전에 사망한 것으로 기재된 허위의 제적초본을 발급받아 이를 근거서류로 하여 부동산에 관하여 단독으로 상속등기를 마친 경우[191]

162 평석: 공동상속인의 경우 상속권이 없는 자와는 달리 호적등본과 같은 공부를 조작하여 그 일부만이 상속인인 것과 같은 외관을 만들어내었음에도 참칭상속인에 포함시킨 사례이다.

163 사) 공동상속인 중 1인인 손자가 조부 및 부친이 순차로 사망한 이후 다른 공동상속인들의 동의 없이 자신이 마치 부친의 사망 이전에 조부로부터 부동산을 단독으로 상속받은 것처럼 상속등기를 마친 경우[192]

164 평석: 등기를 마친 시점에 부친이 이미 사망하였고 등기원인도 상속으로 기재되었다는 점에서 뒤에서 보는 대법원 1987. 6. 23. 선고 86다카1407 판결의 사안[☞ 상세한 내용은 아래의 V. 5. 나. 2) 다) 참조]과는 차이가 있다.

165 아) 공동상속인 중 1인이 상속지분에 따라 소유권이전등기를 해 주겠다고 다른 공동상속인들을 기망한 후 인감도장과 인감증명서를 받아 자신의 단독명의로 소유권이전등기를 마친 경우[193]

166 자) 공동상속인인 원고와 피고가 제3자에게 협의분할용 인감증명서와 인감도장을 교부하였는데 제3자가 피고 단독명의로 소유권등기를 마쳤고, 원고는 그 소유권이전등기 중 원고의 상속지분에 상응하는 부분이 원인무효라고 주장하면서 말소를 구하는 데에 대하여, 피고는 상속재산이 원고의 상속포기에 의하여 결과적으로 피고의 단독소유가 된 것이라고 주장하는 경우[194]

190 대법원 1991. 12. 24. 선고 90다5740 전원합의체 판결.
191 대법원 1985. 7. 23. 선고 83다632 판결.
192 대법원 1997. 7. 22. 선고 97다15548 판결.
193 대법원 2001. 9. 25. 선고 2001다36382 판결. 다만 원심판결 이후 헌법재판소의 위헌결정에 따라 상속회복청구권의 제척기간 중 '상속이 개시된 날로부터 10년' 부분이 효력을 상실하였음을 들어, 위 제척기간 도과를 이유로 원고들의 소유권이전등기 말소등기 청구가 부적법하다고 본 원심을 파기하였다.
194 대법원 1994. 10. 21. 선고 94다18249 판결.

167 평석: 위 판결은 원고의 주장 자체에 의하더라도 피고가 스스로 제3자에게 협의분할용 인감증명서를 교부하였고, 그리하여 협의분할에 의한 단독상속을 원인으로 하여 피고 단독 명의로 위 소유권이전등기가 경료되었다는 것이므로, 그 소유권이전등기가 피고의 의사와 전혀 무관하게 제3자에 의하여 경료된 것이라고 보기는 어렵다고 하였다.

168 차) 공동상속인 중의 1인이 제소전화해조서를 위조하여 자신의 단독명의로 소유권이전등기 및 소유권보존등기를 마친 경우[195]

169 카) 상속재산분할심판 사건에서 공동상속인 일부의 소송대리권이 흠결된 채 화해조서 또는 조정조서가 작성되고 그에 기하여 공동상속인 중 1인 명의로 상속재산협의분할을 원인으로 한 소유권이전등기가 마쳐졌으나, 이후 위 화해조서 또는 조정조서가 준재심에 의하여 취소된 경우 및 공동상속인인 친권자가 수인의 미성년자들의 법정대리인으로써 상속재산분할협의를 하고 그에 따라 협의에 의한 상속재산분할을 원인으로 한 소유권이전등기가 마쳐졌으나, 위 대리행위가 민법 제921조에서 정한 이해상반행위에 해당하여 상속재산분할협의 전체가 무효가 되는 경우[196]

170 타) 상속개시 후 인지심판이 확정되어 공동상속인 자격을 소급적으로 취득하였으나 상속개시 당시에는 상속인 자격이 없어서 다른 상속인들이 상속을 받았던 경우[197]

171 파) 피상속인의 생전에 포괄유증을 받았다고 주장하는 자가 법정상속분에 따른 상속등기를 마친 공동상속인 중 1인을 상대로 그 등기의 말소청구를 하는 경우[198]

195 대법원 2001. 10. 9. 선고 99다17180 판결. 다만 원심판결 이후 헌법재판소의 위헌결정에 따라 상속회복청구권의 제척기간 중 '상속이 개시된 날로부터 10년' 부분이 효력을 상실하였음을 들어, 위 제척기간 도과를 이유로 원고의 청구가 부적법하다고 본 원심을 파기하였다.

196 대법원 2007. 10. 25. 선고 2007다36223 판결(앞의 사례), 대법원 2011. 3. 10. 선고 2007다36223 판결(뒤의 사례). 위와 같은 경우 등기명의인인 공동상속인을 참칭상속인으로 볼 수 없다는 비판적인 견해로는 주해상속법(제1권), 박영사(2019), 52(윤진수).

197 대법원 1978. 12. 13. 선고 78다1811 판결(파기환송), 대법원 1980. 4. 22. 79다2141 판결(환송 후 판결), 대법원 1981. 2. 10. 선고 79다2052 판결.

198 대법원 2001. 10. 12. 선고 2000다22942 판결. 다만 원심판결 이후 헌법재판소의 위헌결정에 따라 상속회복청구권의 제척기간 중 '상속이 개시된 날로부터 10년' 부분이 효력을 상실하였음을 들어, 위 제척기간 경과를 이유로 원고의 청구가 부적법하다고 본 원심을 파기하였다.

### 나. 상속회복청구가 아니라고 본 사례

172 판례는 상속권 없음이 명백하거나 공부상 상속권이 있는 상속인으로서의 외관을 갖추지 못한 자, 상속인이 아님에도 허위로 상속의 외관을 만들어낸 자, 상속이 아닌 다른 등기원인으로 상속재산에 관한 등기를 마친 자는 참칭상속인에 해당하지 않는다고 보고 있다. 그 외에 상속권을 침해하였다고 볼 수 없는 자와 진정상속인의 피상속인과 다른 사람으로부터 상속을 받았다고 주장하는 자에 대한 청구도 상속회복청구가 아니다. 판례가 상속회복청구에 해당하지 않는다고 본 사례를 유형별로 정리하면 다음과 같다.

#### 1) 상속인으로서의 외관이 형성되지 아니하였거나 상속인이 아닌 자가 적극적으로 상속인의 외관을 만들어 낸 경우

173 가) 피상속인의 친척일 뿐 상속인으로서의 외관이 없고 상속재산을 점유하지도 않으면서 단시 상속권자로 주장만을 하는 자로부터 부동산을 매수하였다는 매수인이 그와 같이 실체적 권리관계에 부합하지 않는 내용을 기재한 보증서를 제출하여 수복지역내소유자미복구토지의복구등록과보존등기등에관한특별조치법에 따른 소유권보존등기를 마친 경우[199]

174 나) 상속재산인 미등기 부동산을 임의로 매도한 자가 아무 근거 없이 피상속인의 호적에 호주상속신고를 한 것으로 기재되어 있으나 상속재산인 미등기 부동산에 관하여 상속인이라고 참칭하면서 등기를 마치거나 점유를 한 바 없고, 피상속인의 호적에 의하더라도 피상속인의 시동생의 손자로서 피상속인의 법정상속인에 해당할 여지가 없어 상속권 없음이 명백한 경우[200]

175 평석: 위 사안에서는 상속부동산이 진정상속인 명의의 소유권보존등기가 마쳐질 때까지 미등기인 상태로 남아 있었고 매도인이 이를 점유하지도 않았으므로, 상속권의 침해가 있었다고 보기도 어렵다.

176 다) 부동산의 사정명의인의 상속인과는 아무런 관련이 없는 제3자가 다른 사람으로부터 상속을 받았다는 허위의 보증서에 기하여 소유권보존등기를 마친 경우[201]

199 대법원 1992. 5. 22. 선고 92다7955 판결.
200 대법원 1998. 3. 27. 선고 96다37398 판결.
201 대법원 2001. 4. 13. 선고 2000다28858 판결.

177 라) 피상속인의 생전에 그로부터 부동산을 매수한 사실이 없는데도 그러한 사유가 있는 것처럼 등기서류를 위조하여 소유권이전등기를 마친 제3자를 상대로 상속인인 원고가 진정명의의 회복을 원인으로 한 소유권이전등기절차의 이행을 구하는 경우[202]

178 마) 농지개혁법의 시행에 따라 국가에 매수되었다가 국유로 등기되거나 경작자에게 분배되지 않음으로써 원소유자의 소유로 환원된 농지에 관하여, 원소유자의 공동상속인들이 위 농지를 분배받아 상환을 완료한 것처럼 문서를 위조하여 다른 사람의 명의로 마쳐진 소유권이전등기 및 그에 터잡아 이루어진 소유권이전등기의 말소를 청구하는 경우[203]

179 바) 민법 시행 전에 피상속인이 사망하여 그 아들인 원고가 호주상속인으로서 피상속인의 부동산을 단독상속하였는데, 피상속인의 동생인 피고가 피상속인으로부터 부동산을 매수한 사실이 없음에도 그러한 사유가 있다고 내세워 이미 사망한 피상속인을 상대로 허위의 소송을 제기한 다음 승소판결을 받아 소유권이전등기를 마친 경우[204]

180 사) 민법 시행 이전에 피상속인의 사후양자로 선정되어 문중에서 발간하는 족보에 그의 아들로 기재되었으나 법률상 입양절차를 밟지 아니하여 호적부에 입적되지 아니한 자가 임야소유권이전등기등에관한특별조치법이 시행됨을 기화로 사실상의 소유관계를 전혀 모르는 보증인들로부터 허위의 보증서를 발급받아 상속재산인 부동산에 관하여 소유권보존등기를 마친 경우[205]

181 아) 피상속인이 조카를 사실상 양자로 삼아 그의 집에서 양육하고 족보에 아들로 등재하였으나 법률상의 입양절차를 밟지 아니하고 있던 중 피상속인 내외가 사망하자, 조카가 피상속인의 사망신고가 아직 되어 있지 아니한 것을 기화로 민법 시행 이후에 임의로 자신이 피상속인의 사후양자로 선정된 것처럼 사후양자입양신고를 한 다음 상속재산에 관하여 일부는 소유권보존등기를 마치고 일부는 미등기인 상태로 제3자에게 매도하였으나, 이후 사후양자입양신고에 대한

202 대법원 1998. 10. 27. 선고 97다38176 판결.
203 대법원 1994. 11. 18. 선고 92다33701 판결.
204 대법원 1991. 11. 8. 선고 91다27990 판결.
205 대법원 1992. 9. 25. 선고 92다18085 판결.

무효심판이 확정되어 그 호적기재가 말소된 경우[206]

182 평석: 대법원은 민법 시행 후의 사후양자나 정식으로 입양되지 아니한 양자는 모두 양부의 유산상속권이 없는 것이 명백하므로, 양자로 행세하였다고 하더라도 상속인을 내세운 것으로는 될 수 없다는 취지로 판시하고 있다. 그러나 위 사건과 달리 대법원 2003. 2. 11. 선고 2000다61893 판결 및 대법원 1998. 4. 24. 선고 96다8079 판결[☞ 상세한 내용은 위의 V. 5. 가. 1) 바), 사) 참조]은 민법 시행 후에 사후양자로 입양된 자라 하더라도 상속회복청구의 상대방에 해당한다고 보았다. 이에 비추어 보면, 대법원은 위 사건에서는 조카가 그 스스로 사후양자 입양신고를 함으로써 상속인으로서의 외관을 만들어 냈다는 점에 주목하여, 상속회복청구권의 제척기간으로 보호할 만한 가치가 없다고 보아 참칭상속인이 아니라고 판단한 것이 아닌가 생각된다.

183 자) 상속인이 아닌 자가 상속인인 것처럼 허위로 기재된 제적등본, 호적등본 등을 기초로 하여 상속인인 것처럼 꾸며 상속등기를 마친 경우[207]

2) 등기원인이 상속이 아니거나 공동상속인 중 일부가 자기 명의로 등기를 마치지 아니하고 피상속인으로부터 곧바로 제3자에게 등기를 넘겨 준 경우

184 가) 증조부로부터 부동산을 상속받아 사실상 소유하고 있다는 취지의 보증서와 확인서를 발급받아 부동산소유권이전등기등에관한특별조치법에 의한 소유권이전등기를 마쳤으나, 등기부상 그 등기원인은 매매로 기재된 경우[208]

185 평석: 소유권이전등기에 의하여 재산상속인임을 신뢰케 하는 외관을 갖추었는지의 여부는 권리관계를 외부에 공시하는 등기부의 기재에 의하여 판단하여야 하므로, 비록 등기의 기초가 된 보증서 및 확인서에 취득원인이 상속으로 기재되어 있다 하더라도 등기부상 등기원인이 매매로 기재된 이상 재산상속인임을 신뢰케 하는 외관을 갖추었다고 볼 수 없다고 본 판례이다.

186 나) 공동상속인 중 1인이 피상속인의 생전에 그로부터 부동산을 매수하였다고 허위로 주장하여 보증서 내지 확인서를 위조하거나 허위로 발급받아 부동산소

206 대법원 1987. 7. 21. 선고 86다카2952 판결.
207 대법원 1993. 11. 23. 선고 93다34848 판결.
208 대법원 1997. 1. 21. 선고 96다4688 판결.

유권이전등기등에관한특별조치법 또는 임야소유권이전등기에관한특별조치법에 의하여 단독명의로 소유권이전등기를 한 경우[209]

187 다) 피상속인인의 장남이 다른 공동상속인들을 배제하고 상속부동산의 소유권이전등기에 필요한 관계서류를 위조하여 자신의 아들(피상속인의 손자) 명의로 피상속인이 사망한 이후 시점의 매매를 원인으로 한 소유권이전등기를 마친 경우[210]

188 라) 공동상속인 중 일부가 다른 공동상속인들의 동의 없이 관계서류를 위조하여 피상속인이 제3자에게 직접 상속재산을 매각한 것처럼 소유권이전등기를 마쳐준 경우[211]

189 평석: 등기부상으로 상속의 외관이 드러나지 않기 때문에 상속회복청구권의 행사에 해당하지 않게 된 사례이다. 이에 대하여는 상속인들 중 일부의 명의로 먼저 상속등기가 이루어진 후 제3자의 명의로 소유권이전등기가 마쳐졌다면 결론은 달라졌을 것이라고 보는 평석이 있다.[212]

190 마) 피상속인이 사망하자 공동상속인 중 1인이 상속세를 면탈할 목적으로 피상속인의 인감증명서와 그 명의의 등기소요서류를 위조하여 아무런 원인 없이 제3자 앞으로 소유권이전등기를 마쳐준 경우[213]

3) 진정상속인의 권리를 침해하는 등기가 그 명의인의 의사와 무관하게 이루어진 경우

191 가) 피상속인의 사망 후 그 동생이 상속인인 조카들을 양육하면서 상속부동산을 점유·관리하던 중 그에 관한 등기부가 멸실되었음을 알고서 조카들의 동의나 승낙을 받음이 없이 조카들 중 1명의 인감증명서 등을 위조하여 그 명의로 소유권보존등기를 하였고, 다시 같은 날 자신이 그로부터 매수를 한 것처럼 허위의 매매계약서를 작성한 다음 이에 기하여 자기 앞으로 소유권이전등기를 마쳤으며, 달리 위 소유권보존등기의 명의자인 조카가 자기만이 상속한 것이라고 주장하였다고 볼 만한 자료도 없는 경우[214]

209 대법원 1982. 1. 26. 선고 81다851, 852 판결, 대법원 1993. 9. 14. 선고 93다12268 판결.
210 대법원 1987. 6. 23. 선고 86다카1407 판결.
211 대법원 1986. 2. 11. 선고 85다카1214 판결.
212 오기두, "상속회복청구권행사에 관한 판례이론 연구", 법조 제48권 제1호(1999), 117.
213 대법원 1991. 10. 22. 선고 91다21671 판결.
214 대법원 1994. 3. 11. 선고 93다24490 판결.

192 나) 공동상속인 중 일부가 상속을 포기하여 다른 공동상속인이 단독으로 진정상속인이 되었음에도, 상속재산인 부동산에 관하여 상속을 포기한 자와 진정상속인의 명의로 상속등기가 마쳐진 경우[215]

193 평석: 상속포기자의 대습상속인인 원고들이 진정상속인인 피고의 상속회복청구권이 제척기간 경과로 소멸하여 그 반사적 효과로서 자신들이 상속등기상의 지분소유권을 취득하였음을 적극적으로 주장하면서, 이를 전제로 하여 상속등기 이후에 매매를 원인으로 마쳐진 진정상속인 명의의 소유권이전등기가 원인무효의 등기임을 이유로 그 말소를 구한 사안이다. 대법원은 상속을 포기한 자가 상속을 포기한 때로부터 8년여가 지난 시점에 이르러 특별한 사유 없이 종전의 의사를 번복하여 자신이 적극적으로 주도한 상속포기의 효력을 부정하고 공동상속인으로서 상속권을 주장할 의도로 상속등기를 마친다는 것은 매우 이례적이라고 하지 않을 수 없고, 따라서 위 상속등기가 이루어진 경위나 그 신청인 등을 구체적으로 살펴보지 아니하고서는 단지 상속포기자 명의의 상속지분을 포함하는 공동상속의 등기가 마쳐졌다는 사정만으로 상속포기자 명의의 상속지분에 관한 등기가 그의 의사에 의하여 이루어졌다고 단정하기는 어렵다는 취지로 판시하면서, 이를 다시 심리하도록 원심판결 중 피고 패소부분을 파기·환송하였다.

#### 4) 참칭상태가 발생하였거나 상속권이 침해되었다고 보기 어려운 경우

194 가) 상속부동산에 관하여 일단 적법하게 상속등기가 마쳐진 이후에 공동상속인의 일부 및 제3자의 명의로 원인 없이 소유권이전등기가 이루어진 경우[216]

195 평석: 이는 상속권이 침해되었음을 이유로 그 회복을 구하는 것이 아니라 상속으로 일단 취득한 소유권이 그 후 위법하게 침해되었다는 것이기 때문에 상속회복청구의 소에 해당하지 않으며, 공동상속등기와 그에 이은 이전등기 사이의 시간적 간격이 짧다거나 공동상속등기와 이전등기가 상속인 중 1인에 의하여 동일한 기회에 이루어졌다고 하여 달리 볼 것이 아니다.[217]일단 적법하게 상속인 모두에 대해 법정상속분대로 또는 공동상속인 전원의 합의에 의해 상속재산이

215 대법원 2012. 5. 24. 선고 2010다33392 판결.
216 대법원 1987. 5. 12. 선고 86다카2443, 2444 판결.
217 대법원 2011. 9. 29. 선고 2009다78801 판결.

협의분할된 대로 적법하게 상속등기가 마쳐진 이상, 참칭상속인이란 있을 수 없다.[218]

196 나) 무허가건물을 양수한 자가 무허가건물대장에 건물주로 기재되어 있는 경우[219]

197 다) 피상속인이 공동상속인 중 1인에게 유증을 하였으나, 이후 그와 저촉되는 처분행위를 하여 그 유증이 철회되었는데도 수증자가 상속부동산에 관하여 유증을 원인으로 한 소유권이전등기를 마친 경우[220]

198 라) 피상속인의 사망 후에 그 재산상속을 받은 자가 호적상 상속인인의 지위에 있는 자로 등재되어 있지 아니하여 편의상 호적상 상속인의 지위에 있는 자와 사이에 상속부동산을 명의신탁하기로 합의하고 그에 관하여 호적상의 상속인 명의로 상속을 원인으로 한 소유권이전등기를 마친 경우[221]

199 마) 피상속인 사망 후 공동상속인 중 1인이 다른 공동상속인에게 자신의 상속지분을 중간생략등기방식으로 명의신탁하였다가 그 명의신탁이 부동산 실권리자명의 등기에 관한 법률에서 정한 유예기간의 도과로 무효가 되었음을 이유로 명의수탁자를 상대로 상속지분의 반환을 구하는 경우[222]

200 바) 동일한 부동산에 관하여 등기명의인을 달리하여 중복된 소유권보존등기가 마쳐져, 선행 보존등기로부터 소유권이전등기를 한 소유자의 상속인이 후행 보존등기나 그에 기하여 순차로 이루어진 소유권이전등기 등 후속등기가 모두 무효라는 이유로 등기의 말소를 구하는 경우[223]

201 평석: 원고의 피상속인은 과거에 '자신이 진정한 상속인임'을 주장하며 후행 보존등기 및 그에 이어 마쳐진 소유권이전등기의 순차 말소등기를 청구하는 소를 제기하였다가 상속회복청구의 제척기간 경과를 이유로 패소하여 그 판결이 확정되었는데, 이후 원고는 '후행 보존등기가 중복등기에 해당하여 무효임'을 주장하며 소유권이전등기의 말소등기 등을 구하는 소를 제기한 사안이다. 대법원은, 동일한 부동산에 관하여 등기명의인을 달리하여 중복된 소유권보존등기가 마쳐

218 오기두, "상속회복청구권행사에 관한 판례이론 연구", 법조 제48권 제1호(1999), 127~128.
219 대법원 1998. 6. 26. 선고 97다48937 판결.
220 대법원 2002. 7. 23. 선고 2001다77437 판결.
221 대법원 2003. 5. 16. 선고 2003다11714 판결.
222 대법원 2010. 2. 11. 선고 2008다16899 판결.
223 대법원 2011. 7. 14. 선고 2010다107064 판결.

진 경우 먼저 이루어진 소유권보존등기가 원인무효로 되지 않는 한 뒤에 된 소유권보존등기는 그것이 실체관계에 부합하는지를 가릴 것 없이 1부동산 1등기용지주의의 법리에 비추어 무효이므로, 이를 이유로 등기의 말소를 구하는 원고의 후소는 상속회복청구가 아니어서 그 제척기간이 적용되지 않고, 이미 패소판결이 확정된 피상속인의 전소와 청구원인을 달리하는 것이어서 전소의 기판력에 저촉되지도 않는다고 보았다.

202 사) 공동상속인 중 1인이 자신이 단독상속인이라고 주장하며 상속부동산에 관하여 소유권이전등기를 마친 제3자를 상대로 그 등기의 말소를 소송상 청구한 일이 있었던 데에 불과한 경우[224]

5) 원·피고의 피상속인이 다른 경우

203 가) 피상속인의 공동상속인에 해당하지 않는 제3자가 피상속인과 성명이 같은 어머니의 사망사실이 기재된 호적등본을 첨부하여 피상속인 소유의 부동산에 관하여 재산상속을 원인으로 한 소유권이전등기신청을 하여 그 등기가 마쳐진 경우[225]

204 나) 소유권보존등기가 마쳐진 임야에 관하여 그 등기명의인의 등기부상 주소지를 동명이인의 주소지로 변경함으로써 등기명의인의 동일성이 인정되는 범위를 벗어난 경정등기가 마쳐졌고, 이후 그 동명이인의 장손이 상속을 원인으로 한 소유권이전등기를 마친 경우[226]

205 다) 원고들은 자신들이 증조부의 부동산을 조부와 부(父)를 거쳐 공동으로 상속하였는데도 무권리자인 피고들이 허위의 보증서와 확인서를 발급받아 그들 명의로 소유권보존등기를 마쳤다고 주장하며 그 말소를 구하고 있고, 이에 대하여 피고들은 조부(원고들의 증조부)의 부동산을 직접 상속하였다는 것이 아니라 자신들의 부친들이 조부의 생전에 증여받은 부동산을 승계하였다고 주장하는 것에 불과하며, 기록에 의하더라도 피고들이 그들의 부친들 사후에 상속을 원인으로 한 확인서를 발급받아 소유권보존등기를 한 사실이 인정되는 경우[227]

224 대법원 1994. 11. 18. 선고 92다33701 판결.
225 대법원 1994. 1. 14. 선고 93다49802 판결.
226 대법원 1994. 4. 15. 선고 94다798 판결.
227 대법원 1995. 7. 11. 선고 95다9945 판결.

206 라) 원고들은 자신들이 증조부인 A로부터 대를 이어 공동상속한 부동산에 관하여 마쳐진 피고의 소유권보존등기가 무권리자에 의한 것으로서 원인무효임을 이유로 그 말소를 구하는데, 피고는 A의 상속인임을 내세워 소유권보존등기를 한 것이 아니고, 그의 부(父)로서 A의 차남인 B로부터 상속을 받아 이를 소유하고 있다는 내용의 허위보증서에 의하여 소유권보존등기를 마친 것으로 인정되는 경우[228]

207 마) 피상속인의 상속인이 아니라 부동산 지분을 매수한 매수인의 상속인인 자가 부동산소유권이전등기등에관한특별조치법에 따라 피상속인 명의 부동산에 관하여 자신 명의로 상속을 원인으로 한 소유권이전등기를 마친 후 이를 전매한 경우[229]

208 평석: 원고들의 피상속인인 A로부터 부동산 지분을 매수한 매수인의 상속인인 B가 부동산소유권이전등기등에관한특별조치법(1992. 11. 30. 법률 제4502호)에 의하여 자신 명의로 A로부터의 상속을 원인으로 하는 소유권이전등기를 마친 후 피고에게 매도한 사안이다. 특별조치법상의 소유권이전등기가 상속을 원인으로 하였음에도, 대법원은 보증서의 기재내용까지 살펴서 피상속인이 서로 다르다고 판단을 하였다는 점에서 의미가 있다.[230]

## VI. 상속회복청구권의 행사

### 1. 행사의 방법

209 상속회복청구는 반드시 소송에 의할 필요는 없으며 재판 외의 청구도 가능하다는 것이 다수설이나,[231] 판례는 상속회복청구권의 제척기간을 제소기간으로 보므로, 판례의 입장에 따르면 재판 외의 청구에 의하여는 제척기간의 진행을 막을 수 없다.[232]

228 대법원 1995. 4. 14. 선고 93다5840 판결.

229 대법원 1998. 4. 10. 선고 97다54345 판결.

230 장창국, "상속회복청구권에 관한 판례의 검토-참칭상속인의 요건을 중심으로-", 창원지법 재판실무 제3집(2005), 174.

231 김주수/김상용, 친족·상속법(제20판), 법문사(2024), 638; 송덕수, 친족상속법(제7판), 박영사(2024), 390; 한봉희/백승흠, 가족법, 정독(2024), 434.

232 대법원 1993. 2. 26. 선고 92다3083 판결, 대법원 2006. 9. 8. 선고 2006다26694 판결, 대법원 2010. 1. 14. 선고 2009다41199 판결, 주해상속법(제1권), 박영사(2019), 47(윤진수).

210 종래 가사심판법에서는 상속회복청구를 가정법원이 심판하는 대상으로 규정하고 있었으나, 실제로 호주상속회복청구가 아닌 재산상속회복청구는 대부분 민사소송절차에 의하였던 것으로 보인다.[233] 이후 가사심판법의 폐지와 함께 제정·시행된 가사소송법(1990. 12. 31. 법률 제4300호, 1991. 1. 1. 시행)은 상속회복청구를 가정법원의 관할사항에서 제외하였다. 따라서 현재 상속회복청구의 소는 가사사건이 아닌 민사사건으로서, 상대방의 보통재판적(민사소송법 제2조) 또는 상속개시 당시의 피상속인의 보통재판적(제22조)이 있는 곳 등의 법원에 제기할 수 있고, 통상의 민사소송절차에 따라 처리된다. 다만 민법 제1014조에 의한 상속분상당가액지급청구는 다류 가사소송사건으로서 가정법원의 전속관할에 속한다(가사소송법 제2조 제2항, 가사소송규칙 제2조 제1항 제2호 제2항).

211 상속회복청구를 하는 경우에 참칭상속인과 피상속인과의 신분관계에 관한 소송을 미리 경유하여야 하는 것은 아니다.[234] 상속회복청구에 있어 상속회복의 목적이 된 재산을 하나하나 열거할 필요가 있는지에 관하여는 학설상 다툼이 있으나, 민사소송법의 체계상 목적물이 열거되지 아니한 청구가 특정되었다고 보기는 어려울 것이다. 설령 그와 같은 청구가 가능하다고 하더라도, 판결의 기판력과 집행력은 회복의 목적물로서 구체적으로 지시된 것 이외에는 미치지 않으므로, 강제집행을 하기 위해서는 목적물을 지시하지 않으면 안 된다.[235]

212 상속회복청구를 하는 상속인은 자신이 상속권을 가지는 사실과 청구의 목적물이 상속개시 당시 피상속인의 점유에 속하였던 사실뿐만 아니라, 나아가 참칭상속인에 의하여 그의 재산상속권이 침해되었음을 주장·증명하여야 한다.[236] 그러나 피상속인에게 소유권 등의 본권이 있었다는 것을 증명할 필요는 없다. 상대방이 상속회복청구를 배척하려면 자신에게 해당 목적물에 관한 특정의 권원이 있음을 증명하여야 한다.

## 2. 행사의 내용 및 효과

### 가. 상속재산의 반환

213 상속회복청구권은 상속재산점유자에 대한 상속재산의 반환청구이다. 상속재산인

233 신성택, "재산상속회복청구권에 관하여", 사법논집 제10집(1979), 295.
234 대법원 1956. 12. 22. 선고 4288민상399 판결.
235 김주수/김상용, 친족·상속법(제20판), 법문사(2024), 651.
236 대법원 2011. 7. 28. 선고 2009다64635 판결.

부동산에 관하여 참칭상속인 명의로 등기가 마쳐져 있는 경우에는 진정상속인은 그 등기의 말소를 청구할 수 있다. 진정상속인에게 이전등기를 하는 것이 진실의 권리관계에 부합하는 경우에는 진정명의회복을 원인으로 하는 이전등기를 청구하는 것도 허용된다.

214 공동상속인 중 1인은 보존행위로서 자신의 지분을 넘어 상속부동산 전체에 대한 인도청구와 함께 등기말소청구 또는 이전등기청구를 할 수 있다.[237] 상속회복청구의 상대방이 공동상속인인 경우에는 상속분에 따라서 반환한다. 공동상속인 중 일부를 제외하고 협의에 의한 상속재산분할이 이루어진 경우 이러한 협의는 무효이므로, 분할협의에서 제외된 상속인은 다른 공동상속인들에 대하여 자신을 포함하여 재분할의 협의를 한 후 자신이 취득할 부분을 인도하라는 취지의 청구를 하여야 한다.[238] 그러나 상속개시 후에 인지된 혼인 외의 출생자 또는 재판의 확정에 의하여 공동상속인으로 추가된 자는 자신이 추가되기 전에 상속재산이 이미 분할되었거나 처분되었다면, 자기의 상속분에 상당한 가액의 지급을 청구할 수 있을 뿐이다(민법 제1014조).

### 나. 반환의 범위

215 반환할 목적물의 범위에 관하여 민법은 독일과는 달리 특별한 규정을 두고 있지 않으므로, 물권적 반환청구에 관한 규정(민법 제201조 내지 제203조)과 사무관리·부당이득·불법행위에 관한 일반규정을 유추적용할 수 있을 것이다. 학설로는, 참칭상속인이 선의인 경우에는 실종선고의 취소에 준하여 현존이익(現存利益)의 한도 내에서 반환하고, 악의인 경우에는 민법 제201조 제2항에 따라 목적물과 함께 과실과 사용이득도 반환하여야 한다는 견해[239]와, 참칭상속인은 선·악의를 불문하고 취득한 재산 전부를 반환하여야 한다는 견해[240]가 대립한다. 참칭상속인과 달리 그로부터 상속재산을 양수한 제3자는 선의라면 현존이익의 한도 내에서 반환의무를 진다는 견해[241]도 있다. 참칭상속인은 반환 시에 상속재산에

237 주해상속법(제1권), 박영사(2019), 46(윤진수).
238 신성택, "재산상속회복청구권에 관하여", 사법논집 제10집(1979), 법원도서관(1979), 296.
239 주해상속법(제1권), 박영사(2019), 57(윤진수); 김주수/김상용, 친족·상속법(제20판), 법문사(2024), 652.
240 곽윤직, 상속법(민법강의VI)(개정판), 박영사(2004), 166; 박동섭, 친족상속법(제5판), 박영사(2020), 585; 박병호, 가족법, 한국방송통신대학교출판부(1999), 324; 이경희/윤부찬, 가족법(11정판), 법원사(2024), 529.
241 지원림, 민법강의(제21판), 홍문사(2024), 1617.

관하여 지출한 비용의 반환을 청구할 수 있다(민법 제203조).

### 다. 대상청구의 허용 여부

216 참칭상속인이 상속재산을 제3자에게 양도한 경우나 상속재산이 수용 등의 원인으로 처분된 경우에, 상속재산의 처분 대가로 취득한 이른바 대상재산(代償財産)도 상속회복청구의 대상(對象)이 되는지가 문제된다. 독일에서는 이를 인정하는 규정을 두고 있고(독일 민법 제2019조 제1항), 스위스에서는 법률이 명문의 규정을 두고 있지 아니하나 통설은 상속회복청구소송을 물적소송으로 구성함과 동시에 상속재산이 특별재산을 구성하는 것으로 이해하여 대상청구를 긍정한다. 우리나라에서도 이를 인정하여야 한다는 학설이 있다.[242]

217 대법원은 상속재산분할에 관하여는 "상속개시 당시에는 상속재산을 구성하던 재산이 그 후 처분되거나 멸실·훼손되는 등으로 상속재산분할 당시 상속재산을 구성하지 아니하게 되었다면 그 재산은 상속재산분할의 대상이 될 수 없다. 다만 상속인이 그 대가로 처분대금, 보험금, 보상금 등 대상재산을 취득하게 된 경우에는, 대상재산은 종래의 상속재산이 동일성을 유지하면서 형태가 변경된 것에 불과할 뿐만 아니라 상속재산분할의 본질이 상속재산이 가지는 경제적 가치를 포괄적·종합적으로 파악하여 공동상속인에게 공평하고 합리적으로 배분하는 데에 있는 점에 비추어, 그 대상재산이 상속재산분할의 대상으로 될 수는 있을 것이다."라고 판시한 바 있으나,[243] 상속회복청구권의 대상청구에 관하여 언급한 판례는 없었던 것으로 보인다.

218 각급법원 판결 가운데에는, 공동상속인인 참칭상속인이 피상속인 생전에 제3자에게 명의신탁한 상속재산인 주식을 자신의 상속지분을 넘어 처분하고, 그 처분 대가를 통하여 동종의 주식을 다시 취득하였는데, 다른 공동상속인인 원고가 참칭상속인이 새로 취득한 주식에 대하여 그것이 대상재산임을 이유로 반환을 구한 사례가 있다.

219 제1심인 서울중앙지방법원 2013. 2. 1. 선고 2012가합503883, 509188, 506103 판결은 위와 같은 대상청구가 인정될 수 없다고 판단하였는데, 그 이유 중 일부를

242 김상명, "상속회복청구에서 대상재산 반환청구의 비교법적 검토", 국제법무 제11집 제2호(2019), 74~75; 박근웅, "대상재산에 대한 상속회복청구", 비교사법 제21권 제4호(2014), 1403~1420; 이화숙, "상속회복청구권에 관한 몇 가지 문제-2002년 개정 민법 부칙 제2항의 해석과 대상재산에 대한 상속회복청구를 중심으로-", 저스티스 제133호(2012. 12.), 51~67.

243 대법원 2016. 5. 4. 자 2014스122 결정.

정리하면 다음과 같다. 즉, ① 상속재산분할은 상속개시로 인하여 생긴 공동상속인 사이의 상속재산 공유관계를 종료시키고 상속재산의 귀속을 확정시키는 것을 목적으로 하는 반면, 상속회복청구는 진정한 상속인의 상속권이 침해되었을 때 그 참칭상속인을 상대로 상속재산의 반환 등 상속권의 회복을 구하는 것으로서 양 제도의 취지가 다르다. ② 상속재산분할의 경우 가사비송사건으로 조정 내지 심판에 의하여 공동상속인들 사이의 공평타당하고 합리적인 상속재산분배를 위하여 상속재산의 대상재산까지 상속재산분할의 대상으로 삼아 분할을 할 수 있지만, 상속회복청구는 소송사건으로 이를 청구하는 자가 개별 재산에 대한 구체적인 증명책임을 부담한다는 점 등에서 차이가 있다. ③ 대상재산 또는 대상재산의 대상재산까지도 상속재산의 범위에 포함시키는 명문의 규정이 있는 독일 민법과 달리 대한민국 민법은 대상재산에 관한 규정을 두고 있지 않다. ④ 일반적으로 무권리자의 처분행위로 소유권을 상실한 사람은 처분행위자에게 처분대금 상당의 부당이득반환을 구하거나 불법행위를 이유로 손해배상을 구할 수 있을 뿐 처분행위자가 그 처분대금으로 다른 물건을 취득하였다고 하여 그 반환을 구할 수는 없다 할 것이고, 당초의 물건이 상속재산이라 하여 이와 달리 볼 수 없으며, 그 처분대금으로 취득한 다른 물건이 당초의 물건과 같은 종류라 하더라도 마찬가지이다.

220 항소심인 서울고등법원 2014. 2. 6. 선고 2013나2003420 판결은 위와 같은 제1심의 결론을 유지하면서, 다음과 같은 이유를 들고 있다. ① 원고는 대상물 주장과 관련하여 상속재산의 분할청구 외에 상속재산 분할 후 피인지자의 상속회복청구, 유류분반환청구의 경우에도 상속재산을 그 재산가치로 파악하여 대상물이나 가액의 반환을 가능하게 하고 있다는 점을 들고 있으나, 유류분반환청구는 '유류분에 부족한 한도에서의 재산'을 그 가액 등으로 반환하도록 하는 제도이고, 상속재산 분할 후 피인지자 등의 청구권도 인지 이전에 다른 공동상속인들이 이미 상속재산을 분할 기타의 방법으로 처분한 경우 사후의 피인지자가 다른 공동상속인들의 분할 기타 처분의 효력을 부인하지 못하게 하는 대신 이들에게 그 상속분에 상당한 가액의 지급을 청구할 수 있도록 하여 상속재산의 새로운 분할에 갈음하는 권리를 인정함으로써 피인지자의 이익과 기존의 권리관계를 합리적으로 조정하는 것이므로, 원고의 대상주식 인도청구와는 제도의 취지나 그 반환 대상과 방법을 달리한다. ② 상속회복청구의 대상인 주식은 원칙

적으로 상속 개시 당시 존재하는 특정 주식이어야 하고, 예외적으로 주식분할이나 주권 교체의 경우 등과 같이 주식이 그 동일성을 유지하면서 변형된 경우에 해당하지 않는 이상 상속재산의 변형물은 비록 그것이 상속재산에서 비롯되었다고 하더라도 상속회복청구의 대상이 될 수 없으며, 이를 인정할 경우 상속재산 자체와 대상물에 대하여 각 인도를 구할 수 있는 권리가 중첩적으로 존재하는 불합리가 발생한다.

### 라. 참칭상속인의 양도행위와 제3자에 대한 효과

221 참칭상속인으로부터 제3자가 양수한 상속재산이 동산(민법 제249조)이나 어음·주식·지시채권·무기명소지인출급채권(민법 제514조, 제524조, 제525조, 어음법 제16조, 수표법 제21조) 등의 유가증권인 경우 제3자는 선의취득에 의하여 보호받을 수 있다. 그러나 부동산의 경우에는 우리 민법이 부동산의 등기에 공신력을 인정하지 않으므로, 상속등기를 믿고 부동산을 매수한 제3자는 구제받을 수 없다. 제3자가 참칭상속인의 부동산 점유와 자신의 점유를 함께 주장하여 시효취득을 할 수 있다는 견해가 있으나,[244] 부동산점유취득시효의 기간이 상속회복권의 제척기간보다 장기이므로 이를 통하여 제3자가 보호받는 경우는 현실적으로 생각하기 어려울 것이다. 결국 상속재산을 양수한 제3자는 참칭상속인에 대하여 담보책임(민법 제570조 이하)을 물어 손해배상청구를 할 수밖에 없고, 이 점에서 상속증서의 추정적 효력과 등기의 공신력을 인정하는 독일 민법 및 표현상속인의 이론을 통하여 제3자 보호의 가능성을 열어 둔 프랑스 민법과 차이가 발생한다. 이에 입법론으로서는 실종선고 취소의 효과에 관한 규정(민법 제29조 제2항)이나 상속재산의 분할의 소급효에 관한 규정(제1015조 단서)와 같은 특별규정을 두어 제3자를 보호할 필요가 있다는 견해가 있다.[245]

### 마. 참칭상속인에 대한 채무의 변제

222 피상속인의 채무자가 선의·무과실로 그 채무를 참칭상속인에게 변제하였을 경우 그 변제는 채권의 준점유자에 대한 변제로서 유효하다(민법 제470조). 진정상속인은 변제를 수령한 참칭상속인을 상대로 부당이득반환을 청구할 수 있고, 이러한 청구도 상속회복청구의 성질을 갖는 것으로 해석된다.[246]

244 박동섭, 친족상속법(제5판), 박영사(2020), 586.
245 김주수/김상용, 친족·상속법(제20판), 법문사(2024), 652.
246 김주수/김상용, 친족·상속법(제20판), 법문사(2024), 652.

### 3. 북한주민의 상속회복청구에 관한 특례

#### 가. 남북 주민 사이의 가족관계와 상속 등에 관한 특례법의 입법취지

223 법원은 오래전부터 북한주민에게도 민법에 따른 상속권이 인정된다는 입장을 취해 왔다.[247] 2012. 2. 10. 제정된 남북 주민 사이의 가족관계와 상속 등에 관한 특례법(이하 '남북가족특례법'이라 한다)은 남한주민과 북한주민 사이의 가족관계와 상속·유증 등에 관한 법률관계의 안정을 도모하고, 북한주민이 상속이나 유증 등으로 소유하게 된 남한 내 재산의 효율적인 관리에 이바지함을 입법목적으로 하는 법률로서, 법원의 종래 입장과 같이 북한주민에게도 상속권이 있음을 전제로 하고 있다. 그중 남북가족특례법 제11조는 북한주민의 상속회복청구권이 인정됨을 확인함과 동시에 그에 관하여 다음과 같은 특례를 규정하여 민법 제999조에 따른 상속회복청구권의 내용에 약간의 수정을 가하고 있다.

#### 나. 관할의 특례

224 남북이산으로 인하여 피상속인인 남한주민으로부터 상속을 받지 못한 북한주민이 상속회복청구를 하는 경우 이는 통상의 상속회복청구소송이 민사소송인 것과 달리 가정법원 합의부의 전속관할에 해당한다(남북가족특례법 제11조 제1항 전문, 제5조 제2항). 또한 북한주민은 '상속개시 후의 인지 또는 재판의 확정에 의하여 공동상속인이 된 자'(민법 제1014조)가 아니더라도 다른 공동상속인이 상속재산에 관하여 이미 분할, 그 밖의 처분을 한 경우에는 상속분상당가액지급청구를 할 수 있는데(남북가족특례법 제11조 제1항 후문), 이 또한 가정법원 합의부의 전속관할에 속한다.

#### 다. 기여분 인정의 특례

225 1990. 1. 13. 민법개정(법률 제4199호, 1991. 1. 1. 시행)으로 도입된 기여분 제도는 피상속인을 특별히 부양하거나 피상속인의 재산의 유지 또는 증가에 특별한 기여를 한 상속인이 있는 경우 이를 그의 상속분 산정에 고려함으로써 공동상속인 간의 실질적 공평을 도모하기 위한 제도이다. 기여분에 관하여는 공동상속인들 사이에 협의로 정할 수 있으나, 협의가 되지 아니하거나 협의를 할 수 없는 때에는 가정법원이 기여상속인의 청구에 따라 기여분을 정하여 이를 공제한 것을 상속재산으로 보고, 법정상속분 및 대습상속분의 규정에 의하여 산정한 상속분에 기여분을 가산한 액으로써 기여자의 기여상속인의 상속분으로 하게 된다(민법 제1008조의2 제1항·제2항).

247 대법원 1982. 12. 28. 선고 81다452, 453 판결 등.

226 남북가족특례법상의 기여분은 다음의 두 가지 측면에서 본법에 따른 기여분 제도와 차이를 두고 있다.

227 첫째로, 본래 기여분결정청구는 민법 제1013조 제2항에 의한 상속재산분할청구 또는 제1014조에 의한 상속분상당가액지급청구가 있어야만 할 수 있고(민법 제1008조의2 제4항), 상속회복청구에 있어서는 기여분이 인정되지 않는다. 상속회복청구의 상대방은 진정상속인의 상속권을 침해한 참칭상속인이기 때문이다. 그러나 북한주민인 공동상속인인 경우에는 남북분단의 장기화, 고착화로 인하여 그 존재를 확정하거나 상속재산을 분할하는 것이 사실상 불가능하였을 것이고, 따라서 상속재산을 취득한 남한주민에게 어떤 잘못이 있었다고 보기는 어려우므로, 그가 참칭상속인임을 이유로 기여분을 인정하지 않는 것은 불합리한 면이 있다. 이에 남북가족특례법 제11조 제3항은 북한주민에 의한 상속회복청구 또는 상속분상당가액지급청구를 하는 경우 기여상속인은 상속재산분할청구가 없다고 하더라도 가정법원에 기여분결정청구를 할 수 있음을 규정하였다. 북한주민의 상속회복청구 사건을 가정법원의 전속관할로 둔 것도 이를 위함이라고 이해된다.[248]

228 둘째로, 기여분 제도를 신설한 개정 민법 부칙(제4199호, 1990. 1. 13.) 제12조 제1항은 개정법률 시행일 전에 개시된 상속에 관하여는 구법을 적용하도록 하였으므로 그 시행일인 1991. 1. 1. 전에 개시된 상속에는 기여분이 적용되지 않는다.[249] 그러나 남북가족특례법 부칙(제111299호, 2012. 2. 10.) 제2조 단서는 "이 법 시행 당시 남한주민과 북한주민 사이에 가족관계 또는 상속·유증 등에 관한 소송이 계속 중인 사건에 관하여는 이 법을 적용한다."라고 규정함으로써, 민법상 기여분 제도가 시행된 1991. 1. 1. 전에 개시된 상속에 대하여도 기여분의 주장이 가능해졌다. 이에 대하여는 당초 특례법안이 기여분 관련 규정을 1991. 1. 1. 전에 개시된 상속의 경우에도 적용한다는 취지를 명문화하였다가 입법과정에서 이를 삭제하였으므로 1991. 1. 1. 전에 개시된 상속에 대하여는 기여분 특례규정이 적용되지 않는다는 반대견해가 있으나,[250] 남북분단의 특수성에 비추어 상속은 1991년 이전에 개시되었으나 남한상속인의 상속권 침해행위가 최근에 이루어져 북한에 있는 상속인의 상속회복청구가 가능한 경우에도 기여분의 주장을 인정해야 할 필요성이

248 주해상속법(제2권), 박영사(2019), 1497(이동진).
249 대법원 1995. 2. 15. 자 94스13·14 결정, 대법원 2006. 1. 13. 선고 2005다64231 판결.
250 전세영, "남북한 주민의 가족·상속 법률관계에 대한 연구", 서울대학교 대학원 석사학위논문(2012), 107.

있고, 위 특례법이 기여분 특례가 인정되기 위한 상속개시 시점에 특별한 제한을 두고 있지 않으므로, 그와 같이 제한적으로 해석할 이유는 없다고 생각된다.[251]

### 라. 특례법상 상속회복청구권에 대한 제척기간의 적용 여부

#### 1) 문제의 소재

229 남북가족특례법 제11조 제1항은 남북이산으로 인하여 피상속인인 남한주민으로부터 상속을 받지 못한 북한주민(북한주민이었던 자를 포함한다) 또는 그 법정대리인은 민법 제999조 제1항에 따라 상속회복청구를 할 수 있다고 규정하고 있으나, 이때에도 민법 제999조 제2항의 제척기간이 적용되는지에 관하여는 규정하고 있지 않다.

230 북한주민의 상속회복청구권에 제척기간의 특례를 둘 것인지 여부는 위 법 제정 당시 가장 큰 쟁점 중 하나였다고 한다. 특례법 초안에는 분단의 종료, 자유로운 왕래 그 밖의 사유로 소의 제기에 장애가 없어지는 때로부터 3년간 상속회복청구권(민법 제1014조에 따른 상속분상당가액지급청구권 포함)의 행사기간을 연장하는 특례규정을 두었다. 그러나 이에 대하여 소급입법에 의한 남한주민의 재산권 침해 문제, 북한 내 상속재산에 대한 남한주민의 상속권 보호 흠결로 인한 차별 등의 문제가 있다는 비판이 제기되었고, 결국 행사기간 연장의 특례규정은 삭제된 채 입법이 이루어짐으로써 북한주민의 상속회복청구권에 민법 제999조 제2항의 제척기간이 적용되는지의 여부는 법률해석의 문제로 남게 되었다.[252]

#### 2) 학설

231 학설로는 ① 북한주민이 상속회복청구권을 행사하는 경우에도 민법 제999조 제2항의 제척기간이 적용된다는 견해(민법 제999조 제2항 적용긍정설),[253] ② 남북가족특례법 제11조에 따른 상속회복청구권에는 민법 제999조 제2항이 적용되지 않으

251 정구태, "북한주민의 혼인·친자·상속관계소송에 관한 제문제", 고려법학 제70호(2013. 9.), 309~310.

252 신신호, "피상속인인 남한주민으로부터 상속을 받지 못한 북한주민의 경우, 상속권이 침해된 날부터 10년이 경과하면 제척기간의 만료로 상속회복청구권이 소멸하는지 여부(2016. 10. 19. 선고 2014다46648 전원합의체 판결)", 대법원판례해설 제109호(2016), 584; 신영호, "남북 이산가족 사이의 상속 관련 문제해결-'남북주민 사이의 가족관계와 상속 등에 관한 특례법안' 입법 취지와 해설-", 법무사 제524호(2011), 44~46; 정구태, "북한주민의 혼인·친자·상속관계소송에 관한 제문제", 고려법학 제70호(2013), 313.

253 주해상속법(제1권), 박영사(2019), 61(윤진수); 최성경, "북한주민의 상속회복청구권과 제척기간-대법원 2016. 10. 19. 선고 2014다46648 전원합의체 판결-", 법조 제721호(2017. 2.), 590~591. 다만 현행법의 해석론으로는 위와 같은 견해를 취하면서 상속회복청구권의 제척기간 특례 입법의 필요성을 주장하고 있다.

므로 기간제한이 없다는 견해(제999조 제2항 적용부정설),[254] ③ 민법 제999조 제2항 후단의 10년의 제척기간은 적용되지 않지만, 소멸시효는 권리를 행사할 수 있는 때로부터 진행한다고 규정한 민법 제166조 및 제999조 제2항 전단의 규정을 유추하여 '상속권 침해 사실을 안 때로부터 3년'의 제척기간만이 적용된다는 견해(민법 제166조 및 제999조 제2항 전단 유추적용설),[255] ④ 소멸시효 완성의 정지 규정인 민법 제182조를 제척기간에도 유추적용할 수 있음을 전제로 북한주민이 불가항력적 사유로 상속회복청구권을 행사할 수 없는 사유가 해소되기 전까지 제척기간의 완성이 정지된다는 견해(제182조 유추적용설)[256] 등이 있다.

3) 판례

232 이에 관한 대법원 2016. 10. 19. 선고 2014다46648 전원합의체 판결은 대법원이 북한주민의 상속회복청구의 소에 대하여 남북가족특례법을 적용하여 판단한 최초의 판결로서, 각급법원 단계에서부터 학계의 관심을 모았던 사건이다.[257] 제1심인 서울남부지법 2014. 1. 21. 선고 2011가단83213 판결은 남북가족특례법 제11조는 민법 제999조에 대한 특별법으로서 민법 제999조 제2항에서 정한 10년의 제척기간의 적용을 받지 않는다고 보았다(민법 제999조 제2항 적용부정설). 그러나 원심인 서울남부지법 2014. 6. 19. 선고 2014나2179 판결은 남북가족특례법 제11조의 상속회복청구권 규정을 해석함에 있어 민법 제999조 제2항의 제척기간의 적용이 배제된다고 볼 수는 없다고 하였다(민법 제999조 제2항 적용긍정설). 대법원은 원심의 판단을 받아들여 상고를 기각하였으나, 다음과 같이 다수의견(대법관 8인)과 반대의견(대법관 5인)으로 견해가 나뉘었다.

254 김상훈, "북한주민의 상속회복청구권 행사와 제척기간-대법원 2016. 10. 19. 선고 2014다46648 전원합의체 판결에 대한 검토-", 가족법연구 제30권 제3호(2016), 505~510.

255 정구태, "북한주민의 상속회복청구권 행사와 제척기간", 2016년 가족법 주요 판례 10선, 세창출판사(2017), 82~93. 위 견해는 민법 제999조 제2항 전단의 3년의 제척기간만이 유추적용되고 제2항 후단의 10년의 제척기간이 적용되지 않는다는 점에서는 대법원 2016. 10. 19. 선고 2014다46648 전원합의체 판결의 반대의견과 동일하나, 위 3년의 기산점을 '분단의 종료, 자유로운 왕래 그 밖의 사유로 소의 제기에 장애가 없어지게 된 것을 전제로 상속권 침해 사실을 안 때'로 보고 있는 점에서 '북한주민이 남한에 입국한 때'를 그 기산점으로 본 위 반대의견과 차이가 있다고 주장한다.

256 신진화, "통일 전후의 신분법제 정비방안-혼인과 이혼, 부모와 자, 부양의무자, 상속을 중심으로-", 통일사법정책연구 제1권(2006), 300.

257 최성경, "북한주민의 상속회복청구권과 제척기간-대법원 2016. 10. 19. 선고 2014다46648 전원합의체 판결-", 법조 제721호(2017. 2.), 585.

가) 대법원 2016. 10. 19. 선고 2014다46648 전원합의체 판결의 다수의견

233 남북가족특례법은 상속회복청구와 관련하여서는, 제11조 제1항에서 남북이산으로 인하여 피상속인인 남한주민으로부터 상속을 받지 못한 북한주민(북한주민이었던 사람을 포함한다) 또는 그 법정대리인은 민법 제999조 제1항에 따라 상속회복청구를 할 수 있다고 규정하고 있을 뿐, 친생자관계존재확인의 소나 인지청구의 소의 경우와 달리 민법 제999조 제2항에서 정한 제척기간에 관하여 특례를 인정하는 규정을 두고 있지 아니하다. 상속회복청구의 경우에도 친생자관계존재확인이나 인지청구의 경우와 마찬가지로 남북 분단의 장기화·고착화로 인하여 북한주민의 권리행사에 상당한 장애가 있음을 충분히 예측할 수 있음에도, 이들 법률관계를 구분하여 상속회복청구에 관하여 제척기간의 특례를 인정하지 아니한 것은 입법적인 선택이다.

234 남·북한주민 사이의 상속과 관련된 분쟁에서 북한주민을 배려할 필요가 있더라도, 이는 민법상 상속회복청구권의 행사에 제척기간을 둔 취지나 남북가족특례법의 입법 목적 및 관련 규정들을 감안하여 해당 규정에 관한 합리적인 법률해석의 범위 내에서 이루어져야 한다. 상속의 회복은 해당 상속인들 사이뿐 아니라 상속재산을 전득한 제3자에게까지 영향을 미치므로, 민법에서 정한 제척기간이 상당히 지났음에도 그에 대한 예외를 인정하는 것은 법률관계의 안정을 크게 해칠 우려가 있다. 상속회복청구의 제척기간이 훨씬 지났음에도 특례를 인정할 경우에는 그로 인한 혼란이 발생하지 않도록 예외적으로 제척기간의 연장이 인정되는 사유 및 기간 등에 관하여 구체적이고 명확하게 규정할 필요가 있고, 또한 법률관계의 불안정을 해소하고 여러 당사자들의 이해관계를 합리적으로 조정할 수 있는 제도의 보완이 수반되어야 하며, 결국 이는 법률해석의 한계를 넘는 것으로서 입법에 의한 통일적인 처리가 필요하다.

235 상속회복청구에 관한 제척기간의 취지, 남북가족특례법의 입법 목적 및 관련 규정들의 내용, 가족관계와 재산적 법률관계의 차이, 법률해석의 한계 및 입법적 처리 필요성 등의 여러 사정을 종합하여 보면, 남북가족특례법 제11조 제1항은 피상속인인 남한주민으로부터 상속을 받지 못한 북한주민의 상속회복청구에 관한 법률관계에 관하여도 민법 제999조 제2항의 제척기간이 적용됨을 전제로 한 규정이며, 따라서 남한주민과 마찬가지로 북한주민의 경우에도 다른 특별한 사정이 없는 한 상속권이 침해된 날부터 10년이 경과하면 민법 제999조 제2항에 따라 상속회복청구권이 소멸한다.

나) 대법원 2016. 10. 19. 선고 2014다46648 전원합의체 판결의 반대의견(대법관 김창석, 대법관 김소영, 대법관 권순일, 대법관 이기택, 대법관 김재형)

236 남북가족특례법이 북한을 이탈하여 남한에 입국한 사람(이하 '북한주민이었던 사람'이라고 한다)에 대하여서까지 단순히 상속권의 침해행위가 있은 날부터 10년이 경과하였으니 상속권이 소멸한 것으로 규정하였다고 해석하는 것은 제척기간에 내재된 전제와 부합하지 않고, 남·북한주민 사이에 단일민족으로서의 공감대를 형성하고 이를 통해 평화적 통일의 기반을 다져야 한다는 헌법의 정신에도 부합하지 아니한다.

237 남북가족특례법 제11조는 북한주민은 민법 제999조 제1항이 정하는 요건과 방식에 따라 상속회복청구를 할 수 있다고만 규정하고, 제척기간에 관하여는 명시적인 규정을 두지 아니함으로써 제척기간의 연장에 관하여 법률해석에 맡겨 둔 것으로 보아야 한다. 따라서 남북가족특례법 제11조에 행사기간에 관한 특례가 없다고 하여 반드시 민법 제999조 제2항이 북한주민의 상속회복청구에도 그대로 적용될 수는 없다. 남북가족특례법 제11조 제1항의 해석상 북한주민의 상속회복청구권의 제척기간의 연장에 관하여 별도의 규정이 없는 법률의 흠결이 존재하기 때문에 가장 유사한 취지의 규정을 유추하여 흠결된 부분을 보충하는 법률해석이 가능하다.

238 남북가족특례법 제11조 제1항의 해석상 남북이산으로 인하여 피상속인인 남한주민으로부터 상속을 받지 못한 북한주민이었던 사람은 남한의 참칭상속인에 의하여 상속권이 침해되어 10년이 경과한 경우에도 민법상 상속회복청구권의 제척기간이 연장되어 남한에 입국한 때부터 3년 내에 상속회복청구를 할 수 있다.

4) 검토

239 남북가족특례법 제11조는 해당 규정이 상속회복청구권의 '특례'에 해당함을 밝히고 있다. 또한 남북 주민 사이의 가족관계와 상속 등에 관한 특례법은 그 입법 과정에서부터 상속 문제에 관하여는 가족·신분관계와는 달리 분단의 해소, 자유왕래 등 미래상황을 염두에 두어 문제를 해결하기보다는 이를 장래의 과제로 남기고 단계적 해결을 도모하고자 하는 태도를 취하였으며,[258] 그중에서도 상속회복청구권에 관하여는 민법 제999조 제2항의 제척기간이 적용됨을 전제로 이

258 신영호, "남북 이산가족 사이의 상속관련 문제해결-'남북주민 사이의 가족관계와 상속 등에 관한 특례법안' 입법 취지와 해설", 법무사 제524호(2011), 35.

를 연장하는 특례규정이 제안되었으나 반대의견에 부딪혀 삭제되기도 하였다. 이와 같은 점들을 고려하면, 현행법의 해석론으로는 원칙으로 돌아가 북한주민의 상속회복청구에도 제999조 제2항의 제척기간이 적용된다고 보아야 할 것이다. 대법원의 다수의견이 타당하다고 본다.

240 그런데 판례에 따라 민법 제999조 제2항의 제척기간의 적용을 긍정하게 되면, 분단의 장기화로 인하여 그 기간이 경과한 경우가 대부분일 것이므로, 북한주민인 상속인의 권리구제가 사실상 어려워지는 문제가 발생한다. 이에 입법론으로는 상속회복청구권의 제척기간에 대한 특례를 인정하는 법률 개정이 필요하다는 견해가 유력하다.[259] 다만 그에 앞서 특례를 인정함으로서 불이익을 받게 되는 남한 내 상속인과의 이해관계의 조정 문제와 함께, 상속회복청구권 행사기간에 관한 북한 상속법과의 형평의 문제, 북한의 체제적 특수성으로 인한 상속권 및 개인소유권 인정의 차이, 북한정권의 남한주민에 대한 상속권 인정의 문제 등에 관한 연구가 이루어져야 할 것으로 보인다.[260]

## Ⅶ. 상속회복청구권의 소멸

### 1. 상속회복청구권의 포기

241 통설은 진정상속인이 상속회복청구권을 포기할 수 있으며 포기의 방법에는 특별한 형식을 요구하지도 않으나, 상속권 및 유류분청구권의 포기와 마찬가지로 상속개시 전에는 상속회복청구권의 포기가 허용되지 않는다고 본다.[261]

### 2. 제척기간의 경과

#### 가. 기간의 성질

242 상속회복청구권은 민법 제999조 제2항에서 정한 기간의 경과로 소멸한다.[262] 통설은 위 기간을 제척기간이라고 하나, 이는 진정상속인에게 불리한 결과가 되므

259 주해상속법(제1권), 박영사(2019), 61(윤진수); 정구태, “북한주민의 혼인·친자·상속관계소송에 관한 제문제”, 고려법학 제70호(2013. 9.), 317~319.

260 최성경, “북한주민의 상속회복청구권과 제척기간-대법원 2016. 10. 19. 선고 2014다46648 전원합의체 판결-”, 법조 제721호(2017. 2.), 591~592.

261 곽윤직, 상속법(민법강의Ⅵ)(개정판), 박영사(2004), 167; 김주수/김상용, 친족·상속법(제20판), 법문사(2024), 652~653; 박동섭, 친족상속법(제5판), 박영사(2020), 587; 윤진수, 친족상속법강의(제5판), 박영사(2023), 379; 이경희/윤부찬, 가족법(11정판), 법원사(2024), 531.

262 민법제정 당시 정부안에는 “시효로 인하여”라는 문구가 존재하였으나, 이후 입법과정에서 이러한 문구가 제거되었다.

로 시효의 중단이 가능한 소멸시효 기간으로 보아야 한다는 반대견해가 있다.[263] 판례는 일관하여 상속회복청구의 행사기간을 제소기간인 제척기간이라고 해석하므로, 그 제소기간의 경과 여부는 법원의 직권조사사항이고, 제척기간 경과 후에 제기된 상속회복청구의 소는 부적법한 소로서 흠결을 보정할 수 없으므로 각하하여야 한다.[264] [265] 제척기간은 시효의 중단·정지와 같은 법리가 적용되지 않고, 불변기간이 아니므로 추완이 허용되지 않는다.

### 나. 3년의 제척기간

243 민법 제999조 제2항에서 정한 3년의 제척기간의 기산점인 '상속권의 침해를 안 날'이란 자기가 진정한 상속인임을 알고 또 자기가 상속에서 제외된 사실을 안 때를 가리킨다.[266] 헌법재판소는 위와 같이 3년의 제척기간을 규정한 것은 위헌이 아니라고 하였다.[267]

244 민법 제999조 제2항의 규정은 '상속회복청구권을 가진 자'가 침해를 안 날부터 3년이 경과하면 상속회복청구권이 소멸된다는 취지이므로, 사실상 부(父)의 사망으로 상속이 개시된 이후 피상속인에 대하여 인지판결이 확정된 때에는 그 이전에 침해사실을 알았더라도 인지심판이 확정된 때로부터 3년의 제척기간이 진행된다.[268] 부(父)에 대한 인지판결은 형성판결이므로, 인지판결이 확정되기 전에는 피인지자에게 상속권이 있다고 할 수 없기 때문이다.

245 한편, 대법원 1982. 9. 28. 선고 80므20 판결은 피인지자가 인지판결의 확정 이후에 자신의 상속 제외 사실을 알았다고 주장하는 경우에도 일률적으로 인지판결이 확정된 날을 제척기간의 기산점으로 삼고 있는 것으로 보인다(위 사건의 청구인들은 1973. 1. 5. 확정된 인지심판에 따라 소급하여 1968. 3. 31. 사망한 부친의 공동상

263 김진현, "상속회복청구권의 비교법적 고찰", 강원대학교 사회과학연구 제17집(1983), 95; 이윤직, "상속회복청구권 행사기간과 그 적용범위(대법원 1998. 3. 27. 선고 96다37398 판결)", 대구판례연구회 재판과 판례 제9집(2000), 352~354; 이화숙, "상속회복청구권 제척기간의 경과와 참칭상속인의 지위", 저스티스 제52호,(1999), 114~118.

264 대법원 1993. 2. 26. 선고 92다3083 판결, 대법원 2006. 9. 8. 선고 2006다26694 판결, 대법원 2010. 1. 14. 선고 2009다41199 판결.

265 반면 제소기간이 아닌 제척기간에 있어서는 법원은 제척기간의 기산점 등 제척기간 경과의 요건사실에 대한 당사자의 주장이 있기를 기다려 판단해야 하고 이를 직권으로 조사할 것은 아니며, 원고가 소로 주장하는 권리가 제척기간의 경과로 소멸하였다면 청구기각의 판결을 할 것이고, 소각하의 판결을 할 것이 아니다. 윤진영, "상속회복의 소에 있어서의 제척기간", 대법원판례해설 제19호(1993), 416.

266 대법원 1981. 2. 10. 선고 79다2052 판결.

267 헌법재판소 2004. 4. 29. 선고 2003헌바5 결정.

268 대법원 1977. 2. 22. 선고 76므55 판결, 대법원 1978. 2. 24. 선고 77므21 판결.

속인이 되었는데, 1979. 1. 9. 다른 공동상속인들을 상대로 그들이 자신을 제외하고 상속재산인 부동산의 처분대금으로부터 적법한 상속지분을 초과한 돈을 분배받았다고 하며 상속지분금 내지 부당이득의 반환을 구하는 심판을 제기하면서 자신들은 1978. 3.초순경 상속에서 제외된 사실을 알았다고 주장하였다. 이에 대하여 원심은 청구인들의 심판청구는 상속회복청구에 해당하고, 청구인들이 그 침해를 안 날이라 함은 인지심판이 확정된 1973. 1. 5.이라고 봄이 상당하므로, 청구인들이 심판청구를 한 1979. 1. 9.에는 이미 3년의 제척기간이 경과하였다고 보았고, 대법원도 원심의 판단을 받아들여 청구인들의 상고를 기각하였다). 그러나 이에 대하여는 의문이 있다. 집합권리설을 따르는 이상 상속의 침해는 구체적인 상속재산의 침해를 의미하고, 진정상속인이 상속에서 제외된 사실을 안 때라 함은 상속재산의 존재와 참칭상속인의 점유사실까지 인식한 때로 보아야 하기 때문이다. 따라서 피인지자가 인지판결의 확정 이후에 구체적인 상속재산의 침해사실을 알게 된 경우에는 개개의 상속재산에 따라 제척기간의 기산일이 달라질 수 있다고 보는 것이 타당하다고 생각된다.[269]

246 공동상속인 중 1인이 제기한 상속재산분할심판 사건에서 공동상속인 일부의 소송대리권이 흠결된 채로 재판상 화해나 조정이 성립되어 화해조서 또는 조정조서가 작성된 경우, 그 조서가 준재심에 의해 취소되기 전에는 당사자들로서는 위 화해나 조정의 무효를 확신할 수 없는 상태에 있으므로, 나머지 공동상속인들은 화해조서나 조정조서를 취소하는 준재심의 재판이 확정된 때에 비로소 자신들의 상속권이 침해된 사실을 알게 되었다고 보아야 한다.[270]

### 다. 10년의 제척기간

247 10년의 제척기간의 기산점은 상속권의 침해행위가 있는 날이다. 2002. 1. 14. 민법 제999조의 개정 전에는 10년의 제척기간이 '상속개시가 있은 날'로부터 진행하는 것으로 규정되어 있었다. 그 당시의 판례는 상속개시일로부터 10년을 경과한 후에 상속권의 침해가 있었다고 하더라도, 10년의 제척기간 경과로 상속회복청구권은 소멸한다고 보았다.[271] 그러나 헌법재판소의 위헌결정에 따라 10년의 제척기간의 기산점은 '상속권의 침해행위가 있은 날'로 개정되었다. 판례는 제999조 제2항 중 개정조항은 그 시행 전에 상속권 침해행위가 있은 경우에도 적용되

269 곽경직, "상속회복청구권론", 재판자료 제78집(1998), 313도 같은 취지인 것으로 보인다.
270 대법원 2007. 10. 25. 선고 2007다36223 판결.
271 대법원 1991. 12. 24. 선고 90다5740 전원합의체 판결.

나,[272] 그 시행일 이전에 제기된 상속회복청구의 소에 대하여는 개정조항 소정의 10년의 제척기간을 소급하여 적용할 수는 없다고 보고 있다.[273] 헌법재판소는 위 개정조항은 위헌이 아니라고 판단하였다.[274]

### 라. 기간의 준수

248 판례에 의하면, 제척기간의 준수 여부는 상속회복청구의 상대방별로 각각 판단하여야 할 것이어서, 진정상속인이 참칭상속인으로부터 상속재산에 관한 권리를 취득한 제3자를 상대로 제척기간 내에 상속회복청구의 소를 제기한 이상 그 제3자에 대하여는 민법 제999조에서 정하는 상속회복청구권의 기간이 준수되었으므로, 참칭상속인에 대하여 그 기간 내에 상속회복청구권을 행사한 일이 없다고 하더라도 그것이 진정상속인의 제3자에 대한 권리행사에 장애가 될 수는 없다.[275]

249 반면, 진정상속인이 참칭상속인의 최초 침해행위가 있은 날로부터 10년의 제척기간이 경과하기 전에 참칭상속인에 대한 상속회복청구 소송에서 승소의 확정판결을 받았다고 하더라도, 위 제척기간이 경과한 후에는 제3자를 상대로 상속회복청구 소송을 제기하여 상속재산에 관한 등기의 말소 등을 구할 수는 없다.[276] 따라서 진정상속인이 제3취득자와의 관계에서 별도로 제척기간이 만료됨으로써 생기는 불이익을 방지하지 위해서는, 참칭상속인에 대한 상속회복청구의 소를 제기함과 아울러 처분금지가처분 등의 조치를 취해 두었어야 한다.[277] 주의할 점은, 위 판례는 공동상속인 중 1인이 위조된 상속재산분할협의서를 이용하여 상속재산인 부동산에 관하여 단독 명의로 소유권이전등기를 마쳤는데, 다른 공동상속인이 그로부터 10년 내에 위와 참칭을 한 공동상속인을 상대로 소유권이전등기말소청구의 소를 제기하여 승소확정판결을 받았으나, 위 소송의 진행 중 제3자 명의의 근저당권설정등기가 마쳐졌고, 이후 위 10년의 기간이 도과해버린 사안이라는 것이다. 이와 달리 만약 제3자가 위 확정판결의 변론종결 이후에 근저당권설정등기를 마쳤다면, 제3자는 변론종결 후의 승계인(민사소송법 제218조 제1항, 대법원 1963. 9. 27. 선고 63마14 판결)으로서 그에 대하여 위 확정판결의 기판력 및 집행력이 미치게 된다.

272 대법원 2006. 9. 8. 선고 2006다26694 판결, 대법원 2010. 1. 14. 선고 2009다41199 판결.
273 대법원 2004. 7. 22. 선고 2003다49832 판결.
274 헌법재판소 2002. 11. 28. 선고 2002헌마134 결정.
275 대법원 2009. 10. 15. 선고 2009다42321 판결.
276 대법원 2006. 9. 8. 선고 2006다26694 판결.
277 주해상속법(제1권), 박영사(2019), 55(윤진수).

250 상속재산 중 일부에 대해서만 제소하여 제척기간을 준수하였다 하더라도 청구의 목적물로 하지 않은 나머지 상속재산에 대해서는 제척기간 준수의 효력이 생기지 않는다.[278] 따라서 목적물을 특정하지 않고 포괄적으로 상속회복청구의 소를 제기하였다고 하더라도, 포괄적 제소 이후 청구의 목적물을 특정하는 소의 변경 내지 확장이 있기 이전에 제척기간이 도과하였다면 해당 목적물에 대한 상속회복청구권은 소멸한다고 보아야 할 것이다.[279] 다만 판례는, 민법 제1014조의 상속분상당가액지급청구권에도 제999조 제2항의 제척기간이 적용되므로 제척기간 경과 후 청구취지를 확장하더라도 그 추가 부분의 청구권은 소멸하나, 원고가 상속분상당가액지급청구권의 가액산정 대상 재산을 인지 전에 이미 분할 내지 처분된 상속재산 전부로 삼고 추후 감정결과에 따라 청구취지를 확장하겠다는 뜻을 미리 밝히면서 우선 일부의 금액만을 청구한다고 하는 경우 그 청구가 제척기간 내에 한 것이라면, 제척기간의 경과 후 대상 재산의 가액에 대한 감정결과에 따라 확장한 청구취지에 대하여도 그 제척기간이 준수된 것으로 본다.[280] 이는 손해배상청구에서의 일부청구 후 청구취지 확장으로 인한 소멸시효 중단에 관한 대법원 1992. 12. 8. 선고 92다29924 판결 등과 맥락을 같이하는 것이다.[281]

### 3. 상속회복청구권 소멸의 효과

#### 가. 상속재산에 관한 권리관계의 반사적·소급적 확정

251 대법원은 상속회복청구권이 소멸하면 상속인은 상속인으로서의 지위 즉 상속에 따라 승계한 개개의 권리의무를 총괄적으로 상실하고, 그 반사적 효과로서 참칭상속인의 지위는 확정되어 상속개시의 시로부터 소급하여 상속인으로서의 지위를 취득하므로, 상속재산은 상속개시일로 소급하여 참칭상속인의 소유로 된다고 본다.[282] 그러나 위와 같이 소급효를 인정하는 데에 대하여는, 제척기간의 완

278 대법원 1980. 4. 22. 선고 79다2141 판결, 대법원 1981. 6. 9. 선고 80므84 판결.

279 이와 달리 독립권리설의 입장에서 진정상속인은 포괄적인 상속회복청구의 소에 의하여 참칭상속인의 점유하는 상속재산 전부에 대하여 제척기간을 준수해 놓고 사실심변론종결시까지 상속재산을 찾아 특정하여 그 특정된 상속재산에 대해 승소판결을 받아 강제집행을 개시할 수 있다는 견해로는 지철호, "상속회복청구권에 관한 연구", 서울대학교 대학원 법학박사학위논문(1995), 99~100.

280 대법원 2007. 7. 26. 선고 2006므2757, 2764 판결.

281 윤진수, 친족상속법강의(제5판), 박영사(2023), 381.

282 대법원 1998. 3. 27. 선고 96다37398 판결.

성은 소멸시효와 달리 소급효가 없고, 상속회복청구권에 대하여만 예외를 인정할 이유를 찾기 어렵다는 비판이 있다.[283] 제척기간의 경과로 진정상속인의 권리가 절대적으로 소멸하는 것은 아니고, 단지 소로써 이를 행사할 수 없게 될 뿐이라고 보는 견해도 있다.[284]

252 개개의 상속재산별로 제척기간 준수 여부를 판단하는 판례의 태도에 비추어 볼 때, 상속인으로서의 지위를 취득한다고 하는 것은 침해된 구체적 상속재산에 관하여 그러하다는 뜻으로 이해하여야 할 것이다.[285] 진정상속인이 제3자에 대하여 부담하고 있던 소유권이전등기의무도 참칭상속인이 승계한다.[286]

### 나. 참칭상속인이 상속회복청구권 소멸의 효과를 소송상 적극적으로 주장할 수 있는지 여부

253 상속회복청구권의 행사기간 경과로 상속재산에 대한 소유권은 반사적으로 참칭상속인에게 귀속하게 된다. 그러나 참칭상속인 또는 그 승계인이 단순히 진정상속인의 반환청구 등에 대하여 상속회복청구권 제척기간의 경과사실을 항변하는 것이 아니라, 진정상속인을 상대로 적극적으로 권리의 소멸을 주장하며 소송상 청구를 하는 것도 가능하다고 보아야 할 것인가? 이는 주로 상속회복청구권의 제척기간이 경과한 후 어떤 사유로 인하여 상속재산이 진정한 상속인의 지배하에 들어온 경우에 문제가 될 것이다.[287]

254 대법원 1998. 3. 27. 선고 96다37398 판결은, 상속인임을 주장하는 자로부터 부동산을 전매수한 원고가 매도인을 대위하여 진정한 상속인인 피고 명의의 소유권보존등기의 말소를 청구하면서, 상속회복청구권의 제척기간이 경과함으로써 피고가 부동산의 소유권을 상실하였다고 주장한 사안이다. 원심[288]은 피고는 원고의 지위에서 자신이 진정한 상속인이라고 주장하는 것이 아니라 피고의 지위에서 소극적으로 원고의 주장을 다투면서 응소하는 것이므로 이를 일컬어 상속회복청구권을 행사한다고 볼 수는 없다고 하여 원고의 청구를 기각하였으나, 이와 달리 대법원은 상속회복청구권이 제척기간의 경과에 의하여 소멸하였다면 진정한 상

283 박근웅, "상속회복청구권 행사기간 경과의 효과", 가족법연구 제28권 제3호, 한국가족법학회(2014), 17~20.
284 박동섭, 친족상속법(제5판), 박영사(2020), 591.
285 곽경직, "상속회복청구권론", 재판자료 제78집(1998), 314.
286 대법원 1994. 3. 25. 선고 93다57155 판결.
287 주해상속법(제1권), 박영사(2019), 63(윤진수).
288 창원지방법원 1996. 6. 21. 선고 95나6179 판결.

속인은 상속인으로서의 지위를 상실하게 되므로 그 후 마쳐진 그 명의의 소유권 보존등기는 원인이 없는 무효의 등기로 되는 것이라고 판시하였다. 다만 대법원은 원고에게 부동산을 매도한 자가 상속인이라고 참칭하면서 등기를 마치거나 점유를 한 바 없을 뿐 아니라, 피상속인의 호적에 의하더라도 법정상속인에 해당할 여지가 없어 상속권이 없음이 명백하므로 상속회복청구의 상대방이 되는 참칭상속인에 해당한다고 볼 수 없다고 판단하여 원고의 상고를 기각하였다.

255 다음으로 대법원 2012. 5. 24. 선고 2010다33392 판결은, 공동상속인 중 일부가 상속을 포기함으로써 다른 공동상속인이 단독으로 진정상속인이 되었음에도, 상속재산인 부동산에 관하여 상속을 포기한 자와 진정상속인의 명의로 상속등기가 마쳐졌고, 이후 진정상속인 명의로 매매를 원인으로 한 소유권이전등기가 마쳐지자 상속포기자의 대습상속인인 원고들이 진정상속인인 피고를 상대로 위 그 소유권이전등기가 원인무효의 등기임을 주장하며 말소등기를 청구한 사안이다. 원심[289]은 상속회복청구권의 제척기간 경과로 상속포기자가 소유권을 취득하였음을 전제로 원고들의 청구를 인용하였는데, 대법원은 상속을 원인으로 하는 등기가 그 명의인의 의사에 기하지 않고 제3자에 의하여 상속참칭의 의도와 무관하게 이루어진 것일 때에는 위 등기명의인을 상속회복청구의 소에서 말하는 참칭상속인이라고 할 수 없고, 당해 사건에서는 상속포기자 명의의 상속지분에 관한 등기가 그의 의사에 이루어졌다고 단정하기 어렵다는 이유로 원심판결을 파기하였다.

256 즉, 참칭상속인 또는 그 승계인이 상속회복청구권 소멸의 효과를 적극적으로 주장하며 진정상속인을 상대로 소송상 청구를 한 위 두 사건에 있어, 참칭상속인에의 해당성이 부정됨으로써 결과적으로는 그 청구가 인용되지는 아니하였다. 그러나 대법원은 상속회복청구권이 제척기간의 경과로 소멸한 이후에는 참칭상속인이 진정상속인에 대하여 자신의 소유권을 주장하며 적극적으로 소송상 권리행사를 할 수 있는 것을 전제로 위와 같은 판단에 나아간 것으로 보이고, 적어도 이를 명시적으로 배척하고 있지는 아니하다.

257 이에 대하여는 상속회복청구권의 제척기간은 상속회복청구권에 대한 방어수단으로만 인정되는 것이므로, 이러한 참칭상속인의 청구는 신의칙에 어긋난다고

289 서울고등법원 2010. 4. 9. 선고 2009나97279 판결.

보아야 한다는 견해가 있다.[290] 제척기간 도과의 효과는 당사자의 주장이 없더라도 법원이 직권으로 판단할 사항이라는 점에서 여기에 신의칙에 의한 제한을 가할 수 있는지가 문제될 수 있으나, 신의칙은 사법의 모든 영역에서 적용되는 대원칙인 이상 구체적인 사안에 따라서는 제척기간이라고 하더라도 신의칙에 의한 제한을 벗어날 수는 없다고 생각된다.[291]

## Ⅷ. 상속회복청구권의 행사기간에 관한 적용 법률의 문제

### 1. 상속회복청구권의 행사기간에 관한 구 관습 및 법률의 변천

258 앞서 살폈던 바와 같이 일제강점기의 국내 최고법원인 조선고등법원은 초기에는 관습상 상속회복청구권의 존재를 인정하면서도 그 시효에 관하여는 일정한 관습이 없다고 보았으나,[292] 1935. 7. 30. 연합부 판결로서 종래의 견해를 변경하여 일정한 기간이 경과하면 상속회복청구권이 소멸하는 것이 관습이라고 하였다. 이후 조선고등법원은 위 기간을 소멸시효 기간으로 이해하면서 상속권 침해사실을 안 때로부터 만 6년을 경과하였다면 그 기간은 상속회복청구권의 소멸시효를 완성시키는 데에 상당한 기간이라고 하거나,[293] 상속회복청구권은 상속개시의 때로부터 20년을 경과한 때에는 시효로 인하여 소멸하는 것이 조선의 관습이라고 하였고,[294] 해방 후 대법원도 상당한 기간 동안 이를 그대로 따랐다.[295]

259 1960. 1. 1. 시행된 제정민법은 호주상속회복청구권의 행사기간을 그 침해를 안 날로부터 3년, 상속이 개시된 날로부터 10년으로 정하면서 이를 재산상속회복청구권에 준용하였고, 1990. 1. 13. 민법의 일부개정(법률 제4199호, 시행 1991. 1. 1.)으

290 주해상속법(제1권), 박영사(2019), 64(윤진수); 박근웅, "상속회복청구권 행사기간 경과의 효과", 가족법연구 제28권 제3호(2014), 20~23.

291 최복규, "민법 제146조 후단 소정의 제척기간과 신의성실의 원칙", 대법원판례해설 제42권(2003), 128~129.

292 조선고등법원 1920년민상제111호 1920. 6. 23. 판결(국역고등법원판결록 제7권 민사, 207), 조선고등법원 1919년민상제285호 1920. 3. 12. 판결(국역고등법원판결록 제7권 민사, 61).

293 조선고등법원 1937년민상제162호 1937. 8. 27. 판결(국역고등법원판결록 제24권, 310).

294 조선고등법원 1939년민상제152호 1939. 6. 30. 판결(국역고등법원민사판결록 제26권, 272).

295 대법원 1981. 1. 27. 선고 80다1392 판결, 대법원 1991. 4. 26. 선고 91다5792 판결(이상의 판결은 재산상속회복을 청구한 경우로서, 이후 대법원 2003. 7. 24. 선고 2001다48781 전원합의체 판결에 의하여 그에 배치되는 부분이 명시적으로 파기되었다), 대법원 1996. 12. 6. 선고 96므1137 판결(호주상속회복을 청구한 경우). 다만 대법원은 조선고등법원의 판례는 달리 '시효로 인하여'라는 표현을 사용하지는 않음으로써, 구 관습상 상속회복청구권의 행사기간의 성질을 소멸시효가 아닌 제척기간으로 보았던 것으로 생각된다.

로 종래의 준용규정을 버리고 재산상속회복청구권의 행사기간을 직접 규정하게 되었으나, 그 기간은 변동이 없었다.

260 그런데 헌법재판소가 2001. 7. 19. 제정민법상의 규정과 함께 1990. 1. 13. 개정된 민법 제999조 제2항 중 '상속이 개시된 날부터 10년' 부분을 위헌으로 선언함으로써, 위 10년의 제척기간 부분은 그 즉시 효력을 상실하였다.[296] 이후 2002. 1. 14. 위 위헌 부분이 '상속권의 침해행위가 있은 날로부터 10년'으로 개정(법률 제6591호, 시행 2002. 1. 14.)되어 상속회복청구권의 행사기간은 현재와 같은 모습을 갖추게 되었다.

261 이상의 변천 과정을 종합하면, 민법 시행 이전의 구 관습으로부터 민법 제999조에 이르기까지 상속회복청구권의 행사기간에는 3번에 걸쳐 실질적인 내용의 변경이 있었다고 볼 수 있다. ① 1960. 1. 1. 제정민법의 시행(침해를 안 날로부터 3년·상속이 개시된 날로부터 10년), ② 2001. 7. 9. 헌법재판소의 위헌결정(상속이 개시된 날로부터 10년 부분의 효력상실), ③ 2002. 1. 14. 개정 민법의 시행(침해를 안 날부터 3년·상속권의 침해행위가 있은 날부터 10년)이 그것이다.

## 2. 민법 시행 전에 상속이 개시된 경우 구 관습의 적용 여부

### 가. 제정민법의 경과규정

262 제정민법 부칙(제471호, 1958. 2. 22.)은 제2조에서 "본법은 특별한 규정이 있는 경우 외에는 본법 시행일전의 사항에 대하여도 이를 적용한다. 그러나 이미 구법에 의하여 생긴 효력에 영향을 미치지 아니한다."라고 하여, 신법의 소급효를 인정하되 기득권에는 영향을 미치지 않는 것으로 하였다.

263 그런데 상속에 관하여는 특별한 경과규정이 있다. 제정민법 부칙 제25조 제1항은 "본법 시행일 전에 개시된 상속에 관하여는 본법 시행일 후에도 구법의 규정을 적용한다."라고 함으로써, 상속개시로 일단 발생한 상속인의 권리가 신법에 의해 변경될 수 없게 한 것이다.[297]

264 그러나 다른 한편으로 시효에 관한 경과규정도 존재한다. 즉, 제정민법 부칙 제8조는 제1항에서 "본법 시행당시에 구법의 규정에 의한 시효기간을 경과한 권리는

296 헌법재판소 2001. 7. 19. 선고 99헌바9·26·84 2000헌바11, 2000헌바3, 2001헌가23 결정.

297 다만 제정민법 부칙 제25조 제2항에 따라 실종선고로 인하여 호주 또는 재산상속이 개시되는 경우에 그 실종기간이 구법 시행기간 중에 만료하는 때에도 그 실종이 제정민법 시행일후에 선고된 때에는 그 상속순위, 상속분 기타 상속에 관하여는 제정민법의 규정이 적용되었다.

본법의 규정에 의하여 취득 또는 소멸한 것으로 본다."라고 하고, 제2항에서는 "본법 시행당시에 구법에 의한 소멸시효의 기간을 경과하지 아니한 권리에는 본법의 시효에 관한 규정을 적용한다."라고 하였으며, 제4항에서 이를 시효기간이 아닌 법정기간에 준용하고 있다.

265 따라서 앞서 본 바와 같이 조선고등법원이 선언하였던 관습의 존재를 인정한다면, 민법 시행일인 1960. 1. 1. 전에 상속이 개시되었으나 민법 시행 이후 상속회복청구가 재판상 쟁점이 된 경우, 그 행사기간을 제정민법 부칙 제25조에 따라 구 관습에 의하도록 할 것인지, 아니면 제정민법 부칙 제8조 또는 제2조에 따라 민법규정에 의하도록 할 것인지가 문제로 된다.

### 나. 구 관습을 적용한 종래의 판례

266 해방 이후 대법원은 조선고등법원의 견해를 따라 제정민법 시행 전의 상속회복청구권은 상속권의 침해사실을 안 때로부터 6년, 상속이 개시된 때로부터 20년이 경과하면 소멸하는 것이 관습이라고 하면서, 제정민법 시행일보다 20년 이상 앞서 상속이 개시된 경우[298]는 물론, 제정민법 시행 이전에 상속이 개시되었으나 그로부터 20년이 경과하지 아니한 경우[299]에도 구 관습상의 행사기간 적용을 적용하여 "민법 시행 전에 있어서 관습법상 상속회복청구권은 상속인 또는 그 법정대리인이 상속권의 침해사실을 안 때로부터 6년, 또는 상속이 개시된 날로부터 20년이 경과하면 소멸한다."라고 판시함으로써, 상속에 관한 한 제정민법 부칙 제25조의 규정이 제정민법 부칙 제8조보다 우선하는 것으로 보아 왔다.

### 다. 대법원 2003. 7. 24. 선고 2001다48781 전원합의체 판결

1) 사실관계

267 A와 B는 부부로서 슬하에 2명의 아들과 3명의 딸을 두었는데, 아들들이 모두 일찍 사망하자 C를 양자로 삼았으나 입양신고는 하지 아니하였다. 남편인 A는 1929.경 사망하였고, 아내인 B는 6·25 사변 무렵인 1950년대에 사망하였으나 호적에는 1974. 4. 16. 사망한 것으로 기재되어 있다. A와 B의 차녀가 사망하고 나머지 딸들이 출가한 상태에서 B마저 사망하여 무후가가 될 지경에 이르자, 3녀인 D는 1960. 5. 17. B의 사망신고가 아직 되어있지 아니한 것을 기화로 마치

298 대법원 1981. 1. 27. 선고 80다1392 판결(최초 상속개시 시점이 1938. 7. 25.이다).
299 대법원 1991. 4. 26. 선고 91다5792 판결(상속개시일이 1950. 6. 28.이다), 대법원 1998. 4. 24. 선고 96다8079 판결(상속개시일이 1952. 3. 29.이다).

B가 생전에 C를 A의 사후양자로 선정한 것처럼 사후양자입양신고를 하여 C를 B의 호적에 입적시켰으나, C는 입적 당시에 이미 사망한 상태였다. 이후 여러 과정을 거쳐 C의 상속인들이 A명의로 소유권보존등기가 마쳐진 부동산의 일부 지분에 관하여 B로부터 대를 이어 상속받았음을 참칭하며 1994. 4. 6. 상속등기를 한 다음 1997. 4. 2. 이를 피고에게 증여하여 소유권이전등기를 마치자, B의 장녀 및 외손자인 원고들은 1998. 3. 18. 피고를 상대로 진정명의회복을 원인으로 한 소유권이전등기절차의 이행을 구하는 소를 제기하였다.

2) 원심판결

268 원심[300]은 원고들의 청구가 상속회복청구임을 긍정한 다음, 민법 시행 전의 상속회복청구권은 그 침해를 안 날로부터 6년, 상속이 개시된 날로부터 20년이 경과하면 소멸하는 것이 관습이므로, B가 사망함으로써 상속이 개시된 6·25 사변 무렵으로부터 20년이 훨씬 경과한 후에 소가 제기되었으므로, 원고들의 청구는 부적법하다고 보아 이를 각하한 제1심을 유지하였다.

269 또한 원심은 호적에 기재된 B의 사망일인 1974. 4. 16.을 상속개시일로 보더라도 민법상 상속회복청구권의 제척기간인 10년이 이미 경과한 뒤에 소가 제기되었음이 명백하므로, 상속권의 침해가 위 상속개시일 이후에 있었다고 하더라도 제척기간의 경과로 상속회복청구권이 이미 소멸하여, 결국 원고들의 소는 부적법하다고 추가적으로 판단하였다.

3) 대법원의 판단

270 원심판결이 있은 뒤인 2001. 7. 19. 헌법재판소는 민법상 상속회복청구권의 제척기간 중 '상속이 개시된 날로부터 10년' 부분에 대하여 위헌결정을 하였다.[301] 이후 대법원은 상고심인 대법원 2003. 7. 24. 선고 2001다48781 전원합의체 판결로 종래의 입장을 변경하여, "제정민법이 시행되기 전에 존재하던 '상속회복청구권은 상속이 개시된 날부터 20년이 경과하면 소멸한다'는 관습에는 법적 규범인 관습법으로서의 효력을 인정할 수 없다."라고 판단하여 원심판결을 파기·환송하였는데, 이는 헌법재판소의 위헌결정의 취지를 고려한 것으로 보인다. 또한 대법원은 원심판결 중 상속개시일을 제정민법 시행 이후로 보는 것을 전제로 민

300 대구지방법원 2001. 6. 20. 선고 2000나11858 판결.
301 헌법재판소 2001. 7. 19. 선고 99헌바9·26·84, 2000헌바11, 2000헌바3, 2001헌가23결정.

법상 10년의 제척기간을 적용한 부분에 대하여도, 원심의 판단은 위헌결정으로 효력을 상실한 법률을 적용하였으므로 위법하다고 보았다. 그중 제정민법 시행 전의 관습에 관한 판결요지는 다음과 같다.

가) 다수의견

271 사회의 거듭된 관행으로 생성한 어떤 사회생활규범이 법적 규범으로 승인되기에 이르렀다고 하기 위하여는 그 사회생활규범은 헌법을 최상위 규범으로 하는 전체 법질서에 반하지 아니하는 것으로서 정당성과 합리성이 있다고 인정될 수 있는 것이어야 하고, 그렇지 아니한 사회생활규범은 비록 그것이 사회의 거듭된 관행으로 생성된 것이라고 할지라도 이를 법적 규범으로 삼아 관습법으로서의 효력을 인정할 수 없는바, 제정 민법이 시행되기 전에 존재하던 관습 중 "상속회복청구권은 상속이 개시된 날부터 20년이 경과하면 소멸한다."는 내용의 관습은 이를 적용하게 되면 20년의 경과 후에 상속권침해가 있을 때에는 침해행위와 동시에 진정상속인은 권리를 잃고 구제를 받을 수 없는 결과가 되므로 소유권은 원래 소멸시효의 적용을 받지 않는다는 권리의 속성에 반할 뿐 아니라 진정상속인으로 하여금 참칭상속인에 의한 재산권침해를 사실상 방어할 수 없게 만드는 결과로 되어 불합리하고, 헌법을 최상위 규범으로 하는 법질서 전체의 이념에도 부합하지 아니하여 정당성이 없으므로, 위 관습에 법적 규범인 관습법으로서의 효력을 인정할 수 없다.[302]

나) 대법관 5인의 반대의견(대법관 서성, 대법관 조무제, 대법관 유지담, 대법관 윤재식, 대법관 배기원)

272 법원으로서는 관습법이 다른 법령에 의하여 변경·폐지되거나 그와 모순·저촉되는 새로운 내용의 관습법이 확인되기 전까지는 이에 기속되어 이를 적용하여야 하고, 만일 관습법이 헌법에 위반된다면 그 이유로 이를 적용하지 아니할 수 있을 뿐이지 막연히 불합리하다거나 정당성이 없다는 등의 사유를 이유로 판례변경을 통하여 그 적용을 배제할 수는 없는바, 법원은 대법원 1981. 1. 27. 선고 80다1392 판결에 의해 "상속회복청구권은 상속이 개시된 날부터 20년이 경과하면

302 윤진수, "상속회복청구권의 소멸시효에 관한 구관습의 위헌 여부 및 판례의 소급효", 민법논고(V), 박영사(2011), 177은 위 다수의견이 위 관습이 위헌이라는 판단을 내린 것이라고 해도 크게 틀린 것은 아닐 것이라고 하면서, 법률이 위헌인가의 여부에 대한 최종적인 심판권한은 헌법재판소에 있지만, 여기서 말하는 법률은 형식적 의미의 법률이므로 관습법과 같은 불문법에 대한 위헌 여부의 판단 권한은 법원, 최종적으로는 대법원이 가지고 있다고 설명하고 있다.

소멸한다."는 내용의 관습이 관습법으로 성립하여 존재하고 있음을 확인·선언한 이래 여러 차례에 걸쳐 이를 재확인하여 왔으며, 한편 민법 시행 전의 폐지된 조선민사령은 상속에 관한 사항은 관습에 의한다고 규정하였고, 민법은 부칙 제25조 제1항에서 "이 법 시행 전에 개시된 상속에 관하여는 이 법 시행일 후에도 구법의 규정을 적용한다."라고 규정하였으며, 1977. 12. 31. 법률 제3051호로 개정된 민법 부칙 제5항 및 1990. 1. 13. 법률 제4199호로 개정된 민법 부칙 제12조 제1항에서도 각각 같은 내용의 경과규정을 두고 있으므로, 위 관습법이 다른 법령에 의하여 변경·폐지되거나 그와 모순·저촉되는 새로운 내용의 관습법이 확인되지 아니한 이상 법원으로서는 민법 시행 전에 있어서의 상속에 관한 법률관계에 해당하는 상속회복청구에 대하여 위 관습법을 적용할 수밖에 없다.

다) 반대의견에 대한 보충의견(대법관 조무제)

273 관습법은 성문법률을 보충하는 효력을 가지는 것이기는 하지만 법률의 효력을 가지는 것이어서 그러한 관습법에 위헌적 요소가 있는 경우 우리의 성문법률 위헌심사제도 아래에서는 헌법재판소를 통한 위헌선언이 이루어질 길이 없고 법원에 의하여 위헌성이 판정되고 그의 적용이 배제되어야 할 터이므로 그렇게 되면 실질상 위헌법률선언과 같은 결과를 낳을 것인바, 그 경우에는 헌법상 법치주의 원칙에서 나온 법적 안정성 내지 신뢰보호원칙에 바탕을 둔 위헌결정의 불소급효원칙의 정신에 따라 그 선언이 있는 날 이후로만 그 관습법의 효력이 상실되도록 함이 상당하다.

4) 환송 후 사건의 경과

274 위 대법원 전원합의체 판결의 환송심[303]은 대법원의 위헌판단에 근거하여 제정민법 시행 전 관습의 적용을 배제하고 민법의 단기제척기간을 적용하여 원고들의 상속회복청구권은 그 침해를 안 날로부터 3년이 지나면 소멸한다는 전제하에, 원고들이 적어도 1994. 12.경에는 상속권의 침해사실을 알았다고 보아야 하므로, 그로부터 3년이 경과하여 제기된 원고들의 소는 부적법하다고 판단하였으나, 이에 대하여 원고들이 상고하였다.

275 그 상고심인 대법원 2007. 4. 26. 선고 2004다5570 판결은, 제정민법 시행 전에 개시된 상속에 관한 상속회복청구권은 제정민법 부칙 제25조 제1항에 의하여 제

303 대구지방법원 2003. 12. 24. 선고 2003나10696 판결.

정민법 시행 전의 구법인 구 관습법의 적용을 받고, 구 관습법상 제척기간은 상속권의 침해사실을 안 때로부터 6년이 경과하면 소멸하므로, 3년이 아닌 6년의 제척기간을 적용하였어야 한다는 취지로 다시 사건을 파기·환송하였으며, 재환송심[304]에 이르러 화해권고결정이 확정됨으로써 소송이 종결되었다.

### 라. 검토

#### 1) 판례 입장의 정리

276 이상의 판결들로부터 알 수 있는 대법원의 입장을 정리하면, 제정민법 시행일인 1960. 1. 1. 전에 상속이 개시된 경우 상속회복청구에 관하여는 제정민법 부칙 제25조에 따라 상속개시 당시의 관습법인 '상속권의 침해사실을 안 날부터 6년'의 제척기간만이 적용되고, '상속이 개시된 날부터 20년이 지나면 소멸한다.'라는 관습은 관습법으로서의 효력이 인정되지 아니하여 그 적용이 부정된다.

#### 2) 비판

277 위와 같은 판례의 입장에 대하여는 민법 시행 이전에 상속회복청구에 기간제한을 두는 관습 자체가 존재하지 않았다는 비판이 유력하다.[305] 그러나 그러한 관습의 존재를 인정한다는 전제 하에, 판례의 입장을 지지하는 견해,[306] 일단 발생한 상속회복청구권의 소멸시효 내지 제척기간에 관하여는 제정민법의 제척기간을 적용해야 하나 그 기산점은 제정민법 시행일이 된다는 견해,[307] [308] 민법 시행 전에 상속이 이루어졌더라도 상속재산에 대한 침해가 민법 시행 후에 이루어진

304 대구지방법원 2007나6992.

305 윤진수, "상속회복청구권의 소멸시효에 관한 구관습의 위헌 여부 및 판례의 소급효-대법원 2003. 7. 24. 선고 2001다48781 전원합의체 판결-", 민법논고(V), 박영사(2011), 165~171; 이상욱, "상속회복청구권의 시효에 관한 일제시대 관습법의 정립과 왜곡", 가족법연구 제18권 제2호, 한국가족법학회(2004. 9.), 205~220.

306 김선옥, "상속회복청구권의 행사기간에 관한 적용법률-대법원 2007. 4. 26. 선고 2004다5570 판결-", 부산판례연구회 판례연구 제19집(2008. 2.), 460~461, 467; 정재수, "상속회복청구권의 인정기준 및 민법 개정 전·후 적용할 제척기간 등에 대하여(대법원 2003. 7. 24. 선고 2001다48781 전원합의체 판결과 관련하여)", 대구판례연구회 재판과 판례 제16집(2008) 76~85.

307 윤진수, "상속회복청구권의 소멸시효에 관한 구관습의 위헌 여부 및 판례의 소급효-대법원 2003. 7. 24. 선고 2001다48781 전원합의체 판결-", 민법논고(V), 박영사(2011), 169~171. 위 견해는 10년의 제척기간이 헌법재판소의 위헌결정으로 효력을 상실하였으므로 민법 시행 전의 관습(20년)으로 돌아가야 하나, 그 관습 역시 위헌으로서 적용될 수 없다고 봄으로써, 결과적으로는 대법원 2003. 7. 24. 선고 2001다48781 전원합의체 판결의 다수의견과 결론을 같이 하는 것으로 보인다.

308 박근웅, "상속회복청구권의 제척기간에 관한 적용법조", 가족법연구 제38호(2010), 95. 위 견해는 제정민법 부칙 제8조가 아니라 제2조가 적용된다고 하여 같은 결론에 이르고 있다.

경우에는 침해행위 당시의 법률인 민법의 제척기간이 적용되어야 한다는 견해,[309] 구 관습상 상속개시일로부터 20년의 소멸시효는 진정상속인을 보호하기에 충분한 기간이므로 대법원 2003. 7. 24. 선고 2001다48781 전원합의체 판결의 반대의견이 타당하다고 보는 견해[310] 등이 있다.

## 3. 헌법재판소의 위헌결정과 민법개정에 따른 상속회복청구권의 행사기간

### 가. 2001. 7. 19. 위헌결정 당시 법원에 계속 중이었거나 그때부터 2002. 1. 14. 개정 민법 시행 전에 제소된 상속회복청구 사건

#### 1) 위헌결정의 효력이 미치는 범위

278 헌법재판소법 제47조은 "위헌으로 결정된 법률 또는 법률의 조항은 그 결정이 있는 날로부터 효력을 상실한다."라고 하여 형벌에 관한 법률을 제외하고는 위헌결정의 장래효의 원칙을 규정하였다. 그러나 이를 철저하게 관철하게 되면 위헌결정에 따라 권리구제를 받을 수 있는 범위가 지나치게 좁아져서 헌법재판제도의 취지가 퇴색되므로, 해석상 일정한 범위 내에서 기존의 사실관계에 대하여 위헌결정의 효력이 미치는 것으로 소급효를 인정할 수밖에 없다는 데에는 이설이 없다.

279 판례에 의하면, 헌법재판소의 위헌결정의 효력은 위헌제청을 한 당해 사건, 위헌결정이 있기 전에 이와 동종의 위헌 여부에 관하여 헌법재판소에 위헌여부심판제청을 하였거나 법원에 위헌여부심판제청신청을 한 경우의 당해 사건과 따로 위헌제청신청은 하지 아니하였지만 당해 법률 또는 법률의 조항이 재판의 전제가 되어 법원에 계속 중인 사건뿐만 아니라 위헌결정 이후에 위와 같은 이유로 제소된 일반 사건에도 미친다.[311]

280 따라서 민법(2002. 1. 14. 법률 제6591호로 개정되기 전의 것) 제999조 제2항 중 '상속이 개시된 날부터 10년' 부분을 위헌으로 선언한 헌법재판소 2001. 7. 19. 선고 99헌바9·26·84, 2000헌바11, 2000헌바3, 2001헌가23 결정의 효력은, 그 당해사

309 박세민, "민법시행 이전에 개시된 상속과 상속회복청구권의 제척기간", 가족법연구 제21권 제3호(2007. 12.), 338~345.

310 이화숙, "상속회복청구권의 시효에 관한 관습법의 효력-대법원 2003. 7. 24. 선고 2001다48781 전원합의체 판결-", 가족법연구 제18권 제1호(2004. 3.), 266~268.

311 대법원 1993. 1. 15. 선고 92다12377 판결, 대법원 1994. 10. 25. 선고 93다42740 판결, 대법원 2000. 2. 25. 선고 99다54332 판결 등.

건은 물론이고,[312] 위 결정 당시 법원에 계속 중이었던 소송과 위 결정 이후 개정된 법률이 시행된 2002. 1. 14. 사이에 제기된 소송에 모두 미치게 된다.

2) 2002. 1. 14. 개정 민법의 부칙조항

281 헌법재판소의 위헌결정 취지에 따라 2002. 1. 14. 개정된 민법은 그 부칙(제6591호, 2002. 1. 14.) 제1항에서 "이 법은 공포한 날부터 시행한다."라고 하고, 제2항에서 "이 법은 종전의 규정에 의하여 생긴 효력에 영향을 미치지 않는다."라고 하여 효력의 불소급을 규정하는 외에 상속회복청구에 관한 별도의 경과규정을 두고 있지 않다. 종래에 민법은 그 제정 시부터 상속에 관한 규정이 개정될 때마다 예외 없이 부칙에 "신법 시행 전에 개시된 상속에 관하여는 신법 시행 후에도 구법의 규정을 적용한다."라는 내용의 경과규정을 두어 상속에 관하여는 상속개시시법주의를 선언하여 왔으나, 위 개정 민법 부칙은 헌법재판소의 위헌결정에 따른 법률개정임을 고려하여 이러한 경과규정을 두지 않은 것으로 보인다.[313]

3) 판례

282 판례는, 민법 시행 이후 상속이 개시된 것으로서 헌법재판소의 위헌결정일인 2001. 7. 19. 당시 법원에 소송계속 중인 상속회복청구 사건[314]과 위헌결정 이후 2002. 1. 14. 개정 민법 시행 전에 제소된 상속회복청구 사건[315]에 대하여, 앞서 본 위헌결정의 소급효를 인정함으로써 '상속이 개시된 날부터 10년'의 제척기간은 적용되지 않고, '침해를 안 날부터 3년'의 제척기간 경과 여부만이 문제가 된다고 보고 있다.

283 이러한 결론은 위 사건들의 소송계속 중 2002. 1. 14. 개정 민법이 시행되었다고 하여 달라지지 않는다. 즉, 대법원은 "위 개정조항은 부칙 제1항에 따라 개정 민법의 시행일인 2002. 1. 14.부터 적용하도록 되어 있는바, 그렇다면 개정 민법 시

312 헌법재판소 99헌바9 사건은 헌법재판소법 제68조 제2항에 따른 헌법소원 사건이었는데, 법원은 위헌결정 이후 당해사건에 대한 재심을 개시하여 원고들의 상속회복청구를 인용하였다(서울고등법원 2002. 5. 28. 선고 2001재나338 판결).

313 이화숙, "상속회복청구권에 관한 몇 가지 문제-2002년 개정 민법 부칙 제2항의 해석과 대상재산에 대한 상속회복청구를 중심으로-", 저스티스 제133호(2012. 12.), 45.

314 대법원 2001. 9. 25. 선고 2001다36382 판결, 대법원 2001. 10. 9. 선고 99다17180 판결, 대법원 2001. 10. 12. 선고 2000다22942 판결, 대법원 2001. 10. 12. 선고 2001다23836, 23843 판결(이상은 10년의 제척기간을 적용한 원심판결을 파기한 사안이다), 대법원 2003. 2. 11. 선고 2000다61893 판결(원심과 달리 상속회복청구에 해당함을 인정하였으나, 10년의 제척기간의 적용을 배제하여 상고를 기각하였다).

315 대법원 2004. 7. 22. 선고 2003다49832 판결.

행일 이전에 제기된 이 사건 소에 대하여 개정 민법 제999조 제2항 소정의 10년의 제척기간을 소급하여 적용할 수는 없다 할 것이다."라고 판시하고 있는데,[316] 이는 위 개정 민법 부칙 제2조에 따라 개정조항의 소급적용이 배제됨을 의미한다. 결국 위 개정 민법 시행 전에 제소된 사건에 대하여는 개정 민법상 '상속권의 침해행위가 있는 날부터 10년'의 제척기간도 적용될 여지가 없다.

**나. 2002. 1. 14. 개정 민법 시행 이후에 제소된 상속회복청구 사건**

284 판례는, 2002. 1. 14. 개정 민법 시행 이후 상속회복청구의 소가 제기된 경우에는 제정민법 시행 후에 상속이 개시된 이상 상속개시일이 언제인지를 따지지 않고, '상속권의 침해를 안 날부터 3년'과 함께 위 개정 민법에 따른 '상속권의 침해행위가 있는 날부터 10년'의 제척기간을 적용한다. 그 결과 상속개시일은 1971. 3. 7. 이고 상속권의 최초 침해는 1993. 4. 6. 발생하였으며 상속인이 개정 민법 시행 후인 2003. 12. 11. 상속회복청구의 소를 제기한 사안에서, 대법원은 상속권의 침해행위가 있은 날부터 10년이 경과하였음을 이유로 상속인의 청구가 부적법하다고 보았다.[317]

**다. 검토**

1) 판례 입장의 정리

285 이상에서 본 판례의 입장을 간략히 정리하면, 대법원은 제정민법 시행 이후 상속이 개시된 사건에 대하여는 '상속회복청구의 제소시점'을 기준으로 상속회복청구권의 제척기간에 관한 법률의 적용을 달리하고 있다고 볼 수 있다(민법 시행 전 구 관습의 적용 여부와 관련하여서는 '상속개시 시점'을 기준으로 하고 있는 것과 대비된다). 즉, ① 2002. 1. 14. 개정 민법 시행 전에 제소된 경우에는 위헌결정의 소급효를 인정하여 3년의 제척기간만이 적용되고, ② 2002. 1. 14. 개정 민법 시행 이후에 제소된 경우에는 민법 제999조 제2항에 따른 3년·10년의 제척기간이 적용된다.

286 또한 판례는 위와 같이 제척기간 준수 여부를 판단함에 있어 위헌결정 이전에 이미 상속개시일로부터 10년이 경과한 사안이라고 하여 달리 취급하지 않고 있다. 그러한 사정은 개정 민법 부칙 제2조의 '종전의 규정에 의하여 생긴 효력' 내지 참칭상속인을 보호할 만한 기득권에 해당하지 않는다고 보기 때문인 것으로 생각된다.

316 대법원 2004. 4. 27. 선고 2002다67680 판결, 대법원 2004. 7. 22. 선고 2003다49832 판결.
317 대법원 2006. 9. 8. 선고 2006다26694 판결. 대법원 2010. 1. 14. 선고 2009다41199 판결도 같은 취지이다.

2) 비판

287 판례의 입장에 대하여는, 상속회복청구권의 제척기간 중 '상속이 개시된 날부터 10년' 부분이 단순위헌으로 결정되었다면, 그 이전에 위 규정에 의하여 상속회복청구권의 제척기간이 만료되었다고 하더라도 위헌결정 이후에는 만료되지 않은 것으로 취급해야 하고, 따라서 그 후 개정된 조항을 소급적용하여 개정 민법 시행 당시에 이미 상속회복청구권이 소멸하였다고 보는 것은 헌법 제13조 제2항이 금지하고 있는 전형적인 소급입법에 의한 재산권의 박탈에 해당하여 허용되지 않을 뿐만 아니라, 개정 민법 부칙 제2항의 해석상으로도 그러한 결론을 도출하기 어렵다는 비판이 있다.[318]

288 또 다른 학설로는, 헌법재판소의 위헌결정 이전에 이미 상속개시일로부터 10년이 경과한 경우(즉 상속이 1991. 7. 19. 이전에 개시된 경우이다)에는 이미 확정된 법률관계 및 당사자의 신뢰를 보호할 필요가 있으므로 위헌결정의 소급효를 제한하여 개정 전 민법 제999조 제2항을 적용하되 참칭상속인 또는 그로부터 상속재산을 양수한 악의의 제3자가 제척기간의 경과를 주장하는 것은 신의칙상 이를 배척하여야 하고, 위헌결정 당시 상속개시일로부터 10년이 경과하지 아니하여 위헌결정의 소급효에 따라 10년의 제척기간이 적용되지 않게 된 진정상속인에게는 2002. 1. 14. 개정 민법 시행일 전에 상속권의 침해행위가 있었던 경우에 한하여 그 기산점을 위 시행일로 삼는 것이 타당하다는 견해가 있다.[319]

318 윤진수, "상속회복청구권의 소멸시효에 관한 구관습의 위헌 여부 및 판례의 소급효-대법원 2003. 7. 24. 선고 2001다48781 전원합의체 판결-", 민법논고(V), 박영사(2011), 185~186.

319 박근웅, "상속회복청구권의 제척기간에 관한 적용법조", 가족법연구 제38호(2010), 92~104; 이화숙, "상속회복청구권에 관한 몇 가지 문제-2002년 개정 민법 부칙 제2항의 해석과 대상재산에 대한 상속회복청구를 중심으로-", 저스티스 제133호(2012. 12.) 49~50.

# 제 2 절 상속인

<개정 1990. 1. 13>

## [총설]

**[관련조문]** 민법 제3조(권리능력의 존속기간), 제30조(동시사망), 제1001조(대습상속)

**[참고문헌]** 곽윤직, 상속법(민법강의VI)(개정판), 박영사(2004)



### Ⅰ. 상속제도의 근거

1 상속인은 피상속인의 사망으로 그의 재산에 관한 권리의무를 승계하는 사람으로서, 각국의 법은 이를 혈족상속인과 배우자상속인으로 구성한다. 이처럼 피상속인과 특정의 신분관계에 있는 사람만을 상속인으로 규정하는 것은 상속제도의 근거와 관련이 있다. 상속제도가 인정되는 근거에 관하여는, 피상속인과의 혈연관계의 대가라고 보는 혈연대가설, 피상속인의 의사를 추정하여 그 의사에 합치되는 사람에게 상속인의 지위를 인정하는 것이라는 의사추정설, 피상속인과 공동생활을 하면서 서로 부양하고 함께 재산형성을 한 사람에게 인정되는 권리라는 공동생활설, 피상속인의 재산에 의지해서 생활해 온 사람의 생활보장을 위한 것이라는 생활보장설 등이 주장된다. 혈연대가설은 배우자상속의 경우에는 근거를 제공하지 못하고, 의사추정설은 유류분 제도가 인정되는 이유를 설명하지 못하며, 공동생활설, 생활보장설도 2·3촌 이상의 혈족의 경우 피상속인과 공동생활관계 또는 경제적 의존관계에 있지 않은 경우가 많다는 점에서, 어느 한 주장만으로 상속제도의 근거를 완벽히 설명할 수는 없고, 각 상속인의 범주별로 인정의 근거를 달리 보아야 할 것이다.

## Ⅱ. 상속능력

### 1. 상속능력의 의의

2 상속능력은 상속인이 될 수 있는 능력(지위 또는 자격)이다. 상속에 의하여 피상속인의 권리, 의무를 승계하므로 상속능력이 있으려면 권리능력이 있어야 한다. 민법은 상속인을 피상속인의 일정 범위의 친족에 한정하므로 자연인만 상속인이 될 수 있고, 법인은 상속인이 될 수 없다. 다만 법인이 포괄적 유증을 받을 수는 있다.

3 외국인과 북한주민도 상속능력이 있다. 남북주민 사이의 가족관계와 상속 등에 관한 특례법에서는 북한주민도 상속권을 가짐을 당연한 전제로 하여 상속재산반환청구권, 상속회복청구권 등에 관한 특례와 북한주민이 취득한 상속재산에 대한 재산관리인 선임 등을 규정하고 있다. 판례 중 "망인의 직계비속인 딸이 이북에 있어 생사 불명이라는 이유만으로는 재산상속인에서 제외될 수 없다."라고 판시한 사례가 있다.[1]

### 2. 동시존재의 원칙

4 사람은 생존한 동안 권리능력을 가지므로(민법 제3조), 상속능력을 갖기 위해서는 상속개시의 순간, 즉 피상속인의 사망시에 생존하고 있어야 함이 원칙이다. 그럼으로써 피상속인의 법적 인격(권리·의무)이 단절됨 없이 상속인에게 포괄적으로 승계된다. 이를 동시존재의 원칙 또는 인격계속의 원칙이라고 한다. 이 원칙은 근대재산법의 원칙으로서 잠시라도 무주의 재산이 생기는 것을 막기 위한 것이다. 즉 재산권이 전 권리자에게서 떠나는 순간 새 권리자에게 이전하여야 한다는 요청에서 확립된 원칙이다.[2]

5 따라서 상속인이 될 사람이 피상속인보다 먼저 사망하거나 동시에 사망한 경우에는 상속능력이 없으므로, 만약 그가 살아있었다면 단독상속인이 되었을 경우에는 다음 순위자에게 상속권이 넘어가고, 다른 사람들과 공동상속인이 될 관계에 있었을 경우에는 다른 공동상속인들이 그의 상속분을 없는 것으로 보고 산정된 상속분대로 상속을 한다. 다만 대습상속이 요건이 충족되는 경우에는 대습상속인이 사망자에 갈음하여 상속을 한다.

1 대법원 1982. 12. 28. 선고 81다452, 453 판결.
2 곽윤직, 상속법(민법강의Ⅵ)(개정판), 박영사(2004), 38.

6 상속인과 피상속인의 관계에 있는 사람이 동일한 위난으로 사망한 경우에는 동시에 사망한 것으로 추정되므로(민법 제30조), 역시 서로 상속을 할 수 없다. 이 때에도 대습상속은 인정된다(☞ 상세한 내용은 민법 제1001조 주석 참조).

7 다만 동시존재원칙의 예외로서 태아는 피상속인 사망시 태어나지 않았더라도 상속능력이 인정되는데, 상속능력의 취득시기에 관하여는 정지조건설과 해제조건설의 대립이 있다. 한편 냉동보존된 정자를 이용하여 부 사망 후에 수정, 포태하거나 생전에 형성된 수정란을 모체에 착상시켜 포태하는 방법으로 태어난 자에게 상속권을 인정할 것인가에 관한 법적인 문제가 제기되고 있다.

## Ⅲ. 내용

8 제2절 상속인에서는 상속인의 범위와 순위, 대습상속 및 상속결격사유에 관하여 규정하고 있다.

9 상속인의 범위 및 상속분에 관하여는 여러 차례 법률의 개정이 있었으므로, 상속개시 당시 어떤 개정 법률이 시행 중이었는지를 유의하여 보아야 한다. 다음에서는 상속인에 관한 민법의 제·개정 경과와 아울러 민법 시행 전에 적용된 구관습법의 내용도 소개하였다.

## 제 1000 조 [상속의 순위]

① 상속에 있어서는 다음 순위로 상속인이 된다. <개정 1990. 1. 13>

1. 피상속인의 직계비속
2. 피상속인의 직계존속
3. 피상속인의 형제자매
4. 피상속인의 4촌 이내의 방계혈족

② 전항의 경우에 동순위의 상속인이 수인인 때에는 최근친을 선순위로 하고 동친 등의 상속인이 수인인 때에는 공동상속인이 된다.

③ 태아는 상속순위에 관하여는 이미 출생한 것으로 본다. <개정 1990. 1. 13.>

[제목개정 1990. 1. 13.]

**[관련조문]** 민법 제1001조(대습상속), 제1003조(배우자의 상속순위), 제1004조(상속인의 결격사유), 제1006조(공동상속과 재산의 공유), 제1007조(공동상속인의 권리의무승계), 제1009조(법정상속분), 제1053조(상속인 없는 재산의 관리인), 제1064조(유언과 태아, 상속결격자)

**[참고문헌]** 주해상속법(제1권), 박영사(2019); 곽윤직, 상속법(민법강의VI)(개정판), 박영사(2004); 김주수/김상용, 친족·상속법(제20판), 법문사(2024); 송덕수, 친족상속법(제7판), 박영사(2024); 신영호 외 2인, 가족법강의(제4판), 세창출판사(2023); 윤진수, 친족상속법 강의(제5판), 박영사(2023); 이경희/윤부찬, 가족법(11정판), 법원사(2024); 상속등기실무, 법원행정처(2012); 민유숙, "관습법상 분재청구권의 내용과 분재의무의 상속·소멸시효 적용 여부", 대법원판례해설 제63호(2007); 권용우, "태아의 권리능력", 법학연구 제23권 제1호(2012); 김민중, "사후수정(사후포태)의 입법론적 고찰", 가족법연구 제19권 제2호, 한국가족법학회(2005); 서종희, "사후포태에 의하여 출생한 자의 법적 지위에 관한 고찰", 법학논총 제47호, 국민대학교법학연구소(2014. 6.); 윤진수, "상속법의 변화와 앞으로의 과제", 우리법 70년 변화와 전망(청헌 김증한 교수 30주기 추모논문집), 법문사(2018); 이경희, "사후포태에 의하여 출생한 자의 상속권에 관한 연구", 가족법연구 제23권 제1호, 한국가족법학회(2009. 3.); 이은정, "법정상속인에 대한 재검토", 가족법연구 제18권 제2호, 한국가족법학회(2004)
Katie Christian, "It's not my fault! : Inequality among posthumously conceived children and why limiting the degree of benefits to innocent babies is a NO-NO", Mississippi College Law Review Vol. 36(2017); Raymond C. O'Brien, "Assessing assisted reproductive technology", Catholic University Journal of Law & Technology Vol. 27 Iss. 1(Fall, 2018)

## Ⅰ. 의의

1 민법은 상속관계의 법적 안정과 상속인 사이의 공평을 보장하기 위하여 상속인으로 되는 자 및 그 순위를 획일적으로 정하고 있다. 상속은 피상속인이 상속인을 지정하는 유언상속과 상속인이 법률 규정에 의하여 정하여지는 법정상속으로 나눌 수 있는데 민법은 법정상속을 택하고 있는 것이다. 다만 현행법상 수유자가 상속인처럼 피상속인의 권리의무를 포괄적으로 승계하는 포괄적 유증이 인정되므로(민법 제1078조), 포괄적 유증을 함으로써 유언으로 상속인을 지정한 것과 유사한 결과를 발생시킬 수 있으나, 포괄적 수증자와 상속인은 법인의 자격성 여부, 대습상속·특별수익·기여분·유류분의 적용 여부, 조건·기한의 가부 등에서 차이가 있다.

2 상속인에는 혈족상속인과 배우자상속인이 있다. 민법 제1000조는 그 중 혈족상속인의 순위에 관하여 정하고 있고, 배우자상속인에 관하여는 민법 제1003조에서 규정하고 있다.

3 아울러 민법 제1000조에서는 상속능력과 관련된 원칙인 동시존재원칙의 예외로서, 태아의 보호를 위하여 태아의 상속능력을 규정하고 있다.

## Ⅱ. 연혁

### 1. 민법 제정 전(구관습법)

4 민법 시행일 이전에 개시된 상속에 관하여는 제정 민법 부칙 제25조에 의하여 구법의 규정이 적용된다. 이에 관하여 일제시대 제정된 조선민사령은 일반 민사법률관계에 의용(일본) 민법 등을 적용하도록 한 것과 달리, 친족·상속에 관하여는 우리나라의 관습을 적용하도록 하였다(조선민사령 제1조, 제11조). 따라서 민법 시행일인 1960. 1. 1. 이전에 상속이 개시된 경우에는 구관습에 의하여 상속인이 정하여진다.

5 구관습상의 재산상속은 피상속인이 호주인 경우와 호주 아닌 가족인 경우를 달리 취급하였다.[1]

1 상속등기실무, 법원행정처(2012), 18~33.

### 가. 호주가 사망한 경우 등

6 호주의 사망, 파양, 지위상실, 경질 등 일정한 사유가 발생하면 호주상속이 개시되고 이에 재산상속이 수반되었다.[2] 이 때 호주상속은 그 가(家)의 장남, 장손으로 이어지는 가계계승의 형태로 이루어졌고 호주의 재산은 가(家)에 귀속되는 가산으로 관념되었으므로, 호주상속인이 전호주의 지위 뿐 아니라 그 재산을 단독상속하였고,[3] 차남 이하의 아들은 현존하는 재산범위에서 호주상속인에게 재산의 분여를 청구할 권리를 가질 뿐 구체적인 재산에 관하여는 아무런 권리를 취득하지 못하였다.[4] 이 때 분재의 비율은 사안별로 약간씩 다르게 결정되다가, 대법원 1969. 11. 25. 선고 67므25 판결에서 "호주상속인은 약 1/2을 자기가 취득하고 타의 약 1/2을 차남 이하의 중자의 원수에 응하여 원칙적으로 평등하게 분여할 의무가 있으나 호주상속인이 그 비율을 다소 차이 있게 하여도 이의를 못한다."라고 판시한 이래 다른 판결들도 이를 따르고 있다.[5]

7 한편 그 중 대법원 2009. 5. 28. 선고 2007다41784 판결 사건에서는 딸에게 분재청구권이 인정되는지 여부와 관련하여 구관습법에 대한 위헌법률심판제청이 있었는데, 그에 따른 헌법소원사건에서 헌법재판소는 호주가 사망한 경우 딸에게는 분재청구권을 인정하지 아니한 구관습법이 존재하였다고 전제하는 한편 관습법도 위헌심판의 대상인 법률에 해당한다고 보면서, 다만 청구인들의 권리가 시효소멸하였다는 사유로 청구를 각하하였다.[6]

8 호주상속의 순위는 위와 같이 제1순위가 피상속인의 직계비속 남자였고(그들 사이에서는 적출장남 우선), 직계비속 남자가 없으면 피상속인의 직계존속 여자, 피

2 구관습법은 신분상속으로서 호주상속 이외에 제사상속까지 인정하고 있었으나, 1933. 3. 3. 조선고등법원이 제사상속을 선대에 대한 봉사로서 도의상의 개념에 불과하다고 판시한 이후 제사상속은 법률상의 문제가 아닌 도의상의 문제로 해결하게 되었다.

3 대법원등기예규 제79호, 대법원 1990. 10. 30. 선고 90다카23301 판결 등.

4 대법원 1973. 6. 12. 선고 70다2575 판결.

5 대법원 1990. 10. 30. 선고 90다카23301 판결, 대법원 1994. 11. 18. 선고 94다36599 판결, 대법원 2009. 5. 28. 선고 2007다41874 판결; 민유숙, "관습법상 분재청구권의 내용과 분재의무의 상속·소멸시효 적용 여부", 대법원판례해설 제63호(2007), 221.

6 헌법재판소 2013. 2. 28. 선고 2009헌바129 결정. 이에 대하여는 딸들의 분재청구권을 부정한 관습법의 실재여부가 불분명하고, 그러한 관습법이 있었다고 본다 하더라도 성별에 의한 차별을 내용으로 하는 위헌인 관습법의 존재로 딸들의 분재청구권의 행사에 법률상 장애가 존재하여 소멸시효가 진행하지 않는다고 보아야 할 뿐 아니라, 관습법은 위헌법률심판의 대상이 될 수도 없다는 이유로 비판하는 견해가 제기된다[윤진수, "상속법의 변화와 앞으로의 과제", 우리법 70년 변화와 전망(청헌 김증한 교수 30주기 추모논문집), 법문사(2018), 617].

상속인의 처, 피상속인의 가족인 직계비속의 처, 피상속인의 가족인 직계비속여자 순으로 상속하였다. 여호주의 호주상속 후에 사후양자가 입양되면 일단 여호주에게 상속되었던 호주권 및 유산이 다시 사후양자에게 상속되었다.[7] 이와 같이 여자의 호주상속권은 직계비속 남자가 없을 경우에 인정되는 보충적 상속권이었을 뿐 아니라, 남호주가 출현할 때까지만 주어지는 잠정적 상속권이었다. 호주상속을 할 직계비속이 상속개시 전에 사망하거나 결격자가 된 경우에 그의 직계비속이 있으면 대습상속이 인정되었다. 위와 같은 상속순위를 기초로 하여 기혼남자인 호주가 사망한 경우, 미혼남자인 호주가 사망한 경우, 여호주가 사망하거나 출가한 경우에 따라 상속순위가 달리 정하여졌는데, 구체적인 사례는 "Ⅵ. 참고"에 수록하였다(☞ 구관습상의 법정상속분에 관하여는 민법 제1009조 Ⅲ. 주석 참조).

#### 나. 호주 아닌 가족이 사망한 경우

9 호주 아닌 가족이 사망한 경우에는 재산상속만이 개시되었고, 그 상속순위는 직계비속, 배우자, 직계존속, 호주 순이었으며, 기혼남자의 상속인으로 직계비속이 여러 명 있는 경우에는 같은 호적 내에 있는 직계비속이 평등하게 공동상속하는 것이 구관습이라는 판례가 일관되게 유지되어 왔다.[8] 이 때에도 기혼남자가 사망한 경우, 미혼의 남자 또는 여자가 사망한 경우, 가족인 모가 사망한 경우에 따라 구체적인 상속순위가 달랐는데, 구체적인 사례는 역시 "Ⅵ. 참고"에 수록하였다.

### 2. 민법 제·개정 연혁

#### 가. 제정 민법

10 제정 민법은 구관습상의 호주상속을 계승하였다. 그 상속순위는, 피상속인의 직계비속남자, 피상속인의 가족인 직계비속여자, 피상속인의 처, 피상속인의 가족인 직계존속여자, 피상속인의 가족인 직계비속의 처 순이었고(제정 민법 제984조), 동순위 직계비속이 수인 있으면 최근친을 선순위로, 동친 등의 직계비속 중에서는 혼인중의 출생자를 선순위로 하였으며, 이에 의하여 순위동일한 자가 수인인 때에는 연장자를 선순위로 하였다(제985조). 의용민법이나 구관습법에 따라 태아

7 대법원 1991. 12. 10. 자 91스9 결정.

8 대법원 1978. 6. 27. 선고 77다1185 판결, 대법원 1990. 2. 27. 선고 88다카33619 전원합의체 판결, 대법원 등기예규 제698호.

의 호주상속능력을 인정하는 규정도 두었다(제정 민법 제988조 참조). 이처럼 호주상속은 종래처럼 가계 계승의 차원에서 이루어졌다. 그러나 구관습과 달리 호주상속인은 호주의 권리의무를 승계할 뿐(제정 민법 제995조) 재산상속은 별도로 이루어졌으며(제997조 이하), 다만 호주상속인은 분묘에 속한 1정보 이내의 금양임야, 6백 평 이내의 묘토인 농지, 족보와 제구의 소유권을 승계받고(제996조), 재산상속에서 고유의 상속분에 5할을 가산받을 수 있었다(제1009조 제1항).

11 호주상속과 별도의 재산상속의 순위는 피상속인의 직계비속, 직계존속, 형제자매, 8촌 이내의 방계혈족의 순서였고(제정 민법 제1000조), 계모자와 적모서자 관계에 있는 사람을 법정의 직계존비속 관계로 인정하여(제773조, 제774조) 서로 상속인이 될 수 있도록 하였다.

#### 나. 1990년 개정 민법

12 호주상속이 호주승계로 바뀌어 상속법에서 친족법으로 옮겨졌고, 이로써 상속이 순수한 재산의 승계제도로 자리잡게 되었다.[9] 또한 방계혈족의 범위가 현재와 같이 4촌 이내로 축소되었고, 계모자와 적모서자 관계에 있는 사람이 인척 관계로 전환되어 1991. 1. 1. 이후에는 서로 상속인이 될 수 없게 되었다(1990. 1. 13. 부칙 제4조).

## Ⅲ. 상속순위

### 1. 총설

13 혈족상속인은 피상속인과의 친소관계에 의하여 1순위(직계비속), 2순위(직계존속), 3순위(형제자매), 4순위(4촌 이내의 방계혈족)로 그룹이 나뉘어져 있다. 상속인으로 될 수 있는 자가 여러 명 있는 경우 그들 사이에 순위가 다를 때에는 최우선순위자만 상속인이 되고 후순위자는 상속에서 배제되며, 같은 순위자가 여러 명일 경우에는 공동상속인이 된다(민법 제1000조 제2항).[10] 공동상속인은 상속재산을 공유하고 각자의 상속분에 응하여 피상속인의 권리의무를 승계한다(민법 제1006조, 제1007조).

14 배우자는 언제나 상속인이 되는데(민법 제1003조 제1항), 혈족상속인 중 1·2순위의

9 그 후 2005년도의 민법 개정으로 호주 관련 규정들이 모두 삭제됨으로써 호주제도가 폐지되었다.

10 이러한 민법의 태도는 일본, 스페인 민법 등과 함께 상속순위에 관한 입법주의 중 삼계주의(三系主義)를 취하고 있는 것으로 이해된다. 다른 입법주의로는 프랑스 민법 등이 취하는 상속유별주의(相續類別主義), 독일·스위스 민법 등이 취하는 친계주의(親系主義)가 있다. 곽윤직, 상속법(민법강의VI)(개정판), 박영사(2004), 45~47; 이은정, "법정상속인에 대한 재검토", 가족법연구 제18권 제2호, 한국가족법학회(2004), 227~230.

상속인인 직계비속, 직계존속은 배우자가 있으면 배우자와 공동상속을 하고, 3·4 순위의 상속인인 형제자매, 4촌 이내의 방계혈족은 배우자가 있으면 상속에서 배제된다. 민법 제1000조와 제1003조에서 정한 상속인이 없고 특별연고자로서 상속재산의 분여를 청구하는 사람도 없는 경우 상속재산은 국고에 귀속한다(제1058조, 다만 제267조에 의하면 공유지분은 이러한 경우 다른 공유자에게 귀속함).

## 2. 순위규정의 내용

### 가. 제1순위: 피상속인의 직계비속

15 1) 피상속인의 자녀, 손자녀, 증손자녀 등이 여기에 해당한다. 직계비속이면 친생자와 양자, 혼인 중의 출생자와 혼인 외의 출생자, 남자와 여자, 기혼자와 미혼자 사이에 상속순위와 상속분에 차이가 없다.

16 직계비속이 여러 명 있는 경우 촌수가 다르면 최근친을 선순위로 하고, 촌수가 같으면 공동상속인이 된다(민법 제1000조 제2항). 예를 들면 직계비속으로 자녀와 손자녀가 있는 경우 자녀가 손자녀보다 우선하여 상속인이 되고, 자녀가 여러 명이면 동순위로 상속인이 된다.

17 선순위 직계비속 자녀들이 모두 상속개시 전에 사망하거나 상속결격자가 된 경우, 손자녀들이 민법 제1000조에 의하여 차순위로 본위상속을 하는 것으로 보아야 하는지 또는 민법 제1001조에 의하여 선순위 자녀의 직계비속으로서 대습상속을 하는 것으로 보아야 하는지에 관하여는 견해가 대립하나, 대습상속으로 보는 것이 타당하고 판례도 같은 입장이다(☞ 상세한 내용은 민법 제1001조 Ⅱ. 3. 주석 참조).

18 그러나 상속포기는 사망이나 상속결격과는 달리 대습상속의 사유가 아니다. 따라서 피상속인이 그의 배우자와 동시에 사망하고 제1순위 상속인인 자녀 전원이 상속을 포기한 경우, 상속을 포기한 자녀는 상속개시시부터 상속인이 아니었던 것과 같은 지위에 놓이게 되므로(☞ 상세한 내용은 민법 제1042조 주석 참조), 그 다음 근친 직계비속인 피상속인의 손자녀들이 차순위의 본위상속인으로서 피상속인의 채무를 상속한다.[11] 결국 위와 같이 자녀 전원의 사망·결격시에도 손자녀는 대습상속을 한다는 입장에 따르면 손자녀가 민법 제1000조 제1항 제1호 제2항에 의하여 본위상속을 하는 것은 실제로 자녀 전원이 상속포기를 한 경우에 국한되는 결과가 된다.

11 대법원 1995. 9. 26. 선고 95다27769 판결.

19 위 사안과 달리 피상속인에게 1순위 공동상속인으로 배우자와 자녀들이 있는데, 배우자는 상속포기를 하지 않고 자녀 전원만 상속을 포기한 경우, 배우자가 단독상속인이 되는지 손자녀들이 본위상속을 함으로써 배우자와 공동상속인이 되는지에 관하여, 최근 판례[12]는 배우자가 단독상속인이 된다고 판시함으로써 배우자와 피상속인의 손자녀가 공동으로 상속인이 된다는 종전 입장을 변경하였다. 즉, 공동상속인인 배우자와 자녀들 중 자녀 전부가 상속을 포기한 경우 민법 제1043조에 따라 상속을 포기한 자녀들의 상속분은 남아 있는 다른 상속인인 배우자에게 귀속되어 배우자가 단독상속인이 된다는 것이다(☞ 상세한 내용은 민법 제1003조 Ⅱ. 2. 주석 참조).

2) 입양의 경우

20 일반입양의 경우 양자는 입양 후에도 친생부모와 친족관계가 단절되지 않으므로 친생부모와 양부모 모두에 대하여 상속권을 가진다. 그러나 친양자는 친양자 입양의 성립에 의하여 친생부모와의 관계가 단절되므로 친생부모를 상속하지 못한다(민법 제908조의3 제2항).

21 입양의 경우 상속자격의 중복문제가 발생할 수 있다. 예를 들면 조부 A가 손자 C(A의 아들인 B의 아들)를 양자로 삼았는데, B가 먼저 사망하고 그 후 A가 사망한 경우 C는 A의 양자로서의 상속권과 B의 대습상속인으로서의 상속권을 동시에 가지게 된다고 본다. 따라서 C는 두 지위 중 하나를 선택하여 상속권을 주장할 수 있고, 양자로서 상속을 포기하더라도 대습상속인으로서는 상속을 받을 수 있다.[13]

3) 인지의 경우

22 혼인 외의 자에 대한 인지가 생부 사망 후 이루어지는 경우에도 인지의 효력이 그 자의 출생시에 소급하여 발생하므로(민법 제860조 본문), 피인지자는 생부의 다른 직계비속들과 공동상속인이 되거나, 직계비속이 없는 경우 직계존속 등보다 선순위상속인이 된다.

12 상속에 관한 입법례와 민법의 입법 연혁, 민법 조문의 문언 및 체계적·논리적 해석, 채무상속에서 상속포기자의 의사, 실무상 문제 등을 종합하여 보면, 피상속인의 배우자와 자녀 중 자녀 전부가 상속을 포기한 경우에는 배우자가 단독상속인이 된다고 봄이 타당하다(대법원 2023. 3. 23. 자 2020그42 전원합의체 결정 다수의견).

13 김주수/김상용, 친족·상속법(제20판), 법문사(2024), 658; 윤진수, 친족상속법 강의(제5판), 박영사(2023), 345. 독일 민법 제1927조도 이러한 경우 각각의 자격에서 상속권을 중복하여 갖는 것을 인정한다.

23 이미 상속재산이 분할 또는 처분된 경우, 판례에 의하면 공동상속인의 관계에 서게 되는 사람은 민법 제860조 단서에 따라 소급효의 제한으로 보호를 받는 제3자에 해당하고, 다만 피인지자는 이미 상속재산을 분할, 처분한 공동상속인을 상대로 민법 제1014조에 따른 상속분 상당 가액의 지급 청구를 할 수 있으나,[14] 인지에 의하여 후순위 상속인이 되는 사람은 같은 조 단서에 의하여 보호받는 제3자에 해당하지 않으므로 피인지자의 출현으로 자신이 취득한 상속권을 소급하여 상실한다.[15]

### 나. 제2순위: 피상속인의 직계존속

24 피상속인에게 직계비속이 없는 경우 직계존속이 상속인이 되고, 피상속인의 배우자가 있으면 그 배우자와 함께 공동상속인이 된다. 직계존속이 여러 명인 경우 최근친을 선순위로 하고 촌수가 같은 직계존속이 여러 명인 경우 공동상속인이 된다(민법 제1000조 제2항). 따라서 부모와 조부모가 모두 있을 때에는 부모가 우선하여 상속인이 된다. 직계존속이면 부계·모계 여부, 성별에 관계없이 상속권이 있다.

25 입양의 경우에는 친생부모와 양부모가 모두 상속권을 갖지만,[16] 친양자입양의 경우에는 친생부모를 비롯한 생가 혈족과의 친족관계가 단절되므로, 생가의 직계혈족은 상속권이 없다.

26 직계존속에 대해서는 대습상속이 인정되지 않는다.

### 다. 제3순위: 피상속인의 형제자매

27 피상속인에게 배우자, 직계비속, 직계존속이 없는 경우 피상속인의 형제자매가 상속인이 된다. 형제자매가 여러 명이면 공동상속인이 된다(민법 제1000조 제2항).

28 형제자매이면 성별, 혼인여부, 자연혈족·법정혈족 여부, 부계·모계 여부에 따른 차이가 없다. 따라서 아버지가 같고 어머니가 다른 형제자매 및 아버지가 다르고 어머니가 같은 형제자매 사이에서도 상속권이 인정된다. 과거 판례는 피상속인의 형제자매가 피상속인의 부계혈족만을 의미한다고 보아, 어머니가 같고 아버지가 다른 형제자매는 상속권이 없다고 판시하였으나,[17] 1990년 민법 개정 후

14 대법원 2007. 7. 26. 선고 2006다83796 판결.
15 대법원 1993. 3. 12. 선고 92다48512 판결.
16 대법원 1995. 1. 20. 자 94마535 결정.
17 대법원 1975. 1. 14. 선고 74다1503 판결.

판례는 이와 달리 "민법 개정시 친족의 범위에서 부계와 모계의 차별을 없애고, 상속의 순위나 상속분에 관하여도 남녀 간 또는 부계와 모계간의 차별을 없앤 점 등에 비추어 볼 때, '피상속인의 형제자매'라 함은 부계 및 모계의 형제자매를 모두 포함하는 것으로 해석하는 것이 상당하다."라고 판시하였다.[18]

29 형제자매의 직계비속에 대하여는 대습상속이 인정된다.

### 라. 제4순위: 피상속인의 4촌 이내의 방계혈족

30 피상속인에게 배우자, 직계비속, 직계존속, 형제자매가 없는 경우 피상속인의 4촌 이내 방계혈족이 상속인이 된다. 이에는 3촌의 방계혈족으로서 형제자매의 자녀, 부모의 형제자매가 있고, 4촌의 방계혈족으로서 부모의 형제자매의 자녀, 조부모의 형제자매, 형제자매의 손자녀(조카의 자녀)가 있다(민법 제768조 후단).[19] 다만 형제자매의 직계비속(자녀, 손자녀)은 선순위자들이 모두 상속포기를 한 경우 외에는 항상 자신의 부 또는 모를 피대습인으로 하여 대습상속을 하는 것으로 보아야 한다(☞ 상세한 내용은 민법 제1001조 Ⅱ. 3. 주석 참조).

31 이들이 여러 명 있는 경우 촌수가 다르면 최근친이 상속인이 되고, 촌수가 같은 사람들은 공동상속인이 된다. 성별, 기혼·미혼 여부, 부계·모계 여부에 따른 차이는 없다. 예를 들면, 3촌의 방계혈족으로 백숙부, 고모, 외숙부, 이모, 조카가 있고 선순위자가 없으면 이들이 공동상속인이 된다. 4촌의 방계혈족으로 종형제자매, 고종형제자매, 외종형제자매, 이종형제자매가 있고 선순위자가 없으면, 이들이 공동상속인이 된다. 4촌 이내의 방계혈족의 직계비속에 대하여는 대습상속이 인정되지 않는다.

## 3. 태아의 경우

### 가. 예외적 상속능력 인정

32 1) 민법 제1000조 제3항은 동시존재원칙의 예외로 태아의 보호를 위하여 태아의 상속능력을 규정하고 있다. 즉 태아는 상속에 관하여는 이미 출생한 것으로 본다. 태아로 있는 동안에도 그 이익을 보호할 가치가 있는데, 이에 관한

[18] 대법원 1997. 11. 28. 선고 96다5421 판결.

[19] 이와 같이 4촌의 방계혈족에 넓은 범위의 사람들이 포함되므로, 이를 제한하는 개정이 필요하다는 입법론이 주장된다. 이은정, "법정상속인에 대한 재검토", 가족법연구 제18권 제2호, 한국가족법학회(2004), 251~252.

입법례로는 태아가 살아서 출생할 것을 전제로 일반적인 권리능력을 부여하는 일반적 보호주의가 있고(스위스 민법), 특정한 법률관계에 관하여서만 개별적으로 출생한 것으로 보는 개별적 보호주의가 있다(독일, 프랑스, 일본 민법).

33 우리 민법은 불법행위로 인한 손해배상청구권(민법 제762조)과 상속순위에 관하여 권리능력을 인정하는 개별적 보호주의를 취하고 있다. 판례는 의용 민법이나 구관습법하에서도 태아에게는 일반적으로 권리능력이 인정되지 아니하고 손해배상청구권 또는 상속 등 특별한 경우에 한하여 제한된 권리능력을 인정하였을 따름이므로 증여에 관하여는 태아의 수증능력이 인정되지 아니하였고, 또 태아인 동안에는 법정대리인이 있을 수 없으므로 법정대리인에 의한 수증행위도 할 수 없다고 판시한 바 있다.[20]

34 2) 민법 제1000조에 의하여 인정되는 태아의 권리는 대습상속과 유류분반환청구권에 관하여도 적용된다고 보는 것이 일반적이다. 또한 민법 제1064조는 유언에 의한 수증자에 관하여 제1000조를 준용한다(사인증여에까지 유추적용되는지에 관하여는 견해가 대립한다).

35 3) 한편 여러 특별법에서도 보상금청구권을 청구할 수 있는 유족과 가족의 범위에 태아를 포함시키고 있다(국민연금법 제3조 제3항, 군인연금법 제3조 제4항, 공무원연금법 제3조 제3항, 사립학교교직원연금법 제2조 제4항, 산업재해보상보험법 제63조 제2항, 범죄피해자보호법 제18조 제2항 등).

### 나. 법적 지위의 발생

#### 1) 학설

36 출생으로 의제되는 태아의 법률상 지위에 관하여는 정지조건설과 해제조건설의 대립이 있다.

##### 가) 정지조건설(인격소급설)

37 태아로 있는 동안에는 권리능력을 취득하지 못하지만, 살아서 태어나면 권리능력 취득의 효과가 상속개시시에 소급하여 발생하는 것으로 보는 견해이다.[21] 태아의 임신시기를 명확히 모를 수 있고, 태아가 부(夫)의 자가 아니거나 쌍생아이거

20 대법원 1982. 2. 9. 선고 81다534 판결.

21 김주수/김상용, 친족·상속법(제20판), 법문사(2024), 669; 윤진수, 친족상속법 강의(제5판), 박영사(2023), 341; 이경희/윤부찬, 가족법(11정판), 법원사(2024), 403.

나 사산이 될 수도 있는데 그럼에도 태아인 상태로 권리능력을 인정하면 법률관계가 복잡해질 수 있다는 점과 태아의 법정대리인을 인정하는 규정이 없다는 점 등을 근거로 한다.

38 정지조건설에 의하면 태아인 상태에서는 아직 권리능력이 없으므로 법정대리인이 있을 수 없고, 이미 개시된 상속에 대하여는 출생 후 상속회복을 청구할 수 있을 뿐이다. 예를 들어 피상속인이 배우자, 태아와 직계존속을 남기고 사망한 경우, 일단 배우자와 직계존속이 상속인이 되고 나중에 태아가 살아서 출생하면 태아에게 상속재산을 회복시키는 조치를 취하게 된다.

나) 해제조건설(제한적 인격설)

39 태아인 상태로 문제되는 개별적 사항에 관한 권리능력을 갖고 다만 사산된 경우에 권리능력 취득의 효과가 소급적으로 소멸하는 것으로 보는 견해이다.[22] 태아를 보호하고자 하는 민법 규정의 취지를 살리려면 태아인 동안에도 법정대리인에 의하여 재산이 관리 보전될 수 있도록 하여야 하고, 미성년자 규정을 유추적용하여 법정대리인을 인정할 수 있으며, 사산 등으로 문제가 되는 경우는 극히 드물게 발생한다는 점 등을 근거로 한다. 다만, 민법이 독일 민법과 같은 태아를 위한 법정대리인 제도를 두고 있지 않으므로, 해제조건설을 취한다 하더라도 실무상 태아 상태에서의 권리행사에는 제약이 있을 수밖에 없다.[23]

40 해제조건설에 의하면 태아인 상태에서도 상속을 받을 수 있으나, 나중에 사산되는 경우 상속능력을 소급적으로 잃게 되므로 진정상속인이 된 자에게 상속재산을 반환하여야 한다. 따라서 위와 같이 피상속인이 배우자, 태아와 직계존속을 남기고 사망한 경우, 일단 배우자와 태아가 상속인이 되고 나중에 태아가 사산되면 직계존속에게 상속재산을 반환하여야 한다.

2) 판례와 실무(정지조건설)

41 손해배상청구권에 관한 사례에서 "설사 태아가 권리를 취득한다 하더라도 현행법상 이를 대행할 기관이 없어 태아로 있는 동안은 권리능력을 취득할 수 없으니 살아서 출생한 때에 출생시기가 문제의 사건의 시기까지 소급하여 그 때에

22 곽윤직, 상속법(민법강의VI)(개정판), 박영사(2004), 39; 송덕수, 친족상속법(제7판), 박영사(2024), 313; 신영호 외 2인, 가족법강의(제4판), 세창출판사(2023), 326.

23 독일은 태아의 장래의 권리를 보전하기 위하여 그 권리의 보호가 필요한 한도에서 그에게 감호인을 두고(독일 민법 제1810조), 감호에 관하여는 원칙적으로 후견에 관한 규정을 준용하고 있다(독일 민법 제1813조). 권용우, "태아의 권리능력", 법학연구 제23권 제1호(2012), 251.

태아가 출생한 것과 같이 법률상 보아준다고 해석하여야 상당하다."라고 판시하여 정지조건설을 취하고 있다.[24] 또한 "태아도 손해배상의 청구권에 관하여는 이미 출생한 것으로 보는바, 원고1이 이 사건 교통사고로 상해를 입을 당시는 원고2가 출생하지 아니하였다고 하더라도 그 뒤에 출생한 이상 아버지인 원고1의 부상으로 인하여 입게 될 정신적 고통에 대한 위자료를 청구할 수 있다."라고 판시한 것도 정지조건설을 전제하고 있는 것으로 보인다.[25]

42 실무상 태아인 상태로 상속한정승인 또는 상속포기 심판청구를 하는 경우 정지조건설의 입장에서 청구인적격이 없다고 보아 청구를 각하하고 있다.

### 다. 사후포태의 경우

43 생식기술의 발달로 냉동보존된 정자를 이용하여 부 사망 후에 수정, 포태하거나 생전에 형성된 수정란을 모체에 착상시켜 포태하는 것도 가능하게 되었다(이를 통상 '사후포태'라고 한다. 다만 생명윤리 및 안전에 관한 법률 제23조 제2항에 의하면 사망한 사람의 정자로 수정하는 행위는 허용되지 않는다). 자연적 생식과정에 의해 포태되어 태아로 존재하게 된 상태에서 부가 사망하고 그 이후에 출생함으로써 민법 제1000조 제3항에 의하여 상속권이 인정되는 경우와 달리, 사후포태의 경우는 부 사망시에는 태아로 존재하지 않다가 부 사망 후 비로소 보존되어 있던 부의 정자에 의해 포태되거나 수정란이 착상되어 출생하게 되므로, 유전학적으로는 부의 자녀임이 명백한 반면 사망으로 인하여 혼인관계가 해소된 때로부터 300일이 경과한 뒤에 출생하는 것이 통상적일 것이므로, 민법 제844조의 친생추정의 법리는 사실상 적용할 여지가 없다.

44 사후포태로 출생한 자에게 상속권을 인정할 수 있는가에 관하여는, 동시존재의 원칙상 상속권을 인정할 수 없고 상속권을 인정하기 위하여는 입법적 조치가 필요하다는 견해,[26] 인지청구가 허용됨을 전제로 인지에 의하여 친자관계가 성립하는 경우에는 상속권을 인정할 수 있다는 견해,[27] 친자관계 인정과는 별도로 다른 상속인들의 이해관계 등을 고려하여 생전에 부가 사후포태를 동의하여야 하고 사망 후 지나치게 장기간 뒤 포태하거나 출생한 경우가 아닐 것 등의 추가

24 대법원 1976. 9. 14. 선고 76다1365 판결.

25 대법원 1993. 4. 27. 선고 93다4663 판결.

26 서종희, "사후포태에 의하여 출생한 자의 법적 지위에 관한 고찰", 법학논총 제47호, 국민대학교법학연구소(2014. 6.), 101~103.

27 주해상속법(제1권), 박영사(2019), 74(윤진수).

요건이 필요하다고 보는 견해,[28] 위에서 긍정적으로 보는 경우 외에도 부 생전에 수정된 냉동수정란을 이용하여 출생한 경우에는 그 수정란을 법적인 보호를 받아야 할 인간생명체로 보아 상속권을 인정하여야 한다는 견해[29] 등이 주장된다.

45 미국의 경우, Uniform Parentage Act(UPA, 2017), Uniform Probate Code(UPC, 2017) 등에서 부의 서면 동의가 있고 부 사망 후 36개월 이내에 착상되거나 45개월 이내에 태어날 것 등을 요건으로 하여(후자는 이에 더하여 생후 5일 이상 생존할 것도 요함) 사후포태자의 상속권을 인정하는 규정을 두고 있고, 캘리포니아, 뉴욕, 루이지애나 등 일부 주(州)에서 사후포태로 출생한 사람의 상속권에 관하여 명시적으로 입법조치를 취하고 있는데, 그 구체적인 요건은 주마다 다르다. 반면 플로리다, 오레곤주처럼 유언이 있는 경우 외에는 상속권을 부정하는 규정을 갖고 있는 주도 있고, 대다수의 주는 아직 명시적인 입법을 하지 않은 채 사후포태자의 상속권 인정 여부를 법원의 판단에 맡기고 있다.[30]

46 우리나라의 경우 각급법원 사건 중 남편 A 사망 전에 추출하여 둔 냉동정자를 이용하여 시험관시술을 통해 A 의 사망일로부터 1년여 후에 자녀를 출산한 사안에서, A 의 유처가 자녀의 법정대리인 자격의 원고가 되어 검사를 상대로 제기한 인지 청구를 인용하여, "사건본인(시험관시술로 출생한 자녀)이 망 A 의 친생자임을 인지한다."라는 판결을 선고한 예가 있다.[31]

## IV. 참고(구관습법상 상속순위)[32]

### 1. 호주상속에 따른 재산상속의 순위

47 일반적으로 직계비속남자, 직계존속여자, 처, 가족인 직계비속의 처, 가족인 직계비속여자순으로 상속인이 되는데(대법원등기예규 제79호), 구체적으로 피상속인

28 이경희, "사후포태에 의하여 출생한 자의 상속권에 관한 연구", 가족법연구 제23권 제1호, 한국가족법학회(2009. 3.), 259.

29 김민중, "사후수정(사후포태)의 입법론적 고찰", 가족법연구 제19권 제2호, 한국가족법학회(2005), 144.

30 김민중, "사후수정(사후포태)의 입법론적 고찰", 가족법연구 제19권 제2호, 한국가족법학회(2005), 151~154; 이경희, "사후포태에 의하여 출생한 자의 상속권에 관한 연구", 가족법연구 제23권 제1호, 한국가족법학회(2009. 3.), 251~253; Katie Christian, "It's not my fault! : Inequality among posthumously conceived children and why limiting the degree of benefits to innocent babies is a NO-NO", Mississippi College Law Review Vol. 36(2017); Raymond C. O'Brien, "Assessing assisted reprodu-ctive technology", Catholic University Journal of Law & Technology Vol. 27 Iss. 1(Fall, 2018).

31 서울가정법원 2015. 7. 3. 선고 2015드단21748 판결(확정).

32 상세한 내용은 상속등기실무, 법원행정처(2012), 18~33 참조.

의 혼인여부에 따라 그 범위가 다르고, 여자의 호주상속은 보충적·잠정적으로 인정된다.

### 가. 기혼남자인 호주가 사망한 경우

#### 1) 직계비속 남자가 있는 경우

48 피상속인이 혼인한 후에 사망한 때에는 피상속인의 가에 있는 직계비속남자가 우선하여 선순위의 상속인이 된다. 직계비속남자 중에서도 호주상속인의 순서는 적출장남,[33] 피상속인의 생전양자 또는 유언양자, 유복남자, 피상속인의 서자 순이고, 직계비속남자가 없다면 사후양자가 선정되기까지 사망한 호주의 조모 등이 호주상속 및 재산상속을 한다.

#### 2) 직계비속 남자가 없는 경우

49 호주를 상속할 남자가 없는 경우에는 사망한 호주의 조모, 모, 처, 동일 호적 내의 딸 등이 존비의 순위에 따라 사후양자가 선정되기까지 그 호주 및 재산상속을 한다(대법원등기예규 제132호).[34]

50 구관습법에 의하여 여호주가 호주 및 재산을 상속하는 경우에 사후양자가 입양되면 일단 여호주에게 상속되었던 호주 및 재산이 다시 사후양자에게 상속되는 것이며, 이러한 의미에서 여호주의 상속이 잠정적인 것이라고 할 수는 있지만 그렇다고 해서 여호주는 단순히 상속재산을 보관만 하는 것은 아니고 자신의 소유로 상속하는 것이므로, 사후양자의 입양 여부가 불분명하다고 하여 상속인의 존재가 불분명한 경우라고 할 수는 없으므로 그 상속재산의 관리인을 선임할 것은 아니다.[35]

51 장남이 직계비속 남자나 다른 직계존속 여자 없이 처와 딸만을 남겨둔 채 호주보다 먼저 사망하고 그 후 호주가 사망한 경우에는 호주의 차남이 있다고 하더라도 그 차남이 호주상속을 받는 것이 아니라 망 장남의 처가 망 장남을 위한 사후양자가 선정될 때까지 일시 호주 및 재산상속을 받게 된다(등기선례요지집 2-273, 3-419).

52 사후양자는 처, 부모, 조부모의 순으로 선정권을 갖는데,[36] 사후양자를 선정할 것인가는 양자 선정권자의 자유이나 직계비속이 모두 없는 경우에 여호주에게

33 대법원 1990. 10. 30. 선고 90다카23301 판결.
34 대법원 2000. 4. 25. 선고 2000다9970 판결, 대법원 1991. 12. 10. 자 91스9 결정.
35 대법원 1991. 12. 10. 자 91스9 결정.
36 대법원 1978. 6. 27. 선고 78다277 판결.

일시 귀속된 호주상속권 및 유산은 사후양자가 선정되면 그에게 상속된다.

53 호주이던 남자가 사망한 후 사후양자가 선정될 때까지 호주로 될 여자마저 없었다고 하더라도 사후양자의 선정이 호주사망 후 상당한 기간 내에 이루어져 그 가가 절가되지 않았다면 그 유산은 사후양자 선정시에 호주로부터 직접 사후양자에게 상속되는 것이라 할 것이고 절가된 경우처럼 호주의 근친자 또는 리, 동의 소유로 귀속되는 것이 아니다.[37]

54 첩에게는 상속권이 인정되지 않는다(등기선례요지집 3-436). 예컨대 호주가 신민법 시행 전인 1948. 2. 16. 호주 및 재산상속할 남자가 없이 그 첩과 딸만을 두고 사망하였다면 관습에 의하여 첩은 상속권이 없고 동일호적 내에 있는 딸이 호주상속 및 재산상속권이 있으며, 그 딸이 동일 호적 내에 있지 않고 또한 다른 호주상속할 자가 없이 절가된 경우라도 근친자인 그 딸에게 재산이 귀속된다.

### 나. 미혼남자인 호주가 사망한 경우

55 미혼남자인 호주가 사망한 때에 그에게 서자가 있으면 서자가 호주상속인이 되며, 서자가 없으면 형망제급의 원칙에 의하여 제가 호주상속인이 되나 자매는 제에 해당하지 않는다. 제가 먼저 사망하고 제의 자가 있는 경우에는 그(즉 호주의 조카)가 호주상속을 하며 질녀만이 있을 때에는 그 질녀가 일시 호주상속을 한다.

### 다. 여호주가 사망하거나 출가한 경우

56 여호주가 사망하거나 출가한 때에는 앞서 본 바와 같이 동일 호적 내에 있는 조모, 모, 처, 딸의 순으로 남호주가 출현할 때까지 호주상속인이 된다. 이들은 전 남호주의 사후양자를 선정할 수 있다.

57 사후양자가 선정되지 아니한 채 일시 호주상속을 하였던 여호주가 사망하거나 출가하여 호주상속할 자가 없을 경우라도 바로 절가로 되어 근친자가 그 유산을 귀속 받게 되는 것이 아니고, 여호주의 사망이나 출가일부터 상당한 기간 내에 전호주 남자를 위하여 사후양자가 선정되면 그 사후양자가 호주권과 재산을 상속하게 된다.[38]

37 대법원 1991. 11. 26. 선고 91다32350 판결.

38 대법원 1995. 4. 11. 선고 94다46411 판결, 헌법재판소 2016. 4. 28. 선고 2013헌바396, 2014헌바394(병합) 전원재판부 결정은 이와 같이 출가녀보다 가족에게 우선권을 부여하는 관습법에 대하여 "이 사건 관습법은 절가된 가의 재산을 청산할 때 가적 내에 남아 있는 사람과 출가 또는 분가한 사람을 차별 취급하고 있을 뿐 성별의 차이를 이유로 남성과 여성을 차별 취급하는 것이 아니다."라는 등의 이유로 이를 합헌으로 판시하였다.

58 여호주가 혼인하면 호주 및 재산상속의 원인이 되어 여호주는 그 상속재산에 대한 권리를 상실하게 되고 새로이 호주가 되는 자가 이를 상속하게 되나, 여호주가 출가하고 호주상속을 할 자가 없으며 상당한 기간이 지나도록 전호주 남자를 위하여 사후양자가 선정되지도 않은 경우에는 그 가는 절가되고 그 유산은 근친자에게 귀속된다.[39]

59 여호주가 사망하고 상속인이 없어 절가된 경우의 유산은 그 절가된 가의 가족이 이를 승계하고, 가족이 없을 때에는 출가녀가 이를 승계하며, 출가녀도 없을 때에는 그 가의 친족인 근친자에 권리가 귀속된다. 만약 근친자도 없을 경우에는 여호주가 거주하던 리, 동에 권리가 귀속되므로 여호주의 남동생은 유산의 승계자격이 없다.[40]

### 라. 대습상속

60 호주상속을 할 직계비속인 남자가 상속개시 전에 사망하거나 결격자가 된 경우에는 그 직계비속인 남자가 있으면 그 직계비속이 대습상속하게 된다. 또한 호주상속을 할 직계비속인 남자가 미혼일지라도 그에게 서자가 있는 때에는 서자가 대습상속하게 된다.

61 기혼인 장남이 직계비속 남자 없이 처와 딸을 남겨둔 채 호주보다 먼저 사망하고 그 후 호주가 사망한 경우에는 호주의 차남이 있다고 하더라도 그가 호주상속을 받을 수는 없으며, 망 장남의 처가 망 장남을 위한 사후양자가 선정될 때까지 일시호주 및 재산상속을 받게 된다(등기선례요지집 3-419).

62 적출장남이 미혼자로서 사망하여 자가 없을 경우에는 형망제급의 원칙에 의해 차제 이하 및 서자남이 그 장유의 순서에 따라 호주상속을 한다.[41] 그러나 호주의 기혼 장남이 직계비속 남자 없이 사망하고 호주가 사망하였으나 호주의 사망 당시에 그 직계비속과 처는 없고(기혼장남의 처도 호주의 사망 전에 사망함), 다만 분가한 차남과 분가하지 아니한 삼남 및 기혼 장남의 출가한 딸들이 있었을 뿐인 경우에, 그 가는 호주상속인이 없으므로 절가되어 위 망 호주의 유산은 최근 직계비속인 차남과 삼남이 균등한 비율로 승계하게 된다(등기선례요지집 3-417).

39 대법원 1992. 9. 25. 선고 92다18085 판결.
40 대법원 1979. 2. 27. 선고 78다1979, 1980 판결.
41 대법원 2000. 6. 9. 선고 2000다8359 판결.

## 2. 호주 아닌 가족이 사망한 경우의 재산상속의 순위

63 일반적으로 직계비속, 배우자, 직계존속, 호주 순위로 상속인이 되나 피상속인이 누구인가에 따라 상속인의 순위가 달라지는 경우가 있다. 즉 호주 아닌 가족이 기혼남자인 경우, 미혼 남자 또는 여자인 경우, 모인 경우 등으로 나누어 볼 수 있다.

### 가. 호주 아닌 가족인 기혼남자가 사망한 경우

#### 1) 제1순위: 직계비속

64 호주 아닌 가족이 사망한 때에 그 유산의 상속에 대해서는 같은 호적 내에 있는 직계비속이 평등하게 공동상속한다.[42] 다만 공동상속하는 직계비속이 여자인 경우에는 피상속인과 동일호적 내에 있음을 요구하고, 출가녀는 상속권이 없다.[43]

65 따라서 현행 민법의 시행 전에 있어서 호주 아닌 가족이 그 배우자와 직계비속을 남겨두고 사망한 경우 그 재산은 배우자인 남편이나 처가 아니라 동일호적 내에 있는 직계비속인 자녀들에게 균등하게 상속된다(대법원등기예규 제698호).[44]

66 직계비속에는 양자·계녀·서출자녀까지 포함되고, 서출자녀는 적출자녀의 상속분의 반을 상속한다.[45]

#### 2) 제2순위: 배우자

67 사망한 자가 장남 아닌 기혼남자인 경우에 그 직계비속이 없는 때에는 그 유처(상속개시일 이후에 재혼한 경우도 포함)가 형제자매에 우선하여 망부의 유산에 대하여 단독상속한다(선례 1-329).

68 가족인 부가 남자 없이 사망한 때에는 그 유산은 처가 상속하고 호주 또는 모에게는 상속권이 없다(1920. 6. 25. 고등법원판결례, 제7권).

69 가족인 기혼남의 유산은 그 처가 종국적으로 상속하고 사후양자는 망자의 유산을 승계하지 아니한다(1927. 10. 7. 고등법원판결례, 제14권).

70 호적상 입적하지 아니한 첩의 유산은 부에게 상속권이 없다.

#### 3) 제3순위: 부, 모

71 사망한 자가 장남이거나 자녀와 유처가 없을 때에는 직계존속인 부 또는 모가 재산을 상속하게 된다.

42 대법원 1954. 3. 31. 선고 4287민상77 판결, 대법원 1960. 4. 21. 선고 4292민상55 판결 등.
43 대법원 1970. 4. 14. 선고 69다1324 판결, 대법원 1978. 6. 27. 선고 77다1185 판결 등.
44 대법원 1990. 2. 27. 선고 88다카33619 전원합의체 판결.
45 대법원 1980. 1. 15. 선고 79다1200 판결.

#### 4) 제4순위: 호주

72 부 또는 모도 없을 때에는 호주가 상속인이 된다.

### 나. 가족인 미혼의 남자 또는 여자가 사망한 경우

73 가족인 미혼의 남자 또는 여자가 사망한 경우에는 그자의 재산에 대해서는 제1순위로 동일 호적 내에 있는 부, 부가 없을 때에는 모가 승계하게 되며, 모가 없을 때에는 제2순위로 호주가 승계한다.

74 따라서 가족인 미혼자가 사망한 경우에 호주인 조부는 부, 모보다 우선하여 상속인이 될 수 없다.[46]

### 다. 가족인 모가 사망한 경우

75 가족인 모가 사망한 경우 모의 재산은 제1순위로 동일 호적 내에 있는 직계비속이 평등비율로 공동상속(서출 자녀는 반분, 남자는 동일 호적 여부 불문)하게 된다(대법원등기예규 제1호).[47] 여기에서도 마찬가지로 직계비속이 여자인 경우에는 동일 호적 내에 있어야 상속권이 있다.

76 직계비속이 없는 때에는 그 배우자인 부가 제2순위 상속인이 되며, 부도 없는 경우에는 호주가 제3순위의 상속인이 된다.

### 라. 가족인 처가 사망한 경우

77 가족인 처가 사망한 때에는 피상속인의 직계비속이 1순위로 상속하며, 직계비속이 없으면 부(夫) 또는 호주의 소유로 귀속한다.

78 피상속인에게 자녀가 없는 때에는 피상속인의 특유재산은 그의 본족(친가의 최근친)에게 귀속하고, 피상속인이 망부로부터 상속받은 재산일 때에는 망부의 본족에게 상속된다.

## 3. 절가된 유산 등의 귀속

79 앞에서 설명한 바와 같이 호주가 사망하였으나 호주상속인이 없어 절가된 경우 또는 가족이 사망하였으나 유산상속인이 없는 경우, 절가된 망호주 등의 유산은 근친자에게 귀속한다.[48] 이때의 근친자는 호주의 최근친자를 의미하며, 호주와

46 1929. 7. 12. 조선고등법원판결.
47 1946. 10. 11. 선고 46민상32, 33 판결.
48 대법원 1996. 8. 23. 선고 96다20567 판결, 대법원 1991. 5. 24. 선고 90다17729 판결, 대법원 1980. 7. 8. 선고 80다796 판결 등.

동일 호적 내에 있을 것을 요구하지 아니한다.[49]

80 따라서 호주가 상속인 없이 사망하여 절가된 경우 유족으로 제수와 출가한 여동생이 있는 경우에는 그 유산은 최근친인 출가한 여동생에게 귀속된다.[50]

81 근친자도 없는 경우에는 리·동에 귀속됨이 일반적이다. 리·동에 귀속된 유산은 리·동에서 이를 관리하여 그 수익으로 망인의 장례, 제사비용에 충당하고 상속인이 불분명하면 리·동 소유로 이전 되어 그 후 제사 자원으로 하는 것이 구관습이다(관습조사보고서 40).

82 호주 갑이 1936년에 사망하여 을이 호주상속을 한 다음 위 을이 1958년에 미혼(을의 근친자로는 출가한 누이와 삼촌이 있음)인 채로 사망하여 절가된 경우, 갑 명의의 재산은 을의 최근친자인 출가한 누이에게 귀속된다(등기선례요지집 7-194).

83 처인 여호주가 재혼하여 사망하고 상속인이 없는 때에는 그 전혼가의 유산은 여호주의 재혼 후 출생한 자녀가 아닌 여호주의 전혼가에서 태어난 출가녀에 귀속하게 된다(등기선례요지집 7-187).[51]

49 대법원 1991. 5. 24. 선고 90다17729 판결.
50 대법원 1989. 6. 27. 선고 89다카5123, 5130 판결.
51 대법원 1990. 8. 14. 선고 89다카25394 판결.

# 제 1001 조 [대습상속]

**전조 제1항 제1호와 제3호의 규정에 의하여 상속인이 될 직계비속 또는 형제자매가 상속개시전에 사망하거나 결격자가 된 경우에 그 직계비속이 있는 때에는 그 직계비속이 사망하거나 결격된 자의 순위에 갈음하여 상속인이 된다.** <개정 2014. 12. 30.>

**[관련조문]** 민법 제997조(상속개시의 원인), 제1000조(상속의 순위), 제1003조(배우자의 상속순위), 제1004조(상속인의 결격사유), 제1009조(법정상속분), 제1010조(대습상속분), 제1118조(준용규정)

**[참고문헌]** 주해상속법(제1권), 박영사(2019); 곽윤직, 상속법(민법강의VI)(개정판), 박영사(2004); 김주수/김상용, 친족·상속법(제20판), 법문사(2024); 박동섭/양경승, 친족상속법(제5판), 박영사(2020); 송덕수, 친족상속법(제7판), 박영사(2024); 신영호 외 2인, 가족법강의(제4판), 세창출판사(2023); 윤진수, 친족상속법강의(제5판), 박영사(2023); 이경희/윤부찬, 가족법(11정판), 법원사(2024); 권은민, "상속분·기여분·특별수익", 상숙법의 제문제 : 재판자료 제78집, 법원도서관(1998); 시진국, "재판에 의한 상속재산분할", 사법논집 제42집, 법원도서관(2006); 안영하, "기여분과 대습상속인의 상속분", 성균관법학 제20권 제2호(2008); 이은정, "법정상속인에 대한 재검토", 가족법연구 제18권 제2호, 한국가족법학회(2004)



## Ⅰ. 의의와 연혁

1 대습상속은 상속이 개시되기 전에 상속인이 될 피상속인의 직계비속 또는 형제자매가 사망하거나 결격된 경우에 그의 직계비속과 배우자가 사망 또는 결격된 자의 순위에 갈음하여 상속하는 것을 말한다. 민법 제1001조에서는 직계비속의 대습상속권을, 제1003조 제2항에서는 배우자의 대습상속권을 규정하고 있다.

2 대습상속은 로마법에서부터 형평의 원칙상 인정되던 제도로서, 현재 많은 나라들이 이 제도를 인정하고 있다. 우리나라에서도 구관습법상 이미 대습상속이 이루어지고 있었고, 이를 받아들여 제정 민법에서부터 대습상속에 관하여 규정하였다.

3 대습상속 인정의 근거는 위와 같이 대습상속인의 상속에 대한 기대를 보호함으로써 공평을 꾀하고자 하는 데 있다. 본래 상속인이 될 자가 상속을 받았다면 그가 사망한 때 다시 그의 상속인이 상속을 받았을 것인데, 본래 상속인이 사망

등으로 상속을 받지 못하였다고 하여 그의 상속인이 될 자가 전혀 상속을 받지 못하게 된다면 불공평하기 때문이다.

4 대습상속권은 피대습인의 상속권을 대위하거나 승계하는 권리가 아니고 법률이 인정하는 대습상속인 고유의 권리이다. 그렇기 때문에 피대습인이 상속결격이 되는 경우에도 대습상속이 인정된다.

## Ⅱ. 대습상속의 요건

### 1. 피대습인에 관한 요건

5 상속인이 될 자(피대습인)가 피상속인의 직계비속 또는 형제자매여야 한다. 피상속인의 배우자, 직계존속, 3·4촌의 방계혈족의 경우에는 그들이 피상속인보다 먼저 사망하거나 결격되어도 대습상속이 인정되지 않는다. 이는 배우자의 자녀 중 피상속인과의 사이에 출생한 자녀는 제1순위 상속인이고 직계존속의 자녀는 피상속인의 형제자매로서 제3순위 상속인이므로 따로 대습상속을 인정하는 의미가 없고, 배우자의 자녀 중 다른 사람과의 사이에 출생한 자녀나 3촌 이상 방계혈족의 자녀는 인척에 불과하거나 혈연·공동생활관계가 희박하여 대습상속을 인정할 필요성이 크지 않기 때문으로 볼 수 있다.[1]

6 피대습인이 상속개시 전에 사망하거나 결격자가 되었어야 한다. 실종선고를 받은 경우에는 사망간주일인 실종기간 만료일이 상속개시 전이면 대습상속이 인정된다.

7 법문상으로는 피대습인이 '상속개시 전'에 사망하여야 하지만, 피상속인과 동시에 사망한 것으로 추정되는 경우(민법 제30조)에도 대습상속이 인정되는 것으로 보아야 한다. 상속인이 피상속인보다 나중에 사망하면 본위상속이 인정되고, 반대로 먼저 사망하면 대습상속이 인정되는데 동시에 사망하는 경우(이 때에는 상호간에 상속이 개시되지 않는다)에만 대습상속이 인정되지 않는다고 보게 되면 불합리한 결과가 되기 때문이다. 아래 판례에서도 이와 같은 취지로 판시하고 있다.

8 [판례] 소유권이전등기말소[2]

원래 대습상속제도는 대습자의 상속에 대한 기대를 보호함으로써 공평을 꾀하고 생

1 직계존속의 존속에 의한 대습상속도 인정되지 않으므로, 피상속인의 부모 중 모만 선순위자로 살아 있으면 모가 단독상속하고, 이 경우 부의 부모(피상속인의 증조부모)가 살아 있다하더라도 그 부모는 부를 대습상속하지 않는다. 곽윤직, 상속법(민법강의VI)(개정판), 박영사(2004), 60.

2 대법원 2001. 3. 9. 선고 99다13157 판결.

존 배우자의 생계를 보장하여 주려는 것이고, 또한 동시사망 추정규정도 자연과학적으로 엄밀한 의미의 동시사망은 상상하기 어려운 것이나 사망의 선후를 입증할 수 없는 경우 동시에 사망한 것으로 다루는 것이 결과에 있어 가장 공평하고 합리적이라는 데에 그 입법 취지가 있는 것인바, 상속인이 될 직계비속이나 형제자매(피대습인)의 직계비속 또는 배우자(대습자)는 피대습인이 상속개시 전에 사망한 경우에는 대습상속을 하고, 피대습인이 상속개시 후에 사망한 경우에는 피대습인을 거쳐 피상속인의 재산을 본위상속을 하므로 두 경우 모두 상속을 하는데, 만일 피대습인이 피상속인의 사망, 즉 상속개시와 동시에 사망한 것으로 추정되는 경우에만 그 직계비속 또는 배우자가 본위상속과 대습상속의 어느 쪽도 하지 못하게 된다면 동시사망 추정 이외의 경우에 비하여 현저히 불공평하고 불합리한 것이라 할 것이고, 이는 앞서 본 대습상속제도 및 동시사망 추정규정의 입법 취지에도 반하는 것이므로, 민법 제1001조의 '상속인이 될 직계비속이 상속개시 전에 사망한 경우'에는 '상속인이 될 직계비속이 상속개시와 동시에 사망한 것으로 추정되는 경우'도 포함하는 것으로 합목적적으로 해석함이 상당하다.

9 상속결격의 효과는 상속개시 시에 소급하므로(☞ 민법 제1004조 Ⅲ. 주석 참조), 결격은 상속개시 전에 결격된 경우 뿐 아니라 그 후에 결격된 경우도 포함된다. 따라서 민법 제1001조의 '상속개시 전'은 사망의 경우에만 해당되고 결격의 경우에는 해당되지 않는다고 해석된다.

10 피대습인이 사망하거나 결격될 당시에는 피상속인에 대하여 상속을 할 수 있는 선순위자의 지위에 있지 않았으나 그 후에 피대습인의 선순위자가 사망함으로써 피상속인 사망시에는 선순위자가 된 경우에도 대습상속을 인정하여야 한다고 본다.[3] 예를 들면 아버지가 먼저 사망한 경우에도 아버지의 형인 백부에게 선순위 상속인(처나 자녀, 즉 자신에게는 백모나 사촌형제)이 있는 이상 백부를 대습상속할 수 없으나, 그 후 백부의 처와 자녀가 상속개시 전에 사망하였다면 백부를 대습상속할 수 있다. 이 경우는 자신의 아버지가 백모나 사촌형제의 상속인이 될 지위에 있지 않으므로 재대습상속의 예는 아니지만, 그 구조와 인정근거는 재대습상속과 유사하다고 볼 수 있다.

11 상속포기는 대습상속의 사유로 규정되어 있지 않다. 따라서 피상속인의 자녀들과 배우자가 전부 상속을 포기한 경우에는 손자녀가 대습상속이 아닌 본위상속

3 윤진수, 친족상속법 강의(제5판), 박영사(2023), 348.

을 한다. 판례도 "채무자인 피상속인이 그의 처와 동시에 사망하고 제1순위 상속인인 자 전원이 상속을 포기한 경우, 상속을 포기한 자는 상속 개시시부터 상속인이 아니었던 것과 같은 지위에 놓이게 되므로 같은 순위의 다른 상속인이 없어 그 다음 근친 직계비속인 피상속인의 손들이 차순위의 본위상속인으로서 피상속인의 채무를 상속하게 된다."라고 판시하여 같은 입장이다.[4]

12 참고로 독일과 프랑스에서는 상속포기를 대습상속 사유로 인정하고 있다. 우리나라에서도 상속의 포기가 직계비속의 대습상속 가능성을 잃게 하여 직계비속의 상속포기를 강제하는 결과가 되고 결격의 경우 대습상속이 인정되는 것과 균형이 맞지 않는다는 이유로 입법론상 상속포기도 대습상속의 사유로 규정해야 한다는 주장이 제기된다.[5]

### 2. 대습상속인에 관한 요건

13 대습상속인은 피대습인의 직계비속이나 배우자이다. 배우자에 대하여는 민법 제1003조에서 따로 설명한다.

14 대습상속인은 상속개시 당시에 존재하고 있어야 한다. 다만 태아는 대습상속에 있어서도 출생한 것으로 본다(민법 제1000조 제3항의 유추적용).

15 이에 더하여 대습상속인이 피대습인 사망 또는 결격시에 존재하고 있어야 하는가? 사후포태와 같이 극히 예외적인 경우 외에는 피대습인이 사망한 후 비로소 그에게 자녀가 존재하게 되는 상황은 생각할 수 없으므로, 이는 주로 대습원인이 피대습인의 결격인 경우에 문제된다. 이에 관하여는 결격원인 발생 전에 태어난 자녀와 그 후에 태어난 자녀를 차별할 근거가 없다는 이유 등으로 대습상속인은 상속개시 당시에만 존재하고 있으면 된다고 보는 것이 일반적이다.[6] 피대습인이 결격 후 입양을 한 때 그 양자에게 대습상속을 인정할 수 있을 것인가에 대하여도 위의 입장에 따르면 긍정하여야 할 것이다.

16 대습상속인은 피상속인에 대하여 결격자가 아니어야 한다. 대습상속인이 결격자인 경우에는 이미 상속에 대한 기대가 없어 대습상속권을 갖지 못한다고 보아야 하기 때문이다.

4 대법원 1995. 9. 26. 선고 95다27769 판결.
5 곽윤직, 상속법(민법강의VI)(개정판), 박영사(2004), 63.
6 곽윤직, 상속법(민법강의VI)(개정판), 박영사(2004), 63; 김주수/김상용, 친족·상속법(제20판), 법문사(2024), 666; 송덕수, 친족상속법(제7판), 박영사(2024), 325; 신영호 외 2인, 가족법강의(제4판), 세창출판사(2023), 335~336; 윤진수, 친족상속법 강의(제5판), 박영사(2023), 352.

17 피대습인에 대하여도 결격자가 아니어야 하는지에 관하여는 견해가 대립하는데, 다수설은 상속결격의 사유를 피상속인에 대한 관계에서 상대적으로 따져야 할 것으로 보면서 피상속인에 대하여만 결격이 아니라면 피대습인에 대하여는 결격사유가 있어도 대습상속 인정에 영향이 없다고 본다.[7] 다만 피대습인에 대한 결격사유가 동시에 피상속인에 대한 결격사유가 되는 경우, 예를 들면 아버지를 살해한 뒤 할아버지가 사망한 경우에는 피상속인인 할아버지에 대하여도 민법 제1004조 제1호의 결격사유가 인정되어 대습상속을 하지 못한다.

18 피대습인이 사망하였을 때 대습상속인이 될 자가 피대습인에 대한 상속을 포기한 경우에도 따로 대습상속을 포기하지 않는 한 대습상속이 인정된다.[8] 다음 판례도 같은 입장이다.

19 [판례] 구상금[9]

상속포기의 효력은 피상속인의 사망으로 개시된 상속에만 미치고, 그 후 피상속인을 피대습인으로 하여 개시된 대습상속에까지 미치지는 않는다. 대습상속은 상속과는 별개의 원인으로 발생하는 것인 데다가 대습상속이 개시되기 전에는 이를 포기하는 것이 허용되지 않기 때문이다. 이는 종전에 상속인의 상속포기로 피대습자의 직계존속이 피대습자를 상속한 경우에도 마찬가지이다. (중략) 따라서 피상속인의 사망 후 상속채무가 상속재산을 초과하여 상속인인 배우자와 자녀들이 상속포기를 하였는데, 그 후 피상속인의 직계존속이 사망하여 민법 제1001조, 제1003조 제2항에 따라 대습상속이 개시된 경우에 대습상속인이 민법이 정한 절차와 방식에 따라 한정승인이나 상속포기를 하지 않으면 단순승인을 한 것으로 간주된다. (중략) 이와 달리 피상속인에 대한 상속포기를 이유로 대습상속 포기의 효력까지 인정한다면 상속포기의 의사를 명확히 하고 법률관계를 획일적으로 처리함으로써 법적 안정성을 꾀하고자 하는 상속포기제도가 잠탈될 우려가 있다.

### 3. 피상속인의 자녀 전원이 상속개시 전 사망하거나 결격된 경우

#### 가. 문제점

20 피상속인의 선순위 상속인이 될 직계비속 자녀들이 모두 상속개시 전에 사망하

7 곽윤직, 상속법(민법강의VI)(개정판), 박영사(2004), 64; 송덕수, 친족상속법(제7판), 박영사(2024), 326; 윤진수, 친족상속법 강의(제5판), 박영사(2023), 352. 반대 견해로는 김주수/김상용, 친족·상속법(제20판), 법문사(2024), 666~667.

8 윤진수, 친족상속법 강의(제5판), 박영사(2023), 352.

9 대법원 2017. 1. 12. 선고 2014다39824 판결.

거나 결격이 된 경우 법문상 손자녀는 민법 제1000조 제1항 제1호 제2항에 의하여 차순위 직계비속으로 본위상속할 수 있는 지위와 민법 제1001조에 의하여 직계비속의 직계비속으로서 대습상속할 수 있는 지위를 모두 갖게 되는데, 이 경우 어느 지위에 의하여 상속권을 행사할 수 있는지에 관하여 명확한 규정이 없다. 일본 민법의 경우 제1순위 상속인을 '자녀'로 규정하고 손자녀는 대습상속을 하는 것으로 규정하고 있으므로(일본 민법 제887조 제1항·제2항) 이와 같은 해석상의 문제가 발생하지 않는 것과 대조된다.

21 피상속인에게 선순위 상속인으로 형제자매들이 있고 형제자매들에게 자녀들이 있는 상황에서 형제자매들이 모두 그 자녀들보다 먼저 사망한 경우 그 자녀들, 즉 피상속인의 조카들이 민법 제1000조 제4호에 의하여 본위상속을 하는 것으로 볼 것인지, 민법 제1001조에 의하여 대습상속을 하는 것으로 볼 것인지도 이와 논리적으로 동일한 문제이다.

### 나. 학설과 판례

#### 1) 대습상속설

22 본위상속설에 의하게 되면 원래 상속인이 될 사람들이 모두 사망하였는가, 일부만 사망하였는가 하는 우연한 사정에 의하여 상속분이 달라지고, 사망한 피대습인에게 배우자가 있는 경우에는 그 배우자가 상속에서 제외된다는 문제가 있으므로 대습상속을 하는 것으로 보아야 한다는 견해이다.[10]

#### 2) 본위상속설

23 대습상속설에 의하게 되면 직계비속의 경우 민법 제1000조 제2항에서 최근친을 선순위로 한다는 규정이 무의미하게 되므로 본위상속을 하는 것으로 보아야 한다는 견해이다. 이 견해는 사망한 자녀에게 배우자가 있으면 민법 제1003조 제2항에 의하여 손자녀가 본위상속을 할 수 없고 배우자와 대습상속을 한다고 볼 수 있으므로 대습상속설에서 지적하는 것은 문제가 되지 않는다고 주장한다.[11]

#### 3) 판례: 대습상속설

24 판례는 피상속인의 자녀가 상속개시 전에 전부 사망한 경우 피상속인의 손자녀

10 곽윤직, 상속법(민법강의VI)(개정판), 박영사(2004), 49; 송덕수, 친족상속법(제7판), 박영사(2024), 320; 신영호 외 2인, 가족법강의(제4판), 세창출판사(2023), 335; 윤진수, 친족상속법 강의(제5판), 박영사(2023), 348; 이경희/윤부찬, 가족법(11정판), 법원사(2024), 410~411.

11 김주수/김상용, 친족·상속법(제20판), 법문사(2024), 667.

는 본위상속이 아니라 대습상속을 하는 것으로 보고 있다(대법원 2001. 3. 9. 선고 99다13157 판결).

### 다. 두 견해의 구체적인 차이점

#### 1) 상속분의 차이

25 피대습인이 각각 다른 수의 자녀를 두었거나 피상속인에게 배우자가 있는 경우에는 본위상속 또는 대습상속 중 어느 것에 해당하는가에 따라 공동상속인들의 상속분이 달라질 수 있다. ① 예를 들어 피상속인 A에게 배우자 W, 한 명의 자녀 B, B의 자녀 C·D가 있었는데 B가 먼저 사망한 경우, 본위상속설에 의하면 W는 3/7, C, D는 각 2/7을 상속받고, 대습상속설에 의하면 W는 3/5, C, D는 각 1/5을 상속받게 된다. ② 또 다른 예로 피상속인 A에게 자녀 B, C가 있고 B에게는 자녀 D가, C에게는 자녀 E, F가 있었는데 B, C 모두 A보다 먼저 사망한 경우, 본위상속설에 의하면 D, E, F가 각 1/3을 상속받고, 대습상속설에 의하면 D는 1/2, E, F는 각 1/4을 상속받게 된다.

#### 2) 상속인 범위의 차이

26 위에서 언급하였듯이 피대습인에게 배우자가 있는 경우 본위 또는 대습상속의 인정여부에 따라 배우자가 상속인이 되기도 하고 상속인에서 배제되기도 한다. 예를 들어 피상속인 A에게 한 명의 자녀 B가 있고 B에게 배우자 W와 자녀 C가 있었는데 B가 A보다 먼저 사망한 경우, 본위상속설에 의하면 A의 손자녀 C가 본위상속을 하므로 W는 상속을 받을 수 없게 되나, 대습상속설에 의하면 W와 C가 대습상속인으로서 공동상속하게 된다(다만 본위상속설을 취하는 입장에서도 배우자는 제1003조 제2항에 의하여 여전히 대습상속을 할 수 있다고 주장하는 견해가 있음은 앞서 보았다[12]).

27 또한 형제자매가 피대습인인 경우에도 본위 또는 대습상속 여부에 따라 상속인의 범위에 차이가 발생할 수 있다. 예를 들어 피상속인 A는 처와 직계존비속이 없고, 2촌으로 동생인 B, 3촌으로 아버지의 형(백부)인 C와 B의 자녀(조카)인 D가 있었는데 그 후 B, A의 순서로 사망한 경우, D가 B를 대습상속한다고 보면 D가 A를 단독상속하게 되지만, D의 대습상속인의 지위를 부인하고 제1000조 제1항 제4호에 따라 본위상속을 한다고 보면 D와 C가 공동상속을 하게 된다(제1000조

12 김주수/김상용, 친족·상속법(제20판), 법문사(2024), 667.

제1항 제4호의 상속인에는 대습상속자격이 있는 조카 뿐 아니라, 백부, 이모 등 다른 종류의 상속인들이 혼재되어 있기 때문이다).

### 라. 검토

28 다음과 같은 점에서 대습상속설이 더 논리적이고, 피상속인의 의사나 상속인의 합리적인 기대에 합치하며, 현실적으로 타당하다고 생각된다.

29 1) 선순위 상속인의 사망 또는 결격으로 대습상속권을 갖는 사람이 동시에 후순위의 본위상속권도 가진다는 이유로 선순위의 권리를 행사할 수 없다고 하는 것은 논리적으로 맞지 않을 뿐 아니라, 선순위 상속인 일부가 사망하거나 결격된 경우에는 대습상속을 하고 전부가 사망하거나 결격된 경우에는 본위상속을 하는 것으로 구별하여 인정할 근거가 없다.

30 2) 손자녀는 자신의 부 또는 모를 매개로 조부모와 직계의 혈연관계를 가지므로, 원래 자신의 부 또는 모가 살아있거나 상속자격을 유지하고 있으면 조부모의 상속인이 될 수 없는 후순위자에 불과하다. 따라서 손자녀는 자신의 부 또는 모의 상속분 내에서 상속에 대한 기대를 갖는 것이 보통이다. 조부모로서도 상속의 단위를 자녀별로 나누어 생각하는 것이 통상적이고, 자녀들이 전부 사망하였다고 하여 손자녀들을 자녀와 연계성이 없는 별개의 상속인단으로 생각하지는 않는다. 선순위 형제자매들이 모두 사망하여 그 자녀인 조카들이 상속을 하는 경우에도 동일하게 생각할 수 있다.

31 3) 피상속인에게 배우자가 있는 경우 상속분을 결정하는 기준이 되는 다른 공동상속인들의 수를 자녀의 인원수가 아닌 손자녀의 인원수로 하게 되면 필연적으로 피상속인의 배우자의 상속분은 이를 자녀의 인원수로 할 경우와 같거나 그보다 작아지게 되고, 손자녀의 수가 많을수록 그 차이는 더욱 커지게 되는데, 이 같은 결과는 피상속인의 배우자의 상속권을 약화하는 결과를 초래하므로 부당하다.

32 4) 본위상속설에 의하면 피대습인의 배우자가 자녀와 함께 상속하는 것을 설명하기에 어려움이 있다. 배우자의 대습상속은 처 또는 남편의 가정적 상속인 지위(즉 그가 살아있었다면 상속인이었을 것)를 전제로 한 것이므로, 상속의 단계가 배우자를 건너뛰어 그 후대의 본위상속 단계로 넘어가게 된 이상 대습상속의 여지가 없다고 보아야 하거나, 법이 의도한 것과 달리 공동상속인 중 자녀는 본

위상속을 하고 배우자는 대습상속을 하는 이질적인 형태의 공동상속을 인정할 수밖에 없을 것이다. 배우자의 대습상속을 규정한 민법 제1003조 제2항은 대습상속이 발생함을 전제로 배우자는 함께 대습상속할 직계비속이 있으면 그 직계비속과 함께, 직계비속이 없으면 단독으로 대습상속을 한다는 것이므로, 위 조항을 근거로 피대습인에게 배우자가 있으면 대습상속이 되고 배우자가 없으면 본위상속이 된다고 보는 것은 전제와 결론의 순서를 바꾼 결과가 된다.

## Ⅲ. 대습상속의 효과

### 1. 피대습인의 상속분 상속

33 대습상속인은 피대습인이 받았을 상속분을 상속하게 된다(민법 제1010조 제1항). 대습상속인이 여러 명인 경우에는 피대습인의 상속분의 한도에서 법정상속분에 따라 공동상속한다(민법 제1010조 제2항).

34 일반적으로 단독상속인이 될 수 있었던 사람이 사망하거나 결격되면 차순위자에게 상속권이 넘어가고, 다른 동순위자들과 공동상속인이 될 수 있었던 사람이 사망하거나 결격되면 그를 제외한 나머지 공동상속인들만으로 상속분을 산정하게 될 것이나, 그 사망하거나 결격된 사람을 갈음할 직계비속이나 배우자가 있어 대습상속의 요건이 충족되면 그 효과에 의하여 위와 같은 상속단계의 이전이나 상속에서의 배제는 일어나지 않는다.

### 2. 특별수익과 기여분 인정에 관한 문제

#### 가. 특별수익

35 대습상속인이 대습원인 발생 후 피상속인으로부터 증여 또는 유증을 받은 경우 이를 대습상속인의 특별수익으로 본다. 그러나 대습원인 발생 전의 것에 대하여는 견해의 대립이 있다.[13] 유류분에 관한 판례 중 "대습상속인이 대습원인의 발생 이전에 피상속인으로부터 증여를 받은 경우 이는 상속인의 지위에서 받은

13 대습상속인의 특별수익으로 보아야 한다는 견해로는 김주수/김상용, 친족·상속법(제20판), 법문사(2024), 714; 박동섭/양경승, 친족상속법(제5판), 박영사(2020), 685; 권은민, "상속분·기여분·특별수익", 상숙법의 제문제 : 재판자료 제78집, 법원도서관(1998), 550; 시진국, "재판에 의한 상속재산분할", 사법논집 제42집, 법원도서관(2006), 694. 이와 달리 대습상속인의 특별수익으로 볼 수 없다는 견해로는 주해상속법(제1권), 박영사(2019), 182(이봉민); 곽윤직, 상속법(민법강의VI)(개정판), 박영사(2004), 101; 송덕수, 친족상속법(제4판) 박영사(2018), 343.

것이 아니므로 상속분의 선급으로 볼 수 없다. 이를 상속분의 선급으로 보게 되면, 피대습인이 사망하기 전에 피상속인이 먼저 사망하여 상속이 이루어진 경우에는 특별수익에 해당하지 아니하던 것이 피대습인이 피상속인보다 먼저 사망하였다는 우연한 사정으로 인하여 특별수익으로 되는 불합리한 결과가 발생한다. 따라서 대습상속인의 위와 같은 수익은 특별수익에 해당하지 않는다."라고 판시한 사례가 있고,[14] 최근 기여분결정 및 상속재산분할 사건에서도 같은 취지로 판시하였다.

36 [판례] 기여분결정 및 상속재산분할[15]

민법 제1008조는 공동상속인 중에 피상속인으로부터 재산의 증여 또는 유증을 받은 특별수익자가 있는 경우 공동상속인들 사이의 공평을 기하기 위하여 그 수증재산을 상속분의 선급으로 다루어 구체적인 상속분을 산정할 때 이를 참작하도록 하려는 데 그 취지가 있다. 대습상속인이 대습원인의 발생 전에 피상속인으로부터 증여를 받은 경우 이는 상속인의 지위에서 받은 것이 아니므로 상속분의 선급으로 볼 수 없다. 그렇지 않고 이를 상속분의 선급으로 보게 되면, 피대습인이 사망하기 전에 피상속인이 먼저 사망하여 상속이 이루어진 경우에는 특별수익에 해당하지 아니하던 것이 피대습인이 피상속인보다 먼저 사망하였다는 우연한 사정으로 인하여 특별수익으로 되는 불합리한 결과가 발생한다. 따라서 대습상속인의 위와 같은 수익은 특별수익에 해당하지 않는다고 봄이 타당하다.

피상속인이 피대습인을 피보험자로 하되 대습상속인을 보험수익자로 지정한 생명보험계약을 체결하고 보험계약자로서 보험료를 납부하다가 피대습인이 사망하여 대습상속인이 생명보험금을 수령한 경우, 대습상속인을 보험수익자로 지정한 때 이미 실질적으로 피상속인의 재산을 감소시키는 증여가 있었다고 봄이 타당하다. 이와 같이 대습상속인이 대습원인 발생 전에 보험수익자로 지정된 이상 그 후에 피대습인의 사망이라는 조건 성취에 따라 생명보험금을 수령하였더라도, 그 보험금은 대습상속인이 상속인의 지위에서 받은 것이 아니므로 상속분의 선급인 특별수익으로 볼 수 없다.

37 한편, 피대습인이 수령하였던 특별수익을 대습상속인의 특별수익으로 볼 것인지에 관하여는, 대습상속인은 피대습인에 갈음하여 상속을 받는 것이고 특별수익을 인정하는 것이 공동상속인간의 공평에 부합한다는 점에서 긍정하는 견해가

14 대법원 2014. 5. 29. 선고 2012다31802 판결.

15 대법원 2024. 6. 13. 자 2024스525, 526 결정.

일반적이다.[16] 판례도 같은 취지로 판시하였다.

38 [판례] 구상금[17]

민법 제1008조는 공동상속인 중에 피상속인으로부터 재산의 증여 또는 유증을 받은 특별수익자가 있는 경우에 공동상속인들 사이의 공평을 기하기 위하여 그 수증재산을 상속분의 선급으로 다루어 구체적인 상속분을 산정할 때 이를 참작하도록 하려는 데 그 취지가 있다. 피대습인이 생전에 피상속인으로부터 특별수익을 받은 경우 대습상속이 개시되었다고 하여 피대습인의 특별수익을 고려하지 않고 대습상속인의 구체적인 상속분을 산정한다면 대습상속인은 피대습인이 취득할 수 있었던 것 이상의 이익을 취득하게 된다. 이는 공동상속인들 사이의 공평을 해칠 뿐만 아니라 대습상속의 취지에도 반한다. 따라서 피대습인이 대습원인의 발생 이전에 피상속인으로부터 생전 증여로 특별수익을 받은 경우 그 생전 증여는 대습상속인의 특별수익으로 봄이 타당하다.

39 그러나 상속결격에 의한 대습상속의 경우, 판례는 "상속결격사유가 발생한 이후에 결격된 자가 피상속인에게서 직접 증여를 받은 경우, 그 수익은 상속인의 지위에서 받은 것이 아니어서 원칙적으로 상속분의 선급으로 볼 수 없으므로 결격된 자의 수익은 특별한 사정이 없는 한 특별수익에 해당하지 않는다."라고 판시하여, 피대습인이 피상속인으로부터 증여받은 것을 대습상속인의 특별수익으로 인정하지 않았다.[18] (☞ 상세한 내용은 민법 제1008조 주석 참조)

### 나. 기여분

40 대습상속인의 권리는 자신의 고유 권리이므로, 대습상속인도 피상속인을 부양하거나 상속재산의 유지·증가에 기여한 것이 있다면 그 시기가 대습원인의 발생 전인지, 후인지를 불문하고 기여분을 주장할 수 있다.[19]

16 곽윤직, 상속법(민법강의VI)(개정판), 박영사(2004), 101; 박동섭/양경승, 친족상속법(제5판), 박영사(2020), 684; 송덕수, 친족상속법(제7판), 박영사(2024), 342; 윤진수, 친족상속법 강의(제5판), 박영사(2023), 429; 권은민, "상속분·기여분·특별수익", 상속법의 제문제 : 재판자료 제78집, 법원도서관(1998), 550. 반대 견해로는 김주수/김상용, 친족·상속법(제20판), 법문사(2024), 714(대습상속인이 피대습인의 특별수익에 의하여 현실적으로 경제적 이익을 받고 있는 경우에 한하여 반환의무가 있다고 보아야 한다).

17 대법원 2022. 3. 17. 선고 2020다267620 판결.

18 대법원 2015. 7. 17. 자 2014스206, 207 결정.

19 곽윤직, 상속법(민법강의VI)(개정판), 박영사(2004), 117; 김주수/김상용, 친족·상속법(제20판), 법문사(2024), 723; 박동섭/양경승, 친족상속법(제5판), 박영사(2020), 706; 송덕수, 친족상속법(제7판), 박영사(2024), 348; 윤진수, 친족상속법 강의(제5판), 박영사(2023), 445; 안영하, "기여분과 대습상속인의 상속분", 성균관법학 제20권 제2호(2008), 69~70.

41 한편 대습상속인이 피대습인의 기여에 따른 기여분 주장을 할 수 있는지 여부에 관하여는, 대습상속인이 취득하는 상속분은 기여분까지 일체화되어 포함된 것이고 기여분은 일신전속적인 것이 아니라 일종의 재산권적 성격을 갖고 있는 것이라는 이유로 이를 인정하는 것이 일반적이다.[20] 그러나 상속결격에 의한 대습상속의 경우에도 피대습인의 기여분 대습을 인정할 것인가에 관하여는 견해의 대립이 있다(☞ 상세한 내용은 민법 제1008조의2 주석 참조).

## IV. 재대습상속

42 대습상속을 할 대습상속인에게 다시 피대습원인이 발생한 경우, 즉 대습상속을 할 자가 상속개시 전에 사망하거나 상속결격이 된 때에는 그 직계비속 또는 배우자가 다시 대습상속을 할 수 있는데 이를 재대습상속이라 한다. 예를 들면 피상속인의 아들과 손자가 모두 피상속인보다 먼저 사망한 경우 증손자 또는 손자의 배우자가 손자와 아들을 순차 갈음하여 피상속인을 상속하는 것이다.

43 재대습상속에 관하여는 별도의 규정이 없으나 이를 인정하는 데에 학설이 일치한다. 형제자매의 직계비속을 피대습인으로 하는 재대습상속도 인정된다고 보나,[21] 다만 법정상속인의 범위가 4촌 이내의 방계혈족까지이므로 형제자매의 직계비속의 재대습상속은 4촌 이내로 한정된다고 해석해야 한다는 견해가 유력하다.[22] 참고로 일본 민법 제889조 제2항은 원래의 상속인이 형제자매인 경우에는 재대습상속을 인정하지 않는 것으로 규정하고 있다.

44 그러나 대습상속은 상속인이 될 피대습인이 피상속인의 직계비속 또는 형제자매인 경우에 인정되는 것이므로, 피대습인의 배우자가 대습상속의 개시 전에 사망하거나 결격자가 된 경우에는 그 배우자를 피대습인으로 하는 재대습상속은 인정되지 않는다.[23] 판례도 같은 취지이다.

20 곽윤직, 상속법(민법강의VI)(개정판), 박영사(2004), 117; 김주수/김상용, 친족·상속법(제20판), 법문사(2024), 723; 송덕수, 친족상속법(제7판), 박영사(2024), 348; 윤진수, 친족상속법 강의(제5판), 박영사(2023), 445; 이경희/윤부찬, 가족법(11정판), 법원사(2024), 463.

21 곽윤직, 상속법(민법강의VI)(개정판), 박영사(2004), 65; 김주수/김상용, 친족·상속법(제20판), 법문사(2024), 667.

22 이은정, "법정상속인에 대한 재검토", 가족법연구 제18권 제2호, 한국가족법학회(2004), 234.

23 윤진수, 친족상속법 강의(제5판), 박영사(2023), 353.

45 [판례] 소유권이전등기[24]

민법 제1000조 제1항, 제1001조, 제1003조의 각 규정에 의하면, 대습상속은 상속인이 될 피상속인의 직계비속 또는 형제자매가 상속개시 전에 사망하거나 결격자가 된 경우에 사망자 또는 결격자의 직계비속이나 배우자가 있는 때에는 그들이 사망자 또는 결격자의 순위에 갈음하여 상속인이 되는 것을 말하는 것으로, 대습상속이 인정되는 경우는 상속인이 될 자(사망자 또는 결격자)가 피상속인의 직계비속 또는 형제자매인 경우에 한한다 할 것이므로, 상속인이 될 자(사망자 또는 결격자)의 배우자는 민법 제1003조에 의하여 대습상속인이 될 수는 있으나, 피대습인(사망자 또는 결격자)의 배우자가 대습상속의 상속개시 전에 사망하거나 결격자가 된 경우, 그 배우자에게 다시 피대습인로서의 지위가 인정될 수는 없다(A와 B가 부부인데 A, B, B의 아버지 순으로 사망하였다면, A의 전배우자 소생의 자녀는 B의 아버지를 피상속인으로 하여 대습상속할 수 없다고 한 사례).

24 대법원 1999. 7. 9. 선고 98다64318, 64325 판결.

**제 1002 조 [처가 피상속인인 경우의 상속인]** <삭제조문 1990. 1. 13.>

처가 피상속인인 경우에 부는 그 직계비속과 동순위로 공동상속인이 되고 그 직계비속이 없는 때에는 단독상속인이 된다.

1 제정 민법은 처가 피상속인인 경우(민법 제1002조)와 남편이 피상속인 경우(제1003조) 배우자의 상속순위를 달리 규정하고 있었으나, 1990. 1. 13. 민법 개정으로 제1003조에서 피상속인이 남편인 경우와 처인 경우 배우자의 상속순위를 동일하게 규정하고, 제1002조를 삭제하였다.

## 제 1003 조 [배우자의 상속순위]

**① 피상속인의 배우자는 제1000조 제1항 제1호와 제2호의 규정에 의한 상속인이 있는 경우에는 그 상속인과 동순위로 공동상속인이 되고 그 상속인이 없는 때에는 단독상속인이 된다.** <개정 1990. 1. 13>

**② 제1001조의 경우에 상속개시전에 사망 또는 결격된 자의 배우자는 동조의 규정에 의한 상속인과 동순위로 공동상속인이 되고 그 상속인이 없는 때에는 단독상속인이 된다.** <개정 1990. 1. 13.>

[제목개정 1990. 1. 13.]

**[관련조문]** 민법 제1000조(상속의 순위), 제1001조(대습상속), 제1004조(상속인의 결격사유), 제1006조(공동상속과 재산의 공유), 제1007조(공동상속인의 권리의무승계), 제1057조의2(특별연고자에 대한 부여)

**[참고문헌]** 주해상속법(제1권), 박영사(2019); 곽윤직, 상속법(민법강의VI)(개정판), 박영사(2004); 김주수/김상용, 친족·상속법(제20판), 법문사(2024); 윤진수, 친족상속법 강의(제5판), 박영사(2023); 송덕수, 친족상속법(제7판), 박영사(2024); 신영호 외 2인, 가족법강의(제4판), 세창출판사(2023); 이경희/윤부찬, 가족법(11정판), 법원사(2024); 지원림, 민법강의(제21판), 홍문사(2024); 박혜선, "피상속인의 배우자와 자녀 중 자녀 전부가 상속포기한 경우의 상속인", 대법원판례해설 제103호, 법원도서관(2015); 조아라, "민법상 배우자의 재산상 권리에 관한 소고", 재판자료 제144집, 법원도서관(2023); 박근웅, "동순위 혈족상속인 전원의 상속포기와 배우자상속", 가족법연구 제29권 제2호(2015); 박종용, "배우자 상속권의 강화에 관한 연구", 가족법연구 제16권 제2호, 한국가족법학회(2002); 신영호, "피대습자의 배우자의 대습상속", 가족법의 변동요인과 현상, 금산법학(창간)(1998); 안영하, "대습상속제도의 입법론에 관한 제안", 법학연구 제36집, 전북대학교 법학연구소(2012); 윤진수, "배우자의 상속법상 지위 개선 방안에 대한 연구", 가족법연구 제33권 제1호, 한국가족법학회(2019); 이동진, "부부 일방의 사망과 재산분할·상속, 그리고 사실혼", 가족법연구 제38권 제2호, 한국가족법학회(2024); 이봉민, "피상속인의 배우자와 자녀 중 자녀 전부가 상속을 포기한 경우 배우자가 단독상속인이 되는지 배우자와 피상속인의 손자녀 또는 직계존속이 공동상속인이 되는지 여부", 사법 제1권 제64호, 사법발전재단(2023); 이은정, "법정상속인에 대한 재검토", 가족법연구 제18권 제2호, 한국가족법학회(2004); 임종효, "피상속인의 배우자와 자녀 중 자녀 전부가 상속포기한 경우 상속재산의 귀속", 가족법연구 제29권 제3호, 한국가족법학회(2015); 정구태, "'피대습자의 배우자의 대습상속' 규정의 해석에 관한 방법론적 일고", 호원논집 제11호, 고려대학교(2004); 정다영, "배우자 상속의 강화방안", 가족법연구 제31권 제3호, 한국가족법학회(2017); 정진아, "우리나라의 배우자 상속 개선방안 모색", 가족법연구 제35권 제2호, 한국가족법학회(2021); 조인영, "민법상 배우자 상속분 개선방안에 대하여", 가족법연구 제38권 제3호, 한국가족법학회(2024)

## Ⅰ. 의의

1 민법 제1003조는 상속인 중 배우자의 상속순위와 대습상속에 관하여 규정하고 있다.

2 배우자상속권이 인정되는 것은 배우자가 피상속인과 공동생활을 하면서 재산의 유지·형성에 기여한 데 따른 잠재적 지분을 청산함과 동시에 피상속인 사망 후에도 생존배우자가 생활을 유지할 수 있도록 보장하는 데 그 주된 근거가 있으므로, 주로 혈연관계의 대가로 상속권을 인정받는 혈족상속인과는 상속권의 인정근거를 달리 보아야 한다. 또한 연혁적으로 상속제도는 종래 혈족상속인 중심으로 발전하여 오다가 근대 이후에야 배우자상속권이 도입되었다. 이와 같은 이유로 독일, 프랑스, 일본 등 각국의 민법은 혈족상속인과 배우자상속인을 분리하여 상속순위를 규정함과 아울러 상속분도 청산지분에 상응하는 의미를 갖도록 규정하고 있다.

3 민법도 혈족상속인은 제1000조에서, 배우자상속인은 제1003조에서 따로 상속순위를 규정하고 있으나, 위 국가들과 달리 상속분의 규정에 있어서는 혈족상속인과 배우자상속인에 근본적인 차이를 두지 않고 배우자상속인에게 공동상속인인 혈족의 상속분에 5할을 가산한 상속분을 인정하는 것에 그치고 있다. 이에 대하여 우리 민법상 배우자상속인의 상속분은 공동상속인의 수에 연계되어 불안정하고 이혼으로 인한 재산분할과 불균형이 발생하며, 비교법적으로도 불리하다는 등의 비판을 제기하면서 그 개선을 위한 논의가 지속적으로 진행되고 있다. 구체적으로 상속재산에서 배우자의 몫을 재산분할 또는 선취분 등의 형태로 청산하는 방안,[1] 배우자의 고정상속분을 증가시키는 방안,[2] 구체적 상속지분을 혼인기간의 장단에 의해 구간을 구획하는 차등척도방식으로 정하는 방안,[3] 배우자의

1 박종용, "배우자 상속권의 강화에 관한 연구", 가족법연구 제16권 제2호, 한국가족법학회(2002), 정다영, "배우자 상속의 강화방안", 가족법연구 제31권 제3호, 한국가족법학회(2017); 정진아, "우리나라의 배우자 상속 개선방안 모색", 가족법연구 제35권 제2호, 한국가족법학회(2021)에서 재인용; 이동진, "부부 일방의 사망과 재산분할·상속, 그리고 사실혼", 가족법연구 제38권 제2호, 한국가족법학회(2024).

2 윤진수, "배우자의 상속법상 지위 개선 방안에 대한 연구", 가족법연구 제33권 제1호, 한국가족법학회(2019); 정구태, "'피대습자의 배우자의 대습상속' 규정의 해석에 관한 방법론적 일고", 호원논집 제11호, 고려대학교(2004); 정진아, "우리나라의 배우자 상속 개선방안 모색", 가족법연구 제35권 제2호, 한국가족법학회(2021)에서 재인용; 조인영, "민법상 배우자 상속분 개선방안에 대하여", 가족법연구 제38권 제3호, 한국가족법학회(2024).

3 정진아, "우리나라의 배우자 상속 개선방안 모색", 가족법연구 제35권 제2호, 한국가족법학회(2021).

거주권을 보장하는 방안 등이 입법론으로 제안되고 있고, 입법으로 해결되기까지 기여분 및 특별수익을 통해 구체적 상속분을 조정하여 구체적 타당성 실현을 위한 노력이 필요하다는 견해가 있다[4]

## Ⅱ. 배우자의 상속권

### 1. 연혁

#### 가. 역사적 연혁과 입법례

4 혈족상속인이 로마법 시대에서부터 가산승계를 위한 상속권을 인정받아왔던 것과 달리, 배우자상속인은 근대 이후 상속권을 인정받기 시작하였다. 또한 그 발전단계도 부양을 보장하는 정도에서 시작하여 용익권을 인정하는 단계를 거쳐, 상속재산에 대한 잠재적 지분이 인정됨을 전제로 이를 분할·청산할 권리를 갖는 것으로 보는 단계에 이르렀다.[5] 이에 따라 각국의 상속법은 혈족뿐 아니라 배우자에게도 상속권을 인정하고 있고, 나아가 배우자상속의 근거가 지분의 청산에 있는 점과 소가족형태의 보편화, 평균수명의 연장 등에 따라 생존배우자의 생활보장 요청이 증대되고 있는 점을 고려하여, 상속분에 있어서도 배우자가 상속재산에 잠재된 지분에 상당하는 부분을 확보할 수 있도록 보장하는 입법례를 두고 있다.

5 배우자의 법정상속분에 관한 외국의 입법례를 살펴보면 다음과 같다. 독일에서는 배우자가 자녀와 공동상속하는 경우 상속재산의 1/4, 부모 또는 조부모와 공동상속하는 경우 상속재산의 1/2을 취득하고 다만 생전에 법정부부재산제를 채택한 경우에는 1/4이 가산되며, 자녀, 부모나 조부모가 없을 때에는 단독으로 상속한다(독일 민법 제1931조, 제1371조). 프랑스에서는 배우자가 자녀와 공동상속하는 경우 상속재산의 1/4을 취득하는데 그 자녀가 배우자의 자녀이기도 한 경우에는 상속재산의 1/4 대신 상속재산 전부에 관한 용익권을 선택할 수 있고, 부모와 공동상속하는 경우 상속재산의 1/2을 취득하며, 자녀나 부모가 없을 때에는 단독으로 상속한다(프랑스 민법 제757조 내지 제757조의3). 일본에서는 배우자가 자녀와 공동상속하는 경우 상속재산의 1/2, 직계존속과 공동상속하는 경우 상속재산의 2/3,

4 조아라, "민법상 배우자의 재산상 권리에 관한 소고", 재판자료 제144집, 법원도서관(2023), 963.
5 이은정, "법정상속인에 대한 재검토", 가족법연구 제18권 제2호, 한국가족법학회(2004), 231~232.

형제자매와 공동상속하는 경우 상속재산의 3/4을 취득한다(일본 민법 제900조).[6]

### 나. 민법 제정 전(구관습법)

6 민법 시행일 이전에는 조선민사령에 의하여 우리나라의 구관습법이 적용되었다. 이에 의하면 호주 사망에 수반한 재산상속의 경우에는 직계비속 남자가 적서, 연령 순으로 단독상속하였고, 직계비속 남자가 없으면 여자가 사후양자 선정시까지 보충적, 잠정적으로 상속을 하였는데, 그 순서는 직계존속 여자, 처, 가족인 직계비속여자 순이었다. 따라서 처는 직계비속남자, 조모, 모 다음으로 상속권이 있었다. 이와 달리 호주 아닌 가족이 사망한 경우의 재산상속의 순서는 직계비속, 배우자, 직계존속, 호주 순이었다. 이 때의 배우자의 상속권은 호주상속의 경우처럼 보충적, 임시적인 것은 아니었으나 위와 같이 여전히 직계비속보다는 후순위였다(☞ 상세한 내용은 민법 제1000조 Ⅱ. 1. 및 Ⅵ. 주석 참조).

### 다. 민법 제·개정연혁

7 배우자는 제정 민법 당시부터 언제나 상속인이었다. 그러나 제정 민법은 피상속인이 남편인 경우와 처인 경우를 달리 규정하고 있었다. 즉 처가 피상속인인 경우에 부는 그 직계비속과 동순위로 공동상속인이 되고 직계비속이 없는 때에는 단독상속인이 되었던 반면(제정 민법 제1002조), 남편이 피상속인인 경우에 처는 직계비속이 있는 경우 직계비속과, 직계비속이 없는 경우 직계존속과 각 동순위로 공동상속인이 되고, 직계비속과 직계존속이 모두 없는 경우 비로소 단독상속인이 되었다(제정 민법 제1003조).

8 그러다가 1990년 민법 개정으로 제1002조를 삭제하고, 제1003조에서 피상속인이 남편인 경우와 처인 경우의 구분 없이 배우자는 직계비속 또는 직계존속이 있는 경우에는 그들과 동순위로 공동상속인이 되고, 직계비속과 직계비속이 없는 경우에는 형제자매나 4촌 이내의 방계혈족에 우선하여 단독상속인이 되는 것으로 규정하였다.

9 상속분에 관하여도 제정민법은 처와 남편을 구별하여 처의 상속분만 다른 남자 상속인의 상속분과 차별을 두고 있었다. 즉 피상속인의 처의 상속분은 직계비속과 공동으로 상속하는 때에는 남자의 상속분의 1/2, 직계존속과 공동으로 상속

6 정진아, "우리나라의 배우자 상속 개선방안 모색", 가족법연구 제35권 제2호, 한국가족법학회(2021), 130~137.

하는 때에는 남자의 상속분과 균분이었던 반면, 피상속인의 남편의 상속분은 항상 다른 남자의 상속분과 균분이었다. 그러나 1977년 개정에서 처가 직계비속과 공동으로 상속하는 때에는 동일가적 내에 있는 직계비속 상속분의 5할을 가산하고 직계존속과 공동으로 상속하는 때에는 직계존속 상속분의 5할을 가산하는 것으로 규정하였고, 1990년 개정에서 남편의 상속분도 처의 상속분과 동일하게 직계비속 또는 직계존속의 상속분의 5할을 가산하는 것으로 규정하였다. 이와 같은 가산 규정으로 배우자의 상속분이 과거에 비하여 강화되기는 하였으나, 배우자의 기여와 생활보장을 위하여 상속분을 상속재산의 일정비율로 고정시키고 있는 다른 입법례에 비하면 미흡하다는 비판이 제기된다.

## 2. 상속권이 인정되는 배우자의 범위

### 가. 법률혼 배우자

10 상속인이 될 수 있는 배우자는 법률혼 배우자를 의미한다.

#### 1) 사실상 이혼상태인 경우

11 법률상 배우자인 이상 별거 중이거나 협의이혼 절차 진행 중인 경우는 물론 이혼소송 중 부부 일방이 사망한 경우에도 생존 배우자에게 상속권이 인정된다. 이혼소송 중인 경우라 하더라도 이혼청구권은 일신전속권이므로 상속되지 아니하여 소송수계도 인정되지 않기 때문이다.[7] 판례 중에도 망인 생존시에 사실상 이혼 상태에서 다른 사람과 사실상 재혼을 하였다 하더라도 호적상 처로 되어 있으면 재산상속권을 상실하지 않는다고 판시한 사례가 있다.[8]

12 이러한 경우 독일은 피상속인이 사망한 때에 이혼 요건이 존재하고 피상속인이 이혼을 청구하거나 상대방의 이혼청구에 동의하고 있었을 경우에는 생존배우자의 상속권을 배제하는 규정을 두고 있다(독일 민법 제1933조).[9] 또한 별거제도를 인정하고 있는 영국은 혼인사건법(Matrimonial Causes Act 1973)에서 재판상 별거판결에 따라 별거가 계속되던 중 배우자 일방이 유언 없이 사망한 경우 생존배

7 재판상 이혼청구권은 부부의 일신전속적 권리이므로 이혼소송 계속중 배우자 일방이 사망한 때에는 상속인이 수계할 수 없음은 물론 검사가 수계할 수 있는 특별한 규정도 없으므로 이혼소송은 종료된다(대법원 1993. 5. 27. 선고 92므143 판결).

8 대법원 1969. 7. 8. 선고 69다427 판결(공무원연금법상 유족급여금 청구사건).

9 그러나 독일에서도 입법론적으로는 쌍방이 이혼에 합의한 경우에만 상속권의 배제를 인정하여야 한다는 주장이 유력하고, 해석론상으로도 일방적인 이혼 청구에 의하여 상속권의 배제를 인정하는 것은 위헌이라는 견해가 있다고 한다. 주해상속법(제1권), 박영사(2019), 87(윤진수).

우자의 재산상속권을 배제하는 규정을 두고 있다(영국 혼인사건법 제18조 제2항). 프랑스는 별거 중 일방 배우자가 사망한 경우 타방이 생존배우자에게 인정되는 권리를 갖지만 협의상 별거[10]를 하는 경우에는 미리 상속권을 포기하는 약정을 할 수 있는 것으로 규정하고 있다(프랑스 민법 제301조).

13 우리 민법은 이와 같은 경우에도 배우자의 상속권배제나 별거제도에 관한 규정을 두고 있지 않으므로, 앞서와 같이 원칙적으로 배우자의 상속권을 인정할 수밖에 없다. 다만 구체적인 사안에서 배우자의 상속권 주장이 일반원칙인 신의칙에 반하는 권리남용으로서 배척되는 경우가 있을 수 있다. 판례는 피상속인의 처가 가출하여 재혼을 하고 피상속인의 처로 기재된 호적까지 말소한 경우 피상속인 사망 후에 상속인임을 주장하는 청구가 신의칙상 허용될 수 없다고 보았다.[11]

2) 혼인에 무효 또는 취소사유가 있는 경우

가) 혼인에 무효사유가 있는 경우

14 혼인에 민법 제815조에서 정한 무효사유가 있으면 그 혼인은 당연무효이므로, 무효인 혼인의 생존배우자에게는 상속권이 없다. 당사자가 사망한 경우 법정대리인 또는 4촌 이내의 친족은 언제든지 혼인무효의 소를 제기할 수 있고(가사소송법 제2조 제1항 제1호 가목, 제23조, 제24조), 부부의 일방이 혼인무효의 소를 제기하고 그 소송계속 중에 원고가 사망하면 소송절차는 중단되나, 위의 다른 제소권자, 즉 법정대리인 또는 4촌 이내의 친족이 소송절차를 승계할 수 있다(가사소송법 제16조). 또한 혼인무효의 확인을 구하는 것은 확인의 소이므로, 무효판결이 없더라도 이해관계인이 다른 소송에서 무효를 주장할 수 있다.

나) 혼인에 취소사유가 있는 경우

15 혼인취소의 사유에는 혼인적령을 위반한 경우, 미성년자가 부모 동의 없이 혼인한 경우, 일정한 범위 내의 근친끼리 혼인한 경우, 배우자 있는 자가 다시 혼인한 경우, 일방에 혼인생활을 계속할 수 없는 악질 등 중대사유가 있음을 알지 못한 경우, 사기 또는 강박으로 혼인의 의사표시를 한 경우가 있다(민법 제807조 내지 제810조, 제816조). 혼인취소는 반드시 소에 의하여야 하고 이 소의 성질은 형성의 소이다(가사소송법 제2조 제1항 제1호 나목, 제24조).

10 협의상 별거(séparation de corps par consentement mutuel)는 우리나라의 협의이혼 절차와 유사하게 법원의 확인을 받거나 사서증서 인증을 받아야 한다.
11 대법원 1993. 9. 28. 선고 93다26007 판결.

16 이 중 사기 또는 강박, 선의의 악질의 경우에는 취소청구권자가 당사자로 한정되어 있으므로 당사자인 부부 일방이 사망한 경우 또는 소송 중 사망한 경우에는 취소소송의 제기 또는 소송의 승계가 인정되지 않고 생존배우자는 상속권을 갖는다.

17 이와 달리 중혼, 근친혼 등 나머지 경우에는 부부 일방이 사망하더라도 다른 법정 취소권자(민법 제817조, 제818조)가 소송절차를 승계하거나 취소소송을 제기할 수 있다. 이때 혼인 취소에 의하여 생존배우자의 상속권이 부정되는지 여부에 관하여는 견해가 대립된다. 먼저 상속권을 인정하는 견해는 혼인 취소에는 소급효가 없어 취소될 때까지는 유효하므로(민법 제824조) 생존 배우자가 계속하여 상속권을 갖는다고 본다.[12] 이와 달리 상속권을 부정하는 견해는 배우자 사망 후 혼인이 취소된 경우에는 사망시에 취소에 의하여 혼인이 해소된 것으로 보아 상속권을 잃는다고 본다.[13] 즉 중혼의 취소를 사망 후에도 인정하는 취지로 볼 때 혼인취소에 소급효가 없다는 규정은 사망 이전으로의 소급을 제한하는 것으로 보아야 한다는 것이다.

18 다음의 판례는 상속권을 인정하는 입장에서 판시하고 있다.

[판례] 토지인도 등[14]

민법 제824조는 "혼인의 취소의 효력은 기왕에 소급하지 아니한다."고 규정하고 있을 뿐 재산상속 등에 관해 소급효를 인정할 별도의 규정이 없는바, 혼인 중에 부부 일방이 사망하여 상대방이 배우자로서 망인의 재산을 상속받은 후에 그 혼인이 취소되었다는 사정만으로 그 전에 이루어진 상속관계가 소급하여 무효라거나 또는 그 상속재산이 법률상 원인 없이 취득한 것이라고는 볼 수 없다.

19 상속권을 인정하는 입장에 의하면 중혼관계에 있는 경우, 예를 들면 A가 B를 상대로 이혼 소송을 제기하여 공시송달에 의한 이혼판결을 받은 후 C와 재혼하였는데 B의 추완항소로 이혼판결이 취소됨으로써 C와의 혼인이 중혼이 되는 경우, A 사망 후 C와의 혼인이 취소되는지 여부와 무관하게 C가 여전히 상속권을 갖게 된다. 이러한 경우 B, C의 상속분에 관하여 배우자가 한 명이었을 경우에 인정되는 비율의 1/2씩이라고 보는 견해[15]도 있고, 배우자를 두 명으로

12 송덕수, 친족상속법(제7판), 박영사(2024), 323; 지원림, 민법강의(제21판), 홍문사(2024), 1580.

13 곽윤직, 상속법(민법강의Ⅵ)(개정판), 박영사(2004), 57; 김주수/김상용, 친족·상속법(제20판), 법문사(2024), 661; 윤진수, 친족상속법 강의(제5판), 박영사(2023), 345.

14 대법원 1996. 12. 23. 선고 95다48308 판결.

15 광주고등법원 1995. 10. 6. 선고 95나209 판결

보아 산정하여야 한다는 다른 견해도 있다. 반면 상속권을 부정하는 입장에 의하면 혼인의 취소에 의하여 C는 상속권을 잃는다.

20 참고적으로 독일 민법은 혼인취소의 소급효를 인정하지 않지만, 생전에 이혼청구가 있었던 경우와 마찬가지로[위 1) 참조] 일방이 혼인취소를 청구한 후 사망한 경우에는 상대방 배우자의 상속권을 배제한다(독일 민법 제1933조 후문).

다) 상속재산의 반환

21 혼인이 무효인 경우와 혼인의 취소로 사망시에 혼인이 소멸하는 것으로 보는 견해에 따르는 경우, 생존 배우자가 이미 상속을 받은 것이 있으면 이를 부당이득으로 반환하여야 한다.

22 다만 혼인 취소의 경우 그 취소사유가 있음을 몰랐다면 실종선고의 취소에 관한 민법 제29조 제2항을 유추하여 이익이 현존하는 한도에서 반환할 의무가 있다고 보아야 한다는 견해가 있다.[16] [17]

### 나. 사실혼 배우자

23 사실혼관계의 증명곤란과 상속관계의 명확성의 요청에 근거하여 사실혼배우자는 상속권이 없는 것으로 보는 것이 통설이다. 따라서 사실혼 배우자는 법정상속인이 없는 경우 특별연고자로서 상속재산의 전부 또는 일부를 분여받을 수 있을 뿐이다(민법 제1057조의2). 이에 대하여 사실혼 배우자 사망의 경우에도 실질적인 공동재산의 청산과 생활보장의 필요성이 존재하고 생전에 사실혼이 해소된 경우 재산분할청구권이 인정되는 것과의 균형상 상속권을 인정해야 한다는 반대견해도 주장된다.[18]

24 판례는 사실혼 배우자에게는 상속권이 없다는 입장에서, "원고는 원심이 확정한 바와 같이 위 망인과 사실혼 관계에 있던 배우자의 지위에 있을 뿐이므로, 그 자신의 고유의 위자료청구권을 행사할 수 있음은 별론으로 하고, 위 원고 자신이 위 망인의 이 사건 손해배상청구권을 상속에 의하여 승계취득하였음을 전제

16 윤진수, 친족상속법 강의(제5판), 박영사(2023), 345.

17 참고적으로, 일본 민법 제748조는 혼인취소의 장래효를 규정하면서, 아울러 그 효과에 관하여 혼인 당시 그 취소의 원인이 있음을 알지 못하였던 당사자가 혼인에 의하여 재산을 취득하였을 때에는 현존이익의 한도에서 반환하고, 취소의 원인이 있음을 알고 있었던 당사자는 혼인에 의하여 얻은 이익의 전부를 반환하고 상대방의 손해를 배상하여야 한다고 규정하고 있다. 주해상속법(제1권), 박영사(2019), 89(윤진수).

18 이경희/윤부찬, 가족법(11정판), 법원사(2024), 407.

로 한 주장은 이유 없다."라고 판시하였고,[19] 그밖에 해고무효확인사건이나 상속세부과처분취소사건 등에서도 상속권 부정설을 전제로 판시하고 있다.[20]

25 최근 헌법재판소는 피상속인의 사망 이후 피상속인과 사실혼관계가 존재하였음을 확인하는 판결을 선고받아 확정된 청구인이 ① 민법 제1003조 제1항 중 '배우자' 부분에 사실혼 배우자가 포함되지 않은 것은 위헌이라는 이유로 제기한 헌법소원심판(2020헌바494)에서 위 청구를 기각하였고, ② 사실혼 배우자 사망 시 재산분할청구를 인정하지 않는 민법 제839조의2, 제843조는 위헌이라는 이유로 제기한 헌법소원심판(2021헌바22)에서 위 청구를 각하하였다.

26 [판례] 민법 제 1003 조 제 1 항 위헌소원 등[21]

① 2021헌바22

민법은 혼인관계가 '일방 당사자의 사망으로 종료된 경우'에는 생존 배우자도 다른 상속인들과 마찬가지로 상속제도의 규율을 받도록 정하고, 혼인관계가 '쌍방 생전에 해소된 경우'에는 재산분할제도의 규율을 받도록 정하여 그 체계를 달리하고 있다. 그러므로 입법자는 이혼과 같이 생전에 혼인이 해소된 경우의 재산분할제도만을 재산분할청구권조항의 입법사항으로 하였다고 봄이 타당하다. 그렇다면 청구인이 문제 삼는 '일방의 사망으로 사실혼이 종료된 경우 생존 사실혼 배우자에게 재산분할청구권을 부여하는 규정을 두지 않은 부작위'는, 입법자가 애당초 그러한 입법적 규율 자체를 전혀 하지 않은 경우에 해당한다. 따라서 이 부분 심판청구는 외형상 특정 법률조항을 심판대상으로 삼아 제기되었으나 실질적으로는 헌법재판소법 제68조 제2항에 의한 헌법소원에서 허용되지 아니하는 진정입법부작위를 다투는 것이므로 그 자체로 부적법하다.[22]

② 2020헌바494

헌법재판소는 2014. 8. 28. 선고한 2013헌바119 결정에서, 상속권조항이 사실혼 배우자

19 대법원 1993. 3. 12. 선고 92다48512 판결.

20 대법원 1999. 5. 11. 선고 99두1540 판결.

21 헌법재판소 2024. 3. 28. 선고 2020헌바494, 2021헌바22 전원재판부 결정.

22 이에 대하여 재산분할청구권조항이 일방의 사망으로 사실혼이 해소된 경우를 배제한 것은 부진정입법부작위에 해당하고 재산권을 침해한다는 반대의견과 생존 사실혼 배우자의 재산 청산 및 부양에 관한 권리가 적절히 담보될 수 있도록 제도를 정비할 필요가 있다는 보충의견이 있다. 이 사건의 쟁점은 '사실혼 배우자에게 예외적으로 사망시 재산분할청구를 허용할 것인가'가 아니라 '부부 일방이 사망한 경우에도 다른 일방에게 재산분할청구를 허용할 것인가'여야 하고, 이는 긍정적으로 답해야 하며, 재산분할청구권을 사실혼 당사자에게 유추하는 한 이러한 답은 사실혼 당사자도 보호하는 효과를 낳게 된다는 견해로 이동진, "부부 일방의 사망과 재산분할·상속, 그리고 사실혼", 가족법연구 제38권 제2호, 한국가족법학회(2024), 423.

에게 상속권을 인정하지 아니하는 것은 상속인에 해당하는지 여부를 객관적인 기준에 의하여 파악할 수 있도록 함으로써 상속을 둘러싼 분쟁을 방지하고, 상속으로 인한 법률관계를 조속히 확정시키며, 거래의 안전을 도모하기 위한 것이고, 사실혼 배우자는 혼인신고를 함으로써 상속권을 가질 수 있고, 증여나 유증을 받는 방법으로 상속에 준하는 효과를 얻을 수 있으며, 근로기준법, 국민연금법 등에 근거한 급여를 받을 권리 등이 인정되므로 위 조항이 상속권을 침해한다고 할 수 없다고 보았다. 나아가 법률혼주의를 채택한 취지에 비추어 볼 때 제3자에게 영향을 미쳐 명확성과 획일성이 요청되는 상속과 같은 법률관계에서는 사실혼을 법률혼과 동일하게 취급할 수 없으므로, 위 조항이 사실혼 배우자의 평등권을 침해한다고 보기 어렵다고 판단하였다. 선례와 달리 판단해야 할 사정변경이나 필요성이 인정되지 않으므로, 상속권조항은 생존 사실혼 배우자의 재산권(상속권)을 침해하지 않고 평등원칙에도 반하지 아니한다.

27 다만 주택임대차보호법이나 사회보장관계법령에서 주택임차권, 유족보상금수령권, 연금수령권, 보험금수령권 등에 관하여 사실혼 배우자에게 법률혼 배우자와 동일한 상속상의 지위를 인정하고 있는 것이 있다. 그러나 이 경우에도 따로 법률상 배우자가 있는 경우에는 법률상 배우자 사이에 이혼 의사가 합치되어 법률혼이 형식적으로만 존재하고 실질적으로 혼인관계가 해소되어 법률상 이혼이 있었던 것과 마찬가지로 볼 수 있는 등의 특별한 사정이 없는 한 보호를 받을 수 없다.[23]

### 3. 상속순위

28 배우자는 혈족상속인과 별도로 언제나 상속인이 된다. 즉 배우자는 혈족상속인 중 1순위 상속인인 직계비속과 2순위의 상속인인 직계존속이 있는 경우, 그들과 동순위로 공동상속인이 되고, 그 상속인이 없는 때에는 단독상속인이 된다(민법 제1003조 제1항). 3순위 상속인인 형제자매, 4순위 상속인인 4촌 이내의 방계혈족은 배우자가 있으면 상속에서 배제된다. 배우자는 공동상속인 1인의 상속분에 5할을 가산한 상속분을 취득하므로, 구체적인 경우의 배우자의 상속분은 다른 공동상속인들의 수에 따라 결정된다.

29 이와 관련하여 1순위 공동상속인인 배우자와 자녀들 중 자녀들 전부가 상속포기를 하는 경우 배우자가 단독상속인이 되는지, 배우자와 차순위본위상속을 하는 손자녀가 공동상속인이 되는지에 관하여 견해가 대립된다. 최근 대법원은 전원합의체 결정으로 피상속인의 배우자와 자녀 중 자녀 전부가 상속을 포기한 경

23 대법원 1993. 7. 27. 선고 93누1497 판결, 대법원 2007. 2. 22. 선고 2006두18584 판결.

우 배우자가 단독상속인이 된다는 취지로 판시함으로써, 배우자와 차순위 본위 상속을 하는 손자녀가 처음부터 공동상속인의 지위에 있는 것으로 보아야 하고 배우자가 단독상속하는 것은 아니라고 판시하였던 종전 판례[24]를 변경하였다. 위 전원합의체 판례의 다수의견의 결정요지는 다음과 같다.[25]

30 [판례] 승계집행문부여에 대한 이의[26]

(가) 우리 민법은 제정 당시부터 배우자 상속을 혈족 상속과 구분되는 특별한 상속으로 규정하지 않았다. 상속에 관한 구 관습도 배우자가 일정한 경우에 단독상속인이 되었을 뿐 배우자 상속과 혈족 상속을 특별히 구분하지 않았다. 위와 같은 입법 연혁에 비추어 보면, 구 관습이 적용될 때는 물론이고 제정 민법 이후 현재에 이르기까지 배우자는 상속인 중 한 사람이고 다른 혈족 상속인과 법률상 지위에서 차이가 없다.
(나) 민법 제1000조부터 제1043조까지 각각의 조문에서 규정하는 '상속인'은 모두 동일한 의미임이 명백하다. 따라서 민법 제1043조의 '상속인이 수인인 경우' 역시 민법 제1000조 제2항의 '상속인이 수인인 때'와 동일한 의미로서 같은 항의 '공동상속인이 되는' 경우에 해당하므로 그 공동상속인에 배우자도 당연히 포함되며, 민법 제1043조에 따라 상속포기자의 상속분이 귀속되는 '다른 상속인'에도 배우자가 포함된다.
이에 따라 공동상속인인 배우자와 여러 명의 자녀들 중 일부 또는 전부가 상속을 포기한 경우의 법률효과를 본다. 공동상속인인 배우자와 자녀들 중 자녀 일부만 상속을 포기한 경우에는 민법 제1043조에 따라 상속포기자인 자녀의 상속분이 배우자와 상속을 포기하지 않은 다른 자녀에게 귀속된다. 이와 동일하게 공동상속인인 배우자와 자녀들 중 자녀 전부가 상속을 포기한 경우 민법 제1043조에 따라 상속을 포기한 자녀의 상속분은 남아 있는 '다른 상속인'인 배우자에게 귀속되고, 따라서 배우자가 단독상속인이 된다. 이에 비하여 피상속인의 배우자와 자녀 모두 상속을 포기한 경우 민법 제1043조는 적용되지 않는다. 민법 제1043조는 공동상속인 중 일부가 상속을 포

24 대법원 2015. 5. 14. 선고 2013다48852 판결.

25 이에 대하여 피상속인의 배우자는 직계비속이 있는 경우에는 그 상속인과 동순위로 공동상속인이 되고 그 상속인이 없는 때에는 단독상속인이 되므로(민법 제1003조), 민법 제1042조, 제1000조 제1항·제2항에 의하여 자녀들이 모두 상속을 포기한 경우 자녀들은 처음부터 상속인이 아니었던 것이 되어 피상속인의 배우자는 손자녀와 공동상속인이 되고, 민법 제1043조는 민법 제1000조, 제1003조에서 규정하는 상속인 결정의 원칙을 전제로 적용되어야 하며, 판례를 변경하면 종래 형성된 법률관계의 안정에 혼란을 초래한다는 등의 사정을 근거로 배우자와 손자녀들이 공동상속인이 된다는 반대견해와 민법 제1043조를 적용하는 단계에서 상속을 포기하기 이전에 적용되는 민법 제1000조 제1항, 제1003조 제1항으로 다시 돌아가야 할 이유가 없고, 손자녀들이 다시 상속포기를 하더라도 상속채권자가 손자녀들을 상대로 소를 제기하는 과정에서 개인정보가 제공되는 문제가 있다는 점 등을 지적하는 보충의견이 있다.

26 대법원 2023. 3. 23. 자 2020그42 전원합의체 결정.

기한 경우만 규율하고 있음이 문언상 명백하기 때문이다.
(다) 특히 상속의 포기는 피상속인의 상속재산 중 소극재산이 적극재산을 초과하는 경우의 상속에서 중요한 의미를 가진다. 상속을 포기한 피상속인의 자녀들은 피상속인의 채무가 자신은 물론 자신의 자녀에게도 승계되는 효과를 원천적으로 막을 목적으로 상속을 포기한 것이라고 보는 것이 자연스럽다. 상속을 포기한 피상속인의 자녀들이 자신은 피상속인의 채무 승계에서 벗어나고 그 대가로 자신의 자녀들, 즉 피상속인의 손자녀들에게 상속채무를 승계시키려는 의사가 있다고 볼 수는 없다. 그런데 피상속인의 배우자와 자녀들 중 자녀 전부가 상속을 포기하였다는 이유로 피상속인의 배우자와 손자녀 또는 직계존속이 공동상속인이 된다고 보는 것은 위와 같은 당사자들의 기대나 의사에 반하고 사회 일반의 법감정에도 반한다.
(라) 대법원 2015. 5. 14. 선고 2013다48852 판결(이하 '종래 판례'라 한다)에 따라 피상속인의 배우자와 손자녀 또는 직계존속이 공동상속인이 되었더라도 그 이후 피상속인의 손자녀 또는 직계존속이 다시 적법하게 상속을 포기함에 따라 결과적으로는 피상속인의 배우자가 단독상속인이 되는 실무례가 많이 발견된다. 결국 공동상속인들의 의사에 따라 배우자가 단독상속인으로 남게 되는 동일한 결과가 되지만, 피상속인의 손자녀 또는 직계존속에게 별도로 상속포기 재판절차를 거치도록 하고 그 과정에서 상속채권자와 상속인들 모두에게 불필요한 분쟁을 증가시키며 무용한 절차에 시간과 비용을 들이는 결과가 되었다. 따라서 피상속인의 배우자와 자녀 중 자녀 전부가 상속을 포기한 경우 배우자가 단독상속인이 된다고 해석함으로써 법률관계를 간명하게 확정할 수 있다.
(마) 이상에서 살펴본 바와 같이 상속에 관한 입법례와 민법의 입법 연혁, 민법 조문의 문언 및 체계적·논리적 해석, 채무상속에서 상속포기자의 의사, 실무상 문제 등을 종합하여 보면, 피상속인의 배우자와 자녀 중 자녀 전부가 상속을 포기한 경우에는 배우자가 단독상속인이 된다고 봄이 타당하다. 이와 달리 피상속인의 배우자와 자녀 중 자녀 전부가 상속을 포기한 경우 배우자와 피상속인의 손자녀 또는 직계존속이 공동상속인이 된다는 취지의 종래 판례는 이 판결의 견해에 배치되는 범위 내에서 변경하기로 한다.

## Ⅲ. 배우자의 대습상속권

### 1. 연혁

#### 가. 역사적 연혁

31 조선시대에는 피대습인의 직계비속만이 대습상속인으로서 피대습인에 갈음하여

재산을 취득하였고, 피대습인의 유처(피상속인의 며느리)는 자녀가 없는 때에 한하여 수신(개가하지 않을 것)을 조건으로 종신적인 용익권을 부여받았을 뿐이다.[27]

### 나. 민법 제·개정연혁

32 제정 민법은 제1002조에서 처가 피상속인인 경우의 남편의 상속순위를 규정하면서 따로 대습상속에 관한 규정을 두지 않았으나, 이와 달리 제1003조에서는 남편이 피상속인인 경우의 처의 상속순위를 규정하면서(제1항) 대습상속에 관한 규정을 두었다(제2항). 따라서 제정 민법에 의하면 처는 남편을 대습상속할 수 있었으나 남편은 처를 대습상속할 수 없었다. 이는 당시만 하더라도 여자의 경우 재혼이 어렵고 경제적 지위가 열악한 데다 전통적인 대가족제도 하에서 남편 사망 후에도 시부모를 모시고 사는 일이 많았던 현실을 반영한 것이었다.

33 그러나 이에는 남자에게 불평등한 요소가 있었으므로, 1990년 민법 개정으로 제1002조를 삭제하고 제1003조에서 남편과 처의 구분 없이 배우자의 상속순위와 대습상속에 관하여 규정함으로써 남편과 처가 모두 배우자로서 상대방을 대습상속할 수 있는 것으로 변경하였다. 아래에서 보듯이 배우자의 대습상속을 제한하거나 폐지해야 한다고 주장하는 입장에서는 위 개정으로써 남편에게까지 대습상속권이 확대되면서 대습상속제도의 본래 취지와 간극이 더욱 벌어지는 결과가 초래되었다고 비판한다.[28]

## 2. 내용

34 민법 제1001조의 경우, 즉 상속인이 될 직계비속 또는 형제자매가 상속개시전에 사망하거나 결격자가 된 경우 그 배우자는 사망자나 결격자의 직계비속이 있는 때에는 직계비속과 함께 동순위로 공동상속인이 되고, 그 상속인이 없는 때에는 단독상속인이 된다.[29]

35 피대습인의 배우자의 대습상속은 기본적으로 민법 제1001조에서 기재한 직계비속의 대습상속과 요건과 효과가 같다.

27 신영호, "피대습자의 배우자의 대습상속", 가족법의 변동요인과 현상, 금산법학(창간)(1998).

28 정구태, "'피대습자의 배우자의 대습상속' 규정의 해석에 관한 방법론적 일고", 호원논집 제11호, 고려대학교(2004), 135.

29 대습상속권은 대습상속인 고유의 권리이므로, 피대습자의 배우자의 대습상속이 인정됨으로써 인척계통의 상속이 이루어지게 된다.

36 [판례] 소유권이전등기말소[30]

사안의 개요: 망 소외 A 부부, A의 아들과 그의 처자들, A의 딸 C와 그 자녀들이 미국령 괌에서 항공기에 탑승하고 있던 중 항공기가 추락하여 모두 사망하였다. A에게는 다른 직계비속이나 직계존속은 없었다. 그 후 C의 남편인 피고는 A 소유의 부동산에 관하여 상속을 원인으로 소유권이전등기를 경료하였다. 그러자 A의 형제자매들인 원고들이 피고에 대하여 소유권이전등기 말소등기 청구 소송을 제기하였다. 이 사안에서는 ① 민법 제1003조 제2항에 의하여 피상속인의 사위가 피상속인의 형제자매보다 우선하여 단독 대습상속하는 것의 위헌여부, ② 동시사망의 경우 대습상속의 가능여부, ③ 선순위 직계비속 자녀가 전원 사망한 경우 손자녀가 대습상속을 하는지, 본위상속을 하는지 여부가 문제되었는데, 이에 대하여 대법원은 민법 제1003조 제2항은 헌법에 위반되지 않고, 동시사망의 경우에도 대습상속이 가능하며, 자녀가 전부 사망한 경우 손자녀가 하는 상속은 본위상속이 아니라 대습상속이라고 판시하면서, 사위인 피고에게 대습상속권에 기하여 부동산의 소유권을 단독취득할 수 있는 권리가 있다고 보아 원고들의 청구를 기각한 원심을 확정하였다. 위 ②, ③의 논점에 대한 판시는 해당 부분에서 소개하였으므로[☞ 민법 제1001조 Ⅱ. 1. 나. 2) 및 Ⅱ. 3. 나. 3) 주석 참조] 아래에서는 ①의 논점에 대한 판시내용을 소개한다.

㉮ 우리나라에서는 전통적으로 오랫동안 며느리의 대습상속이 인정되어 왔고, 1958. 2. 22. 제정된 민법에서도 며느리의 대습상속을 인정하였으며, 1990. 1. 13. 개정된 민법에서 며느리에게만 대습상속을 인정하는 것은 남녀평등·부부평등에 반한다는 것을 근거로 하여 사위에게도 대습상속을 인정하는 것으로 개정한 점, ㉯ 헌법 제11조 제1항이 누구든지 성별에 의하여 정치적·경제적·사회적·문화적 생활의 모든 영역에 있어서 차별을 받지 아니한다고 규정하고 있고, 헌법 제36조 제1항이 혼인과 가족생활은 양성의 평등을 기초로 성립되고 유지되어야 하며 국가는 이를 보장한다고 규정하고 있는 점, ㉰ 현대 사회에서 딸이나 사위가 친정 부모 내지 장인장모를 봉양, 간호하거나 경제적으로 지원하는 경우가 드물지 아니한 점, ㉱ 배우자의 대습상속은 혈족상속과 배우자상속이 충돌하는 부분인데 이와 관련한 상속순위와 상속분은 입법자가 입법정책적으로 결정할 사항으로서 원칙적으로 입법자의 입법형성의 재량에 속한다고 할 것인 점, ㉲ 상속순위와 상속분은 그 나라 고유의 전통과 문화에 따라 결정될 사항이지 다른 나라의 입법례에 크게 좌우될 것은 아닌 점, ㉳ 피상속인의 방계혈족에 불과한 피상속인의 형제자매가 피상속인의 재산을 상속받을 것을 기대하는 지위는 피상속인의 직계혈족의 그러한 지위만큼 입법적으로 보호하여야 할 당위성이

30 대법원 2001. 3. 9. 선고 99다13157 판결.

강하지 않은 점 등을 종합하여 볼 때, 외국에서 사위의 대습상속권을 인정한 입법례를 찾기 어렵고, 피상속인의 사위가 피상속인의 형제자매보다 우선하여 단독으로 대습상속하는 것이 반드시 공평한 것인지 의문을 가져볼 수는 있다 하더라도, 이를 이유로 곧바로 피상속인의 사위가 피상속인의 형제자매보다 우선하여 단독으로 대습상속할 수 있음이 규정된 민법 제1003조 제2항이 입법형성의 재량의 범위를 일탈하여 행복추구권이나 재산권보장 등에 관한 헌법규정에 위배되는 것이라고 할 수 없다.

37 배우자는 피대습인의 법률상 배우자여야 한다. 피대습인에게 결격사유가 발생한 이후 피대습인과 혼인한 배우자가 대습상속권을 갖는지에 대하여는 견해가 대립한다. 이를 긍정하면 피대습자가 결격행위를 한 후 혼인하여 배우자로 하여금 대습상속하게 함으로써 스스로 상속한 것과 같은 결과를 이루게 될 수 있다는 이유로 부정하는 견해도 있으나,[31] 대습상속권은 대습상속인 고유의 권리이고 부부라 하더라도 별산제가 적용되며 결격 후 입양된 자가 직계비속으로서 대습상속권을 갖는 것(☞ 민법 제1001조 Ⅱ. 2. 주석 참조)과 달리 볼 이유가 없다는 이유로 대습상속권을 긍정하는 견해가 다수설이다.[32] 배우자였다가 피상속인의 사망 당시에 재혼하고 있었다면 인척관계가 존재하지 않으므로(민법 제775조 제2항), 대습상속권이 없다.[33]

38 대습상속인인 배우자가 대습상속의 개시 전에 사망하거나 결격자가 된 경우에는 그 배우자를 피대습인으로 하는 재대습상속은 인정되지 않는다(☞ 상세한 내용은 민법 제1001조 Ⅳ. 주석 참조).[34]

### 3. 배우자 대습상속에 대한 비판론

39 배우자의 대습상속에 관하여는, 현재 가족구조가 부부중심의 소가족 구조로 바뀌고 재혼이 보편화되면서 배우자의 대습상속을 인정할 필요성이 감소한 점, 상속제도의 근거에서 볼 때에도 피대습인의 배우자는 피상속인과 혈연관계가 없는 인척에 불과하고, 피상속인의 재산형성에 기여하거나 피상속인과 부양의 공동생활관계를 맺고 있는 경우가 거의 없으며, 대습상속의 인정이 피상속인의 추정적 의사에도 부합하지 않는 등 대습상속을 인정할 근거가 취약한 점, 이를 인

31 곽윤직, 상속법(민법강의Ⅵ)(개정판), 박영사(2004), 64.
32 김주수/김상용, 친족·상속법(제20판), 법문사(2024) 666; 송덕수, 친족상속법(제7판), 박영사(2024), 326.
33 윤진수, 친족상속법 강의(제5판), 박영사(2023), 351
34 대법원 1999. 7. 9. 선고 98다64318, 64325 판결.

정하는 것은 혈족중심의 상속질서를 와해할 우려가 있는 점 등을 근거로, 비판적으로 보는 견해가 다수 존재한다.[35] 특히 위에서 본 판결(피상속인의 사위가 피상속인의 형제자매에 우선하여 대습상속을 한 사안)은 배우자의 대습상속의 존재의의에 대한 사회적 논란을 불러일으키는 계기가 되었다. 외국의 경우를 살펴보아도 우리 민법처럼 배우자의 대습상속을 인정하는 예가 드물다. 이에 따라 배우자의 대습상속을 폐지하거나 혈족상속인과 공동상속하도록 개정하는 방안 또는 배우자의 피상속인 부양 또는 상속재산의 유지·형성에 대한 특별한 기여 등 추가적인 조건이 인정되는 경우에 한하여 인정하는 방안 등이 입법론으로 주장된다.[36]

35 신영호 외 2인, 가족법강의(제4판), 세창출판사(2023), 337; 윤진수, 친족상속법 강의(제5판), 박영사(2023), 351; 정구태, "'피대습자의 배우자의 대습상속' 규정의 해석에 관한 방법론적 일고", 호원논집 제11호, 고려대학교(2004).

36 신영호, "피대습자의 배우자의 대습상속", 가족법의 변동요인과 현상, 금산법학(창간)(1998); 안영하, "대습상속제도의 입법론에 관한 제안", 법학연구 제36집, 전북대학교 법학연구소(2012), 126.

## 제 1004 조 [상속인의 결격사유]

**다음 각 호의 어느 하나에 해당한 자는 상속인이 되지 못한다.** <개정 1990. 1. 13, 2005. 3. 31>

1. **고의로 직계존속, 피상속인, 그 배우자 또는 상속의 선순위나 동순위에 있는 자를 살해하거나 살해하려한 자**
2. **고의로 직계존속, 피상속인과 그 배우자에게 상해를 가하여 사망에 이르게 한 자**
3. **사기 또는 강박으로 피상속인의 상속에 관한 유언 또는 유언의 철회를 방해한 자**
4. **사기 또는 강박으로 피상속인의 상속에 관한 유언을 하게 한 자**
5. **피상속인의 상속에 관한 유언서를 위조·변조·파기 또는 은닉한 자**

**[관련조문]** 민법 제110조(사기, 강박에 의한 의사표시), 제1000조(상속의 순위), 제1003조(배우자의 상속순위), 제1060조(유언의 요식성), 제1064조(유언과 태아, 상속결격자), 형법 제231조(사문서의 위조, 변조), 제323조(권리행사방해), 제328조(친족 간의 범행과 고소)

**[참고문헌]** 주해상속법(제1권), 박영사(2019); 김주수/김상용, 친족·상속법(제20판), 법문사(2024); 박동섭/양경승, 친족상속법(제5판), 박영사(2020); 송덕수, 친족상속법(제7판), 박영사(2024); 신영호 외 2인, 가족법강의(제4판), 세창출판사(2023); 양창수, 민법연구(제5권), 박영사(2006); 윤진수, 친족상속법 강의(제5판), 박영사(2023); 이경희/윤부찬, 가족법(11정판), 법원사(2024); 지원림, 민법강의(제21판), 홍문사(2024); 김형석, "상속결격의 몇 가지 쟁점", 자율과 정의의 민법학: 양창수 교수 고희 기념 논문집, 박영사(2021); 오종근, "상속결격사유 - 낙태의 경우", 가족법연구 제7호, 한국가족법학회(1993); 윤진수, "상속권 상실에 관한 정부의 민법개정안", 비교사법 제28권 제3호(2021)



### Ⅰ. 의의

#### 1. 상속결격의 의의

1 상속인이 될 지위에 있는 자에게 법에서 정한 일정한 사유가 발생한 때에 법률상 당연히 상속자격이 박탈되는 것을 상속결격이라 한다.

2 민법상 상속결격 사유는 피상속인·직계존속 등에 대한 살인 등의 패륜행위(민법

제1004조 제1호·제2호)와 피상속인의 유언에 관한 부정행위(제3호·제4호·제5호)로 나누어 볼 수 있다.

### 2. 상속결격의 근거

3 상속결격제도가 인정되는 근거에 관하여는 상속적 협동관계 파괴설, 개인법적 재산취득질서 파괴설, 이원설이 주장된다.[1]

4 상속적 협동관계 파괴설은 상속인과 피상속인 사이의 상속적 협동관계인 윤리적·경제적 유대관계를 깨뜨리는 비행에 대하여 제재함으로써 상속적 협동관계를 보호하는 데 상속결격의 근거가 있다고 보는 견해이고, 개인법적 재산취득질서 파괴설은 유언에 관한 방해·개입행위로 상속으로 인한 재산의 취득질서를 교란시키고 위법하게 이득을 얻으려는 것에 대하여 제재함으로써 상속에 따른 재산취득질서를 보호하는 데 그 근거가 있다고 보는 견해이다. 이원설은 상속결격사유의 범주별로 근거를 다르게 파악하는 견해로, 피상속인 등에 대한 생명침해의 경우(민법 제1004조 제1호·제2호)는 상속적 협동관계의 파괴에 대한 제재라고 보고, 유언행위에 대한 위법한 간섭의 경우(제3호·제4호·제5호)는 재산취득질서 파괴에 대한 제재라고 본다.

5 이원설의 입장에서는 상속결격사유에 해당하는 행위를 함에 있어 그 행위의 고의 외에 상속에 유리하다는 인식이 필요한가의 여부도 결격사유의 범주별로 다르게 판단한다. 즉 민법 제1004조 제1호·제2호의 경우에는 상속인으로 될 자의 비도덕적 행위가 반드시 상속과 결부될 것이 요구되지 않으므로 상속에 유리하다는 인식은 필요하지 않으나, 제3호·제4호·제5호의 경우에는 유언에 부당하게 개입하여 피상속인의 유언의 자유를 침해하는 행위가 제재대상이므로 상속에 유리하다는 인식이 필요하다고 본다.[2]

## Ⅱ. 입법례와 연혁

### 1. 입법례

6 상속결격은 로마법 이래로 존재하여 온 제도로서 현재 거의 모든 나라에서 채택하고 있다. 다만 구체적 결격 사유나 결격의 절차, 효과 등에서는 차이가 있다.

7 결격사유와 관련하여, 프랑스 민법은 피상속인의 생명침해, 일정한 무고 등의

1 양창수, "상속결격제도 일반", 민법연구(제5권), 박영사(2006), 316~317.
2 윤진수, 친족상속법 강의(제5판), 박영사(2023), 355~356.

범죄행위를 결격사유로 보고 있고, 독일과 일본의 민법은 민법과 비슷하게 피상속인의 생명침해 및 사인처분·유언의 방해행위를 결격사유로 보고 있다.

8 절차 또는 방법과 관련하여, 결격사유의 발생으로 당연히 결격의 효과가 발생하는 것으로 보는 당연주의(오스트리아, 스위스), 법원의 취소판결에 의하여 결격의 효과가 발생하는 것으로 규정하는 취소주의(독일)가 있고, 당연결격사유와 결격의 판결이 필요한 사유를 함께 규정하는 나라(프랑스)도 있다. 우리 민법은 당연주의를 취하고 있다.[3]

9 또한 일본 민법은 당연결격사유를 규정함과 아울러 상속인이 될 자에게 중대한 비행이 있을 때 피상속인이 법원에 상속인이 될 자의 상속권의 박탈을 청구할 수 있는 폐지제도를 두고 있고(일본 민법 제892조), 독일 민법은 피상속인의 의사에 기하여 유류분을 박탈할 수 있는 제도(독일 민법 제1938조, 제2333조 이하)를 두고 있다.

### 2. 민법의 연혁

10 상속결격제도는 제정민법에서 규정된 내용이 개정 없이 지금까지 유지되고 있다. 다만 호주상속(호주승계)이 존치되던 때에는 재산상속의 결격사유와 별도로 호주상속(호주승계)의 결격사유를 규정하고 있었으나(구 민법 제992조), 이는 호주제도의 폐지로 삭제되었다.

## Ⅲ. 상속결격 사유

### 1. 엄격해석의 필요성

11 상속결격은 법정사유가 있으면 상속권 박탈이라는 중대한 효과가 법률상 당연히 발생하므로 그 사유를 엄격하게 해석하여야 하고, 유추에 의하여 상속결격사유를 확장하는 것은 허용되지 않는다.[4] 판례도 같은 취지로 판시하고 있다.

12 [판례] 소유권말소등기[5]

상속결격은 법정사유가 인정되면 상속권 박탈이라는 중대한 효과가 법률상 당연히 발생하므로 그 사유를 엄격하게 해석하여야 하고, 유추에 의하여 상속결격사유를 확장하는 것은 허용되지 않는다. 상속인 결격사유의 하나로 규정하고 있는 민법 제1004조

3 주해상속법(제1권), 박영사(2019), 98~99(윤진수); 신영호 외 2인, 가족법강의(제4판), 세창출판사(2023), 338.

4 김주수/김상용, 친족·상속법(제20판), 법문사(2024), 670; 신영호 외 2인, 가족법강의(제4판), 세창출판사(2023), 329; 윤진수, 친족상속법 강의(제5판), 박영사(2023), 356.

5 대법원 2023. 12. 21. 선고 2023다265731 판결.

제5호 소정의 '상속에 관한 유언서를 은닉한 자'라 함은 유언서의 소재를 불명하게 하여 그 발견을 방해하는 행위를 한 자를 의미하는 것으로, 공동상속인들 사이에 그 내용이 널리 알려진 유언서에 관하여 피상속인의 사망 후 일정한 기간이 경과한 시점에서 비로소 그 존재를 주장하는 등의 사정만으로 이를 두고 유언서의 은닉에 해당한다고 단정할 수 없다.

13 [판례] 민법 제 1000 조 제 1 항 제 2 호 위헌소원[6]

심판대상조항은 일정한 형사상의 범죄행위와 유언의 자유를 침해하는 부정행위 등 5가지를 상속결격사유로 한정적으로 열거하고 있다. 이는 극히 예외적인 경우를 제외하고는 상속인의 상속권을 보호함과 동시에 상속결격여부를 둘러싼 분쟁을 방지하고, 상속으로 인한 법률관계를 조속히 확정시키기 위함이다. 부양의무의 이행과 상속은 서로 대응하는 개념이 아니어서, 법정상속인이 피상속인에 대한 부양의무를 이행하지 않았다고 하여 상속인의 지위를 박탈당하는 것도 아니고, 반대로 법정상속인이 아닌 사람이 피상속인을 부양하였다고 하여 상속인이 되는 것도 아니다. 만약 직계존속이 피상속인에 대한 부양의무를 이행하지 않은 경우를 상속결격사유로 본다면, 과연 어느 경우에 상속결격인지 여부를 명확하게 판단하기 어려워 이에 관한 다툼으로 상속을 둘러싼 법적 분쟁이 빈번하게 발생할 가능성이 높고, 그로 인하여 상속관계에 관한 법적 안정성이 심각하게 저해된다.

나아가 민법은 유언이나 기여분 제도를 통하여 피상속인의 의사나 피상속인에 대한 부양의무 이행 여부 등을 구체적인 상속분 산정에서 고려할 수 있는 장치를 이미 마련하고 있는 점들을 고려하면, 심판대상조항이 피상속인에 대한 부양의무를 이행하지 않은 직계존속의 경우를 상속결격사유로 규정하지 않았다고 하더라도 이것이 입법형성권의 한계를 일탈하여 다른 상속인인 청구인의 재산권을 침해한다고 보기 어렵다.

## 2. 구체적 사유

### 가. 고의로 직계존속, 피상속인, 그 배우자 또는 상속의 선순위나 동순위에 있는 자를 살해하거나 살해하려한 자(제1호)

#### 1) 행위의 대상

14 여기서의 '직계존속'은 행위자의 직계존속이라고 보는 견해[7]와 피상속인의 직계존

6 헌법재판소 2018. 2. 22. 선고 2017헌바59 전원재판부 결정.

7 박동섭/양경승, 친족상속법(제5판), 박영사(2020), 548; 송덕수, 친족상속법(제7판), 박영사(2024), 313. 다만, 이경희/윤부찬, 가족법(11정판), 법원사(2024), 418에서는 민법 제1004조 제1호의 직계존속을 살해한 것을 이유로 상속결격이 되는 경우에는 해석상 이후의 모든 상속관계에서 상속권을 상실하는 것이 되어 지나친 제한이 되는 면이 없지 않다고 한다.

속이라고 보는 견해[8]가 대립한다. 전자의 견해는 법문의 일반적인 문언 해석과 가족공동체의 윤리적·경제적 결합관계를 파괴하는 사람을 그 공동체관계에서 배제한다는 상속결격의 취지를 근거로 한다. 반면, 후자의 견해는 전자의 견해에 따를 경우 자신의 직계존속을 살해한 자는 해석상 이후의 모든 상속관계에서 상속권을 상실하여 누구로부터도 전혀 상속을 받지 못하게 되는데, 특정한 피상속인과의 사이에서만 문제가 되는 상속결격의 상대적 효력에 반하여 비합리적이고, 상속결격사유는 엄격하게 해석하여야 한다는 원칙에도 반한다는 것을 근거로 한다.

15 '그 배우자'가 피상속인의 배우자만을 의미하는가, 직계존속의 배우자와 피상속인의 배우자를 모두 의미하는가에 대하여도 견해의 대립이 있다. 전자의 견해는 결격사유의 해석은 엄격하여야 하고 상속순위와 무관한 직계존속의 살해를 결격사유로 규정한 것 자체가 이례적이므로 직계존속의 배우자까지 포함하는 것은 타당하지 않다고 한다.[9] 반면 후자의 견해는 민법 제1004조 제1호가 상속과 무관하게 직계존속 등에 대한 패륜행위를 제재하려는 것이므로 포함해야 할 것이라고 한다.[10]

16 포괄적 유증을 받은 자는 본래의 의미에서 상속의 선순위자나 동순위자는 아니지만 상속인과 동일한 권리의무를 가지므로(민법 제1078조) 이에 해당한다.[11]

17 태아도 상속의 선순위 또는 동순위자에 해당할 수 있는지 문제되는데, 아래의 판례는 이에 해당한다고 보아 낙태를 민법 제1004조 제1호의 상속결격사유로 판단하였다(아울러 이 판례에서는 제1호의 상속결격사유에 해당하기 위하여 상속에 유리하다는 인식은 필요하지 않다고 보면서 그 이유를 자세히 설시하고 있다). 이에 대하여는 낙태를 살해와 같이 볼 수 없을 뿐 아니라, 태아의 권리능력에 관하여 정지조건설을 따르는 경우는 물론 해제조건설을 따르는 경우에도 태아는 출생하지 않은 이상 상속능력을 갖지 못하므로 선순위 또는 동순위의 상속인이라 볼 수 없다는 이유로 비판하는 견해가 제기된다.[12]

8 윤진수, 친족상속법 강의(제5판), 박영사(2023), 356; 지원림, 민법강의(제21판), 홍문사(2024), 1583; 양창수, "상속결격제도 일반", 민법연구(제5권), 박영사(2006), 319~320.

9 윤진수, 친족상속법 강의(제5판), 박영사(2023), 357; 양창수, "상속결격제도 일반", 민법연구(제5권), 박영사(2006), 320.

10 송덕수, 친족상속법(제7판), 박영사(2024), 313~314.

11 주해상속법(제1권), 박영사(2019), 107(윤진수).

12 윤진수, 친족상속법 강의(제5판), 박영사(2023), 357; 이경희/윤부찬, 가족법(11정판), 법원사(2024), 416; 오종근, "상속결격사유 - 낙태의 경우", 가족법연구 제7호, 한국가족법학회(1993), 294.

18 [판례] 손해배상(자)[13]

가. 태아가 호주상속의 선순위 또는 재산상속의 선순위나 동순위에 있는 경우에 그를 낙태하면 구민법(1990. 1. 13. 법률 제4199호로 개정되기 전의 것) 제992조 제1호 및 제1004조 제1호 소정의 상속결격사유에 해당한다.

나. 위 가.항의 규정들 소정의 상속결격사유로서 '살해의 고의' 이외에 '상속에 유리하다는 인식'을 필요로 하는지 여부에 관하여는, ① 우선 같은 법 제992조 제1호 및 제1004조 제1호는 그 규정에 정한 자를 고의로 살해하면 상속결격자에 해당한다고만 규정하고 있을 뿐, 더 나아가 '상속에 유리하다는 인식'이 있어야 한다고까지는 규정하고 있지 아니하고, ② 위 법은 "피상속인 또는 호주상속의 선순위자"(제992조 제1호)와 "피상속인 또는 재산상속의 선순위나 동순위에 있는 자"(제1004조 제1호) 이외에 "직계존속"도 피해자에 포함하고 있고, 위 "직계존속"은 가해자보다도 상속순위가 후순위일 경우가 있는바, 같은 법이 굳이 동인을 살해한 경우에도 그 가해자를 상속결격자에 해당한다고 규정한 이유는, 상속결격요건으로서 "살해의 고의" 이외에 '상속에 유리하다는 인식'을 요구하지 아니한다는 데에 있다고 해석할 수밖에 없으며, ③ 같은 법 제992조 제2호 및 이를 준용하는 제1004조 제2호는 "고의로 직계존속, 피상속인과 그 배우자에게 상해를 가하여 사망에 이르게 한 자"도 상속결격자로 규정하고 있는데, 이 경우에는 '상해의 고의'만 있으면 되고, 이 '고의'에 '상속에 유리하다는 인식'이 필요 없음은 당연하므로, 이 규정들의 취지에 비추어 보아도 그 각 제1호의 요건으로서 '살해의 고의' 이외에 '상속에 유리하다는 인식'은 필요로 하지 아니한다고 할 것이다.

19 살해 당시에는 상속의 선순위나 동순위에 있지 않았는데 그 후의 사정변경으로 상속개시시에는 선순위나 동순위가 될 수 있었던 사람도 이에 해당한다는 견해가 있다.[14] 예를 들면 피상속인 A의 자녀인 C가 형 B의 자녀인 D를 살해하였고 그 후 B, A의 순으로 사망한 경우, 살해 당시에는 D가 C의 후순위였으나 상속개시시에는 대습상속에 의하여 동순위가 되었으므로 C가 상속결격에 해당한다는 것이다. 그러나 이 경우 행위 당시에는 D가 상속의 동순위자라는 인식이 불가능하고, 예견할 수 없었던 B의 사망이라는 우연한 결과에 의하여 상속결격으로 판단하는 것도 타당하지 않으므로 그 행위를 상속결격의 대상으로 보기 어렵다고 생각된다.

13 대법원 1992. 5. 22. 선고 92다2127 판결.
14 주해상속법(제1권), 박영사(2019), 107(윤진수).

20 선순위자를 살해하더라도 자기가 상속순위자로 될 수 없는 자는 결격자로 되지 않는다.[15]

2) 행위

21 살해는 기수, 미수를 묻지 않고 예비, 음모도 포함된다. 정범, 종범, 교사범도 포함도 포함되나, 자살 교사·방조, 촉탁살인이 포함되는지에 관하여는 포함된다고 보는 견해[16]와 반대견해[17]가 나뉜다.

22 이 결격사유가 되려면 살인의 고의가 있어야 하므로 과실치사는 이에 해당하지 않는다. 그러나 상속에 유리하다는 인식은 필요하지 않다. 다만 신분의 인식, 즉 피해자가 직계존속, 피상속인, 그 배우자, 상속의 선순위자라는 인식은 있어야 한다(다만 그 중 피해자가 상속의 선순위자라는 인식과 상속에 유리하다는 인식을 엄밀히 구별하기는 어려울 것이다).[18] 판례도 상속에 유리하다는 인식이 필요하지 않은 것으로 본다.[19]

23 결격사유로 될 행위는 상속인으로 될 자의 행위에 한정되므로, 제3자가 상속인의 이익을 위하여 결격사유로 되는 행위를 한 경우에는 그 상속인은 결격자로 되지 않는다.[20]

24 위와 같은 행위로 형사처벌을 받을 것까지는 요구되지 않는다.

**나. 고의로 직계존속, 피상속인과 그 배우자에게 상해를 가하여 사망에 이르게 한 자(제2호)**

25 상해행위로 사망의 결과가 발생한 상해치사의 경우이다. 민법 제1004조 제1호와 달리 여기에는 상속의 선순위자나 동순위자에 대한 상해치사는 포함되어 있지 않다. 이때에도 상해의 고의만 있으면 되고, 상속에 유리하다는 인식은 필요하지 않으며, 처벌받을 필요까지는 없다. 피상속인 이외의 경우에는 상해행위가 상속개시 전에 있으면 치사의 결과는 상속개시 후에 발생하여도 이에 해당한다.[21]

15 신영호 외 2인, 가족법강의(제4판), 세창출판사(2023), 339.
16 김주수/김상용, 친족·상속법(제20판), 법문사(2024), 671; 송덕수, 친족상속법(제7판), 박영사(2024), 314; 신영호 외 2인, 가족법강의(제4판), 세창출판사(2023), 339.
17 윤진수, 친족상속법 강의(제5판), 박영사(2023), 357; 이경희/윤부찬, 가족법(11정판), 법원사(2024), 416 (촉탁살인은 해당되나 자살교사방조는 해당되지 않는다고 봄).
18 김주수/김상용, 친족·상속법(제20판), 법문사(2024), 671; 윤진수, 친족상속법 강의(제5판), 박영사(2023), 357.
19 대법원 1992. 5. 22. 선고 92다2127 판결.
20 송덕수, 친족상속법(제7판), 박영사(2024), 314~315; 신영호 외 2인, 가족법강의(제4판), 세창출판사(2023), 339.
21 윤진수, 친족상속법 강의(제5판), 박영사(2023), 359.

### 다. 사기 또는 강박으로 피상속인의 상속에 관한 유언 또는 유언의 철회를 방해한 자(제3호)

26 상속에 관한 유언이란 상속에 직접 또는 간접적으로 영향을 미치는 유언을 말한다. 상속재산 분할방법의 지정 또는 지정의 위탁과 같이 상속 자체에 관한 것은 물론이고, 상속재산의 범위에 영향을 미치는 유증을 포함하는 유언, 상속인의 범위에 영향을 미치는 친생부인 또는 인지를 포함하는 유언, 재단법인을 설립하는 내용의 유언 등이 그에 해당한다. 따라서 유언 중에 미성년후견인, 미성년후견감독인을 지정하는 유언(민법 제931조 제1항, 제940조의2)을 제외하고 법률적으로 의미 있는 유언은 거의 모두 해당한다. 유언의 철회를 방해하는 경우 유언은 유효한 것이어야 한다.

27 이 규정이 적용되려면 사기 또는 강박의 고의만으로 부족하고, 유언 방해행위로써 이익을 얻으려는 의사나 이익을 얻게 될 것이라는 인식이 필요하다. 방해자 자신이 아니라 다른 상속인이나 수유자 등 제3자의 이익을 도모하려고 한 경우에는 이 규정의 적용이 없다.[22]

28 상속결격이 되려면 방해행위에 의하여 유언행위 또는 유언철회라는 결과가 일어나지 않았어야 하고, 방해를 했지만 미수에 그친 때, 즉 방해행위가 있었어도 그 후 피상속인이 유언이나 유언의 철회를 할 수 있는 상태를 회복한 경우에는 결격이 되지 않는다.

### 라. 사기 또는 강박으로 피상속인의 상속에 관한 유언을 하게 한 자(제4호)

29 사기나 강박으로 인한 유언은 민법 제110조 제1항에 따라 취소할 수 있는데 이에 의하여 취소되더라도 사기·강박자는 상속자격을 잃는다. 따라서 유언을 취소한 자가 사망한 경우 결격자는 상속을 하지 못한다.[23]

30 사기 또는 강박에 의하여 유언의 철회를 하게 한 경우에도 민법 제1004조 제3호의 사유 중 "사기 또는 강박으로 유언을 방해한 것"과 마찬가지로 볼 수 있으므로 그 규정과의 균형상 제4호를 유추적용하여야 한다고 본다.[24]

31 그 밖의 내용은 위 다.의 내용과 같다.

22 김주수/김상용, 친족·상속법(제20판), 법문사(2024), 672; 윤진수, 친족상속법 강의(제5판), 박영사(2023), 360.
23 김주수/김상용, 친족·상속법(제20판), 법문사(2024), 672; 송덕수, 친족상속법(제7판), 박영사(2024), 316; 윤진수, 친족상속법 강의(제5판), 박영사(2023), 360.
24 윤진수, 친족상속법 강의(제5판), 박영사(2023), 361.

### 마. 피상속인의 상속에 관한 유언서를 위조·변조·파기 또는 은닉한 자(제5호)

32 여기의 '유언서'에는 서면 뿐 아니라 녹음에 의하여 유언을 한 경우의 유언녹음대도 포함된다. 위조는 피상속인 명의의 유언을 임의로 작성하는 것이고, 변조는 이미 작성된 유언의 내용에 변경을 가하는 것이다. 변조의 경우 유언은 유효한 것을 의미하나, 경우에 따라서는 무효의 유언을 변조하여 유효하게 하는 것은 유언의 위조에 해당하여 민법 제1004조 제5호의 결격사유가 될 수 있다고 본다.[25] 파기는 유언서를 물리적으로 훼멸하여 판독이 불가능한 상태로 만들어 유언의 효력을 소멸시키는 것으로서, 유언서를 찢어버리는 것, 내용을 알아볼 수 없을 정도로 개칠하는 것 등이 해당한다. 은닉은 유언을 발견할 수 없는 상태에 두는 것을 의미한다. 판례는 단지 공동상속인들 사이에 그 내용이 널리 알려진 유언서에 관하여 피상속인이 사망한지 6개월이 경과한 시점에서 비로소 그 존재를 주장하였다고 하여 이를 두고 유언서의 은닉에 해당한다고 할 수 없다고 보았다.[26]

33 위조 등의 행위가 상속 개시 전에 있은 경우 뿐 아니라 상속 개시 후에 있은 경우에도 상속결격사유에 해당한다.

34 위조 등 행위로 상속에 유리하게 된다는 점에 대한 인식이 필요하다. 따라서 자신에게 유리한 유언을 은닉한 경우에는 이에 해당하지 않는다고 본다.[27]

35 변조 등 행위가 있은 후 피상속인이 유언을 철회한 때에는 상속에 영향을 줄 염려가 없기 때문에 결격이 되지 않는다고 보는 견해와,[28] 이와 반대로 사기·강박에 의한 유언이 취소된 경우와 마찬가지로 여전히 상속결격사유에 해당한다고 보는 견해가 대립한다.[29]

## Ⅳ. 상속결격의 효과

### 1. 상속자격의 상실

36 상속결격사유에 해당하는 행위를 한 자는 상속자격을 상실하여 상속인이 되지

25 윤진수, 친족상속법 강의(제5판), 박영사(2023), 362.
26 대법원 1998. 6. 12. 선고 97다38510 판결, 대법원 2023. 12. 21. 선고 2023다265731 판결.
27 주해상속법(제1권), 박영사(2019), 117(윤진수).
28 김주수/김상용, 친족·상속법(제20판), 법문사(2024), 673.
29 송덕수, 친족상속법(제7판), 박영사(2024), 316; 윤진수, 친족상속법 강의(제5판), 박영사(2023), 362.

못한다. 결격의 효과는 법률상 당연히 발생하고, 이에 관계인의 청구나 재판절차를 필요로 하지 않는다. 상속포기의 경우와 같은 규정은 없으나 상속결격이 아니었다면 공동상속하였을 경우에는 그의 상속분은 다른 공동상속인에게 귀속하고, 단독상속하였을 경우에는 차순위자가 상속인이 된다.[30] 다만 상속결격은 대습상속 사유이므로(민법 제1001조, 제1003조 제2항), 대습상속의 요건이 갖추어지면 상속결격자에 갈음하여 그의 직계비속이나 배우자가 상속한다.

37 기여분이나 유류분은 상속권이 있는 경우에 인정되므로, 상속결격자는 기여분 결정청구를 할 수 없고 유류분에 관한 권리도 갖지 못한다.

### 2. 결격사유의 발생시기에 따른 효과

38 결격사유가 상속개시 전에 발생한 때에는 결격자는 후에 상속이 개시되더라도 상속을 하지 못한다. 결격사유가 상속개시 후에 생긴 때(예: 피상속인 사망 후 유언서를 파기한 경우)에는 상속이 소급하여 무효로 된다.[31] 따라서 결격자가 참여한 상속재산의 분할은 무효가 되고, 결격자는 참칭상속인으로서 상속회복청구의 상대방이 된다. 결격자가 한 상속재산의 처분도 무효가 되므로, 상속재산을 양수한 제3자는 선의취득에 의한 보호를 받지 못하는 한 상속재산을 반환하여야 한다. 이에 대하여 민법 제1004조의2 제6항과의 균형상 제3자를 위한 규정을 두는 것이 타당하다는 견해가 있다.[32]

### 3. 효력의 범위

39 상속결격의 효력은 특정의 피상속인에 대한 관계에만 미치고 다른 피상속인에 대한 상속자격에는 영향이 없다.[33] 다만, 민법 제1004조 제1호·제2호에서 정한 '직계존속'을 행위자의 직계존속이라고 보는 견해에 따르면 자신의 직계존속을 살해하거나 살해하려 한 자 또는 직계존속을 상해치사한 자는 누구로부터 상속을 받는지와 관계없이 언제나 상속결격이라는 결과가 된다.[34] 그러나 직계존속

30 윤진수, 친족상속법 강의(제5판), 박영사(2023), 362.

31 김주수/김상용, 친족·상속법(제20판), 법문사(2024), 675; 윤진수, 친족상속법 강의(제5판), 박영사(2023), 362.

32 윤진수, "상속권 상실에 관한 정부의 민법개정안", 비교사법 제28권 제3호(2021), 264.

33 김주수/김상용, 친족·상속법(제20판), 법문사(2024), 675; 송덕수, 친족상속법(제7판), 박영사(2024), 317; 윤진수, 친족상속법 강의(제5판), 박영사(2023), 363.

34 송덕수, 친족상속법(제7판), 박영사(2024), 317; 김주수/김상용, 친족·상속법(제20판), 법문사(2024), 675~676; 이경희/윤부찬, 가족법(11정판), 법원사(2024), 418.

을 피상속인의 직계존속에 한정되는 것으로 보는 견해에 의하면 이와 다르다.[35] 결격의 효과는 본인에게만 한정되므로, 위와 같이 그의 직계비속이나 배우자는 대습상속을 할 수 있다.

### 4. 유증에의 준용 여부

40 일부 견해는 민법 제1004조가 유증에 준용된다는 규정(민법 제1064조)을 근거로 상속결격자는 유증을 받을 수 없다고 한다.[36] 이와 달리 유언자가 이전에 부정행위를 한 자에게 유증을 한 경우에는 유효하다고 보아야 한다는 견해도 있다.[37] 전자의 견해를 취하는 경우에도 피상속인이 상속결격자에게 생전 증여하는 것을 막을 수 없기 때문에 실질적으로 준용규정의 실익이 없다고 본다.[38]

### 5. 용서 또는 취소의 가부

41 피상속인이 상속결격자에 대하여 용서를 하거나 결격의 효과를 취소할 수 있는지가 문제된다. 이에 대하여는 외국 입법례처럼 용서 등을 인정하는 명문 규정이 없는 이상 용서에 의한 결격의 해소를 인정할 수 없다는 견해[39]와, 피상속인의 의사를 존중할 필요가 있고 용서로 상속적 협동관계의 회복이 가능하므로 긍정적으로 해석하여야 한다는 견해가 대립한다.[40] 그러나 용서가 인정되지 않는다 하더라도 생전 증여(또는 유증)가 가능하므로 견해의 대립은 실익이 없을 것이다.[41]

35 윤진수, 친족상속법 강의(제5판), 박영사(2023), 356.
36 김주수/김상용, 친족·상속법(제20판), 법문사(2024), 675; 신영호 외 2인, 가족법강의(제4판), 세창출판사(2023), 342; 지원림, 민법강의(제21판), 홍문사(2024), 1584.
37 곽윤직, 상속법(민법강의Ⅵ)(개정판), 박영사(2004), 44; 송덕수, 친족상속법(제7판), 박영사(2024), 318; 이경희/윤부찬, 가족법(11정판), 법원사(2024), 419.
38 김주수/김상용, 친족·상속법(제20판), 법문사(2024), 675.
39 송덕수, 친족상속법(제7판), 박영사(2024), 318.
40 윤진수, 친족상속법 강의(제5판), 박영사(2023), 362~363; 이경희/윤부찬, 가족법(11정판), 법원사(2024), 419. 한편, 민법 제1004조 제1호·제2호는 용서의 대상이 아닌 반면, 제3호 내지 제5호는 용서로 결격이 해소될 수 있다는 견해로, 지원림, 민법강의(제21판), 홍문사(2024), 1584.
41 김주수/김상용, 친족·상속법(제20판), 법문사(2024), 676.

## 제 1004 조의 2 [상속권 상실 선고]

① 피상속인은 상속인이 될 사람이 피상속인의 직계존속으로서 다음 각 호의 어느 하나에 해당하는 경우에는 제1068조에 따른 공정증서에 의한 유언으로 상속권 상실의 의사를 표시할 수 있다. 이 경우 유언집행자는 가정법원에 그 사람의 상속권 상실을 청구하여야 한다.

1. 피상속인에 대한 부양의무(미성년자에 대한 부양의무로 한정한다)를 중대하게 위반한 경우
2. 피상속인 또는 그 배우자나 피상속인의 직계비속에게 중대한 범죄행위(제1004조의 경우는 제외한다)를 하거나 그 밖에 심히 부당한 대우를 한 경우

② 제1항의 유언에 따라 상속권 상실의 대상이 될 사람은 유언집행자가 되지 못한다.

③ 제1항에 따른 유언이 없었던 경우 공동상속인은 피상속인의 직계존속으로서 다음 각 호의 사유가 있는 사람이 상속인이 되었음을 안 날부터 6개월 이내에 가정법원에 그 사람의 상속권 상실을 청구할 수 있다.

1. 피상속인에 대한 부양의무(미성년자에 대한 부양의무로 한정한다)를 중대하게 위반한 경우
2. 피상속인에게 중대한 범죄행위(제1004조의 경우는 제외한다)를 하거나 그 밖에 심히 부당한 대우를 한 경우

④ 제3항의 청구를 할 수 있는 공동상속인이 없거나 모든 공동상속인에게 제3항 각 호의 사유가 있는 경우에는 상속권 상실 선고의 확정에 의하여 상속인이 될 사람이 이를 청구할 수 있다.

⑤ 가정법원은 상속권 상실을 청구하는 원인이 된 사유의 경위와 정도, 상속인과 피상속인의 관계, 상속재산의 규모와 형성 과정 및 그 밖의 사정을 종합적으로 고려하여 제1항, 제3항 또는 제4항에 따른 청구를 인용하거나 기각할 수 있다.

⑥ 상속개시 후에 상속권 상실의 선고가 확정된 경우 그 선고를 받은 사람은 상속이 개시된 때에 소급하여 상속권을 상실한다. 다만, 이로써 해당 선고가 확정되기 전에 취득한 제3자의 권리를 해치지 못한다.

⑦ 가정법원은 제1항, 제3항 또는 제4항에 따른 상속권 상실의 청구를 받은 경우 이해관계인 또는 검사의 청구에 따라 상속재산관리인을 선임하거나 그 밖에 상속재산의 보존 및 관리에 필요한 처분을 명할 수 있다.

**⑧ 가정법원이 제7항에 따라 상속재산관리인을 선임한 경우 상속재산관리인의 직무, 권한, 담보제공 및 보수 등에 관하여는 제24조부터 제26조까지를 준용한다.**
[본조신설 2024. 9. 20.]

**[관련조문]** 민법 제1000조(상속의 순위), 제1003조(배우자의 상속순위), 제1004조(상속인의 결격사유), 제1068조(공정증서에 의한 유언), 가사소송법 제2조 제1항 제1호 나목·제2호 가목(가정법원의 관장 사항), 민법 부칙 제1조(시행일), 제2조(상속권 상실 선고에 관한 적용례), 제3조(상속권 상실 선고에 관한 특례), 제4조(다른 법률의 개정)

**[참고문헌]** 주해상속법(제1권), 박영사(2019); 윤진수, 친족상속법 강의(제5판), 박영사(2023); 지원림, 민법강의(제21판), 홍문사(2024); 법원실무제요, 가사[Ⅰ], 사법연수원(2021); 권재문, "피상속인에 대한 부양의무 불이행과 상속권 상실", 비교사법 제30권 제1호, 한국사법학회(2023); 김상용/박인환, "상속권상실 선고에 관한 법무부 개정안의 문제점", 중앙법학 제23집 제1호(2021); 김원태, "상속권상실제도의 절차법적 관점에서의 몇 가지 검토 과제", 민사소송 제25권 제2호, 한국민사소송법학회(2021); 박근웅, "상속권 상실 선고에 관한 법무부 민법 개정안", 가족법연구 제37권 제3호, 한국가족법학회(2023); 신옥주, "양육의무 불이행 부모의 상속권 제한을 위한 연구", 법학연구 통권 제67집, 전북대학교 법학연구소(2021); 윤진수, "상속권 상실에 관한 정부의 민법개정안", 비교사법 제28권 제3호(2021); 이동진, "상속결격·상속권 상실과 대습상속 - 민법 개정안 비판 -", 가족법연구 제35권 제2호, 한국가족법학회(2021); 이우리, "부양의무를 불이행한 부모의 상속결격에 관하여 - 헌법재판소 2017.2.22. 선고 2017헌바59 결정 -", 가족법연구 제32권 제2호, 한국가족법학회(2018); 정구태, "민법 일부 개정법률안에 대한 관견(管見)", 민사법연구 제28권, 대한민사법학회(2020); 현소혜, "상속권 상실 선고 제도에 대한 입법론적 검토", 가족법연구 제35권 제3호, 한국가족법학회(2021)



## Ⅰ. 개관

### 1. 제1004조의2 신설 경위

1 2010년 천안함 사태 당시 이혼 이후 27년간 자녀들과 연락 없이 살았던 생모가

유족의 지위에서 거액의 군인사망보상금을 받아간 사건이 알려져 사회적으로 큰 논란이 있었다. 그 후에도 세월호 참사, 경주 리조트 사고, 유명 연예인의 자살 등의 사건에서 피상속인을 부양하지 않은 법정상속인이 피상속인의 재산상속을 주장하는 사례가 반복하여 발생하였다. 이에 대하여 부양의무를 이행한 공동상속인이 피상속인의 상속재산분할청구에서 기여분을 청구하거나 장기간 부양의무를 이행하지 않은 상속인을 상대로 피상속인에 대한 과거양육비를 청구하는 등의 방식으로 불합리를 억제하고 구체적 타당성을 구현하기 위해 노력하여 왔으나, 한계가 있었음은 부정할 수 없다.[1] 이에 따라 피상속인을 부양하지 않는 등 상속을 받을 만한 자격이 없는 법정상속인으로부터 상속권을 박탈 또는 제한하는 입법이 필요하다는 사회적 논의가 지속되었다.

2 또한, 최근 헌법재판소에서는 비록 민법 제1004조 소정의 상속인 결격사유에는 해당하지 않지만 피상속인을 장기간 유기하거나 정신적·신체적으로 학대하는 등의 패륜적인 행위를 일삼은 상속인의 유류분을 인정하는 것은 일반 국민의 법감정과 상식에 반한다는 이유로 유류분 상실사유를 별도로 규정하지 아니한 민법 제1112조에 관하여 헌법불합치결정을 하여,[2] 상속제도 개선의 필요성을 인정한 바 있다.

3 [판례] 민법 제 1112 조 위헌법률심판 등[3]

유류분권리자와 유류분을 개별적으로 적정하게 입법하는 것이 현실적으로 매우 어려운 점, 법원이 구체적 사정을 고려하여 정하도록 하는 것은 법원의 과도한 부담 등을 초래할 수 있는 점 등을 고려하면, 민법 제1112조가 유류분권리자와 유류분을 획일적으로 규정한 것이 매우 불합리하다고 단정하기 어렵다. 그러나 패륜적인 상속인의 유류분을 인정하는 것은 일반 국민의 법감정과 상식에 반한다고 할 것이므로, 민법 제1112조 제1호부터 제3호가 유류분상실사유를 별도로 규정하지 아니한 것은 불합리하고 기본권제한입법의 한계를 벗어나 헌법에 위반된다. 또한 상속재산형성에 대한 기여나 상속재산에 대한 기대 등이 거의 인정되지 않는 피상속인의 형제자매에게까지

1 이우리, “부양의무를 불이행한 부모의 상속결격에 관하여 - 헌법재판소 2017.2.22. 선고 2017헌바59 결정 -”, 가족법연구 제32권 제2호, 한국가족법학회(2018), 428~432; 이혼한 부부 사이에 어느 일방이 과거에 미성년 자녀를 양육하면서 생긴 비용을 상환을 구하는 과거양육비청구권은 자녀가 성년이 되어 양육의무가 종료된 때부터 소멸시효가 진행한다는 판례의 입장(대법원 2024. 7. 18. 자 2018스724 결정)에 의하면, 과거양육비 청구를 통한 조정은 더욱 어려울 것으로 보인다.

2 헌법재판소 2024. 4. 25. 선고 2020헌가4 등 결정.

3 헌법재판소 2024. 4. 25. 선고 2020헌가4 등 결정.

유류분을 인정하는 민법 제1112조 제4호 역시 불합리하고 기본권제한입법의 한계를 벗어나 헌법에 위반된다.

4 그동안 상속을 받을 만한 자격이 없는 상속인의 상속권을 제재하는 다양한 내용의 입법이 발의되고 개정안이 제출되었으나 의결에 이르지 못하다가,[4] 마침내 2024. 8. 28. 민법 제1004조의2가 포함된 개정안이 의결되어 2024. 9. 20. 공포되었다. 민법 제1004조의2는 2026. 1. 1.부터 시행된다.

### 2. 입법례

5 피상속인의 생명침해 등의 사유에 관하여는 대부분의 국가에서 재판 없이 당연히 상속권을 상실하는 상속결격사유로 규정하고 있다. 그러나 피상속인 또는 그와 가까운 관계에 있는 사람들에 대한 비행이나 부양의무 위반 등의 패륜행위에 관하여는 국가마다 다르게 규율하고 있다. 구체적으로는 법률상 당연히 상속권을 상실하는 상속결격사유로 규정하는 방안(미국의 Uniform Probate Code), 피상속인의 유언 등 의사표시에 의하여 유류분을 박탈하는 것으로 규정하는 방안(독일, 스위스), 법원의 재판에 의하여 상속권을 박탈하는 것으로 규정하는 방안(일본, 프랑스) 등이 있다. 또한, 법원의 재판에 의하여 상속권을 박탈하는 것으로 규정한 경우에도 국가마다 그 청구 시기 및 주체를 달리 규정하고 있다. 일본은 피상속인 생전에 스스로 상속권 상실의 재판을 청구할 수 있거나 피상속인이 생전에 상속권 상실의 유언을 해 놓은 경우 유언집행자가 상속권 상실의 재판을 청구하도록 하는 방안을, 프랑스는 피상속인 사후에 상속인 기타 이해관계인이 상속권 상실의 재판을 청구할 수 있도록 하는 방안을 규정하고 있다.[5]

### 3. 의의

6 민법 제1004조의2는 피상속인의 직계존속으로서 상속인이 될 사람이 피상속인

4 상속권 상실 제도에 관한 정부안 도입과정과 내용에 관하여는 박근웅, "상속권 상실 선고에 관한 법무부 민법 개정안", 가족법연구 제37권 제3호, 한국가족법학회(2023), 66~70. 각 국회에 발의된 각 발의안의 대략적인 내용에 관하여는 현소혜, "상속권 상실 선고 제도에 대한 입법론적 검토", 가족법연구 제35권 제3호, 한국가족법학회(2021), 2~6.

5 현소혜, "상속권 상실 선고 제도에 대한 입법론적 검토", 가족법연구 제35권 제3호, 한국가족법학회(2021), 6~7, 11~12. 각 국의 입법례를 보다 구체적으로 소개하는 문헌으로는 김상용/박인환, "상속권 상실선고에 관한 법무부 개정안의 문제점", 중앙법학 제23집 제1호(2021), 26~31; 윤진수, "상속권 상실에 관한 정부의 민법개정안", 비교사법 제28권 제3호(2021), 245~251; 신옥주, "양육의무 불이행 부모의 상속권 제한을 위한 연구", 법학연구 통권 제67집, 전북대학교 법학연구소(2021), 144~145.

에 대한 부양의무를 중대하게 위반하거나 중대한 범죄행위 또는 그 밖에 심히 부당한 대우를 하는 등의 사유가 발생한 경우, 피상속인의 유언 또는 공동상속인 등의 청구에 따라 가정법원이 상속권의 상실을 선고할 수 있도록 하여, 국민의 법감정과 정서에 반하는 불합리한 상속제도를 개선하였다는 점에 그 의의가 있다. 즉, 가족간의 유대관계가 파괴되어 상속권까지 박탈할 만한 정당한 사유가 있는 경우로서 피상속인이 그 상속인에 대한 상속을 희망하지 않는 경우에 피상속인의 사적 자치가 실현될 수 있도록 하되, 피상속인의 일방적 주장에 의해 상속인이 부당하게 상속권을 박탈당하는 일이 없도록 법원의 재판을 거쳐 그 상속권 상실의 효과가 확정되게 하였다.[6]

7 입법 과정에서 법적 구성 방식, 상속권 상실 청구의 시기 및 청구권자, 상속권 상실 사유의 범위, 용서와 대습상속의 허용 여부 등에 관하여 다양한 논의가 진행되었는데, 민법 제1004조의2에서 정한 내용을 간략하게 정리하면 다음과 같다. ① 부양의무 위반 등 패륜행위에 대한 제재 방식으로 상속결격사유를 확대하는 대신 가정법원의 재판을 요하는 상속권 상실 제도를 도입하고, ② 상속권 상실의 사유를 직계존속의 중대한 부양의무 위반 등으로 한정하였다. 또한, ③ 피상속인이 생전에 스스로 상속권 상실 청구를 하는 것은 허용하지 않고 피상속인이 사망한 후 그 유언집행자 또는 공동상속인 등이 청구하도록 하였으며, ④ 별도로 용서에 관한 규정을 두지는 않았다. ⑤ 상속권 상실 청구를 가사소송법상 나류 소송사건으로 규정하되, ⑥ 가정법원의 재량을 폭넓게 인정하여 사정판결이 가능하도록 하였고, ⑦ 상속권 상실 선고가 확정될 경우 소급효와 제3자 보호를 위한 내용을 명시하였다. 나아가 ⑧ 상속권 상실 선고 확정시까지 상속재산의 보존 및 관리, 거래안전보호 등을 위하여 상속재산관리인 선임 그 밖에 상속재산의 보존 및 관리에 필요한 처분을 구할 수 있도록 규정하였다.

## Ⅱ. 상속권 상실 사유

### 1. 개설

8 민법 제1004조의2 제1항 및 제3항에서는 상속권 상실 사유를 규정하고 있는데,

6 현소혜, “상속권 상실 선고 제도에 대한 입법론적 검토”, 가족법연구 제35권 제3호, 한국가족법학회(2021), 29.

피상속인이 민법 제1068조에 따른 공정증서에 의한 유언으로 상속권 상실 의사를 표시하였는지 여부에 따라 달리 규정하고 있다.

9 상속권 상실 제도는 상속결격과 달리 법원의 재판을 전제로 하나, 상속권 상실 선고가 확정될 경우 상속결격과 동일하게 상속권(유류분권 포함) 박탈이라는 중대한 효과가 발생하므로 그 사유를 엄격하게 해석하여야 할 필요가 있다.

## 2. 피상속인이 민법 제1068조에 따른 공정증서에 의한 유언으로 상속권 상실의 의사를 표시한 경우

### 가. 피상속인의 유언(민법 제1068조에 따른 공정증서 방식)에 의한 상속권 상실의 의사 표시가 있을 것

10 피상속인은 '유언'으로 상속권 상실의 의사를 표시하여야 한다. 유언을 유효하게 하기 위해서는 유언자에게 유언능력, 즉 유언의 내용을 이해하고 그 결과를 판단할 수 있는 의사능력이 있어야 한다. 민법은 유언능력을 행위능력보다 완화하여 17세 이상이고 의사능력이 있으면 법정대리인 동의 없이도 유언을 할 수 있고, 피성년후견인도 의사능력이 회복되고 의사가 심신 회복의 상태를 유언서에 부기하고 서명날인하면 유언을 할 수 있도록 규정하였다(민법 제1061조 내지 제1063조). 따라서 유언능력 있는 피상속인이 유언으로 상속권 상실의 대상과 그 의사를 명확하게 표시하여야 한다.

11 '민법 제1068조에 따른 공정증서의 방식에 의한 유언'으로 상속권 상실의 의사표시를 하여야 한다. 민법은 유언의 방식으로 자필증서, 녹음, 공정증서, 비밀증서, 구술증서의 5가지 종류로 규정하고 있는데, 피상속인이 상속권 상실의 의사를 표시하기 위한 유언의 방식은 공정증서에 의한 유언으로 한정하였다. 공정증서에 의한 유언 이외의 다른 방식을 인정하면 유언의 존부나 그 효력 또는 해석 등에 관하여 분쟁이 생길 우려가 높고, 상속권 상실이라는 중대한 법률효과가 발생함에 비추어 공정증서에 의한 방식으로 한정하는 것이 피상속인에게 큰 부담을 주는 것이라고 보기도 어렵다.[7] 공정증서 방식은 법률전문가인 공증인이 관여함에 따라 유언의 존재 및 내용이 명확하며, 유언서의 분실, 위·변조 등의 위험이 없고 검인을 요하지 않는다[8](☞ 공정증서에 의한 유언의 구체적인 방법에 관

7 윤진수, "상속권 상실에 관한 정부의 민법개정안", 비교사법 제28권 제3호(2021), 262; 정구태, "민법 일부 개정법률안에 대한 관견(管見)", 민사법연구 제28권, 대한민사법학회(2020), 259.

8 지원림, 민법강의(제21판), 홍문사(2024), 1668.

하여는 민법 제1068조 주석 참조).

### 나. 상속권 상실 청구의 상대방이 피상속인의 직계존속으로서 상속인일 것

12 민법 제1004조의2 제1항에서는 상속권 상실 사유로 피상속인의 상속인이 될 사람이 피상속인의 직계존속으로서 제1항 각 호의 어느 하나에 해당할 것을 요건으로 하고 있다. 즉, 직계존속의 직계비속에 대한 부양의무 위반 및 직계비속 또는 그 배우자나 직계비속에 대한 범죄행위 등만을 상속권 상실의 사유로 삼고 있고, 직계비속의 직계존속에 대한 부양의무 위반 등이나 일방 배우자의 타방 배우자에 대한 부양의무 위반 등은 그 대상에 포함시키지 않고 있다. 이러한 입법에 대하여는 부양의무 위반 등 패륜적인 행위를 한 상속인의 상속권을 박탈할 필요성은 직계존속이든 직계비속이든 차별할 합리적 근거가 없다는 비판적인 견해가 있다.[9]

13 피상속인의 직계존속이 상속인이 되는 경우에 한정되므로 상속개시 당시 피상속인의 직계비속은 존재하지 않아야 하고, 배우자의 존부는 불문한다(민법 제1000조, 제1003조). 한편, 피상속인의 직계존속은 대습상속의 피대습자에 해당하지 않으므로 대습상속의 문제는 발생할 여지가 없다(민법 제1001조, 제1000조 제1호·제3호).

### 다. 피상속인에 대한 부양의무(미성년자에 대한 부양의무로 한정한다)를 중대하게 위반하였을 것

14 상속 개시 당시 피상속인이 성인인지 미성년자인지에 관계없이 피상속인이 '미성년자일 당시' 상속인이 될 피상속인의 직계존속이 피상속인에 대한 부양의무[10]를 중대하게 위반하였을 것을 요건으로 한다. 피상속인이 미성년자일 당시 부양의무를 이행하였다면, 피상속인이 성인이 된 후 질병, 장애 등으로 부양의 필요성이 인정되는 경우 그 부양의무를 이행하지 않았더라도 민법 제1004조의2 제1항 제1호에서 정한 사유에는 해당하지 않는다(다만, 이 경우에도 부양의무 불이행의 정도에 따라 민법 제1004조의2 제1항 제2호에서 정한 사유에 해당할 여지는 있다).

9 윤진수, "상속권 상실에 관한 정부의 민법개정안", 비교사법 제28권 제3호(2021), 254; 박근웅, "상속권 상실 선고에 관한 법무부 민법 개정안", 가족법연구 제37권 제3호, 한국가족법학회(2023); 21대 국회에 제출된 정부의 개정안에서도 상속권 상실 청구의 상대방을 '상속인이 될 사람'으로 규정하였을 뿐 직계존속으로 한정하지 않았다.

10 이에 대하여 일반적으로 부양의무라고 할 때 그 내용은 생계유지에 필요한 비용 지급으로 한정되고 친족관계에 본질에 상응하는 보살핌이나 정서적 교류 등은 여기에 포함되지 않으므로 부양의무보다는 '양육의무'라는 용어가 더 적합하다는 취지의 견해가 있다. 권재문, "피상속인에 대한 부양의무 불이행과 상속권 상실", 비교사법 제30권 제1호, 한국사법학회(2023), 125~126.

15 미성년 자녀인 피상속인에 대한 부양의무를 '중대하게' 위반하여야 한다. 경미한 부양의무 위반은 민법 제1004조의2 제1항 제1호에서 정한 상속권 상실 사유에 해당하지 않는다. 미성년인 자녀에 대한 부모의 부양의무는 민법상 생활부조의 의무(2차적 부양의무)를 넘어선 생활유지의 의무(1차적 부양의무)로서 자신의 생활 수준을 낮춰서라도 상대방의 생활을 자기와 같은 수준으로 보장해야 한다.[11] 그러나 부양의무의 이행의 방법과 정도는 개별 가족의 생활 형태나 경제적 여건 등에 따라 다르게 나타나기 때문에 부양의무 이행의 개념은 상대적일 수밖에 없다.[12] 따라서 상속권 상실 청구를 받은 가정법원은 피상속인에 대한 부양의무를 불이행한 기간, 정도, 태양, 사유, 그로 인하여 미성년자인 피상속인의 복리가 저해된 정도 등 여러 가지 사항들을 종합적으로 고려하여 상속권을 상실시킬 정도로 부양의무를 중대하게 위반하였는지 여부를 판단하여야 할 것이다.

#### 라. 피상속인 또는 그 배우자나 피상속인의 직계비속에게 중대한 범죄행위 (제1004조의 경우는 제외한다)를 하거나 그 밖에 심히 부당한 대우를 하였을 것

16 민법 제1004조 제1호·제2호에서는 상속결격의 행위 태양으로 직계존속, 피상속인, 그 배우자 또는 상속의 선순위나 동순위에 있는 자에 대한 살인, 살인미수, 상해치사를 규정하고 있다. 그러나 상속결격에서 정한 사유에까지는 이르지 않았더라도 피상속인 또는 그 배우자나 피상속인의 직계비속에게 중대한 범죄행위를 하거나 그 밖에 심히 부당한 대우를 한 피상속인의 직계존속에게 피상속인의 상속재산에 대한 상속권을 인정하는 것은 상속관계의 윤리적·경제적 협동관계에 비추어 불합리하므로 제1004조의2 제1항 제2호에서는 위 사유를 상속권 상실 청구 사유로 규정하였다. 이에 대하여 '중대한 범죄행위', '심히 부당한 대우'는 그 개념이 불명확하므로 상속권 상실 사유로 규정하는 것이 적절하지 않다는 견해가 있다.[13] 그러나 다른 나라의 입법례에서도 대체로 이러한 사유를 상속권 상실 등의 사유로 규정하고 있고, 상속권 상실 사유를 너무 상세하게 규정할 경우 오히려 구체적 타당성을 잃게 될 우려가 있다.[14]

11 윤진수, 친족상속법 강의(제5판), 박영사(2023), 313.
12 헌법재판소 2018. 2. 22. 2017헌바59 결정.
13 김상용/박인환, "상속권상실선고에 관한 법무부 개정안의 문제점", 중앙법학 제23집 제1호(2021), 20; 권재문, "피상속인에 대한 부양의무 불이행과 상속권 상실", 비교사법 제30권 제1호, 한국사법학회(2023), 126.
14 윤진수, "상속권 상실에 관한 정부의 민법개정안", 비교사법 제28권 제3호(2021), 253.

17 민법 제1004조와의 관계를 고려할 때, 제1004조의2 제1항 제2호에서 정한 '중대한 범죄행위'란 상속결격사유에서 정한 살인, 살인미수, 상해치사보다는 상대적으로 경미하고 비난가능성이 낮은 범죄행위를 의미한다. 생명·신체를 침해하는 중상해, 폭행치사, 성적 자기결정권을 침해하는 강간 등의 범죄는 특별한 사정이 없는 한 제2호에서 정한 중대한 범죄행위에 포함된다고 할 수 있다. 중대한 범죄행위가 있었는지 여부는 해당 범죄로 인하여 침해되는 법익의 유형이나 형량 등 하나의 기준에 따라 일률적으로 정할 수는 없고, 범죄행위에 이르게 된 동기와 경위, 범죄행위의 태양, 범죄행위로 인하여 피상속인 등에게 발생하는 피해의 내용과 정도, 범죄행위로 인하여 행위자와 피상속인 사이에 상속권을 상실시킬 정도로 가족으로서의 유대가 단절되거나 상속관계의 윤리적·경제적 협동관계를 해하였는지 등 여러 사정을 종합적으로 고려하여 판단하여야 할 것이다.

18 민법 제1004조의2 제1항 제2호에서 정한 '심히 부당한 대우'란 피상속인이나 그 배우자, 직계비속이 피상속인의 직계존속으로부터 상속관계의 윤리적·경제적 협동관계를 유지하는 것이 참으로 가혹하다고 여겨질 정도의 폭행이나 학대 또는 모욕을 받은 경우를 의미한다. 따라서 심히 부당한 대우가 있었는지 여부는 구체적인 사안에 따라 피상속인 또는 그 배우자나 직계비속과 행위자인 직계존속과의 관계, 행위의 동기, 수단, 태양, 지속 기간, 그로 인하여 피상속인 등이 입은 피해의 내용과 정도가 상속권을 상실시킬 정도에 이르렀는지 등 여러 사정을 종합적으로 고려하여 판단하여야 할 것이다.

19 중대한 범죄행위 또는 그 밖의 심히 부당한 대우의 대상으로 피상속인 또는 그 배우자나 피상속인의 직계비속을 규정하고 있다. 이는 망은행위로 인한 증여의 해제를 규정한 민법 제556조 제1호와 유사하다.

### 3. 피상속인이 민법 제1068조에 따른 공정증서에 의한 유언으로 상속권 상실의 의사를 표시하지 않은 경우

#### 가. 상속권 상실 청구의 상대방이 피상속인의 직계존속으로서 상속인일 것 및 피상속인에 대한 부양의무(미성년자에 대한 부양의무로 한정한다)를 중대하게 위반하였을 것

20 이 부분에 관한 내용은 피상속인이 민법 제1068조에 따른 공정증서에 의한 유언으로 상속권 상실의 의사를 표시한 경우와 동일하다.

#### 나. 피상속인에게 중대한 범죄행위(민법 제1004조의 경우는 제외한다)를 하거나 그 밖에 심히 부당한 대우를 하였을 것

21 민법 제1004조의2 제3항은 중대한 범죄행위 또는 심히 부당한 대우라는 행위 태양은 피상속인이 민법 제1068조에 따른 공정증서에 의한 유언으로 상속권 상실의 의사를 표시한 경우와 동일하게 규정하였으나, 그 인적 범위를 '피상속인'으로 한정하고 피상속인의 배우자 및 직계비속은 제외하였다. 피상속인이 생전에 직접 상속권 상실의 의사표시를 한 경우에는 이미 피상속인과 상속인 사이에 가족 간의 연대관계가 파괴되었고 그와 같은 사실이 상속관계에 반영되기를 원한다는 피상속인의 의사가 명백하게 드러나는 반면, 피상속인이 상속권 상실의 의사표시 없이 사망한 후 공동상속인 등이 상속권 상실 청구를 하는 경우에는 위 청구가 피상속인과 상속인 간의 연대관계 파괴로 인한 것인지 공동상속인 상호간의 분쟁에 불과한 것인지가 명백하지 않고, 공동상속인인 피상속인의 배우자나 직계비속이 상속에서 유리한 고지를 점하기 위해 자신에 대한 부당한 대우를 들어 상속권 상실 청구를 남용할 우려가 있음을 고려한 것으로 보인다.[15]

## III. 상속권 상실의 청구, 심리 및 판결 등

### 1. 청구권자 및 제소기간

#### 가. 피상속인이 민법 제1068조에 따른 공정증서에 의한 유언으로 상속권 상실의 의사를 표시한 경우

22 유언집행자가 가정법원에 그 사람의 상속권 상실을 청구하여야 한다. 유언자는 유언으로 유언집행자를 지정할 수 있고 그 지정을 제3자에게 위탁할 수 있다(민법 제1093조). 유언자 또는 지정을 위탁 받은 제3자에 의하여 지정된 유언집행자가 없는 때에는 상속인이 유언집행자가 된다(민법 제1095조). 다만, 피상속인의 유언에 따라 상속권 상실의 대상이 된 사람은 유언집행자가 되지 못한다(민법 제1004조의2 제2항). 따라서 유언자나 지정을 위탁 받은 자에 의하여 유언집행자로 지정되었더라도 그 유언에서 상속권 상실의 대상이 된 사람은 유언집행자가 되지 못한다. 또한 지정유언집행자가 없어 상속인이 유언집행자가 되는 경우에도

15 현소혜, "상속권 상실 선고 제도에 대한 입법론적 검토", 가족법연구 제35권 제3호, 한국가족법학회(2021), 19~20.

그 중 상속권 상실의 대상이 된 상속인은 유언집행자가 되지 못한다.

23 유언은 유언자가 사망한 때로부터 그 효력이 생긴다(민법 제1073조). 유언집행자의 상속권 상실 청구의 제소기간에 관하여는 별도로 규정되어 있지 않으나, 피상속인의 사망 이후 지체 없이 상속권 상실 청구를 하여야 할 것이다. 유언집행자가 상속권 상실 청구를 지체한 것이 그 임무를 해태하거나 적당하지 아니한 사유가 있다고 인정될 경우, 법원은 상속인 기타 이해관계인의 청구에 의하여 유언집행자를 해임할 수 있을 것이다(민법 제1106조).

### 나. 피상속인이 민법 제1068조에 따른 공정증서에 의한 유언으로 상속권 상실의 의사를 표시하지 않은 경우

#### 1) 상속권 상실 청구의 상대방이 되는 사람을 제외한 다른 공동상속인이 있는 경우

24 다른 공동상속인이 상속권 상실 선고를 청구할 수 있다. 예를 들어 피상속인의 모가 부양의무를 중대하게 위반한 경우, 부양의무를 이행한 피상속인의 부 또는 피상속인의 배우자가 상속권 상실 선고를 청구할 수 있다.

25 공동상속인은 상속권 상실사유가 있는 피상속인의 직계존속이 상속인이 되었음을 안 날로부터 6개월 이내에 상속권 상실을 청구할 수 있다. 피상속인의 상속권 상실 의사가 명확하게 드러나지 않은 경우, 상속인 사이의 다툼으로 인하여 법적 불안정성을 초래하거나 피상속인의 의사에 반해 상속권을 상실할 가능성을 최소화할 필요가 있으므로[16] 제소기간을 공동상속인이 상속권 상실 사유가 있는 사람이 상속인이 되었음을 안 날부터 6개월로 규정하였다. 공동상속인이 수인인 경우 제소기간은 각 공동상속인의 인식 시점을 기준으로 개별적으로 도과 여부를 판단하여야 할 것이다.

#### 2) 상속권 상실 선고를 청구할 수 있는 공동상속인이 없거나 모든 공동상속인에게 상속권 상실 사유가 있는 경우

26 상속권 상실 선고의 확정에 의하여 상속인이 될 수 있는 후순위 상속인이 상속권 상실 선고를 청구할 수 있다. 예를 들어 피상속인이 미혼으로 사망하여 피상속인의 상속인으로 부양의무를 중대하게 위반한 모만 존재하는 경우 또는 피상속인의 상속인으로 부모가 존재하는데 부모 모두 부양의무를 중대하게 위반한 경우에는

16 현소혜, “상속권 상실 선고 제도에 대한 입법론적 검토”, 가족법연구 제35권 제3호, 한국가족법학회(2021), 20.

피상속인의 조부모 또는 형제자매(조부모가 존재하지 않는 경우)가 부양의무를 중대하게 위반한 모 또는 부모를 상대로 상속권 상실 선고를 청구할 수 있다.

27 민법 제1004조의2 제4항은 같은 조 제3항 중 청구권자에 관하여만 특별히 규정한 것이므로 이 경우에도 제3항에서 정한 제소기간이 그대로 적용된다. 상속권 상실 선고의 확정에 의하여 상속인이 될 수 있는 후순위 상속인은 상속권 상실사유가 있는 피상속인의 직계존속이 상속인이 되었음을 안 날로부터 6개월 이내에 상속권 상실을 청구할 수 있다. 후순위 상속인이 수인인 경우 각 제소기간은 각 후순위 상속인의 인식 시점을 기준으로 개별적으로 도과 여부를 판단하여야 할 것이다.

### 2. 소송형태 및 관할, 심리

28 민법 부칙 제4조에서는 가사소송법 제2조를 개정하여 상속권 상실 선고를 가사소송법상 나류 소송사건으로 신설하였다.[17]

29 가사소송은 특별한 규정이 있는 경우를 제외하고는 피고의 보통재판적이 있는 곳의 가정법원이 관할한다(가사소송법 제13조 제1항). 상속권 상실 청구는 나류 소송사건이고 관할에 관하여 특별한 규정이 없으므로 그 상대방의 보통재판적, 즉 상대방의 주소지의 가정법원이 관할한다.

30 상속권 상실 청구는 나류 소송사건이므로 비송사건보다 엄격한 증명을 요하고 상대방의 절차적 방어권이 강하게 보장된다. 또한, 가류 및 나류 소송사건의 청구를 인용한 확정판결은 제3자에게도 효력이 있으므로(가사소송법 제21조) 상속권 상실을 선고한 판결이 확정되면 상속권 박탈이라는 형성적 효력이 대세적으로 발생한다.

### 3. 판결

31 가정법원은 상속권 상실을 청구하는 원인이 된 사유의 경위와 정도, 상속인과 피상속인의 관계, 상속재산의 규모와 형성 과정 및 그 밖의 사정을 종합적으로 고려하여 상속권 상실 청구를 인용하거나 기각할 수 있다(민법 제1004조의2 제5항). 즉, 상속인이 될 피상속인의 직계존속에게 민법 제1004조의2 제1항과 제3항에서 정한 상속권 상실 사유가 인정되더라도 법원은 반드시 상속권 상실 선고를 하여

17 이에 대하여 상속권 상실 사유에 법원의 후견적 판단을 요하는 평가적 개념이 사용되고 있고, 상속권 상실 청구는 이혼 등과 같이 신분관계 자체 해소를 목적으로 하는 것이 아니라는 점 등을 근거로 마류 비송사건으로 구성하여야 한다는 견해로는 김원태, "상속권상실제도의 절차법적 관점에서의 몇 가지 검토 과제", 민사소송 제25권 제2호, 한국민사소송법학회(2021), 190~191.

야 하는 것은 아니고, 여러 사정을 종합적으로 고려하여 상속권 상실이 적당하지 않다고 인정되는 경우에는 그 청구를 기각할 수 있다. 이는 상속권 상실 사건을 가사소송법상 나류 소송사건으로 구성하면서도 법관이 재량권을 발휘하여 구체적 타당성을 도모할 필요가 있다는 점을 고려한 것으로 보인다.[18] 상속권 상실 사유에 '중대하게 위반', '중대한 범죄행위', '심히 부당한 행위' 등 법원의 가치판단이 개입되는 평가적 내용이 포함되어 있을 뿐 아니라 그와 별도로 민법 제1004조의2 제5항을 규정하고 있으므로, 결국 상속권 상실 사유가 존재하는지 및 궁극적으로 상속권을 상실을 인정할 것인지 여부는 법원의 판단에 달려 있다.

32 상속권 상실 청구를 인용할 것인지, 기각할 것인지를 판단함에 있어 '그 밖의 사정'으로 피상속인의 추정적 의사,[19] 상속권 상실 청구 상대방의 연령과 부양의 필요성[20] 등을 고려할 수 있다. 상속권 상실 선고 제도가 피상속인의 사적 자치를 확대하기 위한 제도이므로 가정법원은 피상속인에게 종국적으로 상대방의 상속권을 상실시키려는 의사가 있었는지 여부를 일차적으로 고려하여야 한다는 견해가 우세하다.[21] 이 견해에 따르면, 예를 들어 피상속인의 사망 이후 공동상속인이나 후순위상속인이 상속권 상실을 청구한 사건에서, 청구의 상대방이 피상속인에 대한 부양의무를 중대하게 위반하여 상속권 상실 사유가 존재하였으나, 그 후 피상속인과의 관계를 회복하여 피상속인이 상대방을 용서 또는 그 상속권 상실을 원하지 않는다는 의사를 명시적으로 표시하였거나 상대방에게 자신의 재산을 증여하는 등 여러 정황상 상대방의 상속권 상실을 원하지 않는 것으로 추정되는 경우에는 법원은 상속권 상실 청구를 기각할 수 있다. 이에 대하여 우리 민법은 다른 나라의 입법례와 달리 피상속인의 용서와 그 효과에 관하

18 현소혜, "상속권 상실 선고 제도에 대한 입법론적 검토", 가족법연구 제35권 제3호, 한국가족법학회(2021), 24. 이에 대하여 판결의 예측가능성을 해친다는 이유로 사정판결제도 도입에 비판적인 견해로 김상용/박인환, "상속권상실선고에 관한 법무부 개정안의 문제점", 중앙법학 제23집 제1호(2021), 19~21.

19 윤진수, "상속권 상실에 관한 정부의 민법개정안", 비교사법 제28권 제3호(2021), 262-263; 이동진, "상속결격·상속권상실과 대습상속 - 민법 개정안 비판 -", 가족법연구 제35권 제2호, 한국가족법학회(2021), 110; 현소혜, "상속권 상실 선고 제도에 대한 입법론적 검토", 가족법연구 제35권 제3호, 한국가족법학회(2021), 24~25.

20 현소혜, "상속권 상실 선고 제도에 대한 입법론적 검토", 가족법연구 제35권 제3호, 한국가족법학회(2021), 24.

21 윤진수, "상속권 상실에 관한 정부의 민법개정안", 비교사법 제28권 제3호(2021), 262-263; 이동진, "상속결격·상속권상실과 대습상속 - 민법 개정안 비판 -", 가족법연구 제35권 제2호, 한국가족법학회(2021), 110; 현소혜, "상속권 상실 선고 제도에 대한 입법론적 검토", 가족법연구 제35권 제3호, 한국가족법학회(2021), 24~25.

여 명시적으로 규정하지 않았으므로[22] 우리의 상속권 상실 선고 제도는 피상속인의 사적 자치를 확대하기 위한 제도라고 단정하기 어렵고, 피상속인의 의사보다는 상속인의 비행 등 객관적인 측면을 더 중시한다고 해석하여야 한다는 견해도 있을 수 있다.

33 상속권 상실 청구에 대하여 일부 인용 판결, 즉 상속분 중 일부에 대해서만 상속권 상실 선고를 하거나 상속분의 직권 감액이 가능할 것인지 문제될 수 있다. 민법 제1004조의2 제5항에서는 상속권 상실 청구를 인용하거나 기각할 수 있다고 규정하고 있고, 상속권 상실 청구는 상속인을 확정하기 위한 전제가 되는 청구인데 일부 인용 판결을 할 경우 상속인 확정이나 순위 정립에 혼란이 발생할 수 있으며 구체적인 상속분은 추후 진행될 상속재산분할청구에서 비로소 결정될 것이므로 허용되지 않는다고 할 것이다.[23]

### 4. 상속재산의 보존 및 관리에 필요한 처분

34 상속권 상실 청구가 있는 경우, 상속인이 존재함은 분명하나 상대방의 상속권 상실 여부가 확정될 때까지 상속재산에 관한 권리자가 확정되지 않아 상속재산의 보존이나 관리에 문제가 발생할 수 있다. 이에 따라 민법 제1004조의2 제7항에서는 가정법원은 상속권 상실의 청구를 받은 경우 이해관계인 또는 검사의 청구에 따라 상속재산관리인을 선임하거나 그 밖에 상속재산의 보존 및 관리에 필요한 처분을 명할 수 있도록 규정하였다. 이해관계인은 공동상속인, 상속권 상실 선고의 확정에 의하여 상속인이 될 후순위 상속인, 상속채권자, 상속채무자 등과 같이 상속재산에 관하여 법률상의 이해관계를 가지는 자를 뜻한다. 상속재산의 보존 및 관리에 관한 처분은 상속권 상실 사건이 확정되기 전까지의 보전처분으로서의 실질을 가지지만, 그 자체가 본안의 심판이고 사전처분은 아니다.[24]

22 21대 국회에 제출된 개정안에서는 피상속인의 용서에 관하여 다음과 같이 규정하였으나 개정된 민법에서는 다음 규정을 삭제하였다.
민법 제1004조의3(용서)
① 피상속인이 제1004조의2 제1항 각 호에 따른 상속권 상실 사유에 대하여 상속인인 될 사람을 용서한 경우에는 해당 사유로 같은 조 제1항부터 제3항까지 규정에 따른 상속권 상실의 선고를 청구하지 못하고, 같은 사유로 이미 상속권 상실이 선고된 경우에는 그 선고는 효력을 잃는다.
② 제1항의 용서는 공증인의 인증을 받은 서면으로 하거나 제1068조에 따른 공정증서에 의한 유언으로 하여야 한다.

23 현소혜, "상속권 상실 선고 제도에 대한 입법론적 검토", 가족법연구 제35권 제3호, 한국가족법학회(2021), 25.

24 김원태, "상속권상실제도의 절차법적 관점에서의 몇 가지 검토 과제", 민사소송 제25권 제2호, 한국민사소송법학회(2021), 209~210.

35 상속재산관리인 선임을 포함하는 민법 제1004조의2 제7항 상속재산의 보존 및 관리를 위한 처분은 가사소송법상 라류 비송사건으로 규정하였다(민법 부칙 제4조, 가사소송법 제2조 제1항 제2호 가목 29). 라류 비송사건 중 상속에 관한 사건은 상속개시지의 가정법원이 관할하므로 상속권 상실 청구는 피상속인의 마지막 주소지의 가정법원이 관할한다(가사소송법 제44조 제1항 제6호, 민법 제998조).

36 상속재산관리인의 직무, 권한, 담보제공 및 보수에 관하여는 부재자의 재산관리인에 관한 민법 제24조부터 제26조까지 규정을 준용한다. 상속재산관리인은 관리할 재산목록을 작성하여야 하고 보존행위나 관리행위를 초과하는 행위를 함에는 법원의 허가를 얻어야 한다. 상속재산관리인의 보수는 종국적으로 상속재산에서 부담할 것이지만, 가정법원이 상속재산관리인을 선임하는 경우 청구인에게 상속재산관리인의 보수 상당액을 예납하게 할 수 있다.

## Ⅳ. 상속권 상실의 효과

### 1. 상속권의 상실

37 상속권 상실의 선고가 확정된 경우 그 선고를 받은 사람은 상속권을 상실한다. 따라서 상속권 상실 선고가 없었다면 공동상속하였을 경우에는 그의 상속분은 다른 공동상속인에게 귀속하고, 단독상속하였을 경우에는 다음 순위의 상속인이 상속하게 된다. 민법 제1004조의2에서 상속권 상실 청구의 상대방을 피상속인의 직계존속에 한정하고 있는 이상, 대습상속이 문제될 여지는 없다.

38 상속권 상실의 효력은 특정의 피상속인에 대한 관계에만 미치고 다른 피상속인에 대하여는 영향이 없다. 또한, 유류분은 상속인에게 인정되는 것이므로 상속권 상실 선고가 확정된 사람은 유류분 청구도 허용되지 않는다.

### 2. 소급효 및 제3자 보호

39 민법 제1004조의2에서는 피상속인의 사후에 피상속인의 유언집행자 또는 공동상속인이나 후순위상속인이 상속권 상실 청구를 할 수 있도록 규정하고 있고 피상속인의 생전 상속권 상실 청구를 배제하고 있다. 또한, 상속권이 상실되는지 여부는 상속권 상실 청구에 대한 재판이 진행된 후 상속권 상실 선고가 확정된 때에야 비로소 결정된다. 그러나 상속권 상실의 선고가 확정된 경우 상속권 상실의 효과는 피상속인의 상속이 개시된 때로 소급하여 발생한다(민법 제1004조의2 제6항 본문). 따라서 상속개시 이후 상속권 상실 선고 확정 전까지 상속권 상실

선고를 받은 상대방과 거래한 제3자를 보호할 필요성이 인정된다. 이에 제1004조의2 제6항 단서에서는 해당 선고가 확정되기 전에 취득한 제3자의 권리를 해치지 못한다고 명시적으로 규정하고 있다.[25]

40 상속권 상실 선고가 확정되어야 비로소 해당 상속인의 상속권이 상실되므로 상속권 상실 선고가 확정되기 전까지는 제3자가 해당 상속인의 상속권 상실 사유의 유무, 상속권 상실 청구에 따른 재판 진행 상황 등에 관하여 선의이든 악의이든 불문한다. 다만, 계약해제로 인한 소급효 및 상속재산분할의 소급효와 각 제3자 보호에 관한 판례[26]를 근거로, 상속권 상실 선고와 관련하여 보호되는 제3자를 해당 선고가 확정되기 전에 권리를 취득한 제3자에 한정하지 않고 더 나아가 해당 선고가 확정된 후에 이해관계를 맺은 제3자라 하더라도 그러한 사실에 관하여 선의였다면 보호될 수 있다고 볼 여지가 있다는 견해가 있다.[27]

## V. 보론

### 1. 시행 시기

41 민법 제1004조의2는 2026. 1. 1.부터 시행된다(부칙 제1조 단서). 다만, 헌법재판소가 피상속인을 장기간 유기하거나 학대하는 등 패륜적인 행위를 일삼은 상속인의 유류분을 인정하는 것은 일반 국민의 법감정과 상식에 반한다는 이유로 유류분 상실사유를 규정하지 않은 민법 제1112조에 대하여 헌법불합치결정을 한 2024. 4. 25. 이후에 상속이 개시된 경우로서 시행일 이전에 상속권 상실 사유가 있는 경우에도 민법 제1004조의2가 적용된다(부칙 제2조). 이 때 위 2024. 4. 25. 이후 2026. 1. 1. 전에 상속이 개시된 경우로서 제1004의2조 제3항의 각 호의 사유가 있는 사람이 상속인이 되었음을 시행일 전에 안 공동상속인은 안 날부터가 아니라 시행일부터 6개월 이내에 상속권 상실 청구를 할 수 있다(부칙 제3조). 민법 제1004조의2 시행 이후 실무례와 연구가 축적되기를 기대한다.

25 이에 대하여 입법자가 제3자를 보호하는 쪽으로 결정하여 민법 제1004조의2 제6항 단서와 같은 규정을 두는 것은 문제가 없으나, 상속결격에 관한 민법 제1004조에서는 위와 같은 소급효 제한 규정이 없어 형평에 맞지 않는다고 비판하는 견해로는 김상용/박인환, "상속권상실선고에 관한 법무부 개정안의 문제점", 중앙법학 제23집 제1호(2021); 상속개시 이후 상속결격 사유가 발생하는 경우에도 제3자 보호에 문제가 발생할 가능성이 크므로 상속결격과 관련하여 제3자 보호규정을 두는 것을 검토할 필요가 있다는 견해로 윤진수, "상속권 상실에 관한 정부의 민법개정안", 비교사법 제28권 제3호(2021).

26 대법원 1985. 4. 9. 선고 84다카130, 131 판결, 대법원 2020. 8. 13. 선고 2019다249312 판결.

27 윤진수, "상속권 상실에 관한 정부의 민법개정안", 비교사법 제28권 제3호(2021), 263~264.

## 2. 개정 가능성

42 민법 제1004조의2는 상속권 상실 청구의 상대방을 상속인이 될 직계존속으로만 한정하여 규정하였다. 그러나 부양의무 불이행, 중대한 범죄행위 등으로 상속을 받을 만한 정당한 자격이 없는 자가 피상속인의 의사에 반하여 상속을 받아가는 일이 없도록 구체적 타당성을 도모할 필요성은 모든 유형의 법정상속인과의 관계에서 발생한다.[28] 또한, 헌법재판소의 헌법불합치결정에서도 민법 제1112조가 상속인인 직계비속, 배우자, 직계존속에 대하여 유류분 상실사유를 규정하지 않은 것을 지적하였다. 위 헌법불합치결정(입법시한 2025. 12. 31.)에 따라 현재 입법 노력이 진행되고 있는데, 법적 구성 방식(유류분 상실사유를 별도로 규정할 것인지, 민법 제1004조의2를 확대 적용할 것인지 등) 및 그에 따른 구체적인 사항에 관한 논의 결과에 따라 민법 제1004조의2가 개정될 가능성이 있으므로 민법 제1112조의 개정 과정과 결과에 관심을 기울일 필요가 있다.

28 현소혜, "상속권 상실 선고 제도에 대한 입법론적 검토", 가족법연구 제35권 제3호, 한국가족법학회 (2021), 22.

# 제 3 절 상속의 효력

<개정 1990. 1. 13>

## [총설]

1 민법은 제1005조부터 제1018조까지 상속의 효력에 관한 규정을 두고, 상속의 일반적 효력, 상속분 및 상속재산의 분할에 관하여 정하고 있다. 상속이 개시되면 피상속인에게 속한 일체의 재산상 권리의무(피상속인의 일신에 전속한 것은 제외)가 아무런 의사표시나 다른 행위를 요하지 않고 포괄적인 일체로서 상속인에게 승계된다. 이때 상속인이 수인인 경우에는 일단 상속재산을 공동으로 승계할 수밖에 없고 각 공동상속인이 차지할 몫인 상속분을 정해야 한다. 이 공유관계는 잠정적인 법률관계에 불과하고 공유관계의 해소를 통해 상속재산을 공동상속인들에게 확정적으로 분배하는 절차가 필요한데 이를 상속재산의 분할이라고 한다. 상속재산의 분할과 관련하여 공동상속인들 사이의 형평을 기하기 위하여 공동상속인 중 피상속인으로부터 유증 또는 증여를 받은 특별수익자가 있는 경우에 그 특별수익을 상속분의 산정에서 고려하고 있고, 피상속인을 특별히 부양하거나 피상속인의 재산의 유지 또는 증가에 특별한 기여를 한 상속인이 있는 경우 그 상속인으로 하여금 상속재산으로부터 그의 본래의 상속분 외에 그가 기여한 만큼의 몫을 추가적으로 취득할 수 있게 하고 있다.

## 제 1 관 일반적 효력

### 제 1005 조 [상속과 포괄적 권리의무의 승계]

**상속인은 상속개시된 때로부터 피상속인의 재산에 관한 포괄적 권리의무를 승계한다. 그러나 피상속인의 일신에 전속한 것은 그러하지 아니하다.** <개정 1990. 1. 13.>

**[관련조문]** 민법 제56조(사원권의 양도, 상속금지), 제127조(대리권의 소멸사유), 제134조(상대방의 철회권), 제135조(상대방에 대한 무권대리인의 책임), 제140조(법률행위의 취소권자), 제149조(조건부권리의 처분 등), 제154조(기한부권리와 준용규정), 제193조(상속으로 인한 점유권의 이전), 제302조(특수지역권), 제411조(불가분채무와 준용규정), 제412조(가분채권, 가분채무에의 변경), 제413조(연대채무의 내용), 제414조(각 연대채무자에 대한 이행청구), 제428조의3(근보증), 제547조 제1항(해지, 해제권의 불가분성), 제560조(정기증여와 사망으로 인한 실효), 제569조(타인의 권리의 매매), 제690조(사망·파산 등과 위임의 종료), 제717조(비임의 탈퇴), 제719조(탈퇴조합원의 지분의 계산), 제752조(생명침해로 인한 위자료), 제806조(약혼해제와 손해배상청구권), 제825조(혼인취소와 손해배상청구권), 제843조(준용규정), 제897조(준용규정), 제908조(준용규정), 제999조(상속회복청구권), 제1007조(공동상속인의 권리의무승계), 제1011조(공동상속분의 양수), 제1028조(한정승인의 효과), 제1078조(포괄적 수증자의 권리의무), 제1115조(유류분의 보전), 상법 제50조(대리권의 존속), 제86조의7 제1항(조합원의 지분의 양도), 제86조의8 제3항(준용규정), 제218조(퇴사원인), 제269조(준용규정), 제283조 제1항(유한책임사원의 사망), 제287조의25(퇴사 원인), 제556조(지분의 양도), 제733조(보험수익자의 지정 또는 변경의 권리), 제739조(준용규정), 민사소송법 제95조 제1호(소송대리권이 소멸되지 아니하는 경우), 제233조(당사자의 사망으로 말미암은 중단), 구 농지개혁법 제15조(분배받은 농지의 등록과 상속), 농지법 제6조(농지 소유 제한), 제7조 제1항(농지 소유 상한), 제10조 제1항(농업경영에 이용하지 아니하는 농지 등의 처분), 상속세 및 증여세법 제8조(상속재산으로 보는 보험금), 제10조(상속재산으로 보는 퇴직금 등), 상표법 제96조(상표권 등의 등록의 효력), 저작권법 제14조 제1항(저작인격권의 일신전속성), 제49조(저작재산권의 소멸), 특허법 제101조(특허권 및 전용실시권의 등록의 효력), 제124조(상속인이 없는 경우 등의 특허권 소멸), 수산업법 제19조(어업권의 이전·분할 또는 변경), 제44조(허가어업의 제한 및 조건), 신원보증법 제7조(신원보증계약의 종료), 공무원연금법 제3조 제1항 제2호(정의), 제62조 제1항(퇴직수당), 국세기본법 제24조 제1항(상속으로 인한 납세의무의 승계), 군인연금법 제3조 제1항 제4호(정의), 광업법 제7조(행위의 효력의 승계), 제11조(광업권의 처분 제한), 제17조 제5항(공동광업출원인), 제39조(등록의 효력), 제47조(성질 및 처분의 제한), 제58조(등록), 제59조(등록의 효력), 부동산 실권리자명의 등기에 관한 법률 제5조(과징금), 제8조 제2호(종중, 배우자 및 종교단체에 대한 특례), 보증인 보호를 위한 특별법 제6조(근보증), 주택임대차보호법 제9조(주택 임차권의 승계)

**[참고문헌]** 주석 민법, 상속(제1권)(제4판), 한국사법행정학회(2015); 민법주해[Ⅱ], 박영사(1992); 민법주해[Ⅲ], 박영사(2022); 민법주해[ⅩⅥ], 박영사(1992); 민법주해[Ⅴ], 박영사(1992); 주해상속법(제1권), 박영사(2019); 고상룡, 임차권의 승계제도, 삼영사(1988); 곽윤직, 상속법(민법강의Ⅵ)(개정판), 박영사(2004); 김동근, 가사소송 2: 상속분할과 유류분청구(제5판), 진원사(2022); 김상용, "합유지분의 상속성", 민사

판례평석(1), 법원사(1995); 김용한, 친족상속법(보정판), 박영사(2003); 김주수/김상용, 친족·상속법(제15판), 법문사(2018); 김주수/김상용, 친족·상속법(제20판), 법문사(2024); 박동섭, 친족상속법(제4판), 박영사(2013); 박동섭/양경승, 친족상속법(제5판), 박영사(2020); 송덕수, 친족상속법(제7판), 박영사(2024); 신영호 외 2인, 가족법강의(제4판), 세창출판사(2023); 신영호/김상훈, 가족법강의(제3판), 세창출판사(2018); 오시영, 친족상속법(제2판), 학현사(2011); 윤진수, 민법기본판례(제3판), 홍문사(2023); 윤진수, 친족상속법 강의(제5판), 박영사(2023); 이경희/윤부찬, 가족법(11정판), 법원사(2024); 이태재, 민법총칙, 법문사(1981); 조은희, 친족상속법, 정독(2023); 한봉희/백승흠, 가족법, 정독(2024); 김소영, "상속재산분할", 민사판례연구 제25권, 박영사(2003); 김운호, "채무상속", 재판자료 제78집, 법원도서관(1998); 김재형, "2010년 민법 판례 동향", 민사재판의 제문제(제20권), 한국사법행정학회(2011); 김종기, "합유자 중 1인이 사망한 경우의 소유권 귀속관계", 판례연구 제8집, 부산판례연구회(1998); 민유숙, "재산분할의 구체적 인정범위", 재판자료 제62집, 법원행정처(1993); 박병대, "계속적 보증에 관한 고찰", 사법논집 제18집, 법원행정처(1987); 박순성, "채무의 상속", 민사판례연구 제25권, 박영사(2003); 방웅환, "가분채권과 대상재산에 대한 상속재산분할", 대법원 판례해설 제107호, 법원도서관(2016); 사공영진, "합유지분의 상속성", 재판과 판례 제4집, 대구판례연구회(1995); 손봉기, "재산분할청구의 심리사항에 관하여", 재판과 판례 제8집, 대구판례연구회(1999); 송경근, "제사주재자의 결정방법과 망인 자신의 유체·유골에 관한 처분행위의 효력 및 사자의 인격권", 대법원 판례해설 제77호, 법원도서관(2009); 시진국, "재판에 의한 상속재산분할", 사법논집 제42집, 법원도서관(2006); 양창수, "1992년 민법 판례 개관", 민법연구(제3권), 박영사(2006); 이광만, "상해의 결과로 사망하여 사망보험금이 지급되는 상해보험에 있어서 보험수익자가 지정되어 있지 않아 피보험자의 상속인이 보험수익자가 되는 경우, 그 보험청구권이 상속인의 고유재산인지 여부(적극)", 대법원판례해설 제51호, 법원도서관(2005); 이정민, "가분채권, 대상재판과 상속재산분할", 민사판례연구 제40권, 박영사(2018); 임완규/김소영, "상속재산분할심판", 재판자료 제62집, 법원도서관(1993); 정귀호, "생명침해로 인한 손해배상청구에 관하여", 민사판례연구 제3권, 박영사(1981); 주호영, "상속인의 점유의 법적성질", 재판과 판례 제5집, 대구판례연구회(1996); 허만, "상속과 점유의 승계", 민사재판의 제문제 제7권, 한국사법행정학회(1993); 강태성, "무권대리에 있어서의 본인의 추인·추인거절", 이철원 교수 정년기념논문집 간행위원회(1998); 고영아, "생명침해로 인한 손해배상청구권의 구성에 관한 재고찰", 민사법학 제49-1호, 한국사법행정학회(2010); 구재군, "점유권의 상속", 고시연구 제28권 제11호, 고시연구사(2001); 권순한, "점유권의 상속", 헌법학과 법학의 제문제, 박영사(1996); 권태상, "자신의 유체에 관한 사망자의 인격권", 법학논총 제33권 제2호, 단국대학교(2009); 김대정, "타인의 권리매매에서 권리자가 매도인을 상속한 경우", 고시계 제53권 제4호, 국가고시학회(2008); 김래영, "제사주재자 결정과 관련한 헌법 문제들", 법학논총 제47권 제3호, 단국대법학연구소(2023. 6.); 김봉수, "무권리자의 처분행위와 상속", 법학연구 제51권 제1호, 부산대학교(2010); 김상훈, "제사용재산의 승계에 관한 연구", 고려대학교 대학원 박사학위논문(2008); 김성숙, "무권대리와 상속", 법학논총 제7집, 숭실대학교 법학연구소(1994); 김윤정, "상속재산분할의 대상성과 관련한 논의", 사법 제15호, 사법발전재단(2011); 김현진, "디지털 자산의 사후 처리에 관한 소고", 저스티스 제147호, 한국법학원(2015); 김형석, "우리 상속법의 비교법적 위치", 가족법연구 제23권 제2호, 한국가족법학회(2009); 박동섭, "상속재산의 협의분할", 변호사 제35집, 서울지방변호사회(2005); 박동섭, "생명보험금청구권은 상속재산인가?", 변호사 제40집, 서울지방변호사회(2010); 박범진, "공동상속에 관한 기본 법리: 공동상속재산의 합리적 분할을 중심으로", 한양대학교 대학원 석사학위논문(1994); 박병호, "민법상의 제사용 재산의 승계", 가족법연구 제10호, 한국가족법학회(1996); 서순택, "재산분할의 본질과 재산분할청구권의 상속성", 외법논집 제38권 제4호, 한국외국어대학교 법학연구소(2014); 소재선, "위자료청구권의 상속성에 관한 재검토", 가족법연구 제12호, 한국가족법학회(1998); 신영호, "제사용재산의 상속", 가족법학논총, 박영사(1991); 안영하, "주택임대차보호법 제9조에 의한 상속제도의 효과와 사례", 재판과 판례 제21호, 대구법학연구회(2012); 양창수, "계약상 무권대리에 관한 몇 가지 문제", 고시계 제52권 제7호, 국사고시학회(2007); 오병철, "인격적 가치 있는 온라인 디지털정보의 상속성", 가족법연구 제27권 제1호, 한국가족법학회(2013); 윤부찬, "점유권의 상속", 가족법연구 제19권 제2호, 한국가족법학회(2005); 윤주희, "디지털유품의 상속성에 관한 민사법적 고찰", 법학연구 제14집 제1호, 인하대학교 법학연구소(2011); 이상훈, "이혼에 따른 재산분할청구사건의 재판실무상 문제점에 대한 고찰", 법조 제42권 제6호, 법조협회(1993); 이준형, "소유권에 기한 유체인도청구의 허용 여부", 의료법학 제11권 제1호, 대한의료법학회(2010); 이희배, "분묘·제사·제사용재산의 승계", 가족법학논집: 여송 이희배 교수 정년기념, 동림사(2001); 임채웅, "디지털 유산의 상속성에 관한 연구", 가족법연구 제28권 제2호, 한국가족법학회(2014); 전경근, "상속재산으로서의 보험금청구권", 가족법연구 제16권, 한국가족법학회(2002); 전효숙, "제사주재자의 결정방법", 법학논집 제14권 제3호, 이화여자대학교 법학연구소(2010); 정구태, "생명보험과 특별수익, 그리고 유류분", 고려법학 제62호, 고려대학교 법학연원(2011); 정구태, "제사주재자의 결정방법에 관한 소고", 경희법학 제45권 제4호, 경희대학교(2010); 정다운, "유해에 대한 권리 귀속 결정의 기준", 법조 제73권 제2호, 법조협회(2024. 4.); 정동호, "상속재산으로서의 채무", 법학논총 제24집, 한양대학교(2007); 제철웅, "상속이 무권대리 또는 무권리자의 처분행위에 미치는 효력", 현대민사법연구: 일헌최병욱교수정년기념, 법문사(2002); 최경진, "디지털유산의 법적 고찰: 온라인유산의 상속을 중심으로", 경희법학 제46권 제3호, 경희대학교(2011); 최수정, "보증과 상속", 아세아여성법학 제6호, 아세아여성법학연구소(2003); 한봉희, "민법 제752조 해석상의 제문제/민법과 법학의 중요문제", 장경학박사고희기념논문집, 동국대출판부(1987); 한유진, "제사주재자 결정 법리에 대한 헌법적 소고", 이화젠더법학 제15권 제2호, 이화여자대학교 젠더법학연구소(2023. 8.); 황경웅, "재산분할청구권의 상속성", 중앙법학 제9집 제2호, 중앙법학회(2007); 이계정, " 민법(총칙·물권)", 법률신문 2024. 4. 14.; 이희배, "'제사를 주재하는 자'의 결정과 '제사용 재산'의 승계", 법률신문 2009. 2. 5.
日最判, 判例タイムズ Vol. 1045., 判例タイムズ社(2000)



## Ⅰ. 의의

1 민법 제1005조는 상속이 이루어지면 상속재산이 즉시 상속인에게 직접 포괄승계되는 것을 정하고 있다. 이른바 당연취득 또는 법정취득의 원칙을 채택한 것이다. 즉, 피상속인에게 속한 일체의 재산상 권리의무가 상속개시와 동시에 아무런 의사표시나 다른 행위를 요하지 않고 포괄적인 일체로서 상속인에게 승계

된다. 이러한 승계는 상속인이 상속개시를 알고 있는지 여부를 불문하고 상속인의 의사와 관계없이 이루어진다.[1] 상속인은 자신이 승계할 재산이나 권리의무를 특정하여 선택할 수 없으며, 피상속인에게 속한 모든 재산상의 권리의무를 일률적으로 승계하게 된다.[2]

2 헌법재판소는 민법은 법적 안정성이라는 공익을 도모하기 위하여 포괄·당연승계주의를 채택하는 한편, 상속의 포기·한정승인제도를 두어 상속인으로 하여금 그의 의사에 따라 상속의 효과를 귀속시키거나 거절할 수 있는 자유를 주고 있으며, 상속인과 피상속인의 채권자 및 상속인의 채권자 등의 이해관계를 조절할 수 있는 다양한 제도적 장치도 마련하고 있으므로, 민법 제1005조는 입법자가 입법형성권을 자의적으로 행사하였다거나 헌법상 보장된 재산권이나 사적 자치권 및 행복추구권을 과도하게 침해하여 기본권 제한의 입법한계를 벗어난 것으로서 헌법에 위반된다고 볼 수 없다고 판시하였다.[3]

3 민법은 재산에 관한 포괄적인 권리의무라고 하고 있으나, 그것은 현실의 권리·의무에 한하지 않고, 예컨대 청약을 받을 지위, 매도인으로서의 담보책임을 지는 지위와 같은 아직 권리의무로서 구체적으로 발생하는데 이르지 않는 법률관계를 포함하며, 또한 점유와 같은 사실상의 관계도 포함한다.[4] 조건부권리(민법 제149조)와 기한부권리(제154조, 제149조)도 상속이 된다.

4 상속 대상은 재산에 관한 권리·의무이므로, 재산권이 아닌 인격권은 원칙적으로 권리주체의 사망과 동시에 소멸하고 상속의 대상이 되지 않는다.[5] 또한, 민법 제1005조 단서에 따라 일신전속적인 권리·의무는 상속의 대상이 아니다. 여기서 말하는 일신전속은 양도나 상속이 인정되지 않는 귀속상의 전속을 말하고, 권리의 행사나 의무의 이행이 그 권리자나 의무자에 의해서만 가능한 행사상의 전속을 말하는 것은 아니다.[6]

1 주해상속법(제1권), 박영사(2019), 125(이봉민).
2 김주수/김상용, 주석 민법, 상속(제1권)(제4판), 한국사법행정학회(2015), 244.
3 헌법재판소 2004. 10. 28. 선고 2003헌가13 결정.
4 김주수/김상용, 주석, 민법 상속(제1권)(제4판), 한국사법행정학회(2015), 244.
5 곽윤직, 상속법(민법강의VI)(개정판), 박영사(2004), 67.
6 윤진수, 친족상속법 강의(제5판), 박영사(2023), 383.

## Ⅱ. 상속재산의 범위

### 1. 재산적 권리

#### 가. 물권

##### 1) 개설

5 물권은 원칙적으로 전부 상속된다. 소유권, 전세권이나 임차권 등 용익물권과 저당권 등 담보물권도 상속이 된다. 다만 물권이라도 특수지역권(민법 제302조)은 엄밀한 의미에서 지역권이 아니라 특정지역의 주민이라는 자격과 결합되어 있으므로 상속의 대상이 되지 아니한다.[7]

##### 2) 농지

6 농지 상속의 경우는 보통의 토지와는 달리 취급된다. 농지법에 의할 때 상속에 의하여 그 소유가 인정되지만, 농지는 자기의 농업경영에 이용하거나 이용할 자가 아니면 이를 소유할 수 없기 때문에(농지법 제6조), 농업경영을 하지 않는 자는 농지 소유에 제한을 받는다. 상속에 의하여 농지를 취득한 자로서 농업경영을 하지 아니하는 자는 그 상속 농지 중에서 1만 제곱미터 이내의 것에 한하여 이를 소유할 수 있다(농지법 제7조 제1항).[8] 농지도 일단 상속되지만, 소유농지를 농업경영에 이용하지 아니하거나 이용하지 아니하게 되었다고 시장·군수 또는 구청장이 인정한 때 및 상속으로 농지를 취득한 자로서 농업경영을 하지 아니하는 자가 1만 제곱미터를 초과하여 농지를 소유한 것이 판명된 경우 그 사유가 발생한 날로부터 1년 이내에 해당 농지(농지 소유 상한이 문제되는 경우에는 농지 소유 상한을 초과하는 면적에 해당하는 농지)를 처분하여야 한다(농지법 제10조 제1항).

7 또한 구 농지개혁법[9]은 제15조에서 분배받은 농지는 분배받은 농가의 대표자 명의로 등록하고 가산으로서 상속한다고 규정하여 상속에 있어서 농지를 일반상속재산과 달리 취급하였다. 이와 관련하여 판례는 분배농지의 수분배자가 사망함으로서 그 농지를 유산·상속하는 경우에 민법상 재산상속인의 지위에 있는 자라고 하더라도 농가가 아니고 또 그 농지의 경작에 의하여 생계를 유지하지

7 곽윤직, 상속법(민법강의VI)(개정판), 박영사(2004), 68; 윤진수, 친족상속법 강의(제5판), 박영사(2023), 387.
8 김주수/김상용, 주석, 민법 상속(제1권)(제4판), 한국사법행정학회(2015), 245~246.
9 제정 1949. 6. 21.(법률 제31호, 시행 1949. 6. 21.), 폐지 1994. 12. 22.(법률 제4817호, 시행 1996. 1. 1.).

않는 사람이 그 농지수분배권을 상속할 수 없음은 농지개혁법이 농가 아닌 사람에게 농지분배를 허용하지 않는 법의에 비추어 쉽게 이해할 수 있고, 민법의 유산상속의 법의와 농지개혁법의 법의 정신을 종합하면 피상속인의 집에 있는 가주 또는 동거가족의 주업인 농경으로 생계를 영위하는 그 집의 구성원인 재산상속인에게 그 농지에 대한 수분배권이 상속되는 것으로 해석함이 상당하다고 하였다.[10] 또한 구 농지개혁법 제15조에 의하면 농지개혁법에 의하여 분배받은 농지는 분배를 받은 당해 농가의 가산으로 일반재산과 그 성질을 달리하여 그 가에 있는 자에게만 상속되고 그 가에 있지 아니한 자는 이를 상속할 수 없음이 명백하므로 망인의 딸이고 상속인이라고 할지라도 가적을 달리하는 경우 분배농지를 상속할 수 없다고 하였다.[11]

3) 합유지분

8 이에 대해서 학설은 공동사업을 위하여 상호출자하여 조합체를 형성한 경우 그 조합재산에 대한 합유자의 지위는 조합원의 지위와 분리할 수 없고 공익권적 성질이 강하므로 합유지분은 상속성이 인정되지 아니하지만 공동사업도 공동출자도 없이 단순히 하나의 부동산을 합유로 등기할 것을 약정한 단순한 합유등기약정에 의한 합유물의 지분을 내용으로 하는 합유지분은 재산권적인 성질뿐이므로 상속성이 인정된다는 견해,[12] 합유자로 등기된 자들 사이에 공동사업의 경영 및 상호출자라는 조합의 실체를 갖추고 있지 않으며 그 인적 결합의 정도가 공유에 가까운 경우에는 합유지분도 상속이 된다는 견해,[13] 합유자 사이의 특약이 없는 한 원칙적으로 합유지분의 상속은 인정할 수 없다는 견해[14]가 있다.

9 판례는 부동산의 합유자 중 일부가 사망한 경우 합유자 사이에 특별한 약정이 없는 한 사망한 합유자의 상속인은 합유자로서의 지위를 승계하는 것이 아니므로 해당 부동산은 잔존 합유자가 2인 이상일 경우에는 잔존 합유자의 합유로 귀속되고 잔존 합유자가 1인인 경우에는 잔존 합유자의 단독소유로 귀속된다고

10 대법원 1968. 6. 18. 선고 68다573 판결.

11 대법원 1955. 2. 17. 선고 4287민상112 판결.

12 김상용, "합유지분의 상속성", 민사판례평석(1), 법원사(1995), 219; 사공영진, "합유지분의 상속성", 재판과 판례 제4집, 대구판례연구회(1995), 41~42.

13 김종기, "합유자 중 1인이 사망한 경우의 소유권 귀속관계", 판례연구 제8집, 부산판례연구회(1998), 138~139.

14 주해상속법(제1권), 박영사(2019), 132(이봉민).

보아 원칙적으로 합유지분의 상속을 인정하지 아니한다.[15] 판례의 견해에 의할 때 합유자 사이에 합유지분의 상속을 인정하기로 하는 특별한 약정이 있었는지 여부를 적절히 판단하여야 할 것이다.

4) 점유권

10 가) 점유권도 상속이 된다(민법 제193조). 사람이 사망하면 더 이상 물건에 대해 사실상 지배를 할 수 없으나, 점유로 인한 법적 보호의 단절을 피하기 위하여 상속개시와 함께 상속인이 점유를 승계하기 하기 위한 것이다.[16] 상속인이 현실적으로 상속재산을 지배하는지 여부는 상관이 없다.[17]

11 상속인이 승계하는 점유권은 피상속인의 점유권 그 자체이므로 그 성질이나 하자도 그대로 승계한다는 것이 판례이다.[18] 이와 관련하여 판례는 점유권은 상속인에게 이전되는 것이므로 피고의 아버지가 토지를 점유하고 있다가 사망한 경우 피고가 10세 남짓 밖에 되지 않더라도 그의 상속인이라면 아버지가 점유하고 있었던 토지는 그의 사망으로 인하여 당연히 피고의 점유가 된다고 보았고,[19] 상속인이 미성년자인 경우에는 그 법정대리인을 통하여 점유권을 승계받아 점유를 계속할 수 있는 것이며 점유의 계속은 추정된다고 하였다.[20]

12 판례는 상속에 의하여 점유권을 취득한 경우에는 상속인은 새로운 권원에 의하여 자기 고유의 점유를 개시하지 않는 한, 피상속인의 점유의 성질과 하자를 떠나 자기만의 점유를 주장할 수 없고, 또 선대의 점유가 타주점유인 경우 선대로부터 상속에 의하여 점유를 승계한 자의 점유도 상속 전과 그 성질 내지 태양을 달리 하는 것이 아니어서, 특단의 사정이 없는 한 그 점유가 자주점유로는 될 수 없고, 그 점유가 자주점유가 되기 위하여는 점유자가 소유자에 대하여 소유의 의사가 있는 것을 표시하거나 새로운 권원에 의하여 다시 소유의 의사로써 점유를 시작하여야 한다고 하였다.[21]

15 대법원 1994. 2. 25. 선고 93다39225 판결.
16 윤진수, 친족상속법 강의(제2판), 박영사(2018), 351.
17 박동섭/양경승, 친족상속법(제5판), 박영사(2020), 632
18 대법원 1997. 5. 30. 선고 97다2344 판결.
19 대법원 1990. 12. 26. 선고 90다5733 판결.
20 대법원 1989. 4. 11. 선고 88다카8217 판결.
21 대법원 1987. 2. 10. 선고 86다카550 판결, 대법원 1995. 1. 12. 선고 94다19884 판결, 대법원 1996. 9. 20. 선고 96다25319 판결.

나) 공동상속인들의 점유

13 공동상속인들의 점유에는 민법 제1009조의 상속분 규정이 적용되지 않고 상속분이 없다는 것이 다수설[22]이고, 판례[23]이다. 피상속인의 점유권은 상속인에게 이전하고(민법 제193조), 점유를 포기하는 등의 특단의 사유가 없는 한 공동상속인들은 공동으로 상속재산을 점유한다.

14 다만 공동상속인 중 1인이 현실의 점유를 개시한 경우 현실의 점유를 개시하지 않은 나머지 공동상속인들의 지위가 문제된다. 다른 공동상속인들의 점유권의 소멸 여부에 따라 점유보호청구권의 행사, 시효취득 그리고 동물이나 공작물의 점유자의 불법행위책임 등이 달라질 수 있다.[24] 학설은 현실의 점유를 개시하지 않은 공동상속인의 관념적인 점유는 소멸하지 않고 현실의 점유를 개시한 상속인의 점유와 병존한다는 견해[25]와 현실의 점유를 개시한 공동상속인의 점유에 나머지 공동상속인의 관념적인 점유는 흡수되어 소멸한다는 견해[26]가 있다. 판례는 상속인 중 부동산을 소유의 의사로 점유하던 자가 사망하고 그 점유를 상속인 중 일부만이 승계하여 점유를 계속한 때에는 다른 특별한 사정이 없는 한 그 점유를 승계한 상속인들만이 그 부동산 전체를 점유하는 것으로 보았다.[27] 이러한 판례에 대해서는 피상속인의 점유를 떠나 상속인 고유의 점유를 부정하는 판례의 태도에 의할 때 공동상속인 중 일부만이 현실의 점유를 개시하여도 다른 공동상속인들의 점유가 계속되어야 논리적이라는 비판이 있다.[28]

22 박동섭/양경승, 친족상속법(제5판), 박영사(2020), 632; 송덕수, 친족상속법(제7판), 박영사(2024), 328; 신영호 외 2인, 가족법강의(제4판), 세창출판사(2023), 351; 오시영, 친족상속법(제2판), 학현사(2011), 527; 권순한, "점유권의 상속", 헌법학과 법학의 제문제, 박영사(1996), 508; 윤부찬, "점유권의 상속", 가족법연구 제19권 제2호, 한국가족법학회(2005), 390.

23 대법원 1962. 10. 11. 선고 62다460 판결.

24 윤부찬, "점유권의 상속", 가족법연구 제19권 제2호, 한국가족법학회(2005), 391~392.

25 권순한, "점유권의 상속", 헌법학과 법학의 제문제, 박영사(1996), 510; 윤부찬, "점유권의 상속", 가족법연구 제19권 제2호, 한국가족법학회(2005), 393.

26 허만, "상속과 점유의 승계", 민사재판의 제문제 제7권, 한국사법행정학회(1993), 489.

27 대법원 1989. 4. 11. 선고 88다카17389 판결.

28 주해상속법(제1권), 박영사(2019), 135(이봉민); 허만, "상속과 점유의 승계", 민사재판의 제문제 제7권, 한국사법행정학회(1993), 489; 구재군, "점유권의 상속", 고시연구 제28권 제11호, 고시연구사(2001), 40~41; 주호영, "상속인의 점유의 법적성질", 재판과 판례 제5집, 대구판례연구회(1996), 162; 이러한 판례에 대해 종래 판례의 연장선상에서 다른 관념적 점유를 가진 공동상속인들이 취득시효를 직접 주장하지 않았으므로 처분권주의에 따라 다른 관념적 점유자들의 취득시효가 언급되지 않은 것일 뿐 당 판례가 관념적 점유를 가진 상속인들의 취득시효를 배제한 것은 아니라는 취지의 견해는 윤부찬, "점유권의 상속", 가족법연구 제19권 제2호, 한국가족법학회(2005), 392~393.

5) 유체·유골

15 유체와 유골이 상속되는지에 앞서 유체와 유골이 소유권의 객체가 될 수 있는지 문제된다. 학설상 유체와 유골도 소유권의 객체가 된다고 하면서, 다만 보통의 소유권과 달리 사용·수익·처분할 수 없고 매장·관리·제사·공양의 목적적 제한을 받는 특수한 소유권의 대상이라고 보는 견해,[29] 소유권의 대상은 될 수 없고 양도·포기할 수도 없으며 관리의 대상이 될 뿐이라는 견해,[30] 유체는 물건에 해당하지 않는다는 견해,[31] 독자적 성질을 가지는 절대적 비재산권으로서 사자공양권의 대상이라는 견해[32] 등이 있으나 어느 설을 취하여도 결과적으로 거의 차이가 없다. 각급법원 판결 중에는 유체, 유골이 소유권의 객체가 된다고 본 판결[33]이 있다.

16 유체, 유골의 승계와 관련하여 유체, 유골은 제사주재자에게 승계된다는 견해가 다수설[34]이고, 판례이다.[35]

17 제사주재자의 결정에 관하여 대법원 2008. 11. 20. 선고 2007다27670 전원합의체 판결은 우선적으로 공동상속인들 사이의 협의에 의해 정하되, 협의가 이루어지지 않는 경우에는 제사주재자의 지위를 유지할 수 없는 특별한 사정이 있는 않는 한 망인의 장남(장남이 이미 사망한 경우에는 장손자)이 제사주재자가 되고, 공동상속인 중 아들이 없는 경우에는 망인의 장녀가 제사주재자가 된다고 판시하였다. 그러나, 대법원 2023. 5. 11. 선고 2018다248626 전원합의체 판결은 기존의 대법원 판례를 변경하여 공동상속인들 사이에 협의가 이루어지지 않는 경우에는 제사주재자의 지위를 인정할 수 없는 특별한 사정이 있지 않는 한 피상속인의 직계비속 중 남녀, 적서를 불문하고 최근친의 연장자가 제사주재자로 우선한다고 보는 것이 가장 조리에 부합한다고 판시하였다. 이에 대하여 공동상속인

29 민법주해[Ⅱ], 박영사(1992), 31(김병재); 한봉희/백승흠, 가족법, 정독(2024), 485.

30 이태재, 민법총칙, 법문사(1981), 183.

31 권태상, "자신의 유체에 관한 사망자의 인격권", 법학논총 제33권 제2호, 단국대학교(2009), 344.

32 이준형, "소유권에 기한 유체인도청구의 허용 여부", 의료법학 제11권 제1호, 대한의료법학회(2010), 234~235.

33 서울고등법원 1974. 10. 11. 선고 74나609 판결.

34 박동섭/양경승, 친족상속법(제5판), 박영사(2020), 646; 오시영, 친족상속법(제2판), 학현사(2011), 544; 김상훈, "제사용재산의 승계에 관한 연구", 고려대학교 대학원 박사학위논문(2008), 226~229; 박병호, "민법상의 제사용 재산의 승계", 가족법연구 제10호, 한국가족법학회(1996), 566~567; 신영호, "제사용재산의 상속", 가족법학논총, 박영사(1991), 591~592; 이희배, "분묘·제사·제사용재산의 승계", 가족법학논집: 여송 이희배 교수 정년기념, 동림사(2001), 889.

35 대법원 2023. 5. 11. 선고 2018다248626 전원합의체 판결.

들 사이에 협의가 성립되지 않아 망인의 유체, 유해에 대한 권리의무의 귀속이 다투어지는 경우, 법원은 망인의 명시적, 추정적 의사, 망인이 생전에 공동상속인들과 형성한 동거, 부양, 왕래, 소통 등 생활관계, 장례 경위 및 장례 이후 유체, 유해나 분묘에 대한 관리상태, 공동상속인들의 의사 및 협의가 불성립된 경위, 향후 유체, 유해나 분묘에 대한 관리 의지와 능력 및 지속가능성 등 제반 사정을 종합적으로 고려하여 누가 유체, 유해의 귀속자로 가장 적합한 사람인지를 개별적, 구체적으로 판단하여야 한다는 별개의견(대법관 민유숙, 김선수, 노정희, 이흥구)이 있었다. 위 별개의견에 따르면 다수의견과 달리, 배우자가 포함된다(☞ 제사주재자에 대하여 상세한 내용은 민법 제1008조의3 주석 참조).

18 연장자를 우선시킬 이유가 없고, 배우자를 포함시켜야 한다는 등의 이유로 대법원 2023. 5. 11. 선고 2018다248626 전원합의체 판결의 다수의견을 비판하고 별개 의견에 찬성하는 견해가 다수 있다.[36]

19 한편, 대법원 2008. 11. 20. 선고 2007다27670 전원합의체 판결의 다수의견은 피상속인이 생전행위 또는 유언으로 자신의 유체·유골을 처분하거나 매장장소를 지정한 경우에, 선량한 풍속 기타 사회질서에 반하지 않는 이상 그 의사는 존중되어야 하고 이는 제사주재자로서도 마찬가지이지만, 피상속인의 의사를 존중해야 하는 의무는 도의적인 것에 그치고 제사주재자가 무조건 이에 구속되어야 하는 법률적 의무까지 부담한다고 볼 수는 없다고 판시하였다. 이에 대하여 제사주재자가 피상속인의 유체·유골에 대한 관리·처분권을 가지고 있다고 하여 정당한 사유 없이 피상속인의 의사에 반하여 유체·유골을 처분하거나 매장장소를 변경하는 것까지 허용된다고 볼 수 없다는 반대의견(대법관 박시환, 대법관 전수안)과 망인이 자신의 장례 기타 유체를 그 본래적 성질에 좇아 처리하는 것에 관하여 생전에 종국적인 의사를 명화하게 표명한 경우에는, 그 의사는 법적으로 존중되어야 하며 일정한 법적 효력을 가진다고 함이 타당하다는 반대의견(대법관 안대희, 대법관 양창수)이 있었다.

36 윤진수, 친족상속법 강의(제5판), 박영사(2023), 416~417; 신영호 외 2인, 가족법강의(제4판), 세창출판사(2023), 371; 윤진수, "제사주재자의 결정", 민법기본판례(제3판), 홍문사(2023), 818~819; 김래영, "제사주재자 결정과 관련한 헌법 문제들", 법학논총 제47권 제3호, 단국대법학연구소(2023. 6.), 1~30; 정다운, "유해에 대한 권리 귀속 결정의 기준", 법조 제73권 제2호, 법조협회(2024. 4.), 259~289; 한유진, "제사주재자 결정 법리에 대한 헌법적 소고", 이화젠더법학 제15권 제2호, 이화여자대학교 젠더법학연구소(2023. 8.), 32~39; 이계정, "[2023년 분야별 중요판례분석](3) 민법(총칙·물권)", 법률신문 2024. 4. 14.

### 나. 지적재산권 등

20 특허권(특허법 제101조, 제124조), 상표권(상표법 제96조), 저작권(저작권법 제49조), 광업권(광업법 제11조, 제39조, 제47조, 제58조, 제59조), 어업권(수산업법 제19조, 제44조) 등의 무체재산권도 원칙적으로 상속의 대상이 된다. 다만 저작인격권은 저작자 일신에 전속하므로 상속의 대상이 되지 않는다(저작권법 제14조 제1항). 공동광업출원인은 조합계약을 한 것으로 간주되므로(광업법 제17조 제5항), 그 광업권자의 지위는 상속인이 승계하기로 약정하지 않은 이상 상속인에게 승계되지 않는다.[37]

### 다. 채권

21 채권도 일반적으로 상속의 대상이 된다. 채권의 상속에는 채권양도의 요건이나 대항요건을 갖출 필요가 없다.[38] 다만 일신전속적인 것이 비교적 많은 점에서 물권과 다른 면이 있다.[39]

22 채권자가 변경됨으로써 이행의 내용이 변경되는 것은 상속성이 없다. 예를 들면 특정한 사람을 교육시키거나, 특정인의 초상을 그리게 하는 채권, 부작위채권 등이 이에 속한다.[40]

#### 1) 부양청구권

23 부양청구권은 상속성이 없다고 보는 것이 통설이다. 부양청구권은 부양권리자가 사망하면 부양의 필요성이 소멸하고 그 급여에 대한 이익이 사라지는 일신전속적 권리로서 상속의 대상이 되지 않는다.[41]

24 그러나 연체부양료지급채권·채무는 통상의 금전채권·채무와 같으므로 상속된다고 보는 것이 일반적인 견해[42]이다.

25 여기에 대해서 판례는 이혼한 부부 사이에서 자에 대한 양육비의 지급을 구할 권리는 당사자의 협의 또는 가정법원의 심판에 의하여 구체적인 청구권의 내용과 범위가 확정되기 전에는 '상대방에 대하여 양육비의 분담액을 구할 권리를

37 대법원 1981. 7. 28. 선고 81다145 판결.

38 박동섭/양경승, 친족상속법(제5판), 박영사(2020), 633.

39 김주수/김상용, 주석, 민법 상속(제1권)(제4판), 한국사법행정학회(2015), 247.

40 김주수/김상용, 주석, 민법 상속(제1권)(제4판), 한국사법행정학회(2015), 247~248.

41 윤진수, 친족상속법 강의(제5판), 박영사(2023), 390; 박동섭/양경승, 친족상속법(제5판), 박영사(2020), 662.

42 곽윤직, 상속법(민법강의VI)(개정판), 박영사(2004), 76; 김주수/김상용, 친족·상속법(제20판), 법문사(2024), 680; 박동섭/양경승, 친족상속법(제5판), 박영사(2020), 662; 송덕수, 친족상속법(제7판), 박영사(2024), 331; 신영호 외 2인, 가족법강의(제4판), 세창출판사(2023), 362; 오시영, 친족상속법(제2판), 학현사(2011), 529; 윤진수, 친족상속법 강의(제5판), 박영사(2023), 390.

가진다'라는 추상적인 청구권에 불과하고 당사자의 협의나 가정법원이 당해 양육비의 범위 등을 재량적·형성적으로 정하는 심판에 의하여 비로소 구체적인 액수만큼의 지급청구권이 발생하게 된다고 보아야 하므로, 당사자의 협의 또는 가정법원의 심판에 의하여 구체적인 청구권의 내용과 범위가 확정된 후의 양육비채권 중 이미 이행기에 도달한 후의 양육비채권은 완전한 재산권으로서 친족법상의 신분으로부터 독립하게 처분이 가능하고, 권리자의 의사에 따라 포기, 양도 또는 상계의 자동채권으로 하는 것도 가능하다고 하여[43] 연체부양료 청구권은 상속된다고 보았다.

2) 재산분할청구권

26 이혼에 따른 재산분할청구권과 재산분할의무의 상속성이 문제된다. 재산분할은 이혼을 전제로 하는 것이므로 피상속인이 이혼 전 사망한 경우에는 재산분할청구권이나 재산분할의무가 상속되지 않는다. 판례도 이혼소송과 재산분할청구가 병합된 경우 배우자 일방이 사망하면 이혼 및 재산분할청구의 소는 모두 종료된다고 하였다.[44]

27 피상속인이 이혼 후 사망한 경우에, 재산분할청구권 및 재산분할의무가 상속되는지에 관하여는 견해가 대립한다. 상속된다는 견해,[45] 상속되지 않는다는 견해,[46] 재산분할 협의가 있거나 재산분할의 심판청구 또는 소를 제기한 경우 등과 같이 재산분할청구권을 행사하여 그 의사가 외부로 표출된 경우에는 상속성을 인정할 수 있다는 견해[47]가 있다.

28 판례는 사실혼 관계가 해소된 후 재산분할청구의 소 계속 중 상대방이 사망한 경우 소송수계를 하여야 한다고 보아[48] 적어도 소극설의 입장은 취하지 않고

43 대법원 2006. 7. 4. 선고 2006므751 판결.
44 대법원 1994. 10. 28. 선고 94므246(본소), 253(반소) 판결.
45 박동섭/양경승, 친족상속법(제5판), 박영사(2020), 636~637; 박순성, "채무의 상속", 민사판례연구 제25권, 박영사(2003), 676; 시진국, "재판에 의한 상속재산분할", 사법논집 제42집, 법원도서관(2006), 686; 서순택, "재산분할의 본질과 재산분할청구권의 상속성", 외법논집 제38권 제4호, 한국외국어대학교 법학연구소(2014), 163; 황경웅, "재산분할청구권의 상속성", 중앙법학 제9집 제2호, 중앙법학회(2007), 498.
46 민유숙, "재산분할의 구체적 인정범위", 재판자료 제62집, 법원행정처(1993), 450; 손봉기, "재산분할청구의 심리사항에 관하여", 재판과 판례 제8집, 대구판례연구회(1999), 35~36; 이상훈, "이혼에 따른 재산분할청구사건의 재판실무상 문제점에 대한 고찰", 법조 제42권 제6호, 법조협회(1993), 91~92.
47 김주수/김상용, 친족·상속법(제20판), 법문사(2024), 680~681; 김운호, "채무상속", 재판자료 제78집, 법원도서관(1998), 687~688.
48 대법원 2009. 2. 9. 자 2008스105 결정.

있다. 각급법원 판결 중에는 피상속인이 재산분할청구권을 행사한 후 사망한 경우 그 재산분할청구권은 상속된다고 판시한 판결[49]과, 재산분할청구권을 행사할 의사가 외부적, 객관적으로 명백하게 표시된 이상 그 청구권은 구체적 청구권이 되고 그 이후부터는 상속이 가능하다고 판시한 판결[50]이 있다.

29 이와 관련하여 판례는 이혼소송 일방이 공무원 퇴직연금을 수령하고 있는 경우 상대방은 연금수급권자인 배우자가 매월 수령할 퇴직연금액 중 일정 비율에 해당하는 금액을 정기적으로 지급하는 방식의 재산분할도 가능한데, 그 재산분할에 의하여 분할권리자가 분할의무자에 대하여 가지게 되는 정기금채권은 비록 공무원 퇴직연금수급권 그 자체는 아니더라도 그 일부를 취득하는 것과 경제적으로 동일한 의미를 가지는 권리인 점, 재산분할의 대상인 공무원 퇴직연금수급권이 사회보장적 급여로서의 성격이 강하여 일신전속적 권리에 해당하여서 상속의 대상도 되지 아니하는 점 등을 고려하면, 분할권리자의 위와 같은 정기금채권 역시 제3자에게 양도되거나 분할권리자의 상속인에게 상속될 수 없다고 하였다.[51]

### 3) 정신적 손해에 대한 배상청구권

30 정신적 손해에 관한 배상청구권(위자료청구권)의 상속성이 문제된다. 침해된 법익이 정신적인 것(신체·자유·정조·명예 등)인 경우에도 그로 말미암아 생긴 재산적 손해의 배상청구권은 당연히 상속된다.[52]

31 판례는 정신적 손해에 관한 배상청구권(위자료청구권)도 피해자가 이를 포기하거나 면제하였다고 볼 수 있는 특별한 사정이 없는 한 생전에 청구의 의사표시를 할 필요 없이 원칙적으로 상속된다고 하고 있다.[53] 다만 민법은 약혼해제(제806조), 혼인무효·취소(제825조, 제806조), 이혼(제843조, 제806조), 입양무효·취소(제897조, 제806조), 파양(제908조, 제806조)으로 인한 위자료청구권에 대해서는 당사자 간에 이미 그 배상에 관한 계약이 성립되거나 소를 제기한 경우가 아니면 상속되지 않는다고 규정하고 있다(제806조 제3항).

49 울산가정법원 2015. 11. 5. 선고 2015르135 판결(상고기각), 서울가정법원 2010. 7. 13. 자 2009느합289 심판(항고심에서 강제조정).
50 서울가정법원 2015. 5. 17. 선고 2014르30309 판결(확정).
51 대법원 2014. 7. 16. 선고 2012므2888 전원합의체 판결.
52 김주수/김상용, 주석, 민법 상속(제1권)(제4판), 한국사법행정학회(2015), 248~249.
53 대법원 1966. 10. 18. 선고 66다1335 판결.

32 판례는 이혼 위자료청구권은 원칙적으로 일신전속적 권리로서 양도나 상속 등 승계가 되지 아니하나 이는 행사상 일신전속권이고 귀속상 일신전속권은 아니라 할 것인바, 그 청구권자가 위자료의 지급을 구하는 소송을 제기함으로써 행사할 의사가 외부적 객관적으로 명백하게 된 이상 양도나 상속 등 승계가 가능하다고 하였다.[54]

#### 4) 생명침해로 인한 손해배상청구권

33 생명침해로 인한 손해배상청구권이 상속되는지에 관하여는 이를 긍정하는 견해[55]와 부정하는 견해[56]가 대립한다. 긍정하는 견해의 경우 그 이론적 근거에 대해서 논란이 있으나 치명상을 받은 때와 사망한 때 사이에 시간적 간격이 존재한다는 시간적 간격설을 따르는 것이 대체적이다. 상속을 부정하는 견해는 사망으로 인한 손해배상청구권을 망인이 생전에 취득할 수 없기 때문에 상속도 이루어질 수 없다는 점을 근거로 든다.

34 판례는 시간적 간격설을 취하면서 종래부터 확고하게 생명침해로 인한 재산적 손해배상청구권이나 위자료청구권은 상속된다고 보고 있다. 대법원은 1969. 4. 15. 선고 69다268 판결에서 정신적 고통에 대한 피해자의 위자료청구권도 재산상의 손해배상청구권과 구별하여 취급할 근거가 없는 바이므로 그 위자료청구권이 일신전속권이라 할 수 없고 피해자의 사망으로 인하여 상속된다 할 것이며 피해자의 상속인이 민법 제752조 소정의 유족인 경우라 하여도 그 유족이 민법 제752조 소정 고유의 위자료청구권과 피해자로부터 상속받은 위자료청구권을 함께 행사할 수 있다 하여 그것이 부당하다고 할 수 없고, 피해자의 위자료청구권은 감각적인 고통에 대한 것뿐만 아니라 피해자가 불법행위로 인하여 상실한 정신적 이익을 비재산적 손해의 내용으로 할 수 있는 것이어서 피해자가 즉사한 경우라 하여도 피해자가 치명상을 받은 때와 사망 사이에도 이론상 시간적

54 대법원 1993. 5. 27. 선고 92므143 판결.

55 곽윤직, 상속법(민법강의VI)(개정판), 박영사(2004), 74~75; 김용한, 친족상속법(보정판), 박영사(2003), 314; 윤진수, 친족상속법 강의(제5판), 박영사(2023), 392~393; 고영아, “생명침해로 인한 손해배상청구권의 구성에 관한 재고찰”, 민사법학 제49-1호, 한국사법행정학회(2010), 107~108; 한봉희, “민법 제752조 해석상의 제문제/민법과 법학의 중요문제”, 장경학박사고희기념논문집, 동국대출판부(1987), 207, 215~216.

56 김주수/김상용, 친족·상속법(제20판), 법문사(2024), 681~683; 이경희/윤부찬, 가족법(11정판), 법원사(2024), 434~435; 소재선, “위자료청구권의 상속성에 관한 재검토”, 가족법연구 제12호, 한국가족법학회(1998), 564~566; 정귀호, “생명침해로 인한 손해배상청구에 관하여”, 민사판례연구 제3권, 박영사(1981), 322~327.

간격이 인정될 수 있는 것이므로 피해자의 위자료청구권은 상속의 대상이 된다고 해석함이 상당하다고 판시하였다.

35 한편 생명침해로 인한 손해배상청구권이 상속이 된다고 하더라도, 피상속인의 사망으로 인하여 부양이익을 상실한 유족이 그 손해에 대하여 배상을 청구할 수 있는지가 문제될 수 있다. 일본 판례는 긍정하는 입장을 취하고 있다.[57] 여기에 대하여 상속구성과 부양구성은 병존할 수 있고, 사망한 피해자의 상속인과 피부양자가 동일한 경우에는 이를 선택적으로 행사할 수 있으며, 사망한 피해자의 상속인과 피부양자가 다른 경우 피부양자의 손해배상청구권을 우선하여야 한다는 견해가 있다.[58]

#### 5) 생명보험금청구권

##### 가) 의의

36 피상속인이 자신을 피보험자로 한 생명보험계약을 체결하면서 보험료를 지출하는 경우에 그 생명보험계약에 의한 생명보험금청구권이 상속재산인지, 아니면 상속인이 자신의 고유한 권리로 생명보험금청구권을 취득하는지가 문제된다. 상속재산인지 상속인의 고유재산인지에 따라 생명보험금 수령이 상속재산에 대한 처분행위로서 법정단순승인 사유에 해당하는지 여부, 상속포기를 한 경우에도 생명보험금을 수령할 수 있는지 여부, 피상속인의 채권자가 강제집행을 할 수 있는지 여부 등이 달라진다.

37 판례는 보험계약자가 피보험자의 상속인을 보험수익자로 하여 맺은 생명보험계약에 있어서 피보험자의 상속인은 피보험자의 사망이라는 보험사고가 발생한 때에는 보험수익자의 지위에서 보험금 지급을 청구할 수 있고, 이 권리는 보험계약의 효력으로 당연히 생기는 것으로 상속재산이 아니라고 하였다.[59]

38 또한 판례는 상해의 결과로 사망하여 사망보험금이 지급되는 상해보험에 있어서도 피보험자의 상속인을 보험수익자로 미리 지정해 놓은 경우는 물론, 상해보험의 보험계약자가 보험수익자의 지정권을 행사하기 전에 보험사고가 발생하여 상법 제739조, 제733조에 의하여 피보험자의 상속인이 보험수익자가 되는 경우

57 日最判, 判例タイムズ Vol. 1045., 判例タイムズ社(2000), 120.
58 고영아, "생명침해로 인한 손해배상청구권의 구성에 관한 재고찰", 민사법학 제49-1호, 한국사법행정학회(2010), 115~119.
59 대법원 2001. 12. 24. 선고 2001다65755 판결.

에도 보험수익자인 상속인의 보험금청구권은 상속재산이 아니라 상속인의 고유재산이라고 보아야 한다고 하였다.[60]

39 아래에서는 문제될 수 있는 경우를 나누어 살펴보겠다.

**나) 피보험자가 피상속인, 보험수익자가 상속인인 경우**

40 보험수익자가 특정 상속인으로 지정되는 경우 또는 단순히 '상속인'이라고만 지정된 경우에도 보험수익자는 자기의 고유한 권리로 생명보험금청구권을 취득하는 것이므로 그 보험금청구권은 상속재산에 포함되지 않는다고 보는 것이 통설[61]과 판례[62]의 태도이다. 이때 보험수익자로 지정된 상속인 중 1인이 자신에게 귀속된 보험금청구권을 포기하는 경우, 포기한 부분이 당연히 다른 상속인에게 귀속되지는 아니한다.[63]

41 보험수익자가 단순히 '상속인'이라고만 지정된 경우 그 상속인은 보험계약 체결시의 상속인 아니라 보험사고 발생시인 피상속인 사망시의 상속인을 의미한다고 해석하는 것이 일반적이다.[64]

42 이때 상속인들에게 지급될 보험금을 어떻게 분할하여 지급할 것인지에 관하여 보험약관상 규정이 있는 경우에는 약관규정에 따라 지급하면 될 것이고, 보험약관 규정이 없는 경우에는 상속분의 비율에 의하여 지급할 것인지 민법 제408조의 규정에 따라 공동상속인들에게 같은 비율로 지급할 것인지 문제된다. 여기에 대하여 다수설[65]은 민법 제408조의 규정에 따라 공동상속인들에게 같은 비율로

60 대법원 2004. 7. 9. 선고 2003다29463 판결. 이 판결에 대한 평석으로는 이광만, "상해의 결과로 사망하여 사망보험금이 지급되는 상해보험에 있어서 보험수익자가 지정되어 있지 않아 피보험자의 상속인이 보험수익자가 되는 경우, 그 보험청구권이 상속인의 고유재산인지 여부(적극)", 대법원판례해설 제51호, 법원도서관(2005).

61 곽윤직, 상속법(민법강의Ⅵ)(개정판), 박영사(2004), 79~80; 김용한, 친족상속법(보정판), 박영사(2003), 314; 김주수/김상용, 친족·상속법(제20판), 법문사(2024), 688~689; 박동섭/양경승, 친족상속법(제5판), 박영사(2020), 637~638; 송덕수, 친족상속법(제7판), 박영사(2024), 329~330; 신영호 외 2인, 가족법강의(제4판), 세창출판사(2023), 364~365; 오시영, 친족상속법(제2판), 학현사(2011), 531; 윤진수, 친족상속법 강의(제5판), 박영사(2023), 394~395; 이경희/윤부찬, 가족법(11정판), 법원사(2024), 436; 한봉희/백승흠, 가족법, 정독(2024), 485.

62 대법원 2001. 12. 28. 선고 2000다31502 판결.

63 대법원 2020. 2. 6. 선고 2017다215728 판결.

64 곽윤직, 상속법(민법강의Ⅵ)(개정판), 박영사(2004), 79~80; 김주수/김상용, 친족·상속법(제15판), 법문사(2018), 674; 신영호/김상훈, 가족법강의(제3판), 세창출판사(2018), 352; 윤진수, 친족상속법 강의(제2판), 박영사(2018), 358.

65 박동섭, "상속재산의 협의분할", 변호사 제35집, 서울지방변호사회(2005), 104; 정구태, "생명보험과 특별수익, 그리고 유류분", 고려법학 제62호, 고려대학교 법학연구원(2011), 281.

지급되어야 한다고 본다. 이와 관련하여 판례는 상해의 결과로 피보험자가 사망한 때에 사망보험금이 지급되는 상해보험에서 보험계약자가 보험수익자를 단지 피보험자의 '법정상속인'이라고만 지정한 경우 특별한 사정이 없는 한 그와 같은 지정에는 장차 상속인이 취득할 보험금청구권의 비율을 상속분에 의하도록 하는 취지가 포함되어 있다고 봄이 타당하고 보험수익자인 상속인이 여러 명인 경우, 각 상속인은 특별한 사정이 없는 한 자신의 상속분에 상응하는 범위 내에서 보험자에 대하여 보험금을 청구할 수 있다고 하여 상속분의 비율에 의하여 지급하여야 한다고 본다.[66]

다) 피보험자 및 보험수익자가 모두 피상속인인 경우

43 생명보험금청구권은 상속재산에 속하므로 상속인이 이를 상속한다는 견해[67]와 사자(死者)는 보험금청구권을 취득하지 못하고, 상법 제733조 제3항의 유추적용에 따라 상속인이 자신의 고유의 권리로 생명보험금청구권을 취득한다는 견해[68]가 대립한다.

44 판례는 상법 제733조 제3항에 따라 보험수익자가 보험존속 중에 사망한 때에는 보험계약자는 다시 보험수익자를 지정할 수 있으며, 보험계약자가 그 지정권을 행사하지 아니하고 사망한 때에는 보험수익자의 상속인이 보험수익자가 됨이 원칙이나, 생명보험에 있어서 보험계약자가 피보험자 중의 1인인 자신을 보험수익자로 지정한 경우에도 그 지정은 유효하고, 따라서 보험수익자가 사망하면 그 보험금은 상속재산이 된다고 하여 전자의 견해를 따르고 있다.[69]

라) 피보험자가 제3자, 보험수익자가 피상속인인 경우

45 판례는 보험계약자가 자기 이외의 제3자를 피보험자로 하고 자기 자신을 보험

66 대법원 2017. 12. 22. 선고 2015다236820, 236837 판결.

67 김용한, 친족상속법(보정판), 박영사(2003), 314; 김주수/김상용, 친족·상속법(제20판), 법문사(2024), 690; 한봉희/백승흠, 가족법, 정독(2024), 485; 김소영, "상속재산분할", 민사판례연구 제25권, 박영사(2003), 772; 법원실무제요, 가사[Ⅱ], 법원행정처(2022), 1599; 시진국, "재판에 의한 상속재산분할", 사법논집 제42집, 법원도서관(2006), 686; 임완규/김소영, "상속재산분할심판", 재판자료 제62집, 법원도서관(1993), 695; 김윤정, "상속재산분할의 대상성과 관련한 논의", 사법 제15호, 사법발전재단(2011), 205.

68 곽윤직, 상속법(민법강의Ⅵ)(개정판), 박영사(2004), 81; 박동섭/양경승, 친족상속법(제5판), 박영사(2020), 638; 송덕수, 친족상속법(제7판), 박영사(2024), 330; 오시영, 친족상속법(제2판), 학현사(2011), 532; 윤진수, 친족상속 법강의(제5판), 박영사(2023), 395; 박동섭, "상속재산의 협의분할", 변호사 제35집, 서울지방변호사회(2005), 98; 전경근, "상속재산으로서의 보험금청구권", 가족법연구 제16권, 한국가족법학회(2002), 249~250; 정구태, "생명보험과 특별수익, 그리고 유류분", 고려법학 제62호, 고려대학교 법학연구원(2011), 278~280.

69 대법원 2000. 10. 6. 선고 2000다38848 판결, 대법원 2002. 2. 8. 선고 2000다64502 판결.

수익자로 하여 맺은 생명보험계약에 있어서 보험존속 중에 보험수익자가 사망한 경우에는 상법 제733조 제3항 후단 소정의 보험계약자가 다시 보험수익자를 지정하지 아니하고 사망한 경우에 준하여 보험수익자의 상속인이 보험수익자가 되고, 이는 보험수익자와 피보험자가 동시에 사망한 것으로 추정되는 경우에도 달리 볼 것은 아니며, 이러한 경우 보험수익자의 상속인이 피보험자의 사망이라는 보험사고가 발생한 때에 보험수익자의 지위에서 보험자에 대하여 가지는 보험금지급청구권은 상속재산이 아니라 상속인의 고유재산이라고 하였다.[70]

마) 관련 상속세, 증여세

46 상속세 및 증여세법 제8조는 피상속인의 사망으로 인하여 받은 생명보험 또는 손해보험의 보험금으로서 피상속인이 보험계약자인 보험계약과 보험계약자가 피상속인이 아닌 경우에도 피상속인이 실질적으로 보험료를 납부한 보험계약에 의하여 받은 것은 상속재산으로 보고 있다.

6) 사망퇴직금, 유족급여 등

가) 사망퇴직금 또는 사망퇴직수당

(1) 의의

47 피상속인이 재직 중 사망한 경우 법률, 취업규칙 또는 내규에 의해 유족에게 퇴직수당 또는 퇴직금을 지급하는 경우가 있는데, 이러한 사망퇴직수당 또는 사망퇴직금은 미지급임금인 동시에 유족의 생활보장을 위한 것이다.[71]

(2) 학설과 판례의 태도

48 사망퇴직금 또는 사망퇴직수당은 법률(공무원연금법 제62조 제1항, 제3조 제1항 제2호, 군인연금법 제30조 제1항, 제3조 제1항 제4호)이나 회사의 내규·취업규칙에 의해 그 수령권자인 유족의 범위나 순위가 정해지고, 이는 민법의 상속인의 범위나 순위와 다르다. 이러한 사망퇴직금 또는 사망퇴직수당을 받을 권리는 상속재산이 아니라는 것이 통설이다.[72]

70 대법원 2007. 11. 30. 선고 2005두5529 판결.

71 곽윤직, 상속법(민법강의VI)(개정판), 박영사(2004), 83; 김주수/김상용, 친족·상속법(제15판), 법문사(2018), 676.

72 곽윤직, 상속법(민법강의VI)(개정판), 박영사(2004), 83~84; 김용한, 친족상속법(보정판), 박영사(2003), 315; 김주수/김상용, 친족·상속법(제20판), 법문사(2024), 690~691; 송덕수, 친족상속법(제7판), 박영사(2024), 330; 신영호 외 2인, 가족법강의(제4판), 세창출판사(2023), 365~366; 윤진수, 친족상속법 강의(제5판), 박영사(2023), 399~400; 이경희/윤부찬, 가족법(11정판), 법원사(2024), 437~438; 박동섭, "생명보험금청구권은 상속재산인가?", 변호사 제40집, 서울지방변호사회(2010), 92.

49 판례는 공무원연금법(1995. 12. 29. 법률 제5117호로 개정되기 전의 것) 제2조 제1항 제2호, 제28조, 제29조, 제30조, 제42조 제3호·제4호, 제56조, 제57조, 제60조, 제61조의2의 규정은 공무원 또는 공무원이었던 자의 사망을 사유로 하여 지급받을 급여(유족급여 또는 사망퇴직수당), 그 수급권자의 범위 및 순위와 지급방법 등에 관하여 규정하고 있는바, 이들 규정은 공무원 또는 공무원이었던 자의 사망 당시 그에 의하여 부양되고 있던 유족의 생활보장과 복리향상을 목적으로 하여 민법과는 다른 입장에서 수급권자를 정한 것으로, 수급권자인 유족은 상속인으로서가 아니라 이들 규정에 의하여 직접 자기의 고유의 권리로서 취득하는 것이라 할 것이고, 따라서 위 각 급여의 수급권은 상속재산에 속하지 아니하므로 공무원연금법 제30조 제1항이 정하는 수급권자가 존재하지 아니하는 경우에 상속재산으로서 다른 상속인의 상속의 대상이 되는 것은 아니라 할 것이라고 하여 통설과 같은 입장이다.[73]

50 다만, 상속세 및 증여세법 제10조 본문은 피상속인에게 지급될 퇴직금, 퇴직수당, 공로금, 연금 또는 이와 유사한 것이 피상속인의 사망으로 인하여 지급되는 경우 그 금액은 상속재산으로 본다고 규정하고 있으므로 상속세액을 계산함에 있어서는 상속재산으로 보고 있다.

나) 유족급여

51 공무원연금법, 사립학교교직원 연금법, 군인연금법, 산업재해보상보장법, 근로기준법 등 여러 특별법에 의해 피상속인이 재직 중 사망한 경우 특별법상 유족급여가 지급되는 경우가 있다. 이러한 유족급여는 유족의 생활보장을 위한 사회보장적 급여의 성질을 가지는 것으로 유족급여를 받을 권리는 상속재산에 포함되지 않는다는 것이 통설이다.[74] 판례도 같은 입장이다.[75] 다만 폐광된 광산에서 업무상 재해를 입은 근로자가 폐광 및 퇴직 후 업무상 재해로 사망한 경우, 구

73 대법원 1996. 9. 24. 선고 95누9945 판결.

74 곽윤직, 상속법(민법강의VI)(개정판), 박영사(2004), 84; 김용한, 친족상속법(보정판), 박영사(2003), 315; 박동섭/양경승, 친족상속법(제5판), 박영사(2020), 639; 송덕수, 친족상속법(제7판), 박영사(2024), 330; 오시영, 친족상속법(제2판), 학현사(2011), 533; 윤진수, 친족상속법 강의(제5판), 박영사(2023), 399~400; 이경희/윤부찬, 가족법(11정판), 법원사(2024), 438; 김소영, "상속재산분할", 민사판례연구 제25권, 박영사(2003), 773; 법원실무제요, 가사[Ⅱ], 법원행정처(2022), 1600; 시진국, "재판에 의한 상속재산분할", 사법논집 제42집, 법원도서관(2006), 689; 김윤정, "상속재산분할의 대상성과 관련한 논의", 사법 제15호, 사법발전재단(2011), 207.

75 대법원 1996. 9. 24. 선고 95누9945 판결, 대법원 1998. 3. 10. 선고 97누20908 판결, 대법원 2006. 2. 23. 선고 2005두11845 판결, 대법원 2009. 5. 21. 선고 2008다13104 전원합의체판결.

석탄산업법 시행령 제41조 제3항 제5호에 따른 유족보상일시금 상당의 재해위로금 수급권은 민법의 상속에 관한 규정에 따라 그 상속인이 상속한다고 판시하였다.[76] 한국가스공사의 상조금에 대하여 회원 본인 사망 시 지급되는 상조금의 수급권자는 사망한 회원의 법정상속인이고 그 경우 상조금 수급권은 상속재산이 아니라 상속인의 고유재산에 해당한다고 판시하였다.[77]

52 상속세 및 증여세법 제10조 단서는 여러 특별법상의 유족연금을 상속재산에서 제외하고 있으므로 상속세액을 계산함에 있어서도 상속재산이 아닌 것으로 보고 있다.

## 2. 재산적 의무

53 채무 기타 재산적 의무도 일반적으로 상속이 된다. 통상의 손해배상채무도 당연히 상속이 되고,[78] 법률행위에 따른 소유권이전등기의무도 상속이 된다.[79] 다만 채무의 이행이 피상속인의 인격이나 특수한 기능과 결합된 것, 예컨대 예술가나 기술자의 작품완성채무, 특정 영업자의 부작위채무 등은 일신전속적인 것이라서 상속되지 아니한다(민법 제1005조 단서).[80]

### 가. 보증채무

#### 1) 통상의 보증채무

54 통상의 보증채무와 연대보증채무는 상속인에게 상속된다고 보는 것이 일반적이다.[81] 보증채무는 책임범위가 확정되어 있고, 보증인의 상속인은 상속이 개시되더라도 예측할 수 없는 손해를 입지 않기 때문이다.[82]

76 대법원 2020. 9. 24. 선고 2020두31699 판결.
77 대법원 2022. 9. 16. 선고 2017다254655 판결.
78 대법원 1959. 11. 26. 선고 4292민상178 판결.
79 대법원 1982. 2. 9. 선고 81다534 판결.
80 박동섭/양경승, 친족상속법(제5판), 박영사(2020), 647.
81 곽윤직, 상속법(민법강의VI)(개정판), 박영사(2004), 72; 김용한, 친족상속법(보정판), 박영사(2003), 318; 김주수/김상용, 친족·상속법(제20판), 법문사(2024), 691; 박동섭/양경승, 친족상속법(제5판), 박영사(2020), 649; 송덕수, 친족상속법(제7판), 박영사(2024), 332; 윤진수, 친족상속법 강의(제5판), 박영사(2023), 390~391; 이경희/윤부찬, 가족법(11정판), 법원사(2024), 439; 김운호, "채무상속", 재판자료 제78집, 법원도서관(1998), 683; 박순성, "채무의 상속", 민사판례연구 제25권, 박영사(2003), 673.
82 곽윤직, 상속법(민법강의VI)(개정판), 박영사(2004), 72; 김주수/김상용, 친족·상속법(제20판), 법문사(2024), 691; 신영호 외 2인, 가족법강의(제4판), 세창출판사(2023), 354~355.

2) 신원보증

55 신원보증계약은 신원보증인의 사망으로 종료한다(신원보증법 제7조). 위 규정은 강행규정으로 신원보증인의 지위는 상속되지 않는다. 그러나 신원보증인이 사망하기 전에 기존 신원보증계약에 기하여 구체적인 보증채무가 발생한 때에는 그 채무가 보증인의 상속인에게 상속된다고 보는 것이 통설과 판례이다.[83]

3) 계속적인 보증채무

56 계속적 채권관계로부터 발생하는 불확정적 채무에 대한 보증의 경우 상속과 관련하여 보증인의 지위가 상속되는지 문제된다.

57 이와 관련하여 민법 제428조의3 및 보증인 보호를 위한 특별법 제6조에 의하면, 최고액을 서면으로 특정하지 아니한 보증계약은 효력이 없으므로, 이 경우 보증인 지위의 상속은 문제되지 않는다.

58 학설은 대체로 상속인을 보호하기 위하여 계속적 보증의 보증인 지위의 상속을 제한해야 한다고 해석한다. 이와 관련하여 계속적 보증인 지위는 원칙적으로 상속되지 않고, 상속개시 전 발생한 구체적 보증인 지위만 상속된다는 견해,[84] 책임액이 정해져 있는 계속적 보증의 경우에는 보증인 지위가 상속되지만, 책임액의 제한이 없는 계속적 보증의 경우에는 보증인 지위가 상속되지 않고, 이미 발생한 보증채무만 상속된다는 견해,[85] 보증한도액의 정함이 있거나 책임범위에 일정한 획정기준이 마련되어 있는 경우에는 보증인의 지위가 상속되나, 보증한 도액의 정함이 없거나 책임범위 획정기준도 마련되어 있지 않은 경우에는 보증인 지위가 상속되지 않고, 상속개시 당시 잔존채무액을 한도로 하여 보증인 지위가 승계된다고 해석하는 견해[86] 등이 있다.

83 김주수/김상용, 친족·상속법(제20판), 법문사(2024), 691; 박동섭/양경승, 친족상속법(제5판), 박영사(2020), 651~652; 송덕수, 친족상속법(제7판), 박영사(2024), 332; 오시영, 친족상속법(제2판), 학현사(2011), 535; 윤진수, 친족상속법 강의(제5판), 박영사(2023), 391; 이경희/윤부찬, 가족법(11정판), 법원사(2024), 439~440; 대법원 1972. 2. 29. 선고 71다2747 판결.

84 박동섭/양경승, 친족상속법(제5판), 박영사(2020), 650~651; 정동호, "상속재산으로서의 채무", 법학논총 제24집, 한양대학교(2007), 588.

85 곽윤직, 상속법(민법강의VI)(개정판), 박영사(2004), 72; 김주수/김상용, 친족·상속법(제20판), 법문사(2024), 692; 오시영, 친족상속법(제2판), 학현사(2011), 535; 최수정, "보증과 상속", 아세아여성법학 제6호, 아세아여성법학연구소(2003), 184.

86 김운호, "채무상속", 재판자료 제78집, 법원도서관(1998), 679~680; 박병대, "계속적 보증에 관한 고찰", 사법논집 제18집, 법원행정처(1987), 57.

59 판례는 보증한도액이 정해진 계속적 보증계약의 경우 보증인이 사망하면 보증인 지위가 상속인들에게 상속됨이 원칙이나, 보증기간과 보증한도액의 정함이 없는 계속적 보증계약의 경우에는 보증인이 사망하면 보증인의 지위가 상속인에게 상속되지 않고, 기왕에 발생된 보증채무만이 상속된다고 한다.[87]

### 나. 조세채무

60 판례는 국세기본법 제24조 제1항은 상속인은 피상속인이 납부할 국세 등을 상속으로 인하여 얻은 재산을 한도로 하여 납부할 의무를 진다고 규정하고 있는바, 위 규정의 취지는 상속인이 피상속인의 국세 등 납세의무를 상속재산의 한도에서 승계한다는 뜻이고 상속인은 피상속인의 국세 등 납세의무 전액을 승계하나 다만 과세관청이 상속재산을 한도로 하여 상속인으로부터 징수할 수 있음에 그친다는 뜻은 아니라고 하였다.[88]

61 또한 피상속인의 양도세납부의무의 승계와 관련하여 판례는 상속을 포기한 자는 국세기본법 제24조 제1항이 피상속인의 국세 등 납세의무를 승계하는 자로 규정하고 있는 상속인에는 포함되지 않는다고 보아 상속을 포기한 자는 피상속인의 양도세납부의무를 승계하지 않는다고 보았다.[89]

## 3. 계약상 및 법률상 지위

62 일반적으로 계약상의 지위는 상속이 된다. 해제권, 취소권이나 하자담보책임과 같이 계약상 지위에 수반되는 권리나 의무도 상속인에게 승계된다. 명의수탁자의 지위도 상속이 된다.[90] 판례는 부동산 실권리자명의 등기에 관한 법률 제8조 제2호에 따라 부부간 명의신탁이 일단 유효한 것으로 인정된 후 배우자 일방의 사망으로 부부관계가 해소된 경우, 명의신탁약정이 사망한 배우자의 다른 상속인과의 관계에서도 여전히 유효하게 존속한다고 하였다.[91]

63 위임 계약은 당사자의 사망으로 소멸되므로(민법 제690조) 위임인, 수임인의 지위는 상속되지 않고, 조합원이 사망하면 조합 탈퇴 사유이므로(제717조 제1호) 조합원의 지위는 상속되지 않으며, 정기급여를 목적으로 한 증여는 당사자의 사망

87 대법원 2001. 6. 12. 선고 2000다47187 판결, 대법원 2003. 12. 26. 선고 2003다30784 판결.
88 대법원 1991. 4. 23. 선고 90누7395 판결.
89 대법원 2013. 5. 23. 선고 2013두1041 판결.
90 대법원 1981. 6. 23. 선고 80다2809 판결.
91 대법원 2013. 1. 24. 선고 2011다99498 판결.

으로 효력을 잃으므로(제560조) 위 증여와 관련한 계약상 지위는 상속되지 않는다. 고용계약과 관련하여 사용자의 지위는 원칙적으로 상속되나, 노무자의 지위는 상속되지 않는다고 보는 것이 대체적인 견해이다.[92]

64 한편 계약상 지위가 상속되지 않는 경우에도 이미 발생한 구체적인 채권·채무는 원칙적으로 상속된다고 볼 것이다.

### 가. 임차권

65 임차권은 상속인에게 상속된다.[93] 판례는 원고 등이 대지를 망 부친으로부터 상속에 의하여 취득한 것이 아니고 그 사망 전에 증여에 의하여 소유권을 취득한 것이라 하더라도 피고 주장과 같이 본건 토지를 원고 등의 망부로부터 임차하고 있는 것이라면 원고 등은 그 부친의 사망으로 그의 피고에 대한 위 토지의 임대인으로서의 의무도 승계하였다고 보아야 할 것이고, 피고는 원고 등의 망부에 대한 본 건 토지의 임차권을 원고 등에게도 주장할 수 있다고 판시하여 임대인 지위의 상속을 긍정한다.[94]

66 다만 임차권이 상속인에게만 승계된다면 임차인의 사실혼배우자, 사실상의 양자 등과 같이 임차인과 동거하고 있으나 상속권이 없는 자는 주거를 잃는 결과가 되므로 이들을 보호할 필요가 있다. 이와 관련하여 주거용 건물의 임대차의 경우에는 주택임대차보호법 제9조는 민법에 대한 특별규정으로서 일정한 요건 하에 상속인 외의 자에게 임차권의 승계를 인정하고 있다. 주택임대차보호법 제9조 제1항은 "임차인이 상속인 없이 사망한 경우에는 그 주택에서 가정공동생활을 하던 사실상의 혼인 관계에 있는 자가 임차인의 권리와 의무를 승계한다."라고 규정하고, 제9조 제2항은 "임차인이 사망한 때에 사망 당시 상속인이 그 주택에서 가정공동생활을 하고 있지 아니한 경우에는 그 주택에서 가정공동생활을 하던 사실상의 혼인 관계에 있는 자와 2촌 이내의 친족이 공동으로 임차인의 권리와 의무를 승계한다."라고 규정하며, 제9조 제4항은 "제1항과 제2항의 경우에

92 곽윤직, 상속법(민법강의Ⅵ)(개정판), 박영사(2004), 68; 박동섭/양경승, 친족상속법(제5판), 박영사(2020), 663; 오시영, 친족상속법(제2판), 학현사(2011), 537; 이경희/윤부찬, 가족법(11정판), 법원사(2024), 433.

93 곽윤직, 상속법(민법강의Ⅵ)(개정판), 박영사(2004), 72; 김용한, 친족상속법(보정판), 박영사(2003), 320; 김주수/김상용, 친족·상속법(제20판), 법문사(2024), 694; 박동섭/양경승, 친족상속법(제5판), 박영사(2020), 634; 송덕수, 친족상속법(제7판), 박영사(2024), 328; 신영호 외 2인, 가족법강의(제4판), 세창출판사(2023), 356~359; 오시영, 친족상속법(제2판), 학현사(2011), 527; 이경희/윤부찬, 가족법(11정판), 법원사(2024), 433; 한봉희/백승흠, 가족법, 정독(2024), 485; 법원실무제요, 가사[Ⅱ], 법원행정처(2022), 1601.

94 대법원 1966. 9. 20. 선고 66다1238 판결.

임대차 관계에서 생긴 채권·채무는 임차인의 권리의무를 승계한 자에게 귀속된다."라고 규정하고 있다. 위 조항은 상속인이 아닌 자에게 상속재산의 분급을 인정하는 것으로 상속일반에 대한 특례 규정이다.

67 이때 승계의 범위와 관련하여 주거권만 승계된다는 견해[95]와 임대차보증금반환 채권의 승계도 포함된다는 견해[96]가 있으나, 법규정의 문리해석상 주택임대차보호법 제9조 제1항에 따른 임대차 승계에는 임대차보증금반환 채권의 승계도 포함하여야 할 것이다.

68 주택임대차보호법 제9조 제3항은 "제1항과 제2항의 경우에 임차인이 사망한 후 1개월 이내에 임대인에게 제1항과 제2항에 따른 승계 대상자가 반대의사를 표시한 경우에는 그러하지 아니하다."라고 규정하여 승계 대상자가 임차인 사망 후 1개월 이내에 승계에 대하여 반대의사를 표시하는 경우에는 상속일반원칙에 따라 상속인들이 임차권을 상속받게 될 것이다.

### 나. 대리인의 지위

69 대리인의 지위는 상속되지 않는다(민법 제127조). 본인의 지위의 경우 민법상의 지위는 상속되지 않으나(민법 제127조), 본인이 상인인 경우에는 그 영업에 관하여 수여한 대리권은 본인의 사망으로 인하여 소멸하지 않고 상속된다(상법 제50조). 소송대리권도 당사자의 사망으로 소멸되지 않는다(민사소송법 제95조 제1호). 무권대리행위의 효과는 본인이 추인할 때까지 본인에게 귀속되지 아니하며 추인(追認)을 하느냐 마느냐는 본인의 자유이다.[97] 본인은 추인권과 추인거절권을 가지고 있고, 상대방은 최고권(민법 제131조), 철회권(제134조), 이행청구나 손해배상청구권(제135조)을 가진다.

70 한편 본인의 지위 또는 대리인의 지위는 상속되지 않더라도 피상속인 사망 시까지 이미 발생한 본인 또는 대리인의 구체적인 권리의무나 법적 지위는 상속의 대상이 된다.

71 아래에서는 무권대리와 관련한 상속에 대하여 검토한다.

95 고상용, "임차권의 승계제도", 삼영사(1998), 320, 330~331.
96 주해상속법(제1권), 박영사(2019), 145(이봉민); 김윤정, "상속재산분할의 대상성과 관련한 논의", 사법 제15호, 사법발전재단(2011), 209~210; 안영하, "주택임대차보호법 제9조에 의한 임차권의 승계", 비교사법 제15권 제2호, 한국비교사법학회(2008), 240~243.
97 박동섭/양경승, 친족상속법(제5판), 박영사(2020), 654.

1) 무권대리인이 본인을 상속하는 경우

72 무권대리인이 본인을 상속하는 경우 무권대리인이 해당 무권대리 행위의 추인을 거절할 수 있는지 아니면 무권대리 행위가 바로 유효하게 되는지 문제된다.

73 무권대리인이 추인을 거절하는 것은 신의칙에 반하므로 그 무권대리 행위가 당연히 유효하게 된다는 견해[98]와 무권대리 행위가 당연히 유효하게 되는 것은 아니고 무권대리인이 추인을 거절하는 경우 상대방이 무권대리인에게 민법 제135조의 책임을 물으면 족하다는 견해[99]가 있다.

74 판례의 입장은 명확하지 않으나, A가 대리권 없이 B소유 부동산을 C에게 매도하여 부동산소유권이전등기등에관한특별조치법에 의하여 소유권이전등기를 마쳐주었다면 그 매매계약은 무효이고 이에 터잡은 이전등기 역시 무효가 되나, A는 B의 무권대리인으로서 민법 제135조 제1항의 규정에 의하여 매수인인 C에게 부동산에 대한 소유권이전등기를 이행할 의무가 있으므로 그러한 지위에 있는 A가 B로부터 부동산을 상속받아 그 소유자가 되어 소유권이전등기이행의무를 이행하는 것이 가능하게 된 시점에서 자신이 소유자라고 하여 자신으로부터 부동산을 전매수한 D에게 원래 자신의 매매행위가 무권대리행위여서 무효였다는 이유로 D 앞으로 마친 소유권이전등기가 무효의 등기라고 주장하여 그 등기의 말소를 청구하거나 부동산의 점유로 인한 부당이득금의 반환을 구하는 것은 금반언의 원칙이나 신의성실의 원칙에 반하여 허용될 수 없다고 한 판례가 있다.[100]

75 무권대리인이 본인을 다른 상속인들과 함께 공동상속하는 경우에는 그 무권대리행위가 당연히 유효로 되지는 않는다. 이 경우 추인권과 추인거절권이 공동상속인 전원에게 귀속하므로 공동상속인 전원이 이를 공동으로 행사해야 한다는

98 민법주해[Ⅲ], 박영사(2022), 291~292(이균용); 곽윤직, 상속법(민법강의Ⅵ)(개정판), 박영사(2004), 82; 김주수/김상용, 친족·상속법(제20판), 법문사(2024), 695; 박동섭/양경승, 친족상속법(제5판), 박영사(2020), 655~656; 송덕수, 친족상속법(제7판), 박영사(2024), 333; 오시영, 친족상속법(제2판), 학현사(2011), 537; 이경희/윤부찬, 가족법(11정판), 법원사(2024), 441; 박순성, "채무의 상속", 민사판례연구 제25권, 박영사(2003), 660; 양창수, "계약상 무권대리에 관한 몇 가지 문제", 고시계 제52권 제7호, 국사고시학회(2007), 53.

99 강태성, "무권대리에 있어서의 본인의 추인·추인거절", 이철원 교수 정년기념논문집 간행위원회(1998), 182~183; 김성숙, "무권대리와 상속", 법학논총 제7집, 숭실대학교 법학연구소(1994), 94; 제철웅, "상속이 무권대리 또는 무권리자의 처분행위에 미치는 효력", 현대민사법연구: 일헌최병욱교수정년기념, 법문사(2002), 32~33.

100 대법원 1994. 9. 27. 선고 94다20617 판결.

견해,[101] 무권대리인은 추인을 거절하지 못하지만, 다른 공동상속인이 추인을 거절하면 무권대리행위가 무효로 확정된다는 견해,[102] 추인권과 추인거절권은 공동상속인들에게 공유적으로 귀속되고, 추인은 처분행위이므로 추인권을 행사하려면 공동상속인 전원의 동의가 있어야 하지만, 추인거절은 현상유지적 행위이므로 추인거절권은 공동상속인들 각자가 행사할 수 있다는 견해[103] 등이 있다.

2) 본인이 무권대리인을 상속하는 경우

76 본인이 무권대리인을 상속하는 경우에도 무권대리행위가 바로 유효하게 되는지 아니면 본인의 지위에서 추인거절을 할 수 있는지 문제된다.

77 학설은 무권대리가 유효하게 된다는 견해[104]와 본인의 지위에서 추인을 거절할 수 있으나 상속인으로서 무권대리인의 책임을 진다는 견해[105]가 있다.

78 판례는 부(父)가 자(子)와 공동 상속한 거주가옥의 부지를 부(父)가 자(子)의 대리권 없이 매도하고 사망한 후에 자(子)가 매수인에게 그 매매대금 상당을 지급하기로 약정한 것만으로 망부(亡父)의 무권대리행위를 추인한 것으로 볼 수는 없다고 하여 본인이 무권대리인을 상속하여도 추인거절할 수 있음을 전제로 하고 있다.[106]

3) 타인의 권리매매

79 타인의 권리를 매매(민법 제569조)한 무권리자가 그 후에 권리자를 상속하거나, 그 반대의 경우에도 무권대리와 유사한 문제가 발생한다.

80 학설은 권리자는 무권리자의 이행의무를 상속의 효과로 승계하므로 권리자의

101 김주수/김상용, 친족·상속법(제20판), 법문사(2024), 695; 오시영, 친족상속법(제2판), 학현사(2011), 537~538; 박순성, "채무의 상속", 민사판례연구 제25권, 박영사(2003), 660~661; 양창수, "계약상 무권대리에 관한 몇 가지 문제", 고시계 제52권 제7호, 국사고시학회(2007), 53.

102 곽윤직, 상속법(민법강의VI)(개정판), 박영사(2004), 82; 박동섭/양경승, 친족상속법(제5판), 박영사(2020), 655~656.

103 김성숙, "무권대리와 상속", 법학논총 제7집, 숭실대학교 법학연구소(1994), 94~95; 박순성, "채무의 상속", 민사판례연구 제25권, 박영사(2003), 660~661; 제철웅, "상속이 무권대리 또는 무권리자의 처분행위에 미치는 효력", 현대민사법연구, 법문사(2002), 34~35.

104 김대정, "타인의 권리매매에서 권리자가 매도인을 상속한 경우", 고시계 제53권 제4호, 국가고시학회(2008), 99~100.

105 곽윤직, 상속법(민법강의VI)(개정판), 박영사(2004), 82; 김주수/김상용, 친족·상속법(제20판), 법문사(2024), 695; 송덕수, 친족상속법(제7판), 박영사(2024), 334; 오시영, 친족상속법(제2판), 학현사(2011), 538; 이경희/윤부찬, 가족법(11정판), 법원사(2024), 441; 강태성, "무권대리에 있어서의 본인의 추인·추인거절", 이철원 교수 정년기념논문집 간행위원회(1998), 184; 김성숙, "무권대리와 상속", 법학논총 제7집, 숭실대학교 법학연구소(1994), 106.

106 대법원 1991. 7. 9. 선고 91다261 판결.

이행거절권을 인정하는 것은 부당하다고 비판하는 견해[107]와 권리자는 무권리자를 상속하였다는 사실만으로 추인을 한 것과 같은 효과를 받는 것이 아니라 신의칙에 위반하는 특별한 사정이 없는 이상 추인에 대한 선택을 가진다는 견해[108]가 있다.

81 판례는 A가 B등 명의의 주식에 관하여 처분권한 없이 은행과 담보설정계약을 체결하고 A의 사망으로 B등이 A를 상속한 경우에 관하여 무권리자가 타인의 권리를 처분하는 계약을 체결한 후 권리자인 타인이 무권리자를 상속하는 경우 원칙적으로 그 이행에 관한 아무런 의무가 없고 권리자가 이행을 거절할 수 있는 자유가 있었던 것이므로 신의칙에 반하는 것으로 인정할 특별한 사정이 없는 한 원칙적으로 위 계약에 따른 의무의 이행을 거절할 수 있다고 하였다.[109]

82 또한 판례는 무권리자인 A가 부(父) 소유의 부동산에 관하여 부(父) 생전에 자신의 단독명의로 소유권이전등기를 마칠 의도로 그 등기방법을 B와 상의하다가 B가 일단 자기 앞으로 소유권이전등기를 마쳤다가 이를 넘겨가라고 권유를 하여 부(父)의 인감도장을 가지고 나와 B 명의로 소유권이전등기를 마쳤는데, B가 이를 기화로 다시 또 다른 C의 명의로 소유권이전등기를 하여 준 경우 무권리자인 A가 부(父) 몰래 제3자에게 소유권이전등기를 하여 준 행위가 명의신탁계약의 무권대리행위로 법률상 평가될 수 있더라도 B가 그 대리권 없음을 알았다고 보여 위 명의신탁계약은 무권리자인 A의 부(父)에 대한 관계에서 뿐만 아니라 무권리자인 A에 대한 관계에서도 아무런 효력을 발생할 수 없는 것임이 명백하므로 무권리자인 A가 그 후 부(父)의 권리의무를 상속받았다고 하여 B 명의의 위 소유권이전등기가 A의 상속분 범위 내에서 실체적 권리관계에 부합하는 유효한 등기로 전환되는 것은 아니라 할 것이고, 원인무효인 B 명의의 소유권이전등기가 마쳐진 데 대하여 A에게도 책임이 있음은 부정할 수 없다고 하겠지만, A가 원인무효인 그 등기를 기초로 하여 마친 C 명의의 소유권이전등기의 말소를 청구하는 것이 곧바로 금반언의 원칙이나 신의성실의 원칙에 어긋나는 것이라고 단정할 수 없다고 하였다.[110]

107 제철웅, "상속이 무권대리 또는 무권리자의 처분행위에 미치는 효력", 현대민사법연구: 일헌최병욱 교수정년기념, 법문사(2002), 26~27.

108 김봉수, "무권리자의 처분행위와 상속", 법학연구 제51권 제1호, 부산대학교(2010), 575.

109 대법원 1994. 8. 26. 선고 93다20191 판결.

110 대법원 1992. 4. 28. 선고 91다30941 판결. 이 판결에 대해서 무권대리인이 본인을 상속한 경우와는 관련이 없는 판례라는 견해로 양창수, "1992년 민법 판례 개관", 민법연구(제3권), 박영사(2006), 426.

### 다. 단체 구성원의 지위

83 단체 구성원 지위의 상속 여부는 각 단체의 성질에 따라 다르다.

#### 1) 사단법인, 비법인사단의 사원 지위

84 민법상 사단법인의 사원의 지위는 상속할 수 없다(민법 제56조). 학설은 대체로 위 조항을 임의규정으로 본다.[111] 판례는 민법 제56조는 강행규정이 아니므로 사단법인의 경우 정관에 의하여 이를 인정하고 있을 때에는 양도·상속이 허용되고, 비법인사단의 사원의 지위는 규약이나 관행에 의하여 양도 또는 상속될 수 있다고 하였다.[112]

#### 2) 조합원의 지위

85 민법 제717조 제1호는 조합원은 사망하는 경우 탈퇴한다고 규정하고 있으므로 조합원 지위는 원칙적으로 상속이 되지 않는다. 학설은 대체로 위 조항을 임의규정으로 보아 조합계약에서 상속을 인정하는 특약은 유효하다고 본다.[113] 판례는 조합에 있어서 조합원 1인이 사망한 때에는 민법 제717조에 의하여 그 조합관계로부터 당연히 탈퇴하고 특히 조합계약에서 사망한 조합원의 지위를 그 상속인이 승계하기로 약정한 바 없다면 사망한 조합원의 지위는 상속인에게 승계되지 아니한다고 판시하였다.[114] 판례는 조합원 지위가 상속되지 않는 경우 상속인은 피상속인의 민법 제719조에 따른 지분반환청구권을 행사할 수 있고, 그 지분계산에 있어서 자산평가의 기준시기는 탈퇴당시로 보아야 한다고 하였다.[115]

#### 3) 학교법인의 이사 및 이사장의 지위

86 판례는 A가 학교법인의 이사 및 이사장의 자격으로 위 법인 이사회결의 무효확인청구소송을 제기하여 수행 중 사망한 경우에는 동 이사 및 이사장의 지위는 일신전속권으로서 상속의 대상이 된다고 할 수 없으므로 동 소송은 동인의 사망으로 중단됨 없이 종료되었다고 할 것이고, A의 상속인 등의 소송수계신청

111 박동섭/양경승, 친족상속법(제5판), 박영사(2020), 661; 송덕수, 친족상속법(제7판), 박영사(2024), 332~333; 신영호 외 2인, 가족법강의(제4판), 세창출판사(2023), 345; 윤진수, 친족상속법 강의(제5판), 박영사(2023), 392.

112 대법원 1992. 4. 14. 선고 91다26850 판결, 대법원 1997. 9. 26. 선고 95다6205 판결.

113 민법주해[XVI], 박영사(1992), 139(김재형); 곽윤직, 상속법(민법강의VI)(개정판), 박영사(2004), 78; 김주수/김상용 친족·상속법(제15판), 법문사(2018), 682; 박동섭/양경승, 친족상속법(제5판), 박영사(2020), 662; 송덕수, 친족상속법(제4판), 박영사(2018), 314; 오시영, 친족상속법(제2판), 학현사(2011), 536.

114 대법원 1987. 6. 23. 선고 86다카2951 판결.

115 대법원 1987. 6. 23. 선고 86다카2951 판결.

은 기각되어야 한다고 하여 학교법인의 이사 및 이사장의 지위는 상속의 대상이 되지 않는다고 보았다.[116]

4) 단체의 정관에 따른 의사결정기관의 구성원의 지위

87 단체의 정관에 따른 의사결정기관의 구성원이 그 지위에 기하여 위 단체를 상대로 그 의사결정기관이 한 결의의 존재나 효력을 다투는 민사소송을 제기하였다가 그 소송 계속 중에 사망하였거나 승소 확정판결을 받은 후 그에 대한 재심소송 계속 중에 사망하였다면, 단체의 의사결정기관 구성원으로서의 지위는 일신전속권으로서 상속의 대상이 된다고 할 수 없어 소송수계의 여지가 없으므로 위 소송이나 재심소송은 본인의 사망으로 중단됨이 없이 그대로 종료된다고 하여 단체의 정관에 따른 의사결정기관의 구성원의 지위는 상속의 대상이 되지 않는다고 보았다.[117]

5) 골프 또는 헬스클럽 등의 회원권

88 골프 또는 헬스클럽 등의 회원권의 경우 회원계약이나 단체의 정관에서 정하는 바에 상속 여부가 결정된다고 할 것인데, 상속 여부를 정하고 있지 않더라도 양도가 인정되는 한 원칙적으로 상속의 대상이 된다고 보는 게 대체적 견해이다.[118]

6) 기타

89 유한회사 사원의 지분은 상속할 수 있다(상법 제556조). 합자조합의 유한책임조합원의 지분과 합자회사의 유한책임사원의 지분은 상속의 대상이 되나(상법 제86조의8 제3항, 제283조 제1항), 합자조합의 업무집행조합원의 지분은 상속의 대상이 되지 않는다(제86조의7 제1항). 합명회사의 사원의 지분(상법 제218조 제3항), 유한책임회사의 사원의 지분(제287조의25, 제218조), 합자회사의 무한책임사원의 지분(제269조)은 상속되지 않는다. 판례는 주식회사 감사의 지위는 상속되지 않는다고 하였다.[119]

116 대법원 1981. 7. 16. 자 80마370 결정, 대법원 2019. 2. 14. 선고 2015다255258 판결.
117 대법원 2004. 4. 27. 선고 2003다64381 판결.
118 곽윤직, 상속법(민법강의VI)(개정판), 박영사(2004), 78; 박동섭/양경승, 친족상속법(제5판), 박영사(2020), 654; 신영호 외 2인, 가족법강의(제4판), 세창출판사(2023), 347; 오시영, 친족상속법(제2판), 학현사(2011), 536; 윤진수, 친족상속법 강의(제5판), 박영사(2023), 392; 한봉희/백승흠, 가족법, 정독(2024), 485.
119 대법원 1962. 11. 29. 선고 62다524 판결.

### 라. 형성권

90 취소권, 추인권, 해제권, 환매권, 상계권, 항변권, 채권자취소권 등의 형성권은 상속된다는 것이 통설이다.[120] 민법 제140조는 법률행위의 취소권자로 승계인을 들고 있다. 그러나 형성권 자체가 상속이 된다기보다는 그러한 형성권을 발생시키는 기본적인 법률관계가 상속되는 경우 그에 따라 상속인이 그러한 형성권도 승계한다고 해석하는 것이 정확하다는 견해가 있다.[121]

91 공동상속인들이 상속재산분할 이전에 형성권을 어떻게 행사할 수 있을지에 관하여 판례는 매매계약의 일방 당사자가 사망하여 여러 명의 상속인이 있는 경우 그 상속인들이 계약을 해제하려면, 민법 제547조 제1항은 "당사자의 일방 또는 쌍방이 수인인 경우에는 계약의 해지나 해제는 그 전원으로부터 전원에 대하여 하여야 한다."라고 규정하고 있으므로 상대방과 사이에 다른 내용의 특약이 있다는 등의 특별한 사정이 없는 한, 상속인들 전원이 해제의 의사표시를 하여야 한다고 하였다.[122]

## 4. 소송상의 지위

92 소송당사자가 사망하면 그 소송절차는 중단되고, 그 상속인, 상속재산관리인 그 밖에 법률에 의해 소송을 계속할 사람이 소송절차를 수계하여야 한다. 다만, 상속인이 상속포기를 할 수 있는 동안 소송절차를 수계하지 못한다(민사소송법 제233조). 다만 이혼소송 계속 중 원고가 사망한 경우처럼 소송의 목적인 권리관계가 피상속인의 일신에 전속하는 것인 경우에는 소송이 종료한다.[123]

## 5. 온라인상의 디지털정보

93 이메일, 블로그, SNS 상의 글, 사진, 댓글, 계정 정보 등 인터넷 온라인상에 존재

120 곽윤직, 상속법(민법강의VI)(개정판), 박영사(2004), 76~77; 김주수/김상용, 친족·상속법(제20판), 법문사(2024), 687; 박동섭/양경승, 친족상속법(제5판), 박영사(2020), 633; 송덕수, 친족상속법(제7판), 박영사(2024), 331; 신영호 외 2인, 가족법강의(제4판), 세창출판사(2023), 345; 오시영, 친족상속법(제2판), 학현사(2011), 531; 윤진수, 친족상속법 강의(제5판), 박영사(2023), 401; 이경희/윤부찬, 가족법(11정판), 법원사(2024), 435; 한봉희/백승흠, 가족법, 정독(2024), 485.

121 곽윤직, 상속법(민법강의VI)(개정판), 박영사(2004), 77; 박동섭/양경승, 친족상속법(제5판), 박영사(2020), 633; 송덕수, 친족상속법(제7판), 박영사(2024), 331; 윤진수, 친족상속법 강의(제5판), 박영사(2023), 401.

122 대법원 2013. 11. 28. 선고 2013다22812 판결.

123 김주수/김상용, 친족·상속법(제20판), 법문사(2024), 696; 박동섭/양경승, 친족상속법(제5판), 박영사(2020), 658~659; 송덕수, 친족상속법(제7판), 박영사(2024), 334; 신영호 외 2인, 가족법강의(제4판), 세창출판사(2023), 366~367; 오시영, 친족상속법(제2판), 학현사(2011), 538.

하는 다양한 디지털정보가 상속될 수 있는지 문제된다.

94 인터넷 온라인상의 디지털정보의 상속성을 일반적으로 인정하는 견해,[124] 디지털 유산 중 상당 부분은 재산적 가치가 아닌 인격적 가치만이 인정되므로 상속을 인정하기 어렵다는 견해[125]와 디지털정보를 성질에 따라 분류하여 그 상속성 여부를 판단해야 한다는 견해[126]가 있다.

95 해당 디지털정보가 저작권법, 콘텐츠산업진흥법 등에 따라 보호를 받을 수 있는 경우에는 저작권법에 따른 저작권이나 콘텐츠산업진흥법에 따른 권리는 상속의 대상이 된다.[127]

96 어떠한 견해를 취하더라도 온라인 마일리지, 사이버머니, 온라인 상품권, 온라인 게임 아이템 등과 같은 디지털 정보는 재산적 성격이 강한 채권적 권리이므로 상속성이 인정된다고 보아야 할 것이다.

### 6. 기타

#### 가. 친족법상의 권리 등

97 친족법상의 권리는 특별한 경우를 제외하고는 상속의 대상이 아니다.[128] 재판상 이혼청구권 역시 일신전속적 권리이므로 상속의 대상이 아니고, 따라서 이혼소송 계속 중 당사자 일방이 사망하면 이혼소송은 종료하고, 상속인이 이를 수계할 수 없다.[129]

98 다만, 약혼 해제, 혼인무효·취소, 재판상 이혼, 입양무효·취소, 재판상 파양으로 인한 정신적 손해에 관한 위자료청구권은 원칙적으로 상속의 대상이 아니나, 당사자 사이에 이미 그 배상에 관한 계약이 성립되거나 소를 제기한 후에는 상속의 대상이 된다(민법 제806조 제3항, 제825조, 제843조, 제897조, 제908조). 판례는 이

124 윤진수, 친족상속법 강의(제5판), 박영사(2023), 412; 김현진, "디지털 자산의 사후 처리에 관한 소고", 저스티스 제147호, 한국법학원(2015), 289~290; 임채웅, "디지털 유산의 상속성에 관한 연구", 가족법연구 제28권 제2호, 한국가족법학회(2014), 347~348.

125 오병철, "인격적 가치 있는 온라인 디지털정보의 상속성", 가족법연구 제27권 제1호, 한국가족법학회(2013), 153~155, 180.

126 주해상속법(제1권), 박영사(2019), 158~159(이봉민).

127 윤주희, "디지털유품의 상속성에 관한 민사법적 고찰", 법학연구 제14집 제1호, 인하대학교 법학연구소(2011), 214; 최경진, "디지털유산의 법적 고찰: 온라인유산의 상속을 중심으로", 경희법학 제46권 제3호, 경희대학교(2011), 268.

128 박동섭/양경승, 친족상속법(제5판), 박영사(2020), 661; 송덕수, 친족상속법(제7판), 박영사(2024), 327; 오시영, 친족상속법(제2판), 학현사(2011), 539; 윤진수, 친족상속법 강의(제5판), 박영사(2023), 412.

129 대법원 1985. 9. 10. 선고 85므27 판결.

혼위자료청구권의 양도 또는 승계의 가능 여부에 관하여 민법 제806조 제3항은 약혼해제로 인한 손해배상청구권에 관하여 정신적 고통에 대한 손해배상청구권은 양도 또는 승계하지 못하지만 당사자 간에 배상에 관한 계약이 성립되거나 소를 제기한 후에는 그러하지 아니하다고 규정하고, 민법 제843조가 위 규정을 재판상 이혼의 경우에 준용하고 있으므로 이혼위자료청구권은 원칙적으로 일신전속적 권리로서 양도나 상속 등 승계가 되지 아니하나 이는 행사상 일신전속권이고 귀속상 일신전속권은 아니라 할 것인바, 그 청구권자가 위자료의 지급을 구하는 소송을 제기함으로써 청구권을 행사할 의사가 외부적, 객관적으로 명백하게 된 이상 양도나 상속 등 승계가 가능하다고 하였다.[130]

### 나. 상속법상의 권리

99 공동상속인 중 일부가 상속재산분할 전에 상속분을 양도한 경우 다른 공동상속인의 양수권(민법 제1011조),[131] 유류분반환청구권(제1115조)[132]은 상속의 대상이 된다.

100 상속회복청구권(민법 제999조)이 상속의 대상이 되는지에 관하여는 긍정설[133]과 부정설[134]이 대립한다. 이에 관하여 상속회복청구권이 상속됨을 전제로 한 판례가 있다(☞ 상세한 내용은 민법 제999조 주석 참조).[135]

### 다. 부의금(조의금)

101 피상속인이 사망하여 조문객들이 상가에 주는 부의금 또는 조의금은 피상속인에 대한 증여가 아니므로 상속재산으로 볼 수 없다는 게 대체적인 견해이다.[136] 판례는 부의금은 상호부조의 정신에 입각하여 장례에 따르는 유족의 경제적 부

130 대법원 1993. 5. 27. 선고 92므143 판결.

131 김주수/김상용, 친족·상속법(제20판), 법문사(2024), 697; 박동섭/양경승, 친족상속법(제5판), 박영사(2020), 660; 신영호 외 2인, 가족법강의(제4판), 세창출판사(2023), 362; 오시영, 친족상속법(제2판), 학현사(2011), 539; 윤진수, 친족상속법 강의(제5판), 박영사(2023), 412.

132 박동섭/양경승, 친족상속법(제5판), 박영사(2020), 660; 신영호 외 2인, 가족법강의(제4판), 세창출판사(2023), 362; 윤진수, 친족상속법 강의(제5판), 박영사(2023), 412; 대법원 2013. 4. 25. 선고 2012다80200 판결.

133 박동섭/양경승, 친족상속법(제5판), 박영사(2020), 660.

134 곽윤직, 상속법(민법강의VI)(개정판), 박영사(2004), 165; 김주수/김상용, 친족·상속법(제20판), 법문사(2024), 697; 임완규/김소영, "상속재산분할심판", 재판자료 제62집, 법원도서관(1993), 700.

135 대법원 2009. 10. 15. 선고 2009다42321 판결.

136 곽윤직, 상속법(민법강의VI)(개정판), 박영사(2004), 84; 박동섭/양경승, 친족상속법(제5판), 박영사(2020), 639~640; 송덕수, 친족상속법(제7판), 박영사(2024), 330~331; 신영호 외 2인, 가족법강의(제4판), 세창출판사(2023), 363; 오시영, 친족상속법(제2판), 학현사(2011), 533; 윤진수, 친족상속법 강의(제5판), 박영사(2023), 401; 한봉희/백승흠, 가족법, 정독(2024), 485.

담을 덜어줌과 아울러 유족의 생활안정에 기여함을 목적으로 증여되는 것으로서, 부의금 중 장례비용에 충당하고 남은 것은 특별한 사정이 없는 한 공동상속인들이 각자의 상속분에 따라 권리를 취득한다고 하였다(☞ 상세한 내용은 민법 제1013조 주석 참조).[137]

**라. 행정법령상 수허가자 지위**

102 판례는 산림법령 상 채석허가를 받은 수허가자 지위는 상속의 대상이 된다고 하고, 산림을 무단형질 변경한 자가 사망한 경우, 당해 토지의 소유권 또는 점유권을 승계한 상속인이 그 복구의무를 부담한다고 판시하였고,[138] 국토의 계획 및 이용에 관한 법률에 의한 개발행위허가를 받은 수허가자 지위는 상속이 되므로, 그 상속인은 위 법에 따라 개발행위허가기간만료에 따른 원상회복명령의 수범자가 된다고 하였다.[139]

**마. 과징금납부의무**

103 판례는 부동산 실권자 명의 등기에 관한 법률 제5조에 따른 과징금 채무는 대체적 급부가 가능한 의무이므로 위 과징금을 부과받은 자가 사망한 경우 그 상속인에게 포괄승계된다고 하였다.[140]

**바. 제3자를 위한 계약에서의 수익자의 지위**

104 판례는 갑이 사회복지법인과 노인복지시설 입소계약을 체결하면서 입소자의 사망으로 입소계약이 종료하는 경우의 반환금의 수취인으로 장남인 병을 지정하고, 병이 위 계약서의 반환금 수취인란에 기명날인하였는데, 그 후 갑이 사망한 경우, 위 계약은 갑과 사회복지법인이 병에게 갑의 사망 후 반환금을 반환하기로 정한 제3자를 위한 계약에 해당하고, 병이 위 계약서에 기명날인을 하여 수익의 의사표시를 하였으므로, 병은 반환금의 지급을 구할 권리를 취득하고, 이는 상속재산이 아니라 병의 고유재산이라고 하였다.[141]

137 대법원 1966. 9. 20. 선고 65다2319 판결, 대법원 1992. 8. 18. 선고 92다2998 판결.
138 대법원 2005. 8. 19. 선고 2003두9817 판결.
139 대법원 2014. 7. 24. 선고 2013도10605 판결.
140 대법원 1999. 5. 14. 선고 99두35 판결.
141 대법원 2022. 1. 14. 선고 2021다271183 판결.

## 제 1006 조 [공동상속과 재산의 공유]

**상속인이 수인인 때에는 상속재산은 그 공유로 한다.** <개정 1990. 1. 13.>

**[관련조문]** 민법 제262조(물건의 공유), 제264조(공유물의 처분, 변경), 제265조(공유물의 관리, 보존), 제409조(불가분채권), 제411조(불가분채무와 준용규정), 제412조(가분채권, 가분채무에의 변경), 제413조(연대채무의 내용), 제414조(각 연대채무자에 대한 이행청구), 제454조(채무자와의 계약에 의한 채무인수), 제998조의2(상속비용), 제1000조(상속의 순위), 제1001조(대습상속), 제1003조(배우자의 상속순위), 제1004조(상속인의 결격사유), 제1007조(공동상속인의 권리의무승계), 제1013조(협의에 의한 분할), 제1015조(분할의 소급효), 제1022조(상속재산의 관리), 제1023조 제2항(상속재산보존에 필요한 처분), 제1040조 제1항(공동상속재산과 그 관리인의 선임), 제1044조 제1항(포기한 상속재산의 관리계속의무), 제1047조 제1항(분리후의 상속재산의 관리), 제1052조 제1항(고유재산으로부터의 변제)

**[참고문헌]** 주석 민법, 상속(제1권)(제4판), 한국사법행정학회(2015); 민법주해[Ⅴ], 박영사(1992); 곽윤직, 상속법(민법강의Ⅵ)(개정판), 박영사(2004); 김동근, 가사소송 2: 상속분할과 유류분청구(제5판), 진원사(2022); 김주수/김상용, 친족·상속법(제15판), 법문사(2018); 박동섭, 친족상속법(제4판), 박영사(2013); 박동섭/양경승, 친족상속법(제5판), 박영사(2020); 송덕수, 친족상속법(제7판), 박영사(2024); 신영호 외 2인, 가족법강의(제4판), 세창출판사(2023); 오시영, 친족상속법(제2판), 학현사(2011); 윤진수, 친족상속법 강의(제5판), 박영사(2023); 조은희, 친족상속법, 정독(2023); 김운호, "채무상속", 재판자료 제78집, 법원도서관(1998); 김종화, "공동상속인의 소유권이전등기의무의 승계", 민사판례연구 제5권, 박영사(1993); 박순성, "채무의 상속", 민사판례연구 제25권, 박영사(2003); 박일환, "상속재산의 분할과 공동상속인들의 소유권이전등기의무와의 관계", 민사판례의 제문제 제9권, 한국사법행정학회(1997); 방웅환, "가분채권과 대상재산에 대한 상속재산분할", 대법원판례해설 제107호, 법원도서관(2016); 법원실무제요, 가사[Ⅱ], 법원행정처(2022); 이정민, "가분채권, 대상재판과 상속재산분할", 민사판례연구 제40권, 박영사(2018); 김병선, "소유권이전등기의무의 공동상속에 관한 판례의 태도", 법학연구 제21권 제2호, 경상대학교 법학연구소(2013); 김숙자, "공동상속인간의 상속재산의 공동소유와 그 관리", 가족법학논총, 박영사(1991); 김형석, "우리 상속법의 비교법적 위치", 가족법연구, 제23권 제2호, 한국가족법학회(2009); 맹광호, "상속재산의 분할과 상속인의 소유권이전등기의무", 법학연구 제18권 제3호, 연세대학교 법학연구소(2008); 박범진, "공동상속에 관한 기본 법리: 공동상속재산의 합리적 분할을 중심으로", 한양대학교 대학원 석사학위논문(1994); 박태준, "심판에 의한 상속재산분할", 법조 제49권 제2호, 법조협회(2000); 방웅환, "가분채권과 대상재산에 대한 상속재산분할", 대법원판례해설 제107호, 법원도서관(2016); 신영호, "공동상속재산의 관리", 현대가족법과 가족정책: 야송 김주수교수화갑기념, 삼영사(1988); 이은정, "상속의 효력 규정의 정비를 위한 검토", 가족법연구 제25권 제2호, 한국가족법학회(2011); 이정민, "가분채권, 대상재판과 상속재산분할", 민사판례연구 제40권, 박영사(2018)

## Ⅰ. 공동상속의 의의

1 상속에 의한 권리의무의 이전은 피상속인 사망의 순간에 당연히 이루어진다. 즉, 상속재산은 상속개시와 동시에 상속인에게 이전된다.[1] 이 경우에 여러 명의 공동상속인이 있다면, 상속재산의 승계와 분할과의 사이에 시간적인 간격이 있기 마련이다. 따라서 공동상속인은 필연적으로 상속재산을 일단 공동으로 승계할 수밖에 없다.[2] 상속재산이 분할되면 이러한 공동상속상태는 해소되지만, 상속재산분할까지는 적지 않은 시간이 걸리는 것이 보통이므로 그 사이의 법률관계를 정할 필요가 있다.[3]

## Ⅱ. 공유의 의미

2 민법 제1006조에서 정한 공유의 의미에 대해서는 종래 공유설과 합유설이 대립하였다. 현재는 공유설이 다수설이다.[4] 공유설은 상속인은 상속개시와 동시에 상속재산을 구성하는 개개의 물건 또는 권리에 대하여 그 상속분에 따른 공유지분을 취득하고, 상속재산에 대한 공유지분을 자유로이 처분할 수 있다고 한다. 합유설은 상속재산의 공유는 상속재산 전체 위에 상속분을 가지는 데 지나지 않으므로 공동상속인은 전 상속재산에 대하여 가지는 상속분을 처분할 수 있다고 한다. 한편 공유설에 의하면 공동상속재산에도 공유 일반에 관한 권리의무 규정이 적용된다.

3 판례는 소송계속중 당사자인 피상속인이 사망한 경우 공동상속재산은 상속인들의 공유이므로 소송의 목적이 공동상속인들 전원에게 합일확정되어야 할 필요적 공동소송관계라고 인정되지 아니하는 이상 반드시 공동상속인 전원이 공동으로 수계하여야 하는 것은 아니라고 판시하여 공동상속재산은 상속인들의 공유라고 보고 있고,[5] 민법 제1006조의 공유가 민법 제262조의 공유임을 전제로 하고 있다.[6]

1 김주수/김상용, 주석 민법, 상속(제1권)(제4판), 한국사법행정학회(2015), 331.
2 김주수/김상용, 주석 민법, 상속(제1권)(제4판), 한국사법행정학회(2015), 331.
3 김주수/김상용, 주석 민법, 상속(제1권)(제4판), 한국사법행정학회(2015), 331.
4 곽윤직, 상속법(민법강의VI)(개정판), 박영사(2004), 129; 김주수/김상용, 친족·상속법(제20판), 법문사(2024), 702~703; 송덕수, 친족상속법(제7판), 박영사(2024), 361; 오시영, 친족상속법(제2판), 학현사(2011), 546~547; 윤진수, 친족상속법 강의(제5판), 박영사(2023), 422; 조은희, 친족상속법, 정독(2023), 383.
5 대법원 1993. 2. 12. 선고 92다29801 판결.
6 대법원 1982. 12. 28. 선고 81다454 판결, 대법원 1988. 2. 23. 선고 87다카961 판결, 대법원 1996. 2. 9. 선고 94다61649 판결, 대법원 1999. 8. 20. 선고 99다15146 판결.

## Ⅲ. 공동상속재산의 관리

### 1. 보존행위

4 보존행위는 멸실·훼손을 방지하고 현상을 유지하기 위한 사실적·법률적 행위를 말한다.[7] 상속재산에 대한 보존행위는 민법 제265조 단서에 따라 상속인 각자가 단독으로 할 수 있다는 게 대체적인 견해이고,[8] 판례도 같다.

5 판례는 공동상속인 중 1인이 공유물의 보존행위로서 공동상속인 모두를 위하여 상속재산인 부동산에 관한 상속등기를 신청할 수 있다고 하고,[9] 공동상속인 중 1인은 공유물에 대한 보존행위로서 공동상속재산에 관한 원인무효 등기의 전부 말소를 구할 수 있다고 하며,[10] 공동상속인 중 1인이 원인 없이 부정한 방법으로 공유물 전부에 관하여 자기 명의로 소유권이전등기를 마쳐 다른 공유자가 공유물에 대하여 갖는 권리를 방해한 경우에 그 방해를 받고 있는 공유자 중의 1인은 공유물의 보존행위로서 위 단독명의로 등기를 경료하고 있는 공유자에 대하여 그 공유자의 공유지분을 제외한 나머지 공유지분 전부에 관하여 그 소유권이전등기의 말소등기를 청구할 수 있다고 하고,[11] 공동상속인 중 일부가 상속재산을 배타적으로 점유하고 있다면 다른 상속인은 그 법정상속분이 과반수 지분에 미달하더라도 보존행위로서 그 상속재산의 인도를 청구할 수 있다고 판시하였다.[12]

6 또한 판례는 공동상속인 사이에 어떤 재산이 피상속인의 상속재산에 속하는지 여부에 관하여 다툼이 있어 일부 공동상속인이 다른 공동상속인을 상대로 그 재산이 상속재산임의 확인을 구하는 소를 제기한 경우 이는 그 재산이 현재 공동상속인들의 상속재산 분할 전 공유관계에 있음의 확인을 구하는 소송으로서, 그 승소확정판결에 의하여 그 재산이 상속재산분할의 대상이라는 점이 확정되어 상속재산분할심판 절차 또는 분할심판이 확정된 후에 다시 그 재산이 상속재산분할대상이라는 점에 대하여 다툴 수 없게 되고, 그 결과 공동상속인간의

7 민법주해[Ⅴ], 박영사(1992), 574(민일영).

8 곽윤직, 상속법(민법강의Ⅵ)(개정판), 박영사(2004), 131; 박동섭/양경승, 친족상속법(제5판), 박영사(2020), 670; 송덕수, 친족상속법(제7판), 박영사(2024), 362; 신영호 외 2인, 가족법강의(제4판), 세창출판사(2023), 379; 오시영, 친족상속법(제2판), 학현사(2011), 549; 박범진, "공동상속에 관한 기본 법리: 공동상속재산의 합리적 분할을 중심으로", 한양대학교 대학원 석사학위논문(1994), 59.

9 대법원 2012. 5. 24. 선고 2010다33392 판결.

10 대법원 1996. 2. 9. 선고 94다61649 판결.

11 대법원 1998. 2. 23. 선고 87다카961 판결.

12 대법원 2007. 8. 24. 선고 2006다40980 판결.

상속재산분할의 대상인지 여부에 관한 분쟁을 종국적으로 해결할 수 있으므로 확인의 이익이 있으며, 한편 위 소는 고유필수적 공동소송이라고 할 것이고, 원고들 일부의 소 취하 또는 피고들 일부에 대한 소 취하는 특별한 사정이 없는 한 그 효력이 생기지 않는다고 하였다.[13]

## 2. 관리행위

7 민법 제265조 본문의 관리행위는 처분이나 변경에 이르지 않는 정도의 이용·개량행위를 말한다.[14] 공동상속인의 상속분에 따른 과반수로써 상속재산 관리에 관한 사항을 정해야 한다는 것이 통설이다.[15] 민법 제265조 본문은 임의규정으로 볼 수 있으므로[16] 공동상속인 사이의 특약으로 관리방법을 다르게 정할 수 있다.

8 학설 중에는 권리남용을 이유로 피상속인과 함께 상속재산인 건물에 거주하던 상속인에 대하여 다른 상속인이 관리행위를 이유로 그 건물의 인도를 청구할 수 없고, 상속재산 분할만을 청구할 수 있다는 견해가 있다.[17]

9 상속재산의 관리비용은 상속비용(민법 제998조의2)이 되므로, 상속재산 중에서 지급되어야 한다고 보는 견해가 있다.[18]

## 3. 상속재산관리인의 선정

10 민법 규정상 상속재산관리인 선임은 ① 상속의 포기, 승인을 위한 숙려기간 내인 경우(민법 제1023조 제2항), ② 복수의 한정승인자가 있는 경우(제1040조 제1항), ③ 공동상속인 중 상속을 포기한 자가 있는 경우(제1044조 제1항), ④ 상속재산 분리명령이 있는 경우(제1047조 제1항), ⑤ 상속인의 존부가 분명하지 아니한 때(제1052조 제1항)에 가능하다. 단순승인한 상속인들이 복수인 경우에는 상속재산관리인 선임 신청을 할 수 없다는 게 다수설[19]의 태도이다.

13 대법원 2007. 8. 24. 선고 2006다40980 판결.

14 민법주해[Ⅴ], 박영사(1992), 571(민일영).

15 곽윤직, 상속법(민법강의Ⅵ)(개정판), 박영사(2004), 132; 박동섭/양경승, 친족상속법(제4판), 박영사(2020), 670; 송덕수, 친족상속법(제7판), 박영사(2024), 362; 신영호 외 2인, 가족법강의(제4판), 세창출판사(2023), 379~380; 오시영, 친족상속법(제2판), 학현사(2011), 549.

16 민법주해[Ⅴ], 박영사(1992), 572(민일영).

17 곽윤직, 상속법(민법강의Ⅵ)(개정판), 박영사(2004), 132~133; 박동섭/양경승, 친족상속법(제4판), 박영사(2020), 670; 신영호 외 2인, 가족법강의(제4판), 세창출판사(2023), 380; 신영호, "공동상속재산의 관리", 현대가족법과 가족정책: 야송김주수교수화갑기념, 삼영사(1988), 289~291.

18 곽윤직, 상속법(민법강의Ⅵ)(개정판), 박영사(2004), 133; 박동섭/양경승, 친족상속법(제5판), 박영사(2020), 670.

19 곽윤직, 상속법(민법강의Ⅵ)(개정판), 박영사(2004), 133; 신영호 외 2인, 가족법강의(제4판), 세창출판사(2023), 378~379; 법원실무제요, 가사[Ⅱ], 법원행정처(2022), 1075~1076; 이은정, "상속의 효력 규정의 정비를 위한 검토", 가족법연구 제25권 제2호, 한국가족법학회(2011), 132.

## Ⅳ. 공동상속재산의 처분

11 상속재산공유의 성질을 공유로 보는 통설 및 판례에 의하면 민법 제263조에 따라 상속인은 각자 상속재산에 속하는 개개의 권리 또는 물건에 대한 지분을 처분할 수 있다. 상속재산의 성질을 합유로 보는 견해에 의하면 상속재산에 대한 지분은 처분할 수 없다고 본다. 다만 공동상속재산 자체의 처분은 공동상속인 전원의 동의가 있어야 한다(민법 제264조).

## Ⅴ. 채권·채무의 공동상속

### 1. 채권

#### 가. 가분채권

12 가분채권은 공동상속인들에게 상속분에 따라 분할 승계된다는 것이 대체적인 견해이다.[20] 상속되는 가분채권은 상속개시와 동시에 당연히 공동상속인 사이에서 그들의 상속분에 따라 분할되며 승계된다는 것이 판례이다.[21] 판례는 금전채권과 같이 급부의 내용이 가분인 채권이 공동상속되는 경우 상속개시와 동시에 당연히 법정상속분에 따라 공동상속인들에게 분할되어 귀속되므로 상속재산분할의 대상이 될 수 없는 것이 원칙이나, 특별한 사정이 있는 때에는 상속재산분할을 통하여 공동상속인들 사이에 형평을 기할 필요가 있으므로 가분채권도 예외적으로 상속재산분할의 대상이 될 수 있다고 판시하였다.[22]

13 한편, 주식은 주식회사의 주주 지위를 표창하는 것으로서 금전채권과 같은 가분채권이 아니므로 공동상속하는 경우 법정상속분에 따라 당연히 분할하여 귀속하는 것이 아니라 공동상속인들이 이를 준공유하는 법률관계를 형성하고,[23] 주

20 곽윤직, 상속법(민법강의Ⅵ)(개정판), 박영사(2004), 129; 김동근, 가사소송 2: 상속분할과 유류분청구(제5판), 진원사(2022), 245; 송덕수, 친족상속법(제7판), 박영사(2024), 362; 오시영, 친족상속법(제2판), 학현사(2011), 547; 이정민, "가분채권, 대상재판과 상속재산분할", 민사판례연구 제40권, 박영사(2018), 782~783; 김숙자, "공동상속인간의 상속재산의 공동소유와 그 관리", 가족법학논총, 박영사(1991), 603; 김형석, "우리 상속법의 비교법적 위치", 가족법연구 제23권 제2호, 한국가족법학회(2009), 95~96; 박범진, "공동상속에 관한 기본 법리: 공동상속재산의 합리적 분할을 중심으로", 한양대학교 대학원 석사학위논문(1994), 54~55.

21 대법원 1962. 5. 3. 선고 4294민상1105 판결, 대법원 1980. 11. 25. 선고 80다1847 판결.

22 대법원 2016. 5. 4. 자 2014스122 결정; 이 결정에 대한 평석으로는 방웅환, "가분채권과 대상재산에 대한 상속재산분할", 대법원판례해설 제107호, 법원도서관(2016).

23 대법원 2006. 7. 24. 자 2005스83 결정.

택공급을 신청할 권리와 분리될 수 없는 청약저축의 가입자가 사망하여 공동상속이 이루어진 경우 공동상속인이 청양저축 예금계약을 해지하려면 금융기관과 사이에 다른 내용의 특약이 있다는 등의 특별한 사정이 없는 한 전원이 해지의 의사표시를 하여야 하며,[24] 은행들이 판매한 투자신탁 형태 MMF(Money Market Fund)의 수익증권 등 자본시장법상 투자신탁 형태 단기금융 집합투자기구의 수익권은 특별한 사정이 없는 한 상속개시와 동시에 당연히 법정상속분에 따른 수익증권의 좌수대로 공동상속인들에게 분할하여 귀속한다.[25]

14 판례나 학설에 따르면 공동상속인 중 일부는 상속재산분할 전이라도 그 법정상속분에 따라 가분채권의 이행을 구하거나 변제수령을 할 수 있다. 공동상속인은 상속재산분할 전이라도 피상속인의 예금채권을 상속분에 따라 분할 승계하였다는 이유로 금융기관에 대해서 금전의 지급을 구할 수 있다.

#### 나. 불가분채권

15 불가분채권은 상속재산의 분할시까지 공동상속인 전원에서 불가분적으로 귀속하고 각 공동상속인은 공동으로 또는 각자가 모든 상속인을 위하여 이행을 청구할 수 있다고 해석하는 것이 대체적인 견해이다(민법 제409조).[26]

### 2. 채무

#### 가. 가분채무

16 상속채권자를 보호하기 위하여 상속재산분할 전까지는 피상속인의 채무가 피상속인이 생존하고 있었던 때와 같은 형태로 존속한다고 보아 공동상속인들이 피상속인의 채무에 관하여 불가분채무 또는 연대채무를 부담한다고 해석하는 견해[27]와 다수당사자 사이의 채권관계는 분할채권관계가 원칙이라는 등의 이유로 가분채무가 공동상속인들에게 상속분에 따라 당연히 분할된다는 견해가 있다.[28]

24 대법원 2022. 7. 14. 선고 2021다294674 판결.

25 대법원 2023. 12. 21. 선고 2023다221144 판결.

26 곽윤직, 상속법(민법강의VI)(개정판), 박영사(2004), 130; 박동섭/양경승, 친족상속법(제5판), 박영사(2020), 666; 송덕수, 친족상속법(제7판), 박영사(2024), 362; 오시영, 친족상속법(제2판), 학현사(2011), 547.

27 곽윤직, 상속법(민법강의VI)(개정판), 박영사(2004), 130~131; 김주수/김상용, 친족·상속법(제15판), 법문사(2018), 692; 박동섭, 친족상속법(제4판), 박영사(2013), 565.

28 김동근, 가사소송 2: 상속분할과 유류분청구(제5판), 진원사(2022), 245; 송덕수, 친족상속법(제7판), 박영사(2024), 370~371; 오시영, 친족상속법(제2판), 학현사(2011), 547; 김운호, "채무상속", 재판자료 제78집, 법원도서관(1998), 695.

17 판례는 금전채무와 같이 급부의 내용이 가분인 채무가 공동상속된 경우 그 채무는 상속개시와 동시에 당연히 법정상속분에 따라 공동상속인에게 분할되어 귀속되는 것이므로 상속재산 분할의 대상이 될 여지가 없다고 하면서, 상속재산 분할의 대상이 될 수 없는 상속채무에 관하여 공동상속인들 사이에 분할의 협의가 있는 경우라면 그러한 협의는 민법 제1013조에서 말하는 상속재산의 협의분할에 해당하는 것은 아니지만, 위 분할의 협의에 따라 공동상속인 중의 1인이 법정상속분을 초과하여 채무를 부담하기로 하는 약정은 면책적 채무인수의 실질을 가진다고 할 것이어서, 채권자에 대한 관계에서 위 약정에 의하여 다른 공동상속인이 법정상속분에 따른 채무의 일부 또는 전부를 면하기 위하여는 민법 제454조의 규정에 따른 채권자의 승낙을 필요로 하고, 여기에 상속재산 분할의 소급효를 규정하고 있는 민법 제1015조가 적용될 여지는 없다고 하였다.[29]

### 나. 불가분채무

18 피상속인의 채무가 불가분채무인 경우 공동상속인 각자가 본래의 불가분채무(민법 제411조 내지 제414조)와 동일한 내용의 불가분채무를 부담한다고 보는 견해가 일반적이다.[30]

19 판례는 임대인의 지위를 공동상속한 경우 공동상속인의 임대차보증금반환채무는 불가분채무라고 판시하였다.[31]

### 다. 연대채무

20 연대채무자 중 1인을 공동상속한 경우 공동상속인은 각 상속분의 범위 내에서 연대채무자와 연대채무를 부담한다는 것이 통설이다.[32]

### 라. 임대차계약상 채무

#### 1) 목적물을 사용·수익할 수 있게 할 채무

21 임대인 지위를 공동상속한 경우에는 임차인으로 하여금 목적물을 사용·수익할 수 있게 하여야 할 채무는 성질상 불가분채무이므로, 공동상속인들은 그 채무를 불가분적으로 부담한다고 보아야 할 것이다.

29 대법원 1997. 6. 24. 선고 97다8809 판결, 대법원 2013. 3. 14. 선고 2010다42624, 42631 판결.

30 곽윤직, 상속법(민법강의VI)(개정판), 박영사(2004), 131; 박동섭/양경승, 친족상속법(제5판), 박영사(2020), 648~649; 송덕수, 친족상속법(제7판), 박영사(2024), 371; 오시영, 친족상속법(제2판), 학현사(2011), 547.

31 대법원 2021. 1. 28. 선고 2015다59801 판결.

32 박동섭/양경승, 친족상속법(제5판), 박영사(2020), 649; 오시영, 친족상속법(제2판), 학현사(2011), 547~548; 윤진수, 친족상속법 강의(제5판), 박영사(2023), 423.

2) 임대차보증금반환 채무

22 공동상속인에 대한 것은 아니지만 판례는 건물의 공유자가 공동으로 건물을 임대하고 보증금을 수령한 경우, 특별한 사정이 없는 한 그 임대는 각자 공유지분을 임대한 것이 아니고 임대목적물을 다수의 당사자로서 공동으로 임대한 것이고, 그 보증금 반환채무는 성질상 불가분채무에 해당한다고 판시하여 공동임대인들의 임대차보증금반환 채무를 불가분채무로 보고 있고,[33] 임대인의 지위를 공동상속하는 경우에도 마찬가지로 적용될 것이다.

**마. 소유권이전등기의무**

23 소유권이전등기의무에 대해서 가분채무이므로 공동상속인들에게 법정상속분에 따라 분할되어 귀속된다는 견해[34]와 공동상속인 전원이 불가분적으로 소유권이전등기의무를 부담한다는 견해[35]가 대립한다.

24 판례는 타에 매도된 부동산의 공동상속인 중 1인이 자기 이외의 다른 상속인들의 상속지분을 매수하여 자기 앞으로 그 매수지분에 관한 이전등기를 마친 경우 원래의 자기 고유상속지분이 아닌 매수지분에 관하여는 의무승계의 특약이 존재하는 등 특단의 사정이 없는 한 당연히 다른 상속인들의 원래의 부동산 매수인에 대한 의무를 승계한다고 볼 수 없다고 하여 피상속인의 소유권이전등기의무는 공동상속인들에게 그 상속지분비율에 따라 상속되는 가분채무로 보았다.[36] 이 판결에 대해서는 소유권이전등기의무를 가분채무로 보더라도 상속인간에 상속된 지분의 양도가 있을 때에는 그 양도된 지분에 따른 소유권이전등기의무도 양수인이 부담하기로 하는 명시적 또는 묵시적 약정이 있다고 보아야 한다는 비판이 있다.[37]

33 대법원 1998. 12. 8. 선고 98다43137 판결, 대법원 2017. 5. 30. 선고 2017다205073 판결.

34 박동섭/양경승, 친족상속법(제5판), 박영사(2020), 647; 오시영, 친족상속법(제2판), 학현사(2011), 549; 김병선, "소유권이전등기의무의 공동상속에 관한 판례의 태도", 법학연구 제21권 제2호, 경상대학교 법학연구소(2013), 68; 맹광호, "상속재산의 분할과 상속인의 소유권이전등기의무", 법학연구 제18권 제3호, 연세대학교 법학연구소(2008), 407~408.

35 김종화, "공동상속인의 소유권이전등기의무의 승계", 민사판례연구 제5권, 박영사(1993), 179; 박일환, "상속재산의 분할과 공동상속인들의 소유권이전등기의무와의 관계", 민사판례의 제문제 제9권, 한국사법행정학회(1997), 77~79; 박태준, "심판에 의한 상속재산분할", 법조 제49권 제2호, 법조협회(2000), 125; 신영호, "공동상속재산의 관리", 현대가족법과 가족정책: 야송 김주수교수회갑기념, 삼영사(1988), 340.

36 대법원 1979. 2. 27. 선고 78다2281 판결.

37 김종화, "공동상속인의 소유권이전등기의무의 승계", 민사판례연구 제5권, 박영사(1993), 박영사(1993), 182~183.

25 공동상속 인간의 의무 승계 약정과 관련하여 A가 비록 B의 상속인이 아니라고 하더라도, B로부터 임야를 매수한 C로부터 그 임야에 대한 소유권이전등기절차의 이행을 요구받고 있는 상태에서 그 임야에 관하여 C명의로 소유권이전등기를 경료하여 줄 의사에 기하여 A 명의로 소유권이전등기를 하였다면, 이는 A가 B의 상속인인 D의 소유권이전등기 의무를 전부 승계하여 A단독으로 C에게 그 임야에 관한 소유권이전등기 의무를 이행하기로 하는 묵시적 특약이 있었다고 봄이 당사자의 의사에 합의된다는 판례[38]가 있고, A가 B의 남편인 C로부터 미등기임야를 매수하였으나 그 소유권이전등기 경료 전에 C가 사망하자 B가 A에게 위 임야에 관하여 상속절차를 거쳐 A명의로 소유권이전등기를 하여 주기로 약정하고 위 임야를 B단독 명의로 보존등기를 하였다면 이는 동인이 다른 공동상속인들의 상속지분에 관한 소유권이전등기 의무를 전부 승계하여 단독으로 위 임야에 관한 소유권이전등기를 이행하기로 하는 특약을 한 것으로 봄이 위 약정을 체결한 당사자의 의사에 합치된다는 판례[39]가 있다.

26 판례는 소유권이전등기의무를 공동상속한 공동상속인들의 협의분할에 의해 공동상속인 1인이 당해 부동산에 관하여 단독으로 상속등기를 마친 경우 협의분할의 소급효에 의하여 나머지 상속인들은 이 사건 부동산을 상속한 것이 아니라 할 것이고 현재 등기부상 명의자가 아니어서 등기의무자가 될 수도 없다 할 것이므로 그 등기명의자인 공동상속인만이 소유권이전등기의무가 있다고 하였다.[40] 이 판결에 대해서는 협의분할로 단독으로 상속등기를 마친 상속인은 그 매매계약상의 지위도 단독으로 상속하므로 타당하다는 견해[41]가 있고, 소유권이전등기의무는 불가분채무이므로 공동상속인 전원이 부담하고, 목적물을 상속재산분할에 따라 특정 상속인들이 취득하였다면 다른 상속인들이 소유권이전등기의무를 면하게 되는 것이 아니라 그 의무이행이 가능하냐 이행불능이냐는 문제가 남게 된다는 비판[42]이 있고, 소유권이전등기는 가분채무로서 그 의무는 상속개시와 동시에 당연히 법정상속분에 따라 공동상속인에게 분할되어 귀속되며

38 대법원 1995. 9. 15. 선고 94다23067 판결.

39 대법원 1987. 2. 10. 선고 86다카1942 판결.

40 대법원 1991. 8. 27. 선고 90다8237 판결, 대법원 1993. 7. 13. 선고 92다17501 판결.

41 맹광호, "상속재산의 분할과 상속인의 소유권이전등기의무", 법학연구 제18권 제3호, 연세대학교 법학연구소(2008), 418~419, 423.

42 박일환, "상속재산의 분할과 공동상속인들의 소유권이전등기의무와의 관계", 민사판례의 제문제 제9권, 한국사법행정학회(1997), 79~80, 82~83.

상속재산분할의 대상이 될 여지가 없으므로 공동상속인들이 그 중 1인에게 부동산의 소유권을 귀속시키는 내용의 상속재산분할협의를 하더라도 공동상속인들에게 상속분별로 귀속된 소유권이전등기의무에는 영향이 없다는 비판이 있다.[43]

### 바. 건물철거의무

27 판례는 건물철거의무를 공동상속한 공동상속인들의 건물철거의무는 그 성질상 불가분채무라고 할 것이고 각자 그 지분의 한도 내에서 건물 전체에 대한 철거의무를 진다고 하였고,[44] 건물의 공동상속인 전원을 피고로 하여서만 건물의 철거청구를 할 수 있는 것은 아니고 공동상속인 중의 한 사람만을 상대로 그 상속분의 한도에서만 건물의 철거를 청구할 수 있다고 하였다.[45] 이 판결에 대해서는 불가분채무도 가능한 범위 내에서 가분채무로 상속되는 것으로 보아 각 상속인들이 그 상속지분의 범위 내에서만 의무를 부담하고 그 범위를 넘어서는 의무를 지지 않게 배려하는 것이므로 상속인 보호에 적합한 해석으로 타당하다는 견해[46]와 건물철거의무는 불가분채무이므로 이를 상속하는 공동상속인도 불가분채무를 부담하는 것으로 보아야 한다는 견해가 있다.[47]

## Ⅵ. 공동상속재산에 관한 소송 형태(판례)

28 판례는 공동상속재산에 관한 소송은 원칙적으로 필수적 공동소송이 아니라는 입장이다.

29 공동상속재산의 지분에 관한 등기말소와 지분권존재확인을 구하는 소송은 필수적 공동소송이 아니라 통상의 공동소송이다.[48] 공동상속인 A가 다른 공동상속인 B를 상대로 C회사의 주주명부에 B의 소유로 등재된 주식 중 일부에 관하여 주주권확인을 구하는 부분의 소송은 공동상속인 전원이 원고가 되어 제기하여야 하는 필수적 공동소송에 해당하지 않는다고 판시하였다.[49]

43 김병선, "소유권이전등기의무의 공동상속에 관한 판례의 태도", 법학연구 제21권 제2호, 경상대학교 법학연구소(2013), 69; 박순성, "채무의 상속", 민사판례연구 제25권, 박영사(2003), 678~679.
44 대법원 1980. 6. 24. 선고 80다756 판결.
45 대법원 1968. 7. 31. 선고 68다1102 판결.
46 김운호, "채무상속", 재판자료 제78집, 법원도서관(1998), 699.
47 김주수/김상용, 친족·상속법(제20판), 법문사(2024), 125.
48 대법원 1965. 5. 18. 선고 65다279 판결.
49 대법원 2010. 2. 25. 선고 2008다96963, 96970 판결.

30 공동상속인을 상대로 피상속인이 이행하여야 할 부동산소유권이전등기절차의 이행을 청구하는 소는 공동상속인이 그 공동상속재산에 관하여 각자의 지분권을 가지고 그 지분권의 처분에 관하여 원고와의 사이에 합일적으로 처리할 이유가 없으므로 필요적 공동소송이 아니라고 판시하였다.[50]

31 공동상속인이 다른 공동상속인을 상대로 어떤 재산이 상속재산임의 확인을 구하는 소는 이른바 고유필수적 공동소송이라 할 것이고, 고유필수적 공동소송에서는 원고들 일부의 소 취하 또는 피고들 일부에 대한 소 취하는 특별한 사정이 없는 한 그 효력이 생기지 않는다고 판시하였다.[51]

32 한국토지공사가 택지개발예정지구 내의 이주자택지 공급대상자의 선정기준에 따라 이주자택지 공급대상자를 확정하면 그 공급대상자에게 구체적인 수분양권이 발생하고, 그 후 공급대상자에게 분양신청 기간을 정하여 분양신청을 하도록 통지하면, 공급대상자는 그 통지에 따라 이주택지에 관한 공급계약을 체결할 수 있는 청약권이 발생하게 되고, 그 공급대상자가 사망하여 공동상속인들이 청약권을 공동상속하는 경우에는 공동상속인들이 그 상속지분비율에 따라 피상속인의 청약권을 준공유하게 되며, 공동상속인들은 단독으로 청약권 전부는 물론 그 상속지분에 관하여 이를 행사할 수 없고, 그 청약권을 준공유하고 있는 공동상속인들 전원이 공동으로만 이를 행사할 수 있는 것이므로 위 청약권에 기하여 청약의 의사표시를 하고, 그에 대한 승낙의 의사표시를 구하는 소송은 청약권의 준공유자 전원이 원고가 되어야 하는 고유필수적 공동소송이라고 판시하였다.[52]

33 또한, 원고가 소송계속 중 사망하고 그 상속인들이 소송수계신청을 한 경우에 각 그 상속분에 따른 지급을 구하는 내용의 청구취지정정신청서를 제출하지 아니하였다고 하더라도 위 망인의 양적인 청구금액에 대하여 그 한도에서 각 그 상속분에 따라 청구가 있다고 볼 수 있다고 판시하였다.[53]

50 대법원 1964. 12. 29. 선고 64다1054 판결.
51 대법원 2007. 8. 24. 선고 2006다40980 판결.
52 대법원 2003. 12. 26. 선고 2003다11738 판결.
53 대법원 1970. 9. 17. 선고 70다1415 판결.

## 제 1007 조 [공동상속인의 권리의무승계]

공동상속인은 각자의 상속분에 응하여 피상속인의 권리의무를 승계한다.

[관련조문] 민법 제1006조(공동상속과 재산의 공유), 제1009조(법정상속분), 제1011조(공동상속분의 양수), 제1016조(공동상속인의 담보책임), 제1017조(상속채무자의 자력에 대한 담보책임), 제1018조(무자력공동상속인의 담보책임의 분담), 제1028조(한정승인의 효과), 제1029조(공동상속인의 한정승인)

[참고문헌] 주석 민법, 상속(제1권)(제4판), 한국사법행정학회(2015)

1 민법 제1007조는 제1006조를 이어 받아서 위의 공유의 지분의 비율, 상속재산인 채권·채무의 당연 분할의 비율, 불가분채권채무의 지분의 비율이 각 공동상속인의 상속분 비율에 따른다는 것을 규정한 것이다.[1]

[1] 김주수/김상용, 주석 민법, 상속(제1권)(제4판), 한국사법행정학회(2015), 362.

## 제 1008 조 [특별수익자의 상속분]

**공동상속인 중에 피상속인으로부터 재산의 증여 또는 유증을 받은 자가 있는 경우에 그 수증재산이 자기의 상속분에 달하지 못한 때에는 그 부족한 부분의 한도에서 상속분이 있다.** <개정 1977. 12. 31>

**[관련조문]** 민법 제1004조(상속인의 결격사유), 제1008조의2(기여분), 제1009조(법정상속분), 제1013조(협의에 의한 분할), 제1014조(분할 후의 피인지자 등의 청구권), 제1114조(산입될 증여), 제1115조 제1항(유류분의 보전), 제1118조(준용규정), 상속세 및 증여세법 제8조(상속재산으로 보는 보험금), 제15조 제1항(상속개시일 전 처분재산 등의 상속 추정 등), 제34조 제1항 제1호(보험금의 증여), 상속세 및 증여세법 시행령 제4조(상속재산으로 보는 보험금)

**[참고문헌]** 김주수/김상용, 주석 민법, 상속(제1권)(제4판), 한국사법행정학회(2015); 주해상속법(제1권), 박영사(2019); 곽윤직, 상속법(민법강의VI)(개정판), 박영사(2004); 김주수/김상용, 친족·상속법(제20판), 법문사(2024); 박동섭/양경승, 친족상속법(제5판), 박영사(2020); 송덕수, 친족상속법(제7판), 박영사(2024); 신영호 외 2인, 가족법강의(제4판), 세창출판사(2023); 오병철, 친족상속법, 법문사(2024); 오시영, 친족상속법(제2판), 학현사(2011); 윤진수, 친족상속법강의(제5판), 박영사(2023); 이경희/윤부찬, 가족법(11정판), 법원사(2024); 임채웅, 상속법연구, 박영사(2011); 조승현, 친족·상속(제6판), 신조사(2016); 조은희, 친족상속법, 정독(2023); 권민재, "증여재산의 처분과 유류분 가액산정", 대법원판례해설 제135호, 법원도서관(2023); 권은민, "상속분·기여분·특별수익", 상속법의 제문제: 재판자료 제78집, 법원도서관(1998); 박세황, "생존배우자 수증재산의 특별수익 해당 여부", 광주지방법원 재판실무연구(2016); 법원실무제요, 가사[Ⅱ], 사법연수원(2021); 변동열, "유류분제도", 민사판례연구 제25권, 박영사(2003); 시진국, "재판에 의한 상속재산분할", 사법논집 제42집, 법원도서관(2006); 이봉민, "특별한 부양 내지 기여에 대한 대가인 생전 증여가 특별수익에 해당하는지 여부", 대법원판례해설 제131호, 법원도서관(2022); 이화연, "재산승계수단으로서의 신탁과 상속-신탁의 재산승계수단으로서의 활용가능성과 유류분 반환의 문제를 중심으로", 사법논집 제65집, 법원도서관(2017); 정구태, "유류분 기초재산 산정을 위한 평가기준 및 기준시기", 민사법연구 제21집, 대한민사법학회(2019); 정덕흥, "기여분의 결정과 상속분의 수정", 사법논집 제25집, 법원도서관(1994); 조해섭, "특별부양과 기여분, 특별수익", 대법원판례해설 제31호, 법원도서관(1999); 김민중, "유류분산정의 기초가 되는 재산의 범위", 사법 제14호, 사법발전재단(2010); 윤진수, "초과특별수익이 있는 경우 구체적 상속분의 산정방법", 민법논고(Ⅴ), 박영사(2011); 이경희, "공동상속인의 평등을 위한 상속재산분할법리에 관한 연구", 현대 민법의 과제와 전망: 남송한봉희교수화갑기념, 밀알(1994); 이동진, "배우자의 특별수익, 기여분, 유류분-대법원 2011. 12. 8. 선고 2010다66644 판결", 사법 제56호, 사법발전재단(2021); 이은정, "특별수익과 유류분-민법 제1008조, 제1114조의 입법론을 중심으로", 법학연구통권 제74집, 전북대학교 출판부(2024); 이은정, "특별수익 반환가액의 산정-상속개시 이전에 처분한 수증재산을 중심으로", 법학논고 제35집, 경북대학교출판부(2011); 이은정, "특별수익반환의 법리에 관한 연구-민법 제1008조의 해석을 중심으로", 고려대학교 대학원 박사학위논문(1996); 전경근, "특별수익, 유류분 그리고 재혼", 가족법연구 제24권 제3호, 한국가족법학회(2010); 정구태, "대습상속과 특별수익 및 상속포기, 그리고 유류분: 대법원 2022. 3. 17. 선고 2020다267620 판결에 대한 비판적 검토", 안암

법학통권 제65호, 무지개출판사(2022); 정구태, "생명보험과 특별수익, 그리고 유류분", 고려법학 제62호, 고려대학교 법학연구원(2011); 홍진희/김판기, "생명보험금과 민법 제1008조 특별수익과의 관계", 법조 제61권 제5호, 법조협회(2012)



## Ⅰ. 의의

1 민법 제1008조는 공동상속인 중에 피상속인으로부터 재산의 증여 또는 유증을 받은 특별수익자가 있는 경우 그 수증재산을 상속분의 선급으로 보고 수증재산이 자기의 상속분에 달하지 못한 때에 부족한 부분을 한도로 하여 구체적인 상속분을 산정하도록 한 것이다. 어떠한 생전 증여가 특별수익에 해당하는지는 피상속인의 생전의 자산, 수입, 생활수준, 가정상황 등을 참작하고 공동상속인들 간의 형평을 고려하여 당해 생전 증여가 장차 상속인으로 될 사람에게 돌아갈 상속재산 중의 그의 몫의 일부를 미리 준 것으로 볼 수 있는지에 의하여 결정한다.[1]

2 공동상속인 중에 특별수익자가 있는 경우의 구체적인 상속분의 산정은, 피상속인이 상속개시 당시에 가지고 있던 적극재산의 가액에 생전 증여의 가액을 가산한 후 이 가액에 각 공동상속인별로 법정상속분율을 곱하여 산출된 상속분의 가액으로부터 특별수익자의 수증재산인 증여 또는 유증의 가액을 공제하는 계산방법에 의한다.[2]

## Ⅱ. 입법취지 및 연혁

3 민법 제1008조는 공동상속인들 사이의 재산 상속에 있어 형평을 기하도록 한 것으로, 상속인들을 평등하게 취급하려는 피상속인의 추정적 의사를 고려한 것이다.[3]

1 대법원 2022. 2. 10. 선고 2020다250783 판결, 대법원 1998. 12. 8. 선고 97므513, 520, 97스12 판결, 대법원 2014. 11. 25. 자 2012스156, 157 결정.

2 대법원 2022. 6. 30. 자 2017스98, 99, 100, 101 결정, 대법원 1995. 3. 10. 선고 94다16571 판결.

3 주해상속법(제1권), 박영사(2019), 179(이봉민); 윤진수, "초과특별수익이 있는 경우 구체적 상속분의 산정방법", 민법논고(Ⅴ), 박영사(2011), 207.

4 1977. 12. 31. 법률 제3051호로 개정되기 전의 민법 제1008조는 특별수익자의 상속분을 규정하면서 '수증재산이 상속분을 초과한 경우에는 그 초과분의 반환을 요하지 않는다.'는 단서 규정을 명시하였으나, 위 민법 개정으로 유류분 제도가 신설되면서 유류분 청구에 의하여 수증재산을 반환하여야 할 경우와의 모순을 피하기 위하여 위 단서 규정을 삭제하였다.

5 단서 규정의 삭제로 수증재산이 자신의 상속분을 초과하는 경우 초과분을 반환하여야 하고, 그러한 경우 초과특별수익자는 상속을 포기함으로써 초과분을 그대로 보유할 수 있다는 견해[4]도 있으나, 단서 규정이 삭제된 경위를 고려하여 보면 유류분을 해하지 않는 한 이를 반환할 필요가 없다고 보는 것이 일반적이다.[5]

6 각급법원결정 중에도 초과특별수익자에 대하여 명시적으로 상속분 초과 부분의 반환을 구한 경우에 있어 '민법 제1008조 규정은 상속재산으로 남겨진 유산을 공동상속인들에게 배분할 때에 수증재산을 관념적으로 상속분의 선급으로 취급하려는 것이지, 피상속인의 처분 결과를 무시하여 상속인에게 증여·유증된 재산을 상속재산에 포함시켜 재분배하려는 것이 아니다. 따라서 공동상속인들 사이의 상속재산 분배는 실제로 남겨진 유산의 한도에서 이루어지고 피상속인에 의하여 증여·유증된 재산은 상속·분배의 대상에 포함되지 아니한다. 그 결과 수증재산이 상속분보다 많은 경우에도 그 상속분을 영(零)으로 조정할 뿐이고 초과하는 수증재산을 반환시켜 상속재산에 포함시킬 수는 없다.'[6]라고 하여 상속분의 초과 부분을 반환할 필요가 없음을 분명히 한 사례가 있다.

7 위와 같이 수증재산을 모두 상속재산인 것처럼 간주한 뒤 그에 대한 법정상속분에서 수증재산을 공제한 부분만을 최종적 상속분으로 인정함으로써 구체적 상속분을 정하는 계산 방법에 대하여 수증 상속인이 특별수익에 대한 '반환'의무를 부담한다는 표현[7]을 사용하는 경우가 다수이나, 특별수익으로 인해 상속분의

4 김주수/김상용, 주석 민법, 상속(제1권)(제4판), 한국사법행정학회(2015), 378.

5 곽윤직, 상속법(민법강의VI)(개정판), 박영사(2004), 109; 박동섭/양경승, 친족상속법(제5판), 박영사(2020), 695; 송덕수, 친족상속법(제7판), 박영사(2024), 345; 신영호 외 2인, 가족법강의(제4판), 세창출판사(2023), 387; 오병철, 친족상속법, 법문사(2024), 332; 윤진수, "초과특별수익이 있는 경우 구체적 상속분의 산정방법", 민법논고(V), 박영사(2011), 215; 조은희, 친족상속법, 정독(2023), 373.

6 서울고등법원 2012. 1. 6. 자 2011브50 결정(재항고 기각 확정).

7 송덕수, 친족상속법(제7판), 박영사(2024), 341; 이경희/윤부찬, 가족법(11정판), 법원사(2024), 456; 조승현, 친족·상속(제6판), 신조사(2016), 385.

'조정'의무가 발생한다는 표현[8]이 더 적합할 것이다.

8 피상속인이 공동상속인에게 증여 또는 유증한 모든 재산이 상속분의 선급으로서의 특별수익에 해당하는 것은 아니다. 특별수익의 범위를 너무 넓게 인정하는 경우 피상속인의 자기 재산 처분의 자유를 과도하게 침해하거나 일부 상속인에게 자신의 재산을 더 많이 귀속시키고자 하였던 피상속인의 진정한 의사를 무시하는 결과가 될 우려가 있다.

9 한편 특별수익 여부에 대한 해석을 오로지 법원의 판단에 일임함에 따라, 소액의 관례적 선물을 포함한 모든 피상속인의 생전 증여 재산을 특별수익이라 주장하여 상속인들 사이의 분쟁이 심화되는 실무상 문제점을 고려하여 보면, 생전 증여 재산 중에서 독립자금(AusstatTung)과 보조금(Zuschüsse), 직업준비교육을 위한 비용(Aufwendungen für die Vorbildung zu einem Berufe)을 특별수익으로 보는 독일이나, 유증재산과 혼인이나 입양을 위하여 또는 생계의 자본으로서 증여를 받은 부분만을 특별수익으로 보는 일본의 입법례[9] 등을 참조하여 특별수익의 범위를 구체화할 필요가 있다.

## Ⅲ. 특별수익의 요건

### 1. 피상속인으로부터의 증여 또는 유증

10 피상속인으로부터 증여 또는 유증을 받은 재산일 것을 요한다.

11 따라서 공동상속인 중 한사람이 피상속인으로부터 유증 받은 토지의 지분을 다른 공동상속인에게 이전해 주기로 하는 화해권고결정이 확정되었다 하더라도, 그 토지 지분은 공동상속인이 피상속인으로부터 증여 또는 유증 받은 것이 아니므로 특별수익에 해당하지 않는다.[10] 공동상속인 중 1인을 제외한 나머지 상속인들의 상속포기신고가 수리되어 결과적으로 그 1인만이 제1피상속인을 단독상속하게 되었다고 하더라도, 상속의 포기는 상속이 개시된 때에 소급하여 그 효

8 주해상속법(제1권), 박영사(2019), 180(이봉민); 곽윤직, 상속법(민법강의VI)(개정판), 박영사(2004), 99; 박동섭/양경승, 친족상속법(제5판), 박영사(2020), 683; 윤진수, 친족상속법 강의(제5판), 박영사(2023), 428; 권은민, "상속분·기여분·특별수익", 상속법의 제문제: 재판자료 제78집, 법원도서관(1998), 546; 윤진수, "초과특별수익이 있는 경우 구체적 상속분의 산정방법", 민법논고(Ⅴ), 박영사(2011), 206.

9 윤진수, 친족상속법 강의(제5판), 박영사(2023), 431; 박세황, "생존배우자 수증재산의 특별수익 해당 여부", 광주지방법원 재판실무연구(2016), 27; 독일민법 제2050조, 일본민법 제903조 제1항(세계법제정보센터, http://world,moleg.go.kr).

10 대법원 2014. 8. 26. 선고 2012다77594 판결.

력이 있고, 포기자는 처음부터 상속인이 아니었던 것이 되므로, 그 1인의 상속인은 제1피상속인으로부터 이를 승계받은 것일 뿐 상속포기자로부터 그 상속지분을 유증 또는 증여받은 것이라고 볼 수 없으므로 이를 상속포기자에 대한 특별수익이라 볼 수도 없다.[11]

12 한편 특별수익에 해당되는지 여부를 판단할 때에는 피상속인의 재산처분행위의 법적 성질을 형식적·추상적으로 파악하는 데 그쳐서는 안 되고, 재산처분행위가 실질적인 관점에서 피상속인의 재산을 감소시키는 무상처분에 해당하는지 여부에 따라 판단해야 한다.[12]

13 대법원은, 부동산 실권리자명의 등기에 관한 법률시행 후의 계약명의신탁약정에 따라 수탁자인 피상속인 명의로 소유권이전등기가 마쳐져 있는 부동산을 피상속인이 명의수탁자인 공동상속인에게 증여한 경우, 명의수탁자는 당해 부동산 자체가 아니라 명의신탁자로부터 제공받은 매수자금만을 부당이득한다고 볼 것이지만, 명의수탁자인 피상속인이 사후적으로 명의신탁자인 상속인과 사이에 매수자금반환의무의 이행을 갈음하여 명의신탁된 부동산 자체를 양도하기로 합의하고 그에 기하여 명의신탁자인 상속인 앞으로 증여를 원인으로 한 소유권이전등기를 마쳐준 사례에서, 위 등기원인이 실질적인 관점에서 피상속인의 재산을 감소시키는 무상처분인 증여가 아니라 새로운 소유권 이전의 원인인 대물급부의 약정에 기한 것으로 인정될 가능성이 있으므로, 특별수익에서 제외될 수 있다고 판시한 바 있다.[13]

## 2. 특별수익자

### 가. 공동상속인

14 피상속인으로부터 재산의 증여 또는 유증을 받은 공동상속인의 지위에 있는 자일 것을 요한다. 피상속인으로부터 재산을 증여 또는 유증 받았더라도 이후 상속포기로 처음부터 상속인이 아니었던 것으로 된 경우에는 다른 공동상속인의 유류분을 해하지 않는 한 다른 공동상속인의 구체적 상속분을 산정함에 있어 그의 수증재산은 고려되지 않는다. 한정승인을 한 경우에는 공동상속인의 지위

11 대법원 2012. 4. 16. 자 2011스191 결정.
12 대법원 2021. 8. 19. 선고 2017다230338 판결, 대법원 2022. 8. 11. 선고 2020다247428 판결, 대법원 2024. 6. 13. 선고 2023다304568 판결, 대법원 2024. 6. 13. 자 2024스525, 526 결정.
13 대법원 2024. 6. 13. 선고 2023다304568 판결.

가 유지되므로 구체적 상속분을 정함에 있어 특별수익을 고려하여야 한다.

### 나. 공동상속인의 배우자 또는 직계비속 등에의 증여 또는 유증

15 대법원은 '민법 제1008조에 따른 상속분의 산정에서 증여 또는 유증을 참작하게 되는 것은 원칙적으로 상속인이 유증 또는 증여를 받은 경우에만 발생하고, 그 상속인의 직계비속, 배우자, 직계존속이 유증 또는 증여를 받은 경우에는 그 상속인이 반환의무를 지지 않는다고 할 것이나, 증여 또는 유증의 경위, 증여나 유증된 물건의 가치, 성질, 수증자와 관계된 상속인이 실제 받은 이익 등을 고려하여 실질적으로 피상속인으로부터 상속인에게 직접 증여된 것과 다르지 않다고 인정되는 경우에는 상속인의 직계비속, 배우자, 직계존속 등에게 이루어진 증여나 유증도 특별수익으로서 이를 고려할 수 있다고 함이 상당하다.'라고 판시하였다.[14]

16 각급법원결정은 상속인의 배우자, 직계비속이 피상속인으로부터 증여를 받은 경우 대부분 이를 상속인의 특별수익으로 보아 구체적 상속분을 산정함에 참작하고 있으나,[15] 피상속인이 상속인의 직계존속인 전처에게 증여한 금전[16] 또는 상속인인 배우자의 직계존속에게 증여한 부동산[17]을 특별수익으로 인정하지 아니한 사례와 피상속인이 상속인의 직계비속에게 증여한 토지에 대하여도 당해 직계비속이 만 33세의 성인으로서 이미 혼인하여 독립된 경제적 주체로서 생활을 영위하고 있음을 들어 상속인에게 직접 증여된 것과 동일시 할 수 없다고 본 사례가 있다.[18]

### 다. 대습상속인

#### 1) 피대습자가 수증자인 경우

17 대습원인 발생 이전에 피대습자가 피상속인으로부터 재산을 증여받은 경우 대습상속인의 구체적 상속분을 산정함에 있어 피대습자의 수증재산을 고려하여야 하는지 여부가 문제될 수 있다. 피대습자는 상속개시 당시 공동상속인의 지위에 있

14 대법원 2007. 8. 28. 자 2006스3, 4 결정.

15 서울고등법원 2019. 6. 21. 자 2018브241, 355 결정(확정), 서울고등법원 2019. 2. 14. 자 2018브232, 233 결정(확정), 서울고등법원 2019. 1. 10. 자 2017브345 결정(재항고 기각 확정), 서울고등법원 2018. 10. 1. 자 2017브299, 300, 301 결정(확정) 등 다수.

16 춘천지방법원 원주지원 2015. 7. 13. 자 2014느합5001, 5004 심판(확정).

17 수원가정법원 2018. 3. 16. 자 2015느합526 심판(항고심 서울고등법원 2018. 4. 11. 자 2018브235 결정에서 특별수익에 관한 판단 부분은 그대로 유지하고 분할방법만을 변경하여 다시 심판하였고, 재항고 기각으로 확정).

18 서울고등법원 2018. 4. 11. 자 2018브234 결정(재항고 기각 확정).

지 아니하고, 공동상속인의 지위에 있는 대습상속인은 피상속인으로부터 재산을 증여받은 바 없으므로 구체적 상속분의 산정에 있어 피대습자의 수증 재산을 고려할 수 없다고 해석하면 공동상속인 사이의 공평을 기하기 위한 특별수익제도의 취지에 반하므로 대습상속인은 원칙적으로 피대습자의 특별수익을 반환하여야 한다고 해석하되, 다만 대습상속인이 피대습자의 특별수익에 의하여 현실적으로 경제적 이익을 받고 있는 경우에 한하여 이를 인정하여야 한다고 보는 견해[19]도 있으나, 피대습자의 수증 재산 처분 여부 또는 대습상속인의 경제적 이익 향유 여부에 따라 특별수익의 인정 여부를 달리 볼 수는 없을 것이다. 다수의 견해 역시 대습원인 발생 이전에 피대습자가 피상속인으로부터 재산을 증여받은 경우 이를 대습상속인의 구체적 상속분 산정에 있어 특별수익으로 보고 있고,[20] 각급 법원결정도 민법 제1008조의 취지가 공동상속인 중에 피상속인으로부터 재산의 증여 또는 유증을 받은 특별수익자가 있는 경우 공동상속인들 사이의 공평을 기하기 위하여 그 수증재산을 상속분의 선급으로 다루어 구체적인 상속분을 산정할 때 이를 참작하도록 하려는데 있고, 대습상속 역시 형평의 원칙에 근거한 것으로 본래 상속인이 될 자가 상속을 받았으면 그가 사망한 때 다시 그의 상속인이 상속을 받을 것인데, 본래의 상속인이 사망 등의 사유로 상속을 받지 못하였다고 하여 그의 상속인이 될 자가 전혀 상속을 받지 못하면 부당하기 때문에 인정되는 것인 점, 그런데 대습상속인이 피대습자가 생존해 있었더라면 받았을 상속이익 이상의 것을 취득하게 되는 결과는 공동상속인 사이의 공평을 해칠 뿐만 아니라 대습상속의 인정근거에도 배치되는 점 등을 들어,[21] 대습원인 발생 이전의 피대습자의 수증재산을 대습상속인의 특별수익으로 보고 있다.

18 대법원 2022. 3. 17. 선고 2020다267620 판결도 같은 취지로 '민법 제1008조는 공동상속인 중에 피상속인으로부터 재산의 증여 또는 유증을 받은 특별수익자가 있

19 김주수/김상용, 주석 민법, 상속(제1권)(제4판), 한국사법행정학회(2015), 372; 김주수/김상용, 친족·상속법(제20판), 법문사(2024), 714; 이경희/윤부찬, 가족법(11정판), 법원사(2024), 458; 조승현, 친족·상속(제6판), 신조사(2016), 385; 시진국, "재판에 의한 상속재산분할", 사법논집 제42집, 법원도서관(2006), 694.

20 곽윤직, 상속법(민법강의VI)(개정판), 박영사(2004), 101; 박동섭/양경승, 친족상속법(제5판), 박영사(2020), 685; 송덕수, 친족상속법(제7판), 박영사(2024), 342; 윤진수, 친족상속법 강의(제5판), 박영사(2023), 429; 권은민, "상속분·기여분·특별수익", 상속법의 제문제; 재판자료 제78집, 법원도서관(1998), 550; 정구태, "대습상속과 특별수익 및 상속포기, 그리고 유류분; 대법원 2022. 3. 17. 선고 2020다267620 판결에 대한 비판적 검토", 안암법학통권 제65호, 무지개출판사(2022), 417.

21 대전지방법원 2017. 7. 13. 선고 2016가단203794 판결(항소기각 확정), 수원지방법원 안양지원 2018. 11. 22. 자 2017느합100009, 100019 심판(확정).

는 경우에 공동상속인들 사이의 공평을 기하기 위하여 그 수증재산을 상속분의 선급으로 다루어 구체적인 상속분을 산정할 때 이를 참작하도록 하려는 데 그 취지가 있다. 피대습인이 생전에 피상속인으로부터 특별수익을 받은 경우 대습상속이 개시되었다고 하여 피대습인의 특별수익을 고려하지 않고 대습상속인의 구체적인 상속분을 산정한다면 대습상속인은 피대습인이 취득할 수 있었던 것 이상의 이익을 취득하게 된다. 이는 공동상속인들 사이의 공평을 해칠 뿐만 아니라 대습상속의 취지에도 반한다. 따라서 피대습인이 대습원인의 발생 이전에 피상속인으로부터 생전 증여로 특별수익을 받은 경우 그 생전 증여는 대습상속인의 특별수익으로 봄이 타당하다.'라고 하여, 다수의 견해 및 각급법원결정과 결론을 같이 하였다.

19 한편 대습원인 발생 이후에 피대습자가 피상속인으로부터 재산을 증여받은 경우 피대습자의 수증재산을 고려하여야 하는지 여부에 관하여, 판례는 상속결격사유가 발생한 이후에 결격된 자가 피상속인에게서 직접 증여를 받은 경우 그 수익은 상속인의 지위에서 받은 것이 아니어서 원칙적으로 상속분의 선급으로 볼 수 없으므로 결격된 자의 수익은 특별한 사정이 없는 한 특별수익에 해당하지 않는다고 보았다.[22]

2) 대습상속인이 수증자인 경우

20 대습상속인이 피상속인으로부터 직접 증여 또는 유증을 받은 경우 대습상속인의 특별수익을 구체적 상속분 산정에 고려하여야 하는지 여부가 문제될 수 있다.

21 대습원인 발생 이전에 대습상속인이 피상속인으로부터 재산을 증여 또는 유증받았다면 그 수증재산은 상속인의 지위에서 받은 것이 아니므로 특별수익으로 볼 수는 없다는 견해[23]와 공동상속인의 공평이라는 관점에서 수증자가 상속개시 당시 공동상속인의 지위에 있다면 이를 특별수익으로 고려하여야 한다는 견해[24]가 있다.

22 대법원 2015. 7. 17. 자 2014스206, 207 결정.

23 주해상속법(제1권), 박영사(2019), 182(이봉민); 곽윤직, 상속법(민법강의VI)(개정판), 박영사(2004), 101; 송덕수, 친족상속법(제7판), 박영사(2024), 343; 신영호 외 2인, 가족법강의(제4판), 세창출판사(2023), 388; 이은정, "특별수익반환의 법리에 관한 연구–민법 제1008조의 해석을 중심으로" 고려대학교 대학원 박사학위논문(1996), 150.

24 김주수/김상용, 주석 민법, 상속(제1권)(제4판), 한국사법행정학회(2015), 373; 김주수/김상용, 친족·상속법(제20판), 법문사(2024), 713: 박동섭/양경승, 친족상속법(제5판), 박영사(2020), 685; 이경희/윤부찬, 가족법(11정판), 법원사(2024), 457; 권은민, "상속분·기여분·특별수익", 상속법의 제문제: 재판자료 제78집, 법원도서관(1998), 550; 시진국, "재판에 의한 상속재산분할" 사법논집 제42집, 법원도서관(2006), 694.

22 이에 대하여 대법원은 대습상속인이 대습원인의 발생 이전에 피상속인으로부터 증여를 받은 경우 이를 상속분의 선급으로 보게 되면, 피대습인이 사망하기 전에 피상속인이 먼저 사망하여 상속이 이루어진 경우에는 특별수익에 해당하지 아니하던 것이 피대습인이 피상속인보다 먼저 사망하였다는 우연한 사정으로 인하여 특별수익으로 되는 불합리한 결과가 발생하게 되므로 대습상속인의 위와 같은 수익은 특별수익에 해당하지 않는다고 판시하였고,[25] 같은 취지로, 피상속인이 피대습인을 피보험자로, 대습상속인을 보험수익자로 지정한 생명보험계약을 체결하고 보험계약자로서 보험료를 납부하다가 피대습인이 사망하여 대습상속인이 생명보험금을 수령한 사안에서, 대습상속인을 보험수익자로 지정한 때 이미 실질적으로 피상속인의 재산을 감소시키는 증여가 있었다고 보아야 하므로, 대습상속인이 대습원인 발생 전에 보험수익자로 지정된 이상 그 후에 피대습인의 사망이라는 조건 성취에 따라 생명보험금을 수령하였더라도, 그 보험금은 대습상속인이 상속인의 지위에서 받은 것이 아니므로 상속분의 선급인 특별수익으로 볼 수 없다고 판시하였다.[26]

23 다만 대법원의 위 취지에 따르더라도, 피상속인이 대습원인 발생 전에 피대습자의 배우자 또는 직계비속의 지위에 있는 대습상속인에게 직접 증여한 것이 실질적으로 피대습자에게 증여한 것과 다르지 않다고 인정된다면,[27] 대습상속인이 된 피대습자의 직계비속 또는 배우자에 대한 증여나 유증도 특별수익으로 고려할 수 있다고 보는 것이 타당할 것이다. 한편 각급법원결정 중에도 위와 같은 취지에서 대습상속인이 된 피대습자의 직계비속이 대습원인 발생 전에 피상속인으로부터 직접 증여받은 재산을 대습상속인의 특별수익으로 본 사례가 있다.[28]

24 대습원인 발생 이후에 대습상속인이 피상속인으로부터 재산을 증여 또는 유증받았다면 이는 공동상속인의 지위에서 특별수익을 얻은 것이므로 상속분의 선급에 해당한다.

25 대법원 2014. 5. 29. 선고 2012다31802 판결.
26 대법원 2024. 6. 13. 자 2024스525, 526 결정.
27 대법원 2007. 8. 28. 자 2006스3, 4 결정.
28 서울가정법원 2017. 1. 20. 자 2015느합30157 결정(확정).

### 라. 포괄유증을 받은 자

25 공동상속인의 지위에 있는 자가 피상속인으로부터 포괄유증을 받은 경우 이를 특별수익으로 보아 구체적 상속분의 산정에 있어 참작하여야 함은 특별수익 규정에 비추어 이론의 여지가 없다.[29]

26 다만 공동상속인의 지위에 있지 아니한 제3자가 피상속인으로부터 포괄유증을 받은 경우 포괄유증 재산 역시 구체적 상속분의 산정에 있어 참작하여야 하는지에 관하여, 포괄적 유증을 받은 자는 상속인과 동일한 권리의무가 있다는 민법 제1078조 규정에 비추어 포괄유증을 받은 제3자의 경우에도 공동상속인의 예와 같이 이를 참작하여야 한다는 견해[30]도 있으나, 피상속인의 의사는 포괄적 수증자에게 상속재산의 일정 비율을 포괄적으로 유증하려는 것으로 보아야 할 것이므로 공동상속인들의 유류분을 해하지 않는 한 공동상속인들의 구체적 상속분의 산정에 있어 이를 고려하지 아니함이 타당하고, 또한 포괄적 수증자에게는 법정상속분이라는 개념이 없으므로 증여의 가액이 자기의 상속분에 부족한 경우 부족한 한도에서 상속분을 갖는다는 민법 제1008조의 규정이 적용될 여지가 없다는 것을 근거로 이를 부정하는 견해[31]가 다수이다.

### 마. 증여를 받은 후 상속인이 된 자

27 증여를 받을 당시에는 잠재적 상속인의 지위에 있지 아니하였으나 증여를 받은 이후 혼인 또는 입양 등으로 인하여 상속개시 당시에 상속인의 지위에 있게 된 경우 증여 재산을 특별수익으로 볼 것인지 여부에 관하여, 특별수익을 받을 당시 상속인 자격이 없는 자는 이를 상속분의 선급으로 받았다고 볼 수 없으므로 이를 반환해야 한다고 보는 것은 피상속인의 의사에 부합하지 않는다는 견해도 있으나,[32] 특별수익을 받을 당시 상속인의 지위에 있을 필요는 없고 상속개시 당시에 공동상속인의 지위에 있게 된 이상 공동상속인 사이의 형평을 위하여 이전의 증여 재산에 관하여도 구체적 상속분의 산정에 있어 이를 고려하여야

29 주해상속법(제1권), 박영사(2019), 185(이봉민); 곽윤직, 상속법(민법강의VI)(개정판), 박영사(2004), 101; 박동섭/양경승, 친족상속법(제5판), 박영사(2020), 686; 송덕수, 친족상속법(제7판), 박영사(2024), 342; 윤진수, 친족상속법 강의(제5판), 박영사(2023), 430; 이경희/윤부찬, 가족법(11정판), 법원사(2024), 458.
30 시진국, "재판에 의한 상속재산분할" 사법논집 제42집, 법원도서관(2006), 695.
31 김주수/김상용, 주석 민법, 상속(제1권)(제4판), 한국사법행정학회(2015), 374; 곽윤직, 상속법(민법강의VI)(개정판), 박영사(2004), 102; 김주수/김상용, 친족·상속법(제20판), 법문사(2024), 715; 박동섭/양경승, 친족상속법(제5판), 박영사(2020), 686; 윤진수, 친족상속법 강의(제5판), 박영사(2023), 430.
32 주해상속법(제1권), 박영사(2019), 183(이봉민).

한다는 것이 다수의 견해[33]이다.

28 각급법원결정 중에는 사실혼 기간 중에 피상속인으로부터 아파트 분양 대금의 납부 등을 위하여 상당한 현금을 증여받은 이후 피상속인과 혼인신고를 마친 사례에서 혼인신고 전 피상속인으로부터 증여받은 금원을 특별수익으로 인정한 사례가 있다.[34]

### 바. 상속인 자격을 얻기 전 다른 공동상속인이 받은 재산

29 피상속인의 재혼 전에 자녀들에게 증여한 재산을 특별수익으로 보아야 하는지에 대하여, 전혼 자녀들에 대한 증여가 있은 후에 재혼한 배우자에게는 그 증여재산에 따른 상속에 관하여는 기대권이 존재하지 않는다는 점과 증여한 재산을 자녀들에게 귀속시키고자 하는 피상속인의 추정적 의사를 근거로 계부모에 대한 관계에서 자녀들이 증여받은 재산을 특별수익으로 인정하지 않음이 타당하다는 견해[35]도 있으나, 합일확정되어야 할 상속재산분할 심판에 있어 특정한 증여가 자녀들 사이에서는 특별수익이 되고 재혼한 배우자는 이를 주장할 수 없다고 보는 것은 논리에 반할 뿐 아니라,[36] 그와 같이 본다면 공동상속인 자격을 뒤늦게 갖춘 상속인에게 불리하므로 특별수익으로 봄이 타당하다는 견해[37]가 있다.

30 각급법원결정 중에는 '민법 제1008조는 그 명문상 특별수익을 주장할 수 있는 자를 제한하지 않고 있으며 특정 상속인의 특별수익을 인정할 것인지 여부를 결정함에 있어 중요한 점은 공동상속인들 간의 형평성을 해하는지 여부이지 상속인 자격을 갖춘 시기나 특별수익의 시기의 선후는 특별수익 인정 여부에 영향을 끼칠 수 없으므로, 피상속인의 재혼 배우자가 뒤늦게 그의 상속인이 될 자격을 갖추었으나 피상속인 자녀들의 특별수익의 점에 관하여 그 수익일시를 불문하고 이를 다툴 수 있다고 봄이 상당하다.'라고 판단한 사례가 있다.[38]

33 김주수/김상용, 주석 민법, 상속(제1권)(제4판), 한국사법행정학회(2015), 373; 곽윤직, 상속법(민법강의VI)(개정판), 박영사(2004), 102; 김주수/김상용, 친족·상속법(제20판), 법문사(2024), 715; 박동섭/양경승, 친족상속법(제5판), 박영사(2020), 686; 송덕수, 친족상속법(제7판), 박영사(2024), 343; 권은민, "상속분·기여분·특별수익", 상속법의 제문제: 재판자료 제78집, 법원도서관(1998), 551.

34 서울가정법원 2018. 8. 10. 자 2016느합1227 결정(항고 기각 확정).

35 전경근, "특별수익, 유류분 그리고 재혼", 가족법연구 제24권 제3호, 한국가족법학회(2010), 436~437.

36 임채웅, 상속법연구, 박영사(2011), 149.

37 윤진수, 친족상속법 강의(제5판), 박영사(2023), 430.

38 서울가정법원 2010. 10. 12. 자 2009느합101, 165 심판(항고심에서 조정성립).

### 사. 상속분 양도인의 특별수익

31 공동상속인이 자신의 상속분을 양도한 경우 상속분 양도인이 피상속인으로부터 받은 증여 또는 유증 재산을 특별수익으로 고려하여야 하는지 여부가 문제될 수 있으나, 상속분이 양도되었다는 우연한 사정에 의하여 구체적 상속분이 달라질 수는 없는 것이므로, 원래의 상속인이 상속분의 양도에 따라 상속절차에서 이탈하였다고 하더라도 다른 상속인들은 그 상속인의 특별수익을 주장할 수 있다고 해석하여야 할 것이다.[39] 대법원 역시 당사자들 사이의 상속분 양도 합의는 구체적 상속분을 양도하기로 하는 합의라 보아야 한다는 취지로 판시하였다.[40]

### 아. 생존배우자에 대한 증여

32 1) 대법원 2011. 12. 8. 선고 2010다66644 판결은, A가 B와 사이에 자녀들을 두고 B의 사망 시까지 43년 4개월 남짓의 혼인생활을 유지해 오다가 B의 사망 7년 전에 B로부터 부동산을 생전 증여받은 사안에서, 생전 증여를 받은 상속인이 배우자로서 일생 동안 피상속인의 반려가 되어 그와 함께 가정공동체를 형성하고 이를 토대로 서로 헌신하며 가족의 경제적 기반인 재산을 획득·유지하고 자녀들에게 양육과 지원을 계속해 온 경우, 생전 증여에는 위와 같은 배우자의 기여나 노력에 대한 보상 내지 평가, 실질적 공동재산의 청산, 배우자 여생에 대한 부양의무 이행 등의 의미도 함께 담겨 있다고 봄이 타당하므로 그러한 한도 내에서는 생전 증여를 특별수익에서 제외하더라도 자녀인 공동상속인들과의 관계에서 공평을 해친다고 말할 수 없다고 전제하고, B가 부동산을 A에게 생전 증여한 데에는 A가 B의 처로서 평생을 함께 하면서 재산의 형성·유지과정에서 기울인 노력과 기여에 대한 보상 내지 평가, 청산, 부양의무 이행 등의 취지가 포함되어 있다고 볼 여지가 충분하고 이를 반드시 공동상속인 중 1인에 지나지 않는 A에 대한 상속분의 선급이라고 볼 것만은 아니므로, 원심으로서는 A와 B의 혼인생활의 내용, B의 재산 형성·유지에 A가 기여한 정도, A의 생활유지에 필요한 물적 기반 등 제반 요소를 심리한 후, 이러한 요소가 생전 증여에 포함된 정도나 비율을 평가함으로써 증여재산의 전부 또는 일부가 특별수익에서 제외되는지를 판단하였어야 함에도, 단순히 위 부동산 외에는 아무런 재산이 없던

39 임채웅, 상속법연구, 박영사(2011), 76; 시진국, "재판에 의한 상속재산분할", 사법논집 제42집, 법원도서관(2006), 695.

40 대법원 2007. 3. 9. 자 2006스88 결정.

B가 이를 모두 A에게 증여하였다는 사정만으로 증여재산 전부를 특별수익에 해당한다고 본 원심판결에는 배우자의 특별수익에 관한 법리오해의 위법이 있다고 판시하였다.

33 2) 위 판례의 태도에 대하여는, 특별수익의 결정에서 사실상 기여분을 고려한 것으로 특별수익 해당 여부를 제한적으로 해석하고자 하는 시도는 긍정적이나 별개의 제도인 기여분을 특별수익의 결정에서 고려하는 것은 이론적으로 문제가 있다는 비판도 있는 반면, 배우자에 대한 재산출연이 혼인 중 재산의 형성이나 유지에 대한 보답으로 행한 것이 명백하거나 또는 피상속인을 장기간 간호하거나 피상속인의 자산 유지에 협력하였기 때문에 받은 것이 명백한 경우에는 대가성이 인정되므로 특별수익이 아니라고 보는 것이 타당하다는 견해[41]와 이혼 시 인정되는 재산분할청구권에 비해 상대적으로 열위에 있던 생존배우자의 상속권을 일정 부분 보완한 것이라며 긍정적으로 평가하는 견해[42]도 있다.

34 3) 위 대법원 판결 이후 각급법원결정은 피상속인과 50년 이상 혼인생활을 유지하다가 피상속인 사망 직전에 상당한 액수의 금전을 증여받은 사례에서, '피상속인이 이를 증여한 것은 배우자로서 평생을 함께 하면서 재산의 형성·유지 과정에서 기울인 노력과 기여에 대한 보상 내지 평가, 청산, 부양의무 이행 등의 취지가 포함되어 있다고 볼 여지가 충분하므로 상속분의 선급이라고 보기 어렵다.'[43]라고 하였고, 피상속인의 반려로서 평생 헌신하며 피상속인의 사업기초형성에 공헌하고 다섯 명의 자녀를 양육하다가 피상속인으로부터 거주 아파트의 1/2 지분과 현금 등을 증여받은 사례에서도 역시, '위 수증재산을 제외하면 혼인기간 중 배우자의 위와 같은 기여나 노력에 대한 보상 내지 평가가 전혀 없다시피 하고, 수증재산이 피상속인의 생전 보유 재산의 전체 규모를 감안할 때 다른 공동상속인들과의 형평을 깨뜨리는 정도에 한참 미치지 못하는 매우 미미한 수준에 불과하여 당해 수증재산을 특별수익에서 제외함이 타당하다.'[44]라고 하는 등 생존배우자의 특별수익 인정 여부에 관하여 매우 엄격한 태도를 보이고 있다.

41 홍진희/김판기, "생명보험금과 민법 제1008조 특별수익과의 관계", 법조 제61권 제5호, 법조협회(2012), 203~204.

42 박세황, "생존배우자 수증재산의 특별수익 해당 여부", 광주지방법원 재판실무연구(2016), 27.

43 서울가정법원 2019. 6. 25. 자 2017느합1029, 1227 심판(항고취하 확정).

44 수원가정법원 2017. 2. 13. 자 2014느합529, 2015느합506 심판(확정).

35 4) 한편 헌법재판소는 상속인인 배우자의 경우 피상속인이 생존해 있는 때에 이혼하는 경우 재산분할청구권을 행사할 수 있는 반면, 피상속인이 사망한 경우에는 실질적 공동재산의 청산, 배우자 여생에 대한 부양의무 이행의 요소에 해당하는 부분을 특별수익에서 공제하는 등의 예외 규정이 없어 상속인인 배우자의 재산권이 침해된다는 주장에 대하여, '공동상속인 중에 피상속인으로부터 재산의 증여 또는 유증을 받은 특별수익자가 있는 경우에 그 수증재산을 상속분의 선급으로 보고 구체적인 상속분을 산정하도록 한 것은 상속에 있어서 공동상속인들 사이의 공평을 기하도록 하기 위함이다. 그런데 특별수익자가 배우자인 경우에 대하여서만 특별수익 산정에 관한 예외규정을 둔다면 공동상속인 사이에 공평을 해치게 되어 특별수익자 조항의 입법목적에 배치되는 결과를 가져온다. 나아가 공동재산형성이나 배우자 부양 측면에서 배우자의 특수성은 민법상 법정상속분 제도, 기여분 제도를 통하여 구체적 상속분 산정 시 고려되고 있고, 대법원은 일부 상속인에 대하여 증여 또는 유증이 있었다고 하더라도 해당 수증분의 특별수익 해당 여부에 관하여는 구체적인 사안에 따라 제한적으로 해석하고 있다. 따라서 특별수익자 조항이 입법재량의 한계를 벗어나 배우자인 상속인의 재산권을 침해한다고 볼 수 없다.'[45]라고 하였다.

### 자. 기여행위의 대가로서의 증여

36 1) 유류분과 관련된 판례이나 대법원 2022. 3. 17. 선고 2021다230083, 230090 판결은, '피상속인으로부터 생전 증여를 받은 상속인이 피상속인을 특별히 부양하였거나 피상속인의 재산의 유지 또는 증가에 특별히 기여하였고, 피상속인의 생전 증여에 상속인의 위와 같은 특별한 부양 내지 기여에 대한 대가의 의미가 포함되어 있는 경우와 같이 상속인이 증여받은 재산을 상속분의 선급으로 취급한다면 오히려 공동상속인들 사이의 실질적인 형평을 해치는 결과가 초래되는 경우에는 그러한 한도 내에서 생전 증여를 특별수익에서 제외할 수 있다. 여기서 피상속인이 한 생전 증여에 상속인의 특별한 부양 내지 기여에 대한 대가의 의미가 포함되어 있는지 여부는 당사자들의 의사에 따라 판단하되, 당사자들의 의사가 명확하지 않은 경우에는 피상속인과 상속인 사이의 개인적 유대관계, 상속인의 특별한 부양 내지 기여의 구체적 내용과 정도, 생전 증여 목적물의 종류

45 헌법재판소 2017. 4. 27. 선고 2015헌바24 결정.

및 가액과 상속재산에서 차지하는 비율, 생전 증여 당시의 피상속인과 상속인의 자산, 수입, 생활수준 등을 종합적으로 고려하여 형평의 이념에 맞도록 사회일반의 상식과 사회통념에 따라 판단하여야 한다. 다만 유류분 제도가 피상속인의 재산처분행위로부터 유족의 생존권을 보호하고 법정상속분의 일정비율에 해당하는 부분을 유류분으로 산정하여 상속인의 상속재산 형성에 대한 기여와 상속재산에 대한 기대를 보장하는 데 그 목적이 있는 점을 고려할 때, 피상속인의 생전 증여를 만연히 특별수익에서 제외하여 유류분 제도를 형해화시키지 않도록 신중하게 판단하여야 한다.'라고 하였다.

37 2) 특별수익과 기여분의 관계에 관하여, 피상속인으로부터 기여의 대가로 증여 또는 유증을 받은 것이 명백하더라도 증여 또는 유증은 일단 민법 제1008조의 특별수익으로 법률상 당연히 반환할 의무가 있고, 기여분은 공동상속인 사이의 협의 또는 심판 청구에 의한 기여분 결정이 있어야 상속재산분할시 고려되는 것이며, 상속인이 기여의 대가로 특별수익을 받았다 해도, 공동상속인들의 협의로 기여분을 추가로 정할 수 있으므로 기여분과 특별수익을 서로 공제할 수 있는 것으로 볼 수 없다는 견해[46]도 있으나, 위 판결에 관하여 유류분 청구에서 기여분을 고려할 수 없는 문제점을 완화하기 위하여 특별수익을 실질적인 기여분으로 보아 유류분 청구의 대상에서 제외한 것이라거나,[47] 피상속인이 배우자에게 한 증여를 특별수익에서 제외하는 것과 같이 직계비속에도 이러한 법리를 확장한 것이라고 보아[48] 이를 긍정하는 견해도 있다.

38 기존 대법원은, 피상속인으로부터 증여를 받았다는 사정이 인정되면 특별수익으로 공제함은 별론으로 하더라도 그 점을 기여분을 인정하지 않는 사정으로 고려할 것은 아니라고 판시하였고,[49] 대법원 2019. 11. 21. 자 2014스44, 45 전원합의체 결정의 소수의견 역시 민법 제1008조에서 정한 특별수익자 상속분 조정제도와 민법 제1008조의2에서 정한 기여분 제도는 공동상속인들 사이의 공평을 도모하려는 공통점이 있기는 하나, 전자는 특별수익을 상속분의 선급으로 다루

46 정덕흥, "기여분의 결정과 상속분의 수정", 사법논집 제25집, 법원도서관(1994), 62; 이동진, "배우자의 특별수익, 기여분, 유류분-대법원 2011. 12. 8. 선고 2010다66644 판결", 사법 제56호, 사법발전재단(2021), 307.

47 윤진수, 친족상속법 강의(제5판), 박영사(2023), 653.

48 이봉민, "특별한 부양 내지 기여에 대한 대가인 생전 증여가 특별수익에 해당하는지 여부", 대법원 판례해설제131호, 법원도서관(2022), 63.

49 대법원 1998. 12. 8. 선고 97므513, 520, 97스12 판결.

고 후자는 본래의 상속분 외에 추가적으로 취득할 수 있는 몫으로 다룬다는 점에서 양 제도는 서로 다른 취지를 가진 것이므로, 민법 제1008조의 특별수익자 상속분 조정에 관한 해석이 민법 제1008조의2의 기여분 인정 요건을 해석하는 데 영향을 줄 수 없다고 보았다.

39 반면 위 대법원 2019. 11. 21. 자 2014스44, 45 전원합의체 결정의 다수의견은 특별수익과 기여분은 모두 법정상속분을 수정하는 요소로서 상속재산분할 사건의 심판에서 기여분을 정할 때 특별수익의 존부를 고려하지 않을 수 없다고 하였고,[50] 앞서 본 대법원 2022. 3. 17. 선고 2021다230083, 230090 판결에서도 역시, 피상속인으로부터 생전 증여를 받은 상속인이 피상속인을 특별히 부양하였거나 피상속인의 재산의 유지 또는 증가에 특별히 기여하였을 경우 그러한 한도 내에서 생전 증여를 특별수익에서 제외할 수 있음을 명백히 하였다.

40 3) 배우자인 상속인에 대한 증여와 배우자가 아닌 상속인에 대한 증여가 특별수익에 해당하는지 여부를 판단하는데 있어, 기여의 대가인 증여는 무상성을 결여하여 특별수익에 해당하지 않으므로 그 기준을 달리할 이유가 없다고 보는 견해도 있을 것이나, 기여가 무상으로 행하여진 이상 그에 대한 대가로서 증여를 하였다고 하더라도 이는 원칙적으로 증여에 해당하고, 배우자의 통상의 부양은 기여분이 인정되는 특별한 기여로 인정되지 않을 뿐 아니라, 배우자인 상속인에 대한 사전 증여는 실질적인 공동재산의 청산이라는 의미를 포함하고 있다고 보아야 하므로, 배우자인 상속인에 대한 증여의 경우에는 배우자 아닌 상속인에 대한 증여의 경우와는 그 기준을 달리 보아야 한다는 견해[51]가 있다.

41 4) 한편 헌법재판소는, 위 대법원 판결이 기여상속인이 자신의 기여에 대한 대가로 피상속인으로부터 증여를 받은 경우에는 해당 증여가 유류분 산정의 기초재산에 산입되지 않을 수 있는 가능성을 열어 놓았다고 평가하면서, 다만 위 판결만으로는 기여분에 관한 민법 제1008조의2를 유류분에 준용하는 효과를 거두고 있다고 보기는 어려워 기여상속인의 정당한 이익이 침해된다고 하며, 기여분에 관한 민법 제1008조의2를 유류분에 준용하는 규정을 두고 있지 않은 민법

50 대법원 2019. 11. 21. 자 2014스44, 45 전원합의체 결정.

51 이봉민, "특별한 부양 내지 기여에 대한 대가인 생전 증여가 특별수익에 해당하는지 여부", 대법원 판례해설 제131호, 법원도서관(2022), 64.

제1118조의 규정의 개선입법을 촉구하였다.[52]

42 5) 그에 따라 앞으로 민법 제1118조의 개정이 예상되나, 유류분 청구에서 기여분을 고려할 수 없는 현행 민법 규정 아래에서는 공동상속인의 형평을 위하여 법정상속분의 수정요소로서 특별수익의 존부를 판단하면서 공동상속인들의 기여행위를 고려하지 않을 수 없을 것인데, 상속재산분할 심판에서의 특별수익과 유류분 청구에서의 특별수익을 달리 볼 수는 없으므로, 별도의 기여분 결정 청구가 가능한 상속재산분할 심판에서 별도의 기여분 결정 청구가 없더라도 공동상속인들의 기여행위의 종부를 함께 검토하여야 할 것이다. 다만 배우자에 대한 증여의 경우 실질적 공동재산의 청산과 생존 배우자의 부양 등 의미가 더 고려되어야 하고, 배우자 사이의 동거 및 부양의무는 혼인관계의 본질적 의무로서 부부공동생활을 유지할 수 있게 하는 것을 내용으로 하는 1차적 부양의무로서[53] 배우자가 아닌 상속인들 사이의 2차적 부양의무와는 그 정도를 달리 한다고 보아야 할 것이므로, 배우자인 상속인에 대한 증여재산이 특별수익에 해당하는지 여부를 판단함에 있어 배우자가 아닌 상속인의 경우와는 그 기준을 달리 보는 것이 타당할 것이다.

## 3. 특별수익의 인정 범위

### 가. 상속분의 선급

43 공동상속인 중에 피상속인으로부터 재산의 증여 또는 유증을 받은 특별수익자가 있는 경우에 공동상속인들 간의 공평을 기하기 위하여 그 수증재산을 상속분의 선급으로 다루어 구체적인 상속분 산정 시 참작하도록 하려는 데 그 취지가 있다. 여기에서 어떠한 생전 증여가 특별수익에 해당하는지는 피상속인의 생전의 자산, 수입, 생활수준, 가정상황 등을 참작하고 공동상속인들 간의 형평을 고려하여 당해 생전 증여가 장차 상속인으로 될 사람에게 돌아갈 상속재산 중 그의 몫의 일부를 미리 준 것으로 볼 수 있는지에 의하여 결정하여야 한다.[54]

52 헌법재판소 2024. 4. 25. 선고 2020헌가4, 14, 2021헌가11, 15, 26, 29, 2022헌가11, 12, 17, 30, 38, 43, 2023헌가7, 22, 2020헌바295, 342, 351, 353, 502, 2021헌바15, 16, 43, 72, 91, 193, 255, 256, 275, 277, 386, 2022헌바6, 29, 35, 55, 111, 134, 152, 267, 315, 2023헌바43, 109, 156, 229, 309, 414, 415, 2024헌바38(병합) 전원재판부 결정.

53 대법원 2012. 12. 27. 선고 2011다96932 판결.

54 대법원 1998. 12. 8. 선고 97므513, 520, 97스12 판결, 대법원 2011. 12. 8. 선고 2010다66644 판결, 대법원 2014. 11. 25. 자 2012스156, 157 결정, 대법원 2022. 3. 17. 선고 2021다230083, 230090 판결.

### 나. 증여재산

#### 1) 부동산

44 피상속인이 상속인에게 증여한 부동산은 특별한 사정이 없는 한 특별수익으로 인정된다. 근저당권이 설정되어 있거나 임대차 계약이 체결된 상태의 부동산을 증여받았다면 당해 근저당권 피담보채무액 또는 임대차보증금 반환채무액을 공제한 나머지 부동산의 가치만을 특별수익으로 인정함이 상당하다.

45 각급법원결정 중에는 공동상속인 중 한 사람이 매매를 원인으로 부동산을 취득한 경우 특별한 직업이나 부동산을 매수할 만큼의 충분한 소득이 없었다는 취지의 주장만으로는 피상속인으로부터 당해 부동산을 증여받았다거나 매수대금을 지원받았다고 단정하기 어렵다고 본 사례가 있고,[55] 반면 부동산 취득 당시 미성년이거나 학업 중인 경우, 군복무 중인 경우 등 부동산 매수대금을 부담할 만한 경제력이 없고 부동산의 취득 과정에 관여하지 않았음이 비교적 명백한 시기에 부동산에 관하여 매매를 원인으로 한 소유권이전등기가 마쳐진 경우에는 피상속인이 부동산을 상속인 명의로 매수하여 증여한 것이라 보아 부동산 자체를 특별수익으로 인정한 사례가 있다.[56] 한편 위와 같은 경우에도 부동산 자체를 특별수익으로 볼 것인지 혹은 부동산 매수대금 상당액을 특별수익으로 볼 것인지에 대하여는 구체적 사정을 고려하여 판단하여야 할 것이다.

46 피상속인이 공동상속인 중 한사람에게 현저하게 균형을 잃은 가액으로 부동산을 매각한 경우, 객관적인 대가에 미치지 못하는 차액에 대하여는 이를 특별수익으로 보아야 한다는 견해가 있다.[57]

#### 2) 금전의 교부

47 가족 간에는 여러 가지 사유로 금전이 교부될 수 있으므로 피상속인이 특정 상속인에게 지급한 금전을 일률적으로 특별수익이라 볼 수는 없고, 피상속인과 각 상속인들의 관계, 지급된 금전의 액수, 그 시기와 빈도, 부담하는 부양 의무의 정도 등 여러 사정들을 종합하여, 그 금전의 지급이 상속인들 사이의 공평을 상당한 정도로 해하는 경우에 이를 특별수익으로 보아야 할 것이다.

55 서울가정법원 2017. 1. 20. 자 2015느합30157 심판(확정).

56 서울고등법원 2017. 4. 5. 자 2015브382(확정), 서울고등법원 2018. 1. 12. 자 16브303 결정(확정), 서울고등법원 2018. 12. 3. 자 2017브306 결정(확정), 서울고등법원 2019. 1. 30. 자 2018브244, 245 결정(확정).

57 이은정, "특별수익반환의 법리에 관한 연구-민법 제1008조의 해석을 중심으로", 고려대학교 대학원 박사학위논문(1996), 60.

48 따라서 피상속인이 공동상속인인 자녀에게 지급한 부양료 또는 교육비 명목의 금전, 혼수비용 등은 일반적, 의례적 범위를 넘지 않는 한 다른 상속인과의 형평을 해하지 아니하므로 특별수익으로 볼 수 없을 것이다. 반면 사업자금이나 주택구입자금 등이 일부 상속인에게만 지급되었다면, 이는 특별한 사정이 없는 한 특별수익에 해당할 수 있다.[58]

49 각급법원결정 중에는 피상속인이 자신의 아들이 사망한 이후 아들의 배우자와 손자녀의 생계유지를 위하여 교육비 및 생활비 등 명목으로 상당한 금액을 일시금으로 지급하였더라도 이는 피상속인의 생전의 자산, 수입, 생활수준, 가정상황, 대습상속인들의 경제상황, 공동상속인들 사이의 형평 등을 고려할 때 상속분의 선급으로 보기는 어렵다고 한 사례[59]가 있다.

50 실무상 피상속인이 공동상속인인 자녀에게 지급한 금전의 입증을 위하여 피상속인의 계좌 및 공동상속인들의 계좌에 관하여 포괄적인 금융자료제출명령신청을 하는 경우가 있으나, 특별한 소명이나 개연성을 찾을 수 없는 상태에서의 망라적인 금융자료제출명령은 공동상속인 사이의 갈등을 심화시킬 우려가 있으므로 유의하여야 한다.

### 3) 상속분의 양도

51 대법원은, 상속분 양도는 상속재산분할 전에 적극재산과 소극재산을 모두 포함한 상속재산 전부에 관하여 공동상속인이 가지는 포괄적 상속분, 즉 상속인 지위의 양도를 뜻하고,[60] 민법 제1008조의 증여에 해당하는지 여부를 판단할 때에는 피상속인의 재산처분행위의 법적 성질을 형식적·추상적으로 파악하는데 그쳐서는 안 되고, 재산처분행위가 실질적인 관점에서 피상속인의 재산을 감소시키는 무상처분에 해당하는지 여부에 따라 판단하여야 한다고 전제하면서, 공동상속인이 다른 공동상속인에게 무상으로 자신의 상속분을 양도하는 것은 상속분에 포함된 적극재산과 소극재산의 가액 등을 고려할 때 양도된 상속분에 재산적 가치가 있다면 특별한 사정이 없는 한 민법 제1008조의 증여에 해당한다고 판시하였고,[61] 나아가 어느 공동상속인이 다른 공동상속인에게 자신의 상속

58 박동섭/양경승, 친족상속법(제5판), 박영사(2020), 688; 송덕수, 친족상속법(제7판), 박영사(2024), 343.
59 서울가정법원 2017. 12. 28. 자 2015느합30301, 2016느합1387 심판(항고 및 재항고 기각 확정).
60 대법원 2006. 3. 24. 선고 2006다2179 판결.
61 대법원 2021. 7. 15. 선고 2016다210498 판결.

분을 무상으로 양도하는 것과 같은 내용으로 상속재산 분할협의가 이루어진 경우에도, 이에 따라 무상으로 양도된 것으로 볼 수 있는 상속분은 양도인의 사망으로 인한 상속에서 민법 제1008조의 증여에 해당하는 것으로 보아야 한다고 판시하였다.[62]

52 반면 대법원은, 상속포기는 상속이 개시된 때에 소급하여 그 효력이 있고 상속포기자는 처음부터 상속인이 아니었던 것이 되므로, 상속을 포기하였더라도 이는 상속포기자로부터 그 상속지분을 유증 또는 증여받은 것이라고 볼 수 없어 상속포기자에 대한 특별수익이라 볼 수 없다고 하였는데,[63] 이에 대하여 앞서 본 무상의 상속분 양도에 관한 판시와 모순되지 않는지 의문을 제기하는 견해[64]도 있으나, 상속포기는 상속을 받지 않겠다는 상대방 없는 의사표시로서, 재산권에 관한 법률행위에 해당하지 아니하여 사해행위취소의 대상이 되지 아니할 뿐 아니라,[65] 어느 상속인이 상속을 포기하는 경우 그 상속분은 민법 제1043조에 따라 다른 공동상속인들에게 각 상속분 비율로 귀속되고, 그로 인하여 상속포기자로부터 상속지분을 유증 또는 증여받은 것과 같은 결과가 되더라도 이는 상속포기의 반사적 효과에 불과한 점 등을 고려하여 보면 상속분의 양도 또는 상속재산 분할협의에 따른 상속분의 실질적 양도가 특별수익이 된다고 보는 위 판결과 상속포기는 특별수익으로 볼 수 없다는 종래의 판결이 서로 모순된다고 보기는 어려울 것이다.

53 한편 1차 상속에서 공동상속인들 사이에서 상속분이 무상으로 양도되거나 실질적인 관점에서 상속분을 무상으로 양도한 것과 같은 내용의 상속재산 분할협의가 이루어진 이후, 상속분 양도인의 사망으로 개시된 2차 상속에서 다시금 1차 상속에서의 상속분 양도인의 구체적 상속분과 그 가액에 대하여 심리하는 경우 공동상속인들 사이의 다툼이 심화될 우려가 있고, 1차 상속에서의 상속재산 분할협의 결과를 2차 상속에서 상속분 양도인에 대한 특별수익으로 공제하는 경우 1차 상속에서의 상속재산 분할협의를 부인하는 결과를 가져올 수 있으므로 엄격히 해석함이 타당할 것이다.

62 대법원 2021. 8. 19. 선고 2017다230338 판결.
63 대법원 2012. 4. 16. 자 2011스191 결정.
64 윤진수, 친족상속법 강의(제5판), 박영사(2023), 434.
65 대법원 2024. 5. 30. 선고 2021다202712, 202729 판결.

#### 4) 생명보험금

54 피상속인의 사망을 보험사고로 하여 발생하는 생명보험금 청구권의 수익자가 상속인인 경우 수령한 생명보험금은 상속재산이 아니라 상속인이 그 고유한 권리로서 취득하는 것이라 보아야 한다.

55 한편 수령한 보험금이 특별수익에 해당하는지에 관하여 이를 부정한 각급법원 사례[66]도 있으나, 이를 특별수익으로 보는 견해가 다수이고,[67] 대부분의 각급법원결정 또한 그러하다. 한편 특별수익으로 본다면 어느 것이 그 기준이 될 것인지에 관하여는, ① 피상속인인 보험계약자가 실제로 납입한 보험료 액이라는 견해,[68] ② 피상속인 사망 당시의 해약환급금이라는 견해,[69] ③ 상속인이 수령한 보험금 총액이라는 견해,[70] ④ 상속세 및 증여세법 제8조, 같은법 시행령 제4조에 따라 수정된 금액(지급받은 보험금의 총합계액 × 피상속인이 부담한 보험료의 금액/해당 보험계약에 따라 피상속인의 사망 시까지 납입된 보험료의 총합계액)으로 보아야 한다는 견해[71] 등으로 나뉜다.

56 다만 각급법원결정은, 피상속인의 출연으로 보험에 가입하고 보험수익자를 상속인 중 특정인으로 정한 보험계약에 따라 피상속인의 사망보험금을 수령하더라도 이 경우 보험금 자체는 특정 상속인의 고유재산이므로 이를 상속재산이라고 할 수는 없으나, 그것이 피상속인의 출연에 의한 것이라는 점에서 특별수익으로 보아야 할 것이고, 다만 이때 특별수익이 되는 것은 보험제도의 성격 및 특별수

66 서울고등법원 2018. 11. 9. 자 2018브1 결정(재항고 기각 확정).

67 김주수/김상용, 주석 민법, 상속(제1권)(제4판), 한국사법행정학회(2015), 374; 곽윤직, 상속법(민법강의VI)(개정판), 박영사(2004), 106; 김주수/김상용, 친족·상속법(제20판), 법문사(2024), 715; 박동섭/양경승, 친족상속법(제5판), 박영사(2020), 689; 송덕수, 친족상속법(제7판), 박영사(2024), 345; 임채웅, 상속법연구, 박영사(2011), 128; 조은희, 친족상속법, 정독(2023), 370.

68 변동열, "유류분제도", 민사판례연구 제25권, 박영사(2003), 839.

69 김주수/김상용, 주석 민법, 상속(제1권)(제4판), 한국사법행정학회(2015), 375; 김주수/김상용, 친족·상속법(제20판), 법문사(2024), 716; 신영호 외 2인, 가족법강의(제4판), 세창출판사(2023), 390; 이경희/윤부찬, 가족법(11정판), 법원사(2024), 459.

70 임채웅, 상속법연구, 박영사(2011), 129; 홍진희/김판기, "생명보험금과 민법 제1008조 특별수익과의 관계", 법조 제61권 제5호, 법조협회(2012), 224은 원칙적으로는 지급된 보험금 총액으로 보되, 특별수익의 반환이라는 제도가 상속인 간의 형평을 도모하는 제도인 점을 고려하여 형식적이고 기계적으로 기준을 정하여 적용할 것이 아니라 사안마다 상속인 간의 형평을 고려하여 그 반환액을 결정하는 방법이 타당하다고 한다.

71 곽윤직, 상속법(민법강의VI)(개정판), 박영사(2004), 107: 박동섭/양경승, 친족상속법(제5판), 박영사(2020), 689; 이은정, "특별수익반환의 법리에 관한 연구-민법 제1008조의 해석을 중심으로", 고려대학교 대학원 박사학위논문(1996), 127.

익제도의 취지에 비추어 볼 때 보험금이 아니라 납입한 보험료로 봄이 옳다고 한 사례[72]와 피상속인이 피보험자로 되어 있던 보험계약에 따라 상속인이 사망보험금을 수령한 사례에서 피상속인의 보험료 납부로 인하여 사망보험금을 취득한 것이므로, 수령한 보험금 전액이 특별수익이라고 본 사례[73] 등으로 나뉘어 있으나, 보험료와 보험금의 차이가 크지 않거나 당사자 사이에 별다른 주장·입증이 없는 등 다툼이 크지 않았던 사건들이 대부분이다. 반면 이와 달리 보험계약자 및 피보험자가 모두 상속인이고 피상속인이 그 보험료만 대납해 준 경우 상속인이 보험계약에 따른 권리인 보험금청구권이나 예상해지환급금에 대한 권리를 수익한 것이 아니라 피상속인이 대납한 보험료 전액을 수익한 것이라고 본 사례가 있다.[74] 한편 대법원은 피상속인이 보험계약체결 후 중간에 보험수익자를 변경한 사례에서, 납입된 보험료 총액 중 피상속인이 납입한 보험료가 차지하는 비율을 보험금액에 곱하여 산출한 금액을 증여가액으로 보았다.[75]

5) 금전의 대여

57 피상속인이 공동상속인에게 대여한 금전은 공동상속인 본인의 채무로서, 피상속인은 그에 상응하는 채권을 보유하고 있다고 보아야 할 것이다. 따라서 피상속인의 상속재산으로서의 공동상속인에 대한 채권은 다른 공동상속인과의 관계에서 분할채권으로 피상속인의 사망 시에 소급하여 공동상속인들에게 그 상속분에 따라 귀속한다. 다만 피상속인이 공동상속인에게 금전을 대여한 후 사망에 이를 때까지 상당한 기간 동안 이자의 지급이나 변제를 요구하지 않음으로써 실질적으로 채무 면제의 의사를 표시하였다고 볼 여지가 있다면 위 잔존 대여금 전액을 구체적 상속분의 산정에 있어 특별수익으로 고려할 수 있을 것이다.

58 한편 무이자 소비대차의 경우에도 공동상속인 간의 형평을 깨뜨리는 정도에 이른다면 이자 상당 이익이 특별수익에 해당한다는 견해도 있으나,[76] 무이자 소비대차로 인한 이자 상당의 이익은 대여금의 액수가 피상속인의 생전의 자산, 수입, 생활수준, 가정상황, 상속인들의 경제상황 등에 비추어 현저히 고액이라는

72 서울고등법원 2014. 3. 31. 자 2013브102 결정(재항고 기각 확정).
73 서울고등법원(춘천) 2019. 1. 8. 자 2017브3 결정(재항고 기각 확정).
74 서울가정법원 2019. 5. 28. 자 2016느합1298 심판(항고 기각 확정).
75 대법원 2022. 8. 11. 선고 2020다247428 판결.
76 이은정, "특별수익반환의 법리에 관한 연구-민법 제1008조의 해석을 중심으로", 고려대학교 대학원 박사학위논문(1996), 61.

등의 특별한 사정이 없는 한 피상속인과 상속인들 사이의 인적 관계에 비추어 볼 때 상속분의 선급으로 인정되기는 어려울 것이다.

6) 담보의 제공

59 공동상속인 중 한사람이 금융기관으로부터 금원을 차용하면서 피상속인이 자신의 부동산을 담보로 제공하여 피상속인 소유 부동산에 해당 공동상속인을 채무자로 한 근저당권설정등기가 마쳐진 경우 위 근저당권설정등기의 피담보채무액 상당이 채무자인 해당 공동상속인의 특별수익이라 볼 것인지 문제될 수 있으나, 피상속인이 위 근저당권 피담보채무를 변제하거나, 위 근저당권의 실행으로 부동산의 소유권을 상실하였음에도 이를 구상하지 아니하는 등 실질적으로 위 피담보채무액 상당을 해당 상속인에게 증여한 것과 같이 보아야 할 것이 아니라면 피상속인이 그 소유 부동산을 담보로 제공하였다는 사정만으로는 근저당권의 피담보채무액 상당을 특별수익 하였다고 볼 수는 없을 것이다.

7) 신탁

60 특별수익 여부가 문제되는 신탁의 대표적인 예는 위탁자인 피상속인이 수탁자와 신탁계약을 체결하여 신탁재산을 이전하면서 자신이 사망한 이후에 자신의 잠재적 상속인 중 한사람을 수익자로 지정하는 경우(신탁법 제59조 유언대용신탁)이다. 이러한 경우 수탁자는 대내외적으로 신탁재산에 대한 완전한 소유권을 취득하게 되고 위탁자인 피상속인이 사망하는 경우 수익자는 위탁자인 피상속인의 권리를 이전받는 것이 아니라 수탁자로부터 신탁재산 또는 그 재산의 수익권을 이전받게 된다.

61 그러나 이러한 경우에도 수익자는 실질적인 의미에서는 위탁자의 재산출연으로 위탁자의 사망 시 그 신탁재산 또는 수익권 상당의 경제적 가치를 증여받는 것이므로 역시 특별수익에 해당한다고 보아야 할 것이다.

62 유류분에 관한 각급법원판결 역시 위탁자인 피상속인이 수익자를 공동상속인 중 한사람으로 정한 유언대용신탁계약을 체결한 경우 그 신탁재산을 증여재산으로 보아 유류분 산정의 기초가 되는 재산에 포함시키고 있다.[77]

77 서울고등법원 2024. 11. 22. 선고 2024나2011243 판결(확정), 서울고등법원 2023. 12. 14. 선고 2023나2030353 판결(확정).

63 한편 피상속인과 공동상속인 중 1인인 A가, 피상속인을 위탁자 겸 생전수익자로, A를 수탁자 겸 사후수익자로 하는 유언대용신탁을 체결한 사례에서, 판례는 수탁자가 동시에 수익자가 되면 수탁자는 자신의 이익을 위하여 신탁재산을 관리 또는 운용하는 결과가 되므로 사실상 위탁자가 수탁자에게 재산을 증여한 것과 다름없는 법률관계가 되고 신탁의 효력을 인정할 실익이 없으므로, 위탁자 사망 이후 유일한 수익자를 수탁자인 A로 정한 사후 타익신탁부분은 신탁법 제36조에 반하여 무효이고, 생전 자익신탁부분은 전체 신탁계약에서 분리하기 불가능하거나 분리하더라도 생전 자익신탁 부분만으로 신탁을 유지하는 것이 위탁자의 의사에 명백히 반한다는 사정이 없는 이상 유효하므로, 위탁자 사망으로 신탁잔여재산의 귀속권리자가 정하여지지 않은 유언대용신탁에서의 경우와 같이 잔여재산은 수익자인 피상속인에게 귀속되어 상속재산에 편입된다고 보았다.[78]

8) 사망퇴직금, 유족급여

64 근로자가 사망한 경우 지급하는 사망퇴직금은 근로기준법 등 법령이나 취업규칙, 사기업의 내규에 따라 지급되는 것이고, 유족연금 역시 국민연금법, 공무원연금법, 사립학교교직원법, 군인연금법 등에 따라 지급되는 것이므로, 그 수령권자의 범위나 순서가 민법상의 상속인의 범위나 순서와 달라 수급권자의 고유재산일 뿐 상속재산이 아니라고 보는 것이 일반적이다.[79] 대법원도, 단체협약에서 근로자의 사망으로 지급되는 사망퇴직금을 근로기준법이 정한 유족보상의 범위와 순위에 따라 유족에게 지급하기로 정하였다면, 개별 근로자가 사용자에게 이와 다른 내용의 의사를 표시하지 않는 한 수령권자인 유족은 상속인으로서가 아니라 위 규정에 따라 직접 사망퇴직금을 취득하는 것이므로, 이러한 경우의 사망퇴직금은 상속재산이 아니라 수령권자인 유족의 고유재산이라 판시하였다.[80]

65 다만 이를 특별수익으로 볼 것인가에 대하여 사망퇴직금이나 유족연금은 피상속인으로부터 증여 또는 유증을 받은 재산이 아니므로 특별수익에 해당하지 않는다는 견해[81]도 있으나, 임금의 후불적 성격과 공동상속인 사이의 공평을 고려

78 대법원 2024. 4. 16. 선고 2022다307294 판결.

79 박동섭/양경승, 친족상속법(제5판), 박영사(2020), 690; 신영호 외 2인, 가족법강의(제4판), 세창출판사(2023), 390; 윤진수, 친족상속법 강의(제5판), 박영사(2023), 400.

80 대법원 2023. 11. 16. 선고 2018다283049 판결.

81 김민중, "유류분산정의 기초가 되는 재산의 범위", 사법 제14호, 사법발전재단(2010), 62~63.

하여 이를 특별수익으로 보는 것이 일반적인 견해이다.[82] 다만 사망퇴직금을 특별수익으로 보는 견해에 따르더라도, 그 가액을 어떻게 볼 것인지에 대하여 전액을 특별수익으로 보아야 한다는 견해[83]와 확실한 방식이 확립되기 전까지 상속재산을 분할할 때 고려하는 정도가 무난하다는 견해[84] 등이 있다.

9) 증여재산의 과실

66 증여재산에 대한 과실이 있는 경우 이를 특별수익이라 볼 수 있는지 여부에 대하여, 증여받은 부동산으로부터 발생한 임대료 등 사용이익이나 증여받은 주식에 기하여 수령한 배당금과 같이 상속개시 전에 원물로부터 발생한 과실도 특별수익에 포함된다는 견해[85]도 있으나, 증여재산에 대한 과실은 수증자의 자본이나 노동력의 투입으로도 발생할 수 있고, 과실이 발생한 후 상속개시 이전에 소비되거나 멸실될 수 있어 과실까지 특별수익재산으로 취급할 경우 오히려 수증자인 상속인에게 불공평한 결과를 야기할 수 있으므로 증여재산의 과실을 특별수익의 범위에 포함시킬 것은 아니다.[86]

67 각급법원결정 중에는, 피상속인으로부터 증여 또는 유증을 받은 자가 있을 때에 그와 같은 증여 또는 유증으로 인하여 발생한 이익의 총액을 참작하지 않으면 공동상속인 간에 불공평한 결과가 발생하게 되므로 피상속인으로부터 주식을 증여받은 때로부터 상속개시가 이루어지기 전까지의 주식배당금 또한 수증자의 특별수익으로 보아야 한다는 주장에 대하여, 공동상속인 중 증여 또는 유증을 받은 자가 있는 경우 증여목적물의 소유권은 증여 받은 상속인에게 있으므로 그에게 과실을 수취할 권리가 있는 점, 생전에 피상속인이 그 목적물을 증여할 때는 그 목적물의 이용으로부터 발생하는 과실을 상속인에게 귀속시키려는 의사가 있다고 추정할 수 있고 그와 같은 의사는 존중되어야 한다는 점, 또한 이미 소비하고 특별수익자에게 존재하지 않을 수도 있는 과실까지 특별수익에 포함시키게 된다면 이는 수증자

82 곽윤직, 상속법(민법강의VI)(개정판), 박영사(2004), 107; 김주수/김상용, 친족·상속법(제20판), 법문사(2024), 716; 박동섭/양경승, 친족상속법(제5판), 박영사(2020), 690; 송덕수, 친족상속법(제7판), 박영사(2024), 345; 신영호 외 2인, 가족법강의(제4판), 세창출판사(2023), 390; 이경희/윤부찬, 가족법(11정판), 법원사(2024), 459; 조은희, 친족상속법, 정독(2023), 373.

83 오시영, 친족상속법(제2판), 학현사(2011), 563; 이경희/윤부찬, 가족법(11정판), 법원사(2024), 459.

84 김주수/김상용, 친족·상속법(제20판), 법문사(2024), 716.

85 박동섭/양경승, 친족상속법(제5판), 박영사(2020), 687.

86 신영호 외 2인, 가족법강의(제4판), 세창출판사(2023), 390; 임채웅, 상속법연구, 박영사(2011), 137; 시진국, "재판에 의한 상속재산분할", 사법논집 제42집, 법원도서관(2006) 697~698.

에게 예기하지 못한 부담으로 작용할 수 있는 점 등을 고려하여, 그 과실을 포함하지 않을 경우 상속인 간의 형평을 깨뜨릴만한 특별한 사정이 없는 한 상속개시 이전에 발생한 과실을 특별수익에 포함시키지 않는 것이 타당하다고 본 사례가 있다.[87]

68 한편 상속개시 이후의 특별수익의 과실은 다른 공동상속인과의 형평을 고려하여 특별수익의 범위에 포함시켜야 한다는 견해[88]도 있으나, 구체적 상속분을 산정함에 있어 상속개시시를 기준으로 특별수익의 가액을 평가하는 점을 고려하여 보면, 그 이후의 과실 역시 특별수익의 범위에 포함시킬 수는 없을 것이다.[89]

10) 피상속인의 증여 당시 의사

69 피상속인이 친생자관계 등을 주장하지 않는 대가로 인지하지 않은 혼외 자녀에게 지급한 재산은 상속분을 미리 증여한다는 피상속인의 의사에 기한 것이 아니므로 특별수익으로 볼 수 없다는 주장에 대하여, 각급법원판결은 피상속인의 증여 당시 의사는 특별수익 여부를 판단하는데 영향을 미치지 아니한다고 보았다.[90]

70 유류분에 관한 대법원 2022. 3. 17. 선고 2021다230083, 230090 판결은 '피상속인이 한 생전 증여에 상속인의 특별한 부양 내지 기여에 대한 대가의 의미가 포함되어 있는지 여부는 당사자들의 의사에 따라 판단하되, 당사자들의 의사가 명확하지 않은 경우에는 피상속인과 상속인 사이의 개인적 유대관계, 상속인의 특별한 부양 내지 기여의 구체적 내용과 정도, 생전 증여 목적물의 종류 및 가액과 상속재산에서 차지하는 비율, 생전 증여 당시의 피상속인과 상속인의 자산, 수입, 생활수준 등을 종합적으로 고려하여 형평의 이념에 맞도록 사회일반의 상식과 사회통념에 따라 판단하여야 한다.'라고 판시하여, 특별한 부양 내지 기여에 대한 대가인 생전증여가 특별수익에 해당하는지 여부에 관하여, 기여의 대가로서 증여하는 것이라는 당사자들의 의사를 고려하여야 한다고 보았다.

71 한편 피상속인이 증여재산을 특별수익에서 제외한다는 조정면제의 의사를 표시한 경우 그 효력에 관하여, 피상속인의 재산처분의 자유와 유언의 자유를 고려

87 서울가정법원 2005. 5. 19. 자 2004느합152 심판(항고 및 재항고 기각 확정).

88 이경희, "공동상속인의 평등을 위한 상속재산분할법리에 관한 연구", 현대 민법의 과제와 전망: 남송 한봉희교수화갑기념, 밀알(1994), 699; 이은정, "특별수익반환의 법리에 관한 연구-민법 제1008조의 해석을 중심으로", 고려대학교 대학원 박사학위논문(1996), 135.

89 주해상속법(제1권), 박영사(2019), 192(이봉민); 시진국, "재판에 의한 상속재산분할", 사법논집 제42집, 법원도서관(2006), 698.

90 서울고등법원 2006. 10. 24. 선고 2004르1714, 1721 판결(상고 기각 확정).

하여 유류분의 규정에 반하지 않는 한 피상속인이 증여재산을 특별수익에서 제외하여 조정의무를 면제하는 것도 가능하다는 견해[91]도 있으나, 피상속인이 특별한 부양 내지 기여에 대한 대가가 아닌 단순증여재산에 대하여 특별수익의 범위에서 제외한다는 의사를 밝히더라도 현행 민법의 해석론으로는 조정의무가 면제된다고 볼 수는 없을 것이다.[92]

#### 11) 상속세 및 증여세법 제15조 제1항에 따른 추정상속재산

72 상속세 및 증여세법 제15조 제1항(상속개시일 전 처분재산 등의 상속추정)에 의하여 일정한 재산을 상속받은 것으로 추정하는 것은 상속재산을 사전에 처분하거나 채무를 사전에 부담하여 현금 등 과세자료의 노출이 쉽지 않은 재산으로 상속함으로써 상속세를 회피하려는 의도를 방지하려는데 그 목적이 있고, 실제 그 재산에 대하여 상속이 이루어졌는지 여부가 분명하지 않더라도 상속세 회피 목적으로 이루어지는 증여를 방지하기 위하여 전체 상속인들이 이를 상속받은 것으로 추정할 뿐이므로, 과세관청이 세무조사를 실시하여 사용처가 소명되지 않은 금원을 상속인들에게 증여된 것으로 의제하여 추가로 상속세를 부과하였다는 사정만으로 이를 특별수익이라고 볼 수 없다.[93]

## 4. 특별수익의 가액 평가

### 가. 기준 시점

73 대법원은 공동상속인 중에 피상속인으로부터 재산의 증여 또는 유증 등의 특별수익을 받은 자가 있는 경우에는 특별수익을 고려하여 상속인별로 고유의 법정상속분을 수정하여 구체적인 상속분을 산정하게 되는데, 구체적 상속분을 산정함에 있어서는 상속개시 시를 기준으로 상속재산과 특별수익재산을 평가하여 이를 기초로 하여야 할 것이라고 하여,[94] 특별수익 가액 평가의 기준 시점을 상속개시 시로 함을 명확히 하였고, 다수의 견해 역시 그러하다.[95]

91 윤진수, 친족상속법 강의(제5판), 박영사(2023), 443.
92 송덕수, 친족상속법(제7판), 박영사(2024), 347.
93 대법원 2015. 3. 5. 자 2013스195 결정.
94 대법원 1997. 3. 21. 자 96스62 결정, 대법원 1996. 2. 9. 선고 95다17885 판결.
95 김주수/김상용, 주석 민법, 상속(제1권)(제4판), 한국사법행정학회(2015), 375; 김주수/김상용, 친족·상속법(제20판), 법문사(2024), 717; 박동섭/양경승, 친족상속법(제5판), 박영사(2020), 691; 송덕수, 친족상속법(제7판), 박영사(2024), 345; 신영호 외 2인, 가족법강의(제4판), 세창출판사(2023), 391; 이경희/윤부찬, 가족법(11정판), 법원사(2024), 460; 임채웅, 상속법연구, 박영사(2011), 131.

74 유류분에 관한 설시이지만 헌법재판소는, 증여받은 목적물이 처분되거나 수용된 경우 수증자는 그 처분이나 수용으로 인하여 얻은 금원 등의 이용 기회를 누리는 점, 수증자가 증여받은 재산의 가액이 상속개시 시에 이르러 처분 당시나 수용시보다 낮게 될 가능성도 배제할 수 없는 점 등에 비추어 보면, 유류분 산정의 기초재산에 가산되는 증여재산의 평가시기를 증여재산이 피상속인 사망 전에 처분되거나 수용되었는지를 묻지 않고 모두 상속개시 시로 하는 것이 현저히 자의적이어서 기본권 제한의 한계를 벗어난 것이라고 할 수는 없다고 판시하였다.[96]

75 증여목적물이 수증자의 행위에 의한 수리 또는 증축을 통하여 가액이 증가되는 등의 변형이 있는 경우에는 증여 당시의 상태대로 존재하는 것으로 간주하고 상속개시 시를 기준으로 이를 평가하여야 한다는 견해가 다수이다.[97] 대법원도 특별수익 이후 수증자나 수증자로부터 증여재산을 양수한 사람이 자기 비용으로 증여재산인 부동산의 지목을 답에서 전으로, 전에서 잡종지로 변경하는 등 증여재산의 성상 등을 변경하여 상속개시 당시 가액이 증가되어 있는 경우에는 그와 같은 변경을 고려하지 않고 증여 당시의 성상 등을 기준으로 상속개시 당시의 가액을 산정하여야 한다고 판시하였다.[98]

76 반면 증여목적물이 불가항력의 사유에 의하여 멸실된 경우에는 그 재산이 피상속인의 재산이었다 하더라도 멸실되었을 가능성이 높은 점, 그럼에도 특별수익으로 보아 이를 구체적 상속분의 산정에 참작하는 것은 수증자에게 지나친 부담을 지운다는 점을 고려하여, 이를 구체적 상속분의 산정에 참작할 수 없다고 보는 견해가 다수이다.[99]

77 다만 목적물이 자연히 낡아 훼손된 경우에는 수증자가 그로 인한 이익을 얻은 경우이므로 수증 당시의 상태대로 있는 것으로 보고 평가하여야 한다는 견해가

96 헌법재판소 2010. 4. 29. 선고 2007헌바 144 결정.

97 김주수/김상용, 주석 민법, 상속(제1권)(제4판), 한국사법행정학회(2015), 376~377; 김주수/김상용, 친족·상속법(제20판), 법문사(2024), 717; 박동섭/양경승, 친족상속법(제5판), 박영사(2020), 692; 송덕수, 친족상속법(제7판), 박영사(2024), 345; 이경희/윤부찬, 가족법(11정판), 법원사(2024), 460; 이은정, "특별수익 반환의 법리에 관한 연구–민법 제1008조의 해석을 중심으로", 고려대학교 대학원 박사학위논문(1996), 170.

98 대법원 2015. 11. 12. 선고 2010다104768 판결.

99 김주수/김상용, 주석 민법, 상속(제1권)(제4판), 한국사법행정학회(2015), 377; 김주수/김상용, 친족·상속법(제20판), 법문사(2024), 717; 송덕수, 친족상속법(제7판), 박영사(2024), 345; 신영호 외 2인, 가족법 강의(제4판), 세창출판사(2023), 390: 이경희/윤부찬, 가족법(11정판), 법원사(2024), 460.

다수이나,[100] 상속개시 당시의 상태로 평가하고 그 동안의 사용이익을 가산하여야 한다는 견해도 있다.[101]

78 증여를 받은 자가 특별수익 재산을 상속개시 전에 처분한 경우 처분한 증여재산 가액의 평가에 관하여는, 증여재산을 처분하여 금전으로 보유하고 있는 경우에는 처분시의 가액으로 평가하고 새로운 재산을 취득하였다면 새로운 재산을 기준으로 하여 이를 상속개시 시점에 다시 평가하여야 한다는 견해[102]와 증여목적물의 처분 시 가액에 상속개시 시까지의 물가상승률을 반영한 금액으로 증여목적물을 평가하여야 한다는 견해,[103] 상속인 간의 형평과 수증자의 법적 안정성을 위하여 증여재산은 증여 시 가액을 기준으로 상속개시 시에 그 화폐가치를 환산하여 평가하여야 한다는 견해[104]가 있고, 각급법원결정 중에서는 수증자가 특별수익 재산을 상속개시 이전에 매각한 경우라 하여도 이는 증여 당시의 상태대로 존재하는 것으로 간주하고 그에 대한 상속개시시의 가액을 평가하는 것이 타당하다는 취지에서, 수증자가 특정 수증재산을 상속개시 이전에 매각하였을 경우에는 위 수증재산이 현존하는 것으로 간주하여 그 가액을 평가한 사례[105]와 수증재산이 상속개시 전에 협의취득으로 제3자에게 소유권이 귀속되어 수용보상금을 수령한 경우 수용보상금액이 아니라 증여 당시 현상대로의 부동산 자체를 특별수익으로 본 사례[106]가 있다. 이에 대하여 대법원은, 증여받은 재산이 금전일 경우 그 증여받은 금액을 상속개시 당시의 화폐가치로 환산하여 이를 증여재산의 가액으로 봄이 상당하고, 그러한 화폐가치의 환산은 증여 당시부터 상속개시 당시까지 사이의 물가변동률을 반영하는 방법으로 산정하여야 하는데, 부동산 등 현물로 증여된 재산이 상속개시 전에 처분 또는 수용된 경우, 상속개시 시에 있어서 수증자가 보유하는 재산은 수증자가 피상속인으로부터

100 김주수/김상용, 친족·상속법(제20판), 법문사(2024), 718; 송덕수, 친족상속법(제7판), 박영사(2024), 345; 신영호 외 2인, 가족법강의(제4판), 세창출판사(2023), 390: 윤진수, 친족상속법 강의(제5판), 박영사(2023), 440: 이경희/윤부찬, 가족법(11정판), 법원사(2024), 460.

101 박동섭/양경승, 친족상속법(제5판), 박영사(2020), 692.

102 이은정, "특별수익반환의 법리에 관한 연구-민법 제1008조의 해석을 중심으로", 고려대학교 대학원 박사학위논문(1996), 173.

103 주해상속법(제1권), 박영사(2019), 199(이봉민).

104 이은정 "특별수익과 유류분-민법 제1008조, 제1114조의 입법론을 중심으로" 법학연구통권 제74집, 전북대학교 출판부(2024), 107.

105 서울가정법원 2010. 6. 1. 자 2005느합191 심판(항고심에서 조정 성립).

106 서울고등법원 2019. 8. 7. 자 2017브325 결정(재항고 취하 확정).

처분대가에 상응하는 금전을 증여받은 것에 대하여 처분 당시부터 상속개시 당시까지 사이의 물가변동률을 반영하는 방법으로 상속개시 당시의 화폐가치로 환산한 것과 실질적으로 다를 바 없으므로, 증여재산의 가액산정은 증여재산의 현실 가치인 처분 당시의 가액을 기준으로 상속개시까지 사이의 물가변동률을 반영하는 방법으로 산정하여야 한다고 판시하였다.[107]

79 이에 대하여, 수증자가 증여재산의 처분 이후 배타적으로 자유롭게 이용한 것은 증여재산을 처분하고 받은 대가인 금전이지 처분한 증여재산이 아니고, 사적자치의 원칙상 증여재산은 수증자가 자유로이 처분할 수 있는 재산이며, 처분 시부터 상속개시 시까지 증감액을 수증자가 부담하여야 한다는 것은 공동상속인들간의 형평에 어긋난다는 취지에서 위 판례의 태도를 긍정하는 견해[108]와, 증여재산을 처분하지 않은 다른 공동상속인, 수증자와의 균형이 문제될 수 있고, 처분 후 수령한 현금 등으로 대체투자를 하여 얻은 이익을 전적으로 수증자가 누리게 되는 불합리가 발생할 우려가 있다는 이유로 이를 비판하는 견해가 있다.

80 한편 대법원은, 법원이 실제로 상속재산분할을 함에 있어 분할의 대상이 된 상속재산 중 특정의 재산을 1인 및 수인의 상속인의 소유로 하고 그의 상속분과 그 특정의 재산의 가액과의 차액을 현금으로 정산할 것을 명하는 소위 대상분할의 방법을 취하는 경우에는, 분할의 대상이 되는 재산을 그 분할시를 기준으로 하여 재평가하여 그 평가액에 의하여 정산을 하여야 한다고 설시하였는데,[109] 따라서 상속재산분할에 있어 대상분할의 방법이 예상되는 경우 특별수익재산은 피상속인의 사망 당시를 기준으로, 분할의 대상이 되는 상속재산은 피상속인의 사망 당시와 분할시를 기준으로 그 가액을 평가하여야 할 것이다.

### 나. 평가의 방법

#### 1) 부동산

81 부동산 가액의 평가는 전문적 지식이나 경험이 없이는 이를 객관적으로 평가하기 곤란한 경우가 많으므로 이를 인정할 적당한 자료가 없는 경우에는 원칙적으로 전문가의 감정에 의하는 것이 합리적이다. 과세기준이 되는 토지의 공시지가나 공동주택의 기준시가를 기준으로 부동산인 상속재산을 평가하는 방법은

107 대법원 2023. 5. 18. 선고 2019다222867 판결.
108 권민재, "증여재산의 처분과 유류분 가액산정", 대법원판례해설 제135호, 법원도서관(2023), 38.
109 대법원 1997. 3. 21. 자 96스62 결정.

비용의 부담이 없고 가액 산정을 위한 시간 소모가 없다는 장점이 있으나 실제의 거래가액보다 평가액이 낮은 경우가 대부분이므로 당사자 전원이 과세평가액 등을 이용하거나 이에 일정배율을 곱하여 부동산을 평가함에 합의하고 있거나, 인접한 여러 필지의 토지를 상속분에 따라 각 상속인에게 현물 분할하는 경우 외에는 신중히 적용하여야 할 것이다. 특히 대상분할의 방법에 의하여 상속재산을 분할하여야 하거나 금전 등의 특별수익이 인정되는 경우에는 적정한 가액의 평가가 매우 중요하므로 가급적 전문가의 감정에 의하여야 할 것이다. 특별수익 부동산의 가액 감정의 경우 대부분 당해 부동산이 특별수익에 해당한다고 주장하는 당사자가 감정신청을 하고 감정료를 예납하는 것을 원칙으로 한다.

82 근저당권이 설정된 부동산이 유증 또는 증여된 경우 그 재산의 평가는 그 부동산의 가액에서 피담보채무액을 공제하는 방법으로 이루어져야 하고, 수개의 부동산이 근저당권의 공동담보로 된 경우에는 피담보채무액을 공동근저당목적물의 가액에 비례하여 안분한 금액을 공제하여 계산한다.[110] 다만 당해 근저당권 피담보채무의 채무자였던 피상속인이 증여 이후에 이를 변제하여 담보권이 소멸되었다면 그 변제 시점에 변제액만큼의 금원을 수증자가 다시 특별수익한 것으로 보아야 할 것이다.[111]

83 한편 유류분에 관한 판결이나, 대법원 2022. 1. 27. 선고 2017다265884 판결은, 유언자가 임차권 또는 근저당권이 설정된 목적물을 특정유증 하였다면 특별한 사정이 없는 한 유증을 받은 자가 그 임대보증금반환채무 또는 피담보채무를 인수할 것을 부담으로 정하여 유증한 것이고, 그러한 경우 특정유증을 받은 자가 유증 목적물에 관한 임대차보증금반환채무 또는 피담보채무를 임차인 또는 근저당권자에게 변제하였다고 하더라도 상속인에 대한 관계에서는 자신의 채무 또는 장차 인수하여야 할 채무를 변제한 것이므로 상속인에 대하여 구상권을 행사할 수 없다는 취지로 판시한 바 있다. 위 판결의 취지를 고려하여 보면, 피상속인의 채무는 법정상속분에 따라 상속인들에게 귀속되는 것이 원칙이지만, 임대차보증금반환채무 또는 피담보채무가 있는 부동산을 특정유증한 경우에는 위 채무는 특정유증을 받은 자가 단독으로 변제 책임을 지는 것으로 보고, 부동산의 시가에서 피담보채무를 공제한 가액을 특별수익으로 산정함이 타당할 것이다.

110 대전고등법원 2016. 1. 27. 선고 2014나4482 판결(상고 기각 확정).
111 임채웅, 상속법연구, 박영사(2011), 146.

2) 금전

84 증여받은 재산이 금전일 경우에는 그 증여받은 금액을 상속개시 당시의 화폐가치로 환산하여 이를 증여재산의 가액으로 봄이 상당하고, 그러한 화폐가치의 환산은 증여 당시부터 상속개시 당시까지 사이의 물가변동률을 반영하는 방법으로 산정하는 것이 합리적이다.[112]

85 이때의 환산기준은 경제 전체의 물가수준 변동을 반영하는 한국은행 공표의 GDP 디플레이터(한국은행 경제통계시스템, https://ecos.bok.or.kr/)를 사용함이 상당한바, 결국 상속개시 당시의 화폐가치는 '증여액×상속개시 당시의 GDP 디플레이터 수치/특별수익 당시의 GDP 디플레이터 수치'로 계산된다.

3) 외화

86 특별수익이 외화인 경우 피상속인 사망 당시의 현가를 어떻게 계산할 것인지에 관하여는 수익 당시의 환율에 따른 한화표시금액을 수익액으로 보고 이에 대해 물가변동률을 곱하여 현가계산하는 방식과 외화표시금액을 수익액으로 보고 이에 대해 현가계산한 후 현재의 환율로 계산하는 방식이 검토될 수 있는데, 이에 대하여 각급법원결정은 상속재산을 분할함에 있어 특별수익을 따지는 취지가 특정당사자로부터 다른 특정당사자에게 어떠한 의무의 이행을 구하는 것이 아니라 상속인 사이의 공평한 결과를 가져오고자 하는 것이라는 점을 고려하면, 해당 특별수익이 장차 피상속인의 상속재산이 될 재산범위 내에서 이탈한 정도를 고려함이 타당하므로 수익 당시 환율로 계산한 한화표시액을 기준으로 하는 전자의 방식이 타당하다고 하였다.[113]

87 아울러 특별수익을 외화로 받은 것이 아니더라도 그 내용 또는 가치가 외화로만 나타난 경우도 위와 마찬가지로 보아야 할 것이다.[114]

4) 주식

88 상장주식은 거래시가에 의하여 쉽게 가액을 산정할 수 있다.

89 한국증권거래소에 상장되거나 한국증권업협회에 등록되지 않은 법인이 발행한 주식의 경우 그에 관한 객관적 교환가치가 적정하게 반영된 정상적인 거래의

112 대법원 2009. 7. 23. 선고 2006다28126 판결.

113 서울가정법원 2010. 12. 28. 자 2010느합93 심판(확정), 서울가정법원 2010. 6. 1. 자 2005느합191 심판(항고심에서 조정 성립), 서울중앙지방법원 2014. 1. 8. 선고 2012가합58925 판결(확정).

114 서울가정법원 2010. 12. 28. 자 2010느합93 심판(확정).

실례가 있다면 그 거래가격을 시가로 보아 주식의 가액을 평가하여야 할 것이나,[115] 주식의 객관적 교환가치가 적정하게 반영된 정상적인 거래의 실례가 없는 경우에는 적정하다고 인정하는 평가방법에 의하여 비상장주식의 가액을 평가하는 수밖에 없다.

90 주식 가액의 평가방법이 적정한지 여부는 결국 그 평가방법이 기업의 가치를 얼마나 적절히 반영하고 있는지에 달려 있고 대부분 전문가의 감정에 의하여야 하는데, ① 자산가치평가법(평가기준일 현재 기업이 보유하고 있는 자산의 가치를 평가하여 이를 기업 가치로 보는 방법), ② 시장가치법(기업의 재무상황이나 미래의 현금 창출능력을 직접 평가하는 것이 아니라 시장원리에 의하여 형성되는 가치를 기업의 가치로 보는 것으로서 평가대상 기업과 유사한 표준기업을 선정한 후 이와 비교하여 기업 가치를 평가하는 방법), ③ 미래현금흐름할인법(기업이 보유하고 있는 자산으로부터 향후 얼마의 수익과 현금흐름을 창출시킬 수 있는가를 평가하는 것으로 미래 주주의 입장에서 처분 가능한 영업현금흐름을 예측하여 이러한 미래현금흐름에 적절한 자본비용을 적용하여 기업의 내재가치를 산출하는 방법) 등 어느 평가방법을 사용하는지에 따라 그 가액이 현저히 달라질 수 있으므로 유의하여야 한다.

## Ⅳ. 구체적 상속분의 산정

### 1. 특별수익자가 있는 경우

91 공동상속인 중에 특별수익자가 있는 경우의 구체적인 상속분의 산정은, 피상속인이 상속개시 당시에 가지고 있던 적극재산의 가액에 생전 증여의 가액을 가산한 후 이 가액에 각 공동상속인별로 법정상속분율을 곱하여 산출된 상속분의 가액으로부터 특별수익자의 수증재산인 증여 또는 유증의 가액을 공제하는 계산방법에 의한다.[116] 이렇게 계산한 상속인별 구체적 상속분 가액을 전체 공동상속인들의 구체적 상속분 가액 합계액으로 나누면 상속인별 구체적 상속분 비율, 즉 상속재산분할의 기준이 되는 구체적 상속분을 얻을 수 있다.[117]

92 따라서 사망 당시 적극재산 1억 원, 소극재산 7백만 원을 보유하고 있던 피상속인의 상속인으로 배우자 A, 자녀 B, C가 존재하고, 피상속인이 배우자 A에게 3

115 대법원 2000. 7. 28. 선고 2000두1287 판결, 대법원 2001. 9. 28. 선고 2001도3191 판결.
116 대법원 1995. 3. 10. 선고 94다16571 판결, 대법원 2022. 6. 30. 자 2017스98, 99, 100, 101 결정.
117 대법원 2022. 6. 30. 자 2017스98, 99, 100, 101 결정.

천만 원, 자녀 B에게 1천만 원을 생전 증여하였다면, 배우자 A는 자신의 법정상속분에 해당하는 6천만 원[1억 4천만 원(사망 당시 적극재산 1억 원 + 생전 증여 가액 합계 4천만 원) × 법정상속분 3/7]에서 자신의 수증재산 가액 3천만 원을 공제한 3천만 원과 자신의 법정상속분에 의한 소극재산 3백만 원(7백만 원 × 법정상속분 3/7)을 상속하게 되고, 자녀 B는 자신의 법정상속분에 해당하는 4천만 원[1억 4천만 원(사망 당시 적극재산 1억 원 + 생전 증여 가액 4천만 원) × 법정상속분 2/7]에서 자신의 수증재산의 가액 1천만 원을 공제한 3천만 원과, 소극재산 2백만 원(7백만 원 × 법정상속분 2/7)을, 자녀 C는 자신의 법정상속분에 해당하는 4천만 원[1억 4천만 원(사망 당시 적극재산 1억 원 + 생전 증여 가액 4천만 원) × 법정상속분 2/7]과 소극재산 2백만 원(7백만 원 × 법정상속분 2/7)을 각 상속받게 된다.

### 2. 초과특별수익자가 있는 경우

93 피상속인으로부터의 특별수익이 자신의 법정상속분액을 초과하는 경우에도 유류분을 해하지 않는 한 당해 초과특별수익자는 그 초과분을 반환할 필요가 없다는 것이 다수의 견해이고,[118] 이를 확인한 취지의 각급법원결정[119]이 있음은 앞서 본 바와 같다.

94 다만 초과특별수익자가 있는 경우 초과특별수익의 처리와 구체적 상속분의 산정방법에 관하여는 ① 초과특별수익자 부존재 의제설(초과특별수익자를 제외한 나머지 공동상속인이 상속재산을 그 법정상속분에 따라 산정하는 방법), ② 구체적 상속분 기준설(초과특별수익을 다른 공동상속인들이 그 구체적 상속분의 비율에 따라 부담하는 것으로 산정하는 방법), ③ 법정상속분 기준설(초과특별수익을 다른 공동상속인들이 그 법정상속분에 따라 안분 공제하여 부담하는 것으로 산정하는 방법) 등이 논의되는데,[120] 대부분의 각급법원결정은 법정상속분 기준설에 따르고 있고,[121] 대법원

118 곽윤직, 상속법(민법강의Ⅵ)(개정판), 박영사(2004), 109; 박동섭/양경승, 친족상속법(제5판), 박영사(2020), 695; 송덕수, 친족상속법(제7판), 박영사(2024), 345; 윤진수, "초과특별수익이 있는 경우 구체적 상속분의 산정방법", 민법논고(Ⅴ), 박영사(2011), 215.

119 서울고등법원 2012. 1. 6. 자 2011브50 결정(재항고 기각 확정).

120 주해상속법(제1권), 박영사(2019), 201(이봉민); 곽윤직, 상속법(민법강의Ⅵ)(개정판), 박영사(2004), 111~114; 윤진수, "초과특별수익이 있는 경우 구체적 상속분의 산정방법", 민법논고(Ⅴ), 박영사(2011), 216~219.

121 서울고등법원 2019. 8. 19. 자 2018브352, 353 결정(확정), 서울가정법원 2017. 12. 28. 자 2015느합30301, 2016느합1387 심판(항고 및 재항고 기각 확정), 서울가정법원 2018. 6. 18. 자 2017느합1383 심판(항고 기각 확정) 등 다수.

2022. 6. 30. 자 2017스98, 99, 100, 101 결정 역시 '구체적 상속분 가액을 계산한 결과 공동상속인 중 특별수익이 법정상속분 가액을 초과하는 초과특별수익자가 있는 경우, 그러한 초과특별수익자는 특별수익을 제외하고는 더 이상 상속받지 못하는 것으로 처리하되(구체적 상속분 가액 0원), 초과특별수익은 다른 공동상속인들이 그 법정상속분율에 따라 안분하여 자신들의 구체적 상속분 가액에서 공제하는 방법으로 구체적 상속분 가액을 조정하여 위 구체적 상속분 비율을 산출함이 바람직하다. 결국 초과특별수익자가 있는 경우 그 초과된 부분은 나머지 상속인들의 부담으로 돌아가게 된다.'라고 하여 초과특별수익자의 초과특별수익을 다른 공동상속인들이 법정상속분율에 따라 부담함을 확인하였다.

95 사망 당시 적극재산 9천만 원을 보유하고 있던 피상속인의 상속인으로 배우자 A, 자녀 B, C가 존재하고, 피상속인이 자녀 B에게 5천만 원을 생전 증여하였다면, 배우자 A의 법정상속분액은 6천만 원[1억 4천만 원(사망 당시 적극재산 9천만 원 + 생전 증여 가액 5천만 원) × 법정상속분 3/7], 자녀 B, C의 법정상속분액은 각 4천만 원[1억 4천만 원(사망 당시 적극재산 9천만 원 + 생전 증여 가액 5천만 원) × 법정상속분 2/7]이 되고, 법정상속분액을 초과하여 생전 증여를 받은 자녀 B는 초과특별수익자이다. 초과특별수익을 다른 공동상속인들이 그 법정상속분에 따라 안분 공제하여 부담하는 것으로 산정하는 법정상속분 기준설에 따라 자녀 B의 초과특별수익을 공동상속인 A와 C가 그 법정상속분에 따라 안분하여 공제하면, 배우자 A의 구체적 상속분액은 5천 4백만 원[법정상속분액 6천만 원 - 6백만 원(B의 초과특별수익 1천만 원×B를 제외하고 산정한 법정상속분 3/5)]이고, 자녀 C의 구체적 상속분액은 3천 6백만 원[법정상속분액 4천만 원 - 4백만 원(B의 초과특별수익 1천만 원 × B를 제외하고 산정한 법정상속분 2/5)]이다(☞ 상세한 내용은 민법 제1013조 주석 참조).

### 3. 기여분과 특별수익이 모두 인정되는 경우

96 상세한 내용은 제1013조 주석 참조.

## 제 1008 조의 2 [기여분]

① 공동상속인 중에 상당한 기간 동거·간호 그 밖의 방법으로 피상속인을 특별히 부양하거나 피상속인의 재산의 유지 또는 증가에 특별히 기여한 자가 있을 때에는 상속개시 당시의 피상속인의 재산가액에서 공동상속인의 협의로 정한 그 자의 기여분을 공제한 것을 상속재산으로 보고 제1009조 및 제1010조에 의하여 산정한 상속분에 기여분을 가산한 액으로써 그 자의 상속분으로 한다. <개정 2005. 3. 31>

② 제1항의 협의가 되지 아니하거나 협의할 수 없는 때에는 가정법원은 제1항에 규정된 기여자의 청구에 의하여 기여의 시기·방법 및 정도와 상속재산의 액 기타의 사정을 참작하여 기여분을 정한다.

③ 기여분은 상속이 개시된 때의 피상속인의 재산가액에서 유증의 가액을 공제한 액을 넘지 못한다.

④ 제2항의 규정에 의한 청구는 제1013조 제2항의 규정에 의한 청구가 있을 경우 또는 제1014조에 규정하는 경우에 할 수 있다.

[본조신설 1990. 1. 13]

**[관련조문]** 민법 제25조(관리인의 권한), 제118조(대리권의 범위), 제124조(자기계약, 쌍방대리), 제921조(친권자와 그 자간 또는 수인의 자간의 이해상반행위), 제949조의3(이해상반행위), 제1008조의2(기여분), 제1009조(법정상속분), 제1010조(대습상속분), 제1013조(협의에 의한 분할), 제1014조(분할 후의 피인지자 등의 청구권), 제1078조(포괄적 수증자의 권리의무), 제1112조(유류분의 권리자와 유류분), 제1113조(유류분의 산정), 제1114조(산입될 증여), 제1118조(준용규정), 가사소송법 제2조 제1항 제2호 나목(가정법원의 관장사항), 제46조(관할), 제47조(공동소송에 관한 규정의 준용), 민사소송법 제56조(법정대리인의 소송행위에 관한 특별규정), 제62조(제한능력자를 위한 특별대리인), 제68조 제1항(필수적 공동소송인의 추가), 제151조(소송절차에 관한 이의권), 남북주민사이의 가족관계와 상속 등에 관한 특례법 제5조(가정법원의 관할), 제11조(상속회복청구에 관한 특례), 가사소송규칙 제75조 제1항 제1호·제2호(한정승인·포기의 신고), 제110조(당사자), 제111조(기여분의 결정), 제112조 제1항·제2항(사건의 병합), 제113조(청구기간의 지정), 제116조(즉시항고), 민사 및 가사소송의 사물관할에 관한 규칙 제3조 제2호(가정법원 및 그 지원 합의부의 심판범위)

**[참고문헌]** 김주수/김상용, 주석 민법, 상속(제1권)(제4판), 한국사법행정학회(2015); 주해상속법(제1권), 박영사(2019); 곽윤직, 상속법(민법강의VI)(개정판), 박영사(2004); 김주수/김상용, 친족·상속법(제15판), 법문사(2018); 박동섭/양경승, 친족상속법(제5판), 박영사(2020); 송덕수, 친족상속법(제7판), 박영사(2024); 신영호 외 2인, 가족법강의(제4판), 세창출판사(2023); 오병철, 친족상속법, 법문사(2024); 윤진수, 친족상속법 강의(제5판), 박영사(2023); 이경희/윤부찬, 가족법(11정판), 법원사(2024); 임채웅, 상속법연구, 박영사(2011); 조승현, 친족·상속(제6판), 신조사(2016); 권은민, "상속분·기여분·특별수익", 상속법의 제문제:

재판자료 제78집, 법원도서관(1998); 김소영, "상속재산분할사건에 있어서 배우자의 기여분에 대한 소고", 가사재판연구 I, 서울가정법원 가사재판연구회(2007); 법원실무제요, 가사[II], 법원행정처(2021); 시진국, "재판에 의한 상속재산분할", 사법논집 제42집, 법원도서관(2006); 정덕흥, "기여분의 결정과 상속분의 수정", 사법논집 제25집, 법원도서관(1994); 조해섭, "특별부양과 기여분, 특별수익", 대법원판례해설 제31호, 법원도서관(1999); 안영하, "기여분과 대습상속인의 상속분", 성균관법학 제20권 제2호, 성균관대학교 비교법연구소(2008); 윤진수, "상속법상의 법률행위와 채권자취소권", 민법논고(V), 박영사(2011); 이승우, "기여분에 관한 연구", 성균관대학교 대학원 박사학위논문(1993); 이희배, "기여분제도에 관한 고찰", 현대 민법의 과제와 전망: 남송한봉희교수화갑기념, 밀알(1994); 임채웅, "기여분 연구", 상속법연구, 박영사(2011)



## I. 의의

1 민법 제1008조의2는 공동상속인 중에 상당한 기간 동거·간호 그 밖의 방법으로 피상속인을 특별히 부양하거나 피상속인 재산의 유지 또는 증가에 특별히 기여한 자가 있을 때 기여분을 정하고, 상속개시 당시의 피상속인의 상속재산에서 그 기여분을 제외한 것을 상속재산으로 보아 이를 기준으로 산정한 법정상속분에 다시 앞에서 정한 기여분을 가산한 것을 기여자의 구체적 상속분으로 보도록 한 것이다. 기여분은 공동상속인 사이에 협의로 정하는 것을 원칙으로 하는데, 협의가 되지 않거나 협의할 수 없을 때에는 가정법원이 기여자의 청구에 의하여 기여의 시기와 방법, 정도와 상속재산의 액 등 기타의 사정을 참작하여 이를 정한다.

## II. 입법취지 및 연혁

2 특별수익자의 상속분 제도가 공동상속인 중에서 피상속인으로부터 생전증여 등으로 상속재산을 미리 받은 자가 있는 경우 이를 참작하여 상속개시시의 상속재산에서 적은 몫을 받게 함으로써 공동상속인간의 공평을 실현하는 제도라면, 기

여분 제도는 공동상속인 중에서 상속재산의 유지 및 형성 등에 기여한 상속인에 대하여 더 많은 몫을 인정함으로써 공동상속인간의 공평을 실현하는 제도이다.[1]

3 기여분 규정은 1990. 1. 13. 법률 제4199호로 민법이 개정되면서 남녀 상속인간의 불평등한 상속분을 규정하는 조항 및 장남에 대한 우대조항이 삭제되고 공동상속에 있어 혈족상속인들 간의 균등상속의 원리가 입법화되는 한편, 균분상속의 원칙을 일률적으로 관철할 경우 야기될 수 있는 불합리를 제거하고 공동상속인 사이의 실질적 형평을 도모하는 동시에 가족관계의 건전한 가치관을 정립하고자,[2] '피상속인의 재산의 유지 또는 증가에 관하여 특별히 기여한 자(피상속인을 특별히 부양한 자를 포함한다)가 있는 때' 그 기여를 인정하여 구체적 상속분 산정에 참작하려는 취지에서 신설되었다. 그러나 신설된 기여분 규정만으로는 노부모의 부양을 유도하기에 부족하다는 비판이 있어, 2005. 3. 31. 법률 제7427호로 민법을 개정하면서 특별한 부양의 의미를 '상당한 기간 동거·간호 그 밖의 방법으로 피상속인을 특별히 부양한 경우'로 구체화하였다.

## Ⅲ. 기여분 결정 청구의 요건

### 1. 기여행위자

#### 가. 공동상속인

4 공동상속인 중에서 상당한 기간 동거·간호 그 밖의 방법으로 피상속인을 특별히 부양하거나 피상속인의 재산의 유지 또는 증가에 특별히 기여하여야 한다. 공동상속인의 지위에 있을 것을 요하므로 피상속인을 특별히 부양하였거나 피상속인의 재산의 유지 또는 증가에 특별히 기여하였다 할지라도 사실혼 배우자나 사실상의 양자 등은 제외되고, 상속포기를 한 자 역시 기여분의 권리를 주장할 수 없다.

#### 나. 대습상속인

1) 피대습자의 기여

5 공동상속인간의 공평을 기한다는 기여분의 입법취지에 부합하는 점, 기여분은 일신전속적인 것이 아니어서 상속분과 일체로 양도될 수 있는 점, 대습상속인이

1 헌법재판소 2011. 11. 24. 선고 2010헌바2 결정.
2 헌법재판소 2011. 11. 24. 선고 2010헌바2 결정.

취득하는 상속분은 기여분을 참작한 피대습자의 구체적 상속분이라고 보아야 하는 점 등을 근거로 대습상속인은 피대습자의 기여도 주장할 수 있다고 해석하는 것이 일반적인 견해이고,[3] 각급법원결정 또한 대습상속인은 자신의 기여와 피대습자의 기여를 함께 주장하여 청구할 수 있다[4]고 하고 있다.

2) 대습상속인의 기여행위

6 대습원인 발생 전 대습상속인이 피상속인에게 행한 기여에 대하여, 대습상속원인이 발생하여 상속자격을 취득한 후의 기여에 대해서만 인정하여야 한다는 견해도 있으나,[5] 대습상속인은 대습원인 발생 전과 후를 불문하고 자신의 기여를 주장할 수 있다고 보는 것이 일반적이다.[6]

7 대습원인 발생 전에 대습상속인이 피상속인에게 행한 기여에 관하여는 민법 제1008조의2 제1항의 규정이 '공동상속인 중에 상당한 기간 동거·간호 그 밖의 방법으로 피상속인을 특별히 부양하거나 피상속인의 재산의 유지 또는 증가에 특별히 기여한 자가 있을 때'라고 하여 기여분 권리자를 공동상속인으로 한정하고 있을 뿐 공동상속인으로서의 기여일 것까지는 요구하지 않고 있을 뿐 아니라, 기여분 제도의 취지가 상속재산분할에 있어서 공동상속인 간의 실질적 공평을 기하기 위한 것이라는 점을 고려해 볼 때, 상속재산분할 시에 공동상속인의 지위에 있는 이상 잠재적 상속인의 지위에 있기 이전의 기여도 구체적 상속분의 산정에 있어 고려되어야 한다고 보는 것이 타당하다.[7]

8 한편 대습원인 발생 후의 기여는 대습상속인이 잠재적 상속인 자격을 취득한 이후의 기여이므로 그에 따른 기여분이 인정되는 것은 이론의 여지가 없다.

### 다. 공동상속인의 친족

9 기여자는 공동상속인일 것을 요하지만, 예외적으로 공동상속인의 기여와 동일시할 수 있는 공동상속인의 배우자나 직계비속의 기여도 공동상속인 자신의 기여로 보

3 김주수/김상용, 주석 민법, 상속(제1권)(제4판), 한국사법행정학회(2015), 391; 곽윤직, 상속법(민법강의VI)(개정판), 박영사(2004), 117; 김주수/김상용, 친족·상속법(제20판), 법문사(2024), 723; 송덕수, 친족상속법(제7판), 박영사(2024), 348; 오병철, 친족상속법, 법문사(2024), 335; 윤진수, 친족상속법 강의(제5판), 박영사(2023), 445; 이경희/윤부찬, 가족법(11정판), 법원사(2024), 463.

4 서울고등법원 2016. 10. 25. 자 2015브373, 374 결정(확정).

5 신영호 외 2인, 가족법강의(제4판), 세창출판사(2023), 399.

6 곽윤직, 상속법(민법강의VI)(개정판), 박영사(2004), 117; 박동섭/양경승, 친족상속법(제5판), 박영사(2020), 706; 송덕수, 친족상속법(제7판), 박영사(2024), 348; 윤진수, 친족상속법 강의(제5판), 박영사(2023), 445.

7 안영하, "기여분과 대습상속인의 상속분", 성균관법학 제20권 제2호, 성균관대학교 비교법연구소(2008), 69.

아야 한다는 견해가 있다. 특별수익과 기여분 제도가 공동상속인의 형평을 위하여 법정상속분을 수정하여 구체적 상속분을 산정하려는 데 그 취지를 같이 하는 점, 상속인의 배우자, 직계비속이 유증 또는 증여를 받은 경우 실질적으로 피상속인으로부터 상속인에게 직접 증여된 것과 다르지 않다고 인정되는 경우 이를 특별수익으로 고려할 수 있다고 보는 판례[8]의 태도와의 형평, 공동상속인의 친족의 기여는 공동상속인과의 긴밀한 협력관계 속에서 상속인의 이행보조자적인 입장에서 이루어지는 것이 일반적인 점,[9] 민법 제1008조의2가 기여분 권리자를 상속인에 한정하고 있으나 평가되어야 할 기여행위도 상속인 자신이 행한 것에 한정되어 있다고 할 필요는 없으며, 기여의 실태를 보더라도 상속인의 배우자에 의한 피상속인의 재산의 유지·증가에 대한 기여는 상속인과 독립적으로 행해지는 것이 아니라 신분관계 등을 통하여 상속인과의 일체성으로부터 이루어지는 것이고, 기여분 제도가 상속재산분할에 있어서 각 상속인의 실질적 지분을 청산함에 의하여 공동상속인간의 형평을 도모하려는 데 그 실질적 목적이 있다는 점을 생각할 때, 상속인 배우자의 기여를 상속인의 기여에 포함시켜 주장하는 것도 허용되어야 할 것인 점[10] 등에 비추어 보면, 이와 같은 경우에는 공동상속인의 배우자 또는 직계비속 등 친족의 기여도 공동상속인의 기여로 인정할 수 있을 것이다. 각급법원결정에서도 피상속인과 19년간 동거하며 부양한 상속인의 기여를 인정하면서 이에 아울러 상속인의 배우자가 효부상을 수상하였던 점을 구체적으로 추가하여 적시함으로써, 상속인 배우자의 기여행위도 상속인의 기여분 산정에 참작 요소가 될 수 있음을 설시한 사례가 있다.[11] 다만 상속인의 배우자나 직계비속은 대습상속인이 아닌 한 공동상속인의 지위에 있지 아니하므로 자신의 기여를 독립적으로 주장할 수는 없다.

10 한편 피상속인의 재혼 배우자와 전혼 자녀 사이에 상속재산을 분할함에 있어 피상속인의 전처가 피상속인에게 행한 기여를 상속인 지위에 있는 전혼 자녀에게 인정할 수 있는지에 관하여, 상속인 어머니의 기여를 상속인의 기여와 동일시할 수는 없다며 이를 부정하는 견해[12]가 있다.

8 대법원 2007. 8. 28. 자 2006스3, 4 결정.
9 안영하, "기여분과 대습상속인의 상속분", 성균관법학 제20권 제2호, 성균관대학교 비교법연구소(2008), 70.
10 권은민, "상속분·기여분·특별수익", 상속법의 제문제: 재판자료 제78집, 법원도서관(1998), 526; 이승우, "기여분에 관한 연구", 성균관대학교 대학원 박사학위논문(1993), 85.
11 서울가정법원 2019. 6. 26. 자 2018느합1218, 1262 결정(확정).
12 송덕수, 친족상속법(제7판), 박영사(2024), 348; 이승우, "기여분에 관한 연구", 성균관대학교 대학원 박사학위논문(1993), 86.

### 라. 포괄유증을 받은 자

11 공동상속인이 아닌 제3자가 피상속인으로부터 포괄유증을 받은 경우 포괄적 수증자가 상속인과 동일한 권리의무가 있다(민법 제1078조)하더라도 포괄적 유증을 받은 자는 공동상속인의 지위에 있지 아니하고, 포괄적 수증자에게 상속재산의 일정 비율을 포괄적으로 유증하겠다는 피상속인의 의사에는 이미 포괄적 수증자의 기여를 참작하였을 것이라고 봄이 상당한 점 등을 고려하여 보면, 포괄유증을 받은 자가 자신이 받은 포괄유증 재산에 더하여 기여분을 주장할 수는 없다고 보아야 할 것이다.[13]

### 마. 기여행위 후 상속인이 된 자

12 기여행위를 할 당시에는 잠재적 상속인의 지위에 있지 아니하였으나 기여행위 이후 혼인 또는 입양 등으로 상속개시 당시 상속인의 지위에 있게 된 경우 혼인 또는 입양 이후의 기여에 한하여 인정되어야 한다는 견해도 있으나,[14] 상속인간의 형평을 위하여 상속인 자격을 가지기 전의 기여도 주장할 수 있다고 보는 것이 다수의 견해이다.[15]

13 각급법원결정 중에는 외국에 거주하는 상속인들 대신 홀로 거주하는 피상속인을 약 20여 년간 병원에 모시고 가거나 자주 방문하였고, 피상속인이 췌장암 선고를 받고 투병생활을 하는 기간 동안 피상속인의 간병과 간호를 전담하다가 피상속인 사망 5개월여 전에 피상속인에게 입양된 청구인에게, 상속인 자격을 가지기 전의 기여행위를 포함하여 청구인의 기여를 인정한 사례[16]가 있다.

### 바. 기여분 양수인

14 기여분은 상속분의 수정요소로서 상속권에 부수하는 성질의 것이므로, 기여분 결정전에 기여분의 권리만을 분리하여 양도하거나 기여분을 제외한 상속분만을 양도하는 것은 허용되지 않는다.[17]

13 윤진수, 친족상속법 강의(제5판), 박영사(2023), 445; 이승우, "기여분에 관한 연구", 성균관대학교 대학원 박사학위논문(1993), 60.

14 신영호 외 2인, 가족법강의(제4판), 세창출판사(2023), 399.

15 이희배, "기여분제도에 관한 고찰", 현대 민법의 과제와 전망: 남송한봉희교수화갑기념, 밀알(1994), 852; 정덕흥, "기여분의 결정과 상속분의 수정", 사법논집 제25집, 법원도서관(1994), 73.

16 서울가정법원 2015. 11. 9. 자 2013느합95 결정(확정).

17 김주수/김상용, 주석 민법, 상속(제1권)(제4판), 한국사법행정학회(2015), 397; 김주수/김상용, 친족·상속법(제20판), 법문사(2024), 730; 박동섭/양경승, 친족상속법(제5판), 박영사(2020), 721; 오병철, 친족상속법, 법문사(2024), 338; 이경희/윤부찬, 가족법(11정판), 법원사(2024), 468; 김소영, "상속재산분할사건에 있어서 배우자의 기여분에 대한 소고", 가사재판연구 I, 서울가정법원 가사재판연구회(2007), 835.

15 각급법원결정 중에도 기여분 결정 청구를 하면서 다른 공동상속인에게 자신의 상속분을 양도하겠다는 의사를 표시한 경우, 상속분의 양도에 있어 특별수익이나 기여분을 고려하지 않게 되면 상속분의 양도로 인하여 다른 상속인의 형평을 해하는 문제가 발생할 수 있으므로, 위와 같이 양도하는 상속분은 기여분을 포함한 구체적 상속분이라고 본 사례가 있다.[18]

### 사. 초과특별수익자

16 자신의 법정상속분을 초과하는 특별수익을 얻은 자도 자신의 기여가 그 특별수익보다 더 크다면 기여분을 인정하는 것이 가능할 것이다.[19]

17 그러나 피상속인으로부터 상당한 재산을 생전 증여받은 초과특별수익자가 기여분을 주장한 사례에서, 각급법원결정은 피상속인의 상속재산에 관하여 초과특별수익자의 기여분을 별도로 인정한다면 오히려 나머지 공동상속인들과의 공평을 심하게 해하는 결과가 될 수도 있을 것인 점, 청구인이 초과특별수익자로서 특별수익재산의 증여 당시부터 상속개시 시점까지 증여재산으로부터 상당한 과실을 얻어 이를 향유하였던 점 등을 들어 초과특별수익자의 기여분 인정에 매우 엄격한 태도를 보이고 있다.[20]

## 2. 기여행위의 판단 기준

### 가. 기여행위의 내용

#### 1) 특별한 부양

18 상당한 기간 동거·간호 그 밖의 방법으로 피상속인을 특별히 부양하여야 한다. 피상속인을 '특별히 부양'한 경우라 함은, 피상속인 재산의 유지 또는 증가와는 직접적인 인과관계가 없더라도 '상당한 기간 동거·간호'와 동일하게 평가될 만한 방법으로 다른 공동상속인의 피상속인에 대한 부양 수준을 초과하면서 동시에 민법이 규정하고 있는 법률상의 일반적인 부양의무를 넘어서는 정도의 부양을 한 경우를 의미한다.[21]

18 서울가정법원 2009. 11. 20. 자 2008느합91, 193, 2009느합18 심판(항고 기각, 재항고심에서 상속재산 가액산정 오류로 파기환송, 환송 후 항고심에서 조정성립).

19 임채웅, "기여분 연구", 상속법연구, 박영사(2011), 378.

20 서울가정법원 2017. 12. 28. 자 2015느합30301, 2016느합1387 심판(항고 및 재항고 기각 확정), 서울가정법원 2016. 10. 31. 자 2015느합30068 심판(항고 및 재항고 기각 확정), 서울가정법원 2018. 1. 30. 자 2015느합30303, 2017느합1047 심판(항고 및 재항고 기각 확정).

21 헌법재판소 2011. 11. 24. 선고 2010헌바2 결정.

19 특별한 부양의 기준에 대하여 대법원은, 법률관계의 당사자 간 공평한 규율을 기본이념으로 삼고 있는 민법이 친족 사이의 부양에 관하여 그 당사자의 신분관계에 따라 달리 규정하고, 피상속인을 특별히 부양한 자를 기여분을 인정받을 수 있는 자에 포함시키는 민법 제1008조의2 규정을 신설함과 아울러 재산상속인이 동시에 호주상속을 할 경우에 그 고유의 상속분의 5할을 가산하도록 한 규정(1990. 1. 13. 법률 제4199호로 개정되기 전의 제1009조 제1항 단서)을 삭제한 취지에 비추어, 성년인 자가 부양의무의 존부나 그 순위에 구애됨이 없이 스스로 장기간 그 부모와 동거하면서 생계유지의 수준을 넘는 부양자 자신과 같은 생활수준을 유지하는 부양을 한 경우 부양의 시기·방법 및 정도의 면에서 각기 특별한 부양이 된다고 보아 각 공동상속인 간의 공평을 도모한다는 측면에서 그 부모의 상속재산에 대하여 기여분을 인정함이 상당하다고 판시[22]한 바 있다.

20 각급법원에서도 위 기준에 따라, 피상속인의 자녀인 청구인이 피상속인의 사망시까지 약 19년간 피상속인과 동거하면서 피상속인을 부양하는 한편 피상속인의 농사, 농지 개간, 과수원 업무를 도맡아 하였고, 청구인의 처는 그로 인하여 효부 상을 받기도 한 사례에서 청구인의 기여분을 인정한 반면,[23] 피상속인이 갑자기 쓰러진 후 뇌경색 진단을 받고 실어증 및 우측 반신마비 증세를 보일 당시부터 중증치매 확진을 받고 사망할 때까지 약 8년 이상 피상속인과 동거하였으나, 당시 피상속인의 간병인과 가사도우미가 피상속인의 간호와 가사를 상당 부분 담당하였고, 피상속인 명의 계좌에서 간병인 및 가사도우미 급여, 주택 관리비 등이 매달 지출된 사례에서는 기여분 결정 청구를 기각하였고,[24] 피상속인에게 오랜 기간에 걸쳐 정기적으로 용돈을 지급하고, 피상속인이 위암 진단을 받은 이후 다른 공동상속인과 번갈아 가며 병간호를 한 피상속인의 자녀가 구한 기여분 결정 청구에 관하여도 피상속인에게 지급한 용돈의 액수가 크지 않아 자식으로서 응당해야만 하는 수준의 부양에 불과하며, 번갈아 가며 피상속인의 병간호를 담당한 다른 공동상속인도 기여분 결정 청구를 하지 않은 점 등을 고려하여 볼 때, 공동상속인들 사이의 공평을 위하여 상속분을 조정하여야 할 필요가 있을 만큼 피상속인을 특별히 부양하였다고 인정하기에 부족하다고 하여

22 대법원 1998. 12. 8. 선고 97므513, 520, 97스12 판결.
23 서울가정법원 2019. 6. 26. 자 18느합1218, 1262 심판(확정).
24 서울가정법원 2018. 1. 30. 자 2015느합30101, 30195 심판(항고 및 재항고 기각 확정).

이를 기각하였다.[25]

2) 피상속인 재산의 유지 또는 증가에 특별히 기여

21 피상속인이 경영하는 사업에 노무를 제공하거나 금전 기타 재산의 증여, 부동산 등의 사용대차, 무이자 금전대여 등의 방법으로 재산을 제공함으로써 피상속인 재산의 유지 또는 증가에 기여한 경우를 말한다. 특별한 기여로 인정되려면 상속인의 기여행위와 상속재산의 유지 또는 증가 사이에 인과관계가 있어야 한다.[26]

22 피상속인과의 고용계약 등에 의하여 상속인이 피상속인 재산의 유지 또는 증가에 기여한 사정은 그에 상응하는 대가를 수령하였을 것이라고 봄이 일반적이므로 기여에 해당하지 않는다고 봄이 상당하다. 또한 고용계약이 존재하는 경우에는 임금 등 그 대가를 수령하지 않았을지라도 피상속인에 대한 채권자로서 자신의 권리를 행사할 수 있을 것이므로 기여에 해당하지 않는다고 볼 수 있다.[27] 다만 이와 달리 피상속인이 경영하는 사업에 노무를 제공하면서도 상속인이 그에 따른 정당한 대가를 수령하지 못하였다면 이러한 사정은 기여분 인정에 고려되어야 할 것이다.

3) 상속의 포기

23 공동상속인인 어머니가 배우자에 대한 상속을 포기하여 자녀가 상속을 받은 이후 자녀가 사망하여 어머니가 자녀의 배우자와 공동상속을 하게 된 경우, 어머니가 과거 자신의 상속포기를 기여분으로 주장할 수 있다고 보는 견해[28]도 있으나, 대법원은, 수인의 상속인 중 1인을 제외한 나머지 상속인들의 상속포기 신고가 수리됨으로써 결과적으로 그 1인이 단독으로 피상속인을 상속하게 되었다고 하더라도 그 1인의 상속인이 상속포기자로부터 그 상속지분을 유증 또는 증여받은 것이라고 볼 수 없다고 판시하였다.[29]

4) 배우자의 기여

24 상속재산분할에 있어 배우자의 법정상속분은 직계비속 또는 직계존속과 공동으로 상속하는 경우 다른 상속인들에 비하여 5할이 가산되지만(민법 제1009조 제2항),

25 서울고등법원 2019. 2. 13. 자 2018브263, 7 결정(재항고 기각 확정).

26 송덕수, 친족상속법(제7판), 박영사(2024), 350.

27 김주수/김상용, 주석 민법, 상속(제1권)(제4판), 한국사법행정학회(2015), 393; 김주수/김상용, 친족·상속법(제20판), 법문사(2024), 725.

28 정덕홍, "기여분의 결정과 상속분의 수정", 사법논집 제25집, 법원도서관(1994), 59~60.

29 대법원 2012. 4. 16. 자 2011스191, 192 결정.

이혼 등 혼인관계의 해소로 인한 재산분할의 비율을 정하면서 혼인기간 중의 기여도를 참작하는 경우와는 큰 차이가 있다. 또한 위 배우자의 상속분 관련 조항은 공동상속인의 수에 따라 배우자의 상속분이 달라져 상속관계의 명확성 및 안정성에 반하고, 나아가 공동상속인이 다수인 경우에는 전체 상속재산에 대한 배우자의 상속분이 지나치게 낮아질 수밖에 없어 생존배우자의 안정적 생계유지에 어려움을 겪게 된다는 지적이 있다. 이에 상속재산에 대한 일정 비율을 배우자의 선취분으로서 인정하는 외국의 입법례에 따라 민법을 개정하여야 한다는 움직임이 있었으나 실제 법 개정에 반영되지는 못하였다.

25 이에 현행법 아래의 생존 배우자의 보호를 위하여 기여분 제도의 적극적인 활용을 통하여 상속분을 수정하는 것이 필요하다는 주장이 있으나,[30] 배우자의 부양은 제1차적, 생활유지적 부양으로서 극히 고도의 것이므로 배우자의 일반적인 가사노동 또는 간호 등은 특별한 기여로 평가되기 어렵다는 것이 일반적인 견해[31]이다. 대법원 역시, 피상속인의 배우자가 장기간 피상속인과 동거하면서 피상속인을 간호한 경우 배우자의 동거·간호가 부부 사이의 제1차 부양의무 이행을 넘어서 '특별한 부양'에 이르는지 여부와 더불어 동거·간호의 시기와 방법 및 정도뿐 아니라 동거·간호에 따른 부양비용의 부담 주체, 상속재산의 규모와 배우자에 대한 특별수익액, 다른 공동상속인의 숫자와 배우자의 법정상속분 등 일체의 사정을 종합적으로 고려하여 공동상속인들 사이의 실질적 공평을 도모하기 위하여 배우자의 상속분을 조정할 필요성이 인정되는지 여부를 가려서 기여분 인정 여부와 그 정도를 판단하여야 한다고 판시하여,[32] 배우자의 기여분 인정 여부에 대한 일응의 기준을 제시하였다. 한편 위 판결에서 다수 의견은, 만약 피상속인이 배우자에게 이미 상당한 재산을 증여 또는 유증하여 그 배우자가 초과특별수익자가 됨에도 불구하고 그 배우자에게 장기간의 동거·간호를 이유로 기여분까지 인정한다면, 나머지 공동상속인들과의 공평을 심하게 해하게 될 것임을 지적하면서, 피상속인의 배우자가 장기간 피상속인과 동거하면서 피상속

30 김소영, "상속재산분할사건에 있어서 배우자의 기여분에 대한 소고", 가사재판연구 I, 서울가정법원 가사재판연구회(2007), 865.

31 송덕수, 친족상속법(제7판), 박영사(2024), 350; 김소영, "상속재산분할사건에 있어서 배우자의 기여분에 대한 소고", 가사재판연구 I, 서울가정법원 가사재판연구회(2007), 837~838; 조해섭, "특별부양과 기여분, 특별수익", 대법원판례해설 제31호, 법원도서관(1999), 188.

32 대법원 2019. 11. 21. 자 2014스44, 45 전원합의체 결정.

인을 간호하여 부양한 사정만으로 배우자에 대하여 기여분을 인정할 수 있는 것은 아니지만, 기여분을 인정하는 요소 중 하나로 적극적으로 고려해 나가는 방향으로 기여분 결정 심판 실무를 개선할 여지가 있음을 지적하였다.

26 다만 각급법원결정은 오랜 혼인기간을 영위하면서 가사노동을 전담하고 피상속인을 간병하였음에도 생존 배우자 명의의 별다른 재산이 없이 대부분의 재산을 피상속인 명의로 보유한데다, 다수의 공동상속인이 존재하여 법정상속분에 해당하는 재산을 분할 받는 것만으로는 생존 배우자의 생계유지가 어렵고 다른 공동상속인이 생존 배우자를 부양하는 것을 기대하기도 힘든 경우, 혼인기간 동안 부부간의 통상의 의무를 넘어서는 수준의 가사노동에 전념한 경우 등 구체적인 사정을 고려하여 생존 배우자의 기여를 적극적으로 인정하고 있다.[33]

27 한편 대법원은 현행법 규정상 기여분을 고려할 수 없는 유류분 청구 사건에서 기여상속인인 생존 배우자의 보호를 위하여, 생전 증여를 받은 상속인이 배우자로서 일생 동안 피상속인의 반려가 되어 그와 함께 가정공동체를 형성하고 이를 토대로 서로 헌신하며 가족의 경제적 기반인 재산을 획득·유지하고 자녀들에게 양육과 지원을 계속해 온 경우, 생전 증여에는 위와 민법 배우자의 기여나 노력에 대한 보상 내지 평가, 실질적 공동재산의 청산, 배우자 여생에 대한 부양의무 이행 등의 의미도 함께 담겨 있다고 봄이 타당하므로 그러한 한도 내에서는 생전 증여를 특별수익에서 제외하더라도 자녀인 공동상속인들과의 관계에서 공평을 해친다고 말할 수 없다고 판시하였는데,[34] 상속재산분할에 있어 특별수익과 기여분이 모두 공동상속인들 간의 형평을 위하여 법정상속분을 수정하는 요소인 점을 고려하여 보면, 생존 배우자가 피상속인으로부터 사전 증여받은 재산이 존재하는 경우 배우자의 기여를 적극적으로 인정하지 않더라도, 생존 배우자와 피상속인 사이의 혼인생활의 내용, 피상속인의 재산 형성·유지에 기여한 정도, 생존 배우자의 생활유지에 필요한 물적 기반 등 혼인기간 동안의 배우자의 실질적 기여를 고려하여 특별수익의 범위를 제한적으로 인정하는 방법으로도 생존 배우자를 보호할 수 있을 것이다.

33 서울가정법원 2009. 11. 20. 자 2008느합91, 193, 2009느합18 심판(기여분 관련 부분은 항고 및 재항고 기각 확정), 서울가정법원 2010. 10. 12. 자 2010느합1 심판(확정), 서울가정법원 2017. 8. 31. 자 2016느합1353, 2017느합1278 심판(확정).

34 대법원 2011. 12. 8. 선고 2010다66644 판결.

### 나. 기여행위의 시기

28 민법 제1008조의2는 1990. 1. 13. 법률 제4199호로 개정 신설되어 그 부칙 제1조에 의하여 1991. 1. 1.부터 시행된 규정으로서 민법 부칙 제12조 제1항에 의하면 이 법 시행일 전에 개시된 상속에 관하여는 이 법 시행일 후에도 구법을 적용하도록 규정되어 있으므로, 위 민법 시행 이전에 개시된 상속에 관하여는 기여분의 규정이 적용될 여지가 없다.[35] 한편 1991. 1. 1. 이후에 상속이 개시되었다면, 1991. 1. 1. 이전에 있었던 기여행위라도 기여분 판단의 참작 사유가 될 수 있다.

29 피상속인의 사망 이후에 발생한 상속재산의 관리 비용, 상속세 및 재산세의 납부 등이 기여분 판단의 참작 사유가 되는지 여부가 문제될 수 있으나, 기여행위의 종기는 상속개시 당시까지이고, 그 이후의 공헌은 상속비용으로 산정하여 상속재산 분할협의 시에 참작하거나 다른 공동상속인에게 구상권을 행사하는 방법으로 정산하여야 할 것이다.

## IV. 기여분 산정의 방식

### 1. 당사자의 협의

### 가. 공동상속인 전원의 협의

30 공동상속인 전원의 협의로 정한다. 따라서 상속인 중 일부가 누락되거나 제외되었다면 그 협의는 효력이 없다. 상속재산 분할협의와 마찬가지로 공동상속인들이 동시에 협의할 필요는 없고 순차 협의도 가능하며, 의사표시의 일반 원칙에 따라 착오나 사기, 강박 등을 이유로 그 효력을 다투는 것도 가능하다.

### 나. 이해상반여부

31 공동상속인의 지위에 있는 미성년자와 친권자 또는 미성년후견인, 피성년후견인과 성년후견인, 피한정후견인과 한정후견인, 부재자와 부재자 재산관리인 사이에서 친권자, 후견인, 재산관리인이 미성년자 또는 피후견인, 부재자 등을 대리하여 기여분에 대한 협의를 하는 것이 이해상반행위에 해당하는가의 여부가 문제된다. 기여분의 협의는 일종의 형성행위이지만, 그 기능에 있어서는 특별수익과 같으므로, 특별수익의 산정에서 이해상반이 문제되지 않는 것과 마찬가지로 기여분에 관한 협의 역시 이해상반이 아니라고 보는 견해[36]도 있으나, 기여분이

35 대법원 1995. 2. 15. 자 94스13, 14 결정.
36 김주수/김상용, 주석 민법, 상속(제1권)(제4판), 한국사법행정학회(2015), 394.

법정상속분의 수정요소로서 특별수익자의 상속분 규정과 그 성질이 비슷하지만 특별수익의 경우와 달리 그 가액이 확정되어 있지 아니한 점, 상속재산의 분할협의는 법정대리인과 본인 사이의 이해상반행위에 해당하고 기여분 협의에 의하여도 상속재산의 분할협의와 같은 결과를 발생시킬 수 있는 점 등을 고려하여 보면 이해상반행위에 해당한다고 보는 것이 타당할 것이다. 따라서 이러한 경우 라류 가사비송사건으로서 특별대리인의 선임 청구가 필요하다(가사소송법 제2조 제1항 제2호 가목 16). 다만 후견인과 피후견인 사이의 기여분 협의의 경우 후견감독인이 선임되어 있다면 별도로 특별대리인을 선임할 필요는 없다(민법 제943조의3). 한편 친권자와 그 자녀 사이 또는 수인의 자녀 사이의 이해상반행위(민법 제921조), 피후견인과 후견인 간의 이해상반행위(제949조의3)와 같은 명문의 규정이 없는 부재자 재산관리인의 경우에도 위 이해상반행위의 규정이 유추적용된다고 보는 것이 일반적이므로,[37] 부재자 재산관리인이 부재자와 공동상속인의 지위에 있게 되는 경우 별도로 부재자의 특별대리인을 선임하여 기여분에 관한 협의를 하여야 할 것이다.

32 공동상속인의 지위에 있지 아니한 성년후견인 또는 한정후견인이 피성년후견인 또는 피한정후견인을 대리하여 기여분에 관한 협의를 하는 경우에도, 실무상 성년후견인 또는 한정후견인이 상속의 승인, 포기 및 상속재산의 분할협의와 소송행위 등을 대리하는 경우 가정법원의 허가를 받아야 하는 것으로 정하는 경우가 많고 기여분에 관한 협의를 하는 것 역시 상속재산 분할협의와 같이 보아야 함은 앞서 본 바와 같으므로, 성년후견인 또는 한정후견인이 피성년후견인 또는 피한정후견인을 대리하여 이와 같은 협의를 하는 경우 가정법원의 허가사항에 해당하는지 후견등기사항을 확인할 필요가 있다. 나아가 부재자 재산관리인의 경우에도 재산의 보존행위나 물건이나 권리의 성질을 변하지 아니하는 범위 내에서 이용 또는 개량하는 행위를 초과하는 행위를 함에는 가정법원의 허가가 필요하므로(민법 제25조, 제118조) 상속재산의 분할협의 또는 기여분의 협의를 하는 경우 가정법원의 허가를 받아야 하고, 이는 라류 가사비송사건에 해당한다(가사소송법 제2조 제1항 제2호 가목 2).

37 서울가정법원 2017. 10. 19. 자 2015느합30234 심판(확정), 서울가정법원 2018. 9. 10. 자 2018느단596 심판(확정), 인천가정법원 2018. 5. 28. 자 2018느단842 심판(확정) 등 다수.

### 다. 사해행위 해당 여부

33 상속인들 사이의 기여분을 포함한 상속재산 분할협의가 사해행위로서 채권자취소권의 대상이 될 수 있는지에 대하여, 대법원은 상속재산 분할협의는 사해행위취소권 행사의 대상이 될 수 있지만, 채무초과 상태에 있는 채무자가 상속재산 분할협의를 하면서 상속재산에 관한 권리를 포기함으로써 결과적으로 일반 채권자에 대한 공동담보가 감소되었다 하더라도, 그 재산분할결과가 채무자의 구체적 상속분에 상당하는 정도에 미달하는 과소한 것이라고 인정되지 않는 한 사해행위로서 취소되어야 할 것은 아니고, 구체적 상속분에 상당하는 정도에 미달하는 과소한 경우에도 사해행위로서 취소되는 범위는 그 미달하는 부분에 한정하여야 하며, 이때 지정상속분이나 기여분, 특별수익 등의 존부 등 구체적 상속분이 법정상속분과 다르다는 사정은 채무자가 주장, 증명하여야 한다고 판시하였다.[38] 분할의 결과 법정상속분과 구체적 상속분의 차액이 다른 공동상속인들에게 귀속되었다 하더라도, 이는 특별수익 내지 기여분 제도의 취지에 따라 상속이 개시된 때에 소급하여 피상속인으로부터 다른 공동상속인들에게 귀속되어야 하는 재산이지 채무자의 책임재산에 속하는 것이라고 볼 수 없기 때문이다.[39]

34 한편 각급법원판결 중에는 상속재산 분할협의와 별개로 상속인들 사이에 한 기여분 협의도 기여분 규정의 취지에 반하는 경우 독립하여 채권자 취소의 대상이 된다고 본 사례[40]도 있다.

## 2. 기여분 결정 청구

### 가. 당사자

#### 1) 필요적 공동소송

35 기여분 결정 청구는 마류 가사비송사건(가사소송법 제2조 제1항 제2호 나목 9)에 해당하고, 상속인 중의 1인 또는 수인이 나머지 상속인 전원을 상대방으로 하여 청구하여야 한다(가사소송규칙 제110조). 마류 가사비송사건의 청구인 또는 상대방이 여러 명일 때에는 민사소송법 중 공동소송에 관한 규정을 준용하는데(가사소송법 제47조), 공동상속인 전원을 당사자로 하여야 하므로 민사소송법 중 필요적 공동소송에 관한 규정이 준용된다.

38 대법원 2001. 2. 9. 선고 2000다51797 판결.
39 윤진수, "상속법상의 법률행위와 채권자취소권", 민법논고(V), 박영사(2011), 289.
40 서울고등법원 2019. 4. 11. 선고 2018나2046927 판결(상고 취하 확정).

36 따라서 공동상속인 중 일부가 제외되거나 누락된 경우 청구인은 당사자 추가신청을 하여야 하고, 누락된 당사자를 청구인으로 추가하려는 경우에는 추가될 당사자의 동의를 받아야 한다(민사소송법 제68조 제1항).

2) 당사자의 사망에 의한 수계

37 기여분은 일신전속적인 것이 아니므로 기여분 결정 청구 사건의 계속 중 당사자가 사망한 경우에는 그 상속인이 이를 수계한다.

3) 법정대리인의 소송행위

38 기여분 결정 청구는 상속인 중의 1인 또는 수인이 나머지 상속인 전원을 상대방으로 하는 것이므로, 미성년자와 친권자 또는 미성년후견인, 피성년후견인과 성년후견인, 피한정후견인과 한정후견인, 부재자와 부재자 재산관리인이 공동상속인의 지위에 있다면 기여분 결정 청구에 있어서도 모두 당사자가 된다. 한편 기여분 결정 청구는 상속재산분할 심판절차 또는 피인지자 상속분 가액지급청구절차와 병합하여 심리되어야 하므로, 위 절차에서 특별대리인이 선임되어 있다면 이와 별도로 기여분 결정 청구만을 위하여 민사소송법 제62조에 따른 특별대리인을 선임할 필요는 없다.

39 부재자 재산관리인이 상속재산분할 심판절차의 상대방으로서 응소한 경우 이는 권한범위 내의 행위이므로 별도의 가정법원의 허가를 요하지 않으나,[41] 반심판으로 기여분 결정 청구를 하는 경우라면 적극적인 소제기에 해당하므로 별도의 법원의 허가가 필요하다. 상속재산분할 심판절차에서 기여분 결정 청구와 함께 재판상 화해나 조정을 하는 경우 법정상속분보다 유리한 내용으로 화해나 조정을 하는 경우라면 별도로 법원의 허가를 요하지 않는다.[42]

40 한편 성년후견인 또는 한정후견인이 피후견인을 대리하여 소송행위를 하는 경우 가정법원의 허가사항이 아닌지 후견등기사항을 확인할 필요가 있고, 후견등기사항에 법정대리권의 제한이 없는 경우라도 소의 취하, 화해, 청구의 포기·인낙, 탈퇴에는 후견감독인 또는 가정법원의 수권이 필요함을 유의하여야 한다(민사소송법 제56조).

41 대법원 1968. 12. 24. 선고 68다2021 판결.
42 대법원 1962. 11. 1. 선고 62다582 판결.

#### 4) 소송대리의 문제

41 상속재산분할 청구의 상대방의 지위에서 같은 소송대리인을 선임하였던 수인의 상속인 중 일부가 반심판으로 자신의 기여분 결정 청구를 하는 경우가 있는데, 이러한 경우 반심판청구인의 지위를 겸하는 상대방과 반심판상대방의 지위를 겸하는 상대방이 동일한 소송대리인을 선임한 것이 되어 변호사법 제31조 제1항 제1호 위반의 우려가 있다. 변호사법 제31조 제1항 제1호의 규정에 위반한 변호사의 소송행위에 대하여 대법원은, '상대방 당사자가 법원에 대하여 이의를 제기하는 경우 그 소송행위는 무효이고 그러한 이의를 받은 법원으로서는 그러한 변호사의 소송관여를 더 이상 허용하여서는 아니 될 것이지만, 다만 상대방 당사자가 그와 같은 사실을 알았거나 알 수 있었음에도 불구하고 사실심 변론종결시까지 아무런 이의를 제기하지 아니하였다면 그 소송행위는 소송법상 완전한 효력이 생긴다.'라고 판시한 바 있다.[43] 따라서 실질적으로 상대방(반심판청구인)과 상대방(반심판상대방) 사이에는 이해관계의 충돌이 없고, 상대방(반심판청구인)과 청구인(반심판상대방) 사이에서만 다툼이 있는 대부분의 사례에서는 위와 같은 경우가 문제되지 않는다(민법 제124조, 민사소송법 제151조).

### 나. 관할

42 기여분 결정 청구 사건은 마류 가사비송사건(가사소송법 제2조 제1항 제2호 나목 9)에 해당한다. 상대방 중 1인의 보통재판적이 있는 곳의 가정법원이 관할하고(가사소송법 제46조), 가정법원 합의부의 사물관할에 속한다(민사 및 가사소송의 사물관할에 관한 규칙 제3조 제2호). 다만 동일한 상속재산에 관한 수개의 기여분 결정 청구 사건은 병합하여 심리, 재판하여야 하고, 기여분 결정 청구 사건은 동일한 상속재산에 관한 상속재산분할 청구사건에 병합하여 심리, 재판하여야 하며(가사소송규칙 제112조 제1항·제2항), 기여분 결정 청구 사건의 토지관할이 전속관할은 아닌 점을 고려하면, 기여분 결정 청구 사건의 토지관할이 없더라도 상속재산분할 청구사건이 계속 중인 법원에 병합하여 청구하여야 할 것이다.

43 한편 상속재산분할 청구사건을 가사비송사건으로 규정한 점에 대하여, 헌법재판소는, '상속재산분할에 관한 사건의 결과가 가족공동체의 안정에 커다란 영향을 미친다는 특수성을 감안할 때, 구체적인 상속분의 확정과 분할의 방법에 관하여

43 대법원 2003. 5. 30. 선고 2003다15556 판결.

가정법원이 당사자의 주장에 구애받지 않고 후견적 재량을 발휘하여 합목적적으로 판단하여야 할 필요성이 인정되므로 상속재산분할에 관한 사건을 법원의 후견적 재량이 인정되는 가사비송절차에 의하도록 한 것이며, 나아가 가사소송법 관계법령은 상속재산분할에 관한 사건을 가사비송사건으로 규정하면서도 절차와 심리방식에 있어 당사자의 공격방어권과 처분권을 담보하기 위한 여러 제도들을 마련하고 있으므로, 위 관련 조항이 입법재량의 한계를 일탈하여 상속재산분할에 관한 사건을 제기하고자 하는 자의 공정한 재판을 받을 권리를 침해한다고 볼 수 없다.'라고 판시하였다.[44]

44 마류 가사비송사건인 상속재산분할과 기여분 결정에 관한 사건은 심문절차로 진행되므로, 그 심문기일에서 반드시 심판(항고심에서는 결정)고지 기일을 지정하거나 그 기일을 당사자에게 미리 통지할 필요는 없다.[45]

### 다. 심판 청구의 요건

#### 1) 협의가 되지 아니하거나 협의할 수 없는 때

45 공동상속인들 사이에 기여분에 관한 협의가 되지 않거나 협의할 수 없어야 한다. 공동상속인들 사이에 기여분에 관한 협의가 성립되었음에도 기여분 결정 청구를 하면 심판의 이익이 없어 부적법하므로 각하된다. 상속인의 일부가 소재불명인 경우 부재자 재산관리인을 선임하여 그 재산관리인과 기여분에 관한 협의를 할 수 있으나, 부재자 재산관리인의 권한 중 보존행위(민법 제118조)의 범위를 넘는 행위는 가정법원의 허가사항임은 앞서 본 바와 같다.

#### 2) 상속재산분할 심판 청구(제1013조 제2항) 또는 피인지자의 상속분 가액지급 청구(제1014조)가 있는 경우

46 분할할 상속재산이 없거나 유류분 청구만이 있는 경우는 기여분 결정 청구를 할 수 없다. 상속재산에 관하여 이미 협의분할이 이루어진 경우에는 분할할 상속재산이 없는 경우이므로 상속재산분할 청구는 부적법하고, 상속재산분할 청구가 있을 것을 전제로 한 기여분 결정 청구 역시 부적법하다.[46] 대법원도 기여분은 상속재산분할의 전제문제로서의 성격을 갖는 것이므로 상속재산분할의 청구

44 헌법재판소 2017. 4. 27. 선고 2015헌바24 결정.
45 대법원 2000. 11. 14. 자 99스38, 39 결정.
46 서울가정법원 2018. 7. 16. 자 2017느합77 심판(확정).

나 조정신청이 있는 경우에 한하여 기여분 결정 청구를 할 수 있고, 다만 예외적으로 상속재산분할 후라도 피인지자나 재판의 확정에 의하여 공동상속인이 된 자의 상속분에 상당한 가액의 지급청구가 있는 경우에는 기여분의 결정 청구를 할 수 있다고 해석되며, 상속재산분할의 심판 청구가 없음에도 단지 유류분 청구가 있다는 사유만으로는 기여분 결정 청구가 허용된다고 볼 것은 아니라고 판시하였다.[47]

47 한편 헌법재판소는, '기여분에 관한 민법 제1008조의2를 유류분에 준용하는 규정을 두고 있지 않은 민법 제1118조는, 피상속인을 오랜 기간 부양하거나 상속재산 형성에 기여한 기여상속인이 기여의 대가로 받은 증여재산을 비기여상속인에게 반환하여야 하는 부당한 상황을 발생시키고, 기여상속인에게 보상을 하려고 한 피상속인의 의사를 부정하는 불합리한 결과를 초래하는 등 현저히 불합리하므로 기본권제한입법의 한계를 일탈하여 헌법에 위반된다.'[48]며 2025. 12. 31.까지 개선입법이 이루어지지 않으면 그 다음 날부터 위 조항의 효력이 상실된다는 헌법불합치결정을 한 바 있어, 위 민법 제1118조의 개정이 예상되는데, 민법 제1118조와 함께 기여분 결정 청구의 요건을 정한 민법 제1008조의2 제4항도 함께 검토되어야 할 것이고, 아울러 현행법 규정으로는 가사비송사건인 기여분 결정 청구 사건(가사소송법 제2조 제1항 제2호 나목 9)과 민사사건인 유류분 청구 사건을 병합할 수 없어, 민법 제1118조와 함께 민법 제1008조의2 제4항이 함께 개정된다 하더라도 분할할 상속재산이 없거나 유류분 청구만이 있는 경우 가정법원에 단독으로 기여분 결정 청구를 하고, 그 선행 재판의 확정을 기다려 유류분 청구 사건을 진행하게 되어 소송경제에 반하므로, 관할에 대한 입법적 개선 역시 병행되어야 할 것이다.

#### 3) 남북 주민 사이의 가족관계와 상속 등에 관한 특례법에 따른 상속회복청구가 있는 경우

48 한편 남북 이산으로 인하여 피상속인인 남한주민으로부터 상속을 받지 못한 북한주민(북한주민이었던 사람을 포함한다) 또는 그 법정대리인은 민법 제999조 제1

47 대법원 1999. 8. 24. 자 99스28 결정.

48 헌법재판소 2024. 4. 25. 선고 2020헌가4, 14, 2021헌가11, 15, 26, 29, 2022헌가11, 12, 17, 30, 38, 43, 2023헌가7, 22, 2020헌바295, 342, 351, 353, 502, 2021헌바15, 16, 43, 72, 91, 193, 255, 256, 275, 277, 386, 2022헌바6, 29, 35, 55, 111, 134, 152, 267, 315, 2023헌바43, 109, 156, 229, 309, 414, 415, 2024헌바38(병합) 전원재판부 결정.

항에 따라 가정법원에 상속회복청구를 할 수 있고, 그 경우 기여자는 공동상속인 사이에 기여분에 대한 협의가 되지 않는 경우 가정법원에 기여분 결정 청구를 할 수 있다(남북 주민 사이의 가족관계와 상속 등에 관한 특례법 제11조, 제5조).

4) 유언으로 기여분을 정할 수 있는지 여부

49 법문 상 기여분에 관한 협의가 되지 않거나 협의할 수 없는 때 가정법원이 이를 정하는 것인 점, 유언자가 상속분을 지정하는 것으로 충분히 의도한 바를 달성할 수 있는 점 등을 고려하면 유언으로 기여분을 정할 수는 없다.[49] 따라서 피상속인이 유언으로 각 상속인의 기여분 유무 및 그 기여분액을 정하였다 하더라도 이에 구애받지 않고 기여분 결정 청구를 할 수 있다.

50 한편 이에 대하여 피상속인의 그와 같은 의사는 기여분을 정함에 있어서 여러 사정의 하나로 참작될 수 있다는 견해가 있다.[50]

### 라. 심판 청구기간

51 기여분 결정 심판 사건이 상속재산분할 심판 사건과 병합하여 함께 처리되어야 하는 점을 고려하여 보면 기여분 결정 청구의 기간을 제한 없이 허여하는 것은 상속재산분할 사건의 심리가 지연되거나 상속재산분할 사건의 심리 또는 심판을 무의미하게 할 우려가 있으므로, 가사소송규칙 제113조는 가정법원은 상속재산분할 청구가 있는 때에는 1월 이상으로 당사자가 기여분의 결정을 청구할 수 있는 기간을 정하여 고지할 수 있고, 위 기간을 도과하여 청구된 기여분 결정 청구는 각하할 수 있다고 정하고 있다.[51]

52 심판 청구 기간의 지정은 1월 이상의 기간을 정하여 결정의 형식으로 당사자 전원에게 송달하여 고지하거나 당사자 전원이 참석한 기일에서 기여분 결정 청구 기간을 고지하고 그 취지를 조서에 기재하는 방식으로 하는데, 실무상 기일에서 이를 고지함이 일반적이다.

### 마. 기여분 결정 청구

53 기여분의 결정을 구하는 심판청구서에는 ① 피상속인의 성명과 최후 주소, ②

49 김주수/김상용, 주석 민법, 상속(제1권)(제4판), 한국사법행정학회(2015), 398; 김주수/김상용, 친족·상속법(제20판), 법문사(2024), 730; 박동섭/양경승, 친족상속법(제5판), 박영사(2020), 703; 송덕수, 친족상속법(제7판), 박영사(2024), 350.

50 법원실무제요, 가사[Ⅱ], 법원행정처(2021), 1578.

51 위 규정에 따라 기여분 결정 청구를 각하한 각급법원결정으로는 서울고등법원 2016. 11. 30. 자 2015브370, 2016브25 결정(재항고 기각 확정), 청주지방법원 2018. 12. 13. 자 2017느합1008, 8 심판(확정).

피상속인과의 관계, ③ 기여의 시기, 방법, 정도 및 기타의 사정, ④ 동일한 상속재산에 관한 다른 기여분 결정 청구사건 또는 상속재산분할 청구사건이 있는 경우에는 그 사건 및 가정법원의 표시 등을 기재하여야 하고, 청구취지에는 기여분을 구한다는 취지가 기재되어야 한다(가사소송규칙 제75조 제1항 제1호 및 제2호, 제111조). 구체적으로 기여분 금액을 정확히 특정하여야 하는 것은 아니지만 '청구인의 기여를 ○○%로 정한다.' 혹은 '청구인의 기여를 ○○원으로 정한다.'는 방식으로 청구취지를 기재한다. 다만 기여분 결정 청구인들의 기여를 분리하지 않고 '청구인들의 기여를 ○○%로 정한다.'라고 청구취지를 기재한 경우 실무상 이를 분리하여 청구인별로 명확히 특정하도록 하고 있다.

### 3. 유류분과의 관계

#### 가. 기여분 결정에 있어서 유류분의 고려 여부

54 기여분과 유류분의 관계를 규정한 법률의 규정이 없어 유류분을 침해하는 기여분의 인정 여부가 문제되나, 기여분은 본래 기여자에게 귀속되어야 할 재산이므로 본질적으로 유류분 반환 대상이 될 수 없어 다른 공동상속인의 유류분을 침해하는 기여분을 정하는 것도 가능하다.[52] 다만 기여분의 가액을 결정함에 있어서는 협의에 의하는 경우이든 심판에 의하는 경우이든 다른 공동상속인의 유류분을 참작하여 결정하는 것이 바람직하다.[53]

#### 나. 유류분에 있어 기여분의 고려 여부

55 대법원은 '기여분은 상속재산분할의 전제 문제로서의 성격을 가지는 것으로서, 상속인들의 상속분을 일정 부분 보장하기 위하여 피상속인의 재산처분의 자유를 제한하는 유류분과는 서로 관계가 없다. 따라서 공동상속인 중에 상당한 기간 동거·간호 그 밖의 방법으로 피상속인을 특별히 부양하거나 피상속인의 재산의 유지 또는 증가에 특별히 기여한 사람이 있을지라도 공동상속인의 협의 또는 가정법원의 심판으로 기여분이 결정되지 않은 이상 유류분 청구 소송에서 기여분을 주장할 수 없음은 물론이거니와, 설령 공동상속인의 협의 또는 가정법원의 심판으로 기여분이 결정되었다고 하더라도 유류분을 산정함에 있어 기여

52 김소영, "상속재산분할사건에 있어서 배우자의 기여분에 대한 소고", 가사재판연구 I, 서울가정법원 가사재판연구회(2007), 841.

53 김주수/김상용, 주석 민법, 상속(제1권)(제4판), 한국사법행정학회(2015), 397.

분을 공제할 수 없고, 기여분으로 유류분에 부족이 생겼다고 하여 기여분에 대하여 반환을 청구할 수도 없다.'라고 판시한 바 있다.[54]

56 그러나 헌법재판소는, 기여분에 관한 민법 제1008조의2를 유류분에 준용하는 규정을 두고 있지 않은 민법 제1118조 규정이, 기여상속인이 기여의 대가로 받은 증여재산을 비기여상속인에게 반환하여야 하는 부당한 상황을 발생시키고, 기여상속인에게 보상을 하려고 한 피상속인의 의사를 부정하는 불합리한 결과를 초래하는 등 현저히 불합리하다며 헌법불합치결정을 한 바,[55] 민법 제1118조의 개정이 예상되므로, 위 법 규정의 개정에 따라 대법원의 위와 같은 태도 역시 변경될 가능성이 있다.

## V. 기여분 결정 심판

### 1. 병합심리

57 가사소송규칙 제112조에서 동일한 상속재산에 관한 수개의 기여분 결정 청구 사건은 병합하여 심리, 재판하여야 하고, 기여분 결정 청구 사건은 동일한 상속재산에 관한 상속재산분할 청구 사건에 병합하여 심리, 재판하여야 하며, 병합된 수개의 청구에 관하여는 1개의 심판으로 재판하여야 한다고 규정하고 있음은 앞서 본 바와 같다.

58 상속재산분할의 심판이 항고심에 계속 중인 경우 기여분 결정 청구는 당해 항고심 절차에서 기여분 결정 청구를 추가하거나 반심판으로 청구하는 방법으로 하는 것이 일반적이다.[56] 상속재산분할 심판 청구 사건의 항고심 계속 중 제1심에 제출된 기여분 결정 청구 사건은 상속재산분할 심판 사건에의 병합을 위하여 항고심으로 이송한다.[57] 한편 항고심의 심문이 종결된 후에 새롭게 기여분 결정 청구를 한 사례에서도 당해 항고심은 심리지연의 목적이 분명한 것이 아닌 이상 그 절차에서의 기여분 결정 청구가 허용되지 않는다고 볼 것은 아니라

54 대법원 2015. 10. 29. 선고 2013다60753 판결.

55 헌법재판소 2024. 4. 25. 선고 2020헌가4, 14, 2021헌가11, 15, 26, 29, 2022헌가11, 12, 17, 30, 38, 43, 2023헌가7, 22, 2020헌바295, 342, 351, 353, 502, 2021헌바15, 16, 43, 72, 91, 193, 255, 256, 275, 277, 386, 2022헌바6, 29, 35, 55, 111, 134, 152, 267, 315, 2023헌바43, 109, 156, 229, 309, 414, 415, 2024헌바38(병합) 전원재판부 결정.

56 서울고등법원 2019. 2. 13. 자 2018브263, 7 결정(재항고 기각 확정).

57 서울가정법원 2006. 12. 13. 자 2006느합186 결정(확정).

고 하였다.[58] 반면 상속재산분할 사건이 재항고심에 계속 중인 때에 비로소 이루어진 기여분 결정 청구에 대하여 대법원은, '민법 제1008조의2 제4항은 상속재산의 분할청구가 있을 경우에 한하여 기여분의 결정 청구를 할 수 있도록 규정하고 있고, 가사소송규칙 제112조 제2항은 기여분 결정 청구 사건을 동일한 상속재산에 관한 상속재산분할 청구사건에 병합하여 심리, 재판하도록 하고 있는바, 위와 같은 관련 법령의 규정과 상속재산분할 심판사건과 합일 처리되어야 하는 기여분 결정 심판사건의 성격 및 항고심 결정의 헌법·법률·명령·규칙 위반 여부만을 심사하는 재항고심의 절차에 비추어 부적법하다.'라고 판시하였다.[59]

59 한편 상속재산분할 청구사건에서 기여분 주장을 하면서도 별도로 기여분 결정 청구를 하지 않았다면 기여행위가 인정된다 하더라도 법원은 이에 대한 판단을 할 수 없다.[60] 따라서 당사자가 명시적으로 기여분 결정 청구를 하지 않더라도 기여행위의 주장이 있는 경우에는, 법원은 적극적으로 기여분 심판 청구 기간을 고지하여 상속재산분할 사건의 심리가 지연되는 것을 방지하고 당사자의 심급의 이익이 보장될 수 있도록 하여야 할 것이다.

60 기여분 결정 청구는 상속재산분할 심판 청구와 함께 1개의 심판으로 재판함이 원칙이지만, 기여분 결정 청구권자가 아닌 자의 청구이거나 고지한 기여분 결정 청구 기간을 도과한 경우 등은 분리하여 각하할 수 있다.

### 2. 조정전치주의

61 기여분은 당사자의 협의에 의하여 정하도록 되어 있고 조정 신청은 당사자의 협의를 갈음한다고 볼 여지가 있으므로 조정에 있어서는 상속재산의 분할 등과는 별개로 기여분의 결정에 대해서만 조정신청을 하거나 조정을 하는 것이 허용된다고 볼 여지도 있으나, 기여분은 상속분의 수정요소로서 상속재산분할의 선결문제가 되는 것이므로 상속재산분할의 조정이나 심판, 피인지자 등의 상속분에 상당한 가액의 지급청구에 관한 소송이나 조정이 계속되어 있을 것이 전제되어야 할 것이다.[61]

58 서울고등법원 2018. 1. 12. 자 2016브303, 2017브22 심판(확정).
59 대법원 2008. 5. 7. 자 2008즈기1 결정.
60 서울가정법원 2018. 6. 15. 자 2017느합1304 심판(항고 및 재항고 기각 확정).
61 법원실무제요, 가사[Ⅱ], 법원행정처(2021), 1581.

### 3. 판단

62 기여분 산정의 기초가 되는 상속재산의 가액은 상속개시시를 기준으로 평가되어야 하고, 기여분은 적극재산을 기준으로 그에 따른 비율 또는 일정액으로 정한다. 청구인이 주장하는 기여분보다 낮은 비율의 기여분을 인정하는 경우에도 나머지 청구를 기각하지 않는다.

63 한편 기여분이 있는 경우 적극재산은 기여분에 의하여 수정된 구체적 상속분에 따라 취득하지만 상속채무는 원래의 법정상속분에 따라 부담하게 된다. 다만 상속채무를 전혀 고려하지 않은 채 기여분을 정하면 일부 다른 공동상속인이 적극재산보다 채무를 더 많이 상속받게 되는 결과가 발생할 수도 있으므로 기여분 산정 시 기타 사정의 하나로 상속채무를 고려하여야 한다.[62]

64 기여분은 원칙적으로 유증과는 별개의 제도이나, 상속이 개시된 때의 피상속인의 재산가액에서 유증의 가액을 공제한 액을 넘지 못한다(민법 제1008조의2 제3항). 이는 기여분보다는 유증을 우선시키기 위한 것으로, 다액의 유증이 있는 경우 기여분은 실제 기여행위의 가치보다 낮게 평가될 수 있다.

65 청구인이 주장하는 기여분보다 더 높은 기여분을 인정할 수 있는지 문제될 수 있으나, 기여분이 결정되더라도 다른 공동상속인이 그 기여분을 기여자에게 지급하여야 하는 것은 아니고 구체적 상속분의 산정에 영향을 미치는 데 그치는 것이므로 직접 금전 등의 지급을 구하는 심판과는 달리 그 청구취지에 구속력을 인정할 필요는 없다 하더라도 구체적으로 특정한 청구취지를 넘어서까지 기여분을 인정할 것은 아니다.[63]

66 상속인들 사이의 협의에 의하는 경우라면 일정한 동산이나 부동산 등 현물로 기여분을 결정할 수 있다.[64]

67 다만 기여분 결정 심판으로 특정한 상속재산을 기여분으로 정하는 것은 기여분 그 자체가 상속재산 취득의 원인이 아니라 상속재산분할의 전제에 불과하다는 점에서 부적절하다. 각급법원결정 중에는 특정한 상속재산에 관한 기여를 100%

62 박동섭/양경승, 친족상속법(제5판), 박영사(2020), 717; 송덕수, 친족상속법(제7판), 박영사(2024), 352; 임채웅, 상속법연구, 박영사(2011), 160; 김소영, “상속재산분할사건에 있어서 배우자의 기여분에 대한 소고”, 가사재판연구 I, 서울가정법원 가사재판연구회(2007), 840~841.

63 법원실무제요, 가사[II], 법원행정처(2021), 1579.

64 김주수/김상용, 친족·상속법(제20판), 법문사(2024), 726; 이경희/윤부찬, 가족법(11정판), 법원사(2024), 465; 김소영, “상속재산분할사건에 있어서 배우자의 기여분에 대한 소고”, 가사재판연구 I, 서울가정법원 가사재판연구회(2007), 840; 법원실무제요, 가사[II], 법원행정처(2021), 1586.

로 정하여 당해 상속재산을 기여분 결정 청구인에게 분할한 사례[65]도 있으나, 이는 당해 상속재산을 피상속인 명의로 취득할 당시 매수대금 전액을 기여분 결정 청구인이 지급하는 등의 구체적 사정을 고려한 것으로 일반적인 사례로 보기는 어렵다.

68 공동상속인 전원이 동일한 정도의 특별한 기여를 하였음에도 일부 상속인만이 기여분 주장을 한 경우 적극적으로 기여분을 주장한 상속인에 대하여서만 이를 인정할 것인가에 관하여는, 기여분 제도가 가정법원이 후견적 지위에서 공동상속인 사이의 실질적인 공평을 기하기 위한 것이라는 점에서 일부 상속인의 기여분 결정 청구가 있더라도 그 심리 과정에서 다른 공동상속인도 동일한 정도의 특별한 기여를 하였다는 점이 인정된다면 이를 부정하는 것이 타당하다는 견해가 실무상 다수이다.[66]

69 한편 상속재산 중 일부에 관하여 제기된 선행 상속재산분할 심판절차에서 확정된 기여분 비율이 잔여 상속재산에 관한 후행 상속재산분할 심판절차에서도 동일하게 적용되어야 할 것인지의 문제가 있으나, 상속재산분할 심판은 비송사건으로서 기판력이 없고, 기여분을 정함에 있어 분할대상인 상속재산의 규모와 특별수익의 규모를 중요한 평가요소로 감안하는 점 등을 고려하여 보면 후행 상속재산분할 심판이 선행 상속재산분할 심판에서의 기여분 결정에 관한 판단에 기속된다고 볼 수 없을 것이다.[67] 각급법원결정 중에도'상속재산분할 심판에서 기여분을 정할 때에는 상속재산의 규모와 특별수익의 규모를 중요한 평가요소로 감안하는 것이어서, 선행 심판에서 그 심판 대상으로 된 상속재산의 규모 등을 감안하여 한 기여분 결정이 심판 대상이 아니었던 다른 상속재산에까지 미친다고 볼 수 없다.'라고 본 사례[68]가 있다.

## VI. 불복

70 기여분 결정의 심판에 대하여는 당사자 또는 이해관계인이 즉시항고할 수 있다 (가사소송규칙 제116조 제1항). 기여분 결정 사건과 상속재산분할 사건이 병합되어

65 수원가정법원 2014. 11. 11. 자 2014느합527 심판(확정).

66 법원실무제요, 가사[Ⅱ], 법원행정처(2021), 1585, 이에 따른 결정으로 서울고등법원 2019. 2. 13. 자 2018브263, 7 결정(재항고 기각 확정).

67 법원실무제요, 가사[Ⅱ], 법원행정처(2021), 1588.

68 서울가정법원 2011. 10. 25. 자 2011느합7 심판(항고 및 재항고 기각 확정).

하나의 심판으로 재판한 경우 즉시항고권자 중 1인의 즉시항고는 당사자 전원에 대하여 그 효력이 있고, 심판의 일부에 대한 즉시항고는 심판 전부에 대하여 그 효력이 있다(가사소송규칙 제116조 제2항).

71 항고심에서 기여분액의 변경이 있는 경우 구체적 상속분이 달라지므로 병합된 상속재산분할 사건 역시 그에 따라 변경되어야 한다.

## Ⅶ. 구체적 상속분의 산정

### 1. 기여분만 인정되는 경우

72 공동상속인 중의 특정인에게 기여분이 인정되는 경우 구체적인 상속분의 산정은, 피상속인이 상속개시 당시에 가지고 있던 적극재산의 가액에서 기여분을 공제한 것을 상속재산으로 보아 법정상속분에 따라 상속한 상속분에 기여분을 가산하는 계산방법에 의한다.

73 따라서 사망 당시 적극재산 1억 원, 소극재산 7백만 원을 보유하고 있던 피상속인의 상속인으로 배우자 A, 자녀 B, C가 존재하고, 배우자 A의 기여가 20%, 자녀 B의 기여가 10% 인정된다면, 배우자 A는 자신의 법정상속분에 해당하는 3천만 원[7천만 원(사망 당시 적극재산 1억 원 - 기여분 합계 3천만 원) × 법정상속분 3/7]에서 자신의 기여분 2천만 원(사망 당시 적극재산 1억 원 × 20%)을 가산한 5천만 원과, 자신의 법정상속분에 의한 소극재산 3백만 원(7백만 원 × 법정상속분 3/7)을 상속하게 되고, 자녀 B는 자신의 법정상속분에 해당하는 2천만 원[7천만 원(사망 당시 적극재산 1억 원 - 기여분 합계 3천만 원) × 법정상속분 2/7]에서 자신의 기여분 1천만 원(사망 당시 적극재산 1억 원 × 10%)을 가산한 3천만 원과, 소극재산 2백만 원(7백만 원 × 법정상속분 2/7)을, 자녀 C는 자신의 법정상속분에 해당하는 2천만 원[7천만 원(사망 당시 적극재산 1억 원 - 기여분 합계 3천만 원)×법정상속분 2/7]과 소극재산 2백만 원(7백만 원 × 법정상속분 2/7)을 각 상속받게 된다.

### 2. 기여분과 특별수익이 모두 인정되는 경우

74 상세한 내용은 민법 제1013조 주석 참조.

## 제 1008 조의 3 [분묘 등의 승계]

**분묘에 속한 1정보 이내의 금양임야와 600평 이내의 묘토인 농지, 족보와 제구의 소유권은 제사를 주재하는 자가 이를 승계한다.** [본조신설 1990. 1. 13]

**[관련조문]** 민법 제999조(상속회복청구권), 제1034조(배당변제), 제1052조(고유재산으로부터의 변제), 민사집행법 제195조(압류가 금지되는 물건), 상속세 및 증여세법 제12조 제3호(비과세되는 상속재산), 상속세 및 증여세법 시행령 제8조 제3항(비과세되는 상속재산)

**[참고문헌]** 김주수/김상용, 주석 민법, 상속(제1권)(제4판), 한국사법행정학회(2015); 주해상속법(제1권), 박영사(2019); 곽윤직, 상속법(민법강의VI)(개정판), 박영사(2004); 김주수/김상용, 친족·상속법(제20판), 법문사(2024); 박동섭/양경승, 친족상속법(제5판), 박영사(2020); 송덕수, 친족상속법(제7판), 박영사(2024); 윤진수, 친족상속법 강의(제5판), 박영사(2023); 이경희, 가족법(11정판), 법원사(2024); 임채웅, 상속법연구, 박영사(2011); 조승현, 친족·상속(제6판), 신조사(2016); 민유숙, "민법 제1008조의3에 의한 금양임야의 의미와 그 승계", 대법원판례해설 제49호, 법원도서관(2004); 법원실무제요, 가사[Ⅱ], 법원행정처(2021); 현소혜, "제사주재자의 지위와 확인의 이익", 민사판례연구 제39권, 박영사(2017); 송경근, "제사주재자의 결정방법과 유체·유골에 대한 생전 처분행위의 효력", 정의로운 사법:이용훈 대법원장 재임기념 논문집, 사법발전재단(2011); 이희배, "분묘·제사·제사용재산의 승계", 가족법학논집가족법학논집: 여송 이희배 교수 정년기념, 동림사(2001)



### Ⅰ. 의의

1 분묘를 설치하여 이를 수호하기 위하여 벌목을 금지하고 나무를 기르는 임야 1정보(약 9,917㎡)와 분묘의 관리비용이나 제사 비용을 조달하기 위한 농토 600평(약 1,983㎡), 족보와 제구는 일반 상속재산과 분리하여 제사를 주재하는 자가 이를 승계하도록 정하였다. 1958. 2. 22. 법률 제471호로 제정된 구 민법은 제사상속에 관한 일반 규정을 두지 않음으로써 제사상속을 도덕과 관습의 범주에 맡기면서도, 제996조에서 분묘에 속한 1정보 이내의 금양임야와 600평 이내의 묘토인 농지, 족보와 제구의 소유권은 호주상속인이 이를 승계하도록 규정하고 있었는데, 1990. 1. 13. 법률 제4199호로 개정된 구 민법에서는 호주상속제도를 폐

지하고 호주승계제도를 채택하면서 제사용 재산의 승계를 호주승계의 효력이 아닌 재산상속의 효력 중의 하나로 제1008조의3에 규정하고, 그 승계권자를 '호주상속인'에서 '제사를 주재하는 자'로 변경하였으며, 2005. 3. 31. 법률 제7427호로 개정된 현행 민법에서는 호주승계제도조차 폐지하고 민법 제1008조의3는 그대로 유지하였다.[1]

## Ⅱ. 입법취지

2 민법 제1008조의3에 관하여 대법원은 '금양임야 등 제사용 재산은 전통적인 제사상속제도에 수반되는 것으로서 선조에 대한 제사의 계속성을 확보하기 위해 필요한 것일 뿐만 아니라 가통의 상징이 되는 정신적, 문화적 가치를 갖는 특별한 재산으로서 가문의 자랑이자 종족 단결의 매개물이라는 특성을 갖고 있는바, 제사용 재산의 승계에 관한 민법 제1008조의3은 이와 같이 특별한 의미를 갖는 제사용 재산을 유지·보존함으로써 조상숭배와 제사봉행이라는 우리의 전통을 보존하는 것을 목적으로 하고 있다. 그리고 제사용 재산의 승계는 본질적으로 상속에 속하는 것이기는 하지만, 제사용 재산을 일반 상속재산과 같이 공동상속인들 사이에서 분배하는 것은 우리 사회 구성원들의 정서에 맞지 않을 뿐만 아니라, 그와 같이 할 경우 제사봉행을 위한 제사용 재산은 상속을 거듭할수록 분산·산일되어 결국 제사용 재산으로서 기능할 수 없게 될 것이므로, 제사용 재산은 일반 상속재산과는 다른 특별재산으로서 일반 상속재산에 관한 공동균분의 법리가 적용되지 않는다고 보아야 한다. 민법 제1008조의3에서 제사용 재산을 승계할 자를 재산상속인으로 정하지 않고 '제사를 주재하는 자'로 특정한 것은 이와 같은 제사용 재산 승계의 특수성을 반영하여 그 승계에 관한 법률관계를 간명히 처리하려는 데에 그 취지가 있는 것' 이라고 판시하였다.[2]

1 대법원 2008. 11. 20. 선고 2007다27670 전원합의체 판결.
2 대법원 2008. 11. 20. 선고 2007다27670 전원합의체 판결.

## Ⅲ. 승계재산의 범위

### 1. 금양임야

#### 가. 의의

3 금양임야는 그 안에 분묘를 설치하여 이를 수호하기 위하여 벌목을 금지하고 나무를 기르는 임야를 의미한다.[3] 한편 헌법재판소는 위 '금양임야' 부분이 제사용 재산의 유지, 보존 및 이를 둘러싼 권리관계의 안정이라는 입법목적에 비추어 법관이 구체적으로 문제되는 부동산이 이에 해당하는지 여부를 판단하는데 자의가 개입될 정도로 불명확하다고 볼 수 없으므로, 명확성 원칙에 위배되지 아니한다고 하였다.[4]

4 민법 제1008조의3 소정의 금양임야가 되기 위해서는 그 토지상에 분묘가 설치되어 있다는 사정만으로는 부족하고 선조의 분묘를 수호하기 위하여 벌목을 금지하고 나무를 기르는 임야임이 입증되어야 한다.[5] 피상속인의 사망 당시 그 소유인 토지에 아무런 분묘가 설치되어 있지 아니한 이상 위 토지는 상속재산으로서 상속인들에게 귀속하는 것이고, 피상속인의 사망 후 상속재산인 토지에 피상속인의 분묘를 설치하였다고 하여 그 분묘기지면적에 해당하는 토지 부분을 금양임야라고 볼 수는 없다.[6] 나아가 금양임야가 수호하는 분묘의 기지가 제3자에게 이전된 경우에도 그 분묘를 사실상 이전하기 전까지는 그 임야는 여전히 금양임야로서의 성질을 지닌다. 수호하던 분묘의 기지가 포함된 토지가 토지수용으로 인하여 제3자에게 소유권이 이전된 후에도 미처 분묘를 이장하지 못하고 있던 중 피상속인이 사망하였다면 당해 토지는 여전히 금양임야로서의 성질을 지닌다.[7]

5 한편 장사 등에 관한 법률 제18조에서 정한 분묘의 점유 면적에 비추어 민법 제1008조의3에서 정한 금양임야의 면적이 지나치게 넓고,[8] 9,000㎡가 넘는 임야의

3 대법원 2004. 1. 16. 선고 2001다79037 판결.
4 헌법재판소 2012. 12. 27. 선고 2011헌바155 결정.
5 대법원 2011. 1. 27. 선고 2010다78739 판결.
6 대법원 2008. 10. 27. 자 2006스140 결정.
7 대법원 1997. 11. 28. 선고 96누18069 판결.
8 민유숙, "민법 제1008조의3에 의한 금양임야의 의미와 그 승계", 대법원판례해설 제49호, 법원도서관 (2004), 300.

단독 소유권 승계를 인정하여 다른 공동상속인들의 상속권을 부정하는 것은 상속인들 사이의 재산적 평등을 정한 민법의 기본 방향에도 맞지 않으므로,[9] 해당 토지가 금양임야에 해당하는지 여부는 엄격하게 해석하여야 할 것이다.

### 나. 금양임야의 소유자가 사망한 경우

6 대법원은 민법 제1008조의3 및 제사용 재산을 상속세 과세가액에서 제외시키는 상속세법 해당 규정은 금양임야와 묘토인 농지, 족보와 제구 등을 소유하던 피상속인이 사망한 후 상속인들이 수인이 있을 경우 금양임야 등의 승계권을 그 금양임야로서 수호하는 분묘의 제사를 주재하는 상속인에게 귀속시키기 위한 규정이므로, 금양임야 등의 소유자가 사망한 후 상속인과 그 금양임야로서 수호하는 분묘의 제사를 주재하는 자가 다를 경우에는 그 금양임야 등은 상속인들의 일반 상속재산으로 돌아간다고 보아야 할 것이며 상속인이 아닌 제사를 주재하는 자에게 금양임야 등의 승계권이 귀속된다고 할 수는 없다고 판시하였다.[10]

## 2. 묘토인 농지

7 묘토인 농지는 경작하여 얻은 수확으로 분묘의 수호, 관리비용이나 제사의 비용을 조달하는 자원인 농토이어야 하며,[11] 조상의 분묘의 수호, 관리를 위한 토지로서 반드시 1필지로만 구성되어야 할 필요는 없고, 묘토로 인정한 면적이 민법상 규정된 600평을 초과하지 않는 한 묘토가 여러 필지에 걸쳐 있더라도 위법하다고 볼 수도 없다.[12]

8 대법원은 제사주재자 1인당 600평 이내가 아니라 봉사의 대상이 되는 분묘 1기당 600평 이내를 기준으로 묘토를 정한다고 판시하였으나,[13] 종중제도의 점진적인 억지와 국토의 효율적인 관리 및 산림 정책적 차원을 감안하여 총괄적 제한면적으로 해석하는 것이 바람직하다는 비판이 있다.[14]

9 민유숙, "민법 제1008조의3에 의한 금양임야의 의미와 그 승계", 대법원판례해설 제49호, 법원도서관(2004), 307~308.

10 대법원 1994. 10. 14. 선고 94누4059 판결.

11 대법원 1997. 5. 30. 선고 97누4838 판결.

12 서울고등법원 2000. 11. 17. 자 98브40 결정.

13 대법원 1996. 3. 22. 선고 93누19269 판결.

14 이희배, "분묘·제사·제사용재산의 승계", 가족법학논집가족법학논집: 여송 이희배 교수 정년기념, 동림사(2001), 885.

9 한편 민법 제1008조의3 소정의 묘토인 농지가 되기 위해서는 그 토지상에 분묘가 설치되어 있다는 사정만으로는 부족하고, 그 토지가 농지로서 거기에서 경작한 결과 얻은 수익으로 인접한 조상의 분묘 수호 및 관리와 제사의 비용을 충당하여 왔음이 입증되어야 한다.[15]

### 3. 족보와 제구

10 족보란 일가의 계통과 혈연관계를 표시한 책부이다. 이는 종중 또는 문중이 종원의 범위를 명백히 하기 위하여 일족의 시조를 기초로 하여 그 자손 전체의 혈통, 배우자, 관력 등을 기재하여 제작·반포하는 것으로 족보가 조작된 것이라고 인정할 만한 특별한 사정이 없는 한 혈통에 관한 족보의 기재 내용은 이를 믿는 것이 경험칙에 부합한다.[16] 또한 족보는 자손들로부터 단자를 거두어들이는 방법에 의하여 작성되는 것으로서 반드시 명확한 고증을 거치는 것은 아니므로 편찬시마다 그 등재 여부나 세부 기재에 다소의 차이가 있을 수 있고, 일단 족보에 등재된 이상 그 등재경위에 명백히 의심할 만한 정황이 있지 않은 한 그 이전의 다른 족보의 기재와 차이가 있다 하여 그 기재내용을 함부로 배척할 것은 아니다.[17]

11 제구란 제상, 교의, 제기, 위패, 영정 등 조상의 제사에 사용되는 일체의 도구를 의미하는데, 대법원은 분묘에 부속된 비석을 분묘와 일체를 이루는 제구로서,[18] 이를 설치하고 관리할 권한 역시 제사주재자에게 있다고 판시하였다.[19]

12 민사집행법 제195조(2016. 2. 3. 법률 제13952호로 개정된 것)는 위패·영정·묘비, 그 밖에 상례·제사 또는 예배에 필요한 물건(제8호)과 족보·집안의 역사적인 기록·사진첩, 그 밖에 선조숭배에 필요한 물건(제9호)을 압류가 금지되는 물건으로 규정하고 있다.

### 4. 선조의 유체·유골

13 사람의 유체·유골은 매장·관리·제사·공양의 대상이 될 수 있는 유체물로서, 분묘에 안치되어 있는 선조의 유체·유골은 민법 제1008조의3 소정의 제사용 재산

15 대법원 2011. 1. 27. 선고 2010다78739 판결.
16 대법원 2000. 7. 4. 자 2000스2 결정.
17 대법원 2003. 11. 13. 선고 2003다34281 판결.
18 대법원 1993. 8. 27. 선고 93도648 판결.
19 대법원 2000. 9. 26. 선고 99다14006 판결.

인 분묘와 함께 그 제사주재자에게 승계되고, 피상속인 자신의 유체·유골 역시 위 제사용 재산에 준하여 그 제사주재자에게 승계된다.[20]

14 대법원도 '분묘는 그 내부에 사람의 유골·유해·유발 등 시신을 매장한 장소를 말하고, 외형상 분묘의 형태만 갖추었을 뿐 그 내부에 시신이 안장되어 있지 않은 경우에는 분묘라고 할 수 없으므로, 유체·유골이야말로 분묘의 본체가 되는 것으로서 그것이 없으면 법적으로 유효한 분묘를 설치할 수 없다. 또한 민법은 분묘를 제사승계의 대상으로 삼고 있고, 분묘에 대한 수호·관리권은 특별한 사정이 없는 한 누가 그 분묘를 설치했는지에 관계없이 제사주재자에게 속한다고 해석되는바, 이는 유체·유골이 제사승계의 대상으로서 제사주재자에게 귀속됨을 전제로 하는 것이다. 한편 유체·유골의 처분방법 또는 매장장소 지정에 관한 망인 자신의 생전 의사 내지 감정은 마땅히 존중되어야 하지만, 망인의 영혼이 떠나고 남은 유체·유골에 대한 매장·관리·제사·공양 등은 그 제사주재자를 비롯한 유족들의 망인에 대한 경애·추모 등 개인적인 감정에 의해 이루어지는 것이고, 망인의 유체·유골은 제사주재자에게 승계되는 것이므로, 그에 관한 관리 및 처분은 종국적으로는 제사주재자의 의사에 따라 이루어져야 한다고 봄이 상당하다. 나아가 유체·유골의 처분방법이나 매장장소의 지정은 법정 유언사항에 해당하지 않고, 달리 법률적 구속력을 인정할 만한 근거도 없다.'라고 판시하였다.[21]

## Ⅳ. 제사주재자

### 1. 제사주재자의 결정방법

15 민법 제1008조의3에서는 '제사를 주재하는 자'가 제사용 재산을 승계한다고만 규정하고 있을 뿐 그것이 누구이거나 어떻게 정하는지에 관하여는 아무런 규정을 두고 있지 않다.

16 이에 관하여 종래 대법원은, 공동상속인 중 종손이 있다면 그에게 제사를 주재하는 자의 지위를 유지할 수 없는 특별한 사정이 있는 경우를 제외하고는 통상 종손이 제사주재자가 된다고 판시하여 왔다.[22] 그러나 대법원 2008. 11. 20. 선

20 대법원 2008. 11. 20. 선고 2007다27670 전원합의체 판결.
21 대법원 2008. 11. 20. 선고 2007다27670 전원합의체 판결(다수의견).
22 대법원 1997. 11. 25. 선고 97누7820 판결, 대법원 1997. 11. 28. 선고 96누18069 판결, 대법원 2004. 1. 16. 선고 2001다79037 판결.

고 2007다27670 전원합의체 판결의 다수의견은 '상속인들 간의 협의와 무관하게 적장자가 우선적으로 제사를 승계해야 한다는 종래의 관습은, 가족 구성원인 상속인들의 자율적인 의사를 무시하는 것이고 적서 간에 차별을 두는 것이어서 개인의 존엄과 평등을 기초로 한 변화된 가족제도에 원칙적으로 부합하지 않게 되었고, 이에 대한 우리 사회 구성원들의 법적 확신 역시 상당 부분 약화되었으므로 더 이상 관습 내지 관습법으로서의 효력을 유지할 수 없게 되었으며, 그러한 관습에 터 잡은 종래의 대법원 판결들 역시 더 이상 판례법으로서의 효력을 유지할 수 없게 되었다.'라고 전제하고, '제사주재자는 우선적으로 망인의 공동상속인들 사이의 협의에 의해 정해져야 하되, 협의가 이루어지지 않는 경우에는 제사주재자의 지위를 유지할 수 없는 특별한 사정이 있지 않은 한 망인의 장남(장남이 이미 사망한 경우에는 장남의 아들, 즉 장손자)이 제사주재자가 되고, 공동상속인들 중 아들이 없는 경우에는 망인의 장녀가 제사주재자가 된다고 할 것'이라고 하여 제사주재자 결정방법에 관한 새로운 법리를 제시하였다. 위 판례에 대하여는 제사주재자를 정함에 있어, 상속인들 간의 협의를 가장 우선함으로써 가족 구성원들의 자율적인 의사를 존중하도록 하였고, 적서 간의 차별을 없앴으며, 여성도 제사주재자가 될 수 있음을 분명히 하는 등 변화된 우리 사회 구성원들의 의식과 전체 법질서 등을 반영하여 제사주재자의 결정 방법에 관한 새로운 법리를 선언하였으나, 선조에 대한 제사를 기피하는 풍조가 확산되고 있는 현 시대 상황에서, 협의가 되지 않을 경우 장남을 제사주재자로 하는 것은 장남에게 단지 권리만을 부여하는 것이 아니라 상당한 의무와 부담을 지우는 것이라거나[23] 장남 또는 장손자 등 남성 상속인을 제사주재자로 우선함으로써 양성평등에 반한다는 등의 비판이 있었다.

17 이후 대법원 2023. 5. 11. 선고 2018다248626 전원합의체 판결은 위 판례를 변경하여, 장남 또는 장손자 등 남성 상속인을 제사주재자로 우선하는 것은 성별에 의한 차별을 금지한 헌법 제11조 제1항 및 개인의 존엄과 양성의 평등에 기초한 혼인과 가족생활의 성립과 유지를 보장하는 헌법 제36조 제1항의 정신에 합치하지 않는다는 등의 근거를 들어, 제사주재자는 우선적으로 망인의 공동상속인들 사이의 협의에 의해 정하되, 협의가 이루어지지 않는 경우에는 제사주재자의 지

23 송경근, "제사주재자의 결정방법과 유체·유골에 대한 생전 처분행위의 효력", 정의로운 사법: 이용훈 대법원장 재임기념 논문집, 사법발전재단(2011), 500.

위를 인정할 수 없는 특별한 사정이 있지 않는 한 피상속인의 직계비속 중 남녀, 적서를 불문하고 최근친의 연장자가 제사주재자로 우선한다고 보는 것이 가장 조리에 부합한다고 선언하면서, 제사주재자의 지위를 인정할 수 없는 특별한 사정으로, 위 2008년 전원합의체 판결에서 판시한 바와 같이 장기간의 외국 거주, 평소 부모를 학대하거나 모욕 또는 위해를 가하는 행위, 조상의 분묘에 대한 수호·관리를 하지 않거나 제사를 거부하는 행위, 합리적인 이유 없이 부모의 유지 또는 유훈에 현저히 반하는 행위 등으로 인하여 정상적으로 제사를 주재할 의사나 능력이 없다고 인정되는 경우뿐만 아니라, 피상속인의 명시적·추정적 의사, 공동상속인들 다수의 의사, 피상속인과의 생전 생활관계 등을 고려할 때 그 사람이 제사주재자가 되는 것이 현저히 부당하다고 볼 수 있는 경우를 예시하였다. 한편 위 판결의 별개의견은, 공동상속인들 사이에 협의가 성립되지 않아 망인의 유체·유해에 대한 권리의무의 귀속이 다투어지는 경우, 법원은 망인의 명시적·추정적 의사, 망인이 생전에 공동상속인들과 형성한 동거·부양·왕래·소통 등 생활관계, 장례 경위 및 장례 이후 유체·유해나 분묘에 대한 관리상태, 공동상속인들의 의사 및 협의가 불성립된 경위, 향후 유체·유해나 분묘에 대한 관리 의지와 능력 및 지속가능성 등 제반 사정을 종합적으로 고려하여 누가 유체·유해의 귀속자로 가장 적합한 사람인지를 개별적·구체적으로 판단하여야 하고, 이 경우 그 판단 범위에 배우자도 포함되어야 한다고 보았다.

18 한편 헌법재판소는, 상속재산 중 일정 범위의 제사용 재산을 제사주재자가 승계하도록 한 위 규정이 제사주재자가 아닌 다른 상속인들의 상속권 내지 재산권을 침해한다는 주장에 대하여, '위 조항이 일정 범위의 제사용 재산이 제사주재자에게 승계된다고만 규정하고 있을 뿐, 상속인들 중 특정인에게 제사주재자의 지위를 인정하고 있지는 아니하므로, 본질적으로 상속인들 사이에 어떠한 차별대우를 하고 있다고 할 수 없고, 상속인들 사이에 제사주재자의 선정 협의가 이루어지지 아니하는 경우에 종손이 제사용 재산을 단독으로 승계하게 됨으로써 종손인 상속인과 종손이 아닌 여자 상속인 내지 다른 상속인들을 차별하는 결과가 생긴다고 하더라도, 이러한 차별대우는 이 사건 법률조항에 따른 것이 아니라 상속인들 사이의 협의의 불성립이라는 우연적인 것에 의하여 초래된 것일 뿐이라고 보아야 할 것이며, 또한 이러한 차별은 조상숭배와 제사봉행이라는 전통의 보존과 제사용 재산을 둘러싼 법적 분쟁에 있어서 권리관계의 기준을 정

하여 법적 안정성을 도모하기 위한 것으로서 합리적인 이유가 있다고 할 것이므로, 이 사건 법률조항이 청구인들의 평등권을 침해한다고도 볼 수 없다'고 판시한 바 있다.[24]

### 2. 제사주재자의 수

19 제사주재자의 수에 관하여는 명문의 규정이 없으나, 제사재산의 사후승계를 공동균분의 상속의 대상으로 하지 않고 별도의 제사주재자를 정한 민법 제1008조의3의 취지를 고려하면 제사주재자는 1인에 한하여야 한다는 견해[25]와 예외적으로 복수의 제사주재자를 정하는 것도 가능하다는 견해가 있다.[26] 한편 제사용재산의 상속세에 관한 특례를 정한 상속세 및 증여세법 제12조 제3호, 상속세 및 증여세법 시행령 제8조 제3항은 다수의 상속인이 공동으로 제사를 주재하는 경우에는 그 공동으로 주재하는 상속인 전체를 제사를 주재하는 상속인으로 본다고 정하고 있고, 헌법재판소도 다수의 상속인들이 공동으로 제사를 주재하는 것이 가능하다고 보았다.[27] 반면 대법원은 제사주재자의 결정방법에 관한 위 전원합의체 판결에서 '민법 제1008조의3은 제사용 재산의 특수성을 고려하여 제사용 재산을 유지·보존하고 그 승계에 관한 법률관계를 간명하게 처리하기 위하여 일반 상속재산과 별도로 특별승계를 규정하고 있다. 이러한 취지를 고려하면 어느 정도 예측 가능하면서도 사회통념상 제사주재자로서 정당하다고 인정될 수 있는 특정한 1인을 제사주재자로 정해야 할 필요가 있다. 특히 공동상속인들이 장례방법이나 장지 등을 둘러싸고 서로 망인의 유체에 대한 권리를 주장하는 경우, 공동의 제사주재자를 인정하는 것은 분쟁해결에 도움이 되지 않는다.'[28]라고 하여 제사주재자를 특정한 1인으로 정하여야 한다고 판시하였다.

### 3. 제사주재자의 지위 확인 청구

20 종중이 종손의 제사주재자로서의 지위를 박탈하는 결의를 함으로써 제사주재자의 지위에 대한 다툼이 생긴 사안에서 대법원은, 당사자 사이에 제사용 재산의

24 헌법재판소 2008. 2. 28. 선고 2005헌바7 결정.
25 민유숙, "민법 제1008조의3에 의한 금양임야의 의미와 그 승계", 대법원판례해설 제49호, 법원도서관(2004), 317.
26 이희배, "분묘·제사·제사용재산의 승계", 가족법학논집가족법학논집: 여송 이희배 교수 정년기념, 동림사(2001), 892~893.
27 헌법재판소 2008. 2. 28. 선고 2005헌바7 결정.
28 대법원 2023. 5. 11. 선고 2018다248626 전원합의체 판결.

귀속에 관하여 다툼이 있는 등으로 구체적인 권리 또는 법률관계와 관련성이 있는 경우에 다툼을 해결하기 위한 전제로서 제사주재자 지위의 확인을 구하는 것은 법률상의 이익이 있다고 할 것이지만, 그러한 권리 또는 법률관계와 무관하게 공동선조에 대한 제사를 지내는 종중 내에서 단순한 제사주재자의 자격에 관한 시비 또는 제사 절차를 진행할 때에 종중의 종원 중 누가 제사를 주재할 것인지 등과 관련하여 제사주재자 지위의 확인을 구하는 것은 그 확인을 구할 법률상 이익이 있다고 할 수 없다고 판시하였는데,[29] 이에 대하여는 확인의 이익을 인정하여야 한다는 비판이 있다.[30]

## V. 효과

21 민법 제1008조의3에서 정한 제사용 재산은 상속재산이 아니다. 따라서 취득자의 구체적 상속분에 영향을 미치지 않고, 제사주재자가 상속포기를 한 경우에도 이를 승계할 수 있다. 한정승인의 경우에도 이를 환가하여 변제 충당할 필요가 없고(민법 제1034조). 재산분리의 경우에도 상속재산에서 제외된다(민법 제1052조).

22 상속세 및 증여세법 제12조 제3호, 상속세 및 증여세법 시행령 제8조 제3항에 의하면, 9,900㎡ 이내의 금양임야와 분묘에 속한 1,980㎡ 이내의 묘토인 농지의 재산가액의 합계액 2억 원을 한도로, 족보와 제구는 1,000만 원을 한도로 상속세가 부과되지 않는다.

23 한편 대법원은 묘토인 농지 등 제사용 재산의 승계가 본질적으로 상속에 속하는 것으로서 일가의 제사를 계속할 수 있게 하기 위하여 상속에 있어서의 한 특례를 규정한 것이므로 제사용 재산을 승계한 자가 그에 관한 권리의 회복을 청구하는 경우에도 상속회복청구(민법 제999조)에 관한 제척기간이 적용된다고 판시하였다.[31]

29 대법원 2012. 9. 13. 선고 2010다88699 판결.
30 윤진수, 친족상속법 강의(제5판), 박영사(2023), 421; 현소혜, "제사주재자의 지위와 확인의 이익", 민사판례연구 제39권, 박영사(2017), 807.
31 대법원 2006. 7. 4. 선고 2005다45452 판결.

## 제 2 관 상속분

### 제 1009 조 [법정상속분]

**① 동순위의 상속인이 수인인 때에는 그 상속분은 균분으로 한다.**
<개정 1977. 12. 31, 1990. 1. 13>

**② 피상속인의 배우자의 상속분은 직계비속과 공동으로 상속하는 때에는 직계비속의 상속분의 5할을 가산하고, 직계존속과 공동으로 상속하는 때에는 직계존속의 상속분의 5할을 가산한다.** <개정 1990. 1. 13>

**③ 삭제** <1990. 1. 13.>

**[관련조문]** 민법 제1000조(상속의 순위), 제1001조(대습상속), 제1003조(배우자의 상속순위), 제1006조(공동상속과 재산의 공유), 제1007조(공동상속인의 권리의무승계), 제1008조(특별수익자의 상속분), 제1008조의2(기여분), 제1010조(대습상속분), 제1011조(공동상속분의 양수), 제1078조(포괄적 수증자의 권리의무)

**[참고문헌]** 김주수/김상용, 주석 민법, 상속(제1권)(제4판), 한국사법행정학회(2015); 주해상속법(제1권), 박영사(2019); 주해친족법(제1권), 박영사(2025); 곽윤직, 상속법(민법강의VI)(개정판), 박영사(2004); 김주수/김상용, 친족·상속법(제20판), 법문사(2024); 박동섭/양경승, 친족상속법(제5판), 박영사(2020); 송덕수, 친족상속법(제7판), 박영사(2024); 오시영, 친족상속법(제2판), 학현사(2011); 윤진수, 친족상속법 강의(제5판), 박영사(2023); 이경희/윤부찬, 가족법(11정판), 법원사(2024); 민유숙, "관습법상 분재청구권의 내용과 분재의무의 상속·소멸시효 적용 여부", 대법원판례해설 제63호, 법원도서관(2007); 상속등기실무, 법원행정처(2012); 시진국, "재판에 의한 상속재산분할", 사법논집 제42집, 법원도서관(2006); 안종혁, "민법 제1009조 제2항에서 '동일가적내'라는 의미", 대법원판례해설 제1권 제2호, 법원도서관(1980); 정덕흥, "기여분의 결정과 상속분의 수정", 사법논집 제25집, 법원도서관(1994); 곽동헌, "상속분의 비교법적 고찰", 현대민법의 과제와 전망: 남송한봉희교수화갑기념, 밀알(1994); 남효순, "혼인(중혼)취소의 소급효와 재산상의 법률관계", 인권과 정의 제250호, 대한변호사협회(1997); 박병호, "동일가적내에 없는 여자의 상속분", 민사판례연구 제15권, 박영사(1993); 신영호, "상속순위와 상속분", 가족법연구 제4호, 한국가족법학회(1990); 윤진수, "관습상 분재청구권에 대한 역사적, 민법적 및 헌법적 고찰", 민사재판의 제문제(제22권), 한국사법행정학회(2013); 이은정, "상속의 효력 규정의 정비를 위한 검토", 가족법연구 제25권 제2호, 한국가족법학회(2011); 임채웅, "상속인의 횡령과 상속분의 관계에 관한 연구", 인권과 정의 제408호, 대한변호사협회(2010); 정구태, "호주가 사망한 경우 딸에게 구 관습법상 분재청구권이 인정되는지 여부: 대법원 2009. 5. 28. 선고 2007다41784 판결 및 헌법재판소 2013. 2. 28. 선고 2009헌바129 결정에 대한 비판적 검토", 동북아법연구 제8권 제3호, 전북대학교 동북아법연구소(2015); 정긍식, "생양가 봉사 관습에 대한 소고", 저스티스 제124호, 한국법학원(2011); 현소혜, "상속관습법상 몇 가지 쟁점에 관하여: 대법원 2012. 3. 5. 선고 2009다85090 등 판결을 중심으로", 가족법연구 제29권 제1호, 한국가족법학회(2015); 현소혜, "상속법의 자화상과 미래상", 민사법학 제52호, 한국사법행정학회(2010)

## Ⅰ. 상속분의 의의

### 1. 의의

1 상속분은 공동상속의 경우에 각 공동상속인이 차지할 몫을 말한다.[1] 상속인이 1명뿐이라면 혼자서 상속하므로 상속분이라는 것이 없다.[2]

### 2. 민법에서의 상속분의 의미

2 첫째, 공동상속인이 상속재산의 총액에 대하여 취득하게 될 비율의 의미로 상속분이라는 용어를 쓰는 경우이다. 가령 공동상속인 A와 B의 상속분은 각 1/2이라고 하는 경우이다. 이를 법정상속분이라고 한다. 민법 제1007조와 제1009조에서 말하는 상속분이 대체로 이러한 의미이다.[3]

3 둘째, 공동상속인이 취득할 상속재산의 가액을 상속분이라고 하기도 한다. 법정상속분을 기준으로 한 가액에서 특별수익(민법 제1008조)을 공제하고 기여분(제1008조의2)을 가산하여야 한다. 이를 구체적 상속분이라 부르기도 한다. 민법 제1008조와 제1008조의2에서 말하는 상속분이 이를 의미한다.[4]

4 셋째, 상속재산분할 전 공동상속인의 지위, 즉 상속재산 전체에 대하여 각 공동상속인이 가지고 포괄적 권리 내지 법률상 지위를 가리키기도 한다. 민법 제1011조의 상속분이 이러한 의미이다.[5]

1 곽윤직, 상속법(민법강의VI)(개정판), 박영사(2004), 85; 박동섭/양경승, 친족상속법(제5판), 박영사(2020), 668, 672; 윤진수, 친족상속법 강의(제5판), 박영사(2023), 424.

2 박동섭/양경승, 친족상속법(제5판), 박영사(2020), 672.

3 윤진수, 친족상속법 강의(제5판), 박영사(2023), 425.

4 윤진수, 친족상속법 강의(제5판), 박영사(2023), 425; 시진국, "재판에 의한 상속재산분할", 사법논집 제42집, 법원도서관(2006), 689; 임채웅, "상속인의 횡령과 상속분의 관계에 관한 연구", 인권과 정의 제408호, 대한변호사협회(2010), 140; 정덕흥, "기여분의 결정과 상속분의 수정", 사법논집 제25집, 법원도서관(1994), 90.

5 곽윤직, 상속법(민법강의VI)(개정판), 박영사(2004), 86; 윤진수, 친족상속법 강의(제5판), 박영사(2023), 425.

## Ⅱ. 지정상속분

5 피상속인이 상속인에게 포괄적 유증(민법 제1078조)을 함으로써 유언에 의하여 공동상속인의 상속분을 지정할 수 있다는 견해와[6] 포괄적 유증에 의해 법정상속분이 변경된 것과 같은 결과를 일어나게 할 수 있을 뿐인데 포괄수유자의 지위는 상속인의 지위와 다르고 법정 사항 이외의 것을 내용으로 하는 유언은 무효이므로 유언으로 상속분을 지정함으로써 법정상속분을 변경한다는 의미의 지정상속분은 인정되지 않는다는 견해[7]가 있다. 판례는 '지정상속분'이라는 용어를 사용하고 있다.[8]

## Ⅲ. 법정상속분[9]

### 1. 연혁

#### 가. 민법 시행 전(구관습)

6 1960. 1. 1. 민법이 공포시행되기 전에는 조선민사령(朝鮮民事令) 제11조의 규정에 의하여 친족 및 상속에 관하여는 일본민법이 아닌 관습에 의하도록 되어 있었다.[10]

7 민법 시행 전의 호주사망의 경우 그 망인의 유산은 호주상속인에게만 상속되고, 재산상속에 있어서도 직계비속이 여러 명인 때에는 균등한 비율로 공동상속하거나 유처 또는 호주인 부가 단독상속을 하게 된다. 따라서 제정민법처럼 성별, 출가 여부 등에 따른 차등이 있는 본래 의미의 상속분은 문제되지 않는다. 단독으로 상속을 받든지 아니면 균등하게 상속받기 때문이다.

##### 1) 법정상속분[11]

###### 가) 피상속인이 남호주인 때

8 호주상속인과 기타 상속인이 2인인 경우에는 호주상속인은 유산의 2/3를 승계하는 것을 통례로 한다.

6 김주수/김상용 친족·상속법(제20판), 법문사(2024), 707~708; 박동섭/양경승, 친족상속법(제5판), 박영사(2020), 673; 이경희/윤부찬, 가족법(11정판), 법원사(2024), 452; 정덕흥, "기여분의 결정과 상속분의 수정", 사법논집 제25집, 법원도서관(1994), 82.

7 곽윤직, 상속법(민법강의Ⅵ)(개정판), 박영사(2004), 87; 송덕수, 친족상속법(제7판), 박영사(2024), 339; 윤진수, 친족상속법 강의(제5판), 박영사(2023), 425.

8 대법원 2001. 2. 9. 선고 2000다51797 판결, 대법원 2013. 5. 9. 선고 2012다69982 판결.

9 상속의 순위에 관하여는 민법 제1000조 주석 참조.

10 대법원 1990. 2. 27. 선고 88다카33619 전원합의체 판결.

11 상속등기실무, 법원행정처(2012), 25.

9 상속인이 3인 이상인 경우에는 호주상속인이 1/2을 상속하고, 다른 상속인은 그 나머지를 승계하는 것을 통례로 한다.

10 적출남과 서자남이 각 1인 있을 때에는 호주의 유산은 적출남이 2/3이상, 서자남이 1/3이하를 상속하는 것이 관례이다. 상속인이 2인 이상인 경우에는 서자남의 상속분에 대해서는 다소 그 비율을 감하는 것이 통례이다. 그 차등에 관하여는 확실한 판례가 없다.

#### 나) 그 밖의 사람이 피상속인인 때

11 피상속인이 남호주인 경우를 제외하고는 모든 상속인이 공동으로 균등상속하는 것이 원칙이다. 다만 서자는 적출자의 1/2의 비율로 상속한다.

### 2) 재산의 분재[12]

12 호주상속을 한 장남은 호주상속과 동시에 일단 전 호주의 유산 전부를 승계한 후 자기 상속분을 제외한 나머지를 차남 이하의 중자에게 분재한다.[13] 분재를 받아야 할 중자(맏아들 이외의 아들)는 상속개시 당시 피상속인과 동일한 호적 내에 있었던 자이어야 함을 통례로 하나, 전 호주의 사망 전에 분가한 중자로서 전 호주 생전 중 그와 생계를 같이 하고 따로 분재를 받지 않은 자는 전 호주의 유산에 대하여 분재를 받을 권리가 있다. 판례는 여자의 분재청구권을 인정하지 않는 취지의 판시를 하고 있다.[14]

### 3) 구관습에 관한 판례[15]

#### 가) 호주가 피상속인인 경우

13 (1) 판례는 민법 시행 전에 호주가 사망한 경우에 그 상속재산은 호주상속인이

12 상속등기실무, 법원행정처(2012), 26.

13 판례는 구관습으로서의 분재관습을 인정하고 있는데, 이 부분에 대해 비판적인 견해로 윤진수, "관습상 분재청구권에 대한 역사적, 민법적 및 헌법적 고찰", 민사재판의 제문제(제22권), 한국사법행정학회(2013), 251~254; 정구태, "호주가 사망한 경우 딸에게 구 관습법상 분재청구권이 인정되는지 여부: 대법원 2009. 5. 28. 선고 2007다41784 판결 및 헌법재판소 2013. 2. 28. 선고 2009헌바129 결정에 대한 비판적 검토", 동북아법연구 제8권 제3호, 전북대학교 동북아법연구소(2015), 509~515.

14 민유숙, "관습법상 분재청구권의 내용과 분재의무의 상속·소멸시효 적용 여부", 대법원판례해설 제63호, 법원도서관(2007), 220; 윤진수, "관습상 분재청구권에 대한 역사적, 민법적 및 헌법적 고찰", 민사재판의 제문제(제22권), 한국사법행정학회(2013), 247; 정구태, "호주가 사망한 경우 딸에게 구 관습법상 분재청구권이 인정되는지 여부: 대법원 2009. 5. 28. 선고 2007다41784 판결 및 헌법재판소 2013. 2. 28. 선고 2009헌바129 결정에 대한 비판적 검토", 동북아법연구 제8권 제3호, 전북대학교 동북아법연구소(2015), 507~508; 헌법재판소 2013. 2. 28. 선고 2009헌바129 결정.

15 상속분뿐만 아니라 상속의 순위와 관련한 판례도 포함되어 있다.

단독으로 상속하는 것이 구관습이라고 하였다.[16] 구 관습법상 기혼남자인 호주가 사망할 때 상속의 순위는 피상속인의 적출장남, 피상속인의 생전양자 또는 유언양자, 유복남자, 피상속인의 서자, 피상속인의 사후양자 또는 차양자, 여자상속인, 대습상속인순이다.[17] 또한 미혼남자인 호주가 사망한 때에는 그에게 서자가 있으면 그자가 호주상속인이 되고, 여호주가 사망한 경우 동일가적 내에 있는 조모, 모, 처, 자의 순위로 남호주가 출현할 때까지 호주상속인이 된다.

14 (2) 구관습에 의하면 호주 사망시 호주상속인은 적출인 장남을 원칙으로 하고 기혼인 장남이 상속개시 전 사망한 경우 그 가에 2남 이하의 자손이 있더라도 호주상속을 할 수 없으며, 사후양자 등 타에 호주상속인이 없으면 그 가는 절가되고 그 유산은 호주의 최근친자에게 귀속되며 그 최근친자는 호주와 가를 같이 할 것을 요하지 아니한다.[18]

15 (3) 구관습상 남자자손이 없는 자만이 양자를 할 수 있고, 또 양자가 될 자는 부모와 호주의 동의를 모두 얻어야 하며, 이와 같은 요건을 갖추지 못한 입양은 무효로 하였다.[19]

16 (4) 구관습상 1921년 이전에는 양자가 가산을 탕진할 우려가 있을 때, 양친에 대하여 심히 불효한 행위가 있을 때 또는 중죄를 범하여 처벌을 받았을 때 등의 사유가 있는 경우에는 양친이 양자에 대하여 재판 이외에 파양의 의사표시만으로 파양하는 것이 인정되었으나, 그 이후에는 우리나라 사람들 사이에 파양에 관하여도 법원에 이를 청구할 수 있다고 하는 법적 신념이 생겨 양친이 일방적으로 재판 외에서의 의사표시로서 파양할 수 있는 구 관습은 폐멸되기에 이르렀고, 1922년 이후에는 파양을 청구할 수 있는 사유가 있는 때에는 당사자 일방이 소로써 법원에 파양의 재판을 구하고, 이에 대하여 법원이 파양을 선언하는 판결을 선고하여 그 판결이 확정된 때 파양의 효력이 생기는 것으로 하는 관습이 형성되었다고 할 것이다.[20]

17 (5) 구관습에 의하면 피상속인에게 적자가 없고 서자가 있는 때에는 서자가 상속권을 갖는 것이고 피상속인을 위하여 사후양자를 할 여지가 없어 일단 적자

16 대법원 1990. 10. 30. 선고 90다카23301 판결.
17 상속등기실무, 법원행정처(2012) 18~19.
18 대법원 1991. 5. 24. 선고 90다17729 판결.
19 대법원 1994. 5. 24. 선고 93므119 전원합의체 판결.
20 대법원 1999. 9. 3. 선고 98다34485 판결.

가 없어 서자가 상속한 후에는 사후양자의 선정이 있더라고 효력이 없고 이미 발생한 서자의 상속권이 박탈되는 것이 아니다.[21]

18 (6) 구관습법에 의하면, 호주가 사망한 경우에는 장남이 호주상속을 함과 동시에 일단 전 호주의 유산 전부를 승계하고, 차남 이하의 중자들은 관습법에 의하여 허용되는 범위(원칙은 1/2, 약간의 재량권을 부여) 내에서 장남을 상대로 위 유산에 대한 분재를 청구할 권리가 인정되는바,[22] 위와 같은 구 관습법상의 분재청구권은 일반적인 민사채권과 같이 권리자가 분가한 날로부터 10년이 경과하면 소멸시효가 완성된다고 할 것이다.[23]

나) 미혼인 호주가 상속할 남자 없이 사망한 경우

19 (1) 구관습에 의하면 호주가 미혼인 채로 사망한 경우에는 형망제급의 원칙에 따라 그 제가 호주상속 및 재산상속을 하는 것이고,[24] 또 호주가 상속할 남자 없이 사망한 경우에는 모, 처, 딸이 존비의 순서에 따라 망 호주의 사후양자가 선임될 때까지 일시 호주 및 재산상속을 하게 된다.[25] 구 조선호적령(1922. 12. 8. 총독부령 제15호) 시행 이후 처와 혼인식을 거행하고 사실상 동거를 하였다 하더라도 사망 당시까지 위 호적령에 의한 혼인신고를 한 바 없다면 망인은 상속에 관한 구 관습상 기혼자가 아니라 미혼자로 보아야 할 것이고, 따라서 호주로서 미혼자인 망인이 사망하였다면 상속에 관한 구 관습에 따라 차제가 호주상속과 동시에 망인의 재산을 모두 상속한다.[26]

20 (2) 구민법 시행 당시 관습에 의하여 아들로부터 호주 및 유산상속을 하였던 모가 신민법 시행 후 사망한 경우 그녀의 재산에 대한 상속순위를 결정함에 있어서는 신민법이 적용되어야 할 것이므로, 당시 시행되던 민법 제1000조 및 제1001조 규정에 따라 그녀의 손녀가 상속개시 전 사망한 부의 순위에 갈음한 대습상속인으로서 피상속인의 다른 직계비속들과 함께 재산을 공동상속한다고 볼 것이고, 피상속인이 구민법 시행 당시 관습에 의하여 아들을 상속하였던 자라 하더라도 이와 달리 볼 것은 아니다.[27]

21 대법원 1993. 5. 27. 선고 92다34193 판결.
22 대법원 1969. 11. 25. 선고 67므25 판결.
23 대법원 2007. 1. 25. 선고 2005다26284 판결.
24 대법원 1993. 11. 23. 선고 93다42306 판결.
25 대법원 1981. 12. 22. 선고 80다2755 판결.
26 대법원 2000. 6. 9. 선고 99다54349 판결.
27 대법원 1992. 5. 22. 선고 92다7955 판결.

### 다) 기혼인 호주가 상속할 남자 없이 사망한 경우

21 (1) 구관습상 호주인 기혼의 남자가 호주상속할 남자 없이 사망한 경우에는 사후양자가 선정되기까지 망인의 조모, 모, 처, 딸이 존비의 순서에 따라 여호주가 되어 호주권과 재산을 일시 상속하였다가 사후양자가 선정되면 여호주에게 상속되었던 호주권과 재산이 사후양자에게 승계되는 것이고, 이 때 만약 사후양자가 선정되지 않은 채 일시 호주상속을 하였던 여호주가 사망하거나 출가하여 호주상속할 자가 없으며 상당한 기간이 지나도록 전 호주 남자를 위하여 사후양자가 선정되지도 않는 경우에는 전호주의 상속재산은 근친자에게 귀속되고,[28] 망 호주가 미혼인 채로 사망한 경우와는 달라 망 호주의 자매들은 호주상속 및 재산상속을 할 여지가 없다.[29]

22 (2) 호주의 장남이 결혼하여 대를 이를 남자 없이 사망한 경우에 망 장남을 위하여 양자를 선정할 권리는 제1차로 부(父)인 호주에게 속하고, 호주가 사망한 때에는 호주의 처·모·조모에게 순차 속하며, 이러한 사람들이 전혀 없거나 그 권리를 상실하거나 행사할 수 없는 때에는 망 장남의 처에게 속한다는 것이 구관습이었다.[30]

### 라) 호주 아닌 가족이 피상속인인 경우

23 (1) 구관습상 호주 아닌 남자가 사망한 경우 그 재산은 동일호적 내에 있는 직계비속인 자녀들이 균등하게 상속하는 것이 우리나라의 관습이었다.[31] 구 관습상 호주 아닌 가족이 사망한 때에는 그 유산은 동일가적내에 있는 자녀에 한하여 상속하며 출가녀는 상속권이 없으나, 호주 또는 가족이 사망하고 그 재산상속인이 없는 경우에는 최근친자에게 유산의 권리가 귀속되고 그 경우에 있어서 근친자에는 출가녀도 포함한다.[32] 호주 아닌 가족의 사망으로 인한 재산상속은 직계비속이 평등하게 상속하며 서출자녀는 적출자녀의 반을 상속하는 것이 구 관습이었다.[33] 구관습에 의하면 처는 이미 사망하고, 딸도 혼인하여 동일 가적 내의 직계자손 없이 사망한 자의 유산은 망인의 동일가적 내에 있는 가족이 승계

28 대법원 1996. 8. 23. 선고 96다20567 판결.
29 대법원 1992. 3. 10. 선고 91다24311 판결.
30 대법원 2004. 6. 11. 선고 2004다10206 판결.
31 대법원 1991. 2. 22. 선고 90다15679 판결.
32 대법원 1989. 6. 27. 자 89다카5123(본소), 5130(참가) 결정.
33 대법원 1980. 1. 15. 선고 79다1200 판결.

하는 것이지, 동일가적 내에 없는 근친자인 출가녀에게 귀속한다고 할 수 없다.[34]

24 (2) 호주 아닌 기혼의 장남 갑이 현행 민법 시행 전 사망하였는데, 당시 유족으로 호주이자 아버지인 을, 어머니 병, 처 정이 있었고, 자녀가 없었던 사안에서, 현행 민법 시행 전의 관습에 따라 망인의 처인 정이 갑의 재산을 단독으로 상속하였다고 보아야 한다.[35]

25 (3) 구민법 하에서 부에 의해 인지된 바 없이 사실상 조모와 같은 집에서 동거하면서 조모를 부양했다고 하더라도 그 조모의 사망시 조모의 상속인인 출가녀에 앞서서 그 재산을 상속하는 관습이 있다 할 수 없다.[36]

26 (4) 구관습법상 가족이 사망한 경우 그의 아들이 이미 사망하였을 때에는 그의 손녀들이 조부의 유산을 대습상속한다.[37]

27 (5) 기혼남자가 사망한 경우의 사후양자는 배우자, 직계존속, 친족회의 순서로서 선정하는 것이고 배우자 또는 직계존속이 이를 선정함에 있어서는 부모의 동의를 얻어야 함이 구 관습이다.[38]

마) 여호주(女戶主)의 일시 상속, 사후양자(死後養子), 절가(絕家)

28 (1) 절가라 함은 호주의 흠결로 인하여 가가 소멸하는 경우로서 그 가에 제사상속인이 없고 혈족 중에 양자로 할 적격자가 없으며 또 그 가에 호주로 되어야 할 여자도 없는 때 비로소 발생하는 것이고, 만약 사후양자가 선정되지 않은 채 호주상속을 하였던 여호주가 사망하거나 출가하여 호주상속할 자가 없게 되더라도 곧바로 절가가 되는 것은 아니며, 그 여호주가 사망 또는 출가한 때로부터 상당한 기간 내에 사후양자가 선정되지 않으면 그때에 비로소 절가가 된다.[39] 위와 같이 여호주가 된 여자가 상속 개시 당시 이미 사실상 혼인을 하거나 재혼을 하였더라도 가적을 이탈하지 않고 있다면 호주상속인의 신분에 영향을 받지 않는다 할 것이고,[40] 이는 미혼의 남호주의 가족으로 여자 형제만이 있어 호주를 위하여 사후양자가 선정될 때까지 일시 장녀가 호주권 및 유산을 상속하게 되는 경우 그 장녀가 가적을 이탈하지 않은 채 사실혼 상태에 있는 경우에도 마

34 대법원 1992. 5. 12. 선고 91다41361 판결.
35 대법원 2015. 1. 29. 선고 2014다205683 판결.
36 대법원 1980. 11. 11. 선고 80다1584 판결.
37 대법원 1969. 3. 18. 선고 65도1013 판결.
38 대법원 1960. 9. 8. 선고 4293민상116 판결.
39 대법원 1995. 4. 11. 선고 94다46411 판결, 대법원 2006. 11. 9. 선고 2006다41044 판결.
40 대법원 1970. 1. 27. 선고 69다1954 판결.

찬가지라 할 것이다.[41]

29 (2) 구관습에 의하면 여호주가 사망하거나 출가하여 호주상속인 없이 절가된 경우 유산은 절가된 가의 가족이 승계하고 가족이 없을 때에는 출가녀가 승계하며 출가녀도 없을 때에는 가의 친족인 근친자, 즉 여호주 망부의 본족에 속하는 근친자에게 귀속되고, 그런 자도 없을 때에는 여호주가 거주하던 리·동에 귀속된다. 그런데 이와 같이 절가된 가의 승계를 전제로 한 상속의 성격을 가진 것이 아니라 가의 소멸을 전제로 한 재산분배의 성격을 가진 것인 점, 구 관습법상 호주는 일가의 재산관리권과 함께 가족들에 대한 1차적인 부양의무를 부담하고 있었던 점 및 여호주는 사후양자 선정을 통한 가의 승계를 위하여 호주상속을 하는 것인 점 등에 비추어 보면, 절가된 가의 동일 가적 내에 수인의 가족이 있는 경우에는 원래의 남호주를 기준으로 최근친의 가족에게 유산이 귀속된다고 보아야 하고, 최근친의 가족이 수인인 경우에는 균등한 비율로 유산이 귀속된다고 보아야 한다(갑의 사망 당시 호주상속할 장남, 장손 등이 이미 사망하여 장손의 처인 을이 호주상속을 하였는데 그 후 을이 재혼한 사안에서 여호주인 을이 재혼한 이후 상당한 기간 내에 사후양자가 선정되지 아니하여 갑가는 절가되었고, 갑가의 유산은 남호주였던 갑의 손녀 또는 손자인 병, 정에게 균등한 비율로 귀속되어야 한다고 보았다).[42]

30 (3) 여호주가 민법 시행 후 사후양자를 선정하였을 경우에 그 사후양자는 호주상속만할 뿐 재산상속을 받지 못한다.[43]

#### 바) 생양가봉사(生養家奉祀)의 관습

31 민법 시행 이전에 타가의 양자로 된 자가 생가의 상속인이 없게 된 경우에는 양가의 제사와 함께 생가의 제사를 지내는 이른바 생양가봉사의 관습이 존재하였던 것으로 보이나, 이러한 생양가봉사의 구 관습은 타가의 양자로 된 자가 생가의 사후양자가 입양되어 제사를 상속할 때까지 임시로 사실상 생가의 제사를 지내는 것에 지나지 않고, 그로써 그가 생가의 제사상속인이 되어 호주상속 및 재산상속까지 하게 된다고 보기는 어렵다.[44]

41 대법원 2013. 4. 11. 선고 2012두26364, 26371 판결.

42 대법원 2012. 3. 15. 선고 2010다53952 판결.

43 대법원 1967. 9. 29. 선고 67다1707 판결.

44 대법원 2012. 3. 15. 선고 2009다85090, 85106 판결. 판례에 대해 비판적인 견해로는 정긍식, "생양가 봉사 관습에 대한 소고", 저스티스 제124호, 한국법학원(2011), 226~227. 판례에 찬성하는 견해로 현소혜, "상속관습법상 몇 가지 쟁점에 관하여: 대법원 2012. 3. 5. 선고 2009다85090 등 판결을 중심으로", 가족법연구 제29권 제1호, 한국가족법학회(2015), 370~377.

사) 기타

32 (1) 구관습에 의하면 첩의 소생과 부가 인지한 혼인 외의 출생자는 서자가 되고 부의 배우자와 서자는 관습상 유효한 친자관계인 적모서자관계가 되었으며, 민법(1990. 1. 13. 법률 제4199호로 개정되기 전의 것) 시행 이후에도 부의 배우자와 혼인 외의 자는 위 법 제774조에 따라 법정 친자관계에 있었고, 그러한 법정 친자관계는 민법 부칙 제4조에 의하여 그 시행일인 1991. 1. 1.에 폐지·소멸되었다.[45] 구관습에 의하면 성혼인 남자만이 입양을 할 수 있었고 여자와 미혼 남자는 양친자관계 설정의 주체가 될 수 없었으며, 부의 가에 있는 서자는 부의 양자가 될 수 없었다.[46]

33 (2) 구관습에 의하면 상속의 포기 자체는 이를 할 수 없는 것이나 수인이 공동하여 유산상속을 한 토지는 공유와 다를 바 없으므로 그 중 1인 또는 수인은 그 지분을 포기할 수 있고 이러한 경우에는 그 포기된 지분은 다른 공동상속인에게 귀속된다.[47]

34 (3) 구관습에 의하면 장남인자라도 환자(거세자)인 자는 자가계승의 적격을 상실하므로 다른 환관가의 이성 양자로서 타가에 입양할 수 있다.[48]

**나. 1958. 2. 22. 제정된 구 민법(법률 제471호, 시행 1960. 1. 1.)**

35 동순위의 상속인이 수인인 때에는 그 상속분은 균분으로 하되, 호주상속인은 그 고유의 상속분의 5할을 가산하고 여자의 상속분의 남자의 상속분의 2분의 1로 한다(구민법 제1009조 제1항). 동일가적내에 없는 여자의 상속분의 남자의 상속분의 4분의 1로 한다(구민법 제1009조 제2항). 피상속인의 처의 상속분은 직계비속과 공동으로 상속하는 때에는 남자의 상속분의 2분의 1로 하고 직계존속과 공동으로 상속하는 때에는 남자의 상속분과 같다(구민법 제1009조 제3항). 처가 피상속인인 경우 부는 그 직계비속과 공동상속인이 되고 그 직계비속이 없는 때에는 단독상속인이 된다(구민법 제1002조). 피상속인의 처는 피상속인의 직계비속, 직계존속이 있는 경우에는 그 상속인과 동순위로 공동상속인이 되고 그 상속인이 없는 때에는 단독상속인이 된다(구민법 제1003조 제1항). 대습상속의 경우에 상속개시 전에

45 대법원 2007. 9. 6. 선고 2007다32795 판결.
46 대법원 2007. 9. 6. 선고 2007다32795 판결.
47 대법원 1974. 7. 26. 선고 74다731 판결.
48 대법원 1972. 7. 25. 선고 71므8 판결.

사망 또는 결격된 자의 처는 동조의 규정에 의한 상속인과 동순위로 공동상속인이 되고 그 상속인이 없는 때에는 단독상속인이 된다(구민법 제1003조 제2항). 이 법 시행일 전에 개시된 상속에 관하여는 구법의 규정을 적용한다(부칙 제25조 제1항).

36 위 상속분을 적용함에 있어서 출가녀라 하더라도 상속개시 전에 이혼심판이 확정되었다면 이때 당연히 친가에 복적되어야 할 지위에 있게 되므로 비록 친가에 복적신고를 하지 않았다 하더라도 그 상속분을 계산함에 있어서는 피상속인과 동일가적 내에 있는 여자로 취급하여야 한다.[49]

37 판례는 제1009조 제2항이 동일가적내에 없는 여자에 대하여 그 상속분을 현저하게 낮추고 있는 것은 이른바 출가외인이라는 옛 관념과 가산이 타가로 이산되는 것을 되도록 적게 하고자 하는 의도에서 연유된 것이므로 여기서 "동일가적내에 없는 여자"라는 것은 상속할 지위에 있는 여자가 혼인 등의 사유로 인하여 타가에 입적함으로써 피상속인의 가적에서 이탈하여 가적을 달리한 경우를 지칭하고 피상속인이 이혼으로 인하여 친가에 복적함으로써 상속인과 가적을 달리하게 된 경우까지 포함하는 것은 아니라고 판시하였다.[50]

### 다. 1977. 12. 31. 개정 민법(법률 제3051호, 시행 1979. 1. 1.)

38 동순위의 상속인이 수인인 때에는 그 상속분은 균분으로 하되, 호주상속인의 상속분은 그 고유의 상속분의 5할을 가산하다(구민법 제1009조 제1항). 동일가적 내에 없는 여자의 상속분은 남자의 상속분의 4분의 1로 한다(구민법 제1009조 제2항). 피상속인의 처의 상속분은 직계비속과 공동으로 상속하는 때에는 동일가적내에 있는 직계비속의 상속분의 5할을 가산하고 직계존속과 공동으로 상속하는 때에는 직계존속의 상속분의 5할을 가산한다(구민법 제1009조 제3항). 처가 피상속인인 경우에 부는 그 직계비속과 동순위로 공동상속인이 되고 그 직계비속이 없는 때에는 단독상속인이 된다(구민법 제1002조). 피상속인의 처는 피상속인의 직계비속, 직계존속이 있는 경우에는 그 상속인과 동순위로 공동상속인이 되고 그 상속인이 없는 때에는 단독상속인이 된다(구민법 제1003조 제1항). 대습상속의 경우에 상속개시 전에 사망 또는 결격된 자의 처는 동조의 규정에 의한 상속인과

49 상속개시 전에 이혼심판이 확정된 출가녀의 상속분(등기선례 1-331).

50 대법원 1979. 11. 27. 선고 79다1332, 1333 전원합의체 판결. 위 판결에 대한 평석으로 안종혁, "민법 제1009조 제2항에서 '동일가적내'라는 의미", 대법원판례해설 제1권 제2호, 법원도서관(1980); 박병호, "동일가적내에 없는 여자의 상속분", 민사판례연구 제15권, 박영사(1993).

동순위로 공동상속인이 되고 그 상속인이 없는 때에는 단독상속인이 된다(구민법 제1003조 제2항).

39 1977. 12. 31. 민법개정 전에는 여자의 상속분은 남자의 상속분의 2분의 1이었는데(구민법 제1009조 제1항 단서 후단), 1977. 12. 31. 민법일부개정으로 이 규정이 삭제됨으로써, 남자와 여자의 상속분 차별을 없앴다. 그러나 동일가적내에 없는 여자의 상속분은 남자의 상속분의 4분의 1로 하여 상속분의 차별을 그대로 남겨놓았다(구민법 제1009조 제2항).[51] 또한 호주상속인을 우대하는 조항을 유지하였다. 이 법 시행일 전에 개시된 상속에 관하여는 이 법 시행일 후에도 종전의 규정을 적용한다(부칙 제5항).

#### 라. 1990. 1. 13. 개정 민법(법률 제4199호, 시행 1991. 1. 1. 현행 민법)

40 호주상속제도를 호주승계로 바꾸면서 호주상속인에 대한 상속분 5할 가산조항을 삭제하였다.[52] 동일가적 내에 없는 여자의 상속분은 남자의 상속분의 4분의 1로 한다는 구민법 제1009조 제2항이 삭제됨으로써 동일가적내에 없는 여자의 상속분의 차별을 폐지하였다. 또한 처가 피상속인인 경우 상속인에 관한 조항(민법 제1002조)을 삭제하고, 부부간의 상속순위와 상속분을 평등하게 개정하였다.[53] 피상속인의 배우자의 상속순위를 직계비속, 직계존속과 공동으로 상속하고, 그 상속인이 없는 때에는 단독으로 상속을 하며, 배우자 모두에게 대습상속을 인정하는 것으로 개정하였다(민법 제1003조).

41 현행 민법의 구체적인 상속분에 대해서는 다음에서 자세히 다루기로 한다. 다만 이 법 시행일 전에 개시된 상속에 관하여는 이 법 시행일후에도 구법의 규정을 적용한다(부칙 제12조 제1항).

### 2. 법정상속분

#### 가. 동순위 사이의 상속분

42 동순위의 상속인이 수인인 때에는 그 상속분은 균분으로 본다(민법 제1009조 제1항). 과거에는 상속인이 호주상인인지 아닌지, 남자인지 여자인지, 여자 중에서도 출가녀인지 아닌지에 따라 상속분이 달랐으나, 현재는 원칙적으로 균분으로 하고

51 김주수/김상용, 주석 민법, 상속(제1권)(제4판), 한국사법행정학회(2015), 451.
52 주해상속법(제1권), 박영사(2019), 273(이봉민).
53 주해상속법(제1권), 박영사(2019), 273(이봉민).

있다.[54] 혼생자와 혼외자의 상속분도 동일하고,[55] 부모가 같은 자녀와 부모 일방이 다른 자녀의 상속분도 모두 동일하다. 친생부모와 양부모의 상속분도 동일하다.[56]

### 나. 배우자의 상속분

43 피상속인의 배우자가 직계비속 또는 직계존속과 공동으로 상속하는 때에는 그 직계비속 또는 직계존속의 상속분의 5할을 가산한다(민법 제1009조 제2항).

44 판례는 민법 제824조는 혼인의 취소의 효력은 기왕에 소급하지 아니한다고 규정하고 있을 뿐 재산상속 등에 관해 소급효를 인정할 별도의 규정이 없으므로 혼인 중에 부부 일방이 사망하여 상대방이 배우자로서 망인의 재산을 상속받은 후에 그 혼인이 취소되었다는 사정만으로 그 전에 이루어진 상속관계가 소급하여 무효라거나 또는 그 상속재산이 법률상 원인 없이 취득한 것은 아니라고 판시하면서 중혼배우자의 경우에도 혼인이 취소되지 않았다면 그 배우자는 상속인 자격을 갖고 이 경우 각 배우자는 배우자의 상속분을 1/2씩 나누어 가진다고 보았다.[57] 이 판결에 대해서는 후혼이 취소되더라도 그 소급효를 제한하여 후혼을 보호할 필요성이 있다는 이유로 지지하는 견해[58]도 있으나 혼인 취소의 소의 이익이 있기 위해서는 혼인 취소로 인한 혼인해소의 효과는 사망시에 소급하여 발생해야 한다는 비판[59]이 있다.

45 일방 배우자가 사망한 경우에 타방 배우자가 취득하는 상속분은 혼인관계가 쌍방 배우자 생존 중에 이혼 등의 이유로 해소되는 경우에 받는 재산분할의 액수와 같지 않아서 불균형이 생길 수 있다.[60] 이에 따라 입법론으로 배우자의 상속분을 고정적으로 확보하고 증가시켜야 한다는 견해가 많다.[61]

54 윤진수, 친족상속법 강의(제5판), 박영사(2023), 425~426.

55 박동섭/양경승, 친족상속법(제5판), 박영사(2020), 675; 오시영, 친족상속법(제2판), 학현사(2011), 553.

56 박동섭/양경승, 친족상속법(제5판), 박영사(2020), 675.

57 대법원 1996. 12. 23. 선고 95다48308 판결.

58 남효순, "혼인(중혼)취소의 소급효와 재산상의 법률관계", 인권과 정의 제250호, 대한변호사협회(1997), 390 이하.

59 주해친족법(제1권), 박영사(2025), 193~194(윤진수).

60 윤진수, 친족상속법 강의(제5판), 박영사(2023), 426.

61 오시영, 친족상속법(제2판), 학현사(2011), 554~555; 곽동헌, "상속분의 비교법적 고찰", 현대 민법의 과제와 전망: 남송한봉희교수화갑기념, 밀알(1994), 665; 신영호, "상속순위와 상속분", 가족법연구 제4호, 한국가족법학회(1990), 230; 이은정, "상속의 효력 규정의 정비를 위한 검토", 가족법연구 제25권 제2호, 한국가족법학회(2011), 138; 현소혜, "상속법의 자화상과 미래상", 민사법학 제52호, 한국사법행정학회(2010), 624~625.

### 다. 대습상속인의 상속분

46 상속개시 당시 살아 있었다면 상속인이 될 수 있었던 피상속인의 직계비속 또는 형제자매가 상속개시 전에 사망하거나 결격자가 된 경우에는 그 자의 배우자와 직계비속이 상속인이 된다(민법 제1001조, 제1003조 제2항). 민법 제1010조는 그러한 경우의 대습상속인의 상속분을 정한 것이다(☞ 상세한 내용은 민법 제1010조 주석 참조).

## 제 1010 조 [대습상속분]

**① 제1001조의 규정에 의하여 사망 또는 결격된 자에 갈음하여 상속인이 된 자의 상속분은 사망 또는 결격된 자의 상속분에 의한다.** <개정 2014. 12. 30>

**② 전항의 경우에 사망 또는 결격된 자의 직계비속이 수인인 때에는 그 상속분은 사망 또는 결격된 자의 상속분의 한도에서 제1009조의 규정에 의하여 이를 정한다. 제1003조 제2항의 경우에도 또한 같다.**

**[관련조문]** 민법 제1001조(대습상속), 제1003조 제2항(배우자의 상속순위), 제1004조(상속인의 결격사유), 제1009조(법정상속분)

**[참고문헌]** 곽윤직, 상속법(민법강의Ⅵ)(개정판), 박영사(2004); 김주수/김상용, 친족·상속법(제20판), 법문사(2024); 곽동헌, "대습상속", 아세아여성법학 제6호, 아세아여성법학연구소(2003); 신영호, "상속순위와 상속분", 가족법연구 제4호, 한국가족법학회(1990)



### Ⅰ. 의의 및 내용

1 대습상속은 상속인이 될 직계비속(제1순위 상속인)이나 형제자매(제3순위 상속인)가 상속개시 전에 사망하거나 상속결격으로 된 경우에, 그 상속인이 될 자의 직계비속(민법 제1001조) 및 배우자(1003조 제2항)가 원래 상속인이 될 자 대신에 상속을 받는 것을 말한다(제1001조, ☞ 대습상속에 관한 상세한 내용은 민법 제1001조 주석 참조).[1]

2 대습상속의 근거는 형평의 원칙에 있다. 즉 본래 상속인이 될 자가 상속을 받았다면 그가 사망한 때에는 다시 그의 상속인이 상속을 받을 것인데, 본래의 상속인이 사망 등의 상속을 받지 못하였다고 하여 그의 상속인이 될 자가 전혀 상속을 받지 못하는 것은 부당하기 때문이다.[2]

3 대습상속인은 피대습자의 상속분을 받고, 피대습자의 직계비속이 수인인 때에는 그 상속분은 피대습자의 상속분의 범위 내에서 민법 제1009조의 규정에 의하여 균분하게 상속되고, 피대습자의 배우자의 상속분은 직계비속의 상속분의 5할을 가산한다.

[1] 윤진수, 친족상속법 강의(제5판), 박영사(2023), 346.
[2] 윤진수, 친족상속법 강의(제5판), 박영사(2023), 347.

## Ⅱ. 피상속인과 상속인이 동시에 사망하는 경우

4 피대습인이 상속개시 전에 사망하고 이어서 피상속인이 사망한 때에는 피대습자의 직계비속 및 배우자가 대습상속을 하게 된다. 피상속인과 상속인이 될 자가 동시에 사망한 경우에 관하여 판례는 원래 대습상속제도는 대습자의 상속에 대한 기대를 보호함으로써 공평을 꾀하고 생존 배우자의 생계를 보장하여 주려는 것이고, 또한 동시사망 추정규정도 자연과학적으로 엄밀한 의미의 동시사망은 상상하기 어려운 것이나 사망의 선후를 입증할 수 없는 경우 동시에 사망한 것으로 다루는 것이 결과에 있어 가장 공평하고 합리적이라는 데에 그 입법 취지가 있는 것인바, 상속인이 될 직계비속이나 형제자매(피대습자)의 직계비속 또는 배우자(대습자)는 피대습자가 상속개시 전에 사망한 경우에는 대습상속을 하고, 피대습자가 상속개시 후에 사망한 경우에는 피대습자를 거쳐 피상속인의 재산을 본위상속을 하므로 두 경우 모두 상속을 하는데, 만일 피대습자가 피상속인의 사망, 즉 상속개시와 동시에 사망한 것으로 추정되는 경우에는 그 직계비속 또는 배우자가 본위상속과 대습상속 어느 쪽도 하지 못하게 되면 동시사망 추정 이외의 경우에 비하여 현저히 불공평하고 불합리한 것이라 할 것이고, 이는 앞서 본 대습상속제도 및 동시사망 추정규정의 입법 취지에도 반하는 것이므로, 민법 제1001조의 '상속인이 될 직계비속이 상속개시 전에 사망한 경우'에는 '상속인이 될 직계비속이 상속개시와 동시에 사망한 것으로 추정되는 경우'도 포함하는 것으로 합목적적으로 해석함이 상당하다고 판시하였다.[3]

## Ⅲ. 피상속인의 상속인들이 모두 사망한 경우

5 피상속인의 배우자와 자녀들이 모두 피상속인보다 먼저 사망하였고, 사망한 자녀들에게 자녀들이 있는 경우 그 손자녀들은 대습상속을 하는지 아니면 본래의 상속을 하는지 문제된다.

6 여기에 대해서 본위상속을 한다는 견해[4]와 대습상속을 한다는 견해[5]가 대립한

3 대법원 2001. 3. 9. 선고 99다13157 판결.

4 김주수/김상용 친족·상속법(제20판), 법문사(2024), 611.

5 곽윤직, 상속법(민법강의Ⅵ)(개정판), 박영사(2004), 50; 윤진수, 친족상속법 강의(제5판), 박영사(2023), 348; 곽동헌, "대습상속", 아세아여성법학 제6호, 아세아여성법학연구소(2003), 41; 신영호, "상속순위와 상속분", 가족법연구 제4호, 한국가족법학회(1990), 220.

다. 판례는 피상속인의 자녀가 상속개시 전 전부 사망한 경우 피상속인의 손자녀는 본위상속이 아니라 대습상속을 한다고 하였다(☞ 상세한 내용은 민법 제1001조 주석 참조).[6]

6 대법원 2001. 3. 9. 선고 99다13157 판결.

## 제 1011 조 [공동상속분의 양수]

① 공동상속인 중에 그 상속분을 제삼자에게 양도한 자가 있는 때에는 다른 공동상속인은 그 가액과 양도비용을 상환하고 그 상속분을 양수할 수 있다.
② 전항의 권리는 그 사유를 안 날로부터 3월, 그 사유 있은 날로부터 1년 내에 행사하여야 한다.

[관련조문] 민법 제1006조(공동상속과 재산의 공유), 제1007조(공동상속인의 권리의무승계), 제1008조(특별수익자의 상속분), 제1008조의2(기여분), 제1009조(법정상속분), 제1010조(대습상속분)

[참고문헌] 곽윤직, 상속법(민법강의VI)(개정판), 박영사(2004); 김주수/김상용, 친족·상속법(제20판), 법문사(2024); 박동섭/양경승, 친족상속법(제5판), 박영사(2020); 송덕수, 친족상속법(제7판), 박영사(2024); 신영호 외 2인, 가족법강의(제4판), 세창출판사(2023); 오병철, 친족상속법, 법문사(2024); 오시영, 친족상속법(제2판), 학현사(2011); 윤진수, 친족상속법 강의(제5판), 박영사(2023); 이경희/윤부찬, 가족법(11정판), 법원사(2024); 조은희, 친족상속법, 정독(2023); 임완규/김소영, "상속재산분할심판", 재판자료 제62집, 법원행정처(1993); 이은정, "상속의 효력 규정의 정비를 위한 검토", 가족법연구 제25권 제2호, 한국가족법학회(2011)



### Ⅰ. 의의

1 상속이 개시되어 상속재산분할이 되기까지 상당한 시간이 걸리는 것이 보통이다. 상속인은 사적자치의 원칙에 따라 상속개시 후 상속재산분할 전까지 자신의 상속분을 자유롭게 타인에게 양도할 수 있고, 민법 제1011조도 이를 예정하고 있다.[1] 민법 제1011조 규정은 이 경우 다른 공동상속인이 그 가액과 양도비용을 상환하고 그 상속분을 양수할 수 있다고 정하고 있다. 민법은 제3자가 상속재산분할의 당사자가 되는 등 공동상속인들 사이의 문제에 개입하는 것이 바람직하지 않다고 보아 다른 공동상속인으로 하여금 이를 회수할 수 있게 한 것이다.[2]

1 곽윤직, 상속법(민법강의VI)(개정판), 박영사(2004), 125; 박동섭/양경승, 친족상속법(제5판), 박영사(2020), 725; 오시영, 친족상속법(제2판), 학현사(2011), 584.
2 곽윤직, 상속법(민법강의VI)(개정판), 박영사(2004), 127; 김주수/김상용 친족·상속법(제20판), 법문사(2024), 730; 박동섭/양경승, 친족상속법(제5판), 박영사(2020), 722; 신영호 외 2인, 가족법강의(제4판), 세창출판사(2023), 414; 오시영, 친족상속법(제2판), 학현사(2011), 585; 윤진수, 친족상속법 강의(제5판), 박영사(2023), 456.

2 입법론으로 상속분의 양수는 상속재산을 일종의 가산으로 파악하는 것으로 오늘날의 관념에 맞지 않고, 실제로 이용될 가능성도 적어 폐지하는 게 바람직하다는 비판이 있다.[3]

3 판례는 여기에서 말하는 '상속분의 양도'란 상속재산분할 전에 적극재산과 소극재산을 모두 포함한 상속재산 전부에 관하여 공동상속인이 가지는 포괄적 상속분, 즉 상속인 지위의 양도를 의미하므로, 상속재산을 구성하는 개개의 물건 또는 권리에 대한 개개의 물권적 양도는 이에 해당하지 아니한다고 판시하면서 공동상속인 중 일부가 상속재산인 임야 중 자신들의 상속지분을 양도한 경우 이는 민법 제1011조에 규정된 '상속분의 양도'에 해당하지 아니하고 상속받은 임야에 대한 공유지분을 양도한 것에 불과하다고 보았다.[4]

4 판례는 이와 관련하여 특별수익자인 상속인이 자신의 상속분을 다른 상속인의 소유로 하는 것에 합의한 것은 특별수익이 반영된 구체적 상속분을 양도하기로 하는 합의라고 보았다.[5]

## Ⅱ. 상속분의 양도

### 1. 요건

5 상속분의 양도는 상속재산이 분할되기 전에 하여야 하고, 공동상속인뿐만 아니라 제3자에게도 할 수 있다.

6 상속분의 양도에는 어떠한 방식이 특별히 요구되지는 않는다. 상속분의 양도에는 유상뿐만 아니라 무상의 양도도 포함된다. 상속분의 일부 양도가 인정되는가에 대해서는 긍정설[6]과 부정설[7]이 대립한다.

7 상속분의 양도에 관하여 다른 공동상속인에게 통지하여야 하는지에 관하여 이

3 김주수/김상용 친족·상속법(제20판), 법문사(2024), 732; 박동섭/양경승, 친족상속법(제5판), 박영사(2020), 725; 송덕수, 친족상속법(제7판), 박영사(2024), 358; 오시영, 친족상속법(제2판), 학현사(2011), 585~586; 이경희/윤부찬, 가족법(11정판), 법원사(2024), 470; 이은정, "상속의 효력 규정의 정비를 위한 검토", 가족법연구 제25권 제2호, 한국가족법학회(2011), 151.

4 대법원 2006. 3. 24. 선고 2006다2179 판결.

5 대법원 2007. 3. 9. 자 2006스88 결정.

6 곽윤직, 상속법(민법강의VI)(개정판), 박영사(2004), 125; 박동섭/양경승, 친족상속법(제5판), 박영사(2020), 723; 송덕수, 친족상속법(제7판), 박영사(2024), 357; 오병철, 친족상속법, 법문사(2024), 340.

7 김주수/김상용 친족·상속법(제20판), 법문사(2024), 731; 신영호 외 2인, 가족법강의(제4판), 세창출판사(2023), 414.

를 긍정하는 견해[8]와 부정하는 견해[9]가 대립한다. 이를 요구하는 명문의 규정이 없는 이상 부정설이 타당할 것이다.

### 2. 효과

8 상속분의 양도가 있으면 양도인의 상속분은 양수인에게 이전되고, 양수인은 상속재산을 관리하거나 상속분할을 청구하고 이에 참가할 수 있는 등의 권리를 취득한다.[10]

9 상속분의 양도에 의하여 양도인이 상속채무를 면하게 되는가에 관하여는 이를 부정하는 견해가 일반적이다.[11] 원칙적으로 상속분의 양도에 의하여 채무도 양도인으로부터 양수인에게 이전하고 양도인은 채무를 면하게 되지만, 이는 채권자를 해할 가능성이 크므로 양수인이 양도인의 채무를 병존적으로 인수하는 것으로 보아야 할 것이다.

10 상속분의 양도가 있은 후에 다른 공동상속인이 상속을 포기하면 그 공동상속인의 포기로 인한 상속분의 증가의 효력이 양도인에게 미치는가 아니면 양수인에게 미치는가에 관하여 양도인에게 미친다는 견해[12]와 양수인에게 미친다는 견해[13]가 대립한다.

11 판례는 부동산 점유취득시효기간 경과 후 원래의 소유자의 지위를 승계한 공동상속인 중 한 사람이 다른 공동상속인의 상속분을 양수하여 소유권이전등기를 마친 경우 시효완성 후의 새로운 이해관계인에 해당하여 특별한 사정이 없는 한 점유자는 상속분을 양수한 공동상속인에 대하여 시효취득을 주장할 수 없다고 판시하였다.[14]

8 김주수/김상용 친족·상속법(제20판), 법문사(2024), 731; 신영호 외 2인, 가족법강의(제4판), 세창출판사(2023), 415; 오시영, 친족상속법(제2판), 학현사(2011), 585; 이경희/윤부찬, 가족법(11정판), 법원사(2024), 469~470.

9 곽윤직, 상속법(민법강의Ⅵ)(개정판), 박영사(2004), 126; 박동섭/양경승, 친족상속법(제5판), 박영사(2020), 723; 송덕수, 친족상속법(제7판), 박영사(2024), 357; 임완규/김소영, "상속재산분할심판", 재판자료 제62집, 법원행정처(1993), 682.

10 윤진수, 친족상속법 강의(제5판), 박영사(2023), 457.

11 곽윤직, 상속법(민법강의Ⅵ)(개정판), 박영사(2004), 124; 김주수/김상용 친족·상속법(제20판), 법문사(2024), 731; 박동섭/양경승, 친족상속법(제5판), 박영사(2020), 724; 송덕수, 친족상속법(제7판), 박영사(2024), 357; 신영호 외 2인, 가족법강의(제4판), 세창출판사(2023), 415; 오시영, 친족상속법(제2판), 학현사(2011), 584; 윤진수, 친족상속법 강의(제5판), 박영사(2023), 457.

12 신영호 외 2인, 가족법강의(제4판), 세창출판사(2023), 415.

13 곽윤직, 상속법(민법강의Ⅵ)(개정판), 박영사(2004), 126; 김주수/김상용 친족·상속법(제20판), 법문사(2024), 731; 송덕수, 친족상속법(제7판), 박영사(2024), 357; 오시영, 친족상속법(제2판), 학현사(2011), 584.

14 대법원 1993. 9. 28. 선고 93다22883 판결.

## Ⅲ. 상속분의 양수

### 1. 의의

12 민법 제1011조가 규정하고 있는 상속분의 양수는 공동상속인이 상속분을 제3자에게 양도한 경우에 다른 공동상속인이 이를 제3자로부터 다시 양수하는 것을 말한다.

### 2. 요건

13 상속분이 공동상속인에게 양도된 경우에는 다른 공동상속인의 양수권을 인정할 필요가 없으므로 상속분이 제3자에게 양도된 경우이어야 한다. 포괄적 수유자에게 양도된 경우에 양수권을 행사할 수 있는지에 대해서는 긍정설[15]이 다수설이나, 부정하는 견해[16]가 대립한다. 상속인의 양수인이 상속분을 다시 제3자에게 양도한 경우에는 다른 공동상속인이 그 제3자에 대해 양수권을 행사할 수 있다고 보는 게 일반적이다.[17]

14 포괄적 수유자도 양수권을 행사할 수 있는가에 대해서는 부정하는 견해[18]와 긍정하는 견해[19]가 대립한다.

15 상속분의 양도가 상속재산분할 후에 행해진 때에는 더 이상 여기에서 말하는 상속분의 양도라고 할 수 없으므로 그 양수는 문제되지 않는다고 보는 게 일반적이다.[20]

### 3. 양수권의 행사

16 양수권의 법적 성질은 형성권으로 상대방의 동의나 승낙을 요하지 않는다는 것이 일반적 견해이다. 그러나 그 행사를 위해서는 양도된 상속분의 가액, 즉 양수

15 곽윤직, 상속법(민법강의Ⅵ)(개정판), 박영사(2004), 127; 송덕수, 친족상속법(제7판), 박영사(2024), 358.
16 오병철, 친족상속법, 법문사(2024), 341.
17 곽윤직, 상속법(민법강의Ⅵ)(개정판), 박영사(2004), 127; 김주수/김상용 친족·상속법(제20판), 법문사(2024), 732; 오시영, 친족상속법(제2판), 학현사(2011), 586; 윤진수, 친족상속법 강의(제5판), 박영사(2023), 458; 이경희/윤부찬, 가족법(11정판), 법원사(2024), 471.
18 송덕수, 친족상속법(제7판), 박영사(2024), 359.
19 오병철, 친족상속법, 법문사(2024), 341.
20 곽윤직, 상속법(민법강의Ⅵ)(개정판), 박영사(2004), 128; 김주수/김상용 친족·상속법(제20판), 법문사(2024), 733; 박동섭/양경승, 친족상속법(제5판), 박영사(2020), 725~726; 송덕수, 친족상속법(제7판), 박영사(2024), 358; 신영호 외 2인, 가족법강의(제4판), 세창출판사(2023), 416; 오시영, 친족상속법(제2판), 학현사(2011), 586~587; 윤진수, 친족상속법 강의(제5판), 박영사(2023), 458; 조은희, 친족상속법, 정독(2023), 381.

권 행사 당시의 시가와 양수한 제3자가 지출한 비용을 상환하지 않으면 아니된다. 상속분의 양도가 무상으로 이루어졌더라도 마찬가지이다.[21]

17 양도인 이외의 공동상속인이 여럿 있는 경우 양수권은 공동상속인 중 1인이 단독으로 행사할 수 있으며, 다른 공동상속인이 반드시 공동으로 행사하여야 하는 것은 아니다.[22] 다만 양도에 동의를 한 공동상속인은 양수권을 행사할 수 없다.[23]

18 양수권은 일신전속적인 권리이므로 채권자의 대위행사는 인정되지 않는다.[24]

19 양수권의 행사기간은 상속분 양도를 안 날로부터 3월, 양도가 있었던 날로부터 1년 내에 행사하여야 한다. 이는 제척기간으로 보는 견해가 일반적이다.[25]

### 4. 효과

20 양수권의 행사가 있으면 양수인은 당연히 상속분을 상실하게 된다.

21 공동상속인 중 1인만이 양수권을 행사한 경우에 그 상속분은 누구에게 귀속되는가에 관하여 상속분이 양도인 이외의 공동상속인 전원에게 상속분에 따라 귀속된다는 견해[26]와 양수권을 행사한 상속인에게만 귀속된다는 견해[27]가 대립한다.

21 김주수/김상용 친족·상속법(제20판), 법문사(2024), 733; 박동섭/양경승, 친족상속법(제5판), 박영사(2020), 726; 윤진수, 친족상속법 강의(제5판), 박영사(2023), 458~459.

22 곽윤직, 상속법(민법강의VI)(개정판), 박영사(2004), 128; 김주수/김상용 친족·상속법(제20판), 법문사(2024), 733; 송덕수, 친족상속법(제7판), 박영사(2024), 359; 신영호 외 2인, 가족법강의(제4판), 세창출판사(2023), 416; 오시영, 친족상속법(제2판), 학현사(2011), 587; 윤진수, 친족상속법 강의(제5판), 박영사(2023), 458.

23 곽윤직, 상속법(민법강의VI)(개정판), 박영사(2004), 128; 김주수/김상용 친족·상속법(제20판), 법문사(2024), 733; 윤진수, 친족상속법 강의(제5판), 박영사(2023), 458.

24 김주수/김상용, 친족·상속법(제20판), 법문사(2024), 733; 박동섭/양경승, 친족상속법(제5판), 박영사(2020), 726; 오시영, 친족상속법(제2판), 학현사(2011), 587; 윤진수, 친족상속법 강의(제5판), 박영사(2023), 459.

25 곽윤직, 상속법(민법강의VI)(개정판), 박영사(2004), 128; 김주수/김상용 친족·상속법(제20판), 법문사(2024), 733; 박동섭/양경승, 친족상속법(제5판), 박영사(2020), 726; 신영호 외 2인, 가족법강의(제4판), 세창출판사(2023), 415; 오시영, 친족상속법(제2판), 학현사(2011), 587; 윤진수, 친족상속법 강의(제5판), 박영사(2023), 459; 이경희/윤부찬, 가족법(11정판), 법원사(2024), 471.

26 김주수/김상용, 친족·상속법(제20판), 법문사(2024), 733; 송덕수, 친족상속법(제7판), 박영사(2024), 359; 이경희/윤부찬, 가족법(11정판), 법원사(2024), 471.

27 곽윤직, 상속법(민법강의VI)(개정판), 박영사(2004), 128; 박동섭/양경승, 친족상속법(제5판), 박영사(2020), 727; 신영호 외 2인, 가족법강의(제4판), 세창출판사(2023), 416; 오시영, 친족상속법(제2판), 학현사(2011), 587~588; 윤진수, 친족상속법 강의(제5판), 박영사(2023), 459.

## 제 3 관 상속재산의 분할

### [총설]

1 상속이 개시되고 상속인이 수인인 때에는 상속재산은 공동상속인이 공유하게 된다(민법 제1006조). 그러나 이 공유관계는 잠정적인 법률관계에 불과하므로 공유관계의 해소를 통해 상속재산을 상속인들에게 분배하는 절차가 필요하다. 이를 상속재산의 분할이라 한다.

2 상속재산분할의 방법은 유언이 있는 경우 유언에 의하고, 유언이 없으면 공동상속인들의 협의에 의하며, 협의가 이루어지지 않는 경우 민법 제269조의 공유물분할절차를 준용해 가정법원의 심판으로 분할한다.

3 상속재산분할이 마쳐진 상황에서 추가로 상속인이 발견된 경우 그 피인지자 등은 다른 공동상속인들에게 그 상속분에 상당한 가액의 지급을 청구할 수 있다(민법 제1014조). 상속재산의 분할은 상속개시된 때에 소급효가 있고, 공동상속인들은 그 분할에 대하여 담보책임을 부담할 수 있다.

## 제 1012 조 [유언에 의한 분할방법의 지정, 분할금지]

**피상속인은 유언으로 상속재산의 분할방법을 정하거나 이를 정할 것을 제삼자에게 위탁할 수 있고 상속개시의 날로부터 5년을 초과하지 아니하는 기간 내의 그 분할을 금지할 수 있다.**

**[관련조문]** 민법 제268조(공유물의 분할청구), 제269조(분할의 방법), 제1006조(공동상속과 재산의 공유), 제1007조(공동상속인의 권리의무승계), 제1013조(협의에 의한 분할), 제1014조(분할 후의 피인지자 등의 청구권), 제1015조(분할의 소급효), 제1060조(유언의 요식성), 제1073조(유언의 효력발생시기), 제1093조(유언집행자의 지정), 제1094조(위탁에 의한 유언집행자의 지정), 제1097조(유언집행자의 승낙, 사퇴), 제1101조(유언집행자의 권리의무)

**[참고문헌]** 김주수/김상용, 주석 민법, 상속(제2권)(제4판), 한국사법행정학회(2015); 주해상속법(제1권), 박영사(2019); 곽윤직, 상속법(민법강의VI)(개정판), 박영사(2004); 김주수/김상용, 친족상속법(제20판), 법문사(2024); 박동섭/양경승, 친족상속법(제5판), 박영사(2020); 송덕수, 친족상속법(제7판), 박영사(2024); 신영호 외 2인, 가족법강의(제4판), 세창출판사(2023); 윤진수, 친족상속법 강의(제5판), 박영사(2023); 김소영, "상속재산분할", 민사판례연구 제25권, 박영사(2003); 법원실무제요, 가사[Ⅱ], 사법연수원(2021); 시진국, "재판에 의한 상속재산분할", 사법논집 제42집, 법원도서관(2006)



### Ⅰ. 의의

1 피상속인은 생전에 유언을 통해 자신의 사망과 동시에 또는 사망 후의 재산관계와 신분관계에 관하여 일정한 법률효과를 발생시킬 수 있다. 특히 유언에 의해 재산을 무상으로 증여하게 되는 유증은 유언자의 재산에 관한 사적자치의 원칙을 실현하고, 상속인들 간에 사후의 상속재산분할에 관한 분쟁을 예방하고자 하는 목적에서 인정되고 있으며, 민법 제1012조에서는 유언을 통해 상속재산의 분할방법 지정, 제3자에 의한 분할방법 위탁 지정은 물론 5년의 범위 내에서 상속재산분할을 금지하는 것까지 가능하도록 하고 있다.

## Ⅱ. 유언에 의한 분할방법의 지정

### 1. 의의 및 내용

2 분할방법의 지정이란 각 공동상속인에게 상속분에 상당한 재산을 취득시키는 경우에 각각 특정한 재산 또는 특정 종류의 재산으로 분할하도록 지정하는 것이다.[1] 그 지정은 반드시 유언의 방식에 의하여야 하고, 유언이 아닌 생전행위에 의한 분할방법의 지정은 그 효력이 없어 상속인들이 피상속인의 의사에 구속되지 않는다.[2] 유언에 의해 지정할 수 있는 대상재산의 범위와 분할의 방법(현물분할, 대상분할 등)은 제한이 없다.

### 2. 상속분을 변경하는 분할방법의 지정의 가부 및 유증과의 구별

3 학설은 유언의 분할방법의 지정이 원칙적으로 각 공동상속인의 상속분에 따른 것이어야 하나,[3] 피상속인이 상속분을 변경하는 분할방법을 지정하는 것도 유효하다고 보는 것이 일반적인 견해이다.[4] 아울러 상속인 중 1인에게 상속재산 중 특정물을 귀속한다는 취지의 유언을 한 경우 이것을 유증으로 볼 것인지, 분할방법의 지정으로 볼 것인지가 문제되는데, 목적물의 가액이 법정상속분을 초과하는 경우에는 특정유증과 분할방법의 지정이 결합된 것으로 보아야 한다는 견해[5]가 유력하다. 실무에서는 유언에 의한 분할방법의 지정이 유증의 의미를 동시에 가지고 있다고 보면서 양자를 엄밀히 구별하지 않고 있다.[6]

1 김주수/김상용, 주석 민법, 상속(제2권)(제4판), 한국사법행정학회(2015), 476~477.

2 대법원 2001. 6. 29. 선고 2001다28299 판결.

3 여기서의 상속분을 법정상속분으로 보는 견해로 김주수/김상용, 친족상속법(제20판), 법문사(2024), 737; 송덕수, 친족상속법(제7판), 박영사(2024), 365; 박동섭/양경승, 친족상속법(제5판), 박영사(2020), 815. 구체적 상속분으로 보는 견해로 주해상속법(제1권), 박영사(2019), 306(이봉민); 신영호 외 2인, 가족법강의(제4판), 세창출판사(2023), 423.

4 김주수/김상용, 주석 민법, 상속(제2권)(제4판), 한국사법행정학회(2015), 477; 주해상속법(제1권), 박영사(2019), 306(이봉민); 곽윤직, 상속법(민법강의Ⅵ)(개정판), 박영사(2004), 139; 상속분을 변경하는 분할방법을 지정하는 것은 유증으로서 유효하다는 견해로 송덕수, 친족상속법(제7판), 박영사(2024), 365.

5 곽윤직, 상속법(민법강의Ⅵ)(개정판), 박영사(2004), 139; 김주수/김상용, 친족상속법(제20판), 법문사(2024), 737; 김소영, "상속재산분할", 민사판례연구 제25권, 박영사(2003), 754. 분할방법의 지정에 해당한다는 견해로 송덕수, 친족상속법(제7판), 박영사(2024), 366.

6 부산가정법원 2016. 8. 31. 자 2014느합200006 심판(항고심에서 화해권고결정 확정).

### 3. 관할

4 유언에 의한 분할방법의 지정 또는 유증이 존재하는 경우 그 분할의 실행은 유언집행자 또는 그 지정위탁을 받은 제3자에게 위임되므로 상속재산분할심판을 청구할 여지는 없고,[7] 특정 유증에 의한 소유권이전등기청구 또는 인도청구 등의 소, 유언에 의한 분할방법의 지정의 유무나 해석의 분쟁에 관한 소송 등은 가정법원이 아닌 민사법원에 제기하여야 한다.[8] 가정법원에 상속재산분할심판이 계속 중에 유언에 의한 분할방법의 지정 또는 유증의 존재에 관한 주장이 있는 경우 심판절차를 멈추고 민사법원의 판단을 기다리는 것이 일반적인 실무례이다.[9] 유언에 의한 분할방법의 지정이 무효인 경우에는 협의분할을 하고, 협의가 되지 않을 때에는 가정법원의 조정 또는 심판에 의한다.

## Ⅲ. 제3자에 대한 분할방법 지정 위탁

5 피상속인은 유언으로 상속재산의 분할방법의 지정을 제3자에게 위탁할 수 있다. 제3자는 공동상속인 이외의 자이어야 하고, 공동상속인에 대한 위탁은 무효로 보는 것이 다수설이다.[10] 제3자의 분할방법 지정은 공동상속인의 법정상속분에 따라야 한다는 견해가 있으나,[11] 상속분을 변경하는 내용의 분할방법의 지정이 가능하다는 견해도 있다.[12] 위탁받은 제3자는 위탁을 승낙할 의무를 부담하지 않는다.[13] 제3자가 위탁을 승낙하지 않거나, 분할방법을 지정하지 않는 경우에는 협의분할을 하고, 협의가 되지 않을 때에는 가정법원의 조정 또는 심판에 의하여야 할 것이다.[14]

7 법원실무제요, 가사[Ⅱ], 사법연수원(2021), 1595.

8 주해상속법(제1권), 박영사(2019), 307(이봉민), 715(현소혜); 곽윤직, 상속법(민법강의Ⅵ)(개정판), 박영사(2004), 140.

9 법원실무제요, 가사[Ⅱ], 사법연수원(2021), 1646.

10 곽윤직, 상속법(민법강의Ⅵ)(개정판), 박영사(2004), 139; 박동섭/양경승, 친족상속법(제5판), 박영사(2020), 815; 송덕수, 친족상속법(제7판), 박영사(2024), 366; 김소영, "상속재산분할", 민사판례연구 제25권, 박영사(2003) 754; 독일의 학설과 판례가 그와 반대 입장이라고 소개하고 있는 문헌으로 윤진수, 친족상속법 강의(제5판), 박영사(2023), 464.

11 김주수/김상용, 친족상속법(제20판), 법문사(2024), 737; 송덕수, 친족상속법(제7판), 박영사(2024), 366.

12 주해상속법(제1권), 박영사(2019), 307(이봉민); 곽윤직, 상속법(민법강의Ⅵ)(개정판), 박영사(2004), 139; 윤진수, 친족상속법 강의(제5판), 박영사(2023), 465.

13 주해상속법(제1권), 박영사(2019), 307(이봉민); 곽윤직, 상속법(민법강의Ⅵ)(개정판), 박영사(2004), 140.

14 법원실무제요, 가사[Ⅱ], 사법연수원(2021), 1595.

## Ⅳ. 유언에 의한 분할금지

6 피상속인은 유언으로 상속재산의 분할을 금지할 수 있다. 상속재산의 전부 또는 일부에 관한 분할금지가 모두 유효하고, 상속인 전원이나 일부에 대한 분할금지 또한 가능하다. 한편, 제3자에게 분할방법을 지정하도록 위탁한 경우라도, 제3자가 분할금지를 할 수는 없다는 견해가 있다.[15]

7 분할금지의 기간은 상속개시로부터 5년을 초과할 수 없다. 만약 피상속인이 5년을 넘는 기간을 정하여 분할을 금지하는 유언을 하였더라도, 유언 자체가 무효인 것은 아니고, 분할금지 기간만 5년으로 단축된다고 보는 것이 일반적인 견해이다.[16] 판례도 상속인들 사이의 상속재산분할금지 약정에 관한 사건에서, 민법 제268조 제1항 단서를 유추적용하여 5년 내의 기간으로 상속재산 분할금지 약정을 할 수 있을 뿐이고, 별도로 기간을 정하지 않은 경우에는 5년의 기간으로 분할금지 약정을 한 것으로 보고 있다.[17] 분할금지 기간 내에도, 공동상속인 전원의 협의가 있는 경우에는 상속재산의 분할이 가능하다는 견해도 있다.[18]

15 시진국, "재판에 의한 상속재산분할", 사법논집 제42집, 법원도서관(2006), 656.

16 곽윤직, 상속법(민법강의Ⅵ)(개정판), 박영사(2004), 137; 김주수/김상용, 친족상속법(제20판), 법문사(2024), 736; 박동섭/양경승, 친족상속법(제5판), 박영사(2020), 814; 송덕수, 친족상속법(제7판), 박영사(2024), 365; 윤진수, 친족상속법 강의(제5판), 박영사(2023), 466.

17 대법원 2002. 1. 23. 자 99스49 결정.

18 곽윤직, 상속법(민법강의Ⅵ)(개정판), 박영사(2004), 138; 박동섭/양경승, 친족상속법(제5판), 박영사(2020), 814.

## 제 1013 조 [협의에 의한 분할]

① 전조의 경우 외에는 공동상속인은 언제든지 그 협의에 의하여 상속재산을 분할할 수 있다.

② 제269조의 규정은 전항의 상속재산의 분할에 준용한다.

**[관련조문]** 민법 제22조(부재자의 재산의 관리), 제25조(관리인의 권한), 제103조(반사회질서의 법률행위), 제107조(진의 아닌 의사표시), 제108조(통정한 허위의 의사표시), 제109조(착오로 인한 의사표시), 제110조(사기, 강박에 의한 의사표시), 제118조(대리권의 범위), 제139조(무효행위의 추인), 제268조(공유물의 분할청구), 제269조(분할의 방법), 제409조(불가분채권), 제411조(불가분채무와 준용규정), 제454조(채무자와의 계약에 의한 채무인수), 제487조(변제공탁의 요건, 효과), 제543조(해지, 해제권), 제548조(해제의 효과, 원상회복의무), 제921조(친권자와 그 자간 또는 수인의 자간의 이해상반행위), 제949조의3(이해상반행위), 제998조의2(상속비용), 제999조(상속회복청구권), 제1003조(배우자의 상속순위), 제1006조(공동상속과 재산의 공유), 제1007조(공동상속인의 권리의무승계), 제1008조(특별수익자의 상속분), 제1008조의2(기여분), 제1012조(유언에 의한 분할방법의 지정, 분할금지), 제1014조(분할 후의 피인지자 등의 청구권), 제1015조(분할의 소급효), 제1016조(공동상속인의 담보책임), 제1019조(승인, 포기의 기간), 제1025조(단순승인의 효과), 제1026조(법정단순승인), 제1028조(한정승인의 효과), 제1029조(공동상속인의 한정승인), 제1041조(포기의 방식), 제1042조(포기의 소급효), 제1043조(포기한 상속재산의 귀속), 제1118조(준용규정), 가사소송법 제2조(가정법원의 관장 사항), 제36조(청구의 방식), 제46조(관할), 제50조(조정 전치주의), 제57조(관련 사건의 병합신청), 민사소송법 제62조(제한능력자를 위한 특별대리인), 상속세 및 증여세법 제3조의2(상속세 납부의무), 제19조(배우자 상속공제), 남북 주민 사이의 가족관계와 상속 등에 관한 특례법 제10조(상속재산반환청구에 관한 특례), 제11조(상속회복청구에 관한 특례), 주택임대차보호법 제3조(대항력 등), 민사소송 등 인지법 제2조(소장), 가사소송규칙 제97조(이행명령), 제110조(당사자), 제112조(사건의 병합), 제113조(청구기간의 지정), 제115조(상속재산 분할의 심판), 제116조(즉시항고), 가사소송 수수료규칙 제3조(가사비송절차의 수수료), 민사 및 가사소송의 사물관할에 관한 규칙 제3조(가정법원 및 그 지원 합의부의 심판범위), 부동산등기규칙 제60조(인감증명의 제출)

**[참고문헌]** 김주수/김상용, 주석 민법, 상속(제2권)(제4판), 한국사법행정학회(2015); 주해상속법(제1권), 박영사(2019); 곽윤직, 상속법(민법강의VI)(개정판), 박영사(2004); 김주수/김상용, 친족상속법(제20판), 법문사(2024); 박동섭/양경승, 친족상속법(제5판), 박영사(2020); 송덕수, 친족상속법(제7판), 박영사(2024); 윤진수, 친족상속법 강의(제5판), 박영사(2023); 이경희/윤부찬, 가족법(11정판), 법원사(2024); 임채웅, 상속법연구, 박영사(2011); 조승현/이호행, 친족상속법, 한국방송통신대학교 출판문화원(2024); 김능환, "유류분반환청구", 재판자료 제78집, 법원도서관(1998); 방웅환, "가분채권과 대상재산에 대한 상속재산분할", 대법원판례해설 제107호(2016년 상), 법원도서관(2016); 법원실무제요, 가사[ I ], 사법연수원(2021); 법원실무제요, 가사[ II ], 사법연수원(2021); 상속등기실무, 법원행정처(2012); 김소영, "상속재산분할", 민사판례연구 제25권, 박영사(2003); 김윤정, "상속재산분할의 대상성과 관련한 논의", 사법 제15호, 사법발전재단(2011); 시진국, "재판에 의한 상속재산분할", 사법논집 제42집, 법원도서관(2006); 양경승, "상속재산분할협의의 법적 성질과 효력", 사법논집 제66집, 법원도서관(2018); 윤진수, "초과특별수익이 있는

경우 구체적 상속분의 산정방법", 법학 제38권 제2호, 서울대학교 법학연구소(1997); 임종효, "민법 제1014조에 정한 상속분가액지급청구권", 법조 제634호, 법조협회(2009)



## Ⅰ. 협의에 의한 분할

### 1. 의의 및 성질

1 협의에 의한 상속재산분할은 상속이 개시되어 공동상속인 사이에 잠정적 공유가 된 상속재산에 대하여 공동상속인들 간의 협의를 통해 그 전부 또는 일부를 각 상속인의 단독소유로 하거나 새로운 공유관계로 이행시킴으로써 상속재산의 귀속을 확정시키는 것을 의미한다.[1]

2 분할협의가 있는 때는 상속개시시로 소급하여 처음부터 피상속인으로부터 그 분할협의에 따른 재산상속이 이루어진 것과 같은 효력이 발생한다(민법 제1015조). 상속재산 분할협의는 민법 제1026조 제1호에 규정된 상속재산에 대한 처분행위를 한 때에 해당하여 단순승인 의제사유가 된다.[2]

3 분할협의의 법적 성질에 대하여 통설[3]은 분할협의가 재산권을 목적으로 하는 법률행위로서 일종의 계약이라고 보고 있고, 판례 또한 같은 입장이다.[4]

1 대법원 2024. 5. 30. 선고 2024다208315 판결.

2 대법원 1983. 6. 28. 선고 82도2421 판결.

3 김주수/김상용, 친족상속법(제20판), 법문사(2024), 740; 박동섭/양경승, 친족상속법(제5판), 박영사(2020), 815; 송덕수, 친족상속법(제7판), 박영사(2024), 367; 윤진수, 친족상속법 강의(제5판), 박영사(2023), 469; 이경희/윤부찬, 가족법(11정판), 법원사(2024), 515; 조승현/이호행, 친족상속법, 한국방송통신대학교 출판문화원(2024), 301.

4 대법원 2021. 8. 19. 선고 2017다230338 판결, 대법원 2004. 7. 8. 선고 2002다73203 판결. 한편, '법률관계 변동의 효력을 발생케 하는 형성적 계약(물권적 합의)'이라고 구체화 시킨 학설 및 각급법원판례로 수원지방법원 2019. 3. 28. 선고 2018나72383 판결(확정); 양경승, "상속재산분할협의의 법적 성질과 효력", 사법논집 제66집, 법원도서관(2018), 479.

## 2. 협의분할의 당사자

### 가. 공동상속인

4 협의에 의한 상속재산의 분할은 공동상속인 전원의 동의가 있어야 유효하고 공동상속인 중 일부의 동의가 없거나 그 의사표시에 대리권의 흠결이 있다면 그러한 분할협의는 무효이다.[5] 무효인 분할협의에 동의하지 않은 나머지 상속인들 전원의 추인이 있어야 유효하게 되며, 일부 추인은 인정되지 않는다.[6]

5 제적부 또는 가족관계등록부에 상속인으로 기재되어 있는 사람은 진실한 상속인으로 추정된다.[7] 혼인무효, 입양무효, 인지무효, 친생부인, 친생자관계부존재확인의 소 등이 제기되어 상속인의 지위에 다툼이 있는 경우에는 그 판결이 확정될 때까지 기다린 다음 분할협의를 하는 것이 타당할 것이다.[8] 반면에 공부상 상속인이 아닌 자가 인지청구의 소, 이혼취소, 파양취소, 부를 정하는 소 등을 제기하여 상속인 지위를 주장하는 경우 그 판결이 확정되기 전까지는 협의분할의 당사자라 할 수 없고, 그를 배제한 채 협의분할이 마쳐졌다 하더라도 분할협의를 무효로 볼 수는 없으며, 상속인 지위가 확정된 후 민법 제1014조에 의해 상속분 상당의 가액에 대한 지급청구를 함이 상당하다.[9] 만약 상속재산이 분할되거나 처분되기 전이라면, 추가된 공동상속인도 다른 공동상속인과 함께 분할에 참여할 수 있다.[10]

6 상속을 포기한 사람은 상속포기의 소급효로 인해(민법 제1042조) 분할협의의 당사자가 될 수 없으나, 상속포기의 신고가 아직 행하여지지 아니하거나 법원에서 수리되지 않고 있는 동안 상속포기자를 제외한 나머지 공동상속인들 사이에 이루어진 상속재산분할협의는 후에 상속포기의 신고가 적법하게 수리되어 상속포기의 효력이 발생하게 되면 소급적으로 유효하게 된다.[11] 상속포기자가 분할협의

5 대법원 2001. 6. 29. 선고 2001다28299 판결, 대법원 1987. 3. 10. 선고 85므80 판결, 대법원 1995. 4. 7. 선고 93다54736 판결; 김주수/김상용, 친족상속법(제20판), 법문사(2024), 738; 박동섭/양경승, 친족상속법(제5판), 박영사(2020), 816; 윤진수, 친족상속법 강의(제5판), 박영사(2023), 466; 이경희/윤부찬, 가족법(11정판), 법원사(2024), 515.

6 대법원 2003. 2. 11. 선고 2002다37320 판결.

7 대법원 2016. 4. 29. 선고 2014다210449 판결, 대법원 1987. 2. 24. 선고 86므119 판결.

8 곽윤직, 상속법(민법강의VI)(개정판), 박영사(2004), 142; 송덕수, 친족상속법(제7판), 박영사(2024), 367.

9 곽윤직, 상속법(민법강의VI)(개정판), 박영사(2004), 142; 송덕수, 친족상속법(제7판), 박영사(2024), 367; 윤진수, 친족상속법 강의(제5판), 박영사(2023), 469; 이경희/윤부찬, 가족법(11정판), 법원사(2024), 520.

10 대법원 2007. 7. 26. 선고 2006다83796 판결.

11 대법원 2011. 6. 9. 선고 2011다29307 판결.

에 참여하였다 하더라도 그 협의의 내용이 이미 포기한 상속지분을 다른 상속인에게 귀속시키는 등 나머지 상속인들 사이의 실질적인 협의에 영향을 미치지 않은 경우라면 그러한 분할협의도 유효하다.[12] 초과특별수익자로서 구체적 상속분이 없는 상속인도 분할협의에는 참가해야 한다.[13]

7 공동상속인 중에 소재불명자가 있는 경우, 그를 위한 부재자재산관리인이 법원의 허가를 얻어 분할협의에 참가할 수 있을 것이다.[14]

### 나. 미성년자, 피후견인과 특별대리인

8 미성년자와 그의 친권자가 공동상속인인 경우, 공동상속인 관계에 있는 수인의 미성년자를 1인의 친권자가 대리하는 경우, 피후견인과 그의 후견인이 공동상속인인 경우 등에는 미성년자(피후견인)를 위한 특별대리인을 선임해야 하고, 미성년자(피후견인)가 수인인 경우에는 미성년자(피후견인) 각자마다 특별대리인을 선임해야 한다. 친권자가 상속재산에 관하여 권리를 취득하지 않는 경우에도 특별대리인의 선임이 필요하다.[15] 단, 피후견인에 관하여는 후견감독인이 있는 경우에는 후견인과 피후견인의 이해가 상반되는 경우라도 특별대리인을 선임할 필요가 없다(민법 제949조의3).

9 특별대리인을 선임하지 않고 친권자가 미성년자들을 대리하여 진행한 분할협의는 민법 제921조의 이해상반행위에 해당하여 무효이고, 피대리자 전원에 의한 추인이 없는 한 무효이다.[16] 분할협의에 참가한 상속인이 민법 제921조 위반을 이유로 그 분할협의의 무효를 주장하더라도 이를 모순행위금지의 원칙이나 신의칙에 반하는 것으로는 볼 수 없다는 것이 대법원 판례의 입장이다.[17]

10 한편, 분할협의를 위한 미성년자(피후견인)의 특별대리인의 선임은 민법 제921조에 의한 것으로 라류 가사비송사건(가사소송법 제2조 제1항 제2호 가목 16)에 해당하고, 미성년자인 자녀 또는 피후견인의 주소지의 가정법원에서 처리되는 반면,

12 대법원 2007. 9. 6. 선고 2007다30447 판결.
13 주해상속법(제1권), 박영사(2019), 311(이봉민); 윤진수, 친족상속법 강의(제5판), 박영사(2023), 466.
14 곽윤직, 상속법(민법강의VI)(개정판), 박영사(2004), 141; 윤진수, 친족상속법 강의(제5판), 박영사(2023), 467; 이경희/윤부찬, 가족법(11정판), 법원사(2024), 515.
15 미성년자의 대리인에 의한 등기신청에 관한 업무처리지침[등기예규 제1088호] 제2조 나항 (2); 부산지방법원 2022. 12. 1. 자 2022라2332 결정(확정).
16 대법원 2011. 3. 10. 선고 2007다17482 판결, 대법원 2016. 2. 18. 선고 2015다51920 판결; 김주수/김상용, 주석 민법, 상속(제4판), 000; 친족상속법(제20판), 법문사(2024), 738; 주해상속법(제1권), 박영사(2019), 315(이봉민).
17 대법원 2011. 3. 10. 선고 2007다17482 판결, 대법원 2016. 2. 18. 선고 2015다51920 판결.

상속재산분할심판을 위한 미성년자(피후견인)의 특별대리인은 민사소송법 제62조에 의한 것으로 본안사건이 현재 계속되어 있거나 장차 계속될 가정법원의 결정(사건부호로 '즈기'를 부여한다)으로 선임한다.[18] 따라서 분할협의를 위한 민법 제921조에 의한 미성년자의 특별대리인이 선임되어 있다 하더라도 분할협의가 이루어지지 않아 상속재산분할심판이 제기되는 경우, 민법 제921조에 의한 미성년자의 특별대리인의 대리권의 범위는 상속재산분할협의에 한정되기 때문에 결국 민사소송법 제62조에 의한 특별대리인을 다시 선임하여야 한다.

### 다. 태아

11 태아는 상속순위에 관하여는 이미 출생한 것으로 보는데(민법 제1003조), 그 의미에 관하여 판례는 정지조건설을 따르고 있다.[19] 그에 따르면 분할협의의 당사자가 될 수는 없을 것이고, 상속재산분할이 완료된 이후에 태아가 출생하면 그 출생자는 민법 제1014조를 유추하여 상속분에 상당한 가액의 지급을 청구할 수 있을 것이다.[20] 태아의 권리능력에 관하여 해제조건설을 따르는 경우에는 태아가 출생 전에도 상속재산 분할에 참여하여 분할할 수 있고, 그 대리절차 등은 미성년자의 예를 유추적용하여 해결하면 된다고 한다.[21] 어느 견해에 의하든지 간에 태아의 출생을 기다려서 분할하는 것이 적절하다는 견해도 있다.[22]

### 라. 포괄적 수증자와 상속분 양수인, 양도인

12 포괄적 유증을 받은 사람은 공동상속인과 동일한 권리의무가 있으므로 상속재산 분할협의의 당사자가 될 수 있다.[23] 상속분 전체에 대한 상속분 양수인도 분할협의의 당사자가 될 수 있으나,[24] 상속재산에 속하는 개개의 재산에 대한 지분만을 양도받은 양수인은 당사자가 될 수 없다.[25]

18 법원실무제요, 가사[ I ], 사법연수원(2021), 90.
19 대법원 1976. 9. 14. 선고 76다1365 판결.
20 윤진수, 친족상속법 강의(제5판), 박영사(2023), 468.
21 송덕수, 친족상속법(제7판), 박영사(2024), 367.
22 김주수/김상용, 친족상속법(제20판), 법문사(2024), 740; 곽윤직, 상속법(민법강의Ⅵ)(개정판), 박영사(2004), 141; 이경희/윤부찬, 가족법(11정판), 법원사(2024), 515.
23 김주수/김상용, 친족상속법(제20판), 법문사(2024), 738; 윤진수, 친족상속법 강의(제5판), 박영사(2023), 467; 곽윤직, 상속법(민법강의Ⅵ)(개정판), 박영사(2004), 141.
24 김주수/김상용, 친족상속법(제20판), 법문사(2024), 739; 윤진수, 친족상속법 강의(제5판), 박영사(2023), 467.
25 곽윤직, 상속법(민법강의Ⅵ)(개정판), 박영사(2004), 140; 윤진수, 친족상속법 강의(제5판), 박영사(2023), 468.

13 상속분 양도인에 관하여는 분할협의의 당사자가 아니라는 견해[26]와 원칙적으로 당사자가 아니나, 상속재산이 상속분 양도인의 명의로 남아 있는 경우 등에 있어서는 당사자로서의 지위를 인정하여도 무방하다는 견해,[27] 상속분 양도인의 당사자적격을 예외적으로 인정한다 하더라도 상속분 양수인이 분할협의에 참여하였다면, 상속분 양도인이 분할협의에 참여하지 않았다는 이유만으로 그 협의를 무효로 볼 수는 없다는 견해[28]등이 대립된다.

### 3. 협의의 방법과 내용

#### 가. 협의의 방법

14 상속재산 분할협의는 일종의 계약이므로 그 방법이나 형식에 제한이 없다. 반드시 한 자리에서 이루어질 필요는 없고 순차적으로 이루어질 수도 있으며,[29] 상속인 중 한 사람이 만든 협의안을 다른 상속인이 후에 돌아가며 승인하는 것도 무방하다.[30] 구두에 의한 협의도 가능하겠으나 부동산의 상속등기의 편의성 등을 위해 '상속재산분할협의서'가 작성되는 것이 일반적이고,[31] 협의분할에 의한 상속등기신청을 위해서는 상속인 전원의 인감증명서가 첨부되어야 한다.[32] 상속재산에 대해 단순히 법정상속분에 따른 등기가 되어 있거나, 공동상속인별로 법정상속분에 따른 상속재산 및 그 가액만 기재되어 있는 상속세과세표준신고서나 상속세 연부연납허가 통지서의 작성만으로는 상속재산의 분할협의가 있었다고 보기 어렵다는 각급법원결정이 있다.[33]

26 송덕수, 친족상속법(제7판), 박영사(2024), 366; 곽윤직, 상속법(민법강의VI)(개정판), 박영사(2004), 141; 윤진수, 친족상속법 강의(제5판), 박영사(2023), 467.

27 김소영, "상속재산분할", 민사판례연구 제25권, 박영사(2003) 761; 위 견해는 분할심판의 당사자에 관한 설명에서 제시된 것이나 분할협의의 당사자에도 동일하게 볼 수 있을 것이다.

28 주해상속법(제1권), 박영사(2019), 317(이봉민).

29 대법원 2001. 11. 27. 선고 2000두9731 판결.

30 대법원 2004. 10. 28. 선고 2003다65438, 65445 판결.

31 김주수/김상용, 친족상속법(제20판), 법문사(2024), 741.

32 부동산등기규칙 제60조 제1항 제6호; 박동섭/양경승, 친족상속법(제5판), 박영사(2020), 817.

33 서울고등법원 2023. 5. 18. 선고 2022누32308 판결(확정)로, 상속세 및 증여세법 제19조 제2항에 의하면, 동조 제1항에 의한 배우자 상속공제는 상속세과세표준신고기한의 다음날부터 9개월이 되는 날까지 배우자의 상속재산을 분할(등기·등록·명의개서 등이 필요한 경우에는 그 등기·등록·명의개서 등이 된 것에 한정한다. 이하 이 조에서 같다)한 경우에 적용되는데, 여기서의 분할을 민법 제1013조에 의한 상속재산분할로 판단하였다.

### 나. 협의의 범위

15 '상속재산분할협의는 상속재산의 전부 또는 일부를 상속인의 단독소유로 하거나 새로운 공유관계로 이행시키는 행위'라고 정의하는 판례의 문언상 상속재산 중 일부에 관한 협의도 가능할 것이다.[34]

### 다. 협의의 내용

16 분할협의의 내용에도 특별한 제한이 없어서 현물분할, 대금분할, 대상분할, 공유로 하는 분할 등 여러 방법이 모두 가능하다.[35] 법정상속분에 구애될 필요가 없고, 자신의 취득분을 '영(零)'으로 하는 분할협의도 가능하다.[36] 따라서 공동상속인 사이에 이루어진 상속재산 분할협의의 내용이 어느 공동상속인만 상속재산을 전부 취득하고 다른 공동상속인은 상속재산을 전혀 취득하지 않는 것이라면, 상속재산을 전혀 취득하지 못한 공동상속인은 원래 가지고 있었던 구체적 상속분에 해당하는 재산적 이익을 취득하지 못하고, 상속재산을 전부 취득한 공동상속인은 원래 가지고 있었던 구체적 상속분을 넘는 재산적 이익을 취득하게 될 수 있는데, 그러한 결과는 실질적인 관점에서 공동상속인의 합의에 따라 상속분을 무상으로 양도한 것과 마찬가지로 보아야 한다.[37]

17 특정 상속인의 취득분이 유류분에 미달하는 내용의 합의를 한 경우 유류분반환청구를 포기한 것으로 보아야 할지가 문제된다. 대법원 판례 중에서는 "상속인들이 상속재산 중 일부에 관하여 상속재산분할협의를 하였다거나 상속재산분할협의 당시 아무런 재산을 취득하지 않았던 상속인들이 유류분을 주장하지 아니하였더라도 그로써 유류분반환청구권을 포기하였다고 인정할 수 없다는 원심판단은 정당한 것으로 수긍이 간다."는 판시가 있는데,[38] 그와 같이 분할협의 상속재산의 대상(일부인지 전부인지 여부), 상속재산 분할협의 과정에서의 공동상속인의 유류분권 행사에 관한 의사, 상속재산 분할협의의 내용 중 유류분권이 반영되었는지 여부 등에 비추어 그 효력을 살펴야 할 것이고,[39] 협의에 참가한 상속

34 대법원 2024. 5. 30. 선고 2024다208315 판결, 대법원 2001. 2. 9. 선고 2000다51797 판결.

35 주해상속법(제1권), 박영사(2019), 318(이봉민); 곽윤직, 상속법(민법강의VI)(개정판), 박영사(2004), 143; 송덕수, 친족상속법(제7판), 박영사(2024), 368.

36 대법원 2021. 8. 19. 선고 2017다230338 판결, 대법원 2003. 8. 22. 선고 2003다27276 판결.

37 대법원 2021. 8. 19. 선고 2017다230338 판결.

38 대법원 2016. 6. 9. 선고 2015다239591 판결.

39 위와 같은 기준에 따라 유류분반환청구권 포기 여부를 검토한 각급법원판결로는 서울중앙지방법원 2019. 8. 20. 선고 2018가합541467 판결(확정) 참조.

인들의 의사가 확정적이고 종국적이라면 그 후 별도의 유류분반환청구는 불가능하다고 보는 것이 타당하다.[40]

18 공동상속인 사이의 상속지분의 양도는 공동상속인 전원의 약정에 기한 경우, 이를 상속재산의 협의분할의 취지로 한 것으로 볼 수 있다.[41] 상속재산 전부를 공동상속인 중 1인에게 상속시킬 의사로 나머지 상속인들이 법원에 상속포기신고를 하였으나, 그 신고가 법정기간 경과 후에 한 것이어서 상속포기의 효력이 없더라도 공동상속인 중 1인이 상속재산을 전부 취득하고 나머지 상속인들은 상속재산을 전혀 취득하지 않기로 하는 내용의 분할협의가 있었던 것으로 해석한 판례도 있다.[42]

19 분할협의에 조건을 붙이는 것도 가능하다는 것이 판례[43]의 입장이다. 상속인들 사이에서 상속재산의 분할을 금지한다는 약정도 가능하나, 이 경우 민법 제268조 제1항 단서를 유추적용하여 5년 내의 기간으로 상속재산 분할금지의 약정을 할 수 있을 뿐이고, 만일 별도로 기간을 정하지 않은 경우에는 5년의 기간으로 분할금지 약정을 한 것으로 보아야 한다.[44]

## 4. 분할대상 상속재산

### 가. 일반론

20 상속개시 당시 피상속인에게 속했던 일체의 권리의무 중 상속인에게 승계될 수 있는 성질의 것이 분할대상 상속재산이 된다.[45] 분할대상 상속재산은 피상속인의 상속재산과 반드시 일치하지는 않는데, 상속재산에는 속하지만 분할대상 상속재산이 아닌 것들이 있고, 상속재산은 아니었지만 분할대상이 되는지 문제되는 것들도 있다.[46]

21 판례는 공동상속인 사이에 어떤 재산이 상속재산임의 확인을 구하는 소 또한 확인의 이익이 있으며, 그러한 소는 고유필수적 공동소송이라고 보고 있다.[47]

40 김능환, "유류분반환청구", 재판자료 78집 상속법의 제문제, 법원도서관(1998), 67.
41 대법원 1995. 9. 15. 선고 94다23067 판결.
42 대법원 1996. 3. 26. 선고 95다45545, 45552, 45569 판결.
43 대법원 2004. 7. 8. 선고 2002다73203 판결.
44 대법원 2002. 1. 23. 자 99스49 결정.
45 주해상속법(제1권), 박영사(2019), 288(이봉민).
46 상속재산의 분할대상성에 관한 이하의 논의는 별도의 언급이 없는 한 가정법원의 심판에 의한 분할에서도 동일하게 적용된다.
47 대법원 2007. 8. 24. 선고 2006다40980 판결.

### 나. 상속재산 중 분할대상 상속재산인지 여부가 문제되는 재산

#### 1) 채권

22 불가분채권의 경우 그 성질상 분할대상이 된다는 점에는 다툼이 없다.[48]

23 금전채권과 같은 가분채권은 상속개시와 동시에 법정상속분에 따라 각 상속인에게 분할귀속되므로 분할협의의 대상이 되지 않는 것이 원칙이나, 가분채권을 분할의 대상에서 제외하면 공동상속인 사이의 공평한 취급을 해치고 가분채권 귀속에 관한 상속인 사이의 분쟁이 계속될 우려가 있다는 이유로 가분채권도 분할대상 재산이 된다는 견해(이른바 긍정설)[49]와 가분채권은 원칙적으로 상속재산분할의 대상이 아니지만 예외적으로 공동상속인 모두가 동의하는 경우 또는 가분채권을 포함하여 분할하는 것이 상속인 사이의 구체적 형평을 실현하는 데 필요한 경우에는 분할의 대상으로 삼을 수 있다는 견해(이른바 절충설),[50] 절충설과 같은 입장이지만 예외 사유 중 공동상속인의 의사를 기준으로 상속재산분할의 대상을 정하는 것은 타당하지 않다는 견해(이른바 수정된 절충설)[51] 등이 제기되고 있다.

24 각급법원판결 중에서는 상속개시와 동시에 분할된다는 것이 추후 협의 등에 의한 분할의 여지를 전혀 인정하지 않는 종국적인 분할이라고 단정할 수 없으므로 협의분할의 대상이 된다고 본 사례,[52] 상속재산분할의 대상이 될 수 없는 상속채권에 관하여 공동상속인들 사이에 분할의 협의가 있는 경우라면 이러한 협의는 민법 제1013조에서 말하는 상속재산의 협의분할에 해당하는 것은 아니지만 위 분할의 협의에 따라 공동상속인 중의 1인이 법정상속분을 초과하여 채권을 취득하기로 하는 약정은 채권양수의 실질을 가진다고 본 사례[53]등이 대립되고 있었다.

25 대법원 판례 또한 종래 가분채권은 상속개시와 동시에 당연히 법정상속분에 따라 공동상속인들에게 분할되어 귀속되는 것이므로, 상속재산분할의 대상이 될

48 법원실무제요, 가사[Ⅱ], 사법연수원(2021), 1603; 김주수/김상용, 친족상속법(제20판), 법문사(2024), 743; 송덕수, 친족상속법(제7판), 박영사(2024), 370; 박동섭/양경승, 친족상속법(제5판), 박영사(2020), 811; 김윤정, "상속재산분할의 대상성과 관련한 논의", 사법 15호, 사법발전재단(2011), 188.

49 김윤정, "상속재산분할의 대상성과 관련한 논의", 사법 15호(2011. 3.), 사법발전재단(2011), 187.

50 박동섭/양경승, 친족상속법(제5판), 박영사(2020), 812; 송덕수, 친족상속법(제7판), 박영사(2024), 371.

51 방웅환, "가분채권과 대상재산에 대한 상속재산분할", 대법원판례해설 제107호(2016년 상), 법원도서관(2016), 448.

52 수원지방법원 성남지원 2015. 11. 25. 선고 2014가단26438 판결(확정).

53 서울고등법원 2018. 4. 20. 2016나2033545 판결(상고기각); 해당 결정은 상속재산 분할협의에 따라 공동상속인 중의 1인이 법정상속분을 초과하여 채무를 부담하기로 하는 약정은 면책적 채무인수의 실질을 가진다는 취지의 대법원 1997. 6. 24. 선고 97다8809 판결을 그 근거로 들고 있다.

수 없다고 보았다가,[54] 최근에는 초과특별수익자가 있거나, 특별수익자 또는 기여분권리자가 있는 경우에는 공동상속인들의 형평을 기하기 위해 예외적으로 상속재산분할대상이 되고, 이미 공동상속인들이 법정상속분대로 그 가분채권을 분할하여 나누어 가졌다 하더라도 이를 분할대상에서 제외하는 것에 대하여 명시적 또는 묵시적 합의가 있는 것이 아니라면 분할대상이 된다고 보고 있다.[55]

26 한편, 공동상속인들이 상속재산인 예금채권에 대하여 자신의 법정상속분에 해당하는 부분의 지급을 구한 경우, 채무자인 은행은 상속인의 전부 또는 일부를 알 수 없거나, 특별수익 또는 기여분, 유언 등 법정상속분이 달라질 사정을 주장하는 상속인이 있다는 이유만으로는 그 채무 이행을 거절할 수는 없고, 이행청구를 받은 다음날부터 지체책임을 부담하게 된다.[56] 은행으로서는 상속인들을 피공탁자로 지정하고 상속지분을 알 수 없는 이유를 공탁원인사실에 기재하여 '채권자 불확지 변제공탁(민법 제487조 후단)'을 할 수 있다.[57]

2) 주식과 수익증권

27 판례는 ① 주식은 주식회사의 주주 지위를 표창하는 것으로서 금전채권과 같은 가분채권이 아니므로 공동상속하는 경우 법정상속분에 따라 당연히 분할하여 귀속하는 것이 아니라 공동상속인들이 이를 준공유하는 법률관계를 형성한다고 보아 상속재산의 분할대상으로 보면서도, ② 자본시장법상 투자신탁 형태 단기금융집합투자기구의 수익권은 좌수를 단위로 분할 판매가 가능하고 투자자가 언제든지 환매하여 단기간 내에 환매대금을 수령함으로써 손쉽게 투자금을 회수할 수 있도록 고안되었다는 특성, 단기금융집합투자기구에 대하여 투자자의 손실을 최소화하고 투자금의 신속한 회수를 위해 마련된 특별한 규율과 이에 바탕을 둔 투자자들의 인식 등을 종합해 볼 때, 특별한 사정이 없는 한 상속개시와 동시에 당연히 법정상속분에 따른 수익증권의 좌수대로 공동상속인들에게 분할하여 귀속한다고 보고 있다.[58]

54 대법원 2006. 7. 24. 자 2005스83 결정.
55 대법원 2016. 5. 4. 자 2014스122 결정.
56 서울고등법원 2018. 10. 19. 선고 2018나2021652 판결(확정); 대구지방법원 김천지원 2021. 2. 18. 선고 2020가단34734 판결(확정).
57 서울고등법원 2018. 8. 31. 선고 2018나2022488 판결(상고장각하), 서울고등법원 2018. 10. 19. 선고 2018나2021652 판결(확정); 2009. 4. 17. 제정 공탁선례 제2-123호.
58 대법원 2023. 12. 21. 선고 2023다221144 판결.

### 3) 채무

#### 가) 가분채무

28 금전채무와 같이 급부의 내용이 가분인 채무가 공동상속된 경우, 이는 상속 개시와 동시에 당연히 법정상속분에 따라 공동상속인에게 분할되어 귀속되는 것이므로, 상속재산분할의 대상이 될 여지가 없다는 것이 다수설,[59] 판례의 입장[60]이다. 다수설과 판례는 초과특별수익자의 경우 구체적 상속분이 전혀 없게 되는데, 소극재산에도 구체적 상속분을 적용하면 초과특별수익자는 법정상속분을 초과하는 수증재산을 이미 받았음에도 상속채무를 전혀 부담하지 않는 부당한 결과가 된다는 점,[61] 채무분할은 실질적으로 채무인수의 결과를 낳는데 채권자의 승낙여부에 따라 채무의 분할 인정여부가 달라지는 것은 곤란한 점[62] 등을 논거로 든다. 더 나아가 상속채무에 관하여 공동상속인들이 분할의 협의를 하였다 하더라도 이를 상속재산의 협의분할에 해당할 수 없다고 본 대법원 판례도 존재한다.[63]

29 상속채무에 관한 분할협의를 민법 제1013조에서 말하는 상속재산의 협의분할로 볼 수는 없지만, 위 분할의 협의에 따라 공동상속인 중의 1인이 법정상속분을 초과하여 채무를 부담하기로 하는 약정은 면책적 채무인수의 실질을 가진다고 볼 여지는 있다. 이 경우 채권자에 대한 관계에서 위 약정에 의하여 다른 공동상속인이 법정상속분에 따른 채무의 일부 또는 전부를 면하기 위해서는 민법 제454조의 규정에 따른 채권자의 승낙이 필요하다.[64]

#### 나) 불가분채무

30 불가분채무의 경우도 상속재산 분할의 대상이 된다고 보는 견해[65]와 채무인수의 요건을 갖추지 못하는 이상 채권자에게 대항할 수 없으므로 분할의 대상이 되지 않고 공동상속인들이 불가분적으로 그 채무를 부담한다는 견해[66]가 대립

59 김주수/김상용, 친족상속법(제20판), 법문사(2024), 744; 박동섭/양경승, 친족상속법(제5판), 박영사(2020), 812; 송덕수, 친족상속법(제7판), 박영사(2024), 370.

60 대법원 1997. 6. 24. 선고 97다8809 판결.

61 방웅환, "가분채권과 대상재산에 대한 상속재산분할", 대법원판례해설 제107호(2016년 상), 법원도서관(2016), 446.

62 주해상속법(제1권), 박영사(2019), 292(이봉민).

63 대법원 1997. 6. 24. 선고 97다8809 판결.

64 대법원 1997. 6. 24. 선고 97다8809 판결; 송덕수, 친족상속법(제7판), 박영사(2024), 371; 박동섭/양경승, 친족상속법(제5판), 박영사(2020), 812; 신영호 외 2인, 가족법강의(제4판), 세창출판사(2023), 421.

65 송덕수, 친족상속법(제7판), 박영사(2024), 371; 신영호 외 2인, 가족법강의(제4판), 세창출판사(2023), 421.

66 박동섭/양경승, 친족상속법(제5판), 박영사(2020), 812; 이경희/윤부찬, 가족법(11정판), 법원사(2024), 504; 김윤정, "상속재산분할의 대상성과 관련한 논의", 사법 15호(2011. 3.), 사법발전재단(2011), 192.

된다. 판례는 공동상속인들의 건물철거의무를 불가분채무로 보면서, 공동상속인 각자가 그 지분의 한도 내에서 건물 전체에 대한 철거의무를 진다고 하여,[67] 분할의 대상이 되지 않는 것으로 보고 있다. 다만, 공동상속인들 중 1인이 불가분채무를 단독으로 이행하거나 부담하기로 하는 내용의 분할협의 또는 심판이 있었던 경우 채권자에 대한 대항여부는 별론으로 하더라도 내부적인 구상관계를 정하는 데는 의미가 있다고 보아야 할 것이다.[68]

다) 임대차보증금 반환채무

31 불가분채무의 일종인 임대차보증금 반환채무 또한 분할이 이루어지더라도 그 비율은 공동상속인들 사이의 내부관계에서만 유효할 뿐 채권자인 임차인이 승낙하지 아니하는 이상 그에게 대항할 수 없어 이를 분할할 실익이 크지 않다는 이유로 원칙적으로 상속재산분할 대상에서 제외하는 것이 일반적인 실무례이다.[69]

32 그러나 학설 중에는 상속재산인 부동산이 각각 상속인들의 단독소유로 분할되는 경우, 그 각 부동산과 관련된 채무는 실질적으로 소유자가 책임져야 한다는 점, 특히 주택임대차의 경우 상속재산인 주택을 분할로 취득한 상속인은 주택임대차보호법 제3조 제4항에 따라 피상속인의 임대인 지위를 승계하게 되므로 주택을 단독으로 소유하는 것으로 분할받는 상속인은 그 임대차보증금 반환채무 또한 단독으로 부담하는 것이 적절하다는 점, 분쟁의 일회적 해결 등을 근거로 해당 부동산에 관한 대출금채무나 임대차보증금반환채무를 분할 대상에 포함시키는 것이 타당하다는 주장이 있고,[70] 이에 동조하는 각급법원결정도 다수 존재한다.[71]

33 대법원은 여전히 특정 상속인이 부동산을 단독으로 소유하게 되는 경우라 하더라도 그 부동산에 관한 근저당권 피담보채무와 임대차보증금반환채무는 상속재산분할의 대상이 될 수 없다는 입장을 취하고 있다.[72] 다만, 상속재산분할심판에서 분할대상 상속재산 중 특정 상속재산을 공동상속인 중 1인의 단독소유로 하고

67 대법원 1980. 6. 24. 선고 80다756 판결.

68 김윤정, "상속재산분할의 대상성과 관련한 논의", 사법 15호(2011. 3.), 사법발전재단(2011), 192.

69 서울고등법원 2009. 12. 24. 자 2009브43 결정(재항고기각), 의정부지방법원 2015. 2. 3. 자 2013느합212 심판(확정), 서울고등법원 2016. 5. 26. 자 2015브378, 379, 380 결정(심리불속행 기각), 서울고등법원 2005. 11. 2. 자 2004브47, 48 결정(재항고기각) 등 참조.

70 주해상속법(제1권), 박영사(2019), 295(이봉민).

71 대전지방법원 가정지원 2009. 10. 23. 자 2007느합12 심판(항고 및 재항고 기각), 서울가정법원 2016. 11. 29. 자 2016느합52 심판(항고기각), 서울가정법원 2016. 12. 21. 자 2015느합30317 심판(확정) 등 참조; 조정기일을 진행할 경우에도 주로 해당 부동산에 관한 채무를 반영하여 그 가액을 계산한다.

72 대법원 2019. 3. 29. 2018스509, 510 결정.

그의 구체적 상속분과 그 특정 상속재산의 가액과의 차액을 현금으로 정산하는 방법(이른바 대상분할의 방법)으로 상속재산을 분할하였는데 그 특정 상속재산이 상가건물 임대차보호법 제3조 제1항이 정한 대항요건을 갖춘 임대차의 목적물인 경우 그 공동상속인은 임대차보증금반환채무를 면책적으로 인수하고 다른 공동상속인들은 임대차관계에서 탈퇴하여 임차인에 대한 임대차보증금반환채무를 면하게 되나, 다른 공동상속인들이 임대차보증금반환채무를 면하는 것을 정당화할 만한 특별한 사정이 없는 한 공동상속인들 사이에서는 임대차보증금반환채무에 관하여 법정상속분에 따른 내부적 부담부분이 그대로 유지되고, 그 임대차 목적물을 단독소유하게 된 공동상속인이 나중에 임대차보증금을 반환한 때에는 다른 공동상속인들을 상대로 법정상속분에 따라 구상할 수 있다고 판시한 바도 있다.[73]

4) 금전 기타 동산

34 금전과 보석류, 피상속인의 유품 등 유체동산은 그 존재와 가액이 입증되는 한 상속재산분할의 대상이 된다.[74]

35 한편 상속개시 전후 상속인 중 1인이 피상속인의 의사에 반하여 피상속인 명의의 예금을 일방적으로 인출하여 가는 경우 이에 관하여는 피상속인의 사망을 전후로 무단 인출된 예금에 대하여는 부당이득반환청구 내지 민법 제999조 소정의 상속회복청구와 같은 민사소송절차를 통해 권리의 존부를 확정지어야 할 것이라는 각급법원결정[75]과 상속개시 후의 인출금은 그 자체를 분할대상 재산으로 보아 구체적 상속분을 계산한 뒤, 분할방법을 결정함에 있어 현금을 인출해 간 상속인이 해당 금원만큼을 먼저 분할받아간 것(상속분의 선급)으로 보고 다른 상속인들에게 구체적 상속분과의 차액 상당을 정산금으로 지급하는 방법으로 해결한 각급법원결정이 병존하였다.[76] 최근의 각급법원결정 중에는 상속개시 전에 무단인출한 현금은 무단인출 상속인에 대한 피상속인의 부당이득반환청구권을 분할의 대상으로, 상속개시 후 인출된 예금 및 그에 관한 공탁금 등은 나머지 공동상속인들의 취득자에 대한 부당이득반환청구권을 아래 다.의 1)항의 대상재산(代償財産)으로 보고 이를 분할의 대상으로 각 평가한 사례도 있다.[77]

73 대법원 2024. 8. 1. 선고 2023다318857 판결.
74 서울가정법원 2016. 9. 30. 자 2012느합248 심판(확정).
75 대전가정법원 2016. 1. 29. 자 2013느합1 심판(항고기각).
76 서울가정법원 2016. 2. 19. 자 2014느합30151 심판(확정).
77 서울고등법원 2018. 8. 27. 자 2016브23 결정(재항고기각).

### 다. 상속재산에 준하여 분할대상성 여부가 문제되는 재산

#### 1) 대상재산(代償財産)

##### 가) 의의

36 상속재산의 대상재산이란 상속개시와 상속재산분할 사이에 상속재산의 매각·멸실·훼손 또는 처분 등에 의해 상속재산의 대가로 취득하게 되는 매각대금·화재보험금·수용보상금 등의 금전 기타의 재산을 말한다.[78] 상속개시 당시에는 상속재산을 구성하던 재산이 그 후 처분되거나 멸실·훼손되는 등으로 상속재산분할 당시 상속재산을 구성하지 아니하게 되었다면 원칙적으로 그 재산은 상속재산분할의 대상이 될 수 없다. 다만 판례는 상속인이 그 대가로 처분대금, 보험금, 보상금 등 대상재산을 취득하게 된 경우에는, 대상재산은 종래의 상속재산이 동일성을 유지하면서 형태가 변경된 것에 불과할 뿐만 아니라 상속재산분할의 본질이 상속재산이 가지는 경제적 가치를 포괄적·종합적으로 파악하여 공동상속인에게 공평하고 합리적으로 배분하는 데에 있는 점에 비추어 볼 때, 대상재산이 상속재산분할의 대상이 된다고 보고 있다.[79]

##### 나) 대상재산의 가액 평가

37 대상재산이 상속재산분할의 대상이 된 경우 구체적 상속분을 산정하는 과정에서 그 대상재산 자체의 가액을 상속재산의 가액으로 평가하여 구체적 상속분을 계산하는 실무례가 일반적이다.[80] 다만, 상속개시시와 대상재산 취득시의 가액 차이가 현저한 경우에는 상속개시시의 재산 가액을 기초로 구체적 상속분을 산정하는 것이 공동상속인 사이의 형평을 담보하는 방법이 될 수도 있다.

##### 다) 대상재산의 분할방법

38 공탁금 또는 수용보상금 등이 법정상속분대로 이미 분할되어 공동상속인들이 이를 보유하고 있는 경우 상속재산분할심판 당시 대상재산을 보유하고 있는 상속인으로 하여금 이를 그대로 소유하도록 분할하되, 전체 분할 대상 재산을 분할시 기준으로 평가하여, ① 그 특정 재산 가액이 그의 구체적 상속분에 따른 취득가능

78 방웅환, "가분채권과 대상재산에 대한 상속재산분할", 대법원판례해설 제107호(2016년 상), 법원도서관(2016), 452.

79 대법원 2022. 6. 30. 자 2017스98, 99, 100, 101 결정, 대법원 2016. 5. 4. 자 2014스122 결정.

80 서울고등법원 2018. 8. 27. 자 2016브23 결정(재항고기각), 서울가정법원 2018. 6. 14. 자 2017느합1034 결정(항고 및 재항고 각 기각).

가액을 초과하는 상속인이 있는 경우 이미 보유하고 있는 대상재산은 그대로 보유하되 다른 공동상속인들에게 그 차액을 정산하도록 하여야 하고,[81] ② 그 특정재산 가액이 그의 구체적 상속분에 따른 취득가능 가액을 초과하지 않을 경우에도 위와 같은 현물분할을 반영하여 상속인들 사이의 지분율을 다시 산정해서 남은 분할 대상 상속재산은 수정된 지분율로 분할해야 하는데, 이를 위해 전체 분할대상 상속재산의 분할 시 기준 평가액에 상속인별 구체적 상속분을 곱하여 산출된 상속인별 취득가능 가액에서 각자 소유로 하는 특정 재산의 분할 시 기준 평가액을 공제하는 방법으로 구체적 상속분을 수정한 지분율을 산정[82]할 수 있다.[83]

2) 과실(果實)

39 상속개시 후에 상속재산으로부터 생기는 부동산의 차임·이자 등의 과실도 분할대상 재산이 된다는 견해,[84] 상속재산의 성질로부터 자연발생적으로 생기는 과실(임대료, 이자)은 전부 분할대상 재산이 되나, 상속재산을 통해서 얻는 수익(농지 경작, 영업수익 등)에 관하여는 총수익액에서 경영비용을 제외한 나머지 금액을 노동기여율로 계산한 가액을 수익자에게 주어야 한다는 견해[85]등이 있으나, 판례는 상속개시 후 상속재산분할이 완료되기 전까지 상속재산으로부터 발생하는 과실은 상속개시 당시에는 존재하지 않았던 것이라고 표현하고 있는 점,[86] 민법 제1014조에 의한 피인지자 등의 상속분상당가액지급청구권에 대한 사건에서 인지 전에 공동상속인들에 의해 이미 분할되거나 처분된 상속재산으로부터 발생하는 과실은 상속개시 당시 존재하지 않았던 것이어서 이를 상속재산에 해당한다 할 수 없다고 보았던 점[87] 등에 비추어 상속재산분할의 대상에서 제외하는 것이 일반적이다.[88] 다만, 과실을 상속재산분할의 대상으로 삼기로 하는 공

81 대법원 1997. 3. 21. 자 96스62 결정. 이에 따른 각급법원 실무례로 서울고등법원 2014. 9. 18. 자 2013브36, 37 결정(재항고기각), 서울가정법원 2018. 6. 14. 자 2017느합1034 결정(항고 및 재항고 각 기각).

82 이에 따른 각급법원 실무례로 서울가정법원 2018. 4. 16. 자 2013느합30072, 2014느합30161 심판(항고기각).

83 대법원 2022. 6. 30. 자 2017스98, 99, 100, 101 결정.

84 김주수/김상용, 친족상속법(제20판), 법문사(2024), 745; 송덕수, 친족상속법(제7판), 박영사(2024), 371.

85 이경희/윤부찬, 가족법(11정판), 법원사(2024), 510.

86 대법원 2018. 8. 30. 선고 2015다27132 판결.

87 대법원 2007. 7. 26. 선고 2006므2757, 2764 판결; 한편 이 판결은 피인지자의 가액지급청구 전에 상속재산분할이 마쳐져 공동상속인들 소유로 확정된 재산에 관한 것으로서, 상속재산분할에서 어떤 견해를 취하든지 상속분가액지급청구의 대상에서는 언제나 상속재산의 과실이 배제된다는 평석이 있다[임종효, "민법 제1014조에 정한 상속분가액지급청구권", 법조 제634호, 법조협회(2009), 72~73].

88 서울고등법원 2016. 10. 26. 자 2014브204 결정(심리불속행 기각), 서울고등법원 2017. 2. 8. 자 2016브13 결정(심리불속행 기각).

동상속인 전원의 합의가 있거나, 그것이 상속재산을 종합적·합목적적으로 분배하는 상속재산분할제도의 취지에 반하지 않는 것이라면 예외적으로 분할의 대상이 된다고 본 각급법원결정도 있다.[89]

40 한편 대법원 판례는, 상속재산분할심판에서 이러한 상속재산 과실을 고려하지 않은 채, 분할의 대상이 된 상속재산 중 특정 상속재산을 상속인 중 1인의 단독소유로 하고 그의 구체적 상속분과 특정 상속재산의 가액과의 차액을 현금으로 정산하는 방법(이른바 대상분할의 방법)으로 상속재산을 분할한 경우, 그 특정 상속재산을 분할받은 상속인이 상속재산 과실까지도 소급하여 상속인이 단독으로 차지하게 된다고 볼 수는 없고, 공동상속인들이 '구체적 상속분'의 비율에 따라 취득하는 것이 타당하다는 입장이다.[90]

3) 상속비용과 장례비용

41 상속에 관한 비용이라 함은 상속재산의 관리 및 청산에 필요한 비용을 의미한다.[91] 일반적으로 상속개시 후 공유재산인 상속재산의 유지·관리를 위하여 지출하는 화재보험료, 수리비와 같은 필요비, 유익비 등의 관리비용[92]과 상속재산에 관하여 발생하는 재산세[93] 등 제세공과금, 상속재산의 관리·보존을 위한 소송비용[94] 등은 상속비용에 해당하나, 상속세 신고 관련 세무사 수수료, 상속등기비용, 상속재산에 부과된 취득세,[95] 법률자문료,[96] 상속재산의 처분에 수반되는 부동산중개료, 양도소득세[97] 등은 상속비용으로 보기 어렵다.

89 서울고등법원 2016. 3. 7. 자 2013브93, 94, 107, 2014브117 결정(심리불속행 기각), 서울고등법원 2016. 10. 24. 자 2015브364 결정(확정); 동일한 견해로 신영호 외 2인, 가족법강의(제4판), 세창출판사(2023), 422; 박동섭/양경승, 친족상속법(제5판), 박영사(2020), 812

90 대법원 2018. 8. 30. 선고 2015다27132, 27149 판결.

91 대법원 2003. 11. 14. 선고 2003다30968 판결.

92 김윤정, "상속재산분할의 대상성과 관련한 논의", 사법 15호(2011. 3.), 사법발전재단(2011), 198.

93 대법원 2024. 8. 1. 선고 2023다318857 판결도 "공동상속인들이 각자의 법정상속분에 따라 상속재산을 공유하는 동안 상속재산에 부과된 재산세는 공동상속인들이 연대하여 납부할 의무를 지고, 그중 1인이 위 재산세를 납부함으로써 공동면책을 얻었다면 그 공동상속인은 특별한 사정이 없는 한 다른 공동상속인들을 상대로 각자의 법정상속분에 따라 구상할 수 있으며, 그리고 구상을 하지 않은 상태에서 상속재산분할 절차가 진행되는 경우 그 절차에서 위와 같이 납부된 재산세가 고려될 수 있으나, 이에 대한 고려가 이루어지지 않았다면 그 상속재산을 재산세를 납부한 공동상속인의 단독소유로 하는 내용의 상속재산분할이 이루어졌다고 해도 여전히 다른 공동상속인들을 상대로 구상할 수 있다."고 판시하고 있어 공동면책된 재산세는 상속비용으로 고려될 수 있다는 취지로 해석된다.

94 대법원 1997. 4. 25. 선고 97다3996 판결.

95 대법원 2014. 11. 25. 자 2012스156, 157 결정.

96 대법원 2018. 10. 31. 자 2014스186, 187 결정.

97 대법원 1993. 8. 24. 선고 93다12 판결.

42 상속에 관한 비용은 상속재산 중에서 지급하므로(민법 제998조의2), 상속재산의 가액에서 공제하거나 분할방법에서 고려하는 등 상속재산에 준하여 청산한다.[98]

43 장례비용도 피상속인이나 상속인의 사회적 지위와 그 지역의 풍속 등에 비추어 합리적인 금액 범위 내라면 이를 상속비용으로 보는 것이 원칙이다.[99] 그러나 통상 장례식에는 부의금이 들어오게 마련이고, 부의금이란 장례비에 먼저 충당될 것을 조건으로 한 금전의 증여로 이해함이 상당할 것이므로, 접수된 부의금으로(그 접수 명의와 관계없이) 장례비용이 먼저 충당되었다고 봄이 타당하다.[100] 따라서 장례비용을 상회하는 금액의 부의금이 접수되었음이 밝혀진 경우에는 부의금으로 장례비용이 모두 충당되었음[101]을 이유로 장례비용을 상속비용으로 공제하지 않고, 접수된 부의금으로 장례비용을 다 충당하지 못했고,[102] 그 장례비용을 충당한 사람이 누구인지 명확히 밝혀진 경우에만 장례비용을 상속에 관한 비용으로 공제함이 상당하다.

44 묘지구입비용에 관하여는 장례비용의 일부로 보아 상속비용으로 인정한 판례[103]와 상속비용으로 볼 수 없다는 판례[104]가 병존한다.

4) 상속세

45 상속세 및 증여세법 제3조의2 제1항 및 제3항에 의하면 상속인은 상속재산 중 각자가 받았거나 받을 재산을 한도로 연대하여 상속세를 납부할 의무가 있다고 규정하고 있는바, 상속인들 중 일부가 상속세 중 일부만을 납부하고 다른 상속인들에 대하여 그 분담을 구하는 등 각자의 분담범위 등에 관한 다툼이 있는 경우 상속재산분할절차를 통하여 각자의 상속분을 확정지은 후 민사소송에서 상속세에 관한 정산을 거침이 보다 적합하다는 이유로 상속세를 상속비용으로 공

98 대법원 1997. 11. 14. 선고 97누669 판결.

99 대법원 2003. 11. 14. 선고 2003다30968 판결 등 참조, 사회통념이나 풍속 등에 비추어 합리적인 범위 내의 비석 및 상석 설치비용은 상속재산가액에서 공제되는 장례비용에 해당한다고 보아야 한다는 판례로 대법원 1997. 11. 14. 선고 97누669 판결 참조.

100 서울가정법원 2010. 11. 2. 자 2008느합86, 87 심판(확정).

101 이 경우 남은 부의금은 부의금 피교부자별로 접수된 금액의 비율대로 귀속하고, 피교부자별 금액이 확정되지 않는다면, 그 지위와 상관없이 나머지 금액을 평등하게 분배함이 옳다는 각급법원결정으로, 서울가정법원 2010. 11. 2. 자 2008느합86, 87 심판(확정).

102 이 경우 접수된 부의금은 모두 장례비에 충당되고, 나머지 장례비용은 최선순위 상속인들이, 그들이 상속을 받을 경우 적용되었을 법정상속분에 따라 분담하는 것이 옳다는 각급법원결정으로, 서울가정법원 2010. 11. 2. 자 2008느합86, 87 심판(확정).

103 대법원 1997. 4. 25. 선고 97다3996 판결.

104 대법원 2014. 11. 25. 자 2012스156, 157 결정.

제해 달라는 주장은 대체로 배척하고 있다.[105]

46 판례 또한 공동상속인 중 특정한 1인에게 귀속된 상속재산으로서 그 1인에게 부과된 상속세 납부에만 공여된 공매재산을 공동상속인들 전체의 상속비용으로 보아 분할대상 상속재산에서 제외한 원심결정을 파기하면서 "공동상속인들은 과세권자에 대한 관계에서 각자 고유의 납세의무와 함께 다른 공동상속인의 상속세에 대하여도 연대하여 납세의무를 부담하는 것이지, 공동상속인들 사이에서 다른 공동상속인 고유의 상속세에 대하여 종국적인 책임을 부담하는 것은 아니다. 따라서 공동상속의 경우 상속재산의 분할 전에 법정상속분에 따라 공동상속인 중 특정한 1인에게 귀속되는 부분이 그 특정인의 상속세 납부에 공여되었다고 하여 이를 공동상속인들 전체의 상속비용으로 보아 분할대상 상속재산에서 제외하여서는 아니된다."고 판시한 바 있다.[106] 최근의 판례도 구체적 상속분은 분할대상 상속재산에 대한 상속인별 몫을 의미하므로, 원심이 청구인과 상대방들의 구체적 상속분을 산정하면서 이 사건 상속세 납부금까지 상속재산에 포함시킨 것은 이를 분할대상으로 삼는다는 뜻이 되는데, 원심이 그 후 상속재산의 분할방법을 정하는 단계에 이르러 이 사건 상속세 납부금이 분할대상이 아니라고 하여 그만큼을 분할해 주지 않은 것은 구체적 상속분의 산정방식과 모순된다고 판시하여, 상속세 납부금을 분할대상에 포함시킨 것 자체를 문제 삼지는 않은 바 있다.[107]

47 그러나 ① 상속재산 중 일부가 공매처분되어 그 공매재산이 공동상속인들 전체의 상속세 납부에 공여된 경우,[108] ② 당사자들의 협의에 따라 상속재산 중 일부가 상속세 납부에 사용되었고, 그로 인하여 미납된 상속세가 없으며, 당사자들이 그와 같이 납부된 상속세를 상속비용으로 공제하는 데 동의하고 있는 경우,[109] ③ 일부 상속인이 적지 않은 금액의 상속세 전액을 납부하였고, 향후 그

105 대법원 2017. 6. 16. 자 2017스518 결정, 서울고등법원 2015. 1. 29. 자 2013브84 결정(확정), 서울가정법원 2012. 12. 21. 자 2011느합298 심판(항고기각), 서울가정법원 2016. 2. 19. 자 2014느합30151 심판(확정).

106 대법원 2013. 6. 24. 자 2013스33 결정. 한편, 위 판례에 대하여는 공매처분된 재산은 상속재산분할 당시 상속재산을 구성하지 않으므로 분할대상이 될 수 없는데, 이를 분할대상으로 본 잘못이 있다는 평석이 존재한다[주해상속법(제1권), 박영사(2019), 301(이봉민)].

107 대법원 2022. 7. 20. 자 2022스597, 598 결정.

108 앞서 본 대법원 2013. 6. 24. 자 2013스33결정을 반대해석 하면 공매재산이 공동상속인 전체의 상속세 납부에 공여된 경우에는 이를 상속비용으로 보아 분할대상 상속재산에서 제외할 수 있다 할 것이다.

109 서울고등법원 2017. 5. 23. 자 2016브 9, 10, 11 결정(심리불속행기각).

정산과정이 쉽지 않을 것으로 예상되는 경우[110] 등에는 상속세를 상속비용으로 보고 상속재산에서 공제한 각급법원결정도 존재한다.

### 5. 분할협의의 무효와 취소

48 분할협의는 일종의 계약이므로 민법 총칙의 의사표시에 관한 규정이 적용된다. 따라서 상속인은 비진의 의사표시, 통정허위의 의사표시, 착오·사기·강박 등을 주장하여 재분할을 청구할 수 있다.[111] 분할협의의 성립 여부·성립한 협의의 내용·분할협의의 실시방법 등에 관한 다툼은 민사법원의 관할에 속한다.[112]

49 공동상속인 중 1인이 협의분할에 의한 상속을 원인으로 상속부동산에 관한 소유권이전등기를 마친 경우, 협의분할이 무효라는 이유로 다른 공동상속인이 구하는 소유권이전등기 말소등기청구의 소는 상속회복청구의 소에 해당하여 제척기간의 제한을 받는다.[113]

50 상속재산 협의분할로 부동산을 단독으로 상속한 자가 협의분할 이전에 공동상속인 중 1인이 그 부동산을 제3자에게 매도한 사실을 알면서도 상속재산 협의분할을 하였을 뿐 아니라, 그 매도인의 배임행위에 적극 가담한 경우에는 그 상속재산 협의분할 중 그 매도인의 법정상속분에 관한 부분은 민법 제103조 소정의 반사회질서의 법률행위에 해당하여 무효이다.[114]

### 6. 분할협의의 해제

51 분할협의는 계약의 성격이 있으므로, 공동상속인들은 이미 이루어진 상속재산 분할협의의 전부 또는 일부를 전원의 합의에 의하여 해제한 다음 다시 새로운 분할협의를 할 수 있다.[115] 상속재산 분할협의가 합의해제되면 그 협의에 따른 이행으

110 서울가정법원 2003. 7. 3. 자 2000느합71, 77 심판(항고심에서 조정성립), 대구고등법원 2009. 7. 21. 자 2009브2 결정(재항고기각).

111 주해상속법(제1권), 박영사(2019), 319(이봉민); 송덕수, 친족상속법(제7판), 박영사(2024), 372; 곽윤직, 상속법(민법강의VI)(개정판), 박영사(2004), 144.

112 곽윤직, 상속법(민법강의VI)(개정판), 박영사(2004), 144; 지방법원의 관할에 속하지만 상속재산분할 심판의 전제문제로서 다투어진 경우에는 가정법원이 협의의 유·무효를 심리판단하고 분할심판할 수 있다는 견해로 김주수/김상용, 친족상속법(제20판), 법문사(2024), 749.

113 대법원 2011. 3. 10. 선고 2007다17482 판결.

114 대법원 1996. 4. 26. 선고 95다54426, 54433 판결.

115 윤진수, 친족상속법 강의(제5판), 박영사(2023), 471; 송덕수, 친족상속법(제7판), 박영사(2024), 372; 박동섭/양경승, 친족상속법(제5판), 박영사(2020), 816; 신영호 외 2인, 가족법강의(제4판), 세창출판사(2023), 424; 이경희/윤부찬, 가족법(11정판), 법원사(2024), 517; 조승현/이호행, 친족상속법, 한국방송통신대학교 출판문화원(2024), 306.

로 변동이 생겼던 물권은 당연히 그 분할협의가 없었던 상태로 복귀하지만, 그 해제 전의 분할협의로부터 생긴 법률효과를 기초로 하여 새로운 이해관계를 가지게 되고 등기·인도 등으로 완전한 권리를 취득한 제3자의 권리를 해하지 못한다.[116]

52 법정해제가 가능한지에 관하여는 법적 안정성을 해칠 수 있으므로 부정하는 견해,[117] 법적 안정성은 민법 제548조 제1항 단서에 의하여 확보될 수 있으므로 가능하다는 견해[118] 등이 대립된다. 대법원 판례 중에서는 원심에서 상속재산분할협의 별도합의사항에 따라 부담하는 예금인출에 협조할 의무의 내용 중에 차명예금의 실소유자가 아닌 자를 실소유자라고 확인하여 줄 의무까지 포함되어 있다고 볼 수는 없으므로 차명예금의 실소유자가 공동상속인 중 어느 한 명 임을 확인하여 주지 않았다는 사실만으로는 별도합의사항에 따른 협조의무를 위반하였다고 할 수 없어서, 그 협조의무 위반을 이유로 한 상속재산분할협의의 해제 항변을 배척한 원심이 정당하다고 한 사례가 있는바,[119] 이러한 대법원 판례가 분할협의의 법정해제가 가능함을 전제로 한 것이라는 평석이 있다.[120]

### 7. 분할협의의 효과

53 분할협의가 성립되면 각 상속인이 취득한 재산은 상속개시시에 소급하여 분할받은 사람에 귀속한 것이 되나, 그 소급효로 말미암아 제3자의 권리를 해하지 못하도록 규정하고 있다(민법 제1015조). 상속재산분할에 의해 어느 공동상속인이 특정부동산을 취득한 경우 원칙적으로 등기가 필요하지 않고, 그것을 처분하기 위해서는 등기가 필요하다는 것이 실무의 입장이나,[121] 이에 대하여는 협의분할은 계약이므로, 상속재산 분할의 효력을 위해서는 등기, 인도 등의 공시요건이 필요하다는 반론이 있다.[122]

116 대법원 2004. 7. 8. 선고 2002다73203 판결.
117 박동섭/양경승, 친족상속법(제5판), 박영사(2020), 816.
118 윤진수, 친족상속법 강의(제5판), 박영사(2023), 471.
119 대법원 2007. 10. 25. 선고 2005다27362 판결.
120 주해상속법(제1권), 박영사(2019), 321(이봉민).
121 상속등기실무, 법원행정처(2012), 123; 양경승, "상속재산분할협의의 법적 성질과 효력", 사법논집 제66집, 법원도서관(2018), 489.
122 윤진수, 친족상속법 강의(제5판), 박영사(2023), 480.

54 상속재산 분할협의는 재산권을 목적으로 한 법률행위로서 채권자취소의 대상이 된다.[123] 따라서 이미 채무초과 상태에 있는 채무자가 상속재산의 분할협의를 하면서 자신의 상속분에 관한 권리를 포기함으로써 일반 채권자에 대한 공동담보가 감소한 경우 원칙적으로 채권자에 대한 사해행위가 될 수 있고, 그와 같은 분할협의가 사실상 상속포기와 같은 결과를 가져온다고 하더라도 사해행위 성립에는 문제가 없다.[124]

55 협의 또는 심판에 의하여 상속재산분할이 일부에 관하여만 이루어진 경우, 과거의 상속재산분할협의에 따라 유효한 분할이 이루어진 상속재산은 후행 상속재산분할심판에서 분할의 대상이 되지 않으므로, 이를 고려하지 않은 채 구체적 상속분을 계산하여야 한다는 각급법원결정도 존재하나,[125] 공동상속인들 사이에 이미 분할하여 나누어 가진 재산을 분할대상에서 제외하는 것에 대하여 명시적 또는 묵시적 합의가 있는 경우가 아니라면 나머지 상속재산의 분할에 있어서도 기존의 분할을 고려하는 각급법원결정이 더 일반적이다.[126]

## Ⅱ. 심판에 의한 상속재산분할

### 1. 의의 및 성질

#### 가. 가사비송사건

56 유언에 의한 분할방법의 지정이 존재하지 아니하고, 공동상속인 간의 협의에 의하여도 상속재산분할이 이루어지지 않은 경우 상속인은 법원에 그 분할을 청구할 수 있다. 이는 민법 제1013조 제2항에서 공유물분할방법에 관한 민법 제269조 제1항을 준용하고 있기 때문이다. 상속재산분할사건은 마류 가사비송사건으로서 가정법원의 전속관할에 속한다(가사소송법 제2조 제1항 제2호 제나목 10). 헌법재판소는 상속재산분할 사건의 결과가 가족공동체의 안정에 커다란 영향을 미치게 되므로 그 구체적인 상속분의 확정과 분할의 방법에 관하여는 가정법원이 당사

123 대법원 2007. 7. 26. 선고 2007다29119 판결; 주해상속법(제1권), 박영사(2019), 321(이봉민); 송덕수, 친족상속법(제7판), 박영사(2024), 369; 이경희/윤부찬, 가족법(11정판), 법원사(2024), 517; 신영호 외 2인, 가족법강의(제4판), 세창출판사(2023), 425; 조승현/이호행, 친족상속법, 한국방송통신대학교 출판문화원(2024), 306.

124 대법원 2024. 5. 30. 선고 2024다208315 판결.

125 서울가정법원 2012. 7. 19. 2010느합117 심판(항고기각).

126 서울고등법원 2014. 9. 18. 자 2013브36, 37 결정(재항고기각).

자의 주장에 구애받지 않고 후견적 재량을 발휘하여 합목적적으로 판단하여야 할 필요가 있고, 그렇기 때문에 상속재산분할 사건을 가사비송절차에 의하도록 한 것이 공동상속인의 재판청구권을 침해한 것으로 볼 수는 없다고 하였다.[127]

57 마류 가사비송사건은 심문절차로 진행되는 것으로 직권탐지주의의 적용을 받는다.[128] 청구취하는 상대방의 동의를 묻지 않고 바로 효력을 발생하나,[129] 청구인의 2회 불출석에 따른 취하간주규정은 적용되지 않는다. 심문기일에서 반드시 심판(항고심에서는 결정) 고지기일을 지정하거나 그 기일을 당사자에게 미리 통보할 필요는 없다.[130]

### 나. 공유물분할청구와의 관계

58 상속재산의 분할은 실질이 비송이라는 점에서는 공유물분할과 다르지 않지만,[131] 집합재산인 상속재산을 가정법원이 후견적 재량에 의하여 공동상속인 사이에 배분하는 것이라는 점에서 개개의 물건을 대상으로 하는 공유물분할과 구별된다.[132] 상속재산에 대하여 협의가 성립되지 않거나 협의할 수 없는 경우에 상속재산에 속하는 개별재산에 관하여 민법 제268조의 규정에 따라 공유물분할청구의 소를 제기하는 것은 허용되지 않는다는 것이 학설[133]과 판례[134]의 입장이다. 따라서 '상속'을 원인으로 상속인들 명의의 소유권이전등기가 마쳐져 있는 부동산 등에 관하여 공유물분할청구의 소가 제기된 경우, 법원은 상속재산인 부동산의 분할에 관하여 공동상속인 사이에 협의가 성립되지 아니하거나 협의할 수 없는 경우에 해당함을 이유로 민법 제1013조 제2항에 따른 상속재산분할을 청구하는 것인지, 공동상속인 사이에 이 사건 각 부동산을 공유로 하기로 하는 상속재산분할협의가 성립되는 등 상속재산분할절차가 마쳐져 그들 사이의 공유관계가 물권법상의 공유라고 주장하면서 민법 제268조에 따른 공유물분할을 청구하는 것인지 등에 관하여 석명권을 행사하여야 하고, 그 청구가 상속재산분할청구

127 헌법재판소 2017. 4. 27. 선고 2015헌바24 결정.
128 대법원 2008. 1. 3. 자 2007스10 결정.
129 법원실무제요, 가사[Ⅱ], 사법연수원(2021), 1590.
130 대법원 2000. 11. 14. 자 99스38, 39 결정.
131 공유물분할소송은 형식은 소송이나 실질은 비송으로 명시한 견해로 대법원 2024. 7. 18. 자. 2018스724 전원합의체 결정 중 대법관 권영준의 별개의견.
132 법원실무제요, 가사[Ⅱ], 사법연수원(2021), 1589.
133 윤진수, 친족상속법 강의(제5판), 박영사(2023), 474; 송덕수, 친족상속법(제7판), 박영사(2024), 373.
134 대법원 2015. 8. 13. 선고 2015다18367 판결.

로 인정되는 경우에는 사건을 관할이 있는 가정법원에 이송하여야 하며, 공유물 분할청구로 인정되는 경우 공동상속인 사이에 상속재산분할청구가 마쳐졌는지 여부 등에 관하여 심리하여야 한다.[135]

## 2. 당사자

### 가. 일반론

59 상속재산분할심판의 당사자는 원칙적으로 협의분할의 당사자와 같다. 따라서 상속재산분할심판은 청구인인 상속인이 나머지 상속인 전원을 상대방으로 청구하여야 한다(가사소송규칙 제110조). 판례 또한 상속재산분할심판의 소의 형태는 이른바 고유필요적 공동소송(고유필수적 공동소송)[136]이라고 보아, 민사소송법의 필수적 공동소송에 관한 조항이 준용된다고 하고 있다.[137] 따라서 청구인 중 일부가 청구를 취하하더라도, 그 청구인은 상대방이 되어 계속 심판절차에 참가하여야 한다. 적법한 상속포기를 한 상속인은 당사자적격이 없으나,[138] 초과특별수익자라 하더라도 그 상속인은 당사자적격을 가진다.[139]

60 다른 공동상속인으로부터 상속분을 양수한 공동상속인은 자신이 가지고 있던 상속분과 양수한 상속분을 합한 상속분을 가지고 상속재산분할 절차에 참여하여 그 상속분 합계액에 해당하는 상속재산을 분배해 달라고 요구할 수 있다.[140] 그러한 경우 상속분 양도인이 분할심판의 당사자가 되는지에 관하여는 앞서 본 바와 같은 견해 대립이 있다(☞ 상세한 내용은 Ⅰ. 2. 라. 포괄적 수증자와 상속분 양수인, 양도인 주석 참고). 상속재산분할심판절차에서는 상속분 양도 사실에 관한 심리를 위하여 상속분 전부를 양도한 상속인도 당사자에 포함시켜 진행하되 심판 시에 초과특별수익자의 경우와 같이 상속분 양도인에게 재산을 귀속시키지 않는 것으로 상속재산을 분할하는 실무례와[141] 상속분이 양도된 경우에는 그 양수인이 당사자적격을 가지고(민법 제1011조 제1항, 가사소송규칙 제110조 참조), 양도

135 대법원 2015. 8. 13. 선고 2015다18367 판결.

136 상속재산분할심판이 비송절차임을 감안하여 필수적 공동비송으로 언급하는 견해로, 송덕수, 친족상속법(제7판), 박영사(2024), 373.

137 대법원 2002. 1. 23. 자 99스49 결정.

138 서울고등법원 2018. 11. 14. 자 2017브318 결정(재항고기각), 서울고등법원 2016. 9. 7. 자 2015브42 결정(심리불속행기각).

139 서울고등법원 2006. 7. 4. 자 2005브37 결정(재항고기각).

140 대법원 2021. 7. 15. 선고 2016다210498 판결.

141 법원실무제요, 가사[Ⅱ], 사법연수원(2021), 1591.

인은 상속재산에 관하여 자신 명의의 소유권이전등기를 마친 경우 등에 한하여 당사자적격을 갖는다고 하면서 상속재산에 관하여 소유권이전등기를 마친 적이 없는 상속분 양도인을 상대로 청구한 상속재산분할심판을 각하한 실무례가 병존한다.[142]

### 나. 미성년자, 피후견인과 특별대리인

61 미성년자와 그의 친권자가 공동상속인인 경우 미성년자를 위한 민사소송법 제62조 상의 특별대리인을 선임하여야 하고, 이는 Ⅰ. 2. 나. 미성년자, 피후견인과 특별대리인에서 본 협의분할을 위한 민법 제921조 상의 특별대리인과는 그 대리권의 범위에 차이가 있다. 친권자가 특별대리인 선임 전 자신과 미성년자를 모두 대리하는 변호사를 선임하는 것은 무효이나, 미성년자의 특별대리인과 친권자가 동일한 변호사를 선임하는 것은 유효하다.[143]

62 공동상속인인 후견인이 여러 명의 피후견인을 대리하는 경우 또는 부재자 재산관리인이 여러 명의 부재자를 대리하는 경우에도 위와 같으나, 후견인과 피후견인의 이해가 상반되는 경우라도 후견감독인이 있는 경우에는 특별대리인을 선임할 필요가 없다(민법 제949조의3).[144]

### 다. 상속인의 채권자의 대위청구

63 상속인의 채권자가 상속인을 대위하여 상속재산분할심판을 청구할 수 있는지에 관하여는 가능하다는 견해[145]와 불가능하다는 견해[146]가 대립되어 있고 실무례 또한 이를 긍정하는 각급법원결정[147]과 상속재산분할청구권은 상속인의 자유로운 의사결정에 전적으로 맡겨진 권리로서 행사상의 일신전속성을 가지므로 채권자대위의 목적이 될 수 없다는 이유로 상속인의 금전채권자가 제기한 상속재산분할심판을 각하한 각급법원결정[148]이 병존한다. 명시적인 대법원 판례는 없으나, 최근의 판례가 채무자의 책임재산인 부동산 공유지분에 대한 강제집행이 곤

142 서울고등법원 2022. 11. 29. 자 2021브2148 결정(확정), 서울고등법원 2018. 11. 14. 자 2017브318 결정(재항고기각).

143 법원실무제요, 가사[Ⅱ], 사법연수원(2021), 1593; 주해상속법(제1권), 박영사(2019), 325(이봉민).

144 법원실무제요, 가사[Ⅱ], 사법연수원(2021), 1594.

145 윤진수, 친족상속법 강의(제5판), 박영사(2023), 477; 주해상속법(제1권), 박영사(2019), 325(이봉민); 이경희/윤부찬, 가족법(11정판), 법원사(2024), 506; 박동섭/양경승, 친족상속법(제5판), 박영사(2020), 810.

146 임채웅, 상속법연구, 박영사(2011), 55.

147 대구가정법원 김천지원 2016. 3. 24. 자 2015느합7 심판(확정).

148 서울가정법원 2011. 1. 18. 자 2009느합16 심판(확정).

란한 경우에 채권자가 금전채권을 보전하기 위하여 채무자를 대위하여 공유물분할청구권을 행사하는 것은 보전의 필요성을 인정할 수 없어 극히 예외적인 경우를 제외하고는 허용될 수 없다고 판시한 것[149]에 비추어, 채권자가 상속인을 대위하여 상속재산 분할심판 청구를 할 수 없다고 보게 될 것이라는 평석이 있다.[150]

64 한편 상속개시 후 상속재산 중 특정재산에 대한 상속인의 지분만을 양수한 자는 그 재산에 대하여 민법 제268조에 의한 공유물분할청구를 하면 되고, 상속재산분할청구의 당사자적격을 인정할 것은 아니다.

### 라. 소재불명자와 재북상속인

65 공동상속인 중 소재불명인 사람이 있는 경우 그를 위한 부재자재산관리인을 선임하여 분할심판을 진행하여야 할 것이나,[151] 공시송달의 방법에 따라 심판 절차를 진행하는 경우도 있다.[152]

66 상속인이 북한에 있는 경우에도 생사 불명이라는 이유만으로는 재산상속인에서 제외될 수는 없으므로,[153] 공시송달의 방법에 의해 심판 절차를 진행하거나, 2012. 2. 10. 제정된 '남북 주민 사이의 가족관계와 상속 등에 관한 특례법'에 따라 부재자재산관리인을 선임하여 심판절차를 진행할 수 있을 것이다. 그러나 재북상속인들의 존재 여부, 사망 시기 등을 확인할 자료가 전혀 없는 경우라면 상속인을 확정할 수 없어 상속재산분할이 불가능하게 된다는 이유로 재북상속인들을 제외한 채 상속재산분할심판을 진행한 각급법원결정도 있다.[154]

67 '남북 주민 사이의 가족관계와 상속 등에 관한 특례법' 제10조, 제11조에 따라 실종선고 또는 부재선고를 받았던 북한주민 및 남북이산으로 인하여 피상속인인 남한주민으로부터 상속을 받지 못한 북한주민은 상속재산의 반환청구, 상속회복

149 대법원 2020. 5. 21. 선고 2018다879 전원합의체 판결; 해당 판결로 민사집행법 제102조에 따라 공유지분에 대한 경매절차가 취소된 경우에는 공유자의 금전채권자는 자신의 채권을 보전하기 위하여 공유자의 공유물분할청구권을 대위행사할 수 있다는 취지로 판단한 대법원 2015. 12. 10. 선고 2013다56297 판결을 변경하였는데, 변경 전 판결은 상속인의 채권자가 채권자대위권에 기하여 상속인을 대위하여 상속재산분할을 청구할 수 있다는 견해의 주요 논거 중 하나였다.

150 윤진수, 친족상속법 강의(제5판), 박영사(2023), 477, 한편 해당 평석은 그와 같은 판례의 결론에 의문을 표시하고 있다.

151 주해상속법(제1권), 박영사(2019), 325(이봉민); 박동섭/양경승, 친족상속법(제5판), 박영사(2020), 809; 이경희/윤부찬, 가족법(11정판), 법원사(2024) 506~507.

152 법원실무제요, 가사[Ⅱ], 사법연수원(2021), 1590.

153 대법원 1982. 12. 28. 선고 81다452, 453 판결.

154 서울가정법원 2005. 7. 1. 자 2003느합17 심판(항고취하로 확정), 서울가정법원 2004. 5. 20. 자 98느합1969, 2000느합25 심판(항고취하로 확정).

청구가 가능하다(☞ 상세한 내용은 민법 제999조 주석 참조).

### 마. 한정승인

68 공동상속인이 한정승인을 한 경우라 하더라도 한정승인에 따른 청산절차가 종료되지 않은 경우라면 상속재산분할 청구가 가능하다는 것이 일반적인 실무[155]와 대법원 판례의 입장이다.[156] 우리 민법이 한정승인 절차가 상속재산분할 절차보다 선행하여야 한다는 명문의 규정을 두고 있지 않고, 상속재산분할의 대상이 되는 상속재산의 범위에 관하여 공동상속인들 사이에 분쟁이 있을 경우에는 한정승인에 따른 청산절차가 제대로 이루어지지 못할 수 있으며, 오히려 상속재산분할청구 절차를 통해 상속재산의 범위를 한꺼번에 확정하는 것이 상속채권자의 보호나 청산절차의 신속한 진행을 위하여 필요하다는 점을 논거로 든다.

69 이에 대하여는 한정승인을 한 상속인은 상속채무를 변제하기 위한 것이 아니면 원칙적으로 상속재산에 대하여 처분할 권한이 없을 뿐만 아니라, 청산이 완료되기 전에도 상속재산 분할이 이루어지면 단순승인이 의제되어 한정승인의 효과가 소멸될 수 있으므로 반대하는 견해가 있다.[157]

## 3. 관할 및 관련사건과의 관계

### 가. 관할

70 토지관할은 상대방의 보통재판적이 있는 곳의 가정법원에 속하고(가사소송법 제46조 본문), 사물관할은 가정법원 합의부에 속한다(민사 및 가사소송의 사물관할에 관한 규칙 제3조 제2호). 상대방이 여러 명인 경우 한 명에 대해 관할권이 있는 법원에 소를 제기할 수 있다.[158]

### 나. 조정전치주의

71 상속재산분할심판을 청구하려는 사람은 먼저 조정을 신청하여야 하고(가사소송법 제50조 제1항), 조정을 신청하지 아니하고 심판을 청구한 경우에는 원칙적으로 그 사건을 조정에 회부하여야 한다(제50조 제2항 본문). 그러나 조정을 거치지 아니한 채 심판을 하더라도 그 효력에는 아무 영향이 없다.[159] 당사자 간의 분쟁을

155 법원실무제요, 가사[Ⅱ], 사법연수원(2021), 1591.
156 대법원 2014. 7. 25. 자 2011스226 결정.
157 윤진수, 친족상속법 강의(제5판), 박영사(2023), 475.
158 법원실무제요, 가사[Ⅱ], 사법연수원(2021), 1595; 서울가정법원 2016. 6. 28. 자 2016즈기30603 결정.
159 대법원 1995. 2. 15. 자 94스13, 14결정.

일시에 해결하기 위하여 필요하면 당사자는 조정위원회 또는 조정담당판사의 허가를 받아 조정의 목적인 청구와 관련 있는 민사사건의 청구를 병합하여 조정신청을 할 수 있으므로(가사소송법 제57조 제2항), 상속회복청구사건, 유류분반환청구사건 등 관련 민사사건과 함께 조정신청을 하는 것도 가능하다.[160]

### 다. 심판분할의 전제문제

#### 1) 신분관계에 관한 사항

72 공동상속인 중 일부에게 혼인무효, 입양무효 등의 사유가 있어 당사자적격이 없다거나, 당사자로 되지 아니한 자가 이혼무효, 파양무효 등의 사유가 있음을 전제로 공동상속인임을 주장하는 경우, 그와 같은 무효사유는 언제, 어디서든지 주장할 수 있는 성질의 것이므로 상속재산분할심판절차에서도 그 당부를 판단할 수 있다. 다만, 해당 심판에서 판단된 것과 다른 내용의 판결이 확정되는 경우 그 범위 내에서 기존의 심판은 효력을 상실하게 되므로 관련 사건의 판결확정을 기다려 심판하는 것이 바람직하다.[161]

73 친생부인, 인지취소, 인지청구, 이혼취소, 파양취소 등과 같이 판결확정에 의해 신분관계에 변동이 생기는 사항을 주장하는 경우에는 그 확정판결이 없는 한 심판에서 그 주장을 고려할 것은 아니다.[162] 다만, 상속인 결격사유의 존부, 상속분 양도여부, 상속포기의 효력 여부는 상속재산분할심판절차에서 선결문제로 심리, 판단할 수 있다.[163]

#### 2) 재산관계에 관한 사항

74 특정한 재산이 상속재산인지 여부는 원칙적으로 민사소송에 의하여 판단되어야 한다.[164] 따라서 제3자 명의의 재산 또는 공동상속인 명의의 재산이 상속재산임을 주장하는 명의신탁해지 소송 등이 계속되어 있는 경우 가정법원이 그 소유권의 귀속문제를 스스로 판단하여 분할의 대상으로 삼을 수는 없고, 관련 사건의 판결확정을 기다려 심판하는 것이 바람직하다.

160 법원실무제요, 가사[Ⅱ], 사법연수원(2021), 1599.
161 곽윤직, 상속법(민법강의Ⅵ)(개정판), 박영사(2004), 145; 김주수/김상용, 친족상속법(제20판), 법문사(2024), 752; 송덕수, 친족상속법(제7판), 박영사(2024), 373; 법원실무제요, 가사[Ⅱ], 사법연수원(2021), 1644.
162 김주수/김상용, 친족상속법(제20판), 법문사(2024), 752; 송덕수, 친족상속법(제7판), 박영사(2024), 373; 법원실무제요, 가사[Ⅱ], 사법연수원(2021), 1644.
163 법원실무제요, 가사[Ⅱ], 사법연수원(2021), 1645.
164 주해상속법(제1권), 박영사(2019), 333(이봉민); 신영호 외 2인, 가족법강의(제4판), 세창출판사(2023), 420.

75 대법원 판례는 일부 상속인 명의의 특정 부동산을 피상속인이 그에게 명의신탁해 둔 부동산이라고 보기 어렵다고 판단한 원심이 정당하다고 한 예도 있고,[165] 일부 상속인 명의의 특정 부동산이 망인의 사망 당시에 망인이 소유하던 것으로서 상속재산에 해당하는지 여부는 소송을 통하여 판단되어야 하고, 상속재산분할의 심판절차에서 판단할 수 없다는 원심이 정당하다고 한 예도 있는데,[166] 상속재산분할심판절차에서 관련 사건의 확정판결이 없음에도 불구하고 피상속인 명의가 아닌 재산을 상속재산으로 인정하여 평가하는 예는 찾아보기 힘들다.[167]

3) 유언, 유증, 유류분반환청구에 관한 사항

76 상속재산분할 심판에서 유언 또는 유증이 주장되는 경우 그 처리방법과 순서가 문제된다. 예를 들어 상속인 A가 상속인 B를 상대로 가정법원에 상속재산분할심판을 청구하였고, 상속인 B는 상속재산을 자신이 유증받았다고 주장하는 경우, 가정법원은 민사법원에서 유언의 효력에 관한 판결(유증을 원인으로 한 소유권이전등기청구, 유언무효확인 등)을 기다려 그 결과에 따라 판단하는 것이 일반적이다.

77 문제는 이에 대해 상속인 A가 그 민사판결에서 유류분의 반소 또는 예비적 청구 등을 하는 경우인데, 그러한 경우에도 가정법원이 민사법원의 판결을 기다리는 것이 일반적이다. 그러나 그와 같은 실무례에는 민사법원이 유류분침해액을 정함에 있어 기여분 등을 고려할 수 없고, 특별수익에 관하여도 가정법원과 다른 결론을 취할 수 있다는 문제점이 있다. 실무례 중에는, 유언의 유무효를 판단하는 민사법원이 유언의 유무효에 관하여만 먼저 중간판결을 하고 가정법원의 상속재산분할사건의 결과를 보고 다시 유류분을 판단한 사례가 있다.[168] 한편, 최근의 대법원 판례에서는 공동상속인 중 특별수익을 받은 유류분권리자의 유류분 부족액을 산정할 때에는 유류분액에서 특별수익액과 순상속분액을 공제하여야 하고, 이때 공제할 순상속분액은 당해 유류분권리자의 특별수익을 고려한 구체적인 상속분에 기초하여 산정하여야 한다고 판시하고 있어,[169] 민사법원이 가

165 대법원 2006. 7. 24. 자 2005스83 결정, 대법원 2014. 11. 25. 자 2013스112, 113 결정.
166 대법원 2009. 2. 2. 자 2008스83 결정.
167 법원실무제요, 가사[Ⅱ], 사법연수원(2021), 1645.
168 수원지방법원 성남지원 2016. 4. 28. 선고 2015가합203734 중간판결. 해당 재판부는 2016. 4. 28. 유언의 효력에 관하여 중간판결을 한 뒤 서울가정법원 2015느합30010 상속재산분할심판 사건의 결과를 기다렸고, 위 상속재산분할심판사건이 2016. 10. 5. 조정성립으로 종국되자, 2018. 5. 29. 나머지 유류분반환청구에 관한 판결을 선고하였다.
169 대법원 2021. 8. 19. 선고 2017다235791 판결.

정법원의 상속재산분할심판을 기다리지 않고 판단하는 것도 가능할 것이다.[170]

78 민사법원에 유류분반환청구 사건만 별도로 계속되어 있는 경우에는 주로 유류분반환청구 사건이 가정법원의 상속재산분할심판 절차를 기다려 판단하는 것이 일반적이다.

4) 협의분할의 효력에 관한 사항

79 상속재산분할협의가 유효하게 성립되었는지 여부는 분할심판청구의 요건이므로 상속재산분할심판에서 판단할 수 있으나,[171] 이미 등기이전 등이 마쳐진 분할협의의 무효, 취소를 주장하는 경우 이는 상속회복청구의 소의 성격이 있으므로 민사법원의 판결을 먼저 거치는 것이 바람직하다.[172]

**라. 기여분결정청구**

80 분할이 청구된 상속재산에 관하여 기여분결정청구가 있는 때에는 이를 병합하여 심리, 재판하여야 한다(가사소송규칙 제112조 제2항).

81 한편 기존 대법원 판례와 일반적인 실무례에 의하면, 기여분결정청구는 상속재산분할의 전제문제로서의 성격을 갖는 것이어서 상속재산분할청구(상속재산분할조정신청) 또는 피인지자 등의 상속분가액지급청구사건이 있는 경우에 한하여 청구할 수 있고, 단지 유류분반환청구나 상속회복청구가 있다는 사유만으로는 기여분결정청구가 허용된다고 할 수 없었다.[173] 그리고 기여분결정의 대상재산은 상속재산만이고, 생전 증여된 특별수익재산이나 유증재산에 대하여는 기여분비율을 적용할 수 없으므로, 상속재산분할청구가 있더라도 분할할 상속재산이 없는 경우 기여분결정청구도 함께 각하해 왔다.[174] 그러나 헌법재판소가 최근에 민법 제1118조에 기여분에 관한 제1008조의2를 준용하는 내용을 두지 않아서 결과적으로 기여분과 유류분의 관계를 단절하고 있는 것은 현저히 불합리하고 자의적이어서 헌법 제37조 제2항에 따른 기본권제한의 입법한계를 일탈하여 재산권을 침해하므로 2025. 12. 31.까지의 개선입법을 요청하는 헌법불합치 결정을

170 법원실무제요, 가사[Ⅱ], 사법연수원(2021), 1646.
171 주해상속법(제1권), 박영사(2019), 333(이봉민).
172 대법원 2011. 3. 10. 선고 2007다17482 판결.
173 대법원 1999. 8. 24. 자 99스28 결정, 서울가정법원 2016. 2. 19. 자 2015느합30275 심판(항고심에서 조정성립), 서울가정법원 2016. 2. 11. 자 2015느합30011 심판(확정).
174 서울가정법원 2016. 2. 11. 자 2015느합30000 심판(확정).

하였는바,[175] 새로운 입법에 따라 유류분을 정할 때도 기여분을 참작할 가능성이 커졌다.[176]

### 4. 심판청구의 요건과 방식

#### 가. 심판청구의 요건

82 공동상속인 중에 상속의 포기, 승인을 위한 숙려기간 중에 있는 자가 있을 때에는 상속인의 지위가 확정되지 않았으므로 상속재산분할심판을 할 수 없다.[177] 피상속인이 유언으로 상속재산분할방법을 지정하거나 제3자에게 그 지정을 위탁한 때, 유언에 의한 상속재산분할 금지기간 내에는 상속재산분할심판을 할 수 없다. 따라서 유언으로서 상속재산의 분할방법이 지정되었음에도 분할심판청구가 있는 경우에는 상속재산분할을 청구할 이익이 없어 각하하여야 한다.[178] 또한 상속재산분할에 관한 협의가 성립되지 않았어야 함도 심판청구의 요건인데, 상속재산분할협의가 있음에도 분할심판청구를 한 경우에도 이를 각하하여야 한다.[179]

#### 나. 심판청구의 방식

83 상속재산분할의 심판청구에서는 일반적인 필수적 기재사항(가사소송법 제36조 제3항) 외에 이해관계인의 성명과 주소, 공동상속인 중 상속재산으로부터 증여 또는 유증을 받을 자가 있는 때에는 그 내용, 상속재산의 목록을 적어야 한다(가사소송규칙 제114조).

84 청구취지는 "별지 목록 기재 상속재산의 분할을 구한다."는 것과 같이, 상속재산의 분할을 구한다는 취지와 그 대상인 상속재산을 특정함으로써 충분하고, 분할방법까지 구체적으로 적을 필요는 없다.[180] 종래 상속재산분할심판청구의 수수료를 분할대상 재산의 개수와 가액에 무관하게 일률적으로 10,000원으로 정했던 가사소송수수료규칙이 2016. 2. 19. 일부개정(대법원규칙 제2639호, 2016. 7. 1. 시행)되어 그 심판청구를 공유물분할청구의 소로 보고 민사소송 등 인지법 제2조를 준용하여 계산한 금액을 수수료로 정함에 따라 전과 달리 분할대상 재산 및 그

175 헌법재판소 2024. 4. 25. 선고 2020헌가4등 결정.
176 같은 견해: 김주수/김상용, 친족상속법(제20판), 법문사(2024), 726.
177 윤진수, 친족상속법 강의(제5판), 박영사(2023), 474~475; 법원실무제요, 가사[Ⅱ], 사법연수원(2021), 1595.
178 서울가정법원 2016. 4. 28. 자 2015느합30293 심판(확정), 의정부지방법원 2014. 9. 5. 자 2013느합3 심판(확정).
179 대법원 1999. 6. 26. 자 98스26결정, 서울고등법원 2015. 9. 14. 자 2015브304 결정(심리불속행 기각).
180 법원실무제요, 가사[Ⅱ], 사법연수원(2021), 1596.

가액을 특정하는 것이 중요해졌다.

85 심판청구에 의하여 분할해야 할 상속재산이 없는 경우에는 그 상속재산분할심판청구를 기각한다.[181]

### 다. 기여분결정 청구기간의 지정

86 상속재산분할의 심판청구 중에 가정법원은 당사자가 기여분의 결정을 청구할 수 있는 1월 이상의 기간을 정하여 고지할 수 있고, 그 지정기간을 넘긴 기여분 결정청구는 각하할 수 있다(가사소송규칙 제113조). 기여분청구기간의 지정은 성질상 결정이고, 이 결정은 당사자 전원에게 고지하여야 하며, 심리기일에서 말로 고지한 경우에는 기일조서에 적어 분명히 하여야 한다.[182] 그와 같은 고지가 없었던 경우라면 항고심 심문 종결 후에야 비로소 기여분결정청구를 하였다 하더라도 이를 실기한 공격·방어방법으로 각하할 수는 없다는 각급법원결정이 있다.[183]

## 5. 심판의 내용과 분할의 기준

### 가. 심판의 내용

87 가정법원은 제1심 심문종결시까지 분할이 청구된 모든 상속재산에 대하여 동시에 분할의 심판을 하여야 한다(가사소송규칙 제115조 제1항). 이는 당사자가 분할을 청구하여 심판대상이 된 재산 전부를 동시에 심판하라는 취지이고, 분할청구의 대상이 되지 않은 상속재산까지 모두 동시에 분할심판하라는 취지는 아니다.[184]

88 상속재산의 일부가 이미 분할되어 있는 경우 나머지 재산에 대하여 추가로 상속재산분할이 청구된 경우(분할심판 후 새로운 상속재산이 존재하는 것으로 판명된 경우 포함), 선행 심판에서 인정된 상속재산과 후행 심판에서의 상속재산을 포함하여 구체적 상속분을 산정하고, 선행 심판에서 인정된 최종 상속분 가액을 공제하여 이 사건 상속재산에 대한 구체적 상속분 가액을 계산한 각급법원결정이 있다.[185]

181 서울고등법원 2005. 8. 17. 자 2003브16결정(재항고기각).
182 법원실무제요, 가사[Ⅱ], 사법연수원(2021), 1597.
183 서울고등법원 2018. 1. 12. 자 2016브303, 2017브22 결정(확정).
184 대법원 2000. 11. 14. 자 99스38 결정.
185 서울고등법원 2012. 9. 3. 2011브138 결정(재항고기각). 한편 이 결정에서는 선행 심판에서 인정된 특정 공동상속인의 기여분 30% 결정의 효력은 후행 심판의 심판대상인 상속재산에는 미칠 수 없다고 보았다.

### 나. 분할의 기준(구체적 상속분)

#### 1) 구체적 상속분의 의미

89 심판에 의한 분할은 협의분할에서와 달리 공동상속인의 상속분에 따라 분할을 하여야 한다. 여기서의 상속분이란 특별수익(피상속인의 공동상속인에 대한 유증이나 생전 증여 등)이나 기여분에 따라 수정된 구체적 상속분을 의미한다.[186] 구체적 상속분을 산정함에 있어서는, 상속개시 당시를 기준으로 상속재산과 특별수익재산을 평가하여 이를 기초로 하여야 하고, 공동상속인 중 특별수익자나 기여분권리자가 있는 경우 구체적 상속분 가액의 산정을 위해서는, 피상속인이 상속개시 당시 가지고 있던 재산 가액에 생전 증여의 가액을 가산한 후, 이 가액에 각 공동상속인별로 법정상속분율을 곱하여 산출된 상속분의 가액으로부터 특별수익자의 수증재산인 증여 또는 유증의 가액을 공제하고 공동상속인의 기여분을 가산하는 계산방법에 의한다. 이렇게 계산한 상속인별 구체적 상속분 가액을 전체 공동상속인들 구체적 상속분 가액 합계액으로 나누면 상속인별 구체적 상속분 비율, 즉 상속재산분할의 기준이 되는 구체적 상속분을 얻을 수 있다.[187]

#### 2) 간주상속재산의 산정

90 상속개시 당시 피상속인의 재산 합계에서 공동상속인들의 특별수익을 가산하고, 공동상속인 중에 기여한 자가 있을 때 그 자의 기여분을 재산가액에서 공제한 것을 상속재산으로 본다(민법 제1008조의2). 이를 실무상 간주상속재산이라고 한다.[188]

91 피상속인 사망 당시 피상속인 명의의 재산은 공동상속인에 대한 유증분, 비상속인에 대한 유증분, 기타 상속재산으로 구성된다.[189] 비상속인에 대한 유증분이 '분할대상 상속재산'에서 제외되는 것은 다툼이 없다. 공동상속인에 대한 유증분은 분할대상 상속재산이 되면서도 특별수익에도 포함되어야 하나,[190] 실무에서는 계산의 편의를 위해 공동상속인에 대한 유증분은 분할대상 상속재산에 포함시키지 않고, 특별수익에서만 포함하는 것이 일반적이다.[191]

186 대법원 2022. 6. 30. 자 2017스98, 99, 100, 101 결정, 대법원 2021. 8. 19. 선고 2017다230338 판결, 대법원 2001. 2. 9. 선고 2000다51797 판결.
187 대법원 2022. 6. 30. 자 2017스98, 99, 100, 101 결정, 대법원 1995. 3. 10. 선고 94다16571 판결.
188 대법원 2004. 7. 9. 선고 2002두11196 판결; 법원실무제요, 가사[Ⅱ], 사법연수원(2021), 1621
189 임채웅, 상속법연구, 박영사(2011), 12.
190 임채웅, 상속법연구, 박영사(2011), 11.
191 서울고등법원 2015. 8. 18. 자 2014브50, 51, 52 결정(심리불속행기각), 서울가정법원 2019. 5. 28. 자 2016느합1298 심판(항고기각).

92 구체적 상속분의 산정을 위한 분할대상 상속재산의 가액은 상속개시 당시의 평가액에 의하고,[192] 공동상속인에 대한 유증분 및 생전 증여 등 특별수익을 합산한 뒤, 기여분 합계액을 공제하여 계산하는데, 구체적인 계산식은 아래 표와 같다.

<계산식>
간주상속재산 = 분할대상 상속재산(상속개시 당시 피상속인의 재산에서 모든 유증분을 제외) + 특별수익 합계(공동상속인에 대한 유증분 및 생전 증여 등 포함) - 기여분 합계

93 원칙적인 모습은 아니나 상속채무를 분할대상에서 함께 고려하는 각급법원결정들도 있다. 그러한 경우, 간주상속재산에서 채무를 제외한 후 구체적 상속분 산정 과정에서 이를 부담하는 상속인의 몫에 채무액을 더하여 구체적 상속분 비율에 반영하는 것이 일반적이고,[193] 간주상속재산에서 채무를 제외하지 않고 구체적 상속분을 산정한 다음, 분할형태를 고려하여 상속인들이 각자 부담해야 하는 채무액을 정산하는 방법도 가능하다.[194]

#### 3) 법정상속분액의 산정

94 간주상속재산의 합계에서 상속인별로 법정상속분을 곱하여 각자의 법정상속분액을 산정한다. 구체적인 계산식은 아래와 같다.

<계산식>
상속인별 법정상속분액 = 간주상속재산 합계 × 상속인별 법정상속분

#### 4) 구체적 상속분의 산정

95 상속인별로 산정한 법정상속분액에서 각 특별수익을 공제하고, 각 기여분을 더하여 상속인별 구체적 상속분액을 산정한다.

<계산식>
상속인별 구체적 상속분액 = 상속인별 법정상속분액 - 상속인별 특별수익 + 상속인별 기여분

192 대법원 2022. 6. 30. 자 2017스98, 99, 100, 101 결정; 곽윤직, 상속법(민법강의VI)(개정판), 박영사(2004), 147; 김주수/김상용, 친족상속법(제20판), 법문사(2024), 754; 박동섭/양경승, 친족상속법(제5판), 박영사(2020), 820; 송덕수, 친족상속법(제7판), 박영사(2024), 374; 신영호 외 2인, 가족법강의(제4판), 세창출판사(2023), 423.

193 서울고등법원 2018. 9. 6. 자 2017브232, 233결정(확정), 제주지방법원 2018. 8. 13. 자 2018느합10002결정(확정).

194 수원지방법원 2017. 2. 13. 자 2014느합516, 2016느합530 심판(항고심인 서울고등법원 2017브236결정에서는 공동상속인 중 1인의 기여분을 100% 인정하여 결론이 달라짐).

### 5) 초과특별수익자의 처리

96 구체적 상속분 계산 결과 상속인 중 일부의 특별수익이 자신의 법정상속분액을 초과하는 초과특별수익자가 발생하더라도 그 초과특별수익자는 그 초과 부분을 반환할 필요는 없다는 것이 다수의 견해이다.[195] 판례 또한 초과특별수익자는 특별수익을 제외하고는 더 이상 상속받지 않는 것으로 처리하되(구체적 상속분 가액 0원), 초과특별수익은 다른 공동상속인들이 초과특별수익자의 초과된 부분은 나머지 상속인들의 부담으로 돌아가게 된다고 보고 있는데,[196] 그 처리 방법에 관하여는, ① 초과특별수익자를 상속인이 아닌 것으로 보고 나머지 공동상속인이 상속재산을 그 법정상속분(초과특별수익자를 제외했을 때의 법정상속분)에 따라 상속받는다는 '초과특별수익자 부존재 의제설', ② 초과특별수익을 다른 공동상속인들이 그 구체적 상속분의 비율에 따라 부담해야 한다는 '구체적 상속분 기준설', ③ 초과특별수익을 다른 공동상속인들이 그 법정상속분에 따라 안분공제하는 방법으로 부담해야 한다는 '법정상속분 기준설' 등이 소개되고 있다.[197]

97 초과특별수익자 이외에 또 다른 특별수익자가 없고, 기여분도 인정되지 않는 경우라면 어느 견해에 의하여도 그 결과가 동일하다.[198] 다만, 초과특별수익자 이외에 또 다른 특별수익자가 있거나 기여분이 인정되는 경우에는 위 ①, ③의 견해와 위 ②의 견해에 따른 계산결과가 달라진다. 일반적으로 실무는 위 ①, ③의 견해에 따르고 있는데, 대습상속인이 초과특별수익자가 되어 초과특별수익자를 제외한 상속인 및 대습상속인들 사이의 법정상속분이 변경되는 경우를 제외하고는 위 ①, ③의 견해에 따른 계산결과가 동일하다.[199] 대습상속인이 초과특별수익자인 경우 초과특별수익자 부존재 의제설에 의하면 아래 사례에서 보는 바와 같이 본래의 상속인이 대습상속인의 초과특별수익액보다 더 많은 금액을 부담하게 되는 불합리가 발생할 수 있으므로, ③설인 법정상속분 기준설에 따라

195 곽윤직, 상속법(민법강의VI)(개정판), 박영사(2004), 109; 윤진수, 친족상속법 강의(제5판), 박영사(2023), 441; 이경희/윤부찬, 가족법(11정판), 법원사(2024), 514; 법원실무제요, 가사[Ⅱ], 사법연수원(2021), 1624. 그러나 초과특별수익자가 유류분을 침해한 경우에는 유류분반환청구의 소에 의해 그 침해액을 반환하여야 할 것이다[윤진수, 친족상속법 강의(제5판), 박영사(2023), 441].

196 대법원 2019. 11. 21. 자 2014스44, 45 전원합의체 결정.

197 주해상속법(제1권), 박영사(2019), 201(이봉민); 곽윤직, 상속법(민법강의VI)(개정판), 박영사(2004), 112; 이경희/윤부찬, 가족법(11정판), 법원사(2024), 514.

198 시진국, "재판에 의한 상속재산분할", 사법논집 제42집, 법원도서관(2006), 704.

199 주해상속법(제1권), 박영사(2019), 202(이봉민); 윤진수, "초과특별수익이 있는 경우 구체적 상속분의 산정방법", 법학 제38권 제2호, 서울대학교 법학연구소(1997), 112.

계산하는 것이 타당하다.

98 대법원 판례 또한 초과특별수익자는 특별수익을 제외하고는 더 이상 상속받지 못하는 것으로 처리하되(구체적 상속분 가액 0원), 초과특별수익은 다른 공동상속인들이 그 법정상속분율에 따라 안분하여 자신들의 구체적 상속분 가액에서 공제하는 방법으로 구체적 상속분 가액을 조정하여 위 구체적 상속분 비율을 산출함이 바람직하다고 하여 ③설에 따라 계산하고 있다.[200]

[대습상속인이 초과특별수익자인 사례]

상속개시 당시 피상속인 명의 재산의 가액이 5,000만 원. 배우자 A는 생전에 2,000만 원을 증여받았고, 자녀 X는 피상속인보다 먼저 사망하였으며, X의 자녀 B와 C가 대습상속인이 됨. 자녀 B는 대습원인 발생 후 3,000만 원을 피상속인으로부터 생전 증여 받았음.

1. 간주상속재산: 1억 원
   [= 분할대상 상속재산 5,000만 원 + 특별수익 합계 5,000만 원(= A에 대한 증여 2,000만 원 +B에 대한 증여 3,000만 원)]

2. 법정상속분액의 산정
   가. 배우자 A: 6,000만 원(= 1억 원 × 3/5지분)
   나. 대습상속인 B, C : 각 2,000만 원(= 1억 원 × 각 1/5지분)

3. 최초 구체적 상속분의 산정
   가. 배우자 A: 4,000만 원(= 법정상속분액 6,000만 원 - 특별수익 2,000만 원)
   나. 대습상속인 B: -1,000만 원(= 법정상속분액 2,000만 원 - 특별수익 3,000만 원)
   다. 대습상속인 C: 2,000만 원(= 법정상속분액)

4-1. 초과특별수익자 부존재 의제설에 따른 초과특별수익자의 처리와 상속분의 수정
   가. 간주상속재산: 7,000만 원(B는 당초부터 상속인 아니었던 것으로 의제하므로 B에 대한 증여를 간주상속재산에 포함시키지 않게 됨)
      [= 분할대상 상속재산 5,000만 원 + A에 대한 증여 2,000만 원]
   나. 법정상속분액의 산정
      1) 배우자 A: 4,200만 원(= 7,000만 원 × 3/5지분)
      2) 대습상속인 C: 2,800만 원(= 7,000만 원 × 2/5지분)
   다. 구체적 상속분의 산정

200 대법원 2022. 6. 30. 자 2017스98, 99, 100, 101 결정.

1) 배우자 A: 2,200만 원(= 법정상속분액 4,200만 원 - 특별수익 2,000만 원)
2) 대습상속인 C: 2,800만 원(= 법정상속분액)

라. 구체적 상속분 비율
1) 배우자 A: 0.44(=2,200만 원/5,000만 원)
2) 대습상속인 B: 0
3) 대습상속인 C: 0.56(=2,800만 원/5,000만 원)

마. 표로 정리

(단위: 만 원)

| 내역 | 법정 상속분액 | 상속인별 특별수익 | 구체적 상속분액 | 구체적 상속분 비율 | 최종 취득액* | 비고 |
|---|---|---|---|---|---|---|
| 배우자 A | 4,200 | 2,000 | 2,200 | 0.44 | 4,200 | 위 2.의 법정상속분에 비해 1,800 만 원 감소 |
| 대습상속인 B | - | - | - | - | 3,000 | 부존재한 것으로 의제 |
| 대습상속인 C | 2,800 | - | 2,800 | 0.56 | 2,800 | 위 2.의 법정상속분에 비해 800 만 원 증가 |
| 합계 | 7,000 | 2,000 | 5,000 | 1 | 10,000 | 대습상속인 C는 초과특별수익자 발생에도 불구하고 당초 법정상속분액보다 더 많은 금액 취득하게 되는 불합리 발생 |

* 최종 취득액이란 초과특별수익 안분까지 거친 후 각 상속인들이 피상속인으로부터 상속재산분할 및 특별수익을 통해 취득한 재산을 모두 가산한 액수로, 각 학설의 계산결과에 따른 파급효와 타당성 등을 비교 및 검토하기 위해 기재하였음. 이하 같음.

4-2. 구체적 상속분 기준설에 따른 초과특별수익자의 처리와 상속분의 수정

가. 간주상속재산: 1억 원
[= 분할대상 상속재산 5,000만 원 + 특별수익 합계 5,000만 원(= A에 대한 증여 2,000만 원 +B에 대한 증여 3,000만 원)]

나. 법정상속분액의 산정
1) 배우자 A: 6,000만 원(= 1억 원 × 3/5지분)
2) 대습상속인 B, C: 각 2,000만 원(= 1억 원 × 각 1/5지분)

다. 최초 구체적 상속분의 산정
1) 배우자 A: 4,000만 원(= 법정상속분액 6,000만 원 - 특별수익 2,000만 원)

2) 대습상속인 B: -1,000만 원(= 법정상속분액 2,000만 원 - 특별수익 3,000만 원)
3) 대습상속인 C: 2,000만 원(= 법정상속분액)

라. 구체적 상속분을 기준으로 B의 초과특별수익 부담하여 구체적 상속분 수정

1) 배우자 A: 3,333만 원
[= 법정상속분액 4,000만 원 - 부담액 667만 원{= 초과특별수익 1,000만 원 × 4,000만 원/(4,000만 원 + 2,000만 원), 원 미만 반올림, 이하 같음}]

2) 대습상속인 C: 1,667만 원
[= 법정상속분액 2,000만 원 - 부담액 333만 원{= 초과특별수익 1,000만 원 × 2,000만 원/(4,000만 원 + 2,000만 원)}]

마. 최종 구체적 상속분 비율

1) 배우자 A: 0.6666(=3,333만 원/5,000만 원)
2) 대습상속인 B: 0
3) 대습상속인 C: 0.3334(=1,667만 원/5,000만 원)

바. 표로 정리

(단위: 만 원)

| 내역 | 법정 상속분액 | 상속인별 특별수익 | 최초 구체적 상속분액 | 안분 공제액 | 수정된 구체적 상속분액 | 최종 구체적 상속분 비율 | 최종 취득액 | 비고 |
|---|---|---|---|---|---|---|---|---|
| 배우자 A | 6,000 | 2,000 | 4,000 | -667 | 3,333 | 0.6666 | 5,333 | 위 2.의 법정 상속분에 비해 667만 원 감소 |
| 대습상속인 B | 2,000 | 3,000 | -1,000 | - | - | - | 3,000 | 위 2.의 법정 상속분에 비해 1천만 원 증가 |
| 대습상속인 C | 2,000 | - | 2,000 | -333 | 1,667 | 0.3334 | 1,667 | 위 2.의 법정 상속분에 비해 333만 원 감소 |
| 합계 | 10,000 | 5,000 | 5,000 | -1,000 | 5,000 | 1 | 10,000 | |

4-3. 법정상속분 기준설에 따른 초과특별수익자의 처리와 상속분의 수정

가. 간주상속재산: 1억 원
[= 분할대상 상속재산 5,000만 원 + 특별수익 합계 5,000만 원(= A에 대한 증여 2,000만 원 +B에 대한 증여 3,000만 원)]

나. 법정상속분액의 산정

1) 배우자 A: 6,000만 원(= 1억 원 × 3/5지분)
2) 대습상속인 B, C: 각 2,000만 원(= 1억 원 × 각 1/5지분)

다. 최초 구체적 상속분의 산정
1) 배우자 A: 4,000만 원(= 법정상속분액 6,000만 원 - 특별수익 2,000만 원)
2) 대습상속인 B: -1,000만 원(= 법정상속분액 2,000만 원 - 특별수익 3,000만 원)
3) 대습상속인 C: 2,000만 원(= 법정상속분액)

라. 법정 상속분을 기준으로 B의 초과특별수익 안분 공제하여 구체적 상속분 수정
1) 배우자 A: 3,400만 원
[= 법정상속분액 4,000만 원 - 안분공제액 600만 원(= 초과특별수익 1,000만 원 × 3/5지분)]
2) 대습상속인 C: 1,600만 원
[= 법정상속분액 2,000만 원 - 안분공제액 400만 원(= 초과특별수익 1,000만 원 × 2/5지분)]

마. 최종 구체적 상속분비율
1) 배우자 A: 0.68(=3,400만 원/5,000만 원)
2) 대습상속인 B: 0
3) 대습상속인 C: 0.32(=1,600만 원/5,000만 원)

바. 표로 정리

(단위: 만 원)

| 내역 | 법정 상속분액 | 상속인별 특별수익 | 최초 구체적 상속분액 | 안분 공제액 | 수정된 구체적 상속분액 | 최종 구체적 상속분 비율 | 최종 취득액 | 비고 |
|---|---|---|---|---|---|---|---|---|
| 배우자 A | 6,000 | 2,000 | 4,000 | -600 | 3,400 | 0.68 | 5,400 | 위 2.의 법정상속분에 비해 600만 원 감소 |
| 대습 상속인 B | 2,000 | 3,000 | -1,000 | - | - | - | 3,000 | 위 2.의 법정상속분에 비해 1천만 원 증가 |
| 대습 상속인 C | 2,000 | - | 2,000 | -400 | 1,600 | 0.32 | 1,600 | 위 2.의 법정상속분에 비해 400만 원 감소 |
| 합계 | 10,000 | 5,000 | 5,000 | -1,000 | 5,000 | 1 | 10,000 | |

99 위와 같이 초과특별수익을 처리하여 안분공제한 결과 최초 초과특별수익자에 해당하지 않았던 일부 상속인의 상속분액이 음수가 되는 경우(이를 2단계 초과특별수익이라 한다[201]), 그 수정해야 할 상속분액에 1단계, 2단계 초과특별수익자를 제외한 다른 상속인들의 각 법정상속분을 곱하여 안분공제액을 산정하고, 1단계 안분 후 구체적 상속분에서 위 2단계 안분공제액을 공제하면 2단계 안분 후의 구체적 상속분을 얻을 수 있다.

### 6) 구체적 상속분 비율

100 상속인별 구체적 상속분을 상속인들 전체의 구체적 상속분 합계액으로 나누면 지분분할 또는 대상분할시에 사용할 수 있는 상속인별 구체적 상속분 비율을 구할 수 있다. 분수 또는 소수 어느 형태로도 관계없으나, 어느 경우에도 구체적 상속분율의 합은 '1'이 되어야 한다. 구체적인 계산식은 아래와 같다.

<계산식>
상속인별 구체적 상속분 비율 = 상속인별 구체적 상속분 / 상속인들 전체의 구체적 상속분 합계

### 7) 상속비용의 처리

101 피상속인 명의의 상속재산에서 상속비용이 이미 납부, 추징되어 분할심판 당시 존재하지 않는 경우에는 간주상속재산에서 이를 제외하는 방법으로 처리하는 것이 일반적이다. 상속인 중 일부가 전액 납부한 경우에는 간주상속재산에서 상속비용을 제외한 후 상속인별 구체적 상속분의 산정과정에서 해당 상속인의 몫에 상속비용을 더하여 구체적 상속분율에 반영하는 방법[202]과 간주상속재산에서 상속비용을 제외하지 않고 구체적 상속분을 산정한 다음, 분할형태를 고려하여 상속인들이 각자 부담해야 하는 상속비용을 정산하는 방법[203]이 모두 가능하다.

### 8) 종합사례

102 상속개시 당시 피상속인 명의 재산의 가액이 4억 8,000만 원. 자녀 B는 생전에 2억 1,000만 원 증여받았고, C는 1억 3,000만 원 유증 받았음. 배우자 A의 기여분으로 6,000만 원 인정.

201 임채웅, 상속법연구, 박영사(2011), 16.
202 서울고등법원 2016. 9. 12. 자 2016브208 결정(심리불속행 기각), 서울고등법원 2017. 2. 8. 자 2016브13, 14 결정(심리불속행 기각).
203 서울가정법원 2010. 10. 5. 자 2009느합186 심판(확정).

1. 간주상속재산: 6억 3,000만 원

[= 분할대상 상속재산 3억 5천만 원(= 상속개시 당시 피상속인 명의의 재산 4억 8,000만 원 - C에 대한 유증 1억 3,000만 원) + 특별수익 합계 3억 4,000만 원(= B에 대한 증여 2억 1,000만 원 + C에 대한 유증 1억 3,000만 원) - 기여분 6,000만 원]

2. 법정상속분액의 산정

가. 배우자 A: 2억 1,000만 원(= 6억 3,000만 원 × 3/9지분)

나. 자녀 B, C, D: 각 1억 4,000만 원(= 6억 3,000만 원 × 2/9지분)

3. 최초 구체적 상속분의 산정

가. 배우자 A: 2억 7,000만 원(= 법정상속분액 2억 1,000만 원 + 기여분 6,000만 원)

나. 자녀 B: -7,000만 원(= 법정상속분액 1억 4,000만 원 - 생전 증여 2억 1,000만 원)

다. 자녀 C: 1,000만 원(= 법정상속분액 1억 4,000만 원 - 유증 1억 3,000만 원)

라. 자녀 D: 1억 4,000만 원(= 법정상속분액)

4. 초과특별수익자 발생에 따른 구체적 상속분의 수정[이하, 대법원 판례의 입장(법정상속분 기준설)에 의한다]

가. 배우자 A: 2억 4,000만 원

[= 2억 7,000만 원 - 안분공제액 3,000만 원(= 초과특별수익 7,000만 원 × 3/7지분)

나. 자녀 B: 0원

다. 자녀 C: - 1,000만 원

[= 1,000만 원 - 안분공제액 2,000만 원(= 초과특별수익 7,000만 원 × 2/7지분)

라. 자녀 D: 1억 2,000만 원

[= 1억 4,000만 원 - 안분공제액 2,000만 원(= 초과특별수익 7,000만 원 × 2/7지분)]

5. 2차 초과특별수익자 발생에 따른 구체적 상속분의 수정

가. 배우자 A: 2억 3,400만 원

[= 2억 4,000만 원 - 안분공제액 600만 원(= 2차 초과특별수익 1,000만 원 × 3/5지분)]

나. 자녀 B: 0원

다. 자녀 C: 0원

라. 자녀 D: 1억 1,600만 원

[= 1억 2,000만 원 - 안분공제액 400만 원(= 2차 초과특별수익 1,000만 원 × 2/5지분)]

6. 구체적 상속분 비율

가. 배우자 A: 0.67(소수점 셋째 자리에서 반올림)

나. 자녀 B: 0

다. 자녀 C: 0(1억 3,000만 원의 수증은 포함시키지 않았다)

라. 자녀 D: 0.33(소수점 셋째 자리에서 반올림)

7. 표로 정리

(단위 : 만 원)

| 내역 | 법정 상속분액 | 상속인별 특별수익 | 상속인별 기여분 | 최초 구체적 상속분액 | 1차 안분 공제액 | 1차 안분후 수정된 상속분액 | 2차 안분 공제액 | 최종 구체적 상속분액 | 최종 구체적 상속분 비율 |
|---|---|---|---|---|---|---|---|---|---|
| 배우자 A | 21,000 | - | 6,000 | 27,000 | -3,000 | 24,000 | -600 | 23,400 | 0.67 |
| 자녀 B | 14,000 | 21,000 | - | -7,000 | - | 0 | - | 0 | 0 |
| 자녀 C | 14,000 | 13,000 | - | 1,000 | -2,000 | -1,000 | - | 0 | 0 |
| 자녀 D | 14,000 | - | - | 14,000 | -2,000 | 12,000 | -400 | 11,600 | 0.33 |
| 합계 | 63,000 | 34,000 | 6,000 | 35,000 | -7,000 | 35,000 | -1,000 | 35,000 | 1 |

#### 9) 상속재산분할명세표의 활용

103 서울가정법원은 인터넷 홈페이지 게시판에 상속재산분할 명세표를 게시[204]하여 당사자 및 대리인들이 상속재산분할심판사건에서 활용하도록 하고 있다. 구체적인 내용은 다음과 같다.

[상속재산분할 명세표]

재판부 : 제 4 가사부

사건번호 :

피상속인 : 망 ○○○(300321-1) 상속개시일(사망일) : 2012. 12. 30.

> ※ 주의사항
> 1. 아래 표(예시임. 구체적 사안에 맞게 기입해 넣을 것)에 기재하지 않은 재산은 상속재산분할 대상으로 고려하지 아니할 예정이므로, 자신 및 상대방 모두에 대하여 그 재산으로 주장하는 것은 빠짐없이 기재할 것.

204 http://slfamily.scourt.go.kr/dcboard/new/DcNewsViewAction.work?seqnum=12&gubun=47&cbub_code=000230&searchWord=&pageIndex=1 (2025. 1. 24. 방문).

2. 해당 재산에 관하여 특이사항이 있으면 비고란에 기재할 것.
3. 상속재산과 특별수익의 상속개시 당시 가액을 밝힐 것. 당사자 사이에 시가에 관한 다툼이 있을 경우 아래 사항을 참조하여 해당 자료를 제출할 것.
   - 아파트: 국민은행 부동산 시세 자료(http://www.kbstar.com/)와 국토해양부 실거래가 자료(http://rt.molit.go.kr/, 최근 1 년 이내의 것)를 모두 제출할 것.
   - 기타 부동산: 감정 절차를 거치되, 상속재산의 상속개시 당시 가액과 현재 시점의 가액에 관한 다툼이 있을 경우 두 가액 모두를 감정할 것(특별수익의 경우 상속개시 당시 가액을 감정할 것).
   - 차량: 해당 차량 가액이 기재된 보험계약서를 제출하고, 이를 제출하지 못할 경우 인터넷 중고차거래 사이트 자료, 보험개발원 차량기준가액 자료(http://www.kidi.or.kr)를 제출할 것.
   - 골프회원권이나 콘도회원권: 회원권 거래소 시세 자료를 제출할 것.
4. 서울가정법원 홈페이지 '자주 묻는 질문'게시판에 아래 표의 한글파일이 게시되어 있으니, 해당 파일을 다운로드 받아 작성하여도 됨(이 경우 작성한 문서를 준비서면에 파일로 첨부하기 바람).

1. 상속인 목록

| 내역 | 성명 | 법정상속분, 분수(A') | 법정상속분, 소수(A) | 비고<br>(피상속인과의 관계) |
|---|---|---|---|---|
| 상속인 1(청구인) | 김재일 | 2/9 | 0.22222 | 직계비속 |
| 상속인 2(상대방 1) | 김재이 | 2/9 | 0.22222 | 직계비속 |
| 상속인 3(상대방 2) | 김재삼 | 2/9 | 0.22222 | 직계비속 |
| 상속인 4(상대방 3) | 박명숙 | 3/9 | 0.33333 | 배우자 |
| 상속인 5 | | | | |
| 상속인 6 | | | | |
| 상속인 7 | | | | |
| 상속인 8 | | | | |
| 상속분 합계 | | | | |

* 피상속인과 상속인들의 가족관계를 알 수 있는 **가계도(피상속인 기준)**를 작성하여 첨부할 것.
* 대습상속인이 있는 경우, 피상속인 및 피대습상속인의 각 사망일자와 피대습상속인 배우자의 재혼여부, 재혼일자를 아울러 기재할 것.

## 2. 상속재산 목록

- 피상속인 명의의 재산을 원칙으로 함, 단위 원

| | 순번 | 재산내역 | 가액 (상속개시 당시) (B) | 가액* (현재시점) (C) | 증거 | 비고 |
|---|---|---|---|---|---|---|
| 부동산 | 1 | 서울 성북구 길음동 ○○아파트 ○동 ○호 | 255,000,000 | 300,000,000 | 갑 6-1, 감정평가서 | 전세보증금반환 채무 존재 (1 억 5 천) |
| | 2 | 용인시 기흥구 중동 ○○번지 임야 | 82,000,000 | 89,000,000 | 갑 7, 감정평가서 | |
| | 3 | 벤츠 CLS350 승용차 (OO 서 3187) | 40,000,000 | 28,000,000 | 갑 8, 24 | |
| | 4 | | | | | |
| | 5 | | | | | |
| | 소계 | | 377,000,000 | 417,000,000 | | |
| 채권 등 | 1 | OO 은행 정기예금 (계좌번호: 020-510-461065) | 30,222,739 | 30,222,739 | 갑 11, OO 은행 회신 | |
| | 2 | | | | | |
| | 3 | | | | | |
| | 4 | | | | | |
| | 5 | | | | | |
| | 6 | | | | | |
| | 7 | | | | | |
| | 8 | | | | | |
| | 9 | | | | | |
| | 10 | | | | | |
| | 소계 | | 30,222,739 | 30,222,739 | | |
| 총합계(B or C) | | | 407,222,739 | 447,222,739 | | |

부동산의 경우 상속개시 당시와 현재 시점의 가액 자료가 필요함(상속개시 당시와 현재 시점의 가액 차이가 크지 않다고 판단하는 경우, 두 시점의 가액이 일치하는 것으로 정리할 수 있음).

* 상속인에게 유증된 재산은 상속재산 목록에 기재하지 않고 특별수익 목록에만 기재함.
* 채무는 원칙적으로 상속재산 분할의 대상이 아니나, 비고란에 기재할 수 있음.

### 3. 특별수익 목록(D)

- 피상속인으로부터 상속인(그 가족들도 포함될 수 있음)이 생전 증여받거나 유증받은 재산

| 수익자 | 순번 | 수익일시 | 수익내용 | 수익액<br>(수익당시) | 시가*<br>(상속개시당시)<br>(D) | 증거 | 비고 |
|---|---|---|---|---|---|---|---|
| 청구인 | 1 | 2004. 5. 6. | 현금(전세금) | 100,000,000 | 116,590,909 | 을 6 | |
| | 2 | 2006. 8. 22. | 예금 | 50,000,000 | 57,770,270 | 을 8 | |
| | 3 | 2009. 3. 9. | 청구인의 자녀에게 현금 증여 | 15,000,000 | 15,882,352 | 을 9 | |
| | 4 | | | | | | |
| | 소계 | | | | 190,243,531 | | |
| 상대방 김재이 | 1 | 2012. 12. 30. | 현금(유증) | 100,000,000 | 100,000,000 | 을 2 | |
| | 2 | 2011. 7. 16. | 현금 | 20,000,000 | 20,000,000 | 갑 13 | |
| | 3 | | | | | | |
| | 4 | | | | | | |
| | 소계 | | | | 120,000,000 | | |
| 상대방 박명숙 | 1 | 2001. 8. 22. | 쌍문동 00 아파트 00 동 00 호 | | 200,000,000 | 갑 12, 23 | |
| | 2 | | | | | | |
| | 3 | | | | | | |
| | 4 | | | | | | |
| | 소계 | | | | 200,000,000 | | |
| 총합계(D) | | | | | 510,243,531 | | |

* 현금 특별수익의 경우 수익 당시의 수익액을 상속개시 당시의 현가로 계산하여 기입(GDP 디플레이터 사용. 단, 현가 계산 생략하고 수익 당시 금액을 상속개시 당시의 현가와 같다고 할 수 있음)
* 부동산 특별수익의 경우 상속개시 당시의 시가 자료가 필요하고, 이를 '시가'란에 기재

### 4. 기여분(G)

- 민법 제1008조의 2 제3항. 상속재산 중 적극재산을 표준으로 계산함.
(주장비율은 %를 정수로 기재하고, 가액으로 주장하는 경우 기여분액에 해당 가액 기재)

| 기여상속인 | 주장비율(F, %) | 기여분액(G) (B × F) | 비고 |
|---|---|---|---|
| 청구인 | | | |
| 상대방 박명숙 | 10 | 40,722,273 | |
| 합계(G) | | 40,722,273 | |

### 5. 간주상속재산(H)

- 상속개시 당시 재산가액(B)(합계) + 특별수익(D)(합계) - 기여분(G)(합계)

| 항 목 | 금 액 | 비고 |
|---|---|---|
| 상속재산(B) | 407,222,739 | |
| 특별수익 합계(D) | 510,243,531 | |
| 소계(Q) | 917,466,270 | |
| 기여분 합계(G) | 40,722,273 | |
| 간주상속재산(H) 금액(=Q-G) | 876,743,997 | |

### 6. 구체적 상속분 계산

가. 기여분 포함

① 법정상속분액(I) = 간주상속재산(H) × 각 법정상속지분(A)

② 구체적 상속분액(K) = 법정상속분액(I) - 각 특별수익(D) + 각 기여분(G)

③ 구체적 상속분율(L) = 상속인별 구체적 상속분 / 상속인들 전체의 구체적 상속분 합계

④ 최종 상속분액(M) = 상속재산의 현재시점 가액(C) × 구체적 상속분율(L)

| 내역 | 법정 상속분액(I) | 상속인별 특별수익(D) | 상속인별 기여분(G) | 구체적 상속분액(K) | 구체적 상속분율(L) | 최종 상속분액(M) |
|---|---|---|---|---|---|---|
| 상속인 1 | 194,831,999 | 190,243,541 | 0 | 4,588,468 | 0.011 | 4,919,450 |
| 상속인 2 | 194,831,999 | 120,000,000 | 0 | 74,831,999 | 0.184 | 82,288,983 |

| 상속인 3 | 194,831,999 | 0 | 0 | 194,831,999 | 0.478 | 213,772,469 |
|---|---|---|---|---|---|---|
| 상속인 4 | 292,247,999 | 200,000,000 | 40,722,273 | 132,970,272 | 0.327 | 146,241,835 |
| 상속인 5 | | | | | | |
| 상속인 6 | | | | | | |
| 상속인 7 | | | | | | |
| 상속인 8 | | | | | | |
| 합계 | 876,743,996 | 510,243,541 | 40,722,273 | 407,222,738 | 1 | 447,222,737 |

나. 기여분 불포함(기여분이 인정되지 않을 경우)
(※ 기여분을 주장하는 경우라도 반드시 작성할 것)
① 법정상속분액(I') = 위 제5항의 Q × 각 법정상속지분(A)
② 구체적 상속분액(K') = 법정상속분액(I') - 각 특별수익(D)
③ 구체적 상속분율(L') = 상속인별 구체적 상속분 / 상속인들 전체의 구체적 상속분 합계
④ 최종 상속분(M') = 상속재산의 현재시점 가액(C) × 구체적 상속분율(L')

| 내역 | 법정 상속분액(I') | 상속인별 특별수익(D) | 구체적 상속분액(K') | 구체적 상속분율(L') | 최종 상속분액(M') |
|---|---|---|---|---|---|
| 상속인 1 | 203,881,393 | 190,243,541 | 13,637,862 | 0.033 | 14,758,350 |
| 상속인 2 | 203,881,393 | 120,000,000 | 83,881,393 | 0.206 | 92,127,884 |
| 상속인 3 | 203,881,393 | 0 | 203,881,393 | 0.501 | 224,058,592 |
| 상속인 4 | 305,822,090 | 200,000,000 | 105,822,090 | 0.26 | 116,277,912 |
| 상속인 5 | | | | | |
| 상속인 6 | | | | | |
| 상속인 7 | | | | | |
| 상속인 8 | | | | | |
| 합계 | 917,466,269 | 510,243,541 | 407,222,738 | 1 | 447,222,738 |

## 6. 분할 방법

### 가. 분할방법의 종류 및 원칙

104 상속재산의 분할방법은 ① 현물분할, ② 상속재산 중 특정 재산을 1명 또는 여러 명의 상속인의 소유로 하고 그 특정 재산 가액이 그의 구체적 상속분에 따른 취득가액을 초과할 경우 차액을 현금으로 정산하는 이른바 '차액정산에 의한 현물분할'[205](가사소송규칙 제115조 제2항), ③ 경매에 의한 가액분할(민법 제1013조 제2항, 제269조 제2항) 등이 가능하다.[206]

105 가정법원은 상속재산의 종류 및 성격, 상속인들의 의사, 상속인들 간의 관계, 상속재산의 이용관계, 상속인의 직업·나이·심신상태, 상속재산분할로 인한 분쟁 재발의 우려 등 여러 사정을 고려하여 후견적 재량에 의하여 분할 방법을 선택할 수 있다.[207]

### 나. 현물분할

106 현물분할의 방법으로는 ① 공동상속인들이 구체적 상속분의 비율대로 상속재산을 공유하는 방법(이른바 지분분할의 방법), ② 1개의 물건을 구체적 상속분의 비율대로 분할하는 방법, ③ 여러 개의 물건을 각자의 소유로 분할하는 방법 등이 가능하다.

107 위 ①의 경우에는 "별지 목록 기재 각 항의 상속재산은 청구인 및 상대방들이 각 1/n 지분씩 공유하는 것으로 분할한다."로 주문을 표시하고, ②의 경우에는 "별지 목록 기재 부동산을 별지 도면 표시와 같이 분할하여 그 중 (가)표시 부분은 청구인의, (나)표시 부분은 상대방 갑의, (다)표시 부분은 상대방 을의 각 소유로 한다."로 주문을 표시한다. ③의 경우에는 "별지 제1목록 기재 부동산은 청구인의 소유로, 별지 제2목록 기재 부동산은 상대방 갑의 소유로, 별지 제3목록 기재 부동산은 상대방 을의 소유로 각 분할한다."는 주문으로 표시할 수 있다.

108 아직 상속등기가 경료되어 있지 아니한 경우에는 분할에 의하여 각자 취득하게 되는 재산에 관하여 피상속인으로부터 직접 상속등기를 경료하는 것으로 족하

205 이를 '차액정산에 의한 현물분할'로 표현한 판례로는 대법원 2022. 6. 30. 자 2017스98, 99, 100, 101 결정. 이를 '대상분할'로 표현한 판례로는 대법원 2024. 8. 1. 선고 2023다318857 판결, 대법원 2018. 8. 30. 선고 2015다27132, 27149 판결.

206 대법원 2022. 6. 30. 자 2017스98, 99, 100, 101 결정.

207 대법원 2022. 6. 30. 자 2017스98, 99, 100, 101 결정, 대법원 2014. 11. 25. 자 2012스156, 157 결정.

다. '상속'을 원인으로 소유권이전등기가 경료되어 있는 경우에도 '각 ~지분씩 공유하는 것으로 분할한다.' 또는 '~의 소유로 분할한다.'는 주문을 기재하는 것으로 족하고, 달리 공동상속인 상호간의 지분이전등기를 명할 필요는 없다. '상속'을 원인으로 한 등기는 상속등기 후 경정등기로 손쉽게 그 구체적 상속분을 수정할 수 있기 때문이다.[208]

**다. 대상분할(차액정산에 의한 현물분할)**

109 특정재산을 1인 또는 수인의 공동상속인이 소유하는 것으로 분할한 결과 그 구체적 상속분과의 차액이 발생하면 이를 현금으로 정산해야 하는데, 이러한 분할방법을 이른바, '차액정산에 의한 현물분할'이라 한다. 대법원 판례는 가정법원이 '차액정산에 의한 현물분할'을 하는 경우, 전체 분할 대상 재산을 분할시 기준으로 평가하여, ① 그 특정 재산 가액이 그의 구체적 상속분에 따른 취득가능 가액을 초과하는 상속인이 있는 경우 그 차액을 정산하도록 하여야 하고,[209] ② 그 특정 재산 가액이 그의 구체적 상속분에 따른 취득가능 가액을 초과하지 않을 경우에도 위와 같은 현물분할을 반영하여 상속인들 사이의 지분율을 다시 산정해서 남은 분할 대상 상속재산은 수정된 지분율로 분할해야 한다고 설명하고 있다. 이를 위해 전체 분할 대상 상속재산의 분할 시 기준 평가액에 상속인별 구체적 상속분을 곱하여 산출된 상속인별 취득가능 가액에서 각자 소유로 하는 특정재산의 분할 시 기준 평가액을 공제하는 방법으로 구체적 상속분을 수정한 지분율을 산정할 수 있다.[210] 학설 또한 차액정산에 의한 현물분할에 있어서 정산금을 정하는 분할 대상 재산을 분할시를 기준으로 평가한다고 보고 있다.[211]

110 정산의무자와 정산권리자가 복수인 경우에는 특정 정산의무자가 특정 정산권리자에게 자신의 정산금 전액을 지급하는 것으로 처리하는 각급법원결정[212]과 특정 정산의무자의 자력이 부족한 경우 그 위험부담을 다른 특정 정산권리자가

208 상속등기실무, 법원행정처(2012), 182~185.

209 대법원 1997. 3. 21. 자 96스62 결정 참조. 초과특별수익과 달리, 산정된 구체적 상속분에 따른 취득가능 가액을 초과하여 분할받게 되는 부분은 다른 상속인들에게 정산해야 한다.

210 대법원 2022. 6. 30. 자 2017스98, 99, 100, 101 결정.

211 곽윤직, 상속법(민법강의Ⅵ)(개정판), 박영사(2004), 147; 김주수/김상용, 친족상속법(제20판), 법문사(2024), 753; 박동섭/양경승, 친족상속법(제5판), 박영사(2020), 820; 송덕수, 친족상속법(제7판), 박영사(2024), 374; 신영호 외 2인, 가족법강의(제4판), 세창출판사(2023), 432.

212 서울가정법원 2016. 2. 16. 자 2014느합30151 심판(확정), 서울고등법원 2017. 2. 8. 자 2016브13, 14 결정(심불기각).

모두 지는 것은 부당하다는 이유로 각 정산의무자가 각 정산권리자에게 정산금의 비율에 따라 정산금을 지급하도록 처리하는 각급법원결정[213]이 병존한다.

111 정산금의 지급은 일시불로 명하는 것이 원칙이고, 그 정산금에 대하여 심판확정일 다음날부터 다 갚는 날까지 민법에서 정한 비율에 따른 지연손해금의 지급을 아울러 명하는 것이 일반적이다.[214]

112 차액정산에 의한 현물분할의 경우 주문은 '1. 별지 목록 기재 부동산을 청구인의 소유로 분할한다. 2. 청구인은 상대방들에게 각 OO 만 원 및 이에 대하여 이 심판 확정일 다음날부터 다 갚는 날까지 연 5%의 비율로 계산한 돈을 지급하라.'는 형태가 가능할 것이다.

#### 라. 경매에 의한 가액분할

113 경매에 의한 가액분할은 다른 적절한 분할방법이 없는 경우 최후로 선택할 수 있는 분할방법이다.[215] 경매에 의한 가액분할에서는 그 경매대금을 구체적 상속분에 따라 분할할 것을 명하게 된다. 주문은 '별지 목록 기재 부동산을 경매하여 그 대금 중 경매절차비용을 공제한 금원을 청구인에게 A 지분, 상대방 갑에게 B 지분, 상대방 을에게 C 지분의 비율로 각 분할한다.'는 형태가 일반적이다.

114 상속재산분할심판의 조정사건 진행시에는 공동상속인들의 의사를 반영하여 상속재산인 특정 부동산을 타에 처분하고 그 매도대금을 합의된 상속분에 따라 분할하는 경우도 있다. 그러나 매각절차 실패시 조정조서의 집행력 확보 등을 위해 ① 공유지분대로 소유하는 것으로 분할한다는 조문을 먼저 전제한 다음 그 후 매각절차를 정하거나, ② 특정 기한까지 매각이 이루어지지 않을 경우 경매하여 분할한다는 조문을 추가하는 것이 바람직하다.[216]

### 7. 심판의 효력과 불복

#### 가. 형성력

115 상속재산분할심판에는 형성력이 있으므로, 그 심판이 확정되면 심판주문에서 선언된 내용에 따라 당사자 사이의 권리의무가 창설, 변경, 소멸된다. 그 주문에

213 서울고등법원 2011. 9. 7. 자 2011브23 결정(심리불속행 기각), 대구고등법원 2017. 1. 25. 자 2015브2 결정(재항고이유서부제출기각).

214 법원실무제요, 가사[Ⅱ], 사법연수원(2021), 1643.

215 법원실무제요, 가사[Ⅱ], 사법연수원(2021), 1643.

216 법원실무제요, 가사[Ⅱ], 사법연수원(2021), 1644.

집행력은 있으나, 비송심판에 의한 것이므로 기판력은 인정되지 않는다.[217]

116 판례는 상속재산인 부동산의 분할 귀속을 내용[218]으로 하는 상속재산분할심판이 확정되는 경우에는 민법 제187조에 의하여 상속재산분할심판에 따른 등기 없이도 해당 부동산에 관한 물권변동의 효력이 발생한다고 보았으나,[219] 경매를 명한 상속재산분할심판이 확정되는 경우에는 심판의 당사자는 이 심판에 기하여 상속재산에 대하여 경매를 신청하고 경매에 따른 매각대금을 수령할 권리가 있을 뿐이고, 상속재산분할심판에서 정한 구체적 상속분에 따라 물권변동의 효력이 발생하는 것은 아니라고 한다.[220]

### 나. 소급효와 그 제한

117 상속재산분할은 상속개시된 때에 소급하여 그 효력이 있으나, 분할의 소급효는 제3자의 권리를 해하지 못한다(민법 제1015조). 여기서의 제3자는 선의, 악의를 묻지 않는다.

### 다. 선결문제에 관하여 심판과 모순, 저촉되는 판결이 확정된 경우

118 상속재산분할심판에서 공동상속인으로서의 지위가 부정된 자가 나중에 사후인지, 이혼무효, 파양무효, 친생자관계존재확인 등의 판결확정으로 공동상속인의 지위를 회복한 경우에는, 상속재산분할심판의 효력에는 직접적인 영향을 미치지 아니하고, 후속 상속인은 민법 제1014조에 따른 상속분에 상당한 가액의 지급을 청구할 수 있을 뿐이다.[221] 상속인이 아닌 사람이 심판분할의 당사자가 되어 재산분할을 받았거나, 상속재산분할 후 상속순위가 달라져 공동상속인이었던 자가 후순위 상속인이 된 경우, 상속인 아닌 자가 받은 재산은 아직 분할되지 않은 상속재산으로 보고 다시 상속재산분할심판절차를 진행함이 상당하다.[222]

119 상속재산분할심판의 효력이 미치는 객관적 범위는 분할이 청구된 상속재산에 한하므로, 분할심판 후에 새로운 상속재산이 존재하는 것으로 판단된 경우에는

217 법원실무제요, 가사[Ⅱ], 사법연수원(2021), 1650.
218 이른바 '차액정산에 의한 현물분할'을 명한 사례였다.
219 대법원 2020. 8. 13. 선고 2019다249312 판결. 다만 민법 제1015조 단서의 내용과 입법 취지 등을 고려하면, 상속재산분할심판에 따른 등기가 이루어지기 전에 상속재산분할의 효력과 양립하지 않는 법률상 이해관계를 갖고 등기를 마쳤으나 상속재산분할심판이 있었음을 알지 못한 제3자에 대하여는 상속재산분할의 효력을 주장할 수 없다고 보았다.
220 대법원 2012. 12. 27. 선고 2010다10108 판결.
221 법원실무제요, 가사[Ⅱ], 사법연수원(2021), 1651.
222 윤진수, 친족상속법 강의(제5판), 박영사(2023), 478; 법원실무제요, 가사[Ⅱ], 사법연수원(2021), 1651.

다시 분할심판을 청구할 수 있을 것이다. 분할심판 후에 분할대상 재산 중 상속재산이 아닌 것으로 밝혀진 경우 사정변경을 이유로 한 분할심판의 취소는 허용되지 아니하므로, 분할심판의 효력은 그대로 유지되고, 공동상속인 사이의 형평은 민법 제1016조의 담보책임 규정을 통해 도모하는 것이 타당하다.[223]

### 라. 이행명령

120 상속재산분할심판을 함에 있어서는, 금전의 지급, 물건의 인도, 등기 기타 의무이행을 동시에 명할 수 있다(가사소송규칙 제115조 제3항, 제97조).

### 마. 불복

121 상속재산분할 심판과 기여분 결정의 심판에 대하여는 당사자 또는 이해관계인이 즉시항고를 통해 불복할 수 있다(가사소송규칙 제116조 제1항). 여기서의 이해관계인이란 분할되는 재산에 관하여 제한물권을 가지는 자와 같이 분할에 관하여 법률상의 이해관계를 가지는 사람을 말한다.[224] 심판청구가 인용된 경우라도 분할의 방법에 관하여 불복이 있는 경우에는 청구인이라도 즉시항고가 가능하다.[225] 항고심에서 불이익변경금지의 원칙은 적용되지 않으므로,[226] '나머지 항고를 기각한다.'는 주문은 기재할 필요가 없다.

223 김주수/김상용, 친족상속법(제20판), 법문사(2024), 753; 법원실무제요, 가사[Ⅱ], 사법연수원(2021), 1651~1652.
224 법원실무제요, 가사[Ⅱ], 사법연수원(2021), 1650.
225 주해상속법(제1권), 박영사(2019), 334(이봉민); 법원실무제요, 가사[Ⅱ], 사법연수원(2021), 1650.
226 주해상속법(제1권), 박영사(2019), 334(이봉민).

## 제 1014 조 [분할 후의 피인지자 등의 청구권]

**상속개시 후의 인지 또는 재판의 확정에 의하여 공동상속인이 된 자가 상속재산의 분할을 청구할 경우에 다른 공동상속인이 이미 분할 기타 처분을 한 때에는 그 상속분에 상당한 가액의 지급을 청구할 권리가 있다.**

**[관련조문]** 민법 제102조(과실의 취득), 제387조(이행기와 이행지체), 제859조(인지의 효력발생), 제860조(인지의 소급효), 제999조(상속회복청구권, 제1013(협의에 의한 분할), 제1073조(유언의 효력발생시기), 가사소송법 제2조(가정법원의 관장 사항), 가사소송규칙 제2조(가정법원의 관장사항)

**[참고문헌]** 주해상속법(제1권), 박영사(2019); 곽윤직, 상속법(민법강의VI)(개정판), 박영사(2004); 김주수/김상용, 친족상속법(제20판), 법문사(2024); 박동섭/양경승, 친족상속법(제5판), 박영사(2020); 송덕수, 친족상속법(제7판), 박영사(2024); 윤진수, 친족상속법 강의(제5판), 박영사(2023); 이경희/윤부찬, 가족법(11정판), 법원사(2024); 법원실무제요, 가사[II], 사법연수원(2021); 임종효, "민법 제1014조에 정한 상속분 가액지급청구권", 법조 제634호, 법조협회(2009)



### Ⅰ. 의의 및 법적 성질

#### 1. 의의

1 상속개시 후의 인지 또는 재판의 확정에 의하여 공동상속인이 된 자가 상속재산의 분할을 청구할 경우 이미 다른 공동상속인들이 분할 등을 마친 상황이라면, 인지의 소급효에 관한 민법 제860조 단서 등에 의해 기존의 분할 또는 처분, 심판의 효력은 유지하게 될 것이나, 추가된 공동상속인에게는 가액반환의 방식으로 상속권을 보장함으로써 위 제860조 단서의 제3자의 범위를 제한하고, 이해관계인들의 이익을 조정하려는 제도이다.[1]

[1] 주해상속법(제1권), 박영사(2019), 342(이봉민).

### 2. 법적 성질

2 민법 제1014조의 가액지급청구권의 성질에 관하여 상속재산분할청구권의 일종이라는 견해,[2] 상속회복청구권의 일종이라는 견해,[3] 상속재산분할청구권과 상속회복청구권의 성질을 겸한다는 견해[4] 등이 주장되고 있는데, 그 실익은 상속회복청구권에 관한 제척기간 적용여부에 있다.

3 대법원 판례는 상속회복청구권의 일종으로 보고 있고,[5] 종전 헌법재판소의 다수의견도 같은 입장이었는데,[6] 그에 관하여 민법 제1014조의 가액지급청구권은 상속자격을 갖춘 진정한 공동상속인 사이에서 상속분을 적절하게 분할하고 배분하기 위하여 인정된 상속재산분할청구권으로서, 권리의 상대방이 참칭상속인이 아니라 진정한 공동상속인인 점, 권리의 구제방식이 민사소송절차가 아닌 가사소송절차인 점, 제3자의 법률적 지위 및 거래의 안전을 위하여 진정상속인의 권리행사를 제한할 필요가 없다는 점에서, 상속회복청구권과 명백히 구별된다는 반대의견이 있었다.[7] 그 결정이 아래 Ⅳ. 3. 제척기간에서 보는 바와 같이 헌법재판소 2024. 6. 27. 선고 2021헌마1588 결정으로 변경되었는데, 해당 결정에서는 민법 제1014조의 가액지급청구권의 법적 성질에 관하여는 명시적인 판단을 하지 않았다.

## Ⅱ. 당사자

### 1. 청구권자

#### 가. 피상속인 사망 후 인지에 의하여 공동상속인이 된 자

4 피상속인 사망 후 인지에 의하여 공동상속인이 된 자가 청구권자가 되는데, 피상속인 사후에 인지 판결을 받았다면, 인지청구의 소 제기시가 피상속인의 생전인지 사후인지는 불문한다.[8]

2 곽윤직, 상속법(민법강의Ⅵ)(개정판), 박영사(2004), 156.
3 김주수/김상용, 친족상속법(제20판), 법문사(2024), 759; 박동섭/양경승, 친족상속법(제5판), 박영사(2020), 822.
4 윤진수, 친족상속법 강의(제5판), 박영사(2023), 487; 임종효, "민법 제1014조에 정한 상속분가액지급청구권", 법조 제634호, 법조협회(2009), 46.
5 대법원 1993. 8. 24. 선고 93다12 판결.
6 헌법재판소 2010. 7. 29. 선고 2005헌바89 결정의 다수의견.
7 헌법재판소 2010. 7. 29. 선고 2005헌바89 결정의 재판관 조대현, 김희옥, 김종대, 목영준의 반대의견.
8 주해상속법(제1권), 박영사(2019), 344(이봉민); 김주수/김상용, 친족상속법(제20판), 법문사(2024), 757; 윤진수, 친족상속법 강의(제5판), 박영사(2023), 484.

5 대법원 판례는 혼인 외 출생자와 생모 사이에는 생모의 인지나 출생신고 없이도 자의 출생으로 당연히 법률상의 친자관계가 생기고, 가족관계등록부의 기재나 법원의 친생자관계존재확인판결이 있어야만 이를 인정할 수 있는 것이 아니므로, 인지를 요하지 아니하는 모자관계에서는 인지의 소급효 제한에 관한 민법 제860조 단서가 적용 또는 유추 적용되지 아니하며, 다른 공동상속인이 이미 상속재산을 분할 또는 처분한 이후에 그 모자관계가 친생자관계존재확인판결의 확정 등으로 비로소 명백히 밝혀졌다 하더라도 그 혼인 외 출생자는 민법 제1014조의 당사자가 될 수 없다고 한다.[9]

6 유언에 의한 피인지자 역시 유언은 유언자의 사망시부터 효력이 생기는 점(민법 제1073조 제1항), 인지는 신고함으로써 그 효력이 생기는 점(제859조 제1항) 등을 고려할 때, 민법 제1014조의 가액지급청구권을 행사할 수 있다고 봄이 상당하다.[10]

### 나. 재판의 확정에 의해 공동상속인이 된 자

7 재판의 확정에 의하여 공동상속인이 된 자는 친생자관계존재확인의 소를 제기하여 확인 판결을 받고 확정된 경우, 부를 정하는 소를 제기하여 승소판결을 받고 확정된 경우, 피상속인과 이혼무효 또는 파양무효의 소를 제기하여 승소확정판결을 받은 경우, 피상속인과 이혼취소, 파양취소의 소를 제기하여 승소확정판결을 받은 경우 등이 해당할 것이다.[11]

## 2. 상대방

8 청구의 상대방은 공동상속인이며, 각자의 상속분에 따라 그 가액의 지급을 청구하게 될 것이다. 민법 제1014조의 가액지급청구를 필수적 공동소송으로 보는 견해와[12] 통상의 공동소송으로 보는 견해[13]의 대립이 있는데, 제1014조의 가액지급청구는 그 법적 성질이 상속회복청구로서 각 공동상속인은 자신의 상속분에서 피인지자의 몫을 반환할 분할채무를 지는 관계에 있으므로 필수적 공동소송이 아니라고 본 각급법원판례[14]가 있다.

9 대법원 2018. 6. 19. 선고 2018다1049 판결, 그에 의할 경우 상속회복청구의 소를 통해 기존의 분할 또는 처분에 대한 효력을 부인한 뒤 다시 상속재산분할을 진행하면 족할 것이다.
10 주해상속법(제1권), 박영사(2019), 346(이봉민); 윤진수, 친족상속법 강의(제5판), 박영사(2023), 484.
11 주해상속법(제1권), 박영사(2019), 344(이봉민); 김주수/김상용, 친족상속법(제20판), 법문사(2024), 757~758.
12 윤진수, 친족상속법 강의(제5판), 박영사(2023), 488.
13 주해상속법(제1권), 박영사(2019), 344(이봉민), 359.
14 의정부지방법원 고양지원 2009. 2. 20. 선고 2009드합120 판결(확정).

9 추가된 공동상속인이 분할 기타 처분을 한 상속인보다 선순위 상속인인 경우에도 민법 제1014조의 가액지급청구가 가능한지에 관하여 대법원 판례는 혼인 외의 출생자가 부의 사망 후에 인지의 소에 의하여 그 친생자로 인지받은 경우, 피인지자보다 후순위 상속인인 피상속인의 직계존속 또는 형제자매 등은 피인지자의 출현과 함께 자신이 취득한 상속권을 소급하여 잃게 되는 것으로 보아야 하고, 그것이 민법 제860조 단서의 규정에 따라 인지의 소급효 제한에 의하여 보호받게 되는 제3자의 기득권에 포함된다고는 볼 수 없다고 판시하면서도, 선순위 상속인의 가액지급청구 가부에 대하여는 명확한 판단을 하지 않고 있다.[15] 학설은 공동상속인이라는 문언에 비추어 볼 때 민법 제1014조의 가액지급청구가 아닌 상속회복청구에 의하는 것이 타당하다는 견해[16]와 제1014조의 가액지급청구를 유추적용하여 해결하자는 견해[17]가 대립된다.

## Ⅲ. 분할 기타 처분의 의미

### 1. 일반론

10 인지 또는 재판의 확정으로 공동상속인이 추가되었으나, 기존의 공동상속인이 분할 또는 처분을 하기 전이라면, 추가된 공동상속인은 민법 제1014조의 가액지급청구가 아닌 상속재산분할심판을 청구할 수 있다.[18] 인지 또는 재판의 확정으로 공동상속인이 추가된 후에 기존의 공동상속인이 추가된 공동상속인을 배제하고 상속재산의 분할 기타 처분을 하였다면, 그 분할은 무효이고, 그 처분의 효력도 인정될 수 없다.[19]

### 2. 분할

11 민법 제1014조의 분할에는 협의분할과 심판에 의한 분할이 모두 포함되는데, 상속재산 중 일부에 관하여만 분할이 이루어진 경우에는 제1014조의 가액지급청구에서 가액산정의 대상이 되는 상속재산에는 협의 또는 심판에 의해 분할이 완

15 대법원 1993. 3. 12. 선고 92다48512 판결.
16 주해상속법(제1권), 박영사(2019), 347(이봉민); 송덕수, 친족상속법(제7판), 박영사(2024), 380.
17 곽윤직, 상속법(민법강의VI)(개정판), 박영사(2004), 156; 김주수/김상용, 친족상속법(제20판), 법문사(2024), 760; 이경희/윤부찬, 가족법(11정판), 법원사(2024), 520.
18 대법원 1993. 8. 24. 선고 93다12 판결; 김주수/김상용, 친족상속법(제20판), 법문사(2024), 758; 윤진수, 친족상속법 강의(제5판), 박영사(2023), 486; 송덕수, 친족상속법(제7판), 박영사(2024), 380.
19 대법원 2001. 6. 29. 선고 2001다28299 판결.

료된 상속재산만 포함된다고 보는 것이 각급법원판례의 입장이다.[20]

### 3. 기타 처분

12 공동상속인이 공동으로 상속재산을 처분한 경우, 공동상속인 중 1인이 개별 상속재산의 지분을 처분한 경우가 민법 제1014조의 '기타 처분'에 해당한다.[21] 공동상속인 중 1인이 상속분 전체를 양도한 경우 민법 제1014조의 '기타 처분'에 해당한다는 견해[22]와 상속분 양수인은 상속재산분할의 당사자가 되므로 상속재산분할을 청구함으로 족하다는 견해[23]가 대립되고 있다. 공동상속인들 사이의 불분할계약 또는 분할금지계약에 관하여도 이를 '기타 처분'으로 보는 견해[24]와 확정적인 상속재산의 분할이라고 할 수 없어 '기타 처분'으로 볼 수 없다는 견해[25]가 대립된다.

## Ⅳ. 청구의 절차

### 1. 관할과 성격

13 가액지급청구 소송은 다류 가사소송사건으로서 가정법원의 전속관할이다(가사소송법 제2조 제2항, 가사소송규칙 제2조 제1항 제2호). 상속재산분할심판과는 달리 판결로 재판하고, 그 판결은 금전지급을 명하는 이행판결이 되어 기판력이 발생한다.[26]

### 2. 기여분결정청구의 가부

14 가액지급청구가 있는 경우 기여분결정청구를 할 수 있는데, 기여분결정청구권자는 추가된 공동상속인에 한하지 않고, 기존의 공동상속인도 가능하다는 것이 판례의 입장이다.[27] 민법 제1014조에 따른 가액지급청구 사건과 기여분결정청구

20 서울고등법원 2015. 11. 11. 선고 2015르199, 205 판결(확정).
21 주해상속법(제1권), 박영사(2019), 349(이봉민); 김주수/김상용, 친족상속법(제20판), 법문사(2024), 759.
22 곽윤직, 상속법(민법강의Ⅵ)(개정판), 박영사(2004), 155; 임종효, "민법 제1014조에 정한 상속분가액지급청구권", 법조 제634호, 법조협회(2009), 56.
23 윤진수, 친족상속법 강의(제5판), 박영사(2023), 486.
24 곽윤직, 상속법(민법강의Ⅵ)(개정판), 박영사(2004), 155; 송덕수, 친족상속법(제7판), 박영사(2024), 379~380.
25 주해상속법(제1권), 박영사(2019), 350(이봉민); 임종효, "민법 제1014조에 정한 상속분가액지급청구권", 법조 제634호, 법조협회(2009), 58.
26 주해상속법(제1권), 박영사(2019), 359(이봉민); 임종효, "민법 제1014조에 정한 상속분가액지급청구권", 법조 제634호, 법조협회(2009), 65.
27 대법원 2007. 7. 26. 선고 2006므2757 판결; 위 판결을 지지하는 견해로 주해상속법(제1권), 박영사(2019), 359(이봉민), 359~360; 임종효, "민법 제1014조에 정한 상속분가액지급청구권", 법조 제634호, 법조협회(2009), 64.

사건은 병합될 수 있는데, 소송인 가액지급청구가 비송인 기여분결정청구를 병합하는 형태가 될 것이고, 기여분결정청구는 필수적 공동소송의 성격을 가지므로, 가액지급청구의 상대방이 아닌 공동상속인들도 기여분결정청구에서는 병합사건 상대방으로 추가되어야 할 것이다.[28]

## 3. 제척기간

### 가. 민법 제999조 제2항의 적용

15 민법 제1014조의 가액지급청구권을 상속회복청구권의 일종으로 보는 대법원 판례에 의하면 상속회복청구권의 제척기간에 관한 민법 제999조 제2항이 적용되므로 제1014조의 가액지급청구권은 상속권의 침해를 안 날부터 3년 또는 상속권의 침해행위가 있은 날부터 10년을 경과하면 소멸한다고 볼 수 있다.[29]

### 나. 상속권의 침해를 안 날

16 여기서의 침해를 안 날이라 함은 피인지자가 자신이 진정상속인인 사실과 자신이 상속에서 제외된 사실을 안 때를 의미하는 것으로 혼인 외의 자가 법원의 인지판결 확정으로 공동상속인이 된 때에는 그 인지판결이 확정된 날에 상속권이 침해되었음을 알았다고 볼 수 있다.[30]

### 다. 상속권의 침해행위가 있은 날

17 상속권의 침해행위가 있은 날에 대하여는 상속재산의 분할이 마쳐지고 나서 10년이 경과한 후에 인지 또는 재판이 확정되어 새로이 공동상속인이 된 자가 있는 경우 10년의 제척기간의 기산점을 언제로 보아야 하는지에 관한 논의가 있다.

18 민법 제1014조의 가액지급청구권에 민법 제999조 제2항의 '상속권의 침해가 있은 날부터 10년' 부분을 적용하는 것에 관한 종전 헌법재판소 결정례[31]의 다수의견은 그와 같은 적용이 상속개시 후에 공동상속인으로 확정된 자의 재산권, 재판청구권을 침해하거나 평등원칙에 위배되지 않아 합헌으로 판단하면서도, 그 제척기간의 기산점에 관하여는 이를 '상속재산에 관한 등기 기타 처분이 있은

28 주해상속법(제1권), 박영사(2019), 361(이봉민); 임종효, "민법 제1014조에 정한 상속분가액지급청구권", 법조 제634호, 법조협회(2009), 61.
29 대법원 2007. 7. 26. 선고 2006므2757 판결.
30 대법원 2007. 7. 26. 선고 2006므2757 판결, 헌법재판소 2024. 6. 27. 선고 2021헌마1588 결정.
31 헌법재판소 2010. 7. 29. 선고 2005헌바89 결정.

날'로 본 의견[32]과 '인지 또는 재판의 확정일'로 본 의견[33]이 나뉘었다. 그리고 당시의 반대의견은 민법 제1014조의 가액지급청구권은 상속자격을 갖춘 진정한 공동상속인 사이에서 상속분을 적절하게 분할하고 배분하기 위하여 인정된 상속재산분할청구권으로서 상속회복청구권과 명백히 구별되고, 제1014조에 민법 제999조 제2항이 적용된다고 해석하여 10년의 제척기간을 적용하면, 인지 또는 재판의 확정이 상속권의 침해가 있은 날로부터 10년이 지난 후에 이루어진 경우에는 가액지급청구를 원천적으로 할 수 없는 결과가 발생하여 공동상속인들의 재산권과 재판청구권을 침해하므로 위헌이라고 보았다.[34]

19 그 후 헌법재판소는 2024. 6. 27. 선고 2021헌마1588 결정으로 위 2005헌바89 결정을 변경하면서, 민법 제1014조에 민법 제999조 제2항을 적용하는 것은 청구인의 재산권과 재판청구권을 침해하는 것으로 위헌으로 판단[35]하였는데, 대법원이 상속재산의 분할 또는 처분이 있은 후 인지 또는 재판이 확정된 경우 제척기간 10년의 기산점인 '상속권의 침해행위가 있은 날'을 '인지 또는 재판확정일'이 아닌 '상속재산의 분할 또는 처분일'로 해석하고 있음을 그 판단의 전제로 삼았다.[36] 위 헌법재판소의 결정례에 따라 앞으로는 판례의 태도가 변경될 여지가 있다.[37]

### 라. 명시적 일부청구와 청구취지의 확장

20 제척기간 내에 청구한 채권에 터잡아 제척기간 경과 후 청구취지를 확장하더라도 그 추가 부분의 청구권은 소멸한다고 할 것이나, 상속분상당가액지급청구권의 가액 산정 대상 재산을 인지 전에 이미 분할 내지 처분된 상속재산 전부로 삼는다는 뜻과 다만 그 정확한 권리의 가액을 알 수 없으므로 추후 감정결과에 따라 청구취지를 확장하겠다는 뜻을 미리 밝히면서 우선 일부의 금액만을 청구한다고 하는 경우 그 청구가 제척기간 내에 한 것이라면, 대상 재산의 가액에 대한 감정결과를 기다리는 동안 제척기간이 경과되고 그 후에 감정결과에 따라

32 재판관 이강국, 이공현, 민형기의 의견.
33 재판관 이동흡, 송두환의 의견.
34 재판관 조대현, 김희옥, 김종대, 목영준의 의견.
35 이에 관하여 민법 제1014조의 가액지급청구권에 '상속권의 침해행위가 있은 날부터 10년'의 제척기간을 정하고 있는 것은 합리적 이유가 있어 청구인의 재산권 및 재판청구권을 침해하지 아니한다는 반대의견이 있었다.
36 헌법재판소 2024. 6. 27. 선고 2021헌마1588 결정. 해당 결정례에서는 서울중앙지방법원 2005. 9. 30. 선고 2005가합36293 판결, 서울고등법원 2006. 9. 7. 선고 2005나89423 판결, 대법원 2007. 1. 12. 자 2006다65927 판결을 그 근거로 설시하였다.
37 김주수/김상용, 친족상속법(제20판), 법문사(2024), 760.

청구취지를 확장하였다 하더라도 위와 같은 청구취지의 확장으로 추가된 부분에 관해서도 그 제척기간은 준수된 것으로 보는 것이 대법원 판례이다.[38]

## V. 청구의 내용

### 1. 상속분 상당의 가액 산정

21 민법 제1014조의 상속분은 법정상속분이 아니라 특별수익과 기여분을 고려하여 산정한 구체적 상속분이라고 해석함이 상당하다. 즉, 이미 다른 공동상속인들이 분할을 완료한 경우 피인지자 등은 그 분할로 인하여 다른 공동상속인들이 현실적으로 취득한 이익의 비율, 즉 협의 또는 심판에서 정한 분할비율에 따라 안분한 금액을 다른 공동상속인들에게 청구하는 것이 원칙이다. 그러나 상속분상당가액산정의 기초가 되는 상속재산의 범위 및 그 가액 등이 다투어지는 경우 피인지자 등이 그 결과를 예측하여 구체적으로 분할비율을 정하여 청구할 것을 기대하기는 현실적으로 어렵다고 할 것이고, 따라서 피인지자 등으로서는 다른 공동상속인들에게 그 법정상속분에 따라 안분한 금액을 청구할 수도 있다.[39]

22 소극재산(상속채무)의 고려여부에 관하여는, 민법 제1014조의 상속분 상당의 가액이 청구인이 상속개시시에 소급하여 실질적으로 취득할 수 있었던 재산적 이득이라는 이유로 적극재산에서 소극재산을 공제하는 학설[40] 및 각급법원판례[41]와 피상속인의 채무는 추가된 공동상속인도 종전의 공동상속인과 함께 공동상속하므로 소극재산을 공제하지 않는 학설[42] 및 각급법원판례[43]가 병존한다.

23 상속분 상당의 가액 산정시 신고 및 납부 지연으로 인한 가산세를 포함하여 상속재산의 취득에 필연적으로 수반되는 상속세로서 공동상속인이 실제 납부한 상속세는 공제함이 상당하고,[44] 상속에 관한 비용 또한 공제함이 상당하다.[45]

38 대법원 2007. 7. 26. 선고 2006므2757 판결.
39 서울고등법원 2006. 10. 24. 선고 2004르1714 판결(상고기각).
40 임종효, "민법 제1014조에 정한 상속분가액지급청구권", 법조 제634호, 법조협회(2009), 69.
41 서울고등법원 2015. 11. 11. 선고 2015르199 판결(확정).
42 김주수/김상용, 친족상속법(제20판), 법문사(2024), 759.
43 서울고등법원 2006. 10. 24. 선고 2004르1714 판결(상고기각).
44 대법원 2007. 7. 26. 선고 2006므2757 판결; 윤진수, 친족상속법 강의(제5판), 박영사(2023), 488.
45 대법원 1993. 8. 24. 선고 93다12 판결.

### 2. 이미 분할된 상속재산의 과실 포함 여부

24 인지 전에 공동상속인들에 의해 이미 분할되거나 처분된 상속재산은 이를 분할받은 공동상속인이나 공동상속인들의 처분행위에 의해 이를 양수한 자에게 그 소유권이 확정적으로 귀속되는 것이며, 그 후 그 상속재산으로부터 발생하는 과실은 상속개시 당시 존재하지 않았던 것이어서 이를 상속재산에 해당한다 할 수 없고, 상속재산의 소유권을 취득한 자(분할받은 공동상속인 또는 공동상속인들로부터 양수한 자)가 민법 제102조에 따라 그 과실을 수취할 권능도 보유한다고 할 것이며, 민법 제1014조도 '이미 분할 내지 처분된 상속재산' 중 피인지자의 상속분에 상당한 가액의 지급청구권만을 규정하고 있을 뿐 '이미 분할 내지 처분된 상속재산으로부터 발생한 과실'에 대해서는 별도의 규정을 두지 않고 있으므로, 결국 민법 제1014조에 의한 상속분상당가액지급청구에 있어 상속재산으로부터 발생한 과실은 그 가액산정 대상에 포함된다고 할 수 없다는 것이 대법원 판례[46]의 입장이나, 이에 반대하는 견해[47]도 있다. 공동상속인 추가 이전에 상속재산을 분할받은 공동상속인이 그 상속재산으로부터 발생한 과실을 취득하는 것도 추가 공동상속인에 대한 관계에서 부당이득이 된다고 할 수 없다.[48]

### 3. 상속재산의 평가 시점

25 상속분 상당 가액의 평가시점에 관하여 다른 공동상속인들이 상속재산을 실제 처분한 때의 시가로 보는 견해,[49] 가액지급 청구시로 보는 견해[50]등도 있으나, 사실심 변론종결시의 시가를 의미한다는 것이 판례[51]와 다수설[52]의 입장이다. 물론, 구체적 상속분 산정에 있어서는 상속재산분할심판과 마찬가지로 상속개시 시의 가액을 평가함이 당연하다.[53]

46 대법원 2007. 7. 26. 선고 2006므2757 판결, 위 판결을 지지하는 견해로 임종효, "민법 제1014조에 정한 상속분가액지급청구권", 법조 제634호, 법조협회(2009), 71.

47 주해상속법(제1권), 박영사(2019), 353(이봉민); 윤진수, 친족상속법 강의(제5판), 박영사(2023), 488.

48 대법원 2007. 7. 26. 선고 2006다83796 판결.

49 윤진수, 친족상속법 강의(제5판), 박영사(2023), 487.

50 곽윤직, 상속법(민법강의VI)(개정판), 박영사(2004), 155.

51 대법원 1993. 8. 24. 선고 93다12 판결.

52 김주수/김상용, 친족상속법(제20판), 법문사(2024), 758; 박동섭/양경승, 친족상속법(제5판), 박영사(2020), 822.

53 서울고등법원 2006. 10. 24. 선고 2004르1714 판결(상고기각); 주해상속법(제1권), 박영사(2019), 357(이봉민).

## 4. 가액지급의무의 성질과 지체책임 시기

26 민법 제1014조에 따른 가액지급의무는 기한의 정함이 없는 채무로서 구체적 액수가 확정된 청구를 받은 다음날부터 지체책임을 부담한다는 것이 판례[54]와 학설[55]의 입장이다. 가액지급의무를 부담하는 기존 공동상속인들의 관계는 연대채무가 아니라 분할채무로 보는 것이 각급법원판례[56]와 학설[57]이다.

54 대법원 2007. 7. 26. 선고 2006므2757 판결.

55 주해상속법(제1권), 박영사(2019), 358(이봉민).

56 의정부지방법원 고양지원 2009. 2. 20. 선고 2009드합120 판결(확정), 서울중앙지방법원 1999. 12. 8. 선고 98가합92578 판결(항소심에서 조정성립).

57 주해상속법(제1권), 박영사(2019), 348(이봉민); 윤진수, 친족상속법 강의(제5판), 박영사(2023), 488; 임종효, "민법 제1014조에 정한 상속분가액지급청구권", 법조 제634호, 법조협회(2009), 55.

## 제 1015 조 [분할의 소급효]

**상속재산의 분할은 상속개시된 때에 소급하여 그 효력이 있다. 그러나 제삼자의 권리를 해하지 못한다.**

**[관련조문]** 민법 제186조(부동산물권변동의 효력), 제187조(등기를 요하지 아니하는 부동산물권취득), 제188조(동산물권양도의 효력, 간이인도), 제268조(공유물의 분할청구), 제450조(지명채권양도의 대항요건), 제1011조(공동상속분의 양수), 제1012조(유언에 의한 분할방법의 지정, 분할금지), 제1013조(협의에 의한 분할)

**[참고문헌]** 주해상속법(제1권), 박영사(2019); 곽윤직, 상속법(민법강의VI)(개정판), 박영사(2004); 김주수/김상용, 친족상속법(제20판), 법문사(2024); 박동섭/양경승, 친족상속법(제5판), 박영사(2020); 송덕수, 친족상속법(제7판), 박영사(2024); 윤진수, 친족상속법 강의(제5판), 박영사(2023); 이경희/윤부찬, 가족법(11정판), 법원사(2024)



### Ⅰ. 소급효

#### 1. 의의

1 상속재산의 분할은 상속이 개시된 때에 소급하여 효력이 있으므로, 공동상속인은 상속개시시에 바로 피상속인으로부터 상속재산을 취득한 것이 되고, 공동상속인 중 1인이 고유의 상속분을 초과하는 재산을 취득하게 되었다 하더라도 이는 상속개시 당시 피상속인으로부터 승계받은 것으로 보아야 하며 다른 공동상속인으로부터 증여 또는 이전받은 것으로 볼 수는 없다.[1] 그러나 상속재산분할에 소급효가 인정된다고 하더라도, 상속개시 이후 공동상속인들이 상속재산의 공유관계에 있었던 사실 자체가 소급하여 소멸하는 것은 아니다.[2]

2 분할의 결과 상속인이 특정재산의 소유권을 취득한 경우 이는 상속이 개시된 때부터 이미 존재하는 것이고 분할은 이를 선언하는 것이 지나지 않는다는 점에서 학설은 이를 '선언주의' 또는 '선언행위'라 부른다.[3] 소급효 없이 공유자가 다른 공유자의 지분을 취득하게 되는 이른바 이전주의 또는 이전행위라 할 수

1 대법원 1987. 4. 14. 선고 87누90 판결.
2 대법원 2024. 8. 1. 선고 2023다318857 판결; 대법원 2020. 7. 9. 선고 2020두34841 판결.
3 김주수/김상용, 친족상속법(제20판), 법문사(2024), 755; 주해상속법(제1권), 박영사(2019), 365(이봉민).

있는 공유물분할과의 차이가 여기에 있다.[4]

## 2. 적용범위

3 민법 제1015조의 적용은 현물분할 또는 대상분할에 의해 상속재산을 현물로 취득한 경우에 한하고, 경매분할이 이루어지거나 대상분할에 의한 정산금채권을 취득한 경우에는 소급효가 인정되지 않는다.[5]

4 한편, 상속개시 후 상속재산분할이 완료되기 전까지 상속재산으로부터 발생하는 과실은 상속개시 당시에는 존재하지 않았던 것이므로 상속재산의 과실까지도 소급하여 상속인이 단독으로 차지하게 된다고 볼 수는 없고, 공동상속인들이 구체적 상속분의 비율에 따라 취득한다는 것이 판례의 입장이다.[6]

5 공동상속인 중 1인이 나머지 공동상속인들의 동의 없이 피상속인 명의의 부동산에 관하여 제3자에게 근저당권 설정등기를 마쳐 주었다가, 그 후 그가 그 부동산을 단독으로 상속하기로 하는 내용의 상속재산분할협의를 한 경우 그 근저당권 설정등기는 분할의 소급효에 의하여 상속개시 당초부터 적법한 것으로서 실체관계에 부합하는 등기가 된다.[7]

6 한편 대법원은 상속재산분할협의에 의한 소유권 취득은 상속재산분할의 소급효에도 불구하고 전소 변론종결 후에 발생한 사유에 해당한다고 하면서, 전소에서 원고가 단독상속인이라고 주장하여 소유권확인을 구하였으나 공동상속인에 해당한다는 이유로 그 상속분에 해당하는 부분에 대해서만 원고의 청구를 인용하고 나머지 청구를 기각하는 판결이 선고되어 확정되었다면, 전소의 기판력은 전소의 변론종결 후에 상속재산분할협의에 의해 원고가 소유권을 취득한 나머지 상속분에 관한 소유권확인을 구하는 후소에는 미치지 않는다고 판시한 바 있다.[8]

4 주해상속법(제1권), 박영사(2019), 365(이봉민); 곽윤직, 상속법(민법강의VI)(개정판), 박영사(2004), 150.

5 주해상속법(제1권), 박영사(2019), 367(이봉민); 김주수/김상용, 친족상속법(제20판), 법문사(2024), 755~756; 박동섭/양경승, 친족상속법(제5판), 박영사(2020), 821~822.

6 대법원 2018. 8. 30. 선고 2015다27132, 27149 판결, 대법원 2018. 10. 4. 선고 2015다27620 판결.

7 대법원 2004. 7. 8. 선고 2002다73203 판결.

8 대법원 2011. 6. 30. 선고 2011다24340 판결; 부동산 공유자인 갑 주식회사가 다른 공유자인 을 등을 상대로 제기한 공유물분할청구의 소의 원심판결 선고 이후 '위 부동산 중 병의 지분을 을의 단독 소유로 분할한다'는 내용의 상속재산분할심판이 확정되었다면 이는 변론종결 후에 발생한 사유에 해당하므로, 을은 변론종결 후 승계인으로서 원심판결문에 승계집행문을 부여받아 집행할 수 있을 뿐이라고 한 판례로 대법원 2020. 7. 23. 선고 2017다249295판결.

### 3. 소급효와 등기

7 상속재산분할이 이루어진 경우 그 소급효와 관계없이, 피상속인 명의의 등기로부터 그 취득상속인 명의로 직접 이전등기를 하거나, 공동상속인 명의의 공유등기를 거쳐 취득상속인 앞으로 이전등기를 하는 것도 가능하다는 것이 학설의 입장이다.[9] 상속재산분할 전 공동상속인들 사이에 상속을 원인으로 하여 법정상속분대로 소유권이전등기가 마쳐져 있는 경우, 실무에서는 상속재산분할이 완료된 후 경정등기를 통해 해결하는 것이 일반적이다.

## Ⅱ. 소급효의 제한

8 선언주의에 의한 소급적 효력은 상속개시시부터 분할시 사이에 상속재산에 관하여 이루어진 거래의 안전을 해할 가능성이 있다. 따라서 민법 제1015조 단서를 통해 상속재산분할의 소급효로 제3자의 권리를 해하지 못하도록 하여 거래의 안전을 도모하고 제3자의 지위를 보호하였다.[10]

9 여기서의 제3자는 선의, 악의를 묻지 않으나, 상속인으로부터 개개의 상속재산에 대한 권리를 취득하고 효력발생요건(민법 제186조, 제188조)과 대항요건(제450조)은 갖추어야 한다는 것이 학설[11]과 판례[12]의 입장이다.

10 상속재산인 부동산의 분할귀속을 내용으로 하는 상속재산분할심판이 확정되면 민법 제187조에 따른 등기 없이도 물권변동의 효력이 발생하나, 민법 제1015조 단서의 내용과 입법취지 등을 고려하면, 상속재산분할심판에 따른 등기가 이루어지기 전에 상속재산분할의 효력과 양립하지 않는 법률상 이해관계를 갖고 등기를 마쳤으나 상속재산분할이 있었음을 알지 못한 제3자에 대하여는 상속재산분할의 효력을 주장할 수 없고, 이 경우 제3자가 상속재산분할심판이 있었음을 알았다는 점에 관한 주장·증명책임은 상속재산분할심판의 효력을 주장하는 자에게 있다는 판례가 있다.[13]

9 주해상속법(제1권), 박영사(2019), 367(이봉민); 곽윤직, 상속법(민법강의VI)(개정판), 박영사(2004), 152; 김주수/김상용, 친족상속법(제20판), 법문사(2024), 756.

10 대법원 2020. 8. 13. 선고 2019다249312 판결; 김주수/김상용, 친족상속법(제20판), 법문사(2024), 756.

11 김주수/김상용, 친족상속법(제20판), 법문사(2024), 757; 박동섭/양경승, 친족상속법(제5판), 박영사(2020), 823; 송덕수, 친족상속법(제7판), 박영사(2024), 378; 이경희/윤부찬, 가족법(11정판), 법원사(2024), 519.

12 대법원 2020. 8. 13. 선고 2019다249312 판결, 대법원 1996. 4. 26. 선고 95다54426 판결, 대법원 1992. 11. 24. 선고 92다31514 판결.

13 대법원 2020. 8. 13. 선고 2019다249312 판결.

11 상속분의 양수인은 상속재산분할의 당사자가 되어야 하므로 여기서의 제3자에 포함시키지 않는 것이 일반적이다.[14]

14 김주수/김상용, 친족상속법(제20판), 법문사(2024), 756~757; 윤진수, 친족상속법 강의(제5판), 박영사(2023), 480; 이경희/윤부찬, 가족법(11정판), 법원사(2024), 519.

## 제 1016 조 [공동상속인의 담보책임]

**공동상속인은 다른 공동상속인이 분할로 인하여 취득한 재산에 대하여 그 상속분에 응하여 매도인과 같은 담보책임이 있다.**

**[관련조문]** 민법 제270조(분할로 인한 담보책임), 제570조(동전-매도인의 담보책임), 제572조(권리의 일부가 타인에게 속한 경우와 매도인의 담보책임), 제573조(전조의 권리행사의 기간), 제574조(수량부족, 일부멸실의 경우와 매도인의 담보책임), 제575조(제한물권 있는 경우와 매도인의 담보책임), 제576조(저당권, 전세권의 행사와 매도인의 담보책임), 제577조(저당권의 목적이 된 지상권, 전세권의 매매와 매도인의 담보책임), 제580조(매도인의 하자담보책임), 제581조(종류매매와 매도인의 담보책임), 제582조(전2조의 권리행사기간), 제583조(담보책임과 동시이행), 제584조(담보책임면제의 특약), 제1014조(분할후의 피인지자 등의 청구권), 제1015조(분할의 소급효), 제1017조(상속채무자의 자력에 대한 담보책임), 제1018조(무자력공동상속인의 담보책임의 분담)

**[참고문헌]** 주해상속법(제1권), 박영사(2019); 곽윤직, 상속법(민법강의Ⅵ)(개정판), 박영사(2004); 박동섭/양경승, 친족상속법(제5판), 박영사(2020); 송덕수, 친족상속법(제7판), 박영사(2024); 윤진수, 친족상속법 강의(제5판), 박영사(2023); 이경희/윤부찬, 가족법(11정판), 법원사(2024); 법원실무제요, 가사[Ⅱ], 사법연수원(2021); 시진국, "재판에 의한 상속재산분할", 사법논집 제42집, 법원도서관(2006)



### Ⅰ. 의의

1 공동상속인이 상속재산분할로 인하여 하자 있는 물건 또는 권리를 취득한 경우 다른 공동상속인이 민법상의 매도인과 유사한 담보책임을 지게 된다. 공유물분할에 있어서도 이와 유사한 취지의 규정이 있다(민법 제270조). 상속재산분할은 소급효가 있지만 상속재산에 관한 각자의 지분을 상속재산분할에 의해 서로 양도 또는 교환하는 일종의 유상행위적 성질을 함께 갖고 있으므로, 공동상속인 사이의 형평을 위해 담보책임을 인정한 것으로 보인다.[1] 이러한 취지에 비추어 볼 때 위 규정은 협의분할에 의한 경우뿐만 아니라, 심판에 의한 분할이나 유언에 의한 지정분할의 경우에도 적용된다고 해석된다.[2]

2 민법 제1014조에 의한 상속분가액지급청구 사건에서 피인지자가 기존 공동상속

1 주해상속법(제1권), 박영사(2019), 370(이봉민); 곽윤직, 상속법(민법강의Ⅵ)(개정판), 박영사(2004), 156.
2 주해상속법(제1권), 박영사(2019), 372(이봉민).

인들에 대하여 구체적 상속분이 아닌 법정상속분에 따라 안분한 금액을 청구한 경우, 동조의 담보책임의 법리를 유추적용하여 다른 공동상속인들은 그 차액을 서로 정산하면 된다는 각급법원 판례가 있다.[3]

## Ⅱ. 담보책임의 내용

### 1. 하자 유무 판단의 기준시기

3 상속재산분할에 의하여 취득한 물건에 권리 또는 물건의 하자가 있을 경우 담보책임을 지게 되나, 그 하자 유무는 상속재산분할 당시를 기준으로 하여야 한다.[4] 따라서 상속개시 전에 존재한 하자뿐 아니라, 상속개시 후 상속재산분할 전에 생긴 하자도 포함된다.

4 분할심판에서 상속재산으로 취급한 재산 중 일부가 판결에 의해 상속재산이 아닌 것으로 판명된 경우, 분할심판을 무효로 하면 상속 법률관계의 안정성을 해할 우려가 있고, 현행법상 사정변경을 이유로 한 분할심판의 취소도 허용되지 아니하므로, 민법 제1016조의 담보책임에 따라 공동상속인 사이의 형평을 도모하는 것이 타당하다.[5]

### 2. 준용 범위

5 매도인의 담보책임에 관하여는 민법 제570조에서 제584조 사이에 규정을 두고 있으나, 제571조는 선의의 매도인에 관한 특칙이고, 제578조는 경매시 담보책임에 관한 규정이며, 제579조는 아래에서 보는 제1017조에 특칙이 있으므로 각 준용되지 않는다.[6]

6 그 외의 규정은 대체로 준용이 되어 담보책임의 존속기간은 원칙적으로 1년이고(민법 제573조, 제575조 제3항, 제582조), 해제한 경우의 동시이행항변권에 관한 민법 제583조, 담보책임 면제 특약에 관한 제584조도 적용된다.

### 3. 대금의 감액과 손해배상

7 담보책임의 내용은 민법 제572조 및 제574조에서 규정한 손해배상이 일반적이

3 서울고등법원 2006. 10. 24. 선고 2004르1714 판결(상고기각).
4 주해상속법(제1권), 박영사(2019), 371(이봉민); 곽윤직, 상속법(민법강의Ⅵ)(개정판), 박영사(2004), 157.
5 법원실무제요, 가사[Ⅱ], 사법연수원(2021), 1651~1652.
6 윤진수, 친족상속법 강의(제5판), 박영사(2023), 481.

다. 대금의 감액은 대상분할에서 인정 가능하다는 견해[7]와 대금감액이란 쌍무채무 중에서 일방의 채무가 금전의 지급을 목적으로 한 때이어야 하는데, 상속재산의 분할에서 대가의 지급이란 거의 생각할 수 없으므로, 대금감액의 문제는 거의 발생할 수 없다는 견해가 대립된다.[8]

8 해제를 인정할 것인지에 관하여는 법적 안정성 등을 이유로 해제를 부정하는 견해[9]와 거래의 안전은 소급효 제한으로 달성할 수 있으므로 해제를 제한해야 할 근거가 없다는 견해,[10] 상속재산분할의 목적을 달성할 수 없는 경우에 한하여 해제를 인정해야 한다는 견해[11] 등이 대립되고 있다.

### 4. 담보책임의 효과

9 담보책임이 인정되는 경우 공동상속인은 '상속분에 응하여' 담보책임을 진다. 담보책임을 묻는 공동상속인도 공동상속인 중 1인이므로, 그 역시 책임을 분담해야 한다.[12] 여기서의 상속분은 구체적 상속분으로 보는 것이 타당하다.[13]

7 윤진수, 친족상속법 강의(제5판), 박영사(2023), 482.

8 곽윤직, 상속법(민법강의VI)(개정판), 박영사(2004), 157; 이경희/윤부찬, 가족법(11정판), 법원사(2024), 521.

9 시진국, "재판에 의한 상속재산분할", 사법논집 제42집, 법원도서관(2006), 733.

10 윤진수, 친족상속법 강의(제5판), 박영사(2023), 482; 박동섭/양경승, 친족상속법(제5판), 박영사(2020), 825.

11 곽윤직, 상속법(민법강의VI)(개정판), 박영사(2004), 157; 김주수/김상용, 친족상속법(제20판), 법문사(2024), 761.

12 윤진수, 친족상속법 강의(제5판), 박영사(2023), 482.

13 주해상속법(제1권), 박영사(2019), 372(이봉민); 곽윤직, 상속법(민법강의VI)(개정판), 박영사(2004), 157; 김주수/김상용, 친족상속법(제20판), 법문사(2024), 761.

## 제 1017 조 [상속채무자의 자력에 대한 담보책임]

① 공동상속인은 다른 상속인이 분할로 인하여 취득한 채권에 대하여 분할당시의 채무자의 자력을 담보한다.

② 변제기에 달하지 아니한 채권이나 정지조건 있는 채권에 대하여는 변제를 청구할 수 있는 때의 채무자의 자력을 담보한다.

[관련조문] 민법 제579조(채권매매와 매도인의 담보책임), 제1011조(공동상속분의 양수), 제1012조(유언에 의한 분할방법의 지정, 분할금지), 제1013조(협의에 의한 분할), 제1015조(분할의 소급효), 제1016조(공동상속인의 담보책임), 제1018조(무자력공동상속인의 담보책임의 분담)

[참고문헌] 주해상속법(제1권), 박영사(2019); 김주수/김상용, 친족상속법(제20판), 법문사(2024)



### Ⅰ. 의의

1 민법 제579조상의 채권매매의 담보책임에서는 채권자는 특약이 없으면 채무자의 자력을 담보하지 않으나, 상속재산분할은 채무자의 자력을 고려하는 채권매매와 다르고 공동상속인 사이의 형평을 도모한다는 취지에서, 민법 제1017조 제1항은 공동상속인들이 특별히 자력을 담보하지 않았더라도 채무자의 자력을 담보하는 담보책임을 규정하고 있다.

2 여기서의 채권은 상속채권인 한 지명채권, 지시채권, 유가증권상의 채권 등을 모두 포함한다.[1] 가분채권의 경우 원칙적으로 상속재산분할의 대상이 되지 않는다는 것이 다수설의 입장이어서, 민법 제1017조의 적용에 관하여 논의의 여지가 있으나, 판례는 가분채권 또한 초과특별수익자가 있거나, 특별수익자 또는 기여분권리자가 있는 경우에 예외적으로 상속재산분할의 대상이 된다고 하였는바,[2] 가분채권이 예외적으로 분할의 대상이 된 경우에는 제1017조가 적용될 것이다.[3]

### Ⅱ. 담보책임 부담의 기준시기

3 분할당시 이미 변제기에 달한 채권에 대해서는 분할 당시에 있어서의 채무자의

1 주해상속법(제1권), 박영사(2019), 373(이봉민); 김주수/김상용, 친족상속법(제20판), 법문사(2024), 762.
2 대법원 2016. 7. 14. 자 2014스101 결정.
3 주해상속법(제1권), 박영사(2019), 375(이봉민).

자력을 담보하면 되나, 분할당시에 변제기에 달하지 않은 채권이나, 정지조건이 있는 채권에 대해서는 변제를 청구할 수 있는 때, 즉 변제기 또는 조건이 성취된 시점의 채무자의 자력을 담보하면 된다. 즉, 변제기 또는 조건이 성취된 후 채무자가 무자력이 된 때에는 공동상속인은 담보책임을 부담하지 않는다고 보아야 한다.[4]

4 주해상속법(제1권), 박영사(2019), 374(이봉민).

## 제 1018 조 [무자력공동상속인의 담보책임의 분담]

**담보책임 있는 공동상속인 중에 상환의 자력이 없는 자가 있는 때에는 그 부담부분은 구상권자와 자력있는 다른 공동상속인이 그 상속분에 응하여 분담한다. 그러나 구상권자의 과실로 인하여 상환을 받지 못한 때에는 다른 공동상속인에게 분담을 청구하지 못한다.**

[관련조문] 민법 제427조(상환무자력자의 부담부분), 제1016조(공동상속인의 담보책임), 제1017조(상속채무자의 자력에 대한 담보책임)

[참고문헌] 윤진수, 친족상속법 강의(제5판), 박영사(2023)



### Ⅰ. 의의

1 민법 제1018조는 민법 제1016조, 제1017조에 의하여 담보책임 있는 공동상속인 중에 무자력자가 있어 그가 자신의 상속분에 응하여 담보책임을 분담할 수 없는 경우, 그 무자력자의 부담부분은 구상권자와 자력 있는 다른 공동상속인이 그 상속분에 응하여 분담하라는 취지이다. 공동상속인 사이의 형평을 도모하기 위한 규정으로, 연대채무자 사이의 구상에 관한 민법 제427조 제1항과 같은 취지의 규정이다.[1]

### Ⅱ. 제1018조 단서의 의의

2 담보책임이 있는 자가 자력 있는 동안 구상권을 행사하지 않는 데 있어 구상권자에게 과실이 있는 경우에는, 그 손해는 구상권자 자신이 부담하여야 하고, 다른 공동상속인에게 그 분담을 청구하지 못한다.

1 윤진수, 친족상속법 강의(제5판), 박영사(2023), 482.

# 제 4 절 상속의 승인 및 포기

<개정 1990. 1. 13>

## [총설]

1 민법은 제1019조에서 제1044조에 이르기까지 상속의 승인 및 포기에 관한 규정을 두고 있다. 이는 상속인의 의사와 관계없이 상속개시와 동시에 상속인이 피상속인의 재산에 관한 포괄적 권리의무를 당연히 승계하도록 하고 있는 민법 제1005조로 인하여 곤란해질 수 있는 상속인에게 그의 의사에 따라 상속의 효과를 귀속시키거나 거절할 수 있는 자유를 주고자 함이다.[1]

2 상속인은 상속개시 이후 단순승인을 통하여 잠정적으로 발생한 당연·포괄승계의 효과를 그대로 확정시킬 수도 있고, 한정승인을 통하여 상속으로 인하여 얻을 재산의 한도에서 피상속인의 채무와 유증을 변제하는 것을 조건으로 상속을 승인할 수도 있으며, 상속의 포기를 통하여 피상속인의 재산상 권리의무 승계 자체를 거절할 수도 있다. 상속의 단순승인, 한정승인 및 포기는 이와 같이 상속인이 상속의 효과 귀속 여부 즉, 피상속인의 재산상 권리의무의 승계 여부에 관한 의사를 표시하는 법률행위이자, 그 결과로서 발생하는 상속의 형태를 의미한다.

3 상속의 승인(이하에서 '승인'이라 함은 단순승인 및 한정승인을 포함하는 의미로 사용한다) 및 포기는 상속인의 자유의사에 기하여 이루어져야 하는 것으로, 그 권한은 일신전속권으로서 상속의 대상은 되지만 상속인의 지위와 분리하여 양도할 수 없고,[2] 상속채권자나 상속인의 채권자가 채권자대위권에 기하여 할 수 없다. 마찬가지로 상속의 승인 및 포기는 채권자취소의 대상도 되지 아니한다.[3] 한편 이는 상속인의 재산에 영향을 미치는 법률행위로서 행위능력을 요하므로, 상속인이 제한능력자인 경우에는 법정대리인의 동의를 받거나 법정대리인이 대리하여야 한다.

4 민법은 상속인에게 상속의 승인 및 포기를 통하여 상속의 효과 귀속 여부를 결정할 자유를 주는 한편, 상속의 승인 및 포기가 다른 공동상속인, 상속채권자나 상속인의 채권자 등 여러 이해관계인에게 미치는 영향을 고려하여 그 절차와

1 대법원 2005. 7. 22. 선고 2003다43681 판결 참조.
2 헌법재판소 2011. 8. 30. 선고 2009헌가10 결정. 민법 제1021조는 이를 전제로 한다.
3 대법원 2011. 6. 9. 선고 2011다29307 판결.

방식에 관하여 구체적으로 정하고 있다. 상속의 승인 및 포기는 상속개시 이후 민법 제1019조가 정한 일정한 기간 내에만 가능하고, 상속재산 전체에 대하여 포괄적·무조건적으로 이루어져야 한다.[4] 특히 상속의 한정승인과 포기는 요식행위로서 민법, 가사소송법과 규칙의 정함에 따라 가정법원에 신고하는 방식으로 행해져야 한다. 상속개시 전의 상속포기, 조건이나 기한을 붙인 상속의 한정승인 등 민법이 정한 절차와 방식에 따르지 아니한 상속의 승인 및 포기는 효력이 없다. 상속인이 이후 그에 배치되는 상속권을 주장하더라도 신의칙에 반한다고 할 수 없다.[5] 마찬가지로, 일단 유효하게 이루어진 상속의 승인 또는 포기는 원칙적으로 이를 변경하거나 철회할 수 없다. 총칙편의 규정에 따라 취소할 수 있을 뿐이다(☞ 상세한 내용은 해당 부분의 주석 참조).

4 대법원 1995. 11. 14. 선고 95다27554 판결.
5 대법원 1998. 7. 24. 선고 98다9021 판결, 대법원 1994. 10. 14. 선고 94다8334 판결.

## 제 1 관 총칙

### 제 1019 조 [승인, 포기의 기간]

① 상속인은 상속개시 있음을 안 날로부터 3월 내에 단순승인이나 한정승인 또는 포기를 할 수 있다. 그러나 그 기간은 이해관계인 또는 검사의 청구에 의하여 가정법원이 이를 연장할 수 있다. <개정 1990. 1. 13>

② 상속인은 제1항의 승인 또는 포기를 하기 전에 상속재산을 조사할 수 있다. <개정 2002. 1. 14>

③ 제1항에도 불구하고 상속인은 상속채무가 상속재산을 초과하는 사실(이하 이 조에서 "상속채무 초과사실"이라 한다)을 중대한 과실 없이 제1항의 기간 내에 알지 못하고 단순승인(제1026조 제1호 및 제2호에 따라 단순승인한 것으로 보는 경우를 포함한다. 이하 이 조에서 같다)을 한 경우에는 그 사실을 안 날부터 3개월 내에 한정승인을 할 수 있다. <개정 2022. 12. 13>

④ 제1항에도 불구하고 미성년자인 상속인이 상속채무가 상속재산을 초과하는 상속을 성년이 되기 전에 단순승인한 경우에는 성년이 된 후 그 상속의 상속채무 초과사실을 안 날부터 3개월 내에 한정승인을 할 수 있다. 미성년자인 상속인이 제3항에 따른 한정승인을 하지 아니하였거나 할 수 없었던 경우에도 또한 같다. <신설 2022. 12. 13>

[관련조문] 민법 제997조(상속개시의 원인), 제1000조(상속의 순위), 제1001조(대습상속), 제1003조(배우자의 상속순위), 제1004조(상속인의 결격사유), 제1020조(제한능력자의 승인·포기의 기간), 제1021조(승인, 포기기간의 계산에 관한 특칙), 제1024조(승인, 포기의 취소금지), 제1026조(법정단순승인), 제1030조(한정승인의 방식), 제1038조(부당변제 등으로 인한 책임), 제1041조(포기의 방식)

[참고문헌] 김주수/김상용, 주석 민법, 상속(제2권)(제4판), 한국사법행정학회(2015); 주해상속법(제1권), 박영사(2019); 곽윤직, 상속법(민법강의VI)(개정판), 박영사(2004); 김주수/김상용, 친족·상속법(제20판), 법문사(2024); 윤진수, 친족상속법 강의(제5판), 박영사(2023); 가정법원사건의 제문제(하)(재판자료 제102집), 법원도서관(2003); 민유숙, "개정민법상 특별한정승인 제도: 소개와 전망(시론)", 민사재판의 제문제 제15권, 한국사법행정학회(2006); 박현수, "민법 제1019조 제3항의 특별한정승인요건 중 중대한 과실", 재판실무연구(2010. 1.); 법원실무제요, 가사[Ⅱ], 사법연수원(2021); 손지열, "민법 제1019조 제1항의 고려기간의 기산점", 민사판례연구 제10권, 민사판례연구회(1988); 윤진수, "상속채무를 뒤늦게 발견한 상속인의 보호", 서울대학교 법학 제38권 제3호·제4호, 서울대학교 법학연구소(1997); 이상원, "상속포기와 한정승인에 있어 신고기간(고려기간)의 기산점", 가정법원사건의 제문제(하)(재판자료 제102집), 법원도서관(2003); 이영무, "선순위 상속인들이 상속을 포기하였을 경우 상속재산이 차순위 상속인에게 귀속되는지 여부에 관하여", 인권과 정의 제239호, 대한변호사협회(1996)

## Ⅰ. 상속의 승인 및 포기의 기간(제1항)

### 1. 의의

1 민법 제1019조 제1항은 상속인이 상속의 단순승인, 한정승인 또는 포기를 할 수 있는 기간에 관하여 정하고 있다. 상속의 승인 및 포기는 상속인이 상속개시 있음을 안 날로부터 3월 내에 할 수 있다. 이 기간은 통상 고려기간 또는 숙려기간이라고 칭해지고,[1] 제척기간의 성질을 갖는다.[2] 상속인은 이 기간 동안 상속재산을 조사하고, 상속을 단순승인 또는 한정승인할지 아니면 포기할지를 숙고·결정하여 그 의사를 표시하여야 한다. 한정승인이나 포기를 하려는 경우에는 이 기간 내에 가정법원에 신고까지 마쳐야 한다(민법 제1030조 제1항, 제1041조). 이 기간이 도과하면 단순승인을 한 것으로 간주되어 상속인은 더 이상 한정승인이나 포기를 할 수 없다(민법 제1026조 제2호).

2 3개월의 고려기간은 상속의 개시에 따라 자신의 의사와 무관하게 피상속인의 재산에 관한 포괄적인 권리의무를 당연히 승계한 상속인으로 하여금 그의 의사에 따라 상속을 그대로 승인할지, 책임제한을 유보하고 승인할지 또는 권리의무 승계 자체를 거절할지를 선택할 수 있는 기회를 주기 위하여 부여된 기간인 한편, 그로 인하여 상속으로 인한 법률관계가 오랫동안 불확실한 상태에 있게 되는 것을 방지하기 위하여 마련된 시적 제한이기도 하다.[3]

1 대법원 판례는 대부분의 경우 '고려기간'이라는 표현을 사용하고 있는 바, 이하에서는 판례에 따라 '고려기간'이라는 표현을 사용한다.
2 대법원 2003. 8. 11. 자 2003스32 결정.
3 대법원 2003. 8. 11. 자 2003스32 결정.

## 2. 기산점과 기간

### 가. 기산점: 상속인이 상속개시 있음을 안 날

3 고려기간의 기산점인 '상속개시 있음을 안 날'은 상속개시의 원인되는 사실(피상속인의 사망 또는 사망간주)의 발생을 알고 또 이로써 자기가 상속인이 되었음을 안 날을 말한다.[4] 상속개시 있음을 안 날을 문언 그대로 단순히 피상속인의 사망 사실을 안 날로만 이해하면 자기가 상속인임을 알지 못하여 상속의 승인 또는 포기 여부를 결정할 계기를 갖지 못하였던 자에게 가혹하기 때문이다.[5] 다만 판례는 "피상속인의 사망으로 인하여 상속이 개시되고 상속의 순위나 자격을 인식함에 별다른 어려움이 없는 통상적인 상속의 경우에는 상속인이 상속개시의 원인사실을 앎으로써 그가 상속인이 된 사실까지도 알았다고 보는 것이 합리적"이라고 보고 있다.[6]

4 고려기간은 상속인이 위와 같은 사실을 실제로 알아야만 기산한다. 따라서 사실의 오인 또는 법률의 착오로 인하여 상속이 개시되었거나 자신이 상속인이 되었다는 사실을 알지 못한 경우에도 고려기간은 진행되지 않는다.[7] 상속인에게 과실이 있었더라도 마찬가지이다. 판례는 피상속인의 처와 자녀가 상속을 포기함으로써 피상속인의 손자녀가 상속인이 된 사안에서 "종국적으로 상속인이 누구인지를 가리는 과정에 사실상 또는 법률상의 어려운 문제가 있어 상속개시의 원인사실을 아는 것만으로는 바로 자신의 상속인이 된 사실까지 알기 어려운 특별한 사정이 존재하는 경우도 있으므로, 이러한 때에는 법원으로서는 '상속개시 있음을 안 날'을 확정함에 있어 상속개시의 원인사실뿐 아니라 더 나아가 그로써 자신의 상속인이 된 사실을 안 날이 언제인지까지도 심리, 규명하여야 마땅하다."라고 판시하면서, 선순위 상속권자인 피상속인의 처와 자녀들이 모두 상속을 포기하여 그 다음의 상속순위에 있는 피상속인의 손자녀가 상속인이 되는 법리는 상속의 순위에 관한 민법 제1000조 제1항 제1호, 제2항과 상속포기의 효과에 관한 민법 제1042조 내지 제1044조를 모두 종합적으로 해석함으로써 비로

4 대법원 2005. 7. 22. 선고 2003다43681 판결, 대법원 1991. 6. 11. 자 91스1 결정, 대법원 1986. 4. 22. 자 86스10 결정, 대법원 1974. 11. 26. 선고 74다163 판결, 대법원 1969. 4. 22. 선고 69다232 판결.

5 곽윤직, 상속법(민법강의VI)(개정판), 박영사(2004), 172.

6 대법원 2005. 7. 22. 선고 2003다43681 판결.

7 곽윤직, 상속법(민법강의VI)(개정판), 박영사(2004), 172; 김주수/김상용, 친족·상속법(제20판), 법문사(2024), 769; 윤진수, 친족상속법 강의(제5판), 박영사(2023), 495.

소 도출되는 것이므로, 상속인이 상속개시의 원인사실을 아는 것만으로 자신이 상속인이 된 사실을 알기 어려운 특별한 사정이 있다고 봄이 상당하다고 보았다.[8] 결국 선순위 상속권자 전원이 상속을 포기하여 차순위 상속권자가 상속인으로 된 경우에 있어 차순위 상속권자의 고려기간은 상속개시의 원인사실뿐만 아니라 선순위 상속권자 전원이 상속을 포기하였고, 그로 인하여 자기가 상속인이 되었다는 사실까지를 안 날부터 비로소 기산한다고 할 것이다.

5 나아가 위와 같은 경우 차순위 상속권자가 자기가 상속인이 된 사실을 언제 알았다고 볼 것인지와 관련하여, 판례는 상속을 포기한 제1순위 상속권자인 피상속인의 처와 자녀가 차순위 상속권자로서 상속인이 된 미성년자인 피상속인의 손자녀의 법정대리인이어서 선순위 상속권자 전원의 상속포기 사실을 당연히 알고 있었던 사안[9]이나, 제1·2순위 상속권자들이 순차로 상속포기를 하여 상속채권자가 제1·2순위 상속권자들을 상대로 소를 제기하여 상속포기의 효력을 다투는 한편 제3순위 상속권자로서 상속인이 된 자에게 내용증명을 보내 그와 같은 사정을 알렸던 사안[10]에서 그와 같은 사정만으로 차순위 상속권자가 자신이 상속인이 된 사실까지 알았다고 보기는 어렵다고 판단하였다. 따라서 차순위 상속권자가 선순위 상속권자의 상속포기 사실을 알았다고 하더라도 그것만으로 그 시점에 자기가 상속인이 된 사실까지 알았다고 단정할 것은 아니고, 선순위 상속권자의 상속포기 및 차순위 상속권자의 상속의 승인 또는 포기의 경위에 관한 구체적 사정을 고려하여 판단하여야 할 것이다.

6 한편 판례는 상속개시 있음을 안 날이 상속재산의 유무를 안 날을 뜻하거나 상속포기제도를 안 날을 의미하는 것은 아니라고 보고 있다.[11] 따라서 상속적극재산이나 상속채무가 존재한다는 사실의 오인이나 상속의 한정승인 또는 포기제

8 대법원 2015. 5. 14. 선고 2013다48852 판결, 대법원 2013. 6. 14. 선고 2013다15869 판결, 대법원 2012. 10. 11. 선고 2012다59367 판결, 대법원 2005. 7. 22. 선고 2003다43681 판결.

9 대법원 2006. 2. 10. 선고 2004다33865, 33872 판결.

10 대법원 2012. 10. 11. 선고 2012다59367 판결.

11 대법원 1991. 6. 11. 자 91스1 결정, 대법원 1988. 8. 25. 자 88스10, 11, 12, 13 결정, 대법원 1986. 4. 22. 자 86스10 결정, 대법원 1984. 8. 23. 자 84스17, 18, 19, 20, 21, 22, 23, 24, 25 결정, 대법원 1974. 11. 26. 선고 74다163 판결. 이에 대하여 상속인이 상속재산이 없다고 믿고 있는 동안에는 승인 또는 포기를 위한 고려를 한다는 것 자체가 무의미하다는 점을 들어 상속인에게 가혹하지 않으려면 상속인이 상속재산의 전부 또는 일부의 존재를 인식하여야만 고려기간이 진행한다고 새기는 견해도 있다. 손지열, "민법 제1019조 제1항의 고려기간의 기산점", 민사판례연구 제10권, 민사판례연구회(1988), 237; 이영무, "선순위 상속인들이 상속을 포기하였을 경우 상속재산이 차순위 상속인에게 귀속되는지 여부에 관하여", 인권과 정의 제239호, 대한변호사협회(1996), 112.

도의 존재, 한정승인 또는 포기의 필요성 등에 관한 법률의 착오는 고려기간의 기산에 영향을 주지 아니한다.[12] 그 결과 상속인이 상속이 개시되어 자신이 상속인이 되었음을 안 이상, 구체적으로 어떠한 상속적극재산 또는 상속채무가 있는지 알지 못하였거나 법률을 알지 못하여 상속의 한정승인 또는 포기를 하지 않았더라도 고려기간은 진행한다.

7 여러 명의 공동상속인이 있는 경우 고려기간은 공동상속인별로 각 공동상속인이 자기를 위한 상속개시가 있었다는 사실을 안 때부터 개별적으로 진행한다.[13] 한편 상속인이 제한능력자인 경우에는 고려기간은 그의 친권자 또는 후견인이 제한능력자를 위한 상속개시가 있었다는 사실을 안 때부터 진행한다(민법 제1020조, ☞ 상세한 내용은 민법 제1020조 주석 참조).

### 나. 기간: 3개월

8 상속인이 상속개시 있음을 안 날로부터 3개월 내에 단순승인, 한정승인 또는 포기를 할 수 있다. 이때 기간은 '일'을 기준으로 한다. 상속을 한정승인 또는 포기하려는 상속인은 민법에 정해진 방식에 따라 위 기간 내에 가정법원에 그 의사를 신고하여야 하고(민법 제1030조, 제1041조), 신고서에 추후 보완할 수 없는 흠이 있는 등의 사유로 신고가 결국 수리되지 아니하였다면 그 신고로 기간을 준수하였다고 할 수 없다.[14]

9 3개월의 고려기간은 제척기간이고 불변기간이 아니므로 원칙적으로 기간 진행이 중단되거나 정지되지 아니한다. 판례는 고려기간을 지난 후에는 당사자가 책임질 수 없는 사유로 그 기간을 준수하지 못하였더라도 추후에 보완될 수 없다고 보고 있다.[15] 다만 후술하듯이 이 기간은 이해관계인 또는 검사의 청구에 따라 가정법원이 연장할수 있다(민법 제1019조 제1항).

### 다. 기간준수의 증명책임

10 상속인이 가정법원에 상속의 한정승인 또는 포기 신고를 하려는 경우나 신고가 수리된 이후라도 상속의 한정승인 또는 포기의 효력이 문제되는 경우, 고려기간

12 주해상속법(제1권), 박영사(2019), 398(이동진); 윤진수, 친족상속법 강의(제5판), 박영사(2023), 495~496.
13 김주수/김상용, 주석 민법, 상속(제2권)(제4판), 한국사법행정학회(2015), 36; 주해상속법(제1권), 박영사(2019), 399(이동진); 윤진수, 친족상속법 강의(제5판), 박영사(2023), 496.
14 주해상속법(제1권), 박영사(2019), 403~404(이동진).
15 대법원 2003. 8. 11. 자 2003스32 결정.

을 준수하였음은 상속인이 증명하여야 한다.

### 3. 고려기간의 연장

#### 가. 의의

11 상속재산의 상태가 명백하지 않아 상속재산의 전체 규모와 내용을 조사하여 파악하는 데 상당한 기간이 필요한 경우 등과 같이 3개월 내에 상속의 승인 또는 포기의 의사결정을 하기에 곤란한 경우에는 이해관계인 또는 검사의 청구에 의하여 가정법원이 3개월의 고려기간을 연장할 수 있다(민법 제1019조 제1항 단서).

#### 나. 연장청구를 할 수 있는 자

12 고려기간의 연장을 청구할 수 있는 자는 이해관계인과 검사이다. 이때 이해관계인은 고려기간의 연장을 받아야 할 상속인과 그 법정대리인은 물론이고, 공동상속인 또는 차순위 상속인, 상속채권자 또는 상속인의 채권자와 같이 상속의 승인 및 포기로 인하여 상속관계가 확정되는 데 법률상의 이해관계를 가지는 자를 가리킨다.[16]

#### 다. 연장청구의 시적 한계

13 가정법원에 대한 연장청구는 상속개시 후 고려기간이 도과하기 전에 하여야 한다. 여러 명의 공동상속인이 있는 경우 고려기간은 공동상속인별로 개별적으로 진행하므로, 연장청구 역시 공동상속인 각자가 자신의 고려기간 내에 하여야 한다. 고려기간 내에 연장을 구하는 심판이 청구되는 것으로 충분하고, 연장허가의 심판까지 그 기간 내에 이루어져야 하는 것은 아니다. 상속인이 천재지변 기타 불가항력으로 인해 고려기간 내에 연장청구를 할 수 없었던 경우, 가사소송법 제12조, 민사소송법 제173조, 비송사건절차법 제10조의 소송절차에서의 불변기간을 지킬 수 없었던 경우에 준하여 그 사정이 소멸된 후 2주일 내에 한하여 연장청구를 할 수 있는지에 관하여 견해가 대립하나, 판례는 고려기간의 성질이 제척기간이라는 점을 들어 이를 부정하고 있다.[17]

#### 라. 관할

14 이는 라류 가사비송사건(가사소송법 제2조 제1항 제2호 가목 30)으로, 상속인은 상

16 법원실무제요, 가사[Ⅱ], 사법연수원(2021), 1046.
17 대법원 2003. 8. 11. 자 2003스32 결정.

속개시지인 피상속인의 최후 주소지를 관할하는 가정법원(가사소송법 제44조 제6호, 민법 제998조)에 연장청구를 하여야 한다. 피상속인의 최후 주소지가 외국이거나 알 수 없는 경우에는 대법원이 있는 곳의 가정법원인 서울가정법원이 관할한다(가사소송법 제35조 제2항, 제13조 제2항).

#### 마. 연장청구에 대한 심리 및 심판

15 가정법원은 청구인의 청구취지에 구애됨이 없이 구체적 사정을 고려하여 합리적인 재량에 따라 고려기간 연장의 허가 여부 및 그 기간을 정한다. 연장기간의 종기를 구체적으로 특정하는 것이 일반적이다. 여러 명의 공동상속인이 공동으로 연장청구를 하였더라도 이는 상속인마다 별개의 사건이 병합된 것에 불과하므로, 연장의 허가 여부나 그 기간에 대한 심리·판단은 상속인별로 이루어지고, 심판의 효력도 당해 상속인에 대해서만 미친다. 연장을 허가하는 경우의 주문례는 다음과 같다.

| 청구인이 피상속인의 망 ○○○의 상속에 관하여 상속의 승인 또는 포기를 하는 기간을 2020. 6. 30.까지로 연장한다/연장함을 허가한다. |
|---|

#### 바. 심판에 대한 불복 및 재청구 가부

16 연장청구를 기각한 심판에 대하여는 청구인이 즉시항고 할 수 있으나, 청구를 인용하거나 각하한 심판에 대하여는 불복할 수 없다(가사소송규칙 제27조). 청구를 인용하는 심판이 있었으나, 연장된 기간 내에도 당초 연장을 청구하였던 사유가 해소되지 아니한 경우 재차 연장을 청구할 수 있느냐에 관하여 명시적 규정은 없으나, 제도의 취지상 부정할 것은 아니라고 본다.

### 4. 고려기간 중 상속채권자의 채권보전

17 피상속인 사망으로 상속이 개시되면 상속채권자는 피상속인을 상대로 강제집행을 할 수 없다. 즉 이미 사망한 피상속인을 채무자로 한 가압류나 가처분 신청은 부적법하고, 그에 따른 가압류나 가처분 결정이 있었더라도 그 결정은 당연무효로 그 효력이 상속인에게 미치지 않는다.[18] 한편 상속인은 아직 상속의 승인이나 포기 등으로 상속관계가 확정되지 않은 동안에도 잠정적으로나마 피상

18 대법원 2002. 4. 26. 선고 2000다30578 판결.

속인의 재산을 당연 취득하고 민법 제1022조에 따라 상속재산을 관리할 의무가 있으므로, 상속채권자는 그 기간 동안 상속인을 상대로 상속재산에 관한 가압류 결정을 받아 이를 집행할 수 있다. 그 후 상속인이 상속포기로 인하여 상속인의 지위를 소급하여 상실한다고 하더라도 이미 발생한 가압류의 효력에 영향을 미치지 않는다.[19]

### 5. 고려기간 만료의 효과

18 상속인이 상속의 승인도 포기도 하지 아니한 채 고려기간이 도과하면 상속인이 단순승인을 한 것으로 본다(민법 제1026조 제2호). 따라서 상속인은 민법 제1019조 제3항에 의한 이른바 특별한정승인의 요건을 갖춘 경우를 제외하고는 더 이상 한정승인이나 포기를 할 수 없다. 그 결과 상속인은 상속적극재산 및 상속채무를 확정적으로 취득한다. 이미 고려기간이 도과한 후에 상속의 한정승인 또는 포기 신고가 이루어진 경우 신고가 수리되었더라도 한정승인 또는 포기로서의 효력이 없다.[20]

19 피상속인의 사망 후 상속채무가 상속재산을 초과하여 상속인인 배우자와 자녀들이 상속포기를 하였는데, 그 후 피상속인의 직계존속이 사망하여 민법 제1001조, 제1003조 제2항에 따라 대습상속이 개시된 경우에 대습상속인이 민법이 정한 절차와 방식에 따라 한정승인이나 상속포기를 하지 않으면 단순승인을 한 것으로 간주된다.

## Ⅱ. 승인 또는 포기 전의 상속재산의 조사(제2항)

20 상속의 개시로 인하여 상속인은 일단 상속재산의 주체가 되나, 그가 상속의 승인 또는 포기를 하기 전까지 상속인의 상속재산에 대한 지위는 불확정적이다. 상속재산의 존부나 내용을 비롯한 상속재산의 상태가 명백하지 않거나 그 밖의 이유로 상속인이 상속의 승인 또는 포기 여부를 결정하기 위하여 필요한 경우, 상속인은 상속재산의 상황을 조사할 수 있다. 이는 상속인에게 부여된 권리이다.

19 대법원 2021. 9. 15. 선고 2021다224446 판결
20 대법원 1996. 3. 26. 선고 95다45545, 45552, 45569 판결.

## Ⅲ. 상속인이 중대한 과실 없이 상속채무의 초과사실을 알지 못하고 단순승인을 한 경우의 한정승인(이른바 특별한정승인, 제3항)

### 1. 특별한정승인의 도입 경위

21 구민법(2002. 1. 14. 법률 제6591호로 개정되기 전의 것) 제1019조 제1항, 제1026조 제2호는 '상속인이 상속개시 있음을 안 날부터 3월'이라는 짧은 제척기간 내에 한정승인·포기를 할 수 있되 그 기간을 도과하면 단순승인을 한 것으로 간주하도록 정하였고, 대법원은 상속승인·포기 신고기간의 기산점을 엄격하게 해석하여, 상속인이 상속채무의 존재를 알아야만 신고기간이 진행하는 것은 아니라는 법리를 유지하여왔다.[21] 이에 개정 전 민법하에서는 상속인이 귀책사유 없이 상속채무가 상속적극재산을 초과하는 사실을 알지 못하여 상속개시 있음을 안 날로부터 3월 내에 한정승인 또는 포기를 하지 못하였더라도 민법 제1026조 제2호(법정단순승인)에 따라 단순승인을 한 것으로 볼 수밖에 없는 경우가 있었다.

22 이에 대하여 헌법재판소는 '위와 같은 경우에도 단순승인을 한 것으로 보는 민법 제1026조 제2호는 재산권을 보장한 헌법 제23조 제1항, 사적자치권을 보장한 헌법 제10조 제1항에 위반된다.'라는 이유로 헌법불합치결정을 선고하였다.[22] 그에 따른 민법 일부개정(2002. 1. 14. 법률 제6591호)으로 상속인이 중대한 과실 없이 제1019조 제1항의 고려기간(상속개시 있음을 안 날로부터 3월) 내에 상속채무가 상속적극재산을 초과하는 사실을 알지 못하고 단순승인을 한 경우(민법 제1019조 제1항), 상속재산에 대하여 처분행위를 한 경우(제1026조 제1호) 또는 한정승인이나 포기를 하지 않고 고려기간을 도과한 경우(제1026조 제2호)에는 상속재산의 채무초과에 관한 사실을 알게 된 날부터 3월 내에 한정승인을 할 수 있게 하는 제도가 신설되었다(제1019조 제3항).[23] 이를 일반적으로 특별한정승인이라 부른다.

### 2. 시적 적용범위: 민법 개정에 따른 특별한정승인 가부

23 위 개정된 민법 부칙(2002. 1. 14. 법률 제6591호) 제3항은 "1998. 5. 27.부터 이 법 시행 전(2002. 1. 13.)까지 상속개시가 있음을 안 자 중 상속채무가 상속재산을 초

21 대법원 1969. 4. 22. 선고 69다232 판결, 대법원 1984. 8. 23. 자 84스17-25 결정.
22 헌법재판소 1998. 8. 27. 선고 96헌가22, 97헌가2, 3, 9, 96헌바81, 98헌바24, 25 결정.
23 주해상속법(제1권), 박영사(2019), 404~406(이동진), 대법원 2020. 11. 19. 선고 2019다232918 전원합의체 판결 중 대법관 민유숙, 김선주, 노정희, 김상환의 반대의견 참조.

과하는 사실을 중대한 과실 없이 제1019조 제1항의 기간 내에 알지 못하다가 이 법 시행 전에 그 사실을 알고도 한정승인 신고를 하지 않은 자는 이 법 시행일(2002. 1. 14.)로부터 3월 내에 제1019조 제3항의 개정규정에 의한 한정승인을 할 수 있다"고 규정함으로써 특별한정승인제도가 1998. 5. 27. 이전에는 소급적용되지 않는 취지로 규정하였는데, 이에 대하여 헌법재판소는 '1998. 5. 27.부터 이 법 시행 전까지 상속개시가 있음을 안 자 중' 부분은 1998. 5. 27. 전에 상속개시 있음을 알았지만, 이 날 이후 상속채무 초과사실을 안 자를 포함하지 않는 범위에서 헌법에 합치하지 않는다고 결정하였다.[24]

24 이에 따라 민법 일부개정(2005. 12. 29. 법률 제7765호)으로 "1998. 5. 27. 전에 상속개시가 있음을 알았으나 상속채무가 상속재산을 초과하는 사실을 중대한 과실 없이 제1019조 제1항의 기간 이내에 알지 못하다가 1998. 5. 27. 이후 상속채무 초과사실을 안 자는 다음 호의 구분에 따라 제1019조 제3항의 규정에 의한 한정승인을 할 수 있다. 다만, 각 호의 기간 이내에 한정승인을 하지 아니한 경우에는 단순승인을 한 것으로 본다. 1. 법률 제7765호 민법 일부개정법률 시행 전에 상속채무 초과사실을 알고도 한정승인을 하지 아니한 자는 개정법률 시행일로부터 3월 이내, 2. 개정법률 시행 이후 상속채무 초과사실을 알게 된 자는 그 사실을 안 날로부터 3월 이내"라는 내용의 부칙 제4항이 신설되었다.

25 위와 같은 민법 개정에 의할 때 상속개시사실을 안 날 및 상속채무 초과사실을 안 날별로 특별한정승인을 할 수 있는지 여부와 그 근거를 표로 정리하면 아래와 같다.[25]

| | | 상속채무 초과사실을 안 날 | | | |
|---|---|---|---|---|---|
| | | 1998. 5. 27. 전 | 1998. 5. 27. ~ 2002. 1. 13. | 2002. 1. 14. ~ 2005. 12. 28. | 2005. 12. 29.이후 |
| 상속 개시 | 1998. 5. 27. 전 | 특별한정승인 | 2005. 12. 29.부터 3월 내 특별한정승인 가능 | | 상속채무 초과사실을 안 날부터 3월 내 특별한 |

24 헌법재판소 2004. 1. 29. 선고 2002헌가22, 2002헌바40, 2003헌바19, 46 전원재판부 결정.
25 민유숙, "개정민법상 특별한정승인 제도: 소개와 전망(시론)", 민사재판의 제문제 제15권, 한국사법행정학회(2006), 70; 법원실무제요, 가사[Ⅱ], 사법연수원(2021), 1063~1064; 주해상속법(제1권), 박영사(2019), 413~415(이동진).

<table>
<tr><td rowspan="4">사실을<br>안 날</td><td></td><td>불가능</td><td colspan="2">[2005. 12. 29. 법률 제 7765 호로 개정된 부칙(2002. 1. 14. 법률 제 6591 호) 제 4 항 제 1 호]</td><td>정승인 가능[2005. 12. 29. 법률 제 7765 호로 개정된 부칙(2002. 1. 14. 법률 제 6591 호) 제 4 항 제 2 호]</td></tr>
<tr><td>1998. 5. 27. ~ 2002. 1. 13.</td><td></td><td>2002. 1. 14.부터 3월 내 특별한정 승인 가능[부칙(2002. 1. 14. 법률 제 6591 호) 제 3 항]</td><td colspan="2">상속채무 초과사실을 안 날부터 3 월 내 특별한정승인 가능[개정된 민법 제 1019 조 제 3 항 직접 적용]</td></tr>
<tr><td>2002. 1. 14. ~ 2005. 12. 28.</td><td></td><td></td><td colspan="2">상속채무 초과사실을 안 날부터 3 월 내 특별한정승인 가능[개정된 민법 제 1019 조 제 3 항 직접 적용]</td></tr>
<tr><td>2005. 12. 29. 이후</td><td></td><td></td><td></td><td>상속채무 초과사실을 안 날부터 3 월 내 특별한정승인 가능[개정된 민법 제 1019 조 제 3 항 직접 적용]</td></tr>
</table>

## 3. 요건

### 가. 실체적 요건

#### 1) 요건 일반

26 특별한정승인을 하기 위해서는 ① 상속채무가 상속적극재산을 초과하여 상속재산이 채무초과상태에 있고, ② 상속인이 중대한 과실 없이 민법 제1019조 제1항의 고려기간 동안 그러한 사실을 알지 못한 상태에서, ③ 실제로 단순승인을 하였거나(민법 제1019조 제1항), 상속재산에 대하여 처분행위를 하거나 한정승인이나 포기를 하지 않고 고려기간을 도과함으로써 법정단순승인이 되었어야(제1026조 제1호 또는 제2호) 한다. 상속인이 한정승인 또는 포기를 한 후에 상속재산을 은닉하거나 부정소비하거나 고의로 재산목록에 기입하지 아니함으로써 법정단순승인이 된 경우(민법 제1026조 제3호)에는 특별한정승인을 할 수 없다.

27 상속인이 제한능력자인 경우 위와 같은 요건 구비 여부의 판단은 그의 친권자 또는 후견인을 기준으로 하여야 한다. 특히 상속인이 미성년인 경우 민법 제1019조 제3항이나 그 소급 적용에 관한 민법 부칙(2002. 1. 14. 개정 법률 부칙 중 2005. 12. 29. 법률 제7765호로 개정된 것, 이하 같다) 제3항·제4항에서 정한 '상속채무 초과사실을 중대한 과실 없이 제1019조 제1항의 기간 내에 알지 못하였는지'와 '상속채무 초과사실을 안 날이 언제인지'를 판단할 때에는 법정대리인의 인식을 기준으로 삼아야 한다.[26] 다만 2022. 12. 13. 신설된 민법 제1019조 제4항에 따라 미성년자인 상속인은 성년이 된 후 상속채무 초과사실을 안 날부터 3월 내에 다시 특별한정승인을 할 수 있게 되었다.

2) 상속재산이 채무초과상태에 있을 것

28 상속재산이 채무초과상태에 있는지는 상속개시 당시를 기준으로 판단한다. 상속적극재산과 상속채무 내역의 확정 뿐 아니라 채무초과 여부를 확정하기 위한 상속적극재산과 상속채무의 가액 산정 역시 상속개시 당시를 기준으로 한다.[27] 따라서 상속개시 당시 채무초과상태가 아니었다면 그 이후 상속재산의 시가 변동 등으로 인하여 채무초과상태가 되었더라도 특별한정승인을 할 수 없다.[28] 반대로 상속개시 당시 채무초과상태였으나 그 이후 채무초과상태가 아니게 되었더라도 이미 이루어진 특별한정승인의 효력에는 영향이 없다.[29] 한편 상속재산이 채무초과상태에 있는지가 불분명한 경우라도 이는 추후 특별한정승인의 효력을 다투는 민사소송에서 확정되면 족할 것이므로, 상속인은 우선 특별한정승인 신고를 할 수 있고, 가정법원은 채무초과 여부의 미확정을 이유로 그 수리를 거부하여서는 아니 된다.[30]

26 대법원 2020. 11. 19. 선고 2019다232918 전원합의체 판결, 대법원 2012. 3. 14. 선고 2012다440 판결.
27 민유숙, "개정민법상 특별한정승인 제도: 소개와 전망(시론)", 민사재판의 제문제 제15권, 한국사법행정학회(2006), 80.
28 주해상속법(제1권), 박영사(2019), 407(이동진). 이 경우에도 선의의 상속인을 보호하여야 할 필요성은 마찬가지라는 점을 들어 상속인은 시가변동으로 인한 채무초과상태 발생사실을 안 때로부터 3개월 내에 특별한정승인을 할 수 있다는 견해로는 민유숙, "개정민법상 특별한정승인 제도: 소개와 전망(시론)", 민사재판의 제문제 제15권, 한국사법행정학회(2006), 81.
29 주해상속법(제1권), 박영사(2019), 407(이동진).
30 민유숙, "개정민법상 특별한정승인 제도: 소개와 전망(시론)", 민사재판의 제문제 제15권, 한국사법행정학회(2006), 81; 이상원, "상속포기와 한정승인에 있어 신고기간(고려기간)의 기산점", 가정법원사건의 제문제(하)(재판자료 제102집), 법원도서관(2003), 165~166.

### 3) 상속인이 채무초과사실을 알지 못한 데 중대한 과실이 없을 것

29 상속인이 상속채무가 상속적극재산을 초과하는 사실을 중대한 과실 없이 알지 못한다고 함은 '상속인이 조금만 주의를 기울였다면 상속채무가 상속적극재산을 초과한다는 사실을 알 수 있었음에도 이를 게을리 함으로써 그러한 사실을 알지 못한 것'을 의미한다. 민사소송에서 특별한정승인의 효력이 다퉈지는 경우, 상속인이 상속채무가 상속적극재산을 초과하는 사실을 중대한 과실 없이 민법 제1019조 제1항의 기간 내에 알지 못하였다는 점에 대한 증명책임은 상속인에게 있다. 따라서 상속인이 상속개시 있음을 안 날로부터 3월이 경과한 후에 한정승인한 경우, 상속인은 상속채무가 상속재산을 초과하는 사실을 중대한 과실 없이 위 기간 내에 알지 못하였다는 점을 증명하여야만 한정승인의 효력을 인정받을 수 있다.[31]

30 이때 상속인에게 중대한 과실이 있는지 여부는 상속인의 나이, 동거 여부 등 거주관계를 포함한 상속인과 피상속인의 평소 관계, 상속채무의 종류, 상속채권자의 최고 유무 등의 구체적 사정을 종합적으로 고려하여 각 상속인별로 개별적으로 판단하여야 한다.[32] 상속인이 피상속인과 동거하거나 그 부근에 거주하는 등으로 교류가 활발하였다든지,[33] 피상속인이 운영하는 사업의 경영에 참여하였다[34]는 등으로 고려기간 중 상속재산의 채무초과사실을 쉽게 알 수 있는 지위에 있었다거나, 상속인이 상속채무의 발생 당시 관여하였거나,[35] 상속채권자가 이

31 대법원 2021. 1. 28. 선고 2015다59801 판결, 대법원 2018. 12. 21. 자 2018마6031 결정, 대법원 2010. 6. 10. 선고 2010다7904 판결, 대법원 2004. 3. 12. 선고 2003다58768 판결.

32 박현수, "민법 제1019조 제3항의 특별한정승인요건 중 중대한 과실", 재판실무연구(2010. 1.), 150; 윤진수, "상속채무를 뒤늦게 발견한 상속인의 보호", 서울대학교 법학 제38권 제3호·제4호, 서울대학교 법학연구소(1997), 223.

33 서울고등법원 2008. 7. 11. 선고 2007나110543 판결(확정, 피상속인과 상속인 일부가 동거하거나 부근에 거주한 사안, 중대한 과실 인정), 서울고등법원 2008. 3. 28. 선고 2006나105162 판결(확정, 피상속인과 상속인 일부가 동거한 사안, 중대한 과실 인정), 광주고등법원 2019. 5. 10. 선고 2018나61344 판결(확정, 피상속인과 독립하여 별도의 주거에서 생활해 온 상속인들에 대하여 중대한 과실 부정).

34 서울고등법원 2007. 8. 16. 선고 2006나28760 판결(확정, 피상속인이 운영하는 회사의 대주주이기는 하나 경영에 참여한 바 없는 상속인에 대하여 중대한 과실 부정, 한편 이사 겸 대주주로 경영에 참여한 상속인에 대하여는 회사정리절차에서 일부 주식이 무상소각된 시점에 채무초과사실을 알았다고 판단하였다).

35 위 광주고등법원 2019. 5. 10. 선고 2018나61344 판결(확정, 피상속인의 명의로 사업체를 운영하였고, 대출 당시 피상속인과 함께 은행에 갔으며 대출금 중 일부를 자신의 아파트분양대금으로 사용한 상속인에 대하여 중대한 과실 인정); 부산고등법원 2007. 9. 13. 선고 2007나6130 판결(확정, 피상속인이 연대보증의 의미로 차용증을 작성함에 있어 상속인이 차용금증서에 서명날인하거나 작성에 관여한 바 없었고, 상속채권자 역시 주채무자에 대해서만 변제독촉을 한 사안, 중대한 과실 부정. 상속인이 당시 주채무에 대한 물상보증을 하였어도 그러한 사정만으로는 이를 뒤집기에 부족하다고 보았다).

행을 독촉해 오는[36] 등으로 상속재산에 대한 조사의 필요성을 환기시키는 사정이 없었다면, 상속인이 피상속인의 사망 후 자발적으로 상속채무를 조사하지 아니하였다고 하여 그러한 사정만으로 중대한 과실이 있었다고 볼 수는 없다.[37] 상속적극재산 위에 근저당권설정등기나 가압류등기가 경료되어 있었더라도 마찬가지이다.[38]

#### 가) 중대한 과실을 인정한 사안

31 [판례] 대법원 2003. 9. 26. 선고 2003다30517 판결

피상속인이 사망 직전 암으로 투병생활을 하다가 치료비도 다 못 내고 사망하였고, 공동상속인 중 1인이 피상속인의 사망 전에 피상속인의 소송대리인으로서 소송을 수행하면서 피상속인이 이미 자신의 재산을 모두 탕진하였다고 주장한 적이 있었던 사안

▷ 위와 같은 사정과 공동상속인들의 거주관계, 가족관계 등을 고려하면, 공동상속인들이 조금만 주의를 기울였다면 피상속인의 상속채무가 상속적극재산을 초과한다는 사실을 알 수 있었다고 봄이 상당하다.

32 [판례] 서울고등법원 2004. 8. 19. 선고 2003나40448 판결(확정)

상속채권자가 피상속인이 사망한 날로부터 1년이 경과한 후에 피상속인 소유의 부동산에 대하여 근저당권에 기한 임의경매를 신청하였음에도, 상속인 일부의 상속포기로 인한 절차진행문제로 상속재산관리인 선임청구가 이루어져 나머지 상속인들이 상속재산관리인선임 사건의 심문기일에 출석해 상속채권자 측으로부터 피상속인의 채무와 경매절차 진행에 관한 설명을 들었던 사안

▷ 비록 피상속인의 형제자매인 상속인들이 피상속인과 다른 거주지에서 상호 별다른 왕래 없이 지내왔고, 초등학교를 마치고 농사를 지어 생활하는 등 사회생활 경험이 거의 없었을지라도, 적어도 피상속인 소유 부동산에 관한 경매절차가 진행되면서부터는 상속채무내용과 그 채무가 상속적극재산을 초과하는지 여부에 대하여 조금만 주의를 기울였더라면 이를 알 수 있었다고 봄이 상당하다면서 고려기간 내에 채무초

36 서울고등법원 2007. 6. 12. 선고 2006나61705 판결(확정, 피상속인과 상속인이 서로 다른 주거지에서 독립적으로 생활하였고, 소제기 이전에 상속채권자가 피상속인이나 상속인에게 채무의 이행을 독촉한 적이 없는 사안, 중대한 과실 부정).

37 박현수, "민법 제1019조 제3항의 특별한정승인요건 중 중대한 과실", 재판실무연구(2010. 1.), 150.

38 위 서울고등법원 2007. 6. 12. 선고 2006나61705 판결(확정), 대구고등법원 2007. 11. 2. 선고 2007나447 판결(확정, 상속채권자가 피상속인의 사망일로부터 2년이 훨씬 지난 시점에 권리행사를 한 사안, 근저당권설정등기가 마쳐져 있다고 하여 곧바로 상속채무 초과사실까지 알았다고 보기 어렵고, 망인의 사망 후 자발적으로 망인의 상속채무를 조사하지 아니하였다고 하여 중대한 과실이 있다고 할 수 없다고 보았다).

과사실을 알지 못한 데 중대한 과실이 있었다.

### 나) 중대한 과실을 부정한 사안

33 [판례] 대법원 2004. 3. 12. 선고 2003 다 58768 판결

상속채권자가 피상속인을 상대로 소를 제기하여 승소판결을 받았고, 그 판결이 확정되고 3년이 경과한 후 피상속인이 사망하였는데, 상속채권자가 그 1년 후에 피상속인 소유의 부동산에 대하여 근저당권에 기한 임의경매를 신청하여 배당을 받고, 그 뒤에야 상속인에 대하여 확정판결에 기한 승계집행문을 부여받아 피상속인 소유의 동산에 대하여 압류집행을 한 사안

▷ 상속채권자가 피상속인이 사망한 날로부터 1년을 경과한 후에야 그 권리를 행사하기 시작한 점에 비추어 상속인으로서는 고려기간 내에 채무초과사실을 알지 못한 데 중대한 과실이 없었다고 봄이 상당하다.

34 [판례] 대법원 2005. 5. 26. 선고 2004 다 51740 판결

피상속인이 사망할 때까지 약 35년간 경제활동을 전혀 아니하고 공동상속인들의 보조로 생활을 영위하여 왔고, 사망하기 5년 전에는 뇌경색이 발병하여 간병인의 도움을 받다가 사망하였던 사안

▷ 위와 같은 경위에 비추어 공동상속인들로서는 피상속인에게 연대보증채무와 같은 거액의 채무가 있으리라고는 전혀 생각을 못하였다고 봄이 상당하므로 채무초과사실을 고려기간 내에 알지 못한 데 중대한 과실이 있었다고 볼 수 없다.

35 [판례] 전주지방법원 2015. 9. 3. 선고 2014 나 6537 판결(확정)

상속재산인 건물에 관한 임대차계약서(회사와 임차인 사이에 체결되었다가 이후 임대차관계가 피상속인에게 승계되었다)에 상속인의 서명날인이 존재하고, 상속인이 피상속인의 사망 1년여 후 위 건물에 관한 경매개시결정을 송달받았음에도 사망 후 2년 7개월이 지난 시점에야 한정승인신고를 한 사안

▷ 위 최초 임대차계약서에 상속인의 서명날인이 있는 것은 상속인이 그 무렵까지 위 회사의 대표이사로서 회사의 운영에 관여하고 있었기 때문이고 이후 작성된 임대차계약서에는 상속인의 서명날인이 없고 임대차관계가 회사에서 피상속인에게 승계되는 과정에서 상속인이 관여하였다고 볼 만한 자료가 없는 점, 피상속인이 사망 3년여 전 상속인을 사기 등의 죄명으로 고소하는 등 피상속인과 상속인의 관계가 매우 좋지 않았던 점, 피상속인이 사망 당시 위 건물 외에도 상당수의 부동산을 소유하고 있었던 점, 상속인이 위와 같이 경매개시결정을 송달받았으나 상속채무가 있더라도 변제될 것으로 인식하였다가 피상속인이 사망한 후 2년 6개월이 지난 시점에 세무관청으로부터 피상속인에 대한 양도소득세 관련 납부통지서를 받고서야 구체적으로 피

상속인의 상속채무를 확인해보고 그로부터 약 한 달이 지나 상속한정승인을 신청한 점 등을 종합하여 보면, 상속인은 상속개시 있음을 안 날로부터 3월 내에 상속채무가 상속재산을 초과한다는 사실을 알지 못하였고, 이를 알지 못한 데에 중대한 과실이 없었다고 봄이 상당하다.

36 상속인에게 중대한 과실이 없었던 이상, 상속인이 채무초과 여부에 관하여 착오를 하였는지 단순히 알지 못하였는지, 채무초과 여부가 상속인이 단순승인을 하거나 상속재산에 대하여 처분행위를 하거나 한정승인이나 포기를 하지 않고 고려기간을 도과하게 된 결정적인 이유였는지는 고려대상이 아니다.[39]

### 나. 형식적 요건

37 위와 같은 요건을 갖춘 상속인은 상속채무 초과사실을 안 날부터 3개월 내에 일반적인 한정승인(민법 제1028조)과 동일한 방식으로 가정법원에 특별한정승인 신고를 해야 한다(☞ 신고의 방식에 관하여는 민법 제1028조 주석 참조). 3개월의 기간은 제척기간이고,[40] 위 기간 내에 신고가 이루어진 이상 수리는 그 이후에 이루어져도 무방하다.[41] 신고는 접수된 때가 아니라 수리심판이 효력을 발생한 때 즉, 심판을 받을 사람이 심판을 고지받음으로써 그 효력을 발생하므로,[42] 수리가 종국적으로 거절된 때에는 신고의 효력이 없다. 이 경우 상속인은 요건을 보완하여 재신고할 수 있을 것이다.[43]

## 4. 특별한정승인권의 승계

38 상속의 승인이나 포기권한은 일신전속권이기는 하나 재산상의 것으로서 상속의 대상이 되고, 특별한정승인권한 역시 법률적 성질을 같이하는 것이므로, 상속인이 피상속인의 상속채무가 상속적극재산을 초과하는 사실을 중대한 과실 없이 고려기간 내에 알지 못하고 그 기간 경과 후에 사망한 경우에는 그 상속인의 상속인이 그의 특별한정승인권을 승계하여 행사할 수 있다.[44]

39 주해상속법(제1권), 박영사(2019), 408(이동진).
40 대법원 2003. 8. 11. 자 2003스32 결정.
41 민유숙, "개정민법상 특별한정승인 제도: 소개와 전망(시론)", 민사재판의 제문제 제15권, 한국사법행정학회(2006), 80.
42 대법원 2016. 12. 29. 선고 2013다73520 판결, 대법원 2004. 6. 25. 선고 2004다20401 판결.
43 주해상속법(제1권), 박영사(2019), 411(이동진).
44 헌법재판소 2011. 8. 30. 선고 2009헌가10 결정. 민법 제1021조와는 관련 없이 민법 제1019조 제3항의 해석·적용에 의하여 해결될 문제라고 보았다.

### 5. 심리 및 심판

39 특별한정승인 신고의 수리 여부를 심판하는 가정법원은 신고가 실체적 요건을 갖추었는지 여부에 관하여 심사할 권한은 없고, 그 신고가 형식적 요건을 구비한 이상 상속채무가 상속적극재산을 초과하였다거나 상속인이 중대한 과실 없이 이를 알지 못하였다는 등의 실체적 요건에 대하여는 이를 구비하지 아니하였음이 명백한 경우 외에는 이를 수리하여야 한다.[45] 따라서 상속인은 신고 당시에 특별한정승인의 실체적 요건이 구비되었다는 점을 적극적으로 증명할 필요가 없다.[46] 상속인이 단순승인을 하거나 법정단순승인으로 간주된 후 한정승인 심판청구를 한 경우 가정법원이 수리심판을 하였다면, 특별한정승인이라는 명칭이 없더라도 특별한정승인을 한 것으로 보아야 한다.[47]

40 ☞ 이외에는 한정승인에 관한 민법 제1028조 주석 참조.

### 6. 특별한정승인의 효력 판단

41 가정법원의 한정승인 신고수리의 심판은 일응 한정승인의 요건을 구비한 것으로 인정한다는 것일 뿐 그 효력을 확정하는 것이 아니고, 신고가 수리되었더라도 특별한정승인의 효력이 있는지 여부에 대한 최종적인 판단은 실체법에 따라 민사소송에서 결정될 문제이다. 이해관계인은 특별한정승인이 요건을 갖추지 못한 것으로서 효력이 없음을 주장할 수 있고, 상속채권에 관한 청구를 심리하는 법원은 특별한정승인이 민법 제1019조 제3항에서 정한 요건을 갖춘 특별한정승인으로서 유효한지 여부를 심리·판단하여야 한다.[48] 이때 특별한정승인이 실체적 요건을 갖춘 것이라는 점의 증명책임은 상속인에게 있다.[49]

### 7. 효과

42 특별한정승인이 유효하게 이루어지면 이미 발생한 단순승인 또는 법정단순승인의 효력이 소급적으로 소멸하고 한정승인의 효력이 발생한다.

43 상속인이 특별한정승인을 하기 전 이미 상속재산 중 일부를 처분하였을 경우에는 남아 있는 상속재산과 함께 이미 처분한 재산의 가액을 합하여 그 한도 내에서

45 대법원 2006. 2. 13. 자 2004스74 결정, 대법원 2002. 11. 8. 선고 2002다21882 판결.
46 대법원 2006. 2. 13. 자 2004스74 결정.
47 대법원 2021. 2. 25. 선고 2017다289651 판결.
48 대법원 2021. 2. 25. 선고 2017다289651 판결.
49 대법원 2003. 9. 26. 선고 2003다30517 판결.

상속채권자 및 수유자에 대한 배당변제를 하여야 한다(민법 제1034조 제2항 본문). 그러나 상속인이 특별한정승인을 하기 전에 상속채권자나 수유자에 대하여 한 변제는 유효하고, 그 가액은 남아 있는 상속재산의 가액에 합산하지 않아도 된다(민법 제1034조 제2항 단서). 즉 특별한정승인을 하기 전에 변제된 상속채무와 유증채무는 변제대상이 되는 상속채무에서, 변제를 위하여 지출된 금액은 책임재산이 되는 상속적극재산에서 각 제외되는 것이다. 결국 상속인이 특별한정승인을 하기 전 변제받은 상속채권자나 수유자는 변제받은 금액을 그대로 보유하게 된다. 그런데 이는 아직 변제받지 못한 다른 상속채권자나 수유자의 입장에서는, 상속인의 그와 같은 변제가 없었더라면 원래 배당변제받을 수 있었을 금액에 비하여 더 적은 금액만을 배당변제 받게 되는 결과로 이어진다. 특별한정승인은 상속채무가 상속적극재산을 초과하는 경우에 이루어지기 때문이다.

44 민법은 상속채권자와 수유자들 사이의 이러한 불균형을 조정하기 위하여 상속인의 손해배상책임과 사정을 알고 변제받은 상속채권자나 수유자에 대한 구상권에 관하여 규정하고 있다. 특별한정승인 전에 어느 상속채권자나 수유자에게 변제를 한 상속인에게 특별한정승인 이전에 상속채무가 상속적극재산을 초과함을 알지 못한 데 과실이 있다면, 그는 그로 인하여 손해를 입은 다른 상속채권자나 유증받은 자에 대하여 그의 고유재산으로 손해를 배상하여야 한다(민법 제1038조 제1항 후문). 또한 변제를 받지 못한 상속채권자나 수유자는 그로 인하여 변제를 받지 못한 한도에서 특별한정승인 전에 상속채무가 상속재산을 초과함을 알고 변제받은 상속채권자나 수유자를 상대로 구상권을 행사할 수 있다(민법 제1038조 제2항 후문).

45 이외에는 일반 한정승인의 효과가 그대로 적용된다(☞ 민법 제1034조 내지 제1038조 주석 참조).

## IV. 미성년자 상속인의 특별한정승인(제4항)

46 미성년자 상속인이 성년이 되어 다시 특별한정승인을 할 수 있는지가 쟁점인 대법원 2020. 11. 19. 선고 2019다232918 전원합의체 판결이 계기가 되어, 2022. 12. 13. 민법이 개정되어 제1019조 제4항이 신설되었다. 위 전원합의체 판결의 다수의견은 미성년자 상속인의 법정대리인의 인식을 기준으로 단순승인의 법률관계가 확정된 이후 미성년자 상속인이 성년에 이르더라도 상속개시 있음과 상속

채무 초과사실에 관하여 상속인 본인 스스로의 인식을 기준으로 특별한정승인 규정이 적용되고 제척기간이 별도로 기산되어야 함을 내세워 새롭게 특별한정승인을 할 수는 없다고 보았으나, 위 규정의 신설에 따라 미성년자였던 상속인은 성년이 된 후 상속채무 초과사실을 안 날부터 3월 내에 다시금 특별한정승인을 할 수 있게 되었다.

47 개정된 민법 제1019조 제4항은 그 시행일인 2022. 12. 13. 이후 상속이 개시된 경우에 적용하는 것이 원칙이나, 예외적으로 그 이전에 상속이 개시된 경우라도 ① 미성년자인 상속인으로서 2022. 12. 13. 당시 여전히 미성년자인 경우 또는 ② 미성년자인 상속인으로서 2022. 12. 13. 당시 성년자이지만 성년이 되기 전에 단순승인 또는 의제단순승인을 하고, 2022. 12. 13. 이후 상속채무가 상속재산을 초과되는 사실을 알게 된 경우라면, 민법 제1019조 제4항이 적용되어 상속인은 성년이 된 후 상속채무 초과사실을 안 날부터 3월 내에 특별한정승인을 할 수 있다.

## 제 1020 조 [제한능력자의 승인·포기의 기간]

**상속인이 제한능력자인 경우에는 제1019조 제1항의 기간은 그의 친권자 또는 후견인이 상속이 개시된 것을 안 날부터 기산한다.**

[전문개정 2011. 3. 7.]

**[관련조문]** 민법 제5조(미성년자의 능력), 제9조(성년후견개시의 심판), 제12조(한정후견개시의 심판), 제911조(미성년자인 자의 법정대리인), 제938조(후견인의 대리권 등), 제1019조(승인, 포기의 기간)

**[참고문헌]** 김주수/김상용, 주석 민법, 상속(제2권)(제4판), 한국사법행정학회(2015); 주해상속법(제1권), 박영사(2019); 곽윤직, 상속법(민법강의VI)(개정판), 박영사(2004); 김주수/김상용, 친족·상속법(제20판), 법문사(2024); 윤진수, 친족상속법 강의(제5판), 박영사(2023); 후견사건처리실무, 법원행정처(2015); 박동섭, "개정민법과 상속의 한정승인·포기", 법조 제51권 제4호, 법조협회(2002.4.)



### Ⅰ. 의의

1 상속의 승인 및 포기는 법률행위이므로, 상속인이 미성년자, 피성년후견인 또는 피한정후견인과 같은 제한능력자인 경우에도 능력자인 경우와 동일하게 고려기간이 진행되도록 하는 것은 제한능력자의 보호에 문제가 있다. 이에 민법은 제1020조에 상속인이 제한능력자인 경우의 특례를 규정하여 민법 제1019조 제1항의 기간은 그의 친권자 또는 후견인(통틀어 '법정대리인'이라 한다)이 제한능력자인 상속인을 위하여 상속이 개시된 것을 안 날부터 기산하도록 규정하고 있다.

### Ⅱ. 효과

2 따라서 상속인이 제한능력자이고, 법정대리인이 없거나 있더라도 그가 상속인을 위하여 상속이 개시되었음을 알지 못한 때에는 고려기간이 기산하지 아니하고, 그 결과 고려기간의 도과로 인한 법정단순승인(민법 제1026조 제2호)의 효과 역시 발생하지 않는다.

3 고려기간은 법정대리인이 제한능력자인 상속인을 위하여 상속이 개시된 것을 안 날부터 비로소 기산한다. 제한능력자 상속인의 법정대리인이 인식한 바를 기준으로 '상속인을 위하여 상속이 개시된 것을 알게 된 날'을 정한 다음 그때부터 3개월 내에 법정대리인이 단순승인을 하거나 한정승인 또는 포기 없이 3개월의 고려기간이 지나고 특별한정승인규정이 애당초 적용되지 않거나 특별한정승인의 제척기간이 이미 지난 것으로 판명되면, 단순승인의 법률관계가 확정된다. 다만 민법 제1019조 제4항의 신설로 미성년자 상속인이 성년이 된 후 본인 스스로의 인식을 기준으로 상속채무 초과사실을 안 날부터 3월 내에 다시금 특별한정승인을 할 수 있게 되었음은 앞서 본 바와 같다.

## Ⅲ. 적용범위

4 이때 제한능력자라 함은 상속의 승인 또는 포기에 관한 제한능력자를 의미하므로, 가정법원의 심판에 의하여 상속의 승인이나 포기에 한정후견인의 동의나 대리를 받도록 정해지지 않은 피한정후견인인 상속인에 대하여는 민법 제1020조가 적용되지 않고, 상속인 본인의 인식에 따라 고려기간이 기산한다.[1]

5 한편, 이러한 보호의 필요성은 상속의 승인 또는 포기에 관한 판단능력을 갖추지 못한 의사무능력자의 경우에도 마찬가지라 할 것이므로, 상속인이 의사무능력자인 경우에도 민법 제1020조를 유추적용함이 타당하다.[2] 한편, 출생 이전 태아의 지위에 관하여 판례가 취하고 있는 정지조건설에 의할 때,[3] 상속인이 태아인 경우에는 그 태아의 출생 후 친권자 등 법정대리인이 그 출생한 태아를 위하여 상속이 개시되었다는 사실을 안 때로부터 고려기간이 기산한다고 봄이 타당하다.

1 주해상속법(제1권), 박영사(2019), 399(이동진); 김주수/김상용, 친족·상속법(제20판), 법문사(2024), 771; 윤진수, 친족상속법 강의(제5판), 박영사(2023), 498~499.

2 주해상속법(제1권), 박영사(2019), 399(이동진); 윤진수, 친족상속법 강의(제5판), 박영사(2023), 499.

3 판례는 태아의 권리능력은 태아인 동안에는 없고 살아서 출생하면 문제된 사건의 시기까지 소급하여 그때에 출생한 것과 같이 법률상 간주되었던 것이므로, 태아인 동안에는 법정대리인이 있을 수 없고, 따라서 법정대리인에 의한 수유행위도 불가능하다고 밝힌 바 있다(대법원 1982. 2. 9. 선고 81다534 판결).

## Ⅳ. 제1020조의 적용과 관련된 특수한 문제

### 1. 상속개시 당시 법정대리인에게 상속의 승인 또는 포기 대리권이 없었던 경우

#### 가. 미성년자 상속인의 경우

6 민법 제1020조는 법정대리인이 제한능력자인 상속인의 상속의 승인 또는 포기에 관한 대리권을 가지는 것을 당연한 전제로 한다. 따라서 상속개시 당시를 기준으로 미성년자 상속인의 친권자가 친권의 상실 또는 일시 정지나 일부 제한을 선고받았거나(민법 제924조, 제924조의2), 법률행위의 대리권과 재산관리권의 상실을 선고받은 경우(제925조), 법원의 허가를 얻어 그 권한을 사퇴한 경우(제927조 제1항), 상속의 승인 또는 포기가 친권자와 그 자 또는 그 친권에 따르는 수인의 자 사이의 이해상반행위에 해당하는 등으로 그에 관한 법정대리권이 제한되는 경우(제921조)에는 민법 제1020조는 적용되지 아니한다. 그러므로 위와 같은 경우 해당 친권자의 인식은 고려기간의 기산에 영향을 미치지 아니하고, 만일 그가 미성년자 상속인을 위한 상속이 개시되었음을 알고 있었더라도 고려기간은 진행하지 아니한다.

7 친권자의 친권 상실 또는 일시 정지, 일부 제한의 선고, 대리권·재산관리권 상실 선고의 경우 미성년후견 개시 요건이 충족되면 가정법원이 직권으로 미성년후견인을 선임하게 되고(민법 제932조 제2항),[4] 친권자가 대리권 및 재산관리권을 사퇴한 경우에는 지체 없이 가정법원에 미성년후견인의 선임을 청구하게 되어 있으며(제932조 제3항), 법정대리인인 친권자와 그 자 또는 그 친권에 따르는 수인의 자 사이에 이해상반되는 행위를 함에는 법원에 특별대리인의 선임을 청구하여야 하므로(제921조), 고려기간은 가정법원 또는 법원에 의하여 미성년후견인 또는 특별대리인이 선임된 이후 그가 미성년자 상속인을 위하여 상속이 개시되었음을 안 때부터 기산한다고 할 것이다.

#### 나. 피한정후견인 상속인의 경우

8 이와 마찬가지로 피한정후견인 상속인의 경우 법원이 한정후견인에게 상속의 승인 또는 포기에 관한 대리권(민법 제959조의4)을 수여하지 아니하였다면 민법

4 후견사건처리실무, 법원행정처(2015), 159.

제1020조는 적용되지 아니하고, 한정후견인의 인식은 고려기간의 기산에 영향을 미치지 아니하며, 원칙적으로 피한정후견인 상속인 본인의 인식이 고려기간 기산의 기준이 된다. 그러나 한정후견인에게 상속의 승인 또는 포기에 관한 대리권이 없더라도 동의권(제13조)은 있는 경우, 즉 피한정후견인이 상속의 승인 또는 포기를 하기 위하여 한정후견인의 동의를 받아야 하는 경우에는, 민법 제1020조의 취지에 비추어 피한정후견인과 한정후견인 모두가 피한정후견인 상속인을 위하여 상속이 개시되었음을 안 때부터 고려기간이 기산한다고 보아야 할 것이다.[5]

### 2. 상속개시 당시 법정대리인이 없었던 경우

9 상속개시 당시 상속인이 의사무능력자였으나 성년후견이 개시되지 않은 상태였던 경우와 같이 제한능력자 또는 의사무능력자에 대한 법정대리인이 없었다면, 처음부터 고려기간은 진행하지 않고, 가정법원 또는 법원에 의하여 법정대리인이 선임되고 그가 상속인을 위하여 상속의 개시가 있음을 안 때 비로소 고려기간이 기산한다고 봄이 타당하다.

### 3. 상속개시 이후 고려기간 만료 전에 법정대리인이 사망하거나 상속의 승인 또는 포기 대리권을 상실한 경우

10 이와 달리 상속개시 당시 법정대리인이 있었고, 상속의 승인 또는 포기 대리권도 가지고 있었으나 그가 제한능력자 상속인을 위한 상속개시 있음을 알고도 상속의 승인 또는 포기를 하지 않고 있던 중, 고려기간이 만료되기 전에 법정대리인이 사망하거나 상속의 승인 또는 포기 대리권을 상실 또는 제한받게 되었다면, 고려기간은 이미 진행 중이었다고 할 것이므로, 제한능력자의 시효정지에 관한 민법 제179조를 유추적용하여 가정법원 또는 법원에 의하여 새로운 법정대리인 또는 특별대리인이 선임된 때부터 3개월 내에는 고려기간이 만료되지 아니한다고 봄이 타당하다.[6]

5 주해상속법(제1권), 박영사(2019), 399(이동진).

6 김주수/김상용, 주석 민법, 상속(제2권)(제4판), 한국사법행정학회(2015), 41, 68; 주해상속법(제1권), 박영사(2019), 400(이동진); 곽윤직, 상속법(민법강의VI)(개정판), 박영사(2004), 172; 김주수/김상용, 친족·상속법(제20판), 법문사(2024), 771; 윤진수, 친족상속법 강의(제5판), 박영사(2023), 457. 이와 달리 새로 법정대리인이 취임하여 그가 제한능력자인 상속인을 위하여 상속의 개시가 있음을 인식한 때부터 다시 3개월의 기간이 진행된다는 견해도 있다. 박동섭, "개정민법과 상속의 한정승인·포기", 법조 제51권 제4호, 법조협회(2002.4.), 17.

### 4. 상속개시 이후 제한능력자 상속인이 능력자가 되거나 능력을 회복한 경우

11 미성년자이던 상속인이 성년이 되거나 피성년후견인 또는 피한정후견인이던 상속인에 대한 후견개시의 원인이 소멸되어 후견이 종료되는 등으로 상속개시 당시 제한능력자이던 상속인이 상속개시 이후 능력자가 되거나 능력을 회복하게 되면, 상속인 본인의 인식을 고려하여야 한다. 만일 그때까지 고려기간이 기산된 적이 없는 경우라면 상속인 본인이 능력자가 되거나 능력을 회복한 후 자신을 위한 상속의 개시가 있음을 안 때부터 3개월의 고려기간이 진행하고, 이미 고려기간이 기산되어 진행 중이었으나 아직 만료되기 전이라면 민법 제179조를 유추적용하여 상속인 본인이 능력자가 되거나 능력을 회복한 때부터 3개월 내에는 고려기간이 만료되지 아니한다고 본다. 이와 별개로, 상속개시 당시 미성년자 상속인은 성년이 된 후 민법 제1019조 제4항에 따른 한정승인을 할 수 있다.

## 제 1021 조 [승인, 포기기간의 계산에 관한 특칙]

**상속인이 승인이나 포기를 하지 아니하고 제1019조 제1항의 기간 내에 사망한 때에는 그의 상속인이 그 자기의 상속개시 있음을 안 날로부터 제1019조 제1항의 기간을 기산한다.**

**[관련조문]** 민법 제1019조 제1항(승인, 포기의 기간), 제1020조(제한능력자의 승인·포기의 기간), 제1076조(수증자의 상속인의 승인, 포기), 제1077조(유증의무자의 최고권)

**[참고문헌]** 김주수/김상용, 주석 민법, 상속(제2권)(제4판), 한국사법행정학회(2015); 주해상속법(제1권), 박영사(2019); 곽윤직, 상속법(민법강의VI)(개정판), 박영사(2004); 김주수/김상용, 친족·상속법(제20판), 법문사(2024); 윤진수, 친족상속법 강의(제5판), 박영사(2023)

1 상속인이 고려기간 중 상속의 승인 또는 포기를 하지 않은 채 사망하면, 그 상속인의 상속인이 그 상속의 승인 또는 포기를 할 권한을 상속하게 된다. 즉 상속인의 상속인은, 자기 고유의 권리로서 자신의 피상속인으로부터의 상속(제2상속)을 승인 또는 포기할 수 있음과 동시에, 상속받은 권리에 따라 자신의 피상속인의 그 피상속인으로부터의 상속(제1상속)을 승인 또는 포기할 수 있게 되는 것이다. 민법 제1021조는 민법 제1019조 제1항의 승인이나 포기에 관해서만 규정하고 있으나, 제3항의 특별한정승인 역시 상속의 승인이나 포기와 그 법률적 성질을 같이하므로, 상속인이 특별한정승인을 하지 않고 사망한 경우에도 그 상속인의 상속인이 특별한정승인권을 승계하여 한정승인할 수 있다.[1] 다만 그가 제2상속을 포기하였을 때에는 민법 제1042조에 따라 그 포기의 효과가 소급하므로 처음부터 제1상속을 승인, 포기 또는 한정승인할 권리도 상속하지 않은 것으로 됨은 물론이다.[2]

2 상속인의 상속인이 자신의 상속인 제2상속을 승인 또는 포기할 수 있는 기간은 그가 자기의 상속개시 있음을 알게 된 때부터 기산한다고 할 것이고, 여기에는 아무런 의문이 없다. 문제는 그가 제1상속을 승인 또는 포기할 수 있는 기간의 기산점을 언제로 볼 것인가이다. 자신의 피상속인이 상속개시 있음을 알았던 때

1 헌법재판소 2011. 8. 30. 선고 2009헌가10 결정.

2 김주수/김상용, 주석 민법, 상속(제2권)(제4판), 한국사법행정학회(2015), 69; 주해상속법(제1권), 박영사(2019), 401(이동진); 김주수/김상용, 친족·상속법(제20판), 법문사(2024), 772. 따라서 이 경우에는 민법 제1021조가 적용될 여지가 없다.

를 기준으로 하면, 상속인의 상속인에게 남은 승인 또는 포기의 고려기간이 지나치게 짧아 부당한 경우가 있을 수 있다. 이에 민법 제1021조는 상속인의 상속인에게 부여된, 제1상속의 승인 또는 포기 여부에 대한 결정권을 실질적으로 보장하기 위하여 그가 제1상속의 승인이나 포기를 할 수 있는 기간의 기산점을 제2상속을 승인 또는 포기할 수 있는 기간의 기산점과 마찬가지로 규정한 것이다.

3 상속인의 상속인이 수인인 경우에는 제1상속을 승인 또는 포기할 권리는 각 공동상속인의 상속분에 따라 분할상속되고, 고려기간은 그들이 각자 자기의 상속개시 있음을 안 날로부터 개별적으로 진행된다.

## 제 1022 조 [상속재산의 관리]

**상속인은 그 고유재산에 대하는 것과 동일한 주의로 상속재산을 관리하여야 한다. 그러나 단순승인 또는 포기한 때에는 그러하지 아니하다.**

[관련조문] 민법 제695조(무상수치인의 주의의무), 제922조(친권자의 주의의무), 제1040조(공동상속재산과 그 관리인의 선임), 제1048조(분리후의 상속인의 관리의무)

[참고문헌] 김주수/김상용, 주석 민법, 상속(제2권)(제4판), 한국사법행정학회(2015); 주해상속법(제1권), 박영사(2019); 곽윤직, 상속법(민법강의Ⅵ)(개정판), 박영사(2004); 김주수/김상용, 친족·상속법(제20판), 법문사(2024); 송덕수, 친족상속법(제7판), 박영사(2024); 윤진수, 친족상속법 강의(제5판), 박영사(2023); 법원실무제요, 가사[Ⅱ], 사법연수원(2021)



### Ⅰ. 의의 및 입법취지

1 상속의 개시와 동시에 상속재산은 일단 상속인에게 승계되지만(민법 제1005조), 이는 잠정적인 것일 뿐 상속인이 상속을 승인 또는 포기하거나 고려기간 도과 등의 사유로 법정단순승인이 됨으로써 상속재산의 귀속이 확정되기까지는 상속재산에 관한 권리·의무를 확정적으로 취득한다고 볼 수 없다. 따라서 상속재산과 상속인의 고유재산은 분리하여 취급될 필요가 있다. 그렇다고 상속재산을 관리하는 자가 없는 상태로 내버려 두는 것은 상속재산의 훼손으로 이어질 우려가 있고, 이는 나중에 확정되는 상속인이나 상속채권자 등 이해관계인에게 뜻하지 않는 불이익이 될 수 있다. 이에 민법은 제1022조를 통하여 상속인에게 그의 고유재산에 대하는 것과 동일한 주의로 상속재산을 관리할 의무를 부여하는 한편, 제1023조를 통하여 그 관리가 부적절하거나 불가능한 경우 가정법원이 개입할 수 있도록 규정하고 있다.[1]

1 김주수/김상용, 주석 민법, 상속(제2권)(제4판), 한국사법행정학회(2015), 70; 주해상속법(제1권), 박영사(2019), 416~417(이동진); 곽윤직, 상속법(민법강의Ⅵ)(개정판), 박영사(2004), 176; 윤진수, 친족상속법 강의(제5판), 박영사(2023), 503.

## Ⅱ. 상속인의 관리의무의 정도

2 민법 제1022조가 부과하는 상속인의 상속재산에 대한 관리의무는 자기의 고유재산에 대한 것과 동일한 주의에 의한 관리이므로, 선량한 관리자의 주의와 같이 일반적인 거래에 있어 요구되는 고도의 주의는 필요하지 않다. 이는 상속인은 민법에 따라 상속재산을 당연승계한 것일 뿐 자신의 적극적인 의사에 따라 취득한 것은 아니라는 점[2]과 잠정적이기는 하나 상속재산은 일단 자신에게 귀속된 재산인 점[3]을 모두 고려한 것이다. '그 고유재산에 대하는 것과 동일한 주의'란 민법 제695조의 '자기재산과 동일한 주의' 또는 제922조의 '자기의 재산에 관한 행위와 동일한 주의'와 동일한 의미로,[4] 상속인은 상속재산의 관리에 자신의 주의능력에 상응한 통상의 주의를 결여한, 이른바 구체적 경과실이 있을 때에 한하여 책임을 진다.[5] 만일 상속인이 자기의 고유재산에 대한 것과 동일한 주의를 기울여 상속재산을 관리하지 않은 결과 상속재산의 가치가 감소하는 등으로 다른 이해관계인인 동순위 또는 후순위 상속인 및 상속채권자 등이 손해를 입었다면, 상속인은 그들에 대하여 손해배상책임을 부담한다.

## Ⅲ. 상속인의 관리의무의 범위

### 1. 물적 범위

3 상속인은 상속재산에 대한 '관리'의무를 부담하고, 그가 할 수 있는 행위도 그 범위에 한정된다. 상속인은 관리인으로서 상속재산의 보존행위 또는 그 성질을 변경하지 않는 범위 내에서 이용 또는 개량하는 행위를 할 수 있다(민법 제118조 참조). 따라서 상속인은 손상되기 쉽거나 보존하는 데 많은 비용을 필요로 하는 물건에 대하여는 보강, 법원의 허가에 의한 환가를 할 수 있고, 권한 없이 상속재산을 점유하는 자에 대한 반환청구를 하거나[6] 상속채권에 관하여 소멸시효를 중단시키는 조치를 취할 수 있다. 상속인은 상속재산의 과실 및 수익을 수취할

2 김주수/김상용, 주석 민법, 상속(제2권)(제4판), 한국사법행정학회(2015), 70.
3 주해상속법(제1권), 박영사(2019), 421(이동진).
4 김주수/김상용, 주석 민법, 상속(제2권)(제4판), 한국사법행정학회(2015), 70.
5 김주수/김상용, 주석 민법, 상속(제2권)(제4판), 한국사법행정학회(2015), 195; 주석 민법 채권각칙(4)(제4판), 한국사법행정학회(2016), 740; 주해상속법(제1권), 박영사(2019), 420(이동진).
6 대법원 1996. 10. 15. 선고 96다23283 판결.

수 있고, 부동산 등의 경우에는 대항력 없는 민법 제619조에 의한 단기임대차[7] 도 할 수 있다.상속인이 '관리'의 범위를 넘어서는 행위를 한 경우에도 그 행위의 효력이 부인되는 것은 아니고, 그것이 상속재산의 처분행위에 이르는 때에는 민법 제1026조 제1호에 따라 법정단순승인이 될 수 있을 뿐이다.

## 2. 인적 범위

4 상속인이 여러 명인 때는 공동상속인 전원이 공동으로 상속재산을 관리하여야 한다. 이 때에는 공유에 관한 규정에 따라 보존행위는 각자 단독으로 할 수 있으나,[8] 기타 관리행위는 각 공동상속인의 상속분에 의한 과반수로 결정하여야 한다. 공동상속인들 사이에서 관리행위에 관한 다툼이 있는 경우에는 민법 제1023조 제2항에 따라 상속재산관리인을 선임할 수 있다.

## 3. 시적 범위

5 상속인의 상속재산에 대한 관리의무는 그가 상속을 단순승인 또는 포기할 때까지 계속하는 것이 원칙이다(민법 제1022조 단서). 즉 상속인이 단순승인을 하면 상속재산과 상속인의 고유재산이 혼동되어 일체가 되므로 특별히 상속재산에 대한 관리를 계속시킬 필요가 없고, 상속을 포기하면 그로 인하여 새로 상속인이 된 자가 상속재산을 인도받아 관리하여야 할 것이므로 본래의 상속인이 관리를 계속할 필요가 없기 때문이다. 상속인은 단순승인을 한 후에도 재산분리의 명령이 있으면 상속재산에 대하여 자기의 고유재산과 동일한 주의로 관리하여야 하고, 상속을 포기한 후에도 그 포기로 인하여 상속인이 된 자가 상속재산을 관리할 수 있을 때까지는 여전히 그 고유재산에 대한 것과 동일한 주의로 상속재산의 관리를 계속하여야 하나, 이는 각각 재산분리의 명령이 있는 경우 관리의무를 부과하는 민법 제1048조와 포기한 상속재산의 관리계속의무를 부과하는 민법 제1044조에 따른 것으로서 제1022조에 따른 관리와 성격을 달리한다(☞ 재산분리명령이 있는 경우의 관리의무에 대하여는 제1048조 주석, 포기한 상속재산의 관리계속의무에 대하여는 제1044조 주석 각 참조).

6 이와 달리 상속인이 한정승인을 한 경우에는 상속재산과 상속인의 고유재산이

7 주해상속법(제1권), 박영사(2019), 419(이동진); 곽윤직, 상속법(민법강의VI)(개정판), 박영사(2004), 177.

8 대법원 1996. 10. 15. 선고 96다23283 판결(공동상속인 중 1인이 단독으로 권한 없이 상속재산인 주권을 점유하는 자에 대한 반환청구를 한 사안).

각각 분리되어야 하므로(민법 제1031조), 상속채권자를 위하여 민법 제1022조에 따른 상속재산의 관리를 계속할 필요가 있다. 상속재산의 청산이 종료되거나 민법 제1040조 제1항에 의하여 상속재산의 관리인이 선임될 때까지는 여전히 상속재산 관리의무가 유지된다고 봄이 타당하다(☞ 이때의 상속재산관리에 관하여는 민법 제1040조 주석 참조).[9]

## Ⅳ. 상속인의 권한

### 1. 사용·수익·처분권한

7 비록 잠정적인 것일지라도 상속재산은 상속인이 상속을 승인 또는 포기하기 전까지는 상속인에게 귀속되어 있으므로, 그 기간 중 상속인은 대외적으로 상속재산을 제한 없이 사용·수익·처분할 수 있다. 단지 민법 제1026조 제1호에 따라 법정단순승인이 될 수 있을 뿐이다. 마찬가지로 상속인의 사용·수익·처분행위가 고유재산에 대한 것과 동일한 주의를 기울이지 않은 것이어서 상속재산 관리의무 위반에 해당하더라도, 그로 인하여 상속인이 이해관계인에 대한 손해배상책임을 부담하는 것은 별론으로 하고, 그러한 행위의 효력 자체에는 영향이 없다.

### 2. 변제거절권한

8 상속인이 상속을 승인 또는 포기하기 전에 상속채권자로부터 상속채무의 이행청구를 받은 경우 변제를 거절할 수 있는가. 이에 관하여, 한정승인을 한 상속인에게 민법 제1032조 제1항의 기간 만료 전까지 상속채권의 변제를 거절할 수 있는 권리를 주고 있는 제1033조와 같은 명문의 규정이 없는 이상 이를 인정할 수 없다는 반대견해도 있으나,[10] 통설은 변제거절권을 인정하고 있다.[11] 상속인이 고려기간 중 변제를 거절할 수 없다고 하면, 많은 경우 민법 제1026조 제1호에 따른 법정단순승인으로 이어질 것이다. 이는 사실상 상속인으로부터 한정승인이나 포기를 할 수 있는 기회를 박탈하는 셈이 되어 부당하다고 할 것이므로, 상

9 주해상속법(제1권), 박영사(2019), 418(이동진); 김주수/김상용, 친족·상속법(제20판), 법문사(2024), 772; 윤진수, 친족상속법 강의(제5판), 박영사(2023), 503; 법원실무제요, 가사[Ⅱ], 사법연수원(2021), 368.

10 주해상속법(제1권), 박영사(2019), 422(이동진).

11 김주수/김상용, 주석 민법, 상속(제2권)(제4판), 한국사법행정학회(2015), 72; 김주수/김상용, 친족·상속법(제20판), 법문사(2024), 773; 송덕수, 친족상속법(제7판), 박영사(2024), 402; 윤진수, 친족상속법 강의(제5판), 박영사(2023), 504.

속인이 승인이나 포기를 하지 않고 상속재산을 관리하고 있는 동안은 상속채권의 변제를 거절할 수 있다고 봄이 타당하다. 이와 별개로, 상속채권자는 상속관계가 확정되지 않은 기간에도 상속인을 상대로 상속재산에 관한 가압류결정을 받아 이를 집행할 수 있다. 그 후 상속인이 상속포기로 인하여 상속인의 지위를 소급하여 상실한다고 하더라도 이미 발생한 가압류의 효력에 영향을 미치지 않는다. 따라서 위 상속채권자는 종국적으로 상속인이 된 사람 또는 민법 제1053조에 따라 선임된 상속재산관리인을 채무자로 한 상속재산에 대한 경매절차에서 가압류채권자로서 적법하게 배당을 받을 수 있다.[12]

12 대법원 2021. 9. 15. 선고 2021다224446 판결.

# 제1023조 [상속재산보존에 필요한 처분]

① 법원은 이해관계인 또는 검사의 청구에 의하여 상속재산의 보존에 필요한 처분을 명할 수 있다.

② 법원이 재산관리인을 선임한 경우에는 제24조 내지 제26조의 규정을 준용한다.

**[관련조문]** 민법 제24조(관리인의 직무), 제25조(관리인의 권한), 제26조(관리인의 담보제공, 보수), 제1040조(공동상속재산과 그 관리인의 선임), 제1044조(포기한 상속재산의 관리계속의무)

**[참고문헌]** 김주수/김상용, 주석 민법, 상속(제2권)(제4판), 한국사법행정학회(2015); 주해상속법(제1권), 박영사(2019); 곽윤직, 상속법(민법강의VI)(개정판), 박영사(2004); 김주수/김상용, 친족·상속법(제20판), 법문사(2024); 송덕수, 친족상속법(제7판), 박영사(2024); 윤진수, 친족상속법 강의(제5판), 박영사(2023); 한봉희/백승흠, 가족법, 정독(2024); 법원실무제요, 가사[Ⅱ], 사법연수원(2021)



## Ⅰ. 의의 및 입법취지

1 상속인은 상속을 승인 또는 포기하기 전까지 자기의 고유재산에 대하는 것과 동일한 주의로 상속재산을 관리할 의무를 부담한다. 그런데 상속재산을 관리하여야 할 상속인이 멀리 거주하거나 소재를 알 수 없는 경우도 있을 수 있고, 관리능력이 떨어지거나 상속재산의 관리에 충분한 주의를 기울이지 아니할 수도 있다.[1] 물론 상속인이 자기의 고유재산에 대하는 것과 동일한 주의를 기울이지 않은 관리로 인하여 이해관계인에게 손해를 입힌 경우 이해관계인은 상속인에게 손해배상책임을 물을 수 있으나, 이는 사후적이고 간접적인 구제수단에 불과하다. 나아가 상속인이 여러 명이어서 전원이 공동으로 상속재산을 관리해야 하는 경우에는 공동상속인 일부의 소재불명이나 공동상속인 사이의 관리에 대한

1 김주수/김상용, 주석 민법, 상속(제2권)(제4판), 한국사법행정학회(2015), 73; 주해상속법(제1권), 박영사(2019), 425(이동진).

의견대립 등의 문제도 발생할 수 있다. 이러한 경우 이해관계인으로서는 상속재산의 보존을 위한 조치를 취할 필요가 있다. 민법은 이를 대비하여 상속인의 상속재산 관리가 적절하지 않거나 불가능한 경우 이해관계인 또는 검사의 청구에 의하여 가정법원이 상속재산의 관리에 개입할 수 있도록 규정하고 있다. 민법 제1044조 제2항에 따라 상속인이 상속을 포기한 경우에도 민법 제1023조가 준용된다. 한편 상속인이 한정승인을 한 경우에 관해서는 명시적 규정이 없으나 이 경우에도 상속재산 관리의 필요성이 있음은 마찬가지라고 할 것이므로 민법 제1023조의 적용이 있다고 본다.[2]

## Ⅱ. 청구의 요건 및 방식

### 1. 청구권자

2 이해관계인 또는 검사가 청구권자이다. 이때 이해관계인이란 상속채권자, 공동상속인, 차순위 상속인 등과 같이 상속재산에 관하여 널리 법률상의 이해관계를 가지는 자를 가리킨다.[3] 검사는 공익의 대표자로서 청구권자가 된다.[4]

### 2. 청구의 시적 한계

3 이는 상속재산의 적절한 관리를 위하여 마련된 규정이므로 청구의 시적 한계는 민법 제1022조에서 본 상속인의 관리의무의 시적 범위와 일치한다. 이해관계인 또는 검사는 상속개시 후 상속인이 상속을 단순승인하거나 포기할 때까지 상속재산의 보존에 필요한 처분을 청구할 수 있다. 판례는 "민법 제1023조는 제1022조와 관련하여 상속인의 관리가 부적절하거나 불가능한 경우에는 다른 공동상속인이나 이해관계인의 입장에서는 상속재산의 보존을 위한 조치를 취할 필요가 있게 된다는 취지이므로, 상속포기나 한정승인을 할 수 있는 고려기간 중에 하는 상속재산관리에 관한 처분은 상속개시 후 그 고려기간이 경과되기 전에 한하여 청구할 수 있다."라고 보았다.[5] 상속인이 한정승인을 한 경우에는 민법이 정한 바에 따라 상속재산의 청산이 종료되거나, 특히 공동상속인 여러 명이 한정승인을 한 경우에는 민법 제1040조 제1항에 의하여 상속재산의 관리인이 선임

2 법원실무제요, 가사[Ⅱ], 사법연수원(2021), 1049.
3 법원실무제요, 가사[Ⅱ], 사법연수원(2021), 1049.
4 김주수/김상용, 주석 민법, 상속(제2권)(제4판), 한국사법행정학회(2015), 73.
5 대법원 1999. 6. 10. 자 99으1 결정.

될 때까지는 민법 제1023조에 의한 청구를 할 수 있다.[6]

### 3. 성격 및 관할

4 이는 라류 가사비송사건(가사소송법 제2조 제1항 제2호 가목 31)으로, 상속개시지인 피상속인의 최후주소지를 관할하는 가정법원이 관할한다(가사소송법 제44조 제6호, 민법 제998조). 최후주소지가 외국인 경우 대법원이 있는 곳의 가정법원인 서울가정법원이 관할한다(가사소송법 제35조 제2항, 제13조 제2항).

### 4. 첨부서류

5 청구권자는 ① 상속인의 가족관계증명서, 주민등록표초본, ② 피상속인의 가족관계증명서, 기본증명서, 주민등록표초본, ③ 재산목록을 첨부하여, 그 중 이해관계인이 청구하는 경우에는 여기에 더하여 ④ 청구인의 가족관계증명서, 주민등록표초본, ⑤ 상속인, 청구인 및 피상속인과의 관계가 나타나는 서면을 첨부하여 가정법원에 상속재산관리에 필요한 처분을 청구할 수 있다.

## Ⅲ. 심리 및 심판

### 1. 심리 및 가정법원이 명할 수 있는 처분의 내용

6 가정법원은 고려기간 중에 있는 상속인의 현재의 재산관리가 부적절한지, 재산관리인을 선임할 필요가 있는지 등을 심리하여 합리적 재량에 따라 상속재산의 보존에 필요한 처분을 명한다. 특히 이해관계인이 '상속인의 존부' 자체를 알 수 없어 오직 법원의 재판을 통하여 이를 확정하고 상속재산의 청산절차를 이행하고자 하는 경우 '법원이 재판자료의 수집과 제출을 주도적으로 할 책무를 진다.'는 직권탐지주의가 강하게 요구된다.[7] 가정법원은 청구인의 청구취지에 구애되지 아니한다. 이때 보존에 필요한 처분에는 상속인에게 상속재산의 관리를 시키는 것이 부적당한 경우에 제3자를 재산관리인으로 선임하는 것과 더불어 상속재산에 관한 봉인·환가, 상속재산의 처분금지·점유이전금지, 재산목록의 작성·제출, 경매명령 등이 포함된다.[8] 재산관리인 선임처분에 관하여는 아래 Ⅳ.에서 별도로 살핀다.

6 법원실무제요, 가사[Ⅱ], 사법연수원(2021), 1050. 민법 제1040조 제1항에 의한 상속재산관리인 선임은 가사소송법 제2조 제1항 제2호 가목 34에 따른 별개의 절차에 의한다.

7 대법원 2022. 10. 14. 자 2022스625 결정.

8 곽윤직, 상속법(민법강의Ⅵ)(개정판), 박영사(2004), 177; 김주수/김상용, 친족·상속법(제20판), 법문사(2024), 774; 송덕수, 친족상속법(제7판), 박영사(2024), 401; 한봉희/백승흠, 가족법, 정독(2024), 539; 법원실무제요, 가사[Ⅱ], 사법연수원(2021), 1051.

### 2. 심판의 효력 및 불복 가부

7 심판의 효력은 청구인, 절차에 참가한 이해관계인 및 재산관리인을 선임하는 경우 그 재산관리인 등 이를 고지받을 자에게 고지함으로써 발생한다. 그 심판에서 정한 처분은 그 성질상 앞서 본 청구의 시적 한계까지만 존속하고, 그 기간이 지나면 당연히 소멸한다.[9] 청구를 인용한 경우 심판비용 및 처분에 필요한 비용은 상속재산에서 부담한다(가사소송규칙 제78조, 제52조).

8 청구를 기각한 심판에 대해서는 청구인이 14일 이내에 즉시항고할 수 있으나(가사소송규칙 제27조), 청구를 인용하여 상속재산의 관리에 관한 처분을 명하는 심판에 대해서는 불복할 수 없다.

### 3. 처분의 취소

9 민법 제1023조에 따른 재산관리의 필요성이 소멸한 경우나 관리할 재산이 남아 있지 아니한 경우에는 가정법원은 이해관계인의 청구에 의하여 재산관리에 관한 처분을 취소해야 한다(가사소송규칙 제50조).

## Ⅳ. 제1023조 제2항에 따른 재산관리인 선임처분

### 1. 재산관리인 선임의 절차

10 재산관리인의 선임은 가정법원이 명할 수 있는 상속재산관리에 관한 여러 종류의 처분 중 가장 중요한 것으로 평가된다. 가정법원은 고려기간 중에 있는 상속인의 현재의 재산관리가 부적절한지, 재산관리인을 선임할 필요가 있는지, 재산관리인에 의한 재산관리가 적합한지 등을 중점적으로 심리하여 재산관리인의 선임 여부를 결정한다. 재산관리인의 선임이 필요하다고 판단되는 경우 비교적 제3자 입장에서 공정하게 상속재산을 관리할 자가 재산관리인으로 선임되어야 하는바, 가정법원은 직권으로 변호사 등 제3자를 선임하거나, 청구인으로부터 재산관리인 후보자를 추천받아 적절하다고 판단되는 경우 그를 선임하기도 한다.

11 재산관리인을 선임하는 경우 가정법원은 아래와 같은 주문을 내고, 민법 제1053조에 따른 상속재산관리인 선임처분과 구별하기 위하여 이유에서 재산관리인이 민법 제1023조에 따라 선임되었음을 밝힌다.

9 대법원 1999. 6. 10. 자 99으1 결정.

| 1. 피상속인 망 ○○○의 별지 목록 기재 상속재산에 관한 재산관리인으로 변호사 ○○○ (주민등록번호, 주소)를 선임한다.<br>2. 재산관리인은 3 개월마다 상속재산에 관한 재산관리상황을 보고하여야 한다. |
|---|

12 민법 제1023조에 따른 재산관리인의 선임처분의 경우, 민법 제1053조에 따른 상속재산관리인의 선임처분과 달리 공고하도록 하는 규정이 없으므로 공고를 필요로 하지 않는다.

### 2. 재산관리인의 의무와 권한

13 재산관리인을 선임하는 경우 민법 제24조 내지 제26조의 부재자의 재산관리에 관한 처분의 규정이 그대로 준용되므로 이에 준하여 처리한다(민법 제1023조 제2항). 재산관리인은 관리할 상속재산의 목록을 작성하여야 한다(민법 제24조 제1항). 가정법원은 상속재산의 보존에 필요하다고 인정되는 처분을 재산관리인에게 명할 수 있고(민법 제1023조 제1항), 상속재산의 관리와 반환에 관하여 재산관리인에게 상당한 담보를 제공하게 할 수 있다(민법 제26조 제1항). 관리비용은 상속재산으로 지급한다(가사소송규칙 제78조, 제52조). 가정법원은 여러 사정을 고려하여 관리인에게 상속재산으로 상당한 보수를 지급할 수도 있고(민법 제26조 제2항). 이를 위하여 청구인에게 보수 상당액의 예납을 명할 수 있다.[10]

14 가정법원이 선임한 재산관리인은 상속재산에 대하여 상속인과 마찬가지의 권한을 갖는다. 다만 민법 제24조에 의한 부재자 재산관리인과 마찬가지로, 위 재산관리인은 법원에 의하여 선임되기는 하였지만 그 직무의 성질상 상속재산보존에 필요한 처분을 청구한 이해관계인과의 위임계약에 의하여 재산관리를 하는 것과 마찬가지라고 할 것이므로,[11] 일종의 법정위임관계를 인정하고 위임에 관한 규정을 준용하여 선량한 관리자로서의 주의의무를 부담한다고 봄이 타당하다.[12] 가정법원이 재산관리인을 선임한 경우 상속인 본인이 상속재산 관리권한을 상

10 대법원 2001. 8. 22. 자 2000으2 결정.
11 주석 민법 총칙(1)(제4판), 한국사법행정학회(2010), 395, 398(이용운).
12 주해상속법(제1권), 박영사(2019), 428(이동진); 주석 민법 총칙(1)(제4판), 한국사법행정학회(2010), 396(이용운); 김주수/김상용, 친족·상속법(제20판), 법문사(2024), 789 역시 위임에 관한 규정이 유추적용된다고 보고 있다.

실하는지에 관하여는 견해가 대립하나,[13] 명시적 근거가 없는 이상 재산관리인의 선임만으로 상속인 본인이 자신의 권한을 상실한다고 볼 수는 없고, 다만 재산관리인의 관리행위와 저촉되지 않는 범위에서 관리행위를 할 수 있다고 봄이 타당하다.[14]

### 3. 재산관리인의 개임과 사임

15 민법 제1023조에 따라 선임된 재산관리인의 개임, 사임 및 재선임에 관하여는 부재자 재산관리인에 관한 규정이 그대로 준용된다(가사소송규칙 제78조). 따라서 가정법원은 언제든지 재산관리인을 개임할 수 있고, 재산관리인은 가정법원에 사유를 신고하고 사임할 수 있다. 이때 가정법원은 다시 재산관리인을 선임하여야 한다(가사소송규칙 제42조).

13 상속인 본인이 관리권한을 상실하여 재산관리인만이 관리할 수 있다고 보는 견해로 박동섭, “개정 민법과 상속의 한정승인·포기”, 법조 제51권 제4호, 법조협회(2002.4.), 21; 가정법원이 민법 제1023조에 따라 재산관리인의 선임과 더불어 상속재산의 처분금지·점유이전금지 등 상속인의 권한을 제한하는 별도의 처분을 한 경우에만 그 범위 내에서 관리권한을 상실하고, 여기에 더하여 이를 등기 등을 통하여 공시하여야만 상속인의 관리행위가 대외적으로도 효력이 없게 된다고 보는 견해로 주해상속법(제1권), 박영사(2019), 429(이동진).

14 법원실무제요, 가사[Ⅱ], 사법연수원(2021), 1053.

## 제 1024 조 [승인, 포기의 취소금지]

① 상속의 승인이나 포기는 제1019조 제1항의 기간 내에도 이를 취소하지 못한다. <개정 1990. 1. 13>

② 전항의 규정은 총칙편의 규정에 의한 취소에 영향을 미치지 아니한다. 그러나 그 취소권은 추인할 수 있는 날로부터 3월, 승인 또는 포기한 날로부터 1년 내에 행사하지 아니하면 시효로 인하여 소멸된다.

**[관련조문]** 민법 제5조(미성년자의 능력), 제10조(소유권이전에 관한 경과규정), 제12조(한정후견개시의 심판), 제109조(착오로 인한 의사표시), 제110조(사기, 강박에 의한 의사표시), 제141조(취소의 효과), 제143조(추인의 방법, 효과), 제949조(재산관리권과 대리권), 제950조(후견감독인의 동의를 필요로 하는 행위)

**[참고문헌]** 김주수/김상용, 주석 민법, 상속(제2권)(제4판), 한국사법행정학회(2015); 주해상속법(제1권), 박영사(2019); 곽윤직, 상속법(민법강의VI)(개정판), 박영사(2004); 김주수/김상용, 친족·상속법(제20판), 법문사(2024); 윤진수, 친족상속법 강의(제5판), 박영사(2023); 법원실무제요, 가사[Ⅱ], 사법연수원(2021); 윤진수, "상속채무를 뒤늦게 발견한 상속인의 보호", 법학 제38권 제3호·제4호, 서울대학교 법학연구소(1997); 정상규, "민법 제1019조 제3항(특별한정승인)의 해석 및 그 적용범위에 관한 실무상쟁점", 법조 제52권 제5호, 법조협회(2003)



### Ⅰ. 상속의 승인·포기의 철회(제1항)

1 상속의 승인 및 포기는 각각 상속인이 상속의 효과 귀속 여부에 관한 의사를 표시하는 법률행위로, 상속인이 단순승인, 한정승인 또는 포기를 하여 효력이 발생하면 민법 제1019조 제1항의 고려기간 내에도 이를 취소할 수 없다(민법 제1024조 제1항). 여기서의 취소는 철회의 의미에 가깝다. 일단 효력이 발생한 법률행위는 원래 철회할 수 없는 것이므로 민법 제1024조 제1항은 주의적 규정에 해당하나,[1] 상속의 승인 및 포기의 철회를 인정하면 상속재산의 귀속을 둘러싼 이해관계인

[1] 김주수/김상용, 주석 민법, 상속(제2권)(제4판), 한국사법행정학회(2015), 76; 주해상속법(제1권), 박영사(2019), 437(이동진).

의 신뢰를 해치고 법률관계가 복잡해질 우려가 있으므로 이를 분명히 방지한다는 데서 그 의의를 찾을 수 있다.

2 공동상속인이 협의하여 상속재산을 분할한 때는 민법 제1026조 제1호에 규정된 상속재산에 대한 처분행위를 한 때에 해당하여 단순승인을 한 것으로 보게 되므로 이후에는 기간 내라 할지라도 이를 취소할 수 없는 것이므로 이후 가정법원에 상속포기신고를 하여 수리되었다 하여도 포기의 효력이 생기지 아니한다.[2] 마찬가지로 상속인들이 상속포기 신고를 하기에 앞서 상속채권을 양도한 것은 민법 제1026조 제1호가 정한 처분행위에 해당하여 단순승인을 한 것으로 보아야 하므로, 이후 상속인들의 상속포기는 승인의 철회로서의 효력이 없다.[3]

3 다만 단순승인은 상대방 없는 의사표시로서 이해관계인에게 도달함으로써, 한정승인과 포기는 가정법원에의 신고가 수리됨으로써 각각 그 효력이 발생하는 것이므로, 단순승인이 이해관계인 중 1명에게 도달하기 전까지 이를 철회하거나, 한정승인과 포기 신고에 대한 가정법원의 수리심판이 있기 전까지 신고를 취하하는 것은 무방하다[☞ 상속의 단순승인, 한정승인 및 포기의 요건 일반에 관하여는 민법 제1019조, 법적성질 및 방식에 관하여는 민법 제1026조, 제1027조(단순승인), 제1030조(한정승인), 제1041조(포기) 주석 참조].

## Ⅱ. 상속의 승인·포기의 취소(제2항)

### 1. 의의

4 상속의 승인 및 포기의 철회는 허용되지 않으나, 총칙편의 규정에 의한 취소는 허용된다. 다만 그 취소는 민법 제146조에서 정한 취소기간과는 달리 추인할 수 있는 날로부터 3개월, 승인 또는 포기한 날로부터 1년 안에 이루어져야 한다(민법 제1024조 제2항 본문). 상속으로 인한 법률관계를 빨리 안정시키기 위한 취지이다.

### 2. 취소사유

5 상속의 단순승인, 한정승인 및 포기는 상속인의 의사표시를 포함하는 법률행위이므로, 이에 관하여는 제한능력자의 법률행위의 취소에 관한 규정(민법 제5조, 제10조, 제13조)과 착오 또는 사기나 강박에 의한 하자 있는 의사표시의 취소에

2 대법원 1983. 6. 28. 선고 82도2421 판결.
3 서울고등법원 1998. 4. 24. 선고 97나60953 판결(확정).

관한 규정(제109조, 제110조)이 각각 적용된다. 이를 배제하는 별도의 규정이 없는 이상 특별한정승인(민법 제1019조 제3항)에 관하여도 마찬가지로 위 각 규정이 적용된다. 한편, 본래의 의미의 의사표시는 아니라 할지라도 의제된 의사표시에 해당하는 이상 법정단순승인(민법 제1026조)에 관하여도 의사표시의 하자에 관한 규정(제109조, 제110조)이 유추적용되어 그에 따른 취소가 가능하다고 봄이 타당하다. 그렇게 보아야만 상속인이 명시적인 단순승인을 한 경우와의 균형도 확보될 것이다.[4]

6 따라서 미성년자나 상속의 승인 또는 포기에 관하여 한정후견인의 동의를 받아야 하는 피한정후견인이 법정대리인의 동의 없이 한 상속의 단순승인, 한정승인 또는 포기와 피성년후견인이 한 상속의 단순승인, 한정승인 또는 포기는 원칙적으로 본인 또는 법정대리인이 취소할 수 있다(민법 제5조 제2항, 제10조 제1항, 제13조 제4항).

7 상속의 단순승인, 한정승인 또는 포기에 '내용의 중요부분의 착오'가 있고 그것이 상속인의 중대한 과실로 인한 것이 아니라면 이를 취소할 수 있다(민법 제109조 제1항). 어떠한 착오가 '내용의 중요부분의 착오'에 해당하는지가 문제된다. 상속의 객체에 관한 착오와 달리 상속세액이나 자신의 상속포기로 인하여 누구에게 상속분이 귀속될지 등에 관한 착오는 동기의 착오일 뿐만 아니라 부수적 효과에 관한 것에 불과하여 중요부분의 착오라고 할 수 없다.[5] 상속재산의 내역은 제대로 파악하였으나 그 상속재산의 가치 평가를 잘못한 경우는 동기의 착오에 불과하다. 이와 달리 상속인이 상속채무의 존재 자체를 알지 못하여 상속재산의 채무초과사실을 모르고 단순승인을 하였거나 반대로 상속채무가 있는 것으로 잘못 알고 상속포기를 한 경우는 상속재산의 내역을 착오한 것이므로 내용의 착오에 해당하고, 그것이 중요한 때에는 취소사유가 된다고 봄이 타당하다.[6] 관

4 윤진수, "상속채무를 뒤늦게 발견한 상속인의 보호", 법학 제38권 제3호·제4호, 서울대학교 법학연구소(1997), 217~218는 의제된 의사표시의 취소가능성을 일률적으로 부정하는 것은 의사표시가 의제되는 자를 실제로 그러한 의사표시를 한 자보다도 더 불리한 처지에 놓이게 하는 것으로서 부당하고, 의사표시의 취소 대상은 의사표시 자체가 아닌 의사표시에 의하여 발생한 효과이므로 의제된 의사표시의 취소가능성은 일반적으로 인정될 수 있다고 밝히고 있다.

5 김주수/김상용, 주석 민법, 상속(제2권)(제4판), 한국사법행정학회(2015), 76; 주해상속법(제1권), 박영사(2019), 439(이동진).

6 주해상속법(제1권), 박영사(2019), 440(이동진); 윤진수, 친족상속법 강의(제5판), 박영사(2023), 501; 윤진수, "상속채무를 뒤늦게 발견한 상속인의 보호", 법학 제38권 제3호·제4호, 서울대학교 법학연구소(1997), 220~223.

련하여, 상속인이 상속채무의 존재를 알지 못해 고려기간 내에 상속의 한정승인 또는 포기를 하지 않음으로써 법정단순승인이 되었는데 이후 상속채무의 존재를 알게 된 경우에는 민법 제1019조 제3항의 특별한정승인이 가능하므로 더 이상 제109조 제1항에 의한 취소를 인정할 필요가 없다는 견해도 있으나,[7] 그와 별개로 제109조의 요건이 구비되었다면 취소할 수 있다고 봄이 상속인 보호에 부합한다.

8 또한 상속의 단순승인, 한정승인 또는 포기가 사기 또는 강박에 의한 것이라면 이를 취소할 수 있다(민법 제110조).[8]

### 3. 취소권자

9 제한능력자, 하자 있는 의사표시를 한 자, 그 대리인 또는 승계인이 취소권자가 된다(민법 제140조). 공동상속인은 단순승인, 한정승인 및 포기를 각자 할 수 있으므로 그 취소도 각자 할 수 있다. 취소권자가 취소권을 행사하기 전에 사망하면 그의 상속인이 취소권을 승계하고, 상속인이 여러 명인 경우에는 각자의 상속분에 해당하는 범위에서 각자 취소할 수 있다.

### 4. 취소의 시적한계

10 단순승인, 한정승인 또는 포기의 취소권은 추인할 수 있는 날로부터 3개월, 승인 또는 포기한 날로부터 1년 내에 행사하지 않으면 시효로 인하여 소멸한다(민법 제1024조 제2항 단서). 취소권이 형성권이라는 점과 취소의 의사표시는 가정법원에 신고하여 수리되어야 하는 점을 들어 위 취소기간의 성질을 제척기간으로 파악하는 견해가 다수이나,[9] 형성권이라 하여 반드시 소멸시효의 대상에서 제외된다고 볼 수 없고, 이를 소멸시효로 보더라도 그 기간 내에 방식을 갖춘 의사표시가 이루어져야 하는 것은 마찬가지라고 할 것이므로 법문에 따라 소멸시효기간으로 봄이 타당하다.[10] 위 기간을 경과한 경우 민법 제146조에서 정한 취소기간이 경과하지 않았더라도 더 이상 취소할 수 없다.

7 정상규, "민법 제1019조 제3항(특별한정승인)의 해석 및 그 적용범위에 관한 실무상쟁점", 법조 제52권 제5호, 법조협회(2003), 141~142.

8 서울가정법원 2007. 4. 25. 자 2007브14 결정(심리불속행기각).

9 곽윤직, 상속법(민법강의Ⅵ)(개정판), 박영사(2004), 175; 법원실무제요, 가사[Ⅱ], 사법연수원(2021), 1060.

10 주해상속법(제1권), 박영사(2019), 442(이동진); 윤진수, 친족상속법 강의(제5판), 박영사(2023), 502; 윤진수, "상속채무를 뒤늦게 발견한 상속인의 보호", 법학 제38권 제3호·제4호, 서울대학교 법학연구소(1997), 224.

## 5. 취소의 방식 및 절차

### 가. 상속의 한정승인 또는 포기의 취소

#### 1) 가정법원에의 취소신고

11 민법은 상속의 승인 또는 포기의 취소방식에 관하여 아무런 규정을 두고 있지 않으나, 가사소송법은 취소의 의사표시의 존재를 명확히 함으로써 상속에 관한 법률관계를 획일적으로 처리하기 위하여 '상속의 한정승인 또는 포기 취소신고의 수리'를 라류 가사비송사건(가사소송법 제2조 제1항 제2호 가목 32)으로 규정하고, 취소의 의사표시의 방식 및 절차에 관한 구체적 규정을 마련해 두고 있다.

12 따라서 상속의 한정승인 또는 포기를 취소하려면, 취소권자 또는 임의대리인은 취소기간 내에 상속개시지인 피상속인의 최후주소지를 관할하는 가정법원(가사소송법 제44조 제6호, 민법 제998조), 최후주소지가 외국인 경우는 대법원이 있는 곳의 가정법원인 서울가정법원(가사소송법 제35조 제2항, 제13조 제2항)에 취소신고를 해야 한다. 이는 구체적으로는 취소하려는 상속의 한정승인 또는 포기 신고를 수리한 가정법원이 된다(가사소송규칙 제76조 제1항).

13 취소신고는 기명날인 또는 서명한 서면에 의하여야 한다(가사소송규칙 제76조 제1항). 가정법원에 제출하는 서면에는 ① 당사자의 등록기준지, 주소, 성명, 생년월일, 대리인이 신고할 때에는 대리인의 주소와 성명, ② 신고 취지와 신고 원인, ③ 신고 연월일, ④ 가정법원의 표시(가사소송법 제36조 제3항) 외에, ⑤ 피상속인의 성명과 마지막 주소, ⑥ 피상속인과의 관계, ⑦ 상속의 한정승인 또는 포기 신고가 수리된 일자, ⑧ 상속의 한정승인 또는 포기를 취소하는 원인, ⑨ 추인할 수 있게 된 날, ⑩ 상속의 한정승인 또는 포기의 취소를 하는 뜻을 각 적고(가사소송규칙 제76조 제2항), 신고인 또는 대리인의 인감증명서를 첨부하여야 한다(가사소송규칙 제76조 제3항, 제75조 제2항). ⑦ 및 ⑨는 후술하는 바와 같이 취소권의 소멸 여부를 분명히 하려는 것이고, ⑧은 총칙편에 따른 취소원인을 가리킨다.

#### 2) 심리 및 심판

14 취소신고가 신고권자에 의해 이루어진 것인지, 신고가 방식에 맞는지, 신고자의 진실한 의사에 의한 것인지, 취소기간 내에 이루어진 것인지 등이 주된 심리의 대상이다. 취소의 실체법상 효력에 관한 최종적인 판단은 실체법에 따라 나중에 별도의 민사소송에서 결정될 문제이므로, 가정법원은 그 취소가 총칙편에 따른

취소로서의 실질적 요건을 갖추었는지를 엄격히 따지지 아니하고, 외형상 형식적 요건을 갖추었는지만을 심리한다. 즉, 가정법원으로서는 취소신고가 형식적 요건을 구비한 이상 그 취소가 취소로서의 실체적 요건을 갖추었는지 여부에 대하여는 이를 구비하지 아니하였음이 명백한 경우 이외에는 이를 문제로 삼아 상속포기 취소신고를 불수리할 수 없다.[11]

15 취소신고의 수리는 심판으로 한다. 가정법원은 신고의 일자 및 대리인이 한 신고인 경우에는 그 대리인의 주소와 성명을 적은 심판서를 작성하여야 한다(가사소송규칙 제76조 제3항, 제75조 제3항). 취소신고를 수리하는 경우의 주문례는 다음과 같다.

| 청구인이 2024. 5. 6. 이 법원에 신고하여서 한 피상속인 망 ○○○에 대한 상속의 한정승인(또는 포기)의 취소신고를 수리한다. |
|---|

3) 심판의 효력 및 불복 가부

16 신고수리의 심판은 일응 상속의 한정승인이나 포기의 취소의 의사표시가 그 요건을 갖춘 것으로 인정한다는 것일 뿐 그 효력을 확정하는 것은 아니다. 따라서 그 취소의 의사표시가 종국적으로 효력이 있는지는 실체법에 따라 민사소송에서 결정될 문제이다. 반대로 취소신고가 가정법원에 의하여 수리되지 않으면 취소의 효력이 발생하지 않는다.

17 신고를 수리하지 않은 심판에 대하여는 청구인이 즉시항고를 할 수 있으나(가사소송규칙 제27조), 신고를 수리한 심판에 대하여는 불복할 수 없다.

4) 이외의 방식으로 취소를 주장하는 것이 허용되는지 여부

18 제도의 취지에 비추어 가정법원에 그 취소신고를 하여 수리를 받지 아니한 채 민사소송에서 총칙편의 취소사유가 있음을 들어 상속의 한정승인이나 포기의 취소를 주장하는 것은 허용되지 않는다. 그러나 그 경우에도 상속의 한정승인이나 포기의 무효를 주장하는 것은 가능할 것이다.

**나. 단순승인의 취소**

19 상속의 한정승인 또는 포기와 달리 단순승인의 취소의 방식 및 절차에 관하여는 가사소송법에도 아무런 규정이 마련되어 있지 않다. 단순승인의 의사표시가

11 대법원 2006. 2. 13. 자 2004스74 결정.

특정한 이해관계인에게 이루어진 경우 그 취소의 의사표시도 그 이해관계인에게 해야 한다는 견해가 있으나,[12] 단순승인은 그 방식에 아무런 제한이 없는 상대방 없는 의사표시로서 특정한 이해관계인에게 이루어졌을지라도 대세적 효력을 지닌다는 점을 고려하면, 단순승인의 취소의 의사표시가 반드시 그 이해관계인에게 이루어져야 하는 것은 아니라고 본다. 다만, 법률관계의 획일적 처리를 도모하기 위해서는 상속인이 단순승인을 취소한 이후 가정법원에 한정승인이나 포기 신고를 할 때 그것이 종전의 단순승인을 취소하는 취지임을 함께 밝히는 것이 바람직할 것이다.[13]

6. 취소의 효과

20 상속의 단순승인, 한정승인 또는 포기가 적법하게 취소되면 소급하여 그 효력이 소멸한다(민법 제141조 본문), 상속권자는 취소 이후 다시 단순승인, 한정승인 또는 포기를 하여야 하는데, 이는 지체 없이 하여야 하고,[14] 지체 없이 하지 아니하면 민법 제1026조 제2호를 유추하여 법정단순승인이 된다고 본다.

21 취소로 인한 원상회복의 법률관계는 대체로 총칙편에 의한 일반적인 법률행위의 취소의 경우와 같다. 다만 단순승인을 취소한 후 한정승인을 하였다면 그 사이 처분한 재산에 관하여는 특별한정승인에 관한 규정(민법 제1034조 제2항, 제1038조 제1항 단서·제2항 단서)을 유추하여야 할 것이다. 착오나 사기 또는 강박에 의한 상속의 승인 또는 포기의 취소로 선의의 제3자에게 대항할 수 있는지에 관하여 견해의 대립이 있으나, 상속의 승인 또는 포기는 비록 일부 신분행위의 성격을 지닐지라도 본질적으로는 재산법상 법률행위에 더 가까울 뿐 아니라 총칙편의 선의의 제3자 보호규정(민법 제109조 제2항, 제110조 제3항)의 적용을 배제하여야 할 명확한 근거가 없으므로, 착오나 사기 또는 강박에 의한 상속의 승인 또는 포기의 취소에도 위 규정이 그대로 적용되는 것으로 보아 그 취소로써 선의의 제3자에게 대항할 수 없다고 봄이 타당하다.[15]

12 곽윤직, 상속법(민법강의Ⅵ)(개정판), 박영사(2004), 178; 김주수/김상용, 친족·상속법(제20판), 법문사(2024), 754.

13 주해상속법(제1권), 박영사(2019), 442(이동진).

14 주해상속법(제1권), 박영사(2019), 443(이동진); 곽윤직, 상속법(민법강의Ⅵ)(개정판), 박영사(2004), 175~176; 김주수/김상용, 친족·상속법(제20판), 법문사(2024), 776; 윤진수, 친족상속법 강의(제5판), 박영사(2023), 502.

15 같은 취지로 김주수/김상용, 주석 민법, 상속(제2권)(제4판), 한국사법행정학회(2015), 78; 주해상속법(제1권), 박영사(2019), 443; 곽윤직, 상속법(민법강의Ⅵ)(개정판), 박영사(2004), 175; 김주수/김상용, 친족·상속법(제20판), 법문사(2024), 776; 윤진수, 친족상속법 강의(제5판), 박영사(2023), 502.

## Ⅲ. 상속의 승인·포기의 무효

### 1. 의의 및 무효사유

22 민법에 상속의 승인 및 포기의 무효에 관한 별도의 규정이 마련되어 있지 않으나, 상속의 승인 및 포기는 그 법적 성질이 법률행위이고 총칙편의 규정에 의한 취소도 허용되는 만큼 무효사유도 그대로 적용된다.[16]

23 따라서 상속의 단순승인, 한정승인 또는 포기가 의사무능력자나 무권대리인에 의해 이루어진 경우, 상속의 한정승인 또는 포기 신고가 상속인에 의해 이루어졌더라도 상속인이 그것이 상속포기 신고서인 줄 모르고 이에 서명·날인한 경우와 같이 당사자 본인의 의사에 기한 것이 아닌 경우, 상속개시 전이나 민법 제1019조 제1항·제3항의 기간의 경과 후에 이루어졌거나 조건이나 기한이 붙은 경우, 한정승인 또는 포기 신고서가 위조된 경우,[17] 그러한 상속의 승인 및 포기는 모두 무효이다.

24 한편, 한정승인 또는 포기 신고가 법정의 방식에 의하지 않아 가정법원에 의하여 수리되지 않은 경우 또는 신고가 수리되었더라도 그것이 상속인이 이미 단순승인을 하였거나 고려기간이 경과하는 등으로 법정단순승인이 된 이후에 이루어진 경우의 상속의 한정승인 또는 포기 역시 원칙적으로 무효이다.[18] 다만 상속포기 신고가 고려기간 경과 후에 이루어진 것으로서 무효이더라도, 상속재산 전부를 상속인 중 1인에게 상속시킬 방편으로 그 나머지 상속인들이 상속포기 신고를 한 것이라면, 그 1인이 상속재산 전부를 취득하고 나머지 상속인들은 상속재산을 전혀 취득하지 않기로 하는 내용의 상속재산 협의분할이 이루어진 것으로 볼 수 있다.[19]

16 주해상속법(제1권), 박영사(2019), 444(이동진); 곽윤직, 상속법(민법강의Ⅵ)(개정판), 박영사(2004), 176; 김주수/김상용, 친족·상속법(제20판), 법문사(2024), 776; 윤진수, 친족상속법 강의(제5판), 박영사(2023), 502~503.

17 대법원 1972. 11. 14. 선고 72므6 판결.

18 대법원 2012. 4. 16. 자 2011스191, 192 결정, 대법원 2010. 4. 29. 선고 2009다84936 판결, 대법원 1983. 6. 28. 선고 82도2421 판결.

19 대법원 1996. 3. 26. 선고 95다45545, 45552, 45569 판결, 대법원 1991. 12. 24. 선고 90누5986 판결, 대법원 1989. 9. 12. 선고 88누9305 판결.

### 2. 무효의 주장방식

25 상속의 단순승인, 한정승인 또는 포기에 무효사유가 있으면 이를 다투고자 하는 자는 다른 소송의 선결문제로서 그 무효를 주장할 수 있다. 확인의 이익과 관련하여 독립적인 무효확인의 소를 제기하는 것이 허용되는지에 관하여는 견해의 대립이 있으나, 그 효력이 문제되는 다른 사건에서 선결문제로서 무효를 주장할 수 있는 이상 확인의 이익을 인정하기 어렵다고 할 것이고 실무례도 이와 같다.[20] [21]

### 3. 무효의 효과 및 추인의 가부

26 무효인 상속의 승인 및 포기에는 효력이 생기지 않고, 이와 별도로 법정단순승인사유가 있으면 단순승인의 효과가 생긴다. 다만 상속의 승인 및 포기가 무효이더라도 총칙편의 일반 법리에 따른 추인은 가능할 것이다.

20 김주수/김상용, 주석 민법, 상속(제2권)(제4판), 한국사법행정학회(2015), 79; 김주수/김상용, 친족·상속법(제20판), 법문사(2024), 777.

21 서울남부지방법원 2024. 9. 11. 선고2023가합201(확정, 상속채권자가 한정승인의 무효확인을 청구한 사안, 원고는 상속인을 상대로 이행의 소를 제기하여 상속한정승인의 효력을 다툴 수 있으므로, 이와 별개로 상속한정승인신고 수리 심판의 무효 확인만을 구하는 것은 분쟁의 종국적 해결방법이 될 수 없어 확인의 이익이 없다고 판시하였다); 서울중앙지방법원 2024. 7. 24. 선고 2023가합97193(확정, 상속채권자가 한정승인의 무효확인을 청구한 사안, 상속한정승인신고 수리심판은 그 한정승인의 효력을 확정한 것이 아니고 단지 한정승인 요건을 구비하였다고 인정한 것에 그치므로 위 수리심판에 대해 무효확인판결을 받는다고 하여 원고의 권리 또는 법률상 지위에 현존하는 위험이나 불안을 제거할 수 있다고 볼 수 없다고 판시하였다); 인천지방법원 2018. 9. 11. 선고 2017가합2997 판결(확정, 상속채권자가 한정승인의 무효확인을 청구한 사안, 확인의 소의 보충성에 비추어 상속채권자가 한정승인신고를 수리하는 심판의 무효를 주장하려면 상속인에 대하여 상속채무의 이행을 구하는 소송을 제기하여 그 선결문제로 한정승인의 무효를 주장하여야 하므로, 한정승인수리 심판 자체의 무효확인을 구하는 소는 소의 이익이 없어 부적법하다고 판시하였다), 울산지방법원 2010. 2. 3. 선고 2009가합7492 판결(확정, 가정법원의 한정승인신고수리의 심판은 일응 한정승인의 요건을 구비한 것으로 인정한다는 것일 뿐 그 효력을 확정하는 것이 아니므로, 한정승인수리 심판 자체의 무효확인을 구하거나 또는 그 취소를 구하는 것은 소의 이익이 없고, 다만, 상속을 전제로 하는 개별적·구체적 소송에서 그에 대한 판단을 받으면 된다고 판시하였다); 부산고등법원 2003. 5. 23. 선고 2002나8001 판결(확정, 상속채권자가 한정승인의 무효확인을 청구한 사안, 상속채권자는 한정승인 신고의 수리심판 그 자체에 대하여는 불복할 수 없고, 상속채무의 이행을 청구하는 소송 등을 제기하면서 선결문제로 한정승인의 무효를 주장할 수 있으므로, 독립된 한정승인 무효확인청구의 소는 소의 이익이 없어 부적법하다고 판시하였다); 대법원 1966. 12. 27. 선고 66므26 판결(상속채권자가 검사를 상대로 상속포기 무효확인을 청구한 사안, 상속포기 무효확인의 소의 이익 여부에 관하여는 특별한 언급 없이 법률에 특별한 규정이 없음에도 검사를 상대로 소송을 제기한 것은 당사자적격이 없는 자를 상대로 한 것이어서 부적법하다고 판시하였다).

## 제 2 관 단순승인

# 제 1025 조 [단순승인의 효과]

**상속인이 단순승인을 한 때에는 제한없이 피상속인의 권리의무를 승계한다.**
<개정 1990. 1. 13.>

**[관련조문]** 민법 제1005조(상속과 포괄적 권리의무의 승계), 제1019조(승인, 포기의 기간), 제1020조(제한능력자의 승인·포기의 기간), 제1021조(승인, 포기기간의 계산에 관한 특칙), 제1022조(상속재산의 관리), 제1024조(승인, 포기의 취소금지), 제1026조(법정단순승인)

**[참고문헌]** 김주수/김상용, 주석 민법, 상속(제2권)(제4판), 한국사법행정학회(2015); 주해상속법(제1권), 박영사(2019); 김주수/김상용, 친족·상속법(제20판), 법문사(2024); 지원림, 민법강의(제21판), 홍문사(2021)



## Ⅰ. 의의

1 단순승인은 피상속인의 재산상 권리의무를 제한 없이 승계하고자 하는 상속인의 의사표시이자 그러한 상속형태를 의미한다. 민법은 상속개시와 동시에 상속인이 피상속인의 재산에 관한 포괄적 권리의무를 승계하도록 하고 있으므로(민법 제1005조), 단순승인은 잠정적이던 그 상태를 확정시킨다는 의미가 있다.

## Ⅱ. 방식

2 단순승인에는 특별한 방식이 요구되지 않으므로 어떤 형식으로든지 상속인이 단순승인을 한다는 의사가 표시되면 되고, 가정법원에 대한 신고를 요하지 아니한다.[1] 실제로는 명시적인 단순승인이 이루어지는 일은 드물고, 상속인이 상속개시 후 고려기간이 만료될 때까지 특별한 의사를 표시하지 않거나 단순승인을 하는 것으로 보는 행위를 하는 등으로 법정단순승인이 되는 경우가 많다.

1 김주수/김상용, 주석 민법, 상속(제2권)(제4판), 한국사법행정학회(2015), 81.

## Ⅲ. 효과

3 단순승인을 하면 상속인은 피상속인이 가지고 있던 적극재산을 승계함과 동시에 소극재산에 대해서도 상속재산과 고유재산 전부로 제한 없는 책임을 지게 된다. 따라서 상속채권자와 상속인의 채권자는 상속재산이든 고유재산이든 관계없이 강제집행을 하여 변제를 받을 수 있고, 양자 사이에는 우열이 없다.

4 또한 상속재산과 고유재산의 혼합이 이루어지므로, 민법 제507조, 제191조에 따라 상속인이 피상속인에 대하여 가지고 있던 채권과 채무, 상속인과 피상속인이 동일한 물건에 대하여 가지고 있던 소유권과 다른 물권, 소유권 이외의 물권과 그를 목적으로 하는 다른 권리 사이에 각각 혼동이 생기게 된다.[2]

5 그러나 피상속인이 상속인 소유의 부동산을 제3자에게 처분한 후 사망한 경우와 같이 특정물채무를 부담하던 피상속인이 사망하였으나 그 특정물이 상속재산에 속하지 아니하는 경우에는, 우연히 그 특정물이 상속인의 고유재산에 속한다고 하더라도 상속인은 그것이 신의칙에 반하는 것으로 인정할 특별한 사정이 없는 한 원칙적으로 그 특정물의 인도나 양도 등을 거부할 수 있다.[3] 원래 특정물의 소유자이던 상속인에게는 피상속인이 처분권한 없이 한 처분행위에 따른 이행을 거절할 수 있는 자유가 있었기 때문이다. 다만 이 경우 상속인은 피상속인이 상속채권자에 대하여 부담하는 민법 제569조, 제570조에 따른 타인 권리매매 등으로 인한 담보책임을 승계하게 될 것이다.

6 이와 반대로 상속인이 피상속인의 재산을 권한 없이 제3자에게 처분한 후 피상속인의 지위를 단독상속한 경우라면, 상속인은 그 처분의 대상이 된 재산을 취득하게 되므로 그가 상속 전에 한 무권리자의 처분이 유효하게 된다. 상속인이 그 이행을 거절할 수 없음은 물론이다.

7 단순승인을 하면 민법 제1022조에 단서에 따라 상속인은 그때부터 상속재산의 관리의무를 면한다. 단순승인 이후에 상속의 한정승인 또는 포기 신고가 이루어지면 이는 수리되더라도 무효이다.

2 주해상속법(제1권), 박영사(2019), 458(이동진).

3 대법원 2001. 9. 25. 선고 99다19698 판결, 대법원 1994. 8. 26. 선고 93다20191 판결.

## 제 1026 조 [법정단순승인]

**다음 각호의 사유가 있는 경우에는 상속인이 단순승인을 한 것으로 본다.** <개정 2002. 1. 14>

1. **상속인이 상속재산에 대한 처분행위를 한 때**
2. **상속인이 제1019조 제1항의 기간 내에 한정승인 또는 포기를 하지 아니한 때**
3. **상속인이 한정승인 또는 포기를 한 후에 상속재산을 은닉하거나 부정소비하거나 고의로 재산목록에 기입하지 아니한 때**

[2002. 1. 14. 법률 제6591호에 의하여 1998. 8. 27. 헌법재판소에서 헌법불합치 결정된 제2호를 신설함]

**[관련조문]** 민법 제1022조(상속재산의 관리), 제1025조(단순승인의 효과), 제1040조(공동상속재산과 그 관리인의 선임), 제1041조(포기의 방식), 제1042조(포기의 소급효), 제1043조(포기한 상속재산의 귀속), 제1044조(포기한 상속재산의 관리계속의무)

**[참고문헌]** 김주수/김상용, 주석 민법, 상속(제2권)(제4판), 한국사법행정학회(2015); 주해상속법(제1권), 박영사(2019); 곽윤직, 상속법(민법강의VI)(개정판), 박영사(2004); 김주수/김상용, 친족·상속법(제20판), 법문사(2024); 송덕수, 친족상속법(제7판), 박영사(2024); 윤진수, 친족상속법 강의(제5판), 박영사(2023); 이경희·윤부찬, 가족법(11정판), 법원사(2024); 한봉희/백승흠, 가족법, 정독(2024); 왕정옥, "상속포기를 한 자가 망인과 함께 종전부터 거주해오던 임차주택에서 퇴거하지 않고 계속 거주하면서 차임을 연체한 것이 민법 제1026조 제3호의 '상속재산의 부정소비'에 해당하는지 여부", 대법원 판례해설 제85호, 법원도서관(2010); 이동진, "민법 제1026조 제1호의 법정단순승인", 가족법연구 제31권 제1호, 한국가족법학회(2017)



### Ⅰ. 의의

1 상속인이 별도로 단순승인의 의사를 표시하지 아니하였더라도, 민법 제1026조 각 호의 사유가 있으면 단순승인을 한 것으로 본다. 따라서 상속인은 더 이상 한정승인이나 포기를 할 수 없고, 민법 제1025조 주석에서 본 단순승인의 효과가 발생한다. 이를 '법정단순승인'이라 한다.

## Ⅱ. 상속인이 상속재산에 대하여 처분행위를 한 때(제1호)

### 1. 입법취지

2 민법 제1026조 제1호는 상속인의 상속재산 처분을 법정단순승인사유로 규정한다. 일반적으로 상속인이 상속재산을 처분하였다면 단순승인의 의사가 있다고 추정할 수 있기 때문이다. 이 규정의 입법취지에 관하여는 위와 같은 상속인의 추정적 의사에 한정하는 것이 옳다는 견해[1]와 그 외에도 상속인이 상속재산을 처분한 뒤 한정승인이나 포기를 할 수 있게 하면 상속채권자나 다른 동순위 또는 후순위상속인을 해할 수 있으므로 그에 대한 제재가 필요하다는 점, 상속인의 처분을 신뢰한 제3자를 보호하기 위하여 단순승인으로 의제할 필요가 있다는 점, 재산의 혼합으로 인하여 한정승인절차를 실시하기 곤란해진다는 점 등을 덧붙이는 견해[2]가 존재한다. 판례는 "이 규정의 입법취지는 상속재산 처분을 행하는 상속인은 통상 상속을 단순승인하는 의사를 가진다고 추인할 수 있는 점, 그 처분 후 한정승인이나 포기를 허용하면 상속채권자나 공동 내지 차순위 상속인에게 불의의 손해를 미칠 우려가 있다는 점, 상속인의 처분행위를 믿은 제3자의 신뢰도 보호될 필요가 있다는 점 등에 있다."라고 밝히고 있다.[3]

### 2. 요건

#### 가. 처분행위의 개념

3 이때의 '처분'이란 관리에 대립되는 개념으로[4] 상속재산의 현상이나 성질을 변경하는 행위를 의미하고, 상속재산의 현상이나 성질변경을 가져오는 한 사실행위와 법률행위를 불문한다.[5] 구체적으로는 상속재산의 협의분할(그 내용이 실질적 상속포기인 경우에 관하여는 아래에서 살핀다),[6] 상속재산을 매도,[7] 증여하거나 담보

1 주해상속법(제1권), 박영사(2019), 462(이동진); 곽윤직, 상속법(민법강의VI)(개정판), 박영사(2004), 179; 이동진, "민법 제1026조 제1호의 법정단순승인", 가족법연구 제31권 제1호, 한국가족법학회(2017), 389~303.
2 김주수/김상용, 주석 민법, 상속(제2권)(제4판), 한국사법행정학회(2015), 82~83; 김주수/김상용, 친족·상속법(제20판), 법문사(2024), 778; 윤진수, 친족상속법 강의(제5판), 박영사(2023), 505; 한봉희/백승흠, 가족법, 정독(2024), 543.
3 대법원 2012. 4. 16. 자 2011스191, 192 결정.
4 김주수/김상용, 주석 민법, 상속(제2권)(제4판), 한국사법행정학회(2015), 83; 주해상속법(제1권), 박영사(2019), 464(이동진).
5 곽윤직, 상속법(민법강의VI)(개정판), 박영사(2004), 180.
6 대법원 1983. 6. 28. 선고 82도2421 판결.
7 대법원 2016. 12. 29. 선고 2013다73520 판결.

로 제공하는 행위, 상속채권을 양도[8]하거나 포기[9]하는 행위는 물론 상속채권을 추심하여 변제받는 행위,[10] 상속채무의 대물변제로서 상속재산을 양도하는 행위,[11] 상속재산인 부동산에 관하여 소유권이전등기를 마쳐주는 행위[12] 등이 처분에 해당한다.

4 그러나 상속인 중 일부가 상속을 포기하기로 하고, 상속포기 신고가 수리되어 고지되기 전에 상속포기의 취지에 따라 상속재산분할 협의 등을 한 경우라면 처분에 해당한다고 볼 수 없다. 이때 상속포기에 관한 사정을 판단하면서는 상속재산분할 협의 등의 내용, 상속인과 피상속인의 의사, 상속인이 상속포기와 양립하기 어려운 행위를 하였는지 여부 등을 고려하여야 한다.[13] 상속등기를 하거나[14] 상속재산으로부터 장례비용 등 상속에 관한 비용을 지급하는 행위,[15] 경제적 가치가 별로 없는 유품을 유족이나 가까운 사람들 사이에서 나눠 갖는 행위 역시 처분에 해당하지 않는다.[16] 산림을 벌채하거나 차량을 폐차[17]하는 등과 같이 상속재산을 물리적으로 변형·손상시키는 행위도 처분에 해당하나, 실화로 가옥을 훼손한 경우와 같이 과실로 인한 것은 상속재산 관리의무 위반이 문제될 뿐 처분에 해당한다고 볼 수는 없다.[18] 상속인의 의사를 추단하기 위한 처분은 자의에 의한 것이어야 하기 때문이다.

5 한편 상속인은 단순승인, 한정승인 또는 포기를 하기 전까지 상속재산 관리의무를 부담하므로(민법 제1022조), 점유자를 상대로 피상속인의 소유였던 주권에 관

8 서울고등법원 1998. 4. 24. 선고 97나60953 판결.

9 대법원 2006. 2. 24. 선고 2005다68431 판결.

10 대법원 2023. 4. 27. 선고 2018다22107 판결, 대법원 2010. 4. 29. 선고 2009다84936 판결, 대법원 2003. 6. 13. 선고 2003다3416 판결.

11 왕정옥, "상속포기를 한 자가 망인과 함께 종전부터 거주해오던 임차주택에서 퇴거하지 않고 계속 거주하면서 차임을 연체한 것이 민법 제1026조 제3호의 '상속재산의 부정소비'에 해당하는지 여부", 대법원 판례해설 제85호, 법원도서관(2010), 275.

12 대법원 2023. 4. 27. 선고 2018다22107 판결.

13 대법원 2023. 12. 28. 선고 2023다269399 판결.

14 대법원 1964. 4. 3. 자 63마54 결정(상속등기는 처분행위가 아니므로 채권자가 상속인을 대위하여 상속등기를 하였다고 하여 단순승인의 효력을 발생시킬 수 없다고 하였다).

15 대법원 2003. 11. 14. 선고 2003다30968 판결, 대법원 1997. 4. 25. 선고 97다3996 판결.

16 주해상속법(제1권), 박영사(2019), 465(이동진); 왕정옥, "상속포기를 한 자가 망인과 함께 종전부터 거주해오던 임차주택에서 퇴거하지 않고 계속 거주하면서 차임을 연체한 것이 민법 제1026조 제3호의 '상속재산의 부정소비'에 해당하는지 여부", 대법원 판례해설 제85호, 법원도서관(2010), 275.

17 대법원 2016. 12. 29. 선고 2013다73520 판결.

18 같은 취지: 김주수/김상용, 주석 민법, 상속(제2권)(제4판), 한국사법행정학회(2015), 83.

하여 주권반환청구소송을 제기하는 것[19]과 같이 관리자의 지위에서 상속재산 관리의 범위에 해당하는 행위를 한 경우에는 법정단순승인이 되지 아니한다. 상속재산의 처분행위와 관리행위의 구별이 문제될 경우에는 민법 제1026조 제1호의 주된 취지에 비추어 상속인이 한 행위의 내용, 경위 등에 비추어 그로부터 상속인의 단순승인의 의사를 추인할 수 있을지를 중요한 고려요소로 삼을 수 있을 것이다(☞ 상세한 내용은 민법 제1022조 주석 참조).

### 나. 처분행위의 시기

6 민법 제1026조 제1호는 상속인이 상속의 한정승인 또는 포기를 하기 전에 한 처분에 적용된다.[20] 그 이후에 한 처분은 민법 제1026조 제3호의 문제가 된다. 따라서 상속인이 상속의 한정승인 또는 포기를 한 이후에는 상속재산을 처분하더라도 그로 인하여 상속채권자나 다른 상속인에 대하여 손해배상책임을 지게 될 경우가 있음은 별론으로 하고, 그것이 민법 제1026조 제3호의 '부정소비'에 해당되는 경우 이외에는 법정단순승인이 되지 않는다. 다만 상속인이 가정법원에 상속의 한정승인 또는 포기 신고를 하였으나 수리심판이 고지되기 전에 상속재산을 처분한 경우에는, 처분 시점이 아직 한정승인 또는 포기의 효력이 발생하기 전이라고 할 것이므로 민법 제1026조 제1호가 적용될 수 있다.[21]

### 다. 처분행위의 대상(특히 보험금의 경우)

7 민법 제1026조 제1호가 적용되는 처분대상은 상속재산의 일부 또는 전부이다. 따라서 보험수익자가 상속인으로 되어 있던 사망보험금과 같이 상속인이 피상속인의 사망으로 인하여 취득한 이득이더라도 그것이 상속재산에 속하는 것이 아니라면, 이를 처분하여도 법정단순승인이 되지 아니한다.[22] 마찬가지로 생명보험의 보험계약자가 스스로를 피보험자로 하면서 자신이 생존할 때의 보험수익자로 자기 자신을, 자신이 사망할 때의 보험수익자로 상속인을 지정한 후 피보험자가 사망하여 보험사고가 발생한 경우, 이에 따른 보험금청구권은 상속인들의 고유재산에 해당하고 상속재산으로 볼 수 없으므로, 상속인들이 위 보험계약에 따라 사망보험금을 수령한 행위는 고유재산인 자신들의 보험금청구권을

19 대법원 1996. 10. 15. 선고 96다23283 판결.
20 대법원 2004. 3. 12. 선고 2003다63586 판결.
21 대법원 2016. 12. 29. 선고 2013다73520 판결.
22 대법원 2004. 7. 9. 선고 2003다29463 판결.

추심하여 만족을 얻은 것에 불과하여 상속재산에 대한 처분행위로 볼 수 없다.[23] 이와 달리 상속형으로서 보험료 일정금액을 한 번에 납입한 후 보험기간 동안 망인이 계속 이자를 지급받되 망인이 사망할 시에는 그 원금이 법정상속인들에게 그대로 상속되는 방식의 즉시연금보험계약의 경우 그 보험금을 상속재산으로 볼 수 있고, 따라서 상속인들이 보험금을 청구하여 수령한 행위는 상속재산의 처분행위에 해당한다.[24]

### 라. 처분행위의 주체

8 민법 제1026조 제1호에 의한 법정단순승인 요건의 해당여부는 상속인 본인이 한 행위, 상속인이 제한능력자인 경우(피한정후견인의 경우 법원이 한정후견인에게 상속의 승인 또는 포기에 관한 동의권이나 대리권을 수여하였음을 전제로 한다)에는 법정대리인이 상속인을 대리하여 또는 상속인이 법정대리인의 동의를 얻어서 한 행위를 기준으로 판단한다. 다만 그 결과가 상속인에게 귀속될 수 있는 것이면 처분행위 자체를 상속인이나 법정대리인이 직접 할 필요는 없다.[25]

9 여러 명의 공동상속인이 있는 경우 상속의 단순승인, 한정승인 또는 포기는 각 공동상속인이 자기의 상속분에 관하여 각자 할 수 있는 것이므로, 공동상속인 중의 한 사람 또는 수인이 처분행위를 한 때 그로 말미암아 다른 공동상속인까지 단순승인을 한 것으로 되는 것은 불공평하다.[26] 따라서 공동상속인의 처분행위는 다른 공동상속인에 대해서는 법정단순승인 사유가 되지 아니하고, 다른 공동상속인은 여전히 한정승인 또는 포기를 할 수 있다.

### 마. 처분행위 당시 상속개시 사실의 인식 요부

10 반대 견해도 있으나,[27] 민법 제1026조 제1호가 적용되는 처분행위는 상속인이 피상속인의 사망으로 상속이 개시된 사실을 알고 또는 이를 확실히 예상하고 한 것이야 한다고 봄이 타당하다.[28] 민법 제1026조 제1호는 상속인의 상속재산 처분사실로부터 단순승인의 의사를 추인할 수 있다는 데 근거를 두고 있기 때문이다.

23 대법원 2023. 6. 29. 선고 2019다300934 판결.
24 부산지방법원 2019. 12. 4. 선고 2019나125 판결(확정).
25 주해상속법(제1권), 박영사(2019), 467(이동진).
26 김주수/김상용, 주석 민법, 상속(제2권)(제4판), 한국사법행정학회(2015), 84.
27 주해상속법(제1권), 박영사(2019) 467~468(이동진).
28 김주수/김상용, 주석 민법, 상속(제2권)(제4판), 한국사법행정학회(2015), 83; 곽윤직, 상속법(민법강의VI)(개정판), 박영사(2004), 180; 김주수/김상용, 친족·상속법(제20판), 법문사(2024), 781~782; 송덕수, 친족상속법(제7판), 박영사(2024), 403.

### 바. 처분행위의 하자

11 법률행위인 처분행위에 무효 또는 취소 사유가 있는 경우에도 법정단순승인이 된다고 볼 것인가. 이에 관하여는 법정단순승인이 된다는 견해[29]와 처분행위가 무효이거나 취소권 행사로 이미 취소되었다면 법정단순승인이 되지 아니하고, 다만 상속관계의 혼란을 방지하기 위하여 취소권에 민법 제1024조 제2항 단서의 단기소멸시효기간을 준용하여야 한다는 견해[30]가 대립한다. 민법 제1026조 제1호의 취지에 비추어 법정단순승인 여부를 결정함에 있어서는 해당 행위로부터 상속인의 단순승인 의사를 추인할 수 있는지가 가장 중요하게 고려되어야 할 요소라고 할 것이므로, 상속인 또는 법정대리인의 처분행위에 무효 또는 취소사유에 해당하는 하자가 있더라도 그로부터 단순승인 의사가 추정되는 한 법정단순승인이 된다고 봄이 타당하다.

12 다만 앞서 보았듯 상속인이 제한능력자인 경우 법정단순승인의 요건 해당 여부는 법정대리인의 의사가 관여된 행위를 기준으로 판단하므로, 미성년자가 단독으로 상속재산을 매도한 경우와 같이 제한능력자가 법정대리인의 동의를 받지 아니하고 단독으로 처분행위를 한 경우에는 위 논의와 무관하게 법정단순승인이 된다고 볼 수 없을 것이다.

## 3. 효과

13 상속인이 상속재산에 대한 처분행위를 하여 민법 제1026조 제1호의 법정단순승인이 되면 상속인은 아직 고려기간이 만료되기 전이더라도 더 이상 한정승인 또는 포기를 할 수 없고, 확정적으로 단순승인의 효과가 발생한다(☞ 단순승인의 효과에 관해서는 민법 제1025조 주석 참조). 상속인이 그 후에 상속포기 신고를 하여 그 신고가 수리되었다고 하더라도 상속포기로서의 효력은 없다.[31] 상속인이 가정법원에 상속포기의 신고를 하고 이를 수리하는 가정법원의 심판이 고지되기 이전에 상속재산을 처분한 경우도 마찬가지이다.[32] 물론 이 경우에도 민법

29 주해상속법(제1권), 박영사(2019), 467(이동진); 곽윤직, 상속법(민법강의VI)(개정판), 박영사(2004), 180; 송덕수, 친족상속법(제7판), 박영사(2024), 403~404; 윤진수, 친족상속법 강의(제5판), 박영사(2023), 464; 한봉희/백승흠, 가족법, 정독(2024), 542.

30 김주수/김상용, 주석 민법, 상속(제2권)(제4판), 한국사법행정학회(2015), 83~84; 김주수/김상용, 친족·상속법(제20판), 법문사(2024), 780은 취소권이 있더라도 취소하지 않으면 법정단순승인에는 영향이 없다고 본다.

31 대법원 2010. 4. 29. 선고 2009다84936 판결.

32 대법원 2016. 12. 29. 선고 2013다73520 판결.

제1019조 제3항의 요건이 갖추어졌다면 그에 따라 특별한정승인을 하는 것은 가능할 것이다.

## Ⅲ. 상속인이 승인 또는 포기를 하여야 할 기간 내에 한정승인 또는 포기를 하지 않은 때(제2호)

14 민법 제1026조 제2호는 상속인이 한정승인 또는 포기를 하지 아니한 채 고려기간이 경과하면 단순승인을 한 것으로 본다. 이는 민법이 피상속인의 재산에 관한 포괄적 권리의무 승계 즉, 단순승인을 상속의 원칙으로 인정한 것에 따른 당연한 결과이다. 상속인은 단순승인의 의사가 없었다는 것을 증명하더라도 그 효과를 번복할 수 없다. 민법 제1019조 제3호의 요건을 갖춘 경우 그에 따라 특별한정승인을 할 수 있을 뿐이다. 다만, 상속인이 제한능력자인 경우에는 상속인의 법정대리인이 상속인을 위하여 상속이 개시된 사실을 안 날로부터 고려기간이 기산한다는 점은 앞서 제1020조 주석에서 살핀 바와 같다.

15 피상속인의 사망 후 상속채무가 상속재산을 초과하여 상속인인 배우자와 자녀들이 상속포기를 하였는데, 그 후 피상속인의 직계존속이 사망하여 민법 제1001조, 제1003조 제2항에 따라 대습상속이 개시된 경우에 대습상속인이 민법이 정한 절차와 방식에 따라 한정승인이나 상속포기를 하지 않으면 본호에 따라 단순승인을 한 것으로 간주된다. 상속포기나 한정승인의 효력은 피상속인의 사망으로 개시된 상속에만 미치고, 그 후 피상속인을 피대습자로 하여 개시된 대습상속에까지 미치지는 않기 때문이다.[33]

16 민법 제1026조 제2호의 법정단순승인사유가 인정되면 상속인은 민법 제1019조 제3항에 따른 특별한정승인요건을 갖춘 경우를 제외하고는 더이상 한정승인이나 포기를 할 수 없고, 확정적으로 단순승인의 효과가 발생한다.

## Ⅳ. 상속인이 한정승인 또는 포기를 한 후에 상속재산을 은닉하거나 부정소비하거나 고의로 재산목록에 기입하지 않은 때(제3호)

### 1. 입법취지

17 민법 제1026조 제3호는 상속인이 한정승인 또는 포기를 하였음에도 그 후 상속

33 대법원 2017. 1. 12. 선고 2014다39824 판결.

재산을 은닉하거나 부정소비하거나 고의로 재산목록에 기입하지 아니한 경우 단순승인을 한 것으로 본다. 이는 상속인의 배신적 행위에 대한 제재로서의 의미를 가지고 있다.[34]

## 2. 요건

### 가. 은닉, 부정소비 또는 고의의 재산목록에의 불기재(행위태양의 한정)

18 민법 제1026조 제3호는 제재대상이 되는 배신적 행위의 태양을 가) 상속재산의 은닉, 나) 부정소비, 다) 고의의 재산목록에의 불기재로 한정하고 있다. 상속의 한정승인 또는 포기 후에는 상속인이 상속재산의 처분행위를 하더라도 민법 제1026조 제1호가 적용될 여지가 없으므로, 그 행위가 위 태양에 해당하지 않는다면 법정단순승인이 되지 않는다.[35]

#### 1) 은닉

19 '은닉'이란 타인이 쉽게 상속재산의 존재를 알 수 없도록 소재를 불분명하게 만드는 행위를 의미하고, 사실행위와 법률행위를 불문한다.[36] 민법 제1026조 제3호는 상속인의 배신적 행위에 대한 제재의 의미를 지니므로, 은닉은 상속인의 고의로 행하여진 것이어야 하고, 과실로 인한 경우는 포함되지 아니한다.

#### 2) 부정소비

20 '부정소비'란 정당한 사유 없이 상속재산을 써서 없앰으로써 그 재산적 가치를 상실시키는 행위를 의미한다.[37] 따라서 상속을 한정승인 또는 포기한 상속인이 상속재산을 자신의 고유채무 변제에 사용하였다면 부정소비에 해당할 것이나,[38] 상속재산인 임차권을 지키기 위하여 상속재산에서 차임을 지급한 경우와 같이 상속인의 상속재산 소비에 정당한 사유가 있다면 부정소비에 해당하지 아니한다. 위생상의 이유로 피상속인의 옷이나 이불을 소각하는 행위[39]도 마찬가지이다.

21 또한 부정소비는 상속인이 상속채권자의 불이익을 의식하고 행하여야 하는 것

[34] 대법원 2022. 7. 28. 선고 2019다29853 판결.
[35] 대법원 2004. 3. 12. 선고 2003다63586 판결, 대법원 1998. 6. 23. 선고 97누5022 판결.
[36] 주해상속법(제1권), 박영사(2019), 472(이동진); 곽윤직, 상속법(민법강의VI)(개정판), 박영사(2004), 181; 윤진수, 친족상속법 강의(제5판), 박영사(2023), 508.
[37] 대법원 2010. 4. 29. 선고 2009다84936 판결, 대법원 2004. 3. 12. 선고 2003다63586 판결.
[38] 대법원 2010. 9. 9. 선고 2010다30416 판결.
[39] 한봉희/백승흠, 가족법, 정독(2024), 543.

으로,[40] 상속부동산에 대하여 이미 상당한 금액의 근저당권이 설정되어 있어서 일반 상속채권자들에게는 강제집행을 통하여 배당될 금액이 전혀 없거나 그 지목이 하천 및 제방이어서 강제집행의 실익이 없는 것이라면, 상속인들이 한정승인의 신고 후에 그 중 1인에게만 상속부동산에 대하여 협의분할에 의한 소유권이전등기를 하였다고 하여 부정소비라고 볼 수 없다.[41] 마찬가지로, 상속인이 상속재산을 처분하여 그 처분대금 전액을 우선변제권자에게 귀속시키는 것은 부정소비에 해당한다고 할 수 없다.[42] 여러 명의 공동상속인 중 한 명이 상속포기 신고를 하여 그 신고가 수리된 이후, 피상속인이 생전에 매도한 부동산의 매수인으로부터 그 매매대금 중 일부를 지급받아 이를 상속을 한정승인한 다른 공동상속인의 계좌에 송금한 경우, 이는 상속재산을 관리한 것에 지나지 아니하고 이를 가리켜 상속재산의 가치를 상실시켰다고 볼 수 없다.[43] 다만, 상속재산의 협의분할에 따라 공동상속인 1인의 명의로 소유권이전등기를 하는 것이 일반적으로 은닉이나 부정소비에 해당하는지에 관하여는 실무가 나뉘고 있다.[44]

22 한편, 상속을 포기한 상속인이 피상속인과 함께 거주해오던 피상속인 명의의 임차주택에 계속 거주하면서 차임을 연체한 행위는 그로 인하여 임대인이 임대차보증금에서 연체차임을 공제하였더라도 상속재산의 부정소비라고 볼 수 없다.[45] 임차인의 사망은 임대차계약의 종료사유가 아니므로 임차인이 사망한 후에도 차임지급채무는 기존의 임대차계약에 기하여 당연히 계속 발생하는 것이고, 상속을 포기한 상속인이 임차목적물을 계속 점유·사용하더라도 임대차계약상의

40 김주수/김상용, 주석 민법, 상속(제2권)(제4판), 한국사법행정학회(2015), 86.

41 대법원 2004. 12. 9. 선고 2004다52095 판결.

42 대법원 2004. 3. 12. 선고 2003다63586 판결. 상속인들이 상속을 포기한 후 상속재산인 토지에 대하여 근저당권자의 신청에 따른 경매절차가 진행되던 중 상속인들이 근저당권자의 동의를 얻어 경매신청을 취하받아 위 토지에 대한 상속등기를 한 후 위 토지를 제3자에 매도하고 매매대금 전액을 근저당권자에게 지급하였다면, 상속인들은 매매대금을 전혀 지급받지 않았을 뿐만 아니라 근저당권자에게 우선변제권을 새롭게 부여한 것도 아니므로 상속재산의 부정소비에 해당하지 않는다고 보았다.

43 대법원 2010. 4. 29. 선고 2009다84936 판결. 판례는 이는 부정소비뿐만 아니라 고의로 상속재산을 은닉한 경우에도 해당하지 않는다고 보아 상속포기가 유효하다고 판단하였다.

44 긍정한 사례로는 의정부지방법원 2015. 4. 17. 선고 2014나11780 판결(확정), 대전지방법원 2003. 7. 9. 선고 2003가합206 판결(항소, 상고되었으나 위 점에 관하여는 판단을 같이하였다). 부정한 사례로는 울산지방법원 2019. 2. 21. 선고 2018나1575 판결(확정), 대구지방법원 서부지원 2017. 4. 6. 선고 2016가합1060 판결(확정), 대전지방법원 2013. 3. 21. 선고 2012가단201004 판결(항소심에서 조정에 갈음하는 결정 확정), 인천지방법원 2012. 4. 25. 선고 2011가소290805 판결(확정), 울산지방법원 2006. 11. 23. 선고 2006가단6122 판결(확정), 서울지방법원 북부지원 1996. 7. 4. 선고 95가합13955 판결(항소심에서 조정성립).

45 대법원 2010. 9. 9. 선고 2010다30416 판결.

권리의무를 승계하거나 새로운 임대차관계가 성립되는 것이 아니어서 임대인에 대한 별도의 차임지급채무가 발생하는 것이 아니므로, 임대인이 임대차보증금에서 연체차임을 공제하였다고 하더라도 이는 기존의 임대차계약에 따라 이루어지는 것일 뿐 상속인의 점유·사용으로 인한 것이 아니기 때문이다.

3) 고의의 재산목록에의 불기재

23 '고의의 재산목록에의 불기재'는 재산목록 작성·제출의무가 있는 상속의 한정승인의 경우에만 문제되고(민법 제1030조), 단순승인이나 포기에서는 문제될 여지가 없다.[46] 민법 제1026조 제3호가 적용되기 위한 주관적 요건으로서 상속인에게 고의뿐만 아니라 상속채권자를 사해할 의사도 있어야 한다는 견해[47]와 '고의로' 라고만 규정하고 있는 민법의 문언상 상속인이 재산목록에 기입하여야 할 상속재산이 존재함을 알면서 이를 누락하면 충분하다는 견해,[48] 원칙적으로 고의로 족하되 누락시킨데 합리적인 이유가 있을 때에는 법정단순승인사유에서 제외함이 타당하다는 견해[49]가 대립하나, 판례는 "법정단순승인 사유인 민법 제1026조 제3호 소정의 '고의로 재산목록에 기입하지 아니한 때'라는 것은 한정승인을 함에 있어 상속재산을 은닉하여 상속채권자를 사해할 의사로써 상속재산을 재산목록에 기입하지 않는 것을 의미한다."라고 하여 상속인의 '고의' 이외에 '상속채권자를 사해할 의사'도 함께 요구하고 있다.[50] 이에 의하면 위 규정에 해당하기 위해서는 단순히 상속인이 어떠한 상속재산이 있음을 알면서 이를 재산목록에 기입하지 아니하였다는 사정만으로는 부족하고, 상속재산을 은닉하여 상속채권자를 사해할 의사, 즉 그 재산의 존재를 쉽게 알 수 없게 만들려는 의사가 있을 것을 필요로 한다.

24 이때 위 사정은 상속한정승인의 효력을 부인하고 법정단순승인의 효력을 주장

46 김주수/김상용, 주석 민법, 상속(제2권)(제4판), 한국사법행정학회(2015), 86.
47 김주수/김상용, 주석 민법, 상속(제2권)(제4판), 한국사법행정학회(2015), 86.
48 곽윤직, 상속법(민법강의VI)(개정판), 박영사(2004), 182; 이경희·윤부찬, 가족법(11정판), 법원사(2024), 480; 한봉희/백승흠, 가족법, 정독(2024), 544.
49 주해상속법(제1권), 박영사(2019), 474(이동진).
50 대법원 2022. 7. 28. 선고 2019다29853 판결, 대법원 2021. 1. 28. 선고 2015다59801 판결, 대법원 2010. 4. 29. 선고 2009다84936 판결, 대법원 2003. 11. 14. 선고 2003다30968 판결. 상속인들이 한정승인을 한 후 피상속인이 가지고 있던 생명보험회사에 대한 보험계약 해약환급금 800여 만 원을 수령하여 이를 모두 피상속인의 장례비용에 충당하였다면, 그 지출은 합리적인 범위 내의 금액으로서 정당하고 해약환급금은 상속에 관한 비용으로 모두 지출되어 남지 않게 되었다 할 것이므로, 한정승인 신고 시 해약환급금을 상속재산의 목록에 기재하지 아니하였다 하여 상속재산을 은닉하여 상속채권자를 사해할 의사로서 기입하지 아니한 것이라고 볼 수는 없다고 보았다.

하는 측에서 증명하여야 한다. 법원은 이를 신중하게 판단하여야 하고, 특히 소송 등의 분쟁이 예상되거나 계속 중인 상태에서 상속이 개시된 경우, 한정승인을 하는 상속인으로서는 분쟁과 관계된 재산이나 채권, 채무 등을 재산목록에 기입하게 되면 자칫 분쟁의 결과에 따라 그 내용이 사실과 달라지거나, 또는 이로 인해 소송 상대방의 주장을 인정하는 결과가 될 수 있다는 우려로 이를 기입하지 않는 경우가 있을 수 있으므로, 그러한 경우에는 상속재산을 은닉하여 상속채권자를 사해할 의사가 있는지 여부를 더욱 신중하게 판단하여야 한다.[51]

25 재산목록에 기입하여야 할 상속재산은 적극재산과 소극재산을 불문하므로 소극재산만 있는 경우도 알고 있는 이상은 이를 원칙적으로 재산목록에 기재하여야 한다. 민법 제1026조 제3호의 취지상 상속인이 상속채권자를 사해할 의사로 존재하지 않는 상속채무를 재산목록에 기재한 경우에도 이를 유추적용함이 타당하다.[52]

### 나. 시기

26 민법 제1026조 제3호는 원칙적으로 상속인의 상속재산의 은닉, 부정소비, 고의의 재산목록에의 불기재가 상속의 한정승인 또는 포기를 한 이후에 이루어질 것을 전제로 한다. 만일 상속인이 상속의 한정승인 또는 포기 이후 위와 같은 행위를 하였다면, 그 행위 당시 이미 고려기간이 도과하였더라도 법정단순승인이 된다.

27 그러나 상속인이 상속을 포기한 이후 그로 인하여 차순위 상속인이 상속을 승인한 때에는 상속인이 상속재산을 은닉 또는 부정소비하더라도 법정단순승인이 되지 않는다(민법 제1027조). 이는 차순위 상속인의 보호를 위한 것으로, 차순위 상속인이 선순위 상속인의 상속 포기를 믿고 이미 상속을 승인하였음에도 그가 관여할 수 없는 선순위 상속인의 다른 행위를 이유로 선순위 상속인의 단순승인을 의제하여 차순위 상속인의 상속 승인을 무효화하는 것은 부당하기 때문이다(☞ 상세한 내용은 민법 제1027조 주석 참조).[53]

28 반대로 상속인이 상속을 한정승인하거나 포기하기 이전에 상속재산을 은닉 또는 부정소비한 경우라면 어떠한가. 부정소비는 개념상 당연히 처분행위에 해당하여 민법 제1026조 제1호에 의한 법정단순승인이 될 것이므로, 은닉만이 문제

51 대법원 2022. 7. 28. 선고 2019다29853 판결
52 김주수/김상용, 주석 민법, 상속(제2권)(제4판), 한국사법행정학회(2015), 86.
53 김주수/김상용, 주석 민법, 상속(제2권)(제4판), 한국사법행정학회(2015), 87.

된다. 상속재산의 은닉은 그것이 한정승인 또는 포기 이전에 행해졌을지라도 상속인의 배신적 행위라는 점에서는 동일하다고 할 것이므로, 그것이 민법 제1026조 제1호의 처분행위에 해당하지 않으면 제1026조 제3호를 유추적용할 수 있다고 봄이 타당하다.[54]

### 다. 대상

29 상속재산의 전부 또는 일부에 대하여 배신적 행위를 하면 법정단순승인이 된다.

### 라. 주체

30 민법 제1026조 제3호에 의한 법정단순승인은 상속인의 배신적 행위에 대한 제재적 의미를 지니는 것이므로, 상속재산의 은닉, 부정소비, 고의의 재산목록에의 불기재 행위는 상속인 본인이 그 진정한 의사에 기하여 하거나, 상속인이 제한능력자인 경우에는 그의 법정대리인이 상속인을 대리하여 또는 상속인이 법정대리인의 동의를 얻어서 한 것이어야 한다. 같은 취지에서 상속인의 법정대리인이 자기의 이익을 위하여 위와 같은 행위를 한 때에는 상속인에게 법정단순승인의 효과가 미치지 않는다고 보아야 할 것이다.[55] 위와 같은 행위가 상속인에게 책임을 물을 수 없는 사정으로 행해진 때에도 마찬가지이다.

31 민법 제1026조 제1호에서 본 것과 마찬가지로 공동상속인이 여러 명인 경우 어느 공동상속인의 상속재산의 은닉, 부정소비, 고의의 재산목록에의 불기재 행위는 다른 공동상속인에 대해서는 법정단순승인 사유가 되지 아니한다. 따라서 공동상속인 모두가 한정승인을 한 후 그 중의 한 명이 상속재산의 은닉행위를 한 경우, 해당 상속인에 대해서만 한정승인의 효력이 소멸하여 단순승인의 효과가 발생하고, 나머지 공동상속인은 여전히 한정승인의 효력을 누릴 수 있다.

## 3. 효과

32 민법 제1026조 제3호의 법정단순승인사유가 인정되면 상속인이 이전에 한 상속의 한정승인 또는 포기의 효력이 소급하여 소멸하고, 단순승인의 효과가 발생한다. 상속인이 상속의 한정승인을 한 이후 법정단순승인이 되면, 상속인의 고유

54 김주수/김상용, 주석 민법, 상속(제2권)(제4판), 한국사법행정학회(2015), 86.

55 김주수/김상용, 주석 민법, 상속(제2권)(제4판), 한국사법행정학회(2015), 86; 주해상속법(제1권), 박영사(2019), 475(이동진). 이에 대하여 지원림, 민법강의(제21판), 홍문사(2021), 1606은 행위능력제도의 취지에 비추어 제한능력자인 상속인의 법정대리인이 상속인에 갈음하여 상속재산을 처분한 경우에는 단순승인의 효과가 생기지 않는다고 본다.

재산과 상속재산의 혼합이 일어나고, 상속채권자는 한정승인절차에서 변제받은 채권을 제외한 나머지 채권의 변제를 위하여 상속인의 고유재산에 대하여 집행할 수 있다. 상속의 포기를 한 후 법정단순승인이 되면, 아직 상속을 승인하지 아니하였던 차순위 상속인은 상속의 승인 또는 포기권한을 상실하게 된다.

## 第1027조 [법정단순승인의 예외]

**상속인이 상속을 포기함으로 인하여 차순위 상속인이 상속을 승인한 때에는 전조 제3호의 사유는 상속의 승인으로 보지 아니한다.**

[관련조문] 민법 제1000조(상속의 순위), 제1001조(대습상속), 제1003조(배우자의 상속순위), 제1019조(승인, 포기의 기간), 제1026조 제3호(법정단순승인)

[참고문헌] 김주수/김상용, 주석 민법, 상속(제2권)(제4판), 한국사법행정학회(2015)

1 민법 제1027조는 민법 제1026조 제3호의 법정단순승인사유가 인정되기 위한 요건으로서의 시기에 관한 규정이다. 선순위 상속인이 상속을 포기한 이후 상속재산을 은닉하거나 부정소비하였더라도 그 시점이 그의 상속 포기로 인하여 상속인이 될 차순위 상속인이 이미 상속을 승인한 이후라면, 선순위 상속인이 단순승인을 한 것으로 보지 아니한다. 이는 선순위 상속인의 상속 포기를 믿고 승인을 한 차순위 상속인의 보호를 위한 것으로, 그와 같은 경우에도 단순승인이 의제된다면 차순위 상속인이 관여할 수 없는 선순위 상속인의 행위로 인하여 차순위 상속인의 승인이 무효화되는 결과가 되어 부당하기 때문이다. 이때 차순위 상속인은 선순위 상속인을 상대로 은닉한 상속재산의 인도를 구하거나 소비한 상속재산의 배상, 부당이득반환 등을 청구할 수 있을 것이다.[1]

2 반대로, 선순위 상속인이 상속을 포기한 이후 차순위 상속인이 상속을 아직 승인하지 않고 있는 동안에 상속재산을 은닉하거나 부정소비하면 상속 개시시에 소급하여 단순승인의 효과가 발생하므로, 차순위 상속인은 상속의 승인 또는 포기 권한을 상실하게 된다.

1 김주수/김상용, 주석 민법, 상속(제2권)(제4판), 한국사법행정학회(2015), 87.

## 제 3 관 한정승인

### 제 1028 조 [한정승인의 효과]

**상속인은 상속으로 인하여 취득할 재산의 한도에서 피상속인의 채무와 유증을 변제할 것을 조건으로 상속을 승인할 수 있다.** <개정 1990. 1. 13.>

**[관련조문]** 민법 제1005조(상속과 포괄적 권리의무의 승계), 제1022조(상속재산의 관리), 제1024조(승인, 포기의 취소금지), 제1026조(법정단순승인), 제1029조(공동상속인의 한정승인), 제1030조(한정승인의 방식), 제1031조(한정승인과 재산상 권리의무의 불소멸), 제1032조(채권자에 대한 공고, 최고), 제1033조(최고기간 중의 변제거절), 제1034조(배당변제), 제1035조(변제기전의 채무 등의 변제), 제1036조(수증자에의 변제), 제1037조(상속재산의 경매), 제1038조(부당변제 등으로 인한 책임), 제1039조(신고하지 않은 채권자 등)

**[참고문헌]** 김주수/김상용, 주석 민법, 상속(제2권)(제4판), 한국사법행정학회(2015); 주해상속법(제1권), 박영사(2019); 곽윤직, 상속법(민법강의VI)(개정판), 박영사(2004); 김주수/김상용, 친족·상속법(제20판), 법문사(2024); 송덕수, 친족상속법(제7판), 박영사(2024); 윤진수, 친족상속법 강의(제5판), 박영사(2023); 이경희·윤부찬, 가족법(11정판), 법원사(2024); 김연, "한정승인을 한 상속인의 절차법적 지위", 법학논고 제60집, 경북대학교출판부(2017); 김형석, "한정승인의 효과로서 발생하는 재산분리의 의미", 가족법연구 제22권 제3호, 한국가족법학회(2008); 민일영, "청구이의의 소에 관한 실무상 문제점", 재판자료 제35집, 법원도서관(1987); 박종훈, "한정승인과 상속채권자의 우선변제권", 판례연구 제22집, 부산판례연구회(2011); 심우용, "청구이의 사유로서의 한정승인", 대법원판례해설 제63호, 법원도서관(2007); 윤진수, "2006년 주요민법 관련 판례 회고", 서울대학교 법학 제48권 제1호, 서울대학교 법학연구소(2007); 이영숙, "한정승인에 기한 이행판결이 확정된 후, 전소의 변론종결시 이전에 존재한 법정단순승인 등 사실을 주장하는 새로운 소송을 제기할 수 있는지 여부", 재판과 판례 제23집, 대구판례연구회(2015); 이주현, "한정승인과 특정물에 관한 채권", 사법논집 제63집, 법원도서관(2017); 조대현, "한정승인의 항변", 민사소송(Ⅰ), 한국사법행정학회(1998); 허부열, "상속의 한정승인에 있어서 상속재산이 없거나 그 상속재산이 상속채무의 변제에 부족한 경우 상속채무 전부에 대한 이행판결을 선고하여야 하는지 여부". 대법원판례해설 제46호, 법원도서관(2007); 현낙희, "면책 주장과 기판력 및 청구이의의 소", 민사소송 제26권 3호, 한국사법행정학회(2022)

## Ⅰ. 의의

3 한정승인이란 상속인이 상속으로 인하여 얻을 재산의 한도에서 피상속인의 채무와 유증을 변제하는 것을 조건으로 상속을 승인하고자 하는 상속인의 의사표시 또는 그러한 상속형태를 의미한다. 이는 민법이 택하고 있는 포괄·당연승계 원칙(민법 제1005조)으로 인하여 곤란해질 수 있는 상속인을 보호하기 위하여 마련된 제도로서 특히 상속채무가 상속적극재산을 초과하는 경우에 의미 있다. 민법 제1028조는 한정승인이 허용됨을 규정함과 동시에 그 실체적인 효과에 관하여 규정한다.

## Ⅱ. 한정승인을 한 상속인의 지위

### 1. 상속재산의 취득

4 한정승인은 상속승인의 하나이므로 한정승인을 상속인이라 하여도 상속재산에 대하여 실질적 권리를 취득한다.[1] 민법은 한정승인을 한 상속인에 관하여 그가 상속재산을 은닉하거나 부정소비한 경우 단순승인을 한 것으로 간주하는 것(민법 제1026조 제3호) 외에는 상속재산의 처분행위 자체를 직접적으로 제한하는 규정을 두고 있지 않기 때문에, 한정승인으로 발생하는 아래에서 보는 책임제한 효과로 인하여 한정승인자의 상속재산 처분행위가 당연히 제한된다고 할 수는 없다.[2]

### 2. 책임의 제한

#### 가. 채무와 책임의 분리 및 책임의 범위 제한

5 1) 상속의 한정승인이 이루어지면 상속인은 피상속인의 채무와 유증에 대해서 '상속으로 인하여 취득할 재산의 한도에서' 책임을 진다. 여기서 상속으로 인하여 취득할 재산의 한도는 상속적극재산의 가액의 범위가 아니라 상속적극재산을 의미한다. 피상속인의 채무와 유증에 대해서는 오로지 상속적극재산만으로 책임을 지는, 일종의 물적 유한책임이 성립하는 것이다.[3] 따라서 상속채권자와

1 헌법재판소 2006. 2. 23. 선고 2004헌바43 결정.

2 대법원 2010. 3. 18. 선고 2007다77781 전원합의체 판결; 대법원 2010. 3. 18. 선고 2007다77781 전원합의체 판결

3 주해상속법(제1권), 박영사(2019), 480(이동진); 곽윤직, 상속법(민법강의Ⅵ)(개정판), 박영사(2004), 188~189; 송덕수, 친족상속법(제7판), 박영사(2024), 410; 윤진수, 친족상속법 강의(제5판), 박영사(2023), 516; 이경희·윤부찬, 가족법(11정판), 법원사(2024), 483; 김형석, "한정승인의 효과로서 발생하는 재산분리의 의미", 가족법연구 제22권 제3호, 한국가족법학회(2008), 496.

수유자는 특별한 사정이 없는 한 상속인의 고유재산에 대하여 강제집행을 할 수 없으며 상속적극재산으로부터만 채권의 만족을 받을 수 있다.[4]

6 그러나 이는 상속채권자와 수유자에 대하여 상속인의 고유재산으로 변제할 책임이 없다는 의미일 뿐, 상속인은 한정승인을 하였더라도 채무는 제한 없이 전부 승계한다.[5] 즉, 상속의 한정승인은 상속인이 승계한 채무의 존재 및 범위를 제한하는 것이 아니라 상속인의 책임의 범위를 제한하는 것에 불과하다. 따라서 상속채권자나 수유자는 한정승인을 한 상속인을 상대로도 채무 전액의 이행을 청구할 수 있고, 그에 응하여 한정승인을 한 상속인이 초과 부분을 임의로 변제한 때에는 채무자의 변제로서 유효하다.[6]

7 2) 민법 제1028조에 의하여 상속인의 책임의 범위가 제한되는 채무는 피상속인의 채무 즉, 상속인이 피상속인으로부터 승계한 채무나 상속인이 피상속인의 유언(유증)에 의하여 부담한 채무이고, 상속인 고유의 채무는 이에 해당하지 아니한다. 상속인은 피상속인의 일신에 전속하는 것을 제외하고 상속개시 당시 피상속인의 모든 채무를 승계한다(☞ 승계대상이 되는 피상속인의 채무의 구체적 범위에 관해서는 민법 제1005조 주석 참조). 피상속인에게 속하여야 할 것이라면 상속개시 후에야 구체적으로 발생한 채무이더라도 피상속인의 채무로서 상속인에게 승계된다. 상속개시 이후 상속채무로부터 발생한 이자나 지연손해금도 마찬가지이다. 이외에 장례비용,[7] 유언의 검인과 집행비용, 상속재산의 관리비용, 상속채권자가 채권자대위권을 행사하여 한정승인을 한 상속인 앞으로 부동산에 관한 상속등기를 마치는 과정에서 비용으로 지출한 취득세와 같이 상속채무의 변제를 위한 상속재산의 청산과정에서 부담하게 된 채무[8]도 상속인의 책임의 범위가 상속재산의 한도로 제한되는 피상속인의 채무로 본다.

8 상속인이 한정승인 전에 피상속인의 채무에 대하여 보증을 하거나 병존적 채무인수를 하였다면, 이는 피상속인의 채무가 아닌 자기 고유의 채무이므로 한정승

4 대법원 2016. 5. 24. 선고 2015다250574 판결.

5 대법원 2012. 9. 13. 선고 2010두13630 판결; 대법원 1991. 4. 23. 선고 90누7395 판결.

6 김주수/김상용, 주석 민법, 상속(제2권)(제4판), 한국사법행정학회(2015), 117; 주해상속법(제1권), 박영사(2019), 480(이동진); 김주수/김상용, 친족·상속법(제20판), 법문사(2024), 786; 윤진수, 친족상속법 강의(제5판), 박영사(2023), 516.

7 대법원 2003. 11. 14. 선고 2003다30968 판결.

8 대법원 2021. 5. 7. 선고 2019다282104 판결

인을 하였더라도 채무 전액에 대하여 그대로 책임을 지는 것은 물론이다.[9]

### 나. 책임재산의 한정

9 위와 같은 피상속인의 채무와 유증에 대해서는 상속으로 인하여 취득할 재산 즉, 상속적극재산만이 책임재산이 된다. 이는 상속개시 당시 피상속인이 보유하던 재산상 권리로서 피상속인의 일신에 전속하는 것을 제외한 나머지를 의미한다. 이자, 차임 등 상속적극재산에서 생긴 과실도 상속적극재산에 포함된다.[10] 반면 상속인이 피상속인의 사망으로 인하여 취득한 재산상 권리라고 하더라도, 보험수익자가 지정되어 있지 않거나 상속인이 보험수익자로 지정되어 있는 보험계약에 기한 생명보험금청구권, 유족연금이나 유족급여, 상속인이 유족의 자격으로 취득하는 민법 제752조에 기한 손해배상청구권 등과 같이 상속개시 당시에 피상속인에게 속하던 것이 아니라면 상속적극재산에 속하지 않고, 따라서 피상속인의 채무와 유증에 대한 책임재산이 되지 아니한다.

## 3. 금전채무의 이행청구 및 집행과 관련된 문제

### 가. 상속인이 한정승인의 항변을 하여 받아들여진 경우

#### 1) 판결의 집행력 제한

10 상속채권자나 수유자가 한정승인을 한 상속인에 대하여 상속채무 또는 유증액(이하 통틀어 '상속채무'라 한다) 전액의 이행을 청구하는 소를 제기한 경우, 상속인은 한정승인의 항변을 할 수 있다. 상속채무가 존재하는 것으로 인정되는 이상, 법원은 상속인의 유효한 한정승인이 있었던 것으로 인정되는 경우에도 상속채무 전액에 대하여 인용판결을 선고한다. 상속적극재산이 없거나 그 상속적극재산이 상속채무의 변제에 부족하더라도 마찬가지이다.[11] 한정승인은 상속인의 상속채무의 존재나 범위의 확정과는 관계가 없고 단지 판결의 집행대상을 상속재산의 한도로 한정함으로써 판결의 집행력 즉, 책임의 범위만을 제한하는 것이기 때문이다.[12] 그러나 상속인이 한정승인을 한 이상 상속채무는 상속적극재산만을

9 김주수/김상용, 주석 민법, 상속(제2권)(제4판), 한국사법행정학회(2015), 117~118.

10 김주수/김상용, 주석 민법, 상속(제2권)(제4판), 한국사법행정학회(2015), 115.

11 대법원 2003. 11. 14. 선고 2003다30968 판결. 원심은 피고의 한정승인 항변을 받아들여 상속재산이 전혀 없다는 이유로 원고의 청구를 전부 기각하였으나, 대법원은 상속의 한정승인이 인정되는 경우에도 상속채무가 존재하는 것으로 인정되는 이상, 법원으로서는 상속재산이 없거나 그 상속재산이 상속채무의 변제에 부족하다고 하더라도 상속채무 전부에 대한 이행판결을 선고하여야 한다고 판시하였다.

12 대법원 2019. 12. 12. 선고 2019다254123 판결, 대법원 2003. 11. 14. 선고 2003다30968 판결.

책임재산으로 하고 상속인의 고유재산에 대해서는 집행할 수 없는 성질을 가지고 있으므로, 법원은 판결의 집행력을 제한하기 위하여 주문에 상속재산의 한도에서만 집행할 수 있다는 취지를 명시하여야 한다.[13] 집행권원에 그러한 취지가 기재되어 있지 않으면 집행법원으로서는 이를 고려할 방법이 없기 때문이다.[14] 이 경우의 주문례는 아래와 같다. 다만 이때 "나머지 청구를 기각한다."라는 주문을 기재할 것인지에 관해서는 법원의 실무가 갈리고 있다.[15]

| 피고는 원고에게 ○원을 망 ○○○으로부터 상속받은 재산의 한도에서 지급하라. |
|---|

### 2) 위 판결에 기하여 고유재산에 대한 집행을 하는 경우 상속인의 구제방법

11 위와 같은 판결이 확정되면, 그 집행대상은 상속재산의 한도로 한정된다. 따라서 상속채권자나 수유자는 위 판결을 집행권원으로 하여 상속인의 고유재산에 대하여 강제집행할 수 없다. 그럼에도 불구하고 상속채권자나 수유자가 상속인의 고유재산에 대한 강제집행을 시도하는 경우, 상속인은 책임재산이 될 수 없는 재산에 대한 강제집행이 행하여졌음을 이유로 제3자 이의의 소(민사집행법 제48조)를 제기하여 이를 저지할 수 있다. 위 판결을 집행권원으로 하여 상속인의 고유재산인 채권에 대한 압류 및 전부명령이 발령된 경우에는 그 자체에 대한 즉시항고(민사집행법 제227조 제4항, 제229조 제6항)를 할 수도 있다. 나아가 만약 그

13 대법원 2003. 11. 14. 선고 2003다30968 판결. 이는 日大判 1932. 6. 2.과 입장을 같이하는 것인데, 위 판결의 이유에 의하면, "상속의 한정승인은 채무의 존재범위를 한정하는 것이 아니라 단순히 그 책임을 한정하는 것에 불과하기 때문에, 상속의 한정승인이 인정되는 경우에도 상속채무가 존재하는 것으로 인정되는 이상, 그 전부에 대하여 이행을 명하여야 하고 상속재산의 한도로 감축하여 이행을 명해서는 아니되나, 그 상속채무에 관해서는 상속재산에 대해서만 강제집행할 수 있을 뿐이고 상속인의 고유재산에 대하여 강제집행할 수는 없는 것이므로, 그 이행판결의 주문에 집행력을 제한하기 위하여 상속재산의 한도에서만 집행할 수 있다는 취지를 나타내는 것이 상당하며, 그러한 기재 없이 선고한다면, 그 판결은 당연히 주문에 표시된 상속채무 전부에 대하여 무제한의 집행력을 부여하는 것으로 되어, 상속의 한정승인제도를 인정한 민법의 취지에 반하는 결과로 된다."고 한다. 심우용, "청구이의 사유로서의 한정승인", 대법원판례해설 제63호(2006하반기), 법원도서관(2007), 403에서 재인용.

14 조대현, "한정승인의 항변", 민사소송( I ), 한국사법행정학회(1998), 145.

15 위 대법원 2003. 11. 14. 선고 2003다30968 판결에서는 나머지 청구를 기각한다는 주문을 기재하였고, 위 판례해설인 허부열 "상속의 한정승인에 있어서 상속재산이 없거나 그 상속재산이 상속채무의 변제에 부족한 경우 상속채무 전부에 대한 이행판결을 선고하여야 하는지 여부". 대법원 판례해설 제46호, 법원도서관(2007), 341은 이를 일부 인용 판결로 보고 있으나, 일반적으로 나머지 청구 기각 주문을 낼지에 관하여는 실무가 나뉘고 있다. 조대현, "한정승인의 항변", 민사소송( I ), 한국사법행정학회(1998), 153~154는 한정승인을 인정하여 책임제한판결을 선고하는 경우에는 무한책임에 관한 잠재적인 청구를 제한하여 유한책임으로서 일부만 인용하는 것이므로 책임의 범위에 대해서는 일부인용판결이라고 보아야 한다고 보아, 나머지 청구 기각 주문의 기재가 필요하다고 한다.

채권압류 및 전부명령이 이미 확정되어 강제집행절차가 종료된 후에는 집행채권자를 상대로 부당이득의 반환을 구하되, 피전부채권 중 실제로 추심한 금전 부분에 관하여는 그 상당액의 반환을 구하고, 아직 추상하지 아니한 부분에 관하여는 그 채권 자체의 양도를 구할 수 있다. 그러나 청구이의의 소(민사집행법 제44조)에 의하여 불복할 수는 없다.[16] 집행권원의 집행력을 문제삼는 것은 아니기 때문이다.[17]

3) 위 판결에 대한 상속채권자 또는 수유자의 불복 가부

12 위와 같이 상속채권자나 수유자가 제기한 이행청구 소송에서 상속인의 한정승인의 항변이 받아들여져 상속재산의 한도에서 지급을 명하는 판결이 선고되어 확정되었다면, 그 상속채권자나 수유자가 상속인에 대하여 새로운 소를 제기하여 위 판결의 기초가 된 전소 사실심의 변론종결 이전에 법정단순승인 등 상속의 한정승인과 양립할 수 없는 사실이 있었다거나 한정승인이 무효였다고 주장하여 책임의 범위에 관한 유보가 없는 판결을 구하는 것은 허용되지 아니한다. 비록 전소의 소송물은 직접적으로는 상속채무의 존재 및 그 범위이지만, 한정승인의 존재 및 효력도 이에 준하는 것으로서 심리·판단되었을 뿐만 아니라 한정승인이 인정된 때에 는 주문에 책임의 범위에 관한 유보가 명시되므로 한정승인의 존재 및 효력에 대한 전소의 판단에 기판력에 준하는 효력이 있다고 해야 하기 때문이다. 이는 상속채권자나 수유자 스스로 상속재산 한도에서 이행청구를 하여 그에 따라 판결이 확정된 경우에도 마찬가지로 적용된다.[18]

16 대법원 2005. 12. 19. 자 2005그128 결정, 대법원 2005. 4. 15. 선고 2004다70024 판결 참조.

17 김연, "한정승인을 한 상속인의 절차법적 지위", 법학논고 제60집, 경북대학교출판부(2017), 209.

18 대법원 2012. 5. 9. 선고 2012다3197 판결. 이영숙, "한정승인에 기한 이행판결이 확정된 후, 전소의 변론종결시 이전에 존재한 법정단순승인 등 사실을 주장하는 새로운 소송을 제기할 수 있는지 여부", 재판과 판례 제23집, 대구판례연구회(2015)는 대법원이 '한정승인의 주장이 있는 경우 이행판결의 집행력을 제한하기 위하여 주문에 상속재산의 한도에서만 집행할 수 있다는 취지를 명시하여야 한다'(각주 11, 대법원 2003. 11. 14. 선고 2003다30968 판결)고 판시하는 한편 '책임의 범위는 소송물에 포함되지 아니하므로 종전 확정판결의 변론종결 전에 생긴 한정승인의 사유를 들어 청구이의 소송을 제기할 수 있다'(각주 18, 대법원 2006. 10. 13 선고 2006다23138 판결)고 판시하는 등 서로 상충되는 듯한 태도를 취하였다고 평가하면서, 한정승인에 대하여 명시적으로 기판력을 인정하는 것도 인정하지 않는 것도 아닌 중간적인 태도로서 기판력에 "준하는" 효력이 있다고 판시한 것으로 보았다. '책임의 범위도 이행소송의 소송물인지 여부' 및 '그에 관한 판단의 기판력 유무'에 관하여 학설상의 대립이 활발한 가운데[민일영, "청구이의의 소에 관한 실무상 문제점", 재판자료 제35집, 법원도서관(1987); 조대현, "한정승인의 항변", 민사소송(Ⅰ), 한국사법행정학회(1998); 윤진수, "2006년 주요 민법 관련 판례 회고", 서울대학교 법학 제48권 제1호, 서울대학교 법학연구소(2007); 심우용, "청구 이의 사유로서의 한정승인", 대법원 판례해설 제46호, 법원도서관(2007); 현낙희, "면책 주장과 기판력 및

### 나. 한정승인이 변론종결 이후에 이루어졌거나 상속인이 한정승인의 항변을 하지 아니한 경우

#### 1) 책임의 범위에 관한 제한 없는 판결

13 상속인이 상속채권자나 수유자가 상속인을 상대로 제기한 이행청구 소송의 사실심 변론종결 이후에 비로소 한정승인을 한 경우 또는 그 전에 이미 한정승인을 하였음에도 사실심 변론종결 시까지 자신의 한정승인 사실을 항변하지 않은 경우, 법원은 주문에 집행력 제한의 취지가 기재되지 않은, 즉 책임의 범위에 관하여 아무런 유보가 없는 단순한 이행판결을 선고하게 된다. 채권자가 피상속인의 금전채무를 상속한 상속인을 상대로 그 상속채무의 이행을 구하여 제기한 소송에서 채무자가 한정승인 사실을 주장하지 않으면, 책임의 범위는 현실적인 심판대상으로 등장하지 아니하여 주문에서는 물론 이유에서도 판단되지 않는 것이 원칙이다.[19]

#### 2) 위 판결 또는 위 판결에 기한 집행에 대한 상속인의 구제방법

14 한정승인이 변론종결 이후에 이루어 졌거나 상속인이 한정승인의 항변을 하지 아니한 결과 위와 같이 책임의 범위에 관한 유보가 없는 판결이 확정되어 상속채권자 및 수유자가 이를 집행권원으로 삼아 상속인의 고유재산에 대한 강제집행을 시도하는 경우, 상속인은 상속의 한정승인 사실을 주장하며 청구이의의 소(민사집행법 제44조)를 제기하여 이를 저지할 수 있다. 애초에 전소의 변론종결 후에 새롭게 발생한 사유에 해당하거나 전소 변론종결 전에 한정승인이 이루어진 경우라도 상속인이 한정승인 사실을 주장하지 아니한 결과 상속인의 책임의 범위가 현실적인 심판대상으로 등장하지 아니하여 주문에서는 물론 이유에서도 판단되지 아니한 관계로 그에 관하여는 기판력이 미치지 아니하여 기판력에 의한 실권 또는 차단효의 제한을 받지 아니하기 때문이다.[20]

청구이의의 소", 민사소송 제26권 3호, 한국사법행정학회(2022) 등 참고], 이러한 대법원의 태도는 집행권원의 기재에 의하는 집행절차의 특성에 따른 실무적 필요와 상속인 보호의 필요성 등 개별 사안에서의 구체적인 타당성을 함께 고려한 부득이한 결론으로 보아야 할 것이다.

19 대법원 2019. 12. 12. 선고 2019다254123 판결, 대법원 2006. 10. 13. 선고 2006다23138 판결, 대법원 2009. 5. 28. 선고 2008다79876 판결.

20 대법원 2006. 10. 13. 선고 2006다23138 판결, 그러나 이러한 기판력에 의한 실권효 제한의 법리는 상속에 의한 채무의 존재 자체가 문제되어 그에 관한 확정판결의 주문에 당연히 기판력이 미치게 되는 상속포기의 경우에는 적용될 수 없으므로, 상속인이 상속포기를 하였으나 상속채권자가 제기한 소송에서 사실심 변론종결시까지 이를 주장하지 않은 경우에는 채권자의 승소판결 확정 후 청구이의의 소를 제기할 수 없다. 대법원 2009. 5. 28. 선고 2008다79876 판결.

15 청구이의의 소를 심리하는 법원은 "해당 판결에 기한 강제집행은 상속재산 이외의 재산에 대해서는 이를 불허한다." 또는 "해당 판결에 기한 강제집행은 망 ○○○로부터 상속받은 재산의 범위를 초과하는 부분에 한하여 이를 불허한다."라는 주문을 내는 방식으로 해당 판결의 집행대상이 되는 책임재산의 범위를 상속재산으로 제한하고, 이유에서는 이미 개시된 집행절차의 집행대상이 상속인의 고유재산인지 아니면 상속재산인지를 따져 상속인의 고유재산인 경우 그에 대한 강제집행을 불허하는 판단을 하게 되는데,[21] 상속인의 한정승인신고 수리심판에 첨부된 상속재산목록을 참고하는 것이 일반적이다.[22]

**다. 피상속인에 대한 집행권원에 승계집행문이 부여된 경우**

16 상속채권자 또는 수유자가 기존에 피상속인에 대하여 집행권원을 가지고 있고, ① 이후 상속인의 한정승인신고가 수리되었음에도 한정승인사실이 밝혀지지 아니한 채 상속에 의한 승계집행문이 부여된 경우 또는 ② 승계집행문이 부여된 이후 상속인의 한정승인신고가 수리된 경우, 등에 위 상속채권자 또는 수유자가 한정승인을 한 상속인의 고유재산에 대한 강제집행을 시도하는 경우, 상속인은 앞서 나.의 경우에서와 같이 청구이의의 소를 제기하거나[23] 그 집행문부여에 대한 이의신청(민사집행법 제34조)을 하거나 집행문부여에 대한 이의의 소(제45조)를 제기하여 상속재산 범위 외의 재산에 대한 강제집행의 불허를 구할 수 있을 것이다.[24] 다만 승계집행문 자체의 취소를 구하거나 집행권원에 기한 강제집행 자

21 수원지방법원 2024. 10. 10. 선고 2024가단554304 판결(확정), 광주지방법원 2021. 11. 26. 선고 2021나54094 판결(확정) 등. 대법원 2006. 10. 13. 선고 2006다23138 판결의 제1심 법원은 "피고의 원고들에 대한 ○○법원 ○○가합○○호 사건의 판결에 기한 강제집행은 별지1 상속재산목록 기재 재산에 대한 것이 아닌 한 이를 불허한다."라는 주문을 내면서, 이유에서 문제된 강제집행의 대상인 ○○아파트는 한정승인 신고수리심판에서 적극재산에 포함되지 아니한 상속인 원고 ○의 고유재산이므로 그에 대한 강제집행은 허락되어서는 아니된다고 보았다(춘천지방법원 강릉지원 2005. 8. 10. 선고 2005가단3560 판결). 항소심 법원 및 대법원은 이 판결을 그대로 확정하였는데, 항소심 법원은 "이와 같은 경우 상속채무의 이행을 구하는 소에서 한정승인 주장이 받아들여진 경우의 판결 주문 형식에 상응하게 상속재산 이외의 재산에 대한 강제집행을 불허하는 방식으로 책임재산의 유보를 선언함이 적정하다고 할 것이다"라고 판시하였다(서울고등법원 2006. 3. 21 선고 2005나77468). 주해상속법(제1권), 박영사(2019), 483(이동진)은 이 경우 청구이의의 소는 실제로는 청구이의와 제3자이의의 기능을 함께 하는 셈이라고 평가한다.

22 부산지방법원 동부지원 2023. 5. 19. 선고 2023가단103811 판결(확정), 대전지방법원 2022. 5. 11. 선고 2021가합 101387 판결(확정).

23 광주지방법원 2022. 1. 14. 선고 2020가단16391 판결(확정), 서울서부지방법원 2021. 6. 10. 선고 2020가합40269 판결(확정) 등.

24 대법원 2003. 2. 14. 선고 2002다64810 판결 참조. 하급심 판결로는 수원지방법원 성남지원 2024. 12. 18. 선고 2023가단9558 판결(확정), 서울중앙지방법원 2024. 10. 11. 선고 2024가단5263087 판결(확정),

체의 불허를 구할 수는 없다.

### 4. 특정물채무와 관련된 문제

17 특정물채무를 부담하던 피상속인이 사망하였으나 그 특정물이 상속재산에 속하지 아니하는 경우에는, 우연히 그 특정물이 상속인의 고유재산에 속한다고 하더라도 상속인은 그것이 신의칙에 반하는 것으로 인정할 특별한 사정이 없는 한 원칙적으로 그 특정물의 인도나 양도를 거부할 수 있다. 이는 상속인이 상속을 한정승인하였을 때에도 마찬가지이다(☞ 상세한 내용은 민법 제1025조 주석 참조).

18 반대로 특정물이 상속재산에 속하는 경우에는 상속채권자는 상속재산에서 만족을 얻게 되고 상속인의 고유재산에서 만족을 얻어야 할 필요성이나 그럴 가능성 자체가 없는 것이므로, 상속채권자가 그 이행을 청구하는 소를 제기한 경우 상속인은 그에 대한 한정승인의 항변을 할 수 없고, 법원은 그러한 항변이 있더라도 책임의 범위에 관한 유보를 두지 않는 단순이행판결을 하면 될 것이다.[25]

### 5. 피상속인에 대한 재산상 권리의무의 불소멸

19 상속인이 한정승인을 한 때에는 피상속인에 대한 상속인의 재산상 권리의무는 소멸하지 아니한다(민법 제1031조). 한정승인이 이루어진 경우 혼동으로 인한 권리의 소멸을 인정하는 것은 피상속인의 상속재산을 상속인의 고유재산으로부터 분리하여 청산하려는 한정승인 제도의 취지에 반하기 때문이다(☞ 상세한 내용은 민법 제1031조 주석 참조).

### 6. 유류분권리자인 상속인이 한정승인한 경우 유류분 산정

20 유류분권리자의 구체적인 상속분보다 유류분권리자가 부담하는 상속채무가 더 많은 경우라도 유류분권리자가 한정승인을 했다면, 그 초과분을 유류분액에 가산해서는 안 되고 순상속분액을 0으로 보아 유류분 부족액을 산정해야 한다. 유류분권리자인 상속인이 한정승인을 하였으면 상속채무에 대한 한정승인자의 책임은 상속재산으로 한정되는데, 상속채무 초과분이 있다고 해서 그 초과분을 유류분액에 가산하게 되면 법정상속을 통해 어떠한 손해도 입지 않은 유류분권리

춘천지방법원 강릉지원 2013. 5. 15. 선고 2011가단8597 판결(확정), 대전지방법원 공주지원 2002. 11. 21. 선고 2002가단2729 판결(확정) 등.

25 주해상속법(제1권), 박영사(2019), 487(이동진); 윤진수, 친족상속법 강의(제5판), 박영사(2023), 517; 이주현, "한정승인과 특정물에 관한 채권", 사법논집 제63집, 법원도서관(2017), 267~270.

자가 유류분액을 넘는 재산을 반환받게 되는 결과가 되기 때문이다.[26]

## Ⅲ. 상속채권자 및 수유자와 상속인의 채권자의 지위

### 1. 상속채권자 및 수유자의 상속인의 고유재산에 대한 지위

21 상속인이 한정승인을 하면 그의 피상속인의 채무에 대한 책임은 상속재산으로 한정된다. 즉 한정승인은 상속인의 고유재산이 상속채권자나 수유자의 책임재산이 되는 것을 차단한다. 따라서 상속채권자나 수유자의 상속인은 특별한 사정이 없는 한 상속인의 고유재산에 대하여 강제집행을 할 수 없고, 상속재산으로부터만 채권의 만족을 얻을 수 있다.[27]

### 2. 상속인의 채권자의 상속재산에 대한 지위

22 한정승인의 본질은 상속의 승인에 해당하므로, 상속인은 그로 인하여 상속적극재산에 대하여 실질적 권리를 취득하고,[28] 이는 상속인의 고유재산과 더불어 상속인의 채권자에 대한 책임재산에 해당하게 된다. 한정승인을 한 상속인은 원칙적으로는 상속적극재산과 고유재산 모두로 상속인의 채권자에 대한 책임을 지게 되는 것이다(☞ 상속재산에 대한 상속채권자 또는 수유자와 상속인의 채권자 사이의 우선권 문제에 관하여는 후술한다).

### 3. 상속채권자 및 수유자가 상속재산에 대하여 우선적 지위를 가지는지 여부

#### 가. 문제의 소재

23 상속인이 한정승인을 하는 것은 통상 상속채무가 상속적극재산을 초과하는 경우라고 할 것인데, 상속의 한정승인으로 인하여 상속채권자 및 수유자는 상속재산으로부터만 채권의 만족을 얻을 수 있는 반면 상속재산은 상속채권자 및 수유자, 상속인의 채권자 모두에 대한 책임재산이 되게 되는 결과, 상속채권자 및 수유자의 지위가 불리해질 우려가 있다.

[26] 대법원 2022. 8. 11. 선고 2020다247428 판결.

[27] 대법원 2016. 5. 24. 선고 2015다250574 판결; 대법원 2010. 3. 18. 선고 2007다77781 전원합의체 판결.

[28] 대법원 2007. 4. 12. 선고 2005두9491 판결(한정승인을 한 자도 상속받은 부동산에 대하여 취득세 납부의무를 부담한다); 헌법재판소 2006. 2. 23. 선고 2004헌바43 전원재판부 결정.

### 나. 재산분리 및 상속재산 파산

24 이에 민법은 상속채권자 및 수유자의 청구에 따라 상속재산과 고유재산의 혼합을 막을 수 있는 제도(민법 제1045조)를 마련해 두었다. 상속채권자 및 수유자는 법원에 상속재산과 상속인의 고유재산의 분리를 청구하여 상속재산이 상속인의 채권자에 대한 책임재산이 되는 것을 방지할 수 있다. 또한 상속채권자 및 수유자는 상속재산으로 상속채권자 및 수유자에 대한 채무를 완제할 수 없는 때에는 상속재산에 대한 파산신청을 하여 상속재산과 고유재산을 사실상 분리하고 상속인의 채권자를 파산재단인 상속재산으로부터 배제시킬 수도 있다(채무자 회생 및 파산에 관한 법률 제299조, 제307조). 상속채권자 및 수유자는 이러한 방법을 통하여 상속재산에 대하여 상속인의 채권자보다 우선하여 변제를 받을 수 있게 된다.

### 다. 상속채권자 또는 수유자의 일반적 우선권 인정 여부

25 문제는 상속채권자 또는 수유자가 위와 같은 조치를 취하지 아니한 경우에도 상속재산에 대하여 상속인의 채권자보다 우선적 지위를 갖는다고 볼 수 있는지이다. 한정승인이 이루어진 경우 상속인의 채권자는 상속재산에 대하여 아예 강제집행을 할 수 없다고 보는 견해도 있으나,[29] 앞서 보았듯이 한정승인으로 일단 상속재산이 상속인에게 귀속하는 이상 상속인의 채권자의 상속재산에 대한 집행 그 자체를 금지할 근거를 찾기 어렵다.[30] 그러나 한정승인제도의 취지나 상속채권자 또는 수유자와 상속인의 채권자 사이의 형평 등을 고려할 때, 상속인의 채권자는 그가 상속재산에 관하여 담보권을 취득하였다는 등의 특별한 사정이 없는 이상, 상속채권자나 수유자가 상속재산으로부터 채권의 만족을 받지 못한 상태에서는 상속재산을 고유채권에 대한 책임재산으로 삼아 이에 대하여 강제집행을 할 수 없다고 봄이 타당하다. 판례의 태도도 이와 같다.[31] 즉, 상속채권자나 수유자가 별도로 재산분리나 상속재산 파산을 신청하지 아니하였더라도, 상속재산은 원칙적으로 상속채권자나 수유자에게 우선적으로 변제되고 청산되

29 김주수/김상용, 주석 민법, 상속(제2권)(제4판), 한국사법행정학회(2015), 117; 김주수/김상용, 친족·상속법(제20판), 법문사(2024), 786; 박종훈, "한정승인과 상속채권자의 우선변제권", 판례연구 제22집, 부산판례연구회(2011), 758; 김형석, "한정승인의 효과로서 발생하는 재산분리의 의미", 가족법연구 제22권 제3호, 한국가족법학회(2008), 519~520.

30 주해상속법(제1권), 박영사(2019), 484(이동진)도 같은 취지. 상속인의 채권자의 집행이 그 자체로 금지될 까닭이 없다고 한다.

31 대법원 2016. 5. 24. 선고 2015다250574 판결.

어야 하는 것이다.[32]

26 그러나, 만일 상속인의 채권자가 한정승인을 한 상속인으로부터 상속재산에 관하여 저당권 등 담보권을 취득하였다면, 이러한 담보권 설정은 유효하고 그와 상속채권자 사이의 우열관계는 민법상의 일반원칙에 따라야 한다. 이러한 경우에까지 상속채권자가 한정승인의 사유만으로 우선적 지위를 주장할 수는 없다는 것이 판례의 태도이다.[33] 한정승인으로 상속채권자가 상속재산에 대하여 상속인의 채권자보다 우선하는 것은 양 채권자 모두가 일반채권자임을 전제로 형평의 관점에서 파생하는 결과일 뿐 곧바로 상속채권자에게 상속재산에 관하여 '대세적으로 우선하는 권리'가 논리필연적으로 도출된다고 할 수는 없고, 한정승인을 한 상속인은 그것이 상속재산의 은닉 또는 부정소비에 해당하는 경우 법정단순승인(민법 제1026조 제3호)의 제재를 받거나 부당변제인 경우 손해배상책임(민법 제1038조)을 부담하게 될지언정 유효하게 상속재산의 처분행위를 할 수 있는바, 한정승인을 한 상속인의 처분행위와 관련된 거래의 안전을 보호할 필요가 있기 때문이다.[34] 분리된 상속재산임을 등기하여 제3자에게 대항할 수 있도록 한 재산분리제도(민법 제1045조, 제1046조, 제1049조)와 달리 한정승인 사실에 관한 공시방법이나 절차가 마련되어 있지 않은 현실을 고려하면 더욱 그러하다.[35] 따라서 상속채권자는 상속재산에 관하여 상속인으로부터 담보권을 취득한 상속인의 채권자에 대하여 우선적 지위를 주장할 수 없다. 이로 인한 불균형은 부족하나마 법정단순승인(민법 제1026조 제3호) 또는 손해배상책임(제1038조), 담보권 설정이 상속채권자에 대한 사해행위가 되는 경우에는 채권자취소(제406조) 등의 방법으로 구제할 수 있을 것이다.[36]

32 대법원 2010. 3. 18. 선고 2007다77781 전원합의체 판결의 대법관 김영란, 박시환, 김능환의 반대의견도 이러한 취지를 밝힌 바 있다.

33 대법원 2010. 3. 18. 선고 2007다77781 전원합의체 판결의 다수의견, 대법원 2016. 5. 24. 선고 2015다250574 판결.

34 대법원 2010. 3. 18. 선고 2007다77781 전원합의체 판결의 다수의견에 대한 대법관 양창수, 대법관 민일영의 보충의견 참조.

35 대법원 2010. 3. 18. 선고 2007다77781 전원합의체 판결의 다수의견.

36 김주수/김상용, 주석 민법, 상속(제2권)(제4판), 한국사법행정학회(2015), 135; 주해상속법(제1권), 박영사(2019), 489(이동진); 김주수/김상용, 친족·상속법(제20판), 법문사(2024), 787.

## 제 1029 조 [공동상속인의 한정승인]

**상속인이 수인인 때에는 각 상속인은 그 상속분에 응하여 취득할 재산의 한도에서 그 상속분에 의한 피상속인의 채무와 유증을 변제할 것을 조건으로 상속을 승인할 수 있다.**

[관련조문] 민법 제1006조(공동상속과 재산의 공유), 제1007조(공동상속인의 권리의무승계), 제1008조(특별수익자의 상속분), 제1008조의2(기여분), 제1009조(법정상속분), 제1010조(대습상속분), 제1011조(공동상속분의 양수), 제1040조(공동상속재산과 그 관리인의 선임)

[참고문헌] 김주수/김상용, 주석 민법, 상속(제2권)(제4판), 한국사법행정학회(2015); 주해상속법(제1권), 박영사(2019); 곽윤직, 상속법(민법강의VI)(개정판), 박영사(2004); 김주수/김상용, 친족·상속법(제20판), 법문사(2024)



### Ⅰ. 의의

1 여러 명의 공동상속인이 있는 경우 각 공동상속인은 그 상속분에 따라 취득할 재산의 한도에서 그 상속분에 의한 피상속인의 채무와 유증을 변제할 것을 조건으로 상속을 승인할 수 있고, 그러한 선택은 다른 공동상속인에 영향을 주지 아니한다. 민법 제1029조는 개별적 한정승인을 인정함으로써 상속의 효과 귀속 여부에 관한 각 공동상속인의 의사와 선택권을 존중하기 위하여 마련된 규정이다.

### Ⅱ. 공동상속인 일부만이 한정승인을 한 경우의 효과

2 민법은 제1029조에 따라 공동상속인 중 일부만이 한정승인을 한 경우의 효과에 관하여 특별한 규정을 두고 있지는 아니하나, 학설은 공동상속인 중 1명이라도 한정승인을 하면 사실상 전 상속재산이 각 공동상속인의 고유재산과 분리되고, 한정승인에 따른 청산절차 역시 사실상 전 상속재산에 대하여 이루어진다고 본다.[1] 이에 따르면, 공동상속인 중 일부는 단순승인, 일부는 한정승인을 한 경우, 공동상속인들은 우선 전 상속재산에 대하여 한정승인을 한 것처럼 한정승인에 따른 청산절차를 진행한다. 그 결과 상속채무가 남는 경우에는 상속분의 비율에

1 주해상속법(제1권), 박영사(2019), 494(이동진); 곽윤직, 상속법(민법강의VI)(개정판), 박영사(2004), 187.

따라 분할하여 단순승인을 한 공동상속인은 자기의 고유재산으로 책임을 지고, 한정승인을 한 공동상속인은 책임을 면하게 된다. 예를 들어 직계비속 갑, 을, 병이 총 1억 원 상당의 적극재산을 상속하였는데, 상속채무는 총 1억 6,000만 원이고, 갑과 을이 한정승인을 한 경우, 갑, 을, 병은 상속재산 전부에 관하여 청산절차를 밟고 남은 상속채무 6,000만 원을 상속분의 비율에 따라 각 2,000만 원씩 부담하되, 갑과 을은 한정승인자로서 그 2,000만 원의 채무에 대한 책임을 면하고, 병은 자기의 고유재산으로 2,000만 원을 변제하여야 한다. 반대로 상속적극재산이 남는 경우에는 전 공동상속인이 구체적 상속분에 따라 분할하게 된다.[2]

## Ⅲ. 한정승인에 따른 청산절차 종료 전 상속재산분할청구 가부

3 공동상속인들 중 일부가 한정승인을 한 경우 한정승인에 따른 청산절차가 종료되지 아니한 상태에서 상속재산분할 청구는 부적법하다는 견해도 있으나, 민법에 선후에 관한 명시적인 규정이 없고 한정승인은 상속채무는 그대로 승계하되 상속재산의 한도 내로 책임이 제한되는 것에 불과하여 공동상속인들 중 일부가 한정승인을 하였다고 하여 상속재산분할이 불가능하다고 보기 어렵고, 상속재산분할의 대상이 되는 상속재산의 범위에 관하여 공동상속인들 간 분쟁이 있을 경우 상속재산분할 청구를 통하여 상속재산의 범위를 한꺼번에 확정하는 것이 상속채권자의 보호나 청산절차의 신속한 진행을 위하여 필요한 점 등을 고려할 때 한정승인에 따른 청산절차가 종료되지 않았다는 이유만으로 상속재산분할 청구가 부적법하게 된다고 볼 수 없다.[3]

2 주해상속법(제1권), 박영사(2019), 494(이동진).
3 서울고등법원 2011. 10. 31. 자 2010브61 결정(확정).

## 제 1030 조 [한정승인의 방식]

**① 상속인이 한정승인을 함에는 제1019조 제1항 또는 제3항의 기간 내에 상속재산의 목록을 첨부하여 법원에 한정승인의 신고를 하여야 한다.** <개정 2005. 3. 31>

**② 제1019조 제3항의 규정에 의하여 한정승인을 한 경우 상속재산 중 이미 처분한 재산이 있는 때에는 그 목록과 가액을 함께 제출하여야 한다.** <신설 2005. 3. 31>

[관련조문] 민법 제1019조(승인, 포기의 기간), 제1020조(제한능력자의 승인·포기의 기간), 제1021조(승인, 포기기간의 계산에 관한 특칙), 제1022조(상속재산의 관리), 제1028조(한정승인의 효과), 제1029조(공동상속인의 한정승인)

[참고문헌] 김주수/김상용, 주석 민법, 상속(제2권)(제4판), 한국사법행정학회(2015); 주해상속법(제1권), 박영사(2019); 곽윤직, 상속법(민법강의VI)(개정판), 박영사(2004); 법원실무제요, 가사[Ⅱ], 사법연수원(2021)



### Ⅰ. 의의

1 민법 제1030조는 한정승인의 형식적 요건 및 방식에 관하여 정하고 있다. 상속인이 상속을 한정승인하려면 재산목록을 첨부하여 고려기간 내에 가정법원에 한정승인의 신고를 하여야 한다(민법 제1030조). 민법 제1030조가 정한 방식에 따르지 않은 임의의 의사표시는 한정승인으로서의 효력이 없다. 우리 법은 상속의 한정승인이 다른 공동상속인, 상속채권자나 상속인의 채권자 등 다수의 이해관계인에게 중대한 영향을 미치는 점을 고려하여, 법률관계의 획일적 처리를 확보하기 위하여 민법에 한정승인의 방식에 관한 규정을 마련하는 한편, 가사소송법에 '한정승인의 신고와 수리'를 라류 가사비송사건(가사소송법 제2조 제1항 제2호 가목 32)으로 규정함으로써 상속인으로 하여금 일정한 방식에 따라 한정승인 의사를 신고하고, 가정법원으로 하여금 그 의사표시의 존재를 명확히 하도록 하고 있다.

## Ⅱ. 한정승인의 요건 및 방식

### 1. 한정승인 신고를 할 수 있는 자

#### 가. 상속인 또는 임의대리인

2 한정승인은 상속인이 가정법원에 신고를 하는 방식으로 하여야 한다. 상속인의 임의대리인도 이를 할 수 있다(가사소송규칙 제75조). 상속인의 며느리, 사위, 계모자(繼母子), 상속개시 당시 포태되지 않았는데 그 후에 출생한 사람, 선순위 상속인이 한정승인을 한 이후의 후순위 상속인, 피상속인보다 먼저 사망한 자녀의 배우자가 피상속인이 사망하기 이전에 다른 사람과 재혼한 경우의 배우자(등기예규 제694호) 등 상속인이 아닌 사람의 신고는 허용되지 아니한다.

3 후순위 상속인은 상속이 개시된 이후 고려기간 내에 선순위 상속인이 상속포기 신고나 한정승인 신고를 하기 전에 선순위 상속인보다 먼저 한정승인 신고를 할 수 있다[상속포기의 신고에 관한 예규(재특 2003-1) 제3조 유추적용]. 그러나 후순위 상속인이 선순위 상속인과 동시에 한정승인 신고를 한 경우에는 후순위 상속인의 신고는 청구인적격이 없어 부적법하다.[1]

#### 나. 제한능력자의 경우 그 법정대리인

4 한정승인의 신고는 내용에 있어 재산적 성격을 가지고 있을 뿐만 아니라 가사비송절차로서 소송행위의 성격도 가지고 있으므로, 상속인이 제한능력자인 때는 법정대리인이 이를 대리하여야 한다[상속포기의 신고에 관한 예규(재특 2003-1) 제2조 제1항 유추적용]. 법정대리인의 동의를 받더라도 제한능력자가 그 이름으로 단독으로 신고할 수 없다(민사소송법 제55조).

5 상속인이 미성년자인 경우 공동친권자라면 부모가 공동으로 신고함이 원칙이고(민법 제909조 제2항), 한쪽 친권자만 신고한 때에는 가정법원은 보정을 명한 후 보정명령에 응하지 않으면 신고를 부적법 각하한다. 다만 부모의 한쪽이 친권을 행사할 수 없을 때에는 다른 쪽이 신고할 수 있다(민법 제909조 제3항). 이와 달리 친권자의 정함이 있는 경우(민법 제909조 제4항·제5항)에는 지정된 친권자가 단독으로 신고할 수 있다.

1 법원실무제요, 가사[Ⅱ], 사법연수원(2021), 1056. 이 점에서 동시에 할 수 있는 상속포기의 신고와 다르다.

### 다. 이해상반행위

6 제한능력자인 상속인과 법정대리인이 공동상속인이 되는 경우 등 상속의 한정승인이 이해상반행위에 해당하는 때에는 특별대리인을 선임하여 그 특별대리인이 제한능력자를 대리하여야 한다[상속포기의 신고에 관한 예규(재특 2003-1) 제2조 제2항 유추적용]. 법정대리인이 제한능력자를 대리하여 상속의 한정승인을 하는 것이 이해상반행위에 해당하는지 여부는 구체적 사정을 고려하여 실질적으로 판단하여야 한다(☞ 상세한 내용은 민법 제921조 주석 참조).

## 2. 한정승인의 시적 한계

7 상속의 한정승인은 반드시 상속이 개시된 후에 하여야 한다. 또한 한정승인은 상속인 또는 그 법정대리인이 상속개시가 있음을 안 날로부터 3개월 내에 하여야 한다. 가정법원은 경우에 따라 이해관계인 또는 검사의 청구에 의하여 그 기간을 연장할 수 있다(민법 제1019조 제1항). 한편, 고려기간이 도과하기 전이더라도 상속인이 상속재산에 대한 처분행위를 함으로써 민법 제1026조 제1호에 따라 단순승인의 효력이 발생한 후에는 한정승인을 할 수 없다. 다만, 상속인이 상속채무가 상속적극재산을 초과하는 사실을 중대한 과실 없이 고려기간 내에 알지 못하고 처분한 경우에는 민법 제1019조 제3항에 따라 그 사실을 안 날로부터 3월 내에 한정승인을 할 수 있다. 이에 반하여 이루어진 한정승인은 설령 신고가 수리되었다고 하더라도 무효이다. 한정승인의 효력이 문제되는 경우 한정승인이 위와 같은 시적 한계 내에 이루어졌다는 사정은 상속인이 증명하여야 한다.

## 3. 한정승인 신고를 하여야 할 법원

8 한정승인의 신고를 하여야 할 법원은 상속개시지인 피상속인의 마지막 주소지의 가정법원이다(가사소송법 제44조 제6호, 민법 제998조). 그 마지막 주소지가 외국인 경우에는 대법원이 있는 곳의 가정법원인 서울가정법원이 관할한다(가사소송법 제35조 제2항, 제13조 제2항).

## 4. 한정승인 신고의 방식

### 가. 신고서의 기재사항 및 첨부서류

9 한정승인의 신고는 가정법원에 대하여 신고인 또는 대리인이 기명날인 또는 서명한 서면으로 하여야 한다. 신고서에는 ① 당사자의 등록기준지, 주소, 성명,

생년월일, 대리인이 신고할 때에는 대리인의 주소와 성명, ② 신고 취지와 신고원인, ③ 신고 연월일, ④ 가정법원의 표시(가사소송법 제36조 제3항) 외에, ⑤ 피상속인의 성명과 마지막 주소, ⑥ 피상속인과의 관계, ⑦ 상속개시 있음을 안 날, ⑧ 상속의 한정승인을 하는 뜻을 기재하여야 한다(가사소송규칙 제75조). 민법 제1019조 제1항의 한정승인과 같은 조 제3항의 특별한정승인을 구분하여 사건명이나 근거조문 등을 기재할 필요는 없다.

10 신고서에는 신고인 또는 대리인의 인감증명서와 더불어 상속재산의 목록을 첨부하여야 한다(민법 제1030조 제1항). 가정법원은 그 밖에도 통상 청구인의 가족관계증명서, 주민등록표등본, 피상속인의 폐쇄가족관계등록부에 따른 기본증명서, 상속관계를 확인할 수 있는 제적등본, 말소된 주민등록표등본 등의 제출을 요구하고 있다.

### 나. 재산목록의 작성

11 민법 제1030조 제1항은 상속재산의 내용을 명백히 하기 위하여 그 목록을 작성하여 한정승인 신고서에 첨부할 것을 요구하고 있다. 법률상 그 형식이나 내용에 대한 제한은 없으나 재산목록의 작성을 요구하는 취지상 재산목록은 적극재산과 소극재산을 불문하고 상속재산 전부를 망라하는 것이어야 하고, 소액이거나 추심의 가능성이 적은 채권이라도 포함하여 구체적이고 정확하게 작성되어야 한다. 재산목록에 상속재산의 기재가 일부 누락된 경우, 상속인의 고의에 의한 것이라면 단순승인을 한 것으로 보지만(민법 제1026조 제3호), 아니라면 신고 후에라도 심판경정절차를 거쳐 경정결정을 받음으로써 이를 보정할 수 있다. 한편 이해관계인 또는 검사는 상속인에게 다시 완전한 재산목록의 작성을 청구할 수 있다(민법 제1023조 제1항).[2]

12 상속재산 중 적극재산의 경우 재산의 종류에 따라 부동산, 유체동산, 금전채권, 유가증권 등으로 구별하여 기재하는데, 일반적으로 부동산, 유체동산의 경우 정확한 가액까지 기재할 필요는 없다.[3] 소극재산의 경우 채권자, 채무액, 채무의 종류, 발생일 등을 기재한다. 상속재산에 적극재산은 없고 소극재산만 있는 경

2 김주수/김상용, 주석 민법, 상속(제2권)(제4판), 한국사법행정학회(2015), 130; 주해상속법(제1권), 박영사(2019), 497(이동진).

3 김주수/김상용, 주석 민법, 상속(제2권)(제4판), 한국사법행정학회(2015), 130; 주해상속법(제1권), 박영사(2019), 496(이동진); 곽윤직, 상속법(민법강의VI)(개정판), 박영사(2004), 188.

우에는 적극재산을 0(零)으로 하고, 상속채무만을 기재한다. 상속인이 소극재산을 명백히 특정하지 못하고, 적극재산의 한도 내에서 책임을 부담하겠다는 취지를 밝히는 경우 실무에서는 특별한 사정이 없는 한 이를 수리하고 있다. 고려기간 내에 모든 소극재산을 파악하기란 쉽지 않기 때문이다.

13 특별한정승인 신고의 경우에는 재산목록에 채무초과의 취지가 명시되어야 한다. 따라서 재산목록에 피상속인의 사망 당시 적극재산의 가액이 소극재산의 가액을 초과하는 것으로 적은 특별한정승인 신고는 부적법한 것으로 각하대상이 된다. 이미 처분한 상속재산이 있을 때에는 그 목록과 가액도 적어야 하고(민법 제1030조 제2항), 이때 가액은 처분 당시의 가액을 기재한다. ① 상속인이 재산목록에 소극재산의 가액만을 적은 경우, ② 적극재산이나 소극재산에 관한 민사소송이 계속 중이어서 그 가액을 확정할 수 없는 경우 가정법원은 일단 가능한 범위 내에서 이를 보정하도록 조치한다.

14 위와 같은 재산목록의 작성자는 상속인 또는 그 대리인으로 해석함이 타당하나, 현실의 작성자는 아무라도 상관없으며, 공증인 등의 참여를 필요로 하지 않는다.

## Ⅲ. 한정승인 신고의 수리 여부에 대한 심리 및 심판

### 1. 심리

15 가정법원은 한정승인 신고서를 심사하여 신고가 고려기간을 지나 이루어진 것이 분명한 경우, 신고가 상속인 본인의 의사에 기한 것이 아니거나 신고할 수 있는 자에 의하여 이루어진 것이 아님이 분명한 경우, 신고서에 재산목록 등 법정 첨부서류가 첨부되어 있지 않거나 법정 기재사항이 기재되어 있지 아니하고, 신고인이 보정명령에도 불응하는 경우 등과 같이 신고가 부적법함이 분명한 경우에는 그 신고를 각하한다. 그러나 제출된 서면을 신고서로 볼 여지가 있는 이상, 사소한 흠이 있더라도 곧바로 신고를 각하할 것은 아니고 그 흠을 보정시키는 등 보완을 명하여 가급적 유효한 신고서로 해석·처리하여야 한다.[4]

16 가정법원은 신고의 적법성만 심리할 뿐 그 내용의 타당성은 심리하지 아니한다. 특별한정승인 신고의 경우에도 특별한정승인요건을 갖추었는지는 심리의 대상이 아니다. 가정법원의 한정승인 신고수리의 심판은 일응 한정승인의 요건을 갖

[4] 대법원 2002. 11. 8. 선고 2002다21882 판결, 대법원 1978. 1. 31. 자 76스3 결정.

춘 것으로 인정한다는 것일 뿐 그 효력을 확정하는 것이 아니기 때문이다.[5] 따라서 실무에서는 신고서에 날인된 인영과 인감증명서의 인감이 일치하는지 확인하는 방식으로 신고가 상속인 본인의 의사에 기한 것인지를 심리하고, 나머지는 요건이 명백히 결여되었는지 정도를 심리하는 것이 일반적이다.

17 상속인이 한정승인의 신고를 한 후 그 수리 전에 사망한 경우의 처리에 관하여 사망과 관계없이 수리 여부를 심판하거나 신고인의 상속인으로 하여금 절차를 수계하도록 하여 수리 여부를 심판하여야 한다는 견해도 있으나, 한정승인 신고는 수리되어야 효력이 발생하는 점을 고려하면 사망으로 그 절차가 종료되고 민법 제1021조에 따라 그 상속인이 별개로 한정승인이나 포기 신고를 해야 한다고 본다.

## 2. 심판

18 한정승인의 신고가 형식적 요건을 갖춘 것으로서 부적법하지 않은 이상 가정법원은 이를 수리하여야 하고, 상속채무가 상속재산을 초과하였다거나 상속인이 중대한 과실 없이 이를 알지 못하였다는 등의 실체적 요건을 갖추지 아니하였음이 분명한 경우 외에는 이를 문제 삼아 신고를 불수리할 수 없다. 따라서 상속인들은 한정승인 신고수리의 심판에 있어서 실체적 요건이 구비되었다는 점을 적극적으로 증명할 필요가 없다.[6] 한정승인 신고의 수리는 심판으로 한다(가사소송법 제39조 제1항). 가정법원은 신고의 일자 및 대리인이 한 신고인 경우에는 그 대리인의 주소와 성명을 적은 심판서를 작성하여야 한다(가사소송규칙 제75조 제3항). 한정승인 신고를 수리하는 경우의 주문례는 다음과 같다.

| 청구인이 피상속인 망 ○○○의 상속을 함에 있어 별지 상속재산 목록을 첨부하여서 한 2018. 12. 31. 자 한정승인 신고를 수리한다. |
|---|

## 3. 심판의 효력

19 한정승인의 신고는 접수된 때가 아니라 수리심판이 효력을 발생한 때, 즉 수리심판이 당사자에게 고지된 때에 그 효력이 발생한다.[7] 신고수리의 심판은 일응 상속의 한정승인의 요건을 갖춘 것으로 인정한다는 것일 뿐 그 효력을 확정하는 것은 아니고, 상속의 한정승인의 효력이 있는지에 관한 최종적인 판단은 실

5 대법원 2006. 2. 13. 자 2004스74 결정.
6 대법원 2006. 2. 13. 자 2004스74 결정.
7 대법원 2004. 6. 25. 선고 2004다20401 판결.

체법에 따라 민사소송에서 결정될 문제이다.[8] 상속인이 단순승인을 하거나 단순승인한 것으로 간주된 후에 한정승인신고를 하고 가정법원이 특별한정승인의 요건을 갖추었다는 취지에서 수리심판을 하였다면 상속인이 특별한정승인을 한 것으로 보아야 하고, 상속채권에 관한 청구를 심리하는 법원은 위 한정승인이 민법 제1019조 제3항에서 정한 요건을 갖춘 특별한정승인으로서 유효한지 여부를 심리·판단하여야 한다.[9] 일단 한정승인의 신고가 수리된 때에는 철회할 수 없고, 취소기간 내에 총칙편의 규정에 의한 취소를 할 수 있을 뿐이다(민법 제1024조).

## 4. 불복 가부

한정승인의 신고가 각하된 경우 또는 신고를 수리하지 않은 심판에 대하여는 청구인이 즉시항고를 할 수 있으나(가사소송규칙 제27조), 신고를 수리한 심판에 대하여는 불복할 수 없고, 별도로 상속인에 대하여 이행청구의 소 등 민사소송을 제기하여 그 절차에서 선결문제로 다투거나 한정승인 무효확인의 소를 제기하여 다투어야 한다.

8 대법원 2002. 11. 8. 선고 2002다21882 판결, 대법원 2006. 2. 13. 자 2004스74 결정.
9 대법원 2021. 2. 25. 선고 2017다289651 판결.

## 제 1031 조 [한정승인과 재산상 권리의무의 불소멸]

**상속인이 한정승인을 한 때에는 피상속인에 대한 상속인의 재산상 권리의무는 소멸하지 아니한다.**

[관련조문] 민법 제191조(혼동으로 인한 물권의 소멸), 제507조(혼동의 요건, 효과), 제1025조(단순승인의 효과), 제1028조(한정승인의 효과), 제1029조(공동상속인의 한정승인), 제1050조(재산분리와 권리의무의 불소멸)

[참고문헌] 김주수/김상용, 주석 민법, 상속(제2권)(제4판), 한국사법행정학회(2015); 주해상속법(제1권), 박영사(2019); 곽윤직, 상속법(민법강의VI)(개정판), 박영사(2004); 윤진수, 친족상속법 강의(제5판), 박영사(2023); 박광천, "상속의 한정승인", 재판자료 제78집, 법원도서관(1998); 임성권, "상속의 한정승인에 관한 연구", 가족법연구 제15권 제2호, 한국가족법학회(2001)



### Ⅰ. 의의

1 상속인이 한정승인을 하더라도 피상속인의 채무와 유증에 대한 책임의 범위가 한정될 뿐, 상속인은 피상속인의 일신에 전속한 것을 제외하고는 피상속인의 재산에 관한 포괄적 권리의무를 승계한다. 따라서 원칙적으로는 단순승인을 한 경우와 같이 상속재산과 고유재산이 혼합되어 피상속인과 상속인 사이의 재산상 권리의무에 혼동이 일어나 소멸할 우려가 있다(민법 제507조, 제191조). 그러나 한정승인이 이루어진 경우에 혼동으로 인한 권리의 소멸을 인정하는 것은 피상속인의 상속재산을 상속인의 고유재산으로부터 분리하여 청산하려는 한정승인 제도의 취지에 반하게 된다.[1] 즉, 상속인과 피상속인이 서로에 대하여 채권을 가지고 있는 경우 상속인이 한정승인을 하였음에도 양 채권이 혼동으로 소멸한다고 하면, 상속인의 고유재산인 상속인의 피상속인에 대한 채권으로 피상속인의 채무를 변제하는 결과가 되어 민법 제1028조의 취지에 어긋날 뿐만 아니라, 동시에 상속재산인 피상속인의 상속인에 대한 채권으로 상속인의 채권을 다른 상속채권자에 우선하여 변제하는 결과가 되어 민법 제1034조의 취지에도 어긋나게 된다.[2]

1 김주수/김상용, 주석 민법, 상속(제2권)(제4판), 한국사법행정학회(2015), 133.
2 주해상속법(제1권), 박영사(2019), 499(이동진); 윤진수, 친족상속법 강의(제5판), 박영사(2023), 518; 박광천, "상속의 한정승인", 재판자료 제78집, 법원도서관(1998), 591; 임성권, "상속의 한정승인에 관한 연구", 가족법연구 제15권 제2호, 한국가족법학회(2001), 340.

이에 민법은 제1031조를 통하여 혼동에 대한 예외를 인정하여 상속인이 한정승인을 한 때에는 상속인과 피상속인 상호간의 재산상 권리의무에 혼동이 일어나지 아니함을 규정하고 있다. 이 범위에 있어서는 상속재산과 상속인의 고유재산이 사실상 분리되어 각각 별도의 재산으로 취급되는 효과가 발생하는 것이다.

## Ⅱ. 효과와 적용범위

### 1. 상속인과 피상속인 사이의 재산상 권리의무

2 상속인이 한정승인을 하면 피상속인에 대하여 가지고 있던 재산상 권리의무는 소멸하지 아니한다. 상속인과 피상속인이 서로에 대하여 채권을 가지고 있는 경우, 피상속인의 상속인에 대한 채권은 상속적극재산의 일부를 구성하고, 상속인의 피상속인에 대한 채권은 상속채무가 된다. 이론적으로는 양 채권은 상속개시시에 채권과 채무가 동일한 주체에 귀속하게 됨으로 인하여 일단 혼동으로 소멸하였다가 이후 상속인의 한정승인에 의하여 소급하여 부활한다고 본다.[3] 민법 제1031조의 '피상속인에 대한 상속인의 재산상 권리의무'는 채권과 채무뿐만 아니라 물권과 물적 부담을 포함하므로,[4] 피상속인이 상속인의 고유재산인 부동산에 대하여 저당권 등의 담보물권을 가지고 있었거나 상속인이 상속재산인 부동산에 대하여 임차권을 가졌던 경우에도 각 물권 및 물적 부담은 소멸하지 아니한다. 따라서 위의 경우 피상속인의 저당권은 그 피담보채권과 함께 상속재산을 구성하게 되고, 상속인은 임차권자로서 상속재산에 대하여 그 권리를 행사할 수 있을 것이다.

### 2. 상속인과 피상속인의 제3자에 대한 공동의 재산상 권리의무

3 상속인과 피상속인이 제3자에 대하여 동일한 목적의 채권을 가지거나 또는 채무를 부담하고 있었던 경우에도 민법 제1031조의 적용이 있다.[5] 상속재산과 상속인의 고유재산의 독립성을 확보하려는 제1031조의 취지상, 양자는 상속인 및 피상속인과 제3자 사이의 법률관계에서도 분리하여 다루어져야 하기 때문이다.

3 곽윤직, 상속법(민법강의VI)(개정판), 박영사(2004), 189.

4 주해상속법(제1권), 박영사(2019), 500(이동진); 박광천, "상속의 한정승인", 재판자료 제78집, 법원도서관(1998), 591~592.

5 김주수/김상용, 주석 민법, 상속(제2권)(제4판), 한국사법행정학회(2015), 134; 주해상속법(제1권), 박영사(2019), 500(이동진).

4 따라서 피상속인과 상속인이 제3자에 대하여 연대채권 혹은 불가분채권을 가지고 있던 경우, 상속인은 피상속인의 채권을 행사할 수 있음과 동시에 자기 고유의 채권도 행사할 수 있다.[6] 다만 그로 인한 이익은 각각 상속재산과 고유재산에 분리되어 귀속한다. 만일 상속인이 피상속인의 채권이나 자기 고유의 채권을 행사하여 각각의 내부적 지분을 초과하는 이익을 받았다면 그 초과분을 각각 고유재산과 상속재산에 반환하여야 한다. 상속인이 둘 중 어느 채권을 행사하는지가 불분명한 때에는 상속인에게 변제이익이 큰 채권을 행사한 것으로 해석함이 타당하다.[7]

5 반대로 피상속인과 상속인이 제3자에 대하여 연대채무 혹은 불가분채무를 부담하는 경우에는 채권자가 피상속인에 대한 채권을 행사하는지 또는 상속인에 대한 채권을 행사하는지에 따라 책임을 질 재산을 상속재산 또는 고유재산으로 달리 하여야 한다. 만일 상속인이 상속재산 또는 고유재산으로 각각의 내부적 지분을 초과하여 위 채무를 만족시켰다면 그 초과분에 관하여 각각 고유재산과 상속재산에 대한 구상권을 행사할 수 있다.

6 한편 상속인이 피상속인의 제3자에 대한 채무에 대한 보증채무를 부담하고 있었다면, 각각 상속재산과 고유재산으로 주채무자로서의 책임과 보증인으로서의 책임을 지고, 보증인으로서 고유재산으로 주채무를 만족시킨 경우 상속재산에 대하여 구상권을 행사할 수 있다. 피상속인이 상속인의 제3자에 대한 채무에 대한 보증채무를 부담하고 있었던 경우에도 마찬가지일 것이다.[8]

### 3. 상계의 문제

7 제3자가 피상속인에 대하여는 채권을 보유하면서 상속인에 대하여는 채무를 부담하는 경우, 상속이 개시되면 위 채권 및 채무가 모두 상속인에게 귀속되어 상계적상이 생기지만, 상속인이 한정승인을 하면 상속이 개시된 때부터 민법 제1031조에 따라 피상속인의 상속재산과 상속인의 고유재산이 분리되는 결과가 발생하므로, 상속채권자의 피상속인에 대한 채권과 상속인에 대한 채무 사이의 상계는 제3자의 상계에 해당하여 허용될 수 없다. 그 결과 상속채권자가 상속이 개

6 김주수/김상용, 주석 민법, 상속(제2권)(제4판), 한국사법행정학회(2015), 134.

7 주해상속법(제1권), 박영사(2019), 501(이동진).

8 김주수/김상용, 주석 민법, 상속(제2권)(제4판), 한국사법행정학회(2015), 134; 주해상속법(제1권), 박영사(2019), 501(이동진); 박광천, “상속의 한정승인”, 재판자료 제78집, 법원도서관(1998), 592.

시된 후 한정승인 이전에 피상속인에 대한 채권을 자동채권으로 하여 상속인에 대한 채무에 대하여 상계하였더라도, 그 이후 상속인이 한정승인을 하는 경우에는 민법 제1031조의 취지에 따라 상계가 소급하여 효력을 상실하고, 상계의 자동채권인 상속채권자의 피상속인에 대한 채권과 수동채권인 상속인에 대한 채무는 모두 부활한다.[9] 그러나 상속채권자가 위 상계를 하면서 상속인의 동의를 얻었거나, 반대로 상속인이 고유재산인 자기의 상속채권자에 대한 채권을 자동채권으로 하여 상계하였다면, 상속인은 그 한도에서 한정승인에 의한 책임한정의 항변권을 사전에 포기한 것으로 볼 수 있으므로 나중에 상속인이 한정승인을 하더라도 그러한 상계는 그대로 유효할 것이다.[10] 이는 상속재산을 처분한 것이 아니므로 민법 제1026조 제1호의 법정단순승인사유에 해당하지 아니함은 물론이다.

8 이러한 법률관계는 반대로 피상속인이 제3자에 대하여 채권을 가지고 있고, 상속인이 제3자에 대하여 채무를 부담하는 경우에도 마찬가지이다. 다만, 이 경우 상속인이 상속개시 후 한정승인 전에 자기의 상속채권인 피상속인의 제3자에 대한 채권을 자동채권으로 하는 상계를 하였다면 상속재산을 처분한 것이므로 민법 제1026조 제1호의 법정단순승인사유에 해당할 것이다.[11]

9 대법원 2022. 10. 27. 선고 2022다254154, 254161 판결.

10 김주수/김상용, 주석 민법, 상속(제2권)(제4판), 한국사법행정학회(2015), 134; 주해상속법(제1권), 박영사(2019), 501~502(이동진); 윤진수, 친족상속법 강의(제5판), 박영사(2023), 518.

11 주해상속법(제1권), 박영사(2019), 501~502(이동진).

## 제 1032 조 [채권자에 대한 공고, 최고]

① 한정승인자는 한정승인을 한 날로부터 5일내에 일반상속채권자와 유증받은 자에 대하여 한정승인의 사실과 일정한 기간 내에 그 채권 또는 수증을 신고할 것을 공고하여야 한다. 그 기간은 2월 이상이어야 한다.

② 제88조 제2항, 제3항과 제89조의 규정은 전항의 경우에 준용한다.

**[관련조문]** 민법 제88조(채권신고의 공고), 제89조(채권신고의 최고), 제1032조(채권자에 대한 공고, 최고), 제1033조(최고기간 중의 변제거절), 제1034조(배당변제), 제1035조(변제기전의 채무 등의 변제), 제1036조(수증자에의 변제), 제1037조(상속재산의 경매), 제1038조(부당변제 등으로 인한 책임), 제1039조(신고하지 않은 채권자 등), 제1040조(공동상속재산과 그 관리인의 선임)

**[참고문헌]** 김주수/김상용, 주석 민법, 상속(제2권)(제4판), 한국사법행정학회(2015); 주해상속법(제1권), 박영사(2019); 곽윤직, 상속법(민법강의VI)(개정판), 박영사(2004); 박광천, “상속의 한정승인”, 재판자료 제78집, 법원도서관(1998); 서울회생법원, 상속재산의 파산 설명자료; 심영진, “민법 제1034조 제1항에 따라 배당변제를 받을 수 있는 ‘한정승인자가 알고 있는 채권자’에 해당하는지 판단하는 기준시점”, 대법원 판례해설 제117호, 법원도서관(2019)



### Ⅰ. 의의

1 한정승인을 한 상속인은 상속에 의하여 취득한 재산의 한도에서 피상속인의 채무와 유증을 변제하게 된다. 한정승인을 하게 되는 경우는 상속채무가 상속적극재산을 초과하는 경우가 대부분일 것인바, 상속채권자 및 수유자들 사이에 공평한 변제가 이루어지도록 하려면, 우선 상속채무의 액수와 채권자를 분명히 한 후 일괄하여 채권액의 비율에 따라 분배하여 변제할 것이 요구된다.[1] 이에 민법은 한정승인에 따른 청산방법으로 배당변제를 예정하면서 제1032조에서 제1040조를 통하여 그 구체적 절차에 관하여 규정하고 있다.[2]

1 김주수/김상용, 주석 민법, 상속(제2권)(제4판), 한국사법행정학회(2015), 137.

2 다만 실제에 있어서는 한정승인을 한 상속인에 의하여 청산절차가 진행되는 경우는 많지 않고, 상속채권자에 의한 개별적인 청구나 집행에 의존하고 있는 상황이다. 한정승인을 한 상속인이 관련 규정을 정확히 해석하여, 우선권이 있는 채권자를 판단하여 먼저 변제하고 일반채권자들에게 각 채권액의 비율로 안분배당하는 일이 쉽지 않고, 그 이행에 상당한 부담이 있기 때문이다. 서울회생법원, 상속재산의 파산 설명자료, 4.

2 민법 제1032조는 한정승인에 따른 청산절차의 첫 번째 순서로 한정승인을 한 상속인에게 상속채권자와 수유자에 대하여 한정승인의 사실을 알리고 채권 또는 수증을 신고할 것을 공고 또는 최고할 의무를 부과하는 한편 그 구체적 방법에 관하여 규정한다. 공평한 변제를 위해서는 가장 먼저 상속인이 상속채무의 액수와 채권자를 명확하게 파악할 필요성이 있고, 상속채권자와 수유자가 상속인의 한정승인사실을 알지 못한 채 채권 또는 수증신고를 하지 못하여 상속재산으로부터 배당변제도 받지 못하고 고유재산에 대하여도 책임을 묻지 못하게 되는 것은 부당하기 때문이다.[3]

## Ⅱ. 상속채권자 및 수유자에 대한 공고

### 1. 공고의 요건과 절차

3 한정승인을 한 상속인은 공고의 대상, 방법 및 내용 한정승인을 한 날로부터 5일 이내에 상속채권자와 수유자에 대하여 한정승인 신고가 수리된 사실과 2개월 이상의 소정의 기간 내에 그 채권 또는 수증을 신고할 것을 공고하여야 한다(민법 제1032조 제1항). '한정승인을 한 날'이라 함은 한정승인신고의 수리심판이 청구인에게 고지됨으로써 한정승인의 효력이 발생한 날을 의미한다. 상속인이 여러 명인 경우, 가정법원에 의하여 공동상속인 중에서 상속재산관리인이 선임되었다면 위 공고는 상속재산관리인이 그 선임을 안 날부터 5일 이내에 하여야 한다(민법 제1040조 제1항·제3항 단서).

4 그 취지상 공고는 배당변제에 의하여 청산할 수 있는 채권을 가진 자에 대해서 하여야 하는 것으로, 상속재산인 부동산에 관하여 임차권을 가지는 자와 같이 한정승인에 의하여 자신의 권리에 아무런 영향을 받지 않는 채권자에 대해서는 공고를 하지 않아도 된다.[4]

5 공고에는 채권신고를 하여야 한다는 뜻과 2개월 이상으로 정한 신고기간, 채권자 또는 수유자가 그 기간 내에 신고하지 않으면 청산에서 제외된다는 것을 표시하여야 한다(민법 제1032조 제2항, 제88조 제2항), 채권신고기간을 2개월보다 짧게 정한 공고는 무효이다. 공고는 법원의 등기사항의 공고와 동일한 방법으로 하여야 한다(민법 제1032조 제2항, 제88조 제3항). 따라서 상속개시지인 피상속인의

3 주해상속법(제1권), 박영사(2019), 503(이동진).
4 김주수/김상용, 주석 민법, 상속(제2권)(제4판), 한국사법행정학회(2015), 136.

주소지를 관할하는 지방법원장이 선정한 일간신문에 1회 이상 위 공고사항을 공고하여야 하고, 관할 지방법원장이 선정한 일간신문이 없다면 상속개시지 관할 등기소와 시·군·구의 게시판에 게시함으로써 공고할 수 있다(비송사건절차법 제65조의2, 제65조의3, 제65조의4). 공고에 필요한 비용은 상속재산에서 부담한다.[5]

### 2. 효과

6 한정승인을 한 상속인은 민법 제1032조에 따른 적법한 공고를 한 경우 공고에서 정한 채권신고기간이 만료하기 전까지 변제를 거절할 수 있다(민법 제1033조). 한편 그가 공고를 해태함으로써 상속채권자 또는 수유자에게 손해를 입혔을 때에는 그 손해를 배상하여야 한다(민법 제1038조 제1항).

7 상속채권자 또는 수유자는 공고에서 정한 채권신고기간 내에 채권 또는 수증을 신고하여야 한다. 한정승인을 한 상속인은 위 기간 내에 신고한 상속채권자와 수유자에 대해서는 순위에 따라 배당변제하고(민법 제1034조 내지 제1036조), 그가 이미 알고 있는 자가 아닌 자로서 신고를 하지 아니한 상속채권자와 수유자에 대해서는 상속재산의 잔여가 있는 경우에 한하여 보충적으로만 책임을 진다(제1039조, ☞ 채권신고기간 내에 신고하지 않은 경우의 효과에 관해서는 민법 제1039조 주석 참조) 단, 이때의 채권 또는 수증 신고는 최고에 불과하므로 상속채권자 또는 수유자가 그로부터 6월 내에 재판상의 청구 등 민법 제174조의 조치를 추가로 취하지 아니하면 그 자체로는 시효중단의 효력이 없다.[6]

## Ⅲ. 알고 있는 상속채권자 및 수유자에 대한 최고

### 1. 최고의 대상, 방법 및 내용

8 한정승인을 한 상속인은 그가 알고 있는 상속채권자 및 수유자에 대해서는 위 공고 이외에 별도로 각각 그 채권신고를 최고하여야 한다(민법 제1032조 제2항, 제89조). '공고'는 한정승인을 한 상속인이 알지 못하는 채권자의 채권신고를 독촉하기 위한 제도인데 비하여 '최고'는 한정승인을 한 상속인이 알고 있는 채권자에 대하여 개별적으로 채권신고를 독촉하기 위한 제도이다.[7]

5 김주수/김상용, 주석 민법, 상속(제2권)(제4판), 한국사법행정학회(2015), 137.
6 박광천, "상속의 한정승인", 재판자료 제78집, 법원도서관(1998), 597.
7 심영진, "민법 제1034조 제1항에 따라 배당변제를 받을 수 있는 '한정승인자가 알고 있는 채권자'에 해당하는지 판단하는 기준시점", 대법원 판례해설 제117호, 법원도서관(2019), 14.

9 상속인이 알고 있는 상속채권자 및 수유자란 확정판결 등의 집행권원에 의하여 채권의 존재, 채권자, 채권의 종류와 액수가 확정되어 있거나 상속인이 이를 인정하고 있는 경우와 같이 상속인이 그가 상속채권자 또는 수유자의 지위에 있음을 알고 있는 경우를 의미한다. 채권의 존재와 채권자는 알고 있으나 채권의 종류나 액수가 불분명한 경우, 이를 분명하게 하기 위하여서라도 최고의 대상이 된다고 본다.[8]

### 2. 효과

10 상속채권자 또는 수유자는 최고받은 채권신고기간 내에 채권 또는 수증을 신고하여야 한다. 다만 한정승인을 한 상속인이 알고 있는 상속채권자 또는 수유자의 경우 채권신고를 하지 않더라도 배당에서 제외할 수 없다(민법 제1034조).

11 일반채권자 또는 수유자에 대한 공고와 달리 상속인이 알고 있는 상속채권자 또는 수유자에 대한 최고는 상속인이 일반채권자 또는 수유자에게 그들의 채권의 존재를 인식한다는 것을 표시한 것과 마찬가지이므로 채무의 승인으로서 시효중단의 효력을 지닌다(민법 제168조 제3호, 제177조).[9] 다만 채권의 종류나 액수에 관한 다툼이 있는 경우는 이에 해당하지 않는다.[10]

## Ⅳ. 공고·최고를 누락하거나 위법하게 한 경우의 효과

12 한정승인을 한 상속인이 공고·최고를 하지 아니하거나 앞서 본 방법에 어긋나는 방법으로 공고·최고를 하여도 한정승인의 효과나 한정승인에 따른 청산절차에서 이루어진 변제의 효력에는 영향이 없다.[11] 그러나 그가 공고·최고를 해태함으로써 다른 상속채권자나 수유자에 대하여 변제할 수 없게 된 때에는 고유재산으로 그 손해를 배상하여야 한다(민법 제1038조 제1항). 한편 변제를 받지 못한 상속채권자나 수유자는 그 사정을 알고 변제를 받은 상속채권자나 수유자에 대해 구상권을 행사할 수 있다(민법 제1038조 제2항).

8 주해상속법(제1권), 박영사(2019), 506(이동진).
9 박광천, “상속의 한정승인”, 재판자료 제78집, 법원도서관(1998), 597.
10 주해상속법(제1권), 박영사(2019), 506(이동진).
11 곽윤직, 상속법(민법강의Ⅵ)(개정판), 박영사(2004), 507.

## 제 1033 조 [최고기간 중의 변제거절]

**한정승인자는 전조 제1항의 기간만료 전에는 상속채권의 변제를 거절할 수 있다.**

**[관련조문]** 민법 제1038조(부당변제 등으로 인한 책임), 제1040조(공동상속재산과 그 관리인의 선임), 제1056조(상속인없는 재산의 청산)

**[참고문헌]** 김주수/김상용, 주석 민법, 상속(제2권)(제4판), 한국사법행정학회(2015); 주해상속법(제1권), 박영사(2019); 곽윤직, 상속법(민법강의Ⅵ)(개정판), 박영사(2004); 김주수/김상용, 친족·상속법(제20판), 법문사(2024); 윤진수, 친족상속법 강의(제5판), 박영사(2023); 박광천, "상속의 한정승인", 재판자료 제78집, 법원도서관(1998)



### Ⅰ. 의의

1 민법은 한정승인이 있은 경우 상속채권자 및 수유자 사이의 공평한 변제를 위하여 포괄청산으로써 배당변제를 예정하고, 상속채무의 액수 및 채권자의 명확한 파악이 이루어질 수 있도록 공고·최고 및 채권신고절차(민법 제1032조)를 마련하고 있다. 그런데 변제하여야 할 상속채무의 총액이 확정되기 전인데도 특정 상속채권자나 수유자가 먼저 변제를 받을 수 있다고 하면, 이후 다른 상속채권자나 수유자가 본래 변제받았어야 할 비율대로의 변제를 받지 못하게 될 우려가 있다.[1] 이에 민법 제1033조는 한정승인을 한 상속인에게 채권신고기간이 만료할 때까지 상속채권의 변제를 거절할 수 있는 권리를 부여하고 있다.

### Ⅱ. 채권신고기간 만료 전의 변제거절권

#### 1. 상속인의 변제거절권

2 한정승인을 한 상속인은 채권신고기간이 만료하기 전까지는 상속채권자 및 수유자에 대한 변제를 거절할 수 있다. 그 채권의 변제기가 도달하였더라도 마찬

[1] 김주수/김상용, 주석 민법, 상속(제2권)(제4판), 한국사법행정학회(2015), 137; 박광천, "상속의 한정승인", 재판자료; 제78집, 법원도서관(1998), 598~299.

가지이다. 그러나 이는 한정승인을 한 상속인에게 주어진 권리일 뿐 그에게 변제를 거절할 의무가 있는 것은 아니다.[2] 다만, 채권신고기간이 만료되지 아니하였음에도 한정승인을 한 상속인이 변제를 거절하지 않고 특정 상속채권자나 수유자에게 변제를 함으로써 다른 상속채권자 또는 수유자에게 변제할 수 없게 된 때에는 그의 고유재산으로 그 손해를 배상하여야 한다(민법 제1038조).

3 한정승인을 한 상속인이 채권의 변제를 거절하는 경우 그 기간 동안 이자 및 지체책임을 부담하는지에 관하여 확립된 견해는 없으나, 피상속인의 사망 및 상속인의 한정승인이라는 채무자 측의 사정으로 인하여 채권자가 손해를 입는다는 것은 타당하지 않을 뿐만 아니라,[3] 상속인으로서는 변제를 거절함으로써 부당변제 등에 대한 손해배상책임을 면할 수 있는 만큼 이자 및 지체책임을 부담한다고 하여 상속인에게 크게 불리하다고 보이지는 않는 점 등을 고려하면, 변제를 거절하는 동안의 이자 및 지체책임을 면할 수는 없다고 보아야 할 것이다.[4]

## 2. 상속채권자 및 수유자의 상계 및 집행 가부

4 채권신고기간 만료 전까지 한정승인을 한 상속인에게 그 변제를 거절할 권리가 인정되는 이상, 피상속인에 대한 반대채무가 있는 상속채권자 또는 수유자가 자기의 피상속인에 대한 채권을 자동채권으로 하여 상계하는 것은 항변권이 붙은 채권을 자동채권으로 하여 상계하는 것이 되어 허용되지 아니한다.[5] 반대로 한정승인을 한 상속인이 변제거절권을 포기하고 상속채권인 피상속인의 상속채권자 또는 수유자에 대한 채권을 자동채권으로 하여 상계하는 것을 허용된다.[6]

5 마찬가지로 상속채권자 및 수유자는 채권신고기간이 만료하기 전까지 상속재산에 대한 강제집행을 할 수 없다고 봄이 타당하다. 따라서 만일 상속채권자 및 수유자가 상속재산에 대한 강제집행을 시도하는 경우 상속인은 아직 채권신고기간이 도과되기 이전임을 소명하여 집행정지를 신청함으로써 이를 저지할 수

2 김주수/김상용, 주석 민법, 상속(제2권)(제4판), 한국사법행정학회(2015), 138; 곽윤직, 상속법(민법강의VI)(개정판), 박영사(2004), 192; 박광천, “상속의 한정승인”, 재판자료 제78집, 법원도서관(1998), 598~599.

3 주해상속법(제1권), 박영사(2019), 508(이동진).

4 윤진수, 친족상속법 강의(제5판), 박영사(2023), 523도 같은 취지. 반대로 김주수/김상용, 주석 민법, 상속(제2권)(제4판), 한국사법행정학회(2015), 139는 채권신고기간 만료 전의 변제거절권을 인정하면서 변제를 연기하는 동안은 이행지체의 책임을 지지 않는다고 보고 있다.

5 이와 달리 김주수/김상용, 주석 민법, 상속(제2권)(제4판), 한국사법행정학회(2015), 157은 상속채권자로서 상계적상에 있는 반대채무가 있는 자가 한정승인에 의하여 상계권을 잃지 않는 것이 당연하다고 본다.

6 주해상속법(제1권), 박영사(2019), 509(이동진).

있을 것이다(민사집행법 제49조 제4호 유추적용).[7] 그러나 상속채권자가 상속재산에 대하여 우선권을 가지는 경우는 해당 상속채권자와 상속채권자 사이의 우열관계는 민법상 일반원칙에 따라야 하므로 달리 보아야 한다. 상속재산에 관하여 질권·저당권 등의 담보물권을 가지는 자, 조세채권자, 주택 또는 상가임대차보증금 반환채권자와 같이 우선특권을 가지는 자 등은 다른 일반 상속채권자들과 함께 배당변제를 받는 것이 아니라 그 우선권의 한도에서 우선변제를 받을 수 있고(민법 제1034조 제1항 단서), 나아가 당해 상속재산에 관하여 독점적 권리를 가지므로(제1039조), 채권신고기간이 만료하기 전이라도 당해 상속재산에 대하여 집행을 할 수 있고, 상속인이 이를 저지할 수도 없다.[8]

## Ⅲ. 채권신고기간 만료 후의 변제거절권

6 민법 제1033조는 채권신고기간 만료 전의 변제거절권에 관하여만 규정하고 있는바 원칙적으로 채권신고기간이 만료되면 변제거절권이 소멸하고, 상속채권자 및 수유자는 피상속인에 대한 자동채권으로 하는 상속재산과의 상계 및 상속재산에 대한 집행을 할 수 있다고 볼 것이나, 채권신고기간 만료 직전에 채권신고가 있었던 경우와 같이 채권신고기간이 만료되었음에도 곧바로 변제해야 할 상속채무의 총액을 확정하기 어려운 경우와 같은 특별한 사정이 있다면, 채권신고기간 만료 이후에도 상당한 기간 동안 변제를 거절할 수 있다고 봄이 타당하다.[9] 채권신고기간이 만료되었다는 이유만으로 위와 같은 경우에도 변제를 거절할 수 없다고 보는 것은 한정승인을 한 상속인에게 지나치게 가혹할 뿐 아니라 포괄청산을 통해 상속채권자 및 수유자들 사이의 공평한 변제를 도모하려는 민법 제1033조의 취지에도 어긋나기 때문이다.

7 주해상속법(제1권), 박영사(2019), 509(이동진).

8 김주수/김상용, 주석 민법, 상속(제2권)(제4판), 한국사법행정학회(2015), 138; 주해상속법(제1권), 박영사(2019), 508~509(이동진); 김주수/김상용, 친족·상속법(제20판), 법문사(2024), 790; 박광천, “상속의 한정승인”, 재판자료 제78집, 법원도서관(1998), 601.

9 김주수/김상용, 주석 민법, 상속(제2권)(제4판), 한국사법행정학회(2015), 139; 주해상속법(제1권), 박영사(2019), 509(이동진); 김주수/김상용, 친족·상속법(제20판), 법문사(2024), 790.

## 제 1034 조 [배당변제]

① 한정승인자는 제1032조 제1항의 기간만료 후에 상속재산으로서 그 기간 내에 신고한 채권자와 한정승인자가 알고 있는 채권자에 대하여 각 채권액의 비율로 변제하여야 한다. 그러나 우선권 있는 채권자의 권리를 해하지 못한다.

② 제1019조 제3항의 규정에 의하여 한정승인을 한 경우에는 그 상속인은 상속재산 중에서 남아있는 상속재산과 함께 이미 처분한 재산의 가액을 합하여 제1항의 변제를 하여야 한다. 다만, 한정승인을 하기 전에 상속채권자나 유증받은 자에 대하여 변제한 가액은 이미 처분한 재산의 가액에서 제외한다. <신설 2005. 3. 31.>

[관련조문] 민법 제1028조(한정승인의 효과), 제1029조(공동상속인의 한정승인), 제1035조(변제기전의 채무 등의 변제), 제1036조(수증자에의 변제)

[참고문헌] 김주수/김상용, 주석 민법, 상속(제2권)(제4판), 한국사법행정학회(2015); 주해상속법(제1권), 박영사(2019); 박광천, "상속의 한정승인", 재판자료 제78집, 법원도서관(1998)



### Ⅰ. 의의

1 민법 제1034조 내지 제1036조는 앞서 본 상속채권자 및 수유자에 대한 공고·최고 및 채권신고절차를 통하여 확정된 피상속인의 채무 및 유증의 내역에 따라 상속재산을 상속채권자와 수유자에게 분배하는 구체적인 기준과 방법에 관하여 규정한다. 그 중 민법 제1034조는 제1036조와 더불어 여러 상속채권자 및 수유자 사이의 배당순위, 즉 변제의 순서에 관하여 정하는 한편, 상속채무가 상속적극재산을 초과하는 경우의 변제방법으로 채권액의 비율에 따른 배당변제의 원칙을 밝히고 있다.

## Ⅱ. 변제의 순서 및 방법

### 1. 변제의 순서

2 한정승인을 한 상속인은 우선권 있는 상속채권자(민법 제1034조 제1항 단서), 채권신고기간 내에 채권을 신고하였거나 신고가 없더라도 그가 알고 있는 상속채권자(제1034조 제1항 본문), 채권신고기간 내에 채권을 신고하였거나 신고가 없더라도 그가 알고 있는 수유자(제1036조)의 순으로 변제하여야 한다. 다만, 상속에 관한 비용은 일반 상속채무보다 우선하여 상속재산에서 변제하여야 한다(민법 제998조의2). 따라서 변제의 순서는 우선권 있는 상속채권자, 상속에 관한 비용, 일반 상속채권자, 수유자가 된다.

### 2. 우선권 있는 상속채권자에 대한 변제

3 상속재산의 일부 또는 전부에 관하여 질권·저당권 등의 담보물권이나 조세채권, 주택 또는 상가임대차보증금 반환채권 등의 우선특권 있는 채권을 가지는 상속채권자와 같이 우선권 있는 상속채권자는 당해 상속재산의 가액 및 우선권에 의하여 담보된 범위 내에서 다른 일반 상속채권자에 비하여 우선적으로 변제를 받는다(민법 제1034조 제1항 단서). 채권신고기간 내에 채권을 신고하지 아니하였거나 한정승인을 한 상속인이 채권에 관하여 알지 못하였더라도 마찬가지이다(민법 제1039조). 그러나 당해 상속재산의 가액이나 우선권에 의하여 담보된 범위가 그의 채권액 전액을 충족시키지 못하는 경우 그 부족액에 대해서는 다른 일반 상속채권자와 마찬가지의 지위에서 배당변제를 받게 된다. 따라서 우선권 있는 채권자라 할지라도 그 부족액에 대해서는 그가 채권신고기간 내에 채권을 신고하였거나 한정승인을 한 상속인이 그 채권에 관하여 알고 있었던 경우에만 부족액에 비례하여 변제받을 수 있다.

4 한편 우선권 있는 상속채권자는 위의 방법에 의한 변제를 받지 않더라도, 직접 우선권을 실행하여 당해 상속재산으로부터 만족을 얻을 수도 있다(민법 제1039조 단서). 우선권 있는 상속채권자는 채권신고기간 만료 전이라도 당해 상속재산에 대하여 집행을 할 수 있음은 민법 제1033조 주석에서 본 바와 같다.

### 3. 상속에 관한 비용 변제

5 상속에 관한 비용은 일반 상속채무보다 우선하여 상속재산에서 변제하여야 하는 것이므로, 우선권에 의하여 파악되지 않은 상속적극재산은 가장 먼저 상속에 관한 비용 변제에 충당된다(☞ 상속에 관한 비용의 상세한 범위에 관하여는 민법 제998조의2 주석 참조).

### 4. 일반 상속채권자에 대한 배당변제

6 우선권 있는 채권자에 대한 변제를 완료한 후 상속에 관한 비용에 충당하고 남은 상속적극재산은 다음으로 일반 상속채권자에 대한 변제에 충당된다. 일반 상속채권자의 채권액 총액이 남은 상속적극재산을 초과할 때에는 채권액에 따라 안분비례하여 변제하여야 한다.

7 배당변제의 대상이 되는 채권은 ① 채권신고기간 내에 그 채권을 신고한 상속채권자의 채권과 ② 신고가 없더라도 한정승인을 한 상속인이 알고 있는 상속채권자의 채권이다. 신고가 없더라도 배당변제를 받을 수 있는 '한정승인을 한 상속인이 알고 있는 채권자'에 해당하는지 여부는 채권신고의 최고를 하는 시점이 아니라 한정승인을 한 상속인이 실제로 배당변제를 하는 시점의 인식을 기준으로 판단하여야 한다. 따라서 채권신고의 최고를 하는 시점에는 알지 못했더라도 그 이후 실제로 배당변제를 하기 전까지 알게 된 채권자가 있다면 그 채권자는 민법 제1034조 제1항에 따라 배당변제를 받을 수 있는 '한정승인을 한 상속인이 알고 있는 채권자'에 해당한다.[1] 이 점에서 채권신고의 최고의 대상이 되는 민법 제1032조, 제89조의 '알고 있는 채권자'와 구별된다. 민법 제1031조에 따라 한정승인에 의하여 소멸되지 아니한 상속인 자신의 피상속인에 대한 채권도 당연히 상속인이 알고 있는 채권으로서 배당변제의 대상에 포함된다.

8 한편, 비록 한정승인을 한 상속인이 채권의 존재와 채권자를 알고 있더라도 채권의 종류와 액수 등 그 내용에 관해서는 잘 알지 못하는 경우 그 채권은 상속채권자의 신고가 없는 이상 배당변제의 대상이 되지 아니한다. 변제를 받을 채권자뿐만 아니라 변제의 대상이 되는 채권의 내용까지 확정되어야 실제로 배당변제를 할 수 있기 때문이다. 마찬가지로 상속채권자가 한정승인을 한 상속인이 예상하던 액수를 넘어서는 채권액을 주장하는 경우, 그 초과 부분은 상속인이

1 대법원 2018. 11. 9. 선고 2015다75308 판결.

알고 있는 채권이라고 할 수 없으므로 상속인이 알고 있는, 즉 원래 예상하던 채권액만이 배당변제의 대상이 된다.[2]

9 금전채권의 경우 원금 뿐 아니라 배당변제를 하는 시점까지 발생한 이자 및 지연손해금도 포함하여 배당변제하여야 한다.[3] 아직 변제기가 도래하지 않은 채권도 배당변제의 대상이 된다(민법 제1035조 제1항). 해제조건 또는 정지조건으로서 조건의 성취 여부가 불분명한 채권이나 존속기간이 불확정한 채권도 배당변제의 대상에 해당한다. 다만 이러한 채권은 가정법원이 선임한 감정인의 평가에 의하여 변제하여야 할 것이다(민법 제1035조 제2항, ☞ 상세한 내용은 민법 제1035조 주석 참조).

### 5. 수유자에 대한 변제

10 한정승인을 한 상속인은 우선권 있는 상속채권자, 상속에 관한 비용, 일반 상속채권자에 대한 변제를 마치고 난 후 남은 상속재산이 있는 경우에 비로소 수유자에 대하여 변제를 할 수 있다(민법 제1036조, ☞ 상세한 내용은 민법 제1036조 주석 참조).

## Ⅲ. 민법 제1019조 제3항에 따른 특별한정승인을 한 경우의 변제

11 민법 제1019조 제3항에 따른 특별한정승인을 한 상속인은 그가 특별한정승인을 하기 전에 이미 상속재산 중 일부를 처분하였을 경우 상속적극재산의 가액을 산정함에 있어 이미 처분한 재산의 가액을 가산하여야 한다(민법 제1034조 제2항). 남아 있는 상속재산과 이미 처분한 재산의 가액을 합한 금액을 상속적극재산으로 파악하고 그 한도에서 상속채권자 및 수유자에 대한 배당변제를 하여야 하는 것이다.

12 그러나 그가 특별한정승인을 하기 전에 어느 상속채권자나 수유자에게 변제를 하였다면 그 변제는 그대로 유효하므로 해당 채권은 이미 소멸한 것으로서 배당변제의 대상이 되지 아니하고, 변제에 지출된 금액은 책임재산이 되는 상속적극재산의 가액에 가산하지 않아도 된다(민법 제1034조 제2항 단서). 그 결과 특별한정승인을 하기 전 변제를 받은 상속채권자나 수유자와 다른 상속채권자나 수유자 사이에 불균형이 발생하게 된다. 이는 채무초과사실을 알지 못한 데 과실

[2] 김주수/김상용, 주석 민법, 상속(제2권)(제4판), 한국사법행정학회(2015), 143; 주해상속법(제1권), 박영사(2018), 513~514(이동진); 박광천, "상속의 한정승인", 재판자료 제78집, 법원도서관(1998), 614.
[3] 주해상속법(제1권), 박영사(2019), 514(이동진).

있는 상속인의 손해배상책임(민법 제1038조 제1항 후단) 및 변제를 받지 못한 상속채권자나 수유자의 구상권(제1038조 제2항 후단)을 통하여 조정할 수 있을 것이다(☞ 상세한 내용은 민법 제1019조 주석 참조).

## Ⅳ. 변제의 순서 및 방법 위반의 효과

13 한정승인을 한 상속인이 앞서 본 변제의 순서 및 방법에 위반하여 변제하였더라도 한정승인의 효과나 이미 이루어진 변제의 효력에는 영향이 없다. 그러나 그로 인하여 다른 상속채권자나 수유자에 대하여 변제할 수 없게 된 때에는 그의 고유재산으로 손해를 배상하여야 한다(민법 제1038조 제1항). 한편, 변제를 받지 못한 상속채권자나 수유자는 그 사정을 알고 변제를 받은 상속채권자나 수유자에 대해 구상권을 행사할 수 있다(민법 제1038조 제2항).

## 제 1035 조 [변제기전의 채무 등의 변제]

① 한정승인자는 변제기에 이르지 아니한 채권에 대하여도 전조의 규정에 의하여 변제하여야 한다.

② 조건 있는 채권이나 존속기간의 불확정한 채권은 법원의 선임한 감정인의 평가에 의하여 변제하여야 한다.

**[관련조문]** 민법 제153조(기한의 이익과 그 포기, 제1034(배당변제), 제1036조(수증자에의 변제), 제1038조(부당변제 등으로 인한 책임), 제1039조(신고하지 않은 채권자 등), 제1040조(공동상속재산과 그 관리인의 선임)

**[참고문헌]** 곽윤직, 상속법(민법강의Ⅵ)(개정판), 박영사(2004); 김주수/김상용, 친족·상속법(제20판), 법문사(2024); 법원실무제요, 가사[Ⅱ], 사법연수원(2021); 윤진수, 친족상속법 강의(제5판), 박영사(2023); 김주수/김상용, 주석 민법, 상속(제2권)(제4판), 한국사법행정학회(2015); 주해상속법(제1권), 박영사(2019); 박광천, "상속의 한정승인", 재판자료 제78집, 법원도서관(1998)



### Ⅰ. 의의

1 민법 제1035조는 아직 변제기가 도래하지 않은 채권, 조건부 채권, 존속기간이 불확정한 채권도 배당변제하여야 할 대상임을 밝히면서 조건부 채권, 존속기간이 불확정한 채권의 가치평가방법에 관하여 규정하고 있다. 변제기의 도래, 조건의 성취 여부 및 존속기간의 확정을 기다리는 경우 한정승인에 따른 청산절차가 지나치게 길어질 우려가 있으므로 이를 방지하기 위한 것이다.[1]

### Ⅱ. 변제기 전의 채권(제1항)

2 한정승인을 한 상속인은 변제기가 도래하지 않은 채권이라도 변제하여야 한다. 민법 제1035조 제2항의 조건부 채권이나 존속기간이 불확정한 채권과 달리 변제기 전의 채권의 가치평가에 관해서는 아무런 규정이 없으나, 피상속인의 사망 및 상속인의 한정승인이라는 채무자 측의 사정으로 인하여 변제기 전에 변제하

[1] 박광천, "상속의 한정승인", 재판자료 제78집, 법원도서관(1998), 602.

는 것인 이상 채권자의 이익을 해하는 것은 부당하므로, 채무자가 기한의 이익을 포기한 경우에 준하여 변제기까지의 중간이자를 공제하지 않은 채권의 전액을 변제하여야 한다고 봄이 타당하다(민법 제153조 제2항 유추적용).

3 다만 한정승인에 따른 청산절차에서 배당변제의 대상이 된다고 하여 당해 채권의 변제기가 도래하게 되는 것은 아니므로, 그 이행의 담보를 위하여 제3자가 저당권 등 담보물권을 설정하여 주었거나 보증을 해 준 경우 그 담보권설정자 또는 보증인에 대하여 변제기 전에 책임을 묻는 것은 허용되지 아니함은 물론이다.[2]

## Ⅲ. 조건부 채권 또는 존속기간이 불확정한 채권(제2항)

### 1. 의의

4 한정승인을 한 상속인은 조건의 성취 여부가 불분명한 조건부 채권, 존속기간이 불확정한 채권이라도 변제하여야 한다. 그런데 조건부 채권, 존속기간이 불확정한 채권의 경우 조건성취의 가능성, 조건성취 여부에 따른 가치, 예상되는 존속기간의 장단, 존속기간 중의 가치 등에 따라 채권의 가치가 달라지므로 변제해야 할 금액, 즉 채권의 현재가치 평가가 용이하지 않다. 이에 민법은 가정법원이 선임한 감정인으로 하여금 이를 객관적으로 평가하도록 하고 있는 것이다.

### 2. 감정인의 선임절차[3]

5 가정법원에 감정인의 선임을 구하는 절차는 라류 가사비송사건(가사소송법 제2조 제1항 제2호 가목 33)이다. 한정승인을 한 상속인 또는 상속재산관리인이 선임된 경우의 상속재산관리인은, 상속개시지인 피상속인의 최후 주소지의 가정법원(가사소송법 제44조 제6호, 민법 제998조)에, 최후 주소지가 외국인 경우에는 대법원이 있는 곳의 가정법원인 서울가정법원(가사소송법 제35조 제2항, 제13조 제2항)에 감정인의 선임을 청구하여야 한다.

6 가정법원은 주로 감정인의 선임이 필요한 경우인지, 누구를 감정인으로 할 것인지를 심리하고, 그 과정에서 감정인 후보자를 심문할 수 있다. 감정인의 선임은 가정법원의 합리적 재량에 맡겨져 있고, 청구인의 희망에 구속되는 것은 아니

2 주해상속법(제1권), 박영사(2019), 514(이동진); 박광천, "상속의 한정승인", 재판자료 제78집, 법원도서관(1998), 602.
3 법원실무제요, 가사[Ⅱ], 사법연수원(2021), 1074~1075.

다. 감정인의 자격에 특별한 제한은 없으나, 제도의 취지에 비추어 회계법인이나 공인회계사, 감정인등 선정과 감정료 산정기준 등에 관한 예규(재일 2008-1)에 따라 작성된 감정인 명단에 등재된 감정평가사 등 전문가를 감정인으로 선임하는 것이 바람직하다. 감정인을 선임하는 경우의 주문례는 다음과 같다.

| 별지 목록 기재 상속재산을 평가할 감정인으로 ○○○(주민등록번호, 주소)를 선임한다.<br>별지 목록 기재 상속재산의 평가에 관하여 ○○○(주민등록번호, 주소)를 감정인으로 선임한다. |
|---|

7 감정인선임심판은 성질상 청구인 외에, 그 선임된 감정인에게도 고지하여야 한다. 청구를 기각한 심판에 대하여는 청구인이 즉시항고를 할 수 있으나(가사소송규칙 제27조), 청구를 인용한 심판에 대하여는 불복할 수 없다. 청구가 인용된 경우 감정인선임심판에 소요된 절차비용 및 그 감정인의 감정에 소요된 비용은 모두 상속재산에서 부담한다(가사소송규칙 제82조).

### 3. 감정인의 평가에 의한 변제

8 가정법원이 감정인을 선임하기는 하나, 한정승인에 따른 변제절차는 상속인이 주관하는 것이므로, 가정법원은 감정인 선임을 넘어 직접 감정인에게 선서를 하게 하거나 감정을 명하거나 감정 결과를 보고하게 할 수 없다. 따라서 한정승인을 한 상속인은 직접 선임된 감정인에게 감정을 의뢰하여야 하고, 감정인은 가정법원이 아닌 한정승인을 한 상속인에게 감정결과를 보고한다.[4]

9 한정승인을 한 상속인은 감정인의 감정결과에 구속되고, 이에 기초하여 배당변제를 하여야 한다.[5]

## Ⅳ. 위반의 효과

10 한정승인을 한 상속인이 변제기 전의 채권을 배당변제대상에서 제외하거나 임의로 조건부 채권의 가치에 대한 감정인의 감정결과를 따르지 않는 등 민법 제1035조에 위반하여 변제하더라도 한정승인의 효과나 이미 이루어진 변제의 효력에는 영향이 없다. 그러나 그로 인하여 다른 상속채권자나 수유자에 대하여 변제할 수

4 법원실무제요, 가사[Ⅱ], 사법연수원(2021), 1075.

5 김주수/김상용, 주석 민법, 상속(제2권)(제4판), 한국사법행정학회(2015), 145.

없게 된 때에는 그의 고유재산으로 손해를 배상하여야 하고(민법 제1038조 제1항), 변제를 받지 못한 상속채권자나 수유자는 그 사정을 알고 변제를 받은 상속채권자나 수유자에 대해 구상권을 행사할 수 있다(제1038조 제2항).

## 제 1036 조 [수증자에의 변제]

**한정승인자는 전2조의 규정에 의하여 상속채권자에 대한 변제를 완료한 후가 아니면 유증받은 자에게 변제하지 못한다.**

[관련조문] 민법 제1034조(배당변제), 제1035조(변제기전의 채무 등의 변제), 제1037조(상속재산의 경매), 제1038조(부당변제 등으로 인한 책임), 제1039조(신고하지 않은 채권자 등), 제1040조(공동상속재산과 그 관리인의 선임)

[참고문헌] 김주수/김상용, 주석 민법, 상속(제2권)(제4판), 한국사법행정학회(2015); 주해상속법(제1권), 박영사(2019); 곽윤직, 상속법(민법강의VI)(개정판), 박영사(2004); 김주수/김상용, 친족·상속법(제20판), 법문사(2024); 송덕수, 친족상속법(제7판), 박영사(2024); 윤진수, 친족상속법 강의(제5판), 박영사(2023)



### Ⅰ. 의의

1 한정승인을 한 상속인은 우선권 있는 상속채권자, 상속에 관한 비용, 일반 상속채권자에 대한 변제를 마친 후 남은 상속재산이 있는 경우에 비로소 수유자에 대하여 변제할 수 있다. 상속채권자의 권리는 그가 피상속인의 생전 재산상태를 고려하여 취득한 것으로서 피상속인의 생전에 이미 확정되어 있을 뿐만 아니라 그 취득에 일정한 대가를 지급한 경우가 대부분이다. 이에 비하여 수유자의 권리는 피상속인의 호의에 의하여 무상으로 취득하는 경우가 대부분이고, 상속개시 후에 비로소 확정된다. 이를 고려하면 상속채권자와 수유자가 동일한 순위로 변제를 받을 수 있다고 보는 것은 형평에 맞지 않는다. 또한 그렇게 보는 경우 자칫 상속채권자를 해할 목적으로 유증이 이루어질 우려도 있다. 민법 제1036조는 이러한 점을 고려하여 수유자의 권리보다 상속채권자의 권리가 우선한다는 점을 명확히 하고 있다.[1]

### Ⅱ. 수유자에 대한 변제방법

2 한정승인을 한 상속인은 수유자에 대해서는 민법 제1034조 및 제1035조에 따라 우선권 있는 상속채권자, 상속에 관한 비용, 일반 상속채권자에 대한 변제를 마

[1] 주해상속법(제1권), 박영사(2019), 517~518(이동진); 곽윤직, 상속법(민법강의VI)(개정판), 박영사(2004) 192; 윤진수, 친족상속법 강의(제5판), 박영사(2023), 524.

친 후에야 변제할 수 있다. 다만, 이때의 수유자는 특정유증을 받은 자만을 의미한다. 상속인과 동일한 지위에 있는 포괄수증자(민법 제1078조)에 대하여는 별도의 변제절차가 필요하지 않기 때문이다.

3 선순위자들에 대한 변제를 마치고 남은 상속재산이 유증 전액을 변제하기에 부족한 경우, 유언에서 달리 정한 우열 및 비율이 있다면 그에 따르면 될 것이나, 달리 정함이 없는 경우라면 유증은 원칙적으로 모두 동순위인 점을 고려하여 민법 제1034조를 유추적용하여 유증액의 비율에 따라 배당변제를 함이 타당하다.[2]

[2] 김주수/김상용, 주석 민법, 상속(제2권)(제4판), 한국사법행정학회(2015), 146; 주해상속법(제1권), 박영사(2019), 518(이동진); 곽윤직, 상속법(민법강의VI)(개정판), 박영사(2004) 192; 김주수/김상용, 친족·상속법(제20판), 법문사(2024), 795; 송덕수, 친족상속법(제7판), 박영사(2024), 414.

## 제 1037 조 [상속재산의 경매]

**전3조의 규정에 의한 변제를 하기 위하여 상속재산의 전부나 일부를 매각할 필요가 있는 때에는 민사집행법에 의하여 경매하여야 한다.** <개정 1997. 12. 13, 2001. 12. 29>

[관련조문] 민법 제1040조(공동상속재산과 그 관리인의 선임), 제1056조(상속인없는 재산의 청산)

[참고문헌] 김주수/김상용, 주석 민법, 상속(제2권)(제4판), 한국사법행정학회(2015); 주해상속법(제1권), 박영사(2019); 김주수/김상용, 친족·상속법(제20판), 법문사(2024); 윤진수, 친족상속법 강의(제5판), 박영사(2023); 민유숙, "2013년 친족·상속법 중요 판례", 인권과 정의 제440호, 대한변호사협회(2014); 박광천, "상속의 한정승인", 재판자료 제78집, 법원도서관(1998)



### Ⅰ. 의의

1 한정승인은 상속채무가 상속재산을 초과하는 경우에 이루어지는 것이 일반적이므로, 주로 상속재산으로서 상속채권액의 비율에 따라 변제를 하는 배당변제의 방법으로 청산이 이루어지게 된다. 상속재산과 상속채무는 그 내용과 종류가 다양하므로, 경우에 따라서는 청산을 위하여 금전의 형태가 아닌 각종의 상속재산의 전부나 일부를 매각하여 현금화할 필요가 발생한다. 민법 제1037조는 이러한 경우 상속재산의 현금화 방법에 관하여 규정한다.

2 한정승인에 따른 청산절차를 진행하기 위하여 상속재산을 매각하여 현금화할 필요가 있을 때는 민사집행법에 따른 경매절차에 의하여야 한다. 상속인이 임의매각을 통하여 상속재산을 부당하게 저가에 처분하는 것을 막고, 공정한 현금화를 통하여 가능한 충실한 변제를 하도록 하는데 그 취지가 있다.[1]

### Ⅱ. 제1037조에 의한 경매절차

3 민법 제1037조에 의한 경매는 한정승인을 한 상속인 또는 상속재산관리인이 선임된 경우에는 상속재산관리인이 신청한다. 이는 상속재산을 한도로 상속채권자나 수유자에게 일괄하여 변제하기 위하여, 즉 상속재산의 청산을 위하여 당해

1 김주수/김상용, 주석 민법, 상속(제2권)(제4판), 한국사법행정학회(2015), 147.

재산을 현금화하는 절차이므로, 본래적인 의미의 경매와 대비하여 형식적 경매라고 불린다. 이는 민사집행법 제274조 제1항의 '법률이 규정하는 바에 따른 경매'로 담보권 실행을 위한 경매의 예에 따라 실시한다(☞ 경매 절차 일반에 관하여는 민사집행법의 해당 부분 주석 참조).

4 민법 제1037조에 의한 경매절차에서는 일반채권자인 상속채권자의 배당요구가 허용되지 아니한다. 민법은 상속인이 상속을 한정승인한 경우 상속재산의 한도에서 상속채권자 및 수유자에 대한 공평한 배당변제가 이루어지질 수 있도록 하기 위하여 상속재산의 독특한 청산절차와 순위를 규정하고 있고, 민법 제1037조에 의한 경매는 그 일환으로서 상속재산을 현금화하기 위하여 이루어지는 것인바, 제도의 취지와 목적, 관련 민법 규정의 내용, 한정승인을 한 상속인과 상속채권자 등 관련자들의 이해관계 등을 고려할 때 일반채권자인 상속채권자로서는 민사집행법이 아닌 민법 제1034조 내지 제1036조가 예정하고 있는 청산방법에 따라 변제받아야 한다고 봄이 타당하기 때문이다.[2]

5 판례는 일반채권자인 상속채권자의 배당요구만을 불허하고 있으나, 위와 같은 사정을 고려하면, 당해 상속재산에 관하여 담보권이 있는 상속채권자일지라도 일반채권자인 상속채권자와 마찬가지로 민법 제1037조에 의한 경매절차에서 배당요구를 할 수 없다고 봄이 타당하다.[3] 다만 담보권 있는 상속채권자는 직접 담보권 실행을 위한 경매절차를 신청할 수 있고(민법 제1039조 단서), 일반채권자인 상속채권자는 비록 한정승인절차에서 상속채권자로 신고한 자라고 하더라도 집행권원을 얻어 그 경매절차에서 배당요구를 할 수 있다.[4] 이 경우 민사집행법 제274조 제2항에 의하여 민법 제1037조에 의한 경매절차는 정지된다.

6 상속채권자의 배당요구가 불허되는 결과, 민법 제1037조에 의한 경매의 매각대금 중 집행비용을 공제한 금액은 모두 경매신청인 즉, 한정승인을 한 상속인 또는 상속재산관리인에게 교부되게 된다.

2 대법원 2013. 9. 12. 선고 2012다33709 판결; 민유숙, "2013년 친족·상속법 중요 판례", 인권과 정의 제440호, 대한변호사협회(2014), 58.

3 박광천, "상속의 한정승인", 재판자료 제78집, 법원도서관(1998), 608~610.

4 대법원 2010. 6. 24. 선고 2010다14599 판결. 이 경우 민법 제1034조 내지 제1036조가 예정하고 있는 바와는 달리 변제받는 결과가 생길 수 있다.

## Ⅲ. 위반의 효과

7 한정승인을 한 상속인이 상속재산을 현금화함에 있어 민법 제1037조에 위반하여 민사집행법에 따른 경매절차에 의하지 않고 임의매각한 경우, 거래의 안전상 그 매각의 효력이 당연히 무효가 된다고 볼 것은 아니다.[5] 그러나 청산을 위한 것이었다고 할지라도, 사안에 따라 그것이 상속재산을 은닉하거나 부정소비한 때에 해당한다고 볼 수 있는 경우라면 민법 제1026조 제3호에 따른 법정단순승인이 될 수 있다. 임의매각을 통하여 상속채권 또는 유증의 변제가 이루어졌다면 이미 이루어진 그와 같은 변제의 효력에도 영향이 없다. 다만 민법 제1037조에 의한 경매절차에 의하여 현금화하였다면 얻을 수 있었을 가액이 임의매각을 통하여 얻은 가액에 비하여 컸을 경우와 같이 임의매각으로 인하여 상속채권자나 수유자에게 손해가 발생한 경우에는, 한정승인을 한 상속인은 그의 고유재산으로 손해를 배상하여야 할 것이다(민법 제1038조 제1항).

5 김주수/김상용, 주석 민법, 상속(제2권)(제4판), 한국사법행정학회(2015), 148; 주해상속법(제1권), 박영사(2019), 520(이동진); 김주수/김상용, 친족·상속법(제20판), 법문사(2024), 798; 윤진수, 친족상속법 강의(제5판), 박영사(2023), 524; 박광천, "상속의 한정승인", 재판자료 제78집, 법원도서관(1998), 606.

## 제 1038 조 [부당변제 등으로 인한 책임]

**① 한정승인자가 제1032조의 규정에 의한 공고나 최고를 해태하거나 제1033조 내지 제1036조의 규정에 위반하여 어느 상속채권자나 유증받은 자에게 변제함으로 인하여 다른 상속채권자나 유증받은 자에 대하여 변제할 수 없게 된 때에는 한정승인자는 그 손해를 배상하여야 한다. 제1019조 제3항의 규정에 의하여 한정승인을 한 경우 그 이전에 상속채무가 상속재산을 초과함을 알지 못한 데 과실이 있는 상속인이 상속채권자나 유증받은 자에게 변제한 때에도 또한 같다.** <개정 2005. 3. 31>

**② 제1항 전단의 경우에 변제를 받지 못한 상속채권자나 유증받은 자는 그 사정을 알고 변제를 받은 상속채권자나 유증받은 자에 대하여 구상권을 행사할 수 있다. 제1019조 제3항의 규정에 의하여 한정승인을 한 경우 그 이전에 상속채무가 상속재산을 초과함을 알고 변제받은 상속채권자나 유증받은 자가 있는 때에도 또한 같다.** <개정 2005. 3. 31>

**③ 제766조의 규정은 제1항 및 제2항의 경우에 준용한다.** <개정 2005. 3. 31.>

[제목개정 2005. 3. 31.]

**[관련조문]** 민법 제766조(손해배상청구권의 소멸시효), 제1032조(채권자에 대한 공고, 최고), 제1033조(최고기간 중의 변제거절), 제1034조(배당변제), 제1035조(변제기전의 채무 등의 변제), 제1036조(수증자에의 변제), 제1037조(상속재산의 경매), 제1039조(신고하지 않은 채권자 등), 제1040조(공동상속재산과 그 관리인의 선임), 제1056조(상속인 없는 재산의 청산)

**[참고문헌]** 김주수/김상용, 주석 민법, 상속(제2권)(제4판), 한국사법행정학회(2015); 주해상속법(제1권), 박영사(2019); 윤진수, 친족상속법 강의(제5판), 박영사(2023)



## Ⅰ. 의의

1 민법 제1038조는 한정승인을 한 상속인이 한정승인에 따른 청산절차를 진행함에 있어 민법 제1032조 내지 제1037조에 따르지 아니함으로 인하여 손해를 입은 상속채권자 및 수유자의 구제수단과 그 요건에 관하여 규정하고 있다. 상속채권자 및 수유자는 일정한 요건 하에 ① 한정승인을 한 상속인에 대한 손해배상청구권(민법 제1038조 제1항)과 ② 사정을 알고 변제를 받은 다른 상속채권자나 수유

자에 대한 구상권(제1038조 제2항)을 행사하여 한정승인을 한 상속인의 부당변제로 인해 입은 손해를 전보받을 수 있다. 한편 이는 민법 제1032조 내지 제1037조의 규정에 위반하여 한 변제가 당연히 무효가 되는 것은 아님을 전제하는 것으로 볼 수 있다.[1]

## Ⅱ. 한정승인을 한 상속인의 손해배상책임

### 1. 요건

#### 가. 임무해태, 부당변제 또는 민법 제1019조 제3항에 따른 특별한정승인 전의 변제

2 한정승인을 한 상속인은 임무해태, 부당변제 또는 민법 제1019조 제3항에 따른 특별한정승인 전의 변제로 인하여 상속채권자 또는 수유자에게 손해를 입힌 경우, 손해를 입은 상속채권자 또는 수유자에 대한 손해배상책임을 부담한다(민법 제1038조 제1항).

1) 임무해태

3 민법 제1038조의 임무해태라 함은 ① 한정승인을 한 상속인이 민법 제1032조가 정한 일반 상속채권자나 수유자에 대한 채권신고의 공고·최고의무를 해태하여 그들이 채권 또는 유증신고를 하지 못함으로써 변제를 못 받게 된 경우, ② 채권신고기간이 만료하기 전임에도 한정승인을 한 상속인이 민법 제1033조의 변제거절권을 행사하지 아니한 채 일부의 상속채권자 또는 수유자에게 변제함으로써 다른 상속채권자나 수유자가 아예 변제를 못 받게 되거나 원래 배당변제받을 수 있었던 금액에 못 미치는 금액만을 배당변제받게 된 경우 등을 의미한다.

2) 부당변제

4 민법 제1038조의 부당변제라 함은 ① 한정승인을 한 상속인이 민법 제1034조 내지 제1036조에 정한 배당변제의 방법과 순서에 위반하여 변제를 함으로써 일부 상속채권자나 수유자가 적법하게 배당변제를 하였더라면 배당변제받을 수 있었던 금액에 못 미치는 금액만을 배당변제받게 된 경우, ② 민법 제1037조가 정한 민사집행법에 따른 형식적 경매절차에 의하지 아니한 상속재산의 현금화로 인하

1 주해상속법(제1권), 박영사(2019), 523(이동진); 윤진수, 친족상속법 강의(제5판), 박영사(2023), 525.

여 상속채권자나 수유자가 위 경매절차에 의하여 현금화하였더라면 배당변제받을 수 있었던 금액에 못 미치는 금액만을 배당변제받게 된 경우 등을 의미한다.

3) 민법 제1019조 제3항에 따른 특별한정승인 전의 변제

5 상속인이 중대한 과실에 이르지 않는 정도의 과실로 인해 상속채무가 상속적극재산을 초과하는 사실을 알지 못한 상태에서 일부 상속채권자나 수유자에게 변제를 하였고, 이후 채무초과사실을 알게 되어 민법 제1019조 제3항에 따른 특별한정승인을 한 경우, 위와 같은 변제는 유효하다(민법 제1034조 제2항 단서). 그로 인하여 책임재산이 되는 상속재산이 감소하는 결과, 다른 상속채권자나 수유자는 위 변제가 없었더라면 배당변제받을 수 있었던 금액에 못 미치는 금액만을 배당변제받게 된다. 민법 제1038조 제1항 제2문은 이와 같은 경우를 지칭한다. 상속인이 상속의 승인 또는 포기를 결정하기 위하여 상속재산에 대한 일반적인 조사의무를 이행하였더라면 채무초과사실을 알 수 있었던 경우라면 이를 알지 못한 데 과실이 있다고 볼 수 있다.[2] 한편 상속인에게 채무초과사실을 알지 못한 데 중대한 과실이 있었던 경우라면 특별한정승인의 효력 자체가 부인될 것이므로 손해배상책임이 문제될 여지가 없다(☞ 중대한 과실에 관하여는 민법 제1019조 제3항 주석 참조).

**나. 손해배상을 청구할 수 있는 자**

6 상속채권자 또는 수유자가 민법 제1038조에 따른 손해배상을 청구할 수 있으려면, 한정승인을 한 상속인이 그들에 대한 채권신고의 공고·최고를 해태함으로써 처음부터 신고의 기회 자체를 박탈하였던 경우를 제외하고는 채권신고기간 내에 채권 또는 수유신고를 하였거나 상속인이 알고 있는 자여야 한다. 채권신고기간 내에 신고하지 않은 상속채권자 또는 수유자로서 한정승인을 한 상속인이 알지도 못한 자는 원래부터 한정승인에 따른 청산절차에 참여하여 배당변제를 받을 수 없는 자이므로(민법 제1034조 제1항), 한정승인을 한 상속인이 정산과정에서 민법 제1032조 내지 제1037조가 정한 바에 따르지 않았다고 하여 어떠한 손해를 입었다고 볼 수 없기 때문이다.

7 또한, 수유자는 원래 상속채권자가 완전한 변제를 받고 남은 나머지 상속재산으로부터 변제를 받을 수 있는데 그치므로(민법 제1036조), 상속채권자와 수유자가

2 주해상속법(제1권), 박영사(2019), 526(이동진).

모두 존재하는 경우에는 상속채권자에게 적법한 배당변제를 하고도 남는 상속재산이 있을 것으로 여겨질 때에만 수유자의 손해가 인정될 수 있다.

### 2. 효과

8 민법 제1038조에 따라 한정승인을 한 상속인이 배상하여야 할 손해는 그의 임무해태, 부당변제 또는 민법 제1019조 제3항에 따른 특별한정승인 전의 변제가 없었더라면 해당 상속채권자 또는 수유자가 배당변제받을 수 있었던 금액과 실제로 배당변제받은 금액의 차액에 해당한다. 이때 상속인이 부담하는 손해배상책임은 불법행위를 원인으로 하는 손해배상책임의 성질을 지니고, 민법 제766조에 정한 3년의 단기소멸시효와 10년의 장기소멸시효가 적용된다(민법 제1038조 제3항).

## Ⅲ. 사정을 알고 변제를 받은 자의 구상책임

### 1. 요건

9 한정승인을 한 상속인이 임무해태 또는 부당변제를 함으로써 상속채권자 또는 수유자로 하여금 아예 변제를 받지 못하거나 본래 받을 수 있었던 금액보다 더 적은 금액만을 배당변제 받는 등의 손해를 입게 한 경우, 손해를 입은 상속채권자 또는 수유자는 위와 같은 상속인의 변제가 임무해태 또는 부당변제에 해당하는 것이라는 점을 알면서 변제를 받은 다른 상속채권자 또는 수유자를 상대로 구상권을 행사할 수 있다(민법 제1038조 제2항 전문). 한편 상속인이 민법 제1019조 제3항에 따른 특별한정승인을 하기 전에 일부 상속채권자나 수유자에게 변제함으로써 다른 상속채권자 또는 수유자에게 손해를 입힌 경우, 손해를 입은 상속채권자 또는 수유자는 당시 상속채무가 상속적극재산을 초과하는 사실을 알면서 상속인으로부터 변제를 받은 상속채권자 또는 수유자를 상대로 구상권을 행사할 수 있다(민법 제1038조 제2항 후문). 다만 앞서와 마찬가지로, 수유자는 원래 상속채권자가 완전한 변제를 받고 남은 나머지 상속재산으로부터 변제를 받을 수 있는데 그치므로(민법 제1036조), 그가 부당변제를 받은 상속채권자를 상대로 구상권을 행사할 수는 없다고 본다.[3]

[3] 김주수/김상용, 주석 민법, 상속(제2권)(제4판), 한국사법행정학회(2015), 15.

10 객관적 요건은 민법 제1038조 제1항에 따라 한정승인을 한 상속인에 대하여 손해배상책임을 묻기 위한 요건과 마찬가지이나, 변제를 받은 상속채권자 또는 수유자를 상대로 구상을 구하기 위해서는 그들이 변제를 받을 당시 그 변제가 임무해태 또는 부당변제에 해당한다는 사정 또는 상속채무초과상태에서 이루어진다는 사정을 알고 있었어야 한다는 주관적 요건이 추가로 요구되는 것이다. 변제를 받은 상속채권자 또는 수유자가 그 변제로 인하여 다른 상속채권자 또는 수유자가 손해를 입는다는 것까지 알고 있었어야 하는 것은 아니다.

### 2. 효과

11 구상할 수 있는 금액은 한정승인을 한 상속인이 배상하여야 할 손해와 마찬가지로, 상속인의 임무해태, 부당변제 또는 민법 제1019조 제3항에 따른 특별한정승인 전의 변제가 없었더라면 그 상속채권자 또는 수유자가 배당변제받을 수 있었던 금액과 실제로 배당변제받은 금액의 차액이다. 변제를 받은 상속채권자 또는 수유자가 부담하는 구상책임의 법적 성질에 관하여 불법행위를 원인으로 하는 손해배상책임으로 보는 견해[4]와 부당이득반환책임으로 보는 견해[5]가 있으나, 소멸시효에 관하여는 불법행위를 원인으로 하는 손해배상책임에 관한 제766조가 준용된다(민법 제1038조 제3항).

## IV. 양 책임의 관계

12 한정승인을 한 상속인의 손해배상책임과 사정을 알고 변제를 받은 상속채권자 또는 수유자의 구상책임은 그 목적을 같이 하므로, 손해를 입은 상속채권자 또는 수유자는 어느 하나를 선택하여 청구할 수 있다. 양자는 어느 하나가 이행되면 다른 하나는 그 한도에서 소멸하는 부진정연대채무관계에 있다.[6] 양 책임이 모두 성립하는 경우라면 한정승인을 한 상속인, 사정을 알고 변제를 받은 상속채권자 또는 수유자는 자신의 책임을 이행한 후 서로를 상대로 구상을 구할 수 있다고 할 것이나, 상속인의 부당변제에는 해당하지만 상속채권자 또는 수유자

4 일본의 통설.

5 김주수/김상용, 주석 민법, 상속(제2권)(제4판), 한국사법행정학회(2015), 151; 주해상속법(제1권), 박영사(2019), 527(이동진).

6 김주수/김상용, 주석 민법, 상속(제2권)(제4판), 한국사법행정학회(2015), 152; 주해상속법(제1권), 박영사(2019), 528(이동진).

가 변제를 받을 당시 그것이 부당변제라는 사정을 알지 못하였던 경우와 같이 어느 한쪽의 책임만 성립하는 경우라면, 그 한쪽이 종국적으로 책임을 부담할 수밖에 없을 것이다.[7]

7 주해상속법(제1권), 박영사(2019), 528(이동진).

## 제 1039 조 [신고하지 않은 채권자 등]

**제1032조 제1항의 기간 내에 신고하지 아니한 상속채권자 및 유증받은 자로서 한정승인자가 알지 못한 자는 상속재산의 잔여가 있는 경우에 한하여 그 변제를 받을 수 있다. 그러나 상속재산에 대하여 특별담보권 있는 때에는 그러하지 아니하다.**

[관련조문] 민법 제329조(동산질권의 내용), 제345조(권리질권의 목적), 제356조(저당권의 내용), 제1034조(배당변제), 제1035조(변제기전의 채무 등의 변제), 제1036조(수증자에의 변제), 제1040조(공동상속재산과 그 관리인의 선임), 제1056조(상속인 없는 재산의 청산)

[참고문헌] 김주수/김상용, 주석 민법, 상속(제2권)(제4판), 한국사법행정학회(2015); 주해상속법(제1권), 박영사(2019); 김주수/김상용, 친족·상속법(제20판), 법문사(2024); 박광천, "상속의 한정승인", 재판자료 제78집, 법원도서관(1998)



### Ⅰ. 의의

1 민법 제1039조는 채권신고기간 내에 신고하지 않은 상속채권자와 수유자로서 한정승인을 한 상속인이 알지 못한 자의 지위를 규정하고 있다. 상속채권자나 수유자가 채권신고기간 내에 신고를 하지 아니하였고, 한정승인을 한 상속인이 그 상속채권자나 수유자와 채권의 내역에 대하여 알지도 못한다면 그들은 한정승인에 따른 청산절차에 참여하여 배당변제를 받을 수 없다(민법 제1034조). 그런데 민법 제1032조 내지 제1037조가 정한 바에 따라 한정승인에 따른 청산절차를 진행한 결과 남은 상속재산이 있는 경우라면, 채권신고를 누락하였다는 이유만으로 위 상속채권자나 수유자가 남은 상속재산에 대해서조차 책임을 묻지 못한다고 보는 것은 지나치게 가혹하다. 이에 민법은 제1039조 본문을 통하여 위와 같은 상속채권자와 수유자도 청산절차 종료 후 남은 상속재산에서 변제를 받을 수 있도록 규정하고 있는 것이다. 한편, 상속재산에 대하여 특별담보권 있는 상속채권자나 수유자는 채권신고기간 내에 신고를 하지 아니하였거나 한정승인을

한 상속인이 알지 못하더라도 그와 관계없이 담보권자로서 담보물의 가액의 한도에서 자신의 권리를 행사할 수 있는 것이므로 민법 제1039조 본문의 적용을 받지 아니한다. 민법 제1039조 단서는 이를 주의적으로 규정하고 있다.

2 반면 한정승인에 따른 청산절차를 진행한 결과 남은 상속재산이 없는 경우에는 그것으로서 청산절차가 모두 종료한다. 그 경우 상속채권자나 수유자는 채권신고를 하였는지 여부나 상속인이 알고 있는 자인지를 여부를 불문하고, 청산절차에서 자신의 채권의 일부 또는 전부를 변제받지 못하였더라도 한정승인을 한 상속인의 고유재산에 대하여 책임을 물을 수는 없다.

## Ⅱ. 청산절차에서 배제된 상속채권자 및 수유자의 권리

### 1. 상속재산의 잔여

3 민법 제1034조 내지 제1037조가 정한 바에 따라 한정승인에 따른 청산절차를 종료하였음에도 상속재산의 잔여가 있으면, 한정승인을 한 상속인은 이를 곧바로 자신에게 귀속시킬 것이 아니라 청산절차에서 배제된 상속채권자 및 수유자에 대하여도 변제하여야 한다(민법 제1034조 본문). 잔여재산이란 우선권 있는 상속채권자, 상속에 관한 비용, 채권신고기간에 신고하였거나 한정승인을 한 상속인이 알고 있는 일반 상속채권자 및 수유자에 대한 채권을 모두 변제한 후 남은 상속재산을 의미한다. 상속재산에는 상속재산 그 자체뿐만 아니라 상속재산으로부터 생긴 과실과 상속재산이 제3자에 의하여 멸실, 훼손 등 침해됨으로써 생긴 불법행위로 인한 손해배상청구권, 상속채권자 또는 수유자가 아닌 자가 상속재산으로부터 변제를 받음으로써 생긴 부당이득반환청구권 등도 모두 포함된다. 상속재산이 원물 그대로 존재하지 않는 경우에는 그 대상물이 상속재산이 된다.

4 한정승인에 따른 청산절차는 한정승인을 한 상속인이 주도하는 것으로서 상속채권자 또는 수유자가 잔여재산이 있는지 여부를 파악하는 것은 현실적으로 어려운 일이므로, 상속채권자 또는 수유자가 잔여재산이 남아있다는 점을 증명할 필요는 없고, 한정승인을 한 상속인이 잔여재산이 없다는 점을 주장·증명하여야 한다.[1]

1 김주수/김상용, 주석 민법, 상속(제2권)(제4판), 한국사법행정학회(2015), 155~156; 주해상속법(제1권), 박영사(2019), 530; 김주수/김상용, 친족·상속법(제20판), 법문사(2024), 796.

### 2. 청산절차에서 배제된 상속채권자 및 수유자

5 민법 제1039조에 의하여 잔여재산의 한도에서 변제받을 수 있는 상속채권자 및 수유자는 채권신고기간 내에 신고하지 아니한 자로서 배당변제를 하는 시점을 기준으로 한정승인을 한 상속인이 알지도 못하여 청산절차에서 배제된 자이다. 민법 제1039조의 취지상 채권신고기간 내에 신고하였거나 한정승인을 한 상속인이 채권의 존재와 채권자를 알고 있었던 자라도, 실제로 배당변제를 할 때까지 그 채권의 종류나 액수가 불분명하였던 관계로 배당변제를 받지 못하였다면 (☞ 상세한 내용은 민법 제1034조 주석 참조) 여기에 포함된다고 본다. 상속채권자가 채권신고기간 내에 자기가 가지고 있는 채권액의 일부만을 신고한 경우, 나머지에 대해서는 제1039조에 의하여 잔여재산이 있는 경우에 한하여 변제를 받는다.[2]

### 3. 변제의 방법

6 청산절차에서 배제된 상속채권자 및 수유자에 대한 변제는 상속재산의 잔여를 한도로 한다. 변제의 순서와 방법에 관하여는 아무런 규정이 없으므로, 한정승인을 한 상속인은 자유롭게 변제할 수 있고 어느 채권자에게 먼저 변제하더라도 유효하다. 다만, 수유자에 대한 변제는 상속채권자에 대한 변제보다 우선할 수 없으므로, 청산절차에서 배제된 상속채권자와 수유자가 모두 존재하고 동시에 변제를 구해 오는 경우에는 상속채권자에게 우선변제하여야 할 것이다(민법 제1036조 유추적용).[3] 또한 청산절차에서 배제된 상속채권자와 수유자가 여러 명이고, 잔여재산이 채권의 총액을 모두 만족시키기에 부족한 경우에는 각 채권액의 비율에 따라 배당변제를 하여야 한다고 봄이 타당하다(민법 제1034조 유추적용).[4] 다만 그와 달리 변제가 이루어졌다고 하더라도 이를 곧바로 무효라고 보기는 어려울 것이다.

7 민법 제1039조에 의한 변제는 한정승인에 따른 청산절차가 종료되어 제1033조에 의한 변제거절권이 소멸한 이후에 이루어지는 것이므로, 한정승인을 한 상속인은 물론 상속채권자 또는 수유자도 잔여재산의 범위 내에서 자신의 채권을 자동채권으로 한 상계를 할 수 있다.[5]

2 김주수/김상용, 주석 민법, 상속(제2권)(제4판), 한국사법행정학회(2015), 156; 주해상속법(제1권), 박영사(2019), 531(이동진).

3 김주수/김상용, 친족·상속법(제20판), 법문사(2024), 796; 주해상속법(제1권), 박영사(2019), 531(이동진).

4 김주수/김상용, 친족·상속법(제20판), 법문사(2024), 796; 주해상속법(제1권), 박영사(2019), 531(이동진).

5 주해상속법(제1권), 박영사(2019), 531(이동진).

## Ⅲ. 특별담보권자의 권리

8 민법 제1039조 단서의 특별담보권자는 제1034조 제1항 단서의 '우선권 있는 채권자'와 같은 의미로,[6] 상속재산의 일부 또는 전부에 관하여 질권·저당권 등의 담보물권이나 조세채권, 주택 또는 상가임대차보증금 반환채권 등과 같은 우선특권 있는 채권을 가지는 상속채권자를 의미한다. 이들은 담보권의 효력으로 인하여 채권신고기간 내에 신고를 하였는지 여부나 한정승인을 한 상속인이 알고 있는지 여부와 관계없이 담보물인 당해 상속재산의 가액 및 우선권에 의하여 담보된 범위 내에서 우선변제를 받을 수 있고, 채권신고기간 내에 신고를 안했다거나 한정승인을 한 상속인이 몰랐다고 하여 그 권리행사 대상이 잔여재산으로 한정되지 아니함은 당연하다. 민법 제1039조 단서는 주의적 규정에 불과하다.[7]

6 주해상속법(제1권), 박영사(2019), 531(이동진); 박광천, "상속의 한정승인", 재판자료 제78집, 법원도서관(1998), 617.

7 김주수/김상용, 친족·상속법(제20판), 법문사(2024), 796

## 제 1040 조 [공동상속재산과 그 관리인의 선임]

① 상속인이 수인인 경우에는 법원은 각 상속인 기타 이해관계인의 청구에 의하여 공동상속인 중에서 상속재산관리인을 선임할 수 있다.

② 법원이 선임한 관리인은 공동상속인을 대표하여 상속재산의 관리와 채무의 변제에 관한 모든 행위를 할 권리의무가 있다.

③ 제1022조, 제1032조 내지 전조의 규정은 전항의 관리인에 준용한다. 그러나 제1032조의 규정에 의하여 공고할 5일의 기간은 관리인이 그 선임을 안 날로부터 기산한다.

**[관련조문]** 민법 제1000조(상속의 순위), 제1003조(배우자의 상속순위), 제1006조(공동상속과 재산의 공유), 제1007조(공동상속인의 권리의무승계), 제1022조(상속재산의 관리), 제1029조(공동상속인의 한정승인), 제1032조(채권자에 대한 공고, 최고), 제1033조(최고기간 중의 변제거절), 제1034조(배당변제), 제1035조(변제기전의 채무 등의 변제), 제1036조(수증자에의 변제), 제1037조(상속재산의 경매), 제1038조(부당변제 등으로 인한 책임), 제1039조(신고하지 않은 채권자 등)

**[참고문헌]** 김주수/김상용, 주석 민법, 상속(제2권)(제4판), 한국사법행정학회(2015); 주해상속법(제1권), 박영사(2019); 법원실무제요, 가사[Ⅱ], 사법연수원(2021)



### Ⅰ. 의의

1 한정승인을 한 상속인은 민법 제1032조 내지 제1037조에 정한 바에 따라 한정승인에 따른 청산절차를 진행하여야 하고, 그를 마칠 때까지 자기의 고유재산에 대하는 것과 동일한 주의로 상속재산을 관리하여야 할 의무를 부담한다(민법 제1022조).

2 그런데 상속인이 여러 명인 경우 각 상속인은 그 상속분의 범위 내에서 개별적으로 한정승인을 할 수 있으므로(민법 제1029조), 공동상속인 중 여러 명이 한정승인을 하는 경우도 있을 수 있다. 이 경우 한정승인을 한 각 공동상속인은 각각 위와 같은 의무를 부담하나, 여러 명이 공동으로 청산절차를 진행하고 상속재산을 관리하다 보면 절차가 번잡해지고 책임의 소재가 불분명해질 우려가 있다. 나아가 공동상속인 중 일부만이 한정승인을 하더라도 사실상 그로 인한 상

속재산과 고유재산의 분리효과가 전 상속재산에 미치고, 청산절차 역시 전 상속재산에 대하여 이루어진다는 점(☞ 상세한 내용은 민법 제1029조 주석 참조)을 고려하면, 잘못된 청산절차 진행 및 상속재산 관리는 한정승인을 한 공동상속인뿐만 아니라 나머지 공동상속인들, 상속채권자 등에게도 불이익하게 작용할 수 있다. 민법 제1040조는 이와 같은 경우에 대비하여 각 공동상속인 기타 이해관계인의 청구에 따라 가정법원이 공동상속인 중에서 1인을 상속재산관리인으로 선임하여 그로 하여금 한정승인을 한 상속인으로서의 청산절차 진행 및 상속재산 관리의무와 그에 따른 책임을 전적으로 부담하게 할 수 있도록 규정하고 있다.

## Ⅱ. 상속재산관리인 선임의 요건 및 절차

### 1. 상속재산관리인 선임을 청구할 수 있는 경우

3 상속재산관리인 선임을 청구할 수 있으려면 공동상속인 중 여러 명이 한정승인을 한 경우여야 한다. 공동상속인 중 1인만 한정승인을 한 경우에는 어차피 그가 청산절차를 단독으로 진행하게 될 것이므로 상속재산관리인 선임의 필요성을 인정하기 어렵기 때문이다.

### 2. 상속재산관리인 선임을 청구할 수 있는 자

4 각 공동상속인 또는 이해관계인이 청구권자가 된다. 한정승인을 한 공동상속인 외에 한정승인을 하지 아니한 공동상속인도 민법 제1040조에 따라 상속재산관리인의 선임을 청구할 수 있는지에 관하여는 견해가 대립하나, 민법 제1040조가 상속재산관리인 선임을 청구할 수 있는 상속인의 범위를 한정하지 아니하고 있고, 앞서 본 바와 같이 청산절차의 진행 및 상속재산의 관리 소홀로 인한 불이익은 한정승인을 하지 않은 나머지 공동상속인들에게도 미친다는 점을 고려하면 한정승인 여부와 관계없이 상속을 포기하지 아니한 모든 공동상속인이 청구권을 갖는다고 봄이 타당하다. 이해관계인은 상속채권자, 상속인의 채권자와 같이 청산절차의 진행 및 상속재산의 관리에 법률상의 이해관계를 가지는 자를 가리킨다.

### 3. 법적 성질 및 관할

5 민법 제1040조에 따른 공동상속재산관리를 위한 관리인의 선임사건은 라류 가사비송사건(가사소송법 제2조 제1항 제2호 라목 34)으로, 해당 한정승인신고를 수리

한 가정법원이 관할한다. 즉, 상속개시지인 피상속인의 최후 주소지의 가정법원(가사소송법 제44조 제6호, 민법 제998조), 최후주소지가 외국인 경우에는 대법원이 있는 곳의 가정법원인 서울가정법원이 이를 관할한다(가사소송법 제35조 제2항, 제13조 제2항).

### 4. 심리 및 심판

6 각 공동상속인 또는 이해관계인의 청구가 있는 경우 가정법원은 상속재산관리인 선임을 청구할 수 있는 경우 즉, 공동상속인 중 여러 명이 한정승인을 한 경우에 해당하는지, 공동상속인 중 누구를 상속재산관리인으로 선임할지를 중점적으로 심리한다.[1]

7 상속재산관리인은 반드시 공동상속인 중에서 선임하여야 하고, 다른 자를 선임할 수 없다.[2] 여러 명을 선임하는 것도 가능하나, 1인으로 하는 것이 통상적이다. 가정법원이 상속재산관리인을 선임하는 경우 주문례는 아래와 같다.

> 피상속인의 망 △△△의 공동상속재산관리인으로 상속인 ○○○(주민등록번호, 주소)를 선임한다.

8 공동상속재산관리인 선임심판은 청구인뿐만 아니라 선임된 상속재산관리인과 다른 공동상속인 전원에게 고지한다(가사소송법 제40조, 가사소송규칙 제25조). 상속재산관리인 선임청구를 기각한 심판에 대하여는 청구인이 즉시항고 할 수 있으나, 청구를 인용한 심판에 대하여는 불복할 수 없다(가사소송규칙 제27조). 청구를 인용한 경우의 심판비용 등은 상속재산에서 부담한다(가사소송규칙 제78조, 제52조).

## Ⅲ. 상속재산관리인 선임의 효과

9 가정법원에 의하여 선임된 상속재산관리인은 공동상속인을 대표하여 상속재산의 관리와 채무의 변제에 관한 모든 행위를 할 권리와 의무가 있다(민법 제1040조 제2항). 상속재산관리인은 보존행위에 그치지 아니하고 상속재산의 관리와 청산절차의 진행에 필요한 모든 실체법상·소송법상 행위를 할 수 있다. 이 점에서 상속재산관리인으로 선임되지 않은 다른 공동상속인의 법정대리인과 같은 지위

1 법원실무제요, 가사[Ⅱ], 사법연수원(2021), 1076.
2 대법원 1979. 12. 27. 자 76그2 결정.

에 선다고 본다. 따라서 상속재산관리인이 선임되면 다른 공동상속인은 상속재산에 대한 관리처분권을 상실한다고 해석하는 것이 일반적이다.[3]

10 한편 상속재산관리인이 선임되는 경우, 상속재산을 관리하고 청산절차를 진행할 의무와 그에 따른 책임 역시 전적으로 상속재산관리인에게 귀속되고, 다른 공동상속인은 이를 면하게 된다. 따라서 상속재산관리인은 공동상속인 중 1인인 자신이 그 고유재산에 대하는 것과 동일한 주의로 상속재산을 관리하여야 하고, 민법 제1032조 내지 제1037조에 정한 바에 따라 청산절차를 진행하여야 하며, 부당변제 등의 경우 손해배상책임을 부담한다(민법 제1040조 제3항 본문, 제1022조, 제1032조 내지 제1039조). 민법 제1032조에 따른 상속채권자 및 수유자에 대한 채권신고 공고·최고에 있어 공고할 5일의 기간은 한정승인을 한 날이 아니라 상속재산관리인이 그 선임을 안 날로부터 기산된다(민법 제1040조 제3항 단서).

3 주해상속법(제1권), 박영사(2019), 535(이동진); 법원실무제요, 가사[Ⅱ], 사법연수원(2021), 1077.

## 제 4 관 포기

### 제 1041 조 [포기의 방식]

**상속인이 상속을 포기할 때에는 제1019조 제1항의 기간 내에 가정법원에 포기의 신고를 하여야 한다.** <개정 1990. 1. 13.>

**[관련조문]** 민법 제1019조(승인, 포기의 기간), 제1020조(제한능력자의 승인·포기의 기간), 제1021조(승인, 포기기간의 계산에 관한 특칙), 제1026조(법정단순승인)

**[참고문헌]** 김주수/김상용, 주석 민법, 상속(제2권)(제4판), 한국사법행정학회(2015); 주해상속법(제1권), 박영사(2019); 곽윤직, 상속법(민법강의VI)(개정판), 박영사(2004); 김주수/김상용, 친족·상속법(제20판), 법문사(2024); 송덕수, 친족상속법(제7판), 박영사(2024); 법원실무제요, 가사[Ⅱ], 사법연수원(2021)



## Ⅰ. 상속포기의 의의

1 상속의 포기는 상속의 개시로 인하여 상속인을 위하여 잠정적으로 발생하였던 상속의 효과를 상속의 개시시에 소급하여 확정적으로 소멸시키고 처음부터 상속인이 아니었던 효과를 발생시키는 상속인의 상대방 없는 의사표시로서 단독행위이다.[1] 피상속인이 사망하면 그의 모든 재산상의 권리의무는 상속인의 의사와 관계없이 상속인에게 법률상 당연히 포괄적으로 승계되는바(민법 제1005조), 상속인은 상속의 포기를 통하여 그 의사에 따라 상속재산의 귀속을 거절할 수 있다. 이 점에서 상속포기제도는 특히 피상속인의 상속재산 중 소극재산이 적극재산을 초과하는 경우의 상속(이하 '채무상속'이라 한다)에서 상속인의 의사를 고려하여 상속인을 보호하기 위하여 마련된 제도로 볼 수 있을 것이다.[2]

1 김주수/김상용, 주석 민법, 상속(제2권)(제4판), 한국사법행정학회(2015), 161; 주해상속법(제1권), 박영사(2019), 538(이동진); 곽윤직, 상속법(민법강의VI)(개정판), 박영사(2004), 193; 김주수/김상용, 친족·상속법(제20판), 법문사(2024), 798; 송덕수, 친족상속법(제7판), 박영사(2024), 415.

2 대법원 2023. 3. 23. 자 2020그42 전원합의체 결정, 대법원 2017. 1. 12. 선고 2014다39824 판결.

## Ⅱ. 의의

2 민법 제1041조는 상속포기의 형식적 요건에 관하여 정하고 있다. 상속인이 상속을 포기하려면 고려기간 내에 가정법원에 포기의 신고를 하여야 하고, 위 요건과 방식에 따르지 않은 임의의 의사표시는 상속의 포기로서의 효력이 없다.[3] 상속의 포기는 상속인의 상속에 관한 법률상 지위를 상실시키는 행위로서 다른 공동상속인, 상속채권자나 상속인의 채권자 등에게 미치는 영향이 크다. 우리 법은 이를 고려하여 그 의사표시의 존재를 명확히 하고, 법률관계의 획일적 처리를 도모하고자 민법 제1041조에 상속포기의 방식에 관한 규정을 마련하는 한편, 가사소송법에 '상속포기 신고의 수리'를 라류 가사비송사건(가사소송법 제2조 제1항 제2호 가목 32)으로 규정함으로써 상속인으로 하여금 일정한 방식에 따라 상속포기의사를 신고하고, 가정법원으로 하여금 이를 확인하도록 하고 있는 것이다.

## Ⅲ. 상속포기의 요건 및 방식

### 1. 상속포기의 신고를 할 수 있는 자

3 상속포기의 신고를 할 수 있는 자는 대체로 한정승인의 신고를 할 수 있는 자와 일치한다.

#### 가. 상속인 또는 임의대리인

4 상속포기의 신고는 상속인이 또는 그의 임의대리인이 할 수 있다(가사소송규칙 제75조). 상속인이 아닌 사람의 신고는 허용되지 아니한다. 다만 후순위 상속인은 상속이 개시된 이후 고려기간 내에는 선순위 상속인이 상속을 포기하기 전이라도 미리 포기 신고를 할 수 있다[상속포기의 신고에 관한 예규(재특 2003-1) 제3조]. 태아는 출생 후가 아니면 상속포기를 할 수 없다.

#### 나. 제한능력자의 경우 그 법정대리인

5 상속포기의 신고는 내용에 있어 재산적 성격을 가지고 있을 뿐만 아니라 가사비송절차로서 소송행위의 성격도 가지고 있으므로, 상속인이 미성년자, 성년후견인, 한정후견인 등과 같은 제한능력자인 때는 법정대리인이 이를 대리하여야 하고[상

[3] 대법원 1994. 10. 14. 선고 94다8334 판결.

속포기의 신고에 관한 예규(재특 2003-1) 제2조 제1항], 법정대리인의 동의를 받더라도 제한능력자가 그 이름으로 단독으로 신고할 수 없다(가사소송법 제12조, 민사소송법 제55조).[4]

6 상속인이 미성년자인 경우 공동친권자라면 부모가 공동으로 신고함이 원칙이다(민법 제909조 제2항). 다만 부모의 한쪽이 친권을 행사할 수 없을 때에는 다른 쪽이 신고할 수 있다(민법 제909조 제3항). 이와 달리 친권자의 정함이 있는 경우(민법 제909조 제4항·제5항)에는 지정된 친권자가 단독으로 신고할 수 있다.

### 다. 이해상반행위

7 다만 제한능력자와 그 법정대리인 사이에 공동상속관계가 있는 등으로 상속의 포기가 법정대리인과의 관계에서 이해상반행위(민법 제921조)에 해당하는 때에는 특별대리인을 선임하여 그 특별대리인이 제한능력자를 대리하여야 한다[상속포기의 신고에 관한 예규(재특 2003-1) 제2조 제2항 본문]. 법정대리인이 대리할 수인의 제한능력자 사이에 공동상속관계가 있는 경우에도 마찬가지이다.

8 법정대리인이 제한능력자인 상속인을 대리하여 상속포기를 하는 것이 이해상반행위가 되는지는 형식적으로 판단할 것이 아니라, 친권자가 미성년자를 대리하는 경우에 있어 미성년자의 상속포기로 인하여 친권자의 상속분이 증가하는지 등의 구체적 사정에 따라 실질적으로 판단하여야 한다. 판례는 부가 사망하여 친권자인 모가 미성년자인 자 및 성년자인 자와 함께 공동상속인이 된 후, 친권자 자신이 상속을 포기하면서 미성년자인 자를 대리하여 상속을 포기함으로써 성년자인 자가 단독으로 상속을 받게 한 행위는 이해상반행위에 해당하지 않는다고 보았다(☞ 이해상반행위 여부의 판단에 관하여는 민법 제921조 주석 참조).[5]

9 제한능력자와 그 법정대리인을 포함한 공동상속인 전원이 함께 상속포기 신고를 하는 경우에는 이해상반행위가 될 여지가 없으므로 특별대리인을 선임할 필요가 없다[상속포기의 신고에 관한 예규(재특 2003-1) 제2조 제2항 단서].

## 2. 상속포기의 시적 한계

10 상속포기는 반드시 상속이 개시된 후에 하여야 한다. 상속개시 전에 이루어진 포기는 설령 신고가 수리되었더라도 무효이다. 상속개시 전에 한 상속포기약정

4 대법원 2020. 11. 19. 선고 2019다232918 전원합의체 판결.
5 대법원 1989. 9. 12. 선고 88다카28044 판결.

역시 효력이 없다.[6] 판례는 유언공정증서에 따라 부동산이 피고에게 유증되는 상황에서 원고가 부동산에 관한 유류분반환청구권 등 모든 권리를 포기하는 내용의 각서를 피상속인과 피고에게 교부한 것은 사실상 피상속인의 재산에 관하여 유류분을 포함한 상속을 포기하기로 하는 약정에 해당하고, 상속개시 전에 이루어진 것으로 효력이 없다고 보았다.[7] 따라서 상속인은 그와 같은 약정을 하였더라도 상속개시 후에 자신의 상속권을 주장할 수 있고, 그것이 신의칙에 반하는 것도 아니다.[8]

11 또한 상속포기는 상속인 또는 그 법정대리인이 상속개시가 있음을 안 날로부터 3개월 내에 하여야 한다. 경우에 따라 가정법원은 이해관계인 또는 검사의 청구에 의하여 그 기간을 연장할 수 있다(민법 제1019조). 고려기간이 도과하기 전이라도 상속인이 상속재산에 대한 처분행위를 하여 민법 제1026조 제1호에 따라 단순승인의 효력이 발생한 후에는 상속을 포기할 수 없다. 따라서 고려기간이 도과한 후 또는 법정단순승인이 된 후에 이루어진 상속포기는 설령 신고가 수리되었더라도 상속포기로서의 효력이 없다.[9] 그러나 그와 같은 상속포기가 상속재산 전부를 공동상속인 중 1인에게 귀속시킬 방편으로 행해진 것이라면 이를 상속재산의 협의분할로 볼 수는 있을 것이다.[10] 한편, 수인의 상속인 중 1인을 제외한 나머지 상속인 모두가 상속을 포기하기로 하였으나 그 상속포기 신고가 수리되기 전에 피상속인 소유의 미등기 부동산에 관하여 상속인들 전원 명의로 법정상속분에 따른 소유권보존등기가 경료되자 위와 같은 상속인들의 상속포기의 취지에 따라 상속을 포기하는 상속인들의 지분에 관하여 상속을 포기하지 아니한 상속인 앞으로 지분이전등기를 하고 그 후 상속포기 신고가 수리되었다면, 이를 상속의 단순승인으로 간주되는 민법 제1026조 제1호 소정의 '상속재산에 대한 처분행위'가 있는 경우라고 할 수 없고, 위 신고는 상속포기로서의 효력이 있다.[11]

12 상속포기의 효력이 문제되는 경우 상속포기가 위와 같은 시적 한계 내에 이루어졌다는 사정은 상속인이 증명하여야 한다.

6 대법원 1994. 10. 14. 선고 94다8334 판결.
7 대법원 2017. 12. 22. 선고 2015다253429 판결
8 대법원 2011. 4. 28. 선고 2010다29409 판결, 대법원 1998. 7. 24. 선고 98다9021 판결.
9 대법원 2023. 12. 28. 선고 2023다269399 판결, 대법원 2012. 4. 16. 자 2011스191, 192 결정, 대법원 2010. 4. 29. 선고 2009다84936 판결.
10 대법원 1989. 9. 12. 선고 88누9305 판결.
11 대법원 2012. 4. 16. 자 2011스191, 192 결정.

### 3. 상속포기 신고를 하여야 할 법원

13 상속포기 신고를 하여야 할 법원은 상속개시지인 피상속인의 마지막 주소지인 의 가정법원이다(가사소송법 제44조 제6호, 민법 제998조). 마지막 주소지가 외국인 경우에는 대법원이 있는 곳의 가정법원인 서울가정법원이 관할한다(가사소송법 제35조 제2항, 제13조 제2항).

### 4. 상속포기 신고의 방식

14 상속인이 상속을 포기하려면 고려기간 내에 가정법원에 상속포기 신고를 하여야 한다(민법 제1041조). 신고의 방식은 재산목록을 작성·제출할 필요가 없는 것을 제외하고는 한정승인 신고의 방식과 동일하다. 상속의 포기는 상속인이 법원에 대하여 하는 단독의 의사표시로서 포괄적·무조건적으로 하여야 하므로, 재산목록을 첨부하거나 특정할 필요가 없는 것이다.[12] 조건이나 기한을 붙인 상속의 포기는 효력이 없고 그 신고가 수리되었더라도 마찬가지이다.

15 상속인은 가정법원에 신고인 또는 대리인이 기명날인 또는 서명한 신고서를 제출하여야 하고, 그 신고서에는 ① 당사자의 등록기준지, 주소, 성명, 생년월일, 대리인이 신고할 때에는 대리인의 주소와 성명, ② 신고 취지와 신고 원인, ③ 신고 연월일, ④ 가정법원의 표시(가사소송법 제36조 제3호) 외에, ⑤ 피상속인의 성명과 마지막 주소, ⑥ 피상속인과의 관계, ⑦ 상속개시 있음을 안 날, ⑧ 상속의 포기를 하는 뜻이 기재되어야 하고, 신고인 또는 대리인의 인감증명서가 첨부되어야 한다(가사소송규칙 제75조). 상속을 포기하는 이유를 기재할 필요는 없다.

## Ⅳ. 상속포기 신고의 수리 여부에 대한 심리 및 심판

### 1. 심리

16 가정법원의 심리 역시 한정승인 신고에 대한 것과 대체로 동일하다. 가정법원은 상속포기 신고서를 심사하여 신고가 고려기간을 지나 이루어진 것이 분명한 경우, 신고가 상속인 본인의 의사에 기한 것이 아니거나 신고할 수 있는 자에 의하여 이루어진 것이 아님이 분명한 경우, 신고서에 법정 첨부서류가 첨부되어 있지 않거나 법정 기재사항이 기재되어 있지 아니하고, 신고인이 보정명령에도

12 대법원 1995. 11. 14. 선고 95다27554 판결.

불응하는 경우, 상속포기가 상속분의 일부만에 대한 것이거나 조건이 붙어 있는 경우 등과 같이 신고가 부적법함이 분명한 경우에는 그 신고를 각하한다. 다만 제출된 서면을 신고서로 볼 여지가 있는 이상, 사소한 흠이 있더라도 곧바로 신고를 각하할 것은 아니고 그 흠을 보정시키는 등 보완을 명하여 가급적 유효한 신고서로 해석·처리하여야 한다.[13]

17 가정법원은 신고의 적법성만 심리할 뿐 그 내용의 타당성은 심리하지 아니한다. 실무에서는 신고서에 날인된 인영과 인감증명서의 인감이 일치하는지 확인하는 방식으로 신고가 상속인 본인의 의사에 기한 것인지를 심리하고, 나머지는 요건이 명백히 결여되었는지를 심리하는 것이 일반적이다.

18 상속인이 상속포기 신고를 한 후 그 수리 전에 사망한 경우에는 그 절차가 종료되고 민법 제1021조에 따라 그 상속인이 별개로 한정승인이나 포기신고를 하여야 한다고 본다.

## 2. 심판

19 상속포기 신고가 형식적 요건을 갖춘 것으로서 부적법하지 않은 이상 가정법원은 이를 수리하여야 하고, 실체적 요건을 갖추지 아니하였음이 분명한 경우 외에는 이를 문제 삼아 신고를 불수리할 수 없다. 따라서 상속인들은 상속포기 신고수리의 심판에 있어서 실체적 요건이 구비되었다는 점을 적극적으로 증명할 필요가 없다.[14]

20 상속포기 신고의 수리는 심판으로 한다(가사소송법 제30조 제1항). 가정법원은 신고의 일자 및 대리인이 한 신고인 경우에는 그 대리인의 주소와 성명을 적은 심판서를 작성하여야 한다(가사소송규칙 제75조 제3항). 상속포기 신고를 수리하는 경우의 주문례는 다음과 같다.

| 청구인이 피상속인 망 OOO의 상속을 포기하는 20OO. OO. OO. 자 신고를 수리한다. |
|---|

## 3. 심판의 효력

21 상속포기의 신고는 접수된 때가 아니라 수리심판이 효력을 발생한 때, 즉 가정법원이 상속인의 포기신고를 수리하는 심판을 하여 이를 당사자에게 고지한 때

13 대법원 2002. 11. 8. 선고 2002다21882 판결, 대법원 1978. 1. 31. 자 76스3 결정.
14 대법원 2006. 2. 13. 자 2004스74 결정, 법원실무제요, 가사[Ⅱ], 사법연수원(2021), 1066.

에 그 효력이 발생한다.[15] 따라서 상속인이 가정법원에 상속포기의 신고를 하였더라도 이를 수리하는 가정법원의 심판이 고지되기 이전에 상속재산을 처분하였다면, 이는 상속포기의 효력 발생 전에 처분행위를 한 것이므로 민법 제1026조 제1호에 따라 상속의 단순승인을 한 것으로 보아야 한다.[16]

22 신고수리의 심판은 일응 상속의 포기의 요건을 갖춘 것으로 인정한다는 것일 뿐 그 효력을 확정하는 것은 아니다. 따라서 상속포기의 효력이 있는지에 관한 최종적인 판단은 실체법에 따라 민사소송에서 결정될 문제이다.[17] 일단 포기신고가 수리된 때에는 철회할 수 없고, 취소기간 내에 총칙편의 규정에 의한 취소가 가능할 뿐이다(민법 제1024조).

### 4. 불복 가부

23 상속포기의 신고가 각하된 경우 또는 신고를 수리하지 않은 심판에 대하여는 청구인이 즉시항고를 할 수 있으나(가사소송규칙 제27조), 신고를 수리한 심판에 대하여는 불복할 수 없고, 별도로 상속인에 대하여 이행청구의 소 등 민사소송을 제기하여 그 절차에서 선결문제로 다투거나 상속포기 무효확인의 소를 제기하여 다투어야 한다.

## V. 이른바 사실상의 상속포기

24 형식상으로는 공동상속을 하지만, 실제로는 공동상속인 중 1인이 상속재산을 독점하고, 나머지 공동상속인은 상속재산분할청구를 하지 않는 방법으로 상속포기의 신고를 하지 아니한 채 공동상속인 중 1인에게 상속재산을 집중시키려는 경우(이른바 '사실상의 상속포기')가 적지 않게 발생하나,[18] 민법이 정한 상속포기의 방식에 의하지 아니한 이상 상속포기로서의 효력이 발생하지 않는다. 따라서 사실상의 상속포기를 한 공동상속인이더라도 채권자의 승낙 없이는 상속채무에 대한 책임을 면할 수 없다(민법 제454조).

15 대법원 2021. 9. 15. 선고 2021다224446 판결, 대법원 2004. 6. 25. 선고 2004다20401 판결.
16 대법원 2016. 12. 29. 선고 2013다73520 판결.
17 대법원 2006. 2. 13. 자 2004스74 결정, 대법원 2002. 11. 8. 선고 2002다21882 판결.
18 김주수/김상용, 주석 민법, 상속(제2권)(제4판), 한국사법행정학회(2015), 164.

# 제 1042 조 [포기의 소급효]

**상속의 포기는 상속개시된 때에 소급하여 그 효력이 있다.**

[관련조문] 민법 제997조(상속개시의 원인), 제1024조(승인, 포기의 취소금지), 제1043조(포기한 상속재산의 귀속), 제1044조(포기한 상속재산의 관리계속의무)

[참고문헌] 주해상속법(제1권), 박영사(2019); 곽윤직, 상속법(민법강의VI)(개정판), 박영사(2004); 김주수/김상용, 친족·상속법(제20판), 법문사(2024); 송덕수, 친족상속법(제7판), 박영사(2024); 윤진수, 친족상속법 강의(제5판), 박영사(2023); 윤진수, "초과특별수익이 있는 경우 구체적 상속분의 산정방법", 법학 제38권 제2호, 서울대학교 법학연구소(1997)



## Ⅰ. 의의

1 민법 제1042조는 상속의 포기에 소급효를 인정하고 있다. 따라서 가정법원의 심판에 의해서 포기의 신고가 수리되어 상속포기의 효력이 발생하면, 상속의 개시에 의하여 잠정적으로 발생하였던 상속의 효과는 상속의 개시 시에 소급하여 확정적으로 소멸되고, 상속을 포기한 상속인은 처음부터 상속인이 아니었던 것과 같은 지위에 놓인다.[1]

## Ⅱ. 상속포기의 효력

### 1. 상속포기의 소급효

#### 가. 포기자에 대한 효력

2 상속포기를 하면, 우리 민법이 취하고 있는 당연·포괄승계 원칙에 의하여 상속개시와 동시에 일단 상속인에게 귀속되었던 피상속인의 재산에 관한 포괄적 권리의무는 처음부터 포기한 상속인에게 귀속하지 않았던 것으로 된다. 따라서 상속재산과 고유재산의 혼합으로 인해 혼동으로 소멸하였던 피상속인과 상속인 사이의 재산상 권리의무도 부활한다.[2] 이러한 권리의무의 변동은 법률의 규정에

1 대법원 2006. 7. 4. 자 2005마425 결정, 대법원 2003. 8. 11. 자 2003마988 결정 등.
2 대법원 2005. 1. 14. 선고 2003다38573, 38580 판결.

의한 것이므로 부동산의 경우에도 등기를 요하지 아니한다.[3]

### 나. 후순위 혹은 동순위 상속인에 대한 효력

#### 1) 동순위 상속인이 없는 경우

3 상속포기의 소급효로 인하여 단독상속인 또는 공동상속인 전원이 상속을 포기하면, 상속을 포기한 자는 상속 개시 시부터 상속인이 아니었던 것과 같은 지위에 놓이게 되므로, 같은 순위의 다른 상속인이 없어 차순위 상속인이 처음부터 상속인이었던 것으로 되고 그에 대하여 본위상속이 개시된다. 따라서 피상속인에게 유족으로 자녀와 손자녀가 있는 경우, 제1순위 상속인인 자녀 전원이 상속을 포기하면 차순위 상속인인 피상속인의 손자녀는 민법 제1001조에 의한 대습상속이 아닌 제1000조에 의한 본위상속을 하게 된다.[4]

#### 2) 동순위 상속인이 있는 경우

4 이와 달리 공동상속인의 일부만이 상속을 포기한 경우, 상속포기의 소급효로 인하여 그들은 처음부터 공동상속인이 아니었고 다른 상속인들만이 공동상속인이었던 것으로 되므로, 상속을 포기한 자들의 상속분은 다른 공동상속인의 상속분의 비율로 각 공동상속인에게 귀속한다(☞ 상세한 내용은 민법 제1043조 주석 참조).

5 민법은 대습상속의 사유를 피대습상속인의 사망 또는 결격만으로 한정하고 있으므로, 상속을 포기한 공동상속인의 상속분이 그의 직계비속 등 후순위 상속인에게 대습상속된다고 볼 수는 없다.[5] 피상속인의 배우자와 자녀 중 자녀 전부가 상속을 포기한 경우 민법 제1043조에 따라 상속을 포기한 자녀의 상속분은 남아 있는 '다른 상속인'인 배우자에게 귀속되어 배우자가 단독상속인이 되고, 손자녀가 있더라도 손자녀는 상속인이 되지 않는다.[6]

3 주해상속법(제1권), 박영사(2019), 544(이동진); 송덕수, 친족상속법(제7판), 박영사(2024), 417.

4 대법원 1995. 9. 26. 선고 95다27769 판결, 대법원 1995. 4. 7. 선고 94다11835 판결(제1순위 상속권자인 처와 자들이 모두 상속을 포기한 경우에는 손이 직계비속으로서 상속인이 된다).

5 대법원 1995. 9. 26. 선고 95다27769 판결. 곽윤직, 상속법(민법강의VI)(개정판), 박영사(2004), 194~195; 김주수/김상용, 친족·상속법(제20판), 법문사(2024), 800; 송덕수, 친족상속법(제7판), 박영사(2024), 416; 윤진수, 친족상속법 강의(제5판), 박영사(2023), 529.

6 대법원 2023. 3. 23. 자 2020그42 전원합의체 결정. 이와 달리 피상속인의 배우자와 자녀 중 자녀 전부가 상속을 포기한 경우에는 배우자와 피상속인의 손자녀 또는 직계존속이 공동으로 상속인이 되고, 피상속인의 손자녀와 직계존속이 존재하지 아니하면 배우자가 단독으로 상속인이 된다고 보았던 대법원 2015. 5. 14. 선고 2013다48852 판결은 위 결정으로 변경되었다.

### 다. 특별수익인 생전증여를 받은 공동상속인이 상속을 포기한 경우의 유류분 산정

6 피상속인으로부터 특별수익인 생전 증여를 받은 공동상속인이 상속을 포기한 경우 그는 민법 제1042조에 따라 처음부터 상속인이 아니었던 것으로 되므로 민법 제1008조가 적용될 여지가 없고, 따라서 민법 제1114조에 따라 그 증여가 상속개시 전 1년간에 행한 것이거나 당사자 쌍방이 유류분권리자에 손해를 가할 것을 알고 한 경우에만 유류분 산정을 위한 기초재산에 산입된다.[7]

### 2. 상속채무의 불승계

7 상속인은 상속포기로 상속채무를 면한다.[8] 상속인이 자신의 상속분을 넘는 특별수익을 받은 경우에도 마찬가지이다.[9] 따라서 상속채권자가 상속포기를 한 상속인을 상대로 상속채무의 이행을 청구하는 소를 제기하는 경우, 상속인은 상속포기의 항변을 할 수 있다. 유효한 상속포기가 있었던 것으로 인정되면 법원은 청구를 기각하는 판결을 한다. 만일 상속인이 상속채권자가 제기한 소송의 사실심 변론종결시까지 상속포기 사실을 주장하지 아니하는 바람에 청구를 인용하는 판결이 확정되면, 상속의 한정승인에서와 달리 상속인은 그 후 상속포기 사실을 내세워 청구이의의 소(민사집행법 제44조)로 다툴 수 없다.[10] 전소 확정판결의 주문에서 상속인의 상속채무의 존재 자체에 관하여 판단이 이루어진 관계로 기판력이 미치기 때문이다(☞ 한정승인의 경우와의 비교를 위해서는 민법 제1028조 주석 참조).

8 상속인이 상속포기를 하였음에도 상속채권자 또는 수유자가 피상속인에 대하여 가지고 있던 집행권원에 상속인에 대한 집행을 위한 승계집행문을 부여받은 경우, 그 상속인은 상속포기 사실을 내세워 집행문부여에 대한 이의신청(민사집행법 제34조)을 하거나 집행문부여에 대한 이의의 소(민사집행법 제45조)를 제기할 수 있을 것이다.

7 대법원 2022. 7. 14. 선고 2022다219465 판결, 대법원 2022. 3. 17. 선고 2020다267620 판결.

8 대법원 2013. 5. 23. 선고 2013두1041 판결(적법하게 상속을 포기한 자는 국세기본법 제24조 제1항이 피상속인의 국세 등 납세의무를 승계하는 자로 규정하고 있는 '상속인'에는 포함되지 않는다고 보아야 한다).

9 윤진수, "초과특별수익이 있는 경우 구체적 상속분의 산정방법", 법학 제38권 제2호, 서울대학교 법학연구소(1997), 99~101.

10 대법원 2009. 5. 28. 선고 2008다79876 판결.

### 3. 상속포기의 효력이 미치는 범위

9 상속포기는 포괄적·무조건적으로 하여야 하므로, 상속인이 상속포기의 신고를 하면서 상속재산의 목록을 첨부했더라도 상속재산을 참고자료로 예시한 것에 불과하다고 보여지는 이상, 상속포기의 효력은 포기 당시 첨부된 재산 목록에 포함되어 있지 않은 상속재산에까지 미친다.[11]

10 한편 상속인이 상속포기를 하더라도 그가 상속과 관계없이 취득한 재산상 권리에는 아무런 영향이 없다. 그 취득이 유증, 사인증여, 피상속인을 피보험자, 상속인을 보험수익자로 한 생명보험 등과 같이 피상속인의 사망을 원인으로 하는 것이더라도 마찬가지이다.

11 상속포기의 효력은 피상속인의 사망으로 개시된 상속에만 미치고, 그 이후 피상속인을 피대습자로 하여 개시된 대습상속에는 미치지 아니한다.[12] 대습상속은 상속과는 별개의 원인으로 발생하는 것인 데다가 대습상속이 개시되기 전에 이를 포기하는 것은 허용되지 않기 때문이다. 따라서 상속인이 피상속인의 사망으로 개시된 상속을 포기하였는데 그 후 피상속인의 직계존속이 사망하여 대습상속이 개시된 경우, 상속인이 대습상속의 개시있음을 안 날로부터 3월 내에 별도로 민법이 정한 절차와 방식에 따라 대습상속에 대한 별도의 한정승인이나 포기를 하지 아니하면 민법 제1026조 제2호에 따라 단순승인을 한 것으로 간주된다. 이는 최초 상속포기 당시 상속인에게 피상속인의 직계존속의 사망으로 개시될 대습상속도 포기하려는 의사가 있었더라도 마찬가지이다. 상속인이 대습상속에 대해서는 민법이 정한 절차와 방식에 따른 상속포기를 하지 않았음에도 불구하고, 피상속인에 대한 상속포기를 이유로 대습상속 포기의 효력까지 인정한다면 상속포기의 의사를 명확히 하고 법률관계를 획일적으로 처리함으로써 법적 안정성을 꾀하고자 하는 상속포기 제도가 잠탈될 우려가 있기 때문이다.

11 대법원 1995. 11. 14. 선고 95다27554 판결.
12 대법원 2017. 1. 12. 선고 2014다39824 판결.

## 제 1043 조 [포기한 상속재산의 귀속]

**상속인이 수인인 경우에 어느 상속인이 상속을 포기한 때에는 그 상속분은 다른 상속인의 상속분의 비율로 그 상속인에게 귀속된다.**

[관련조문] 민법 제1000조(상속의 순위), 제1003조(배우자의 상속순위), 제1007조(공동상속인의 권리의무승계), 제1008조(특별수익자의 상속분), 제1008조의2(기여분), 제1009조(법정상속분), 제1010조(대습상속분), 제1011조(공동상속분의 양수), 제1042조(포기의 소급효)

[참고문헌] 김주수/김상용, 주석 민법, 상속(제2권)(제4판), 한국사법행정학회(2015); 주해상속법(제1권), 박영사(2019); 김주수/김상용, 친족·상속법(제20판), 법문사(2024); 송덕수, 친족상속법(제7판), 박영사(2024); 윤진수, 친족상속법 강의(제5판), 박영사(2023)



### Ⅰ. 의의

1 상속인이 여러 명인 경우에 그 중 어느 공동상속인이 상속을 포기하면 그의 상속분은 다른 공동상속인의 상속분의 비율로 그 공동상속인에게 귀속한다. 상속포기의 소급효(민법 제1042조)로 인하여 상속을 포기한 공동상속인은 상속개시 당시부터 상속인이 아니었던 것으로 되므로, 상속인으로는 처음부터 나머지 공동상속인들만 있었던 것으로 보아 상속분을 산정하는 것이다.

### Ⅱ. 적용

2 민법 제1043조가 정하는 공동상속인 중 일부의 상속포기로 인한 상속분의 귀속방식은 상속적극재산과 상속채무의 귀속 모든 경우에 적용된다. 이러한 상속분의 귀속효과는 법률상 당연히 행하여지는 것으로, 귀속을 받는 상속인은 이를 거절할 수 없다.[1] 상속인 역시 상속을 포기함에 있어 그의 상속분의 귀속방식을 민법 제1043조가 정하는 바와 달리 정할 수 없다. 따라서 공동상속인 중 특정인의 상속분을 증가시키기 위하여 상속을 포기하는 것은 허용되지 아니한다. 그러한 효과를 달성하기 위해서는 상속분의 양도(민법 제1011조)나 상속재산협의분할에 의하여야 할 것이다.[2] 다만 상속분을 양도한 상속인도 채권자의 승낙 등 특별한 사정 없이는 상속채무를 면할 수 없다.

1 김주수/김상용, 주석 민법, 상속(제2권)(제4판), 한국사법행정학회(2015), 181.
2 주해상속법(제1권), 박영사(2019), 546(이동진); 김주수/김상용, 친족·상속법(제20판), 법문사(2024), 803; 송덕수, 친족상속법(제7판), 박영사(2024), 419.

3 한편, 공동상속인 중 일부의 상속포기로 인하여 다른 공동상속인에게 귀속되게 된 상속분은 상속포기자로부터 유증 또는 증여받은 것이라고 볼 수 없으므로, 그 다른 공동상속인의 특별수익으로서 유류분 산정의 기초가 되는 재산에 산입되지 아니한다.[3]

4 피상속인의 배우자와 자녀 중 자녀 전부가 상속을 포기한 경우의 상속관계에 관하여, 종래 판례는 차순위인 피상속인의 손자녀 또는 직계존속이 존재하는 경우에는 그들이 본위상속을 함으로써 배우자와 공동상속인이 되고, 피상속인의 손자녀와 직계존속이 존재하지 아니하는 경우에만 배우자가 단독으로 상속인이 된다고 보았으나,[4] 최근 전원합의체 결정을 통하여 상속에 관한 입법례와 민법의 입법 연혁, 민법 조문의 문언 및 체계적·논리적 해석, 채무상속에서 상속포기자의 의사, 실무상 문제 등을 종합하여 보면, 피상속인의 배우자와 자녀 중 자녀 전부가 상속을 포기한 경우에는 배우자가 단독상속인이 된다는 것으로 판례를 변경하였다(민법 제1042조 주석 참조).[5]

3 대법원 2012. 4. 16. 자 2011스191, 192 결정.
4 대법원 2015. 5. 14. 선고 2013다48852 판결.
5 대법원 2023. 3. 23. 자 2020그42 전원합의체 결정.

## 제 1044 조 [포기한 상속재산의 관리계속의무]

① 상속을 포기한 자는 그 포기로 인하여 상속인이 된 자가 상속재산을 관리할 수 있을 때까지 그 재산의 관리를 계속하여야 한다.
② 제1022조와 제1023조의 규정은 전항의 재산관리에 준용한다.

[관련조문] 민법 제1022조(상속재산의 관리), 제1023조(상속재산보존에 필요한 처분), 제1053조(상속인 없는 재산의 관리인)

[참고문헌] 김주수/김상용, 주석 민법, 상속(제2권)(제4판), 한국사법행정학회(2015); 주해상속법(제1권), 박영사(2019)



### Ⅰ. 의의

1 상속의 포기에는 소급효가 있으므로, 상속을 포기한 상속인은 처음부터 상속인이 아니었던 것이 되어 일응 민법 제1022조가 정한 상속재산에 대한 관리의무도 면하게 된다고 볼 수 있다. 그러나 다른 공동상속인이나 후순위상속인 등이 해당 상속인의 상속포기사실을 인식하지 못하는 경우도 있을 수 있는바, 상속인이 상속을 포기하였다고 하여 곧바로 상속재산의 관리를 중단하게 되면 상속재산이 방치되어 멸실·훼손되는 등으로 인하여 다른 공동상속인, 그의 상속포기로 인하여 상속인이 된 후순위상속인, 상속채권자 등에게 예기치 못한 손해를 발생시킬 우려가 있다.[1] 이에 민법 제1044조는 상속을 포기한 상속인에게 그 포기로 인하여 상속인이 된 자가 상속재산의 관리를 시작할 수 있을 때까지 계속하여 상속재산을 관리할 의무를 부과하면서 한편으로는 제1023조를 준용하여 이해관계인 또는 검사로 하여금 가정법원에 상속재산의 보존을 위한 처분을 청구할 수 있도록 규정하고 있다.

### Ⅱ. 관리계속의무의 존속기간

2 상속인은 본래 상속이 개시된 때부터 상속을 단순승인 또는 포기할 때까지 민법

1 김주수/김상용, 주석 민법, 상속(제2권)(제4판), 한국사법행정학회(2015), 184; 주해상속법(제1권), 박영사(2019), 551(이동진).

제1022조에 의한 상속재산의 관리의무를 부담하는 것이므로(민법 제1022조 단서), 민법 제1044조에 의한 관리계속의무는 상속인이 상속을 포기한 때부터 부담하게 된다. 종기는 그의 상속포기로 인하여 상속인이 된 다른 공동상속인 또는 차순위 상속인이 상속재산을 현실적으로 관리할 수 있을 때까지이다. 다만 민법 제1044조의 취지는 상속재산 관리에 공백이 발생하는 것을 막고자 하는 것이므로, 가정법원이 상속재산관리인을 선임하는 경우에도 상속을 포기한 상속인의 관리계속의무가 종료한다고 봄이 타당하다.

## Ⅲ. 관리계속의무의 내용

3 상속을 포기한 상속인의 상속재산 관리에 관하여는 민법 제1022조가 준용된다. 상속을 포기한 상속인은 자기의 고유재산에 대하는 것과 동일한 주의로 상속재산을 관리하여야 하고, 자신의 주의능력에 상응한 통상의 주의를 결여한 관리로 인하여 상속재산의 가치가 감소하는 등으로 다른 이해관계인이 손해를 입었다면 그에 대하여 손해배상책임을 진다. 관리계속의무의 정도, 물적 범위와 인적 범위는 민법 제1022조에서 살핀 것과 대부분 같으나(☞ 상세한 내용은 민법 제1022조 주석 참조), 상속을 포기한 상속인은 더 이상 상속재산의 귀속주체가 아니므로 상속재산에 관하여 그가 행사할 수 있는 권한은 관리계속의무를 이행하는 데 필요한 범위에 한정된다. 이 점에서 대외적으로 제한 없이 상속재산을 사용·수익·처분할 수 있었던 상속을 단순승인 또는 포기하기 전의 상속인과 차이가 있다.

## Ⅳ. 상속재산의 보존에 필요한 처분

4 한편, 상속인이 상속을 포기한 이후에도 가정법원은 이해관계인 또는 검사의 청구에 의하여 상속재산의 보존에 필요한 처분을 명할 수 있다(민법 제1044조, 제1023조). 민법 제1023조에 따른 상속재산의 보존에 필요한 처분은 고려기간이 경과되기 전까지만 청구할 수 있는데,[2] 상속채무가 상속적극재산을 초과하는 등으로 인하여 상속권자들이 순차로 상속을 포기하는 경우, 이해관계인으로서는 위 청구의 시적 한계가 언제까지 확장될지를 판단하는 데 곤란함을 겪게 되고, 특히 상속채권자는 상속재산의 관리주체를 특정할 수 없어 권리행사에 어려움을 겪게 된다.

2 대법원 1999. 6. 10. 자 99으1 결정.

그와 같은 경우 가정법원은 상속채권자 등 이해관계인의 청구에 따라 민법 제1023조에 따른 재산관리인을 선임할 수 있고, 상속채권자는 고려기간이 경과되기 전에 재산관리인을 상대로 소송을 제기하여 집행권원을 받거나, 재산관리인을 상대로 경매절차를 진행할 수 있다는 것이 일부 실무례이다.[3](☞ 이외의 상세한 내용은 민법 제1023조 주석 참조).

3 법원실무제요, 가사[Ⅱ], 사법연수원(2021), 1052.

# 제 5 절 재산의 분리

## [총설]

**[관련조문]** 민법 제1026조 제3호(법정단순승인), 채무자 회생 및 파산에 관한 법률 제307조(상속재산의 파산원인), 제346조(파산과 한정승인 및 재산분리), 제389조 제1항·제3항(상속재산의 파산), 제438조(상속인의 채권자)

**[참고문헌]** 주해상속법(제1권), 박영사(2019); 김주수/김상용, 친족·상속법(제20판), 법문사(2024); 이경희/윤부찬, 가족법(11정판), 법원사(2024); 법원실무제요, 가사[Ⅱ], 사법연수원(2021); 이성보, "상속재산의 분리", 상속법의 제문제: 재판자료 제78집, 법원도서관(1998); 최수정, "상속재산과 상속인의 고유재산의 관계-한정승인과 상속재산분리 제도의 비교를 통하여", 새봄을 여는 민법학: 정태륜·지원림 교수 논문집, 홍문사(2023)



## Ⅰ. 재산분리제도의 의의

1 재산분리란 상속개시 후 상속채권자나 유증받은 자 또는 상속인의 채권자의 청구에 의하여 상속재산과 상속인의 고유재산을 분리시키는 가정법원의 처분을 말한다. 피상속인이 사망하여 상속이 개시되면 상속재산과 상속인의 고유재산이 혼합된다. 이때 상속재산이 채무초과이면 상속인의 채권자가 불이익을 입게 되고, 상속인의 고유재산이 채무초과이면 상속채권자가 불이익을 입게 된다. 본래 피상속인 또는 상속인 각각의 고유재산을 믿고 거래한 채권자가 상속으로 인한 양 재산의 혼합으로 인하여 불이익을 입어서는 곤란하므로, 이러한 이해관계의 대립을 해소하기 위하여 상속재산과 고유재산을 분리할 수 있는 재산분리제도가 마련된 것이다.

## Ⅱ. 다른 제도와의 관계

2 한정승인 및 상속포기 제도는 상속재산이 채무초과인 때에 상속인을 보호하는 제도인 반면, 재산분리 제도는 상속재산과 상속인의 고유재산의 분리를 위한 제도이다. 재산분리 제도는 상속인의 고유재산이 채무초과인 경우에는 상속채권자나 유증받은 자를 보호하기 위하여, 상속재산이 채무초과인 경우에 상속인의 채권자를 보호하기 위하여 활용될 수 있다. 한정승인으로도 상속인이나 상속인의

채권자가 보호될 수 있기는 하지만, 상속인의 채권자는 상속인의 처분을 기다리지 않아도 선제적으로 재산분리의 청구를 허용함으로써 상속인의 고유재산에 대해서 상속채권자나 유증받은 자보다 우선하여 변제를 받을 수 있는 것이다. 또, 재산분리 제도는 상속재산과 상속인의 고유재산을 분리하여 변제의 우선순위를 정하는 것뿐이므로, 고유재산으로는 책임을 지지 않는 한정승인과는 다르다. 한정승인자가 유한책임을 지는 것과 달리 재산분리 제도에서 상속인은 무한책임을 지는 것이다. 예를 들어, 상속채권자는 상속재산으로부터 상속인의 채권자보다 우선 변제를 받지만, 완전히 변제받지 못한 경우 나머지 채권에 대해서는 상속인의 고유재산으로부터 변제를 받을 수 있되, 상속인의 고유재산에 대해서는 상속인의 채권자가 우선하게 된다.

3 상속인의 책임제한은 상속재산에 대한 파산선고가 있는 때에도 발생한다. 상속재산으로 상속채권자 및 수유자에 대한 채무를 완제할 수 없는 때 법원은 신청에 의한 결정으로 파산을 선고한다(채무자 회생 및 파산에 관한 법률 제307조). 상속재산에 속한 모든 재산은 파산재단을 구성하며(채무자 회생 및 파산에 관한 법률 제389조 제1항), 이는 상속인의 고유재산과 분리되어 오직 파산관재인에 의해서만 관리되고 총 채권자의 채권의 만족을 위하여 제공된다. 그러므로 상속인의 채권자는 파산재단에 대하여 파산채권자로서 그 권리를 행사할 수 없으며(채무자 회생 및 파산에 관한 법률 제438조), 상속인은 원칙적으로 한정승인을 한 것으로 의제된다(제389조 제3항 본문).[1]

4 재산분리는 상속재산과 상속인의 고유재산의 혼합을 막는 데에 그 목적이 있으므로, 한정승인이나 상속포기의 경우 재산분리의 필요성이 희박해진다. 그러나 한정승인이나 포기가 무효임이 드러나는 경우가 있을 수 있으므로(민법 제1026조 제3호), 한정승인이나 포기의 절차가 진행되는 중이라도 재산분리의 청구를 할 수 있다. 파산선고도 역시 취소 또는 폐지할 수 있으므로 파산선고가 있더라도 이와 관계없이 재산분리의 청구를 할 수 있다(채무자 회생 및 파산에 관한 법률 제346조 본문).[2] 이와 반대로 재산분리가 있었더라도 상속인이 한정승인이나 포기를 할 수 있는데, 이 경우 재산분리의 절차는 정지된다.

1 최수정, "상속재산과 상속인의 고유재산의 관계-한정승인과 상속재산분리 제도의 비교를 통하여", 새봄을 여는 민법학: 정태륜·지원림 교수 논문집, 홍문사(2023), 862~863.

2 다만, 파산취소 또는 파산폐지가 확정되거나 파산종결의 결정이 있을 때까지는 그 분리절차는 중지된다(채무자 회생 및 파산에 관한 법률 제346조 단서).

5 이와 같은 재산분리 제도는 파산 제도, 한정승인 제도 등 이미 다른 제도에 의하여 상속과 관련된 사람들의 보호가 이루어지고 있어서, 실무상 거의 활용되지 않고 있다.

## 제 1045 조 [상속재산의 분리청구권]

① 상속채권자나 유증받은 자 또는 상속인의 채권자는 상속개시된 날로부터 3월 내에 상속재산과 상속인의 고유재산의 분리를 법원에 청구할 수 있다.

② 상속인이 상속의 승인이나 포기를 하지 아니한 동안은 전항의 기간경과후에도 재산의 분리를 법원에 청구할 수 있다. <개정 1990. 1. 13.>

**[관련조문]** 민법 제997조(상속개시의 원인), 제1019조(승인, 포기의 기간)

**[참고문헌]** 주해상속법(제1권), 박영사(2019); 김용한, 친족상속법론(보정판), 박영사(2003); 김주수/김상용, 친족·상속법(제20판), 법문사(2024); 박동섭/양경승, 친족상속법(제5판), 박영사(2020); 윤진수, 친족상속법 강의(제5판), 박영사(2023); 이경희/윤부찬, 가족법(11정판), 법원사(2024); 한봉희/백승흠, 가족법, 삼영사(2024); 법원실무제요, 가사[Ⅱ], 사법연수원(2021); 이성보, "상속재산의 분리", 상속법의 제문제: 재판자료 제78집, 법원도서관(1998)



### Ⅰ. 의의

1 재산분리 제도는 상속채권자나 유증받은 자 또는 상속인의 채권자가 상속이 개시된 후 상속재산 분리의 청구를 하면 가정법원이 상속재산과 상속인의 고유재산을 분리시키는 제도를 의미한다(민법 제1045조 제1항). 상속이 개시되면, 상속재산과 상속인의 고유재산이 혼합되는데, 만약 상속재산이 채무초과 상태이면 상속인의 채권자가 불이익을 입게 되고, 상속인의 고유재산이 채무초과 상태이면 상속채권자나 유증받은 자가 불이익을 입게 된다. 따라서 상속재산과 상속인의 고유재산의 분리가 필요하게 된다.

2 그런데 채무초과의 상속재산에 관하여 별도로 상속파산의 제도를 두고 있고, 상속인에 대하여 파산선고가 있을 때에는 상속인의 채권자의 채권은 그 고유재산에 대하여 상속채권자 또는 유증받은 자의 채권보다 우선하고, 상속채권자 또는 유증받은 자의 채권은 상속재산에 대하여 상속인의 채권자의 채권보다 우선하게 되므로(채무자 회생 및 파산에 관한 법률 제444조), 재산분리와 동일한 효력이

발생한다. 이러한 이유로 재산분리 제도가 실무상 거의 활용되고 있지 않다.[1]

## Ⅱ. 청구권자

3 법원에 재산분리를 청구할 수 있는 자는 상속채권자, 유증받은 자 또는 상속인의 채권자이다. 상속재산이 채무초과 상태에 있는 경우 상속인이 한정승인을 하거나 상속포기를 하면 그 효과로 상속인의 채권자가 보호될 수 있으나, 만약 상속인이 이러한 조치를 취하지 않는다면 상속인의 채권자는 '채무자의 상속'이라는 우연한 사건으로 인하여 예측하지 못한 손해를 입게 될 수도 있다.[2] 그러므로 상속인의 채권자를 보호하기 위하여 한정승인이나 상속포기 제도와 별도로 상속재산 분리 제도가 존재하는 것이다. 다만 한정승인의 경우 피상속인의 채권자는 상속인의 고유재산에 대하여 강제집행할 수는 없지만, 재산분리의 경우에는 두 개의 재산을 일단 분리하여 변제에 순위를 붙이는 것이어서, 재산분리의 결과 피상속인의 채권자가 상속재산으로부터 완전 변제를 받지 못한 경우에는 상속인의 고유재산으로부터 잔여채권을 변제받을 수 있다.[3]

### 1. 상속채권자

4 상속채권자는 피상속인에 대하여 채권을 가지고 있던 자를 의미한다. 이때의 상속채권자는 일반채권자와 우선변제권(예컨대, 유치권·질권·저당권 등)을 가지는 채권자를 포함하고, 조건 또는 기한 있는 채권, 존속기간이 불확정한 채권을 가지고 있는 자, 변제기 미도래의 채권자가 모두 포함된다. 그리고 집행권원을 가진 채권자인가의 여부도 묻지 않는다.

### 2. 유증받은 자

5 피상속인으로부터 유증을 받은 자를 말하며, 그 상속인에 대하여 유증의 이행을 청구할 수 있는 채권자가 된다. 유증을 받은 자는 특정수유자만을 가리킨다고 보는 것이 다수의 견해이다.[4] 다수 견해의 논거는 포괄적 유증을 받은 자는 상

1 이성보, "상속재산의 분리", 상속법의 제문제: 재판자료 제78집, 법원도서관(1998), 138.
2 이성보, "상속재산의 분리", 상속법의 제문제: 재판자료 제78집, 법원도서관(1998), 136~137.
3 이성보, "상속재산의 분리", 상속법의 제문제: 재판자료 제78집, 법원도서관(1998), 137. 다만 상속인의 고유재산에 대하여는 상속인의 채권자에게 우선변제권이 있다. 따라서 상속인은 재산분리청구 후에도 한정승인을 할 실익은 있다.
4 김주수/김상용, 친족·상속법(제20판), 법문사(2024), 808; 박동섭/양경승, 친족상속법(제5판), 박영사(2020), 803; 윤진수, 친족상속법 강의(제5판), 박영사(2023), 541; 이경희/윤부찬, 가족법(11정판), 법원사(2024), 534; 이성보, "상속재산의 분리", 상속법의 제문제: 재판자료 제78집, 법원도서관(1998), 146.

속인과 같은 지위에 있기 때문이라고 한다(민법 제1078조). 상속채권자에 비하면 유증받은 자를 보호할 필요성이 크지는 않으나(이와 같은 취지에서 유증받은 자는 변제를 받는 데 있어서는 채권자보다 후순위이다. 민법 제1051조, 제1036조), 상속재산에 대하여 권리를 가지는 점에 있어서는 상속채권자와 같다.

### 3. 상속인의 채권자

6 채권자평등의 원칙상 상속인의 채권자는 상속개시 당시의 채권자에 한하지 않고 상속개시 후에 새로 채권을 취득한 자도 포함된다. 이때의 채권자는 일반채권자와 우선변제권(예컨대, 유치권·질권·저당권 등)을 가지는 채권자를 포함하고, 조건 또는 기한 있는 채권, 존속기간이 불확정한 채권을 가지고 있는 자, 변제기 미도래의 채권자가 모두 포함된다. 그리고 집행권원을 가진 채권자인가의 여부도 묻지 않는다.

## Ⅲ. 관할

7 재산분리는 라류 가사비송사건으로 채권자가 상속개시지의 가정법원에 청구하여야 한다(가사소송법 제2조 제1항 제2호 가목 35, 제44조 제6호). 상속개시지는 피상속인의 마지막 주소지를 가리킨다(민법 제998조). 그 마지막 주소지가 외국인 경우에는 대법원이 있는 곳의 가정법원이 관할한다(가사소송법 제35조 제2항, 제13조 제2항).

## Ⅳ. 심리

### 1. 청구기간

8 재산분리를 청구할 수 있는 기간은 상속이 개시된 날로부터 3개월 이내이다(민법 제1045조 제1항). 즉 상속인의 사망 또는 실종기간이 만료된 날로부터 기산하는 것이고, 승인이나 포기의 경우와 같이 '상속개시 있음을 안 날'(민법 제1019조)로부터 기산하는 것은 아니다. 그 이유는 만약 상속채권자·유증받은 자 또는 상속인의 채권자가 각자 상속의 개시가 있음을 안 날로부터 각각 일정한 기간 동안 재산분리의 청구를 할 수 있다면, 상속개시 후에 재산관계가 오랫동안 확정되지 않아서 상속인이나 그 밖의 이해관계인이 장기간 불안정한 상태에 처하게 되기 때문이다.[5] 위 기간 내에는 상속인이 승인이나 포기를 하였더라도 재산분

5 이성보, "상속재산의 분리", 상속법의 제문제: 재판자료 제78집, 법원도서관(1998), 148~149.

리를 청구할 수 있다. 위와 같은 기간을 넘어서 한 청구는 부적법 각하된다.

9 다만, 상속인이 상속의 승인이나 포기를 하지 아니한 동안은, 상속이 개시된 날로부터 3개월이 경과한 후라도 재산의 분리를 청구할 수 있다(민법 제1045조 제2항). 아직 상속재산과 상속인의 고유재산이 혼합되기 전이기 때문이다.

10 기간만료 전에는 원칙적으로 상속인은 상속채권자 및 유증받은 자에게 변제를 거절할 수 있는데(민법 제1051조), 3개월의 기간 동안 상속재산에 대하여 상속채권자 및 유증받은 자에게 변제할 때까지 자기의 고유재산에 대한 것과 동일한 주의로써 관리할 의무를 진다.[6]

11 입법론적으로는 재산분리의 기한이 지나치게 짧기 때문에 재산분리의 기간을 연장하거나 일본 민법(제981조 제1항, 제950조 제1항)과 같이 상속재산과 고유재산이 혼합되기 전까지는 재산분리의 청구를 인정하여야 할 필요가 있다는 주장이 제기되고 있다.[7]

### 2. 재산분리의 대상

12 재산분리의 대상이 되는 재산은 상속개시 당시에 피상속인에게 속하고 있었던 모든 재산이므로, 원물뿐만 아니라 과실도 모두 포함된다. 재산분리 청구는 상속재산 전체에 대하여 포괄적으로 하여야 하고, 특정한 상속재산에 한정하는 재산분리청구는 허용될 수 없다.[8]

### 3. 분리의 필요성에 대한 심사

13 재산분리의 청구가 있으면, 가정법원은 상속재산의 상태와 상속인의 고유재산의 상태, 그 밖의 사정을 종합하여 그 필요성을 판단한 후에, 상속재산 분리의 필요가 있는 때에는 재산분리를 명하는 심판을 하여야 한다. 다만, 이에 대하여는 가정법원이 분리의 필요성을 따지지 않고 분리의 심판을 하여야 한다는 견해(절대설)도 있다. 그러나 가정법원이 상속재산이나 상속인의 고유재산이 채무초과의 상태에 있는지 여부를 심리하여 그 모두가 채무초과 상태에 있지 않다고 인정하는 때에는 상속채권자 및 수유자의 채권을 보전할 수 없는 염려가 없어 재산분리의 필요성이 없는 까닭에 청구를 기각할 수 있다고 보아야 하므로 재량설

6 이성보, “상속재산의 분리”, 상속법의 제문제: 재판자료 제78집, 법원도서관(1998), 149.
7 주해상속법(제1권), 박영사(2019), 561(이동진).
8 김용한, 친족상속법론(보정판), 박영사(2003), 369.

이 타당할 것이다.[9] 따라서 재산분리의 필요가 없는 때에는 가정법원은 분리의 심판을 해서는 안 되고 청구를 기각하여야 한다. 상속재산이나 상속인의 재산이 채무초과의 상태가 아니면, 재산분리를 명할 실익이 없기 때문이다.

14 재산분리는 상속인의 단순승인에 의하여 상속재산과 상속인의 고유재산이 혼합되는 것을 방지하는 것이 목적이므로 상속인이 한정승인을 한 경우에는 재산분리의 필요성이 없는 것으로 보일 수도 있으나, 한정승인이 후에 무효가 되거나, 법정단순승인으로 인정될 수도 있으므로(민법 제1026조 제3호), 상속인이 한정승인 절차를 진행하고 있는 경우에도 이와 관련 없이 재산분리의 청구를 할 수 있다.[10] 또한, 상속인이 포기절차를 진행하고 있는 경우에도 상속포기가 후에 무효가 되는 경우(민법 제1026조 제3호)가 있을 수 있으므로, 재산분리를 청구할 수 있다. 이와 같이 재산분리 청구가 있은 후 상속인이 포기절차를 완료하게 되면 새로 상속인이 된 자에 대하여 다시 재산분리의 청구를 할 수 있을 것이다.[11]

15 상속인이 정해져 있지 않은 경우, 즉 상속인이 명확하지 않은 경우에도 재산분리의 필요성이 있다고 할 것이다.

16 상속인이나 상속재산에 대하여 파산선고가 있는 경우에도 재산분리의 필요성이 없는 것으로 보일 수 있으나, 청구기간이 경과한 후에 파산선고가 취소된 경우에는 상속채권자·유증받은 자는 손해를 입게 된다. 이런 이유에서 파산선고는 재산분리의 청구에 영향을 미치지 않는다고 보아야 한다(채무자 회생 및 파산에 관한 법률 제346조). 다만 파산취소·폐지 또는 파산종결의 결정이 있을 때까지 분리에 의한 청산절차는 중지된다(채무자 회생 및 파산에 관한 법률 제346조 단서).

17 상속인의 재산이 채무초과의 상태에 있지 않을 때에는 상속채권자나 유증받은 자가 피해를 입을 염려가 없으므로, 재산분리의 명령을 할 필요가 없다. 또 반대로 상속재산이 채무초과가 아닐 때에는 상속인의 채권자가 피해를 입을 우려가 없으므로, 역시 재산분리의 명령을 할 필요가 없다. 그러나 재산이 채무초과의 상태에 있는가의 여부는 반드시 명백하지 않은 경우가 많이 있을 것인바, 이에

9 윤진수, 친족상속법 강의(제5판), 박영사(2023), 542; 한봉희/백승흠, 가족법, 삼영사(2024), 582; 법원실무제요, 가사[Ⅱ], 사법연수원(2021), 1079.

10 반대로 재산분리가 있는 경우라도 상속인이 한정승인을 할 실익이 있다. 상속채권자와 유증받은 자가 상속인의 고유재산에 대하여 권리를 행사할 수 있는 경우가 있기 때문이다(민법 제1052조). 이 경우 재산분리의 절차는 정지된다[이성보, "상속재산의 분리", 상속법의 제문제: 재판자료 제78집, 법원도서관(1998), 138].

11 이성보, "상속재산의 분리", 상속법의 제문제: 재판자료 제78집, 법원도서관(1998), 138.

대한 판단은 상속채권자 등의 이익 보호 관점도 고려하여 이루어져야 할 것이다.

### 4. 재산분리가 금지되는 경우

18 민법에서 부담있는 유증을 인정하고 있는 이상(민법 제1088조), 그 부담의 내용으로 재산분리청구를 금지하는 내용의 유언을 하는 것도 허용된다고 볼 것이다. 그러한 내용의 유언이 있음에도 재산분리청구가 있는 경우 그 청구는 기각될 것이다.

## Ⅴ. 심판

### 1. 주문례

19 청구를 인용하는 경우의 주문례는 "피상속인 망 ○○○의 상속재산과 상속인 △△△(주민등록번호 또는 생년월일, 주소)의 고유재산을 분리한다."와 같은 형태이다.[12]

### 2. 심판의 고지와 불복

20 상속재산의 분리 사건은 비송사건으로서 상대방이 없는[13] 라류 사건이기는 하지만(가사소송법 제2조 제1항 제2호 가목 35) 그 심판을 상속인에게 고지하는 것이 필요하고 타당한 경우가 많을 것이다. 이때에는 가사소송법 제37조 제2항에 따라 이해관계가 있는 자로서 상속인을 절차에 참가하게 한 후 가사소송규칙 제25조에 따라 심판을 고지하면 될 것이다.

21 상속재산의 분리를 명한 심판에 대하여는 청구인 또는 민법 제1045조 제1항에 규정한 자, 즉 상속채권자, 유증받은 자, 상속인의 채권자가 즉시항고를 할 수 있고(가사소송규칙 제77조),[14] 분리청구를 기각(각하)한 심판에 대하여는 청구인에 한하여 즉시항고를 할 수 있다(가사소송규칙 제27조).

12 법원실무제요, 가사[Ⅱ], 사법연수원(2021), 1080.

13 심판 청구의 상대방이 존재하는 것으로 설명하고 있는 예도 있지만, 가사소송법상 상대방이 없는 라류 비송사건에 속한다.

14 그 밖에 상속인도 즉시항고할 수 있다는 견해도 있다. 이성보, "상속재산의 분리", 상속법의 제문제: 재판자료 제78집, 법원도서관(1998), 151.

## 제 1046 조 [분리명령과 채권자 등에 대한 공고, 최고]

① 법원이 전조의 청구에 의하여 재산의 분리를 명한 때에는 그 청구자는 5일 내에 일반상속채권자와 유증받은 자에 대하여 재산분리의 명령있은 사실과 일정한 기간내에 그 채권 또는 수증을 신고할 것을 공고하여야 한다. 그 기간은 2월 이상이어야 한다.

② 제88조 제2항, 제3항과 제89조의 규정은 전항의 경우에 준용한다.

[관련조문] 민법 제88조(채권신고의 공고), 제89조(채권신고의 최고), 제1045조(상속재산의 분리청구권), 제1047조(분리후의 상속재산의 관리), 제1048조(분리후의 상속인의 관리의무), 제1051조(변제의 거절과 배당변제), 제1052조(고유재산으로부터의 변제).

[참고문헌] 주해상속법(제1권), 박영사(2019); 김주수/김상용, 친족·상속법(제20판), 법문사(2024); 이경희/윤부찬, 가족법(11정판), 법원사(2024); 이성보, "상속재산의 분리", 상속법의 제문제: 재판자료 제78집, 법원도서관(1998)



### Ⅰ. 공고의 필요성

1 가정법원이 재산의 분리를 명한 때에는 청구를 한 자는 그 심판이 확정된 날로부터 5일 이내에 상속채권자와 유증받은 자에 대하여 재산분리의 명령이 있은 사실과 일정한 기간 내에 그 채권 또는 유증을 신고할 것을 공고하여야 하되, 그 채권 등의 신고기간은 2개월 이상으로 하여야 한다. 이와 같이 공고가 필요한 이유는 재산분리의 청구는 상속채권자 또는 유증받은 자 중 일부가 할 수 있으나, 원래 상속재산은 상속채권자와 유증받은 자 모두를 위한 공동담보이기 때문이다.[1] 신고는 공고한 자에 대해서 하는 것이 아니고 변제책임자인 상속인에 대하여 하여야 한다.[2] 신고를 기다려야 할 2개월 이상의 기간이 만료되기 전에는 청구를 한 상속채권자·유증받은 자는 물론 신고한 자라 할지라도 상속인은 변제의 청구에 대하여 거절할 수 있다(민법 제1051조 제1항).

### Ⅱ. 공고절차

2 재산분리의 공고절차는 한정승인의 경우와 마찬가지로 비영리법인의 해산에 관

1 이성보, "상속재산의 분리", 상속법의 제문제: 재판자료 제78집, 법원도서관(1998), 156.
2 이성보, "상속재산의 분리", 상속법의 제문제: 재판자료 제78집, 법원도서관(1998), 156.

한 규정이 준용된다(민법 제1046조 제2항). 따라서 재산분리의 공고는 법원의 등기사항의 공고와 동일한 방법으로 하여야 한다(민법 제1046조 제2항에 의한 제88조 제3항의 준용). 구체적으로 그 공고는 가정법원장이 선정한 신문에 한 차례 이상 이루어져야 하고(비송사건절차법 제65조의2), 가정법원장은 그 관할구역 안에 공고를 위한 적당한 신문이 없다고 인정할 때에는 신문에 게재하는 공고를 갈음하여 등기소와 그 관할구역 안의 시·군·구의 게시판에 공고할 수 있다(비송사건절차법 제65조의4). 또한, 일반 상속채권자나 유증받은 자가 정해진 신고기간 내에 신고하지 않으면 배당변제에서 제외된다는 것을 공고 중에 표시하여야 한다(민법 제1046조 제2항에 의한 제88조 제2항의 준용).

3 분리청구자는 알고 있는 상속채권자 또는 유증받은 자에 대해서는 각각 별도로 채권신고를 최고하여야 한다(민법 제1046조 제2항에 의한 제89조의 준용). 분리청구자가 알고 있는 상속채권자 또는 유증받은 자란 그 자가 상속채권자나 유증받은 자의 지위에 있음을 인식하고 있는 경우를 의미한다.[3] 분리청구권자가 상속채권자나 유증받은 자로 인정하지 않는 자이지만 그와 같은 지위에 있음을 주장하는 자를 알고 있는 경우에 최고의 대상에 포함시켜야 하는지 논의가 있을 수 있는데, 민법 제89조의 청산인이 최고하여야 할 "알고 있는 채권자"의 범위에 관한 대법원 판례[4]의 취지에 비추어 긍정하여야 한다는 견해가 있다.[5]

4 상속채권자 또는 수유자는 공고에서 정한 채권신고기간 내에 공고에서 정한 방법에 따라 채권을 신고하여야 한다. 신고의 상대방은 재산분리를 청구한 청구인이 아닌 상속인이다. 위 기간 내에 신고하지 않은 상속채권자와 수유자는 상속재산에 대한 배당변제절차에서 상속인의 채권자에 대한 우선권을 잃는다. 또한, 상속채권자 또는 수유자의 채권신고는 단순한 최고에 불과하므로 민법 제174조에서 정한 절차를 취하지 않는 한 시효중단의 효력은 없다.[6]

3 주해상속법(제1권), 박영사(2019), 566(이동진).

4 대법원 1964. 6. 16. 선고 64다5 판결에서 '민법 제89조에서 말하는 알고 있는 채권자에 당사자 사이에 그 액에 대하여 다툼이 있는 채권의 채권자가 제외되어야 한다는 근거가 없을 뿐만 아니라 법인해산결의 이전에 이미 소를 제기한 원고는 응당 채무자인 피고가 알고 있는 채권자라 할 것이므로 청산인의 채권신고의 제척기간 내에 채권신고를 하지 않았다 하여 청산으로부터 제외될 것이 아님이 위 법조의 취지에 비추어 명백하다'는 취지로 판시하고 있다.

5 이성보, "상속재산의 분리", 상속법의 제문제: 재판자료 제78집, 법원도서관(1998), 157.

6 주해상속법(제1권), 박영사(2019), 565~566(이동진).

## 제 1047 조 [분리후의 상속재산의 관리]

① 법원이 재산의 분리를 명한 때에는 상속재산의 관리에 관하여 필요한 처분을 명할 수 있다.

② 법원이 재산관리인을 선임한 경우에는 제24조 내지 제26조의 규정을 준용한다.

[관련조문] 민법 제24조(관리인의 직무), 제26조(관리인의 담보제공, 보수), 제1023조(상속재산보존에 필요한 처분), 제1048조(분리후의 상속인의 관리의무),제1052조(고유재산으로부터의 변제)

[참고문헌] 김주수/김상용, 친족·상속법(제20판), 법문사(2024); 이경희/윤부찬, 가족법(11정판), 법원사(2024); 법원실무제요, 가사[Ⅱ], 사법연수원(2021)



### Ⅰ. 가정법원의 처분명령

1 재산분리가 명해졌을 때 상속재산과 고유재산이 구별되어야 하므로, 상속인은 단순승인을 한 후에도 상속재산을 관리하여야 한다(민법 제1048조). 그러나 상속인이 소재가 불명하거나 상속재산을 관리할 능력이 부족하거나 관리를 게을리하는 경우 등 상속인에게 상속재산의 관리를 맡기는 것이 적당하지 않다거나 상속인의 상속재산 관리가 상당하지 않은 때에는 상속채권자, 유증을 받은 자 또는 상속인의 채권자의 이익이 침해될 우려가 있으므로, 이 경우에는 가정법원이 분리된 상속재산의 관리를 위하여 필요한 처분을 할 수 있게 한 것이다. 이때의 처분은 가정법원이 직권으로 하는 '라류 비송(가사소송법 제2조 제1항 제2호 가목 36)이다.[1]

### Ⅱ. 관할

2 관할은 상속재산 분리사건의 관할과 마찬가지로, 상속개시지의 가정법원이 관할한다(가사소송법 제44조 제1항 제6호). 상속개시지는 피상속인의 마지막 주소지를 의미한다(민법 제998조). 그 마지막 주소지가 외국인 경우에는 대법원이 있는 곳의 가정법원이 관할한다(가사소송법 제35조 제2항, 제13조 제2항).

1 상속재산의 분리 전의 단계에서는 가사소송법 제12조 제1항 제2호 가목 31 라류 사건인 상속재산 보존을 위한 처분 등에 따라야 한다. 법원실무제요, 가사[Ⅱ], 사법연수원(2021), 1082.

## Ⅲ. 절차의 개시

3 상속재산 분리 후의 상속재산 관리에 관한 처분은 가정법원이 직권으로 하는 것이 원칙이나, 보통은 상속재산관리에 관한 처분이 필요한지 여부는 가정법원이 스스로 알기 어려울 것이다. 상속재산의 분리를 청구할 수 있는 자가 그 관리에 관한 처분을 청구하는 경우가 대부분의 경우일 것인데, 이때에도 법원이 하는 처분은 직권으로 하는 것으로, 상속채권자 등의 청구는 직권 처분의 발동을 촉구하는 성격을 가진 것에 그친다고 보아야 할 것이다.

## Ⅳ. 심리 및 심판

### 1. 상속재산 관리에 관한 처분

4 재산분리청구의 목적이 상속인의 고유재산과 상속재산을 분리하여 그것을 상속채권자나 유증받은 자 또는 상속인의 채권자에게 변제하는 데 있으므로, 여기에서 말하는 '관리에 관한 처분'도 그 목적에 따르는 처분이어야 할 것이다. 예컨대 관리인을 선임하여 관리시킨다든가 재산목록의 작성을 명하거나, 상속재산의 봉인을 명하는 것, 파손되기 쉬운 물건의 환가를 명하는 것 등을 들 수 있을 것이다.

5 상속재산의 관리에 관한 처분으로 관리인을 선임하는 경우에는 부재자의 재산관리에 관한 규정이 준용된다(민법 제1047조 제2항, 가사소송규칙 제78조). 따라서 관리인은 재산목록을 작성하고(민법 제24조 제1항), 상속재산의 보존·이용·개량행위를 할 권한을 가지나 이것을 초과하는 행위를 함에는 가정법원의 허가가 필요하다(제25조). 또한 관리인은 가정법원이 명하는 담보를 제공하여야 하는 경우가 있을 수 있고 피상속인의 재산으로 상당한 보수를 지급받게 된다(민법 제26조). 가정법원은 관리인에 대하여 재산상황의 보고와 관리의 계산을 명할 수 있고(가사소송규칙 제44조 제1항), 관리인이 제공한 담보의 증감·변경 또는 면제를 명할 수 있는(제45조) 등 부재자의 재산관리인에 관한 가사소송규칙 제41조 내지 제52조의 규정이 준용된다.

### 2. 불복과 심판비용

6 법원의 직권 처분에는 즉시항고를 허용하는 규정도 없기 때문에 처분을 명하는 심판은 그 고지와 동시에 확정된다고 볼 것이다. 다만, 법원이 상속재산관리인을 개임하는 심판을 하는 경우에는 그 재산관리인이 즉시항고를 할 수 있다(가사소송규칙 제78조, 제51조). 심판비용은 상속재산에서 부담한다(가사소송규칙 제78조, 제52조).

## 제 1048 조 [분리후의 상속인의 관리의무]

① 상속인이 단순승인을 한 후에도 재산분리의 명령이 있는 때에는 상속재산에 대하여 자기의 고유재산과 동일한 주의로 관리하여야 한다.

② 제683조 내지 제685조 및 제688조 제1항, 제2항의 규정은 전항의 재산관리에 준용한다.

[관련조문] 민법 제683조(수임인의 보고의무), 제685조(수임인의 금전소비의 책임), 제688조(수임인의 비용상환청구권 등), 제1022조 단서(상속재산의 관리), 제1045조(상속재산의 분리청구권)

[참고문헌] 주석 상속법(하), 한국사법행정학회(1996); 김용한, 친족상속법론(보정판), 박영사(2003); 김주수, 주석 친족·상속법(제2전정판), 법문사(1993); 김주수/김상용, 친족·상속법(제20판), 법문사(2024); 박동섭/양경승, 친족상속법(제5판), 박영사(2020); 이경희/윤부찬, 가족법(11정판), 법원사(2024)



### Ⅰ. 분리 후 상속인의 상속재산관리의무

#### 1. 상속인의 상속재산관리의무

1 재산분리의 명령이 있는 때에는 상속인은 단순승인을 한 경우에도 상속재산에 대하여 관리의무를 부담한다. 일반적인 단순승인의 경우 상속인이 자유롭게 상속재산을 처분할 수 있는 것과는 다르다.

#### 2. 관리의무의 정도

2 재산분리의 명령이 있는 경우 상속인이 상속재산을 관리하는 데 있어서 요구되는 주의의무는 '자기의 고유재산과 동일한' 정도이다. '고유재산과 동일한 주의의무'란 '선량한 관리자의 주의의무'보다 가벼운 주의의무다. 이와 같이 '선량한 관리자의 주의의무'보다 가벼운 주의의무를 요구하는 것은 상속재산이 당연히 상속인에게 귀속되는 재산임에도 이에 대하여 선량한 관리자의 주의의무를 요구하는 것은 상속인에게 가혹하다고 보기 때문이다. 가정법원이 상속재산관리인을 선임한 경우에는 그 관리인이 상속재산을 관리하게 될 것이므로 위와 같은 상속인의 의무는 소멸하게 될 것이다(☞ 관리의무의 정도와 범위 등 상세한 내용은 민법 제1022조 주석 참조).

## Ⅱ. 상속인이 재산을 관리하는 경우의 법률관계

3 상속인의 상속재산에 대한 관리의무는 위임에 관한 규정이 준용된다(민법 제1048조 제2항).

4 1. 민법 제683조에 따라, 상속인은 상속채권자 또는 유증받은 자의 청구가 있을 때에는, 언제든지 상속재산관리의 상황을 보고하여야 하고, 관리가 종료한 때에는 지체 없이 그 전말을 보고하여야 한다.

5 2. 민법 제684조에 따라, 상속인은 상속재산을 관리함에 있어서 받은 금전 기타의 물건 및 그 수취한 과실을 상속채권자 또는 유증받은 자에게 인도하여야 한다. 또한 상속인이 상속채권자 또는 유증받은 자를 위하여 자기의 명의로 취득한 권리는 상속채권자 또는 유증받은 자에게 이전하여야 한다. 상속인이 상속채권자나 유증받은 자에게 인도할 금전 또는 상속채권자나 유증받은 자의 이익을 위하여 사용할 금전을 자기를 위하여 소비한 때에는 소비한 날 이후의 이자를 지급하여야 하며, 그 이외의 손해가 있으면 배상하여야 한다(민법 제1048조 제2항, 제685조).

6 3. 상속인이 상속재산을 관리하기 위하여 필요비를 지출한 때에는 상속채권자 또는 유증받은 자에 대하여 지출한 날 이후의 이자를 청구할 수 있고, 상속인이 상속재산 관리에 필요한 채무를 부담한 때에는 상속채권자 또는 유증받은 자에게 자기를 갈음하여 변제하게 할 수 있으며, 그 채무가 변제기에 있지 아니한 때에는 상당한 담보를 제공하게 할 수 있다(민법 제1048조 제2항, 제688조 제1항·제2항). 그러나 수임인의 경우와는 달리 재산관리를 위하여 과실 없이 발생한 손해에 대하여는 배상청구를 할 수 없다고 보아야 할 것이다.[1]

1 주석 상속법(하), 한국사법행정학회(1996), 49(이화숙); 김용한, 친족상속법론(보정판), 박영사(2003), 371; 박동섭/양경승, 친족상속법(제5판), 박영사(2020), 805.

## 제 1049 조 [재산분리의 대항요건]

**재산의 분리는 상속재산인 부동산에 관하여는 이를 등기하지 아니하면 제삼자에게 대항하지 못한다.**

[관련조문] 민법 제99조 제1항(부동산, 동산), 제1045조(상속재산의 분리청구권)

[참고문헌] 주석 상속법(하), 한국사법행정학회(1996); 주해상속법(제1권), 박영사(2019); 김용한, 친족상속법론(보정판), 박영사(2003); 김주수/김상용, 친족·상속법(제20판), 법문사(2024); 이경희/윤부찬, 가족법(11정판), 법원사(2024); 법원실무제요, 가사[Ⅱ], 사법연수원(2021); 법원실무제요, 부동산등기실무(Ⅱ), 법원행정처(2015); 이성보, "상속재산의 분리", 상속법의 제문제: 재판자료 제78집, 법원도서관(1998)



### Ⅰ. 취지

1 재산분리의 명령이 있은 후에는 상속인은 처분행위를 할 수 없다. 상속재산의 소유권은 민법 제187조에 따라 부동산물권취득에 관하여 등기 없이도 상속인에게 속하게 되나, 재산분리의 명령이 있은 후에도 상속인이 처분행위를 할 수 있다고 해석한다면, 상속채권자 및 수유자 보호라는 재산분리제도의 목적이 달성되기 어렵다. 그러나 이러한 처분 제한의 원칙이 거래의 안전을 해할 수 있으므로 민법 제1049조는 상속재산을 취득한 제3자의 이익을 보호하고 거래의 안전을 도모하기 위하여 부동산에 관하여는 이를 등기하지 않으면 제3자에게 대항하지 못하는 것으로 규정하였다.[1] [2]

### Ⅱ. 제3자에게 대항하는 요건

#### 1. 부동산의 경우

2 부동산에 관하여는 등기를 하여야만 재산의 분리로써 제3자에게 대항할 수 있다. 이 경우의 등기는 처분제한 등기의 성질을 가진다.[3] 이 등기는 가정법원이 촉탁

[1] 주해상속법(제1권), 박영사(2019), 573(이동진); 김용한, 친족상속법론(보정판), 박영사(2003), 371.

[2] 한편, 민법은 재산분리 제도와 달리 한정승인이 이루어진 상속재산임을 등기하여 제3자에게 대항할 수 있게 하는 규정은 마련하고 있지 않다(대법원 2010. 3. 18. 선고 2007다77781 전원합의체 판결 등 참조).

[3] 법원실무제요, 부동산등기실무(Ⅱ), 법원행정처(2015), 283.

할 것은 아니고 청구인이 신청하여야 할 것인바, 부동산등기법상 그 절차규정은 마련되어 있지 않지만 부동산등기실무상 부동산등기법 제23조 제3항의 상속에 따른 등기에 준하는 것으로 보아 청구인이 분리심판의 확정을 증명하는 서면을 첨부하여 단독으로 신청할 경우 등기를 해 주고 있다. 이 때 신청서에 등기의 목적으로 '상속재산분리의 등기', 등기원인으로 '상속재산분리', 등기원인일자로 '분리심판의 확정일자'를 기재하여야 할 것이다.[4] 여기서 말하는 제3자는 상속인 고유의 채권자에 한정될 필요가 없고 모든 제3자로 넓게 해석할 수 있을 것이다.[5]

### 2. 그 밖의 경우

3 그 밖의 재산에 대해서는 특별히 규정을 두고 있지 않다. 그러므로 재산분리심판 확정 후 상속인이 부동산 이외의 상속재산을 처분한 때에는 당연 무효가 된다. 따라서 상속채권자나 수유자는 목적물인 동산이 제3자에게 양도된 후에도 재산분리 사실을 입증하고 반환을 청구할 수 있다.[6] 다만, 동산을 양수한 제3자가 민법 제249조가 규정하는 선의취득의 요건을 갖추고 있을 경우에는 예외이다.

4 법원실무제요, 가사[Ⅱ], 사법연수원(2021), 1081; 이성보, "상속재산의 분리", 상속법의 제문제: 재판자료 제78집, 법원도서관(1998), 165.

5 주석 상속법(하), 한국사법행정학회(1996), 50(이화숙).

6 이성보, "상속재산의 분리", 상속법의 제문제: 재판자료 제78집, 법원도서관(1998), 165.

## 제 1050 조 [재산분리와 권리의무의 불소멸]

**재산분리의 명령이 있는 때에는 피상속인에 대한 상속인의 재산상 권리의무는 소멸하지 아니한다.**

[관련조문] 민법 제191조(혼동으로 인한 물권의 소멸), 제507조(혼동의 요건, 효과), 제1005조(상속과 포괄적 권리의무의 승계), 제1007조(공동상속인의 권리의무승계)

[참고문헌] 김주수/김상용, 친족·상속법(제20판), 법문사(2024); 이경희/윤부찬, 가족법(11정판), 법원사(2024); 이성보, "상속재산의 분리", 상속법의 제문제: 재판자료 제78집, 법원도서관(1998)

1 상속인이 피상속인에 대하여 가지는 채권이 상속으로 인한 혼동에 의하여 소멸한다고 하면, 상속인은 다른 상속채권자보다 불이익을 받게 된다. 반대로 피상속인이 상속인에 대하여 가지는 채권이 상속에 의하여 혼동으로 소멸한다고 하면, 상속인은 다른 상속채권자보다 상속재산을 통하여 우선하여 변제받는 결과가 된다. 이러한 결과는 재산분리제도의 취지에 반하므로, 민법 제1050조는 가정법원이 재산의 분리를 명한 때에는 피상속인에 대한 상속인의 재산상 권리·의무는 소멸하지 않는 것으로 규정하고 있다.[1] 한정승인의 경우와 마찬가지로, 재산의 분리는 상속재산과 상속인의 고유재산을 분리시키는 효과를 가져오므로, 상속인이 피상속인에 대해서 가지는 권리·의무는 혼동에 의하여 소멸하지 않는다.[2]

1 이성보, "상속재산의 분리", 상속법의 제문제: 재판자료 제78집, 법원도서관(1998), 163.

2 혼동의 원칙에 대한 예외로는 한정승인, 재산분리의 경우 이외에 어음이나 수표 등 유가증권상의 채무자가 채권자가 된 때(어음법 제11조 제3항, 제77조 제1항 제1호, 수표법 제14조 제3항) 등이 있다(대법원 1995. 5. 12. 선고 93다48373 판결 참조).

## 제 1051 조 [변제의 거절과 배당변제]

**① 상속인은 제1045조 및 제1046조의 기간만료 전에는 상속채권자와 유증받은 자에 대하여 변제를 거절할 수 있다.**

**② 전항의 기간만료 후에 상속인은 상속재산으로써 재산분리의 청구 또는 그 기간 내에 신고한 상속채권자, 유증받은 자와 상속인이 알고 있는 상속채권자, 유증받은 자에 대하여 각 채권액 또는 수증액의 비율로 변제하여야 한다. 그러나 우선권 있는 채권자의 권리를 해하지 못한다.**

**③ 제1035조 내지 제1038조의 규정은 전항의 경우에 준용한다.**

[관련조문] 민법 제1033조(최고기간 중의 변제거절), 제1035조(변제기전의 채무 등의 변제), 제1038조(부당변제 등으로 인한 책임), 제1040조 제3항(공동상속재산과 그 관리인의 선임), 제1045조(상속재산의 분리청구권), 제1046조(분리명령과 채권자 등에 대한 공고, 최고), 제1052조(고유재산으로부터의 변제), 제1056조(상속인 없는 재산의 청산)

[참고문헌] 주석 상속법(하), 한국사법행정학회(1996); 김주수/김상용, 친족·상속법(제20판), 법문사(2024); 이경희/윤부찬, 가족법(11정판), 법원사(2024); 이성보, "상속재산의 분리", 상속법의 제문제: 재판자료 제78집, 법원도서관(1998)



### Ⅰ. 변제거절권

1 상속인은 상속채권자와 유증받은 자 또는 상속인의 채권자가 재산분리의 청구를 할 수 있는 기간, 즉 상속개시 된 날로부터 3개월 내(민법 제1045조)에는 변제를 거절할 수 있고, 재산분리의 명령이 있은 경우 이를 공고하기 위하여 주어진 5일의 기간과 2개월 이상의 공고기간 내(제1046조)에도 채권자나 유증받은 자에 대하여 변제기에 달한 채권에 대하여도 변제를 거절할 수 있다. 이것은 상속채권자 또는 유증받은 자 중 일부에게 변제하면, 다른 상속채권자 또는 유증받은 자에게 변제할 수 없게 되어 재산분리청구기간, 공고기간 및 채권·유증신고기간을 법에 정하여 상속재산을 공평하게 분배하고자 한 취지가 몰각되기 때문이다.[1]

[1] 이성보, "상속재산의 분리", 상속법의 제문제: 재판자료 제78집, 법원도서관(1998), 166.

2 만약 상속인이 변제거절을 하지 아니하여 상속채권자 등에게 손해를 가한 때에는 손해배상의 책임을 진다.

## Ⅱ. 변제의 절차

### 1. 변제의 순서와 비율

3 재산분리의 청구기간과 상속채권자와 유증받은 자에 대한 공고기간이 만료한 후에는 상속인은 상속재산으로써 분리를 청구하였거나 그 기간 내에 신고한 상속채권자, 유증받은 자와 상속인이 알고 있는 상속채권자·유증받은 자에 대하여 각 채권액 또는 수증액의 비율로 변제하여야 한다. 그러나 우선권 있는 채권자의 권리를 해하지는 못한다(민법 제1051조 제2항). 즉, 우선권 있는 채권자는 우선적으로 변제받는다. 다만 우선권을 가지는 채권자라도 질권 또는 저당권의 가액 한도에서만 우선변제를 받을 권리가 있을 뿐이고, 이러한 가액이 그 채권 전액을 만족시킬 수 없는 때에는 그 부족액에 대해서 재산분리를 청구한 채권자와 기간 내에 신고한 채권자, 유증받은 자와 함께 배당변제를 받아야 한다.[2] 배당변제의 절차는 한정승인의 경우에 관한 규정이 준용된다(민법 제1051조 제3항).

4 민법 제1051조 제2항에서 '상속채권자 또는 유증받은 자에 대하여 각 채권액 또는 수증액의 비율로 변제하여야 한다'고 규정하고 있으나, 민법 제1051조 제3항에 의하여 민법 제1036조가 준용되는 결과 상속채권자와 유증받은 자 사이에서는 상속채권자가 우선하므로, 상속인은 상속채권자에 대하여 변제를 완료한 후 남은 재산이 있으면 유증받은 자에게 변제하여야 한다. 이처럼 변제에 관하여 유증받은 자를 후순위에 두는 것은 피상속인이 다액의 채무를 부담함에도 누군가에게 유증을 한 경우 채권자도 유증받은 자도 동순위로 동등하게 변제받을 수 있다고 하면 불평등할 뿐만 아니라 상속채권자를 사해할 염려도 있기 때문이다.[3] 유증받은 자에 대한 변제방법에 관해서는 규정이 없으나 유증은 모두 원칙적으로 같은 순위이므로, 유증받은 자는 각각 그 유증액에 따라서 잔여재산의 배당변제를 받게 될 것이다.[4]

2 이성보, "상속재산의 분리", 상속법의 제문제: 재판자료 제78집, 법원도서관(1998), 167.
3 이성보, "상속재산의 분리", 상속법의 제문제: 재판자료 제78집, 법원도서관(1998), 167~168.
4 주석 상속법(하), 한국사법행정학회(1996), 53(이화숙).

### 2. 기한 전의 채무, 조건 있는 채무의 변제

5 재산분리는 한정승인과 같이 상속재산의 청산이므로, 상속인 또는 상속재산의 관리인은 변제기에 이르지 않은 채권이라도 변제하여야 한다(민법 제1051조 제3항, 제1035조 제1항). 조건 있는 채권이나 존속기간이 불확정한 채권의 경우 가정법원이 선임한 감정인의 평가에 따라 변제하여야 한다(민법 제1051조 제3항, 제1035조 제2항).

## Ⅲ. 상속재산의 경매

6 상속인 또는 상속재산관리인은 변제를 하기 위하여 상속재산의 전부 또는 일부를 매각할 필요가 있을 때에는 민사집행법에 의하여 경매하여야 한다(민법 제1051조 제3항, 제1037조). (이 규정에 위반하여 임의매각이 행하여진 경우 그 매매의 효력에 관하여는 제1037조 Ⅲ. 주석 참조)

## Ⅳ. 부당변제에 대한 상속인의 책임

7 상속인이 민법 제1045조와 제1046조의 기간만료 전에 채권자나 유증받은 자에게 변제함으로 인하여 다른 상속채권자나 유증받은 자에 대하여 변제할 수 없게 된 때에는 그 손해를 배상하여야 한다(민법 제1051조 제3항, 제1038조 제1항).

8 또한 변제를 받지 못한 상속채권자나 유증받은 자는 그 사정을 알고 변제를 받은 상속채권자나 유증받은 자에 대하여 구상권을 행사할 수 있다(민법 제1051조 제3항, 제1038조 제2항). 부당변제를 한 상속인과 이를 알고 변제받은 상속채권자 및 수유자는 그로 인하여 변제를 받지 못한 채권자와 수유자에 대하여 일종의 공동불법행위책임을 지는 것으로 될 것이다.[5]

9 이러한 손해배상청구권과 구상권은 불법행위로 인한 손해배상청구권과 마찬가지로 피해자나 그 법정대리인이 그 손해 및 가해자를 안 날로부터 3년, 그 원인이 발생한 때부터 10년이 경과하면 시효로 인하여 소멸한다(민법 제1051조 제3항, 제1038조 제3항, 제766조).

5 이성보, “상속재산의 분리”, 상속법의 제문제: 재판자료 제78집, 법원도서관(1998), 170.

## 제 1052 조 [고유재산으로부터의 변제]

① 전조의 규정에 의한 상속채권자와 유증받은 자는 상속재산으로써 전액의 변제를 받을 수 없는 경우에 한하여 상속인의 고유재산으로부터 그 변제를 받을 수 있다.

② 전항의 경우에 상속인의 채권자는 상속인의 고유재산으로부터 우선변제를 받을 권리가 있다.

**[관련조문]** 민법 제1005조(상속과 포괄적 권리의무의 승계), 제1007조(공동상속인의 권리의무승계), 제1025조(단순승인의 효과), 제1028조(한정승인의 효과), 채무자 회생 및 파산에 관한 법률 제434조(상속인의 파산)

**[참고문헌]** 주석 상속법(하), 한국사법행정학회(1996); 김주수/김상용, 친족·상속법(제20판), 법문사(2024); 이경희/윤부찬, 가족법(11정판), 법원사(2024); 이성보, "상속재산의 분리", 상속법의 제문제: 재판자료 제78집, 법원도서관(1998)



### Ⅰ. 상속인의 고유재산으로부터의 변제

1 신고기간 내에 신고한 상속채권자·유증받은 자와 상속인이 알고 있는 상속채권자·유증받은 자는 상속재산으로써 전액의 변제를 받을 수 없는 경우에 한하여, 상속인의 고유재산으로부터 변제를 받을 수 있다(민법 제1052조 제1항). 이 점에서 한정승인의 경우와 차이가 난다. 상속인이 한정승인을 한 경우에는 상속채권자나 유증받은 자가 상속재산으로 전액의 변제를 받지 못하였다고 하더라도 상속인의 고유재산으로부터 변제를 받을 수 없다.

2 한편, 상속인이 파산선고를 받은 경우에는 재산의 분리가 있는 때에도 상속채권자 및 유증을 받은 자는 그 채권의 전액에 관하여 파산재단에 대하여 파산채권자로서 그 권리를 행사할 수 있다(채무자 회생 및 파산에 관한 법률 제434조).

3 분리청구 또는 신고를 하지 아니한 상속채권자와 유증받은 자의 지위에 대하여는 명백한 규정을 찾을 수 없다. 이들은 상속재산에 관하여 당연히 우선권을 가지지는 않지만 상속인의 고유재산에 관하여는 상속인의 채권자와 대등한 지위에서 채권전액을 변제받을 수 있다고 해석할 것이다.[1]

[1] 이성보, "상속재산의 분리", 상속법의 제문제: 재판자료 제78집, 법원도서관(1998), 171.

## Ⅱ. 상속인의 채권자의 우선권

4 상속인의 채권자는 상속채권자와 유증받은 자보다 우선하여 상속인의 고유재산으로부터 우선변제를 받을 수 있다(민법 제1052조 제2항). 상속채권자와 유증받은 자는 이미 상속재산에 대하여 우선권을 부여받고 있는 셈이기 때문에 상속인의 고유재산에 대하여도 제한 없이 변제를 받을 수 있게 한다면 상속인의 채권자의 이익이 지나치게 무시되므로 상속채권자·유증받은 자와 상속인의 채권자의 이익 균형을 위함이다.[2]

5 채권자평등의 원칙상 상속인의 채권자의 우선권은 재산분리 당시의 채권자뿐만 아니라, 그 후에 상속인에 대하여 채권을 가지게 된 채권자도 행사할 수 있다.[3]

6 상속인의 채권자는 상속채권자와 유증받은 자에 우선하여 상속인의 재산으로부터 변제를 받을 수 있으나, 상속인에 대하여 변제기에 이르지 않은 채무의 이행을 청구할 수는 없다. 이때 변제기에 이르지 아니한 채권을 가진 상속인의 채권자는 어떻게 우선권을 행사할 수 있는지에 대하여, 상속인이 변제기에 이르지 않은 고유의 채무를 변제할 만한 재산을 남겨 놓고 그 밖의 재산으로써 상속채권자와 유증받은 자에게 변제하여야 하고, 상속채권자 등이 상속인에 대하여 채무의 이행을 청구한 때라도 법원은 변제기에 이르지 않은 상속인의 채권자에 대한 채무를 변제할 만한 재산이 있는가의 여부를 판단하여 그 채무를 변제하고도 남는 재산이 있을 것으로 판단되는 경우에 한하여 상속채권자 등의 청구를 인용하여야 한다고 보는 견해[4]가 있다.

2 이성보, "상속재산의 분리", 상속법의 제문제: 재판자료 제78집, 법원도서관(1998), 171.
3 김주수/김상용, 친족·상속법(제20판), 법문사(2024), 812.
4 주석 상속법(하), 한국사법행정학회(1996), 56(이화숙); 김주수/김상용, 친족·상속법(제20판), 법문사(2024), 812.

## 제 6 절 상속인의 부존재

<개정 1990. 1. 13>

### [총설]

**[관련조문]** 민법 제1053조(상속인없는 재산의 관리인), 제1057조의2(특별연고자에 대한 분여), 제1059조(국가귀속재산에 대한 변제청구의 금지)

**[참고문헌]** 주해상속법(제1권), 박영사(2019); 김주수/김상용, 친족·상속법(제20판), 법문사(2024); 이경희/윤부찬, 가족법(11정판), 법원사(2024); 법원실무제요, 가사[Ⅱ], 사법연수원(2021)

1 상속인의 부존재란 신원이 불분명한 자가 사망하였거나, 가족관계등록부상 상속인이 없는 자가 사망한 경우, 가족관계등록부상 상속인 전원이 상속결격이거나 상속을 포기하는 경우 등 상속인이 존재하는지 여부가 분명하지 아니하거나 상속인이 존재하지 아니한 때를 의미한다. 따라서 상속인이 있는 것이 명백하면서 그 소재가 분명하지 않은 경우나 상속인들이 순차로 상속을 포기하는 도중의 경우는 민법 제1053조에 따라 상속재산관리인을 선임할 수 있는 경우에 해당하지 아니한다. 민법이 제1053조 내지 제1059조에서 '상속인의 부존재'와 관련한 조문을 둔 것은 상속인의 존부가 분명하지 아니한 경우에도 상속재산이 있는 한 이를 관리·보존하고, 상속채권자나 유증을 받은 자에게 변제 등의 청산을 할 필요가 있는 한편, 상속인을 수색하여 그 확정을 구하고, 상속권을 주장하는 자가 없는 때에는 상속재산을 종국적으로 특별연고자에게 분여하거나 국가에 귀속시키는 절차를 밟기 위해서다. 이와 같은 일련의 절차는 상속재산관리인에 의하여 진행된다.

2 한편, 1990년 민법일부개정으로 특별연고자에 대한 상속재산의 분여제도(민법 제1057조의2)가 신설되었는데, 피상속인의 추정적 의사에 부합한다는 점에서 그 근거를 찾을 수 있다.

## 제 1053 조 [상속인 없는 재산의 관리인]

**① 상속인의 존부가 분명하지 아니한 때에는 법원은 제777조의 규정에 의한 피상속인의 친족 기타 이해관계인 또는 검사의 청구에 의하여 상속재산관리인을 선임하고 지체없이 이를 공고하여야 한다.** <개정 1990. 1. 13>

**② 제24조 내지 제26조의 규정은 전항의 재산관리인에 준용한다.**

[관련조문] 민법 제22조 제1항(부재자의 재산의 관리), 제24조(관리인의 직무), 제26조(관리인의 담보제공, 보수), 제777조(친족의 범위), 제1000조(상속의 순위), 제1004조(상속인의 결격사유), 제1023조(상속재산 보존에 필요한 처분), 제1040조 제1항(공동상속재산과 그 관리인의 선임), 제1044조 제2항(포기한 상속재산의 관리계속의무), 제1047조(분리후의 상속재산의 관리), 제1078조(포괄적 수증자의 권리의무)

[참고문헌] 주석 민법 총칙(제1권)(제5판), 한국사법행정학회(2019); 주해상속법(제1권), 박영사(2019); 곽윤직, 상속법(민법강의Ⅵ)(개정판), 박영사(2004); 김용한, 친족상속법론(보정판), 박영사(2003); 김주수/김상용, 친족·상속법(제20판), 법문사(2024); 송덕수, 친족상속법(제7판), 박영사(2024); 신영호 외 2인, 가족법강의(제4판), 세창출판사(2023); 윤진수, 친족상속법 강의(제5판), 박영사(2023); 이경희/윤부찬, 가족법(11정판), 법원사(2024); 법원실무제요, 가사[Ⅱ], 사법연수원(2021); 법원실무제요, 민사집행(Ⅱ), 법원행정처(2014)



### Ⅰ. 의의

1 '상속인의 부존재'와 관련한 절차는 상속인의 수색과 상속재산의 청산이라는 두 가지 목적을 위해서이다. 즉 상속인의 존부가 분명하지 아니한 경우에도 상속재산의 관리·보존이 이루어져야 하고, 상속채권자나 유증을 받은 자에게 변제 등의 청산이 이루어져야 하는 한편, 상속인을 수색하여 보고 그 결과 상속권을 주장하는 자가 없는 때에는 상속재산을 특별연고자에게 분여하거나 국가에 귀속되도록 한다.

이러한 일련의 절차는 가정법원이 선임한 상속재산관리인에 의하여 진행된다.

## Ⅱ. 청구권자

2 민법 제777조의 규정에 의한 피상속인의 친족, 그 밖의 이해관계인 또는 검사가 청구권자이다. 상속인의 존부가 분명하지 아니한 경우이므로 친족은 상속인에 해당하지 아니하는 친족을 가리킨다.[1] 이해관계인이란 상속재산을 관리·청산함에 있어서 법률상의 이해관계를 가지는 자이며, 특정유증을 받은 자, 상속채권자, 상속채무자, 피상속인에 대하여 구상권을 갖는 피상속인의 채무의 보증인, 상속재산상 담보권을 가지는 자, 상속재산의 분여를 청구할 수 있는 특별연고자 등이 포함된다.[2]

## Ⅲ. 관할

3 민법 제1053조에 따른 관리인의 선임 및 그 공고와 재산관리에 관한 처분은 라류 가사비송사건으로(가사소송법 제2조 제1항 제2호 가목 37), 관할법원은 상속개시지의 가정법원이다(제1항 제6호). 상속 개시지는 피상속인의 마지막 주소지를 가리킨다(민법 제998조). 그 마지막 주소지가 국내에 없거나 이를 알 수 없을 때에는 대법원이 있는 곳의 가정법원이 관할한다(가사소송법 제35조 제2항, 제13조 제2항).

## Ⅳ. 심리

4 민법 제1053조에 따른 상속재산관리인의 선임은 상속인의 존부가 분명하지 아니한 때에 해당하는지, 상속재산이 존재하는지, 관리의 필요성이 있는지에 집중된다.[3] 민법 제1053조에 따른 상속재산관리인의 선임청구 심판은 라류 가사비송사건에 속하므로 재판자료의 수집과 제출을 당사자에게 맡겨 두지 않고 가정법원이 주도적으로 할 책무를 지는 직권탐지주의가 적용된다.[4]

### 1. '상속인의 존부가 분명하지 아니한 때'에 해당하는지

5 '상속인의 존부가 분명하지 아니한 때'란 상속인의 유무가 명백하지 아니하다는 것을 의미한다. 상속인의 부존재가 분명한 경우도 포함된다는 것이 통설이다.[5]

1 법원실무제요, 가사[Ⅱ], 사법연수원(2021), 1083.
2 국가도 이해관계인에 포함된다는 견해로는 김용한, 친족상속법론(보정판), 박영사(2003), 373.
3 법원실무제요, 가사[Ⅱ], 사법연수원(2021), 1084.
4 대법원 2022. 10. 14. 자 2022스625 결정.
5 주해상속법(제1권), 박영사(2019), 588(이동진).

가족관계등록부상 상속인이 존재하는 것은 명백하나 그 행방이나 생사가 불명한 경우는 부재자 재산관리와 실종선고에 의하여 처리되어야 하므로, 상속인의 행방 또는 생사가 불명한 경우는 '상속인의 존부가 분명하지 않은 때'에 포함되지 않는다. 따라서 군사분계선 이북 지역에 잔류한 자가 생사불명인 경우에는 상속인의 존부가 불분명하다고 할 수 없다.[6]

6 관련되는 제적등본과 가족관계등록사항별 증명서를 모두 추적 조사해 보아도 상속인을 발견할 수 없는 경우이거나 상속인들이 모두 상속을 포기하여 상속자격을 잃은 경우에만 상속재산관리인을 선임할 수 있다. 따라서 표현상속인이 있는 경우, 피상속인에 대한 친생자관계 존재 확인의 소 등 신분관계확인의 소를 제기하고 있는 자가 있는 경우 등과 같이 단순히 상속인이 불확정인 상태에 있는 것은 이에 해당하지 않는다.[7]

7 경매개시결정 전 이미 채무자가 사망하였는데 상속인의 존부가 분명하지 부동산에 대하여는 채권자가 상속재산관리인 선임을 신청하여 그 선임된 자를 당사자로 표시하여 경매신청을 할 것이다. 그런데 이 경우 상속재산관리인의 선임이 지체되어 손해를 입을 염려가 있을 때에는 채권자는 집행법원에 민사집행법 제52조 제2항을 유추적용하여 특별대리인의 선임을 신청할 수 있다.[8]

8 피상속인의 채권자는 상속인들이 순차로 상속을 포기하고 있는 경우, 상속채무자를 특정할 수 없어 소송제기나 경매신청을 할 수 없게 되는 등 권리행사에 상당한 어려움을 겪게 된다. 그러나 이때 민법 제1053조에 따라 상속재산관리인 선임 청구를 하더라도, 상속인들이 모두 상속을 포기하였음을 인정할 자료가 없어 상속인의 존부가 분명하지 않은 경우에 해당되지 않는다는 이유로 청구가 기각될 수 있다. 또한, 피상속인의 채권자의 소 제기에 따른 채무의 이행이나 경매 등 특정한 법률관계가 처리되면 잔여 상속재산이 거의 없게 되는 경우에는 민법 제1053조에 따른 상속재산관리인을 선임할 실익이 없다. 이러한 경우 민법 제1023조에 따른 상속재산관리인 선임청구로 청구를 변경하도록 하여 그 절차에 따라 심판을 하는 실무례를 흔히 찾아볼 수 있다.[9]

9 포괄적 수유자가 존재하는 경우에는 상속인의 존부가 분명하지 아니한 경우, 즉

6 대법원 1982. 12. 28. 선고 81다452, 453 판결.
7 법원실무제요, 가사[Ⅱ], 사법연수원(2021), 1084.
8 법원실무제요, 민사집행(Ⅱ), 법원행정처(2014), 363
9 법원실무제요, 가사[Ⅱ], 사법연수원(2021), 1085.

상속인이 부존재한 경우에 해당하는지에 대하여는 견해가 갈리고 있다.[10]

### 2. 상속재산이 존재하는지 및 관리의 필요성이 있는지

10 관리할 상속재산이 존재하여야 상속재산관리인이 선임될 수 있다. 다만, 상속재산이 미미하여 특별연고자에 대한 분여나 국가귀속까지의 절차비용을 충당할 수 있는 정도에 지나지 않는 경우에는 관리인을 선임할 필요성이 없어 그 선임을 구하는 심판청구가 기각될 것이다.[11]

## V. 심판

11 상속재산관리인의 선임과 그 상속재산관리인에게 상속재산 관리에 관한 처분을 명하는 사건은 라류 가사비송사건으로 심판으로 한다.

12 청구를 인용하는 경우의 주문례는 다음과 같다.

| 1. 피상속인 망 ○○○의 상속재산관리인으로 △△△(주민등록번호, 주소)를 선임한다.<br>2. 상속재산관리인은 6 개월마다 상속재산에 관한 재산관리상황을 보고하여야 한다. |
|---|

13 이때 심판의 이유에서 민법 제1053조에 따라 선임되었음을 적어 민법 제1023조에 따라 선임되는 상속재산관리인과 구별할 필요가 있다.[12]

14 상속재산관리인 선임과 관련하여서는 부재자의 재산관리인에 관한 규정이 준용된다. 따라서 상속재산관리인은 관리하는 상속재산의 목록을 작성할 의무가 있으며, 그 비용은 상속재산에서 지급할 수 있다(민법 제24조 제1항·제4항). 또한 가정법원은 선임한 관리인에 대하여 상속재산의 보존에 필요하다고 인정되는 처분을 명할 수 있다(민법 제24조 제2항). 상속재산관리인은 관리를 위하여 지출한 필요비와 그 이자의 반환 및 과실 없이 받은 손해의 배상을 구할 수도 있다(민법 제1053조 제2항, 제24조 제4항, 제688조). 상속재산관리인은 보존행위 또는 이용·개량을 목적으로 하는 행위는 자유로이 할 수 있으나, 이 권한을 넘는 행위를

10 상속인이 부존재한 경우에 해당하지 않는다는 견해로는 김주수/김상용, 친족·상속법(제20판), 법문사(2024), 814; 신영호 외 2인, 가족법강의(제4판), 세창출판사(2023), 448; 윤진수, 친족상속법 강의(제5판), 박영사(2023), 544. 반면 상속인이 부존재한 경우에 해당한다고 보는 견해로는 곽윤직, 상속법(민법강의Ⅵ)(개정판), 박영사(2004), 205; 송덕수, 친족상속법(제7판), 박영사(2024), 399~400.

11 법원실무제요, 가사[Ⅱ], 사법연수원(2021), 1085.

12 법원실무제요, 가사[Ⅱ], 사법연수원(2021), 1086~1087. 따라서 심판청구서 작성 시 민법 제1023조 또는 제1053조 중 어느 조문에 근거하여 상속재산관리인의 선임을 청구하는 것인지 청구원인을 명확하게 할 필요가 있다.

하기 위해서는 가정법원의 허가를 얻어야 한다(민법 제25조).[13] 또한, 가정법원은 선임한 상속재산관리인으로 하여금 상속재산의 관리와 반환에 관하여 상당한 담보를 제공하게 할 수 있다(민법 제26조 제1항). 또한 가정법원은 선임한 상속재산관리인에 대하여 상속재산으로 상당한 보수를 지급할 수 있다(민법 제26조 제2항). 이때 보수청구권은 추상적 보수청구권으로서 보수를 지급하라는 심판을 청구할 수 있지만, 구체적 보수청구권 및 그 액수는 가정법원의 심판으로 비로소 형성된다.[14] 상속재산관리인은 공정하게 상속재산을 관리할 자를 선임하여야 하므로 실무상 변호사 등 중립적인 제3자를 선임하는 경우가 많다. 특히 상속재산분여청구를 할 것을 전제로 자신을 상속재산관리인으로 선임하여 달라고 청구한 때에는 중립적인 제3자를 상속재산관리인으로 선임하는 것이 바람직하다.[15]

15 상속재산관리인의 보수는 종국적으로 상속재산에서 부담할 것이지만, 민법 제1053조에 따라 선임하는 상속재산관리인의 보수는 가사소송규칙 제4조 제1항에서 규정하고 있는 '기타 심판절차의 비용'에 포함된다고 해석함이 상당하므로 위 규정이 준용하는 민사소송법 제116조, 민사소송규칙 제19조 제1항에 의하여, 그 선임을 청구한 청구인에게 이를 예납하게 할 수 있다. 그 보수 상당액의 예납명령에 대하여는 불예납을 이유로 하여 청구인에게 불이익한 심판 등이 이루어질 경우 그에 대한 불복절차에서 그 당부를 다툴 수 있을 뿐 독립하여 불복할 수 없다.[16]

16 상속재산관리인의 보수와 관련한 주문례는 다음과 같다.

> 상속재산관리인(청구인)의 보수는 _______원으로 정한다.
> 피상속인 망 ○○○의 상속재산에서 상속재산관리인(청구인)의 보수로 ____원을 지급한다.[17]

17 청구를 기각한 심판에 대하여는 청구인이 즉시항고를 할 수 있으나(가사소송규칙 제27조), 청구를 인용한 심판에 대하여는 불복할 수 없다.

18 상속재산관리인은 상속인의 존재가 분명하지 않은 상속재산에 관한 소송에서

13 보존·이용·개량행위를 이른바 관리행위라고 지칭하며, 법원의 허가 없이 할 수 있는 행위로는 기한이 도래한 채무의 변제, 부패하기 쉬운 물건의 처분, 의사표시의 수령, 상대방이 제기한 소에 대하여 응소하는 것 등을 예로 들 수 있다. 주석 민법 총칙(제1권)(제5판), 한국사법행정학회(2019), 442~444(김상훈).
14 법원실무제요, 가사[Ⅱ], 사법연수원(2021), 1087.
15 법원실무제요, 가사[Ⅱ], 사법연수원(2021), 405.
16 대법원 2001. 8. 22. 자 2000으2 결정.
17 법원실무제요, 가사[Ⅱ], 사법연수원(2021), 401.

정당한 당사자가 된다.[18] 따라서 피상속인이 소송계속 중 사망하고 상속인의 존부가 분명하지 아니한 경우, 법원으로서는 소송절차를 중단한 채 상속재산관리인의 선임을 기다려 그로 하여금 소송을 수계하게 하여야 한다.[19]

19 심판비용, 재산관리에 관한 처분비용 등은 상속재산에서 부담한다(가사소송규칙 제78조, 제52조).

## VI. 상속재산관리인 선임의 공고

20 가정법원은 상속재산의 관리인을 선임하였을 때에는, 지체없이 이를 공고(선임의 공고, 제1차 공고)하여야 한다(가사소송법 제2조 제1항 제2호 가목 37). 이 공고는 상속재산관리인의 선임을 공지하고, 상속인의 출현을 촉구하는 취지에서 이루어지는 것으로서 상속인 수색을 위한 최초의 공고이다. 따라서 상속재산관리인에게 명한 재산관리에 관한 처분은 공고의 대상이 아니다. 상속재산관리인 선임의 공고에는 ① 청구인의 성명과 주소, ② 피상속인의 성명, 직업과 최후주소, ③ 피상속인의 출생과 사망장소 및 그 일자, ④ 상속재산관리인의 성명과 주소를 기재하여야 한다(가사소송규칙 제79조). 상속재산관리인 선임의 공고는 상속재산관리인 선임심판에 부수한 절차이고, 별도의 심판을 하여야 하는 것은 아니다. 공고는 가정법원이 직권으로 한다.

21 이때 공고는 민사소송규칙 제142조의 규정을 준용한다(가사소송규칙 제26조). 공고에 필요한 비용은 상속재산에서 부담한다(가사소송규칙 제81조).

## VII. 참고판례

### 1. 재산상속인의 존부가 불분명한 상속재산에 관하여 민법 제1053조의 상속재산관리인이 제소자가 되는 경우

22 [판례] 특별대리인 선임신청기각결정에 대한 재항고·기각[20]

상속인의 존부가 분명하지 아니한 상속재산에 관한 소송제기를 위하여 특별대리인의 선임신청을 할 수 있는 경우가 있다 하더라도 기록상 주식회사 경성공업소가 동 회사 부평공장에서 공상으로 사망한 직공 A에 대한 퇴직금을 동인의 삼촌이라고 가칭

[18] 대법원 1976. 12. 28. 선고 76다797 판결, 대법원 2007. 6. 28. 선고 2005다55879 판결.
[19] 대법원 2002. 10. 25. 선고 2000다21802 판결.
[20] 대법원 1967. 3. 28. 자 67마155 결정.

하는 자와 동인의 약혼자라고 가칭하는 자 및 본건 신청인 등이 서로 동인의 유산상속인이라 하여 청구하는 관계로 지불치 못하고 있는 사정이 추기되는 본건에 있어 원결정이 본건과 같은 경우에는 민법 제1053조에 의하여 상속재산관리인의 선임을 신청한 후 그 절차에서 선임된 관리인이 법정대리인으로서 소송을 제기하여야 할 것이고, 기록상 그 관리인의 선임절차를 밟지 않고 직접 민사소송법 제58조의 규정에 따른 특별대리인의 선임신청을 하여야 할 긴박한 사정(손해를 받을 염려)에 관한 아무런 소명방법도 발견되지 않는다 하여 재항고인의 본건 신청을 기각한 제1심 결정을 유지하였음은 정당하다.

## 2. 재산상속인의 존재가 불명한 상속재산에 관한 소송에서 재산상속으로 인한 소유권확인을 구하는 독립당사자참가의 적부

23 [판례] 소유권이전등기·기각[21]

재산상속인의 존재가 분명하지 아니한 상속재산에 관한 소송에 있어서 정당한 피고는 법원에서 선임된 상속재산관리인이라 할 것이고, 동인은 재산상속인이 있다면 추상적으로 재산상속인의 법정대리인으로서 재산상속인이라 주장하는 참가인을 위하여 소송수행권을 행사하고 있다 할 것이므로 재산의 상속으로 인한 소유권확인을 구하는 참가인은 소위 제3자의 지위에 있다 할 수 없을 뿐 아니라 (중략) 참가인의 주장은 원고의 청구를 부인함에 불과하여 합일확정을 요하는 것도 아니어서 이 건 독립당사자참가인의 청구는 참가의 요건을 구비하지 못한 부적법한 것이다.

## 3. 상속재산 관리인의 직위에서 상속재산의 소유권확인을 구할 수 있는지 여부

24 [판례] 소유권확인 등·파기환송[22]

갑 제4호증의 심판서등본의 기재와 변론의 전취지에 의하면 원고 상속재산의 관리인인 C는 위 망 A의 상속재산에 관하여 그 상속인의 존부가 분명하지 아니한 때에 해당된다고 하여 민법 제1053조에 따라 1971. 8. 18. 서울가정법원에 의하여 망 A의 상속재산의 관리인으로 선임되고 본건은 그 상속재산의 관리인 지위에서 소송을 제기하고 이를 수행하고 있는 것이지 위 망 A의 상속인의 지위에서 하는 소송이 아님이 분명하다. 그렇다면 원고 상속재산의 관리인인 C로서는 구태여 위 망인의 상속인일 필요는 없다.

21 대법원 1976. 12. 28. 선고 76다797 판결.
22 대법원 1977. 1. 11. 선고 76다184, 185 판결.

### 4. 소송계속 중 당사자가 사망하고 그 상속인의 존부가 분명하지 않은 경우, 법원이 취해야 할 소송절차의 진행

25 [판례] 손해배상(자)·파기환송[23]

이 사건 유언은 민법 제1068조가 정하는 공정증서에 의한 유언의 방식에 위배되어 무효라고 할 것이고, 그 유언이 무효인 이상 소송수계신청인은 원고의 피고에 대한 손해배상청구권을 유증받지 못하는 것이므로, 결국 이 사건 소송수계신청은 적법한 수계권자에 의한 신청이 아니라 할 것이다. 따라서 제1심 법원은 그 신청을 기각했어야 함이 마땅하고, 한편 원고는 부모를 모르는 고아로서 일가창립에 의하여 취득한 호적에는 상속인이 없는 것으로 되어 있으므로, 이 사건은 상속인의 존부가 분명하지 않은 경우에 해당한다 할 것인데, 민법 제1053조 제1항은, "상속인의 존부가 분명하지 아니한 때에는 법원은 제777조의 규정에 의한 피상속인의 친족 기타 이해관계인 또는 검사의 청구에 의하여 상속재산관리인을 선임하고 지체없이 이를 공고하여야 한다."라고 규정하고 있고, 이러한 상속재산관리인은 민사소송법에 따라 소송을 수계할 수 있는 것이므로, 제1심으로서는 소송절차를 중단한 채 상속재산관리인의 선임을 기다려 그로 하여금 소송을 수계하도록 하였어야 할 것이다.

그럼에도 불구하고, 소송수계신청인을 적법한 소송수계인으로 취급하여 소송절차를 속행한 다음 공정증서에 의한 이 사건 유언이 무효라는 이유로 망 원고의 소송수계인 소송수계신청인의 청구를 기각한다고 하고 있는 제1심을 그대로 유지하여 소송수계신청인의 항소를 기각한 원심판결은 그 자체로서 이유가 모순되고 소송절차의 진행을 잘못한 위법이 있다 할 것이므로, 상고이유의 당부를 떠나 원심과 제1심은 파기 및 취소를 면할 수 없다.

### 5. 재산상속인의 존재가 분명하지 않은 상속재산에 관한 소송의 피고적격

26 [판례] 소유권이전등기등·파기자판[24]

재산상속인의 존재가 분명하지 아니한 상속재산에 관한 소송에 있어서 정당한 피고는 법원에서 선임된 상속재산관리인이라 할 것이다(대법원 1976. 12. 28. 선고 76다797 판결 참조).

기록에 의하면, 피고들 보조참가인(이하 '보조참가인'이라 한다)이 이해관계인으로서 1998년 9월경 서울가정법원 98느0000호로 계모인 망 소외인(이하 '망인'이라 한다)의 상속인 존부가 분명하지 아니하다는 이유로 상속재산관리인 선임신청을 한 사실, 위

23 대법원 2002. 10. 25. 선고 2000다21802 판결.
24 대법원 2007. 6. 28. 선고 2005다55879 판결.

법원은 1999. 6. 16. 망인의 상속재산관리인으로 변호사 A를 선임하는 결정을 하였고, 같은 해 8. 27. 이를 관보에 게재하여 공고한 사실을 인정할 수 있으므로, 원고가 망인의 상속재산인 이 사건 아파트에 관하여 소유권이전등기청구를 하는 이 사건에 있어서는 오직 망인의 상속재산관리인만이 피고적격이 있다고 할 것이다.

## 6. 민법 제1053조에 따른 상속재산관리인 선임청구 심판에 직권탐지주의가 요구되는지 여부

27 [판례] 상속재산관리인 선임[25]·파기환송

가사비송사건은 가정법원이 후견적인 지위에서 재량에 의해 합목적적으로 법률관계를 형성하는 재판으로서 재판자료의 수집과 제출을 당사자에게 맡겨 두기 아니하고 가정법원이 주도적으로 할 책무를 지는 직권탐지주의가 적용된다(가사소송법 제34조, 비송사건절차법 제11조, 가사소송규칙 제23조 제1항). 가사비송사건에도 직권탐지주의는 공익성의 정도, 대심적 구조의 존부, 법원의 재량적 판단의 필요성 정도 등 개별 사건의 성질에 따라 다양하게 나타날 수 있는데, 라류 가사비송사건은 상대방이 없는 비대심적 구조로서 비송재판으로서의 성격이 두드러진다. 민법 제1053조에 따른 상속재산관리인 선임청구 심판은 '라류 가사비송사건'에 속하고(가사소송법 제2조 제1항 제2호 가목 37), 특히 이 사건과 같이 이해관계인이 '상속인의 존부' 자체를 알 수 없어 오직 법원의 재판을 통하여 이를 확정하고 상속재산의 청산절차를 이행하고자 하는 경우 '법원이 재판자료의 수집과 제출을 주도적으로 할 책무를 진다.'는 직권탐지주의가 강하게 요구된다. 법원은 청구인에게 적절하게 석명권을 행사하여 법률이 정한 소관청에 사실조회 신청을 할 수 있도록 하였어야 한다. 그럼에도 원심은 이러한 조치를 취하지 아니하고 이 사건 청구를 기각한 제1심 결정을 그대로 유지하고 말았으니, 이러한 원심의 판단에는 헌법 제27조 제1항의 재판청구권, 가사소송법 제34조, 비송사건절차법 제11조의 직권탐지주의 등 헌법과 법령을 위반한 잘못이 있다.

25 대법원 2022. 10. 14. 자 2022스625 결정.

## 제 1054 조 [재산목록제시와 상황보고]

**관리인은 상속채권자나 유증받은 자의 청구가 있는 때에는 언제든지 상속재산의 목록을 제시하고 그 상황을 보고하여야 한다.**

[관련조문] 민법 제1053조(상속인 없는 재산의 관리인), 제1055조(상속인의 존재가 분명하여진 경우), 제1057조(상속인수색의 공고)

[참고문헌] 김주수/김상용, 친족·상속법(제20판), 법문사(2024); 이경희/윤부찬, 가족법(11정판), 법원사(2024)

1 상속재산관리인은 민법 제1053조에서 규정한 재산목록작성의 의무 이외에, 상속채권자와 유증받은 자의 청구가 있는 때에는 언제든지 이들에게 상속재산의 목록을 제시하고 그 상황을 보고할 의무가 있다. 위 의무는 상속채권자나 유증받은 자를 보호하기 위해 부과된 것이다.

2 재산 상황의 보고에 요하는 비용은 전조에서 준용된 민법 제24조의 규정의 취지에 따라 상속재산에서 지급한다고 볼 것이다.

## 제 1055 조 [상속인의 존재가 분명하여진 경우]

① 관리인의 임무는 그 상속인이 상속의 승인을 한 때에 종료한다.

② 전항의 경우에는 관리인은 지체없이 그 상속인에 대하여 관리의 계산을 하여야 한다.

**[관련조문]** 민법 제1019조(승인, 포기의 기간), 제1025조(단순승인의 효과, 제102(법정단순승인), 제1028조(한정승인의 효과), 제1029조(공동상속인의 한정승인), 제1053조 제2항(상속인없는 재산의 관리인), 제1054조(재산목록제시와 상황보고), 제1056조(상속인 없는 재산의 청산), 제1057조(상속인수색의 공고), 제1058조 제2항(상속재산의 국가귀속)

**[참고문헌]** 김주수/김상용, 친족·상속법(제20판), 법문사(2024); 이경희/윤부찬, 가족법(11정판), 법원사(2024)



### Ⅰ. 상속재산관리인의 임무의 종료

1 상속재산관리인이 관리하는 중 상속인의 존재가 분명해지고, 그 상속인이 상속을 승인하게 되는 때에는 그 상속재산관리인의 임무는 종료된다. 상속인의 출현과 동시에 선임된 관리인의 임무를 종료시키게 되면, 상속포기가 있는 경우 다시 상속인의 존부가 분명하지 않은 상태가 발생하게 된다. 따라서 민법 제1055조는 상속재산관리인의 임무를 '상속인의 상속 승인이 있어야' 비로소 종료되는 것으로 규정하였다. 이와 같은 경우 가정법원은 그 상속인 또는 이해관계인의 청구에 의하여 그 명한 처분을 취소하여야 한다(가사소송규칙 제78조, 제50조).

2 민법 제1055조 제1항의 '상속의 승인을 한 때'란 단순승인뿐만 아니라 상속인이 한정승인을 한 경우도 포함된다. 또한 상속재산에 대한 처분행위를 한 경우, 상속인이 피상속인의 사망을 안 날로부터 3개월 이내에 한정승인 또는 포기를 하지 아니한 경우 등의 이유로 단순승인을 한 것으로 보는 경우도 포함된다(민법 제1026조).

### Ⅱ. 관리의 계산

3 상속인이 나타나서 상속을 승인한 경우 상속재산관리인의 임무가 종료하는데, 이 때 상속재산관리인은 관리 상황을 명백히 하기 위하여 지체 없이 그 상속인에 대하여 관리의 계산을 하여야 한다.

## 제 1056 조 [상속인없는 재산의 청산]

① 제1053조 제1항의 공고있은 날로부터 3월 내에 상속인의 존부를 알 수 없는 때에는 관리인은 지체없이 일반상속채권자와 유증받은 자에 대하여 일정한 기간 내에 그 채권 또는 수증을 신고할 것을 공고하여야 한다. 그 기간은 2월 이상이어야 한다.

② 제88조 제2항, 제3항, 제89조, 제1033조 내지 제1039조의 규정은 전항의 경우에 준용한다.

[관련조문] 민법 제88조, 제89조, 제1000조 내지 제1004조, 제1033조 내지 제1039조, 제1053조 제1항, 제1078조

[참고문헌] 김주수/김상용, 친족·상속법(제20판), 법문사(2024); 이경희/윤부찬, 가족법(11정판), 법원사(2024); 고형규, "특별대리인 및 재산관리인의 선임", 재판자료 제18집, 법원행정처(1983)



### Ⅰ. 채권신고의 공고

1 상속재산관리인 선임의 공고(제1차 공고)가 있은 날로부터 3개월 내에 상속인의 존부를 알 수 없는 때에는 상속재산관리인은 지체 없이 일반상속채권자와 유증받은 자[1]에 대하여 일정한 기간(2개월 이상) 내에 그 채권 또는 수증을 신고할 것을 공고(제2차 공고)하여야 한다(민법 제1056조 제1항). 공고에는 상속채권자 또는 유증받은 자가 정해진 신고기간 내에 신고하지 않으면 그 권리가 제외된다는 것을 표시하여야 하며(민법 제1056조 제2항에 의한 제88조 제2항의 준용), 공고방법은 법원의 등기사항의 공고와 동일한 방법에 의하여야 한다(민법 제1056조 제2항, 제88조 제3항). 상속재산관리인은 알고 있는 채권자와 유증받은 자에 대해서는 각각 그 채권과 수증액을 신고할 것을 최고하여야 하며, 알고 있는 채권자와 유증받은 자는 청산에서 제외하지 못한다(민법 제1056조 제2항, 제89조). 이 채권신고의 공고는 청산을 위하여 필요한 사전절차로서의 의미를 가지며, 동시에 상속인 또는 포괄적 수유자의 출현을 촉구하는 기능을 한다.[2]

1 여기서의 유증받은 자는 특정적 유증을 받은 사람에 한하고 포괄적 유증을 받은 사람은 제외된다고 보아야 할 것이다. 포괄적 수유자는 상속인과 동일한 지위를 가지기 때문이다.
2 고형규, "특별대리인 및 재산관리인의 선임", 재판자료 제18집, 법원도서관(1983), 171.

## Ⅱ. 변제 절차

2 위 공고기간 내에 상속인이 나타나지 않은 경우에는 상속재산관리인은 그 기간 중에 신고한 상속채권자와 유증받은 자에 대하여 변제의 절차를 밟아야 한다. 이 경우에는 한정승인 시의 청산절차에 관한 규정이 준용되므로(민법 제1056조 제2항), 공고기간만료 전에는 상속재산관리인은 변제거절권을 가지고(제1033조), 변제의 순위와 방법도 한정승인의 경우와 동일하다(제1034조 내지 제1037조, 제1039조). 상속재산관리인이 공고의무 또는 최고의무를 위반하거나 부당하게 변제한 경우에는 손해배상의 책임이 생기고(민법 제1038조 제1항), 사정을 알고 부당하게 변제를 받은 상속채권자나 유증받은 자에 대해서는 손해를 입은 다른 상속채권자나 유증받은 자가 구상권을 행사할 수 있다(제1038조 제2항).

## 제 1057 조 [상속인수색의 공고]

**제1056조 제1항의 기간이 경과하여도 상속인의 존부를 알 수 없는 때에는 법원은 관리인의 청구에 의하여 상속인이 있으면 일정한 기간 내에 그 권리를 주장할 것을 공고하여야 한다. 그 기간은 1년 이상이어야 한다.** <개정 2005. 3. 31.>

[관련조문] 민법 제1056조 제1항(상속인 없는 재산의 청산), 제1058조(상속재산의 국가귀속)

[참고문헌] 김주수/김상용, 친족·상속법(제20판), 법문사(2024); 이경희/윤부찬, 가족법(11정판), 법원사(2024)



### Ⅰ. 의의

1 제1차 공고(선임의 공고)와 제2차의 공고(청산공고)를 한 후, 그 공고기간이 경과하여도 상속인의 존부를 알 수 없는 때에는 가정법원은 상속재산관리인의 청구에 의하여 1년[1] 이상의 일정한 기간을 정하고, 상속인이 있으면 그 기간 내에 권리를 주장할 것을 공고(상속인 수색의 공고, 제3차 공고)하여야 한다(가사소송법 제2조 제1항 제2호 가목 38). 이 공고는 상속인의 수색을 주된 목적으로 하는 것으로 상속인이 상속재산에 대한 권리를 잃지 않도록 하기 위한 것이다. 상속재산이 일단 국가에 귀속되면 상속인이라고 해도 국가에 대하여 권리를 행사할 수 없게 되므로, 상속인의 권리를 주장할 수 있는 기회가 보장되도록 제3차 공고가 이루어지는 것이다.

2 다만, 청산 후 남은 재산이 없을 때에는 상속인이 출현하여도 그에게 귀속될 재산이 없으므로, 이러한 공고를 할 필요가 없다.[2]

### Ⅱ. 공고의 절차

3 공고는 상속재산관리인의 청구에 의하여 가정법원이 한다. 이 공고는 민법 제1056조 제1항의 기간, 즉 제2차 공고에서 정한 채권신고기간이 경과한 후에 하여야 하며, 그 기간은 1년 이상이어야 한다.

1 2005년 민법 일부 개정에 의하여, 공고기간을 2년에서 1년으로 단축하였다.
2 김주수/김상용, 친족·상속법(제20판), 법문사(2024), 817.

## Ⅲ. 관할

4 상속 개시지의 가정법원이 관할한다(가사소송법 제44조 제6호).

## Ⅳ. 심리 및 심판

5 청구가 요건을 갖춘 때에는 상속인 수색의 공고를 하게 되는데, 공고하는 외에 따로 심판서가 작성되지는 않는다. 이에 대하여는 불복할 수 없다. 상속인 수색의 공고에는 ① 청구인의 성명과 주소, ② 피상속인의 성명, 직업과 최후주소, ③ 피상속인의 출생과 사망장소 및 그 일자, ④ 상속인은 일정한 기간 내에 그 권리를 주장하라는 뜻의 최고가 기재되어야 한다. 공고에 필요한 비용은 상속재산에서 부담한다(가사소송규칙 제81조).

6 청구가 요건을 갖추지 못한 때에는 청구를 기각하는 심판을 할 것인데, 이에 대하여는 청구인이 즉시항고를 할 수 있다(가사소송규칙 제27조).

## 제 1057 조의 2 [특별연고자에 대한 분여]

① 제1057조의 기간내에 상속권을 주장하는 자가 없는 때에는 가정법원은 피상속인과 생계를 같이 하고 있던 자, 피상속인의 요양간호를 한 자 기타 피상속인과 특별한 연고가 있던 자의 청구에 의하여 상속재산의 전부 또는 일부를 분여할 수 있다. <개정 2005. 3. 31>

② 제1항의 청구는 제1057조의 기간의 만료후 2월 이내에 하여야 한다. <개정 2005. 3. 31.>

[본조신설 1990. 1. 13.]

**[관련조문]** 민법 제1056조(상속인없는 재산의 청산), 제1058조(상속재산의 국가귀속)

**[참고문헌]** 곽윤직, 상속법(민법강의VI)(개정판), 박영사(2004); 김주수/김상용, 친족·상속법(제20판), 법문사(2024); 법원실무제요, 가사[Ⅱ], 사법연수원(2021); 송덕수, 친족상속법(제7판), 박영사(2024); 윤진수, 친족상속법 강의(제5판), 박영사(2023); 이경희, 가족법(9정판), 법원사(2017); 이경희/윤부찬, 가족법(11정판), 법원사(2024); 홍성재, 물권법(신정2판), 동방문화사(2017); 김성숙, "특별연고자에 대한 상속재산 분여제도", 한국민사법학의 현대적 전개: 연람 배경숙 교수 화갑기념논문집, 박영사(1991); 김진우, "공유자의 1인이 상속인 없이 사망한 경우의 지분귀속에 관하여-특별연고자의 상속재산분여청구가 있는 경우를 중심으로-", 법조 제56권 제11호(통권 제614호), 법조협회(2007); 이희배, "특별연고자의 분여청구", 가족법학논집: 여송 이희배 교수 정년기념(2001); 정상현, "특별연고자에 대한 상속재산의 분여제도", 영남법학 제8권 제2호, 영남대학교 법학연구소(2002)



### Ⅰ. 의의

1 1990년 민법일부개정에 의하여 신설된 규정으로, 상속인 수색의 최종적인 공고기간 내에 상속권을 주장하는 자가 없는 경우에, 가정법원이 피상속인과 생계를 같이 하고 있던 자, 피상속인의 요양간호를 한 자 기타 피상속인과 특별한 연고가 있던 자의 청구에 의하여 상속재산의 전부 또는 일부를 분여하는 제도이다. 상속재산의 분여 사건은 라류 비송사건이다(가사소송법 제2조 제1항 제2호 가목 39).

2 피상속인의 추정적 의사에 부합한다는 점에서 제도 도입의 근거를 찾을 수 있을 것이다.[1] 이와 같이 특별연고자가 재산분여를 받을 수 있는 지위에 대하여는 일종의 기대권이라는 견해[2]와 국가의 정책적 배려에 기한 은혜라는 견해[3]의 대립이 있다.

## Ⅱ. 청구권자

3 상속재산의 분여를 청구할 수 있는 자는 피상속인과 특별한 연고가 있었던 자이다. 특별연고자의 범위에 대하여 민법은, '피상속인과 생계를 같이 하고 있던 자', '피상속인의 요양간호를 한 자', '기타 피상속인과 특별한 연고가 있던 자'를 들고 있다. 앞의 두 가지는 예시이며, 기타 피상속인과 특별한 연고가 있던 자는 피상속인과 정신적·물질적으로 밀접한 관계에 있는 자로서 상속재산을 그 자에게 분여하는 것이 피상속인의 유지에도 합치되는 것으로 볼 수 있을 정도의 특별한 관계에 있던 자를 말한다.[4] 특별연고관계에 해당하는 자임을 결정하는 것은 가정법원의 재량에 맡겨져 있다. 특별연고자는 자연인에 한정되는 것은 아니고, 법인이나 권리능력 없는 사단, 재단도 특별연고자가 될 수 있다. 예를 들어, 피상속인이 장기간에 걸쳐 신세를 졌던 요양소나 양로원, 생계비를 보조한 지방공공단체도 특별연고자가 될 수 있다.

4 특별연고자 여부는 현실적·구체적인 관계, 친족관계의 유무 등을 종합적으로 고려하여 가정법원이 판단할 문제인데, 사실혼 배우자, 사실상의 양친자, 계모자, 적모서자, 인지되지 아니한 혼외자, 5촌 이상의 방계혈족 등으로서 가족적 공동생계를 하고 있는 자, 피상속인의 요양간호를 한 자[5] 등이 이에 속할 수 있다.

5 다만, 어떤 사람이 위와 같은 범주에 속한다고 해도, 가정법원이 상당하다고 인정하지 않으면 재산분여를 받지 못한다. 따라서 사실혼의 배우자라든가 사실상

1 윤진수, 친족상속법 강의(제5판), 박영사(2023), 546.
2 김주수/김상용, 친족·상속법(제20판), 법문사(2024), 820; 송덕수, 친족상속법(제7판), 박영사(2024), 427.
3 곽윤직, 상속법(민법강의Ⅵ)(개정판), 박영사(2004), 211; 이경희/윤부찬, 가족법(11정판), 법원사(2024), 423~424.
4 이희배, "특별연고자의 분여청구", 가족법학논집: 여송 이희배 교수 정년기념(2001), 911; 정상현, "특별연고자에 대한 상속재산의 분여제도", 영남법학 제8권 제2호, 영남대학교 법학연구소(2002), 188~189.
5 간호사, 간병인 등이 이에 해당될 여지가 있는데, 상당한 보수를 받았을 것이므로, 보수를 초월하여 헌신적으로 돌보는 등의 특별한 사정이 있는 때에 한하여 특별연고자에 해당한다고 볼 수 있다는 견해가 있다. 이경희, 가족법(9정판), 법원사(2017), 424.

의 양자라고 할지라도 당연히 특별연고자로 인정되어 재산분여를 받을 수 있는 것은 아니다. 그리고 일정한 친족적 신분관계가 있어야만 재산분여를 받을 수 있는 것도 아니다.[6]

6 또한 자기가 특별연고자에 해당한다고 생각하더라도 가정법원에 분여심판청구를 하지 않으면 재산의 분여를 받을 수 없다. 이 점에서 일정한 신분관계만 있으면 발생하는 상속과는 다르다.

7 특별연고는 피상속인의 사망 당시에 있어야 하는 것이 원칙이다. 다만, 피상속인의 사망시에 현실적으로 생계를 같이 하고 있어야 한다든가 또는 요양간호를 하고 있어야 한다고 좁게 해석할 이유는 없으므로, 과거에 일시적으로 연고가 있던 자도 특별연고자로 볼 수 있을 것이나, 분여의 상당성이나 정도에 있어 피상속인의 사망 당시에 특별연고가 있었던 경우에 비하면 상대적으로 약하게 판단될 여지가 있다. 그러나 피상속인의 사망 후에 연고관계를 가진 자, 예를 들어 피상속인이 사망한 후에 장례를 치루거나 유산을 관리하는 등의 경우는 제도의 취지에 비추어 볼 때 특별한 연고가 있던 자로 볼 수 없다는 견해가 우세하다.[7]

8 재산분여심판이 확정되기 전의 재산분여청구권은 특별연고자 본인만 행사할 수 있고 다른 사람에게 양도할 수 없다는 의미에서 행사상 및 귀속상 일신전속권이라는 것이 통설이다.[8]

9 특별연고자가 재산의 분여를 청구하지 않고 사망한 경우에 그 지위가 상속인에게 승계되느냐 하는 문제가 있으나, 승계되지 않는다고 볼 것이다.[9] 따라서 상속인이 분여를 청구할 수는 없다.

10 한편, 특별연고자가 재산의 분여를 청구하였으나 심판이 있기 전에 사망한 때에는 그 상속인이 절차를 승계한다고 보아야 할 것이다.[10]

6 김주수/김상용, 친족·상속법(제20판), 법문사(2024), 822; 이경희/윤부찬, 가족법(11정판), 법원사(2024), 424.
7 이경희/윤부찬, 가족법(11정판), 법원사(2024), 425; 법원실무제요, 가사[Ⅱ], 사법연수원(2021), 1094.
8 주해상속법(제1권), 박영사(2019), 602(이동진); 이희배, "특별연고자의 분여청구", 가족법학논집: 여송 이희배 교수 정년기념(2001), 904; 정상현, "특별연고자에 대한 상속재산의 분여제도", 영남법학 제8권 제2호, 영남대학교 법학연구소(2002), 185.
9 법원실무제요, 가사[Ⅱ], 사법연수원(2021), 1094.
10 송덕수, 친족상속법(제7판), 박영사(2024), 427; 윤진수, 친족상속법 강의(제5판), 박영사(2023), 546; 법원실무제요, 가사[Ⅱ], 사법연수원(2021), 1094. 상속인이 특별연고자의 지위를 승계할 수 없다고 보는 견해로는 김성숙, "특별연고자에 대한 상속재산 분여제도", 한국민사법학의 현대적 전개: 연람 배경숙 교수 화갑기념논문집, 박영사(1991), 290.

## Ⅲ. 관할

11 상속 개시지의 가정법원이 관할한다(가사소송법 제44조 제6호). 상속 개시지는 피상속인의 최후 주소지를 가리킨다(민법 제998조). 그 마지막 주소지가 외국인 경우에는 대법원이 있는 곳의 가정법원이 관할한다(가사소송법 제35조 제2항, 제13조 제2항).

## Ⅳ. 심리

### 1. 청구의 기한

12 특별연고자가 분여를 받기 위하여는 민법 제1057조의 기간(제3차 공고에 의한 공고기간)이 만료된 후 2개월 이내에 가정법원에 재산분여청구를 하여야 한다(민법 제1057조의2 제2항). 기간이 지난 후의 청구는 부적법하여 각하된다. 이와 같이 기간 제한을 둔 취지는 상속인이 없는 상속재산을 조속히 정리함으로써 상속관계의 안정을 꾀하기 위함이다. 다만, 상속인 수색의 공고에서 정한 최고기간 내에 상속권의 주장이 있음으로써 상속인의 부존재가 확정되지 않았으나 그 후 그 상속권을 주장한 자의 상속권이 다투어져 부존재로 확정된 경우에는 그 확정시로부터 청구기간이 진행된다고 할 것이다.[11] 여러 명의 특별연고자가 있는데 그 중 일부는 기간을 준수하고 일부는 기간을 준수하지 않은 경우, 기간을 준수하지 않은 청구인의 청구는 부적법하다.[12]

### 2. 상속인의 부존재의 확정

13 앞서 본 공고의 기간이 경과할 때까지 상속인의 존부가 분명하지 아니하거나 상속인이 존재하지 아니함이 분명해져 상속인의 부존재가 확정되어야 한다.

### 3. 분여의 상당성

14 특별연고자에게 상속재산을 분여하기 위하여는, 가정법원이 청구인을 특별연고자로 인정하여 재산분여를 하는 것이 상당하다고 판단하여야 한다. 민법에는 상당성의 판단 기준에 관한 규정이 없으나, 연고관계의 내용·농후의 정도, 특별연

11 법원실무제요, 가사[Ⅱ], 사법연수원(2021), 1095.
12 주해상속법(제1권), 박영사(2019), 606(이동진).

고자의 성별, 연령, 직업, 교육 정도, 상속재산의 종류·액수·내용·소재 기타 일체의 사정을 들 수 있을 것이다. 상당성 여부의 판단은 가정법원의 재량으로 결정된다. 특별연고자가 여러 명인 경우에도 가정법원이 재량으로 분여의 방법과 정도를 결정하게 되고, 상속재산의 전부를 분여할지, 일부를 분여할지도 가정법원의 재량으로 결정된다.

15 대법원도 민법 제1057조의2의 규정에 따라 상속재산을 특별연고자에게 분여함에 있어서 법원은 피상속인과 특별연고자의 연고의 내용과 정도, 상속재산의 종류와 가액, 청구인들 간의 관계 등 일체의 사항을 참작하여 분여할 재산을 결정하여야 하고, 분여할 재산의 결정은 그것이 현저히 불합리하다고 인정되지 않는 한 사실심의 전권사항에 속한다고 판시한 바 있다(대법원 2005. 12. 28. 자 2005스78, 79 결정 참조).

16 가정법원은 상속재산관리인을 통하여 특별연고관계의 존부, 정도, 상속재산의 내용, 현황, 분여의 상당성 등에 관하여 자료를 수집하는데, 그 과정에서 상속재산관리인으로부터 의견을 청취하거나 상속재산관리인에게 상속재산의 환가 등을 명할 수도 있다.[13]

### 4. 분여의 목적물

17 분여의 대상으로 되는 것은 상속재산에서 상속채권자, 유증을 받은 자 등에게 청산을 하고 남은 재산이다.[14] 특별연고자는 상속채무 등의 의무는 승계하지 아니하는데, 이 점에서 상속과는 다르다.[15]

18 특허권, 실용신안권, 디자인권의 경우 상속이 개시되었으나 상속인이 없는 경우에는 그 시점에서 소멸되므로(특허법 제124조 제1항, 실용신안법 제28조, 디자인보호법 제111조) 분여대상이 될 수 없다. 그러나 저작재산권 및 저작인접권의 경우는 저작권법에서 상속이 개시되었으나 상속인이 없는 경우에는 그 권리가 민법 등의 규정에 따라 국가에 귀속되는 경우 소멸한다고 규정하고 있으므로(저작권법 제49조 제1호, 제88조) 국가에 귀속하기 전 특별연고자에 대한 분여가 가능하다고 볼 것이다.[16]

13 법원실무제요, 가사[Ⅱ], 사법연수원(2021), 1095.
14 법원실무제요, 가사[Ⅱ], 사법연수원(2021), 1095.
15 이경희/윤부찬, 가족법(11정판), 법원사(2024), 426.
16 이경희/윤부찬, 가족법(11정판), 법원사(2024), 426; 법원실무제요, 가사[Ⅱ], 사법연수원(2021), 1096.

19 상속재산이 공유인 경우에 그 공유지분이 분여대상이 되는가 하는 것이 문제가 될 수 있다. 즉, 민법 제267조는 공유자가 상속인이 없이 사망한 때에는 그 지분은 다른 공유자에게 각 지분의 비율로 귀속한다고 규정하고 있는데, 이 규정과의 관계를 어떻게 해석할 것인가의 문제이다. 상속재산이 공유지분권인 경우에만 분여대상에서 제외시킬 합리적 근거가 없기 때문에 민법 제1057조의2를 우선 적용하여 공유지분의 경우도 특별연고자에 대한 분여의 대상이 되는 것으로 보는 것이 타당하다고 생각된다.[17]

## V. 심판

20 가정법원은 재산분여의 청구가 이유 있을 경우 청구인에게 상속재산의 전부 또는 일부를 분여할 수 있다. 전부 또는 일부가 분여되는가는 상당성에 비추어 가정법원의 자유로운 판단에 의하여 결정되는 것이고, 청구인의 청구취지에 구속되는 것은 아니다.[18] 특별연고자는 상속채무를 승계하지 않는다는 것이 일반적인 견해이다.

21 분여심판이 확정되면, 특별연고자는 분여가 인정된 재산을 취득할 수 있는 권리를 갖게 된다. 분여의 심판이 확정된 후 재산의 인도, 등기 등 집행방법이 문제될 경우, 재산을 '분여'한다는 내용의 심판 자체는 집행력이 없기 때문에 상속재산관리인이 임의로 이행하지 않는다면 특별연고자가 상속재산관리인 등을 상대로 민사소송을 하거나 심판에 따르지 않는다는 이유로 상속재산관리인을 개임할 수밖에 없다.[19] 가사소송규칙 제97조는 준용되지 아니하므로 이행명령을 할 수는 없다. 따라서 상속재산관리인에게 분여청구자에 대하여 금전의 지급, 물건의 인도, 등기 기타의 의무이행을 명할 수는 없다.

17 특별연고자가 우선한다는 견해로는 김주수/김상용, 친족·상속법(제20판), 법문사(2024), 822; 윤진수, 친족상속법 강의(제5판), 박영사(2023), 546. 이에 반하여 민법 제267조는 지분의 탄력성에 관한 규정이므로 상속의 원리가 제한된다면서 공유자가 우선한다는 견해로는 홍성재, 물권법(신정2판), 동방문화사(2017), 333. 이와 관련하여 우리나라 판례는 없으나, 일본 판례의 경우 과거 하급심에서 공유자 우선설을 취하는 입장이 지배적이다가, 1989년 최고재판소 판례로 특별연고자 우선설을 취하는 입장으로 전환하였다[김진우, "공유자의 1인이 상속인 없이 사망한 경우의 지분귀속에 관하여-특별연고자의 상속재산분여청구가 있는 경우를 중심으로-", 법조 제56권 제11호(통권 제614호), 법조협회(2007), 42~53].

18 법원실무제요, 가사[Ⅱ], 사법연수원(2021), 1097.

19 법원실무제요, 가사[Ⅱ], 사법연수원(2021), 1097~1098.

22 분여심판의 주문례는 다음과 같다.[20]

> 사건본인 망 ○○○의 별지 목록 기재 상속재산 중에서 상속재산관리인의 보수를 제외한 나머지 ________만 원을 청구인에게 분여한다.

> 사건본인 망 ○○○의 별지 목록 기재 상속재산 중에서 _____만 원에 해당하는 부분을 청구인에게 분여한다.
> 1. 상속재산관리인의 보수는 ________만 원으로 정한다.
> 2. 사건본인 망 ○○○의 별지 목록 기재 상속재산 중에서 위 상속재산관리인의 보수 ______만 원을 제외한 나머지 재산을 상속재산 분여 청구인에게 분여한다.(상속재산관리인 보수청구와 상속재산 분여청구를 병합심리한 경우)

23 심판은 청구인 외에 상속재산관리인에게도 고지하여야 할 것이다. 재산분여의 청구를 기각한 심판에 대하여는 청구인이 즉시항고를 할 수 있다(가사소송규칙 제27조). 재산분여의 청구를 인용한 심판에 대하여는 민법 제1057조의2 제1항에 규정한 자, 즉 다른 특별연고자가 즉시항고 할 수 있다(가사소송규칙 제83조). 다만, 분여의 청구는 상속인 수색의 공고에서 정한 최고기간 만료 후 2개월 내에 청구하여야 하는바, 불복할 수 있는 다른 특별연고자는 적법한 기간 내에 분여의 청구를 하였거나 그 청구를 할 수 있는 자만을 가리키고, 그 밖의 자는 즉시항고의 이익이 있다고 할 수 없다.[21]

## VI. 참고 판례

### 1. 민법 제1000조 제1항 제4호가 특별연고자의 재산권을 침해하는지 여부

24 [판례] 민법 제 1000 조 제 1 항 제 4 호의 위헌소원[22]

상속권이나 상속제도의 내용은 입법자가 입법정책적으로 결정하여야 할 사항으로서 입법자는 상속권이나 상속제도의 내용과 한계를 구체적으로 형성함에 있어서 일반적으로 광범위한 입법형성권을 가진다고 할 것인바, 심판대상조항은 상속순위에 관한 것으로서 상속권 내지 상속제도의 내용과 한계를 구체적으로 형성하는 규정이므로,

20 법원실무제요, 가사[Ⅱ], 사법연수원(2021), 1098.
21 법원실무제요, 가사[Ⅱ], 사법연수원(2021), 1098~1099.
22 헌법재판소 2018. 5. 31. 선고 2015헌바78 결정.

심판대상조항에 대한 심사에 있어서는 입법자가 이러한 입성형성권을 자의적으로 행사하여 헌법 제37조 제2항이 규정하는 기본권제한의 입법한계를 일탈하였는지 여부가 그 위헌심사기준이 된다.
심판대상조항은 상속의 순위를 법률로 규정함으로써 피상속인이 사망하여 상속이 이루어지는 경우 발생할 수 있는 상속 순위에 관한 법률적 분쟁을 사전에 예방하고자 하는 규정인 동시에, 우리 민법이 취하고 있는 혈족상속의 원칙을 입법한 것으로서 입법목적이 타당하고 수단의 적절성도 인정된다.
혈족상속의 전통은 혈족들이 경제적으로 상호부조하고 깊은 정서적 유대감을 공유하던 과거의 혈족사회에서 유래한 상속법제의 한 원칙이기는 하나, 오늘날 변화된 사회상을 고려하더라도 현대에 이르러 그 의미를 현저히 상실하여 상속권 부여의 기준이 되지 못할 정도에 이르렀다 보기는 어려운바, 4촌 이내의 방계혈족을 제4순위의 법정상속인으로 규정한 심판대상조항이 합리성을 상실했다고 단정할 수 없다.
또한 피상속인이 어느 특정 친족에게 상속재산을 귀속시키기를 희망한다면 심판대상조항에도 불구하고 증여, 유증 또는 입양 등에 의하여 그 의사를 관철시킬 수 있으므로, 심판대상조항이 피상속인의 추정적 의사에 적극적으로 반한다거나 피상속인과 특별한 유대관계를 형성해 온 친족의 이익을 훼손한다고 할 수도 없다.
요컨대, 피상속인의 4촌 이내의 방계혈족을 법정상속인으로 규정한 심판대상조항은 혈족상속의 원칙에 부합하고, 피상속인의 추정적 의사에 배치되지 않으며, 상속인이 될 자를 혈족관계라는 객관적 기준에 따라 명확히 규정함으로써 상속재산을 둘러싼 분쟁을 미연에 방지하고자 하는 입법취지를 달성하기에도 적절하다.
따라서 심판대상조항이 입법형성권의 한계를 벗어나 청구인들의 재산권을 침해한다고 할 수 없다.

## 2. 분여의 상당성

25 [판례] 상속재산의 분여에 대한 재항고[23]

민법 제1057조의2의 규정에 따라 상속재산을 특별연고자에게 분여함에 있어서 법원은 피상속인과 특별연고자의 연고의 내용과 정도, 상속재산의 종류와 가액, 청구인들 간의 관계 등 일체의 사항을 참작하여 분여할 재산을 결정하여야 하고, 분여할 재산의 결정은 그것이 현저히 불합리하다고 인정되지 않는 한 사실심의 전권사항에 속한다고 할 것이다.

[23] 대법원 2005. 12. 28. 자 2005스78, 79 결정.

## 제 1058 조 [상속재산의 국가귀속]

**① 제1057조의2의 규정에 의하여 분여되지 아니한 때에는 상속재산은 국가에 귀속한다.** <개정 2005. 3. 31>

**② 제1055조 제2항의 규정은 제1항의 경우에 준용한다.** <개정 2005. 3. 31.>

**[관련조문]** 민법 제1055조 제2항(상속인의 존재가 분명하여진 경우), 제1057조(상속인수색의 공고), 제1057조의2(특별연고자에 대한 분여), 제1059조(국가귀속재산에 대한 변제청구의 금지), 국가에 귀속하는 상속재산 이전에 관한 법률 제1조 (국내에서의 재산 이전), 제2조 (국외에서의 재산 이전)

**[참고문헌]** 주해상속법(제1권), 박영사(2019); 곽윤직, 상속법(민법강의VI)(개정판), 박영사(2004); 김주수/김상용, 친족·상속법(제20판), 법문사(2024); 송덕수, 친족상속법(제7판), 박영사(2024); 윤진수, 친족상속법 강의(제5판), 박영사(2023); 이경희/윤부찬, 가족법(11정판), 법원사(2024)



### Ⅰ. 상속재산의 국가귀속

1 상속인수색의 공고에 정해진 기간 내에 상속권을 주장하는 자가 없고, 상속인수색의 공고기간이 경과된 후 2월이 지나도 특별연고자가 상속재산분여의 청구를 하지 않거나 특별연고자가 청구를 하였으나 분여되지 아니한 경우에 그 남은 상속재산은 국가에 귀속된다.

2 여기에서 '상속재산'이란 청산종료 후의 잔여재산으로, 적극재산만을 의미하며 소극재산은 포함되지 않는다. 적극재산이라도 특허권, 실용신안권, 디자인권은 상속이 개시된 때 상속인이 없는 경우 소멸하므로, 상속재산에 포함되지 않는다(특허법 제124조 제1항, 실용신안법 제28조, 디자인보호법 제111조). 한편, 저작재산권 및 저작인접권의 경우는 상속이 개시된 때 상속인이 없더라도 민법 등에 따라 국가에 귀속됨으로써 소멸한다고 저작권법에서 규정하고 있으므로(저작권법 제49조 제1호, 제88조), 국가에 귀속이 가능한 재산이라 할 것이다.

3 민법 제1058조 제2항에 의하여 민법 제1055조 제2항이 준용되므로 이 경우 상속재산관리인은 지체없이 관할 국가기관에 대하여 관리의 계산을 하여야 한다. 또한, 공유자가 상속인 없이 사망한 때에는 그 지분은 민법 제267조에 따라 다른 공유자에게 각 지분의 비율로 귀속되고, 국가에게 귀속되지 않는다.

4 상속재산관리인은 피상속인의 주소지를 관할하는 세무서장에게 지체 없이 그 상속재산의 관리를 이전하여야 한다(국가에 귀속하는 상속재산 이전에 관한 법률 제1조). 피상속인의 주소가 외국에 있을 때에는 그 주소지를 관할하는 영사 또는 영사의 직무를 수행하는 사람에게 지체 없이 그 상속재산의 관리를 이전하여야 한다(국가에 귀속하는 상속재산 이전에 관한 법률 제2조).

## Ⅱ. 국가귀속의 성질

5 국가귀속은 적극재산만을 취득하고 소극재산은 승계하지 않는다는 점에서 상속과는 다르다. 잔여재산의 국가귀속의 성질에 대하여는 원시취득으로 보는 견해[1]와 일종의 포괄승계라고 보는 견해[2]로 나뉘어져 있다.

## Ⅲ. 국가귀속의 시기

6 국가귀속의 시기가 문제되는데, ① 상속인의 부존재가 확정되는 때, 즉 민법 제1057조의2에 따른 특별연고자의 재산분여청구기간이 만료되는 때이고, 재산분여청구가 있으면 분여의 심판이 확정된 때에 상속개시 시에 소급하여 국가에 귀속된다는 견해,[3] ② 상속재산의 국가귀속시기가 상속개시 시이며 상속재산관리인이 국가 또는 국고의 대리인으로서 청산을 한다는 견해,[4] ③ 잔여재산이 상속재산관리인에 의하여 국가에 인계되었을 때를 국가귀속 시로 보는 견해[5]로 나뉘어져 있다.

7 이 문제를 정면으로 다룬 판례는 아니나 "민법 제1053조 내지 제1058조에 의한 국가귀속 절차가 이루어지지 아니한 이상, 그 토지가 바로 무주부동산이 되어 국가 소유로 귀속되는 것이 아니며, 무주부동산이 아닌 한 국유재산법 제8조에 의한 무주부동산의 처리절차를 밟아 국유재산으로 등록되었다 하여, 국가 소유로 되는 것도 아니"라는 취지로 판시하였는바, 이를 인도설에 가까운 입장[6]을

1 김주수/김상용, 친족·상속법(제20판), 법문사(2024), 818; 이경희/윤부찬, 가족법(11정판), 법원사(2024), 427.

2 곽윤직, 상속법(민법강의VI)(개정판), 박영사(2004), 214~215; 송덕수, 친족상속법(제7판), 박영사(2024), 429; 윤진수, 친족상속법 강의(제5판), 박영사(2023), 546.

3 송덕수, 친족상속법(제7판), 박영사(2024), 429.

4 곽윤직, 상속법(민법강의VI)(개정판), 박영사(2004), 215~216; 이경희/윤부찬, 가족법(11정판), 법원사(2024), 427.

5 김주수/김상용, 친족·상속법(제20판), 법문사(2024), 818~819; 윤진수, 친족상속법 강의(제5판), 박영사(2023), 546.

6 대법원 1997. 4. 25. 선고 96다53420 판결, 대법원 1997. 5. 23. 선고 95다46654, 46661 판결, 대법원 1997. 11. 28. 선고 97다23860 판결, 대법원 1999. 2. 23. 선고 98다59132 판결, 대법원 2011. 12. 13. 선고 2011도8873 판결.

취하고 있다고 해석하는 견해가 있다.[7]

8 [판례] 상속재산의 국가귀속(소유권이전등기·기각)[8]

특정인 명의로 사정된 토지는 특별한 사정이 없는 한 사정명의자나 그 상속인의 소유로 추정되고, 토지의 소유자가 행방불명되어 생사 여부를 알 수 없다 하더라도 그가 사망하고 상속인도 없다는 점이 입증되거나 그 토지에 대하여 민법 제1053조 내지 제1058조에 의한 국가귀속절차가 이루어지지 아니한 이상 그 토지가 바로 무주부동산이 되어 국가 소유로 귀속되는 것이 아니며, 무주부동산이 아닌 한 국유재산법 제8조에 의한 무주부동산의 처리절차를 밟아 국유재산으로 등록되었다 하여 국가 소유로 되는 것도 아니다.

원심이 같은 취지에서, 이 사건 토지는 1913. 11. 10. 소외 1 앞으로 사정된 후 미등기 상태로 있다가 1995. 10. 25. 국유재산법 제8조에 의한 무주부동산의 처리절차를 거쳐 피고 명의의 소유권보존등기가 마쳐졌지만, 소외 1이 사망하고 그 상속인도 없다는 점이 입증되지 아니하고 또 민법 제1053조 내지 제1058조에 의한 국가귀속 절차도 이루어지지 아니하였으므로 피고를 그 소유자로 볼 수 없고, 따라서 피고를 상대로 취득시효완성을 원인으로 소유권이전등기를 구하는 원고의 청구가 이유 없다고 판단한 것은 옳다.

7 주해상속법(제1권), 박영사(2019), 614(이동진).
8 대법원 1999. 2. 23. 선고 98다59132 판결.

## 제 1059 조 [국가귀속재산에 대한 변제청구의 금지]

**전조 제1항의 경우에는 상속재산으로 변제를 받지 못한 상속채권자나 유증을 받은 자가 있는 때에도 국가에 대하여 그 변제를 청구하지 못한다.**

[관련조문] 제1058조(상속재산의 국가귀속)

[참고문헌] 김주수/김상용, 친족·상속법(제20판), 법문사(2024); 이경희/윤부찬, 가족법(11정판), 법원사(2024)

1 상속재산이 국가에 귀속되면 상속재산으로 변제를 받지 못한 상속채권자나 유증을 받은 자가 있는 때에도, 국가에 그 변제를 청구하지 못한다. 다만 상속채권자나 유증받은 자의 권리는 소멸하는 것은 아니므로, 보증인이 있는 경우에는 보증인에게 변제를 청구할 수 있다.[1]

1 김주수/김상용, 친족·상속법(제20판), 법문사(2024), 818; 이경희/윤부찬, 가족법(11정판), 법원사(2024), 427.

# 제 2 장 유언

## [총설]

**[관련조문]** 민법 제1060조(유언의 요식성), 제1065조(유언의 보통방식)

**[참고문헌]** 주해상속법(제1권), 박영사(2019); 김주수/김상용, 친족·상속법(제20판), 법문사(2024); 송덕수, 친족상속법(제7판), 박영사(2024); 이경희/윤부찬, 가족법(11정판), 법원사(2024); 조승현, 친족·상속(제6판), 신조사(2016)



### Ⅰ. 유언의 의의와 법적 성격

1 유언은 유언자가 일방적 의사표시에 따라 민법에 정한 법정사항을 결정하고, 그의 사후에 그의 의사가 실현되도록 하는 제도이다.[1] 유언은 유언자가 그 표시행위를 완료하였을 때 성립하며 유언자가 사망한 때에 일정한 효과가 발생하는 사후적 법률행위로서 상대방 없는 단독행위이다.[2] 또한, 유언은 민법이 정한 방식에 의하지 아니하면 효력이 생기지 아니하므로, 유언은 요식행위라고 할 것이다. 한편, 유언자 본인의 독립된 의사에 따라 유언이 이루어져야 하므로, 유언의 대리는 허용되지 않는다.

### Ⅱ. 유언능력

2 민법은 만 17세를 유언을 유효하게 할 수 있는 유언능력의 기준으로 정하였다. 따라서 만 17세 미만인 사람은 유언능력이 없으므로 법정대리인의 동의를 받아서 민법에서 정한 형식에 따라 유언을 하였다고 하더라도 그 유언은 무효이다.

3 또한, 유언은 본인의 의사를 존중하는 것에 그 의의가 있으므로, 민법은 유언의 경우에는 제한능력자 제도의 적용을 배제하여 유언을 한 본인의 의사를 존중하고 있다. 다만, 유언을 하려는 미성년자, 피성년후견인, 피한정후견인에게 의사능력이 있어야 함은 당연하다. 법인은 유언을 할 수 없다.[3]

1 송덕수, 친족상속법(제7판), 박영사(2024), 429~430; 조승현, 친족·상속(제6판), 신조사(2016), 445.
2 헌법재판소 2008. 3. 27. 선고 2006헌바82 결정.
3 송덕수, 친족상속법(제7판), 박영사(2024), 431~432; 조승현, 친족·상속(제6판), 신조사(2016), 447.

## Ⅲ. 유언 자유의 원칙과 그 제한

4 민법은 유언자가 자유롭게 유언으로 자신의 재산을 법정상속과 다르게 처분할 수 있도록 하고 있다. 물론 유언은 유언자에 의하여 언제든지 철회도 가능하다.

5 유언에 의하여 법정상속인이 상속에서 배제될 수도 있고, 상속인의 범위에 속하지 않은 사람이 상속재산을 증여받을 수도 있게 된다. 다만, 유언의 자유도 무제한적으로 보장되는 것은 아니고, 여러 면으로 제한되고 있다. 유언사항은 법률이 정하고 있는 사항에 한하여 가능하고, 유언의 방식도 법률이 규정한 방식에 의하여야 한다. 따라서 도덕적인 의미를 가진 유훈이나 장례에 관한 지시 같은 것은 민법상의 유언이 아니다.[4]

6 제한의 측면에서 가장 중대한 제한은 유류분제도이다. 법정상속제도의 취지 중 주요한 것은 유족에 대한 부양기능인데, 유언 자유의 원칙상에 따른 결과 유족들에게 아무런 재산도 남지 않게 된다면 유족의 생계가 위협받을 수 있다. 유언 자유의 원칙과 법정상속 사이에 존재하는 이와 같은 모순을 해결하기 위하여 도입된 제도가 바로 유류분제도이다.

## Ⅳ. 유언의 요식성

7 유언의 요식성은 유언이 유언자의 사망 후에 효력이 발생하기 때문에, 그 유언이 유언자의 진의에 의한 것인지 확인하는 것이 곤란한 경우가 생길 수 있기 때문에 이러한 어려움을 방지하기 위하여 채용된 것이다(민법 제1060조). 또한, 유언에 요식성을 요하는 목적은 유언자로 하여금 신중하게 의사표시를 하도록 하고, 또 타인의 위조·변조를 막는 것도 포함되어 있다. 법률에서 요구하는 방식에 위반하는 유언은 무효가 된다.

8 민법에 정하고 있는 유언방식은 자필증서, 녹음, 공정증서, 비밀증서, 구수증서로 총 5종이다(민법 제1065조). 이에 대하여는 각각의 방식을 지나치게 엄격하게 규정하고 있어 유언의 자유를 과도하게 제한하는 측면이 있다는 비판과 함께 특히, 언어능력과 필기능력 모두 결여된 사람에게는 우리 민법상 이용할 수 있는 유언의 방식이 없음을 지적하는 견해가 있다.[5]

4 송덕수, 친족상속법(제7판), 박영사(2024), 430.

5 주해상속법(제1권), 박영사(2019), 626~627(현소혜). 참고로 일본의 경우는 1999년 민법을 개정하여 유언 규정과 관련한 특칙을 마련하였는바, 서면 및 수화통역에 의한 공정증서, 비밀증서 및 특별방식의 유언을 명문으로 허용하고 있다.

## 제1절 총칙

### [총설]

1　민법은 헌법상 보장되는 재산권 및 사적자치의 원칙에 따라 유언의 자유를 인정하고 있다. 다만, 유언에 관한 법적 분쟁과 혼란을 예방하기 위하여 민법은 유언의 요식성에 관한 규정(민법 제1060조)을 둠으로써 유언의 방식을 민법이 정한 방식에 반드시 따르도록 하고 있다. 또한 민법은 만 17세를 유언을 유효하게 할 수 있는 유언능력의 기준으로 정하였다(민법 제1061조). 따라서 만 17세에 달한 미성년자는 법정대리인의 동의 없이도 단독으로 유언을 유효하게 할 수 있다.

2　유언은 본인의 의사를 존중하는 것에 그 의의가 있으므로, 민법은 유언에 있어서는 제한능력자제도에 관한 규정들(민법 제5조, 제10조, 제13조)을 적용하지 않도록 규정하였고(제1062조), 또한 피성년후견인도 의사능력이 회복하고 있는 동안에는 단독으로 유언을 할 수 있도록 하였다(제1063조).

3　민법은 유증의 이익을 받는 자인 수증자의 능력에 관하여 제1000조 제3항 및 제1004조를 준용하도록 규정함으로써(민법 제1064조), 태아도 수증자가 될 수 있도록 하고 있고, 상속결격사유가 있는 자는 수증자 역시 될 수 없도록 하고 있다.

## 제1060조 [유언의 요식성]

**유언은 민법의 정한 방식에 의하지 아니하면 효력이 생하지 아니한다.**

**[관련조문]** 제1065조(유언의 보통방식), 제1066조(자필증서에 의한 유언), 제1067조(녹음에 의한 유언), 제1068조(공정증서에 의한 유언), 제1069조(비밀증서에 의한 유언), 제1070조(구수증서에 의한 유언), 제1071조(비밀증서에 의한 유언의 전환), 민법 부칙 <제471호,1958.2.22.> 제26조(유언에 관한 경과규정)

**[참고문헌]** 김주수/김상용, 주석 민법, 상속(제2권)(제4판), 한국사법행정학회(2015); 송덕수, 친족상속법(제4판), 박영사(2018); 오시영, 친족상속법(제2판), 학현사(2011)



### Ⅰ. 의의

1 민법 제1060조는 유언의 요식성을 선언한 조문이다. 유언의 효력은 유언자가 사망한 때에 발생하므로, 유언의 존재 및 내용에 관하여 다툼이 생기는 경우 유언자에게 이를 확인시킬 수 없다. 이에 따라 제1060조는 유언자의 진의를 명확히 하여 그로 인한 법적 분쟁과 혼란을 예방하기 위하여 유언은 민법에서 규정된 방식에 따라서만 하도록 규정한 것이다.

### Ⅱ. 유언의 의의

2 유언은 유언자가 그 표시행위를 완료하였을 때 성립하며 유언자가 사망한 때에 일정한 효과가 발생하는 사후적 법률행위로 상대방 없는 단독행위이다.[1]

3 유언은 법률이 규정한 사항에 한하여 할 수 있다. 따라서 어머니에게 효도하라는 도덕적인 의미를 가진 유훈이나 장례에 관한 지시와 같은 법정사항 이외의 것은 민법상의 유언이 아니다.[2]

4 민법이 정한 유언사항으로는 다음과 같은 것이 있다. ① 재단법인의 설립을 위한 재산출연행위(민법 제47조 제2항), ② 친생부인(제850조), ③ 인지(제859조 제2항), ④ 후견인의 지정(제931조 제1항), ⑤ 미성년자후견감독인의 지정(제940조의 2), ⑥

1 헌법재판소 2008. 3. 27. 선고 2006헌바82 결정.

2 김주수/김상용, 주석 민법, 상속(제2권)(제4판), 한국사법행정학회(2015); 송덕수, 친족상속법(제4판), 박영사(2018), 405; 오시영, 친족상속법(제2판), 학현사(2011), 706.

상속재산분할방법의 지정 또는 위탁(제1012조 전단), ⑦ 상속재산의 분할금지(제1012조 후단), ⑧ 유증(제1074조 이하), ⑨ 유언집행자의 지정 또는 위탁(제1093조) 등.

5 판례는 분묘에 안치되어 있는 선조의 유체·유골은 민법 제1008조의3 소정의 제사용 재산인 분묘와 함께 그 제사주재자에게 승계되고, 망인의 유체·유골 역시 위 제사용 재산에 준하여 그 제사주재자에게 승계되므로, 그에 관한 관리 및 처분은 종국적으로는 제사주재자의 의사에 따라 이루어져야 하고, 나아가 유체·유골의 처분방법이나 매장장소의 지정은 법정 유언사항에 해당하지 않는다고 한다.[3]

## Ⅲ. 유언의 방식

6 민법에서 정하는 유언방식에는 자필증서에 의한 유언, 녹음에 의한 유언, 공정증서에 의한 유언, 비밀증서에 의한 유언, 구수증서에 의한 유언으로 다섯 가지가 있다(민법 제1065조). 그 중 앞의 넷은 통상의 경우에 행해지는 유언방식이고, 구수증서에 의한 유언은 질병 기타 급박한 경우에 한하여 사용하는 방식이다.

## Ⅳ. 방식에 어긋난 유언의 효력

7 법정된 요건과 방식에 어긋난 유언은 그것이 유언자의 진정한 의사에 합치하더라도 무효라고 하지 않을 수 없다.[4] 상속인들이 법정된 요건과 방식에 어긋난 유언의 내용을 인정하기로 합의하였다고 하여 그 유언이 유효로 되는 것은 아니다.[5] 변론기일에서 법률상 유언이 아닌 것을 유언이라고 시인하였다 하여 그것이 곧 유언이 될 수 없고 이와 같은 진술은 민사소송법상의 자백이 될 수가 없다.[6]

3 대법원 2008. 11. 20. 선고 2007다27670 전원합의체 판결.

4 대법원 1999. 9. 3. 선고 98다17800 판결, 대법원 2004. 11. 11. 선고 2004다35533 판결, 대법원 2006. 3. 9. 선고 2005다57899 판결, 대법원 2009. 5. 14. 선고 2009다9768 판결.

5 대법원 2010. 2. 25. 선고 2008다96963, 96970 판결.

6 대법원 1971. 1. 26. 선고 70다2662 판결, 대법원 2001. 9. 14. 선고 2000다66430, 66447 판결.

## V. 구 민법 하에서의 유언

8 판례는 구 민법 하에서의 유언은 그 방식에 아무런 제한이 없는 불요식행위로 보았다.[7] 민법 부칙<제471호, 1958. 2. 22> 제26조는 '민법 시행일전의 관습에 의한 유언이 민법에 규정한 방식에 적합하지 아니한 경우에라도 유언자가 민법 시행일로부터 유언의 효력발생일까지 그 의사표시를 할 수 없는 상태에 있는 때에는 그 효력을 잃지 아니한다'고 규정하였다. 따라서 구 민법 실시 당시의 구술에 의한 유언은 그 당시 유효할 뿐만 아니라 위 민법 부칙 제26조에 의하여 현행 민법 실시 후에도 그 효력이 지속된다.[8]

7 대법원 1966. 11. 29. 선고 66다1251 판결, 대법원 1986. 3. 11. 선고 85므101 판결, 대법원 1987. 2. 10. 선고 86므49 판결, 대법원 1991. 3. 27. 선고 91다728 판결.
8 대법원 1965. 9. 7. 선고 65다1265 판결, 대법원 1987. 11. 24. 선고 87므36 판결.

## 제 1061 조 [유언적령]

**만 17세에 달하지 못한 자는 유언을 하지 못한다.**

[관련조문] 민법 제158조(나이의 계산과 표시), 제1062조(제한능력자의 유언)

[참고문헌] 주해상속법(제1권), 박영사(2019); 김용한, 친족상속법론(보정판), 박영사(2003); 박동섭, 친족상속법(제4판), 박영사(2013); 박정기/김연, 가족법(제2판), 삼영사(2008); 오시영, 친족상속법(제2판), 학현사(2011)

1 Ⅰ. 민법은 만 17세를 유언을 유효하게 할 수 있는 유언능력의 기준으로 정하였다. 만 17세 미만은 유언능력이 없으므로 법정대리인의 동의를 받아 민법에서 정한 형식에 따라 유언을 하였다고 하더라도 그 유언은 당연히 무효이다. 유언은 법률행위이므로 의사능력이 당연히 있어야 한다. 따라서 만 17세 이상의 자라도 의사능력이 없는 상태의 유언은 효력이 없다.

2 Ⅱ. 유언능력은 유언할 때 존재하여야 하고, 유언의 효력발생시에는 없어도 무방하다. 유언적령에 달하지 못한 상태에서 한 유언은 무효이고, 유언자가 후에 유언적령에 도달하거나, 그 유언을 추인하더라도 유언의 요식성에 비추어 여전히 무효이다.[1]

3 Ⅲ. 유언은 본인의 의사가 중요하므로, 유언의 대리는 허용될 수 없다.[2] 따라서 법정대리인이 미성년자나 피성년후견인을 갈음하여 유언을 할 수 없다.

1 주해상속법(제1권), 박영사(2019), 639(현소혜); 김용한, 친족상속법론(보정판), 박영사(2003), 387; 박동섭, 친족상속법(제4판), 박영사(2013), 702; 오시영, 친족상속법(제2판), 학현사(2011), 708.
2 박동섭, 친족상속법(제4판), 박영사(2013), 701; 박정기/김연, 가족법(제2판), 삼영사(2008), 505.

## 제1062조 [제한능력자의 유언]

**유언에 관하여는 제5조, 제10조 및 제13조를 적용하지 아니한다.**

[전문개정 2011. 3. 7]

**[관련조문]** 민법 제5조(미성년자의 능력), 제10조(소유권이전에 관한 경과규정), 제13조(피한정후견인의 행위와 동의), 제1061조(유언적령), 제1063조(피성년후견인의 유언능력), 제1064조(유언과 태아, 상속결격자)

**[참고문헌]** 김주수/김상용, 주석 민법, 상속(제2권)(제4판), 한국사법행정학회(2015)김주수/김상용, 주석 민법, 상속(제2권)(제4판), 한국사법행정학회(2015); 김용한, 친족상속법론(보정판), 박영사(2003)



### Ⅰ. 의의

1 유언은 본인의 의사를 존중하는 것에 그 의의가 있으므로, 민법은 유언의 경우 제한능력자제도의 적용을 배제하여 유언을 한 본인의 의사를 존중하고 있다.

2 만일 민법의 제한능력자제도를 유언에도 적용하여 법정대리인에 의한 유언을 인정하거나, 법정대리인에게 유언에 대한 취소권을 인정하게 된다면 그것은 유언제도의 취지에 어긋나게 된다.[1]

3 따라서 민법 제1062조는 유언에 있어서는 제한능력자제도와 관련한 미성년자에 대한 민법 제5조, 피성년후견인에 대한 제10조, 피한정후견인에 대한 제13조를 적용하지 않도록 하고 있다. 다만, 유언은 법률행위이므로 유언자에게 의사능력은 있어야 함은 당연하다. 법인에 있어서는 법인 자체의 의사가 없으므로 법인은 유언능력이 없다.[2]

### Ⅱ. 미성년자의 유언능력(민법 제5조의 적용배제)

4 민법 제5조에 따르면, 미성년자는 권리를 얻거나 의무를 면하는 행위를 제외하고는 법률행위를 함에 있어서 법정대리인의 동의를 얻어야 하고, 법정대리인의 동의가 필요함에도 그 동의 없이 이루어진 미성년자의 법률행위는 취소할 수 있다.

1 김주수/김상용, 주석 민법, 상속(제2권)(제4판), 한국사법행정학회(2015), 235.

2 김용한, 친족상속법론(보정판), 박영사(2003), 386.

5 그러나 만 17세 이상의 미성년자가 유언을 할 때는 민법 제5조의 적용이 배제된다. 이에 따라 만 17세 이상의 미성년자는 법정대리인의 동의가 없이도 단독으로 유효한 유언을 할 수 있고, 법정대리인은 그의 동의가 없었음을 이유로 유언을 취소할 수 없다.

### Ⅲ. 피성년후견인의 유언능력(민법 제10조의 적용 배제)

6 민법 제10조에 따르면, 피성년후견인의 법률행위는 취소할 수 있다. 그 규정이 피성년후견인의 유언에 그대로 적용되면, 의사능력이 회복된 상태에 있는 피성년후견인이 한 유언이라도 법정대리인의 의사에 의하여 항상 취소할 수 있는 것이 되어 유언제도의 취지에 반하게 된다.

7 따라서 민법 제10조의 적용을 유언의 경우에는 배제하도록 하였다. 이에 따라 피성년후견인이라도 할지라도 의사능력이 회복되어 있는 동안에는 유언능력을 가지고, 피성년후견인이 적법하게 한 유언은 법정대리인이 취소할 수 없다.

8 다만, 의사능력을 회복한 피성년후견인이 유언을 하려면 의사가 심신회복의 상태를 유언서에 부기하고 서명·날인하여야 한다(민법 제1063조).

### Ⅳ. 피한정후견인의 유언능력(민법 제13조의 적용 배제)

9 민법 제13조에 따르면, 한정후견인의 동의가 필요한 법률행위를 피한정후견인이 한정후견인의 동의 없이 하였을 때에는 그 법률행위를 취소할 수 있다.

10 피한정후견인에 대하여 민법 제13조의 적용이 배제됨으로써 피한정후견인은 법정대리인의 동의가 필요 없이 단독으로 유효한 유언을 할 수 있고, 그러한 유언은 한정후견인의 동의가 없음을 이유로 취소할 수 없게 된다.

## 제 1063 조 [피성년후견인의 유언능력]

① 피성년후견인은 의사능력이 회복된 때에만 유언을 할 수 있다.

② 제1항의 경우에는 의사가 심신 회복의 상태를 유언서에 부기하고 서명날인하여야 한다.

[전문개정 2011. 3. 7]

**[관련조문]** 민법 제1060조(유언의 요식성), 제1062조(제한능력자의 유언), 제1070조(구수증서에 의한 유언)

**[참고문헌]** 김주수/김상용, 주석 민법, 상속(제2권)(제4판), 한국사법행정학회(2015); 주해상속법(제1권), 박영사(2019); 김형석, "유언의 성립과 효력에 관한 몇 가지 문제", 민사판례연구 제38권, 박영사(2016)

1 Ⅰ. 피성년후견인은 질병, 장애, 노령, 그 밖의 사유로 인한 정신적 제약으로 사무를 처리할 능력이 지속적으로 결여된 사람으로서 가정법원으로부터 성년후견개시의 심판을 받은 사람이다(민법 제9조). 피성년후견인이라도 의사능력을 회복하고 있는 동안에는 단독으로 유언을 할 수 있는 능력이 있다(민법 제1063조 제1항).

2 Ⅱ. 피성년후견인의 의사능력이 회복되었는지 여부는 유언 성립 당시를 기준으로 한다. 따라서 자필증서에 의한 유언의 경우에는 유언자가 전문을 자필로 작성할 때, 공정증서유언의 경우에는 유언자가 공증인에게 유언의 취지를 구수할 때, 녹음에 의한 유언의 경우에는 유언자가 구술할 때 의사능력이 회복되어 있어야 한다.

3 비밀증서에 의한 유언의 경우 유언자가 봉서를 증인에게 제출할 때 이전에 작성한 유언증서의 내용을 충분히 검토하여 제출여부를 결정하였을 것이기 때문에 유언자가 봉서를 증인의 면전에 제출할 때 의사능력이 회복되어 있으면 된다고 해석된다.[1]

4 Ⅲ. 피성년후견인은 통상 의사능력이 없으므로, 피성년후견인이 유언할 당시 의사능력을 회복한 상태였음이 증명될 필요가 있다. 따라서 피성년후견인이 유언을 할 경우에는 의사가 심신회복의 상태를 유언서에 부기하고 서명날인하도록 규정하였다(민법 제1063조 제2항). 이로써 유언자에게 의사능력이 있었음을 명확

1 김주수/김상용, 주석 민법, 상속(제2권)(제4판), 한국사법행정학회(2015), 237.

히 하고, 사후에 유언의 효력에 관한 분쟁을 예방하기 위한 것이다.[2] 다만, 구수증서에 의한 유언의 경우에는 의사의 부기를 요하지 않는다(민법 제1070조 제3항). 구수증서에 의한 유언의 경우에는 의사의 참여가 통상 불가능하기 때문이다.[3] 녹음에 의한 유언의 경우에는 의사가 유언자의 심신회복의 상태를 녹음기에 구술하여야 할 것이고, 비밀증서에 의한 유언의 경우에는 비밀의 유지를 위하여 의사는 유언증서 자체가 아닌 봉서표면에 유언자의 심신회복의 상태를 부기하고 서명날인하여야 한다.[4]

2 김형석, "유언의 성립과 효력에 관한 몇 가지 문제", 민사판례연구 제38권, 박영사(2016), 1027.
3 주해상속법(제1권), 박영사(2019), 645(현소혜).
4 김주수/김상용, 주석 민법, 상속(제2권)(제4판), 한국사법행정학회(2015), 237.

# 제1064조 [유언과 태아, 상속결격자]

**제1000조 제3항, 제1004조의 규정은 수증자에 준용한다.** <개정 1990. 1. 13>

[관련조문] 민법 제3조, 제48조, 제562조, 제1000조, 제1004조

[참고문헌] 김주수/김상용, 주석 민법, 상속(제2권)(제4판), 한국사법행정학회(2015); 윤진수, 친족상속법 강의(제2판), 박영사(2018); 이경희, 가족법(8정판), 법원사(2013)



## Ⅰ. 의의

1 민법 제1064조는 유증의 이익을 받는 수증자의 능력에 관하여 규정하고 있다. 민법 제1064조가 제1000조 제3항을 준용함에 따라 태아도 수증자가 될 수 있는 능력이 있게 되고, 제1004조를 준용함에 따라 상속결격사유가 있는 자는 수증자가 될 수 있는 능력이 없게 된다. 민법 제1064조는 포괄적 유증과 특정적 유증의 구별 없이 모든 유증에 적용된다.

## Ⅱ. 수증능력의 의의

2 수증능력은 유증의 이익을 받을 자격으로서 원칙상 권리능력이 있으면 족하다. 수증능력은 의사능력이나 행위능력이 있음을 전제로 하지 않는다. 따라서 모든 자연인은 생존하고 있는 이상 미성년자, 피성년후견인, 피한정후견인을 불문하고 유증을 받을 수 있다. 법인은 유언의 효력발생 당시 존재하고 있는 이상 수증능력이 있다.

3 수증능력이 있는지 여부는 유언자가 유언을 할 때가 아닌 유언의 효력이 발생한 시점인 유언자의 사망시를 기준으로 결정된다. 유증은 유언자가 사망한 때에 효력이 생기므로(민법 제1073조 제1항), 그 때에 유증을 받는 자가 유증에 따른 권리(포괄적 유증의 경우 목적물에 관한 권리, 특정적 유증의 경우에는 유증의 이행청구권)를 취득하게 된다.

4 따라서 유증의 이익을 받는 자는 유언의 효력이 발생하였을 때 존재하고 있어야 한다. 이러한 일반원칙에 관하여 두 가지의 특례가 존재한다. 하나는 유언자가 사망한 때에 태아이었던 자이고(민법 제1064조에 따른 민법 제1000조 제3항 준용), 다른 하나는 유언으로 설립되는 재단법인이다(제48조 제2항).

## Ⅲ. 태아의 수증능력

5 태아는 아직 출생하지 아니하여 일반적인 권리능력이 없으므로(민법 제3조), 유언자가 사망하였을 때 권리능력이 없는 태아는 수증자가 될 수 있는 능력이 없다고 볼 수 있다. 그러나 그렇게 볼 경우 태아에게 불이익하게 되므로, 민법 제1064조는 민법 제1000조 제3항을 준용함으로써 상속과 마찬가지로 태아는 유증에 있어서는 이미 출생한 것으로 보아 수증자가 될 수 있는 능력을 부여한 것이다.[1]

6 민법 제1000조 제3항에서의 '이미 출생한 것으로 본다'는 의미는 태아가 살아서 출생한 때에 출생시기가 문제의 사건의 시기까지 소급하여 그 때에 태아가 출생한 것과 같이 법률상 보아준다고 한 것에 불과하므로(정지조건설), 태아가 사산되는 경우에는 처음부터 유증을 받지 않은 것으로 된다.

7 태아의 수증능력은 유언의 효력발생시를 기준으로 판단한다. 유언에 조건이나 기한이 부가되어 있는 경우에도 태아의 수증능력은 유언자의 사망한 때인 유언의 효력발생시를 기준으로 판단한다.

8 다만, 유언성립 당시에 아직 포태조차 되어 있지 않는 경우, 즉 장래의 태아에 대하여는 유언성립 당시 포태된 태아를 보호하기 위한 민법 제1064조의 취지상 민법 제1064조가 적용되지 않는다는 견해[2]와 태아는 유언자의 사망시에만 존재하면 족하므로 유언의 성립 후 유언의 효력발생시까지 포태한 태아에도 민법 제1064조가 적용된다는 견해[3]가 대립한다.

## Ⅳ. 수증결격자

9 민법 제1064조에 따라 상속인의 결격사유를 정한 민법 제1004조가 수증자에 대하여도 준용된다. 따라서 다음과 같이 심히 부당한 행위를 한 자는 유증을 받을 수 있는 자가 될 수 없다.

10 첫째, 고의로 유언자의 직계존속, 유언자, 그 배우자 또는 유증의 선순위나 동순위에 있는 자를 살해하거나 살해하려 한 자(민법 제1004조 제1호 준용).

1 김주수/김상용, 주석 민법, 상속(제2권)(제4판), 한국사법행정학회(2015), 238.
2 김주수/김상용, 주석 민법, 상속(제2권)(제4판), 한국사법행정학회(2015), 238; 윤진수, 친족상속법 강의(제2판), 박영사(2018), 536.
3 이경희, 가족법(8정판), 법원사(2013), 569.

11 둘째, 고의로 유언자의 직계존속, 유언자와 그 배우자에게 상해를 가하거나 사망에 이르게 한 자(민법 제1004조 제2호 준용).

12 셋째, 유언에 관하여 부정행위로 인하여 부당한 이익을 얻으려고 꾀하거나 또는 꾀한 자(민법 제1004조 제3호 내지 제5호 준용). 예컨대, 사기 또는 강박으로 유언자의 유증에 관한 유언 또는 유언의 철회를 방해한 자. 사기 또는 강박으로 유언자의 유증에 관한 유언을 하게 한 자. 유언자의 유증에 관한 유언서를 위조·변조·파기 또는 은닉한 자

## 제 2 절 유언의 방식

### [총설]

1 민법에서 정하는 유언의 방식은 다섯 가지가 있다(민법 제1065조). 유언자는 자필증서, 녹음, 공정증서, 비밀증서, 구수증서 중에서 어느 하나의 방식으로 유언을 하여야 하고, 그러한 방식에 의하지 않는 유언은 아무런 효력이 없다. 자필증서, 녹음, 공정증서, 비밀증서에 의한 유언은 통상의 경우에 사용하는 방식이고, 구수증서는 질병 기타 급박한 사유로 보통의 방식에 의할 수 없는 경우에 사용하는 특별방식이다. 유언자는 각 유언방식의 장·단점을 고려하여 유언방식을 자유로이 선택하면 된다(☞ 각 유언방식에 관한 상세한 내용은 민법 제1066조 내지 제1070조 주석 참조).

2 민법 제1071조는 비밀증서에 의한 유언이 그 방식에 흠결이 있는 경우에도 자필증서로서의 요건을 갖추고 있다고 한다면 자필증서에 의한 유언으로서 유효한 것으로 규정하였다. 이는 민법 제138조에서 규정한 무효행위의 전환의 한 예이다.

3 민법은 자필증서에 의한 유언을 제외한 나머지 유언의 방식 즉, 녹음에 의한 유언, 공정증서에 의한 유언, 비밀증서에 의한 유언, 구수증서에 의한 유언에는 증인의 참여를 요구하고 있는데, 민법 제1072조는 유언의 공정성을 보장하기 위하여 증인이 될 사람의 자격을 제한하고 있다.

## 제 1065 조 [유언의 보통방식]

**유언의 방식은 자필증서, 녹음, 공정증서, 비밀증서와 구수증서의 5종으로 한다.**

**[관련조문]** 민법 제1060조(유언의 요식성), 제1066조(자필증서에 의한 유언), 제1067조(녹음에 의한 유언), 제1068조(공정증서에 의한 유언), 제1069조(비밀증서에 의한 유언), 제1070조(구수증서에 의한 유언), 제1071조(비밀증서에 의한 유언의 전환)

**[참고문헌]** 김주수/김상용, 주석 민법, 상속(제2권)(제4판), 한국사법행정학회(2015)



### Ⅰ. 유언방식의 종류

1 민법이 정하는 유언의 방식은 민법 제1065조에서 정하는 다섯 가지가 있다. 자필증서, 녹음, 공정증서, 비밀증서, 구수증서 중에서 어느 하나의 방식으로 유언을 하여야 하고, 그러한 방식에 의하지 않는 유언은 아무런 효력이 없다. 변론기일에서 법률상 유언이 아닌 것을 유언이라고 시인하였다 하여 그것이 곧 유언이 될 수는 없고 이와 같은 답변은 이른바 권리자백에 속하는 것으로서 민사소송법상의 자백이 될 수는 없다.[1]

2 자필증서, 녹음, 공정증서, 비밀증서에 의한 유언은 통상의 경우에 사용하는 방식이고, 구수증서는 질병 기타 급박한 사유로 보통의 방식에 의할 수 없는 경우에 사용하는 특별방식이다. 판례 역시 구수증서에 의한 유언은 비록 보통방식이란 제목 하에는 있으나 그 실질에 있어서는 보통방식이 아닌 것으로 판단된다고 하고 있다.[2]

### Ⅱ. 유언방식의 장·단점

3 유언자는 각 유언방식의 장·단점을 고려하여 유언방식을 자유로이 선택하면 된다. 각 유언방식의 장·단점은 다음과 같다.

4 자필증서에 의한 유언은 문자를 아는 사람이라면 혼자서도 할 수 있고, 비용도 거의 필요하지 아니하며, 장소 여하를 묻지 아니하고 비교적 간이하게 작성할 수 있는 편리성이 있다. 또한 유언의 내용뿐만 아니라 그 존재 자체도 비밀로

1 대법원 1971. 1. 26. 선고 70다2662 판결, 대법원 2001. 9. 14. 선고 2000다66430, 66447 판결.
2 대법원 1977. 11. 8. 선고 76므15 판결.

유지할 수 있다는 장점이 있다. 그러나 문자를 모르는 자는 이용할 수 없고, 법률을 잘 모르는 경우 방식의 불비, 내용의 불명확성이 발생하여 유언의 효력에 대하여 다툼이 발생할 여지가 있으며, 유언서가 분실·위조·변조될 위험성이 있다.

5 녹음에 의한 유언은 녹음기만 있으면 문자를 모르는 자도 이용할 수 있는 장점이 있으나, 녹음된 것이 잘못하여 소멸되거나, 변조가 쉽게 이루어질 수 있다는 단점이 있다.

6 공정증서에 의한 유언은 문자를 모르는 자도 말할 수 있는 한 할 수 있고, 공증인이 유언에 관여하므로 방식의 불비도 생길 우려가 적고, 공증인이 증서를 보관하므로 분실·은닉·변개될 위험이 적은 것이 장점이다. 그러나 유언의 방식이 복잡하고 비용이 들며 유언 내용이 누설되기 쉬운 것이 단점이다.

7 비밀증서에 의한 유언은 유언의 내용을 비밀로 하고 싶을 때 유용하나, 비밀증서의 성립에 다툼이 발생할 우려가 있고, 분실·훼손의 위험이 있으며, 확정일자인을 별도로 받아야 한다는 것이 단점이다.

8 구수증서에 의한 유언은 급박한 경우에 간단한 형식으로 할 수 있다는 장점이 있으나, 보통의 방식에 의한 유언이 가능한 경우에는 허용되지 않고, 가정법원의 검인절차를 반드시 거쳐야 한다는 것이 단점이다.

## 제 1066 조 [자필증서에 의한 유언]

① 자필증서에 의한 유언은 유언자가 그 전문과 연월일, 주소, 성명을 자서하고 날인하여야 한다.

② 전항의 증서에 문자의 삽입, 삭제 또는 변경을 함에는 유언자가 이를 자서하고 날인하여야 한다.

[관련조문] 민법 제1060조(유언의 요식성), 제1071조(비밀증서에 의한 유언의 전환)

[참고문헌] 김주수/김상용, 주석 민법, 상속(제2권)(제4판), 한국사법행정학회(2015)



### Ⅰ. 의의

1 민법 제1066조는 자필증서에 의한 유언의 방식을 규정하고 있다. 자필증서에 의한 유언의 방식은 유언자가 그 전문과 연월일, 주소, 성명을 자서하고 날인하는 것이다.

2 자필증서에 의한 유언은 문자를 안다면 혼자서도 할 수 있고, 비용도 거의 필요하지 아니하며, 장소 여하를 묻지 아니하고 비교적 간이하게 작성할 수 있는 편리성이 있다. 또한 유언의 내용뿐만 아니라 그 존재 자체도 비밀로 유지할 수 있다는 장점이 있다. 그러나 문자를 모르는 자는 이용할 수 없고, 법률을 잘 모르는 경우 방식의 불비, 내용의 불명확성이 발생하여 유언의 효력에 대하여 다툼이 발생할 여지가 있으며, 유언서가 분실·위조·변조될 위험성이 있다.

### Ⅱ. 요건

#### 1. 유언서 전문의 자서

3 유언자가 유언서의 전문을 직접 써야 한다. 유언자의 필적을 통하여 개인적인 특성이 증명될 수 있다면 유언서의 위조나 변조를 막을 수 있기 때문에 유언자가 직접 유언서의 전문을 자필로 작성하도록 하는 것이다. 또한 전문의 자서를 통하여 유언자의 의사의 독립성과 그 의사표시의 진정성을 증명하게 하고, 유언

자로 하여금 자신의 마지막 의사를 자필로 작성하게 함으로써 보다 신중하고 정확하게 자신의 의사를 정리할 수 있도록 한다.

4 타인에게 대필하게 하거나, 컴퓨터나 타자기 또는 점자기를 이용하여 작성한 유언은 자필증서로 인정되지 아니하여 무효이다. 전자복사기를 이용하여 작성한 복사본 역시 자필증서에 해당하지 아니한다.[1]

5 다만, 대필하게 한 부분이나 컴퓨터 등을 이용하여 작성된 부분이 부수적 부분에 그치고, 그 부분을 제외하더라도 유언의 취지가 충분히 표현되어 있는 경우에는 자서한 부분은 유효하다고 볼 수 있다.

6 문자를 어느 정도 이해하고 쓸 수 있는 사람이 타인이 쓴 것을 그대로 옮겨서 썼다면 자서로 인정할 수 있을 것이다. 타인의 손에 의지하여 쓴 유언의 경우 타인의 도움이 유언자의 자서에 영향을 주지 않을 정도의 보조적인 경우에 한하여 유효하다고 볼 것이다.

7 유언자가 자서하였다면 그것이 외국어, 약자, 약호, 속기문자에 의한 것이라도 모두 유효하다.

8 유언서의 용지와 형식에는 아무런 제한이 없다. 유언서가 반드시 종이로 되어야 할 필요도 없고, 유언서의 전문을 한 장의 용지에만 쓸 필요도 없으며, 용지가 여러 장이고 그것에 계인이나 편철이 없더라도 한 장의 유언서로 확인되면 충분하다. 또한 유언서가 편지의 형식이라고 하더라도 유언으로서의 요건을 충족한다면 유효한 유언이 될 수 있고, 유언서가 봉투에 넣어져 봉인되어 있을 필요도 없다.

### 2. 연월일의 자서

9 유언능력 유무의 판단에 있어서는 유언의 시기가 기준이 되고(민법 제1061조), 복수의 유언이 있을 경우에는 후의 유언에 의하여 전의 유언은 철회된 것으로 되므로(제1109조), 연월일을 유언자가 직접 자필로 기재할 것이 요구된다.

10 연월일의 기재가 없는 자필유언증서는 효력이 없다. 연월일은 그 작성일을 특정할 수 있게 기재하여야 한다. 따라서 연·월만 기재하고 일의 기재가 없는 자필유언증서는 그 작성일을 특정할 수 없으므로 효력이 없다.[2]

1 대법원 1998. 6. 12. 선고 97다38510 판결.
2 대법원 2009. 5. 14. 선고 2009다9768 판결.

11 연월일을 자서한 것이 아니라 날짜 스탬프를 찍은 것이라면 무효라고 볼 것이다. 연월일을 반드시 정확하게 기입할 필요는 없고, 유언작성일을 특정할 수 있을 정도면 충분하다. 따라서 회갑일, 만 70세 생일과 같은 식으로 기재하여도 유효하다.

12 연월일은 유언서의 어디에 쓰여져 있어도 상관이 없고, 유언증서를 담은 봉투에 있어도 무관하다.

13 하나의 유언서에 두 개 이상의 연월일이 있을 경우에는 이를 무효로 볼 것이 아니라 후의 일자에 작성된 것으로 볼 것이다. 일단 유언서를 완성한 후에 이에 새로운 유언을 추가할 경우에는 추가한 연월일을 기재하여야 하고, 그 연월일이 없는 경우에는 추가한 유언 부분은 효력이 없다.[3]

### 3. 주소의 자서

14 유언자의 주소를 자서하여야 한다. 유언자의 인적 동일성을 명확히 하기 위함이다. 유언자가 주소를 자서하지 않았다면 이는 법정된 요건과 방식에 어긋난 유언으로서 효력을 부정하지 않을 수 없으며, 유언자의 특정에 지장이 없다고 하여 달리 볼 수 없다. 여기서 자서가 필요한 주소는 반드시 주민등록법에 의하여 등록된 곳일 필요는 없으나, 적어도 민법 제18조에서 정한 생활의 근거되는 곳으로서 다른 장소와 구별되는 정도의 표시를 갖추어야 한다.[4] 판례는 망인이 유언장에 주소로 '암사동에서'라고만 기재한 사안에서 그 '암사동에서'라는 부분은 다른 주소와 구별되는 정도의 표시를 갖춘 생활의 근거되는 곳을 기재한 것이라고 보기 어렵다는 이유로 위 유언장은 주소의 자서가 누락되어 법정된 요건과 방식에 어긋나므로 그 효력이 없다고 보았다.[5]

15 유언자의 주소는 반드시 유언 전문과 동일한 지편에 기재하여야 하는 것은 아니고, 유언증서로서 일체성이 인정되는 이상 그 전문을 담은 봉투에 기재하더라도 무방하다.[6]

### 4. 성명의 자서

16 유언자의 성명을 자서하여야 한다. 유언자의 필적을 통하여 유언서의 작성자와

3 김주수/김상용, 주석 민법, 상속(제2권)(제4판), 한국사법행정학회(2015), 246.
4 대법원 2014. 9. 26. 선고 2012다71688 판결.
5 대법원 2014. 9. 26. 선고 2012다71688 판결.
6 대법원 1998. 5. 29. 선고 97다38503 판결, 대법원 1998. 6. 12. 선고 97다38510 판결.

유언장에 유언자로 표시된 사람 사이의 동일성을 입증하여 유언자의 의사표시의 완전성 및 진정성을 확보하고자 함이다. 성명의 자서는 반드시 가족관계등록부상의 것을 기재할 필요는 없고, 유언자가 누구인지를 알 수 있을 정도이면 되므로, 호(號), 자(字), 예명을 적거나 성과 이름을 다 쓰지 않아도 된다. 그러나 성명의 자서를 하는 대신에 성명의 자서를 기호로 하여 만든 도장을 날인하는 것은 자서라고 평가할 수 없다.

### 5. 날인

17 유언서에 유언자의 날인이 있어야 한다. 자필증서에 의한 유언에서 날인을 요구하고 있는 것은 그것이 단순히 유언의 초안에 불과한 것이 아니고 확정적인 유언임을 담보하는 의미를 가진다. 유언자의 날인이 없는 유언장은 자필증서에 의한 유언으로서의 효력이 없다고 할 것이다.[7] 유언서의 날인은 다른 사람이 대신하여 하여도 무방하다. 날인하는 인장은 행정청에 신고한 인감일 필요가 없고, 인장 대신에 무인에 의한 경우에도 유효하다.[8] 물론 그 무인은 유언자의 것임이 인정되어야 하고, 그렇지 아니하면 자필증서에 의한 유언의 효력이 인정되지 않는다.[9]

### 6. 간인

18 유언서가 여러 장으로 되어 있을 경우 그 사이에 간인, 편철이 없더라도 그것이 한 통의 유언서인 것이 확인될 수 있다면 유효하다. 그러한 경우 연월일과 주소·성명의 자서와 날인은 위의 여러 장 중에서 한 장에 하면 된다.

### 7. 가제·변경

19 자필증서에 문자의 삽입, 삭제 또는 변경을 함에는 유언자가 이를 자서하고 날인하여야 한다(민법 제1066조 제2항). 다만, 증서의 기재 자체로 보아 명백한 오기를 정정함에 지나지 아니하는 경우에는 그 정정 부분에 날인을 하지 않았다고 하더라도 그 효력에는 영향이 없다.[10]

7 대법원 2006. 9. 8. 선고 2006다25103, 25110 판결.
8 대법원 1998. 6. 12. 선고 97다38510 판결.
9 대법원 2007. 10. 25. 선고 2006다12848 판결.
10 대법원 1998. 5. 29. 선고 97다38503 판결.

## 제 1067 조 [녹음에 의한 유언]

**녹음에 의한 유언은 유언자가 유언의 취지, 그 성명과 연월일을 구술하고 이에 참여한 증인이 유언의 정확함과 그 성명을 구술하여야 한다.**

[관련조문] 민법 제1060조(유언의 요식성), 제1063조(피성년후견인의 유언능력)

[참고문헌] 송덕수, 친족상속법(제4판), 박영사(2018); 윤진수, 친족상속법 강의(제2판), 박영사(2018); 이경희, 가족법(8정판), 법원사(2013); 조승현, 친족·상속(제5판), 신조사(2015)

1 녹음에 의한 유언은 유언자가 유언의 취지, 그 성명과 연월일을 구술하고 이에 참여한 증인이 유언의 정확함과 그 성명을 구술함으로써 성립한다.

2 녹음에 의한 유언은 녹음기만 있으면 문자를 모르는 자도 이용할 수 있는 장점이 있으나, 녹음된 것이 잘못하여 소멸되거나, 변조가 쉽게 이루어질 수 있다는 단점이 있다.

3 녹음은 음향을 기록할 수 있는 것이라면 음반, 테이프, 필름, 디지털파일 등을 가리지 아니한다. 음향도 함께 기록되는 이상 음향·영상이 함께 기록되는 녹화 역시 포함된다. 구술은 외국어로 이루어져도 무방하다.[1]

4 민법은 녹음에 의한 유언의 경우 몇 명의 증인이 필요한지에 관하여 아무런 규정이 없다. 이에 따라 명문의 규정이 없는 이상 녹음에 의한 유언의 경우 증인은 1명이면 충분하다고 해석할 수밖에 없다는 견해[2]와 유언의 진정성을 확보하기 위하여 다른 유언방식과 마찬가지로 증인이 2명 필요하다는 견해[3]의 대립이 있다(☞ 증인의 결격사유에 관하여는 민법 제1072조 주석 참조).

5 피성년후견인이 녹음에 의한 유언을 할 때에는 의사가 심신회복의 상태를 구술하여 녹음하여야 한다(민법 제1063조 제2항).

6 녹음에 의한 유언이 성립한 후에 녹음테이프나 녹음파일 등이 멸실 또는 분실된 경우에, 이해관계인은 녹음의 내용을 증명하여 유언의 유효를 주장할 수 있다.[4]

1 윤진수, 친족상속법 강의(제2판), 박영사(2018), 515.

2 송덕수, 친족상속법(제4판), 박영사(2018), 414; 윤진수, 친족상속법 강의(제2판), 박영사(2018), 515.

3 이경희, 가족법(8정판), 법원사(2013), 534; 조승현, 친족·상속(제5판), 신조사(2015), 450.

4 대법원 2023. 6. 1. 선고 2023다217534 판결.

## 제 1068 조 [공정증서에 의한 유언]

**공정증서에 의한 유언은 유언자가 증인 2인이 참여한 공증인의 면전에서 유언의 취지를 구수하고 공증인이 이를 필기낭독하여 유언자와 증인이 그 정확함을 승인한 후 각자 서명 또는 기명날인하여야 한다.**

[관련조문] 민법 제1060조(유언의 요식성), 제1072조(증인의 결격사유), 제25조(증서를 작성할 수 없는 경우), 제33조(통역인·참여인의 선정과 자격)

[참고문헌] 김주수/김상용, 주석 민법, 상속(제2권)(제4판), 한국사법행정학회(2015); 박동섭, 친족상속법(제4판), 박영사(2013)



### Ⅰ. 의의

1 민법 제1068조는 공정증서에 의한 유언의 유언방식을 규정하고 있다. 공정증서에 의한 유언은 문자를 모르는 자도 말할 수 있는 한 할 수 있고, 공증인이 유언에 관여하므로 방식의 불비도 생길 우려가 적고, 공증인이 증서를 보관하므로 분실·은닉·변개될 위험이 적은 것이 장점이다. 그러나 유언의 방식이 복잡하고 비용이 들며 유언 내용이 누설되기 쉬운 것이 단점이다.

2 공정증서에 의한 유언의 요건은 ① 증인 2인의 참여가 있을 것, ② 유언자가 공증인의 면전에서 유언의 취지를 구수할 것, ③ 공증인이 유언자의 구수를 필기해서 이를 유언자 및 증인에게 낭독할 것, ④ 유언자와 증인이 공증인의 필기가 정확함을 승인한 후 각자 서명 또는 기명날인 하는 것이다.

### Ⅱ. 요건

#### 1. 증인 2인의 참여

3 공정증서에 의한 유언의 경우에는 증인 2인의 참여가 필요하다. 증인 2인의 참여가 없는 경우 공증증서에 의한 유언은 효력은 없다.[1] 증인 2인의 참여를 요건으로 하는 이유는 ① 유언자가 본인인지 여부, ② 유언자가 의사능력이 있는지

[1] 대법원 1994. 12. 22. 선고 94다13695 판결, 대법원 2002. 9. 24. 선고 2002다35386 판결.

여부, ③ 작성된 유언증서가 유언자의 진의에 따라 성립된 것인지 여부를 확인하고 증명함과 동시에 공증인의 직권남용을 방지하기 위한 것이다.

4 증인은 증인으로서의 자격이 있어야 한다(☞ 증인의 결격사유에 관하여는 민법 제1072조 주석 참조).

5 증인의 임무는 유언자가 구수를 시작한 때부터 종료할 때(필기·낭독)까지 참여하는 것이므로, 증인의 2인의 참여가 없는 상태에서 유언의 일부가 필기되었을 경우에는 방식의 위법이 있는 것으로 무효로 보아야 한다.[2]

### 2. 유언 취지의 구수

6 유언자가 공증인의 면전에서 유언의 취지를 구수하여야 한다. 유언 취지의 구수란 말로써 유언의 내용을 상대방에게 전달하는 것을 뜻하는 것이다.

7 어떠한 형태이든 유언자의 구수는 존재하여야 하나, 실질적으로 구수가 이루어졌다고 보기 위하여 어느 정도의 진술이 필요한지는 획일적으로 정하기 어렵고 구체적인 사안에 따라 판단하여야 한다.[3] 공정증서에 기재된 내용과 같은 유언의 구수가 있었는지에 관하여 강력한 의심이 들 경우에는 그 유언은 무효로 볼 것이다.[4]

8 3자에 의하여 미리 작성된 유언의 취지가 적혀 있는 서면에 따라 유언자에게 질문을 하고 유언자가 동작이나 한두 마디의 간략한 답변으로 긍정하는 경우에는 원칙적으로 유언 취지의 구수라고 보기 어렵다고 할 것이지만, 공증인이 사전에 전달받은 유언자의 의사에 따라 유언의 취지를 작성한 다음 그 서면에 따라 유증 대상과 수증자에 관하여 유언자에게 질문을 하고 이에 대하여 유언자가 한 답변을 통하여 유언자의 의사를 구체적으로 확인할 수 있어 그 답변이 실질적으로 유언의 취지를 진술한 것이나 마찬가지로 볼 수 있으며, 유언자의 의사능력이나 유언의 내용, 유언의 전체 경위 등으로 보아 그 답변을 통하여 인정되는 유언 취지가 유언자의 진정한 의사에 기한 것으로 인정할 수 있는 경우에는, 유언취지의 구수 요건을 갖추었다고 볼 수 있을 것이다.[5]

2 김주수/김상용, 주석 민법, 상속(제2권)(제4판), 한국사법행정학회(2015), 258; 박동섭, 친족상속법(제4판), 박영사(2013), 721.

3 대법원 2008. 2. 28. 선고 2005다75019, 75026 판결.

4 대법원 2002. 10.25. 선고 2000다21802 판결.

5 대법원 2008. 2. 28. 선고 2005다75019, 75026 판결, 대법원 2008. 8. 11. 선고 2008다1712 판결.

9 그러나 공증업무를 취급하는 변호사가 반혼수상태로 병원에 입원중인 유언자에게 유언취지를 묻자 유언자가 고개를 끄덕거린 것만으로 구수가 있었다고 보기 어렵고,[6] 유언공정증서를 작성할 당시에 유언자가 반혼수상태였으며, 유언공정증서의 취지가 낭독된 후에도 그에 대하여 전혀 응답하는 말을 하지 아니한 채 고개만 끄덕였다면 이 역시 구수가 있었다고 보기 어렵다.[7]

### 3. 공증인의 구술 및 낭독

10 공증인이 유언자의 구술을 필기하여 이것을 유언자와 증인 앞에 낭독하여야 한다. 유언자의 구술을 필기하는 것은 반드시 공증인 자신이 직접 할 필요는 없고, 사무원 등이 이를 대신해도 무방하다. 필기의 내용은 유언자의 구술을 그대로 표시할 필요까지는 없고, 유언자가 구술한 내용을 명확하게 표시하는 것으로 족하다.

11 공증인이 임의로 유언의 내용을 부가하거나 삭제할 수 없지만, 법령에 위반한 사항, 무효인 법률행위에 관하여는 증서를 작성할 수 없으므로(공증인법 제25조), 유언자가 그러한 사항을 구술할 경우에는 직무상 유언자에게 그 사실을 알리고 증서의 작성을 거부해야 할 것이다.[8]

12 필기를 반드시 유언자의 면전에서 해야 할 필요는 없다. 공증인이 유언서를 작성할 때에는 사무소에서 할 필요가 없으므로(공증인법 제56조 제2항), 유언자의 자택이나 병원 등에서 유언서를 작성하여도 관계가 없다. 공정증서에는 국어를 사용하여야 하나, 다만 촉탁인의 요구가 있는 경우에는 외국어를 병기할 수 있다(공증인법 제26조 제1항). 한편 공정증서가 유언자가 입원하고 있던 병실에서 작성되었음에도 불구하고, 공정증서에 그 작성 장소가 공증 변호사의 사무소로 기재되어 있다는 사유만으로는 공정증서가 무효라고 볼 수 없다.[9]

13 공증인이 유언자의 구술을 필기한 것이 아니라, 미리 유언자가 작성한 문안을 받고 유언자가 구수하는 것을 들은 다음 이것으로써 필기에 갈음하는 것과 같이 구술과 필기의 순서가 바뀌어도 무방하다.[10] 다만, 공증인이 유언공정증서를

6 대법원 1993. 6. 8. 선고 92다8750 판결.
7 대법원 1996. 4. 23. 선고 95다34514 판결.
8 김주수/김상용, 주석 민법, 상속(제2권)(제4판), 한국사법행정학회(2015), 260.
9 대법원 2008. 8. 11. 선고 2008다1712 판결.
10 대법원 2008. 2. 28. 선고 2005다75019, 75026 판결, 대법원 2007. 10. 25. 선고 2007다51550, 51567 판결.

이루는 말미용지에 유언자의 서명·날인을 받았을 뿐이며, 그 서명 또한 유언자가 사지마비로 직접 서명할 수 없는 상태여서 다른 사람이 망인의 손에 필기구를 쥐어주고 그 손을 잡고 같이 서명을 하였고, 이후 공증인이 자신의 공증사무실에 돌아와 마치 자신의 사무실에서 유언이 있었고 그에 따른 필기낭독과 정확성의 승인 및 서명날인이 있었던 것처럼 공정증서를 작성한 것이라면 '공증인이 유언자의 구술을 필기해서 이를 유언자와 증인에게 낭독할 것'과 '유언자와 증인이 공증인의 필기가 정확함을 승인할 것'이라는 요건을 갖추지 못하였음은 분명하다.[11]

14 공증인은 필기한 내용을 낭독함으로써 작성된 증서의 내용이 유언자의 구술 내용과 동일함을 유언자와 증인에게 확인시키는 것이다. 공증인은 유언자와 증인 앞에서 필기한 내용 전문을 낭독하여야 하나, 공증인 자신이 직접 낭독할 필요까지는 없고, 제3자에게 시켜서 낭독을 해도 무방하다.[12]

### 4. 유언자와 증인의 서명 또는 기명날인

15 유언자와 증인이 공증인의 필기가 정확함을 승인한 후 각자 서명 또는 기명날인하여야 한다. 서명이나 기명날인 중 어느 한쪽만이 있으면 족하다. 서명은 예명, 호 같은 것을 써도 무방하다. 기명날인은 유언자의 의사에 따라 기명날인한 것으로 볼 수 있는 경우 반드시 유언자 자신이 할 필요는 없다.[13] 이것은 유언자가 스스로 서명할 수 없는 경우 특히 필요하다.

16 유언자가 유언을 구수하고 그 필기를 승인한 다음 서명 또는 기명날인이 끝난 이후 유언자가 사망한 경우 증인과 공증인에게 요구되는 절차가 마쳐지지 않았다고 하더라도 그 유언은 효력이 생긴다고 보아야 한다는 견해가 있다.[14]

11 대법원 2002.10.25. 선고 2000다21802 판결.
12 김주수/김상용, 주석 민법, 상속(제2권)(제4판), 한국사법행정학회(2015), 261; 박동섭, 친족상속법(제4판), 박영사(2013), 721.
13 대법원 2016. 6. 23. 선고 2015다231511 판결.
14 김주수/김상용, 주석 민법, 상속(제2권)(제4판), 한국사법행정학회(2015), 261.

## 제 1069 조 [비밀증서에 의한 유언]

① 비밀증서에 의한 유언은 유언자가 필자의 성명을 기입한 증서를 엄봉날인하고 이를 2인 이상의 증인의 면전에 제출하여 자기의 유언서임을 표시한 후 그 봉서표면에 제출연월일을 기재하고 유언자와 증인이 각자 서명 또는 기명날인하여야 한다.

② 전항의 방식에 의한 유언봉서는 그 표면에 기재된 날로부터 5일내에 공증인 또는 법원서기에게 제출하여 그 봉인상에 확정일자인을 받아야 한다.

[관련조문] 민법 제1060조(유언의 요식성), 제1071조(비밀증서에 의한 유언의 전환), 제1072조(증인의 결격사유)

[참고문헌] 김주수/김상용, 주석 민법, 상속(제2권)(제4판), 한국사법행정학회(2015); 주해상속법(제1권), 박영사(2019); 김용한, 친족상속법론(보정판), 박영사(2003); 박동섭, 친족상속법(제4판), 박영사(2013); 송덕수, 친족상속법(제4판), 박영사(2018); 오시영, 친족상속법(제2판), 학현사(2011); 윤진수, 친족상속법 강의(제2판), 박영사(2018)



### Ⅰ. 의의

1 민법 제1069조는 비밀증서에 의한 유언의 유언방식을 규정하고 있다. 비밀증서에 의한 유언은 유언의 존재는 명확히 하면서 그 내용은 생전에 비밀로 하고 싶은 때 유용하게 사용할 수 있는 방식이다. 그러나 비밀증서의 성립에 다툼이 발생할 우려가 있고, 분실·훼손의 위험이 있으며, 확정일자인을 별도로 받아야 한다는 것이 단점이다.

### Ⅱ. 요건

#### 1. 필자의 성명을 기입한 증서의 엄봉·날인

2 유언자가 필자의 성명을 기입한 증서를 엄봉·날인하여야 한다. 유언자가 증서 그 자체를 자서할 필요는 없고, 작성연월일·주소의 기재 역시 필요 없다. 다만 증서의 전문과 연월일, 주소, 성명도 자서하고 날인함으로써 자필증서의 방식에 부합한 때에는 비밀증서로서의 방식에 결함이 있는 경우라도 자필증서로서 유

효하게 된다(민법 제1071조).

3 증서에는 필자의 성명을 반드시 기재하여야 하므로, 만일 타인이 필기한 경우에는 그 타인의 성명이 기재되어야 한다. 엄봉과 날인을 누가 하여야 하는지에 관하여는, 엄봉과 날인 모두 유언자가 직접 하여야 한다는 견해,[1] 엄봉은 유언자가 스스로 하여야 하나, 날인은 반드시 본인이 할 필요는 없다는 견해,[2] 엄봉과 날인 모두 누가 하더라도 무방하다는 견해[3]의 대립이 있다. 그러나 엄봉에 사용되는 인장과 봉서에 사용되는 인장은 동일한 것이어야 한다.[4]

### 2. 증인에 대한 유언서임의 표시

4 유언자는 엄봉한 날인증서를 2인 이상의 증인의 면전에 제출하여 자기의 유언서임을 표시하여야 한다. 표시방법은 반드시 구두로 하여야 한다고는 해석되지 않으므로 유언자가 말을 할 수 없는 경우에는 글을 써서 표시하여도 무관하다 (☞ 증인의 결격사유에 관하여는 민법 제1072조 주석 참조).

### 3. 유언자와 증인의 서명 또는 기명날인

5 엄봉·날인된 봉서표면에 유언서의 제출연월일을 기재하고, 유언자와 증인이 각각 서명 또는 기명날인하여야 한다.

6 비밀증서의 유언에서 유언서의 작성연월일을 기재하지 아니하여도 무방하지만 유언서의 제출연월일은 반드시 기재되어야 한다. 유언서의 작성연월일과 유언서의 제출연월일이 같은 날짜일 필요는 없다.

7 유언자와 증인은 엄봉날인된 봉서표면에 각자 서명이나 기명날인 어느 것을 하여도 무방하다. 서명은 반드시 유언자 본인이 하여야 하나, 기명날인은 반드시 유언자 본인이 할 필요는 없다. 기명날인의 방식은 유언자 본인이 서명할 수 없는 상태에 있는 경우 이용될 수 있을 것이다. 유언자가 피성년후견인인 경우에는 참여한 의사가 봉서표면에 심신회복의 상태를 부기하고 서명날인하여야 한다고 해석된다.[5]

1 김용한, 친족상속법론(보정판), 박영사(2003), 394; 송덕수, 친족상속법(제4판), 박영사(2018), 417; 윤진수, 친족상속법 강의(제2판), 박영사(2018), 519.

2 김주수/김상용, 주석 민법, 상속(제2권)(제4판), 한국사법행정학회(2015), 275; 오시영, 친족상속법(제2판), 학현사(2011), 723.

3 박동섭, 친족상속법(제4판), 박영사(2013), 724.

4 주해상속법(제1권), 박영사(2019), 685(현소혜).

5 김주수/김상용, 주석 민법, 상속(제2권)(제4판), 한국사법행정학회(2015), 275.

### 4. 기간 내의 확정일자인

8 유언봉서는 그 표면에 기재된 날로부터 5일 내에 공증인 또는 법원 서기에게 제출하여 그 봉인상에 확정일자인을 받아야 한다. 비밀증서에 의한 유언에 있어서 유언능력의 유무나 유언의 선후는 이 확정일자를 기준으로 판단하게 된다.[6]

6 주해상속법(제1권), 박영사(2019), 687(현소혜).

## 제 1070 조 [구수증서에 의한 유언]

① 구수증서에 의한 유언은 질병 기타 급박한 사유로 인하여 전4조의 방식에 의할 수 없는 경우에 유언자가 2인 이상의 증인의 참여로 그 1인에게 유언의 취지를 구수하고 그 구수를 받은 자가 이를 필기낭독하여 유언자의 증인이 그 정확함을 승인한 후 각자 서명 또는 기명날인하여야 한다.
② 전항의 방식에 의한 유언은 그 증인 또는 이해관계인이 급박한 사유의 종료한 날로부터 7일내에 법원에 그 검인을 신청하여야 한다.
③ 제1063조 제2항의 규정은 구수증서에 의한 유언에 적용하지 아니한다.

[관련조문] 민법 제1060조(유언의 요식성), 제1063조(피성년후견인의 유언능력), 제1072조(비밀증서에 의한 유언의 전환, 가사소송법 제44(관할 등), 가사소송규칙 제85조(구수증서에 의한 유언의 검인), 제90조(비용의 부담)

[참고문헌] 김주수/김상용, 주석 민법, 상속(제2권)(제4판), 한국사법행정학회(2015); 송덕수, 친족상속법(제4판), 박영사(2018); 윤진수, 친족상속법 강의(제2판), 박영사(2018); 이경희, 가족법(8정판), 법원사(2013); 조승현, 친족·상속(제5판), 신조사(2015); 법원실무제요, 가사[Ⅱ], 사법연수원(2021)



### Ⅰ. 의의

1 민법 제1070조는 구수증서에 의한 유언의 유언방식을 규정하고 있다. 구수증서에 의한 유언은 질병 기타 급박한 사유로 인하여 자필증서·녹음·공정증서·비밀증서의 방식에 의한 유언을 할 수 없는 특별한 경우에만 인정되는 방식이다.

2 구수증서에 의한 유언은 급박한 경우에 간단한 형식으로 할 수 있다는 장점이 있으나, 보통의 방식에 의한 유언이 가능한 경우에는 허용되지 않고, 가정법원의 검인절차를 반드시 거쳐야 한다는 것이 단점이다.

3 과거 판례는 구수증서에 의한 유언은 실질에 있어서는 다른 보통방식의 유언과는 다르므로 유언요건을 완화하여 해석하여야 한다는 입장을 취하고 있었으나,[1] 최근 판례는 구수증서에 의한 유언의 경우에도 법정된 요건과 방식에 어긋나면

[1] 대법원 1977. 11. 8. 선고 76므15 판결.

그것이 유언자의 진정한 의사에 합치하더라도 무효라고 하지 않을 수 없다고 하여 엄격한 방식의 준수를 요구하고 있다.[2]

## Ⅱ. 요건

### 1. 급박한 사유의 존재

4 질병 기타 급박한 사유로 인하여 다른 보통방식에 의한 유언을 할 수 없어야 한다. 여기에서의 '기타 급박한 사유'란 부상을 입은 경우, 재해 또는 전염병 등으로 교통이 차단된 장소에 있는 경우, 조난당한 선박에 있는 경우와 같이 유언자가 보통방식에 의한 유언을 할 수 없는 상황을 뜻한다.

5 유언자가 질병 기타 급박한 사유에 있는지 여부를 판단함에 있어서는 유언자의 진의를 존중하기 위하여 유언자의 주관적 입장을 고려할 필요가 있을지 모르지만 자필증서, 녹음, 공정증서 및 비밀증서의 방식에 의한 유언이 객관적으로 가능한 경우까지 질병 기타 급박한 사유가 있었다고 보기 어렵다.[3] 따라서 전염병 때문에 교통이 차단된 장소에 있는 경우, 조난당한 선박에 있는 경우라도 객관적으로 보통방식에 의한 유언을 할 수 있는 경우에는 민법 제1070조에 따른 유언을 할 수 없다.[4]

### 2. 증인의 참여 및 유언 취지의 구수

6 2인 이상의 증인이 참여하여야 하고, 그 중 1인에게 유언자는 유언의 취지를 구수하여야 한다(☞ 증인의 자격에 관하여는 민법 제1072조 주석 참조, 구수에 관하여는 공증인에 대한 구수와 관련된 민법 제1068조 주석 참조).

7 여기서 '유언취지의 구수'라 함은 말로써 유언의 내용을 상대방에게 전달하는 것을 뜻하는 것이므로, 증인이 제3자에 의하여 미리 작성된, 유언의 취지가 적혀 있는 서면에 따라 유언자에게 질문을 하고 유언자가 동작이나 간략한 답변으로 긍정하는 방식은, 유언 당시 유언자의 의사능력이나 유언에 이르게 된 경위 등에 비추어 그 서면이 유언자의 진의에 따라 작성되었음이 분명하다고 인정되는 등의 특별한 사정이 없는 한 유언취지의 구수에 해당한다고 볼 수 없다.[5] 판례

2 대법원 2006. 3. 9. 선고 2005다57899 판결.
3 대법원 1999. 9. 3. 선고 98다17800 판결.
4 이경희, 가족법(8정판), 법원사(2013), 539.
5 대법원 2006. 3. 9. 선고 2005다57899 판결.

는 망인이 유언취지의 확인을 구하는 변호사의 질문에 대하여 고개를 끄덕이거나 "음", "어"라고 말한 것만으로는 민법 제1070조 소정의 유언의 취지를 구수한 것으로 볼 수는 없다고 하고 있다.[6]

### 3. 서명 또는 기명날인

8 유언자의 구수를 받은 증인이 이를 필기낭독하고, 유언자와 증인이 그 정확함을 승인한 후, 각자가 이를 서명 또는 기명날인하여야 한다. 증인의 서명 또는 기명날인도 유언자의 생존 중에 하여야 하겠지만, 유언자가 그 필기가 정확함을 승인하고 서명한 직후 사망한 경우에도 증인들이 그 자리에서 서명 또는 기명날인을 한 경우에는 유언의 성립을 인정해도 무방할 것이다.

9 필기는 유언자의 의사를 충실하게 따른 것이어야 하지만, 반드시 유언자가 구수한 것 그대로일 필요까지는 없고, 필기한 문언의 뜻이 구수의 취지에 부합하면 된다.

10 낭독은 유언자와 참여한 다른 증인에게 필기가 정확함을 확인시키기 위한 것이므로 필기한 증인이 유언의 전부를 낭독하여야 한다(☞ 그 밖의 점에 관하여는 공정증서에 의한 유언에서의 공증인의 필기·낭독과 같으므로 민법 제1068조 주석 참조).

11 법문상 서명 또는 기명날인의 주체가 '유언자의 증인'이라고 규정되어 있으나, 이는 입법과정에서의 편집상의 오류로서 '유언자와 증인'으로 이해하여 유언자 자신의 서명 또는 기명날인 역시 필요한 것으로 해석된다.[7]

12 서명 또는 기명날인은 필기가 정확함을 증명하는 것으로서 낭독과 승인이 문제 없이 이루어졌다는 사실을 전제한 것이므로 낭독과 승인의 사실을 유언서에 기재할 필요까지는 없다.

13 서명 또는 기명날인이 요건이므로 서명이나 기명날인 중 하나의 방식만을 선택하여도 무방하다. 서명은 자신이 하여야 하며, 타인의 대필은 허용될 수 없다. 기명날인은 반드시 본인이 할 필요까지는 없고, 날인은 무인이라도 괜찮다.

### 4. 검인신청

14 구수증서에 의한 유언은 그 증인 또는 이해관계인이 급박한 사유가 종료한 날로부터 7일 내에 가정법원에 그 검인을 신청하여야 한다.

6 대법원 2006. 3. 9. 선고 2005다57899 판결.

7 송덕수, 친족상속법(제4판), 박영사(2018), 417; 윤진수, 친족상속법 강의(제2판), 박영사(2018), 520; 조승현, 친족·상속(제5판), 신조사(2015), 454.

15 여기에서의 이해관계인이란 상속인, 수증자, 유언집행자로 지정된 자 등 유언에 대하여 법률상 이해관계가 있는 자를 뜻한다. 상속채권자는 유언의 효력이 발생하기 전까지는 단순히 경제적인 이해관계를 가짐에 불과하므로 민법 제1070조에 따른 검인을 신청할 수 있는 이해관계인에 해당하지 아니한다.[8]

16 검인에 관한 심판은 라류 가사비송사건(가사소송법 제2조 제1항 제2호 가목 40)으로 유언자가 생존 중에는 그 주소지의 가정법원이, 유언자가 사망한 때에는 상속개시지의 가정법원이 관할한다(가사소송법 제44조 제1항 제7호 단서).

17 가정법원은 민법 제1070조 제2항에 따른 유언의 검인을 심판으로써 한다. 이 심판을 위한 절차의 비용은 유언자 또는 상속재산의 부담으로 한다(가사소송규칙 제90조 제1항).

18 가정법원은 구수증서에 의한 유언을 검인함에 있어서는 유언방식에 관한 모든 사실을 조사하여야 한다(가사소송규칙 제85조 제1항). 여기에서의 검인은 급박한 사유로 인하여 구수증서라는 간이한 방식으로 유언자의 유언이 있은 후 그 유언이 유언자의 진의에서 나온 것임을 확정하는 절차로서,[9] 다른 보통방식의 유언의 집행 전에 준비절차로서 하는 민법 제1091조의 검인과는 다른 성질의 것이다. 다만, 구수증서에 의한 유언에서의 검인은 그 유언이 유언자의 진의에서 나온 것인지를 일응 판정할 뿐이고, 그것을 넘어서서 직접 유언의 유효 여부를 판단하는 것이 아니다. 따라서 검인을 거쳤다고 하여 유언이 유효한 것으로서 확정되는 것이 아니므로, 검인을 거친 유언의 유효확인을 청구할 수 있고, 법원은 그 유언에 대하여 자유로이 그 진부와 효력 여부를 판단할 수 있다.

19 판례는 유언자의 질병으로 인하여 구수증서의 방식으로 유언을 한 경우에는 특별한 사정이 없는 한 그 유언이 있은 날에 급박한 사유가 종료하였다고 하겠으므로, 유언이 있은 날로부터 7일 이내에 그 검인신청을 하여야 한다고 한다.[10] 검인신청기간은 7일을 도과한 검인신청은 부적법한 신청으로서 각하되고, 검인신청기간 내에 검인신청을 하지 않은 구수증서 유언은 무효가 된다.[11] 그러나 위 기간을 경과하여 검인신청을 하였더라도 법원이 그 신청을 각하하지 않고 검인을 하였다면 이에 대하여는 즉시항고로 불복할 수밖에 없고, 즉시항고기간 내에

8 법원실무제요, 가사[Ⅱ], 사법연수원(2021), 1100.
9 대법원 1986. 10. 11. 자 86스18 결정.
10 대법원 1994. 11. 3. 자 94스16 결정.
11 대법원 1992. 7. 14. 선고 91다39719 판결.

즉시항고를 제기하지 않았다면 위 검인은 확정되어 유효한 것으로서 검인의 무효를 전제로 유언의 효력을 다툴 수 없게 된다.[12]

20 유언검인의 청구를 받아들이는 주문례는 다음과 같다.

| 유언자 OOO는 2019. 10. 6. 별지와 같은 내용의 유언을 하였음을 검인한다(또는 '확인한다'). |
|---|

21 유언검인의 청구를 기각한 심판에 대하여는 이해관계인이 즉시항고를 할 수 있다(가사소송규칙 제85조 제2항). 여기에서 이해관계인이라 함은 상속인 기타 검인에 의하여 직접 그 권리가 침해되었다고 객관적으로 인정되는 자를 의미한다.[13] 유언자의 상속인이 될 수 없고, 수증자나 유언집행자도 아니며, 유증에 의하여 그 수증자로부터 일정 금원을 지급받게 됨으로써 오히려 이익을 받게 될 지위에 있을 자는 이해관계인이라고 볼 수 없다.[14]

### 5. 피성년후견인의 유언

22 피성년후견인이 구수증서에 의한 유언을 하는 경우에는 그 의사능력이 회복되어 있어야 하나(민법 제1063조 제1항), 민법 제1063조 제2항이 적용되지 아니하므로, 의사가 심신회복의 상태를 유언증서에 부기하고 서명날인을 할 필요는 없다. 구수증서에 의한 유언은 급박한 상황에서 하게 되므로, 사실상 의사의 참여가 불가능한 경우가 많을 수밖에 없기 때문이다.[15]

12 대법원 1977. 11. 8. 선고 76므15 판결.
13 대법원 1984. 9. 8. 자 82스1 결정.
14 대법원 1990. 2. 12. 자 89스19 결정.
15 김주수/김상용, 주석 민법, 상속(제2권)(제4판), 한국사법행정학회(2015), 279.

## 제 1071 조 [비밀증서에 의한 유언의 전환]

**비밀증서에 의한 유언이 그 방식에 흠결이 있는 경우에 그 증서가 자필증서의 방식에 적합한 때에는 자필증서에 의한 유언으로 본다.**

[관련조문] 민법 제1060조(유언의 요식성), 제1066조(자필증서에 의한 유언), 제1069조(비밀증서에 의한 유언)

[참고문헌] 김주수/김상용, 주석 민법, 상속(제2권)(제4판), 한국사법행정학회(2015)

1 비밀증서에 의한 유언의 경우 유언자가 증서 그 자체를 자서할 필요는 없고, 연월일·주소의 기재 역시 필요 없다. 그런데 유언자가 유언의 내용을 모두에게 비밀로 하기를 원하는 경우 유언서 전문과 연월일·주소·성명을 직접 자서하고 날인한 후 봉투에 넣고 엄봉함으로써 자필증서로서의 요건을 갖추면서 비밀증서로도 할 수 있다. 이러한 경우 증인이 한사람밖에 없는 경우 등으로 비밀증서에 의한 유언으로서는 흠결이 있으나, 자필증서로서의 요건을 갖추고 있다고 한다면 자필증서에 의한 유언으로서 유효한 것으로 하였다.

2 이는 민법 제138조에서 규정한 무효행위의 전환의 한 예이라고 할 것이다. 자필증서에 의한 유언으로 보게 되는 경우 유언성립의 날은 봉서표면에 쓴 제출연월일이 아니라, 유언서가 작성된 연월일(유언서에 기재된 연월일)이라고 보아야 할 것인데, 만일 유언서에 연월일이 없는 경우 봉서표면에 기재된 제출연월일로써 이를 보완하여 자필증서로서의 효력을 가진다고 해석하기는 어렵다.[1]

1 김주수/김상용, 주석 민법, 상속(제2권)(제4판), 한국사법행정학회(2015), 291.

## 제 1072 조 [증인의 결격사유]

① 다음 각 호의 어느 하나에 해당하는 사람은 유언에 참여하는 증인이 되지 못한다.

1. 미성년자
2. 피성년후견인과 피한정후견인
3. 유언으로 이익을 받을 사람, 그의 배우자와 직계혈족

② 공정증서에 의한 유언에는 공증인법에 따른 결격자는 증인이 되지 못한다.

[전문개정 2011. 3. 7]

**[관련조문]** 민법 제9조(성년후견개시의 심판), 제12조(한정후견개시의 심판), 제768조(혈족의 정의), 제770조(혈족의 촌수의 계산), 제1000조(상속의 순위), 제1001조(대습상속), 제1003조(배우자의 상속순위), 제1074조(유증의 승인, 포기), 공증인법 제13조(임명공증인의 결격사유), 제33조(통역인·참여인의 선정과 자격)

**[참고문헌]** 김주수/김상용, 주석 민법, 상속(제2권)(제4판), 한국사법행정학회(2015); 오시영, 친족상속법(제2판), 학현사(2011); 이경희, 가족법(8정판), 법원사(2013)



### Ⅰ. 의의

1 민법은 자필증서에 의한 유언을 제외한 나머지 유언의 방식 즉, 녹음에 의한 유언, 공정증서에 의한 유언, 비밀증서에 의한 유언, 구수증서에 의한 유언에는 증인의 참여를 요구하고 있다(민법 제1067조 내지 제1070조). 이러한 증인은 유언성립의 진정성과 방식준수의 확실성을 증명하는 자이고, 증인의 서명 또는 기명날인 혹은 구술(녹음에 의한 경우)은 직접적으로 유언의 효력을 판단하는 자료가 된다. 민법 제1072조는 유언의 공정성을 보장하기 위하여 증인이 될 사람의 자격을 제한하고 있다.

## Ⅱ. 증인의 결격사유

### 1. 미성년자

2 미성년자는 법정대리인의 동의가 있다고 하더라도 증인이 될 수 없으므로 절대적 결격자이다. 다만, 혼인에 의하여 성년자로 보는 자(민법 제826조의2)는 결격자가 아니라고 보아야 하고, 성년에 달하기 전 혼인이 이혼, 배우자의 사망 등의 사유로 해소되었다고 하더라도 성년의제의 효과는 변함이 없으므로 여전히 결격자가 아니라고 보아야 한다.

### 2. 피성년후견인과 피한정후견인

3 피성년후견인은 의사능력을 회복하고 있을 때에도 증인이 될 수 없고, 피한정후견인은 한정후견인의 동의를 얻은 경우라도 증인이 될 수 없으므로, 피성년후견인과 피한정후견인은 절대적 결격자이다.

### 3. 유언에 의하여 이익을 받을 자, 그 배우자와 직계혈족

4 이들은 유언에 의하여 이익을 받을 사람이므로, 증인이 된다면 유언의 공정성을 보장하는 것이 어렵기 때문이다. 유언에 참여할 수 없는 증인결격자의 하나로 민법 제1072조 제1항 제3호가 규정하고 있는 '유언에 의하여 이익을 받을 자'라 함은 유언자의 상속인으로 될 자 또는 유증을 받게 될 수증자 등을 말하는 것이므로, 유언집행자는 증인결격자에 해당한다고 볼 수 없다.[1]

### 4. 공정증서에 의한 유언의 경우에는 공증인법에 의한 결격자

5 공증인법에는 공증인이 될 수 없는 공증인결격자(공증인법 제13조)와 참여인결격자(공증인법 제33조 제3항 본문)가 규정되어 있는데, 공증증서에 의한 유언의 경우에 증인이 될 수 없는 사람은 참여인결격자를 의미한다.[2]

6 공증인법 제33조 제3항 본문에 의한 참여인결격자는 ① 미성년자, ② 피성년후견인 또는 피한정후견인, ③ 시각장애인이거나 문자를 해득하지 못하는 사람, ④ 서명할 수 없는 사람, ⑤ 촉탁 사항에 관하여 이해관계가 있는 사람, ⑥ 촉탁 사항에 관하여 대리인 또는 보조인이거나 대리인 또는 보조인이었던 사람, ⑦ 공증인의 친족, 피고용인 또는 동거인, ⑧ 공증인의 보조자이다.

1 대법원 1999. 11. 26. 선고 97다57733 판결.
2 대법원 1992. 3. 10. 선고 91다45509 판결.

7 다만 공증인법에 의한 참여인결격자이더라도 공증촉탁인인 유언자가 공증에 참여시킬 것을 요구한 경우에는 공증인법 제33조 제2항 단서, 제29조 제2항에 의하여 증인결격자에 해당하지 아니한다.[3]

### 5. 사실상의 결격자

8 민법 제1072조에 따른 증인결격자가 아닌 경우에도 증인의 직책을 사실상 수행할 수 없으면 사실상 증인이 될 수 없다. 이런 자를 학설상 사실상의 결격자라고 부른다. 예를 들어 구수증서의 유언의 경우에 유언자의 구수를 이해할 수 없는 자, 공정증서 또는 구수증서에 의한 유언의 경우 필기가 정확한 것임을 승인할 능력이 없는 자, 녹음된 유언을 이해할 수 없는 자로서 해당 언어에 대한 해석능력이 없는 사람, 정신질환자 등이 해당될 수 있다.

## Ⅲ. 결격자가 참여한 유언의 효력

9 증인결격자가 증인으로서 참여한 유언의 효력은 원칙적으로 무효이다. 다만, 증인결격자가 있는 경우 그를 제외하더라도 법이 요구하고 있는 증인의 수를 충족하고 있어 나머지 증인으로 유언의 진정성을 보장할 수 있는 경우에는 유언의 효력이 인정될 수 있다고 보아야 한다. 판례 역시 구수증서에 의한 유언의 경우 증인결격자가 1인이 있었지만 나머지 4인의 증인이 있었던 경우에 유언의 유효성을 인정하고 있다.[4] 다만, 결격자인 증인이 다른 증인에게 실질적인 영향력 내지 지배력을 가지는 것이 외견상 명백한 경우에는 그 유언은 무효로 보아야 할 것이다.[5]

3 대법원 2014. 7. 25. 자 2011스226 결정.
4 대법원 1977. 11. 8. 선고 76므15 판결.
5 김주수/김상용, 주석 민법, 상속(제2권)(제4판), 한국사법행정학회(2015), 294; 오시영, 친족상속법(제2판), 학현사(2011), 714; 이경희, 가족법(8정판), 법원사(2013), 546.

## 제 3 절 유언의 효력

### [총설]

1 민법에서 유언의 효력에 관한 규정들은 유언의 효력발생시기에 관한 규정(민법 제1073조)과 유증의 효과에 관한 규정(제1074조 내지 제1090조)으로 분류할 수 있다.

2 유언은 방식을 갖춘 유언의 의사표시가 완료된 때에 성립하지만, 그 효력은 유언자가 사망한 때에 발생하는 것이 원칙이다(민법 제1073조 제1항). 다만, 유언은 그 성질상 허용할 수 없는 경우를 제외하고는 조건 또는 기한을 붙일 수 있다(☞ 조건 또는 기한이 붙은 유언의 효력에 관한 상세한 내용은 민법 제1073조 주석 참조).

3 유증은 유언에 의하여 유산의 전부 또는 일부를 타인에게 주는 행위로서 상대방 없는 단독행위이다. 유증은 포괄적 유증과 특정적 유증으로 구별된다. 포괄적 유증은 상속재산의 전부 또는 일부를 비율에 의하여 포괄적으로 증여하는 의사표시를 뜻하고, 특정적 유증은 상속재산을 구체적으로 특정하여 증여하는 의사표시를 뜻한다(☞ 포괄적 유증과 특정적 유증의 구별은 민법 제1078조 주석 참조).

4 판례에 따르면 포괄적 유증의 경우에는 유증의 목적물에 관한 권리가 유증의 효력이 발생한 때에 별도의 절차 없이 수증자에게 당연히 이전되나(물권적 효과설),[1] 특정적 유증의 경우에는 수증자는 유증의무자에 대하여 유증의 이행을 청구할 수 있는 채권을 취득할 뿐이다(채권적 효과설).[2] 또한 민법 제1088조 내지 제1090조는 포괄적 유증과 특정적 유증의 구별 없이 적용되나, 민법 제1078조는 문언상 당연히 포괄적 유증의 경우에만 적용되고, 민법 제1074조 내지 제1077조, 제1079조 내지 제1087조는 특정적 유증의 경우에만 적용되므로, 포괄적 유증과 특정적 유증의 구별은 중요하다(☞ 민법 제1074조 내지 제1090조의 상세한 내용은 각 해당 주석 참조).

[1] 대법원 2003. 5. 27. 선고 2000다73445 판결.
[2] 대법원 2010. 12. 23. 선고 2007다22859 판결.

## 제 1073 조 [유언의 효력발생시기]

① 유언은 유언자가 사망한 때로부터 그 효력이 생긴다.

② 유언에 정지조건이 있는 경우에 그 조건이 유언자의 사망 후에 성취한 때에는 그 조건성취한 때로부터 유언의 효력이 생긴다.

[관련조문] 민법 제48조(출연재산의 귀속시기), 제147조(조건성취의 효과), 제148조(조건부권리의 침해금지), 제149조(조건부권리의 처분 등), 제1012조(유언에 의한 분할방법의 지정, 분할금지), 제1074조(유증의 승인, 포기), 제1089조(유증효력발생전의 수증자의 사망)

[참고문헌] 김주수/김상용, 주석 민법, 상속(제2권)(제4판), 한국사법행정학회(2015); 주해상속법(제1권), 박영사(2019); 박동섭, 친족상속법(제4판), 박영사(2013); 오시영, 친족상속법(제2판), 학현사(2011); 김재호, "포괄적 유증", 재판자료 제78집, 법원도서관(1998); 김형석, "유언의 성립과 효력에 관한 몇 가지 문제", 민사판례연구 제38권, 박영사(2016); 오병철, "유언의 취소", 가족법연구 제25권 제3호, 한국가족법학회(2011)



### Ⅰ. 조건·기한이 없는 유언

#### 1. 유언의 효력발생시기

1 유언은 방식을 갖춘 유언의 의사표시가 완료된 때에 성립하지만, 그 효력은 유언자가 사망한 때에 발생한다(민법 제1073조 제1항). 따라서 유언자는 유언을 언제든지 자유로이 철회하거나 변경할 수 있다. 유언은 사인행위이기 때문에 유언에 의하여 이익을 받는 자는 유언자가 사망할 때까지 어떠한 법률상 권리도 취득하지 못한다. 유언은 유언자가 사망한 때로부터 효력을 발생하는데, 유언에 의하여 이익을 받는 자의 승인 여부는 유언의 효력발생에 어떠한 영향도 미치지 못한다.

2 수증자가 유언자의 사망이나 유언의 존재를 인식하지 못했다고 하더라도 유언의 효력에는 아무런 영향이 없다. 수증자로서는 유언의 효력이 발생한 후에 유

증을 포기할 수 있으므로, 수증자의 의사에 반하여 유증의 효력이 강제된다고 볼 수 없다.[1]

### 2. 수증자의 권리취득시기

3 포괄적 유증의 경우에는 유언자의 사망으로 유증의 효과가 발생함과 동시에 물권적 효력이 발생하므로(민법 제187조), 유증의 목적인 재산이 직접 수증자에게 이전된다. 특정적 유증의 경우에는 유증의 목적물은 상속재산으로서 상속인에게 일단 귀속되고, 수증자는 상속인에 대하여 유증의 이행을 청구할 수 있는 권리가 있을 뿐이므로, 유증의 목적물이 동산인 경우에는 인도, 부동산의 경우에는 이전등기를 마쳐야지만 소유권이 수증자에게 이전되고(민법 제186조, 제188조), 지명채권인 경우에는 채권양도에 의하여 채권이 수증자에게 이전되지만, 양도인이 채무자에게 통지하거나 채무자가 승낙하지 않으면 채무자 기타 제3자에게 대항할 수 없으며(제450조), 증권적 채권인 경우에는 증서에 배서하여 이를 양수인인 수증자에게 교부하여야 한다(제508조). 따라서 부동산에 대하여 특정적 유증을 받은 자는 유증받은 부동산의 소유권자가 아니어서 직접 진정한 등기명의의 회복을 원인으로 한 소유권이전등기를 구할 수 없다.[2]

### 3. 유언에 의한 재단법인의 설립

4 유언에 의하여 재단법인을 설립하는 경우에 관하여 민법 제48조 제2항은 출연재산은 유언의 효력이 발생한 때로부터 법인에 귀속한 것으로 본다고 규정하고 있다. 출연재산이 부동산인 경우에 관하여 판례는 민법 제48조는 재단법인 성립에 있어서 재산출연자와 법인과의 관계에 있어서의 출연재산의 귀속에 관한 규정임을 전제로 유언자와 재단법인 사이에서는 유언의 효력이 발생한 때부터 출연재산이 재단법인의 소유라고 보아야 하나, 제3자와의 관계에서는 재단법인 앞으로 소유권이전등기가 된 때부터 재단법인의 소유라고 보고 있다.[3] 따라서 재단법인 명의의 소유권이전등기가 마쳐지기 전에 상속인이 출연재산을 제3자에게 임의로 처분하였다면 재단법인은 원칙적으로 소유자임을 전제로 전득자에게 출연재산의 반환을 구할 수 없고, 상속인을 상대로 그 처분대가에 대하여 대상청구권을 행사하거나, 부당이득반환청구권을 행사할 수 있을 뿐이다.

1 김주수/김상용, 주석 민법, 상속(제2권)(제4판), 한국사법행정학회(2015), 297.
2 대법원 2003. 5. 27. 선고 2000다73445 판결.
3 대법원 1993. 9. 14. 선고 93다8054 판결.

### 4. 유언에 의한 인지

5 유언에 의한 인지의 경우에는 유언자가 사망한 때부터 그 효력이 생긴다. 유언에 의한 인지에는 유언집행자가 이를 신고하여야 한다(민법 제859조 제2항). 이때 인지신고는 보고적 신고로 보아야 하므로, 생전행위에 의한 인지의 경우와 같이 가족관계의 등록 등에 관한 법률에 의하여 신고한 때에서야 인지의 효력이 생긴다고 볼 수 없다. 인지의 경우에는 혼인 외의 출생자의 출생시에 소급하여 효력이 생긴다(민법 제860조).

## Ⅱ. 정지조건부·기한부 유언

6 유언은 그 성질상 허용할 수 없는 경우를 제외하고는 조건 또는 기한을 붙일 수 있다. 유언의 내용이 인지나 친생부인과 같은 신분행위에 관한 것인 경우에는 성질상 허용될 수 없다고 보아야 할 것이다.

### 1. 정지조건이 있는 유언

7 유언에 정지조건이 있는 경우에 그 조건이 유언자의 사망 후에 성취한 때에는 그 조건성취한 때로부터 유언의 효력이 생긴다(민법 제1073조 제2항). 이는 당연한 법리를 선언한 것에 불과하고, 민법 제1073조 제1항과의 관계상 주의적으로 규정한 것이라고 본다.

8 유언의 효력은 유언자가 사망한 때에 생기지만, 정지조건이 있는 유증의 효력은 그 조건성취한 때로부터 발생한다. 즉, 일단 유언자가 사망하여 유언의 효력이 발생하였다면 정지조건부 유증을 받은 자는 아직 정지조건이 성취되지 않았더라도 조건부 권리를 취득하게 되나, 그 정지조건이 성취된 때에야 비로소 유증에 따른 청구권을 행사할 수 있다. 따라서 수증자는 일단 유언의 효력이 발생하였다면 아직 정지조건이 성취되지 아니하였다고 하더라도 유증의 목적물에 관해서는 일체의 보존행위를 할 수 있고, 유증의무자에게 담보책임을 물을 수 있으며(민법 제1082조), 재산의 분리를 청구할 수도 있다(제1045조). 다만, 조건 성취 전에 수증자가 사망한 경우에는 유증의 효력이 생기지 아니하므로(민법 제1089조 제2항), 위 조건부 권리는 유언자가 달리 정하지 않는 한 상속 내지 양도가 불가능하다고 할 것이다.[4]

4 주해상속법(제1권), 박영사(2019), 731(현소혜); 김재호, "포괄적 유증", 재판자료 제78집, 법원도서관(1998), 372.

9 정지조건이 유언자의 사망 전에 성취되면 유언은 조건이 없는 유언이 되고, 불성취로 확정된다면 그 유언은 무효로 볼 것이다(민법 제151조 제2항·제3항). 정지조건이 성취되어 유증의 효력이 발생한 경우에 그 효력은 소급효가 없는 것이 원칙이나, 민법 제1073조 제2항은 임의규정이므로, 유언자가 그 조건성취의 효력을 그 성취 전으로 소급하게 할 의사를 표시할 수 있지만(민법 제147조 제3항), 유언자 사망 이전까지로는 소급할 수 없다고 본다.

### 2. 해제조건이 있는 유언

10 유언에 해제조건을 붙이는 것도 명문의 규정은 없으나 가능하고, 그럴 경우 법률관계는 민법 총칙편의 규정에 따르게 된다. 따라서 해제조건이 붙여진 유언은 유언자가 사망한 때로부터 그 효력이 생기게 되나, 그 해제조건이 사망 후에 성취되었을 때는 그 조건이 성취된 때부터 효력을 잃는다고 보아야 한다(민법 제147조 제2항).

### 3. 기한이 있는 유언

#### 가. 시기(始期)가 있는 유언

11 유언에 시기가 붙은 경우에는 유언자가 사망한 때로부터 유언의 효력이 생기나, 그에 따른 권리의 행사는 기한이 도래한 때부터 비로소 할 수 있게 된다(민법 제152조 제1항). 다만, 그 시기가 유언의 효력발생을 정지시키는 취지인 경우에는 유언은 그 시기가 도래한 때로부터 효력이 생긴다.

#### 나. 종기(終期)가 있는 유언

12 유언에 종기 역시 붙일 수 있다. 그러한 경우 유언자가 사망한 후 그 기한이 도래한 때에 유언은 효력을 잃는다(민법 제152조 제2항). 만일 유언자가 사망하기 전에 이미 종기가 도래하였다면 유언은 즉시 효력을 잃는다. 다만, 상속재산분할금지의 유언에 있어서의 종기는 유언자 사망 후 5년을 초과할 수 없다(민법 제1012조).

## Ⅲ. 유언의 무효와 취소

13 유언자는 그 생존 중에 아무런 제한 없이 유언을 철회할 수 있으므로, 유언의 무효와 취소가 문제되는 것은 유언자가 사망하여 유언의 효력발생시기가 도래한 이후의 일이다.

14 유언 중 가족법적 의사표시를 내용으로 하는 부분에 대해서는 민법 총칙편의 규정이 적용되지 않으나, 재산법적 의사표시를 내용으로 하는 부분에 대해서는 민법 총칙편의 규정이 적용된다. 따라서 의사표시의 무효와 취소에 관한 민법 총칙편의 규정과 유언의 성질에 의하여 아래와 같이 유언이 무효 또는 취소되는 경우가 있을 수 있다.

### 1. 방식이 흠결된 유언

15 민법에서 정한 유언의 방식을 갖추지 못한 유언은 무효이다. 한편 유언의 방식을 일부 갖추지 못한 것이 아니라 오로지 구두로만 유언을 하는 등으로 유언의 방식을 전혀 갖추지 못한 경우에는 유언의 불성립으로 보아야 할 것이다.[5]

### 2. 법정사항 외의 사항을 내용으로 하는 유언

16 유언으로 할 수 있는 사항은 법정되어 있으므로, 법정사항 이외의 사항을 내용으로 하는 유언은 아무런 효력이 없다.

### 3. 유언능력이 없는 자에 의한 유언

17 유언능력이 없는 자, 즉 만 17세에 달하지 못한 자와 의사능력이 없는 자의 유언은 무효이다(민법 제1061조, 제1063조).

### 4. 수증결격자에 대한 유증

18 수증결격자에 대한 유언은 무효이고(민법 제1064조), 유언자가 사망하기 전에 이미 수증자가 사망한 경우에 그 유증은 효력이 생기지 아니한다(제1089조 제1항). 다만 유증자는 특정의 수증자가 자기보다 먼저 사망한 때에는 그 상속인에게 유증한다는 식으로 수증자의 상속인을 보충수증자로 지정할 수 있다(민법 제1090조 단서).

### 5. 선량한 풍속 기타 사회질서나 강행법규에 위반한 유언

19 선량한 풍속 기타 사회질서나 강행법규에 위반한 유언은 민법 제103조에 의하여 무효이다. 즉, 마약이나 음란문서와 같은 금제품을 유증하는 것은 당연히 무효이다.

### 6. 하자 있는 의사표시에 의한 유언

20 유언은 상대방이 없는 단독행위이므로 진의 아닌 의사표시에 관한 규정(민법 제107조)과 통정허위표시에 관한 규정(제108조)은 유언에 적용될 여지가 없다. 착오에 의

5 주해상속법(제1권), 박영사(2019), 735(현소혜); 박동섭, 친족상속법(제4판), 박영사(2013), 740.

한 의사표시에 관한 규정(민법 제109조)은 유언에도 적용될 여지가 있으나, 이 경우에도 유언증서를 토대로 판단하게 되므로 실제로 인정되는 경우는 매우 적을 것이다.[6]

21 사기, 강박에 의한 의사표시에 관한 규정(민법 제110조) 역시 유언에 적용된다. 사기, 강박으로 이루어진 유언에 대한 취소권은 상속인에게 승계되므로, 유언자의 사망 후 그 상속인이 취소권을 상속하여 이를 행사할 수 있다. 상속인이 다수인 경우에 상속인 전원이 공동으로 취소권을 행사하여야 하는지 여부에 관하여는 견해의 대립이 있다. 유언의 취소는 공유물 관리에 관한 사항에 불과하므로 상속분의 과반수로 정할 수 있는 견해[7]와 보존행위로 보아 상속인이 각자 그 취소권을 행사할 수 있다는 견해[8]가 있다.

### 7. 철회된 유언 등

22 유언자는 언제든지 유언 또는 생전행위로써 유언의 전부나 일부를 철회할 수 있다(민법 제1108조). 유언 후의 생전행위가 유언과 저촉되는 경우에는 그 저촉된 부분은 철회한 것으로 본다(민법 제1109조). 이에 따라 철회된 유언은 무효이다. 유언의 목적인 권리가 유언자의 사망 당시에 상속재산에 속하지 아니한 때에는 그 유증은 효력이 없으나, 유언자가 자기의 사망 당시에 그 목적물이 상속재산에 속하지 아니한 경우에도 유언의 효력이 있게 할 의사인 때에는 유효하다(민법 제1087조).

23 유언 후의 생전행위가 유언과 저촉되는 경우에는 민법 제1109조에 의하여 그 저촉된 부분의 전 유언은 이를 철회한 것으로 보지만, 이러한 생전행위를 철회권을 가진 유언자 자신이 할 때 비로소 철회 의제 여부가 문제될 뿐이고 타인이 유언자의 명의를 이용하여 임의로 유언의 목적인 특정 재산에 관하여 처분행위를 하더라도 유언 철회로서의 효력은 발생하지 아니하며, 또한 여기서 말하는 '저촉'이라 함은 전의 유언을 실효시키지 않고서는 유언 후의 생전행위가 유효로 될 수 없음을 가리키되 법률상 또는 물리적인 집행불능만을 뜻하는 것이 아니라 후의 행위가 전의 유언과 양립될 수 없는 취지로 행하여졌음이 명백하면 족하

6 김주수/김상용, 주석 민법, 상속(제2권)(제4판), 한국사법행정학회(2015), 301; 오시영, 친족상속법(제2판), 학현사(2011), 736.

7 오병철, "유언의 취소", 가족법연구 제25권 제3호, 한국가족법학회(2011), 308.

8 김재호, "포괄적 유증", 재판자료 제78집, 법원도서관(1998), 340; 김형석, "유언의 성립과 효력에 관한 몇 가지 문제", 민사판례연구 제38권, 박영사(2016), 1095~1096.

다고 할 것이고, 이러한 저촉 여부 및 그 범위를 결정함에 있어서는 전후 사정을 합리적으로 살펴 유언자의 의사가 유언의 일부라도 철회하려는 의사인지 아니면 그 전부를 불가분적으로 철회하려는 의사인지 여부를 실질적으로 집행이 불가능하게 된 유언 부분과 관련시켜 신중하게 판단하여야 한다.[9]

24 유언자가 유언증서를 작성한 후 재혼하였다거나, 유언증서에서 유증하기로 한 일부 재산을 처분한 사실이 있다고 하여 다른 재산에 관한 유언을 철회한 것으로 볼 수 없다.[10]

9 대법원 1998. 6. 12. 선고 97다38510 판결.
10 대법원 1998. 5. 29. 선고 97다38503 판결.

## 제 1074 조 [유증의 승인, 포기]

① 유증을 받을 자는 유언자의 사망 후에 언제든지 유증을 승인 또는 포기할 수 있다.

② 전항의 승인이나 포기는 유언자의 사망한 때에 소급하여 그 효력이 있다.

[관련조문] 민법 제1019조(승인, 포기의 기간), 제1021조(승인, 포기기간의 계산에 관한 특칙), 제1026조(법정단순승인), 제1073조(유언의 효력발생시기), 제1076조(수증자의 상속인의 승인, 포기), 제1077조(유증의무자의 최고권), 제1078조(포괄적 수증자의 권리의무)

[참고문헌] 김주수/김상용, 주석 민법, 상속(제2권)(제4판), 한국사법행정학회(2015); 주해상속법(제1권), 박영사(2019); 김용한, 친족상속법론(보정판), 박영사(2003); 박동섭, 친족상속법(제4판), 박영사(2013); 오시영, 친족상속법(제2판), 학현사(2011); 윤진수, 친족상속법 강의(제2판), 박영사(2018); 조승현, 친족·상속(제5판), 신조사(2015)



### Ⅰ. 의의

1 유증이란 유언에 의하여 유산의 전부 또는 일부를 타인에게 주는 행위로서[1] 상대방 없는 단독행위이므로, 유증받을 자의 의사와 관계 없이 유언자가 사망한 때부터 당연히 유증의 효력이 생긴다(민법 제1073조 제1항). 그러나 유증이 수증자에게 이익이 된다고 하더라도 유증받을 자의 의사에 반하면서까지 그 효력을 강제하는 것은 바람직하지 않으므로, 민법 제1074조에서는 유증받을 자가 유언자의 사망 후 언제든지 유증의 승인 또는 포기를 할 수 있도록 규정하고 있다.

2 유증은 포괄적 유증과 특정적 유증으로 구별된다. 포괄적 유증은 상속재산의 전부 또는 일부를 비율에 의하여 포괄적으로 증여하는 의사표시를 뜻하고, 특정적 유증은 상속재산을 구체적으로 특정하여 증여하는 의사표시를 뜻한다. 유증이 포괄적 유증인가 특정적 유증인가는 유언에 사용한 문언 및 그 외 제반 사정을 종합적으로 고려하여 탐구된 유언자의 의사에 따라 결정되어야 하고, 통상은 상속재산에 대한 비율의 의미로 유증이 된 경우는 포괄적 유증, 그렇지 않은 경우

[1] 대법원 1985. 12. 10. 선고 85누667 판결.

는 특정적 유증이라고 할 수 있지만, 유언공정증서 등에 유증한 재산이 개별적으로 표시되었다는 사실만으로는 특정적 유증이라고 단정할 수는 없고 상속재산이 모두 얼마나 되는지를 심리하여 다른 재산이 없다고 인정되는 경우에는 이를 포괄적 유증이라고 볼 수도 있다.[2]

3 민법 제1074조에서의 유증은 특정적 유증에서만 적용된다. 포괄적 유증을 받은 자는 민법 제1078조에 따라서 상속인과 동일한 지위에 있기 때문에 민법 제1019조 내지 제1044조에 의하여 유증의 승인 또는 포기를 하여야 하기 때문이다.

## Ⅱ. 특정적 유증의 승인·포기의 요건

### 1. 승인·포기의 주체

4 특정적 유증을 받은 수증자 본인이 승인 또는 포기의 의사표시를 하여야 한다. 승인 또는 포기의 의사표시는 재산법적 법률행위의 성격을 가지고 있으므로, 원칙적으로 권리능력뿐만 아니라 행위능력까지 갖춘 수증자만이 단독으로 유효하게 승인 또는 포기를 할 수 있다. 따라서 제한능력자가 법정대리인의 동의 없이 한 승인 또는 의사표시는 취소의 대상이 된다(민법 제5조, 제10조, 제13조, 제950조). 다만, 유증에 대한 승인의 의사표시가 권리만을 얻거나 의무만을 면하는 행위에 해당할 경우에는 미성년자가 단독으로 할 수 있다(민법 제5조 제1항 단서).

### 2. 승인·포기의 시기

5 포괄적 유증의 승인·포기는 포괄적 수증자가 자기를 위하여 포괄적 유증이 있음을 안 날로부터 3개월 내에만 허용된다(민법 제1078조, 제1019조). 이에 반하여 특정적 유증의 승인·포기는 아무런 시기상의 제한이 존재하지 않으므로, 유언자의 사망 후라면 언제든지 할 수 있다. 다만, 유언의 효력발생 전에 수증자는 유증에 대하여 아무런 권리가 없기 때문에 상속개시 전에 미리 특정적 유증을 포기하기로 것은 효력이 없다.[3]

6 포괄적 유증을 비롯한 상속의 승인·포기는 차순위 상속인 그 밖의 이해관계인에 대하여 중대한 영향을 미치는데 반하여, 특정적 유증의 승인·포기는 제3자에

2 대법원 2003. 5. 27. 선고 2000다73445 판결.

3 주해상속법(제1권), 박영사(2019), 743(현소혜); 김용한, 친족상속법론(보정판), 박영사(2003), 409; 박동섭, 친족상속법(제4판), 박영사(2013), 759; 윤진수, 친족상속법 강의(제2판), 박영사(2018), 540; 조승현, 친족·상속(제5판), 신조사(2015), 467.

게 영향을 미치는 영향이 적으므로 그 기간의 제한이 없는 것이다.[4]

7 수증자가 언제든지 특정적 유증을 승인하거나 포기할 수 있도록 하는 것은 유증의무자나 이해관계인의 법적 지위에 불안정을 가져올 우려가 있다. 따라서 민법은 유증의무자나 이해관계인에게 특정적 수증자에 대한 승인 또는 포기에 관한 최고권을 부여하고 있다(민법 제1077조).

### 3. 승인·포기의 방식

8 포괄적 유증의 포기의 경우에는 가정법원에 대하여 신고를 하여야 하고(민법 제1078조, 제1041조), 일정한 요건이 충족된 경우 포괄적 유증을 승인한 것으로 간주될 수도 있다(제1078조, 제1026조).

9 이에 반하여 특정적 유증의 승인·포기에 대하여 민법상 어떠한 방식의 제한이 있는 것은 아니다. 유증의무자에게 승인 또는 포기의 의사표시를 표시하면 족하다. 유증의무자가 여러 명인 경우 그들 중 1인에 대한 승인이나 포기의 의사표시는 다른 유증의무자에 대해서도 효력을 미친다.[5] 유언집행자를 상대로 승인 또는 포기의 의사표시를 한 것도 가능하다.[6]

10 특정적 유증의 승인·포기는 묵시적으로도 이루어질 수 있으므로, 유증의무자를 상대로 유증의 이행을 청구하거나 유증목적물을 이의 없이 수령한 경우에는 유증을 묵시적으로 승인한 것으로 볼 수 있다.[7]

### 4. 승인·포기의 내용

11 포괄적 유증의 승인·포기는 상속의 승인·포기와 동일하게 조건 또는 기한을 붙일 수 없고, 일부의 승인 또는 포기를 할 수 없다. 이에 반하여 특정적 유증의 승인·포기는 반드시 포괄적으로 이루어질 필요가 없고, 수증자가 특정적 유증의 일부에 대해서만 승인하고, 나머지는 포기할 수도 있다. 유증을 받은 자의 소유권보존(이전)등기신청절차 등에 관한 사무처리지침(등기예규 제1512호)에 의하면, 특정적 유증의 수증자가 유증자의 사망 후에 1필지 토지(또는 1개의 건물)의 특정 일부에 대하여 유증의 일부포기를 한 경우에 유언집행자는 포기한 부분에 대하여 분할(또는 구분)등기를 한 다음 포기하지 아니한 부분에 대하여 유증을 원인

4 김주수/김상용, 주석 민법, 상속(제2권)(제4판), 한국사법행정학회(2015), 307.
5 박동섭, 친족상속법(제4판), 박영사(2013), 759.
6 김주수/김상용, 주석 민법, 상속(제2권)(제4판), 한국사법행정학회(2015), 307.
7 김주수/김상용, 친족·상속법(제15판), 법문사(2018), 840.

으로 한 소유권이전등기를 신청하여야 한다.

12 다만, 채무를 면제하는 내용의 특정적 유증의 경우에는 수증자가 이를 포기할 수 없다. 채무면제의 의사표시는 상대방이 있는 단독행위로서 도달과 동시에 효력이 발생하므로, 이의 균형상 유증의 포기를 허용할 수 없기 때문이다.[8]

### 5. 승인·포기의 대리

13 특정적 유증의 승인·포기는 상속의 승인·포기와 달리 재산법적 법률행위의 성격을 가지고 있으므로 대리가 허용된다. 따라서 법정대리인은 이해상반행위에 해당하는 경우를 제외하고 특정적 유증의 승인·포기를 유효하게 할 수 있다.

### 6. 승인·포기에 대한 채권자대위권 등

14 특정적 유증의 승인·포기는 채권자대위권, 채권자취소권의 객체가 될 수 있다는 것이 다수의 견해이다.[9]

15 그런데 판례는 유증을 받을 자는 유언자의 사망 후에 언제든지 유증을 승인 또는 포기할 수 있고, 그 효력은 유언자가 사망한 때에 소급하여 발생하므로(민법 제1074조), 채무초과 상태에 있는 채무자라도 자유롭게 유증을 받을 것을 포기할 수 있고, 또한 채무자의 유증 포기가 직접적으로 채무자의 일반재산을 감소시켜 채무자의 재산을 유증 이전의 상태보다 악화시킨다고 볼 수도 없기 때문에 유증을 받을 자가 이를 포기하는 것은 사해행위 취소의 대상이 되지 않는다고 보는 것이 옳다고 한다.[10]

## III. 특정적 유증의 승인·포기의 효력

16 특정적 유증의 승인·포기의 효력 역시 유언자 사망시로 소급하여 생긴다(민법 제1074조 제2항). 유언의 효력은 유언자 사망 당시에 발생하므로(민법 제1073조), 특정적 유증에서의 승인은 유언자의 사망과 동시에 이미 효력이 발생한 유증이 그대로 유효하게 확정되는 것을 의미한다. 특정적 유증을 포기하면 수증자는 처음부터 유증을 받지 아니한 것이 된다.

8 주해상속법(제1권), 박영사(2019), 744(현소혜); 박동섭, 친족상속법(제4판), 박영사(2013), 759; 오시영, 친족상속법(제2판), 학현사(2011), 752.

9 김주수/김상용, 친족·상속법(제15판), 법문사(2018), 839; 오시영, 친족상속법(제2판), 학현사(2011), 753.

10 대법원 2019. 1. 17. 선고 2018다260855 판결.

## 제 1075 조 [유증의 승인, 포기의 취소금지]

① 유증의 승인이나 포기는 취소하지 못한다.
② 제1024조 제2항의 규정은 유증의 승인과 포기에 준용한다.

[관련조문] 민법 제1024조(승인, 포기의 취소금지), 제1078조(포괄적 수증자의 권리의무)

[참고문헌] 주해상속법(제1권), 박영사(2019)



### Ⅰ. 특정적 유증의 승인·포기의 철회

1 민법 제1075조는 민법 제1074조에 따른 특정적 유증의 승인·포기에 대하여만 적용된다. 포괄적 유증의 경우에는 상속의 승인이나 포기의 취소를 금지하는 규정인 민법 제1024조 제1항이 준용되기 때문이다.

2 민법 제1075조에서의 취소는 강학상 철회에 해당하는데, 특정적 유증의 승인·포기의 취소를 허용할 경우 유증의무자, 이해관계인의 법적 지위가 불안정해질 우려가 있어서 민법은 이를 금지하는 것이다.[1]

### Ⅱ. 승인·포기의 취소의 허용

3 민법 제1075조 제2항이 민법 제1024조 제2항을 준용하기 있으므로, 특정적 유증의 승인·포기에 있어서 민법 총칙편의 규정에 의한 취소가 허용된다. 따라서 착오·사기·강박에 의한 승인·포기의 경우, 제한능력자가 법정대리인의 동의 없이 한 승인·포기의 경우 민법 총칙편의 규정에 의하여 취소할 수 있다. 그러나 이 취소권은 추인할 수 있는 날로부터 3월, 승인 또는 포기한 날로부터 1년 내에 행사하지 아니하면 시효로 인하여 소멸한다(민법 제1075조 제2항에 따른 민법 제1024조 제2항 준용).

1 주해상속법(제1권), 박영사(2019), 747(현소혜).

## 제 1076 조 [수증자의 상속인의 승인, 포기]

**수증자가 승인이나 포기를 하지 아니하고 사망한 때에는 그 상속인은 상속분의 한도에서 승인 또는 포기할 수 있다. 그러나 유언자가 유언으로 다른 의사를 표시한 때에는 그 의사에 의한다.**

[관련조문] 민법 제1019조(승인, 포기의 기간), 제1021조(승인, 포기기간의 계산에 관한 특칙), 제1074조(유증의 승인, 포기), 제1077조(유증의무자의 최고권), 제1078조(포괄적 수증자의 권리의무)

[참고문헌] 김주수/김상용, 주석 민법, 상속(제2권)(제4판), 한국사법행정학회(2015); 주해상속법(제1권), 박영사(2019); 김용한, 친족상속법론(보정판), 박영사(2003); 오시영, 친족상속법(제2판), 학현사(2011)



### Ⅰ. 특정적 수증자의 상속인의 승인·포기

1 민법 제1076조는 특정적 유증에 대해서만 적용된다. 포괄적 수증자의 상속인에 대한 승인·포기에 대해서는 민법 제1021조가 준용되기 때문이다.

2 특정적 유증의 승인·포기권은 일신전속권이 아니기 때문에, 수증자가 민법 제1075조에서 규정한 승인 또는 포기의 의사표시를 하지 않은 상태에서 사망한 경우 그 승인·포기권은 수증자의 상속인에게 승계된다. 수증자의 상속인이 다수인 경우 그 상속인은 자기의 상속분의 한도에서 승인·포기권을 행사할 수 있다. 공동상속인 중 1인이 유증을 포기하고 다른 상속인들이 이를 승인하는 경우 포기된 지분은 유증을 승인한 수증자의 다른 상속인들에게 상속분에 따라서 귀속하게 된다.[1]

### Ⅱ. 상속인의 의사표시의 기간

3 수증자의 상속인의 특정적 유증에 대한 승인·포기는 아무런 시기상의 제한이 없으므로 언제든지 승인·포기를 할 수 있다.

4 다만, 유증의무자 또는 이해관계인이 민법 제1077조 제1항에 따라 수증자에게 승인 또는 포기의 최고를 한 상태에서 수증자가 승인이나 포기를 하지 않고 사망한 경우에 최고에 관한 상당한 기간의 기산점을 언제로 보아야 할지에 관하여는 논란의 여지가 있다. 수증자가 승인·포기권을 행사하지 않고 사망한 경우에

[1] 김주수/김상용, 주석 민법, 상속(제2권)(제4판), 한국사법행정학회(2015), 312.

그의 상속인이 승인·포기권을 행사할 수 있는 기간에 관한 규정인 민법 제1021조의 취지와 수증자의 상속인에 대한 불의타를 가하는 결과를 막기 위하여 수증자의 상속인이 자기를 위하여 상속이 개시되었음과 피상속인에 대하여 최고가 있는 것을 안 날로부터 최고에 관한 상당한 기간이 개시된다고 보는 견해가 유력하다.[2]

## Ⅲ. 제1076조 단서

5 유언자가 유언으로 다른 의사를 표시한 때에는 그 의사에 따라 유언의 효력이 발생한다(민법 제1076조 단서). 따라서 수증자가 승인·포기하지 않고 사망한 때에는 유증이 효력을 잃는다고 하거나 다른 사람에게 유증한다는 취지의 유언이 있는 경우에는 민법 제1076조 전문의 규정이 적용되지 아니하고, 유언자의 의사에 따라 유언의 효력이 생긴다.

2 김주수/김상용, 주석 민법, 상속(제2권)(제4판), 한국사법행정학회(2015), 313; 주해상속법(제1권), 박영사(2019), 748(현소혜); 김용한, 친족상속법론(보정판), 박영사(2003), 410~411; 오시영, 친족상속법(제2판), 학현사(2011), 754.

## 제 1077 조 [유증의무자의 최고권]

**① 유증의무자나 이해관계인은 상당한 기간을 정하여 그 기간 내에 승인 또는 포기를 확답할 것을 수증자 또는 그 상속인에게 최고할 수 있다.**
**② 전항의 기간 내에 수증자 또는 상속인이 유증의무자에 대하여 최고에 대한 확답을 하지 아니한 때에는 유증을 승인한 것으로 본다.**

**[관련조문]** 민법 제1074조(유증의 승인, 포기), 제1076조(수증자의 상속인의 승인, 포기), 제1090조(유증의 무효, 실효의 경우와 목적재산의 귀속)

**[참고문헌]** 김주수/김상용, 주석 민법, 상속(제2권)(제4판), 한국사법행정학회(2015); 주해상속법(제1권), 박영사(2019); 박동섭, 친족상속법(제4판), 박영사(2013)



### Ⅰ. 의의

1 민법 제1077조는 특정적 유증의 경우에 대해서만 적용된다. 포괄적 유증에 대해서는 3개월의 고려기간이 경과하면 단순승인으로 의제되므로 유증의무자나 이해관계인의 법적 지위에 불안정을 가져올 우려가 적다(민법 제1078조에 따른 민법 제1026조 준용). 이에 반하여 특정적 유증의 승인·포기는 그 기간의 제한이 없다. 그러나 수증자가 언제든지 특정적 유증을 승인하거나 포기할 수 있도록 하는 것은 유증의무자나 이해관계인의 법적 지위에 불안정을 가져올 우려가 있다. 따라서 민법은 유증의무자나 이해관계인에게 특정적 수증자에 대한 승인 또는 포기에 관한 최고권을 부여하고 있다(민법 제1077조 제1항).

### Ⅱ. 최고의 요건

#### 1. 최고권자

2 민법 제1077조의 최고권을 행사할 수 있는 자는 유증의무자와 이해관계인이다. 유증의무자는 수증자에게 권리이전절차를 취할 의무가 있는 자로서 상속인, 상속재산관리인, 포괄적 수증자, 유언집행자 등이 있다. 이해관계인은 유증의 승인·포기 여부에 관하여 법률상 이해관계가 있는 자를 뜻하고, 상속인의 채권자,

후순위 수증자, 부담부 유증에서의 수익자 등이 이에 포함된다.

3 유증의무나 이해관계인이 다수 있는 경우에는 각자가 최고권을 행사할 수 있고, 이에 따른 효과는 모든 유증의무자나 이해관계인에게 미치게 된다.

### 2. 상당한 기간

4 민법 제1077조에서 정한 상당한 기간이란 최고를 받은 수증자가 승인이나 포기의 의사표시를 하여 이것이 유증의무자에게 도달하는데 필요한 기간을 뜻한다. 상당한 기간은 획일적으로 정할 수 있는 것이 아니라 유증목적물의 종류와 범위, 조사의 용이성 등의 구체적인 사정에 따라 정해질 수밖에 없다. 최고권자가 정한 최고 기간이 상당하지 않더라도 객관적으로 상당한 기간이 도과하면 최고의 효력이 생긴다고 볼 것이다.[1]

## Ⅲ. 최고의 방식

5 최고의 방식에는 아무런 제한이 없고, 최고는 수증자에게 도달함으로써 효력이 생긴다(민법 제111조). 최고의 상대방이 의사표시의 수령능력이 없는 경우 즉, 태아이거나 미성립된 법인 경우에는 최고는 당연히 아무런 효력이 생기지 아니하고, 수증자가 제한능력자인 경우에는 그의 법정대리인이 최고의 도달 사실을 알지 않는 이상 최고로써 수증자에게 대항할 수 없다(민법 제112조). 다만, 유증이 제한능력자에게 단지 이익만을 주는 성질의 것일 때에는 법정대리인이 최고의 사실을 알지 못해도 최고의 효력이 생긴다는 견해가 있다.[2]

## Ⅳ. 최고의 효과

### 1. 수증자가 확답하는 경우

6 수증자 또는 그 상속인이 유증의무자에게 상당한 기간 내에 승인 또는 포기를 확답한 경우 그에 따른 효력이 생긴다.

7 최고는 유증의무자뿐만 아니라 이해관계인도 할 수 있으나, 최고를 받은 수증자의 승인 또는 포기의 의사표시는 반드시 유증의무자에 대하여만 하여야 한다(민법 제1077조 제2항). 따라서 유증의무자가 아닌 이해관계인에 불과한 자에 대하여

1 주해상속법(제1권), 박영사(2019), 750(현소혜); 박동섭, 친족상속법(제4판), 박영사(2013), 761.
2 김주수/김상용, 주석 민법, 상속(제2권)(제4판), 한국사법행정학회(2015), 316.

한 승인 또는 포기의 의사표시는 그 이해관계인이 최고를 한 자라고 하더라도 아무런 효력이 없다.

8 유증의무자가 다수인 경우 그 중 1인에 대하여만 승인 또는 포기의 의사를 표시하여도 족하고, 그에 따라 승인 또는 포기의 효력이 생긴다.

### 2. 수증자가 확답하지 않는 경우

9 수증자가 최고를 받은 상당한 기간 내에 유증의무자에게 최고에 대한 확답을 하지 아니한 때에는 유증을 승인한 것으로 본다(민법 제1077조 제2항).

## 제 1078 조 [포괄적 수증자의 권리의무]

**포괄적 유증을 받은 자는 상속인과 동일한 권리의무가 있다.** <개정 1990. 1. 13>

[관련조문] 민법 제1005조(상속과 포괄적 권리의무의 승계), 제1006조(공동상속과 재산의 공유), 제1007조(공동상속인의 권리의무승계), 제1013조(협의에 의한 분할), 제1045조(상속재산의 분리청구권), 제1089조(유증효력발생전의 수증자의 사망), 제1090조(유증의 무효, 실효의 경우와 목적재산의 귀속)

[참고문헌] 주해상속법(제1권), 박영사(2019)



### Ⅰ. 의의

1 포괄적 유증이란 상속재산의 전부 또는 그에 대한 비율에 의하여 포괄적으로 증여하는 의사표시를 말한다.

2 유증이 포괄적 유증인가 특정적 유증인가는 유언에 사용한 문언 및 그 외 제반 사정을 종합적으로 고려하여 탐구된 유언자의 의사에 따라 결정되어야 하고, 통상은 상속재산에 대한 비율의 의미로 유증이 된 경우는 포괄적 유증, 그렇지 않은 경우는 특정적 유증이라고 할 수 있지만, 유언공정증서 등에 유증한 재산이 개별적으로 표시되었다는 사실만으로는 특정적 유증이라고 단정할 수는 없고 상속재산이 모두 얼마나 되는지를 심리하여 다른 재산이 없다고 인정되는 경우에는 이를 포괄적 유증이라고 볼 수도 있다.[1]

3 포괄적 수증자는 상속인과 동일한 권리의무가 있다는 것은 다음과 같은 의미가 있다. 첫째, 포괄적 수증자는 유언자의 일신에 전속한 권리의무를 제외한 나머지 권리의무에 대하여 상속인과 마찬가지로 포괄적으로 승계한다(민법 제1005조). 둘째 포괄적 수증자는 상속인과 동일한 권리의무가 생기므로, 포괄적 수증자와 상속인이 있는 경우, 포괄적 수증자가 다수인 경우에는 그러한 자들 사이에 공동상속인 사이에서의 공동상속관계와 마찬가지의 관계가 생기게 됨으로써 상속재산의 공유관계가 생기게 되며(민법 제1006조, 제1007조), 상속재산 분할 협의를

1 대법원 2003. 5. 27. 선고 2000다73445 판결.

할 수 있다(제1013조). 셋째 포괄적 수증자는 상속인과 동일한 권리의무를 가질 뿐이지, 상속인과 동일시되는 것은 아니므로, 포괄적 수증자가 행사할 수 있는 권리가 상속인의 권리와 완전히 동일하지는 않는다.

## Ⅱ. 포괄적 수증자의 권리의무

### 1. 상속재산의 포괄적 승계

4 포괄적 수증자는 상속재산에 관하여 상속인과 동일한 권리의무가 있으므로, 그 수증분의 비율에 따라 적극재산은 물론 소극재산 즉 상속채무까지도 포괄적으로 승계한다. 포괄적 수증자는 그 수증분의 비율에 따라 상속채무를 변제할 의무를 부담하고, 원래의 법정상속인은 그 부분에 대하여 상속채무를 면하게 된다. 따라서 상속인의 재산 전부(적극재산 및 소극재산)가 다른 사람에게 포괄적으로 유증된 경우에는 원래의 법정상속인은 유류분반환청구권을 행사하지 않는 한 상속채무를 변제할 의무를 부담하지 않는다.[2]

5 포괄적 유증의 효과에 관하여 물권적 효과설과 채권적 효과설의 대립이 있다. 물권적 효과설은 포괄적 유증이 있는 경우 상속재산에 관한 권리가 유언의 효력이 발생한 때에 포괄적으로 수증자에게 당연히 이전된다는 견해이고, 이에 반하여 채권적 효과설은 포괄적 유증에 채권적 효력만이 인정될 뿐이어서 상속인 등의 유증의무자의 이행에 있어야 비로소 상속재산의 권리가 수증자에게 이전된다는 견해이다.

6 판례는 부동산에 대하여 포괄적 유증을 받은 자는 민법 제187조에 의하여 법률상 당연히 유증받은 부동산의 소유권을 취득하게 된다고 하여 물권적 효과설의 견해를 취하고 있다.[3]

### 2. 상속인과 동일한 권리의무

#### 가. 상속재산분할

7 포괄적 유증으로 인하여 공동상속관계가 생기게 되는 경우 포괄적 수증자는 상속재산분할에 참가할 수 있고, 포괄적 수증자가 참가하지 않은 상속재산분할협의는 무효이다. 이 경우 포괄적 수증자의 존재가 상속재산의 분할 기타 처분 후

2 대법원 1980. 2. 26. 선고 79다2078 판결.
3 대법원 2003. 5. 27. 선고 2000다73445 판결.

에 밝혀진 경우라도 민법 제1014조가 적용되지 않는다는 견해가 있다.[4]

### 나. 상속회복청구권

8 포괄적 유증의 경우에도 상속인의 상속회복청구권 및 그 제척기간에 관하여 규정한 민법 제999조가 유추적용된다.[5] 따라서 포괄적 수증자는 포괄적 유증을 받은 재산권이 침해되었음을 안 날로부터 3년, 그 침해행위가 있은 날로부터 10년이 경과하면 더 이상 그 침해자와 전득자를 상대로 그 회복을 청구하는 소를 구할 수 없다.

### 다. 재산분리

9 재산의 분리(민법 제1045조 이하)에 관하여 포괄적 수증자는 상속인과 마찬가지로 다루어진다. 따라서 상속채권자 또는 수증자의 채권자는 일정기간 내에 유증된 재산과 수증자의 고유재산의 분리를 법원에 청구할 수 있다. 특정적 수증자의 경우에도 재산의 분리를 법원에 청구할 수 있으나, 포괄적 수증자는 상속인과 동일한 지위에 있기 때문에 재산의 분리를 청구할 수 없으며 필요한 경우 한정승인이 가능할 뿐이다.

### 3. 상속인과 상이한 권리의무

10 포괄적 유증에는 조건이나 부담 등의 부관을 붙일 수 있다는 점에서 상속과 다르다. 수증자가 상속개시 전에 사망한 경우에는 원칙적으로 유증의 효력이 생기지 아니하나(민법 제1089조), 상속의 경우에는 대습상속이 개시된다(제1001조, 제1003조 제2항). 법인은 상속을 받을 수 없지만 유증은 받을 수 있다. 포괄적 수증자는 유류분권을 가지지 못하고, 민법 제1011조에서 규정한 공동상속분의 양수권을 행사할 수 없다.

## Ⅲ. 포괄적 유증의 승인·포기

11 포괄적 유증의 승인·포기에 관해서는 상속의 승인 또는 포기에 관한 민법 제1019조 내지 제1044조의 규정이 준용된다. 따라서 포괄적 수증자는 유증의 효력이 발생한 것을 안 날로부터 3개월 내에 승인, 한정승인 또는 포기를 하여야 한다(민법 제1019조 제1항). 포괄적 수증자가 위 기간 내에 한정승인 또는 포기를 하지 아니

4 주해상속법(제1권), 박영사(2019), 769(현소혜).
5 대법원 2001. 10. 12. 선고 2000다22942 판결.

한 때에는 포괄적 유증을 단순승인한 것으로 본다(민법 제1026조 제2호). 유언자의 사망 후에 언제든지 유증을 승인 또는 포기할 수 있다고 규정한 민법 제1074조는 특정적 유증의 경우에만 적용될 뿐 포괄적 유증에는 적용되지 않는다. 판례는 유증의 포기는 사해행위 취소의 대상이 되지 않는다고 한다.[6]

12 포괄적 수증자가 이를 포기한 경우 유증의 목적인 재산은 상속인에게 귀속한다. 그러나 유언자가 유언으로 다른 의사를 표시한 때에는 그 의사에 의한다(민법 제1090조).

6 대법원 2019. 1. 17. 선고 2018다260855 판결.

## 제 1079 조 [수증자의 과실취득권]

**수증자는 유증의 이행을 청구할 수 있는 때로부터 그 목적물의 과실을 취득한다. 그러나 유언자가 유언으로 다른 의사를 표시한 때에는 그 의사에 의한다.**

**[관련조문]** 민법 제101조(천연과실, 법정과실), 제102조(과실의 취득), 제201조(점유자와 과실), 제387조(이행기와 이행지체), 제1073조(유언의 효력발생시기), 제1080조(과실수취비용의 상환청구권), 제1081조(유증의무자의 비용상환청구권)

**[참고문헌]** 김주수/김상용, 주석 민법, 상속(제2권)(제4판), 한국사법행정학회(2015); 김주수/김상용, 친족·상속법(제15판), 법문사(2018); 윤진수, 친족상속법 강의(제2판), 박영사(2018)



### Ⅰ. 의의

1 민법 제1079조는 특정적 수증자의 권리를 보호하기 위한 규정으로서 특정적 유증에 한정되어 적용된다. 특정적 유증의 경우에는 유언의 효력이 발생하더라도 유증의 대상인 권리가 수증자에게 당연히 귀속되는 것이 아니고, 수증자는 유증의무자에게 유증의 이행을 청구할 권리만을 취득할 뿐이다. 이에 따라 민법 제1079조는 상속인 등의 유증의무자가 유증의 이행을 지연할 것을 대비하여 유증목적물이 유언의 효력발생시부터 수증자에게 귀속하고 있었던 것과 동일한 이익을 수증자가 얻도록 하고 있다. 민법 제1079조의 성질상 유증목적물이 특정물 또는 채권인 경우에만 적용될 수 있다.

2 한편, 포괄적 유증의 경우에는 유언의 효력발생과 동시에 유증의 대상인 권리가 수증자에게 당연히 귀속되므로, 포괄적 수증자의 과실수취권은 민법 제201조에 의한다.

### Ⅱ. 과실취득의 시기

3 특정적 수증자는 유증의 이행을 청구할 수 있는 때로부터 과실수취권을 취득한다. 유증의 이행을 청구할 있는 때란 단순유증의 경우에는 유언자의 사망시이고, 정지조건부 유증에서는 조건성취시, 시기부 유증에서는 시기가 도래한 때부터이다. 유증의 이행을 청구할 수 있을 때부터 과실수취권을 당연히 취득하게 되는 것이고, 실제로 유증의무자에게 유증의 이행을 청구할 때부터 과실수취권

을 취득하는 것이 아니다. 따라서 유증의무자는 수증자의 유증의 이행청구시기가 도래한 이후부터 수취한 과실을 수증자에게 반환할 의무가 있다.

## Ⅲ. 과실의 의의

4 유증의무자가 반환하여야할 과실에는 민법 제101조에서 규정한 천연과실과 법정과실이 모두 포함된다. 유증목적물이 주식인 경우에는 이익배당금도 과실로 볼 수 있다.[1]

5 유증의무자가 유증사실을 알지 못한 경우 즉 선의인 경우에는 민법 제201조 제1항을 유추적용하여 유증의무자에게는 과실반환의무가 없다는 견해[2]와 유증의무자가 유증사실을 고의·과실 없이 모르고, 수증자에게 유증사실을 알면서 이를 청구하지 않는 과실이 있는 경우에는 유증의무자는 현존하는 이익의 한도로 과실을 반환하면 족하다는 견해[3]가 있다.

6 유증의무자는 수증자가 유증의 이행을 청구할 수 있는 때부터 민법 제387조에 따라 과실에 대한 지체책임을 진다.

7 유증목적물에서 과실이 생기고 있지 아니한 경우에는 민법 제387조 제2항에 따라서 유증의무자는 수증자로부터 이행청구를 받은 때로부터 유증목적물에 대한 지체책임을 부담할 뿐이다.

## Ⅳ. 임의규정

8 민법 제1079조는 임의규정이므로, 유언자가 본문과 다른 의사를 표시한 경우에는 그 의사가 우선하여 적용된다. 따라서 유언자는 수증자의 이행청구권이 생기기 전까지의 과실수취권을 특정적 수증자에게 귀속시킬 수 있고, 또는 유증의무자의 이행이 완료될 때까지의 과실수취권을 제3자에게 귀속시키는 것으로 정할 수 있다.

1 김주수/김상용, 주석 민법, 상속(제2권)(제4판), 한국사법행정학회(2015), 328.
2 윤진수, 친족상속법 강의(제2판), 박영사(2018), 542.
3 김주수/김상용, 친족·상속법(제15판), 법문사(2018), 832.

## 제 1080 조 [과실수취비용의 상환청구권]

**유증의무자가 유언자의 사망 후에 그 목적물의 과실을 수취하기 위하여 필요비를 지출한 때에는 그 과실의 가액의 한도에서 과실을 취득한 수증자에게 상환을 청구할 수 있다.**

[관련조문] 민법 제203조(점유자의 상환청구권), 제739조(관리자의 비용상환청구권), 제1079조(수증자의 과실취득권), 제1081조(유증의무자의 비용상환청구권)

[참고문헌] 주해상속법(제1권), 박영사(2019)



### Ⅰ. 의의

1 민법 제1080조는 민법 제1079조를 전제로 하는 규정이기 때문에 민법 제1079조와 동일하게 그 성질상 특정적 유증 중에서 유증목적물이 특정물 또는 채권인 경우에 적용된다. 유증의무자는 민법 제1079조에 따라서 수증자가 유증의 이행을 청구할 수 있을 때부터 그가 수취한 과실을 반환할 의무를 부담하고 있으므로, 이에 대응하여 민법 제1080조는 수증자가 유증의무자에게 그가 유언자의 사망 후에 그 목적물의 과실을 취득하기 위하여 지출한 비용을 상환하도록 한 것이다.

### Ⅱ. 필요비의 범위

2 민법 제1080조에서의 필요비란 유증의무자가 과실을 수취하기 위하여 지출한 비용이다. 수증자가 상환하여야 할 필요비는 유언자의 사망 후에 지출된 것에 한정된다. 수증자는 유언자의 사망으로 유언의 효력이 발생했을 때 유증목적물에 대한 과실취득권을 취득하기 때문이므로, 유증의무자가 유언자의 사망 이전에 필요비를 지출하였을 경우에는 이를 민법 제203조 또는 그 밖의 법률규정에 따라 유언자 본인을 상대로 청구하거나, 이후 유언자가 사망한 경우에는 유언자의 상속인을 상대로 청구할 수 있을 뿐이다.

3 유증의무자는 과실의 가액의 한도 내에서만 필요비의 상환을 청구할 수 있고, 과실의 가액을 넘은 부분을 청구할 수는 없다. 한편, 과실의 가액을 넘지 않더라도 통상의 필요비를 넘어 과도하게 지출된 부분에 대해서는 상환을 청구할 수 없다고 보아야 할 것이다.[1]

1 주해상속법(제1권), 박영사(2019), 778(현소혜).

## 제 1081 조 [유증의무자의 비용상환청구권]

**유증의무자가 유증자의 사망 후에 그 목적물에 대하여 비용을 지출한 때에는 제325조의 규정을 준용한다.**

[관련조문] 민법 제203조(점유자의 상환청구권), 제325조(유치권자의 상환청구권), 제1073조(유언의 효력발생시기)

[참고문헌] 김주수/김상용, 주석 민법, 상속(제2권)(제4판), 한국사법행정학회(2015); 주해상속법(제1권), 박영사(2019); 오시영, 친족상속법(제2판), 학현사(2011); 윤진수, 친족상속법 강의(제2판), 박영사(2018)



### Ⅰ. 의의

1 민법 제1081조는 특정적 유증에 있어서 성질상 유증목적물이 특정물인 경우에 적용된다. 포괄적 유증의 경우 유증목적물의 소유권이 유언의 효력발생과 동시에 수증자에게 바로 귀속되므로(물권적 효과설), 유증의무자는 포괄적 수증자에 대하여 민법 제203조에 따라서 비용상환청구권을 행사할 수 있기 때문이다.

2 유증의무자가 특정적 수증자에게 유증자의 사망 후에 그 목적물에 대하여 필요비나 유익비를 지출한 경우 수증자가 이를 반환하도록 하는 규정한 것은 이러한 비용이 장래에 유증목적물의 소유권을 취득하게 될 수증자의 이익을 위하여 지출된 것이기 때문이다.

### Ⅱ. 비용상환청구권의 범위

3 민법 제1081조에 따라 유증의무자가 상환을 청구할 수 있는 범위에 대하여는 유치권에 관한 민법 제325조의 규정이 준용된다.

4 유증의무자가 필요비를 지출한 경우에는 수증자에게 그 전액의 상환을 구할 수 있다(민법 제352조 제1항). 여기에서의 필요비란 유증목적물의 보존을 위하여 지출한 비용으로서 가옥의 수리비, 유증목적물에 대한 재산세 등이 포함될 수 있다.

5 유증의무자가 유익비를 지출한 경우에는 가액의 증가가 현존한 경우에 한하여 선택권자의 선택에 의하여 그 지출한 금액이나 증가액의 상환을 청구할 수 있다(민법 제325조 제2항). 여기에서의 유익비란 유증목적물의 객관적 가치를 증가시키기 위하여 투입한 비용이다. 민법 제1081조에 의하여 준용되는 민법 제325조

제1항의 '소유자'는 '수증자'로 보아야 하므로, 유익비에 대한 상환청구권을 행사함에 있어서 지출액과 증가액 중 어느 한쪽의 상환을 선택할 수 있는 선택권자는 유증의무자가 아니라 수증자로 보아야 할 것이다.

6 수증자가 상환하여야 할 비용은 유언자의 사망 후에 생긴 것에 한한다. 유증의무자가 유언자의 사망 전까지 유증목적물을 점유하면서 지출한 필요비 또는 유익비 등의 비용에 대하여 민법 제1081조에 따라서 수증자에게 비용상환청구권을 행사할 수 없고, 민법 제203조 등의 다른 법률규정에 따라서 유언자의 상속인에게 비용상환청구권을 행사할 수 있을 뿐이다.

7 조건부 또는 기한부 유증에 있어서 유언자가 사망한 후 조건이 성취되거나 또는 기한이 도래하기 전, 즉 수증자가 유증의무자에게 이행의 청구를 할 수 있기 전까지 지출한 비용의 상환을 구할 수 있는가에 관하여, 조건이나 기한이 도래하기 전까지는 유증목적물은 상속인의 소유이고, 수증자는 그 기간 동안 과실수취권도 보유하지 못하고 있다는 점 등을 근거로 부정하는 견해가 유력하다.[1]

1 김주수/김상용, 주석 민법, 상속(제2권)(제4판), 한국사법행정학회(2015), 331; 주해상속법(제1권), 박영사(2019), 782(현소혜); 오시영, 친족상속법(제2판), 학현사(2011), 747; 윤진수, 친족상속법 강의(제2판), 박영사(2018), 542.

## 제 1082 조 [불특정물유증의무자의 담보책임]

① 불특정물을 유증의 목적으로 한 경우에는 유증의무자는 그 목적물에 대하여 매도인과 같은 담보책임이 있다.

② 전항의 경우에 목적물에 하자가 있는 때에는 유증의무자는 하자없는 물건으로 인도하여야 한다.

**[관련조문]** 민법 제375조(종류채권), 제569조(타인의 권리의 매매), 제580조(매도인의 하자담보책임), 제1085조(제삼자의 권리의 목적인 물건 또는 권리의 유증), 제1087조(상속재산에 속하지 아니한 권리의 유증)

**[참고문헌]** 김주수/김상용, 주석 민법, 상속(제2권)(제4판), 한국사법행정학회(2015); 송덕수, 친족상속법(제4판), 박영사(2018); 오시영, 친족상속법(제2판), 학현사(2011); 윤진수, 친족상속법 강의(제2판), 박영사(2018); 이경희, 가족법(8정판), 법원사(2013)



### Ⅰ. 의의

1 민법 제1082조는 특정적 유증 중 유증목적물이 불특정물인 경우에 적용된다. 금전, 쌀 등 종류물과 같은 불특정물을 유증의 목적으로 하는 경우에는 유언자의 의사는 유언의무자가 수증자에게 하자 없는 물건을 급부하도록 하는 것에 있다고 보는 것이 타당하므로, 민법 제1082조에서 유증의무자로 하여금 담보책임을 부담하도록 한 것이다.

2 포괄적 유증인 경우에는 공동상속인의 담보책임에 관한 규정인 민법 제1016조가 적용되고, 특정적 유증 중 유증목적물이 특정물인 경우에는 민법 제1085조 내지 제1087조가 적용된다.

### Ⅱ. 매도인과 같은 담보책임

3 민법 제1082조 제1항은 유증의무자에 대하여 매도인과 같은 담보책임이 있다고 규정하고 있다. 그 담보책임의 범위에 관하여 견해의 대립이 존재한다.

4 다수설[1]은 유증목적물에 권리의 하자가 존재하는 경우 민법 제1082조 제1항의

1 김주수/김상용, 주석 민법, 상속(제2권)(제4판), 한국사법행정학회(2015), 332; 오시영, 친족상속법(제2판), 학현사(2011), 749; 윤진수, 친족상속법 강의(제2판), 박영사(2018), 544; 이경희, 가족법(8정판), 법원사(2013), 582.

담보책임이, 물건의 하자가 있는 경우에는 민법 제1082조 제2항의 담보책임이 적용된다고 한다. 민법 제1082조 제1항은 하자담보책임이 아니라 매도인과 같은 담보책임을 부담하도록 규정하고 있는바, 그 취지는 수증자가 유증의무자로부터 인도받은 물건이 상속재산에 속하지 않고 타인의 권리에 속하기 때문에 추탈당했을 경우 추탈당한 것과 같은 물건을 다시 이행하는 것이 타당하겠지만, 민법 제1082조에 의하여 담보책임, 즉 손해배상책임을 지도록 하기 위한 것으로 이해된다고 한다.[2]

5 위 견해에 따르면 유증의무자가 수증자에게 인도한 유증목적물이 제3자의 소유인 것이 밝혀져서 수증자가 소유권을 상실하게 될 경우, 유증의무자는 민법 제570조 및 민법 제571조에 규정한 매도인의 담보책임을 부담하나, 유증에 관해서는 계약해제의 문제가 발생하지 아니하므로 결국 손배배상책임만 부담한다고 한다.[3]

6 소수설[4]은 불특정물에 대해서는 권리의 하자에 대한 담보책임이 인정될 여지는 없고, 물건의 하자에 대하여 민법 제1082조 제1항이 적용되므로, 유증의무자는 민법 제581조에 따른 불특정물에 대한 매도인의 하자담보책임을 부담하고, 이에 따라 수증자는 손해배상청구권과 완전물급여청구권 중 선택하여 담보책임을 추궁할 수 있다고 한다. 이러한 견해에 의하면 민법 제1082조 제2항은 입법상의 과오에 불과하다고 한다.

## Ⅲ. 하자담보책임

7 물건의 하자가 있는 경우에는 민법 제1082조 제2항의 담보책임이 적용된다는 다수설에 의하면, 불특정물의 유증에 있어서 급여된 물건 자체에 하자가 있는 경우에는 유증의무자는 하자 없는 물건으로 인도하여야 한다.

8 유증의무자가 하자 없는 물건으로 인도할 수 없는 경우에 손해배상책임을 부담하게 되는데, 유증의무자에게 상속재산 중에 하자 없는 물건이 존재하지 않게 된 것에 관하여 책임이 없는 경우, 즉 상속재산에 속하는 같은 종류의 물건들에 모두 하자가 존재하는 때에는 유증의무자는 손해배상책임을 부담하지 않고, 유증의무자에게 하자 없는 물건이 없게 된 책임이 있는 경우, 즉 상속재산 중에서

2 김주수/김상용, 주석 민법, 상속(제2권)(제4판), 한국사법행정학회(2015), 332.
3 김주수/김상용, 주석 민법, 상속(제2권)(제4판), 한국사법행정학회(2015), 332.
4 송덕수, 친족상속법(제4판), 박영사(2018), 430~431.

하자가 없는 다른 물건을 처분하여 버려 같은 종류의 물건에 모두 하자가 존재하게 된 경우에는 유증의무자는 손해배상책임을 부담하게 된다.

## 제 1083 조 [유증의 물상대위성]

**유증자가 유증목적물의 멸실, 훼손 또는 점유의 침해로 인하여 제삼자에게 손해배상을 청구할 권리가 있는 때에는 그 권리를 유증의 목적으로 한 것으로 본다.**

[관련조문] 민법 제204조(점유의 회수), 제261조(첨부로 인한 구상권), 제1084조(채권의 유증의 물상대위성), 제1086조(유언자가 다른 의사표시를 한 경우), 제1110조(파훼로 인한 유언의 철회)

[참고문헌] 김주수/김상용, 주석 민법, 상속(제2권)(제4판), 한국사법행정학회(2015); 주해상속법(제1권), 박영사(2019); 오시영, 친족상속법(제2판), 학현사(2011); 윤진수, 친족상속법 강의(제2판), 박영사(2018)



### Ⅰ. 의의

1 민법 제1083조는 특정적 유증 중에서 유증목적물이 특정물인 경우에 적용된다. 민법 제1083조는 특정물인 유증목적물의 멸실, 훼손 또는 점유의 침해로 인하여 유증자가 제3자에 대하여 손해배상을 청구할 권리를 가지게 될 경우 그 권리를 유증의 목적물로 보도록 함으로써, 유증에서 물상대위를 허용한 것이다.

### Ⅱ. 유증목적물의 멸실, 훼손 또는 점유의 침해

2 유증목적물의 멸실이란 유증목적물 자체가 물리적으로 멸실된 경우뿐만 아니라 유증목적물의 소유권을 상실한 경우와 같이 객관적으로 권리행사가 불가능한 경우까지 포함된 개념이다.

3 유증목적물이 다른 물건에 부합, 혼화 또는 가공됨으로 인하여 소유권이 상실된 경우에도 유증목적물의 멸실에 해당된다고 할 것이다.

4 유증목적물의 훼손이란 유증목적물의 가치에 손상을 가하는 일체의 행위를 뜻하고, 유증목적물의 점유의 침해란 유증목적물의 점유권을 완전히 상실한 경우뿐만 아니라 유증목적물의 반환이 가능한 경우인 일시적으로 점유가 침탈된 경우까지 포함한다.

## Ⅲ. 제3자에게 손해배상을 청구할 권리

5 민법 제1083조에서의 손해배상을 청구할 권리란 제3자의 유증목적물에 대한 멸실이나 훼손 등으로 인하여 생긴 민법 제750조에 따른 불법행위를 원인으로 한 손해배상청구권만을 의미하는 것이 아니라, 같은 원인으로 한 보험금청구권, 보상금청구권, 부당이득반환청구권 등을 포함한 개념이다.

6 이러한 청구권은 유언 성립 후에 비로소 발생한 것이어야 하고, 제3자가 유언의 성립 이전에 이미 유증목적물을 멸실하거나 훼손하는 등으로 말미암아 유언자가 이미 손해배상을 구할 권리가 있는 경우에는 민법 제1083조가 적용되지 않는다. 이에 대하여 유언자가 유언 당시 이미 유증목적물이 멸실 또는 훼손된 것을 몰랐다면 유언의 해석상 유증목적물에 관한 손해배상청구권을 유증한 것으로 보아야 한다는 견해도 있다.[1]

## Ⅳ. 수증자에 대한 청구권의 귀속

7 수증자에게 민법 제1083조에 따른 물상대위가 인정되더라도 수증자가 바로 제3자에 대한 손해배상청구권 등을 직접 행사할 수 있는 것은 아니고, 수증자는 유증의무자를 상대로 손해배상청구권 등의 양도를 청구할 수 있을 뿐이다. 그럴 경우 수증자가 물상대위를 위하여 미리 위 청구권을 압류해야 하는 것은 아니다.[2]

8 유언자가 생전에 청구권을 양도하는 등의 처분행위를 한 경우에는 유언과 저촉되는 생전행위를 한 것이 되어 민법 제1109조에 따라 유언이 철회된 것으로 보므로, 수증자가 민법 제1083조에 따라 이를 물상대위할 수 없다. 다만, 유언자가 제3자로부터 손해배상 등에 따른 변제를 받은 경우에 있어서 그와 같은 경우에도 유언자의 양도 등의 처분행위와 마찬가지로 유증의 효력이 상실된다고 보는 견해[3]와 민법 제1084조 제2항을 준용하여 수증자가 유언자가 변제받은 금전의 지급을 청구할 수 있다는 견해[4]가 대립한다.

9 유언자가 사망한 후에 상속인 기타 제3자가 먼저 변제를 받은 경우 수증자는 그 자를 상대로 부당이득반환청구권을 행사할 수 있다.

1 윤진수, 친족상속법 강의(제2판), 박영사(2018), 544~545.
2 주해상속법(제1권), 박영사(2019), 789(현소혜).
3 오시영, 친족상속법(제2판), 학현사(2011), 750.
4 김주수/김상용, 주석 민법, 상속(제2권)(제4판), 한국사법행정학회(2015), 335.

## V. 임의규정

10 민법 제1083조는 임의규정이다(민법 제1086조). 유언자가 유언으로 다른 의사표시를 한 때에는 그 의사에 따른다.

## 제 1084 조 [채권의 유증의 물상대위성]

① 채권을 유증의 목적으로 한 경우에 유언자가 그 변제를 받은 물건이 상속재산 중에 있는 때에는 그 물건을 유증의 목적으로 한 것으로 본다.
② 전항의 채권이 금전을 목적으로 한 경우에는 그 변제받은 채권액에 상당한 금전이 상속재산 중에 없는 때에도 그 금액을 유증의 목적으로 한 것으로 본다.

**[관련조문]** 민법 제1083조(유증의 물상대위성), 제1086조(유언자가 다른 의사표시를 한 경우), 제1087조(상속재산에 속하지 아니한 권리의 유증)

**[참고문헌]** 김주수/김상용, 주석 민법, 상속(제2권)(제4판), 한국사법행정학회(2015); 주해상속법(제1권), 박영사(2019); 윤진수, 친족상속법 강의(제2판), 박영사(2018)



### Ⅰ. 의의

1 민법 제1084조는 특정적 유증 중에서 유증목적물이 채권인 경우에만 적용된다. 유언자가 유언의 효력발생 전에 유증목적물인 채권을 변제받은 경우 이를 유언과 저촉되는 생전행위를 한 것으로 보아 민법 제1109조에 따라 유증의 철회로 볼지가 문제되는데, 이러할 경우 민법 제1084조는 일정한 경우 유언자가 그 변제받은 것을 유증할 의사였던 것으로 간주함으로써 수증자의 변제물에 대한 물상대위를 인정하는 것이다.

### Ⅱ. 금전채권 이외의 채권을 목적으로 하는 유증

#### 1. 변제받은 물건이 상속재산 중에 있는 경우

2 금전 이외의 채권을 유증의 목적으로 한 경우에 유언자가 생전에 변제를 받고, 유증의 효력발생시에 그 변제받은 물건이 상속재산 중에 있는 때에는 그 물건을 채권에 갈음하여 유증의 목적으로 한 것으로 본다(민법 제1084조 제1항). 이에 따라 수증자는 유증의무자를 상대로 유증목적물인 채권에 갈음하여 그 변제받

은 특정물의 인도를 청구할 수 있다.

3 채권이 변제 이외의 사유에 의하여 소멸된 경우, 즉 대물변제·경개·준소비대차 등에 따라서 본래의 급부에 갈음하여 다른 물건 또는 채권을 취득한 경우에도 민법 제1084조를 유추적용하여 새롭게 취득한 물건 또는 채권을 유증의 목적으로 한 것으로 보아야 할 것이고, 유증의 목적인 채권이 채무자의 귀책사유로 인한 이행불능으로 인하여 손해배상청구권 등으로 전환되었을 경우에도 민법 제1084조를 유추적용할 수 있다는 견해가 있다.[1]

### 2. 변제받은 물건이 상속재산 중에 없는 경우

4 유언자의 생전에 유증의 목적으로 되어 있던 채권이 변제되었으나, 유언의 효력발생 당시 그 목적물이 상속재산 중에 있지 아니한 경우, 즉 유언자가 그 변제받은 물건을 소비하거나 양도한 경우에는 민법 제1084조가 적용되지 않는다. 이와 같은 경우에는 유언 후의 생전행위가 유언과 저촉되는 경우에 해당되어 민법 제1109조에 따라 유증이 철회된 것으로 볼 것이므로, 수증자는 유증과 관련된 어떠한 권리도 주장할 수 없게 된다.

5 유언자가 변제받은 물건이 멸실 또는 훼손되는 등으로 인해 제3자에게 손해배상을 청구할 권리가 있는 경우에도 유언의 효력발생 당시 그 목적물이 상속재산 중에 있지 아니하므로 민법 제1084조가 적용되지 않는다. 다만, 그러한 경우에는 유언자가 유언과 저촉되는 생전행위를 하였다고 보기 어려우므로, 유언자가 손해배상청구권을 직접 행사하지 아니한 이상 수증자는 민법 제1084조에 따라 변제물에 대한 유효한 유증이 있는 것을 전제로 민법 제1083조에 따라 손해배상청구권을 물상대위할 수 있다는 견해가 있다.[2]

## Ⅲ. 유증목적물이 금전채권인 경우

6 유증목적물이 금전채권인 경우에는 그 변제받은 채권액에 상당한 금액이 상속재산 중에 없는 때에도 그 금액을 유증의 목적으로 한 것으로 본다(민법 제1084조 제2항). 금전인 경우 개성이 없기 때문에 유언자의 의사는 그 금액 자체를 유증할 의사가 있다고 볼 여지가 있고, 상속재산 중에 유언 성립 당시의 금전이 현

1 김주수/김상용, 주석 민법, 상속(제2권)(제4판), 한국사법행정학회(2015), 339; 주해상속법(제1권), 박영사(2019), 791(현소혜).
2 주해상속법(제1권), 박영사(2019), 791~792(현소혜).

존하고 있는지 여부를 확인하기 곤란하며, 상속재산 중에 해당 금액만큼의 금전이 없는 경우라도 다른 재산의 환가 또는 융통을 통해 유증의 이행이 가능하기 때문이다.

7 다만, 유언자가 그 변제받은 금전을 다른 곳에 모두 소비하였고, 그에 상응하는 재산이 상속재산에 남아 있지 않다면 유언을 철회한 것으로 해석할 여지가 있다.[3]

## IV. 임의규정

8 민법 제1084조는 임의규정이다(민법 제1086조). 유언자가 유언으로 다른 의사표시를 한 때에는 그 의사에 따른다.

3 윤진수, 친족상속법 강의(제2판), 박영사(2018), 545.

## 제1085조 [제삼자의 권리의 목적인 물건 또는 권리의 유증]

**유증의 목적인 물건이나 권리가 유언자의 사망 당시에 제삼자의 권리의 목적인 경우에는 수증자는 유증의무자에 대하여 그 제삼자의 권리를 소멸시킬 것을 청구하지 못한다.**

[관련조문] 민법 제1073조(유언의 효력발생시기), 제1082조(불특정물유증의무자의 담보책임), 제1087조(상속재산에 속하지 아니한 권리의 유증)

[참고문헌] 김주수/김상용, 주석 민법, 상속(제2권)(제4판), 한국사법행정학회(2015); 주해상속법(제1권), 박영사(2019); 김용한, 친족상속법론(보정판), 박영사(2003); 오시영, 친족상속법(제2판), 학현사(2011); 윤진수, 친족상속법 강의(제2판), 박영사(2018); 이경희, 가족법(8정판), 법원사(2013)



### Ⅰ. 의의

1 민법 제1085조는 특정물을 목적으로 하는 특정적 유증 중에서 당해 유증목적물에 권리의 하자가 있는 경우에 적용되는 규정이다. 불특정물을 목적으로 특정적 유증의 담보책임은 민법 제1082조에 따른다.

2 민법 제1085조는 유언자가 다른 의사를 표시하지 않는 한 유증의 목적물을 유언의 효력발생 당시의 상태대로 수증자에게 주는 것이 유언자의 의사라는 점을 고려하여 수증자 역시 유증의 목적물을 유언의 효력발생 당시의 상태대로 취득하는 것이 원칙임을 확인한 것이다.

### Ⅱ. 제3자의 권리의 목적인 경우

3 민법 제1085조에서의 제3자의 권리란 용익물권, 담보물권과 같은 제한물권뿐만 아니라, 임차권 등과 같은 각종의 채권을 모두 포함한다. 판례는 사용대차관계에 따른 사용차주로서의 권리인 토지에 대한 무상사용권도 포함될 수 있다고 한다.[1]

4 제3자의 권리의 목적이 된 시기는 유언성립 전·후를 불문한다. 유언자가 제3자의 권리의 존재를 알지 못했다고 하더라도 민법 제1085조의 적용에 아무런 문제가 없다.

[1] 대법원 2018. 7. 26. 선고 2017다289040 판결.

5 그러나 제3자의 권리가 유증의 목적과 양립불가능한 경우에는 유증이 철회된 것으로 보아야 하므로,[2] 민법 제1085조를 적용할 수 없을 것이다. 제3자의 권리가 유언의 효력발생 이후에 생긴 경우에도 민법 제1085조를 적용할 수 없으므로, 수증자는 유증의무자에 대하여 그 제3자의 권리를 소멸시킬 것을 청구할 수 있을 것이다.

## Ⅲ. 권리소멸청구권의 소멸

6 유증의 목적인 물건이나 권리가 유언자의 사망 당시에 제3자의 권리의 목적인 경우에는 수증자는 유증의무자에 대하여 그 제3자의 권리를 소멸시킬 것을 청구하지 못한다. 그 의미는 유증의무자는 유증목적물인 특정물에 관한 권리의 하자에 대하여는 수증자에게 담보책임을 부담하지 않는다는 것이다. 즉 유증의무자는 수증자에게 제3자의 권리의 목적인 유증목적물을 그대로 이전할 의무를 부담할 뿐이고, 별도로 제3자의 권리를 소멸시킬 의무까지 부담하는 것은 아니다. 유증의 목적물이 유언자의 사망 당시에 제3자의 권리의 목적인 경우에는 그와 같은 제3자의 권리는 특별한 사정이 없는 한 유증의 목적물이 수증자에게 귀속된 후에도 그대로 존속하는 것으로 보아야 한다.[3]

7 유언자가 제3자에 대하여 유증의 목적물 위에 존재하는 제3자의 권리를 소멸시키도록 청구할 권리를 가지고 있었을 때에는 그러한 유언자의 권리는 유증목적물의 종된 권리로서 유증목적물의 이전과 함께 수증자에게 이전된다고 보아야 한다.[4]

## Ⅳ. 임의규정

8 민법 제1085조는 임의규정이다(민법 제1086조). 유언자가 유언으로 다른 의사표시를 한 때에는 그 의사에 따른다.

2 주해상속법(제1권), 박영사(2019), 794(현소혜); 이경희, 가족법(8정판), 법원사(2013), 582.
3 대법원 2018. 7. 26. 선고 2017다289040 판결.
4 김주수/김상용, 주석 민법, 상속(제2권)(제4판), 한국사법행정학회(2015), 339; 김용한, 친족상속법론(보정판), 박영사(2003), 414; 오시영, 친족상속법(제2판), 학현사(2011), 748; 윤진수, 친족상속법 강의(제2판), 박영사(2018), 543.

## 제 1086 조 [유언자가 다른 의사표시를 한 경우]

**전3조의 경우에 유언자가 유언으로 다른 의사를 표시한 때에는 그 의사에 의한다.**

**[관련조문]** 민법 제1060조(유언의 요식성), 제1073조(유언의 효력발생시기), 제1083조(유증의 물상대위성), 제1084조(채권의 유증의 물상대위성), 제1085조(제삼자의 권리의 목적인 물건 또는 권리의 유증)

1 민법 제1083조, 제1084조, 제1085조 각 주석 참조.

## 제 1087 조 [상속재산에 속하지 아니한 권리의 유증]

① 유언의 목적이 된 권리가 유언자의 사망당시에 상속재산에 속하지 아니한 때에는 유언은 그 효력이 없다. 그러나 유언자가 자기의 사망당시에 그 목적물이 상속재산에 속하지 아니한 경우에도 유언의 효력이 있게 할 의사인 때에는 유증의무자는 그 권리를 취득하여 수증자에게 이전할 의무가 있다.

② 전항 단서의 경우에 그 권리를 취득할 수 없거나 그 취득에 과다한 비용을 요할 때에는 그 가액으로 변상할 수 있다.

[관련조문] 민법 제1073조(유언의 효력발생시기), 제1082조(불특정물유증의무자의 담보책임), 제1083조(유증의 물상대위성), 제1085조(제삼자의 권리의 목적인 물건 또는 권리의 유증), 제1086조(유언자가 다른 의사표시를 한 경우), 제1090조(유증의 무효, 실효의 경우와 목적재산의 귀속), 제1109조(유언의 저촉)

[참고문헌] 김주수/김상용, 주석 민법, 상속(제2권)(제4판), 한국사법행정학회(2015); 주해상속법(제1권), 박영사(2019); 박동섭, 친족상속법(제4판), 박영사(2013); 송덕수, 친족상속법(제4판), 박영사(2018)



### Ⅰ. 의의

1 민법 제1087조는 특정적 유증 중 유증목적물이 특정물인 경우에 적용되는 규정이다. 포괄적 유증은 그 성질상 수증자가 포괄적으로 권리·의무를 승계하므로, 목적물이 상속재산에 속하지 않는 경우를 고려할 필요가 없고, 특정적 유증 중 유증목적물이 불특정물인 경우에는 민법 제1082조에 따라서 유증의무자가 담보책임을 부담하기 때문이다. 이에 대하여 금전이 아닌 불특정물에 대하여도 유증의무자인 상속인의 보호를 위하여 민법 제1087조가 적용되어야 한다는 견해가 존재한다.[1]

2 민법 제1087조의 취지는 유증의 목적물이 유언자의 사망시에 상속재산에 속하지 않는 경우 그 유증의 효력이 없다고 규정함으로써 유증의 내용은 유언의 효력발생시를 기준으로 그 범위를 확정시키는 것이 원칙으로서 타인의 권리매매에 관한 민법 제569조가 적용되지 아니함을 선언하면서도 유언자가 이러한 경우에도 유언의 효력이 있게 할 의사가 있는 때에는 그 의사를 존중하는데 있다.[2]

1 송덕수, 친족상속법(제4판), 박영사(2018), 429.
2 주해상속법(제1권), 박영사(2019), 797(현소혜).

## Ⅱ. 유증목적물이 상속재산에 속하지 않는 때

3 유언의 목적이 된 권리가 유언자의 사망당시에 상속재산에 속하지 않는 때에는 유언은 그 효력이 없다(민법 제1087조 제1항 본문). 유증목적물이 상속재산에 속하지 않는 때란 유증목적물이 유언자가 유언을 할 당시부터 유언자의 소유에 속하지 않았던 경우와 유언자가 유언을 할 당시에는 유언자의 소유에 속하였으나 이후 유언자의 사망 사이에 유언자가 그 소유를 상실하게 된 경우를 불문한다.

4 다만, 유증목적물이 유언자가 유언을 할 당시에는 유언자의 소유에 속하였으나, 이후 유언자가 스스로 의사에 의하여 유증목적물을 처분한 경우에는 민법 제1109조가 우선 적용되어 유언에 모순되는 생전행위에 의하여 유언이 철회된 것으로 보거나, 유증목적물의 멸실, 훼손 등으로 인하여 제3자에게 손해배상을 청구할 권리가 생긴 경우에는 민법 제1083조가 적용되어 제3자에 대한 손해배상청구권을 유증의 목적물로 보아야 할 여지가 있다.

5 민법 제1087조에 따라 유증의 효력이 없는 경우에는 유증목적물이 상속재산 중에 존재하지 아니하므로 민법 제1090조가 적용되지 않는다.

## Ⅲ. 유언자가 유언의 효력이 있게 할 의사인 때

6 유언자가 자기의 사망당시에 그 목적물이 상속재산에 속하지 아니한 경우에도 유언의 효력이 있게 할 의사인 때에는 유증의무자는 그 권리를 취득하여 수증자에게 이전할 의무가 있다(민법 제1087조 제1항 단서). 이러한 경우에는 유언자의 의사를 좇아 유증의 효력을 인정하는 것이다.

7 유언자에게 위와 같은 의사가 있었는지 여부는 유언의 문언뿐만 아니라 여러 가지 사정을 고려하여 판단하여야 한다. 유언자가 유언 성립 당시부터 유증목적물이 자신의 소유에 속하지 아니한 것을 알면서도 이를 유증하였고, 유언 성립 후 사망 전까지 유증목적물을 취득하기 위하여 노력하였다는 등의 제반사정이 있다면 유언자에게 위와 같은 의사가 있다고 볼 수 있을 것이다.[3]

8 그러나 유언의 문언뿐만 아니라 여러 가지 사정을 종합하더라도 유언자의 위와 같은 의사가 명백히 밝혀지지 아니하면 그 유증은 민법 제1087조 제1항 본문이

3 주해상속법(제1권), 박영사(2019), 798(현소혜).

적용되어 효력이 없다고 보아야 할 것이고, 유언자의 위와 같은 의사가 명백히 있는 경우에 한하여 제1087조 제1항 단서에 의하여 유증의 효력이 있다고 보아야 할 것이다.[4]

## Ⅳ. 유증의무자의 가액으로 변상할 수 있는 권리

9 민법 제1087조 제1항 단서에 의하여 그 유증의 유효한 경우, 유증의무자가 그 권리를 취득할 수 없거나 그 취득에 과다한 비용을 요할 때에는 그 가액으로 변상할 수 있다(민법 제1087조 제2항). 유증의무자는 유증목적물에 관한 권리의 취득을 시도하지 아니한 채 수증자에게 바로 그 가액을 변상함으로써 자신의 의무를 면할 수 없다는 견해가 있다.[5]

10 유증의무자가 변상할 유증목적물의 가액은 수증자가 변상청구를 할 때의 시가로 본다. 이에 대하여 상속은 사람의 사망으로 개시되므로 상속개시시를 기준으로 가액을 산정하여야 한다는 견해가 존재한다.[6]

4 김주수/김상용, 주석 민법, 상속(제2권)(제4판), 한국사법행정학회(2015), 342.
5 김주수/김상용, 주석 민법, 상속(제2권)(제4판), 한국사법행정학회(2015), 342.
6 박동섭, 친족상속법(제4판), 박영사(2013), 764.

## 제 1088 조 [부담있는 유증과 수증자의 책임]

**① 부담있는 유증을 받은 자는 유증의 목적의 가액을 초과하지 아니한 한도에서 부담한 의무를 이행할 책임이 있다.**

**② 유증의 목적의 가액이 한정승인 또는 재산분리로 인하여 감소된 때에는 수증자는 그 감소된 한도에서 부담할 의무를 면한다.**

[관련조문] 민법 제137조(법률행위의 일부무효), 제1076조(수증자의 상속인의 승인, 포기), 제1078조(포괄적 수증자의 권리의무), 제1111조(부담있는 유언의 취소)

[참고문헌] 김주수/김상용, 주석 민법, 상속(제2권)(제4판), 한국사법행정학회(2015); 주해상속법(제1권), 박영사(2019); 김용한, 친족상속법론(보정판), 박영사(2003); 김재호, "포괄적 유증", 재판자료 제78집, 법원도서관(1998)



### Ⅰ. 의의

1 원래 유증은 수증자에게 이익을 주려는 유언자의 의도에서 나온 것으로, 유증에 따른 부담이 유증에 따른 이익보다 무거울 때에는 유증의 성격에 반하게 된다.[1] 민법 제1088조는 부담있는 유증을 받는 자는 유증의 목적물의 가액을 초과하지 않는 한도 내에서만 부담한 의무를 이행할 책임이 있고(민법 제1088조 제1항), 유증목적물의 가액이 한정승인 또는 재산분리로 인하여 감소된 때에는 수증자는 그 감소된 한도에서 부담할 의무를 면하도록 함으로써(제1088조 제2항), 부담이 있는 유증을 받은 수증자의 책임범위를 규정하고 있다. 부담은 포괄적 유증과 특정적 유증 구별없이 모두 붙일 수 있으므로, 민법 제1088조는 포괄적 유증과 특정적 유증 모두에 적용할 수 있다.

### Ⅱ. 부담있는 유증

2 부담부 유증이란 유언자가 유언으로 수증자에게 유언자인 자신, 그 상속인 또는 제3자를 위하여 일정한 의무를 이행할 것을 부담으로 부과한 유증을 뜻한다.

1 김주수/김상용, 주석 민법, 상속(제2권)(제4판), 한국사법행정학회(2015), 345.

3 부담부 유증에서의 부담은 수증자에게 의무를 부담시킬 뿐이고, 유증의 효력 발생 또는 소멸과 관련이 없다. 따라서 부담의 이행이 없어도 유증의 효력이 생기고, 부담의 이행을 불이행하더라도 유증의 효력이 당연히 상실되는 것은 아니다.

## Ⅲ. 부담의 내용

4 부담의 내용에는 아무런 제한이 없다. 부담과 유증목적물과 사이에 아무런 관련이 없어도 족하고, 수증자에게 어떠한 의무 내지 불이익을 부과하는 것이라면 무엇이든 부담이 될 수 있다. 수증자에 가해지는 불이익이 금전적인 가치를 지닐 필요도 없고, 유언자 또는 제3자에게 이익이 되는가 역시 불문하며, 작위의무인지 부작위의무인지도 묻지 않는다. 제3자를 위하여 부담부 유증을 하는 경우 그 제3자가 특정될 필요가 없고, 불특정 다수를 위하여 부담을 붙이는 것도 허용된다.

5 그러나 도덕적 유훈과 같은 것이거나 유증목적물에 대한 사용방법을 단순히 지정하는 것은 부담이라고 할 수 없고, 유언자가 수증자에게 별도로 새로운 의무를 부과한 것이 아닌 이상 포괄적 수증자가 당연히 포괄적으로 승계한 상속채무를 부담이라고 할 수 없다.

6 부담의 이행이 사회통념상 불가능이거나, 그 내용이 선량한 풍속 기타 사회질서에 반하거나 강행법규에 위반하는 경우에는 그 부담은 효력이 없다. 부담이 무효인 경우 그 유증도 무효가 되는지에 관하여 그 부담이 없었다면 유증도 하지 않았을 것이라는 유언자의 의사가 추단된다면 유증 역시 무효가 된다. 이에 대하여 법률행위의 일부무효에 관한 민법 제137조에 따라 부담이 무효인 경우 유증 역시 전부 무효로 하는 것이 원칙이고, 부담이 없었더라도 유증을 할 유언자의 의사가 추단되어야 유증만을 유효로 할 수 있다는 견해가 제시되고 있다.[2]

## Ⅳ. 부담있는 유증의 효력

### 1. 부담의 이행의무자

7 부담의 이행의무자는 수증자이다. 유증의 효력발생 이후에 수증자가 사망한 경우에는 수증자의 포괄승계인이 부담의 이행의무자가 될 것이다. 다만, 특정적

2 주해상속법(제1권), 박영사(2019), 805(현소혜).

유증의 수증자가 유증의 승인이나 포기를 하지 아니하고 사망한 때에는 그 상속인은 상속분의 한도에서 승인 또는 포기할 수 있으므로(민법 제1076조), 수증자의 상속인이 그 유증을 승인한 경우에 그 상속분의 범위 내에서 부담의 의무를 이행할 책임이 있다.

8 부담의 내용이 일신전속적인 경우에는 수증자의 상속인이 부담의 의무를 승계하는 것이 불가능하므로, 부담이 이행불능으로 소멸되었다고 보아 유증의 취소를 허용하여야 한다는 견해가 있다.[3]

9 수증자가 유증을 포기한 경우에는 부담을 이행할 의무 역시 면하게 된다. 그 경우 부담의무가 유증목적물을 취득한 다른 상속인에게로 이전되지 않는다.[4]

### 2. 부담의 청구권자

10 부담의 이행의무자에게 부담의 이행을 청구할 수 있는 자는 상속인, 유언집행자, 유언으로 이행청구권자로 지정된 자, 수익자이다.

#### 가. 상속인, 유언집행자

11 상속인과 유언집행자는 민법 제1111조에 따라 부담의무가 이행되지 아니한 때에는 최고권 및 유언취소청구권을 행사할 수 있으므로, 상속인과 유언집행자가 부담의 이행을 청구할 권리가 있음은 명백하다.

#### 나. 유언에서 이행청구권자로 지정된 자

12 유언자가 유언에서 별도로 부담의 이행을 청구할 자를 지정하였다면 그도 부담의 이행을 청구할 수 있다고 본다.

#### 다. 수익자

13 부담의 이익을 받는 제3자, 즉 수익자 역시 부담의 이행을 청구할 수 있다. 수증자가 수익자에게 부담의 의무를 직접 이행하도록 하는 것이 유언자의 의사에 부합할 것이고, 낙약자의 의무가 수익자에 대하여 직접적으로 발생하는 제3자와의 계약과 부담부 증여를 그 구조상 달리 볼 필요가 없기 때문이다. 이에 대하여 민법 제1111조에 수익자를 부담부 유증의 취소권자로 규정하고 있지 아니하고, 부담부 유증에 따라 수익자가 수증자에 대한 권리를 취득한다면 그것 자체

3 주해상속법(제1권), 박영사(2019), 806(현소혜); 김재호, "포괄적 유증", 재판자료 제78집, 법원도서관(1998), 391.

4 주해상속법(제1권), 박영사(2019), 806(현소혜).

가 수익자에 대한 유증이 되는 논리적인 모순이 발생한다는 점을 근거로 수익자는 오직 반사적 이익을 받는 것에 불과하고 직접 수증자에 대하여 부담의 이행을 청구할 권리가 없다고 보는 견해[5]가 있다.

### 3. 부담이행책임의 감축

14 부담부 유증을 받는 자는 유증의 목적의 가액을 초과하지 않는 한도 내에서 부담한 의무를 이행할 책임이 있고(민법 제1088조 제1항), 유증목적물의 가액이 한정승인 또는 재산분리로 인하여 감소된 경우에는 수증자는 그 감소된 한도 내에서 부담의무를 면한다(제1088조 제2항). 유증목적물의 가액이 유류분반환청구로 인하여 감소된 경우에도 민법 제1088조 제2항을 유추적용할 수 있다. 수증자가 유증목적물을 추탈당하거나, 유증목적물에 하자가 있음에도 유증의무자에게 담보책임을 구할 수 없는 경우에도 민법 제1088조를 유추적용하여야 한다는 견해가 있다.[6]

15 유증목적물의 가액의 산정은 수증자의 불이익을 방지하기 위하여 수증자가 부담을 이행하는 때의 시가를 기준으로 정할 것이다.

### 4. 부담의 불이행에 따른 책임

16 부담부 유증을 받은 수증자가 그 부담의 의무를 이행하지 않는 경우에는 상속인 또는 유언집행자는 민법 제1111조에 따라 법원에 유언의 취소를 청구할 수 있다.

5 김용한, 친족상속법론(보정판), 박영사(2003), 415.
6 김재호, "포괄적 유증", 재판자료 제78집, 법원도서관(1998), 393~394.

## 제 1089 조 [유증효력발생전의 수증자의 사망]

① 유증은 유언자의 사망전에 수증자가 사망한 때에는 그 효력이 생기지 아니한다.

② 정지조건있는 유증은 수증자가 그 조건성취 전에 사망한 때에는 그 효력이 생기지 아니한다.

[관련조문] 민법 제147조(조건성취의 효과), 제1001조(대습상속), 제1073조(유언의 효력발생시기), 제1076조(수증자의 상속인의 승인, 포기), 제1090조(유증의 무효, 실효의 경우와 목적재산의 귀속)

[참고문헌] 김주수/김상용, 주석 민법, 상속(제2권)(제4판), 한국사법행정학회(2015); 주해상속법(제1권), 박영사(2019)



### Ⅰ. 의의

1 민법 제1089조는 수증자가 유언자의 사망 전에 사망한 경우와 정지조건이 있는 유증에서 그 조건성취 전에 사망한 경우 유증이 효력을 생기지 않음을 정하고 있다. 특정물인 유증목적물이 유언자의 사망 당시 상속재산에 속하지 않는 때에 그 특정적 유증의 효력을 상실하도록 하는 민법 제1087조와 더불어 유증에서의 특유한 무효사유라고 할 수 있다. 민법 제1089조는 민법 제1087조와 달리 특정적 유증과 포괄적 유증 모두에 적용된다.

### Ⅱ. 수증자가 유언자의 사망 전에 사망한 때

2 수증자가 유언자의 사망 전에 사망한 경우에는 유증의 효력은 생기지 않는다(민법 제1089조 제1항). 이러한 점이 상속개시 전에 상속인이 될 직계비속 또는 형제자매가 사망하면 그 직계비속에 의한 대습상속이 이루어지는 것과 다르다(민법 제1001조). 즉 유증에서는 대습유증을 인정하지 않는 것이다. 다만, 유언자는 수증자가 유언자 보다 먼저 사망할 경우 그 상속인에게 유증한다는 의사를 표시할 수 있고(민법 제1090조 본문), 이에 따라 수증자의 상속인에 대하여 사실상의 대습유증이 개시될 수 있다.

3 유증은 수증자가 유증자의 사망 당시에 생존한 것을 전제로 하므로, 수증자가 유언자가 동시에 사망한 경우도 유언자의 사망 전에 사망한 경우에 해당하여 민법 제1089조 제1항이 적용된다고 해석된다.[1]

4 민법 제1089조에서의 유언자 및 수증자의 사망에는 실종선고에 의한 사망의제가 포함되는 것이 당연하고, 수증자가 법인인 경우 유언자의 사망 이전에 법인이 해산할 때에는 민법 제1089조 제1항이 유추적용될 수 있다.[2]

## Ⅲ. 수증자가 정지조건의 성취 전에 사망한 때

5 수증자가 유언자의 사망이후 생존하고 있더라도, 정지조건이 있는 유증의 경우에는 정지조건의 성취 전에 사망한 경우 유증의 효력은 생기지 않는다(민법 제1089조 제2항).

6 해제조건이 있는 유증에 있어서 수증자가 유언자보다 먼저 사망한 경우에는 민법 제1089조 제1항에 의하여 유증의 효력이 생기지 않고, 유언자의 사망 후부터 해제조건 성취 이전에 사망한 경우에는 민법 제1089조 제2항의 반대해석에 따라 유증은 일단 유효하다고 해석할 수밖에 없다.

7 시기가 붙어 있는 기한부 유증에 있어서 유언자의 사망 후 그 기한이 도래하기 전에 수증자가 사망한 경우, 유증의 효력이 생기지 않는다는 견해[3]와 유증이 무효가 되지 않고 수증자의 상속인이 이를 승계한다는 견해[4]가 대립한다.

## Ⅳ. 임의규정

8 민법 제1089조는 임의규정이다. 유언자가 유언으로 다른 의사표시를 한 때에는 그 의사에 따른다.

1 김주수/김상용, 주석 민법, 상속(제2권)(제4판), 한국사법행정학회(2015), 347; 주해상속법(제1권), 박영사(2019), 810(현소혜).
2 김주수/김상용, 주석 민법, 상속(제2권)(제4판), 한국사법행정학회(2015), 347.
3 주해상속법(제1권), 박영사(2019), 811(현소혜).
4 김주수/김상용, 주석 민법, 상속(제2권)(제4판), 한국사법행정학회(2015), 348.

## 제1090조 [유증의 무효, 실효의 경우와 목적재산의 귀속]

**유증이 그 효력이 생기지 아니하거나 수증자가 이를 포기한 때에는 유증의 목적인 재산은 상속인에게 귀속한다. 그러나 유언자가 유언으로 다른 의사를 표시한 때에는 그 의사에 의한다.**

[관련조문] 민법 제103조(반사회질서의 법률행위), 제1004조(상속인의 결격사유), 제1043조(포기한 상속재산의 귀속), 제1061조(유언적령), 제1063조(피성년후견인의 유언능력), 제1064조(유언과 태아, 상속결격자), 제1074조(유증의 승인, 포기), 제1076조(수증자의 상속인의 승인, 포기), 제1087조(상속재산에 속하지 아니한 권리의 유증), 제1089조(유증효력발생전의 수증자의 사망)



### Ⅰ. 의의

1 민법 제1090조는 유증의 효력이 생기지 아니하거나 수증자가 유증을 포기한 경우에 유증목적물의 귀속관계를 정하고 있다. 민법 제1090조는 포괄적 유증과 특정적 유증 모두에 적용된다.

### Ⅱ. 유증이 그 효력이 생기지 아니한 경우

2 유증이 그 효력이 생기지 아니한 경우란 유증이 무효로 되거나 취소된 경우를 뜻한다. 유언능력이 없는 자가 유증한 때, 수증자가 유언의 효력발생시에 유증결격자인 경우와 같이 유언 성립 당시부터 유증이 무효로 된 경우뿐만 아니라, 수증자가 유언자의 사망 전 내지 정지조건의 성취 전에 사망한 경우와 같이 유언 성립 이후의 사정으로 유증이 무효로 되는 경우를 불문한다.

3 다만, 특정물인 유언목적물이 유언자의 사망 당시에 상속재산에 속하지 아니하여 민법 제1087조에 따라 유증의 효력이 생기지 아니한 경우에는 상속인에게 귀속될 재산이 없으므로 민법 제1090조가 적용될 여지가 없다.

### Ⅲ. 수증자가 유증을 포기한 경우

4 특정적 유증자는 민법 제1074조에 따라 유증을 포기할 수 있고, 포괄적 유증자는 상속인과 동일한 지위에 있기 때문에 민법 제1019조 내지 제1044조에 따라

유증을 포기할 수 있다. 민법 제1090조는 특정적 유증의 경우에 적용될 수 있음이 당연하고, 포괄적 유증의 경우에도 민법 제1090조가 민법 제1043조보다 특별규정으로 우선적용된다고 해석된다.

## Ⅳ. 제1090조 적용의 효과

5 유증목적물이 상속인에게 귀속한다. 그 뜻은 유증의 처음부터 없었던 것으로 처리한다는 것으로서 상속인이 다수인 경우에는 유증목적물이 각자의 상속분의 비율로 귀속된다. 유증목적물이 귀속될 상속인이 부존재하는 경우에는 상속인 부존재 절차를 밟아야 할 것이다.

## Ⅴ. 임의규정

6 민법 제1090조는 임의규정이다. 유언자가 유언으로 다른 의사표시를 한 때에는 그 의사에 따른다.

## 제 4 절 유언의 집행

### [총설]

1 민법은 유언자의 사망 후 유언의 존재 자체를 확인하는 유언집행 전의 준비절차로서 민법 제1091조에 유언검인절차를, 민법 제1092조에 유언증서의 개봉절차를 각 규정함으로써 유언자의 진의를 보호하는 규정을 두고 있다.

2 민법은 유언자의 진정한 의사를 실현하고, 유언집행의 공정성을 보장하기 위하여 유언집행자 제도를 규정하였다. 민법은 유언집행자는 유언자의 유언으로 지정하는 것을 원칙으로 하되(민법 제1093조), 지정된 유언집행자가 없는 경우에는 상속인이 유언집행자가 되고(제1095조), 유언집행자가 없거나 사망, 결격 기타 사유로 인하여 없게 된 때에는 법원이 유언집행자를 선임하도록 규정하였다(제1096조). 민법 제1093조에 따라 지정되거나 민법 제1096조에 따라 선임된 유언집행자는 자유로이 그 취임을 승낙하거나 사퇴할 수 있고, 그 승낙 또는 사퇴의 방법 내지 절차는 민법 제1097조에 규정되어 있다.

3 유언집행자는 민법 제1098조에서 규정한 결격사유가 없어야 한다. 민법 제1099조는 유언집행자가 그 취임을 승낙한 때에는 지체 없이 그 임무를 착수할 의무를 부과하고 있고, 민법 제1100조는 유언이 재산에 관한 것인 때에는 지정 또는 선임에 의한 유언집행자에게 재산목록의 작성·교부 의무를 부과하고 있다. 또한 민법 제1101조는 유언집행자가 유언의 내용을 충실하게 집행하도록 하기 위하여 유언집행자에게 유증의 목적인 재산의 관리 기타 유언의 집행에 필요한 행위를 할 권리의무를 부여하고 있다.

4 민법 제1102조는 유언집행자가 수인인 경우에 있어서 그들의 임무집행방법을 정하였는데, 별도의 임무의 분장이 없는 경우에는 보존행위를 제외한 임무의 집행은 그 과반수의 찬성으로써 결정하도록 하고 있다.

5 지정 또는 선임에 의한 유언집행자는 민법 제1103조에 의하여 상속인의 대리인으로 간주되고, 유언집행자의 업무처리에 관하여 위임과 관련된 조문들을 준용하도록 하고 있다. 유언자가 유언으로 그 집행자의 보수를 정하지 아니한 경우에는 민법 제1104조에 따라 법원이 지정 또는 선임에 의한 유언집행자의 보수를 정할 수 있다.

6 민법은 지정 또는 선임에 의한 유언집행자가 위임관계와 같이 임의로 사퇴하거나 상속인에 의하여 임의로 해임되지 않도록 민법 제1105조에서 유언집행자의 사퇴절차에 관한 규정을, 민법 제1106조에서 유언집행자의 해임사유 및 해임절차에 관한 규정을 별도로 두었다.

7 유언집행자의 보수를 포함한 유언의 집행에 관한 비용은 민법 제1107조에 따라 상속재산의 부담으로 한다.

## 제 1091 조 [유언증서, 녹음의 검인]

① 유언의 증서나 녹음을 보관한 자 또는 이를 발견한 자는 유언자의 사망 후 지체없이 법원에 제출하여 그 검인을 청구하여야 한다.
② 전항의 규정은 공정증서나 구수증서에 의한 유언에 적용하지 아니한다.

[관련조문] 민법 제1065조(유언의 보통방식), 제1066조(자필증서에 의한 유언), 제1067조(녹음에 의한 유언), 제1069조(비밀증서에 의한 유언), 가사소송법 제44조(관할 등), 가사소송규칙 제86조(유언증서, 녹음의 검인), 제87조(조서작성), 제88조(불출석한 자등에 대한 고지)

[참고문헌] 주해상속법(제1권), 박영사(2019); 박동섭, 친족상속법(제4판), 박영사(2013); 오시영, 친족상속법(제2판), 학현사(2011); 법원실무제요, 가사[Ⅱ], 사법연수원(2021)



### Ⅰ. 의의

1 민법 제1091조는 유언자의 사망 후 유언의 집행 전에 유언에 대한 가정법원의 검인을 받도록 함으로써 유언의 위조·변조 등에 따라 유언자의 진의가 왜곡되는 것을 방지하고자 둔 규정이다.

2 민법 제1091조는 자필증서에 의한 유언, 녹음에 의한 유언 및 비밀증서에 의한 유언에 한하여 적용된다. 공정증서에 의한 유언의 경우 공정증서가 공증사무소에 보관되어 있어 유언증서의 보존이 이미 확보되어 있고, 구수증서에 의한 유언은 민법 제1070조 제2항에 따라 급박한 사유가 종료된 날로부터 7일 내에 별도로 검인절차를 거치도록 되어 있기 때문이다.[1]

### Ⅱ. 검인의 의의

3 민법 제1091조에 따른 법원의 검인은 유언증서의 형식·태양 등 유언의 방식에 관한 모든 사실을 조사·확인하고 그 위조·변조를 방지하며, 또한 보존을 확실히 하기 위한 일종의 검증절차 내지는 증거보전절차로서, 유언이 유언자의 진의에 의한 것인지 여부나 적법한지 여부를 심사하는 것이 아님은 물론 직접 유언의

1 주해상속법(제1권), 박영사(2019), 827(현소혜).

유효 여부를 판단하는 심판이 아니다. 따라서 검인절차를 거치지 않더라도 적법한 유언은 유언자의 사망에 의하여 곧바로 그 효력이 생기는 것이며, 검인의 유무에 의하여 유언의 효력이 영향을 받지 아니한다.[2]

## Ⅲ. 검인절차의 청구

4 검인을 청구할 수 있는 자는 유언의 증서나 녹음을 보관한 자 또는 유언의 증서나 녹음을 발견한 자이다. 유언의 증서나 녹음을 보관한 자는 반드시 유언자의 의사에 따라 보관한 자일 필요는 없고, 사실상 이를 보관한 자도 포함된다. 그러나 유언의 증인, 수증자, 유언집행자, 상속채권자는 검인청구를 할 수 없다.[3] 검인청구권자가 부담하는 유언서의 제출 및 검인의 의무는 사법상의 의무이므로, 이해관계인은 검인청구권자를 상대로 유언서의 제출 및 검인절차의 이행을 청구할 수 있다는 견해가 있다.[4] 검인청구권자는 본인의 의무를 이행하는 것이므로 일단 검인청구를 하고 난 후에는 정당한 이유 없이 이를 취하할 수 없다.[5]

5 검인청구권자는 유언자의 사망 후 지체 없이 검인을 청구하여야 한다. 검인청구권자가 검인청구를 게을리 하는 경우에는 상속결격자 또는 수증결격자가 될 수 있고,[6] 또한 이로 인하여 손해를 입은 자를 상대로 손해배상책임을 부담할 수 있다.

## Ⅳ. 검인절차의 진행

6 민법에 따른 검인청구사건은 라류 가사비송사건(가사소송법 제2조 제1항 제2호 가목 41으로 그 관할은 상속개시지의 가정법원이다(가사소송법 제44조 제1항 제7호). 법원은 봉인한 유언증서를 개봉하고자 할 때에는 미리 그 기일을 정하여 상속인 또는 그 대리인을 소환하고, 기타 이해관계인에게 통지하여야 한다(가사소송규칙 제86조 제2항). 통상 유언증서의 개봉일과 검인기일은 같은 날 이루어지는 것이 실무이다. 법원은 유언의 증서 또는 녹음을 검인함에 있어서 유언방식에 관한 모든 사실을 조사하여야 한다. 법원은 조사결과에 관하여 가사소송규칙 제87조에 따라 조서를 작성하여야 한다. 한편 법원은 조사결과 유언서가 유언방식을

2 대법원 1998. 5. 29. 선고 97다38503 판결.
3 주해상속법(제1권), 박영사(2019), 827(현소혜).
4 박동섭, 친족상속법(제4판), 박영사(2013), 776; 오시영, 친족상속법(제2판), 학현사(2011), 762.
5 법원실무제요, 가사[Ⅱ], 사법연수원(2021), 1110.
6 주해상속법(제1권), 박영사(2019), 828(현소혜).

따르지 아니하였다고 하여 검인청구를 각하할 수 없다.[7] 법원은 유언증서의 검인을 한 때에는 출석하지 아니한 상속인 기타 유언의 내용에 관계있는 자에게 그 사실을 고지하여야 한다(가사사송규칙 제88조). 검인절차에 관한 비용은 상속재산의 부담으로 한다(가사소송규칙 제90조).

## V. 검인의 효력

7 민법 제1091조에서의 검인의 취지는 유언서 그 자체의 상태를 확정하여 그 현상을 명확히 하고자 하는 것에 불과하므로, 검인절차를 거쳤다고 하여 유언이 적법한 것으로 확정되는 것은 아니다. 따라서 검인을 거친 유언에 대하여도 그 효력 여부를 유언무효확인의 소로 다툴 수 있다. 또한 검인절차를 거치지 아니하거나, 검인청구권자가 유언자의 사망 후 지체 없이 검인을 청구하지 아니하였다고 하더라도 유언의 효력에는 아무런 영향이 없고, 적법한 유언은 유언자의 사망에 의하여 곧바로 효력을 생긴다.

[7] 대법원 1980. 11. 19. 자 80스23 결정.

## 제 1092 조 [유언증서의 개봉]

**법원이 봉인된 유언증서를 개봉할 때에는 유언자의 상속인, 그 대리인 기타 이해관계인의 참여가 있어야 한다.**

[관련조문] 민법 제1091조(유언증서, 녹음의 검인), 가사소송규칙 제44조(재산상황의 보고와 관리의 계산), 제86조(유언증서, 녹음의 검인), 제87조(조서작성), 제88조(불출석한 자등에 대한 고지)

[참고문헌] 법원실무제요, 가사[Ⅱ], 사법연수원(2021)



### Ⅰ. 의의

1 민법 제1092조는 봉인된 유언증서의 개봉 절차에 관하여 정하고 있다. 봉인된 유언증서에 관하여는 민법 제1091조에서 규정된 검인절차를 거치기 전에 민법 제1092조에 따른 개봉절차가 선행된다. 민법 제1092조의 적용대상이 되는 봉인된 유언증서는 비밀증서뿐만 아니라 실제로 봉인된 모든 형태의 유언증서를 의미한다. 따라서 봉인이 되어 있는 자필증서와 그 밖의 모든 유언증서 역시 민법 제1092조가 적용된다. 다만, 유언증서가 봉투 등에 들어 있다는 사정만으로는 봉인된 유언증서라고 할 수 없고, 유언증서의 내용이 외부에서 확인할 수 없도록 봉인된 후 날인되어야지만 봉인된 유언증서라고 할 것이다.[1]

### Ⅱ. 개봉절차

2 봉인된 유언증서의 개봉 사건은 라류 가사비송사건(가사소송법 제2조 제1항 제2호 가목 42)으로 그 관할은 상속개시지의 가정법원이다(가사소송법 제44조 제1항 제7호). 법원은 봉인한 유언증서를 개봉하고자 할 때에는 미리 그 기일을 정하여 상속인 또는 그 대리인을 소환하고, 기타 이해관계인에게 통지하여야 한다(가사소송규칙 제86조 제2항). 봉인된 유언증서의 개봉은 그 유언증서의 검인절차의 일부를 이루는 것이므로 개봉기일과 검인기일은 같은 날로 지정하는 것이 실무이다.[2]

3 상속인 또는 그 대리인이 소환통지를 받았음에도 출석하지 않을 경우 그 참여 없이 개봉절차를 진행할 수 있다. 법원은 유언증서의 개봉을 한 때에는 출석하

1 법원실무제요, 가사[Ⅱ], 사법연수원(2021), 1111.
2 법원실무제요, 가사[Ⅱ], 사법연수원(2021), 1112.

지 아니한 상속인 기타 유언의 내용에 관계있는 자에게 그 사실을 고지하여야 한다(가사사송규칙 제88조). 상속인 또는 이해관계인의 유무가 불명한 경우에는 소환 및 고지절차를 거치지 아니하여도 된다.

4 법원은 조사결과에 관하여 가사소송규칙 제87조에 따라 조서를 작성하여야 한다. 개봉절차에 관한 비용은 상속재산의 부담으로 한다(가소송규칙 제90조).

5 민법 제1092조에서 규정하는 유언증서의 개봉절차는 봉인된 유언증서의 검인에는 반드시 개봉이 필요하므로 그에 관한 절차를 규정한 데에 지나지 아니하므로, 적법한 유언은 이러한 검인이나 개봉절차를 거치지 않더라도 유언자의 사망에 의하여 곧바로 그 효력이 생기는 것이며, 검인이나 개봉절차의 유무에 의하여 유언의 효력이 영향을 받지 아니한다.[3]

3 대법원 1998. 6. 12. 선고 97다38510 판결.

## 제 1093 조 [유언집행자의 지정]

**유언자는 유언으로 유언집행자를 지정할 수 있고 그 지정을 제삼자에게 위탁할 수 있다.**

**[관련조문]** 민법 제850조(유언에 의한 친생부인), 제859조(인지의 효력발생), 제1095조(지정유언집행자가 없는 경우), 제1096조(법원에 의한 유언집행자의 선임), 제1097조(유언집행자의 승낙, 사퇴), 제1098조(유언집행자의 결격사유), 제1102조(공동유언집행), 제1103조(유언집행자의 지위)

**[참고문헌]** 김주수/김상용, 주석 민법, 상속(제2권)(제4판), 한국사법행정학회(2015); 주해상속법(제1권), 박영사(2019); 김용한, 친족상속법론(보정판), 박영사(2003); 송덕수, 친족상속법(제4판), 박영사(2018); 오시영, 친족상속법(제2판), 학현사(2011); 조승현, 친족·상속(제5판), 신조사(2015); 변희찬, "유언집행자", 재판자료 제78집, 법원도서관(1998)



### Ⅰ. 의의

1 민법 제1093조는 유언집행자는 유언으로 지정하는 것이 원칙임을 규정한 것이다. 유언자가 유언으로 유언집행자를 지정하지 아니한 때에는 민법 제1095조에 따라 상속인이 유언집행자가 되고, 민법 제1095조에 따른 유언집행자가 없거나, 민법 제1093조에 따른 유언집행자나 민법 제1095조에 따른 유언집행자가 사망, 결격 기타 사유로 인하여 없게 된 경우에는 민법 제1096조에 따라 법원이 유언집행자를 선임하게 된다. 민법 제1093조에 따라 지정된 유언집행자를 지정유언집행자라고 부른다.

### Ⅱ. 유언집행자

2 유언의 내용이 반드시 상속인의 이익에 부합한다고 볼 수 없고, 오히려 특정적 유증, 유언에 의한 재단법인 설립 등과 같이 상속인의 이익에 반하는 경우도 있다. 또한 유언의 내용을 이행하기 위하여는 특별한 법적절차를 거칠 경우도 있고, 그러한 유언에 관하여 상속인이 제한능력자인 경우에는 유언의 집행이 원만히 이루어질 수 없다. 따라서 민법은 유언자의 진정한 의사를 실현하고, 유언집행의 공정성을 보장하기 위하여 유언집행자 제도를 규정하였다. 유언에 의한 친생부인(민법 제850조), 유언에 의한 인지(제859조 제2항)의 경우에는 반드시 유언집행자가 소를 제기하거나 신고하여야 한다.

## Ⅲ. 유언에 의한 유언집행자의 지정

3 유언자는 유언으로 유언집행자를 지정할 수 있다(민법 제1093조 전문). 유언집행자를 지정하는 유언이 집행될 유언과 동일한 방식의 유언일 필요는 없다. 그러나 유언집행자를 지정하는 유언 역시 민법에서 정한 유언의 방식을 갖추어 유효하여야 함은 당연하다.

4 유언집행자는 민법 제1098조에 따른 결격사유가 없어야 한다. 유언에 의한 친생부인 또는 유언에 의한 인지의 경우에도 상속인을 유언집행자로 지정할 수 있는지에 관하여, 민법 제1095조를 근거로 하여 상속인도 유언집행자가 될 수 있다는 견해[1]와 이해관계가 대립되어 유언집행자로서의 공정한 직무수행을 기대하기 어렵다는 이유로 상속인은 유언집행자가 될 수 없다는 견해[2]가 대립한다.

5 유언집행자를 1인 또는 수인으로 지정할 수 있다. 유언자가 수인의 유언집행자를 지정하면서, 그들 사이의 임무를 분담하여 놓지 아니한 경우 유언집행자들 사이의 임무 집행은 그 과반수의 찬성으로 결정하여야 하나, 보존행위는 유언집행자가 각자가 할 수 있다(민법 제1102조).

6 유언자가 유언집행자를 선임함에 있어서 유언집행자의 승낙을 사전에 받을 필요는 없다. 유언의 효력이 발생한다고 하여 유언집행자로 지정된 자가 당연히 유언집행자가 되는 것이 아니고, 유언집행자는 민법 제1097조에 따라 그 승낙 또는 사퇴를 선택할 수 있다.

## Ⅳ. 유언집행자 지정의 위탁

7 유언자는 직접 유언집행자를 지정하는 대신 유언으로 유언집행자의 지정을 제3자에게 위탁할 수 있다. 유언집행자의 지정을 위탁하는 유언 역시 민법에서 정한 유언의 방식을 갖추어 유효하여야 함은 당연하다.

8 유언집행자의 지정을 위탁받을 제3자의 자격에 대하여는 법률상 어떠한 제한이 없다. 이에 대하여 제한능력자이거나 파산선고를 받은 자와 같이 유언집행자의 결격사유가 있는 자는 유언집행자 지정의 위탁 역시 받을 수 없다는 견해[3]가 있다.

1 김주수/김상용, 주석 민법, 상속(제2권)(제4판), 한국사법행정학회(2015), 363.
2 송덕수, 친족상속법(제4판), 박영사(2018), 438.
3 변희찬, "유언집행자", 재판자료 제78집, 법원도서관(1998), 432.

9 한편 민법 제1093조에서의 제3자는 유언의 효과로서 발생하는 법률관계의 당사자 아닌 자를 의미하므로, 상속에 관하여 이해관계가 있는 상속인이나 수증자는 유언집행자 지정의 위탁을 받을 수 없다고 할 것이다.[4]

10 유언자가 유언집행자의 지정을 제3자에게 위탁하기 위하여 제3자의 승낙을 사전에 받을 필요는 없다. 유언의 효력이 발생할 경우 제3자는 민법 제1094조에 따라 그 위탁을 사퇴할 수 있다.

4 김주수/김상용, 주석 민법, 상속(제2권)(제4판), 한국사법행정학회(2015), 360; 주해상속법(제1권), 박영사(2019), 835(현소혜); 김용한, 친족상속법론(보정판), 박영사(2003), 420; 오시영, 친족상속법(제2판), 학현사(2011), 763; 조승현, 친족·상속(제5판), 신조사(2015), 474.

## 제 1094 조 [위탁에 의한 유언집행자의 지정]

**① 전조의 위탁을 받은 제삼자는 그 위탁있음을 안 후 지체없이 유언집행자를 지정하여 상속인에게 통지하여야 하며 그 위탁을 사퇴할 때에는 이를 상속인에게 통지하여야 한다.**

**② 상속인 기타 이해관계인은 상당한 기간을 정하여 그 기간 내에 유언집행자를 지정할 것을 위탁 받은 자에게 최고할 수 있다. 그 기간 내에 지정의 통지를 받지 못한 때에는 그 지정의 위탁을 사퇴한 것으로 본다.**

[관련조문] 민법 제1093조(유언집행자의 지정), 제1095조(지정유언집행자가 없는 경우)

[참고문헌] 김주수/김상용, 주석 민법, 상속(제2권)(제4판), 한국사법행정학회(2015); 주해상속법(제1권), 박영사(2019); 김주수/김상용, 친족·상속법(제15판), 법문사(2018)



### Ⅰ. 의의

1 민법 제1094조는 민법 제1093조에 따라 유언집행자의 지정을 위탁받은 제3자가 그 의무를 수행하는 방법과 그 위탁을 사퇴하는 방법에 관하여 규정하고 있다.

### Ⅱ. 유언집행자 지정의 위탁을 받은 자의 의무

2 유언집행자의 지정을 위탁받은 제3자는 그러한 위탁이 있음을 안 후 지체없이 유언집행자를 지정하여 상속인에게 통지하여야 하고(민법 제1094조 제1항 전단), 그 위탁을 사퇴할 때에도 이를 상속인에게 통지하여야 한다(제1항 후단). 유언집행자의 지정 위탁 여부는 상속인에게 중대한 이해관계가 있으므로 그 위탁의 승낙 또는 사퇴를 상속인에게 통지하도록 한 것이다.

3 제3자가 유언집행자를 지정할 경우 유언집행자의 자격에 대하여는 민법 제1098조에서 규정한 결격사유가 없는 한 아무런 법률상 제한이 없다. 유언집행자를 1인 또는 수인으로 지정할 수 있다. 다만, 유언자가 유언집행자의 자격이나 숫자를 제한할 경우에는 그에 따라야 할 것이다.[1] 한편 유언에 의한 친생부인 또는 유

[1] 주해상속법(제1권), 박영사(2019), 837(현소혜); 김주수/김상용, 친족·상속법(제15판), 법문사(2018), 848.

언에 의한 인지의 경우에도 상속인을 유언집행자로 지정할 수 있는지에 관하여는 견해의 대립이 있다(☞ 상세한 내용은 민법 제1093조 주석 참조).

4 제3자가 위탁을 사퇴할 경우 민법 제1093조에 따른 유언으로 지정된 유언집행자가 없게 되므로, 민법 제1095조에 따라 상속인이 유언집행자로 된다.

## Ⅲ. 이해관계인의 최고권

5 상속인 기타 이해관계인은 상당한 기간을 정하여 그 기간 내에 유언집행자를 지정할 것을 위탁받은 자에게 최고할 수 있다(민법 제1094조 제2항 전문). 유언집행자의 지정을 위탁받은 자가 장기간 동안 그 위탁의 승낙 또는 사퇴를 하지 아니함으로 인하여 상속인 기타 이해관계인의 법적 지위가 불안정한 상태에 놓여져 손해가 발생하는 것을 방지하기 위함이다.

6 민법 제1094조의 이해관계인은 유언의 집행에 관하여 법률상 이해관계를 가진 자로서 유언에 의하여 인지된 자, 수증자, 상속채권자, 수증자의 채권자 등을 의미한다.

7 상속인 기타 이해관계인은 상당한 기간을 정하여 최고하여야 하는데, 상당한 기간은 위탁받은 제3자가 회답하는데 필요한 기간을 뜻한다.

8 최고를 받은 제3자는 유언집행자를 지정하여 상당한 기간 내에 이를 통지하여야 한다. 이때 통지의 상대방은 최고를 한 상속인 기타 이해관계인이라는 견해[2]와 상속인이라는 견해[3]가 대립한다. 민법 제1094조 제1항은 위탁의 승낙 또는 사퇴의 통지에 대한 상대방을 상속인으로 규정되어 있는 이상, 최고에 대한 통지의 상대방 역시 상속인으로 봄이 타당할 것이다.

9 통지의 상대방이 상당한 기간 내에 제3자로부터 유언집행자지정의 통지를 받지 못한 경우에는 제3자는 그 지정의 위탁을 사퇴한 것으로 본다(민법 제1094조 제2항 후문). 이와 같이 제3자가 그 지정의 위탁을 사퇴한 것으로 간주된 때에는 민법 제1093조에 따른 유언으로 지정된 유언집행자가 없게 되므로, 민법 제1095조에 따라 상속인이 유언집행자로 된다.

2 김주수/김상용, 주석 민법, 상속(제2권)(제4판), 한국사법행정학회(2015), 362.
3 주해상속법(제1권), 박영사(2019), 838(현소혜).

## 제 1095 조 [지정유언집행자가 없는 경우]

전2조의 규정에 의하여 지정된 유언집행자가 없는 때에는 상속인이 유언집행자가 된다.

[관련조문] 민법 제1093조(유언집행자의 지정), 제1094조(위탁에 의한 유언집행자의 지정), 제1102조(공동유언집행)

[참고문헌] 김주수/김상용, 주석 민법, 상속(제2권)(제4판), 한국사법행정학회(2015); 송덕수, 친족상속법(제4판), 박영사(2018)



### Ⅰ. 의의

1 민법 제1095조는 유언자의 유언으로 지정된 유언집행자가 없는 경우 유언집행자를 상속인으로 규정한 조문이다. 민법 제1095조에 따라 정해진 유언집행자를 법정유언집행자로 불린다.

### Ⅱ. 유언집행자가 없는 때

2 민법 제1095조에서의 '유언집행자가 없는 때'란 유언자가 민법 제1093조에 따라 유언집행자의 지정 또는 지정위탁을 하지 않은 경우뿐만 아니라 유언집행자의 지정을 위탁받은 자가 민법 제1094조 제1항에 따라 사퇴한 경우 및 유언집행자의 지정을 위탁받은 자가 민법 제1094조 제2항 후문에 따라 그 위탁을 사퇴한 것으로 간주되는 경우를 모두 포함한다.

3 민법 제1095조는 유언자가 유언집행자의 지정 또는 지정위탁을 하지 아니하거나 유언집행자의 지정을 위탁받은 자가 위탁을 사퇴한 때에 한하여 적용되는 것이므로, 유언자가 지정 또는 지정위탁에 의하여 유언집행자의 지정을 한 이상 그 유언집행자가 사망·결격 기타 사유로 자격을 상실하였다고 하더라도 상속인은 민법 제1095조에 의하여 유언집행자가 될 수는 없다.[1]

[1] 대법원 2010. 10. 28. 선고 2009다20840 판결.

## Ⅲ. 효과

4 민법 제1095조에서의 유언집행자가 없는 때에는 상속인이 유언집행자가 된다. 민법 제1095조에 따라 유언집행자가 된 경우 민법 제1097조에 따른 승낙이나 사퇴의 통지를 할 필요가 없고, 바로 유언집행자로서의 임무가 개시된다. 수인의 상속인이 있는 경우 그들이 공동으로 유언집행자의 임무를 집행하여야 하고, 그 임무 집행은 그 과반수의 찬성으로 결정하여야 하나, 보존행위는 유언집행자가 각자 할 수 있다(민법 제1102조).

## Ⅳ. 적용범위

5 유언에 의한 친생부인 또는 유언에 의한 인지의 경우에도 민법 제1095조를 적용할 수 있는지에 관하여, 상속인으로서의 이해관계로 인하여 유언집행자로서의 공정한 직무수행을 기대하기 어려우므로 성질상 민법 제1095조가 적용될 수 없다는 견해[2]와 입법론적으로는 민법 제1095조의 적용을 배제하여 법원이 유언집행자를 선임하도록 하는 것이 타당하나 해석론적으로는 민법 제1095조의 적용을 배제하는 것은 무리라는 견해[3]가 대립한다.

2 송덕수, 친족상속법(제4판), 박영사(2018), 438.
3 김주수/김상용, 주석 민법, 상속(제2권)(제4판), 한국사법행정학회(2015), 363.

## 제 1096 조 [법원에 의한 유언집행자의 선임]

① 유언집행자가 없거나 사망, 결격 기타 사유로 인하여 없게 된 때에는 법원은 이해관계인의 청구에 의하여 유언집행자를 선임하여야 한다.
② 법원이 유언집행자를 선임한 경우에는 그 임무에 관하여 필요한 처분을 명할 수 있다.

[관련조문] 민법 제1004조(상속인의 결격사유), 제1094조(위탁에 의한 유언집행자의 지정), 제1096조(법원에 의한 유언집행자의 선임), 제1098조(유언집행자의 결격사유), 가사소송법 제44조(관할 등), 가사소송규칙 제27조(청구기각심판에 대한 불복), 제84조(유언집행자의 선임·해임), 제90조(비용의 부담)

[참고문헌] 김주수/김상용, 주석 민법, 상속(제2권)(제4판), 한국사법행정학회(2015); 주해상속법(제1권), 박영사(2019)



### Ⅰ. 의의

1 민법 제1096조는 유언집행자가 없거나, 유언집행자가 사망, 결격 기타 사유로 인하여 없게 된 경우에 법원이 유언집행자를 선임하도록 하는 규정이다. 민법 제1096조에 따라 선임된 유언집행자를 선임유언집행자로 부른다.

### Ⅱ. 선임사유

2 민법 제1096조는 '유언집행자가 없거나 사망, 결격 기타 사유로 인하여 없게 된 때'를 법원이 유언집행자를 선임할 사유로 규정하고 있다.

#### 1. 유언집행자가 없는 때

3 '유언집행자가 없는 때'란 유언자가 민법 제1093조에 따라 유언으로 유언집행자를 지정하거나 그 지정을 제3자에게 위탁하지 아니하였는데(유언집행자의 지정을 위탁 받은 자가 민법 제1094조에 따라 그 위탁을 사퇴하거나 사퇴 간주된 경우도 포함한다), 상속인도 존재하지 아니하여 민법 제1095조에 따라 법정유언집행자도 없는 경우를 의미한다.

### 2. 유언집행자가 사망, 결격 기타 사유로 없게 된 때

4 유언집행자가 지정되는 등 존재하였다가 사망, 결격 기타 사유로 없게 된 경우이다. 유언자가 지정 또는 지정위탁에 의하여 유언집행자의 지정을 한 이상 그 유언집행자가 취임의 승낙을 하였는지를 불문하고 사망·결격 기타 사유로 유언집행자의 자격을 상실한 때에는 민법 제1096조에 따라 이해관계인이 법원에 유언집행자의 선임을 청구할 수 있다.[1]

5 선임사유 중에서 '결격'은 유언집행자가 민법 제1098조에 규정된 유언집행자의 결격사유에 해당하는 경우뿐만 아니라, 상속인이 민법 제1095조에 따라 법정유언집행자가 된 경우 그 상속인에게 민법 제1004조에 규정된 상속인 결격사유가 있는 경우를 포함한다.

6 선임사유로서의 '기타 사유'에는 유언집행자가 민법 제1097조, 민법 제1105조에 따라 사퇴하거나, 민법 제1106조에 따라 해임된 경우 등이 포함된다.

7 다만, 유언자가 유언집행자가 없게 될 경우를 대비하여 미리 차순위 유언집행자를 지정하였거나, 제3자에게 그 지정을 위탁하였을 경우에는 법원이 새로운 유언집행자를 선임할 필요가 없다.[2]

### 3. 추가 선임의 필요성

8 민법 제1096조에 의한 법원의 유언집행자 선임은 유언집행자가 전혀 없게 된 경우뿐만 아니라 유언집행자의 사망, 사임, 해임 등의 사유로 공동유언집행자에게 결원이 생긴 경우와 나아가 결원이 없어도 법원이 유언집행자의 추가선임이 필요하다고 판단한 경우에 이를 할 수 있다.[3]

## Ⅲ. 선임절차

9 법원에 유언집행자의 선임을 청구할 수 있는 자는 이해관계인에 한한다. 법원은 이해관계인의 청구 없이 직권으로 유언집행자를 선임할 수 없다. 여기서의 이해관계인이란 유언의 집행에 관하여 법률상 이해관계를 가진 자로서 상속인, 상속채권자, 수증자, 수증자의 채권자 등이다. 유언집행자 역시 민법 제1096조에서의

1 대법원 2007. 10. 18. 자 2007스31 결정.
2 김주수/김상용, 주석 민법, 상속(제2권)(제4판), 한국사법행정학회(2015), 367; 주해상속법(제1권), 박영사(2019), 844(현소혜).
3 대법원 1995. 12. 4. 자 95스32 결정.

이해관계인에 포함될 수 있는데, 유언집행자가 2인인 경우 그 중 1인이 나머지 유언집행자의 찬성 내지 의견을 청취하지 아니하고도 단독으로 법원에 공동유언집행자의 추가선임을 신청할 수 있다.[4]

10 유언집행자 선임 청구사건은 라류 가사비송사건(가사소송법 제2조 제1항 제2호 가목 43)으로 그 관할은 상속개시지의 가정법원이다(가사소송법 제44조 제1항 제7호). 유언이 무효임이 명백할 경우에는 유언집행자의 선임청구를 각하 또는 기각할 수 있을 것이나, 유언의 효력 여부가 명백하지 아니한 경우에는 법원은 유언집행자를 선임하는 것이 타당하다.

11 법원은 유언집행자의 선임심판을 함에 있어 반드시 이해관계인에게 이를 고지하거나 심문기일을 열어야 하는 것이 아니고, 유언집행자가 민법 제1098조에서 규정한 유언집행자의 결격사유에 해당하지 않는 한 누구를 유언집행자로 선임하느냐의 문제는 법원의 재량에 속한다.[5]

12 유언집행자를 선임하는 경우의 주문례는 다음과 같다.

| 유언자 망 ○○○이 2019. 10. 6.에 한 유언의 집행자로 △△△(주민등록번호, 주소)을 선임한다. |
|---|

| 유언자 망 ○○○이 공증인가 ○○종합법무법인 작성 2019 년 증 제 1006 호 공정증서로 한 유언의 집행자로 △△△(주민등록번호, 주소)을 선임한다. |
|---|

13 유언집행자를 선임한 심판에 대해서는 이해관계인이 즉시항고를 할 수 있고(가사소송규칙 제84조 제1항). 유언집행자의 선임청구를 기각한 심판에 대해서는 청구인이 즉시항고 할 수 있다(가사소송규칙 제27조).

14 유언집행자 선임심판에 관한 비용은 상속재산에서 부담한다(가사소송규칙 제90조).

## IV. 임무에 관하여 필요한 처분

15 법원이 유언집행자를 선임한 경우에는 그 임무에 관하여 필요한 처분을 명할 수 있다(민법 제1096조 제2항). 필요한 처분이란 유언집행자가 그 임무를 수행하는데 필요한 처분으로서 유언집행자의 권한 내에 속하는 행위라면 재산목록작

4 대법원 1987. 9. 29. 자 86스11 결정.
5 대법원 1995. 12. 4. 자 95스32 결정.

성, 상속재산의 관리보존행위 등 어떠한 것이든 포함된다. 법원은 유언집행자를 선임함과 동시에 민법 제1096조에 따른 필요한 처분을 함께 할 필요까지는 없고, 선임된 유언집행자가 그 선임을 승낙한 이후에 별도로 필요한 처분을 명하여도 족하다.

## 제 1097 조 [유언집행자의 승낙, 사퇴]

① 지정에 의한 유언집행자는 유언자의 사망 후 지체없이 이를 승낙하거나 사퇴할 것을 상속인에게 통지하여야 한다.

② 선임에 의한 유언집행자는 선임의 통지를 받은 후 지체없이 이를 승낙하거나 사퇴할 것을 법원에 통지하여야 한다.

③ 상속인 기타 이해관계인은 상당한 기간을 정하여 그 기간 내에 승낙여부를 확답할 것을 지정 또는 선임에 의한 유언집행자에게 최고할 수 있다. 그 기간 내에 최고에 대한 확답을 받지 못한 때에는 유언집행자가 그 취임을 승낙한 것으로 본다.

**[관련조문]** 민법 제1093조(유언집행자의 지정), 제1094조(위탁에 의한 유언집행자의 지정), 제1096조(법원에 의한 유언집행자의 선임), 제1099조(유언집행자의 임무착수), 제1105조(유언집행자의 사퇴)

**[참고문헌]** 김주수/김상용, 주석 민법, 상속(제2권)(제4판), 한국사법행정학회(2015); 김주수/김상용, 친족·상속법(제15판), 법문사(2018); 오시영, 친족상속법(제2판), 학현사(2011); 변희찬, "유언집행자", 재판자료 제78집, 법원도서관(1998)



### Ⅰ. 의의

1 민법 제1097조는 민법 제1093조 또는 민법 제1094조에 따라 유언집행자로 지정된 자와 민법 제1096조에 따라 유언집행자로 선임된 자의 그 취임의 승낙 또는 사퇴의 절차를 규정하였다.

2 지정유언집행자와 선임유언집행자의 경우 본인의 의사에 반하여 유언집행자로서의 직무수행을 강요할 수 없기 때문에 자유로이 사퇴할 수 있도록 하면서, 유언집행자가 정해지지 아니함으로 인하여 유언의 집행이 장기간 지체되어 상속인 기타 이해관계인의 법적지위가 불안정한 상태에 놓여져 손해가 발생하는 것을 방지하기 위하여 유언집행자에게 지체 없는 승낙 또는 사퇴의 통지의무를 부과한 것이다.

## Ⅱ. 유언집행자의 승낙·사퇴의 통지의무

### 1. 지정유언집행자

3 민법 제1093조 또는 민법 제1094조에 따라 유언집행자로 지정된 자는 유언자의 사망 후 지체 없이 이를 승낙하거나 사퇴할 것을 상속인에게 통지하여야 한다(민법 제1097조 제1항). 상속인이 다수인 경우에는 상속인 전원에 통지하여야 한다는 견해가 있고,[1] 민법 제1094조에 따라 위탁에 의하여 제3자로부터 유언집행자로 지정된 자가 그 승낙 또는 사퇴의 통지를 하는 경우 상속인뿐만 아니라 지정을 위탁받은 제3자에게 하는 것도 무방하다는 견해도 있다.[2]

### 2. 선임유언집행자

4 민법 제1096조에 따라 법원에 의하여 유언집행자로 선임된 자는 선임의 통지를 받은 후 지체없이 이를 승낙하거나 사퇴할 것을 법원에 통지하여야 한다(민법 제1097조 제2항). 통지를 받을 법원은 성질상 유언집행자를 선임한 법원이다. 사퇴의 통지가 법원에 도달하면 그로써 유언집행자 선임심판은 효력을 잃고, 별도로 법원이 사퇴 허부의 심판을 하여야 하는 것은 아니다.

## Ⅲ. 이해관계인의 최고권

5 유언집행자로 지정된 자와 유언집행자로 선임된 자가 지체없이 취임의 승낙 또는 사퇴를 통지하지 않는 경우, 상속인 기타 이해관계인은 상당한 기간을 정하여 그 기간 내에 승낙 여부를 확답할 것을 지정 또는 선임에 의한 유언집행자에게 최고할 수 있다(민법 제1097조 제3항 전문).

6 민법 제1097조에서의 이해관계인이란 유언의 집행에 관하여 법률상 이해관계를 가진 자로서 유언에 의하여 인지된 자, 수증자, 상속채권자, 수증자의 채권자 등을 의미한다.

7 민법 제1097조에서 정한 상당한 기간은 획일적으로 정할 수 있는 것이 아니라 유증목적물의 종류와 범위, 조사의 용이성 등의 구체적인 사정에 따라 정해질 수밖에 없다. 최고권자가 정한 최고 기간이 상당하지 않더라도 객관적으로 상당한 기간이 도과하면 최고의 효력이 생긴다고 볼 것이다.

1 변희찬, "유언집행자", 재판자료 제78집, 법원도서관(1998), 433.
2 김주수/김상용, 친족·상속법(제15판), 법문사(2018), 848; 오시영, 친족상속법(제2판), 학현사(2011), 764.

8 최고에 따른 승낙 또는 사퇴의 통지상대방은 별도로 규정되어 있지 아니한 이상 지정에 의한 유언집행자는 민법 제1097조 제1항에 따라 상속인으로, 선임에 의한 유언집행자는 민법 제1097조 제2항에 따라 유언집행자를 선임한 법원으로 보아야 할 것이다. 이에 대하여 지정에 의한 유언집행자와 선임에 의한 유언집행자를 불문하고 최고에 따른 승낙 또는 사퇴의 통지상대방은 상속인이 원칙이고, 민법 제1094조에 따라 위탁에 의하여 제3자로부터 유언집행자로 지정된 자의 경우에는 그 통지를 상속인뿐만 아니라 지정을 위탁받은 제3자에게 하는 것도 무방하다는 견해도 있다.[3]

9 통지상대방이 상당한 기간 내에 최고에 대한 확답을 받지 못한 경우 유언집행자가 그 취임을 승낙한 것으로 본다(민법 제1097조 제3항 후문).

## Ⅳ. 승낙·사퇴의 효과

10 유언집행자가 그 취임을 승낙한 때에는 지체없이 그 임무를 이행하여야 한다(민법 제1099조). 취임을 승낙한 유언집행자는 더 이상 자유로이 사퇴할 수 없고, 정당한 사유가 있는 때에 한하여 법원의 허가를 얻어 그 임무를 사퇴할 수 있다(민법 제1105조).

11 지정유언집행자가 사퇴한 경우에는 민법 제1096조에 따라 법원은 이해관계인의 청구에 의하여 유언집행자를 선임하게 된다. 선임유언집행자가 사퇴한 경우에는 법원은 새로운 유언집행자를 선임하면 된다.

3 김주수/김상용, 주석 민법, 상속(제2권)(제4판), 한국사법행정학회(2015), 372; 오시영, 친족상속법(제2판), 학현사(2011), 764.

## 제 1098 조 [유언집행자의 결격사유]

**제한능력자와 파산선고를 받은 자는 유언집행자가 되지 못한다.**

[전문개정 2011. 3. 7]

**[관련조문]** 민법 제5조(미성년자의 능력), 제10조(소유권이전에 관한 경과규정), 제13조(피한정후견인의 행위와 동의), 제1093조(유언집행자의 지정), 제1094조(위탁에 의한 유언집행자의 지정), 제1095조(지정유언집행자가 없는 경우), 제1096조(법원에 의한 유언집행자의 선임)

**[참고문헌]** 김주수/김상용, 주석 민법, 상속(제2권)(제4판), 한국사법행정학회(2015); 김용한, 친족상속법론(보정판), 박영사(2003); 박동섭, 친족상속법(제4판), 박영사(2013); 송덕수, 친족상속법(제4판), 박영사(2018); 오시영, 친족상속법(제2판), 학현사(2011); 이경희, 가족법(8정판), 법원사(2013)



### Ⅰ. 의의

1 민법 제1098조는 유언집행자의 결격사유를 정한 조문으로서 지정유언집행자, 법정유언집행자, 선임유언집행자를 불문하고 모든 유언집행자에 대하여 적용된다.

### Ⅱ. 결격사유

2 민법 제1098조에서 규정한 유언집행자로서의 결격사유는 제한능력자와 파산선고를 받은 자이다. 제한능력자는 미성년자, 피성년후견인, 피한정후견인을 의미한다. 다만, 혼인에 의하여 성년자로 보는 자(민법 제826조의2)는 결격자가 아니라고 보아야 하고, 성년에 달하기 전에 혼인이 이혼, 배우자의 사망 등의 사유로 해소되었다고 하더라도 성년의제의 효과는 변함이 없으므로 여전히 결격자가 아니라고 보아야 한다.

3 민법 제1098조에서 규정한 결격사유 이외에도 유언집행자의 직책을 사실상 수행할 수 없으면 사실상의 결격자로서 유언집행자가 될 수 없을 것이다. 예를 들어 의사능력이 없는 자 등이 해당될 수 있다.[1] 한편, 공정증서유언을 작성한 공증인은 촉탁 받은 사항에 관해 이해관계가 있으므로 공증인법 제21조 제3호에

1 김주수/김상용, 주석 민법, 상속(제2권)(제4판), 한국사법행정학회(2015), 373; 김용한, 친족상속법론(보정판), 박영사(2003), 422; 박동섭, 친족상속법(제4판), 박영사(2013), 780; 오시영, 친족상속법(제2판), 학현사(2011), 766.

의하여 유언집행자가 될 수 없다는 견해[2]와 유언에 의한 친생부인 또는 유언에 의한 인지의 경우에는 상속인은 유언집행자로서의 공정한 직무수행을 기대하기 어려우므로 유언집행자가 될 수 없다는 견해[3]도 제시되고 있다.

4 각급법원결정에는 단독상속인에게는 유일한 유언집행자의 지위를 부여할 수 없다는 사례가 있다.[4] 그 근거로 단독상속인을 유언집행자로 지정하여도, 특정 유증이나 출연행위의 집행은 유언집행자로 지정받지 아니하더라도 상속인으로서 그 집행을 할 수 있고 상속재산의 관리도 상속인 고유의 자격으로서 가능하며 자의 인지 등이 유언의 내용으로 되어 있는 경우에는 상속인으로서의 이해와 유언집행자로서의 직무가 상충하는 등 적정한 유언의 집행을 기대할 수 없다는 것을 들고 있다.

5 유언집행자로서의 결격사유가 없는 한 누구라도 유언집행자가 될 수 있다. 상속인, 법인도 유언집행자가 될 수 있고, 유언집행자의 지정을 위탁받은 자 역시 자신을 유언집행자로 지정할 수 있다. 수증자 또한 유언집행자가 될 수 있다. 민법은 수증자를 유언집행자 결격사유로 규정하고 있지 아니하며 달리 이를 유언집행결격사유로 삼아야만 할 합리적 이유도 발견할 수 없기 때문이다.[5]

## Ⅲ. 결격의 효과

6 결격사유가 있는 자를 유언집행자로 지정하거나 선임하는 행위는 모두 효력이 없다. 유언집행자로 취임할 당시 결격사유가 없었으나 사후에 결격사유가 발생한 경우에는 바로 유언집행자로서의 지위를 당연히 상실한다. 결격사유가 있는 자가 유언집행자로서 한 법률행위는 무효이나, 그러한 법률행위는 무권대리에 준하여 사후에 상속인이 추인함으로써 유효하게 될 수 있을 것이다.[6]

2 박동섭, 친족상속법(제4판), 박영사(2013), 780.
3 송덕수, 친족상속법(제4판), 박영사(2018), 438.
4 서울지방법원 1995. 4. 28. 자 94파8391 결정(확정).
5 서울지방법원 1995. 4. 28. 자 94파8391 결정(확정).
6 김주수/김상용, 주석 민법, 상속(제2권)(제4판), 한국사법행정학회(2015), 374; 이경희, 가족법(8정판), 법원사(2013), 604.

## 제 1099 조 [유언집행자의 임무착수]

**유언집행자가 그 취임을 승낙한 때에는 지체없이 그 임무를 이행하여야 한다.**

**[관련조문]** 민법 제859조(인지의 효력발생), 제1097조(유언집행자의 승낙, 사퇴), 제1100조(파훼로 인한 유언의 철회), 민법 제1101조(유언집행자의 권리의무), 가족관계의 등록 등에 관한 법률 제59조(유언에 의한 인지)

**[참고문헌]** 김주수/김상용, 주석 민법, 상속(제2권)(제4판), 한국사법행정학회(2015)



### Ⅰ. 의의

1 민법 제1099조는 취임을 승낙한 지정유언집행자 또는 선임유언집행자는 바로 임무를 착수할 의무가 있음을 규정한 조문이다. 유언의 집행이 지체되어 상속인 기타 이해관계인의 손해가 발생하는 것을 방지하기 위함이다.

### Ⅱ. 유언집행자가 그 취임을 승낙한 때

2 민법 제1099조에서 규정한 '유언집행자가 그 취임을 승낙한 때'란 지정유언집행자나 선임유언집행자가 민법 제1099조 제1항 또는 제2항에 따라 그 취임의 승낙 통지를 한 경우뿐만 아니라 상속인 기타 이해관계인으로부터 승낙 여부에 대한 확답할 것을 최고받았음에도 그 기간 내에 최고에 대한 확답을 하지 않아 민법 제1099조 제3항에 따라 그 취임을 승낙한 것으로 간주된 경우도 포함한다. 유언집행자가 별도의 통지 없이 유언의 집행에 착수한 경우에도 취임을 승낙한 것으로 보아야 한다는 견해가 있다.[1]

### Ⅲ. 이행하여야 할 임무

3 취임을 승낙한 지정유언집행자 또는 선임유언집행자는 지체 없이 그 임무를 이행하여야 한다. 유언이 재산에 관한 것인 때에는 지체 없이 그 재산목록을 작성하여 상속인에게 교부하여야 할 것이고(민법 제1100조), 유언에 의한 인지의 경우에는 취임한 날로부터 1개월 이내에 인지에 관한 유언서등본 또는 유언녹음을 기재한 서면을 첨부하여 인지신고를 하여야 할 것이다(가족관계의 등록 등에 관한 법률 제59조).

1 김주수/김상용, 주석 민법, 상속(제2권)(제4판), 한국사법행정학회(2015), 375.

## 제 1100 조 [재산목록작성]

**① 유언이 재산에 관한 것인 때에는 지정 또는 선임에 의한 유언집행자는 지체없이 그 재산목록을 작성하여 상속인에게 교부하여야 한다.**
**② 상속인의 청구가 있는 때에는 전항의 재산목록작성에 상속인을 참여하게 하여야 한다.**

**[관련조문]** 민법 제1097조(유언집행자의 승낙, 사퇴), 제1099조(유언집행자의 임무착수), 제1107조(유언집행의 비용)

**[참고문헌]** 김주수/김상용, 주석 민법, 상속(제2권)(제4판), 한국사법행정학회(2015); 주해상속법(제1권), 박영사(2019); 김용한, 친족상속법론(보정판), 박영사(2003); 오시영, 친족상속법(제2판), 학현사(2011); 윤진수, 친족상속법 강의(제2판), 박영사(2018); 변희찬, "유언집행자", 재판자료 제78집, 법원도서관(1998)



### Ⅰ. 의의

1 민법 제1100조는 유언이 재산에 관한 것인 경우에 유언집행자가 취임 직후 재산목록을 작성하여 상속인에게 교부할 의무를 부과하는 규정이다. 유언집행자가 관리할 상속재산을 명백히 함으로써 유언집행자의 부정행위를 방지함과 동시에 상속인의 재산은닉이나 횡령행위로 인한 수증자의 피해를 방지하기 위함이다. 그러한 입법취지상 유언자가 유언으로 유언집행자의 재산목록 작성의무를 면제하여도 그 유언은 무효이고, 상속인 기타 이해관계인이 유언집행자에게 재산목록 작성의무를 면제하는 의사를 표시하여도 아무런 효력이 없다고 해석된다.[1]

### Ⅱ. 재산목록의 작성과 교부의무

2 유언이 재산에 관한 것인 때에는 지정유언집행자 또는 선임유언집행자는 지체 없이 그 재산목록을 작성하여 상속인에게 교부하여야 한다(민법 제1100조 제1항). 유언이 재산에 관한 것이 아닌 인지, 친생부인, 후견인의 지정과 같이 신분에 관한 사항인 경우에는 민법 제1100조에 따른 의무를 부담하지 아니한다. 민법 제1100조에

1 주해상속법(제1권), 박영사(2019), 857(현소혜); 김용한, 친족상속법론(보정판), 박영사(2003), 424~425; 오시영, 친족상속법(제2판), 학현사(2011), 768; 윤진수, 친족상속법 강의(제2판), 박영사(2018), 553.

따른 의무의 주체는 지정유언집행자 또는 선임유언집행자이므로, 민법 제1095조에 따라 법정유언집행자가 되는 상속인은 민법 제1100조에 따른 의무를 부담하지 않는다.

3 유언의 내용이 특정재산에 관한 것인 때에는 유언집행자는 그 재산의 목록만을 작성하면 족하고,[2] 별도로 상속재산 전부에 관한 목록을 작성할 의무까지는 없다. 재산의 목록을 작성할 때에는 적극재산과 소극재산을 모두 포함한 상속재산의 종류·수량·상황을 명백히 하고 작성일자를 기재한 다음 유언집행자가 이를 서명하여야 한다.[3]

4 상속재산의 전부가 제3자에게 포괄적으로 유증됨으로 인하여 상속인이 아무런 재산을 상속받지 못하더라도, 유언집행자의 상속인에 대한 재산목록 교부의무가 소멸되지 않는다.[4]

## Ⅲ. 상속인의 참여

5 유언집행자가 재산목록을 작성할 때 원칙상 상속인의 참여가 필요 없지만, 상속인의 청구가 있는 경우에는 유언집행자는 상속인의 참여하에 재산목록을 작성하여야 한다(민법 제1100조 제2항).

## Ⅳ. 재산목록작성에 관한 비용

6 재산목록 작성에 관한 비용은 유언의 집행에 관한 비용으로서 상속재산 중에서 지급한다(민법 제1107조).

2 김주수/김상용, 주석 민법, 상속(제2권)(제4판), 한국사법행정학회(2015), 376; 변희찬, "유언집행자", 재판자료 제78집, 법원도서관(1998), 440.

3 김주수/김상용, 친족·상속법(제15판), 법문사(2018), 852; 오시영, 친족상속법(제2판), 학현사(2011), 768; 변희찬, "유언집행자", 재판자료 제78집, 법원도서관(1998), 441.

4 변희찬, "유언집행자", 재판자료 제78집, 법원도서관(1998), 441.

## 제 1101 조 [유언집행자의 권리의무]

**유언집행자는 유증의 목적인 재산의 관리 기타 유언의 집행에 필요한 행위를 할 권리의무가 있다.**

**[관련조문]** 민법 제201조(점유자와 과실), 제850조(유언에 의한 친생부인), 제859조(인지의 효력발생), 제1079조(수증자의 과실취득권), 제1102조공동유언집행), 제1103조(유언집행자의 지위), 제1105조(유언집행자의 사퇴), 채무자 회생 및 파산에 관한 법률 제299조(상속재산의 파산신청권자), 신탁법 제21조(신수탁자의 선임)

**[참고문헌]** 김주수/김상용, 주석 민법, 상속(제2권)(제4판), 한국사법행정학회(2015); 주해상속법(제1권), 박영사(2019); 김주수/김상용, 친족·상속법(제15판), 법문사(2018); 송덕수, 친족상속법(제4판), 박영사(2018); 오시영, 친족상속법(제2판), 학현사(2011); 변희찬, "유언집행자", 재판자료 제78집, 법원도서관(1998)



### Ⅰ. 의의

1 민법 제1101조는 유언집행자의 일반적인 권리의무의 범위를 규정하고 있다. 유언집행자가 유언의 내용을 충실하게 집행하도록 하기 위하여 유언집행자에게 유증의 목적인 재산의 관리 기타 유언의 집행에 필요한 행위를 할 권리의무를 부여하는 것이다. 다만, 유언집행자의 권한은 유언을 기초로 하여 발생하는 것이므로 유언자는 별도로 유언으로 유언집행자의 권한에 제한을 둘 수 있다.[1]

### Ⅱ. 유언집행자의 권리의무 범위

#### 1. 유증목적물인 상속재산의 관리 권한

2 민법 제1101조에 따라 유언집행자는 유증목적물인 상속재산을 관리할 권리가 있다. 유증목적물인 상속재산을 관리할 권리에는 단순히 유증목적물을 보존하거나 점유할 권리뿐만 아니라 이의 이용·개량에 필요한 권리까지도 포함된다.[2]

3 유언집행자는 유증목적물로부터 과실을 수취할 권리와 의무가 있다. 따라서 유증목적물인 부동산이 임대 중인 경우에는 유언집행자는 수증자를 위하여 임차인으로부터 그 차임을 추심하여야 할 권리와 의무가 있다.[3] 유언집행자가 수취

[1] 김주수/김상용, 친족·상속법(제15판), 법문사(2018), 846; 오시영, 친족상속법(제2판), 학현사(2011), 768.
[2] 주해상속법(제1권), 박영사(2019), 861(현소혜).
[3] 김주수/김상용, 친족·상속법(제15판), 법문사(2018), 854; 오시영, 친족상속법(제2판), 학현사(2011), 770.

한 과실에 대한 반환의무의 범위는 포괄적 유증의 경우에는 민법 제201조에 따라 정하여 지고, 특정적 유증의 경우에는 민법 제1079조에 따라 정해진다.

### 2. 기타 유언의 집행에 필요한 행위

4 유언집행자는 유증의 목적인 재산을 관리할 권리의무뿐만 아니라 유언의 집행에 필요한 모든 행위를 할 권리의무도 있다. 유언집행자가 할 수 있는 유언의 집행에 필요한 행위는 유언의 내용에 따라 다르다.

#### 가. 유증목적물에 관한 유언의 집행에 필요한 행위

##### 1) 상속재산의 처분

5 유언집행자는 유언의 집행에 필요할 경우 상속재산을 처분할 권한이 있다. 예를 들어 유증목적물인 불특정물이나 금전이 상속재산 중에 없는 경우 유언집행자는 유증목적물을 마련하기 위하여 상속재산의 전부 또는 일부를 처분할 수 있다.[4] 상속채무를 모두 변제한 후 남은 재산을 포괄적으로 유증하는 내용의 청산형식의 포괄적 유증이 있는 경우에도 마찬가지이고, 이때 유언집행자의 처분권한은 상속재산 전부에 미친다고 할 것이다.[5]

6 유언집행자는 상속재산을 처분함에 있어서 선량한 관리자로서의 주의의무를 부담한다. 유언집행자가 선량한 관리자의 주의의무를 위반하여 상속재산인 부동산을 저렴한 가격으로 처분할 경우 상속인들에 대하여 부동산의 적정 시세와 실제 매매대금의 차액 상당의 손해를 배상할 책임을 부담하게 된다.[6]

7 유언집행자가 있는 경우 그의 유언집행에 필요한 한도에서 상속인의 상속재산에 대한 처분권은 제한된다.[7] 즉, 유언집행을 위하여 필요한 범위 내에서는 유언집행자의 상속재산에 대한 관리처분권이 상속인의 상속재산에 대한 관리처분권보다 우선하는 것이다.[8] 이와 관련하여 유증목적물의 보전행위는 상속인과 수증자 사이의 이해상반 상태가 발생하지 아니하므로 상속인도 독립적으로 할 수 있다는 견해[9]가 제시되고 있다.

4 김주수/김상용, 친족·상속법(제15판), 법문사(2018), 854.
5 주해상속법(제1권), 박영사(2019), 862(현소혜); 김주수/김상용, 친족·상속법(제15판), 법문사(2018), 854.
6 대법원 1996. 9. 20. 선고 96다21119 판결.
7 대법원 2010. 10. 28. 선고 2009다20840 판결.
8 대법원 2005. 11. 25. 선고 2004두930 판결.
9 주해상속법(제1권), 박영사(2019), 867(현소혜).

8 상속인이 임의로 유언집행자의 관리처분권의 대상인 상속재산을 처분한 경우 그 처분행위는 권한 없는 자의 행위로서 무효라고 보아야 할 것이다.[10] 이에 대하여 그러한 처분행위를 무효로 할 법적근거가 없으므로, 상속인의 처분행위는 유효하고, 단지 수증자가 상속인에게 손해배상을 청구할 수밖에 없다는 견해[11]가 있다.

9 유언집행자는 상속재산으로 상속채권자 및 수증자에 대한 채무를 완제할 수 없는 것을 발견한 때에는 지체없이 파산신청을 하여야 한다(채무자 회생 및 파산에 관한 법률 제229조 제2항).

### 2) 유증목적물의 권리이전

10 포괄적 유증의 경우에는 수증자는 상속인과 동일한 권리의무가 있으므로(민법 제1078조), 이에 따라 유언자의 사망으로 유증의 효과가 발생함과 동시에 포괄적으로 권리의무를 승계하게 되므로, 유증목적물에 관한 권리가 직접 수증자에게 이전하게 된다. 따라서 유언집행자가 수증자에 대하여 유증목적물의 권리이전을 위하여 취하여야 할 적극적인 조치는 원칙상 없다. 다만, 상속재산 중에 부동산이 있는 경우 유언집행자는 유언집행을 위한 등기의무자로서 등기권리자인 포괄적 수증자와 함께 유증을 원인으로 하는 소유권이전등기를 공동으로 신청하여야 하는[12] 등 유언집행절차가 필요한 경우가 있다.

11 특정적 유증의 경우에는 유증목적물은 상속재산으로서 상속인에게 일단 귀속되고, 수증자는 상속인에 대하여 유증의 이행을 청구할 수 있는 권리가 있을 뿐이므로, 유언집행자는 수증자로 하여금 유증목적물에 대한 완전한 권리를 이전받을 수 있도록 목적물의 인도나 등기 등 모든 필요한 행위를 하여야 한다. 즉, 유언집행자는 수증자에 대하여 유증목적물이 동산인 경우에는 인도할 의무를, 부동산인 경우에는 이전등기를 마쳐주어야 할 의무를, 지명채권인 경우에는 채무자에게 양도통지를 할 의무를, 증권적 채권인 경우에는 증서를 배서하여 이를 교부할 의무를 부담하게 된다.

10 주해상속법(제1권), 박영사(2019), 867(현소혜).
11 김주수/김상용, 주석 민법, 상속(제2권)(제4판), 한국사법행정학회(2015), 379; 송덕수, 친족상속법(제4판), 박영사(2018), 439~440.
12 대법원 2014. 2. 13. 선고 2011다74277 판결.

12 유언의 내용이 수증자에게 매월 일정액의 용돈을 지급하라고 하는 것과 같이, 수증자로 하여금 일정한 채권을 취득시킬 뿐, 그 집행을 위해 일정한 기본재산에 대한 담보권을 설정하도록 하거나 그 집행을 완료시킬 취지가 아닌 경우에는, 유언의 다른 부분의 집행이 끝날 때까지만 유언집행자로 하여금 그 일정액의 용돈을 지급시킬 취지로 해석하여야 한다.[13] 그러한 유언집행자의 의무가 수증자의 사망시까지 존속하는 것으로 해석한다면 유언집행자가 가혹한 의무를 부담하기 때문이다.[14]

### 나. 유증 외의 유언의 집행에 필요한 행위

13 유언집행자는 친생부인을 하는 유언의 집행을 위하여 친생부인의 소를 제기하야 하고(제850조), 인지를 하는 유언의 집행을 위하여는 인지신고를 하여야 하며(민법 제859조 제2항), 재단법인의 설립을 목적으로 하는 유언의 집행을 위하여는 정관의 작성, 설립허가 및 설립등기 신청, 출연재산 귀속을 위한 권리이전 절차 등 재단법인설립에 필요한 제반 절차를 진행하여야 한다(민법 제47조 제2항). 유언에 의하여 수탁자로 지정된 자가 신탁을 인수하지 아니하거나 인수할 수 없는 경우에는 유언집행자는 법원에 신수탁자의 선임을 청구할 수 있다(신탁법 제21조 제3항).

### 다. 유언집행에 필요한 소송행위

14 유언집행자는 민법 제1101조에 따라 유증의 목적인 재산의 관리 기타 유언의 집행에 필요한 행위를 할 권리의무가 있고, 그러한 범위 내에서는 유언집행자도 소송의 당사자가 된다.[15] 따라서 유언의 집행에 방해가 되는 유증 목적물에 경료된 상속등기 등의 말소청구소송 또는 유언을 집행하기 위한 유증 목적물에 관한 소유권이전등기 청구소송에 있어서 유언집행자는 이른바 법정소송담당으로서 원고적격을 가진다.[16] 또한 유언집행자는 유증목적물을 점유하고 있는 제3자에 대하여 인도청구 등의 소를 제기하거나, 유증목적물의 보전을 위한 처분금지가처분 신청 등을 제기할 수 있다.[17] 상속인이 유언무효확인의 소를 제기한 경우에 유언집행자는 유언집행자의 권한 유무 또는 유언집행사무 자체와 관련

13 김주수/김상용, 친족·상속법(제15판), 법문사(2018), 854; 오시영, 친족상속법(제2판), 학현사(2011), 770~771.
14 주해상속법(제1권), 박영사(2019), 863(현소혜).
15 대법원 2001. 3. 27. 선고 2000다26920 판결.
16 대법원 1999. 11. 26. 선고 97다57733 판결.
17 주해상속법(제1권), 박영사(2019), 865(현소혜).

성이 있는 한도 내에서 당사자 적격을 가지고, 유언집행과 직접적인 관련이 없는 경우(후견인지정의 무효 등)에는 당사자 적격이 있다고 할 수 없다.[18]

15 유언집행이 일단 종료된 후에는 유언집행자는 더 이상 유언의 집행에 필요한 행위를 할 권리의무가 소멸하게 되고, 이에 따라 관련된 소송행위를 할 수 없다.[19] 따라서 유언집행자가 유증목적물에 관하여 유증을 원인으로 한 소유권이전등기절차를 수증자의 명의로 마친 다음에 상속인이 유증의 무효를 주장하면서 유증을 원인으로 한 소유권이전등기의 말소등기절차이행을 청구할 경우 그 상대방은 수증자로 보아야 할 것이고, 유언집행자로 할 것은 아니다.[20]

18 변희찬, "유언집행자", 재판자료 제78집, 법원도서관(1998), 466.
19 주해상속법(제1권), 박영사(2019), 865(현소혜).
20 변희찬, "유언집행자", 재판자료 제78집, 법원도서관(1998), 464.

## 제 1102 조 [공동유언집행]

**유언집행자가 수인인 경우에는 임무의 집행은 그 과반수의 찬성으로써 결정한다. 그러나 보존행위는 각자가 이를 할 수 있다.**

**[관련조문]** 민법 제1093조(유언집행자의 지정), 제1094조(위탁에 의한 유언집행자의 지정), 제1095조(지정유언집행자가 없는 경우), 제1096조(법원에 의한 유언집행자의 선임), 제1101조(유언집행자의 권리의무)

**[참고문헌]** 김주수/김상용, 주석 민법, 상속(제2권)(제4판), 한국사법행정학회(2015); 주해상속법(제1권), 박영사(2019); 변희찬, "유언집행자", 재판자료 제78집, 법원도서관(1998)



### Ⅰ. 의의

1 민법 제1102조는 유언집행자가 수인인 경우에 그들 사이의 임무의 집행방법을 정한 조문이다. 민법 제1102조는 민법 제1093조 또는 제1094조에 따라 유언집행자로 수인이 지정된 경우와 민법 제1096조에 따라 법원이 유언집행자로 수인을 선임한 경우뿐만 아니라 민법 제1095조에 따라 유언집행자로 된 상속인이 수인인 경우까지 어떤 이유이든 유언집행자가 수인인 경우에 적용된다.

### Ⅱ. 공동유언집행의 원칙적 직무집행방법

2 유언집행자가 수인인 경우에는 유언집행자를 지정하거나 지정위탁한 유언자나 유언집행자를 선임한 법원에 의한 임무의 분장이 있었다는 등의 특별한 사정이 없는 한, 임무의 집행은 그 과반수의 찬성으로써 결정한다(민법 제1102조 전문). 따라서 유증 목적물에 대한 관리처분권은 유언의 본지에 따른 유언의 집행이라는 공동의 임무를 가진 수인의 유언집행자에게 합유적으로 귀속되고, 그 관리처분권 행사는 과반수의 찬성으로써 합일하여 결정하여야 한다.[1]

3 과반수의 계산은 유언집행자의 인원수에 의해야 하는 것은 당연하다. 가부동수로 인하여 과반수를 얻지 못하여 유언의 집행에 지장이 있는 경우, 법원은 유언집행자의 추가선임이 필요하다고 판단하여 유언집행자를 추가선임할 수도 있을 것이고, 이때 공동유언집행자 중 1인은 나머지 유언집행자의 찬성 내지 의견을

1 대법원 2011. 6. 24. 선고 2009다8345 판결.

청취하지 아니하고도 단독으로 법원에 공동유언집행자의 추가선임을 신청할 수 있다.[2] 이에 대하여 가부동수로 인하여 유언이 집행할 수 없다는 이유는 민법 제1096조에서 규정한 '유언집행자가 없거나 사망, 결격 기타 사유로 인하여 없게 된 때'에 해당한다고 보기 어려우므로, 법원이 유언집행자를 추가로 선임할 것이 아니라, 기존의 유언집행자를 해임하고 새로운 유언집행자를 선임해야한다는 견해가 있다.[3]

4 유언집행자가 수인인 경우 수증자가 유언집행자에게 유증의무의 이행을 구하는 소송은 유언집행자 전원을 피고로 하는 고유필수적 공동소송으로 봄이 타당하므로,[4] 수증자는 유언집행자 전원을 피고로 삼아야 한다.

5 공동유언집행자의 과반수의 찬성이 없이 이루어진 유언집행자의 행위에 관한 법률관계는 무권대리에 준하여 유동적 상태(불확정적 무효)에 있게 되고, 사후에 공동유언집행자들이 과반수의 찬성으로 이를 추인할 수 있을 것이다.[5]

## Ⅲ. 보존행위에 관한 예외

6 유언집행자가 수인인 경우에도 보존행위는 각자가 이를 할 수 있다(민법 제1102조 후문). 여기서의 보존행위란 상속재산의 멸실·훼손을 방지하고 그 현상을 유지하기 위하여 하는 사실적. 법률적 행위를 의미하는데, 건물의 수리, 시효가 임박한 채권에 대한 시효를 중단하기 위한 행위 등이 포함될 것이다.

7 보존행위는 공동유언집행자 중 1인이라도 단독으로 할 수 있게 한 이유는 그 보전행위가 긴급을 요하는 경우가 많고 다른 공동유언집행자의 의사에도 부합되는 경우가 보통이기 때문이다.

8 공동유언집행자의 각자의 보존행위가 경합된 결과 제3자에게 손해가 발생한 경우에는 일반 계약법의 원칙에 따라 제3자에게 상속재산의 부담으로 손해를 배상하여야 할 것이다.[6]

2 대법원 1995. 12. 4. 자 95스32 결정.
3 김주수/김상용, 주석 민법, 상속(제2권)(제4판), 한국사법행정학회(2015), 391.
4 대법원 2011. 6. 24. 선고 2009다8345 판결.
5 변희찬, "유언집행자", 재판자료 제78집, 법원도서관(1998), 468~469.
6 김주수/김상용, 주석 민법, 상속(제2권)(제4판), 한국사법행정학회(2015), 392; 주해상속법(제1권), 박영사(2019), 871(현소혜).

## Ⅳ. 임의규정

9 민법 제1102조는 임의규정이다. 따라서 수인의 유언집행자가 있더라도, 유언집행자를 지정하거나 지정위탁한 유언자나 유언집행자를 선임한 법원에 의한 임무의 분장이 있는 경우에는 그에 따라 유언집행자가 각자의 임무를 집행하면 족하다.

## 제 1103 조 [유언집행자의 지위]

① 지정 또는 선임에 의한 유언집행자는 상속인의 대리인으로 본다.

② 제681조 내지 제685조, 제687조, 제691조와 제692조의 규정은 유언집행자에 준용한다.

**[관련조문]** 민법 제391조(이행보조자의 고의, 과실), 제681조(수임인의 선관의무), 제682조(복임권의 제한), 제683조(수임인의 보고의무), 제684조(수임인의 취득물 등의 인도, 이전의무), 제685조(수임인의 금전소비의 책임), 제687조(수임인의 비용선급청구권), 제1093조(유언집행자의 지정), 제1094조(위탁에 의한 유언집행자의 지정), 제1096조(법원에 의한 유언집행자의 선임), 제1101조(유언집행자의 권리의무), 제1105조(유언집행자의 사퇴)

**[참고문헌]** 김주수/김상용, 주석 민법, 상속(제2권)(제4판), 한국사법행정학회(2015); 주해상속법(제1권), 박영사(2019); 김용한, 친족상속법론(보정판), 박영사(2003); 김주수/김상용, 친족·상속법(제15판), 법문사(2018); 박동섭, 친족상속법(제4판), 박영사(2013); 송덕수, 친족상속법(제4판), 박영사(2018); 윤진수, 친족상속법 강의(제2판), 박영사(2018); 이경희, 가족법(8정판), 법원사(2013); 김종기, "지정 유언집행자의 해임과 상속인의 원고적격", 대법원판례해설 제85호(2010 하반기), 법원도서관(2011); 변희찬, "유언집행자", 재판자료 제78집, 법원도서관(1998)



### Ⅰ. 의의

1 민법 제1103조는 유언집행자의 법률상의 지위에 관하여 정한 조문이다. 민법 제1103조는 지정 또는 선임에 의한 유언집행자를 상속인의 대리인으로 간주하고, 유언집행자의 업무처리에 관하여 위임에 관련된 조문들을 준용하도록 하고 있다.

### Ⅱ. 유언집행자의 법률상 지위

2 민법 제1103조는 지정 또는 선임에 의한 유언집행자를 상속인의 대리인으로 본다고 규정하고 있다(민법 제1103조 제1항).

3 위 규정의 의미에 대하여 유언집행자를 문리해석상 상속인의 대리인으로 파악하는 견해,[1] 유언자의 권리능력의 일부가 유언을 통해 존속하고 있지만 법률구

[1] 박동섭, 친족상속법(제4판), 박영사(2013), 782.

성상 그것을 그대로 인정할 수 없으므로 유언자의 지위를 승계하는 상속인에 가탁하여 그 대리인으로 봄으로써 유언집행자의 임무는 상속인이 아니라 유언자의 정당한 의사를 실현하는데 있다는 견해,[2] 유언집행자를 상속인의 대리인이 아니라 독립적인 기관이라고 보아야 한다는 견해,[3] 유언집행자는 법률의 규정에 의해 독립적인 지위가 인정되는 특수한 형태의 대리인이라고 보는 견해[4] 등이 대립되고 있다.

4 판례는 유언집행자는 유증의 목적인 재산의 관리 기타 유언의 집행에 필요한 모든 행위를 할 권리의무가 있으므로(민법 제1101조), 유증 목적물에 관하여 경료된, 유언의 집행에 방해가 되는 다른 등기의 말소를 구하는 소송에 있어서는 유언집행자가 이른바 법정소송담당으로서 원고적격을 가진다고 하면서,[5] 유언집행자는 유언의 집행에 필요한 범위 내에서는 상속인과 이해상반되는 사항에 관하여도 중립적 입장에서 직무를 수행하여야 하므로, 유언집행자가 있는 경우 그의 유언집행에 필요한 한도에서 상속인의 상속재산에 대한 처분권은 제한되며 그 제한 범위 내에서 상속인은 원고적격이 없고, 민법 제1103조 제1항은 "지정 또는 선임에 의한 유언집행자는 상속인의 대리인으로 본다."라고 규정하고 있으나, 이 조항은 유언집행자의 행위의 효과가 상속인에게 귀속함을 규정한 것이지, 유언집행자의 소송수행권과 별도로 상속인 본인의 소송수행권도 언제나 병존함을 규정한 것은 아니라고 해석된다고 판시하고 있다.[6] 따라서 유언집행자를 순수한 상속인의 대리인이라고 볼 수 없으므로,[7] 유언집행자는 상속인의 대리인임을 밝히면서 행위할 필요가 없고 자기의 이름으로 행위를 하여야 하고, 그러한 행위의 법률효과가 상속인에게 직접 귀속되게 된다.[8]

## Ⅲ. 업무에 관한 위임규정의 준용

5 유언집행자는 위임계약관계에 의하여 권리의무를 가지는 것이 아니므로 위임에

2 김용한, 친족상속법론(보정판), 박영사(2003), 422~423; 김주수/김상용, 친족·상속법(제15판), 법문사(2018), 851.
3 송덕수, 친족상속법(제4판), 박영사(2018), 438; 윤진수, 친족상속법 강의(제2판), 박영사(2018), 551.
4 이경희, 가족법(8정판), 법원사(2013), 600.
5 대법원 1999. 11. 26. 선고 97다57733 판결.
6 대법원 2001. 3. 27. 선고 2000다26920 판결.
7 주해상속법(제1권), 박영사(2019), 876(현소혜).
8 송덕수, 친족상속법(제4판), 박영사(2018), 438.

관한 규정이 그대로 적용될 수 없지만, 유언집행사무를 타인을 위하여 처리하므로 위임에 관한 일부 규정을 준용하도록 하고 있다. 위임 규정의 준용에 있어서 위임인은 상속인으로 보아야 할 것이다.[9]

### 1. 유언집행자의 선관주의의무

6 유언집행자는 유언의 내용에 따라 선량한 관리자의 주의로써 유언집행사무를 처리하여야 한다(민법 제681조 준용). 선관주의의무를 위반한 유언집행자는 상속인에게 손해배상책임이 있다. 유언집행자가 선량한 관리자의 주의의무를 위반하여 상속재산인 부동산을 저렴한 가격으로 처분할 경우 상속인들에 대하여 부동산의 적정 시세와 실제 매매대금의 차액 상당의 손해를 배상할 책임을 부담하게 된다.[10]

7 유언집행자가 임무를 해태하여 수증자에게 손해를 입힌 경우, 수증자는 유증에 의하여 취득한 권리를 기초로 유언집행자에 대하여 책임을 물을 수 있으므로, 그러한 권리를 토대로 유언집행자를 상대로 채무불이행 등에 따른 손해배상책임을 구할 수 있을 것이다.

### 2. 복임권의 제한

8 유언집행자는 상속인의 승낙이나 부득이한 사유 없이 제3자로 하여금 자기에 갈음하여 유언집행사무를 처리하게 하지 못한다(민법 제682조 준용). 유언집행자는 상속인의 의사에 기초한 것이 아니어서 상속인에 대하여 법정대리인과 유사한 성격을 가지고 있음에도 그 직무권한은 위임의 것과 가까우므로 복임권에 관해서도 위임과 준하여 인정한 것이다.

9 '부득이한 사유'는 질병, 장기여행 등 유언집행자가 스스로 유언집행사무를 수행하는데 사실상의 장애가 있는 경우로서 민법 제1105조에 따라 법원의 허가를 얻어서 사퇴할 수 없는 사정이 있는 경우가 해당된다.[11]

10 '제3자로 하여금 자기에 갈음하여 유언집행사무를 처리하게 하지 못한다'의 의미는 유언집행사무의 전부 또는 일부를 유언집행자에게 갈음하여 이행하도록 하는 이행대행자를 사용한 것도 허용하지 않는다는 것이다.[12] 반면 유언집행자

9 김주수/김상용, 주석 민법, 상속(제2권)(제4판), 한국사법행정학회(2015), 395.
10 대법원 1996. 9. 20. 선고 96다21119 판결.
11 김주수/김상용, 주석 민법, 상속(제2권)(제4판), 한국사법행정학회(2015), 396.
12 김주수/김상용, 주석 민법, 상속(제2권)(제4판), 한국사법행정학회(2015), 396.

가 유언집행사무를 처리함에 있어서 이행보조자를 사용하는 것은 아무런 제한 없이 허용된다. 그러한 경우 이행보조자의 고의·과실은 유언집행자의 고의나 과실로 보게 된다(민법 제391조).

11 민법 제1103조에 따라 유언집행자가 제3자에게 유언집행사무를 대신 처리하도록 한 경우에는 유언집행자는 상속인에 대하여 그 선임감독에 관한 책임이 있다(민법 제121조 제1항 준용). 유언집행자가 상속인의 지명에 의하여 복대리인을 선임한 경우에는 그 부적임 또는 불성실함을 알고 상속인에게 통지나 그 해임을 태만한 때가 아니면 책임이 없다(민법 제121조 제2항 준용). 유언집행자의 복대리인은 그 권한 내에서 상속인을 대리하며, 상속인이나 제3자에 대하여 유언집행자와 동일한 권리의무가 있다(민법 제123조 준용).

### 3. 유언집행자의 보고의무

12 유언집행자는 상속인의 청구가 있는 때에는 유언집행사무의 처리상황을 보고하고 유언집행사무가 종료한 때에는 지체없이 그 전말을 보고하여야 한다(민법 제683조 준용). 보고방법에는 법률상 아무런 제한이 없으므로, 구두 또는 서면 등 적절한 방법에 의하여 보고하면 된다.[13]

### 4. 유언집행자의 취득물 등의 인도, 이전의무

13 유언집행자는 유언집행사무의 처리로 인하여 받은 금전 기타의 물건 및 그 수취한 과실을 상속인에게 인도하여야 한다(민법 제684조 제1항 준용). 또한 유언집행자는 상속인을 위하여 자기의 명의로 취득한 권리를 상속인에게 이전하여야 한다(민법 제684조 제2항 준용).

### 5. 유언집행자의 금전소비의 책임

14 유언집행자는 상속인에게 인도할 금전 또는 상속인의 이익을 위하여 사용할 금전을 자기를 위하여 소비한 때에는 소비한 날의 이자를 지급하여야 하며 그 외의 손해가 있으면 배상하여야 한다(민법 제685조 준용). 그 소비에 대해서 유언집행자의 선의·악의·고의·과실의 여부는 묻지 않는다.[14]

13 김주수/김상용, 주석 민법, 상속(제2권)(제4판), 한국사법행정학회(2015), 396; 주해상속법(제1권), 박영사(2019), 878(현소혜).

14 주해상속법(제1권), 박영사(2019), 879(현소혜).

### 6. 유언집행자의 비용선급청구권

15 유언집행사무의 처리에 비용을 요하는 때에는 상속인은 유언집행자의 청구에 의하여 이를 선급하여야 한다(민법 제687조 준용).

16 한편, 유언집행자의 보수청구권은 민법 제1104조가 적용되고, 유언집행자의 비용상환청구권은 민법 제1107조가 적용되므로, 별도로 위임에 관한 규정이 준용되지 않는다.

### 7. 유언집행자의 임무종료시의 긴급처리

17 유언집행자의 유언집행사무가 종료된 경우라도 급박한 사정이 있는 때에는 유언집행자, 그 상속인이나 법정대리인은 유언자의 상속인이나 그 법정대리인이 유언집행사무를 처리할 수 있을 때까지 그 사무의 처리를 계속하여야 하며, 이 경우에는 유언집행관계의 존속과 동일한 효력이 있다(민법 제691조 준용).

18 '유언집행사무가 종료된 경우'란 유언집행자가 사망한 때, 유언집행자가 제한능력자가 되거나 파산선고를 받은 때(민법 제1098조), 유언집행자가 사퇴한 때(민법 제1105조) 등을 포함한다. 다만, 유언집행자가 민법 제1106조에 따라 법원에 의하여 해임된 경우도 포함하는지에 관하여는, 법문에 아무런 제한이 없다는 이유로 이를 긍정하는 견해[15]와 유언집행사무를 계속 수행케 함이 부적당하므로 이를 부정하는 견해[16]가 있다. 후자의 견해가 타당하다고 본다.

19 민법 제1103조에 따른 사무처리의 범위는 급박한 사정을 해소하기 위하여 필요한 정도에 한하며, 그 범위를 초과하여서까지 인정될 수 있는 것은 아니다.

20 유언집행관계 종료의 사유는 이를 상대방에게 통지하거나 상대방이 이를 안 때가 아니면 이로써 상대방에게 대항하지 못한다(민법 제692조 준용). 여기서 '대항하지 못한다'고 하는 것은 스스로 유언집행관계 종료의 효과를 상대방에 대하여 주장할 수 없다는 의미이다. 따라서 상대방이 유언집행관계의 종료를 주장하는 것은 상관없다.

15 김종기, "지정 유언집행자의 해임과 상속인의 원고적격", 대법원판례해설 제85호(2010 하반기), 법원도서관(2011), 295.

16 변희찬, "유언집행자", 재판자료 제78집, 법원도서관(1998), 473.

## 제 1104 조 [유언집행자의 보수]

**① 유언자가 유언으로 그 집행자의 보수를 정하지 아니한 경우에는 법원은 상속재산의 상황 기타 사정을 참작하여 지정 또는 선임에 의한 유언집행자의 보수를 정할 수 있다.**

**② 유언집행자가 보수를 받는 경우에는 제686조 제2항·제3항의 규정을 준용한다.**

**[관련조문]** 민법 제686조(수임인의 보수청구권), 제1097조(유언집행자의 승낙, 사퇴), 제1103조(유언집행자의 지위), 제1107조(유언집행의 비용), 가사소송법 제44조(관할 등), 가사소송규칙 제27조(청구기각심판에 대한 불복), 제90조(비용의 부담)

**[참고문헌]** 주해상속법(제1권), 박영사(2019); 법원실무제요, 가사[Ⅱ], 사법연수원(2021); 변희찬, "유언집행자", 재판자료 제78집, 법원도서관(1998)



### Ⅰ. 의의

1 민법 제1104조는 유언집행자의 보수 선정방법과 보수청구 시기를 규정한 조문이다. 민법에 따른 위임관계는 원칙상 무상이고, 특약이 있는 때에만 유상인 반면에, 유언자가 유언으로 유언집행자의 보수를 정하지 아니한 경우 법원이 지정 또는 선임에 의한 유언집행자의 보수를 정할 수 있도록 하였다. 유언집행자의 보수는 상속재산 중에서 지급한다(민법 제1107조). 한편, 민법 제1095조에 따라 법정유언집행자가 된 상속인은 보수를 청구할 수 없다.

### Ⅱ. 유언집행자의 보수 결정방법

#### 1. 유언에 의한 보수결정

2 유언자는 유언으로 유언자의 보수를 자유로이 정할 수 있다. 유언자는 유언집행자로 하여금 무보수로 유언집행사무를 하도록 하는 내용의 유언을 할 수도 있다. 그러한 무보수 조건에 동의하지 않는 유언집행자는 민법 제1097조에 따라 사퇴할 수 있다.

## 2. 법원에 의한 보수결정

3 유언자가 유언으로 유언집행자의 보수를 정하지 아니한 경우에는 지정유언집행자 또는 선임유언집행자는 법원에 보수를 결정하여 줄 것을 청구할 수 있다. 법원에 보수결정심판을 청구하는 대신 유언집행자와 상속인 간의 협의에 따라 유언집행자의 보수를 결정할 수 있다는 견해도 있다.[1]

4 유언자가 정한 보수가 상당하지 않다고 인정되는 때에는 법원이 유언에서 정한 것과 다른 내용의 보수를 정할 수 있다는 것이 실무의 태도이다.[2] 상속인도 유언집행자에 대한 보수지급 여부나 보수액에 관하여 이해관계를 가지므로 민법 제1104조에 따른 청구를 할 수 있다는 견해가 제시되고 있다.[3]

5 보수결정심판은 유언집행사무가 종료되기 전이라도 언제든지 청구할 수 있다.[4] 보수결정 청구사건은 라류 가사비송사건(가사소송법 제2조 제1항 제2호 가목 45)으로 그 관할은 상속개시지의 가정법원이다(가사소송법 제44조 제1항 제7호).

6 법원이 보수액을 결정함에 있어서 참작하여야 할 '상속재산의 상황 기타 사정'이란 상속재산의 상황, 상속재산의 종류·규모, 집행사무의 내용·난이도, 유언집행자의 지위, 유언집행자와 상속인의 관계, 실현된 성과, 그 밖의 여러 사정을 의미한다. 법원은 보수결정심판에서 보수액을 결정하는 외에 그 지급까지도 명할 수 있는 것은 아니다.[5]

7 심판으로 보수액을 결정하는 주문례는 다음과 같다.

| 청구인의 유언자 망 OOO의 유언집행자로서의 보수는 OOO만 원으로 정한다. |
|---|

| 청구인이 유언자 망 OOO의 유언집행자 사무를 완료함에 대한 보수는 OOO만 원으로 정한다. |
|---|

8 보수결정 청구를 기각한 심판에 대하여는 청구인이 즉시항고를 할 수 있으나(가사소송규칙 제27조), 보수액결정심판에 대해서는 불복할 수 없다.

9 보수액결정의 심판비용 및 고지비용은 상속재산에서 부담한다(가사소송규칙 제90조).

1 주해상속법(제1권), 박영사(2019), 881(현소혜).
2 법원실무제요, 가사[Ⅱ], 사법연수원(2021), 1121.
3 법원실무제요, 가사[Ⅱ], 사법연수원(2021), 1121~1122.
4 변희찬, "유언집행자", 재판자료 제78집, 법원도서관(1998), 475.
5 법원실무제요, 가사[Ⅱ], 사법연수원(2021), 1122.

## Ⅲ. 유언집행자가 보수를 청구할 시기

10 유언집행자는 유언집행사무를 종료한 후가 아니면 보수를 청구할 수 없고, 기간으로 보수를 정한 경우에는 그 기간이 경과한 후에 이를 청구할 수 있다(민법 제686조 제2항 준용). 유언집행자가 유언집행사무를 처리하는 중에 유언집행자에게 책임이 없는 사유로 인하여 사무가 종료된 때에는 유언집행자는 이미 처리한 사무의 비율로 보수를 청구할 수 있다(민법 제686조 제3항 준용).

11 유언집행자가 정당한 사유 없이 사퇴하거나 그의 책임 있는 사유로 해임된 경우에는 그 보수를 청구할 수 없다.

## 제 1105 조 [유언집행자의 사퇴]

**지정 또는 선임에 의한 유언집행자는 정당한 사유있는 때에는 법원의 허가를 얻어 그 임무를 사퇴할 수 있다.**

**[관련조문]** 민법 제689조(위임의 상호해지의 자유), 제691조(위임종료시의 긴급처리), 제1093조(유언집행자의 지정), 제1094조(위탁에 의한 유언집행자의 지정), 제1096조(법원에 의한 유언집행자의 선임), 제1103조(유언집행자의 지위), 가사소송법 제44조(관할 등), 가사소송규칙 제27조(청구기각심판에 대한 불복), 제90조(비용의 부담)

**[참고문헌]** 법원실무제요, 가사[Ⅱ], 사법연수원(2021); 변희찬, "유언집행자", 재판자료 제78집, 법원도서관(1998)



### Ⅰ. 의의

1 민법 제1105조는 지정 또는 선임에 의한 유언집행자의 사퇴절차에 관한 규정이다. 민법에 따른 위임관계는 위임인, 수임인의 어느 편에서든지 자유로이 해지할 수 있는 반면에(민법 제689조), 지정 또는 선임에 의한 유언집행자는 사퇴의 자유가 제한되어 일정한 절차를 거쳐야지만 그 임무를 사퇴할 수 있도록 정한 것이다.

### Ⅱ. 사퇴의 요건

#### 1. 청구권자

2 취임을 승낙한 지정유언집행자 또는 법원이 선임한 선임유언집행자가 민법 제1105조에 따라 사퇴를 청구할 수 있다.

3 민법 제1105조는 지정유언집행자 또는 선임유언집행자에 대하여만 적용될 수 있는 것은 문언상 명백하나, 민법 제1095조에 따라 법정유언집행자가 된 상속인도 민법 제1105조를 유추적용하여 유언집행자의 임무에서 사퇴할 수 있다는 견해가 있다.[1]

[1] 변희찬, "유언집행자", 재판자료 제78집, 법원도서관(1998), 479.

### 2. 사퇴의 정당한 사유

4 사퇴의 정당한 사유라 함은 질병, 원격지 이사, 장기해외출장, 공직 취임 등의 사정으로 말미암아 유언집행자로서의 임무수행이 어려운 경우를 의미한다. 다만, 그러한 객관적인 사정이 없는 경우라도 유언집행자가 적극적으로 사퇴를 희망하는 이상 특별한 사정이 없는 한 그 사퇴를 허가하는 것이 실무의 태도이다.[2]

### 3. 법원의 허가

5 사퇴허가 청구사건은 라류 가사비송사건(가사소송법 제2조 제1항 제2호 가목 46)으로 그 관할은 상속개시지의 가정법원이다(제44조 제1항 제7호). 유언집행자의 유언집행사무 중 일부분에 대하여만 사퇴허가를 받는 것은 유언전체의 바람직한 실현을 저해할 수 있으므로 허용되지 않는다.[3]

6 사퇴허가 청구를 받아들이는 주문례는 다음과 같다.

| 청구인이 유언자 망 ○○○의 유언집행자를 사퇴함을 허가한다. |
|---|

7 사퇴허가 청구를 기각한 심판에 대하여는 청구인이 즉시항고를 할 수 있으나(가사소송규칙 제27조), 사퇴허가심판에 대해서는 불복할 수 없다. 심판비용 및 고지비용은 상속재산에서 부담한다(가사소송규칙 제90조).

## Ⅲ. 사퇴의 효과

8 사퇴허가의 심판이 확정되면 청구자는 유언집행자로서의 지위를 상실하게 된다. 다만, 급박한 사정이 있는 때에는 유언자의 상속인이나 그 법정대리인이 유언집행사무를 처리할 수 있을 때까지 그 사무의 처리를 계속하여야 한다(민법 제1103조에 따른 민법 제691조 준용).

2 법원실무제요, 가사[Ⅱ], 사법연수원(2021), 1124.
3 변희찬, "유언집행자", 재판자료 제78집, 법원도서관(1998), 479.

## 제 1106 조 [유언집행자의 해임]

**지정 또는 선임에 의한 유언집행자에 그 임무를 해태하거나 적당하지 아니한 사유가 있는 때에는 법원은 상속인 기타 이해관계인의 청구에 의하여 유언집행자를 해임할 수 있다.**

**[관련조문]** 민법 제689조(위임의 상호해지의 자유), 제691조(위임종료시의 긴급처리), 제1093조(유언집행자의 지정), 제1094조(위탁에 의한 유언집행자의 지정), 제1096조(법원에 의한 유언집행자의 선임), 제1103조(유언집행자의 지위), 가사소송법 제44조(관할 등), 제62조(사전처분), 가사소송규칙 제27조(청구기각심판에 대한 불복), 제84조(유언집행자의 선임·해임), 제90조(비용의 부담)

**[참고문헌]** 김주수/김상용, 주석 민법, 상속(제2권)(제4판), 한국사법행정학회(2015); 박형준, "유언집행자 해임사유인 '적당하지 아니한 사유'의 판단 기준", 대법원판례해설 제89호(2011 하반기), 법원도서관(2012); 법원실무제요, 가사[Ⅱ], 사법연수원(2021); 변희찬, "유언집행자", 재판자료 제78집, 법원도서관(1998)



### Ⅰ. 의의

1 민법 제1106조는 지정 또는 선임에 의한 유언집행자에 대한 해임사유와 해임절차를 규정하였다. 민법에 따른 위임관계는 위임인이 언제든지 자유로이 해지할 수 있다(민법 제689조). 이에 반하여 유언집행자는 유언자의 진정한 의사를 실현하기 위하여 유언의 집행에 필요한 범위 내에서는 상속인 등과 이해상반되는 사항에 관하여도 중립적 입장에서 직무를 수행하여야 하므로, 상속인 등이 임의로 유언집행자를 해임할 수 있도록 하는 것은 적당하지 않다. 따라서 민법 제1106조는 지정 또는 선임에 의한 유언집행자를 해임하기 위하여는 해임사유가 존재하여야 하고 그에 따른 해임절차를 거치도록 규정한 것이다.

### Ⅱ. 해임의 요건

#### 1. 해임의 대상자

2 민법 제1106조는 해임의 대상자를 지정유언집행자와 선임유언집행자로 한정하고 있다. 이에 대하여 민법 제1095조에 따라 법정유언집행자가 된 상속인도 다른

상속인이나 수증자 등 이해관계인의 손해를 방지하기 위하여 민법 제1106조를 유추적용하여 해임할 수 있다는 견해가 있다.[1]

## 2. 해임의 요건

3 민법 제1106조에서 규정한 해임사유는 '임무를 해태하거나', '적당하지 아니한 사유가 있는 때'이다. 해임사유의 발생은 유언집행자의 행위에 의한 것인지, 집행자에게 일어나고 있는 객관적 상황에 의한 것인지를 불문한다.[2]

4 '임무를 해태한 때'란 유언집행자의 여러 임무를 해태한 경우를 뜻한다. 유언집행자가 유증을 받은 자의 이익을 무시한 채 상속인의 뜻에 따라 유증의 대상인 상속재산을 매우 저렴한 가격으로 처분하는 경우, 상속재산에 속하지 않는 상속인의 재산을 정당한 이유 없이 상속인에게 인도하지 아니한 경우, 상속재산인 건물의 차임지급을 최고하는 의무가 있을 때 이를 게을리 하는 경우, 사무처리 보고를 하지 않은 경우 등이 있을 수 있다. 다만, 유언집행자가 작성한 상속재산 목록에 경미한 하자가 있다는 사정만으로는 임무를 해태하였다고 보기 어렵다.[3]

5 '적당하지 아니한 사유가 있는 때'란 상속재산에 관하여 상속인과 수증자 사이에 분쟁이 있는 때 그 분쟁에 개입하여 상속재산의 처리에 착수하지 않고 도리어 분쟁을 격화시킬 염려가 있거나 상속인과 수증자 사이에 합의가 있어야만 임무수행을 하겠다고 하는 경우, 일부 상속인에게만 유리하게 편파적인 집행을 하는 등으로 공정한 유언의 실현을 기대하기 어려워 상속인 전원의 신뢰를 얻을 수 없음이 명백한 경우[4] 등이 있을 수 있다.

6 다만, 유언집행자의 질병 및 장기부재의 경우에는 복대리인 선임도 가능하므로, 교신이 가능하고 복대리인을 선임하고 있을 때에는 질병 및 장기부재만으로 해임사유라고 보기 어렵고, 또한 유언집행자가 단순히 공동상속인이나 또는 수증자, 상속채무자 중의 1인이라는 사정 역시 해임사유라고 보기 어렵다는 견해[5]와 유언집행자가 유언무효확인의 소를 제기하였다거나, 특정한 범위 내에서 유언집행사무를 복수임인에게 위임한 사정만으로는 해임사유라고 보기 어렵다는 견해가 있다.[6]

1 변희찬, "유언집행자", 재판자료 제78집, 법원도서관(1998), 481.
2 박형준, "유언집행자 해임사유인 '적당하지 아니한 사유'의 판단 기준", 대법원판례해설 제89호(2011 하반기), 법원도서관(2012), 603.
3 변희찬, "유언집행자", 재판자료 제78집, 법원도서관(1998), 482.
4 대법원 2011. 10. 27. 자 2011스108 결정.
5 변희찬, "유언집행자", 재판자료 제78집, 법원도서관(1998), 482.
6 김주수/김상용, 주석 민법, 상속(제2권)(제4판), 한국사법행정학회(2015), 402.

## Ⅲ. 해임의 절차

### 1. 청구권자

7 상속인 기타 이해관계인이 법원에 유언집행자의 해임을 청구하여야 한다. 유언집행자의 해임은 법원의 권한이지만 직권에 의하여 해임할 수는 없다. 민법 제1106조에서의 이해관계인이란 유언의 집행에 관하여 법률상 이해관계를 가진 자로서 유언에 의하여 인지된 자, 수증자, 상속채권자, 수증자의 채권자 등을 의미한다. 유언집행자의 지정을 위탁받은 제3자는 여기에서의 이해관계인에 포함되지 않으며, 신청권자는 유언의 집행에 이해관계가 있어야 하므로 상속재산 전부가 유증된 경우에 유류분권이 없는 상속인 역시 청구권이 없다.[7]

### 2. 법원의 심판

8 유언집행자의 해임 청구사건은 라류 가사비송사건(가사소송법 제2조 제1항 제2호 가목 47)으로 그 관할은 상속개시지의 가정법원이다(제44조 제1항 제7호). 법원은 해임이 청구된 유언집행자를 해임심판절차에 참가하게 하여야 한다(가사소송규칙 제48조 제2항). 법원은 사건을 해결하기 위하여 특히 필요하다고 인정하면 직권으로 또는 당사자의 신청에 의하여 직무집행정지 및 직무대행자선임 등의 사전처분을 할 수 있다(가사소송법 제62조). 법원은 해임사유가 있다고 판단하는 경우에는 반드시 유언집행자를 해임하여야 하고, 재량으로 해임 여부를 결정할 수 없다.

9 해임청구를 받아들이는 경우의 주문례는 다음과 같다.

| 유언자 망 ○○○의 유언집행자 △△△를 해임한다. |
|---|

| 참가인 △△△를 유언자 망 ○○○의 유언집행자의 직에서 해임한다. |
|---|

10 해임청구를 기각하는 심판에 대하여는 청구인이 즉시항고를 할 수 있고(가사소송규칙 제27조), 청구를 인용한 심판에 대하여는 해임되는 유언집행자가 즉시항고를 할 수 있다(가사소송규칙 제84조 제3항).

11 해임청구가 인용된 경우의 심판비용과 고지비용은 상속재산에서 부담하나(가사소송규칙 제90조), 해임청구가 기각된 경우의 심판비용은 청구인이 부담하여야 할 것이다.

7 박형준, "유언집행자 해임사유인 '적당하지 아니한 사유'의 판단 기준", 대법원판례해설 제89호(2011 하반기), 법원도서관(2012), 603.

## 제 1107 조 [유언집행의 비용]

### 유언의 집행에 관한 비용은 상속재산 중에서 이를 지급한다.

**[관련조문]** 민법 제687조(수임인의 비용선급청구권), 제1103조(유언집행자의 지위), 가사소송규칙 제90조(비용의 부담)

**[참고문헌]** 주해상속법(제1권), 박영사(2019); 김용한, 친족상속법론(보정판), 박영사(2003); 이경희, 가족법(8정판), 법원사(2013); 변희찬, "유언집행자", 재판자료 제78집, 법원도서관(1998)



### Ⅰ. 의의

1 민법 제1107조는 유언의 집행에 관한 비용의 부담방법을 규정한 조문이다.

### Ⅱ. 유언집행비용의 내용

2 유언집행비용에는 유언집행사무를 처리하는데 소요되는 비용뿐만 아니라 유언집행자의 보수 역시 포함된다. 유언집행에 관한 비용의 예로서 유언증서나 녹음의 검인청구에 관한 비용(민법 제1091조), 재산목록작성에 소요된 비용(제1100조), 집행자가 유언집행을 위하여 지출한 설비·숙박료 등[1]이 해당할 수 있다. 유언집행과 관련된 소송비용 역시 포함되고, 가사소송규칙 제90조는 가정법원이 유언에 관한 청구에 상응한 심판을 한 경우에 심판 전의 절차비용과 심판의 고지비용은 유언자 또는 상속재산의 부담으로 한다고 규정하고 있다.

### Ⅲ. 유언집행비용의 부담

3 민법 제1107조에 따라 유언집행비용은 상속재산 중에서 이를 지급하여야 한다. 수인의 상속인이 있는 경우의 유언집행비용의 상환청구에 있어서는 당해 상속인에게 청구할 수 있는 금액은 총비용을 전상속재산 중 당해 상속인이 취득한 상속재산의 비율에 비례하여 안분한 금액이라 할 것이고, 그 금액은 공평의 관념에 비추어 당해 상속인이 취득한 상속재산의 액을 초과하지 않는 부분에 한한다.[2]

1 김용한, 친족상속법론(보정판), 박영사(2003), 425.
2 변희찬, "유언집행자", 재판자료 제78집, 법원도서관(1998), 477.

4 상속재산만으로 유언집행비용을 지급할 수 없는 경우에 관하여는 민법에 아무런 규정이 없다. 그러한 경우 유언집행비용을 상속인이 부담하여야 하는가에 관하여, 상속채무에 준하여 상속인이 부담하여야 한다는 견해가 제시될 수 있으나, 현재는 상속인은 상속재산의 한도 내에서만 유언집행비용을 부담할 뿐이므로 상속인의 고유재산으로서 이를 책임을 질 필요가 없고 결국 유언으로 인하여 이익을 받는 자가 부담하는 것이 타당하다는 견해[3]가 있다.

5 한편, 유증이 이루어진 경우 유언집행비용은 상속인의 유류분을 침해하지 아니하는 한도 내에서 상속재산에서 지급될 수 있고, 상속인의 유류분을 침해하는 부분은 수증자가 부담하여야 한다는 견해[4]가 있다. 유류분은 유언으로도 침해할 수 없는 것이므로 유언집행비용으로 인해 유류분을 침해할 수는 없다는 것을 근거로 한다.

6 유언집행자는 유언집행사무의 종료 후 그 비용의 청산을 상속인에게 청구하는 것이 원칙이라고 할 것이나,[5] 상속인에 대하여 집행비용의 선급을 청구할 수도 있고(민법 제1103조 제2항에 따른 민법 제687조의 준용), 상속재산 중에서 인출하여 충당할 수도 있다.[6]

3 김용한, 친족상속법론(보정판), 박영사(2003), 426; 이경희, 가족법(8정판), 법원사(2013), 608.
4 변희찬, "유언집행자", 재판자료 제78집, 법원도서관(1998), 477.
5 주해상속법(제1권), 박영사(2019), 891(현소혜).
6 변희찬, "유언집행자", 재판자료 제78집, 법원도서관(1998), 477.

# 제 5 절 유언의 철회

## [총설]

1 민법은 유언자의 최종의사를 존중하기 위한 유언제도의 취지에 따라 유언철회의 자유를 인정하고 있다. 유언자는 언제든지 유언 또는 생전행위로써 유언의 전부나 일부를 철회할 수 있고, 그러한 권리를 포기하지 못한다(민법 제1108조). 민법 제1109조 및 민법 제1110조는 유언자에게 종전의 유언을 철회하려는 의사가 있음이 추단되는 사유를 유언의 법정철회사유로서 규정하고 있다.

2 민법은 부담있는 유증을 받은 자가 그 부담의무를 이행하지 아니한 때에 일정한 요건에 따라 유언을 취소할 수 있도록 그 요건과 절차를 민법 제1101조에 규정하였다. 통상 부담있는 유증의 경우 수증자가 부담을 이행하지 않는다면 유언자가 유증을 하지 않았을 것으로 보는 것이 일반적이므로 일정한 요건 하에 유언의 취소를 인정하되, 한편, 상속인이나 유언집행자가 수증자와 공모하여 부담의 이익을 받는 자의 이익을 해할 우려가 있기 때문에 부담있는 유증을 취소할 경우 법원의 심판을 받도록 하였다.

## 제 1108 조 [유언의 철회]

① 유언자는 언제든지 유언 또는 생전행위로써 유언의 전부나 일부를 철회할 수 있다.

② 유언자는 그 유언을 철회할 권리를 포기하지 못한다.

**[관련조문]** 민법 제861조(인지의 취소), 제884조(입양 취소의 원인), 제1110조(파훼로 인한 유언의 철회), 제1109조(유언의 저촉)

**[참고문헌]** 김주수/김상용, 주석 민법, 상속(제2권)(제4판), 한국사법행정학회(2015); 주해상속법(제1권), 박영사(2019); 김용한, 친족상속법론(보정판), 박영사(2003); 김주수/김상용, 친족·상속법(제15판), 법문사(2018); 박동섭, 친족상속법(제4판), 박영사(2013); 박정기/김연, 가족법(제2판), 삼영사(2008); 송덕수, 친족상속법(제4판), 박영사(2018); 오시영, 친족상속법(제2판), 학현사(2011); 윤진수, 친족상속법 강의(제2판), 박영사(2018); 이경희, 가족법(8정판), 법원사(2013); 김형석, "유언의 성립과 효력에 관한 몇 가지 문제", 민사판례연구 제38권, 박영사(2016)



### Ⅰ. 의의

1 민법 제1108조는 유언은 사람의 최종의사를 존중하기 위한 제도임을 감안하여 유언자가 언제든지 유언을 자유로이 철회할 수 있도록 유언철회의 자유원칙을 규정한 조문이다. 유언의 법정철회사유를 규정한 민법 제1109조 및 민법 제1110조와 대비하여 민법 제1108조는 유언의 임의철회에 관한 조문으로 이해되고 있다.

### Ⅱ. 유언의 철회방법

#### 1. 유언의 철회권자

2 유언의 철회를 할 수 있는 자는 유언자 본인에 한정된다. 유언철회권은 일신전속적 권리로서의 성격을 가지므로 대리인이나 승계인에게는 철회권이 인정되지 않는다.

### 2. 유언철회의 사유 및 시기

3 유언자에게 유언을 철회할 만한 사유가 별도로 존재할 필요가 없다. 유언자는 유언을 한 이후 생존 중이라면 기간의 제한 없이 언제든지 유언의 전부나 일부를 자유로이 철회할 수 있다.

### 3. 유언철회의 방식

4 유언자는 유언 또는 생전행위로써 유언을 철회할 수 있다(민법 제1108조 제1항). 새로운 유언으로 종전 유언을 철회할 경우 새로운 유언의 방식은 종전의 유언 방식과 동일할 필요는 없다. 새로운 유언이 민법에 따른 유언의 방식을 갖추지 아니하여 무효라고 하더라도, 생전행위에 의한 철회로서의 성격을 가질 수 있다.[1] 유언자가 유언 철회의 의사표시를 하는 것만으로도 생전행위에 의한 철회로 인정할 수 있다. 유언자가 철회의 의사표시를 하지 아니한 채 유언증서를 파기한다면 민법 제1110조에 따라 유언을 철회한 것으로 볼 것이지만, 공정증서에 의한 유언은 유언자가 정본을 파기하더라도 그 원본이 공증인사무소에 보관되고 있으므로, 공정증서에 의한 유언을 철회하려면 공정증서의 정본을 파기하는 것만으로는 부족하고 별도로 유언이나 생전행위로써 하여야 한다는 견해가 있다.[2] 이에 대하여 유언자가 보관 중인 공정증서의 정본이나 사본을 파훼한 경우에도 생전행위에 의한 유언의 철회로 볼 수 있는 여지가 있다는 견해도 있다.[3]

### 4. 유언철회권의 포기 불가

5 유언자는 그 유언을 철회할 권리를 포기하지 못한다(민법 제1108조 제2항). 유언철회의 자유를 보장하기 위한 것으로써 유언자가 수증자에게 유언을 철회하지 않는다는 계약을 체결하였다고 하더라도 그 계약은 아무런 효력이 없다. 판례도 유언자가 자녀들에게 부동산을 유증하는 공정증서를 작성한 후 그 자녀들과 사이에 공정증서의 내용을 수정하려면 모두의 동의를 거쳐야하고, 유언자가 임의로 공정증서의 내용을 수정하는 경우 공정증서에 따라 협의하는 것으로 하며, 유언자의 소유 재산을 자녀들 등에게 증여하는 경우에는 공정증서에 따른 분배

1 주해상속법(제1권), 박영사(2019), 893(현소혜).
2 김주수/김상용, 주석 민법, 상속(제2권)(제4판), 한국사법행정학회(2015), 407; 오시영, 친족상속법(제2판), 학현사(2011), 730.
3 윤진수, 친족상속법 강의(제2판), 박영사(2018), 529.

로 보아 처리하기로 하는 등 유언자 소유의 재산의 관리와 처분 및 공정증서에 관한 약정을 체결한 사안에서, 그러한 약정은 유언자의 유언철회의 자유를 제한하고 사실상 유언철회를 무력화하는 셈이 되며, 유언의 효력이 발생하기도 전에 유언에 따른 취득한 권리의 처리에 관한 사항을 미리 정하고 있는 것이므로 무효라고 하고 있다.[4]

## Ⅲ. 유언철회의 효과

6 유언이 철회된다면 유언은 처음부터 없었던 것으로 보므로, 유언자가 사망하여도 유언의 효력은 발생하지 않는다. 유언자가 유언의 일부만을 철회한 경우 그 부분만이 유언자의 사망에 의해서도 효력이 생기지 않는 것은 당연하다. 유언자의 철회의사가 유언전부를 철회한 것인지 또는 일부만 철회하는 것인지 명백하지 않을 경우에는 유언의 해석을 통하여 판단할 수밖에 없다.

## Ⅳ. 유언철회의 재철회

7 유언자가 유언철회를 한 후 다시 그 철회를 재철회한 경우 종래 철회되었던 유언은 다시 부활하는 것으로 보아야 한다. 민법은 철회된 유언의 효력의 부활을 인정하지 아니하는 규정이 없고, 유언철회 자유의 원칙상 유언의 재철회의 효력에 관하여는 철회된 유언의 효력이 부활하는 것으로 보는 것이 타당하며,[5] 만일 유언전부에 대한 철회에 대한 재철회만 있고 다시 적극적인 유언의 의사표시가 없는 경우에 유언이 없는 것으로 보는 것은 부당할 뿐만 아니라 철회가 부분적이어서 그 내용이 중복되는 경우에는 실질적으로 처음의 유언이 회복되는 결과가 되기 때문이다.[6]

## Ⅴ. 유언철회의 취소

8 유언의 철회가 착오·사기·강박 등의 하자있는 의사표시에 의한 경우에 민법 총칙편의 규정에 따라 유언자가 취소할 수 있다는 견해[7]와 유언의 내용이 재산상의

4 대법원 2015. 8. 19. 선고 2012다94940 판결.
5 김용한, 친족상속법론(보정판), 박영사(2003), 401.
6 박정기/김연, 가족법(제2판), 삼영사(2008), 521.
7 송덕수, 친족상속법(제4판), 박영사(2018), 422; 김형석, "유언의 성립과 효력에 관한 몇 가지 문제", 민사판례연구 제38권, 박영사(2016), 1088.

것일 때에만 민법 총칙편의 규정이 적용되고, 신분상의 것일 때에는 민법 제861조(인지취소) 또는 민법 제884조(입양취소)의 규정이 유추적용되어야 한다는 견해[8]의 대립이 있다.

8 김용한, 친족상속법론(보정판), 박영사(2003), 401; 김주수/김상용, 친족·상속법(제15판), 법문사(2018), 823; 박동섭, 친족상속법(제4판), 박영사(2013), 737; 박정기/김연, 가족법(제2판), 삼영사(2008), 521; 오시영, 친족상속법(제2판), 학현사(2011), 731; 이경희, 가족법(8정판), 법원사(2013), 554.

## 제 1109 조 [유언의 저촉]

**전후의 유언이 저촉되거나 유언후의 생전행위가 유언과 저촉되는 경우에는 그 저촉된 부분의 전 유언은 이를 철회한 것으로 본다.**

**[관련조문]** 민법 제1084조(채권의 유증의 물상대위성), 제1108조(유언의 철회), 제1110조(파훼로 인한 유언의 철회)

**[참고문헌]** 김주수/김상용, 주석 민법, 상속(제2권)(제4판), 한국사법행정학회(2015); 김용한, 친족상속법론(보정판), 박영사(2003); 박동섭, 친족상속법(제4판), 박영사(2013); 윤진수, 친족상속법 강의(제2판), 박영사(2018); 김형석, "유언의 성립과 효력에 관한 몇 가지 문제", 민사판례연구 제38권, 박영사(2016)



### Ⅰ. 의의

1 민법 제1109조는 유언의 법정철회사유에 관하여 규정하고 있다. 유언자가 유언을 한 후 그것과 저촉되는 내용의 유언이나 생전행위를 한 경우에는 유언자에게 종전의 유언을 철회하거나 변경하려는 의사가 있음이 추단되므로 유언자의 최종의사를 존중하면서 이로 인한 분쟁을 예방하려는 취지이다.

### Ⅱ. 전후의 유언이 저촉되는 경우

2 전후의 유언이 저촉된 경우에는 그 저촉된 부분의 전 유언은 철회한 것으로 본다(민법 제1109조 전단).

3 전후의 유언의 구별은 유언의 성립시점을 기준으로 한다. 작성일자가 같은 날로 기재된 2통의 유언증서가 있는 경우에는 유언 외부에 존재하는 여러 가지 사정을 참작하여 그 전후를 판단하여야 하고, 만일 그 전후의 판단이 불가능하다면 동시에 모순되는 유언이 있는 것으로 하여 모든 유언이 무효인 것으로 볼 수밖에 없다.[1]

4 민법 제1109조에서의 '저촉'이라 함은 전의 유언을 실효시키지 않고서는 후의 유언이 유효로 될 수 없음을 의미하고, 이는 법률상 또는 물리적인 집행불능만을 뜻하는 것이 아니라 후의 행위가 전의 유언과 양립될 수 없는 취지로 행하여졌음이 명백하면 족하다. 이러한 저촉 여부 및 그 범위를 결정함에 있어서는 전후

1 김주수/김상용, 주석 민법, 상속(제2권)(제4판), 한국사법행정학회(2015), 409.

사정을 합리적으로 살펴 유언자의 의사가 유언의 일부라도 철회하려는 의사인지 아니면 그 전부를 불가분적으로 철회하려는 의사인지 여부를 실질적으로 집행이 불가능하게 된 유언 부분과 관련시켜 신중하게 판단하여야 한다.[2]

5 예를 들어 전의 유언에서는 A에게 유증한 어떠한 물건을 뒤의 유언에서는 B에게 다시 유증한 경우에는 유언자가 그 물건을 A, B에게 공유시킬 의사가 표시되지 아니한 이상 전후의 유증은 양립이 불가능하므로, 전의 유언은 철회한 것으로 보아야 하고 후의 유언에 따라 B에 대한 유증만이 효력이 있다. 후의 유언이 전의 유언에 조건이나 기한을 부가한 정도라면 전후의 유언이 저촉된다고 할 수 없다.

6 전후의 유언이 저촉됨에 있어서 유언자가 반드시 전의 유언을 철회할 의사가 있거나, 전의 유언이 있었음을 알고 있을 필요가 없다. 전후의 유언이 저촉되는 이상 유언자가 전의 유언을 철회할 의사가 없었거나, 전의 유언을 한 사실을 잊고 있었다고 하더라도, 그 저촉된 부분의 전의 유언은 철회한 것으로 간주된다.[3]

## Ⅲ. 유언과 유언 후의 생전행위가 저촉되는 경우

7 유언과 유언 후의 생전행위가 저촉되면 그 저촉된 부분의 전 유언은 철회한 것으로 본다(민법 제1109조 후단).

8 민법 제1109조에서의 '생전행위'란 통상 유언자가 생존 중에 유언목적물인 특정재산에 대하여 한 처분행위 등을 의미한다. 그 처분행위는 유상이건 무상이건 불문하고, 사인증여도 이에 해당할 수 있다.[4] 생전행위는 유효하여야 하고, 유언과 저촉되는 부분의 효력이 유언의 효력발생 전에 확정적으로 발생하여야 한다. 유언자가 유언과 저촉되는 처분행위를 한 이상 그에 따른 공시방법까지 갖출 필요는 없다.[5]

9 다만, 유언자가 유증의 목적인 채권을 변제받았다는 사정만으로는 유증과 저촉되는 생전행위가 있었다고 볼 수 없다. 그 변제받은 물건이 상속재산 중에 있는 때에는 그 물건을 유증의 목적으로 한 것으로 보아야 하기 때문이다(민법 제1084조 제1항). 물론 유언자가 생전에 그 변제받은 물건을 소비하거나 양도한 경우에는

2 대법원 1998. 6. 12. 선고 97다38510 판결.
3 김용한, 친족상속법론(보정판), 박영사(2003), 399.
4 박동섭, 친족상속법(제4판), 박영사(2013), 697.
5 김형석, "유언의 성립과 효력에 관한 몇 가지 문제", 민사판례연구 제38권, 박영사(2016), 1081.

유증에 저촉되는 생전행위를 한 것으로 보아야 할 것이다. 유언자가 처분한 물건이 불특정물이나 금전인 경우에는 원칙상 민법 제1109조가 적용되지 않는다. 다만, 유언자가 상속재산 내에 존재하는 불특정물 중 일부를 유증한다는 취지의 유언을 한 경우에는 달리 볼 수 있을 것이다.

10 민법 제1109조에서의 '저촉'의 의미는 앞서 본 바와 같다. 유언과 생전행위의 저촉 여부 및 그 범위는 유언 및 생전행위로 표시된 의사의 해석에 의해 가려지게 된다. 유언자가 유증하기로 한 주식을 처분하였다면 그 부분의 유언은 생전행위로 철회된 것으로 보아야겠지만 토지나 다른 주식을 유증하기로 한 부분까지 철회되었다고 보기 어렵고,[6] 유언자가 포괄적 유증을 하고 난 후에 그 유증 속에 포함되는 개별 물건을 양도하였다고 하더라도 포괄적 유증이 철회되었다고 볼 수 없다.[7]

11 또한 친족상의 법률행위가 생전행위로 이루어져서 유언의 내용과 직접적으로 저촉되는 부분이 있다면 그 저촉된 부분의 유언은 철회되었다고 볼 것이다. 그러나 유언자의 친족상의 법률행위에 따라 사후적으로 추측되는 동기만으로 유언과 저촉되는 생전행위가 있었다고 단정하기 어려울 것이다. 이를 폭넓게 인정하게 된다면 유언철회 제도가 공동화될 우려가 있기 때문이다.[8] 판례도 유언자가 유언증서를 작성한 후 재혼하였다는 사정만으로는 유언을 철회한 것으로 볼 수 없다고 한다.[9] 이에 대하여 배우자에게 유증한 후 배우자와 이혼한 경우나 양자에게 유증을 한 후 협의상 파양을 한 경우에는 유언과 저촉되는 생전행위가 있으므로 유증이 철회된 것으로 보아야 한다는 견해가 있다.[10]

12 생전행위는 유언자 자신의 의사에 따른 것이어야 한다. 따라서 타인이 유언자의 명의를 이용하여 임의로 유언의 목적인 특정 재산에 관하여 처분행위를 하더라도 유언철회로서의 효력은 발생하지 아니한다.[11] 그러한 처분행위를 유언자의 법정대리인이 하더라도 마찬가지이다. 유언자의 임의대리인의 처분행위는 유언자의 의사에 기초한 것이므로 유언자의 생전행위로 볼 수 있을 것이다.[12]

6 대법원 1998. 5. 29. 선고 97다38503 판결.
7 김주수/김상용, 주석 민법, 상속(제2권)(제4판), 한국사법행정학회(2015), 410.
8 김형석, "유언의 성립과 효력에 관한 몇 가지 문제", 민사판례연구 제38권, 박영사(2016), 1083.
9 대법원 1998. 5. 29. 선고 97다38503 판결.
10 윤진수, 친족상속법 강의(제2판), 박영사(2018), 529.
11 대법원 1998. 6. 12. 선고 97다38510 판결.
12 김형석, "유언의 성립과 효력에 관한 몇 가지 문제", 민사판례연구 제38권, 박영사(2016), 1083.

## 제 1110 조 [파훼로 인한 유언의 철회]

**유언자가 고의로 유언증서 또는 유증의 목적물을 파훼한 때에는 그 파훼한 부분에 관한 유언은 이를 철회한 것으로 본다.**

[관련조문] 민법 제1108조(유언의 철회), 제1109조(유언의 저촉)

[참고문헌] 김주수/김상용, 주석 민법, 상속(제2권)(제4판), 한국사법행정학회(2015); 주해상속법(제1권), 박영사(2019); 김주수/김상용, 친족·상속법(제15판), 법문사(2018); 박동섭, 친족상속법(제4판), 박영사(2013); 오시영, 친족상속법(제2판), 학현사(2011); 윤진수, 친족상속법 강의(제2판), 박영사(2018); 김재호, "포괄적 유증", 재판자료 제78집, 법원도서관(1998); 김형석, "유언의 성립과 효력에 관한 몇 가지 문제", 민사판례연구 제38권, 박영사(2016)



### Ⅰ. 의의

1 민법 제1110조는 민법 제1109조와 더불어 유언의 법정철회사유에 관하여 규정하고 있다. 유언자가 고의로 유언증서를 파훼하거나 또는 유증의 목적물을 파훼한 때에는 유언자에게 종전의 유언을 철회하려는 의사가 있음이 추단되기 때문이다. 따라서 유언증서 또는 유증의 목적물이 유언자의 과실이나 제3자로 인하여 파훼된 경우에는 민법 제1110조가 적용될 수 없다.

### Ⅱ. 유언자가 고의로 유언증서를 파훼한 때

2 유언자가 고의로 유언증서를 파훼한 때에는 그 파훼한 부분에 대한 유언은 철회한 것으로 본다(민법 제1110조 전단). 유언자에게 유언증서를 파훼하는 것에 대한 고의가 있는 이상 그 동기는 묻지 않는다. 유언자에게 반드시 유언을 철회할 의사가 있을 필요도 없다. 따라서 유언자가 이미 작성한 자필증서를 보다 깨끗하게 정서하여 다시 쓰기 위하여 찢어버린 경우에도 민법 제1110조의 적용이 있다.[1]

3 유언증서는 자필증서(민법 제1066조), 공정증서(제1068조), 비밀증서(제1069조), 구수증서(제1070조)를 의미한다. 공정증서의 유언의 경우에 그 원본이 공증인사무소에 보관되고 있으므로, 유언자가 공정증서의 정본이나 사본을 파훼한 것만으로는

1 김주수/김상용, 주석 민법, 상속(제2권)(제4판), 한국사법행정학회(2015), 415.

민법 제1110조에 따른 유언철회의 효력은 발생하지 않는다.[2] 다만, 제반사정에 따라 민법 제1108조에 따른 생전행위에 의한 유언의 철회로 볼 수 있을 것이다.[3] 비밀증서의 유언에 있어서 봉인만을 파훼한 경우에는 그 자체만으로는 민법 제1110조에 따른 유언증서의 파훼라고 볼 수 없고,[4] 당해 유언증서가 자필증서의 방식에 적합한 때에는 자필증서에 의한 유언으로 유효하다(민법 제1071조). 녹음에 의한 유언의 경우(민법 제1067조)에도 유언자가 녹음테이프를 손상하거나 녹음을 삭제하여 내용의 복구를 불가능하게 하였다면 민법 제1110조를 유추적용할 수 있다는 견해가 있다.[5]

4 '유언증서의 파훼'란 유언증서를 물리적이나 화학적으로 손상시킴으로써 그 내용을 판독할 수 없게 하는 것을 의미한다. 유언자가 유언증서를 단순히 버리는 것만으로는 유언증서를 파훼하였다고 볼 수 없다.[6] 유언증서가 성립 후에 멸실되었다거나 분실되었다고 하더라도 유언이 철회된 것으로 볼 수 없다.[7] 유언증서에 선을 그어 문자를 지운 경우에는 유언자의 의사에 기초하여 원문의 내용을 식별하기 어려울 정도에 이르렀다면 파훼로 보아야 할 것이나, 그 정도에 이르지 않는 경우에는 유언의 정정이나 변경으로 볼 것이다. 다만, 유언자나 증인의 성명이나 기명날인 부분이 두 줄로 그어있다면 유언증서의 파훼라고 볼 수 있을 것이다.[8]

5 유언증서가 파훼되어야 하므로, 유언자로부터 파훼지시를 받은 제3자가 아직 유언증서를 파훼하지 않고 있다면, 민법 제1110조에 따른 유언철회의 효과가 발생하지 않는다.[9]

2 오시영, 친족상속법(제2판), 학현사(2011), 730.
3 윤진수, 친족상속법 강의(제2판), 박영사(2018), 529.
4 주해상속법(제1권), 박영사(2019), 906(현소혜); 김주수/김상용, 친족·상속법(제15판), 법문사(2018), 820; 박동섭, 친족상속법(제4판), 박영사(2013), 735; 오시영, 친족상속법(제2판), 학현사(2011), 730.
5 주해상속법(제1권), 박영사(2019), 907(현소혜); 김형석, "유언의 성립과 효력에 관한 몇 가지 문제", 민사판례연구 제38권, 박영사(2016), 1085.
6 김형석, "유언의 성립과 효력에 관한 몇 가지 문제", 민사판례연구 제38권, 박영사(2016), 1084.
7 대법원 1996. 9. 20. 선고 96다21119 판결.
8 김주수/김상용, 주석 민법, 상속(제2권)(제4판), 한국사법행정학회(2015), 414.
9 김주수/김상용, 주석 민법, 상속(제2권)(제4판), 한국사법행정학회(2015), 415; 김재호, "포괄적 유증", 재판자료 제78집, 법원도서관(1998), 346.

6 유언증서의 일부가 파훼된 경우 민법 제1110조에 따른 철회의 효과는 파훼된 부분에 한하여 미친다. 그러나 파훼된 부분이 다른 부분과 불가분의 관계가 있는 때에는 유언의 전부가 철회된 것으로 볼 수밖에 없을 것이다.[10]

## Ⅲ. 유언자가 고의로 유증의 목적물을 파훼한 때

7 유언자가 고의로 유증의 목적물을 파훼한 때에는 그 파훼한 부분에 대한 유언은 철회한 것으로 본다(민법 제1110조 후단). 유언자에게 유증의 목적물을 파훼하는 것에 대한 고의가 있는 이상 그 동기는 묻지 않고, 유언자에게 반드시 유언을 철회할 의사가 있을 필요가 없는 것은 유언증서의 파훼의 경우와 같다.

8 '유증의 목적물'이란 특정적 유증에 있어서 특정물을 의미한다. 유언자가 자신의 재산에 속하는 불특정물 일부를 유증한 후 그 불특정물 전부를 고의로 멸실시킨 경우에도 민법 제1110조가 적용되어야 한다는 견해가 있다.[11] '목적물의 파훼'란 목적물이 물리적으로 파괴된 경우뿐만 아니라 경제적 가치가 상실된 경우도 의미한다.

10 김주수/김상용, 주석 민법, 상속(제2권)(제4판), 한국사법행정학회(2015), 416.
11 김형석, "유언의 성립과 효력에 관한 몇 가지 문제", 민사판례연구 제38권, 박영사(2016), 1086.

## 제 1111 조 [부담있는 유언의 취소]

**부담있는 유증을 받은 자가 그 부담의무를 이행하지 아니한 때에는 상속인 또는 유언집행자는 상당한 기간을 정하여 이행할 것을 최고하고 그 기간 내에 이행하지 아니한 때에는 법원에 유언의 취소를 청구할 수 있다. 그러나 제삼자의 이익을 해하지 못한다.**

**[관련조문]** 민법 제1088조(부담있는 유증과 수증자의 책임), 제1090조(유증의 무효, 실효의 경우와 목적재산의 귀속), 가사소송법 제44조(관할 등), 가사소송규칙 제89조(부담있는 유언의 취소), 제90조(비용의 부담)

**[참고문헌]** 김주수/김상용, 주석 민법, 상속(제2권)(제4판), 한국사법행정학회(2015); 주해상속법(제1권), 박영사(2019); 이경희, 가족법(8정판), 법원사(2013); 법원실무제요, 가사[Ⅱ], 사법연수원(2021)



### Ⅰ. 의의

1 민법 제1111조는 부담있는 유증을 받은 자가 그 부담의무를 이행하지 아니한 때에 일정한 요건에 따라 유언을 취소할 수 있도록 규정한 조문이다. 통상 부담있는 유증의 경우 수증자가 부담을 이행하지 않는다면 유언자가 유증을 하지 않았을 것으로 보는 것이 일반적이므로 일정한 요건 하에 유언의 취소를 인정하는 것이다. 한편, 부담있는 유증을 취소할 경우 법원의 심판을 받도록 한 것은 상속인이나 유언집행자가 수증자와 공모하여 부담의 이익을 받는 자의 이익을 해할 우려가 있기 때문이다.[1]

### Ⅱ. 취소청구의 요건

#### 1. 취소청구권자

2 부담있는 유언의 취소를 청구할 수 있는 상속인 또는 유언집행자이다. 상속인이

[1] 김주수/김상용, 주석 민법, 상속(제2권)(제4판), 한국사법행정학회(2015), 420.

수인인 경우에는 각자 취소청구를 할 수 있고, 상속인 모두가 공동으로 취소청구를 할 필요는 없으며, 유언집행자가 있다고 하더라도 상속인이 별도로 취소청구를 할 수 있다.[2] 수증자는 취소청구권이 있다고 할 수 없다.

### 2. 이행의 최고

3 취소권자는 수증자에게 상당한 기간을 정하여 이행할 것을 최고하여야 한다. 민법 제1111조에서의 '상당한 기간'이란 수증자가 부담의무의 이행을 준비하고 이행에 착수하는 데 필요한 시간을 의미한다. 상당한 기간은 획일적으로 정할 수 있는 것이 아니라 부담의무의 종류와 내용 등의 구체적인 사정에 따라 정해질 수밖에 없다.

### 3. 수증자가 상당한 기간 내에 부담의무를 이행하지 아니한 때

4 수증자가 상당한 기간 내에 부담의무를 전혀 이행하지 아니한 경우는 당연히 유언 전부의 취소를 청구할 수 있을 것이다. 그러나 부담의무의 일부가 이행되지 아니한 경우에는 이행한 부분만으로는 유증의 목적을 달성할 수 없는 때에는 유언의 전부의 취소를 청구할 수 있을 것이고, 유증이 가분적인 때에는 불이행한 부담에 대응하는 부분에 대하여만 유언의 취소를 청구할 수 있을 것이다.[3] 한편, 이행하지 아니한 부담 부분이 매우 근소한 경우에는 유언의 취소를 청구할 수 없다고 할 것이다.

5 수증자가 미리 이행하지 아니할 의사를 표시한 때, 부담의 내용이 일정한 시일 또는 일정한 기간 내에 이행하지 아니하면 그 목적을 달성할 수 없는 경우에 수증자가 그 시기에 이행하지 아니한 때, 부담이 이행불능된 때에도 반드시 수증자에게 최고를 하여야 하는지에 관하여, 부담있는 유증에 관해서는 언제나 최고가 필요하다는 견해[4]와 민법 제544조 내지 제546조를 준용하여 수증자에 대한 최고가 더 이상 필요없다는 견해[5]의 대립이 있다.

## Ⅲ. 취소청구의 절차

6 민법 제1111조에 따른 유언취소 청구사건은 라류 가사비송사건(가사소송법 제2조

2 주해상속법(제1권), 박영사(2019), 909(현소혜).
3 법원실무제요, 가사[Ⅱ], 사법연수원(2021), 1127.
4 김주수/김상용, 주석 민법, 상속(제2권)(제4판), 한국사법행정학회(2015), 419.
5 주해상속법(제1권), 박영사(2019), 909(현소혜).

제1항 제2호 가목 48)으로 그 관할은 상속개시지의 가정법원이다(가사소송법 제44조 제1항 제7호). 심판절차에는 수증자를 참가시켜야 한다(가사소송규칙 제89조 제1항). 법원은 유증과 부담의 내용, 불이행의 정도, 그에 대한 수증자의 태도 등 여러 사정을 종합적으로 고려하여 재량에 의하여 부담있는 유언의 취소 여부를 판단한다.[6]

7 유언취소 청구를 인용하는 주문례는 다음과 같다.

| 유언자 망 ○○○가 참가인 △△△에 대하여 한 2019. 10. 6. 자 부담 있는 유증의 유언을 취소한다. |
|---|

| 유언자 망 ○○○가 참가인 △△△에 대하여 한 별지 목록 기재의 부담 있는 유증의 유언을 취소한다. |
|---|

8 유언취소 청구를 기각하는 심판에 대하여는 청구인이 즉시항고를 할 수 있고(가사소송규칙 제27조), 유언취소 청구를 인용한 심판에 대하여는 수증자 및 기타 이해관계인이 즉시항고를 할 수 있다(가사소송규칙 제89조 제2항).

9 청구가 인용된 경우의 심판비용과 고지비용은 상속재산에서 부담하나(가사소송규칙 제90조), 청구가 기각된 경우의 심판비용은 청구인이 부담하여야 할 것이다.

## Ⅳ. 취소청구의 효과

10 유언을 취소하는 심판이 확정된 경우에 유증은 상속개시시로 소급하여 그 효력을 잃는다. 따라서 유증목적물은 상속인에게 귀속된다(민법 제1090조). 상속인은 수증자에게 유증목적물의 반환을 청구할 수 있다. 그 반환청구권은 부당이득반환청구권의 성격을 가지고 있으므로, 수증자가 상속인을 상대로 계약해제에 따른 원상회복의무나 손해배상의무를 부담하는 것은 아니다.[7]

11 민법 제1111조에 따라 유언이 취소되더라도 제3자의 이익을 해하지 못하므로(민법 제1111조 단서), 수증자는 유증목적물을 전득한 제3자에 대하여는 유증목적물의 반환을 청구할 수 없다.

6 법원실무제요, 가사[Ⅱ], 사법연수원(2021), 1128.
7 주해상속법(제1권), 박영사(2019), 911(현소혜); 이경희, 가족법(8정판), 법원사(2013), 595.

# 제 3 장 유류분

<개정 1990. 1. 13>

## [총설]

**[참고문헌]** 곽윤직, 상속법(민법강의VI)(개정판), 박영사(2004); 윤진수, 친족상속법 강의(제5판), 박영사(2023); 김능환, “유류분반환청구”, 재판자료 제78집, 법원도서관(1998); 시진국, “재판에 의한 상속재산분할”, 사법논집 제42집, 법원도서관(2006); 정덕흥, “기여분의 결정과 상속분의 수정”, 사법논집 제25집, 법원도서관(1994); 곽동헌, “기여분제도에 관련된 몇 가지 문제”, 가족법연구 제4호, 한국가족법학회(1990); 권영준, “2022년 민법 판례 동향”, 서울대학교 법학 제64권 제1호, 서울대학교 법학연구소(2023); 김형석, “우리 상속법의 비교법적 위치”, 가족법연구 제23권 제2호, 한국가족법학회(2009); 김현진, “프랑스의 유류분 제도와 우리 민법 개정에의 시사점”, 가족법연구 제37권 제2호(2023); 민유숙, “2013년 친족·상속법 중요 판례”, 인권과 정의 제440호, 대한변호사협회(2014); 박세민, “유류분제도의 현대적 의의”, 일감법학 제33호, 건국대학교 법학연구소(2016); 변동열, “유류분제도”, 민사판례연구 제25권, 박영사(2003); 오병철, “기여분과 유류분의 관계에 관한 연구”, 가족법연구 제31권 제1호, 한국가족법학회(2017); 오수원, “유류분 산정에 가산되는 증여의 기준시점”, 법학논총 제17집 제1호, 조선대학교 법학연구소(2010); 이동진, “유류분법의 개정방향”, 가족법연구 제33권 제1호, 한국가족법학회(2019); 이봉민, “기여분과 유류분의 관계에 대한 새로운 해석론: 유류분 부족액 산정방법을 중심으로”, 가족법연구 제32권 제1호, 한국가족법학회(2018); 이봉민, “유류분의 산정방법에 관한 최근 대법원 판례의 분석”, 사법 제1권 제61호, 사법발전재단(2022); 이봉민, “프랑스법상 유류분의 반환방법: 2006년 6월 23일 개정 프랑스 민법을 중심으로”, 가족법연구 제23권 제3호, 한국가족법학회(2009); 임채웅, “유언신탁 및 유언대용신탁의 연구”, 인권과 정의 제397호, 대한변호사협회(2009); 정구태, “2015년 상속법 관련 주요 판례 회고”, 사법 제35호, 사법발전재단(2016); 정구태, “유류분 침해액의 산정방안에 관한 소고: 상속에 의해 취득한 적극재산액의 산정방법을 중심으로”, 고려법학 제51호, 고려대학교 법학연구원(2008); 정구태, “유류분제도 시행 전 증여된 재산에 대한 유류분반환”, 홍익법학 제14권 제1호, 홍익대학교 법학연구소(2013); 최준규, “유류분과 기업승계: 우리 유류분 제도의 비판적 고찰”, 사법 제37호, 사법발전재단(2016); 최준규, “유류분과 신탁”, 사법 제34호, 사법발전재단(2015); 현소혜, “유류분과 헌법”, 가족법연구 제36권 제3호, 한국가족법학회(2022); 홍요셉, “유류분제도의 연혁 및 입법례에 대한 소고”, 법학연구 제26집, 전북대학교 출판부(2008)

## Ⅰ. 유류분제도

### 1. 의의

1 민법은 유언의 자유를 인정하고 있으므로, 피상속인은 자신의 상속재산을 법정상속인에게 법정상속분에 따라 상속시키지 않고 이와 다르게 자유로이 자신의 재산을 처분할 수 있다. 피상속인에게 유언의 자유가 인정되는 결과 법정상속인이 모두 상속에서 배제되는 경우가 생길 수도 있는데, 유류분 제도는 위와 같은 유언의 자유를 제한하여 법정상속제도를 인정한 취지 즉, 피상속인 사후에 피상속인의 배우자 및 가까운 친족에 대한 부양을 보장하고, 상속인들의 상속재산형성에 대한 기여 및 상속재산에 대한 기대를 보호하려는 데에 근거가 있다. 피상속인의 유증이나 증여가 있더라도 상속재산 중 최소한의 법정비율은 상속인에게 유보되도록 하는 최소한의 몫을 유류분이라고 한다.

### 2. 연혁 및 입법취지

2 유류분 제도는 1977. 12. 31. 법률 제3051호로 민법에 신설되어 1979. 1. 1.부터 시행되었다. 과거 조선시대에는 유증을 받는 자의 범위를 혈족에 국한시키거나 법정상속에 크게 어긋나는 유언을 난명이라고 하여 무효로 하는 등의 전통, 관습으로 유언의 자유가 제한적으로만 인정되어 현재의 유류분 제도에 정확히 대응하는 제도가 없었고, 필요하지 않았다고도 할 수 있다. 1958년 민법 제정 당시에는 유류분 제도가 도입되지 않았으나, 1977년 민법 개정 논의 과정에서 여권 신장의 사회적 분위기를 반영하고, 유족들의 공헌의 산물이라고 볼 수 있는 상속재산의 일부에 대하여 상속인이 취득하여야 할 권리를 인정하여야 하며, 피상속인의 자력으로 생계를 유지하여 오던 생계능력이 없는 유족에 대한 사회정책적인 혜택이 인정되어야 한다는 입법취지에서 유류분 제도가 신설되었다.

3 이에 관하여 헌법재판소 2010. 4. 29. 선고 2007헌바144 결정은 "유류분제도는 피상속인의 재산처분의 자유·유언의 자유를 보장하면서도 피상속인의 재산처분행위로부터 유족들의 생존권을 보호하고, 상속재산형성에 대한 기여, 상속재산에 대한 기대를 보장하려는 데 그 입법취지가 있다."라고 한다. 또한 헌법재판소 2013. 12. 26. 선고 2012헌바467 결정은 "유류분권리자는 일반적으로 혈연이나 가족 공동생활을 통하여 피상속인을 중심으로 긴밀한 유대관계를 가졌던 사람들로서, 유류분은 피상속인이 법정상속에서 완전히 벗어난 형태로 재산을 처분하는 것을 일정 부분 제한함으로써 가족의 연대가 종국적으로 단절되는 것을

저지하는 기능을 갖는다. 이와 같이 유류분제도는 유족들의 생존권 보호 및 상속재산형성에 대한 기여 보장과 법적 안정성이라는 공익을 입법목적으로 한다." 라고 유류분제도의 기능과 입법취지를 설명하고 있다.

### 3. 입법례

4 **가.** 프랑스 민법상 피상속인은 유언에 의하여 상속재산을 처분할 수는 있지만 그러한 처분을 할 수 있는 상속재산은 자유분 내지 임의처분분으로 미리 정하여져 있고, 상속재산 중 자유분 내지 임의처분분을 제외한 나머지가 유류분이다.[1] 피상속인이 자유분 내지 임의처분분을 초과하여 무상처분을 함에 따라 유류분이 침해되면 유류분 권리자는 감쇄의 소를 제기할 수 있다. 2006년 개정 전 프랑스 민법에서는 유류분을 침해하는 유증 또는 증여가 그 침해 한도에서 소급적으로 무효가 되고, 수유자 또는 수증자는 원칙적으로 원물로 반환을 하여야 하였다. 그러나 2006년 개정된 프랑스 민법은 제924조 제1항에서 "무상처분이 자유분을 초과하는 경우 수익자는 그가 상속인인지 여부에 관계없이 그 초과액이 얼마인지 불문하고 그 초과한 액수만큼을 유류분권리자에게 배상하여야 한다"라고 규정하여 유류분의 반환을 원칙적으로 가액반환에 의하도록 하였고, 예외적으로 일정한 요건 하에 수익자의 의사와 무자력 여부에 따라 원물반환이 가능한 경우를 규정하고 있다. 한편 2006년 개정 프랑스 민법 제929조 이하에서는 일정한 요건 하에서 유류분을 사전에 포기할 수 있도록 하는 유류분의 사전포기제도를 신설하였다.[2]

5 **나.** 독일 민법에서는 유언상속을 인정하므로 피상속인이 상속인을 지정함으로써 근친자의 법정상속권을 박탈할 수 있고, 피상속인의 사인처분으로 인하여 상속에서 배제되는 일정한 근친(직계비속, 부모, 배우자)을 보호하기 위하여 피상속인이 그 유산 중 이들에게 남겨주어야 할 일정비율액(법정상속분의 1/2)을 유류분으로 규정한다.[3] 독일 민법 제2317조 제1항에서는 "상속개시와 함께 상속에서

1 곽윤직, 상속법(민법강의VI)(개정판), 박영사(2004), 279~280.

2 김현진, "프랑스의 유류분 제도와 우리 민법 개정에의 시사점", 가족법연구 제37권 제2호(2023), 141~143; 김형석, "우리 상속법의 비교법적 위치", 가족법연구 제23권 제2호, 한국가족법학회(2009), 115~117; 이봉민, "프랑스법상 유류분의 반환방법: 2006년 6월 23일 개정 프랑스 민법을 중심으로", 가족법연구 제23권 제3호, 한국가족법학회(2009), 177~191.

3 곽윤직, 상속법(민법강의VI)(개정판), 박영사(2004), 279; 홍요셉, "유류분제도의 연혁 및 입법례에 대한 소고", 법학연구 제26집, 전북대학교 출판부(2008), 254~255.

배제된 유류분권리자는 상속인들에 대하여 유류분에 상응하는 액수의 금전청구권을 취득한다."라고 규정하여, 유류분청구권을 물권적인 권리가 아니라 금전에 대한 채권적 청구권으로서만 인정한다.[4]

6 **다.** 일본 민법의 유류분제도는 프랑스 민법을 계수한 것으로 평가되고 있고, 2018년 개정 전 일본 민법 제1031조에서는 "유류분권리자 및 그 승계인은 유류분을 보전함에 필요한 한도에서 유증 및 증여의 감쇄를 청구할 수 있다."라고 규정하여 원물반환을 원칙으로 하되, 제1041조에서 "수증자 및 수유자는 반환하게 되는 한도에서 증여 또는 유증의 목적의 가액을 유류분권리자에게 변상하여 반환의무를 면할 수 있다."라고 규정하여 가액변상으로 원물반환의무를 면할 수 있도록 규정하고 있었다. 그런데 2018년 개정되어 2019년 7월 시행되는 일본 민법 제1046조에서는 "유류분권리자 및 그 승계인은 수유자 또는 수증자에 대하여 유류분침해액에 상당하는 금전의 지급을 청구할 수 있다."라고 규정하여 가액반환의 원칙을 명문화하였다. 또한 2018년 개정된 일본 민법 제1049조(개정 전 일본 민법 제1043조)에서는 "상속개시 전의 유류분의 포기는 가정재판소의 허가를 받은 때에 한하여 그 효력이 발생한다."라고 규정하여 유류분의 사전포기를 인정하고 있다.

## Ⅱ. 유류분권과 유류분반환청구권

7 상속이 개시되면 일정한 범위의 상속인은 상속재산에 대하여 일정한 비율을 취득할 수 있는 지위를 가지게 되는데 이를 유류분권이라 한다. 그리고 이 유류분권으로부터 유류분을 침해하는 유증·증여의 수증자에 대하여 부족분의 반환을 청구할 수 있는 유류분반환청구권이라는 구체적, 파생적인 권리가 생긴다.[5] 상속개시 전의 유류분권은 잠재적인 권리로서 일종의 기대권 내지 기대적 지위에 지나지 아니하므로 상속개시 전에는 유류분권리자가 자신의 권리를 처분, 양도하거나 가압류, 가처분, 가등기 등에 의하여 이를 보전하는 등 구체적인 권리를 주장할 수 없다. 그러나 상속이 개시되면 잠재적인 권리에서 구체적인 유류분권으로 바뀌고, 유류분 침해사실이 확정되면 유류분반환청구권이 발생한다.[6]

4 김형석, "우리 상속법의 비교법적 위치", 가족법연구 제23권 제2호, 한국가족법학회(2009), 117~118.
5 곽윤직, 상속법(민법강의Ⅵ)(개정판), 박영사(2004), 282.
6 윤진수, 친족상속법 강의(제5판), 박영사(2023), 612.

## 제 1112 조 [유류분의 권리자와 유류분]

상속인의 유류분은 다음 각 호에 의한다. <개정 2024. 9. 20.>

1. 피상속인의 직계비속은 그 법정상속분의 2분의 1
2. 피상속인의 배우자는 그 법정상속분의 2분의 1
3. 피상속인의 직계존속은 그 법정상속분의 3분의 1
4. 삭제 <2024. 9. 20.>

[본조신설 1977. 12. 31.]

[제목개정 2024. 9. 20.]

[2024. 9. 20. 법률 제20432호에 의하여 2024.4.25 헌법재판소에서 위헌 결정된 이 조 제4호를 삭제함.]

[헌법불합치, 2020헌가4, 2024. 4. 25., 민법(1977. 12. 31. 법률 제3051호로 개정된 것) 제1112조 제1호부터 제3호 및 제1118조는 모두 헌법에 합치되지 아니한다. 위 조항들은 2025. 12. 31.을 시한으로 입법자가 개정할 때까지 계속 적용된다.]

**[관련조문]** 민법 제1000조(상속의 순위), 제1001조(대습상속), 제1003조(배우자의 상속순위), 제1004조(상속인의 결격사유), 제1113조(유류분의 산정), 제1115조(유류분의 보전), 제1118조(준용규정)

**[참고문헌]** 김능환, "유류분반환청구", 재판자료 제78집, 법원도서관(1998); 김형석, "우리 상속법의 비교법적 위치", 가족법연구 제23권 제2호, 한국가족법학회(2009); 홍요셉, "유류분제도의 연혁 및 입법례에 대한 소고", 법학연구 제26집, 전북대학교 출판부(2008)



### Ⅰ. 유류분반환청구권자

#### 1. 유류분권자

##### 가. 직계비속·배우자·직계존속

1 유류분을 가지는 자는 피상속인의 직계비속·배우자·직계존속이다. 피상속인의 형제자매, 4촌 이내의 방계혈족이 상속인인 때에는 유류분이 인정되지 않는다. 유류분권을 행사할 수 있으려면 최우선순위의 상속인이어서 상속권이 있어야 한다. 따라서 제1순위 상속인인 직계비속과 배우자가 있는 경우에는 제2순위 상속인인 직계존속은 유류분권을 행사할 수 없다.

2 종래에는 민법 제1112조 제4호에 의하여 형제자매도 유류분권자였으나 상속재산 형성에 대한 기여나 상속재산에 대한 기대 등이 거의 인정되지 않는 피상속인의 형제자매에게까지 유류분을 인정하는 것은 불합리하고 기본권제한의 입법한계를 일탈하여 재산권을 침해하므로 헌법에 위반된다고 하여 헌법재판소에서 위 규정에 대하여 단순위헌결정을 하였다.[1] 이후 민법 제1112조 제4호는 2024. 9. 20. 법률 제20432호에 의하여 삭제되었고 개정 민법은 2025. 1. 31.부터 시행되고 있다.

3 또한 헌법재판소는 위 결정에서 패륜적인 상속인의 유류분을 인정하는 것은 일반 국민의 법감정과 상식에 반한다고 할 것이므로, 민법 제1112조 제1호부터 제3호가 유류분상실사유를 별도로 규정하지 아니한 것은 불합리하고 기본권제한입법의 한계를 벗어나 헌법에 위반된다고 하면서 2025. 12. 31.까지 계속적용을 명하는 헌법불합치결정을 선고하였다. 이후 유류분권리자가 피상속인에 대한 부양의무를 중대하게 위반하거나 범죄행위를 한 경우, 피상속인이나 피상속인의 배우자 또는 직계혈족을 정신적, 신체적으로 학대하거나 그 밖에 심히 부당한 대우를 한 경우 등에 대하여 유언으로 유류분 상실의 의사표시를 하는 등의 유류분 상실선고 제도 도입에 대한 개정 논의가 있다.

4 한편 민법 제1004조의2(상속권 상실 선고)가 2024. 9. 20. 법률 제20432호로 신설되어 피상속인의 직계존속으로서 상속인이 될 사람이 피상속인에 대한 부양의무를 중대하게 위반하거나 중대한 범죄행위 또는 그 밖에 심히 부당한 대우를 한 경우 등에는 피상속인의 유언 또는 공동상속인 등의 청구에 따라 가정법원이 상속권의 상실을 선고할 수 있도록 하는 상속권 상실 선고 제도가 마련되었고 위 규정은 2026. 1. 1.부터 시행될 예정이다(☞ 상세한 내용은 민법 제1004조의2 주석 참조).

### 나. 대습상속인

5 대습상속에 관한 규정이 유류분에도 준용(민법 제1118조, 제1001조)되므로 대습상속인도 피대습인의 유류분의 범위 안에서 유류분권을 가진다.

### 다. 태아

6 태아는 상속순위에 관하여 이미 출생한 것으로 보고(민법 제1000조 제3항), 판례는 태아의 권리능력에 관하여 정지조건설[2]의 입장을 취하고 있으므로, 피상속인

[1] 헌법재판소 2024. 4. 25. 선고 2020헌가4, 14 전원재판부 결정 등.
[2] 대법원 1976. 9. 14. 선고 76다1365 판결.

사망 당시 태아였던 자도 살아서 출생하면 상속개시시로 소급하여 직계비속으로서 유류분권리자가 될 수 있다.

### 라. 상속결격자

7 유류분은 법정상속권에 기초하고 있는 것이므로 상속결격자는 유류분권자가 될 수 없으나 상속결격자의 직계비속이나 배우자는 대습상속이 인정되므로 유류분권리자가 된다.

### 마. 상속포기자

8 상속인이 상속을 포기한 경우에는 유류분권도 없게 된다.

### 바. 포괄수유자

9 포괄유증을 받은 자는 상속인과 동일한 권리의무가 있지만, 상속인이 아니므로 유류분권자에는 해당하지 않는다.

### 사. 사후인지된 자

10 유류분권자인지 여부의 판단 기준 시는 상속개시시이고, 인지는 그 자의 출생시에 소급하여 효력이 발생하므로, 사후인지된 자도 유류분권자에 해당한다.

## 2. 유류분권자의 승계인

11 유류분반환청구권은 재산권으로서 귀속상의 일신전속권이 아니므로 양도, 상속의 대상이 된다. 따라서 유류분권자의 승계인도 반환청구를 할 수 있다.

12 유류분권자의 승계인으로는 유류분권자의 상속인, 유류분권자의 포괄수유자, 상속분의 양수인 등 포괄승계인뿐만 아니라 개별적 유류분반환청구권의 양수인과 같은 특정승계인도 포함된다.

13 판례도 유류분반환청구권은 그 행사 여부가 유류분권리자의 인격적 이익을 위하여 그의 자유로운 의사결정에 전적으로 맡겨진 권리로서 행사상의 일신전속성을 가진다고 보아야 하지만 그렇다고 하여 양도나 상속 등의 승계까지 부정해야할 아무런 이유가 없으므로 귀속상의 일신전속성까지 가지는 것은 아니라고 할 것이어서 유류분권리자의 상속인은 포괄승계인으로서 유류분권리자의 유류분반환청구권을 별다른 제한 없이 행사할 수 있다[3]고 한다.

3 대법원 2013. 4. 25. 선고 2012다80200 판결.

### 3. 채권자대위 가능여부

#### 가. 학설

14 유류분반환청구권을 대위행사할 수 있는지에 관하여는 적극설과 소극설의 견해 대립이 있다. 적극설[4]은 유류분반환청구권은 귀속상에 있어서 뿐만 아니라 행사상에 있어서도 일신전속권으로 볼 필요가 없으므로 유류분권리자의 채권자도 채권자대위권의 행사에 의하여 대위행사할 수 있다고 보는 견해이다. 다만 적극설에 의하더라도 유류분권자가 한정승인을 한 경우에는 유류분반환청구권의 행사로 반환되는 재산은 상속재산을 구성하므로 유류분권자의 고유채권자는 이를 대위할 수 없고, 상속채권자만이 대위행사할 수 있다고 본다. 소극설[5]은 유류분반환청구권의 행사 여부는 유류분권자의 자유의사에 맡겨져 있으므로 그 의사가 확정되기 전까지는 채권자가 유류분권자의 의사결정에 개입하는 것이 허용되지 않는다고 보고, 위와 같은 유류분권자의 의사를 존중하는 것이 결국 증여나 유증을 한 피상속인의 의사를 존중하는 것이 된다고 본다.

#### 나. 판례

15 판례는 "민법은 유류분을 침해하는 피상속인의 유증 또는 증여에 대하여 일단 그 의사대로 효력을 발생시킴으로써 피상속인의 재산처분에 관한 자유를 우선적으로 존중해 주는 한편 유류분반환청구권을 행사하여 그 침해된 유류분을 회복할 것인지 여부를 유류분권리자의 선택에 맡기고 있고, 이 경우 유류분권리자는 피상속인의 의사나 피상속인과의 관계는 물론 수증자나 다른 상속인과의 관계 등도 종합적으로 고려하여 유류분반환청구권의 행사 여부를 결정하게 된다. 그렇다면, 유류분반환청구권은 그 행사 여부가 유류분권리자의 인격적 이익을 위하여 그의 자유로운 의사결정에 전적으로 맡겨진 권리로서 행사상의 일신전속성을 가진다고 보아야 하므로, 유류분권리자에게 그 권리행사의 확정적 의사가 있다고 인정되는 경우가 아니라면 채권자대위권의 목적이 될 수 없다.[6]"라고 보아 원칙적으로 소극설의 입장을 취하고 있다.

4 곽윤직, 상속법(민법강의VI)(개정판), 박영사(2004), 295; 김주수/김상용, 친족·상속법(제20판), 법문사(2024), 905.

5 주해상속법(제2권), 박영사(2019), 976(최준규); 윤진수, 친족상속법 강의(제5판), 박영사(2023), 632~633; 김능환, "유류분반환청구", 재판자료 제78집, 법원도서관(1998), 40.

6 대법원 2010. 5. 27. 선고 2009다93992 판결.

## Ⅱ. 유류분의 비율

16 피상속인의 직계비속과 배우자의 유류분은 그 법정상속분의 2분의 1이고, 피상속인의 직계존속의 유류분은 그 법정상속분의 3분의 1이다.

## Ⅲ. 입법례

17 독일 민법은 배우자, 직계비속 및 부모만을 유류분권리자로 인정하고 있고,[7] 일본 민법은 배우자, 직계비속 및 직계존속만을 유류분권리자로 인정하며, 프랑스 민법은 배우자, 직계비속만을 유류분권리자로 정하고 있다.[8] 이는 유류분제도가 모든 친족이 아니라 가까운 친족 내지 가정의 보호를 위한 것이기 때문이다.[9] 비교법적으로 고찰하여 볼 때 형제자매에게까지 유류분을 인정하는 입법례는 찾아보기 힘들다. 스위스가 예외적으로 형제자매에 대해서 유류분을 인정하고 있었으나 1984년 민법 개정으로 형제자매에 대한 유류분을 삭제하였다

7 홍요셉, "유류분제도의 연혁 및 입법례에 대한 소고", 법학연구 제26집, 전북대학교 출판부(2008), 254~ 255.
8 김형석, "우리 상속법의 비교법적 위치", 가족법연구 제23권 제2호, 한국가족법학회(2009), 116~119.
9 윤진수, 친족상속법 강의(제5판), 박영사(2023), 613.

## 제 1113 조 [유류분의 산정]

① 유류분은 피상속인의 상속개시시에 있어서 가진 재산의 가액에 증여재산의 가액을 가산하고 채무의 전액을 공제하여 이를 산정한다.
② 조건부의 권리 또는 존속기간이 불확정한 권리는 가정법원이 선임한 감정인의 평가에 의하여 그 가격을 정한다.

[본조신설 1977. 12. 31.]

**[관련조문]** 민법 제997조(상속개시의 원인), 제1114조(산입될 증여), 제1115조(유류분의 보전), 제1116조(반환의 순서)

**[참고문헌]** 주해상속법(제2권), 박영사(2019); 김능환, "유류분반환청구", 재판자료 제78집, 법원도서관(1998); 변동열, "유류분제도", 민사판례연구 제25권, 박영사(2003); 권영준, "2022년 민법 판례 동향", 서울대학교 법학 제64권 제1호, 서울대학교 법학연구소(2023); 이봉민, "기여분과 유류분의 관계에 대한 새로운 해석론: 유류분 부족액 산정방법을 중심으로", 가족법연구 제32권 제1호, 한국가족법학회(2018); 이봉민, "유류분의 산정방법에 관한 최근 대법원 판례의 분석", 사법 제1권 제61호, 사법발전재단(2022); 정구태, "유류분 침해액의 산정방안에 관한 소고: 상속에 의해 취득한 적극재산액의 산정방법을 중심으로", 고려법학 제51호, 고려대학교 법학연구원(2008)



### Ⅰ. 의의

1 유류분은 법정상속분에 대한 일정 비율이지만, 유류분의 기초가 되는 재산은 상속재산과 동일하지 않다. 유류분의 액을 산출하기 위해서는 우선 산정의 기초가 되는 피상속인의 재산의 액을 확정하여야 한다. 민법 제1113조 제1항은 유류분 산정의 기초가 되는 재산에 관하여 "피상속인의 상속개시시에 있어서 가진 재산의 가액에 증여재산의 가액을 가산하고 채무의 전액을 공제하여 이를 산정한다."라고 규정한다. 위와 같은 산출방법은 특별수익자가 있는 경우의 구체적 상속분 산정 방법과 유사하지만, 상속인 이외의 제3자에 대하여 한 증여가 포함되는 점에서 상속분 산정의 기초가 되는 재산보다 범위가 넓고, 상속채무를 공제하여 산정하는 점에서는 그 범위가 좁다.

2 재산평가의 방법은 상속분을 산정하는 경우와 같지만 조건부의 권리 또는 존속기간이 불확정한 권리는 가정법원이 선임한 감정인의 평가에 의하여 그 가격을 정한다.

3 실무에서는 개별 유류분권리자의 유류분액 및 유류분 부족액의 산정에 관하여 아래와 같은 계산식이 통용되고 있다. 이하에서는 아래 계산식에서 사용하는 기호를 병기하여 해당 내용을 기술하기로 한다.

① 유류분권리자별 유류분액 = 유류분 산정의 기초재산(A=a+b−c) × 당해 유류분 권리자의 유류분 비율(B)

② 유류분 부족액 = [유류분 산정의 기초재산액(A) × 당해 유류분 권리자의 유류분 비율(B)] − 당해 유류분 권리자의 특별수익액(C) − 당해 유류분 권리자의 순상속액(D)

A = 상속개시시 적극적 상속재산액(a) + 산입되는 증여재산액(b) − 상속채무액(c)

B = 피상속인의 직계비속, 배우자는 그 법정상속분의 1/2,
피상속인의 직계존속은 그 법정상속분의 1/3

C = 당해 유류분 권리자의 수증액 + 수유액

D = 당해 유류분 권리자가 상속에 의하여 얻는 재산액(d) − 상속채무 분담액(e)

## Ⅱ. 유류분 산정의 기초가 되는 재산(A)

### 1. 상속개시시에 피상속인이 가진 재산(a)

#### 가. 일반론

4 상속개시시에 가진 재산이란 상속재산 중 피상속인이 상속개시시에 가진 적극재산을 의미한다. 다만 분묘에 속한 1정보 이내의 금양임야와 600평 이내의 묘토인 농지, 족보와 제구의 소유권은 상속재산을 구성하지 않으므로(민법 제1008조의3) 여기의 재산에 포함되지 않는다.

#### 나. 이행이 완료되지 않은 증여 목적물

5 피상속인이 증여하였으나 아직 이행되지 않아서 상속개시 당시에 소유권이 피상속인에게 남아 있는 재산은 상속재산에 포함된다.

6 [판례] 아직 이행되지 아니한 증여계약의 목적물이 상속개시시 가진 재산에 포함되는지 여부[1]

민법 제1113조 제1항은 유류분 산정의 기초가 되는 재산의 범위에 관하여, "유류분은 피상속인의 상속개시시에 있어서 가진 재산의 가액에 증여재산의 가액을 가산하고 채무의 전액을 공제하여 이를 산정한다."라고 규정하고 있는바, 여기에서의 '증여재산'이란 상속개시 전에 이미 증여계약이 이행되어 소유권이 수증자에게 이전된 재산을 가리키는 것이고, 아직 증여계약이 이행되지 아니하여 소유권이 피상속인에게 남아 있는 상태로 상속이 개시된 재산은 당연히 '피상속인의 상속개시시에 있어서 가진 재산'에 포함되는 것이므로, 수증자가 공동상속인이든 제3자이든 가리지 아니하고 모두 유류분 산정의 기초가 되는 재산을 구성하는 것이라고 할 것이다.

### 다. 유증 및 사인증여

7 특정적 유증의 경우는 그 목적물이 상속개시시의 상속재산으로서 상속재산을 구성하고 수유자는 상속인에 대하여 유증의 이행을 청구할 수 있는 권리를 취득할 뿐이므로 적극적 상속재산에 포함된다. 포괄적 유증이 있으면 상속과 동시에 포괄적 수유자의 재산으로 되지만, 유류분을 산정할 때에는 포괄유증된 재산도 상속재산에 포함시켜야 한다.

8 사인증여에 관하여는 민법이 유증에 관한 규정을 준용(민법 제562조)하고 있고, 그 실제적 기능도 유증과 달리 볼 필요가 없으므로 유증과 동일하게 본다.[2]

9 판례는 유언자가 임차권 또는 근저당권이 설정된 목적물을 특정유증하였다면 특별한 사정이 없는 한 유증을 받은 자가 그 임대보증금반환채무 또는 피담보채무를 인수할 것을 부담으로 정하여 유증하였다고 볼 수 있다고 하면서 유류분 산정 기초재산 확정(A)에서 유증 목적물의 시가 전액을 적극재산에, 그 피담보채무 전액을 상속채무에 포함시킴으로써 그 차액을 유류분 산정 기초재산(A)으로 산입하고 유류분권리자의 순상속분액(D)에서 없다고 보아 유류분 부족액을 산정하도록 하고 있다.[3]

10 [판례] 임대목적물에 대한 특정유증이 있는 경우 유류분 산정 방식[4]

유언자가 자신의 재산 전부 또는 전 재산의 비율적 일부가 아니라 일부 재산을 특정하여 유증한 특정유증의 경우에는, 유증 목적인 재산은 일단 상속재산으로서 상속인

1 대법원 1996. 8. 20. 선고 96다13682 판결.
2 대법원 2001. 11. 30. 선고 2001다6947 판결.
3 대법원 2022. 1. 27. 선고 2017다265884 판결.
4 대법원 2022. 1. 27. 선고 2017다265884 판결.

에게 귀속되고 유증을 받은 자는 유증의무자에 대하여 유증을 이행할 것을 청구할 수 있는 채권을 취득하게 된다.[5] 유언자가 임차권 또는 근저당권이 설정된 목적물을 특정유증하면서 유증을 받은 자가 그 임대차보증금반환채무 또는 피담보채무를 인수할 것을 부담으로 정한 경우에도 상속인이 상속개시 시에 유증 목적물과 그에 관한 임대차보증금반환채무 또는 피담보채무를 상속하므로 이를 전제로 유류분 산정의 기초가 되는 재산액을 확정하여 유류분액을 산정하여야 한다. 이 경우 상속인은 유증을 이행할 의무를 부담함과 동시에 유증을 받은 자에게 유증 목적물에 관한 임대차보증금반환채무 등을 인수할 것을 요구할 수 있는 이익 또한 얻었다고 할 수 있으므로, 결국 그 특정유증으로 인해 유류분권리자가 얻은 순상속분액은 없다고 보아 유류분 부족액을 산정하여야 한다. 나아가 위와 같은 경우에 특정유증을 받은 자가 유증 목적물에 관한 임대차보증금반환채무 또는 피담보채무를 임차인 또는 근저당권자에게 변제하였다고 하더라도 상속인에 대한 관계에서는 자신의 채무 또는 장차 인수하여야 할 채무를 변제한 것이므로 상속인에 대하여 구상권을 행사할 수 없다고 봄이 타당하다. 위와 같은 법리는 유증 목적물에 관한 임대차계약에 대항력이 있는지 여부와 무관하게 적용된다.

한편 유언자가 부담부 유증을 하였는지 여부는 유언에 사용한 문언 및 그 외 제반 사정을 종합적으로 고려하여 탐구된 유언자의 의사에 따라 결정되어야 하는데,[6] 유언자가 임차권 또는 근저당권이 설정된 목적물을 특정유증하였다면 특별한 사정이 없는 한 유증을 받은 자가 그 임대보증금반환채무 또는 피담보채무를 인수할 것을 부담으로 정하여 유증하였다고 볼 수 있다.

### 라. 상속인에 대한 채권

11 피상속인이 상속인에 대하여 가지고 있는 채권은 상속인이 단순 승인하는 경우 혼동으로 소멸하지만, 유류분 산정시에는 상속개시시에 가진 적극적 상속재산에 포함된다.[7]

### 마. 생명보험금

12 피상속인이 자신을 피보험자로 하는 생명보험계약을 체결하면서 피상속인을 보험수익자로 지정한 경우 보험금 청구권은 피상속인의 상속재산이 된다.[8]

13 한편 보험계약자가 보험수익자를 상속인 또는 제3자로 지정한 때에는 보험수익

5 대법원 2010. 12. 23. 선고 2007다22859 판결 등 참조.
6 대법원 2003. 5. 27. 선고 2000다73445 판결 등 참조.
7 박동섭/양경승, 친족상속법(제5판), 박영사(2020), 950.
8 대법원 2000. 10. 6. 선고 2000다38848 판결.

자는 고유의 권리로서 보험금 청구권을 취득하므로 보험금 청구권은 피상속인의 상속재산에 해당하지 않는다.[9] 또한 생명보험의 보험계약자가 보험수익자의 지정권을 행사하기 전에 사망하여 보험사고가 발생한 경우에 상법 제733조에 의해 상속인이 보험수익자가 되므로 이 경우에도 마찬가지로 보험금청구권은 상속재산에 해당하지 않는다.[10] 피상속인이 타인을 피보험자로 하는 생명보험계약을 체결하면서 피상속인 자신을 보험수익자로 지정하였는데 보험 존속 중 피상속인이 사망한 경우 보험계약자가 보험수익자를 지정하지 않고 사망한 경우에 준하여 보험수익자의 상속인이 보험수익자가 되고 따라서 상속인이 보험수익자의 지위에서 보험자에 대하여 가지는 보험금 청구권은 상속재산에 해당하지 않는다.[11] 다만 상속인이나 제3자가 보험수익자로서 고유의 권리로 취득하는 보험금청구권은 피상속인의 상속재산(a)에는 해당하지 않더라도 이를 증여 내지 특별수익으로 보아 실질적 증여에 해당하는 가액을 유류분 산정의 기초가 되는 증여재산(b)으로 산입할 수 있다.

### 2. 증여재산(b)

14 어떠한 증여가 유류분 산정의 기초로 산입되는지에 관하여는 민법 제1114조가 규정하고 있다(☞ 상세한 내용은 민법 제1114조 주석 참조).

### 3. 공제되어야 할 채무(c)

15 공제되어야 할 채무는 피상속인의 채무로서 상속채무를 말한다. 사법상의 채무뿐만 아니라 세금이나 벌금 등 공법상의 채무도 포함한다. 상속재산에 관한 비용(상속세·관리비용·소송비용 등)이나 유언집행에 관한 비용(민법 제1107조)과 같이 상속재산이 부담할 비용도 여기의 채무에 포함되는지 여부에 관하여 적극설[12]과 소극설[13]이 있다. 판례는 상속재산에 관한 비용은 유류분 산정시 공제되어야 할 채무에 포함되지 않는다고 본다.

9 대법원 2001. 12. 24. 선고 2001다65755 판결.

10 대법원 2004. 7. 9. 선고 2003다29463 판결.

11 대법원 2007. 11. 30. 선고 2005두5529 판결.

12 곽윤직, 상속법(민법강의Ⅵ)(개정판), 박영사(2004), 286; 박동섭/양경승, 친족상속법(제5판), 박영사(2020), 955; 지원림, 민법강의(제21판), 홍문사(2024), 1692.

13 김주수/김상용, 친족·상속법(제20판), 법문사(2024), 897; 박병호, 가족법, 한국방송통신대학(1999), 477; 신영호, 로스쿨 가족법강의(제2판), 세창출판사(2013), 497.

16 [판례] 상속재산에 관한 비용이 유류분 산정시 공제되어야 할 채무에 포함되는지 여부[14]

민법 제1113조 제1항은 “유류분은 피상속인의 상속개시시에 있어서 가진 재산의 가액에 증여재산의 가액을 가산하고 채무의 전액을 공제하여 이를 산정한다.”라고 규정하고 있다. 이때 공제되어야 할 채무란 상속채무, 즉 피상속인의 채무를 가리키는 것이고, 여기에 상속세, 상속재산의 관리·보존을 위한 소송비용 등 상속재산에 관한 비용은 포함되지 아니한다.

원심은 피고가 납부한 상속세와 증여세, 소외 4가 망인 사망 이후 피고를 상대로 제기한 보관금 반환청구소송의 응소비용, 이태원동 부동산에 관한 소송비용, 주주권확인소송과 소외 3의 권리금 반환청구소송에 든 비용 모두가 공제되어야 할 채무에 해당한다는 피고의 주장에 대하여, 상속세 등은 상속을 원인으로 상속인들에게 개별적으로 부과되는 조세로 피상속인이 사망 당시 부담하고 있는 상속채무와는 그 성질이 다르고, 피고 주장의 다른 채무들도 피상속인이 사망 당시 부담하고 있던 채무가 아니라는 이유로 위 주장을 배척하였다.

원심의 위와 같은 판단은 앞서 본 법리에 따른 것으로서, 거기에 상고이유의 주장과 같이 유류분 산정의 기초재산에 관한 법리를 오해한 잘못이 없다.

## Ⅲ. 유류분산정의 기초가 되는 재산의 평가기준 및 평가방법

### 1. 재산평가의 방법

#### 가. 일반론

17 유류분산정의 기초재산은 원칙적으로 상속개시시를 기준으로 한 목적물의 객관적 교환가치를 기준으로 한다. 조건부의 권리 또는 존속기간이 불확정한 권리는 가정법원이 선임한 감정인의 평가에 의하여 그 가격을 정한다. 감정인의 선임은 라류 가사비송사건(가사소송법 제2조 제1항 제2호 가목 33)으로서 상속개시지의 가정법원이 관할한다(가사소송법 제44조 제1항 제6호). 위와 같은 감정인의 선임과 그 감정인의 감정에 소요된 비용은 상속재산의 부담으로 한다(가사소송규칙 제82조).

#### 나. 부동산의 평가

18 부동산의 평가는 원칙적으로 교환가치의 감정에 의하여 평가한다. 농지와 같이 통상 상속인에 의하여 거래의 대상이 되기보다는 그 경영이 승계되는 경우에

14 대법원 2015. 5. 14. 선고 2012다21720 판결.

관하여는 목적물의 거래가격에 의하여야 한다는 견해[15]와 수익가격에 의하여 평가하여야 한다는 견해[16]가 있다.

19 저당권이 설정된 부동산을 증여한 경우 그 피담보채무액을 부동산 가격에서 공제한 나머지만을 증여한 것으로 보아야 하지만, 그 피담보채무가 상속채무로서 유류분 산정의 기초재산에 산입되는 경우에는 부동산 가격 전액을 증여한 것으로 평가한다.

### 다. 채권의 평가

20 채권에 대하여는 그 액면가가 아니라 담보의 유무, 채무자의 자력을 감안하여 그 가액을 평가하여야 한다. 담보물권이 있는 피담보채권을 피상속인의 적극재산에 포함하여 산정하는 경우 담보물권의 가액을 따로 평가하여 산입할 것은 아니다.

### 라. 집합물의 평가

21 개개의 동산이나 부동산 또는 권리가 결합하여 전체로서 1개의 영업 또는 설비를 이루고 있는 집합물의 경우 각각의 개별 재산을 합산하여 평가할 것이 아니라 이를 일체로서 평가하여야 한다.

### 마. 현금의 평가

22 증여목적물이 금전인 경우 상속개시 당시의 화폐가치로 환산하여 이를 증여재산의 가액으로 보고, 그러한 화폐가치의 환산은 증여 당시부터 상속개시 당시까지 사이의 물가변동률을 반영하는 방법으로 산정하는 것이 합리적이다.[17] 실무에서는 현금 증여액을 상속개시시로 현가 계산함에 있어 한국은행에서 고시하는 연단위 GDP 디플레이터[18](한국은행 경제통계시스템, http://ecos.bok.or.kr)를 사용하여 '증여액 × 상속개시 당시 GDP 디플레이터 수치 ÷ 증여 당시 GDP 디플레이터 수치'의 계산방식으로 산정한다.

15 변동열, "유류분제도", 민사판례연구 제25권, 박영사(2003), 844.
16 이경희·윤부찬, 가족법(11정판), 법원사(2024), 649.
17 대법원 2009. 7. 23. 선고 2006다28126 판결.
18 GDP(국내총생산) 디플레이터는 명목 GDP를 실질 GDP로 나눈 값의 100을 곱한 수치이다. 예를 들어 우리나라 2015년도 기준연도(GDP 디플레이터 100), 2021년의 GDP 디플레이터는 107.678인데 이는 2021년의 물가지수가 2015년에 비하여 7.678% 상승하였다는 의미이다.

## 2. 평가의 기준 시기

### 가. 일반론

23 유류분반환에 있어 재산의 평가는 유류분액을 산정하여 유류분 침해의 유무를 판단하는 단계(1단계)와 원물반환이 불가능하여 가액반환을 명하는 경우 반환할 가액을 산정하는 단계(2단계)로 나누어진다. 판례는 유류분액을 산정함에 있어 반환의무자가 증여받은 재산의 시가는 상속개시 당시를 기준으로 산정하여야 하고,[19] 당해 반환의무자에 대하여 반환하여야 할 재산의 범위를 확정한 다음 그 원물반환이 불가능하여 가액반환을 명하는 경우에는 그 가액은 사실심 변론종결시를 기준으로 산정하여야 한다고 한다.[20]

### 나. 상속개시 전 증여 목적물이 처분·수용된 경우

24 판례는 증여재산이 상속개시 전에 처분 또는 수용된 경우 유류분을 산정함에 있어 증여재산의 가액은 민법 문언의 해석과 유류분 제도의 입법 취지 등을 종합할 때 증여재산의 현실 가치인 처분 당시의 가액을 기준으로 상속개시까지 사이의 물가변동률을 반영하는 방법으로 산정하여야 한다고 판시하였다[21]. 물가변동률은 GDP 디플레이터 수치를 비교함으로써 산정하게 될 것이다.

25 다만 증여 이후 수증자나 수증자에게서 증여재산을 양수한 사람이 자기 비용으로 증여재산의 성상 등을 변경하여 상속개시 당시 가액이 증가되어 있는 경우, 변경된 성상 등을 기준으로 상속개시 당시의 가액을 산정하면 유류분권리자에게 부당한 이익을 주게 되므로 이러한 경우에는 그와 같은 변경을 고려하지 않고 증여 당시의 성상 등을 기준으로 상속개시 당시의 가액을 산정하여야 한다.[22]

26 수증자가 공동상속인인 경우 민법 제1008조를 준용하는 결과 공동상속인인 수증자는 증여시기와 관계없이 유류분반환의무를 부담하게 되므로 수십년 전에 증여받아 이미 처분한 부동산의 상속개시 시점 가액이 처분시보다 현저히 상승한 경우에도 상승한 가액을 기준으로 유류분반환의무를 부담한다. 이에 관하여 헌법재판소 2010. 4. 29. 선고 2007헌바144 결정은 "증여받은 목적물이 처분되거나 수용된 경우 수증자는 그 처분이나 수용으로 인하여 얻은 금원 등의 이용

19 대법원 1996. 2. 9. 선고 95다17885 판결, 대법원 2022. 2. 10. 선고 2020다250783 판결.
20 대법원 2005. 6. 23. 선고 2004다51887 판결.
21 대법원 2023. 5. 18. 선고 2019다222867 판결.
22 대법원 2015. 11. 12. 선고 2010다104768 판결, 대법원 2022. 2. 10. 선고 2020다250783 판결.

기회를 누리는 점, 수증자가 증여받은 재산의 가액이 상속개시시에 이르러 처분 당시나 수용시보다 낮게 될 가능성도 배제할 수 없는 점에 비추어 유류분산정의 기초재산에 가산되는 증여재산의 평가시기를 증여재산이 피상속인 사망 전에 처분되거나 수용되었는지를 묻지 않고 모두 상속개시시로 하는 것이 현저히 자의적이어서 기본권제한의 한계를 벗어난 것이라고 할 수 없다."라고 판시하였다.

27 [판례] 증여재산이 상속개시 전에 처분 또는 수용된 경우, 유류분을 산정함에 있어 증여재산의 가액산정 방법(= 증여재산의 현실 가치인 처분 당시의 가액을 기준으로 상속개시까지 사이의 물가변동률을 반영)[23]

이 부분 쟁점은 피상속인이 생전에 증여하여 유류분반환청구 대상이 된 재산이 상속개시 전에 처분 또는 수용된 경우, 그 재산의 가액산정 방법이다.

민법 문언의 해석과 유류분 제도의 입법 취지 등을 종합할 때 피상속인이 상속개시 전에 재산을 증여하여 그 재산이 유류분반환청구의 대상이 된 경우, 수증자가 증여받은 재산을 상속개시 전에 처분하였거나 증여재산이 수용되었다면 민법 제1113조 제1항에 따라 유류분을 산정함에 있어서 그 증여재산의 가액은 증여재산의 현실 가치인 처분 당시의 가액을 기준으로 상속개시까지 사이의 물가변동률을 반영하는 방법으로 산정하여야 한다.

구체적인 이유는 다음과 같다.

① 민법 제1113조 제1항은 "유류분은 피상속인의 상속개시 시에 있어서 가진 재산의 가액에 증여재산의 가액을 가산하고 채무의 전액을 공제하여 이를 산정한다."라고 정하고 있을 뿐 구체적인 가액산정 방법에 대하여는 규정을 두고 있지 않다. 따라서 증여재산의 가액산정 방법은 법원의 해석에 맡겨져 있다.

② 민법 제1113조 제1항의 문언과 더불어 증여재산의 가액산정은 상속개시 당시 피상속인의 순재산과 문제 된 증여재산을 합한 재산을 평가하여 유류분반환의 범위를 정하기 위함이라는 점 및 위 규정에서 증여재산의 가액을 가산하는 이유가 상속재산에서 유출되지 않고 남아 있었을 경우 유류분권리자가 이를 상속받을 수 있었을 것이라는 점에 근거를 두고 있는 점 등에 비추어, 증여재산은 상속개시 시를 기준으로 산정하여야 한다.[24] 따라서 수증자가 증여재산을 상속개시 시까지 그대로 보유하고 있는 경우에는 그 재산의 상속개시 당시 시가를 증여재산의 가액으로 평가할 수 있다.

③ 이에 비하여 수증자가 상속개시 전에 증여재산을 처분하였거나 증여재산이 수용된 경우 그 재산을 상속개시 시를 기준으로 평가하는 방법은 위의 경우와 달리 보아야 한다.

23 대법원 2023. 5. 18. 선고 2019다222867 판결.
24 대법원 2011. 4. 28. 선고 2010다29409 판결 등 참조.

㉮ 민법 제1113조 제1항이 "상속개시 시에 있어서 가진 재산의 가액"이라고 규정하고 있을 뿐이므로 상속개시 시에 원물로 보유하고 있지 않은 증여재산에 대해서까지 그 재산 자체의 상속개시 당시 교환가치로 평가하라는 취지로 해석하여야 하는 것은 아니다. 따라서 상속개시 전에 증여재산이 처분되거나 수용된 경우 그 상태대로 재산에 편입시켜 유류분을 반환하도록 하는 것이 타당하다.

㉯ 대법원은 유류분반환에 있어서 증여받은 재산이 금전일 경우에는 그 증여받은 금액을 상속개시 당시의 화폐가치로 환산하여 이를 증여재산의 가액으로 봄이 상당하고, 그러한 화폐가치의 환산은 증여 당시부터 상속개시 당시까지 사이의 물가변동률을 반영하는 방법으로 산정하는 것이 합리적이라고 판시하였다.[25] 부동산 등 현물로 증여된 재산이 상속개시 전에 처분 또는 수용된 경우, 상속개시 시에 있어서 수증자가 보유하는 재산은 수증자가 피상속인으로부터 처분대가에 상응하는 금전을 증여받은 것에 대하여 처분 당시부터 상속개시 당시까지 사이의 물가변동률을 반영하는 방법으로 상속개시 당시의 화폐가치로 환산한 것과 실질적으로 다를 바 없다.

④ ㉮ 유류분 제도는 피상속인의 재산처분행위로부터 유족의 생존권을 보호하고 법정상속분의 일정 비율에 해당하는 부분을 유류분으로 산정하여 상속인의 상속재산 형성에 대한 기여와 상속재산에 대한 기대를 보장하는 데 그 목적이 있지,[26] 수증자가 피상속인으로부터 증여받은 재산을 상속재산으로 되돌리는 데 목적이 있는 것은 아니다. 증여재산이 상속개시 전에 처분되었음에도 그와 같이 이미 처분된 재산을 상속개시 시의 시가로 평가하여 가액을 산정한다면, 수증자가 상속개시 당시 증여재산을 원물 그대로 보유하는 것으로 의제하는 결과가 된다.

㉯ 수증자가 재산을 처분한 후 상속개시 사이에 그 재산의 가치가 상승하거나 하락하는 것은 수증자나 기타 공동상속인들이 관여할 수 없는 우연한 사정이다. 그럼에도 상속개시 시까지 처분재산의 가치가 증가하면 그 증가분만큼의 이익을 향유하지 못하였던 수증자가 부담하여야 하고, 감소하면 그 감소분만큼의 위험을 유류분청구자가 부담하여야 한다면 상속인 간 형평을 위하여 마련된 유류분제도의 입법 취지에 부합하지 않게 된다.

㉰ 특히 이 사건과 같이 증여재산인 토지 일대에 개발사업이 시행된 결과 상속개시 전에 협의취득 또는 수용에 이른 경우 증여토지의 형상이 완전히 변모하고 개발사업의 진행 경과에 따라 가격의 등락이 결정되게 되는바, 이를 수증자나 다른 공동상속인들의 이익이나 손실로 돌리는 것은 부당하다. 정부의 부동산 정책과 개발사업에 따라 부동산 가액 변동성이 매우 큰 우리나라의 상황이 고려되어야 한다.

25 대법원 2009. 7. 23. 선고 2006다28126 판결 등 참조.
26 헌법재판소 2010. 4. 29. 선고 2007헌바144 전원재판부 결정 참조.

⑤ ㉮ 유류분 반환 범위는 상속개시 시에 상속재산이 되었을 재산, 즉 그러한 증여가 없었다면 피상속인이 보유하고 있었을 재산이 기준이 된다.
㉯ 만약 피상속인이 재산을 보유하다가 자신의 생전에 이를 처분하거나 재산이 수용된 후 사망하였다면 재산 자체의 시가상승으로 인한 이익이 상속재산에 편입될 여지가 없다. 그런데 피상속인이 생전에 증여를 한 다음 수증자에 의하여 처분되거나 수용되었다고 하여 그 재산의 시가상승 이익을 유류분 반환대상에 포함시키도록 재산가액을 산정한다면 수증자의 재산 처분을 제재하는 것과 마찬가지가 된다.

#### 다. 상속개시 전 목적물이 멸실·훼손된 경우

28 목적물이 수증자의 행위로 인하여 멸실·훼손된 경우에는 증여 당시의 현상 그대로 상속개시시에 현존하는 것으로 보고 가액을 산정하여야 한다.

29 그러나 목적물이 천재지변 기타 불가항력에 의하여 멸실·훼손된 경우에는 그 증여재산이 피상속인의 수중에 있었다 하더라도 멸실·훼손되었을 개연성이 있고, 이러한 경우에도 유류분 산정의 기초재산으로 산입하는 것이 수증자에게 지나친 부담을 지운다는 점을 고려하여 신의성실의 원칙에 기초하여 반환청구를 부정하고, 유류분 산정의 기초재산의 산정에서 그 목적물을 제외하는 것이 타당하다.

30 한편 목적물의 멸실로 인하여 보험금 내지 손해배상채권을 취득하고 그에 따라 보상을 받았다면 그 보상가액에 상속개시시까지의 물가상승률을 반영한 가액을 유류분 산정의 기초재산에 가산할 수 있다.

## Ⅳ. 유류분액 및 부족액의 산정

### 1. 유류분권리자별 유류분액(A×B)

31 유류분 산정의 기초가 되는 재산(A)이 확정되면, 여기에 각 유류분권리자별 유류분의 비율(B) 즉, 피상속인의 직계비속, 배우자는 그 법정상속분의 1/2, 피상속인의 직계존속은 그 법정상속분의 1/3을 곱하여 각 유류분권리자의 유류분액을 산정한다.

### 2. 유류분 부족액의 산정

#### 가. 일반론

32 유류분권리자가 피상속인의 증여 또는 유증으로 인하여 그의 유류분에 부족이 생긴 때에는 그는 부족한 한도에서 증여 또는 유증된 재산의 반환을 청구할 수

있다. 유류분 부족액은 각 유류분권리자의 구체적 유류분액에서 그 상속인의 특별수익액(C)과 순상속액(D)을 공제하여 산정한다.

### 나. 유류분권리자의 특별수익액(C)

33 유류분부족액 산정시 유류분권리자별 유류분액(A×B)에서 당해 유류분권자 자신이 받은 수증액이나 수유액을 공제한다.

34 유류분권자 자신이 피상속인으로부터 받은 생전증여가 민법 제1008조에서 규정하는 특별수익에 해당한다면, 그 수증액은 유류분 산정의 기초재산(A)에 기간 제한 없이 산입되고, 이러한 생전증여는 당해 유류분권리자의 수증액(C)으로서 기간 제한 없이 공제되어야 한다(☞ 공동상속인의 특별수익 해당 여부에 관한 상세한 내용은 민법 제1008조 주석 참조).

35 한편 유류분제도가 최초 도입된 1977. 12. 31. 법률 제3051호로 개정된 민법 시행 전에 이행이 완료된 증여재산에 관하여, 판례는 유류분 산정을 위한 기초재산에는 산입되지 않지만 위 재산이 당해 유류분반환청구자의 유류분 부족액 산정시에는 특별수익으로 공제되어야 한다고 본다.

36 [판례] 유류분 반환청구자가 유류분제도 시행 전에 피상속인으로부터 재산을 증여받아 이행 완료된 경우, 그 재산이 유류분산정을 위한 기초재산에 포함되는지 여부 및 이때 위 재산이 유류분 반환청구자의 유류분 부족액 산정시 특별수익으로 공제되어야 하는지 여부[27]

유류분 제도가 생기기 전에 피상속인이 상속인이나 제3자에게 재산을 증여하고 이행을 완료하여 소유권이 수증자에게 이전된 때에는 피상속인이 1977. 12. 31. 법률 제3051호로 개정된 민법(이하 '개정 민법'이라 한다) 시행 이후에 사망하여 상속이 개시되더라도 소급하여 증여재산이 유류분 제도에 의한 반환청구의 대상이 되지는 않는다. 개정 민법의 유류분 규정을 개정 민법 시행 전에 이루어지고 이행이 완료된 증여에까지 적용한다면 수증자의 기득권을 소급입법에 의하여 제한 또는 침해하는 것이 되어 개정 민법 부칙 제2항의 취지에 반하기 때문이다.[28] 개정 민법 시행 전에 이미 법률관계가 확정된 증여재산에 대한 권리관계는 유류분 반환청구자이든 반환의무자이든 동일하여야 하므로, 유류분 반환청구자가 개정 민법 시행 전에 피상속인으로부터 증여받아 이미 이행이 완료된 경우에는 그 재산 역시 유류분산정을 위한 기초재산에 포함되지 아니한다고 보는 것이 타당하다.

27 대법원 2018. 7. 12. 선고 2017다278422 판결.
28 대법원 2012. 12. 13. 선고 2010다78722 판결.

그러나 유류분 제도의 취지는 법정상속인의 상속권을 보장하고 상속인간의 공평을 기하기 위함이고, 민법 제1115조 제1항에서도 '유류분권리자가 피상속인의 증여 및 유증으로 인하여 그 유류분에 부족이 생긴 때에는 부족한 한도 내에서 그 재산의 반환을 청구할 수 있다'고 규정하여 이미 법정 유류분 이상을 특별수익한 공동상속인의 유류분 반환청구권을 부정하고 있다. 이는 개정 민법 시행 전에 증여받은 재산이 법정 유류분을 초과한 경우에도 마찬가지로 보아야 하므로, 개정 민법 시행 전에 증여를 받았다는 이유만으로 이를 특별수익으로도 고려하지 않는 것은 유류분 제도의 취지와 목적에 반한다고 할 것이다. 또한 민법 제1118조에서 제1008조를 준용하고 있는 이상 유류분 부족액 산정을 위한 특별수익에는 그 시기의 제한이 없고, 민법 제1008조는 유류분 제도 신설 이전에 존재하던 규정으로 민법 부칙 제2조와도 관련이 없다. 따라서 개정 민법 시행 전에 이행이 완료된 증여 재산이 유류분 산정을 위한 기초재산에서 제외된다고 하더라도, 위 재산은 당해 유류분 반환청구자의 유류분 부족액 산정 시 특별수익으로 공제되어야 한다.

### 다. 유류분권리자의 순상속액(D)

#### 1) 일반론

37 유류분반환청구권을 인정하는 이유는 상속인의 상속분이 유류분에 미치지 못하는 경우 이를 보충하기 위함이므로 유류분의 부족액은 법정최소한도로서의 기준이 되는 유류분액에서 피상속인의 사망을 원인으로 그 상속인이 실제로 얻은 순상속액을 공제하여 산정한다. 민법에서는 순상속액의 개념에 대하여 구체적으로 규정하고 있지 아니하나 실무에서는 순상속액에 관하여 '당해 유류분권리자가 상속에 의해 얻은 재산액(d) - 상속채무분담액(e)'의 방식으로 계산한다.

#### 2) 유류분권리자가 상속에 의해 얻은 재산액(d)

38 유류분권리자가 상속에 의해 얻은 재산액의 산정방식에 관하여 적극적 상속재산에서 유증분을 공제한 나머지 금액에 민법 제1009조에서 규정하는 법정상속분을 적용하는 견해(법정상속분설)와 공동상속인의 특별수익을 고려하여 법정상속분을 수정한 구체적 상속분 비율을 적용하는 견해(구체적 상속분설)의 대립이 있었다. 최근 판례는 유류분 부족액을 산정하기 위한 유류분권리자의 순상속분액을 특별수익을 고려한 구체적인 상속분에 기초하여 산정하여야 한다고 판시하였다.[29]

29 대법원 2021. 8. 19. 선고 2017다235791 판결.

39 구체적 상속분은 다음과 같은 방법으로 산정한다. ① 특별수익에 해당하는 증여액을 현존상속재산에 더하여 간주상속재산을 산정한다. 이때 유증액은 따로 현존상속재산에 더하지 않는데 그 가액은 이미 현존상속재산액에 포함되어 있기 때문이다. ② 간주상속재산에 법정상속분을 곱하여 본래의 상속분을 산정한다. ③ 특별수익을 받은 상속인(유류분권리자 본인도 특별수익이 있는 경우 유류분권리자도 포함함)의 상속분은 본래의 상속분에서 특별수익을 공제하여 산정하고, 다른 상속인은 본래의 상속분이 구체적 상속분이 된다.[30] 판례[31]도 이러한 취지로 판시하였다(☞ 상세한 내용은 민법 제1008조 주석 참조).

40 또한 판례는 유류분권리자의 구체적 상속분보다 유류분권리자가 부담하는 상속채무가 더 많다면 그 초과분을 유류분액에 가산하여 유류분 부족액을 산정하여야 한다고 판시하였다.[32]

41 최근 헌법재판소는 기여분에 관한 민법 제1008조의2를 유류분에 준용하지 않은 민법 제1118조에 대하여 2025. 12. 31.까지 계속적용을 명하는 헌법불합치결정을 선고하였다.[33] 향후 기여분에 관한 민법 제1008조의2를 유류분에 준용하는 규정이 신설되면 유류분반환청구가 있는 경우에도 기여분의 청구가 가능할 것으로 예상되고 기여분이 확정될 경우 이를 반영하여 구체적 상속분이 계산될 것이다.

42 [판례] 공동상속인 중 특별수익을 받은 유류분권리자의 유류분 부족액을 산정할 때 유류분액에서 공제하여야 하는 순상속분액을 산정하는 방법[34]

유류분제도는 피상속인의 재산처분행위로부터 유족의 생존권을 보호하고 법정상속분의 일정 비율에 해당하는 부분을 유류분으로 산정하여 상속인의 상속재산형성에 대한 기여와 상속재산에 대한 기대를 보장하는 데 입법 취지가 있다.[35] 유류분에 관한 민법 제1118조에 의하여 준용되는 민법 제1008조는 "공동상속인 중에 피상속인으로부터 재산의 증여 또는 유증을 받은 자가 있는 경우에 그 수증재산이 자기의 상속분에 달하지 못한 때에는 그 부족한 부분의 한도에서 상속분이 있다."라고 규정하고 있다. 이는 공동상속인 중 피상속인으로부터 재산의 증여 또는 유증을 받은 특별수익

30 이봉민, "유류분의 산정방법에 관한 최근 대법원 판례의 분석", 사법 제1권 제61호, 사법발전재단(2022), 286~287.
31 대법원 1995. 3. 10. 선고 94다16571 판결.
32 대법원 2022. 1. 27. 선고 2017다265884 판결.
33 헌법재판소 2024. 4. 25. 선고 2020헌가4, 14 등 전원재판부 결정 참조.
34 대법원 2021. 8. 19. 선고 2017다235791 판결.
35 헌법재판소 2010. 4. 29. 선고 2007헌바144 전원재판부 결정 참조.

자가 있는 경우에 공동상속인들 사이의 공평을 기하기 위하여 그 수증재산을 상속분의 선급으로 다루어 구체적인 상속분을 산정함에 있어 이를 참작하도록 하려는 데 취지가 있다.[36]
이러한 유류분제도의 입법 취지와 민법 제1008조의 내용 등에 비추어 보면, 공동상속인 중 특별수익을 받은 유류분권리자의 유류분 부족액을 산정할 때에는 유류분액에서 특별수익액과 순상속분액을 공제하여야 하고, 이때 공제할 순상속분액은 당해 유류분권리자의 특별수익을 고려한 구체적인 상속분에 기초하여 산정하여야 한다.
유류분 부족액 산정시 유류분권리자의 순상속액 중 상속에 의하여 얻은 적극재산액을 법정상속분에 의하여 산정하는 경우와 구체적 상속분에 의하여 산정하는 경우를 구체적 사례에 적용하여 보면 다음과 같이 계산결과가 달라진다.

43 [사례]

> 피상속인 A 사망 시 상속재산이 4,000 만 원, 상속인으로 자녀 B, C 가 있다. 자녀 C 는 1 억 6,000 만 원을 생전증여(특별수익으로 인정되는 증여)받았고, 피상속인 A 는 제 3 자인 D 에게 상속개시 전 1 년 이내에 2 억 8,000 만 원을 증여하였다.

44 위 사례에서 공동상속인 B, C 의 유류분액은 유류분산정의 기초가 되는 재산(A)인 4억 8,000만 원{= 상속재산 4,000만 원(a) + 증여재산 1억 6,000만 원(b) + 2억 8,000 만 원(b)} × 법정상속분 1/2 × 유류분 비율 1/2로 산정한 각 1억 2,000만 원이다.

45 [법정상속분설에 따른 유류분 부족액의 계산]

① B 의 유류분 부족액: 1억 원
B 의 법정상속분에 따른 순상속액이 2,000만 원(상속재산 4,000원 × 법정상속분 1/2)이므로 유류분액 1억 2,000만 원에서 순상속액 2,000만 원을 공제한 1억 원이 유류분 부족액으로 산정된다.

② B 의 유류분반환청구액: C 로부터 1,250만 원, D 로부터 8,750만 원
C 의 유류분액 1억 2,000만 원에서 특별수익 1억 6,000만 원을 공제하면 유류분 초과액이 4,000만 원 발생하고, 제3자 D 의 수증액은 2억 8,000만 원이므로 B 는 유류분 부족액 1억 원에 관하여 C 로부터 1,250만 원(= 1억 원 × 4,000만원 / 4,000만 원 + 2억 8,000만 원)을 반환받고, D 로부터 8,750만 원(= 1억 원 × 2억 8,000만 원 / 4,000만 원 + 2억 8,000만 원)을 반환받을 수 있다.

36 대법원 1996. 2. 9. 선고 95다17885 판결 등 참조.

③ 유류분 반환 이후 최종 취득액

자녀 B: 1억 2,000만 원(= 상속분 2,000만 원 + 유류분부족액 반환분 1억 원)

자녀 C: 1억 6,750만 원(= 상속분 2,000만 원 + 특별수익 1억 6,000만 원 - 유류분반환액 1,250만 원)

제3자 D: 1억 9,250만 원(= 수증액 2억 8,000만 원 - 유류분반환액 8,750만 원)

46 [구체적 상속분설에 따른 유류분 부족액의 계산]

① B 의 유류분 부족액: 8,000만 원

간주상속재산: 2억 원(= 상속재산 4,000만 원 + C 의 특별수익 1억 6,000만 원)

B, C 의 법정상속분액: 각 1억 원(= 간주상속재산 2억 원 × 1/2)

C 의 초과특별수익액: -6,000만 원(= 1억 원 - 1억 6,000만 원)

C 의 초과특별수익을 고려한 B 의 구체적 상속분 : 4,000만 원(= 1억 원 - 6,000만 원)

B 의 유류분부족액: 8,000만 원(= 유류분액 1억 2,000만 원 - B 의 구체적 상속분 4,000만 원)

② B 의 유류분반환청구액: C 로부터 1,000만 원, D 로부터 7,000만 원

C 의 유류분 초과액이 4,000만 원이고, 제3자 D 의 수증액은 2억 8,000만 원이므로 B 는 유류분 부족액 8,000만 원에 관하여 C 로부터 1,000만 원(= 8,000만 원 × 4,000만원 / 4,000만 원 + 2억 8,000만 원)을 반환받고, D 로부터 7,000만 원(8,000만 원 × 2억 8,000만 원 / 4,000만 원 + 2억 8,000만 원)을 반환받을 수 있다.

③ 유류분 반환 이후 최종 취득액

자녀 B: 1억 2,000만 원(= 상속분 4,000만 원 + 유류분부족액 반환분 8,000만 원)

자녀 C: 1억 5,000만 원(= 상속분 0원 + 특별수익 1억 6,000만 원 - 유류분반환액 1,000만 원)

제3자 D: 2억 1,000만 원(= 수증액 2억 8,000만 원 - 유류분반환액 7,000만 원)

#### 3) 상속채무분담액(e)

47 금전채무와 같이 급부의 내용이 가분인 채무가 공동상속된 경우 이는 상속개시와 동시에 당연히 공동상속인들에게 법정상속분에 따라 상속된 것으로 보므로, 법정상속분 상당의 금전채무를 당해 유류분권리자가 상속에 의해 얻은 재산액에서 공제하여 유류분권리자의 순상속액을 산정한다. 다만 판례는 공동상속인 중 1인이 자신의 법정상속분 상당의 상속채무 분담액을 초과하여 유류분권리자

의 상속채무 분담액까지 변제한 경우에는 유류분권리자를 상대로 별도로 구상권을 행사하여 지급받거나 상계를 하는 등의 방법으로 만족을 얻는 것은 별론으로 하고, 그러한 사정을 유류분권리자의 유류분 부족액 산정시 고려할 것은 아니라고 본다.[37]

### 라. 구체적 상속분보다 유류분권리자가 부담하는 상속채무가 더 많은 때 초과분의 반영 방식

48 판례는 유류분액에서 공제할 순상속분액은 상속으로 얻는 재산액에서 상속채무 분담액을 공제하여 계산하는데 상속채무가 유류분권리자의 구체적 상속분을 초과하면 그 초과분을 유류분액에 가산하여 유류분 부족액을 산정한다고 판시하였다.[38]

49 예를 들어 유류분권리자의 구체적 상속분이 1억 원인데 그가 부담해야 할 상속채무가 3억 원이라면 순상속분액(D)은 0인지, 마이너스(-) 2억 원인지 문제되는데 위 판례에 의하면 마이너스(-) 2억 원으로 계산하게 된다. 유류분 부족액 산정 시 순상속분액(D)은 유류분액에서 빼야 할 대상이므로 마이너스(-)인 순상속분액(D)을 뺀다는 것은 결국 그 마이너스 액수만큼 더한다는 의미이다.

50 이는 결국 유류분 부족액을 유류분권리자가 취득할 실제 재산상태에 기초하여 계산해야 한다는 취지이다. 만약 이렇게 계산하지 않으면 유류분 부족액의 계산에 상속으로 인한 순상속분액의 채무초과 상황이 반영되지 않아 실질적으로는 법이 확보해 주고자 하는 유류분을 확보하지 못하는 결과가 된다.[39]

51 다만 상속개시 시 적극재산보다 상속채무가 더 많은 상속채무 초과상태인 경우 상속인이 한정승인을 하는 경우가 대부분이고, 상속인이 한정승인을 하면 상속분에 의하여 취득할 재산의 범위 내에서 상속채무에 대한 책임을 지게 되므로 실제 상속인이 부담하는 몫인 순상속액은 0이라고 보는 것이 판례의 입장이다.[40] 한정승인을 한 상속인은 상속재산의 한도 내에서만 상속채무에 대한 책임을 지므로 순상속분액의 채무초과 상황이 발생하지 않기 때문이다.

37 대법원 2013. 3. 14. 선고 2010다42624, 42631 판결.
38 대법원 2022. 1. 27. 선고 2017다265884 판결.
39 권영준, "2022년 민법 판례 동향", 서울대학교 법학 제64권 제1호, 서울대학교 법학연구소(2023), 387.
40 대법원 2022. 8. 11. 선고 2020다247428 판결.

52 [판례] 유류분권리자의 구체적인 상속분보다 유류분권리자가 부담하는 상속채무가 더 많은 경우[41]

유류분권리자의 유류분 부족액은 유류분액에서 특별수익액과 순상속분액을 공제하는 방법으로 산정하는데, 피상속인이 상속개시 시에 채무를 부담하고 있던 경우 유류분액은 민법 제1113조 제1항에 따라 피상속인이 상속개시 시에 가진 재산의 가액에 증여재산의 가액을 가산하고 채무의 전액을 공제하여 유류분 산정의 기초가 되는 재산액을 확정한 다음, 거기에 민법 제1112조에서 정한 유류분 비율을 곱하여 산정한다. 그리고 유류분액에서 공제할 순상속분액은 특별수익을 고려한 구체적인 상속분에서 유류분권리자가 부담하는 상속채무를 공제하여 산정하고,[42] 이때 유류분권리자의 구체적인 상속분보다 유류분권리자가 부담하는 상속채무가 더 많다면 그 초과분을 유류분액에 가산하여 유류분 부족액을 산정하여야 한다.

53 [판례] 상속채무 초과로 상속인인 유류분권자가 한정승인한 경우 유류분 산정에 관하여 순상속액을 산정하는 방법(순상속액: 0 원)[43]

유류분권리자가 반환을 청구할 수 있는 '유류분 부족액'은 '유류분액'에서 유류분권리자가 받은 특별수익액과 순상속분액을 공제하는 방법으로 산정하는데, 유류분액에서 공제할 순상속분액은 특별수익을 고려한 구체적인 상속분에서 유류분권리자가 부담하는 상속채무를 공제하여 산정한다.[44] 이처럼 유류분액에서 순상속분액을 공제하는 것은 유류분권리자가 상속개시에 따라 받은 이익을 공제하지 않으면 유류분권리자가 이중의 이득을 얻기 때문이다.

유류분권리자의 구체적인 상속분보다 유류분권리자가 부담하는 상속채무가 더 많다면, 즉 순상속분액이 음수인 경우에는 그 초과분을 유류분액에 가산하여 유류분 부족액을 산정하여야 한다.[45] 이러한 경우에는 그 초과분을 유류분액에 가산해야 단순승인 상황에서 상속채무를 부담해야 하는 유류분권리자의 유류분액 만큼 확보해줄 수 있기 때문이다.

유류분권리자의 구체적인 상속분보다 유류분권리자가 부담하는 상속채무가 더 많은 경우라도 유류분권리자가 한정승인을 했다면, 그 초과분을 유류분액에 가산해서는 안 되고 순상속분액을 0으로 보아 유류분 부족액을 산정해야 한다. 유류분권리자인 상속인이 한정승인을 하였으면 상속채무에 대한 한정승인자의 책임은 상속재산으로

41 대법원 2022. 1. 27. 선고 2017다265884 판결.
42 대법원 2021. 8. 19. 선고 2017다235791 판결 참조.
43 대법원 2022. 8. 11. 선고 2020다247428 판결.
44 대법원 2021. 8. 19. 선고 2017다235791 판결 등 참조.
45 대법원 2022. 1. 27. 선고 2017다265884 판결 참조.

한정되는데, 상속채무 초과분이 있다고 해서 그 초과분을 유류분액에 가산하게 되면 법정상속을 통해 어떠한 손해도 입지 않은 유류분권리자가 유류분액을 넘는 재산을 반환받게 되는 결과가 되기 때문이다. 상속채권자로서는 피상속인의 유증 또는 증여로 피상속인이 채무초과상태가 되거나 그러한 상태가 더 나빠지게 되었다면 수증자를 상대로 채권자취소권을 행사할 수 있다.

## 제 1114 조 [산입될 증여]

**증여는 상속개시 전의 1년간에 행한 것에 한하여 제1113조의 규정에 의하여 그 가액을 산정한다. 당사자 쌍방이 유류분권리자에 손해를 가할 것을 알고 증여를 한 때에는 1년 전에 한 것도 같다.**

[본조신설 1977. 12. 31.]

[관련조문] 민법 제554조(증여의 의의), 제1008조(특별수익자의 상속분), 제1113조(유류분의 산정), 제1115조(유류분의 보전), 제1118조(준용규정)

[참고문헌] 김능환, "유류분반환청구", 재판자료 제78집, 법원도서관(1998); 변동열, "유류분제도", 민사판례연구 제25권, 박영사(2003); 이봉민, "피대습인이 대습원인 발생 이전에 생전 증여로 특별수익을 받은 이후 대습상속인이 대습상속을 포기한 경우 유류분 산정의 기초재산에 산입되는 생전 증여의 범위", 대법원판례해설 제131호, 법원도서관(2022); 오수원, "유류분 산정에 가산되는 증여의 기준시점", 법학논총 제17집 제1호, 조선대학교 법학연구소(2010); 윤진수, "유류분반환청구에서 공동상속인에 대한 증여의 시기와 증여 가액의 산정 시점", 비교사법 제29권 제4호, 한국사법학회(2022); 임채웅, "유언신탁 및 유언대용신탁의 연구", 인권과 정의 제397호, 대한변호사협회(2009); 정구태, "유류분제도 시행 전 증여된 재산에 대한 유류분반환", 홍익법학 제14권 제1호, 홍익대학교 법학연구소(2013); 최준규, "유류분과 신탁", 사법 제34호, 사법발전재단(2015)



### Ⅰ. 의의

1 민법 제1114조는 피상속인이 생전 처분에 의하여 유류분제도를 회피하지 못하도록 일정한 범위의 증여재산을 유류분 산정의 기초가 되는 재산에 산입하도록 하되, 거래의 안전을 위하여 산입되는 증여의 범위를 상속개시 전 1년간에 행한 증여 및 당사자 쌍방이 유류분권리자에게 손해를 가할 것을 알고 한 상속개시 1년 전 증여로 제한하여 규정하고 있다.

## Ⅱ. 상속개시 전 1년간에 한 증여(b)

### 1. 상속개시 전 1년간

2 상속개시 전의 1년간에 행한 증여의 경우에는 그 가액을 유류분 산정의 기초가 되는 재산에 산입한다. '증여재산'이란 상속개시 전에 이미 증여계약이 이행되어 소유권이 수증자에게 이전된 재산을 가리키는 것이고, 아직 증여계약이 이행되지 아니하여 소유권이 피상속인에게 남아 있는 상태로 상속이 개시된 재산은 당연히 '피상속인의 상속개시시에 있어서 가진 재산'에 포함되는 것이므로, 수증자가 공동상속인이든 제3자이든 가리지 아니하고 모두 유류분 산정의 기초가 되는 재산을 구성한다.[1] 즉, 피상속인의 재산에 관하여 상속개시 전에 증여계약이 체결되었으나 상속개시 시까지 수증자에게 소유권이 이전되지 않았다면 위 재산은 상속재산에 포함되는 것이고 증여재산으로 가산되는 것이 아니다.

3 또한 판례는 유류분제도가 신설된 1977. 12. 31. 법률 제3051호로 개정된 민법 시행 전에 체결된 증여에 관하여, 유류분 제도가 생기기 전에 피상속인이 상속인이나 제3자에게 재산을 증여하고 그 이행을 완료하여 소유권이 수증자에게 이전된 때에는 피상속인이 위 개정 민법 시행 이후에 사망하여 상속이 개시되더라도 소급하여 그 증여재산이 유류분 제도에 의한 반환청구의 대상이 되지 않으나, 증여계약이 개정 민법 시행 전에 체결되었지만 그 이행이 개정 민법 시행 이후에 되었다면 그 재산은 유류분 산정의 대상인 재산에 포함시키는 것이 옳다고 판시하였다.[2]

4 상속개시 전 1년간인지의 여부에 관하여 '증여계약 체결시'를 기준으로 하므로 증여계약이 상속개시보다 1년 전에 행하여졌으면 그 이행이 상속개시 전 1년 이내에 이루어졌다 하더라도 유류분 산정의 기초가 되는 재산에 가산되지 않는다고 보는 견해가 다수 있다.[3] 그러나 증여가 행하여졌다는 것은 그 이행이 완료된 때를 의미하므로 부동산의 경우에는 등기가 마쳐진 때, 동산의 경우에는 인

1 대법원 1996. 8. 20. 선고 96다13682 판결 참조.
2 대법원 2012. 12. 13. 선고 2010다78722 판결 참조.
3 김주수/김상용, 친족·상속법(제20판), 법문사(2024), 894; 박동섭/양경승, 친족상속법(제5판), 박영사(2020), 853; 송덕수, 친족상속법(제7판), 박영사 (2024), 473.

도시를 기준으로 하여야 한다는 견해도 유력하다.[4]

5 [판례] 유류분 제도 시행 이전에 재산이 증여된 경우, 유류분 산정의 대상이 되는 재산에 포함되는지 판단하는 기준[5]

유류분 제도는 1977. 12. 31. 법률 제3051호로 개정된 민법(이하 '개정 민법'이라 한다)이 1979. 1. 1.부터 시행되면서 새로 도입되었다. 그에 따라 개정 민법의 시행 이후에 상속이 개시된 경우, 피상속인의 증여로 인하여 법정상속분의 일정 비율에 해당하는 유류분에 부족이 생긴 때에는 상속인은 그 재산의 반환을 청구할 수 있게 되었다. 반면, 위 개정 전 민법은 '공동상속인 중에 피상속인으로부터 재산의 증여를 받은 자가 있는 경우에 그 수증재산이 상속분을 초과한 경우에도 그 초과분의 반환을 요하지 아니한다'는 취지로 규정하고 있었고(제1008조), 상속인이 아닌 제3자가 피상속인으로부터 재산의 증여를 받은 경우에 관하여는 위와 같은 특별한 규정 자체를 두지 아니하였으므로, 증여계약의 무효나 취소 등과 같은 특별한 사정이 없는 한 수증자는 증여로 취득한 재산을 증여자나 그 상속인에게 반환할 의무를 부담하지 아니하였다. 한편 개정 민법 부칙 제2항은 '이 법은 종전의 법률에 의하여 생긴 효력에 대하여 영향을 미치지 아니한다'고 규정하고 있고, 이는 소급입법에 의한 기득권 제한 또는 침해의 금지 요청을 반영한 것으로 볼 수 있다.

위와 같은 개정 민법 시행 전후의 규정들을 종합해 보면, 유류분 제도가 생기기 전에 피상속인이 상속인이나 제3자에게 재산을 증여하고 그 이행을 완료하여 소유권이 수증자에게 이전된 때에는 피상속인이 개정 민법 시행 이후에 사망하여 상속이 개시되더라도 소급하여 그 증여재산이 유류분 제도에 의한 반환청구의 대상이 되지는 않는다고 할 것이다. 개정 민법의 유류분 규정을 개정 민법 시행 전에 이루어지고 이행이 완료된 증여에까지 적용한다면 수증자의 기득권을 소급입법에 의하여 제한 또는 침해하는 것이 되어 위 개정 민법 부칙 제2항의 취지에 반한다고 할 것이기 때문이다. 다른 한편 위 개정 민법 부칙 제5항은 '이 법 시행일 전에 개시된 상속에 관하여는 이 법 시행일 후에도 종전의 규정을 적용한다.'라고 규정하고 있다. 따라서 개정 민법 시행일 이후 개시된 상속에 관하여는 개정 민법이 적용되어야 하므로, 개정 민법 시행 이전에 증여계약이 체결되었더라도 그 이행이 완료되지 않은 상태에서 개정 민법이 시행되고 그 이후에 상속이 개시된 경우에는 상속 당시 시행되는 개정 민법에 따라 위 증여계약의 목적이 된 재산도 유류분 반환의 대상에 포함된다고 할 것이다. 비

4 주해상속법(제2권), 박영사(2019), 941(최준규); 오수원, "유류분 산정에 가산되는 증여의 기준시점", 법학논총 제17집 제1호, 조선대학교 법학연구소(2010), 317; 정구태, "유류분제도 시행 전 증여된 재산에 대한 유류분반환", 홍익법학 제14권 제1호, 홍익대학교 법학연구소(2013), 861.

5 대법원 2012. 12. 13. 선고 2010다78722 판결.

록 개정 민법 부칙 제2항이 개정 민법은 종전의 법률에 의하여 생긴 효력에 영향을 미치지 아니한다고 하여 개정 민법의 일반적인 적용대상을 규정하고 있지만, 위 부칙 제5항이 개정 민법 시행 이후 개시된 상속에 관하여는 개정 민법을 적용한다고 정하고 있는데 유류분 제도 역시 상속에 의한 재산승계의 일환이기 때문이다. 또한 유류분 산정의 기초가 되는 재산의 범위에 관하여 민법 제1113조 제1항에서 그 대상재산에 포함되는 것으로 규정한 '증여재산'은 상속개시 전에 이미 증여계약이 이행되어 소유권이 수증자에게 이전된 재산을 가리키는 것이고, 아직 증여계약이 이행되지 아니하여 소유권이 피상속인에게 남아 있는 상태로 상속이 개시된 재산은 상속재산, 즉 '피상속인의 상속개시 시에 있어서 가진 재산'에 포함된다고 보아야 하는 점[6] 등에 비추어 보더라도, 증여계약이 개정 민법 시행 전에 체결되었지만 그 이행이 개정 민법 시행 이후에 되었다면 그 재산은 유류분 산정의 대상인 재산에 포함시키는 것이 옳고, 이는 그 증여계약의 이행이 개정 민법 시행 이후에 된 것이면 그것이 상속개시 전에 되었든 후에 되었든 같다고 할 것이다.

## 2. 증여

### 가. 증여의 개념

6 민법 제1114조에서 규정하는 증여의 개념은 민법상의 증여에 한하지 않고, 증여와 동일시할 수 있는 공유지분의 포기, 무상의 채무면제, 무상의 인적, 물적 담보제공, 제3자를 위한 무상의 사인처분 등도 포함된다고 보는 것이 통설[7]이다.

### 나. 부담부 증여

7 부담부 증여에 대하여는 증여목적물의 가액에서 부담의 가액을 공제한 차액 상당을 증여받은 것으로 보는 것이 간명하고, 2018년 개정되어 2019년 7월 시행되는 일본 민법 제1045조 제1항에서도 명문으로 그와 같이 규정한다. 다만 부담의 수익자가 피상속인이라면 피상속인이 수증자에 대하여 가지는 권리가 상속재산에 포함되므로 이를 공제한 나머지만 증여액으로 가산하면 되지만, 부담의 종기가 피상속인 사망시까지로 되어 있다면 부담으로 인한 수익이 상속재산에 포함될 여지가 없으므로 전액을 가산하여야 한다고 보는 견해가 있다.[8] 한편 부담의

6 대법원 1996. 8. 20. 선고 96다13682 판결 참조.

7 곽윤직, 상속법(민법강의VI)(개정판), 박영사(2004), 285; 김주수/김상용, 친족·상속법(제20판), 법문사(2024), 896; 박병호, 가족법, 한국방송통신대학 (1999), 476; 윤진수, 친족상속법 강의(제5판), 박영사(2023), 616.

8 변동열, "유류분제도", 민사판례연구 제25권, 박영사(2003), 848~849.

수익자가 상속인 내지 제3자인 경우에는 그 부담 부분은 상속인 내지 제3자에 대한 증여로 취급하여 잔액만 가산하되, 그 부담액은 이익을 받은 상속인 내지 제3자가 받은 증여로 보아 별도로 가산할 수 있다고 보는 견해도 있다.[9]

### 다. 상당하지 않은 대가를 받고 한 유상행위

8 유상행위라도 상당하지 않은 대가로 이루어진 경우에는 목적물의 거래가격에서 실제로 지급된 대가를 공제한 차액을 실질적인 증여로 보는 것이 일반적이다. 2018년 개정된 일본 민법 제1045조 제2항에서는 "상당하지 아니한 대가로써 한 유상행위는 당사자 쌍방이 유류분권자에게 손해를 가한다는 것을 알고 한 것에 한하여 그 대가를 부담의 가액으로 하는 부담부 증여로 본다."라고 규정하고 있다. 이와 같은 명문의 규정이 없는 우리나라에서는 위와 같은 상당하지 않은 대가로 이루어진 유상행위에 관하여 유류분권리자에게 손해를 가할 것을 알았던 경우에만 이를 증여로 보고 실질적 증여액을 유류분 산정의 기초재산에 산입한다는 견해[10]와 상속개시 전 1년 간에 행하여진 경우에는 손해를 가할 것을 알았는지 여부와 상관없이 실질적인 증여액을 유류분 산정의 기초재산에 산입하여야 한다는 견해[11]가 있다. 후자와 같이 해석하는 것이 우리 민법의 명문 규정에 부합한다고 볼 수 있다.

### 라. 유언대용신탁 또는 수익자연속신탁

9 신탁법상 유언대용신탁(신탁법 제59조 제1항, 수익자가 될 자로 지정된 자가 위탁자의 사망 시에 수익권을 취득하는 신탁 또는 수익자가 위탁자의 사망 이후에 신탁재산에 기한 급부를 받는 신탁)과 수익자연속신탁(신탁법 제60조, 신탁행위로 수익자가 사망한 경우 그 수익자가 갖는 수익권이 소멸하고 타인이 새로 수익권을 취득하도록 하는 뜻을 정하는 신탁)의 경우 유류분 산정의 기초가 되는 재산에의 산입 방식에 관하여, 이는 생전신탁으로서 신탁재산의 법률상 소유권이 수탁자에게 이전되므로 신탁재산은 피상속인이 상속개시시에 가진 재산에 해당하지는 않지만 증여와 같은 실질을 가지는 것이므로 증여재산으로서 산입되어야 한다는 견해[12]와 수익자에게 수익권의 사인증여가 이루어졌다고 보아 수익권의 가치만큼을 유류분 산정

9 김주수/김상용, 주석 민법, 상속(제2권)(제4판), 한국사법행정학회(2015), 432.
10 김주수/김상용, 친족·상속법(제20판), 법문사(2024), 897; 박병호, 가족법, 한국방송통신대학 (1999), 477.
11 윤진수, 친족상속법 강의(제5판), 박영사(2023), 617.
12 김주수/김상용, 친족·상속법(제20판), 법문사(2024), 897.

의 기초재산에 가산시켜야 한다는 견해[13]가 있다. 각급법원판결 중에는 위탁자인 피상속인이 수탁자 및 수익자를 공동상속인 중 한 사람으로 정하여 그와 유언대용신탁계약을 체결한 경우 그 신탁재산을 증여재산으로 보아 유류분 산정의 기초가 되는 재산에 포함시킨 예가 있다.[14]

### 마. 생명보험계약

10 생명보험계약에서 상속인이나 제3자를 수익자로 지정한 경우 보험금청구권 자체는 상속재산에 해당하지 아니하나, 증여 내지 상속인의 특별수익으로 보아 유류분 산정의 기초가 되는 재산에 산입할 수 있다. 이 경우 증여의 액수를 어떻게 볼 것인가에 관하여는 피상속인이 납부한 보험료 총액으로 보아야 한다는 견해(보험료 총액설)[15], 피상속인 사망시 기준 해약환급금 내지 보험금청구권의 환매가격으로 보는 견해(해약환급금설),[16] 이미 납입된 보험료 총액 중 피상속인이 그의 사망시까지 부담한 보험료가 차지하는 비율을 산정하여 이를 보험금액에 곱하여 산출한 금액으로 보아야 한다는 견해(보험금액수정설)[17]가 있다.

11 판례는 이미 납입된 보험료 총액 중 피상속인이 납입한 보험료가 차지하는 비율을 산정하여 이를 보험금액에 곱하여 산출한 금액으로 할 수 있다고 판시하였다.

12 [판례] 생명보험금의 경우 유류분 산정의 기초재산에 포함되는 증여 가액 산정 방법[18]

피상속인이 자신을 피보험자로 하되 공동상속인이 아닌 제3자를 보험수익자로 지정한 생명보험계약을 체결하거나 중간에 제3자로 보험수익자를 변경하고 보험회사에 보험료를 납입하다 사망하여 그 제3자가 생명보험금을 수령하는 경우, 피상속인은 보험수익자인 제3자에게 유류분 산정의 기초재산에 포함되는 증여를 하였다고 봄이 타당하다. 또한 공동상속인이 아닌 제3자에 대한 증여이므로 민법 제1114조에 따라 보험수익자를 그 제3자로 지정 또는 변경한 것이 상속개시 전 1년간에 이루어졌거나 당사

13 임채웅, "유언신탁 및 유언대용신탁의 연구", 인권과 정의 제397호, 대한변호사협회(2009), 141; 최준규, "유류분과 신탁", 사법 제34호, 사법발전재단(2015), 269~270.

14 서울동부지방법원 2019. 11. 8. 선고 2018나28992 판결(상고기각).

15 변동열, "유류분제도", 민사판례연구 제25권, 박영사(2003), 839.

16 김주수/김상용, 친족·상속법(제20판), 법문사(2024), 897; 송덕수, 친족상속법(제7판), 박영사(2024), 472; 박병호, 가족법, 한국방송통신대학(1999), 477; 정구태, 2022년 상속법 관련 주요 판례 회고, 사법 제1권 제64호, 사법발전재단(2023), 178~180.

17 곽윤직, 상속법(민법강의Ⅵ)(개정판), 박영사(2004), 107; 윤진수, 친족상속법 강의(제5판), 박영사(2023), 617; 김능환, "유류분반환청구", 재판자료 제78집, 법원도서관(1998), 30.

18 대법원 2022. 8. 11. 선고 2020다247428 판결.

자 쌍방이 그 당시 유류분권리자에 손해를 가할 것을 알고 이루어졌어야 유류분 산정의 기초재산에 포함되는 증여가 있었다고 볼 수 있다.

유류분 산정의 기초재산에 포함되는 증여 가액은 피상속인이 보험수익자 지정 또는 변경과 보험료 납입을 통해 의도한 목적, 제3자가 보험수익자로서 얻은 실질적 이익 등을 고려할 때, 특별한 사정이 없으면 이미 납입된 보험료 총액 중 피상속인이 납입한 보험료가 차지하는 비율을 산정하여 이를 보험금액에 곱하여 산출한 금액으로 할 수 있다.

### 바. 부의금, 조위금

13 부의금이나 조위금 등 소액으로 일상적으로 행하여지는 의례적인 증여는 민법 제1114조에서 규정하는 증여에 포함되지 않는다.

### 사. 유족급여

14 공무원연금법상 유족급여에 관하여 각급법원판결[19]은 공무원연금법상 유족급여는 같은 법 제1조에 명시된 바와 같이 공무원의 사망에 대하여 적절한 급여를 실시함으로써 공무원에 대한 사회보장제도를 확립하고 유족의 경제적 생활안정과 복리향상에 기여함을 목적으로 하여 지급되는 것이므로, 유족급여를 지급하는 제도와 공무원의 사망으로 공무원의 상속인이 재산을 상속하는 제도는 헌법적 기초나 제도적 취지를 달리하고 공무원연금법상 공무원 또는 공무원이었던 자의 사망 당시 그에 의하여 부양되고 있던 유족의 생활보장과 복리향상을 목적으로 하여 민법과는 다른 입장에서 수급권자를 정한 것으로, 수급권자인 유족은 상속인으로서가 아니라 이들 규정에 의하여 직접 자기 고유의 권리로서 취득하는 것이므로 각 급여의 수급권은 유류분산정의 기초재산인 상속재산에 해당하지 아니한다고 보는 것이 일반적인 경향이다.

## Ⅲ. 유류분권리자에 손해를 가할 것을 알고 한 증여(b)

15 당사자 쌍방이 유류분권리자에게 손해를 가할 것을 알고 증여를 한 때에는 상속개시 1년 전에 한 것도 유류분 산정의 기초가 되는 재산에 산입한다. 손해를 가한다는 객관적 인식이 있으면 족하고 유류분권리자를 해할 목적이나 의사는 필요하지 않다. 판례에 의하면 제3자에 대한 증여가 유류분권리자에게 손해를 가할 것을 알고 행해진 것이라고 보기 위해서는, 당사자 쌍방이 증여 당시 증여

19 서울고등법원 2012. 10. 24. 선고 2012나3168, 3175 판결(상고기각), 서울중앙지방법원 2018. 2. 2. 선고 2017가합553104 판결(확정), 전주지방법원 2010. 5. 13. 선고 2008가합7542 판결(확정).

재산의 가액이 증여하고 남은 재산의 가액을 초과한다는 점을 알았던 사정뿐만 아니라, 장래 상속개시일에 이르기까지 피상속인의 재산이 증가하지 않으리라는 점까지 예견하고 증여를 행한 사정이 인정되어야 하고, 이러한 당사자 쌍방의 가해의 인식은 증여 당시를 기준으로 판단하여야 하는데, 그 증명책임은 유류분 반환청구권을 행사하는 상속인에게 있다.[20]

16 [판례] 유류분권리자에게 손해를 가할 것을 알고 한 증여의 판단 기준[21]

공동상속인이 아닌 제3자에 대한 증여는 원칙적으로 상속개시 전의 1년간에 행한 것에 한하여 유류분반환청구를 할 수 있고, 다만 당사자 쌍방이 증여 당시에 유류분권리자에 손해를 가할 것을 알고 증여를 한 때에는 상속개시 1년 전에 한 것에 대하여도 유류분반환청구가 허용된다. 증여 당시 법정상속분의 2분의 1을 유류분으로 갖는 직계비속들이 공동상속인으로서 유류분권리자가 되리라고 예상할 수 있는 경우에, 제3자에 대한 증여가 유류분권리자에게 손해를 가할 것을 알고 행해진 것이라고 보기 위해서는, 당사자 쌍방이 증여 당시 증여재산의 가액이 증여하고 남은 재산의 가액을 초과한다는 점을 알았던 사정뿐만 아니라, 장래 상속개시일에 이르기까지 피상속인의 재산이 증가하지 않으리라는 점까지 예견하고 증여를 행한 사정이 인정되어야 하고, 이러한 당사자 쌍방의 가해의 인식은 증여 당시를 기준으로 판단하여야 한다.

## IV. 공동상속인에 대한 증여

### 1. 특별수익 규정의 준용

17 공동상속인에 대한 증여는 그것이 특별수익에 해당할 경우 민법 제1118조가 특별수익에 관한 민법 제1008조를 준용하고 있으므로, 증여 시기를 불문하고 유류분산정의 기초재산에 산입한다는 것이 통설, 판례이다.

18 [판례] 공동상속인의 특별수익분에 관하여 민법 제 1114 조의 적용 여부[22]

민법 제1118조에 의하여 준용되는 민법 제1008조에서 "공동상속인 중에 피상속인으로부터 재산의 증여 또는 유증을 받은 자가 있는 경우에 그 수증재산이 자기의 상속분에 달하지 못한 때에는 그 부족한 부분의 한도에서 상속분이 있다."라고 규정하고 있는바, 이는 공동상속인 중에 피상속인으로부터 재산의 증여 또는 유증을 받은 특별

20 대법원 2022. 8. 11. 선고 2020다247428 판결 참조.
21 대법원 2012. 5. 24. 선고 2010다50809 판결.
22 대법원 1996. 2. 9. 선고 95다17885 판결.

수익자가 있는 경우에 공동상속인들 사이의 공평을 기하기 위하여 그 수증재산을 상속분의 선급으로 다루어 구체적인 상속분을 산정함에 있어 이를 참작하도록 하려는 데 있다고 할 것이므로,[23] 공동상속인 중에 피상속인으로부터 재산의 생전 증여에 의하여 특별수익을 한 자가 있는 경우에는 민법 제1114조의 규정은 그 적용이 배제된다고 할 것이고, 따라서 그 증여는 상속개시 1년 이전의 것인지 여부, 당사자 쌍방이 손해를 가할 것을 알고서 하였는지 여부에 관계없이 유류분 산정을 위한 기초재산에 산입된다고 할 것이다.

## 2. 대습원인 발생 이전 대습상속인에 대한 증여, 상속결격 이후의 증여

19 판례는 대습상속인이 대습원인의 발생 이전에 피상속인으로부터 증여를 받은 경우 이는 상속인의 지위에서 받은 것이 아니므로 상속분의 선급으로 볼 수 없고, 대습상속인의 위와 같은 수익은 특별수익에 해당하지 않는다고 봄이 상당하므로, 이는 유류분 산정을 위한 기초재산에 포함되지 않는다고 본다. 또한 공동상속인 중 상속결격사유가 발생한 이후에 결격된 자가 피상속인으로부터 직접 증여를 받은 경우에도 그 수익은 상속인의 지위에서 받은 것이 아니어서 원칙적으로 상속분의 선급으로 볼 수 없고 결격된 자의 수익은 특별한 사정이 없는 한 특별수익에 해당하지 않는다고 본다. 한편 대습원인 발생 후 대습상속인에게 증여한 것은 추정상속인에게 행하여진 상속분의 선급으로서 특별수익으로 보는 것이 일반적이다.

20 [판례] 대습상속인이 대습원인 발생 이전에 피상속인으로부터 증여받은 재산[24]

① 원심판결 이유에 의하면, 원심은, ㉮ 채○○(이하 '망인'이라 한다)이 2009. 8. 12. 사망함으로써 원심 별지 상속관계목록에 기재된 바와 같이 상속 및 대습상속이 이루어진 사실, ㉯ 한편 망인의 사망 이전 망인의 자녀들 중 정◇◇, 정□□, 정△△이 먼저 사망하였는데, 망인은 위 정◇◇의 사망 이전인 1991. 6. 12. 정◇◇의 장남이자 위 상속관계목록의 대습상속인들 중 한 명인 피고에게 원심 판시 이 사건 임야(이하 '이 사건 임야'라 한다)를 증여한 사실을 인정한 다음, 이 사건 임야는 피고의 특별수익으로서 유류분 산정을 위한 기초재산에 포함된다고 판단하였다.

② 그러나 원심의 위와 같은 판단은 다음과 같은 이유로 수긍하기 어렵다.

㉮ 민법 제1008조는 공동상속인 중에 피상속인으로부터 재산의 증여 또는 유증을 받은 특별수익자가 있는 경우 공동상속인들 사이의 공평을 기하기 위하여 그 수증재산

23 대법원 1995. 6. 30. 선고 93다11715 판결.
24 대법원 2014. 5. 29. 선고 2012다31802 판결.

을 상속분의 선급으로 다루어 구체적인 상속분을 산정함에 있어 이를 참작하도록 하려는 데 그 취지가 있는 것인바,[25] 대습상속인이 대습원인의 발생 이전에 피상속인으로부터 증여를 받은 경우 이는 상속인의 지위에서 받은 것이 아니므로 상속분의 선급으로 볼 수 없다. 그렇지 않고 이를 상속분의 선급으로 보게 되면, 피대습인이 사망하기 전에 피상속인이 먼저 사망하여 상속이 이루어진 경우에는 특별수익에 해당하지 아니하던 것이 피대습인이 피상속인보다 먼저 사망하였다는 우연한 사정으로 인하여 특별수익으로 되는 불합리한 결과가 발생한다. 따라서 대습상속인의 위와 같은 수익은 특별수익에 해당하지 않는다고 봄이 상당하다. 이는 유류분제도가 상속인들의 상속분을 일정 부분 보장한다는 명분 아래 피상속인의 자유의사에 기한 자기 재산의 처분을 그의 의사에 반하여 제한하는 것인만큼 그 인정 범위를 가능한 한 필요최소한으로 그치는 것이 피상속인의 의사를 존중한다는 의미에서 바람직하다는 관점에서 보아도 더욱 그러하다.

㉯ 위 법리 및 기록에 나타난 위 사실관계에 비추어 살펴보면, 피고가 위와 같이 부정◇◇의 사망 전에 망인으로부터 이 사건 임야를 증여받은 것은 상속인의 지위에서 받은 것이 아니므로 상속분의 선급으로 볼 수 없고, 따라서 이는 특별수익에 해당하지 아니하여 유류분 산정을 위한 기초재산에 포함되지 않는다고 보아야 한다.

㉰ 그럼에도 불구하고 원심은 이 사건 임야가 피고의 특별수익에 해당하므로 유류분 산정을 위한 기초재산에 포함된다고 보았는바, 이는 대습상속인의 특별수익에 관한 법리를 오해하여 판단을 그르친 것이다.

21 [판례] 상속결격사유 발생 이후 결격된 자가 피상속인에게서 직접 증여를 받은 경우 그 수익이 특별수익에 해당하는지 여부[26]

상속인에게 민법 제1004조의 상속결격사유가 발생한 경우, 그 사람은 그때부터 피상속인을 상속하는 자격을 당연히 상실하고, 그 사람의 직계비속 또는 배우자가 결격된 자에 갈음하여 대습상속인이 된다. 민법 제1008조는 공동상속인 중에 피상속인으로부터 재산의 증여 또는 유증을 받은 특별수익자가 있는 경우 공동상속인들 사이의 공평을 기하기 위하여 그 수증재산을 상속분의 선급으로 다루어 구체적인 상속분을 산정함에 있어 이를 참작하도록 하려는 데 그 취지가 있는 것이므로,[27] 상속결격사유가 발생한 이후에 결격된 자가 피상속인으로부터 직접 증여를 받은 경우, 그 수익은 상속인의 지위에서 받은 것이 아니어서 원칙적으로 상속분의 선급으로 볼 수 없다. 따라서 결격된 자의 위와 같은 수익은 특별한 사정이 없는 한 특별수익에 해당하지

25 대법원 1995. 3. 10. 선고 94다16571 판결 등 참조.
26 대법원 2015. 7. 17. 자 2014스206, 207 결정.
27 대법원 1995. 3. 10. 선고 94다16571 판결 등 참조.

않는다고 봄이 상당하다.

## 3. 상속포기 및 공동상속인 간 상속분의 양도

### 가. 상속포기

22 판례는 상속의 포기는 상속이 개시된 때에 소급하여 그 효력이 있고(민법 제1042조), 포기자는 처음부터 상속인이 아니었던 것이 되므로, 수인의 상속인 중 1인을 제외한 나머지 상속인들의 상속포기 신고가 수리되어 결과적으로 그 1인만이 단독상속하게 되었다고 하더라도 그 1인의 상속인이 상속포기자로부터 그 상속지분을 유증 또는 증여받은 것이라고 볼 수 없다고 판시하였다. 판례에 따르면 피상속인 생전에 상속포기로 인하여 다른 공동상속인에게 귀속된 상속지분에 해당하는 재산은 공동상속인에 대한 증여에 해당하지 아니하므로, 유류분산정의 기초가 되는 재산에 산입되지 아니한다.

23 또한 판례는 피상속인으로부터 특별수익인 생전 증여를 받은 공동상속인이 상속을 포기한 경우에는 처음부터 상속인이 아니었던 것이 되므로 민법 제1008조가 적용되지 않고 민법 제1114조가 적용되므로 그 증여가 상속개시 전 1년간에 행한 것이거나 당사자 쌍방이 유류분권리자에게 손해를 가할 것을 알고 한 경우에만 유류분 산정을 위한 기초재산에 산입된다고 하면서 위와 같은 법리는 피대습인이 특별수익을 받은 이후 대습상속인이 피상속인에 대한 대습상속을 포기한 경우에도 그대로 적용된다고 판시하였다[28]

24 [판례] 상속포기의 경우 해당 상속지분을 유증 또는 증여받은 것으로 볼 수 있는지 여부[29]
민법 제1008조는 '공동상속인 중에 피상속인으로부터 재산의 증여 또는 유증을 받은 자가 있는 경우에 그 수증재산이 자기의 상속분에 달하지 못한 때에는 그 부족한 부분의 한도에서 상속분이 있다'고 규정하고 있으나, 이와 같이 상속분의 산정에서 증여 또는 유증을 참작하게 되는 것은 상속인이 실제로 유증 또는 증여를 받은 경우에 한한다. 한편, 상속의 포기는 상속이 개시된 때에 소급하여 그 효력이 있고(민법 제1042조), 포기자는 처음부터 상속인이 아니었던 것이 되므로(대법원 2003. 8. 11. 자 2003마988 결정 등 참조), 수인의 상속인 중 1인을 제외한 나머지 상속인들의 상속포기 신고가 수리되어 결과적으로 그 1인만이 단독상속하게 되었다고 하더라도 그 1인의 상속인이 상속포기자로부터 그 상속지분을 유증 또는 증여받은 것이라고 볼 수 없다.

28 대법원 2022. 3. 17. 선고 2020다267620 판결 참조.
29 대법원 2012. 4. 16. 2011스191, 192 결정.

25 [판례] 대습상속인이 대습상속을 포기한 경우 유류분 산정의 기초재산에 산입되는 생전 증여의 범위[30]

사안의 소개: ① 피상속인 甲은 乙과 혼인하여 그 사이에 자녀로 丙(장남)과 원고들 등 5남매를 두었다. 甲은 2013. 5. 25. 乙과 이혼하고 2015. 10. 29. 사망하였다.
② 丙은 2011. 6. 28. 피상속인 甲보다 먼저 사망하였다. 丙의 처인 피고 1과 아들인 피고 2는 2015. 12. 7. 甲에 대한 상속포기 신고를 하여 2016. 1. 4. 위 신고를 수리하는 심판을 받았다.
③ 피상속인 甲은 생전에 丙에게 2003. 6. 26.경부터 2011. 2. 9.경까지 사이에 부동산과 현금을 증여하였다(이하 '이 사건 증여'라 한다).
④ 원고들은 이 사건 증여로 인해 원고들의 유류분에 부족이 생겼다는 이유로 丙의 대습상속인인 피고들을 상대로 유류분반환을 청구하는 이 사건 소를 제기하였다.

판결요지: ① 민법 제1008조는 공동상속인 중에 피상속인으로부터 재산의 증여 또는 유증을 받은 특별수익자가 있는 경우에 공동상속인들 사이의 공평을 기하기 위하여 그 수증재산을 상속분의 선급으로 다루어 구체적인 상속분을 산정할 때 이를 참작하도록 하려는 데 그 취지가 있다.[31] 피대습인이 생전에 피상속인으로부터 특별수익을 받은 경우 대습상속이 개시되었다고 하여 피대습인의 특별수익을 고려하지 않고 대습상속인의 구체적인 상속분을 산정한다면 대습상속인은 피대습인이 취득할 수 있었던 것 이상의 이익을 취득하게 된다. 이는 공동상속인들 사이의 공평을 해칠 뿐만 아니라 대습상속의 취지에도 반한다. 따라서 피대습인이 대습원인의 발생 이전에 피상속인으로부터 생전 증여로 특별수익을 받은 경우 그 생전 증여는 대습상속인의 특별수익으로 봄이 타당하다.
② 유류분에 관한 민법 제1118조는 민법 제1008조를 준용하고 있으므로, 공동상속인 중에 피상속인으로부터 재산의 생전 증여로 민법 제1008조의 특별수익을 받은 사람이 있으면 민법 제1114조가 적용되지 않고, 그 증여가 상속개시 1년 이전의 것인지 여부 또는 당사자 쌍방이 유류분권리자에 손해를 가할 것을 알고서 하였는지 여부와 관계없이 증여를 받은 재산이 유류분 산정을 위한 기초재산에 산입된다.[32]
그러나 피상속인으로부터 특별수익인 생전 증여를 받은 공동상속인이 상속을 포기한 경우에는 민법 제1114조가 적용되므로, 그 증여가 상속개시 전 1년간에 행한 것이거나 당사자 쌍방이 유류분권리자에 손해를 가할 것을 알고 한 경우에만 유류분 산정을 위한 기초재산에 산입된다고 보아야 한다. 민법 제1008조에 따라 구체적인 상속분을

30 대법원 2022. 3. 17. 선고 2020다267620 판결.
31 대법원 1996. 2. 9. 선고 95다17885 판결 등 참조.
32 대법원 1996. 2. 9. 선고 95다17885 판결 등 참조.

산정하는 것은 상속인이 피상속인으로부터 실제로 특별수익을 받은 경우에 한정되는 데(대법원 2012. 4. 16. 자 2011스191, 192 결정 참조), 상속의 포기는 상속이 개시된 때에 소급하여 그 효력이 있고(민법 제1042조), 상속포기자는 처음부터 상속인이 아니었던 것이 되므로(대법원 2011. 6. 9. 선고 2011다29307 판결 등 참조), 상속포기자에게는 민법 제1008조가 적용될 여지가 없기 때문이다.
위와 같은 법리는 피대습인이 대습원인의 발생 이전에 피상속인으로부터 생전 증여로 특별수익을 받은 이후 대습상속인이 피상속인에 대한 대습상속을 포기한 경우에도 그대로 적용된다.

### 나. 공동상속인간의 상속분의 양도(상속재산의 협의분할)

26 유류분 산정의 기초재산에 포함되는 증여에 해당하는지 여부를 판단할 때에는 피상속인의 재산처분행위의 법적 성질을 형식적·추상적으로 파악하는 데 그쳐서는 안 되고, 재산처분행위가 실질적인 관점에서 피상속인의 재산을 감소시키는 무상처분에 해당하는지 여부에 따라 판단해야 한다.[33]

27 상속인의 지위를 상실케 하는 신분행위인 상속포기와 달리 법정상속분을 따르지 않는 상속재산분할협의는 공동상속인 사이의 재산상 법률행위로서 무상으로 고유의 상속분을 다른 상속인에게 양도하는 처분행위이므로 이를 공동상속인에 대한 증여로 보아 유류분 산정을 위한 기초재산에 산입하는 것이 공동상속인 사이의 형평을 보다 도모할 수 있다.

28 [판례] 공동상속인이 다른 공동상속인에게 무상으로 자신의 상속분을 양도한 경우 그 상속분이 양도인 사망으로 인한 상속에서 유류분 산정을 위한 기초재산에 산입되는지 여부[34]
유류분에 관한 민법 제1118조에 따라 준용되는 민법 제1008조는 '특별수익자의 상속분'에 관하여 "공동상속인 중에 피상속인으로부터 재산의 증여 또는 유증을 받은 자가 있는 경우에 그 수증재산이 자기의 상속분에 달하지 못한 때에는 그 부족한 부분의 한도에서 상속분이 있다."라고 정하고 있다. 공동상속인 중에 피상속인으로부터 재산의 생전 증여로 민법 제1008조의 특별수익을 받은 사람이 있으면 민법 제1114조가 적용되지 않으므로, 그 증여가 상속개시 1년 이전의 것인지 여부 또는 당사자 쌍방이 유류분권리자에 손해를 가할 것을 알고서 하였는지 여부와 관계없이 증여를 받은 재산이 유류분 산정을 위한 기초재산에 산입된다.[35]

33 대법원 2021. 8. 19. 선고 2017다230338 판결.
34 대법원 2021. 7. 15. 선고 2016다210498 판결.
35 대법원 1996. 2. 9. 선고 95다17885 판결 등 참조.

상속분 양도는 상속재산분할 전에 적극재산과 소극재산을 모두 포함한 상속재산 전부에 관하여 공동상속인이 가지는 포괄적 상속분, 즉 상속인 지위의 양도를 뜻한다.[36] 공동상속인이 다른 공동상속인에게 무상으로 자신의 상속분을 양도하는 것은 특별한 사정이 없는 한 유류분에 관한 민법 제1008조의 증여에 해당하므로, 그 상속분은 양도인의 사망으로 인한 상속에서 유류분 산정을 위한 기초재산에 산입된다고 보아야 한다.

29 [판례] 공동상속인들 상호간 상속분 무상양도 또는 이와 실질적으로 동일한 내용의 상속재산분할협의가 이루어진 경우 유류분 산정을 위한 기초재산의 산정[37]

유류분에 관한 민법 제1118조에 따라 준용되는 민법 제1008조는 '특별수익자의 상속분'에 관하여 "공동상속인 중에 피상속인으로부터 재산의 증여 또는 유증을 받은 자가 있는 경우에 그 수증재산이 자기의 상속분에 달하지 못한 때에는 그 부족한 부분의 한도에서 상속분이 있다."라고 정하고 있다. 공동상속인 중에 피상속인으로부터 재산의 생전 증여로 민법 제1008조의 특별수익을 받은 사람이 있으면 민법 제1114조가 적용되지 않으므로, 그 증여가 상속개시 1년 이전의 것인지 여부 또는 당사자 쌍방이 유류분권리자에 손해를 가할 것을 알고서 하였는지 여부와 관계없이 증여를 받은 재산이 유류분 산정을 위한 기초재산에 포함된다.[38] 공동상속인이 다른 공동상속인에게 무상으로 자신의 상속분을 양도하는 것은 특별한 사정이 없는 한 유류분에 관한 민법 제1008조의 증여에 해당하므로, 그 상속분은 양도인의 사망으로 인한 상속에서 유류분 산정을 위한 기초재산에 포함된다.[39]

위와 같은 법리는 상속재산 분할협의의 실질적 내용이 어느 공동상속인이 다른 공동상속인에게 자신의 상속분을 무상으로 양도하는 것과 같은 때에도 마찬가지로 적용된다. 따라서 상속재산 분할협의에 따라 무상으로 양도된 것으로 볼 수 있는 상속분은 양도인의 사망으로 인한 상속에서 유류분 산정을 위한 기초재산에 포함된다고 보아야 한다.

### 4. 명의신탁약정의 경우

30 판례는 명의신탁약정에 따라 피상속인에게 수탁된 재산을 신탁자가 돌려받는 경우 이를 특별수익으로 보아 유류분을 산정하여야 하는지 여부와 관련하여 그것이 실질적인 관점에서 피상속인의 재산을 감소시키는 무상처분에 해당하는지

36 대법원 2006. 3. 24. 선고 2006다2179 판결 참조.
37 대법원 2021. 8. 19. 선고 2017다230338 판결.
38 대법원 1996. 2. 9. 선고 95다17885 판결 등 참조.
39 대법원 2021. 7. 15. 선고 2016다210498 판결 참조.

여부에 따라 그 재산의 전부 또는 일부가 신탁자의 특별수익에서 제외되는지 여부를 심리·판단하였어야 한다고 판시하였다.[40]

31 [판례] 계약명의신탁의 명의수탁자(피상속인)가 명의신탁된 부동산을 명의신탁자(피고)에게 양도한 경우 이를 특별수익으로 보아 유류분을 산정하여야 하는지 여부[41]

유류분제도는 피상속인의 재산처분행위로부터 유족의 생존권을 보호하고 법정상속분의 일정비율에 해당하는 부분을 유류분으로 산정하여 상속인의 상속재산 형성에 대한 기여와 상속재산에 대한 기대를 보장하는 데 그 목적이 있다. 민법 제1118조에 따라 준용되는 민법 제1008조는 공동상속인 중에 피상속인으로부터 재산의 증여 또는 유증을 받은 특별수익자가 있는 경우에 공동상속인들 사이의 공평을 기하기 위하여 그 수증재산을 상속분의 선급으로 다루어 구체적인 상속분을 산정하는 데 참작하도록 하려는 데 그 취지가 있다. 이러한 유류분제도의 입법 목적과 민법 제1008조의 취지에 비추어 보면, 유류분 산정의 기초재산에 산입되는 증여에 해당하는지 여부를 판단할 때에는 피상속인의 재산처분행위의 법적 성질을 형식적·추상적으로 파악하는 데 그쳐서는 안 되고, 재산처분행위가 실질적인 관점에서 피상속인의 재산을 감소시키는 무상처분에 해당하는지 여부에 따라 판단하여야 한다.[42]

이른바 계약명의신탁약정이 부동산 실권리자명의 등기에 관한 법률(이하 '부동산실명법'이라 한다) 시행 후에 이루어진 경우에는 명의신탁자는 애초부터 당해 부동산의 소유권을 취득할 수 없었으므로 위 명의신탁약정의 무효로 인하여 명의신탁자가 입은 손해는 당해 부동산 자체가 아니라 명의수탁자에게 제공한 매수자금이라 할 것이고, 따라서 명의수탁자는 당해 부동산 자체가 아니라 명의신탁자로부터 제공받은 매수자금만을 부당이득한다고 할 것이다. 그러나 그 경우에도 명의수탁자가 명의수탁자의 완전한 소유권 취득을 전제로 하여 사후적으로 명의신탁자와의 사이에 위에서 본 매수자금반환의무의 이행을 갈음하여 명의신탁된 부동산 자체를 양도하기로 합의하고 그에 기하여 명의신탁자 앞으로 소유권이전등기를 마쳐준 경우에는 그 소유권이전등기는 새로운 소유권 이전의 원인인 대물급부의 약정에 기한 것이므로 그 약정이 무효인 명의신탁약정을 명의신탁자를 위하여 사후에 보완하는 방책에 불과한 등의 다른 특별한 사정이 없는 한 유효하다.[43]

기록에 의하면, 망인과 피고 사이에 이 사건 각 부동산에 관하여 계약명의신탁약정이 이루어진 것으로 보이고, 그 약정이 부동산실명법 시행 후에 이루어졌으므로 피

[40] 대법원 2024. 6. 13. 선고 2023다304568 판결.
[41] 대법원 2024. 6. 13. 선고 2023다304568 판결.
[42] 대법원 2021. 7. 15. 선고 2016다210498 판결 참조.
[43] 대법원 2014. 8. 20. 선고 2014다30483 판결 참조.

고는 이 사건 각 부동산의 소유권을 취득할 수 없었고, 다만 명의수탁자인 망인에게 제공한 매수자금 상당의 부당이득반환채권을 가지고 있었다. 비록 이 사건 각 부동산에 관하여 피고 앞으로 2013년 및 2016년 각 증여를 원인으로 한 소유권이전등기가 마쳐지기는 하였으나, 망인이 2010. 10. 29. '이 사건 각 부동산은 피고가 자기 돈을 투자하여 매수한 토지이고 이를 피고에게 증여한다.'는 취지의 유언증서를 작성한 점, 망인과 피고 사이에 이 사건 각 부동산의 증여 외에 부당이득반환채무에 관한 별도의 정산 등을 한 것으로 보이지 않는 점 등 기록을 통해 알 수 있는 사정들에 비추어 보면, 망인과 피고는 망인의 매수자금반환의무의 이행을 갈음하여 명의신탁된 부동산 자체를 양도하기로 합의하고 그에 기하여 명의신탁자인 피고 앞으로 소유권이전등기를 마친 것으로 볼 여지가 있고, 그 경우 등기원인은 실질적인 관점에서 피상속인의 재산을 감소시키는 무상처분인 증여가 아니라 새로운 소유권 이전의 원인인 대물급부의 약정에 기한 것으로 인정될 가능성이 있다.

따라서 원심으로서는 명의신탁약정에 따라 수탁된 재산을 신탁자가 돌려받는 경우 그것이 실질적인 관점에서 피상속인의 재산을 감소시키는 무상처분에 해당하는지 여부에 따라 그 재산의 전부 또는 일부가 신탁자의 특별수익에서 제외되는지 여부를 심리·판단하였어야 한다. 원심이 이를 살펴보지 않은 채 이 사건 각 부동산의 상속개시 당시 가액 전부가 피고의 특별수익에 해당한다고 보아 이를 유류분 산정을 위한 기초재산에 포함시킨 것에는 특별수익에 관한 법리를 오해하거나 필요한 심리를 다하지 아니하여 판결에 영향을 미친 잘못이 있다.

## V. 증여재산 가액의 산정

32 구체적 유류분액을 산정함에 있어 증여재산의 가액은 상속개시시를 기준으로 하여 산정한다. 다만 증여 이후 수증자가 자기의 비용으로 증여재산의 성상 등을 변경하여 상속개시 당시 그 가액이 증가되어 있는 경우 위와 같이 변경된 성상 등을 기준으로 상속개시 당시의 가액을 산정하면 유류분권리자에게 부당한 이익을 주게 되므로, 이러한 경우에는 그와 같은 변경을 고려하지 않고 증여 당시의 성상 등을 기준으로 상속개시 당시의 가액을 산정하여야 한다. 또한 금전이 증여된 경우에는 증여받은 금액을 상속개시 당시까지 사이의 소비자 물가지수를 참작하여 산정하여야 한다.

33 또한 최근 판례는 증여재산이 상속개시 전에 처분 또는 수용된 경우 유류분을 산정함에 있어 증여재산의 가액은 민법 문언의 해석과 유류분 제도의 입법 취지 등을 종합할 때 증여재산의 현실 가치인 처분 당시의 가액을 기준으로 상속개시

까지 사이의 물가변동률을 반영하는 방법으로 산정하여야 한다고 판시하였다.[44]

34 한편 증여받은 재산의 원물반환이 불가능하여 가액반환을 명하는 경우에는 그 가액은 사실심 변론종결시를 기준으로 산정한다고 보는 것이 판례이다.

35 [판례] 유류분액 산정에 있어 증여재산의 시가 산정의 기준시기[45]

우리 민법은 유류분제도를 인정하여 제1112조부터 제1118조까지 이에 관하여 규정하면서도 유류분의 반환방법에 관하여 별도의 규정을 두지 않고 있는바, 다만 제1115조 제1항이 '부족한 한도에서 그 재산의 반환을 청구할 수 있다.'고 규정한 점 등에 비추어 반환의무자는 통상적으로 증여 또는 유증대상 재산 그 자체를 반환하면 될 것이나 위 원물반환이 불가능한 경우에는 그 가액 상당액을 반환할 수밖에 없을 것이다.

한편, 유류분반환범위는 상속개시 당시 피상속인의 순재산과 문제된 증여재산을 합한 재산을 평가하여 그 재산액에 유류분청구권자의 유류분비율을 곱하여 얻은 유류분액을 기준으로 하는 것인바, 이와 같이 유류분액을 산정함에 있어 피고들이 증여받은 재산의 시가는 상속개시 당시를 기준으로 산정하여야 할 것이고,[46] 당해 피고에 대하여 반환하여야 할 재산의 범위를 확정한 다음 위에서 본 바와 같이 그 원물반환이 불가능하여 가액반환을 명하는 경우에는 그 가액은 사실심 변론종결시를 기준으로 산정하여야 할 것이다.

36 [판례] 증여 이후 수증자가 증여재산의 성상을 변경하여 상속개시 당시 가액이 증가된 경우 증여재산의 가액 산정 방법[47]

유류분반환의 범위는 상속개시 당시 피상속인의 순재산과 문제된 증여재산을 합한 재산을 평가하여 그 재산액에 유류분청구권자의 유류분비율을 곱하여 얻은 유류분액을 기준으로 산정하는데, 증여받은 재산의 시가는 상속개시 당시를 기준으로 하여 산정하여야 한다.[48]

다만 증여 이후 수증자나 수증자로부터 증여재산을 양수받은 자가 자기의 비용으로 증여재산의 성상 등을 변경하여 상속개시 당시 그 가액이 증가되어 있는 경우, 위와 같이 변경된 성상 등을 기준으로 상속개시 당시의 가액을 산정하면 유류분권리자에게 부당한 이익을 주게 되므로, 이러한 경우에는 그와 같은 변경을 고려하지 않고 증여 당시의 성상 등을 기준으로 상속개시 당시의 가액을 산정하여야 한다.

44 대법원 2023. 5. 18. 선고 2019다222867 판결.
45 대법원 2005. 6. 23. 선고 2004다51887 판결.
46 대법원 1996. 2. 9. 선고 95다17885 판결 참조.
47 대법원 2015. 11. 12. 선고 2010다104768 판결.
48 대법원 2011. 4. 28. 선고 2010다29409 판결 등 참조.

원심은 원심판결 별지 제2목록 기재 각 부동산은 수증자인 피고 1이 한화기계 주식회사 등에 이를 매각한 후 한화기계 주식회사 등이 전, 임야를 잡종지, 창고용지 등으로 조성하여 지목이 변경되었고, 원심판결 별지 제3목록 기재 각 부동산은 피고들이 토지조성비 등을 부담하여 지목을 답에서 전 등으로, 전에서 잡종지 등으로 변경하였으므로, 위 각 부동산의 상속개시 당시 가액은 각 증여 당시의 지목, 형상, 이용상태를 기준으로 평가함이 상당하다고 하였다.

원심의 위와 같은 판단은 앞에서 본 법리에 따른 것으로, 거기에 상고이유에서 주장하는 바와 같은 수증재산에 대한 시가 산정의 기준시에 관한 법리오해나 석명의무 위반 등의 위법이 없다.

37 [판례] 유류분산정에 있어 증여받은 재산이 금전인 경우 가액의 산정 방법[49]

유류분반환범위는 상속개시 당시 피상속인의 순재산과 문제된 증여재산을 합한 재산을 평가하여 그 재산액에 유류분청구권자의 유류분비율을 곱하여 얻은 유류분액을 기준으로 하는 것인바, 그 유류분액을 산정함에 있어 반환의무자가 증여받은 재산의 시가는 상속개시 당시를 기준으로 하여 산정하여야 한다.[50]

따라서 그 증여받은 재산이 금전일 경우에는 그 증여받은 금액을 상속개시 당시의 화폐가치로 환산하여 이를 증여재산의 가액으로 봄이 상당하고, 그러한 화폐가치의 환산은 증여 당시부터 상속개시 당시까지 사이의 물가변동률을 반영하는 방법으로 산정하는 것이 합리적이라고 할 것이다.

원심이 인정한 사실에 의하면, 원고는 1991. 7. 15. 위 망인으로부터 8,900만 원을 증여받았고 위 망인은 2000. 3. 6. 사망함으로써 상속이 개시되었다는 것이므로, 위 법리에 비추어 볼 때 원고의 유류분액을 산정함에 있어 위 망인의 상속재산에 합할 원고의 증여재산의 가액은 위 증여액에 그 증여받은 당시부터 위 상속개시 당시까지의 물가변동률을 반영하여 산정한 가액이라고 보아야 할 것이다.

49 대법원 2009. 7. 23. 선고 2006다28126 판결.

50 대법원 1996. 2. 9. 선고 95다17885 판결, 대법원 2005. 6. 23. 선고 2004다51887 판결 등 참조.

## 제 1115 조 [유류분의 보전]

**① 유류분권리자가 피상속인의 제1114조에 규정된 증여 및 유증으로 인하여 그 유류분에 부족이 생긴 때에는 부족한 한도에서 그 재산의 반환을 청구할 수 있다.**

**② 제1항의 경우에 증여 및 유증을 받은 자가 수인인 때에는 각자가 얻은 유증가액의 비례로 반환하여야 한다.**

[본조신설 1977. 12. 31.]

**[관련조문]** 민법 제554조(증여의 의의), 제1074조(유증의 승인, 포기), 제1075조(유증의 승인, 포기의 취소금지), 제1076조(수증자의 상속인의 승인, 포기), 제1077조(유증의무자의 최고권), 제1078조(포괄적 수증자의 권리의무), 제1079조(수증자의 과실취득권), 제1080조(과실수취비용의 상환청구권), 제1081조(유증의무자의 비용상환청구권), 제1082조(불특정물유증의무자의 담보책임), 제1083조(유증의 물상대위성), 제1084조(채권의 유증의 물상대위성), 제1085조(제3자의 권리의 목적인 물건 또는 권리의 유증), 제1086조(유언자가 다른 의사표시를 한 경우), 제1087조(상속재산에 속하지 아니한 권리의 유증), 제1088조(부담있는 유증과 수증자의 책임), 제1089조(유증효력발생전의 수증자의 사망), 제1090조(유증의 무효, 실효의 경우와 목적재산의 귀속), 제1112조(유류분의 권리자와 유류분), 제1113조(유류분의 산정), 제1114조(산입될 증여), 제1116조(반환의 순서), 제1117조(소멸시효)

**[참고문헌]** 주해상속법(제2권), 박영사(2019); 김주수/김상용, 친족·상속법(제20판), 법문사(2024); 김능환, “유류분반환청구”, 재판자료 제78집, 법원도서관(1998); 변동열, “유류분제도”, 민사판례연구 제25권, 박영사(2003); 정덕흥, “기여분의 결정과 상속분의 수정”, 사법논집 제25집, 법원도서관(1994); 곽동헌, “기여분제도에 관련된 몇 가지 문제”, 가족법연구 제4호, 한국가족법학회(1990); 김형석, “우리 상속법의 비교법적 위치”, 가족법연구 제23권 제2호, 한국가족법학회(2009); 박세민, “유류분제도의 현대적 의의”, 일감법학 제33호, 건국대학교 법학연구소(2016); 시진국, “재판에 의한 상속재산분할”, 사법논집 제42집, 법원도서관(2006); 오병철, “기여분과 유류분의 관계에 관한 연구”, 가족법연구 제31권 제1호, 한국가족법학회(2017); 이봉민, “기여분과 유류분의 관계에 대한 새로운 해석론: 유류분 부족액 산정방법을 중심으로”, 가족법연구 제32권 제1호, 한국가족법학회(2018); 이봉민, “프랑스법상 유류분의 반환방법: 2006년 6월 23일 개정 프랑스 민법을 중심으로”, 가족법연구 제23권 제3호, 한국가족법학회(2009); 정구태, “2015년 상속법 관련 주요 판례 회고”, 사법 제35호, 사법발전재단(2016); 최준규, “유류분과 기업승계”, 사법 제37호, 사법발전재단(2016); 최준규, “유류분과 기여분의 관계”, 저스티스 제162호, 한국법학원(2017)

## Ⅰ. 유류분반환청구권의 의의

1 피상속인의 증여 또는 유증으로 인하여 유류분권리자가 유류분에 미치지 못하는 상속재산을 받게 된 경우 그는 유류분 부족분에 관하여 증여 또는 유증된 재산의 반환을 청구하여 유류분을 보전할 수 있다. 유류분을 침해하는 증여 또는 유증이 당연히 무효로 되는 것은 아니고 피상속인의 증여 또는 유증으로 인하여 유류분권리자가 받은 상속재산이 자신의 유류분에 부족한 때에 비로소 그 부족한 한도에서 유류분반환청구권이 생기게 되는 것이다.

## Ⅱ. 유류분반환청구권의 법적 성질

### 1. 학설

2 유류분반환청구권의 법적 성질에 관하여 학설은 형성권설과 청구권설로 나뉘어 대립하고 있다.

3 형성권설[1]에 의하면, 유류분을 침해하는 유증 또는 증여는 유류분권리자의 반환청구에 의하여 효력을 상실하고, 반환의 목적물 위의 권리는 당연히 유류분권리자에게 복귀하며, 유증 또는 증여가 아직 이행되지 않았을 때에는 반환청구권자는 이행을 거절하는 항변권을 취득하고, 이미 이행되었을 때에는 물권적 청구권에 기하여 목적재산의 반환을 청구할 수 있다고 한다. 형성권설에 의할 때 유류분을 침해하는 증여나 유증의 목적물이 부동산인 경우 제3취득자가 선의이더라도 이를 회복할 수 있게 되어 거래의 안전이 위협을 받게 되는 부당함이 있다는 지적이 있으나, 이에 대하여는 피인지자 등의 상속분가액상당지급청구권에 관한

[1] 김용한, 친족상속법(보정판), 박영사(2003), 434; 김주수/김상용, 친족·상속법(제20판), 법문사(2024), 904; 박병호, 가족법, 한국방송통신대학 (1999), 480.

민법 제1014조를 유추 적용하여 수증자에 대하여 가액의 반환을 청구할 수 있는데 그친다고 해석함으로써 문제를 해결할 수 있다는 견해[2]가 있다.

4 청구권설[3]에 의하면, 유류분권리자는 수증자 또는 수유자에 대하여 유류분을 침해하는 유증이나 증여로 인해 수증자나 수유자가 취득한 개별 권리를 이전해 줄 것을 요구하는 채권을 가질 뿐이고, 수증자가 파산한 경우 유류분권자에게 환취권을 인정할 수 없으며, 수증자의 채권자가 강제집행을 하는 경우에도 유류분권자에게 제3자이의의 소를 인정할 수 없다고 본다. 청구권설은 민법 제1117조에서 유류분반환청구권을 제척기간이 아닌 소멸시효에 걸리도록 규정하고 있다는 점, 민법 제1115조에서 "유류분에 부족이 생긴 때에는 부족한 한도에서 그 재산의 반환을 청구할 수 있다."라고 규정하고 있는 법문을 그 근거로 든다.

## 2. 판례

5 판례는, 유류분반환청구권의 행사는 재판상 또는 재판 외에서 상대방에 대한 의사표시의 방법으로 할 수 있고, 이 경우 의사표시는 침해를 받은 유증 또는 증여행위를 지정하여 이에 대한 반환청구의 의사를 표시하면 그것으로 족하고 그로 인하여 생긴 목적물의 이전등기청구권이나 인도청구권 등을 행사하는 것과는 달리 그 목적물을 구체적으로 특정하여야 하는 것은 아니라고 한다.[4]

6 또한 유류분권리자가 반환의무자를 상대로 유류분반환청구권을 행사하는 경우 그의 유류분을 침해하는 증여 또는 유증은 소급적으로 효력을 상실하므로, 상대방은 그와 같이 실효된 범위 내에서 유증 또는 증여의 목적물을 반환할 의무를 부담하며,[5] 유류분반환청구권을 행사함으로써 발생하는 목적물의 이전등기청구권 등은 유류분반환청구권과는 다른 권리이므로, 그 이전등기청구권 등에 대하여는 민법 제1117조 소정의 유류분반환청구권에 대한 소멸시효가 적용될 여지가 없고, 그 권리의 성질과 내용 등에 따라 별도로 소멸시효의 적용 여부와 기간 등을 판단하여야 한다[6]고 본다.

2 김주수/김상용, 친족·상속법(제20판), 법문사(2024), 905.

3 곽윤직, 상속법(민법강의VI)(개정판), 박영사(2004), 292~294; 윤진수, 친족상속법 강의(제5판), 박영사(2023), 627~632; 박동섭/양경승, 친족상속법(제5판), 박영사(2020, 978~979.

4 대법원 1995. 6. 30. 선고 93다11715 판결.

5 대법원 2013. 3. 14. 선고 2010다42624, 42631 판결.

6 대법원 2015. 11. 12. 선고 2011다55092, 55108 판결.

7 판례는 위와 같이 유류분반환청구권의 행사로서의 의사표시와 이로부터 발생하는 구체적 청구권이라는 2단계적 구성을 하고 있고, 유류분반환청구권을 행사하는 경우 유류분을 침해하는 증여 또는 유증이 소급적으로 효력을 상실한다고 보아 기본적으로는 형성권설의 입장을 취하고 있다고 볼 수 있다.

## Ⅲ. 유류분반환청구의 당사자

### 1. 유류분반환청구권자

8 유류분을 침해당한 민법 제1112조 소정의 상속인인 피상속인의 직계비속·배우자·직계존속은 유류분반환청구권을 갖는다. 종래에는 민법 제1112조 제4호에 의하여 형제자매도 유류분권자였으나 헌법재판소의 단순위헌결정[7]에 따라 위 조항은 2024. 9. 20. 법률 제20432호에 의하여 삭제되었고 위 법은 2025. 1. 31.부터 시행되고 있다. 민법 제1112조에 규정한 상속인에 해당하는 태아도 살아서 출생한 경우 유류분반환청구를 할 수 있고, 사후인지된 자도 출생시에 소급하여 효력이 발생하므로 유류분권자이다.

9 그러나 상속인이 아닌 상속결격자나 상속을 포기한 자는 유류분반환청구권자가 될 수 없고, 상속인이 아닌 포괄적 수유자도 유류분권리자가 아니므로 유류분반환을 청구할 수 없다.

10 민법 제1004조의2(상속권 상실 선고)가 2024. 9. 20. 법률 제20432호로 신설되어 피상속인의 직계존속으로서 상속인이 될 사람이 피상속인에 대한 부양의무를 중대하게 위반하거나 중대한 범죄행위 또는 그 밖에 심히 부당한 대우를 한 경우 등에는 피상속인의 유언 또는 공동상속인 등의 청구에 따라 가정법원이 상속권의 상실을 선고할 수 있도록 하는 제도가 마련되었고 2026. 1. 1.부터 시행될 예정이다(☞ 상세한 내용은 민법 제1004조의2 주석 참조).

11 유류분권은 귀속상 일신전속권이 아니므로 양도, 상속의 대상이 되고, 따라서 유류분권자의 상속인,[8] 유류분권자의 상속분의 양수인[9]과 같은 포괄승계인뿐만 아니라 유류분반환청구권의 양수인과 같은 특정승계인도 유류분반환청구권을 행사할 수 있다(☞ 상세한 내용은 민법 제1112조 주석 참조).

7 헌법재판소 2024. 4. 25. 선고 2020헌가4, 14 전원재판부 결정 등.
8 대법원 2013. 4. 25. 선고 2012다80200 판결.
9 대법원 2006. 3. 24. 선고 2006다2179 판결.

## 2. 상대방

### 가. 수유자, 수증자

#### 1) 일반론

12 유류분반환청구의 상대방은 원칙적으로 수유자, 수증자 및 그 포괄승계인이다.

#### 2) 유언집행자에 대한 유류분반환청구

13 유증시 유언집행자가 선정되어 있는 경우 수유자에 대한 유류분반환청구를 유언집행자를 상대방으로 할 수 있는지에 관하여, 포괄유증인지 특정유증인지 불문하고 유언집행자가 상대방이 된다는 견해[10]와 포괄유증과 특정유증 모두 유언집행자가 반환의무자가 아니라는 견해[11]가 있다.

14 이에 관하여 유언집행자는 유언의 내용을 실현할 임무를 가지고 그 임무에 따라 유언집행을 하는 자로서 유증의 목적인 재산의 관리 기타 유언의 집행에 필요한 행위를 할 권리 의무가 있고(민법 제1101조), 지정 또는 선임에 의한 유언집행자는 상속인의 대리인으로 보지만(제1103조 제1항), 유류분반환의 경우는 유언집행의 본래의 취지와는 전혀 무관하므로, 유언집행자가 포괄수유자의 유류분반환과 관련하여 그 수유자를 대리할 권한이 있다고 보기는 어려워 유류분반환청구의 상대방이 될 수 없다고 본 각급법원판결[12]이 있다.

#### 3) 수익 이후 상속인 지위를 취득한 자

15 한편 수증자가 증여를 받을 당시에는 상속인이 아니었지만 수익 후 상속인이 된 경우(재혼배우자, 양친자, 포괄수유자 등)에도 유류분반환청구의 상대방이 되는지 여부에 관하여 이익 부여 당시에 법정상속인이 아니었다면 그 이익의 부여

10 윤진수, 친족상속법 강의(제5판), 박영사(2023), 633; 이경희·윤부찬, 가족법(11정판), 법원사(2024), 659; 김능환, "유류분반환청구", 재판자료 제78집, 법원도서관(1998), 41.

11 변동열, "유류분제도", 민사판례연구 제25권, 박영사(2003), 873.

12 서울고등법원 2011. 8. 25. 선고 2011나8258 판결(망인의 유언집행자인 원고가 상속인인 피고를 상대로 유증 부동산에 관한 소유권이전등기에 대한 승낙의 의사표시를 구한 사안에서 피고가 항변으로 유류분반환청구권의 행사를 주장하였으나, 포괄수유자의 유류분반환과 관련하여 유언집행자가 그 수유자를 대리할 권한이 있다고 볼 수 없다는 이유로 피고의 위 주장을 배척하고 원고의 청구를 인용한 사안이다. 위 사건에 대한 상고심인 대법원 2011다74277 사건에서는 유언집행자가 유증을 원인으로 한 소유권이전등기를 마치는데 있어 상속인 등 제3자의 승낙이 불필요하다는 이유로 위 소는 권리보호의 이익이 없다는 취지로 원심판결을 파기하였고, 파기환송심인 서울고등법원 2014나12586 사건에서는 원고가 청구취지를 변경하여 망인의 유언이 유효하다는 확인을 구함에 따라 위 쟁점에 관하여 추가적인 판단이 이루어지지는 아니하였다).

는 상속인 간의 형평을 깨뜨리는 상속분의 선급이라고 볼 수 없으므로 그 이익은 민법 제1008조의 특별수익에 해당하지 아니하여 유류분반환의무를 부담하지 않는다는 견해와 특별수익자의 반환의무제도는 공동상속인 사이의 상속이익의 공평을 목적으로 하고 있으므로 특별수익 당시에는 상속인이 아닌 경우에도 상속개시시에 상속인의 지위에 있다면 반환의무를 부담한다는 견해가 있다.

16 이에 관하여 판례[13]는 대습상속인이 대습원인의 발생 이전에 피상속인으로부터 증여를 받은 경우 이는 상속인의 지위에서 받은 것이 아니므로 상속분의 선급으로 볼 수 없고, 대습상속인의 위와 같은 수익은 특별수익에 해당하지 않는다고 봄이 상당하므로, 이는 유류분 산정을 위한 기초재산에 포함되지 않는다고 본다.

#### 나. 수유자, 수증자로부터 목적물을 양도받은 제3자

17 수유자, 수증자로부터 목적물을 양수한 제3자에 대하여 유류분반환청구를 할 수 있는지에 관하여 민법에서는 제3자 보호규정을 두고 있지는 않지만, 판례는 유류분반환청구권의 행사에 의하여 반환하여야 할 증여 또는 유증의 목적이 된 재산이 타인에게 양도된 경우, 그 양수인이 양도 당시 유류분권리자를 해함을 안 때에는 양수인에 대하여도 그 재산의 반환을 청구할 수 있다고 한다.[14]

18 이에 따르면 제3자가 악의인 경우에는 제3자로부터 직접 이전등기를 받는 방식으로 원물의 반환을 구할 수 있고, 제3자가 선의인 경우에는 수증자 내지 수유자를 상대로 유류분침해액에 관하여 가액반환을 청구할 수 있다.

## Ⅳ. 유류분반환청구권의 행사

### 1. 반환청구권의 행사방법

#### 가. 재판상 또는 재판 외 의사표시

19 유류분반환청구권의 행사는 재판상 또는 재판 외에서 상대방에 대한 의사표시의 방법으로 할 수 있다. 그 의사표시는 침해를 받은 유증 또는 증여행위를 지정하여 이에 대한 반환청구의 의사를 표시하면 그것으로 충분하고, 그로 인하여 생긴 목적물의 이전등기청구권이나 인도청구권 등을 행사하는 것과는 달리 그 목적물을 구체적으로 특정하여야 하는 것은 아니다. 유류분권리자가 위와 같은

13 대법원 2014. 5. 29. 선고 2012다31802 판결.
14 대법원 2016. 1. 28. 선고 2013다75281 판결, 대법원 2002. 4. 26. 선고 2000다8878 판결.

방법으로 유류분반환청구권을 행사하면 민법 제1117조 소정의 소멸시효 기간 안에 권리를 행사한 것이 된다.[15]

20 구체적으로 유류분반환청구 의사가 표시되었는지는 법률행위 해석에 관한 일반원칙에 따라 의사표시의 내용과 아울러 의사표시가 이루어진 동기 및 경위, 당사자가 의사표시에 의하여 달성하려고 하는 목적과 진정한 의사 및 그에 대한 상대방의 주장·태도 등을 종합적으로 고찰하여 사회정의와 형평의 이념에 맞도록 논리와 경험의 법칙, 그리고 사회일반의 상식에 따라 합리적으로 판단하여야 한다. 상속인이 유증 또는 증여행위가 무효임을 주장하여, 상속 내지는 법정상속분에 기초한 반환을 주장하는 경우에는 그와 양립할 수 없는 유류분반환청구권을 행사한 것으로 볼 수 없지만, 상속인이 유증 또는 증여행위의 효력을 명확히 다투지 아니하고 수유자 또는 수증자에 대하여 재산분배나 반환을 청구하는 경우에는 유류분반환의 방법에 의할 수밖에 없으므로 비록 유류분 반환을 명시적으로 주장하지 않더라도 그 청구 속에는 유류분반환청구권을 행사하는 의사표시가 포함되어 있다고 해석함이 타당한 경우가 많다.[16]

### 나. 소극적 행사로서의 항변

21 유류분반환청구권은 수증자나 수유자의 이행청구에 대하여 이를 거절하는 항변의 형식으로 행사할 수도 있다. 다만 이 경우 피상속인의 증여나 유증의 효력을 부인하거나 그 증여나 유증이 유류분을 침해하는 것이라는 추상적 주장을 하는 것만으로는 부족하고, 피상속인의 증여나 유증에 의하여 유류분에 구체적으로 어느 정도의 부족이 생기게 되었는지를 주장, 증명하여야 한다.[17]

### 다. 수인의 유류분권자의 권리행사 또는 수인의 상대방에 대한 권리행사

22 유류분권리자가 여러 명이고 반환의무자도 여러 사람인 경우 모든 권리자가 함께 모든 의무자를 상대로 반환청구를 할 필요는 없고, 각 권리자가 각 의무자에 대하여 개별적으로 권리를 행사하면 된다. 유류분권리자 1인이 권리행사를 하였다고 하여도 다른 유류분권리자에게 그 효력이 미치거나 시효중단의 효력이 발생하는 것도 아니다.[18] 유류분반환청구권을 재판상 행사하는 경우 그 소송은 통

15 대법원 2015. 11. 12. 선고 2011다55092, 55108 판결.

16 대법원 2012. 5. 24. 선고 2010다50809 판결.

17 대법원 1995. 3. 10. 선고 94다24770 판결.

18 김주수/김상용, 주석 상속(2)(제4판), 한국사법행정학회(2015), 453.

상공동소송에 해당한다.

23 다만 이 경우 반환범위를 산정함에 있어서는 유류분을 침해하는 유증과 증여가 있을 때 유증에 대해 먼저 반환청구하여야 하고(민법 제1116조), 수개의 유증 또는 증여가 있을 때에는 그 각각의 가액의 비례로 반환하여야 하므로(제1115조 제2항), 그 소송에서 당사자로 되지 아니한 다른 수유자 또는 수증자가 받은 유증 또는 증여의 가액까지도 주장, 증명하여야 할 필요가 있다.

#### 라. 친권자와 미성년 자녀 사이의 유류분반환청구

24 친권자가 그 친권에 따르는 미성년인 자에 대해 유류분반환청구를 하여야 하거나 반대로 미성년 자녀가 친권자에 대하여 유류분반환청구를 하는 경우, 친권에 따르는 수인의 미성년 자녀 상호 간 유류분반환청구가 문제된 경우 유류분반환청구는 이해상반행위에 해당하므로 친권자의 청구에 의하여 가정법원이 특별대리인을 선임하여야 한다. 위와 같은 특별대리인의 선임은 라류 가사비송사건(가사소송법 제2조 제1항 제2호 가목 16)으로서 가정법원이 관할한다.

### 2. 유류분반환청구의 소

#### 가. 관할일반

25 유류분반환청구소송은 일반 민사사건에 해당하므로 민사소송법의 관할에 관한 규정이 적용된다. 민사소송법 제22조는 "상속에 관한 소 또는 유증, 그 밖에 사망으로 효력이 생기는 행위에 관한 소를 제기하는 경우에는 상속이 시작된 당시 피상속인의 보통재판적이 있는 곳의 법원에 제기할 수 있다."라는 특별재판적을 규정하고 있고, 위 조항은 유류분반환청구소송에도 적용된다. 따라서 유류분반환청구소송은 피상속인의 보통재판적 소재지 법원에 특별재판적이 있다.

#### 나. 선결문제가 되는 가사사건과의 관련

26 유류분반환청구소송은 일반 민사사건이지만, 유류분권은 상속권을 전제로 한 권리이므로 당사자 사이에 유류분에 관한 다툼이 있는 경우 유류분반환청구소송과 함께 가사비송사건인 상속재산분할 심판절차가 진행되기도 한다. 각급법원의 실무상 가정법원에 유류분반환청구 사건이 함께 접수된 경우에는 유류분반환청구 부분을 분리하여 민사사건을 관할하는 지방법원으로 이송한다. 유류분 부족액 산정시 유류분권리자의 순상속액을 구체적 상속분에 의하여 산정하여야 한다는 판례에 따르면, 위 두 절차가 별도로 진행될 경우 유류분 부족액을 산정함

에 있어 유류분권리자의 구체적 상속분 비율에 따른 순상속액이 먼저 확정될 필요가 있으므로 구체적 상속분 비율을 정하는 상속재산분할심판의 결과를 기다렸다가 이를 기초로 유류분 부족액을 산정할 수 있을 것이다.

27 한편 유류분권리자가 인지청구와 같이 상속권을 주장하는 소와 함께 유류분반환청구의 소를 제기한 경우나 또는 유류분반환의무자의 상속권에 관하여 다툼이 있는 경우 상속인인지의 여부에 따라 유류분 반환 여부 및 그 범위가 달라지므로, 소송경제 및 분쟁의 통일적 해결을 위하여 상속관계에 관한 가사소송의 결과에 기초하여 유류분반환청구소송이 진행되는 것이 바람직하다.

### 다. 재판의 범위

28 유류분반환청구소송은 일반 민사사건이므로 민사소송의 일반원칙인 처분권주의가 적용된다. 따라서 유류분권리자가 반환의무자를 상대로 유류분반환청구권을 행사하고 이로 인하여 생긴 목적물의 이전등기의무나 인도의무 등의 이행을 소로써 구하는 경우에는 그 대상과 범위를 특정하여야 하고, 법원은 처분권주의의 원칙상 유류분권리자가 특정한 대상과 범위를 넘어서 청구를 인용할 수 없다.[19]

29 다만 유류분권리자의 유류분 부족액 및 상대방인 피고의 반환의무의 범위를 판단하기 위해서는 원고인 유류분권리자는 피고는 물론이고, 피고 이외의 공동상속인, 수증자, 수유자가 받은 재산 및 그 가액, 상속채무 등을 모두 주장·입증하여야 한다. 또한 유류분반환의 형태에 관하여 원물반환과 가액반환에 관한 각 당사자의 의사를 명확히 하는 것이 바람직하다.

## 3. 유류분반환청구와 상속회복청구

30 유류분권자에게 반환하여야 할 유류분 부족액은 그 산정과정에서 유류분권자의 순상속분액을 공제하여 산정하는 것이므로, 자신의 상속분을 초과하여 증여 또는 유증을 받은 공동상속인이 상속재산 중 다른 유류분권자인 공동상속인의 상속분을 침해하는 경우, 유류분권자인 공동상속인은 그 상속회복청구로서 상속분의 반환을 구하는 것과 별도로 유류분 부족액의 반환을 청구할 수 있다.[20]

[19] 대법원 2013. 3. 14. 선고 2010다42624, 42631 판결, 대법원 2014. 6. 26. 선고 2012다104090(본소), 104106(반소) 판결.

[20] 대법원 2006. 9. 28. 선고 2004다46441 판결.

## V. 유류분반환의 방법

### 1. 원물반환과 가액반환

#### 가. 원물반환의 원칙(판례 및 다수설)

31 민법 제1115조 제1항은 유류분 권리자가 피상속인의 증여 및 유증으로 인하여 그 유류분에 부족이 생긴 때에는 부족한 한도에서 그 재산의 반환을 청구할 수 있다고 규정하고 있을 뿐 그 반환방법에 관하여는 별도의 규정을 두고 있지 않다. 하지만 '부족한 한도에서 그 재산의 반환을 청구할 수 있다'고 규정한 점 등에 비추어 반환의무자는 통상적으로 증여 또는 유증대상 재산 그 자체를 반환하면 될 것이나 위 원물반환이 불가능한 경우에는 그 가액 상당액을 반환할 수밖에 없다고 보는 것이 다수설[21] 및 판례[22]의 입장이다.

32 원물반환이 가능하더라도 유류분권리자와 반환의무자 사이에 가액으로 이를 반환하기로 협의가 이루어지거나 유류분권리자의 가액반환청구에 대하여 반환의무자가 이를 다투지 않은 경우에는 법원은 가액반환을 명할 수 있지만, 유류분권리자의 가액반환청구에 대하여 반환의무자가 원물반환을 주장하며 가액반환에 반대하는 의사를 표시한 경우에는 반환의무자의 의사에 반하여 원물반환이 가능한 재산에 대하여 가액반환을 명할 수 없다[23]고 보는 것이 판례의 입장이다. 따라서 유류분반환청구소송에서 원물반환과 가액반환에 관한 당사자들의 의사를 확인하여 청구 및 항변의 내용을 명확히 할 필요가 있다.

33 판례는 증여나 유증 후 그 목적물에 관하여 제3자가 저당권이나 지상권 등의 권리를 취득한 경우에는 원물반환이 불가능하거나 현저히 곤란하여 반환의무자가 목적물을 저당권 등의 제한이 없는 상태로 회복하여 이전하여 줄 수 있다는 등의 예외적인 사정이 없는 한 유류분권리자는 반환의무자를 상대로 원물반환 대신 그 가액 상당의 반환을 구할 수도 있을 것이나, 그렇다고 하여 유류분권리자가 스스로 위험이나 불이익을 감수하면서 원물반환을 구하는 것까지 허용되지 아니한다고 볼 것은 아니므로, 그 경우에도 법원은 유류분권리자가 청구하는 방법

21 곽윤직, 상속법(민법강의VI)(개정판), 박영사(2004), 296; 박동섭/양경승, 친족상속법(제5판), 박영사(2020), 990; 김능환, "유류분반환청구", 재판자료 제78집, 법원도서관(1998), 56.

22 대법원 2013. 3. 14. 선고 2010다42624, 42631 판결, 대법원 2005. 6. 23. 선고 2004다51887 판결 등.

23 대법원 2013. 3. 14. 선고 2010다42624, 42631 판결.

에 따라 원물반환을 명하여야 한다[24]고 본다.

34 나아가 판례는 유류분반환청구권을 행사하는 원고들이 반환받을 지분을 합하더라도 목적 부동산의 6%에 불과하다는 점만으로는 원물반환청구가 신의칙에 반한다고 할 수 없고,[25] 유류분반환의 목적물에 부동산과 금원이 혼재되어 있다거나 유류분권리자에게 반환되어야 할 부동산의 지분이 많지 않다는 사정은 원물반환을 명함에 아무런 지장이 되지 아니함이 원칙이라고 한다.[26]

35 또한 판례는 유류분으로 반환하여야 할 대상이 주식인 경우, 반환의무자가 피상속인으로부터 증여받은 주권 그 자체를 보유하고 있지 않다고 하더라도 그 대체물인 주식을 제3자로부터 취득하여 반환할 수 없다는 등의 특별한 사정이 없는 한 원물반환의무의 이행이 불가능한 것은 아니라고 본다.[27]

### 나. 가액반환설

36 원물반환이 반환권리자에게 특별히 유리한 것이 아닌 반면 반환의무자가 증여 또는 유증 목적물을 주거용으로 사용하고 있다거나 사업자산으로 사용하는 경우와 같이 반환의무자에게는 원물반환이 현저히 불리한 경우 가액반환이 보다 합리적일 수 있는 점, 공유지분의 반환을 명하는 형태로 원물반환을 명하는 경우 결과적으로 증여 또는 유증의 목적물이 유류분권리자, 반환의무자의 공유가 되어 또다시 공유물분할절차에 의하여 분할하여야 하는 번잡함이 있는 점, 가액반환이 원물반환보다는 피상속인의 의사에 더 부합한다고 할 수 있는 점 등을 고려하여 원물반환이 물리적으로 가능하다 하더라도 가액반환이 보다 합리적인 경우에는 가액반환을 인정할 필요가 있다고 보는 견해[28]도 유력하다.

## 2. 부동산의 원물반환 방법

37 **가.** 유증, 증여가 이미 이행되어 수증자 등의 명의로 이전등기가 마쳐져 있는 경우에는 유류분권리자가 수증자 등을 상대로 이전등기를 청구하는 것이 일반적이고, 법원은 유류분반환의 의사표시가 수증자나 수유자에게 도달한 날을

24 대법원 2014. 2. 13. 선고 2013다65963 판결.
25 대법원 2006. 5. 26. 선고 2005다71949 판결.
26 대법원 2014. 2. 13. 선고 2013다65963 판결.
27 대법원 2005. 6. 23. 선고 2004다51887 판결.
28 윤진수, 친족상속법 강의(제5판), 박영사(2023), 635~636; 박세민, "유류분제도의 현대적 의의", 일감법학 제33호, 건국대학교 법학연구소(2016), 97~98; 최준규, "유류분과 기업승계", 사법 제37호, 사법발전재단(2016), 369~371.

이전등기 원인일자로 하고 유류분반환을 등기원인으로 하여 소유권이전등기를 명하는 방법으로 원물반환을 할 수 있다. 또한 수증자 등 명의의 등기를 말소함으로써 유류분권리자 명의의 등기가 회복된다면 수증자 등 명의의 등기를 말소하는 방법으로 원물반환이 이루어질 수도 있다.

38 **나.** 증여 등이 이행되지 않아 상속재산이 피상속인 명의로 남아 있는 경우, 유류분권의 행사로 유류분권자는 상속개시시에 소급하여 해당 부동산의 소유권을 취득하므로, 공동상속인을 상대로 이전등기를 청구하여야 한다는 견해[29]와 유류분권자가 수증자 등을 대위하여 공동상속인 또는 유언집행자를 상대로 수증자 등의 명의로 이전등기를 구하고, 수증자 등을 상대로 유류분권자 명의로의 이전등기를 순차적으로 청구하여야 한다는 견해가 있다.

39 **다.** 유류분반환에서 가액 산정의 기준 시점은 상속개시 당시이다. 한편 판례는 유류분반환으로서 원물반환되는 증여 부동산이 복수인 경우 유류분반환 의무자는 그 부동산 모두에 대하여 부동산 총가액에 대한 유류분 부족액의 비율로 지분을 반환하면 된다고 판시하였다(안분비례).

40 또한 판례에 의하면 증여 후 수증자가 자기의 비용으로 증여재산의 성상을 변경하여 상속개시 당시 그 가액이 증가된 경우 유류분 부족액을 산정하는 과정에서는 증여 당시(변경 전 성상)를 기준으로 상속개시 시의 가액을 산정하지만 반환해야 할 지분을 산정할 때에는 상속개시 당시 성상(변경 후 성상)을 기준으로 가액을 산정해야 한다.[30]

41 [판례] 유류분반환의 범위(성상 변경 있는 경우 원물반환의 방법)[31]

유류분반환의 범위는 상속개시 당시 피상속인의 순재산과 문제된 증여재산을 합한 재산을 평가하여 그 재산액에 유류분청구권자의 유류분 비율을 곱하여 얻은 유류분액을 기준으로 산정하는데, 증여받은 재산의 시가는 상속개시 당시를 기준으로 산정해야 한다.[32]

어느 공동상속인 1인이 특별수익으로서 여러 부동산을 증여받아 그 증여재산으로 유류분권리자에게 유류분 부족액을 반환하는 경우 반환해야 할 증여재산의 범위는 특

29 김능환, "유류분반환청구", 재판자료 제78집, 법원도서관(1998), 61.
30 대법원 2022. 9. 10. 선고 2020다250783 판결 참조.
31 대법원 2022. 2. 10. 선고 2020다250783 판결.
32 대법원 2011. 4. 28. 선고 2010다29409 판결 등 참조.

별한 사정이 없는 한 민법 제1115조 제2항을 유추적용하여 증여재산의 가액에 비례하여 안분하는 방법으로 정함이 타당하다.[33] 따라서 유류분반환 의무자는 증여받은 모든 부동산에 대하여 각각 일정 지분을 반환해야 하는데, 그 지분은 모두 증여재산의 상속개시 당시 총가액에 대한 유류분 부족액의 비율이 된다.

다만 증여 이후 수증자나 수증자로부터 증여재산을 양수받은 사람이 자기의 비용으로 증여재산의 성상 등을 변경하여 상속개시 당시 그 가액이 증가되어 있는 경우, 유류분 부족액을 산정할 때 기준이 되는 증여재산의 가액에 관해서는 위와 같이 변경된 성상 등을 기준으로 증여재산의 상속개시 당시 가액을 산정하면 유류분권리자에게 부당한 이익을 주게 되므로, 그와 같은 변경이 있기 전 증여 당시의 성상 등을 기준으로 상속개시 당시 가액을 산정해야 한다.[34]

반면 유류분 부족액 확정 후 증여재산별로 반환 지분을 산정할 때 기준이 되는 증여재산의 총가액에 관해서는 상속개시 당시의 성상 등을 기준으로 상속개시 당시의 가액을 산정함이 타당하다. 이 단계에서는 현재 존재하는 증여재산에 관한 반환 지분의 범위를 정하는 것이므로 이와 같이 산정하지 않을 경우 유류분권리자에게 증여재산 중 성상 등이 변경된 부분까지도 반환되는 셈이 되어 유류분권리자에게 부당한 이익을 주게 되기 때문이다.

42 [예시] 유류분 반환액이 5,000 만 원이고, 상속개시 당시의 가액으로 증여재산 A 는 1 억 원, 증여재산 B 는 증여 당시 성상 기준으로는 1 억 원, 상속개시 당시 성상 기준으로는 4 억 원인 경우

유류분권리자가 원물반환으로서 반환받을 지분에 대하여 위 판결의 원심은 증여 당시 성상을 기준으로 하면 증여재산 A의 1/4 지분, 증여재산 B의 1/4 지분{= 5,000만 원 ÷ (증여재산 A의 가액 1억 원 + 증여재산 B의 가액 1억 원)}이므로 유류분권리자는 A에서 2,500만 원 상당, B에서 1억 원 상당의 각 지분을 반환받게 되는 것으로 판단하였다. 하지만 위 판례는 이를 두고 성상 등이 변경된 부분까지도 반환하는 셈이 된다고 보고 증여재산 A의 1/10지분, 증여재산 B의 1/10지분{= 5,000만 원 ÷ (증여재산 A의 가액 1억 원 + 증여재산 B의 가액 4억 원)}으로 계산하여 유류분권리자는 증여재산 A에서 1,000만 원 상당, 증여재산 B에서 4,000만 원 상당의 각 지분을 반환받는 것으로 판단하였다.

33 대법원 2013. 3. 14. 선고 2010다42624, 42631 판결 참조.
34 대법원 2015. 11. 12. 선고 2010다104768 판결 참조.

## 3. 원물반환 여부가 문제되는 경우

### 가. 상당하지 않은 대가로 한 유상행위

43 상당하지 않은 대가로 한 유상행위가 실질적으로 증여와 같은 것으로 보아 유류분 산정의 기초재산에 산입되는 경우 목적물의 거래가격에서 실제로 지급된 대가를 공제한 차액 즉 실질적인 증여액을 유류분 산정의 기초가 되는 재산에 산입할 수 있고, 이 경우 목적물의 가액과 실제로 지급한 대가와의 차액은 가액으로 반환함이 상당하다.

### 나. 조건부권리, 존속기간이 불확정한 권리

44 조건부권리 또는 존속기간이 불확정한 권리는 가정법원이 선임한 감정인의 평가에 의하여 그 가격을 정하도록 되어 있고, 이에 대한 반환방법으로는 그 권리를 그대로 상대방에게 귀속시킨 채 감정평가액을 기준으로 하여 유류분 부족액에 상응하는 만큼의 가액을 유류분권리자에게 반환하도록 하는 방법과 그 권리를 유류분권리자에게 귀속시키고 유류분권리자가 상대방에게 유류분 부족분과 감정평가액의 차액을 반환하도록 하는 방법을 고려할 수 있다.

### 다. 목적물이 선의의 제3자에게 양도된 경우

45 유류분반환청구권의 행사에 의하여 반환하여야 할 증여 또는 유증의 목적이 된 재산이 타인에게 양도된 경우, 그 양수인이 양도 당시 유류분권리자를 해함을 안 때에는 양수인에 대하여도 직접 이전등기를 받는 방식으로 원물반환을 구할 수 있지만, 제3자가 선의인 경우에는 수증자 내지 수유자를 상대로 유류분침해액에 관하여 가액반환을 청구할 수 있다.

## 4. 가액반환 시 반환할 가액의 산정 기준

46 판례는 유류분액을 산정함에 있어 반환의무자가 증여받은 재산의 시가는 상속개시 당시를 기준으로 산정하여야 하고, 유류분 반환의무자에 대하여 반환하여야 할 재산의 범위를 확정한 다음 그 원물반환이 불가능하여 가액반환을 명하는 경우 그 가액은 사실심 변론종결시를 기준으로 산정한다고 본다.[35]

47 또한 유류분 반환제도는 피상속인의 증여 및 유증으로 그 유류분에 부족이 생긴 유류분권자에게 그 부족한 한도 내에서 이를 회복하기 위하여 마련된 것이

35 대법원 2005. 6. 23. 선고 2004다51887 판결.

고 원물반환이나 가액반환은 부족한 유류분의 한도로 재산을 반환받는 방법만 다를 뿐이므로 어느 방법이든지 반환되는 재산의 가치는 사실심 변론종결 시를 기준으로 동일하게 유지되어야 한다. 따라서 원물반환이 불가능한지 여부에 따라 반환할 가액의 산정 기준이 달라지지 아니한다.[36]

48 위와 같이 유류분액 및 유류분 침해 유무를 판단하기 위하여 그 기초재산의 시가를 평가하는 시점과 유류분 침해가 있는 경우 원물 대신 반환할 가액을 산정하는 기준 시점이 다르므로, 시가 감정 시 각 가액의 평가 시점 모두에 관하여 감정이 이루어지도록 하는 것이 바람직하다.

### 5. 입법례

49 독일 민법은 제정 당시부터 유류분권을 채권적 금전청구권으로 구성하여 반환의 방법으로 가액반환을 하도록 규정하고 있고, 프랑스 민법은 2006년 개정 이전에는 유류분을 침해하는 유증 또는 증여가 그 침해 한도에서 소급적으로 무효로 되고, 수증자는 원칙적으로 원물로 반환하도록 정하고 있었으나 2006년 민법 개정을 통하여 유류분 반환에 있어 가액반환을 원칙으로 하되 원물반환은 예외적으로만 인정하고 있다.[37] 일본 민법은 당초 원물반환을 원칙으로 하면서도 유류분반환의무자는 증여 또는 유증의 가액을 변상하여 반환의무를 면할 수 있도록 규정하고 있었으나, 2018년 개정되어 2019년 7월 시행되는 일본 민법 제1046조에서는 "유류분권리자 및 그 승계인은 수유자 또는 수증자에 대하여 유류분침해액에 상당하는 금전의 지급을 청구할 수 있다."라고 규정하여 가액반환의 원칙을 명문화하였다.

## VI. 유류분반환청구권 행사의 효과

### 1. 유증, 증여계약의 효력

50 판례[38]는 유류분권리자가 반환의무자를 상대로 유류분반환청구권을 행사하는 경우 그의 유류분을 침해하는 증여 또는 유증은 소급적으로 효력을 상실하고,

36 대법원 2021. 6. 10. 선고 2021다213514 판결 참조.

37 이봉민, "프랑스법상 유류분의 반환방법: 2006년 6월 23일 개정 프랑스 민법을 중심으로", 가족법연구 제23권 제3호, 한국가족법학회(2009), 177~191; 김형석, "우리 상속법의 비교법적 위치", 가족법연구 제23권 제2호, 한국가족법학회(2009), 115~117.

38 대법원 2013. 3. 14. 선고 2010다42624, 42631 판결, 대법원 2015. 11. 12. 선고 2011다55092, 55108 판결.

그와 같이 실효된 범위 내에서 유증 또는 증여의 목적물을 반환할 의무를 부담한다고 본다. 판례에 따르면 유류분반환청구권을 행사함으로써 목적물에 관한 권리는 유류분권자에게 상속개시시로 소급하여 귀속되고, 상대방에 대한 반환 또는 인도 등의 청구는 소유권에 기한 청구가 된다.

### 2. 과실(果實)반환의무

51 판례[39]는 유류분반환청구권의 성질을 형성권으로 보는 전제에서 유류분권리자가 반환의무자를 상대로 유류분반환청구권을 행사하는 경우 그의 유류분을 침해하는 증여 또는 유증은 소급적으로 효력을 상실하므로, 반환의무자는 유류분권리자의 유류분을 침해하는 범위 내에서 그와 같이 실효된 증여 또는 유증의 목적물을 사용·수익할 권리를 상실하게 되고, 유류분권리자의 목적물에 대한 사용·수익권은 상속개시의 시점에 소급하여 반환의무자에 의하여 침해당한 것이 된다고 보면서도, 민법 제201조 제1항은 "선의의 점유자는 점유물의 과실을 취득한다"라고 규정하고, 점유자는 민법 제197조 제1항에 의하여 선의로 점유한 것으로 추정되므로, 반환의무자가 악의의 점유자라는 사정이 증명되지 않는 한 반환의무자는 목적물에 대하여 과실수취권이 있다고 할 것이어서 유류분권리자에게 목적물의 사용이익 중 유류분권리자에게 귀속되었어야 할 부분을 부당이득으로 반환할 의무가 없으며, 다만 민법 제197조 제2항은 "선의의 점유자라도 본권에 관한 소에 패소한 때에는 그 소가 제기된 때로부터 악의의 점유자로 본다."라고 규정하고 있고, 민법 제201조 제2항은 "악의의 점유자는 수취한 과실을 반환하여야 하며 소비하였거나 과실로 인하여 훼손 또는 수취하지 못한 경우에는 그 과실의 대가를 보상하여야 한다."라고 규정하고 있으므로, 반환의무자가 악의의 점유자라는 점이 증명된 경우에는 악의의 점유자로 인정된 시점부터, 그렇지 않다고 하더라도 본권에 관한 소에서 종국판결에 의하여 패소로 확정된 경우에는 소가 제기된 때로부터 악의의 점유자로 의제되어 각 그때부터 유류분권리자에게 목적물의 사용이익 중 유류분권리자에게 귀속되었어야 할 부분을 부당이득으로 반환할 의무가 있다고 한다.

52 이에 관하여 유류분반환청구권의 법적 성질을 청구권으로 보는 견해에 의하면, 과실반환에 관한 관련 규정이 없으므로 수증자는 과실반환의무를 부담하지 않

39 대법원 2013. 3. 14. 선고 2010다42624, 42631 판결.

는다[40]고 보거나, 반환청구 이후 수취한 과실이나 사용이익을 반환하여야 한다는 견해[41]가 있다.

### 3. 이행지체 책임

53 유류분반환청구권의 행사로 인하여 생기는 원물반환의무 또는 가액반환의무는 이행기한의 정함이 없는 채무이므로, 반환의무자는 그 의무에 대한 이행청구를 받은 때에 비로소 지체책임을 진다.[42]

### 4. 반환의무자의 무자력

54 반환청구를 받은 수유자나 수증자가 무자력인 경우 그로 인하여 생긴 손실은 유류분권리자가 부담한다는 견해[43]가 다수이나, 유류분권리자가 그 손실을 부담하지 않고 다른 증여의 반환을 청구할 수 있다는 견해[44]도 있다. 이에 관하여 2018년 개정된 일본 민법 제1047조 제4항은 "수유자 또는 수증자의 무자력에 의하여 생긴 손실은 유류분권리자의 부담으로 한다."라고 명문으로 규정하고 있다.

## Ⅶ. 유류분의 포기

### 1. 상속개시전의 포기

55 상속이 개시되기 전에는 상속권을 포기할 수 없는 것과 마찬가지로 유류분권도 포기할 수 없다(통설).[45]

56 상속이 개시되기 전에는 아직 완전한 유류분권으로 인정될 수 없고 이를 인정할 경우 피상속인이 상속인에게 포기를 강요하는 일이 생길 수 있어 자녀균분상속과 배우자의 상속권 보장이라는 상속법의 이념을 상실시킬 위험성도 있기 때문이다. 판례도 상속개시 전의 유류분 포기약정의 효력을 인정하지 아니한다.

40 곽윤직, 상속법(민법강의Ⅵ)(개정판), 박영사(2004), 297; 박동섭/양경승, 친족상속법(제5판), 박영사(2020), 991; 송덕수, 친족상속법(제7판), 박영사(2024), 485.

41 윤진수, 친족상속법 강의(제5판), 박영사(2023), 642.

42 대법원 2013. 3. 14. 선고 2010다42624, 42631 판결.

43 김주수/김상용, 친족·상속법(제20판), 법문사(2024), 910; 윤진수, 친족상속법 강의(제5판), 박영사(2023), 642; 송덕수, 친족상속법(제7판), 박영사(2024), 485.

44 곽윤직, 상속법(민법강의Ⅵ)(개정판), 박영사(2004), 296.

45 곽윤직, 상속법(민법강의Ⅵ)(개정판), 박영사(2004), 282; 김주수/김상용, 친족·상속법(제20판), 법문사(2024), 891; 박병호, 가족법, 한국방송통신대학(1999), 473; 윤진수, 친족상속법 강의(제5판), 박영사(2023), 612.

57 [판례] 유류분 포기약정의 효력[46]

유류분을 포함한 상속의 포기는 상속이 개시된 후 일정한 기간 내에만 가능하고 가정법원에 신고하는 등 일정한 절차와 방식을 따라야만 그 효력이 있으므로, 상속개시 전에 한 유류분 포기약정은 그와 같은 절차와 방식에 따르지 아니한 것으로 효력이 없다.[47]

원심은, 원고들이 망 소외인(이하 '망인'이라고 한다)의 생전에 그로부터 현금 또는 부동산을 증여받고 망인의 재산에 대하여 이의를 제기하지 않기로 하였다는 등의 피고들이 주장하는 사정들만으로는 원고들이 유류분을 포기하거나 부제소합의를 하였다고 볼 수 없고 원고들의 이 사건 청구가 신의칙에 반한다고 볼 수도 없다고 판단하였다. 위 법리와 기록에 비추어 살펴보면 원심의 판단은 정당하고, 거기에 상고이유로 주장하는 바와 같은 법리오해 등의 위법이 없다.

## 2. 상속개시 후의 포기

58 상속이 개시되어 유류분권이 발생한 후에는 이는 하나의 재산권이므로 이를 포기하는 것은 자유이다. 상속개시 후 상속포기 요건에 따라 적법하게 상속포기가 이루어지면 유류분권도 포기한 것이 된다. 판례도 "유류분은 상속분을 전제로 한 것으로서 상속이 개시된 후 일정한 기간 내에 적법하게 상속포기 신고가 이루어지면 포기자의 유류분반환청구권은 당연히 소멸하게 되는 것"이라고 판시하고 있다.[48]

59 상속포기를 하지 않으면서 유류분권만 포기하는 것도 가능하다. 유류분권 전체를 일괄하여 포기할 수도 있고, 특정 처분행위에 대한 특정의 반환청구권을 포기할 수도 있다.

60 유류분에 미달하는 내용의 상속재산분할협의가 이루어진 경우 특정 상속인의 유류분반환청구권의 묵시적 포기를 인정하여야 하는지 여부에 관하여 대법원 판례 중에는 "유류분산정의 기초가 되는 재산을 산정할 때는 상속개시 당시 피상속인의 순재산뿐만 아니라 문제된 증여재산도 가산하여 고려하는 것이므로, 망인의 상속인들이 상속재산분할협의를 하였다거나 당시 유류분을 주장하지 않았다고 하더라도 유류분반환청구권을 포기하였다고 인정할 수 없다는 원심 판

46 대법원 2011. 4. 28. 선고 2010다29409 판결.
47 대법원 1998. 7. 24. 선고 98다9021 판결 등 참조.
48 대법원 2012. 4. 16. 자 2011스191, 192 결정.

결이 정당하다."라고 판시[49]한 사례가 있다. 각급법원판결 중에는 상속재산분할협의 과정에서 공동상속인이 유류분권 행사에 관한 의사를 표시하였는지 여부, 상속재산분할협의 내용에 유류분에 관한 요소가 반영되었는지 여부 등을 고려하여 상속재산분할협의가 장차 유류분반환청구를 할 것을 전제로 하여 체결되었다고 보아 유류분반환청구권의 포기를 인정하지 아니한 사례[50]가 있다. 유류분반환청구권의 포기 의사의 인정은 상속재산분할협의에 참가한 상속인들의 의사가 확정적, 종국적인지 여부, 분할협의 상속재산의 대상 범위 등을 고려하여 신중하게 이루어져야 한다.

61 유류분권자가 유류분권만을 포기하는 경우 다른 공동상속인의 유류분에 영향을 미치는지의 여부에 관하여, 유류분의 포기는 상속의 포기가 아니므로 다른 공동상속인의 유류분에 영향을 미치지 않는다는 견해가 다수설[51]이다.

## Ⅷ. 유류분반환과 기여분

### 1. 총설

62 민법이 1990. 1. 13. 법률 제4199호로 개정되면서 기여분 규정(민법 제1008조의2)이 신설되었으나 민법 제1118조에서는 특별수익자의 상속분에 관한 민법 제1008조만 준용하고 있을 뿐 기여분에 관한 민법 제1008조의2는 준용하고 있지 않아 기여분과 유류분의 관계에 관하여는 별다른 규정을 두고 있지 않다. 한편 민법 제1115조 제1항에서는 기여분을 유류분에 의한 반환청구의 대상으로 규정하고 있지 않아 유류분반환에 있어 기여분을 어떻게 고려하여야 하는지에 관한 여러 가지 논의가 제기되어 왔다.

63 최근 헌법재판소는 기여분에 관한 민법 제1008조의2를 유류분에 준용하지 않은 민법 제1118조 때문에 기여분제도와 유류분제도가 단절되고 이로 인하여 기여상속인이 정당한 대가로 받은 기여분 성격의 증여까지도 유류분반환의 대상이 됨으로써, 기여상속인과 비기여상속인 간의 실질적 형평과 연대가 무너지고, 기여상속인에게 보상을 하려고 하였던 피상속인의 의사가 부정되는 불합리한 결과

49 대법원 2016. 6. 9. 선고 2015다239591 판결.
50 서울중앙지방법원 2019. 8. 20. 선고 2018가합541467 판결(확정).
51 박동섭/양경승, 친족상속법(제5판), 박영사(2020), 998; 신영호, 로스쿨 가족법강의(제2판), 세창출판사(2013), 494; 이경희·윤부찬, 가족법(11정판), 법원사(2024), 636; 지원림, 민법강의(제21판), 홍문사(2024), 1687.

를 초래한다고 하면서 기여분에 관한 민법 제1008조의2를 유류분에 준용하지 아니한 민법 제1118조에 대하여 2025. 12. 31.까지 계속적용을 명하는 헌법불합치 결정을 선고하였다.[52] 향후 기여분에 관한 민법 제1008조의2를 유류분에 준용하는 규정이 신설되면 유류분반환청구가 있는 경우에도 기여분의 청구가 가능할 것으로 예상된다.

## 2. 기여분과 유류분의 관계

### 가. 기여분에 대한 유류분반환청구

64 기여분은 유류분반환청구의 대상으로 규정되어 있지 아니하므로(민법 제1115조), 상속재산에 관하여 공동상속인 중 1인에게 다액의 기여분이 인정됨으로써 다른 공동상속인의 유류분에 부족이 생기는 경우에도 기여분에 대한 유류분반환청구는 허용되지 않는다.

### 나. 유류분반환청구시 기여분 공제 여부

#### 1) 기여분공제설[53]

65 민법 제1008조의2 제1항에서 "상속개시 당시의 피상속인의 재산가액에서 기여분을 공제한 것을 상속재산으로 본다."라고 규정하고 있으므로 기여분에 해당하는 재산은 상속재산이 아니고, 또한 기여분은 유류분반환의 대상이 되지도 않으므로, 법원의 심판으로 이미 기여분이 결정된 경우에는 유류분 산정의 기초재산에서도 공제되어야 한다고 보는 학설이다. 헌법재판소는 기여분에 관한 민법 제1008조의2를 유류분에 준용하지 않은 민법 제1118조에 대하여 2025. 12. 31.까지 계속적용을 명하는 헌법불합치결정을 선고하였다.[54] 위 결정의 취지에 따라 향후 유류분에도 기여분 규정이 준용되는 것으로 민법이 개정되면 기여분은 유류분반환의 대상이 되지 아니할 것이다.

#### 2) 기여분비공제설

66 유류분에 관한 민법 제1118조가 특별수익에 관한 민법 제1008조를 준용하고 있으므로 유류분산정시 특별수익을 고려하여야 하지만, 민법 제1118조가 기여분에

52 헌법재판소 2024. 4. 25. 선고 2020헌가4, 14 등 전원재판부 결정 참조.

53 윤진수, 친족상속법 강의(제5판), 박영사(2023), 412, 653; 오병철, "기여분과 유류분의 관계에 관한 연구", 가족법연구 제31권 제1호, 한국가족법학회(2017), 35~36.

54 헌법재판소 2024. 4. 25. 선고 2020헌가4, 14 등 전원재판부 결정 참조.

관한 민법 제1008조의2는 준용하고 있지 않고, 기여분은 공동상속인의 협의 또는 가정법원의 심판절차를 통하여만 확정될 수 있는데, 이를 전제로 하지 않는 유류분반환청구권 행사에 있어 기여분을 고려할 수 없다는 견해[55]이다.

67 기존 판례는, 기여분은 상속재산분할의 전제 문제로서의 성격을 가지는 것으로서, 상속인들의 상속분을 일정 부분 보장하기 위하여 피상속인의 재산처분의 자유를 제한하는 유류분과는 서로 관계가 없고, 따라서 공동상속인 중에 상당한 기간 동거·간호 그 밖의 방법으로 피상속인을 특별히 부양하거나 피상속인의 재산의 유지 또는 증가에 특별히 기여한 사람이 있을지라도 공동상속인의 협의 또는 가정법원의 심판으로 기여분이 결정되지 않은 이상 유류분반환청구소송에서 기여분을 주장할 수 없음은 물론이거니와, 설령 공동상속인의 협의 또는 가정법원의 심판으로 기여분이 결정되었다고 하더라도 유류분을 산정함에 있어 기여분을 공제할 수 없으며, 기여분으로 인하여 유류분에 부족이 생겼다고 하여 기여분에 대하여 반환을 청구할 수도 없다고 보았다.[56]

68 또한 기여분에 관하여 협의가 되지 않거나 협의할 수 없는 때에는 상속재산분할청구나 조정신청이 있는 경우 및 상속재산분할 후 피인지자나 재판의 확정에 의하여 공동상속인이 된 자의 상속분에 상당한 가액의 지급청구가 있는 경우에만 가정법원에 기여분 결정청구를 할 수 있으므로(민법 제1008조의2 제4항, 가사소송법 제2조 제1항 제2호 나목 9), 상속재산분할의 심판청구가 없음에도 단지 유류분반환청구가 있다는 사유만으로는 기여분 결정청구가 허용되지 않고,[57] 유류분반환청구 소송에서 피고가 된 기여상속인이 상속재산 중 자신의 기여분을 공제할 것을 항변으로 주장할 수도 없다고 보는 것이 기존 판례의 입장이다.[58]

### 3. 피상속인이 기여의 대가로 유증이나 증여를 한 경우 유류분반환 가부

69 민법 제1008조의2 제3항에 의하면, 기여분은 상속이 개시된 때의 피상속인의 재산가액에서 유증의 가액을 공제한 액을 넘지 못하므로 유증과 생전 증여는 기

55 변동열, “유류분제도”, 민사판례연구 제25권, 박영사(2003), 840; 시진국, “재판에 의한 상속재산분할”, 사법논집 제42집, 법원도서관(2006), 712; 이봉민, “기여분과 유류분의 관계에 대한 새로운 해석론: 유류분 부족액 산정방법을 중심으로”, 가족법연구 제32권 제1호, 한국가족법학회(2018), 86~87; 정구태, “2015년 상속법 관련 주요 판례 회고”, 사법 제35호, 사법발전재단(2016), 61~62.

56 대법원 2015. 10. 29. 선고 2013다60753 판결.

57 대법원 1999. 8. 24. 자 99스28 결정.

58 대법원 1994. 10. 14. 선고 94다8334 판결.

여분에 우선하고, 기여분은 상속재산에 대하여만 인정될 뿐 상속개시 이전에 발생한 공동상속인의 특별수익이나 증여재산에 대하여는 인정되지 않는다. 또한 기여분은 공동상속인의 협의 또는 가정법원이 정하도록 규정하고 있으므로 피상속인이 공동상속인 중 1인의 실질적 재산형성의 기여를 인정하는 의미에서 그에게 유증 또는 증여를 한 경우 위 재산은 민법 제1008조의 2에서 규정하는 기여분의 대상이 아니므로, 그로 인하여 유류분이 침해된 경우 유류분반환청구가 가능하다. 다만 기여의 대가로 유증이나 증여가 이루어진 경우 공동상속인들과의 관계에서 공평을 해친다고 볼 수 없어 공동상속인의 특별수익에 해당하지 않는다고 판단되는 경우에는 유류분 반환대상에서 제외될 수 있다.

70 판례[59]는 어떠한 생전 증여가 특별수익에 해당하는지는 피상속인의 생전의 자산, 수입, 생활수준, 가정상황 등을 참작하고 공동상속인들 사이의 형평을 고려하여 당해 생전 증여가 장차 상속인으로 될 자에게 돌아갈 상속재산 중 그의 몫의 일부를 미리 주는 것이라고 볼 수 있는지에 의하여 결정하여야 하는데, 생전 증여를 받은 상속인이 배우자로서 일생 동안 피상속인의 반려가 되어 그와 함께 가정공동체를 형성하고 이를 토대로 서로 헌신하며 가족의 경제적 기반인 재산을 획득·유지하고 자녀들에게 양육과 지원을 계속해 온 경우, 생전 증여에는 위와 같은 배우자의 기여나 노력에 대한 보상 내지 평가, 실질적 공동재산의 청산, 배우자 여생에 대한 부양의무 이행 등의 의미도 함께 담겨 있다고 봄이 타당하므로 그러한 한도 내에서는 위 생전 증여를 특별수익에서 제외하더라도 자녀인 공동상속인들과의 관계에서 공평을 해친다고 말할 수 없다고 보고, 배우자에게 생전 증여한 부동산의 전부 또는 일부가 특별수익에서 제외되는지를 판단하지 아니한 채 증여재산 전부를 특별수익으로 보아 유류분 산정의 기초재산에 포함시킨 원심판결을 파기한 바 있다.

71 [판례] 피상속인이 한 생전 증여에 상속인의 특별한 부양 내지 기여에 대한 대가의 의미가 포함되어 있는 경우 생전 증여를 특별수익에서 제외할 수 있는지 여부 및 그 판단 기준[60]

유류분에 관한 민법 제1118조에 따라 준용되는 민법 제1008조는 '특별수익자의 상속분'에 관하여 "공동상속인 중에 피상속인으로부터 재산의 증여 또는 유증을 받은 자가 있는 경우에 그 수증재산이 자기의 상속분에 달하지 못한 때에는 그 부족한 부분

59 대법원 2011. 12. 8. 선고 2010다66644 판결.
60 대법원 2022. 3. 17. 선고 2021다230083, 230090 판결.

의 한도에서 상속분이 있다."라고 정하고 있다. 이는 공동상속인 중에 피상속인으로부터 재산의 증여 또는 유증을 받은 특별수익자가 있는 경우에 공동상속인들 사이의 공평을 기하기 위하여 그 수증재산을 상속분의 선급으로 다루어 구체적인 상속분을 산정하는 데 참작하도록 하기 위한 것이다.[61] 여기서 어떠한 생전 증여가 특별수익에 해당하는지는 피상속인의 생전의 자산, 수입, 생활수준, 가정상황 등을 참작하고 공동상속인들 사이의 형평을 고려하여 당해 생전 증여가 장차 상속인으로 될 자에게 돌아갈 상속재산 중 그의 몫의 일부를 미리 주는 것이라고 볼 수 있는지에 의하여 결정하여야 한다.[62]

따라서 피상속인으로부터 생전 증여를 받은 상속인이 피상속인을 특별히 부양하였거나 피상속인의 재산의 유지 또는 증가에 특별히 기여하였고, 피상속인의 생전 증여에 상속인의 위와 같은 특별한 부양 내지 기여에 대한 대가의 의미가 포함되어 있는 경우와 같이 상속인이 증여받은 재산을 상속분의 선급으로 취급한다면 오히려 공동상속인들 사이의 실질적인 형평을 해치는 결과가 초래되는 경우에는 그러한 한도 내에서 생전 증여를 특별수익에서 제외할 수 있다. 여기서 피상속인이 한 생전 증여에 상속인의 특별한 부양 내지 기여에 대한 대가의 의미가 포함되어 있는지 여부는 당사자들의 의사에 따라 판단하되, 당사자들의 의사가 명확하지 않은 경우에는 피상속인과 상속인 사이의 개인적 유대관계, 상속인의 특별한 부양 내지 기여의 구체적 내용과 정도, 생전 증여 목적물의 종류 및 가액과 상속재산에서 차지하는 비율, 생전 증여 당시의 피상속인과 상속인의 자산, 수입, 생활수준 등을 종합적으로 고려하여 형평의 이념에 맞도록 사회일반의 상식과 사회통념에 따라 판단하여야 한다. 다만 유류분제도가 피상속인의 재산처분행위로부터 유족의 생존권을 보호하고 법정상속분의 일정비율에 해당하는 부분을 유류분으로 산정하여 상속인의 상속재산 형성에 대한 기여와 상속재산에 대한 기대를 보장하는 데 그 목적이 있는 점을 고려할 때,[63] 피상속인의 생전 증여를 만연히 특별수익에서 제외하여 유류분제도를 형해화시키지 않도록 신중하게 판단하여야 한다.

판례 사안: ① 피상속인은 2018. 4. 24. 사망하였고, 상속인으로 자녀들인 원고들, 피고 및 소외 4가 있다. 피상속인은 생전에 피고에게 이 사건 토지를 증여하고, 소유권이전등기를 해 주었다.

② 피고는 피상속인이 72세 남짓이던 1984. 6.경부터 107세의 나이로 사망할 때까지 34년 동안 제주에서 피상속인과 동거하며 피상속인을 부양해 왔다. 피고는 그동안

61 대법원 1996. 2. 9. 선고 95다17885 판결 등 참조.
62 대법원 2011. 12. 8. 선고 2010다66644 판결 등 참조,
63 헌법재판소 2010. 4. 29. 선고 2007헌바144 전원재판부 결정 참조.

피상속인의 치료비로 약 1억 2,000만 원을 지출하였다.
③ 원고들은 피고가 피상속인을 부양하는 동안 제주를 떠나 생활하면서 피상속인과 교류를 사실상 단절하였고, 피상속인에 대한 부양의무를 이행하지 않았다.
④ 한편 피고의 부가 1963년경 약 45만 원의 보증채무를 부담하게 되었고 이로 인해 배우자인 피상속인과 갈등이 심각해지자, 피고는 1968년경 약 7년 간 교사로 재직하면서 저축한 돈으로 위 보증채무 약 45만 원을 대신 변제하였다.
⑤ 피상속인은 2005. 12.경 자녀 소외 4와 피고에게 "피고가 과거 부친의 채무를 대신 갚아 준 것을 돌려주지 못한 것이 평생의 한이 되었다. 피고에게 진 빚을 갚는 대신 이 사건 토지를 주겠다."라고 말하였고, 소외 4에게 "이 사건 토지를 피고에게만 주는 것을 너무 서운하게 생각하지 말고 조금도 이의를 갖지 말라."라고 당부한 바 있다.
⑥ 위 사안에서 위 판례는 피상속인이 피고에게 이 사건 토지를 증여한 것은 피고의 특별한 기여나 부양에 대한 대가의 의미로 봄이 타당하고, 피고가 증여받은 이 사건 토지를 상속분의 선급으로 취급한다면 오히려 공동상속인들 사이의 실질적인 형평을 해치는 결과가 초래되므로 이 사건 토지는 피고의 특별수익이라고 보기 어렵다고 하였다.

### 4. 기여상속인이 있는 경우 제3자에 대한 유류분반환청구

72 공동상속인 중 일부에게 기여분이 인정되는 반면 공동상속인이 아닌 제3자에게 유류분을 침해하는 유증 또는 증여가 있는 경우 제3자에 대한 유류분반환청구의 범위에 관하여는 유류분 확보설, 기여분 확보설, 기여분 공제설 등 견해의 대립이 있다.

#### 가. 유류분 확보설[64]

73 유류분권리자에게 최소한의 유류분액을 취득시킬 것을 전제로 하여 기여분을 포함한 각자의 취득액이 유류분액에 달하는지 여부를 검토하고, 미달하는 차액을 침해한 자로부터 유류분을 반환받는다고 보는 견해이다.

74 유류분 확보설에 의하면, 상속 개시 당시 상속재산이 3억 원, 상속인으로 자녀 A, B, C 3인이 있고, A에게 기여분 1억 5,000만 원이 인정되며, 제3자인 D에게 상속개시 전 1년 이내에 6억 원의 생전증여가 된 경우, A, B, C의 각 유류분액이 각 1억 5,000만 원{(상속재산 3억 원 + D에 대한 증여 6억 원) × 1/3 × 1/2}이고, A의 기여분을 고려한 구체적 상속분이 A는 2억 원[= 1억 5,000만 원의 기여분 + 법정상속분 5,000만 원{= (상속재산 3억 원 - A의 기여분 1억 5,000만 원) × 1/3}], B,

64 변동열, "유류분제도", 민사판례연구 제25권, 박영사(2003), 899~902.

C는 각 5,000만 원이 되어 A의 경우 구체적 상속분이 유류분액을 초과하므로 유류분 부족액이 없으므로, B, C만 각 유류분부족액인 1억 원(유류분액 1억 5,000만 원 - 구체적 상속분 5,000만 원)씩을 제3자인 D에게 청구할 수 있다. 유류분 확보설에 따르면 기여분에 따라 유류분부족액이 달라질 수 있고, 기여상속인과 기여분이 없는 상속인의 최종 취득액 사이에 항상 기여분 만큼의 차이가 발생하지는 않는다.[65]

### 나. 기여분 확보설[66]

75 기여분 확보설은 일본의 다수설로 유류분액의 산정, 유류분 침해 여부 및 반환청구의 범위 등을 산정할 때 기여분을 전혀 고려하지 않고, 기여자를 포함한 전체 공동상속인에 대하여 유류분 침해가 있는지를 검토하고 기여분과 관계없이 부족액에 관하여 수유자에 대하여 유류분 부족분의 반환을 청구할 수 있다는 견해이다.

76 기여분 확보설에 의하면, 위 가. 기재 사례에서 A, B, C의 각 유류분액은 각 1억 5,000만 원이고, 상속재산 3억 원 중 A는 2억 원(법정상속분 5,000만 원 + 기여분액 1억 5,000만 원), B, C는 각 5,000만 원씩 받을 수 있으며, 기여분을 고려하지 아니한 A, B, C의 유류분 부족액이 합계 1억 5,000만 원(유류분액 합계 4억 5,000만 원 - 상속재산 3억 원)으로 각 법정상속분에 따라 각 5,000만 원씩 수증자인 D에게 유류분반환을 청구할 수 있게 된다. 결과적으로 A는 2억 5,000만 원(기여분 1억 5,000만 원 + 법정상속분 5,000만 원 + 반환받는 유류분 5,000만 원), B, C는 각 1억 원(법정상속분 5,000만 원 + 반환받는 유류분 5,000만 원), D는 4억 5,000만 원(수증액 6억 원 - 유류분 반환액 합계 1억 5,000만 원)이 귀속된다. 기여분 확보설에 따르면 기여상속인과 기여분이 없는 상속인의 최종 취득액 사이에는 기여분 만큼의 차이가 생기게 된다.

### 다. 기여분 공제설[67]

77 기여분 공제설은 유류분 산정의 기초재산에서 기여분 가액을 공제하여야 한다는 견해이다. 기여분 공제설에 따르면 위 가. 기재 사례에서 A, B, C의 유류분

65 주해상속법(제2권), 박영사(2019), 1014(최준규).

66 정덕흥, "기여분의 결정과 상속분의 수정", 사법논집 제25집, 법원도서관(1994), 86~88; 곽동헌, "기여분 제도에 관련된 몇 가지 문제", 가족법연구 제4호, 한국가족법학회(1990), 203~204.

67 윤진수, 친족상속법 강의(제5판), 박영사(2023), 654~655.

액은 각 1억 2,500만 원[= (상속재산, 증여재산 합계 9억 원 - 기여분 1억 5,000만 원) × 1/3 × 1/2]이고, 구체적 상속분이 A는 2억 원, B, C는 각 5,000만 원씩이므로 A의 순상속액이 유류분액에 미달하지 않으므로 B, C만 유류분 부족액인 각 7,500만 원(= 유류분액 1억 2,500만 원 - 순상속액 5,000만 원)씩을 수증자인 D에게 반환청구할 수 있다.

**라. 검토**

78 기여분에 관한 공동상속인의 협의 또는 가정법원의 심판으로 기여분이 결정되지 않은 이상 유류분반환청구 소송에서 기여분을 주장할 수 없고, 공동상속인의 협의 또는 가정법원의 심판으로 기여분이 결정되었다고 하더라도 유류분 산정의 기초재산에서 기여분을 공제하지 아니하는 것이 판례의 입장이므로, 실무상 유류분반환청구 소송에서 기여분을 고려하여 유류분 부족액을 산정하는 사례는 찾아보기 어렵다. 다만 유류분 부족액 산정시 유류분권리자의 순상속액을 구체적 상속분에 의하여 산정하여야 한다는 최근 판례에 의할 경우 사전에 상속재산분할 심판을 통하여 특별수익과 기여분을 반영한 구체적 상속분이 확정되어 있다면, 위 구체적 상속분에 의하여 산정된 순상속액을 구체적 유류분액에서 공제하는 방법으로 유류분 부족액을 산정하게 될 것이므로, 유류분 확보설에 의하는 것이 실무에 가장 부합하는 해석이라고 볼 수 있다.

## 제 1116 조 [반환의 순서]

### 증여에 대하여는 유증을 반환받은 후가 아니면 이것을 청구할 수 없다.

[본조신설 1977. 12. 31.]

**[관련조문]** 민법 제554조(증여의 의의), 제1074조(유증의 승인, 포기), 제1075조(유증의 승인, 포기의 취소금지), 제1076조(수증자의 상속인의 승인, 포기), 제1077조(유증의무자의 최고권), 제1078조(포괄적 수증자의 권리의무), 제1079조(수증자의 과실취득권), 제1080조(과실수취비용의 상환청구권), 제1081조(유증의무자의 비용상환청구권), 제1082조(불특정물유증의무자의 담보책임), 제1083조(유증의 물상대위성), 제1084조(채권의 유증의 물상대위성), 제1085조(제3자의 권리의 목적인 물건 또는 권리의 유증), 제1086조(유언자가 다른 의사표시를 한 경우), 제1087조(상속재산에 속하지 아니한 권리의 유증), 제1088조(부담있는 유증과 수증자의 책임), 제1089조(유증효력발생전의 수증자의 사망), 제1090조(유증의 무효, 실효의 경우와 목적재산의 귀속), 제1114조(산입될 증여), 제1115조(유류분의 보전), 제1117조(소멸시효)

**[참고문헌]** 김능환, "유류분반환청구", 재판자료 제78집, 법원도서관(1998); 민유숙, "2013년 친족·상속법 중요 판례", 인권과 정의 제440호, 대한변호사협회(2014); 정구태, "유류분반환의 방법으로서 원물반환의 원칙과 가액반환의 예외", 영남법학 제30호, 영남대학교 법학연구소(2010)
中川善之助/泉久雄, 相續法(新版), 有斐閣(1974)



### Ⅰ. 의의

1 민법 제1116조는 유류분을 침해하는 증여와 유증이 병존하는 경우 반환청구의 순서에 관하여 유증을 반환받은 후 그것으로도 부족한 경우에 비로소 증여에 대한 반환청구를 할 수 있다고 규정한다. 즉 유류분을 침해하는 유증과 증여가 각각 있는 경우 먼저 수유자에 대하여 반환을 청구하고, 그로써도 여전히 유류분침해액이 남아 있는 경우에 한하여 증여를 받은 자에 대하여 그 부족분을 청구할 수 있다. 사인증여도 유증에 준하는 것으로 보아 증여보다 먼저 반환을 구하여야 한다. 이와 같이 유증을 증여보다 우선적으로 반환의 대상으로 한 것은 증여가 상속개시에 앞서 유증보다 먼저 효력이 발생한 것이므로 수증자의 신뢰보호의 필요성이 수유자보다 더 크고, 반환청구에 의한 거래의 안전을 최대한 보호하기 위한 것이다.

## Ⅱ. 유류분반환의 순서 및 범위

### 1. 유증과 증여

2 유류분반환청구권자는 유류분을 침해하는 유증과 증여가 각각 있는 경우 유증에 대해 먼저 반환청구를 하고, 그로써 부족한 때에 한하여 수증자에게 반환을 청구할 수 있다. 만일 유증이 있음에도 증여를 받은 자에 대해 유류분반환청구를 한 경우 수증자는 수유자에 대해 먼저 청구하라는 항변을 할 수 있고, 이 경우 유류분반환청구자는 수유자에 대해 반환청구를 하더라도 유류분에 부족이 있다는 점과 그 부족의 정도를 주장, 증명하여야 한다.

### 2. 복수의 유증, 증여

3 복수의 유증 사이, 복수의 증여 사이에는 우선 순위가 없고 동순위로 각 가액에 비례하여 반환 범위가 결정된다. 피상속인의 증여 또는 유증의 목적물이 수개이고 그중 일부를 반환받는 것만으로 유류분의 부족분을 충당할 수 있는 경우라도 각 목적물의 가액에 비례하여 반환청구를 하여야 하고, 유류분권자가 목적물을 임의로 선택할 수 없다.

4 복수의 증여에 관하여 2018년 개정된 일본 민법 제1047조 제1항 제1호, 독일 민법 제2329조 제3항, 프랑스 민법 제923조에서는 먼저 이루어진 증여를 후순위 반환대상으로 규정하고 있고, 복수의 유증에 관하여 개정 일본 민법 제1047조 제1항 제2호 단서에서 유언자가 별도의 의사표시를 한 경우 그 의사에 따라 복수의 유증에 대한 반환범위가 결정된다고 규정하고 있으나,[1] 이와 같은 명문의 규정이 없는 민법에서는 복수의 유증 사이, 복수의 증여 사이에 관하여 동순위로 볼 수밖에 없다.

### 3. 공동상속인 상호간의 유류분반환청구

#### 가. 학설 및 판례

##### 1) 유류분초과비율설(다수설, 판례)

5 증여 또는 유증을 받은 공동상속인이 수인인 경우 유류분권리자는 그 다른 공동상속인들 중 증여 또는 유증을 받은 재산의 가액이 자기 고유의 유류분액을

1 주해상속법(제2권), 박영사(2019), 1018(최준규).

초과하는 상속인을 상대로 하여 그 유류분액을 초과한 금액의 비율에 따라 반환청구를 할 수 있다고 보는 견해이다. 다수설[2]및 판례[3]의 입장이다.

2) 법정상속분초과액 반환설

6 수유자나 수증자가 자기의 고유한 법정상속분을 기준으로 그것을 초과하여 유증이나 증여를 받은 경우에 한하여 그 초과된 가액의 비율에 따라 반환의무를 부담한다는 견해[4]이다. 이 견해에 의하면 법정상속분 이상의 증여나 유증을 받은 공동상속인으로 인하여 재산을 전혀 상속받지 못하거나 생계유지에 필요한 최소한의 재산을 받지 못하는 법정상속인을 보호하고, 증여나 유증을 적게 받은 상속인의 유류분반환 부담이 줄어들어 공동상속인들의 최종 분배결과가 가장 균등해질 수 있다는 장점이 있으나, 공동상속인들에게 차등을 두어 상속재산을 분배한 피상속인의 의사에 저촉되고, 공동상속인과 제3자에게 유증, 증여가 이루어진 경우 유류분권리자가 제3자에 대하여 반환청구를 하였으나 만족을 얻지 못하고 다른 공동상속인이 받은 유증 또는 증여액이 법정상속분 내에 있게 되면 결국 유류분의 침해를 회복할 수 없게 될 수도 있다.

3) 유류분초과부분 면제설

7 유류분권리자는 유증이나 증여를 받은 자 모두에 대하여 그들이 받은 금액이 고유의 유류분이나 상속분을 초과하였는지를 묻지 않고 유류분반환을 청구할 수 있되, 다만 그로 인하여 수유자나 수증자의 유류분을 침해하는 결과가 발생하면 그 침해부분 만큼은 반환의무를 면하고, 이 부분은 다른 수유자나 수증자가 자신들의 유증액 또는 증여액의 비율에 따라 반환의무를 분담한다는 견해[5]이다.

4) 특별수익 비례설

8 수유자나 수증자가 자기의 고유한 상속분이나 유류분을 초과하였는지를 묻지 않고 반환의무를 부담하고, 그러한 자가 2인 이상인 경우에는 받은 유증 또는 증여가액의 비율에 따라 반환의무를 부담한다고 보는 견해이다. 민법 제1115조 제2항의 문언대로 문리해석한 견해라고 할 수 있으나 이 견해에 의하면 공동상속인

2 김주수/김상용, 친족·상속법(제20판), 법문사(2024), 911~913; 박병호, 가족법, 한국방송통신대학(1999), 484~485; 김능환, "유류분반환청구", 재판자료 제78집, 법원도서관(1998), 53.

3 대법원 1995. 6. 30. 선고 93다11715 판결, 대법원 2013. 3. 14. 선고 2010다42624, 42631 판결.

4 中川善之助/泉久雄, 相續法(新版), 有斐閣(1974), 584.

5 윤진수, 친족상속법 강의(제5판), 박영사(2023), 645~647.

중 유류분반환청구를 당한 결과 남은 재산이 고유의 유류분에 미달하게 되는 경우가 발생하기 쉽고, 그러한 경우 아직 유류분 초과분이 있는 다른 공동상속인에게 다시 유류분반환청구를 하여야 하는 소송경제적 문제가 발생할 수 있다.

**나. 반환의 비율과 순서**

9 판례는 증여 또는 유증을 받은 공동상속인이 수인인 경우 유류분반환의 비율과 순서에 관하여 원칙적으로 각 공동상속인이 증여 또는 유증받은 재산 가액이 각 유류분액을 초과하는 금액 비율에 따라 반환하되, 민법 제1116조에서 정하는 반환의 순서에 따라 수유재산에서 우선적으로 반환하여야 한다고 본다.

10 증여 또는 유증을 받은 재산 등의 가액이 자기 고유의 유류분액을 초과하는 수인의 공동상속인이 유류분권리자에게 반환하여야 할 재산과 그 범위를 정함에 있어서, 수인의 공동상속인이 유증받은 재산의 총 가액이 유류분권리자의 유류분 부족액을 초과하는 경우에는 그 유류분 부족액의 범위 내에서 각자의 수유재산을 반환하면 되는 것이지 이를 놓아두고 수증재산을 반환할 것은 아니다. 이 경우 수인의 공동상속인이 유류분권리자의 유류분 부족액을 각자의 수유재산으로 반환함에 있어서 분담하여야 할 액은 각자 증여 또는 유증을 받은 재산 등의 가액이 자기 고유의 유류분액을 초과하는 가액의 비율에 따라 안분하여 정하되, 그중 어느 공동상속인의 수유재산의 가액이 그의 분담액에 미치지 못하여 분담액 부족분이 발생하더라도 이를 그의 수증재산으로 반환할 것이 아니라, 자신의 수유재산의 가액이 자신의 분담액을 초과하는 다른 공동상속인들이 위 분담액 부족분을 위 비율에 따라 다시 안분하여 그들의 수유재산으로 반환하여야 한다. 나아가 어느 공동상속인 1인이 수개의 재산을 유증받아 그 각 수유재산으로 유류분권리자에게 반환하여야 할 분담액을 반환하는 경우, 반환하여야 할 각 수유재산의 범위는 특별한 사정이 없는 한 민법 제1115조 제2항을 유추적용하여 그 각 수유재산의 가액에 비례하여 안분하는 방법으로 정함이 상당하다고 보는 것이 판례의 입장이다.

11 위와 같은 판례의 태도는 민법 제1116조에서 정하는 유류분 반환의 순서에 따른 것인데, 이에 대하여는 위와 같이 민법 제1116조를 엄격하게 전면적으로 적용하여 유류분 반환순서 뿐 아니라 반환범위까지도 유증재산을 증여재산보다 절대적으로 우선시하면 피상속인 생전에 증여를 많이 받은 공동상속인을 상대적으로 유리하게 취급하여 공동상속인들 사이의 불균형을 심화시키므로, 민법 제1116조를

유연하게 해석할 필요가 있다는 반론[6]이 있다.

12 [판례] 증여 또는 유증을 받은 재산 등의 가액이 자기 고유의 유류분액을 초과하는 수인의 공동상속인이 유류분권리자에게 반환하여야 할 재산과 범위를 정하는 기준, 어느 공동상속인 1인이 수개의 재산을 유증받아 각 수유재산으로 유류분권리자에게 분담액을 반환하는 경우 반환하여야 할 각 수유재산의 범위를 정하는 방법 등[7]

① 유류분권리자가 유류분반환청구를 함에 있어 증여 또는 유증을 받은 다른 공동상속인이 수인일 때에는 각자 증여 또는 유증을 받은 재산 등의 가액이 자기 고유의 유류분액을 초과하는 상속인에 대하여 그 유류분액을 초과한 가액의 비율에 따라서 반환을 청구할 수 있다.[8] 한편 민법 제1116조에 의하면, 유류분반환청구의 목적인 증여나 유증이 병존하고 있는 경우 유류분권리자는 먼저 유증을 받은 자를 상대로 유류분침해액의 반환을 구하여야 하고, 그 이후에도 여전히 유류분침해액이 남아 있는 경우에 한하여 증여를 받은 자에 대하여 그 부족분을 청구할 수 있다.[9]
따라서 증여 또는 유증을 받은 재산 등의 가액이 자기 고유의 유류분액을 초과하는 수인의 공동상속인이 유류분권리자에게 반환하여야 할 재산과 그 범위를 정함에 있어서, 수인의 공동상속인이 유증받은 재산의 총 가액이 유류분권리자의 유류분 부족액을 초과하는 경우에는 그 유류분 부족액의 범위 내에서 각자의 수유재산을 반환하면 되는 것이지 이를 놓아두고 수증재산을 반환할 것은 아니다. 이 경우 수인의 공동상속인이 유류분권리자의 유류분 부족액을 각자의 수유재산으로 반환함에 있어서 분담하여야 할 액은 각자 증여 또는 유증을 받은 재산 등의 가액이 자기 고유의 유류분액을 초과하는 가액의 비율에 따라 안분하여 정하되, 그중 어느 공동상속인의 수유재산의 가액이 그의 분담액에 미치지 못하여 분담액 부족분이 발생하더라도 이를 그의 수증재산으로 반환할 것이 아니라, 자신의 수유재산의 가액이 자신의 분담액을 초과하는 다른 공동상속인들이 위 분담액 부족분을 위 비율에 따라 다시 안분하여 그들의 수유재산으로 반환하여야 한다. 나아가 어느 공동상속인 1인이 수개의 재산을 유증받아 그 각 수유재산으로 유류분권리자에게 반환하여야 할 분담액을 반환하는 경우, 반환하여야 할 각 수유재산의 범위는 특별한 사정이 없는 한 민법 제1115조 제2항을 유추 적용하여 그 각 수유재산의 가액에 비례하여 안분하는 방법으로 정함이 상당하다.

6 민유숙, "2013년 친족·상속법 중요 판례", 인권과 정의 제440호, 대한변호사협회(2014), 60~61.
7 대법원 2013. 3. 14. 선고 2010다42624, 42631 판결.
8 대법원 1995. 6. 30. 선고 93다11715 판결, 대법원 2006. 11. 10. 선고 2006다46346 판결 등 참조.
9 대법원 2001. 11. 30. 선고 2001다6947 판결 등 참조.

② 원심은 그 채용 증거를 종합하여, 망 소외 1(이하 '망인'이라고 한다)이 2005. 9. 20. 사망한 사실, 그의 상속인으로는 처인 소외 2, 자녀들인 원고, 피고, 소외 3이 있는 사실, 망인이 생전에 피고 등 3인에게 별지 1 목록 기재 각 재산을 증여하였고, 1997. 4. 11. 별지 2 목록 기재 각 재산을 피고 등 3인에게 유증한다는 내용의 유언공정증서를 작성하여 피고 등 3인이 이를 유증받은 반면, 원고는 망인으로부터 재산을 증여받거나 유증받지 못한 사실 등을 인정하였다.
나아가 원심은 그 판시와 같은 사정을 들어, 원고의 유류분 부족액은 3,416,704,422원, 소외 2의 수유재산의 가액은 1,071,609,000원, 수증재산의 가액은 4,773,678,318원, 피고의 수유재산의 가액은 4,329,237,747원, 수증재산의 가액은 10,212,189,003원, 소외 3의 수유재산의 가액은 2,195,423,050원, 수증재산의 가액은 7,425,595,404원이고, 소외 2의 수증재산 및 수유재산의 가액 합계(이하 '수증재산 및 수유재산의 가액 합계'를 '특별수익액'이라고 한다) 5,845,287,318원 중 소외 2의 유류분을 초과하는 가액은 720,230,685원, 피고의 특별수익액 14,541,426,750원 중 피고의 유류분을 초과하는 가액은 11,124,722,328원, 소외 3의 특별수익액 9,621,018,454원 중 소외 3의 유류분을 초과하는 가액은 6,204,314,032원이라고 인정한 다음, 먼저 피고가 원고에게 '피고의 수유재산의 가액' 중 피고의 유류분을 초과하는 가액인 912,533,325원을 반환하고, 그 다음으로 피고 등 3인이 원고에게 원고의 나머지 유류분 부족액 2,504,171,097원을 각자의 특별수익액이 각자의 유류분을 초과하는 가액의 비율에 따라 각자의 수증재산으로 반환하여야 하며, 이에 따라 피고가 원고에게 반환하여야 할 재산의 범위는 피고 소유의 각 수유재산에 14,541,426,750분의 912,533,325를 곱하여 산출한 지분 또는 가액과 피고 소유의 각 수증재산에 14,541,426,750분의 1,543,453,706을 곱하여 산출한 지분 또는 가액이라는 취지로 판단하였다.
③ 그러나 앞에서 본 법리에 비추어 보면, 이러한 원심의 판단은 수긍하기 어렵다. 원심이 인정한 사실관계에 의하면, 피고 등 3인이 각자 망인으로부터 받은 특별수익액은 각자 고유의 유류분을 초과하고 있고, 피고 등 3인의 수유재산의 총 가액은 7,596,269,797원(1,071,609,000원 + 4,329,237,747원 + 2,195,423,050원)으로서 원고의 유류분 부족액 3,416,704,422원을 초과하고 있으므로, 피고 등 3인은 원고에게 위 유류분 부족액을 각자의 수유재산으로 반환하면 되는 것이지 이를 놓아두고 피고 등 3인의 수증재산으로 반환할 것은 아니다. 이 경우 피고가 원고에게 피고의 수유재산으로 반환하여야 할 분담액은 원고의 유류분 부족액 3,416,704,422원에 '피고 등 3인 각자의 특별수익액이 각자의 유류분을 초과하는 가액의 합계'에 대한 '피고의 특별수익액이 피고의 유류분을 초과하는 가액'의 비율을 곱하여 산정하여야 할 것이다. 한편 피고는 원고에게 반환하여야 할 피고의 분담액을 피고 소유의 수개의 수유재산으로 반환하여야 하는데, 이때 반환하여야 할 각 수유재산의 범위는 각 수유재산의 가액에

비례하여 안분하는 방법으로 정함이 상당하다.

그런데도 원심은 이와 달리 판단하고 말았으니, 이러한 원심의 판단에는 유류분반환의 순서, 범위, 비율 등에 관한 법리를 오해하여 판결에 영향을 미친 위법이 있다. 이를 지적하는 상고이유의 주장은 이유 있다.

### 다. 구체적 계산례(판례)

#### 1) 반환의무자인 공동상속인들의 수유액 합계가 유류분권리자의 유류분 부족액을 초과하고 각 수유액도 유류분 초과비율에 따른 분담액을 초과하는 경우

[사례1]

> 피상속인 A 사망 시 상속재산이 74 억 원, 상속인으로 처 B 와 자녀 C, D, E 가 있다. 피상속인 A 가 B 에게 10 억 원, C 에게 43 억 원, D 에게 21 억 원의 재산을 각 유증하였고, 생전에 B 에게 47 억 원, C 에게 102 억 원, D 에게 74 억 원의 재산을 증여(특별수익으로 인정되는 증여)하였으며, E 는 어떠한 생전 증여나 유증, 상속도 받지 못하였다. 상속개시 당시 상속채무는 9 억 원 있었다.

13 [사례1]에서 공동상속인 E 가 B, C, D 를 상대로 각 유류분반환청구를 하였을 경우 B, C, D 가 받은 유증, 증여로 인한 특별수익액이 각자 고유의 유류분액을 초과하고, B, C, D 각자의 수유액 합계가 E 의 유류분 부족액을 초과하고 있으므로 B, C, D 는 E 의 유류분 부족액에 관하여 각자의 유류분 초과비율에 따른 분담액을 아래 표 기재와 같이 각자의 수유재산으로 반환하여야 한다. 이 경우 수유재산이 여러 개의 부동산인 경우 각 부동산의 가액에 비례하여 지분(유류분 반환액 × 해당 수유 부동산의 가액 ÷ 전체 수유 부동산 가액의 합계)을 이전하는 방법으로 유류분을 반환하여야 한다.

| | B(처)<br>상속분 3/9 | C(자녀)<br>상속분 2/9 | D(자녀)<br>상속분 2/9 | E(자녀)<br>상속분 2/9 |
|---|---|---|---|---|
| ① 수유액<br>(상속개시시 재산) | 1,000,000,000 원 | 4,300,000,000 원 | 2,100,000,000 원 | 0 |
| ② 수증액 | 4,700,000,000 원 | 10,200,000,000 원 | 7,400,000,000 원 | 0 |
| ③ 특별수익<br>(①+②) | 5,700,000,000 원 | 14,500,000,000 원 | 9,500,000,000 원 | 0 |

| | | | | |
|---|---|---|---|---|
| ④ 상속채무분담 (상속채무 9억 원 ×법정상속지분) | 300,000,000 원 | 200,000,000 원 | 200,000,000 원 | 200,000,000 원 |
| ⑤ 유류분액 [(①상속재산 +②증여재산 -④상속채무) ×유류분율] | 4,800,000,000 원 | 3,200,000,000 원 | 3,200,000,000 원 | 3,200,000,000 원 |
| ⑥ 유류분 초과액 (③ - ④ - ⑤) | 600,000,000 원 | 11,100,000,000 원 | 6,100,000,000 원 | |
| ⑦ 유류분 초과액 합계 | 17,800,000,000 원 | | | |
| ⑧ 유류분 부족액 | | | | 3,400,000,000 원 [⑤-(③-④)] |
| ⑨ 반환범위(유류분 초과비율에 따른 분담액) (⑧×⑥÷⑦, 원 미만 버림) | 114,606,741 원 | 2,120,224,719 원 | 1,165,168,539 원 | |

2) 반환의무자인 공동상속인들의 수유액 합계가 유류분권리자의 유류분 부족액을 초과하나 일부 수유자의 수유액이 유류분 초과비율에 따른 분담액에 미달하는 경우

[사례2]

> 피상속인 A 사망 시 상속재산이 20,000,000 원, 상속인으로 자녀 B, C, D, E가 있다. 피상속인 A가 B에게 2,000,000 원, C에게 9,000,000 원, D에게 9,000,000 원을 각 유증하였고, B에게 32,000,000 원, C에게 14,000,000 원, D에게 14,000,000 원의 재산을 생전증여(특별수익으로 인정되는 증여)하였으며, E는 어떠한 생전 증여나 유증, 상속도 받지 못하였다.

14 [사례2]에서 자녀 B, C, D가 유증받은 재산의 합계가 20,000,000원으로 자녀 E의 유류분 부족액 10,000,000원을 초과하나, B의 수유액 2,000,000원이 유류

분 초과비율에 따른 B의 분담액 4,800,000원에 미달하므로, B는 수유액에 상응하는 금액인 2,000,000원을 E에게 반환하고, 나머지 유류분 부족액인 2,800,000원은 B의 수증재산에서 반환할 것이 아니라 C, D가 각 유류분 초과비율(1:1)에 따라 다시 안분하여 C, D의 수유재산의 범위 내에서 각 1,400,000원씩 반환하게 된다.

| | B(자녀)<br>상속분 1/4 | C(자녀)<br>상속분 1/4 | D(자녀)<br>상속분 1/4 | E(자녀)<br>상속분 1/4 | 비고 |
|---|---|---|---|---|---|
| ① 수유액<br>(상속개시시<br>재산) | 2,000,000 원 | 9,000,000 원 | 9,000,000 원 | 0 | 수유액 합계<br>20,000,000 원 |
| ② 수증액 | 32,000,000 원 | 14,000,000 원 | 14,000,000 원 | 0 | 수증액 합계<br>60,000,000 원 |
| ③ 특별수익<br>[① +②] | 34,000,000 원 | 23,000,000 원 | 23,000,000 원 | 0 | |
| ④ 유류분액 | 10,000,000 원 | 10,000,000 원 | 10,000,000 원 | 10,000,000 원 | |
| ⑤ 유류분<br>초과액<br>[③-④] | 24,000,000 원 | 13,000,000 원 | 13,000,000 원 | | 초과액 합계<br>50,000,000 원 |
| ⑥ E의<br>유류분 부족액 | | | | 10,000,000 원 | ① > ⑥ |
| ⑦ 유류분초과<br>비율에 따른<br>분담액 | 4,800,000 원<br>(수유액초과) | 2,600,000 원 | 2,600,000 원 | | |
| ⑧ 수유재산<br>중 1차반환액 | 2,000,000 원 | 2,600,000 원 | 2,600,000 원 | | 2,800,000 원<br>부족분 발생 |

| ⑨ 수유재산 중 2 차반환액 | - | 1,400,000 원 | 1,400,000 원 | | 위 부족분을 B 의 수증 재산이 아닌 C, D 의 수유재산으로 반환 |
|---|---|---|---|---|---|
| ⑩ 최종 반환액 | 2,000,000 원 | 4,000,000 원 | 4,000,000 원 | | |

### 4. 제3자와 공동상속인의 유류분반환의무의 범위

유류분권리자가 유류분반환청구를 함에 있어 증여 또는 유증을 받은 다른 공동상속인이 수인일 때에는 각자 증여 또는 유증을 받은 재산 등의 가액이 자기 고유의 유류분액을 초과하는 상속인에 대하여 그 유류분액을 초과한 가액의 비율에 따라서 반환을 청구할 수 있고, 공동상속인과 공동상속인 아닌 제3자가 있는 경우에는 그 제3자에게는 유류분이 없으므로 공동상속인에 대하여는 자기 고유의 유류분액을 초과한 가액을 기준으로 하여, 제3자에 대하여는 그 증여 또는 유증받은 재산의 가액을 기준으로 하여 그 각 가액의 비율에 따라 반환청구를 할 수 있다.[10]

10 대법원 2006. 11. 10. 선고 2006다46346 판결.

## 제 1117 조 [소멸시효]

**반환의 청구권은 유류분권리자가 상속의 개시와 반환하여야 할 증여 또는 유증을 한 사실을 안 때로부터 1년 내에 하지 아니하면 시효에 의하여 소멸한다. 상속이 개시한 때로부터 10년을 경과한 때도 같다.**

[본조신설 1977. 12. 31.]

[관련조문] 민법 제162조(채권, 재산권의 소멸시효), 제166조(소멸시효의 기산점), 제997조(상속개시의 원인), 제1112조(유류분의 권리자와 유류분), 제1115조(유류분의 보전), 제1116조(반환의 순서)

[참고문헌] 김주수/김상용, 주석 민법, 상속(제2권)(제4판), 한국사법행정학회(2015); 김능환, "유류분반환청구", 재판자료 제78집, 법원도서관(1998); 변동열, "유류분제도", 민사판례연구 제25권, 박영사(2003); 우성만, "유류분반환청구권의 행사방법과 상대방 및 소멸시효", 부산판례연구회 판례연구 제14집(2013)



### Ⅰ. 의의

1 유류분반환청구권은 유류분권리자가 상속의 개시 및 반환하여야 할 증여 또는 유증을 한 사실을 안 날로부터 1년, 상속이 개시된 날로부터 10년이 경과하면 시효에 의하여 소멸한다. 유류분의 반환청구는 피상속인이 생전에 한 증여 또는 유증의 효력을 소급적으로 상실시켜 반환청구의 상대방에게 예기치 못한 부담을 가져올 수 있고, 거래의 안전을 해할 우려가 있으므로 민법에서는 단기간의 시효 소멸을 규정함으로써 권리관계의 안정을 꾀하고 있다.

### Ⅱ. 법적 성질

2 민법 제1117조에서 규정하는 기간의 법적 성질에 관하여 1년, 10년의 기간 모두 소멸시효라고 보는 견해[1]와 1년의 기간은 소멸시효, 10년의 기간은 제척기간[2]으로

1 곽윤직, 상속법(민법강의VI)(개정판), 박영사(2004), 297; 윤진수, 친족상속법 강의(제5판), 박영사(2023), 655.
2 김주수/김상용, 주석 민법, 상속(제2권)(제4판), 한국사법행정학회(2015), 482; 박병호, 가족법, 한국방송통신대학(1999), 486.

보는 견해가 있다. 10년의 기간에 관하여 소멸시효로 보는 견해는 민법 제1117조에서 시효에 의하여 소멸한다고 규정하고 있는 문언 내용을 근거로 하고 있고, 제척기간으로 보는 견해는 유류분반환청구권의 법적 성질이 형성권에 해당하고, 법률관계의 조기안정이 필요하다는 점을 근거로 하고 있다.

3 판례[3]는 민법 제1117조의 규정내용 및 형식에 비추어 볼 때 제1117조 전단의 1년의 기간은 물론 제1117조 후단의 10년의 기간도 그 성질을 소멸시효기간이라고 보아야 할 것이라고 판시하면서, 소멸시효기간 만료로 인한 권리소멸에 관한 것은 소멸시효의 이익을 받는 자가 항변을 하지 아니하면 그 의사에 반하여 재판할 수 없으므로 사실심에서 직권으로 제척기간 경과를 이유로 유류분반환청구를 배척한 것이 위법하다고 보았다.

4 [판례] 유류분반환청구기간에 관한 민법 제 1117 조 후단 소정의 10 년이 소멸시효기간인지 여부[4]

원심판결 이유에 의하면, 원심은 유류분반환을 원인으로 한 소유권이전등기절차의 이행을 구하는 원고의 예비적 청구에 대하여, 유류분반환청구권에 대하여는 민법 제1117조 후단의 규정에 의하여 상속개시시로부터 10년의 제척기간이 규정되어 있는데 위 망 소외인이 사망한 1981. 10. 29.부터 10년이 경과한 후인 1991. 11. 19.에 이르러서 한 이 사건 유류분반환청구는 제척기간 경과 후의 것이어서 더 나아가 살펴 볼 필요 없이 이유 없다고 직권으로 판단하여 배척하고 있다.

그러나 민법 제1117조의 규정내용 및 형식에 비추어 볼 때 제1117조 전단의 1년의 기간은 물론 제1117조 후단의 10년의 기간도 그 성질을 소멸시효기간이라고 보아야 할 것이고, 한편 소멸시효기간 만료에 인한 권리소멸에 관한 것은 소멸시효의 이익을 받는 자가 항변을 하지 아니하면 그 의사에 반하여 재판할 수 없는 것인데, 기록에 의하면 피고가 사실심에서 시효소멸의 항변을 한 적이 전혀 없음을 알 수 있는바, 그렇다면 결국 원심은 위 10년 기간의 법적 성질에 관한 법리를 오해한 나머지 당사자가 주장하지도 아니한 사실을 판단함으로써 판결에 영향을 미친 위법이 있다 하지 아니할 수 없으므로 이점을 탓하는 취지의 논지는 이유 있다.

그러므로 원심판결 중 예비적 청구에 관한 부분을 파기하여 이 부분 사건을 원심법원에 환송하며, 원고의 나머지 상고를 기각하고 이 부분 상고비용은 원고의 부담으로 하기로 하여 관여 법관의 일치된 의견으로 주문과 같이 판결한다.

3 대법원 1993. 4. 13. 선고 92다3595 판결, 대법원 2008. 7. 10. 선고 2007다9719 판결.
4 대법원 1993. 4. 13. 선고 92다3595 판결.

## Ⅲ. 소멸시효의 중단

5 유류분반환청구권을 행사함으로써 민법 제1117조에서 정하는 소멸시효의 진행이 중단될 것인데, 이에 관하여 판례는 유류분반환청구권의 행사는 재판상 또는 재판 외에서 상대방에 대한 의사표시의 방법으로 할 수 있고, 이 경우 그 의사표시는 침해를 받은 유증 또는 증여행위를 지정하여 이에 대한 반환청구의 의사를 표시하면 그것으로 족하며, 그로 인하여 생긴 목적물의 이전등기청구권이나 인도청구권 등을 행사하는 것과는 달리 그 목적물을 구체적으로 특정하여야 하는 것은 아니고, 민법 제1117조에 정한 소멸시효의 진행도 그 의사표시로 중단된다고 본다.[5]

6 구체적으로 유류분반환청구 의사가 표시되었는지는 법률행위 해석에 관한 일반원칙에 따라 의사표시의 내용과 아울러 의사표시가 이루어진 동기 및 경위, 당사자가 의사표시에 의하여 달성하려고 하는 목적과 진정한 의사 및 그에 대한 상대방의 주장·태도 등을 종합적으로 고찰하여 사회정의와 형평의 이념에 맞도록 논리와 경험의 법칙, 그리고 사회일반의 상식에 따라 합리적으로 판단하여야 한다. 상속인이 유증 또는 증여행위가 무효임을 주장하여 상속 내지는 법정상속분에 기초한 반환을 주장하는 경우에는 그와 양립할 수 없는 유류분반환청구권을 행사한 것으로 볼 수 없지만, 상속인이 유증 또는 증여행위의 효력을 명확히 다투지 아니하고 수유자 또는 수증자에 대하여 재산분배나 반환을 청구하는 경우에는 유류분반환의 방법에 의할 수밖에 없으므로 비록 유류분 반환을 명시적으로 주장하지 않더라도 그 청구 속에는 유류분반환청구권을 행사하는 의사표시가 포함되어 있다고 해석함이 타당한 경우가 많다.[6]

7 한편 판례는 유류분권리자가 소멸시효기간의 경과 이전에 사인증여가 무효라고 주장하면서 이를 전제로 수증자에게 수증자가 보관 중인 망인 명의의 예금통장

5 대법원 2002. 4. 26. 선고 2000다8878 판결(상속재산분할심판 절차에서 유류분권리자가 피상속인의 유증이 의식이 불명료한 상태에서 이루어져 무효임을 전제로 상속재산분할심판을 청구하면서 예비적으로 유류분반환청구를 하였다가 이후 유류분반환청구권 행사를 철회한다는 준비서면을 제출한 사안에서, 원고가 예비적으로 유류분반환을 구하는 의사표시를 함으로써 민법 제1117조에 정한 소멸시효의 진행이 중단되었고, 이후 유류분 주장을 철회한 것은 유류분반환청구가 가정법원의 관할에 속하지 않는 점을 고려한 데서 비롯된 법원에 대한 의사표시일 뿐 사법상의 유류분반환청구의 의사표시를 취소하거나 철회한 것으로 볼 수는 없다고 판단한 사례), 대법원 2016. 1. 28. 선고 2013다75281 판결.

6 대법원 2012. 5. 24. 선고 2010다50809 판결.

및 인장의 교부와 망인 소유의 금원 중 수증자가 임의로 소비한 금액의 반환을 구하였다 하더라도, 이러한 주장이나 청구 자체에 그와 반대로 위 사인증여가 유효임을 전제로 그로써 자신의 유류분이 침해되었음을 이유로 하는 유류분반환의 청구가 포함되어 있다고 보기는 어렵다고 보아 유류분반환청구권의 소멸시효 중단을 인정하지 않았다.[7]

## IV. 기산점

### 1. 1년의 단기소멸시효

8 민법 제1117조가 규정하는 1년의 단기소멸시효의 기산점인 '상속의 개시와 반환하여야 할 증여 또는 유증을 한 사실을 안 때'라 함은 유류분권리자가 상속이 개시되었다는 사실과 증여 또는 유증이 있었다는 사실 및 그것이 반환하여야 할 것임을 안 때를 뜻한다.[8]

9 판례는 유류분권리자가 피상속인의 부동산 증여가 무효라고 믿고 증여의 효력을 다투며 소송상 항쟁하던 중 수증자와의 재판과정에서 수증자의 증여 주장 및 그에 부합하는 증언의 존재를 알았다는 것만으로는 증여사실을 알았다고 단정할 수 없으므로 1년의 단기소멸시효가 진행된다고 보기 어렵다[9]고 한다.

10 그러나 판례는 민법이 유류분반환청구권에 관하여 특별히 단기소멸시효를 규정한 취지에 비추어 보면 유류분권리자가 소송상 무효를 주장하기만 하면 그것이 근거 없는 구실에 지나지 아니한 경우에도 시효는 진행하지 않는다 함은 부당하므로, 피상속인의 거의 전 재산이 증여되었고 유류분권리자가 위 사실을 인식하고 있는 경우에는, 무효의 주장에 관하여 일응 사실상 또는 법률상 근거가 있고 그 권리자가 위 무효를 믿고 있었기 때문에 유류분반환청구권을 행사하지 않았다는 점을 당연히 수긍할 수 있는 특별한 사정이 인정되지 않는 한, 위 증여가 반환될 수 있는 것임을 알고 있었다고 추인함이 상당하다고 본다.

7 대법원 2001. 9. 14. 선고 2000다66430, 66447 판결.

8 대법원 2006. 11. 10. 선고 2006다46346 판결(해외에 거주하다가 피상속인의 사망사실을 알게 된 상속인이 유증사실 등을 제대로 알 수 없는 상태에서 다른 공동상속인이 교부한 피상속인의 자필유언증서 사본을 보았다는 사정만으로는 자기의 유류분을 침해하는 유증이 있었음을 알았다고 볼 수 없고, 그 후 유언의 검인을 받으면서 자필유언증서의 원본을 확인한 시점에 그러한 유증이 있었음을 알았다고 본 사례).

9 대법원 1994. 4. 12. 선고 93다52563 판결.

11 [판례] 유류분반환청구권에 대한 소멸시효기간의 기산점과 민법 제1117조의 '반환하여야 할 증여 또는 유증을 한 사실을 안 때'의 의미, 유류분반환청구권의 행사방법과 그로 인한 소멸시효의 중단[10]

민법 제1117조는 유류분반환청구권은 유류분권리자가 상속의 개시와 반환하여야 할 증여 또는 유증을 한 사실을 안 때로부터 1년 내에 하지 아니하면 시효에 의하여 소멸한다고 규정하고 있는바, 여기서 '반환하여야 할 증여 등을 한 사실을 안 때'라 함은 증여 등의 사실 및 이것이 반환하여야 할 것임을 안 때라고 해석하여야 하므로, 유류분권리자가 증여 등이 무효라고 믿고 소송상 항쟁하고 있는 경우에는 증여 등의 사실을 안 것만으로 곧바로 반환하여야 할 증여가 있었다는 것까지 알고 있다고 단정할 수는 없을 것이다. 그러나 민법이 유류분반환청구권에 관하여 특별히 단기소멸시효를 규정한 취지에 비추어 보면 유류분권리자가 소송상 무효를 주장하기만 하면 그것이 근거 없는 구실에 지나지 아니한 경우에도 시효는 진행하지 않는다 함은 부당하므로, 피상속인의 거의 전 재산이 증여되었고 유류분권리자가 위 사실을 인식하고 있는 경우에는, 무효의 주장에 관하여 일응 사실상 또는 법률상 근거가 있고 그 권리자가 위 무효를 믿고 있었기 때문에 유류분반환청구권을 행사하지 않았다는 점을 당연히 수긍할 수 있는 특별한 사정이 인정되지 않는 한, 위 증여가 반환될 수 있는 것임을 알고 있었다고 추인함이 상당하다 할 것이다.

기록에 의하면 피고들은 이 사건 사인증여가 이루어진 1998. 4. 14. 당시 그 내용을 자세히 알고 있었고 망인이 1998. 4. 22. 사망한 것은 당일 알았음이 명백하며, 피고들이 이 사건 소송에서 여러 가지 이유를 들어 망인의 1998. 4. 14. 자 의사표시가 무효라고 주장하였으나 적어도 원고가 1998. 7. 15. 자 청구취지및원인변경신청서에서 망인과 원고 사이에 사인증여계약이 체결되었다고 주장한 이후에는 피고들의 주장들은 사실상 또는 법률상 근거 없이 망인의 사인증여를 부인하려는 것으로밖에 보이지 아니하는 한편, 피고들에게 이 사건 사인증여의 무효를 확신하였다는 특별한 사정이 있음을 알아볼 수 없으므로, 피고들의 원고에 대한 유류분반환청구권의 소멸시효는 늦어도 위 변경신청서의 송달 다음날인 1998. 7. 18.부터 진행하고, 따라서 피고들이 원심에 이르러 1999. 11. 8. 자 준비서면의 송달로써 원고에게 유류분반환청구권을 행사한다는 의사표시를 한 때에는 이미 유류분반환청구권의 소멸시효기간인 1년이 경과하였다 할 것이다.

그리고 유류분반환청구의 의사표시는 침해를 받은 유증 또는 증여행위를 지정하여 이에 대한 반환청구의 의사를 표시하면 그것으로 족하고 그로 인하여 생긴 목적물의

10 대법원 2001. 9. 14. 선고 2000다66430, 66447 판결.

이전등기청구권이나 인도청구권 등을 행사하는 것과는 달리 그 목적물을 구체적으로 특정하여야 하는 것은 아니며, 민법 제1117조 소정의 소멸시효의 진행도 위와 같은 의사표시로 중단되기는 하나, 피고들이 위 소멸시효기간의 경과 이전에 이 사건 사인증여가 무효라고 주장하면서 이를 전제로 반소로써 원고에게 원고가 보관중인 망인 명의의 예금통장 및 인장의 교부와 망인 소유의 금원 중 그 동안 원고가 임의로 소비한 금액의 반환을 구하였다 하더라도, 이러한 주장이나 청구 자체에 그와 반대로 위 사인증여가 유효임을 전제로 그로써 자신의 유류분이 침해되었음을 이유로 하는 유류분반환의 청구가 포함되어 있다고 보기는 어렵다 할 것이다.

그렇다면 원고에 대한 피고들의 유류분반환청구권이 시효로 인하여 소멸되었다고 판단한 원심의 결론은 정당하고, 원심판결에 심리미진 또는 유류분반환청구권의 소멸시효의 기산점에 관한 법리를 오해하여 판결 결과에 영향을 미친 위법이 있다고 할 수 없다. 이 부분 상고이유의 주장 또한 받아들일 수 없다.

12 [판례] 피상속인 생전에 유언의 존재를 알고 있었던 유류분권리자가 재판과정에서 그 유언을 부인하려는 구실로 사실상 또는 법률상 근거 없이 유서의 무효를 주장한 경우 유류분반환청구권의 단기소멸시효의 진행[11]

원심은, 거시 증거에 의하여 피고가 원고를 비롯한 다른 상속인들에게 1995. 7. 28.부터 같은 해 8. 11. 사이에 그의 유류분을 반환하여 달라는 취지로 통고한 사실을 인정한 다음, 유류분반환청구권은 민법 제1117조 전문에 의하여 유류분권리자가 상속의 개시와 반환하여야 할 증여 또는 유증을 한 사실을 안 때로부터 1년 이내에 행사하지 않으면 시효에 의하여 소멸하는데, 피고는 위 망인이 1990. 5. 10. 피고의 면전에서 이 사건 유서를 직접 읽어 주어 그 유언 내용을 알고 있었고 위 망인이 1994. 7. 6. 사망한 것은 그 사망 당일 알았음이 명백하므로, 피고의 다른 상속인들에 대한 유류분반환청구권의 소멸시효는 소외 1이 사망한 다음날인 1994. 7. 7.부터 기산된다고 할 것인데, 피고의 위 유류분반환청구권의 행사가 그로부터 1년이 경과한 후에 이루어졌음은 역수상 명백하다는 이유로, 피고의 유류분반환청구권에 대한 주장을 배척하였는바, 기록에 의하면, 피고는 이 사건 소송 및 관련 소송에서 여러 가지 이유를 들어 이 사건 유서가 무효라고 주장하였으나 그 주장들이 한결 같이 사실상 또는 법률상의 근거 없이 위 망인의 유언을 부인하려는 구실로밖에 보이지 아니하는 한편 피고가 이 사건 유언이 무효임을 확신하였다는 특단의 사정을 엿볼 수 없으므로 위 망인이 사망한 다음날부터 피고의 원고에 대한 유류분반환청구권의 단기시효가 진행된다고 본 원심판단은 정당하고, 거기에 소론과 같은 유류분반환청구권의 소멸시효의 기산

[11] 대법원 1998. 6. 12. 선고 97다38510 판결.

점에 관한 법리오해의 위법이 있다고 할 수 없다.

13 [판례] 관련 소송이 존재하는 경우 유류분반환청구권의 소멸시효 기산점 및 유류분 부족액 산정방법[12]

공동상속인이 아닌 제3자에 대한 증여가 상속개시 1년 전에 한 것이라도 당사자 쌍방이 증여 당시에 유류분권리자에 손해를 가할 것을 알고 증여한 경우에는 그에 대한 유류분반환청구가 허용된다(민법 제1114조 참조). 증여 당시 법정상속분의 2분의 1을 유류분으로 갖는 배우자나 직계비속이 공동상속인으로서 유류분권리자가 되리라고 예상할 수 있는 경우에, 제3자에 대한 증여가 유류분권리자에게 손해를 가할 것을 알고 행해진 것이라고 보기 위해서는, 당사자 쌍방이 증여 당시 증여재산의 가액이 증여하고 남은 재산의 가액을 초과한다는 점을 알았던 사정뿐만 아니라, 장래 상속개시일에 이르기까지 피상속인의 재산이 증가하지 않으리라는 점까지 예견하고 증여를 행한 사정이 인정되어야 한다.[13]

유류분반환청구권은 유류분권리자가 상속의 개시와 반환하여야 할 증여 또는 유증을 한 사실을 안 때로부터 1년 내에 하지 아니하면 시효에 의하여 소멸한다(민법 제1117조). 이러한 유류분반환청구권 단기소멸시효의 기산점으로서 '반환하여야 할 증여 또는 유증을 한 사실을 안 때'는 증여 또는 유증이 있었다는 사실 및 그것이 반환하여야 할 것임을 안 때라고 해석하여야 한다.[14]

위 법리를 종합할 때, 유류분권리자가 피상속인으로부터 그 소유 부동산의 등기를 이전받은 제3자를 상대로 등기의 무효 사유를 주장하며 소유권이전등기의 말소를 구하는 소를 제기하고 관련 증거를 제출하였으나, 오히려 증여된 것으로 인정되어 무효 주장이 배척된 판결이 선고되어 확정된 경우라면, 특별한 사정이 없는 한 그러한 판결이 확정된 때에 비로소 증여가 있었다는 사실 및 그것이 반환하여야 할 것임을 알았다고 보아야 한다.

## 2. 10년의 소멸시효

14 상속이 개시된 때로부터 10년이 경과하면 유류분반환청구권은 소멸하고, 판례는 위 10년의 기간을 소멸시효기간으로 보아 유류분반환청구의 의사표시로 위 시효는 중단된다고 본다.

12 대법원 2023. 6. 15. 선고 2023다203894 판결.

13 대법원 2012. 5. 24. 선고 2010다50809 판결, 대법원 2022. 8. 11. 선고 2020다247428 판결 등 참조.

14 대법원 2001. 9. 14. 선고 2000다66430, 66447 판결, 대법원 2016. 5. 26. 선고 2014다90140 판결 등 참조.

## V. 시효의 대상

### 1. 유류분반환청구권

15 유류분반환청구권과 유류분반환청구권을 행사하여 발생하는 이전등기청구권 등 구체적 권리는 구별되고, 민법 제1117조에서 규정하는 소멸시효 기간의 대상이 되는 권리는 유류분반환청구권 그 자체이다.

16 유류분반환청구권을 행사함으로써 발생하는 목적물의 이전등기청구권 등은 유류분반환청구권과는 다른 권리이므로, 그 이전등기청구권 등에 대하여는 민법 제1117조 소정의 유류분반환청구권에 대한 소멸시효가 적용될 여지가 없고, 그 권리의 성질과 내용 등에 따라 별도로 소멸시효의 적용 여부와 기간 등을 판단하여야 한다.[15]

### 2. 유류분반환청구권에 기한 항변권

17 피상속인이 상속인의 유류분을 침해하는 유증이나 증여를 하였으나 상속개시 이후에도 유증이나 증여의 이행이 이루어지지 아니한 경우에 아직 이행되지 아니한 증여 또는 유증의 이행청구에 대하여 유류분반환청구권의 소극적 행사로서 이행거절의 항변을 할 때에도 민법 제1117조에서 규정하는 소멸시효가 적용될 것인지에 관하여 적극설과 소극설의 견해의 대립이 있다.

18 소극설[16]은 상대방의 이행청구가 없다면 유류분권자로서는 굳이 유류분반환청구권을 행사할 방법이 없고 이를 두고 자신의 권리를 불행사하고 권리 위에 잠자고 있다고 할 수 없으며 수증자 등으로부터 청구가 없는 이상 항변권 행사의 필요도 없으므로 항변권의 영구성 법리에 따라 유류분권에 기한 이행거절의 항변권에는 소멸시효가 적용되지 않는다고 본다.

19 반면 적극설[17]은 적극적이든 소극적이든 간에 유류분반환청구의 의사를 표시하지 아니하고 아무런 조치도 취하지 아니하는 것을 권리의 행사로 보아 소멸시효의 진행을 막을 수 없고 소멸시효에 관한 규정을 둔 취지에도 반하므로 소멸시효기간이 완성되면 유류분반환청구권에 기한 항변권 역시 소멸된다고 본다.

15 대법원 2015. 11. 12. 선고 2011다55092, 55108 판결.

16 김주수/김상용, 주석 민법, 상속(제2권)(제4판), 한국사법행정학회(2015), 483; 윤진수, 친족상속법 강의(제5판), 박영사(2023), 657; 변동열, “유류분제도”, 민사판례연구 제25권, 박영사(2003) 890~891.

17 김능환, “유류분반환청구”, 재판자료 제78집, 법원도서관(1998), 66.

20 판례는 피상속인으로부터 부동산을 증여받아 소유권이전등기를 마치지 않은 채 이를 점유하고 있던 수증자가 상속인을 상대로 증여를 원인으로 하는 소유권이전등기를 청구하자 상속인이 유류분반환청구권을 주장한 사안에서, 민법 제1117조의 유류분반환청구권은 상속이 개시한 때부터 10년이 지나면 시효에 의하여 소멸하고, 이러한 법리는 상속재산의 증여에 따른 소유권이전등기가 이루어지지 아니한 경우에도 달리 그 소멸시효 완성의 항변이 신의성실의 원칙에 반한다고 하는 등의 특별한 사정이 존재하지 아니하는 이상 달리 볼 것이 아니다[18]라고 판시하여 소멸시효완성을 이유로 유류분반환청구권에 기한 항변을 배척하였다.

## Ⅵ. 수증자의 시효취득시 유류분반환청구 가부

21 피상속인이 부동산을 증여하여 수증자가 점유하기 시작한 때로부터 10년 내지 20년의 취득시효 기간이 경과한 이후 유류분반환청구가 있는 경우 수증자가 취득시효의 완성을 주장할 수 있는지에 관하여, 판례는 유류분을 산정함에 있어 공동상속인 중에 피상속인으로부터 재산의 생전 증여에 의하여 특별수익을 한 자가 있는 경우 공동상속인들 사이의 공평을 위하여 유류분 산정을 위한 기초재산에 산입하는 것일 뿐 특별수익자의 소유권 취득을 부정하는 것은 아니므로, 수증자가 취득시효 완성에 따라 소유권을 취득하였음을 이유로 유류분반환청구를 거부할 수는 없다[19]고 본다.

18 대법원 2008. 7. 10. 선고 2007다9719 판결.
19 대법원 2013. 7. 25. 선고 2012다117317 판결.

## 제 1118 조 [준용규정]

**제1001조, 제1008조, 제1010조의 규정은 유류분에 이를 준용한다.**

[본조신설 1977. 12. 31.]

[헌법불합치, 2020헌가4, 2024.4.25., 민법(1977. 12. 31. 법률 제3051호로 개정된 것) 제1112조 제1호부터 제3호 및 제1118조는 모두 헌법에 합치되지 아니한다. 위 조항들은 2025. 12. 31.을 시한으로 입법자가 개정할 때까지 계속 적용된다.]

**[관련조문]** 민법 제1001조(대습상속), 제1008조(특별수익자의 상속분), 제1010조(대습상속분)



### Ⅰ. 제1001조, 제1010조 준용의 의의

1 1. 민법 제1001조의 준용은 대습상속인도 유류분권을 갖는다는 것을 의미한다. 즉 피상속인의 직계비속 또는 형제자매가 상속개시 전에 사망하거나 결격자가 된 경우 상속개시 전에 사망한 피대습상속인의 직계비속이 유류분권을 갖고, 피대습상속인의 배우자가 대습상속인인 경우 그 배우자도 유류분권을 갖는다.

2 2. 민법 제1010조의 준용은 대습상속인의 유류분 비율은 피대습상속인의 법정상속분을 기준으로 산정하고, 대습상속인이 여러 명인 경우 그들의 유류분 비율은 피대습상속인의 유류분비율을 각자의 법정상속분에 따라 나눠 갖는다는 의미이다.

### Ⅱ. 제1008조의 준용

3 민법 제1008조의 준용은 공동상속인 중 피상속인으로부터 증여를 받아 특별수익이 있는 경우 그 증여는 시기의 여하를 묻지 않고 유류분을 침해한다는 인식이 있었는지 여부를 묻지 않고 유류분산정의 기초재산에 산입하고, 특별수익자가 유류분권자인 경우 그의 유류분 부족액 산정시 해당 특별수익을 기간제한 없이 공제한다는 의미를 갖는다(☞ 상세한 내용은 민법 제1114조 주석 참조). 민법 제1008조는 유증에 관하여도 특별수익으로 규정하고 있으나 유증의 목적물은 상속개시 당시 현존하는 피상속인의 재산으로서 유류분산정의 기초재산에 당연히 산입되므로, 유증 목적물에 관하여는 위 준용규정이 별다른 의미를 갖지 않는다.

# 찾아보기

# 사항색인

(ㅅ)

(ㅇ)

(ㅈ)

(ㅊ)



(ㅌ)

(ㅍ)



(ㅎ)



(1)



(2)



(3)

# 판례색인

(日)

**주석 민법 [상속] 제6판**

제 1 판 발행 2002년 8월 30일
제 2 판 발행 2005년 10월 15일
제 3 판 발행 2010년 2월 15일
제 4 판 발행 2015년 11월 10일
제 5 판 발행 2020년 7월 15일
제 6 판 인쇄 2025년 7월 1일
제 6 판 발행 2025년 7월 15일

집필대표 민 유 숙
발 행 인 이 욱 한
발 행 처 韓國司法行政學會
서울특별시 서대문구 경기대로 57 석당빌딩 501호
등 록 1965년 8월 27일 9-94
전 화 (02) 362-2045~8
팩 스 (02) 312-2070
홈페이지 www.law.or.kr
도서몰 www.lexcom.co.kr
ISBN 978-89-8109-880-3
정 가 130,000원